Johann Caspar Goethe
Cornelia Goethe
Catharina Elisabeth Goethe

Briefe aus dem Elternhaus

Erweiterte Frankfurter Ausgabe
Herausgegeben und mit
drei Essays eingeleitet
von Ernst Beutler

Insel Verlag

insel taschenbuch 1850
Erste Auflage 1997
© Insel Verlag Frankfurt am Main und Leipzig 1997
Alle Rechte vorbehalten
Hinweise zu dieser Ausgabe am Schluß des Bandes
Vertrieb durch den Suhrkamp Taschenbuch Verlag
Umschlag nach Entwürfen von Willy Fleckhaus
Druck: Nomos Verlagsgesellschaft, Baden-Baden
Printed in Germany

1 2 3 4 5 6 – 02 01 00 99 98 97

Das älteste B... ca 1825
Am großen Hirs...

*Drei Einführungen
von Ernst Beutler*

Was könnte verlockender sein, als die Quellen der ersten starken und oft entscheidenden Einflüsse und Bilder zu erkunden, wie sie das Elternhaus vermittelt: Im vorliegenden Band finden sich die Briefe der Eltern Goethes und der Schwester Cornelia. Der Briefband entwirft ein eindrucksvolles Bild der Goethe-Zeit und wird zu einer wahren Fundgrube kulturgeschichtlicher Einzelheiten, deren Kenntnis uns überhaupt erst ins Atmosphärische jener Epoche hineinversetzt. Dem Band sind drei Essays aus der Feder Ernst Beutlers vorangestellt, die dem Vater Johann Caspar Goethe, der Mutter Catharina Elisabeth Goethe und der Schwester Cornelia gewidmet sind.

«Bildung und Wissen als Gegenstand spannender Plauderei, sanft verführend über Hunderte von Seiten – das kann fast nur Ernst Beutler, der Literatur zugleich intim zu würdigen und glanzvoll zu feiern versteht.» Jörg Drews

Das älteste Bild vom Goethehaus
Am großen Hirschgraben – Stich von etwa 1825

*Drei Einführungen
von Ernst Beutler*

insel taschenbuch 1850
Goethe
Briefe aus dem Elternhaus

DER KAISERLICHE RAT

HEIMAT UND SCHULE

Was weiß der Sohn vom Vater? Wenn das Kind geboren wird, liegt des Vaters Jugend, ja oft die entscheidende Zeit, in der sich der Mann seine Welt geschaffen hat, schon weit zurück. Die geistige Begegnung, die sich dann allmählich zwischen Sohn und Vater vollzieht, ist aus beider Leben nur ein Ausschnitt, gewiß beglückend, aber doch schmal, zunächst auf Kindliches beschränkt. Erst ganz langsam wächst der Sohn in die Sphäre der Erwachsenen hinein, und dann ist allein die Gegenwart wichtig, auch die eigene Zukunft. Nach des Vaters Vergangenheit fragt kaum ein Kind.

Johann Caspar Goethe ward 1710 geboren. Hundert Jahre später, 1811, beginnt der Sohn mit der Niederschrift für «Dichtung und Wahrheit». Die eigenen Erinnerungen setzen etwa mit dem Umbau des Hauses ein, also 1755. Da war der Vater fünfundvierzig und der Sohn sechs Jahre alt. Daß Wolfgang anfing, seinen Vater als Persönlichkeit wenn auch nicht zu verstehen, so doch zu würdigen, wird noch einmal zehn Jahre gedauert haben, also bis zu den Jahren, die etwa bei der Königskrönung von 1764 und 1765, dem Fortgang nach Leipzig, liegen. Da war der Sohn sechzehn, der Vater fünfundfünfzig Jahre alt. Aber eben jetzt verließ der Sohn schon das Elternhaus. Was den jungen Studenten bewegte, das lehren klar seine Leipziger Briefe: die Universität, die Literatur, das Theater, vor allem die Mädchen. Der Vater aber ist nur eine ferne Autorität, die man anerkennt oder die man abschüttelt. Und diese Spannung zwischen ·Sich-Unterwerfen und Sich-Aufbäumen gibt auch den folgenden Jahren ihre Prägung. Sie ist gewiß natürlich für jedes Verhältnis zwischen den Generationen. Mußte sie nicht von ganz besonderem Gewicht sein bei einem jungen Mann, dessen geistesgeschichtliche Sendung es war, eine Epoche heraufzuführen, eine revolutionäre Epoche, die nicht umsonst unter dem Namen «Sturm und Drang» in die Literatur eingegangen ist und die nicht etwa mit dem Rokoko, sondern noch mit dem Barock zusammenstieß. Bei aller Liebe von beiden Seiten, väterlicher Liebe, kindlicher Liebe, die Explosionsgefahr war schicksalsmäßig eine tägliche Drohung. Im November 1772 war Goethe in Friedberg. Der Vater hatte Grundbesitz dort, und Wolfgang sollte sich darum kümmern. Am Abend vorher war er in Wetzlar gewesen, bei Lotte:

«Ich wollte, ich hätte gestern abend förmlich Abschied genommen, es war eben so viel und ich kam um einen Kuß zu kurz, den sie mir nicht hätte versagen können. Fast wär ich heute früh noch hingegangen. Schlosser hielt mich ab. Dafür spiel ich ihm nächstens einen Streich. Gewiß Kestner, es war Zeit, daß ich ging. Gestern Abend hatt ich recht hängerliche und hängenswerte Gedanken, auf dem Canapee — —

Der Steindecker war da und ich bin so weit als vorher, und es ist ein Paket von meinem Vater ankommen, darnach ich geschickt habe, das mag auch erbaulichs Zeug enthalten. Indessen bin ich doch wieder bei euch — —.

Der Brief meines Vaters ist da, lieber Gott, wenn ich einmal alt werde, soll ich dann auch so werden! Soll meine Seele nicht mehr hängen an dem, was liebenswert und gut ist! Sonderbar, daß da man glauben sollte, je älter der Mensch wird, desto freier er werden sollte von dem was irdisch und klein ist. Er wird immer irdischer und kleiner.»

Der Sohn hatte nur Lotte im Kopf, den Abschied nach einem Besuch in Wetzlar, hatte hängerliche und hängenswerte Gedanken, solche, aus denen über ein Jahr später «Die Leiden des jungen Werthers» entstanden; er wäre am liebsten gleich den andern Morgen wieder nach Wetzlar gewandert, wenn ihn nicht Schlosser, der Anwalt und der Freund der Familie, den der Vater sorglich mitgeschickt hatte, abgehalten hätte. Der Vater aber dachte nicht an Lotte, sondern an den «Gasthof zum Ritter» an der Breiten Straße in Friedberg. Der hatte dem verstorbenen Vetter, dem Gastwirt und Schreiner Johann Christian Göthe, gehört, und der Rat hatte auf ihm einen Insatz, das heißt eine Hypothek, von 1800 Gulden zu 4 Prozent, so daß er jetzt Miteigentümer des Hauses und an dessen baulichem Zustand interessiert war. — Zwei sehr verschiedene Welten! — Aber von dem Vermögen, das der Vater sorglich zusammenhielt, hat der Sohn in Weimar noch lange gelebt. — «Lieber Gott, wenn ich einmal alt werde», — nun, als Goethe in das gleiche Alter kam, in dem der Vater 1772 war, da ist er seinen Verlegern gegenüber ein noch viel schärferer Rechner gewesen, als es der Vater seinen Hypothekenschuldnern in Friedberg gewesen.

Oder ein Gespräch vom Mai 1774 mit Johanna Fahlmer über den Zwist zwischen Goethe und Wieland. Es zeichnet die gleiche Situation: «Das ist just, was mich an Wieland so ärgerte und mich reizte, mich gegen ihn auszulassen. Da, der Ton. Ich will's nicht sagen: ich selbst hab Recht, Wieland hat Unrecht. Denn Alter, Zeitpunkte, alles macht Verschiedenheit in der Art zu sehen und zu empfinden. Jetzt denk ich nun so und so; vielleicht in dem Alter von Wieland — wer weiß, noch eher? — denke ich just so wie er. Drum, was soll ich sagen? Hat er nun recht? Oder hab ich nun recht? Der Eindruck, den man itzt selbst hat, der gilt. Wieland hat recht, daß er so urteilt, aber mich ärgert's nun noch. — Mit der Zeit! Mit der Zeit! Ja, das ist's! das ist's! Just, just so spricht mein Vater! Die nämliche Händel, die ich mit diesem in politischen Sachen habe, hab ich mit Wieland in diesen Punkten. Der Vater-Ton! der ist's just, der mich aufgebracht hat».

Man muß sich solche Stimmungsbilder aus Goethes Jugend vergegenwärtigen, um zu wissen, durch welche Erinnerungen 1811 und später das Bild des Kaiserlichen Rates vom Sohn gefärbt und getrübt worden ist. Es wird immer schwer sein zu ermitteln, was für eine Persönlichkeit der Vater des Dichters gewesen ist, aber seine Biographie schreiben zu wollen, indem man nur zusammenträgt, was der Sohn in den einzelnen Büchern von «Dichtung und Wahrheit» mitteilt, das ist unmöglich.

Johann Caspar Goethe wurde 1710 in der Gast- und Schildwirtschaft «Zum Weidenhof» an der Zeil in Frankfurt geboren. Sein Vater Friedrich Georg Goethe war bis zu seinem 48. Lebensjahr Schneidermeister gewesen. Er kannte Frankreich, war als junger Mann etwa vier Jahre in Lyon und Paris und hatte sich 1686, nach Aufhebung des Edikts von Nantes, in Frankfurt niedergelassen. Er verließ, wie es in der Leichenrede heißt, Frankreich wegen der «Verfolgung». Seinen Beruf hätte er weiter ausüben können. Verboten waren die Gottesdienste, und diese «Verfolgung» war für den frommen Lutheraner entscheidend.

Als «Fredericus Georg Göthé», so in drei Sprachen, lateinisch, deutsch, französisch, unterzeichnet er nun in Frankfurt seinen Namen in der Eingabe um das Bürgerrecht. Das ist bezeichnend. Der junge Meister war sehr angesehen in seiner Zunft und auch durch Fleiß und Geschick zu Vermögen gekommen. Seine Kundschaft waren die Damen des Patriziats, der reichen Kaufmannschaft, des der Stadt benachbarten Adels und Hochadels. In der Sandgasse gehörte ihm das Haus «Zum Goldnen Rad». 1705 heiratete er in zweiter Ehe die Witwe des Gasthalters Schellhorn. Diese, also väterlicherseits des Dichters Großmutter, war damals 37 Jahre alt und die Tochter des Schneidermeisters Walther. Sie hieß mit Vornamen Cornelia, und Wolfgangs Schwester hat nach ihr den Namen. Diese Cornelia Goethe, geborene Walther, brachte aus ihrer ersten Ehe das Gasthaus «Zum Weidenhof» als Mitgift in die Goethesche Familie.

Der «Weidenhof», wie es der Name sagt, ursprünglich ein Gutshof, war im Mittelalter zwischen Wiesen und

Äckern draußen vor der staufischen Stadtmauer gelegen. Als Ludwig der Bayer 1333 dem Rat erlaubte, die Stadtbefestigung weiter vorzuschieben, fiel der Hof in die Neustadt; 1446 war er im Besitz der Familie von Holzhausen. 1629 ist er schon Gasthof, im gleichen Jahr steht auch schon der Bau mit drei Stockwerken, an der Ecke von Zeil und Weidengasse gelegen, also an der Nordseite der Straße, ganz nahe der Hauptwache. Die Merianschen Stadtansichten lassen die Fassade nicht eindeutig erkennen; aber es gibt zwei Kupferstiche aus dem späten 18. Jahrhundert, von den Wirten zu Werbezwecken hergestellt, die uns eine klare Vorstellung geben. Sie zeigen einen vornehmen Bau, dreistöckig, darüber noch ein Mansardendach. Als besonderer Schmuck dient, von einem Giebel gekrönt, ein Mittelrisalit mit fünf Pilastern, zwischen denen vier Fenster liegen. Rechts und links sind dann noch je drei Fenster, so daß man für das Ganze auf eine Front von zehn Fenstern kommt. Die vorgesetzte Schmuckfassade, die in der Mitte aber keinen Balkon, auch kein Fenster, sondern nur einen Pilaster hat, zeigt eben schon durch diese Anordnung, daß sie sich Vorgegebenem einfügen mußte und spätere Zutat ist. Die zehn Achsen aber erweisen die Größe des Gasthauses zur Zeit von Friedrich Georg Goethe, wofür auch spricht, daß der erste Stock vorkragte, eine Bauart, die im 18. Jahrhundert nicht mehr gerne gesehen wurde. In der Mitte des Erdgeschosses war die Einfahrt, rechts und links eine Pforte für Fußgänger. 1706 wurde die Erlaubnis zu einem Stall, zwei Stockwerk hoch, im Hof erteilt. Damit waren Räume für Pferde und Wagen gegeben.

Die Zeil, ursprünglich Viehmarkt und dem Roßmarkt benachbart, war im 18. Jahrhundert die vornehmste, auch durch ihre Breite modernste Straße geworden. Der Führer durch die Stadt von Johann Bernhard Müller aus dem Jahre 1747 rühmt die Zeil und ihre Gasthöfe, nennt auch den Weidenhof und sagt: «Es sind dieses meist Häuser, worinnen große Herren vollkommen wohl gemächlich wohnen können, wie dann darinnen auch Zimmer und Tafeln stark besetzet sind, besonders in denen Messezeiten, wo ein ungemein großer Zufluß der Fremden in Frankfurt ist.» Der Weidenhof war also kein Weinschank, sondern eine Schildwirtschaft, ein vornehmes Gasthaus. Der Steuer nach stand er unter den Gasthöfen an vierter Stelle.

Hier also, unter dem täglichen Verkehr von Reisenden, auch unter dem Klang ausländischer Sprachen, ist Johann Caspar Goethe aufgewachsen, in einer Umgebung, die früh den Blick über die Wälle der Vaterstadt hinaus in die weite Welt lenkte. Johann Caspar sagen wir, wie er getauft wurde; aber welches war sein Rufname? Die Frau Rat wird der Sitte der Zeit entsprechend ihn einfach «Goethe» genannt haben. Die Kinder sprachen vom «Pap» oder «Papa». Aber wie nannten ihn die Geschwister, die Freunde? Zweifellos Caspar. Das Goethehaus verwahrt 67 eigenhändige Unterschriften des Kaiserlichen Rates. Er signiert sehr verschieden; doch viermal kürzt er Johann mit den drei ersten Buchstaben ab, schreibt aber Caspar aus. Das ist entscheidend. Und woher dieser Vorname? Im Jahre 1163 hatten die Marmorsärge mit den Reliquien der Heiligen drei Könige auf ihrem Weg von Mailand nach Köln, von reliquiensüchtigen Landesfürsten bedroht, ihre Zuflucht in Frankfurt gefunden. Seitdem war ihr Kult hier heimisch. In Sachsenhausen entstand eine Dreikönigskirche, und das Südportal der Liebfrauenkirche zeigt heute noch die Anbetung in Bethlehem. Aus Frankfurter Tradition der Familie Walther und nicht von den Goetheschen Vorfahren in Thüringen her wird der Vorname Caspar erklärt werden müssen.

Der Vater hatte nicht vor, seinem Sohn die Gasthalterei zu übergeben. Er wünschte ihn einst unter den Juristen der Stadt zu sehen, mit dem Doktortitel und also mit dem Degen an der Seite. Er ließ ihn auch nicht in Frankfurt erziehen, sondern sandte ihn, als er vierzehn Jahre alt war, auf das angesehenste lutherische Gymnasium im fränkischen

Raum, das Casimirianum zu Coburg. Dieses war infolge der endlosen und unseligen Streitereien im Hause Wettin 1605 von Herzog Johann Casimir als Akademisches Gymnasium gegründet worden, halb als Wettbewerb mit der Universität Jena, halb als Vorbereitung für diese gemeinsame Hohe Schule der Ernestinischen Staaten. Man darf sich die Verhältnisse aber nicht zu bedeutend vorstellen. Der Bau ist ein schöner Renaissancebau mit sechs Giebeln und Turm; die Front war einst bemalt mit Bildern von Philosophen und Theologen in ganzer Figur, dazwischen lagen acht Fenster mit Butzenscheiben. Jedoch das Ganze enthielt neben ein paar Kammern nur zwei nicht eben große Säle, einen im Erdgeschoß und einen im ersten Stock. Bemerkenswert war vor allem der Turm, 41 Meter hoch in sechs Stockwerken und von einem Merkur gekrönt, höher als alle Stadttortürme und als der Turm der Moritzkirche. Das Gebäude steht heute noch und dient noch immer Unterrichtszwecken.

Die Schülerzahl wird zwischen 100 und 150 geschwankt haben, darunter thüringischer und fränkischer Adel. Jena hatte eben nur Professoren, Coburg aber hatte eine Veste, hatte eine Hofhaltung und hatte einen Herzog, durch den die Adligen «distinguiert» wurden. Die Unterrichtssprache war Latein; noch 1752 wurde verordnet: «Das Dozieren soll lateinisch geschehen.» Auch außerhalb des Unterrichts durften die Lehrer in Gegenwart der Schüler nur lateinisch sprechen. Zwanzig Jahre bevor Johann Caspar nach Coburg kam, wurden bei der hundertjährigen Stiftungsfeier der Anstalt, also 1705, wohl eine lateinische, griechische, französische und italienische Festrede gehalten, aber keine deutsche. Aus solcher Schulung heraus erklärt es sich, daß Goethes Vater sein uns so wichtiges Haushalts- und Ausgabebuch von 1753 bis etwa 1770 in lateinischer Sprache geführt hat. Erst seit Wolfgang die deutsche Sprache adelte, dringt das Deutsche auch in die väterliche Buchführung ein.

In der Matrikel des Gymnasiums ist Johann Caspar Goethe als «Francofurtensis cauponis filius», also als Wirtssohn, unter dem 4. Mai 1725 eingetragen. Dann hat eine spätere Hand hinzugefügt: «Doctor juris». Und noch später wird die Bemerkung beigeschrieben: «Pater poetae inclyti», der Vater des berühmten Dichters. Scholarch der Anstalt war Georg Paul Hönn, Fürstlich Sächsischer Geheimer Rat und Amtmann. Er ist der Verfasser jenes berühmten «Betrugslexikons», das soeben, 1720, in Coburg erschienen war. Es enthält, alphabetisch nach 350 Ständen und Berufen geordnet, jeder Beruf im Durchschnitt mit fünfzehn Betrügereien angeführt, den ganzen Trug und Lug der Welt, alles in allem etwa 5 000 Unredlichkeiten, dazu im einzelnen die Ratschläge, wie jeweils solchem Unheil zu begegnen sei. Gewiß, das 18. Jahrhundert als Jahrhundert der Aufklärung war auch das der Lexika. Indes welch weite Welt- und Lebenskenntnis gehörte dazu, um von allen Berufen, von den Abdeckern bis zu den Zimmerleuten zu wissen, wie sie betrügen! Das ausführlichste Kapitel des ganzen Buches aber gilt dem Selbstbetrug. Es ist ein ernster christlicher Beichtspiegel. Und wenn August Hermann Francke, der Pietist, 1698 in Halle das erste deutsche Waisenhaus schuf, so gründete Hönn deren zwei, eines in Coburg, das andere in Meiningen. Johann Caspar erwarb das Buch seines Rektors nicht als Schüler, wohl aber als Erwachsener, in der zweiten Auflage von 1761. Es steht, inzwischen eine große Seltenheit geworden, in seiner Bibliothek am Großen Hirschgraben.

Von den Lehrern des Casimirianums lebt wohl nur der Name von Johann Matthäus Meyfart fort, der 1623 bis 1634 das Gymnasium leitete. In Coburg entstand, und zwar im Jahre 1626, jene großartigste Hymne der Gottessehnsucht, die das Evangelische Kirchenlied besitzt:

> Jerusalem, du hochgebaute Stadt,
> Wollt Gott, ich wär in dir!

Mein sehnlich Herz so groß Verlangen hat
Und ist nicht mehr bei mir.
Weit über Berg und Tale,
Weit über blaches Feld
Schwingt es sich über alle
Und eilt aus dieser Welt.

Propheten groß und Patriarchen hoch,
Auch Christen insgemein,
Die weiland dort trugen des Kreuzes Joch
Und der Tyrannen Pein,
Schau ich in Ehren schweben,
In Freiheit überall,
Mit Klarheit hell umgeben,
Mit sonnenlichtem Strahl.

Mit Jubelsang, mit Instrumenten schön,
In Chören ohne Zahl,
Daß von dem Schall und von dem süßen Ton
Sich regt der Freudensaal,
Mit hunderttausend Zungen,
Mit Stimmen noch viel mehr,
Wie von Anfang gesungen
Das große Himmelsheer.

Das sind drei Strophen von sieben. Es ist die Not des großen Religionskrieges, die solche Jenseitssehnsucht hervorgerufen hat, aber es ist doch auch die Stärke der Glaubensinbrunst, wie sie von Luther her die ersten Generationen des Protestantismus bewegte und trug; und das war die Haltung, die den Geist des Casimirianums lange Zeit hindurch prägte und bestimmte. Auf einer solchen Schule also ward Johann Caspar im Hause eines Theologen erzogen. Wenn Johann Wolfgang Goethe, im Monat Januar 1757, also sieben Jahre alt, in einer lateinischen Übung bei seinem Vater niederschreibt, er und sein Bruder, das ist der fünfjährige Hermann Jacob, hätten mit gefalteten Händen und gebogenen Knien ihr Morgengebet gesprochen, so können wir in dieser Haltung des Knaben, kniend zu beten, Auswirkungen des Casimirianums sehen.

An einen lutherischen Geistlichen ist nun auch der erste Brief gerichtet, den wir von Johann Caspar Goethe besitzen, aus Coburg vom 2. Dezember 1727, und natürlich in lateinischer Sprache. Der Brief wendet sich an einen Frankfurter Pfarrer mit Namen Ritter. Zunächst bestätigt er den Empfang einer besonderen Sendung, die er, Johann Caspar, dem Adressaten, für den sie bestimmt war, dem Licentiaten Schwarz, weitergegeben habe. Zweitens dankt er — das ist uns das Wichtigste — für eine Schrift Ritters, eine Biographie des Flacius. Drittens erklärt er, daß er, Johann Caspar, die Wohltaten, die er von Ritter empfangen habe, niemals vergelten könne; aber der Vater würde es mit Gottes Hilfe sicher tun. Das Schreiben schließt mit Ausdrücken der Dankbarkeit und Ergebenheit. Ritter ist also auch ein Freund des Vaters von Johann Caspar, des Gastwirts «Zum Weidenhof», gewesen, und wir gehen wohl nicht fehl, wenn wir schließen, der Frankfurter Pfarrer Ritter habe den Gastwirt bestimmt, seinen Sohn auf das Akademische Gymnasium zu Coburg zu schicken.

So kurz das Schreiben ist, zwei Seiten in Quart, bei der Kargheit der Quellen ist es uns von großem Wert: es erschließt vieles. Das ist einmal Licentiat Schwarz. Johann Caspar nennt ihn: patronus meus, und das übersetzt man wohl am richtigsten mit: mein Hausvater. Die Schüler des Gymnasiums lebten meistens bei Bürgern der Stadt. Schwarz war Lehrer am Gymnasium, wurde Professor, und Johann Caspar hatte bei ihm Bett und Tisch. Das bewahrte ihn vor dem Essen im Convikt, drei Tische für etwa 30 Knaben, das nach den Akten jeden Tag und jede Woche immer unabänderlich zu Mittag Rindfleisch mit Brühe und abends immer wieder nur Linsen oder Graupensuppe mit Rindfleisch bot. Freilich gab es mittags wie abends für jeden

Einzelnen in zinnerner Kanne auch je einen Liter Bier auf den Tisch. Trotzdem, Bier hin, Bier her, wir freuen uns noch heute, daß Johann Caspar bei seinem Patronus sicher besser aufgehoben war.

Einen Namen in der Wissenschaft hat sich Professor Schwarz nicht erworben; indes er war ehrgeizig und hatte einen Prozeß mit dem Bürgermeister, dem er den Vortritt streitig machte. Sein Argument war, daß bei Leichenbegängnissen die Professoren an der Spitze ihrer Schüler unmittelbar hinter dem Vortragekreuz einherschritten und erst dann die Bürger folgten. Was vor dem Tode gelte, gelte auch vor dem Leben. Wie der Herzog den Streit entschieden hat, ist unbekannt.

Ritters Biographie des Flacius Illyricus, die Johann Caspar als Coburger Schüler geschenkt bekam und für die er dankte, hat er hoch gehalten. Sie stand eben in der Ausgabe «Frankfurt 1723», so lange er lebte, ja bis zur Versteigerung 1794 in seiner Bibliothek im Großen Hirschgraben. Dieser Flacius ist Jugoslawe gewesen und hieß eigentlich Vlacich. Er latinisierte seinen Namen und nannte sich nach seiner Herkunft aus dem venetianischen Istrien Illyricus. Er war 1520 geboren und wollte ursprünglich Franziskaner in Padua oder Bologna werden. In Venedig aber wurde er durch den Provinzial des Ordens mit Luthers Schriften bekanntgemacht. Diesen glaubensabtrünnigen Provinzial haben die Venetianer später ertränkt, so wie man eben in Venedig Ketzer ertränkte. Zwei Barken fuhren aufs Meer. Man legte ein Brett von einer zur andern, setzte darauf den Verurteilten; dann fuhren die Barken auseinander.

Der junge Flacius aber war rechtzeitig über Basel und Tübingen nach Wittenberg gegangen. Dort ist er noch Schüler des Reformators gewesen. — Nach dessen Tode wurde er eine Figur. — Es war jene schwierige Zeit, wo das Luthertum, das jede schlichtende Autorität von Papst und Konzilien verworfen hatte, in ein Meer dogmatischer Polemiken versank. In all diesen Streitereien von Land zu Land, von Stadt zu Stadt, von Universität zu Universität, von Pfarre zu Pfarre war Flacius der lauteste und rücksichtsloseste Rufer, die streitbarste und umstrittenste Erscheinung. Noch heute erinnert im mitteldeutschen Sprachgebiet das Wort «Fläz» als Bezeichnung eines Mannes mit unhöflichen Manieren an diesen Kämpfer der Reformationszeit.

Der Pfarrer Ritter hat seine Biographie dieses Mannes, die ja schon vor vier Jahren erschienen war, gewiß nicht jedem seiner Schüler zugesandt. Es ist auch kaum Zufall, daß er sich Johann Caspars Dankesbrief so aufgehoben hat, daß dieser bis auf unsere Tage gekommen ist. Es muß eine enge persönliche Verbindung zwischen diesem Geistlichen und dem jungen Goethe vorgelegen haben; und deshalb müssen wir uns das Buch Ritters, das heute sehr selten geworden ist, genauer ansehen. Was steht in diesem Buch? Wovon handelt es?

Flacius hat vor allem in zwei Fragen eine führende Position bezogen. Die erste war die gegen das Interim, den kaiserlichen Versuch von 1548, auf dem Augsburger Reichstag zwischen Katholiken und Protestanten auszugleichen. Flacius bestand auf der Rechtfertigung allein durch den Glauben, verwarf jede Möglichkeit eines guten Werkes, verwarf den freien Willen, verwarf die lateinische Kirchensprache und «das ganze Gaukelwerk in der Messe mit Kleidern, Lichtern und Aufhebung». —

Die andere Frontstellung, die im Grunde aus der ersten folgte, war die gegen Melanchthon und alle jene Protestanten, die in der Frage der Erbsünde nicht unbedingt die lutherische Ansicht vertraten, gegen jene also, die von der Notwendigkeit der guten Werke sprachen und einen freien Willen annahmen. Flacius hat ähnlich wie Luther tief unter dem Bewußtsein der hoffnungslosen Sündhaftigkeit des Menschen gelitten, war davon so verängstet und darüber so verzweifelt, daß Luther in der Kirche für ihn beten ließ. Sein ganzes Leben war ein leidenschaftliches Streiten um

EINFÜHRUNG

die Lehrmeinungen in der Frage nach der Sünde. Mit seiner Familie von Ort zu Ort vertrieben, gerufen, aufgenommen und wieder vertrieben, zeitweise sogar in Haft, hat er die ganze evangelische Kirche in allen ihren Schichten in Unruhe und Aufregung gehalten. 1548 wurde die Universität Jena gegründet, gegen Melanchthon und gegen Wittenberg. Ihre Aufgabe war lange Zeit, die Hochburg der lutherischen Orthodoxie zu sein. Flacius hat vorübergehend an ihr gelehrt. Es kam soweit, daß Jenaer Professoren den Wittenbergern das Abendmahl verweigern, sie nicht als Taufzeugen zulassen wollten. Im Jahre 1560 hat im August auf dem Schloß, dem alten Hornstein zu Weimar vor dem Herzog acht Tage hindurch vormittags und nachmittags eine Disputation stattgefunden, in der sich Flacius zu dem Satz hinreißen ließ, die Sünde sei kein Akzidenz, kein Zusätzliches, sondern die Substanz, ja sie sei schlechthin das Wesen des Menschen. Nun warfen die Gegner ein, dann habe ja Gott selbst die Sünde geschaffen. So tiefgreifend war die Spaltung in der Kirche, daß selbst die Gemeinden in Akzidenzler und Substanzler zerfielen. Erst mit der Torgauer Konkordienformel von 1577 — concordia heißt Eintracht — hat die evangelische Kirche wenigstens für den größten Teil der ihr zugehörigen Länder und Städte den Streit beigelegt.

Für den Pfarrer Ritter bestand ein mehrfacher Anlaß, sich mit dem Leben dieses Theologen aus der Lutherzeit zu beschäftigen. Einmal hatte er rein menschlich Mitgefühl mit der Tragik dieses hemmungslosen, aber doch auch verantwortungsbewußten Glaubensstreiters. Seinen Ton lehnte er ab, seinen Thesen aber stand er nahe. Weiter: Flacius war ein Gelehrter. Seine Kirchengeschichte, bis zum 13. Jahrhundert reichend, ist die bedeutendste historische Leistung der Reformation. Auch Balthasar Ritter hat eine Kirchengeschichte geschrieben, 1726, nämlich die der Stadt Frankfurt. Vor allem aber: Flacius hat seine letzten Lebensjahre in Frankfurt verbracht, ist 1575 dort im säkularisierten Weißfrauenkloster gestorben und auf dem Peterskirchhof begraben worden. Die Ritter waren eine Frankfurter Pfarrerfamilie durch fünf Generationen. Mit dem Ururahnen Matthias Ritter hat Flacius seine letzten Unterredungen gehabt, von ihm erbat er sich das letzte Abendmahl. Aus der Hand des Vorfahren lagen noch Schriften und Briefschaften von Flacius vor. Das alles bewog Ritter zu seiner Biographie.

Johann Caspar Goethe war Ritters Schüler, wie man annehmen darf, ein Lieblingsschüler. Er wurde in seinen Glaubensüberzeugungen durch seinen Lehrer geprägt und bestimmt. Als er auf die Universität ging, wurde er Jurist. Seine theologische Bildung aber verdankte er der Schule. Was er da gelernt hatte, das gab er weiter. Darin sah er seine Pflicht. Wie er ihr nachkam, das lehrt «Dichtung und Wahrheit». Goethe erzählt im Vierten Buch von den so anstrengenden Winterabenden, da der Vater ihm, der Mutter und Cornelia die «Unparteiische Historie der Römischen Päpste» [1748] vorgelesen habe. Verfasser war ein Schotte, ein früherer Jesuit, Archibald Bower. Dieser war von dem, was er in Rom bei der Inquisition erlebt hatte, so bedrückt und verstört, daß er nach England floh. Eine innere Bindung an seinen Orden blieb jedoch bestehen; er strebte zurück, starb schließlich aber als Protestant. Seine «Geschichte der Päpste» ist gut geschrieben, oft fast eine Geschichte der Mittelmeerpolitik und, da der Autor zwischen den Konfessionen stand, kenntnisreich nach vielen Seiten. Von den neun Bänden besaß der Vater drei, die bis in das hohe Mittelalter reichen. Goethe dokumentiert an den winterlichen Vorleseabenden die Hartnäckigkeit des Vaters, was einmal vorgenommen war, auch zu Ende zu führen. Uns aber ist ein anderes wichtig, daß der Vater überhaupt ein solches Buch las, und nicht nur für sich, nein, daß er verlangte, daß auch Frau und Kinder, so unmündig sie waren, mit der Geschichte des Papsttums bekannt gemacht werden mußten. So ernst nahm der Vater die christlichen, die konfessionellen Fragen, nicht nur für sich, sondern als deren christliches Oberhaupt auch für die ganze Familie.

Das religiöse Gespräch zwischen Vater und Sohn hatte früh begonnen. Die Mutter erzählt aus dem Jahre des Erdbebens von Lissabon, Wolfgang sei mit dem Großvater in der Kirche gewesen, wo der Geistliche die Weisheit des Schöpfers verteidigt habe. Der Rat fragte seinen Sohn nach der Predigt. Wolfgang antwortete: «Am Ende mag alles noch viel einfacher sein als der Prediger meint. Gott wird wohl wissen, daß der unsterblichen Seele durch böses Schicksal kein Schaden geschehen kann.» Das war 1755. Und unter dem 8. Juni 1830 berichtet der Kanzler von Müller: «Mein Vater war ein tüchtiger Kerl, aber freilich fehlten ihm Gewandtheit und Beweglichkeit des Geistes. Obgleich altertümlicher gesinnt in religiöser Hinsicht, nahm er doch kein Arg an meinen Spekulationen und Ansichten.» Altertümlicher gesinnt in religiöser Hinsicht — naturgemäß ist Wolfgang zunächst in strengem Luthertum erzogen worden; aber Jahr für Jahr wird der Knabe selbständiger, und so ist die Auseinandersetzung mit religiösen Fragen ein Hauptthema von «Dichtung und Wahrheit». Im Zehnten Band dieser Ausgabe, Seite 949 bis 955, eben in der Einführung zu Goethes Autobiographie, ist im einzelnen dargelegt, wie, ohne daß der Vater genannt wird, die latente und offene Opposition schließlich dazu führt, daß sich Wolfgang ein ganz persönliches, nicht lutherisch geprägtes Glaubensverhältnis zum Stifter der christlichen Religion, ihren frühen Bekennern und zur Bibel erringt. Jede Position, die er hier bezieht, ist immer die Antwort auf eine Gegenposition, nämlich die seiner Erziehung, sei es im Elternhaus, sei es in der Schule, sei es in der Kirche. In einer seiner lateinischen Schulaufgaben, die ja teilweise erhalten sind, heißt es unter dem Januar 1759 von den Katholiken, daß «wir mit dieser Leute Aberglauben und Abgötterei nichts zu tun haben». Das hatte Flacius Illyricus auch gesagt. In Goethes «Brief des Pastors an den Pastor» aus den letzten

Monaten des Jahres 1772 steht aber: «Warum lästert ihr ihre Messe? Sie tun zu viel, das weiß ich, aber laßt sie tun, was sie wollen, verflucht sei der, der einen Dienst Abgötterei nennt, dessen Gegenstand Christus ist» [Art. Ausg., Bd. 4, S. 126 ff. und S. 1011]. Rom und Venedig haben dann in Goethe, wie er sagt, «die protestantische Erbsünde», das heißt hier den Protest gegen Rom, wieder geweckt. — Andererseits, seine Versuche des Sich-Einfühlens in Anschauungen und Lehren des Katholizismus, etwa in der Lehre von den Sakramenten im Siebenten Buch, haben ihm Tadel seitens mancher Lutheraner und bei dem Liberalismus des 19. Jahrhunderts eingetragen. Nicht minder ablehnend war in gleichen Kreisen die Haltung gegenüber der Madonna-Vision in der letzten Szene der Faustdichtung. Aber hier wie dort wirkt sich bei Goethe jener Wille zum Verstehen aus, den er sich in der Jugend erkämpft hatte und ohne den auch der «Westöstliche Divan» nie gedichtet worden wäre.

Und weiter: die Lehre von der Erbsünde, die Flacius Illyricus und die ganze lutherische Kirche so tief erregt und beinah gespalten hat. Im Jahr 1769 hatte Wolfgang an der Synode der Herrnhuter zu Marienborn in der Wetterau teilgenommen. Er berichtet darüber in «Dichtung und Wahrheit». Die Gnadenwahl, die Erbsünde seien Hauptthemen gewesen. Er habe über diese Fragen bis dahin nicht selbständig nachgedacht. Jetzt ward er zur Entscheidung gedrängt und fand, daß er erbliche Mängel zwar zugeben müsse, aber an gute, von der Gnade geförderte Kräfte im Menschen glaube. So sah Goethe seine Entwicklung 1813, als er das Fünfzehnte Buch diktierte. Unmittelbarer, der Jugend näher, ist der erwähnte «Der Brief des Pastors» vom Dezember 1772. «Für die Erbsünde können wir nichts und für die würkliche auch nichts, das ist so natürlich als daß einer geht, der Füße hat.» Und noch 1824 heißt es in «Kunst und Altertum», wenn es ein radikales Böse, eine Erbsünde gäbe, so stünde dem auch eine Erbtugend gegenüber, eingeborene Güte, Rechtlichkeit, Neigung zur Ehrfurcht. Um dieselbe Zeit, da Goethe den «Brief des Pastors» schrieb, hatte er für das radikale Böse schon die Personifikation gefunden, waren schon die letzten Szenen des Urfaust geschrieben, stand Mephisto schon auf der Bühne.

Das Problem des Bösen ist in Goethes Dichtung so alt wie das des Erkennens. Mephistos Gestalt, immer sich wandelnd, begleitete den Dichter durch sein ganzes Leben. Und noch kurz vor seinem Tode in den letzten Versen der Fausttragödie formuliert er eine letzte Antwort auf eine Frage, die die alte Kirche, die Reformatoren, die die Aufklärung und ihn selbst immer wieder bedrängt hat, die Frage nach dem Bösen, nach der Sünde. Die Engel singen:

> Uns bleibt ein Erdenrest
> Zu tragen peinlich — —
> Geeinte Zwienatur — —
> Die ewige Liebe nur
> Vermags zu scheiden.

Flacius Illyricus, Balthasar Ritter, Johann Caspar Goethe, Johann Wolfgang Goethe, — es gibt Fragen, vor deren Eindringlichkeit die Jahrhunderte zu Nichts werden.

Außer diesem Brief Johann Caspars an den Pfarrer Ritter gibt es nur noch ein einziges weiteres Zeugnis aus der Coburger Gymnasialzeit, das nun freilich keineswegs aus einer geistesgeschichtlichen Atmosphäre stammt. Das ist ein Protokoll vom 17. November 1727, daß zwanzig Gymnasiasten nächtlicher Weile vom Gasthof «Zum Schwan» durch die Gassen auf den Markt über den Friedhof und wieder durch die Gassen zum Gymnasium gezogen seien, mit einer Musikbande und schreiend: «Licht aus, sonst schmeißen wir die Fenster ein», dazu «blökend wie die Ochsen». Unter diesen ist auch Johann Caspar gewesen. Vierzehn Tage nach dieser wilden Nacht wurde der lateinische Brief an den Pfarrer Ritter geschrieben.

UNIVERSITÄTEN UND PROMOTION

Nirgends war im 18. Jahrhundert das Treiben der Studenten so ungeschlacht wie in Gießen. Selbst in Jena war man milder. Es ist also durchaus möglich, daß sich Szenen wie die, über welche das Coburger Protokoll berichtet, in Gießen wiederholt haben, nachdem sich Johann Caspar dort am 9. September 1730 hatte immatrikulieren lassen. Aber vielleicht waren in Gießen solche Szenen zu alltäglich oder allnächtlich, als daß man darüber gleich ein Protokoll aufnahm.

Die Universität Gießen war 1607 von Darmstadt aus als lutherische Universität gegründet worden, weil Marburg 1605 calvinistisch geworden war. Das Collegium illustre wurde 1611 gebaut und hat bis 1830 gestanden. Es war ein schlichter Barockbau von drei Stockwerken mit je zehn durch einen Mittelpfeiler geteilten Fenstern und am rechten und linken Ende mit je einem Fassadengiebel. Auf der Dachmitte saß ein kleines Türmchen mit einer Glocke, die Unterrichtsstunden einzuläuten. Das Ganze war nicht eben viel größer als das Coburger Gymnasium oder der Weidenhof in Frankfurt. Auch das väterliche Gasthaus an der Zeil hatte wie die Gießener Universität drei Stockwerke mit je zehn Fenstern. Das muß man sich vergegenwärtigen. Noch hielten die meisten Professoren ihre Kollegs «in domo», d. h. in ihrer Wohnung.

Gießen hatte um 1730 in jedem Semester etwa vierzig Immatrikulationen. Im ganzen studierten damals nur 187 Studenten dort. In Leipzig, wohin Johann Caspar 1731 ging, waren es immerhin 700 bis 750. Auch 1765, als der Sohn, als Johann Wolfgang die Leipziger Universität bezog, waren es nicht mehr; denn Leipzig hatte durch den Krieg um Schlesien gelitten. Johann Caspar blieb bis 1735 in Sachsen; er habe für Leipzig immer eine große Vorliebe behalten, sagt der Sohn im Ersten Buch von «Dichtung und Wahrheit». Das juristische Colleg, das Petrinum, lag nahe dem Peterstor und der Pleißenburg. 1632 hatten die Kaiserlichen hier im Haus der Juristen ihre Kartaunen aufgestellt und die Feste beschossen. Deren Geschütze antworteten auf das Petrinum. Nach der Schlacht bei Lützen stellten die Kurfürstlichen ihre Artillerie in die Fakultätsräume, und diesmal antworteten die Kaiserlichen. Es ist verständlich, daß alles in Trümmer ging. Der Neubau erhob sich 1641 an der gleichen Stelle. Der Vorlesungs- und Promotionssaal, nicht eben groß, wurde in der Mitte von zwei barock gedrehten Holzsäulen getragen. Rings entlang den Wänden liefen, um zwei Stufen erhöht, die Sitze für die Grafen und die Graduierten. Im Fond, den beiden gestaffelten Kathedern gegenüber, waren die Bänke für die Studenten, und hier haben sie beide gesessen, Johann Caspar und später Johann Wolfgang, jener in Perücke, dieser in gepudertem Haarschopf.

Nach den vier Jahren in Leipzig ging Johann Caspar zur weiteren Ausbildung in der juristischen Praxis an das Reichskammergericht zu Wetzlar. — Leipzig und Wetzlar, — alles was später der Sohn durchexerzieren mußte, ward hier vorweggenommen, nur eben für uns ohne ein Käthchen Schönkopf, ohne eine Lotte Buff. Das persönliche Leben dieses Studenten Goethe bleibt völlig im Dunkeln.

Die nächsten sicheren Daten, die wir haben, sind der 18. und der 30. Dezember 1738, der Tag der Disputation und der Tag der Promotion zum Doktor der Jurisprudenz in Gießen. Die Dissertation, in Latein: «Electa de aditione hereditatis ex iure Romano et patrio illustrata» — Über römischen und deutschen Erbvollzug, hat Johann Caspar vermutlich seit 1737, wir wissen nicht in Frankfurt oder in Gießen, beschäftigt. Die Promotion erfolgte am vorletzten Tag des Jahres 1738. Den Druck, in Quart, 178 Seiten, mit schönen barocken Vignetten, klarer Type auf gutem Papier, hat Lammers in Gießen hergestellt. Der erste Teil, der vom römischen Erbrecht handelt, umfaßt 55, der zweite 24 Paragraphen. Für das deutsche Recht ist vor allem der Sachsenspiegel, das Magdeburger und Frankfurter Recht, aber etwa auch das fränkische, württembergische und churpfälzische Land-Recht herangezogen worden. Von besonderer Bedeutung für die Familie Goethe sollte indes am Schluß ein Satz aus § 24 werden: «Liquet quod nec personae alias immunitate a detractu emigrationis e[xempli] g[ratia] Ministri principum, Clerici, professores, doctores, studiosi gaudentes a Decima nostra sese liberare valeant», das heißt: jeder, der aus der Stadt Frankfurt wegzieht, selbst die sonst von solchen Steuern Befreiten wie fürstliche Minister, Geistliche, Professoren, Doktoren und Studenten, haben beim Abzug den zehnten Teil ihres Vermögens der Stadt zu überlassen. Dies Privileg hatte Kaiser Maximilian II. in Speyer 1570 gegeben, um Frankfurt für die Belagerung von 1552 im Schmalkaldischen Krieg schadlos zu halten. Die Stadt bestand streng auf ihrem Recht, wurde doch, wie derselbe Paragraph lehrt, selbst Vätern von zehn Kindern hier keine Milde und keinerlei Nachsicht gewährt. Johann Caspar konnte nicht ahnen, daß auch von seinem dann allerdings schon arg zusammengeschmolzenen Vermögen einst dieser Zehnte zu zahlen sein würde, zum Verdruß des Sohnes, als dieser am 9. Dezember 1817 das Frankfurter Bürgerrecht aufgab.

Angefügt an den Druck der Dissertation ist wie üblich eine lateinische laudatio durch den Dekan, den Professor Johann Friedrich Kayser [1685—1751], und eine herzliche Begrüßung durch den Professor Heinrich Christian Senckkenberg, nicht nur weil die Väter befreundet gewesen seien — floruit inter parentes nostros amicitia —, sondern weil der Professor Johann Caspar zu seinen persönlichen Schülern zählte. Ehe nämlich Senckenberg Professor ward, hatte er sich 1729 in Frankfurt als Advokat niedergelassen, und hier hatte Johann Caspar, zwischen Coburg und Universität, seine erste praktische Anleitung in der Jurisprudenz erfahren. Wenn Senckenberg jetzt, nur sechs Jahre älter als Johann Caspar und selbst erst wenige Jahre vor ihm in Gießen Doctor juris und Professor geworden, zum Schluß den jungen Goethe um seine Freundschaft und sein Wohlwollen bittet und seinerseits beides zurückzugeben verspricht, so ist hier einmal die akademische Phrase durchbrochen und dem jungen Juristen von einem angesehenen und besonders auch wegen seines Charakters hochgeachteten Gelehrten, der später einflußreicher Reichshofrat in Wien werden sollte, öffentlich ein schönes persönliches Zeugnis ausgestellt. Das muß uns dafür schadlos halten, daß die überlieferten Schriften meist am Wesentlichen, eben am Menschlichen, vorbeigehen, dafür um so wortreicher sich mit Formalitäten abgeben.

Vielleicht aber bestand noch eine andere Bindung Senckenbergs an den Doktoranden Goethe. Es ist die Frage aufgeworfen worden [von dem Professor der Rechte in Gießen Reinhard Frank im Feuilleton der Frankfurter Zeitung vom 4. und 5. Mai 1898 und von Gustav Nick, Quartalblätter des Historischen Vereins für das Großherzogtum Hessen, Bd. 2, Nr. 10, 1898], ob nicht Senckenberg zu einem guten Teil an der Abfassung der Dissertation beteiligt gewesen sei. Außergewöhnlich wäre das nicht gewesen, da die Professoren in jener Zeit, wo es kaum wissenschaftliche Zeitschriften gab, die Doktorarbeiten ihrer Schüler gern benutzten, um in Streitfragen zu Wort zu kommen. Das Problem sei hier nur erwähnt. Ob es sich je eindeutig klären läßt, sei dahingestellt, und wenn, dann jedenfalls nur von juristischen Fachgelehrten. Johann Wolfgang jedenfalls war auf die Dissertation seines Vaters stolz. Er erwähnt sie rühmend im Ersten Buch von «Dichtung und Wahrheit» und 1811 gegenüber dem Oberbibliothekar Eichstädt in Jena.

Eine von der Fakultät begangene Promotion hatte früher eine ganz andere Bedeutung als heute. Sie war ein großes und seltenes akademisches Fest, in dem die Universität sich selbst feierte. Es war ja die schöne examenlose Zeit. Man ging auf die Universität, wenn man die Kurse des Gymnasiums durchlaufen hatte; aber es gab weder eine Prüfung hier noch eine Prüfung dort. Das Abiturientenexamen kam erst gegen Ende des 18. Jahrhunderts auf. Andererseits öffneten die Universitäten ihre Pforten jedem, der von einem Gymnasium kam, «denn», so wurde einmal argumentiert, «es wird schwer fallen, einen allein der Unwissenheit halber nicht zuzulassen»! Nach vier bis fünf Jahren Studium konnte man sich dann um den Doktorgrad bemühen. Das taten aber nur wenige. Baccalaureus nach zwei Jahren oder Magister oder Licentiatus nach etwa drei Jahren wurden schon mehr. Zur Doktorpromotion gehörte die wissenschaftliche Untersuchung und gehörte Geld, viel Geld. Die Fakultät vertrat den Standpunkt, wer die Ehre haben will, soll dafür zahlen. Deshalb verschoben die Doktoranden zumeist den Aktus, bis sie mehrere beisammen waren. Andererseits hatten auch die Professoren den Wunsch, die Prüfungen an einem Tag vorzunehmen. In Leipzig — hier sind die Zahlen und Daten veröffentlicht — haben am 4. Dezember 1727 sieben Doktoranden gemeinsam zum Doktor juris promoviert. 1728, 1729, 1730 promovierte dort kein Jurist. 1731, am 29. November, promovierten gleichzeitig fünf. Dieses eindrucksvolle Fest hatte Johann Caspar miterlebt. Vergegenwärtigen wir uns: gerade 1731 bis 1735, das waren die Jahre, in denen er in Leipzig studierte. 1732, 1733, 1734, 1735 promovierte keiner. 1736 promovierten wieder an ein und demselben Tag drei juristische Kandidaten; 1737, 1738, 1739 promovierte keiner. Im Jahre 1740 fand nur eine juristische Promotion statt, dann nach drei Jahren Pause, erst 1744, waren es vier. So sah es in Leipzig aus. Auch in Gießen tat man sich zusammen, um die Kosten zu senken. Johann Caspar gesellte sich zu einem Commilitonen aus Osnabrück. Die beiden Doktoranden wandten sich an den Rektor, meinten, sie wollten gewiß mit Pauken und Trompeten promovieren, auch den üblichen Schmaus für Professoren und Commilitonen geben, aber alle unnützen und überflüssigen Solennitäten sollten ihnen erlassen bleiben. Nun fanden in Gießen Sitzungen statt. Alle Fakultäten und alle Professoren hatten zu gutachten; die einen hängen am Alten, die anderen fürchten, die beiden Studenten könnten an einer anderen Universität promovieren, wenn es dort billiger wäre. Schließlich geht alles an den Landgrafen in Darmstadt. Seine Entscheidung ist nicht mehr vorhanden; aber er hat das Gesuch gebilligt. Die unnützen und überflüssigen Solennitäten, die wegfielen, das waren im Festzug die Ehrenjungfrauen [paranymphae, eigentlich Brautjungfern], die von ihnen gewundenen Lorbeerkränze und die Knaben mit Fackeln und Büchern.

Auf alle Fälle, es ist eine wunderbare und großartige Feier gewesen! Zwei Zeitschriften haben seitenlang darüber berichtet, «Der Juristische Bücher-Saal», Frankfurt 1739, im 14. Stück S. 564ff., und die «Frankfurtischen Gelehrten Zeitungen» vom 30. Januar 1739. Das Ganze hat mit einer Prozession begonnen. Die Glocken der Burgkirche neben der Universität läuteten. Der Pedell mit dem Universitätszepter schritt voraus. Es folgten zwei Studenten. Die Kandidaten, die Professoren, die Gäste schlossen sich an. So versammelte man sich vor dem Hause des Dekans, der ja die Promotion vorzunehmen hatte. Von da ging es zur Universität. Pauken und Trompeten erdröhnten, bis der feierliche Zug, die Professoren in schwarzer Kleidung und langen Mänteln, im Auditorium Platz genommen hatte. Jetzt begann der eigentliche Festakt, und zwar mit einer Cantate «unter vollständiger Instrumental-Musique». Der Text ist erhalten. Die erste Aria setzte vermutlich in Moll ein:

> Sanftes Chor!
> Holde Schaar der Pierinnen!
> Was vor Jauchzen bricht hervor?

Es folgten ein Rezitativ: «Geprießnes Lahn-Athen», gemeint ist Gießen, weiter eine Arie, diesmal auf Asträa, dann ein Arioso: «Wo Kunst und Wissenschaft sich mit der Tugend gatten», ein zweites Rezitativ, nochmals eine Arie, ein drittes Rezitativ: «So kommt dann, wer die Tugend ehrt, Und wer durch seltnes Wissen Sich träger Eitelkeit entrissen Und von dem Pöbel abgekehrt», dann eine Aria: «Du Jehova, Gott der Ehren», ein neues Rezitativ, und eine fünfte Aria am Schluß, wobei zu bemerken, daß jede Aria da capo gesungen werden mußte. Die Arie auf Jehova, das hatte der Komponist den geistlichen Cantaten der Zeit, wie sie etwa Telemann vertrat, entnommen; die anderen Texte sind barocke Bildungslyrik der Universitätssphäre.

Wer nicht weiß, was Asträa bedeutet, schlägt am besten Hederichs «Gründliches Lexicon Mythologicum» nach, das der Dichter Goethe selbst bis zuletzt in Weimar noch auf seinem Pult stehen hatte. Dort liest man, daß Asträa als Göttin der Gerechtigkeit einst im Goldnen Zeitalter auf der Erde weilte: Sie «unterhielt die Menschen in Recht und Billigkeit, daher auch weder einiger Krieg war, noch sonst dergleichen etwas vorging.» Als es aber hier immer schlimmer und schlimmer wurde, flog sie wieder gen Himmel und wurde die Jungfrau im Tierkreis, und weiter: «Sie ist aber immittelst eine Jungfer; wannenhero die, welche Vorsteher der Gerechtigkeit seyn wollen, sich auch redlich und unbefleckt verhalten und mithin nicht sich mit Geschencken bestechen sollen lassen.»

Wenn wir uns die Lieder vor Augen halten, die ein Vierteljahrhundert danach Wolfgang Goethe als Leipziger Student seiner Annette, d. i. Käthchen Schönkopf, oder Friederike Oeser widmete, — von Tugend, Ehre, Weisheit, Lorbeer ist da eben nicht viel die Rede, um so mehr vom entblößten Busen der Mädchen, von weißen Armen und schmachtenden Augen, von Zärtlichkeit und sanfter Wollust, vor allem von Amor und nicht von Asträa. Rokoko statt Barock. Zeit und Lebensgefühl hatten sich gewandelt. Vor allem aber die dichterische Aufgabe war eine gänzlich andere und verlangte andere Stilmittel. Indes, daß eben dieser Johann Wolfgang 1771 in Straßburg nicht auch so schön zum Doctor juris promovierte wie er selbst einst in Gießen, sondern daß er nur den Licentiatus juris heim nach Frankfurt brachte, das ist dem Vater immer ein Schmerz und eine Enttäuschung gewesen.

Nachdem die Cantate, vorgetragen vom Collegium musicum der Universität, verklungen war, hielt der Dekan vom obersten Katheder aus eine lateinische Ansprache. Dann stiegen die beiden Kandidaten zu ihm empor. Eide wurden geschworen, Bücher symbolisch auf- und zugeklappt. Die Doktoranden empfingen vom Dekan den Doktorkuß. Die Ringe wurden ihnen angesteckt, der Doktorhut auf das Haupt gesetzt. Der Doktor Justus Eberhard Berghoff, so hieß der Osnabrücker Doktorand, hielt eine lateinische Dankansprache. «Der gantze solenne Actus endigte sich mit einem schönen Concert.»

Indes das ist nur die Feier im «auditorio solemni» der Universität gewesen. Jetzt begab man sich wieder in feierlicher, wohlgeordneter Prozession, der Rektor und der Superintendent führten, in die Hauptkirche, «all wo man abermahl eine angenehme Musique auffführete». Nunmehr läuteten auch die Glocken der Stadtkirche. Die beiden Doctores traten vor den Altar. Der Superintendent Liebknecht hielt eine «sehr zierliche und wohl ausgearbeitete Rede» in lateinischer Sprache über Johannis XVIII, V. 38: «Spricht Pilatus zu ihm: ‚Was ist Wahrheit?'» Dann legte er den Promovierenden die Hände auf und segnete sie ein. Verantwortung vor Gott, so wurde die Promotion erlebt.

Schließlich folgte der Doktorschmaus. Der Zug ordnet sich zum vierten Male. Feierlich und wieder unter dem Glockengeläute der Hauptkirche und der Burgkirche bewegt er sich zum Gasthaus, «woselbst der Academische Senat bey einer anständigen Taffel-Musique von den nunmehrigen Herren Doctoribus tractiret wurde». Einzelheiten liegen hier nicht vor. Gewöhnlich waren es etwa fünfzig Gäste. Wir wissen, daß vier hochadelige Assessoren vom Reichskammergericht sowie Fürstliche Regierungsräte an der Tafel teilnahmen, «nicht weniger hiesiger Herr Commendante ingleichen der Herr Obrist-Lieutenant nebst Herrn Obrist-Wachtmeister». Im ganzen betrugen die Unkosten für eine Doktorwürde in Gießen, wenn statutgemäß verliehen, im 18. Jahrhundert vierhundert bis fünfhundert Reichsthaler. Im Fall der Promotion vom 30. Dezember 1738 teilte sich die Summe durch zwei. Das war nicht wenig, wenn man bedenkt, daß Goethes Anfangsgehalt in Weimar als Geheimer Legationsrat im Conseil 1200 Reichstaler jährlich betrug.

Vermutlich beim Doktorschmaus sind dann auch die beiden Festgedichte vorgetragen worden, von denen sich Exemplare im Goethehaus erhalten haben. Das eine besteht aus hundert Alexandrinern. In Folio typographisch auf Mittelachse angelegt ist das Titelblatt doch zugleich gereimt, so daß man den Text so ordnen kann:

> Als der längst bewährte Fleiß
> Die Verdienste kennbar machte
> Und mit abgewichnem Jahr
> Siebzehnhundert Dreysig Achte
> Der erlangte Doctor-Huth
> Seinen werthen Freund Herrn Goethe
> Im berühmten Lahn-Athen
> Auff Asträa Thron erhöhte,
> So eröffnet dieses Blat
> Mit Glückwünschenden Gedancken,
> Wie ein treuer Knecht aus Francken
> Sich darob erfreuet hat.
>
> J. C. Schneider
> Würtzburg

Der Verfasser des Carmen ist mit dem Lebenslauf des Doktoranden gut vertraut. Er nennt die Namen seiner Lehrer in Coburg, darunter auch Schwarz, den wir schon kennen, und er schließt — und das läßt uns an das Musikzimmer im Goethehaus denken — mit den Versen:

Du kanst mit Deinen Sayten
Das allerstrengste Hertz, den härtsten Sinn bestreiten;
Dein süßes Lauten-Spiel bezwingt so Bäum als Stein,
Um wieviel mächtiger wird es in Franckfurt seyn?
In Franckfurt, wo man schon Dein artig Wesen kennet,
Wo keine Schäferinn dich ohn' Empfindung nennet.
So geh' und zeig mir bald der Liebsten Nahmen an
Und bleibe mir allzeit mit Freundschafft zugethan. —

In diesem treuen Knecht aus Franken hat man jenen Johann Caspar Schneider — dieselben Vornamen wie der Doktorand sie hatte — wiedererkannt, der um zwei Jahre jünger als dieser als Handwerkssohn zu Kitzingen am Main im Jahre 1712 geboren war und dann als guter «Hausfreund» des Kaiserlichen Rates in «Dichtung und Wahrheit» seine wohlverdiente Stelle fand. Er war von Beruf Kaufmann, wurde in Frankfurt churbayrischer Rat und Agent und wohnte zuletzt im Gasthaus «Zum Rebstock» nahe dem Dom. Er ist es gewesen, der Klopstocks «Messias» in das Haus «Zu den drei Leyern» einschwärzte, in dem er sonntäglicher Mittagsgast war. In der Gretchenaffäre hat er zugunsten Wolfgangs klug vermittelt und als politischer Korrespondent hat er den Knaben zu jener Siegelsammlung angeregt, die dann Herder in Straßburg verspottete und lächerlich machte. Mit der Frau Rat teilte er die Liebe zum Theater. Die Neuberin — im «Urmeister» Madame Retti —, hatte er aus persönlichem Umgang gekannt. Für diese Schauspielerin und ihre Schaubühne als «Schule guter Sitten» hatte auf Empfehlung Hamburger Geschäftsfreunde hin schon 1736 das Haus Metzler bei den vornehmen Familien der Stadt geworben und hatte auch die Spielerlaubnis auf dem Liebfrauenberg durchgesetzt. Der Rat Schneider aber wird erst 1745, zur Krönung Franz I., mit der Künstlerin in Verbindung getreten sein, in jener fatalen Spielperiode, da die Frankfurter die Kunst wieder an den Hanswurst verrieten. Vielleicht lernte er sie auch erst 1752 kennen, wo sie in einer Hütte auf dem Roßmarkt bei der Schuchschen Truppe die Clytämnestra in Racines «Iphigenie» gab. Auf alle Fälle, wer als Student den Alexandriner so gut zu handhaben wußte, hat ebenso Liebe und Verständnis für die große Alexandrinertragödie der Zeit wie für den Hexameter Klopstocks gehabt.

Daß Schneider sich sofort ins Goethesche Haus begab, als im Juni 1774 Lavater dort abstieg, war selbstverständlich. Lavater hatte den Maler Schmoll mitgebracht, der für seine «Physiognomischen Fragmente» Porträts aufnehmen mußte. Wolfgang, selbst Zeichner und Maler, war mit dem künstlerischen Kollegen «spazieren gefahren auf'm Main in Sandhof, wo sie nach Frankfurter Manier einen Teller voll Krebse miteinander aßen. Wir [d. h. die Eltern und Lavater] besahen Chodowieckis Zeichnungen, waren herzgut, ungeniert, vertraulich beieinander. Ein Rat Schneider saß bei uns». So Lavater in seinem Tagebuch. Er vergleicht, und das sagt viel, den «treuen Knecht aus Franken» mit dem Onkel Tobias in Sternes Roman «Tristram Shandy». Das war vierunddreißig Jahre nach der glorreichen Promotion in Gießen. Johann Caspar Schneider starb 1786, also wenige Zeit nach Johann Caspar Goethe und eben da sich Johann Wolfgang zu seiner Italienreise anschickte.

Das andere Gedicht, das sicher nicht weniger Beifall fand, untersucht in einer Reihe von Strophen den Wert des Lorbeers, den des Fürsten, des Helden, den des Adels, aber nur, um stets seine Nichtigkeit zu entlarven, auch beim Poeten.

> Ein Krantz umlaubet den Poeten,
> Was ist sein Wehrt? ein ängstlich Wort,
> Ein magrer Reim, ein Ton der Flöten,
> Den treibt der Nordwind plötzlich fort.
> Wie schwach, daß man sich hoch vermißt,
> Weil man ein Sylben-König ist.

Nur der Lorbeer der Weisheit gilt, der nun, «Erhabner Goethe», wieder unter Anrufung von Asträa, dem Doktoranden zugesprochen wird, gleichsam prophetisch Vater und Sohn verwechselnd:

> So nimm den Preiß, den du verdienet,
> Nimm den geweyhten Lorbeer hin,
> Der jetzt um Deinen Scheitel grünet,
> In dem schon tausend Früchte blühn.
> Gibt nun der Himmel sein Gedeyn,
> Wird Goethens Lorbeer ewig seyn.—

Ja, das Barock verstand zu feiern. Wie seine Architektur, wie seine Musik, so war auch sein Brauchtum — festlich. In Pisa, heißt es, läutet heute noch die Glocke, wenn ein Student der Rechte zum Doktor graduiert wird. Aber solches Bewahren der alten akademischen Sitten ist selten genug. Wo sind bei uns Doktorringe, wo Doktorhut und Doktorkuß? Ganz zu schweigen vom sakralen Bereich. Was ist uns von der alten Herrlichkeit und vom alten Glanz geblieben? — Nur das resigniert melancholische Wort: «mit Pauken und Trompeten durchgefallen». —

Während Johann Caspar in Coburg und auf den Hochschulen war, hatte sich in Frankfurt Entscheidendes verändert. Im Februar 1730 war der Vater gestorben. Er hatte ein großes Erbe hinterlassen, außer dem Weidenhof je ein Haus an der Eschenheimer und Bockenheimer Gasse, den Weinberg am Röderberg, zwei Gartengrundstücke vor den Mauern, 14 verschiedene Insätze d. h. Grundstücksbeleihungen und 17 Sack Geld, je nach der Münze der verschiedenen Staaten sortiert. Die Familie war nach Frankfurter Verhältnissen nicht reich, aber sie war wohlhabend. Johann Christian Senckenberg, Arzt in Frankfurt und Bruder des Gießener Professors, hat in seinem Tagebuch von diesem Gastwirt Goethe ausgesagt, er sei im Alter vor Hochmut fast von Sinnen gekommen. Was heißt hier Hochmut? Was heißt hier: von Sinnen? Vielleicht vermißte der Graduierte, standesmäßig selbstbewußt, seitens des Gastwirts die Devotion. Sollte man aber nicht eher meinen, wer als wandernder Schneidergeselle angefangen hat, dann aber ein solches Vermögen hinterlassen konnte, der sei ganz besonders gut bei Sinnen gewesen? Die Witwe führte den Gasthof noch fünf Jahre weiter. Dann 1733 kaufte sie sich zwei Häuser am Großen Hirschgraben. Zwei Jahre später veräußerte sie den Weidenhof. Hier, am Hirschgraben, bei der Mutter, hatte von nun an Johann Caspar sein Heim, wenn er in die Vaterstadt zurückkehrte.

Das also war es, was man jetzt von Johann Caspar erwartete, einmal eine Schäferin in Frankfurt als Gattin, wie es der Freund Schneider erhoffte, zweitens ein tüchtiger Jurist in der gemeinsamen Vaterstadt zu werden, wie es der Professor Heinrich Christian Senckenberg in seiner Begrüßung zur Doktorfeier ausgesprochen hatte. — Was aber wollte er selbst? — Wir wissen es nicht. Vielerlei Möglichkeiten standen ihm offen: einmal die theoretische Jurisprudenz. Mit dem Doktortitel war, zumal wenn man «ad facultatem» und nicht «extra facultatem» promoviert hatte, was in Leipzig erst seit 1722 möglich war, die Anwartschaft auf den Fakultätsbeisitz verbunden, weiter natürlich die venia legendi, also die Universitätslaufbahn. Erst im Anfang des 19. Jahrhunderts wurde für diese ein besonderes Examen eingeführt, die Habilitation, so 1819 in Preußen. Dann war weiter einem Doctor juris der Weg frei für alle praktischen juristischen Berufe, die Advokatur, die höhere Verwaltung, sei es in den Freien Städten oder im Fürstendienst, schließlich die politisch-diplomatische Laufbahn. Es ist uns aber leider kein einziges unmittelbares Wort von Johann Caspar überliefert, wohin es ihn nun wirklich zog. Zunächst scheint er nach Frankfurt zur Mutter zurückgegangen zu sein. Dann kam es darauf an, Welt zu sehen und im Auftreten Welt zu haben. So tat er, was alle taten, die irgendwie ihren Gesichtskreis erweitern und für einen späteren anspruchsvollen Beruf sich rüsten wollten. Er begab sich auf die Kavalierstour, wie sie damals für junge Männer mit Vermögen und Bildungsstreben üblich war, das heißt, er lernte Wien kennen, seit mehr als einem Jahrhundert die Residenz der Kaiser des Heiligen Römischen Reiches Deutscher Nation. Dann wollte er Italien, Frankreich und Holland sehen. Das Bittgesuch vom Jahre 1742, in dem Goethe von Karl VII. den Titel eines Wirklichen Kaiserlichen Rates erbat, hebt die auf Reisen geschöpfte Einsicht in die Sitten und Gebräuche verschiedener europäischer Staaten besonders hervor, erwähnt aber neben der Tätigkeit am Reichskammergericht in Wetzlar auch eine solche am Reichstag zu Regensburg und Reichshofrat in Wien. Da die Promotion in Gießen am 30. Dezember 1738 stattgefunden hatte, der Aufbruch von Wien nach Italien aber genau ein Jahr später, am 30. Dezember 1739 vor sich ging, kommen also für den Aufenthalt in Regensburg die ersten Monate des Jahres 1739, für den in Wien die späteren in Frage.

NACH REGENSBURG UND WIEN

Seit 1663 war der Reichstag — früher eine Zusammenkunft zumeist von Fürsten, nach Bedarf vom Kaiser in diese oder jene Stadt einberufen — zu einem ständigen Kongreß von Gesandten geworden. Der Sitz war Regensburg, der Tagungsraum der Saal des Rathauses. Heute noch ist er in der alten Form erhalten. Da saßen und verhandelten die Vertreter der sieben Kurfürsten, der hundert Reichsfürsten und die der Freien Städte, ein Parlament der Reichsstände. Wie oft sie regelmäßig wöchentlich Sessionen hielten, scheint sich nicht ermitteln zu lassen, kaum täglich, sind wir doch im ancien régime und die Gesandten meist Herren von Stand. «So fleißig wie ein Deutscher von Adel! das hab ich mein Tage nicht gehört», läßt Goethe im «Götz» seinen Liebetraut am Hof von Bamberg sagen, doch wohl auf Grund eigener Erfahrungen. Schreiber und Sekretäre freilich hatten täglich zum Diktat beim Reichstagsdirektorium zu erscheinen.

Was hat Johann Caspar in Regensburg getan? Zu den Sitzungen hatte er keinen Zutritt. Auch hatte er keinerlei Auftrag, keine Pflicht, keine Verantwortung. Aber als Sohn eines Frankfurter Bürgers und als Doctor juris war auch ohne besondere Empfehlung die Verbindung zu dem Vertreter der Freien Reichsstadt Frankfurt gegeben. Die Freien Städte gehörten zwei Gruppen zu, dem oberrheinischen und dem schwäbischen Kreis. Frankfurt zählte zum oberrheinischen Kreis. «Wir oberrheinischen Gesellen» sagt Goethe einmal von sich und seinen Freunden in «Dichtung und Wahrheit». Indes der Kreis als solcher unterhielt keinen Vertreter in Regensburg, vermutlich deshalb nicht, weil die Interessen nicht einheitlich waren. Dafür hatten die Reichsstädte, zuweilen eine allein oder mehrere zusammen, ihren «Consulenten». Der der Stadt Frankfurt hieß, als Johann Caspar nach Regensburg kam, Johann Ulrich Bösner, ein Mann von 59 Jahren, der einst in Gießen seinen Licentiaten juris gemacht hatte und der dem Regensburger Geheimen Rat angehörte, ein Patrizier. Er hatte durch seine Mutter verwandtschaftliche Beziehungen zu Frankfurt, war durch diese nach Wien an den Reichshofrat und dann in seine Regensburger Stellung gekommen. Jede Woche schrieb er einen Bericht an den Rat im Römer. Drei Folianten solcher Reichstags-Akten aus dem Jahre 1739 sind im Bundes-Archiv erhalten.

Im Hause Bösners also ist Johann Caspar aus- und eingegangen. Hier können wir ihm einmal über die Schultern sehen. An diesen Berichten nach Frankfurt hat er sich geschult. Was enthalten sie? Keine große Politik. Noch war Windstille im alten Reich. Das meiste sind Religions-Gravamina; und da die Berichte an eine evangelische Stadt gehen, sind es zumeist Klagen über die Katholiken. Aber gerade das war für die Denkungsweise Johann Caspars nicht unwesentlich. Da beschwert sich das Corpus Evangelicorum beim Kurfürsten von Mainz, in Cronberg vor der Höhe sei das neue Rathaus abgebrochen worden, um dem

Neubau einer katholischen Kirche Raum zu geben, die unmittelbar neben der evangelischen aufgeführt worden wäre, auch noch mit erpreßten evangelischen Steuergeldern. Die Herrn von Dienheim haben widerrechtlich dem evangelischen Kirchenmeister in Schornsheim seine Stellung genommen zugunsten eines katholischen Nachfolgers. In Erbendorf verbaut der katholische Geistliche am Gründonnerstag den gemeinsamen Altar durch ein Heilig Grab, so daß der evangelische seine Beichtvesper nicht halten kann. In Weyden dürfen die evangelischen Bürgerssöhne nicht mehr durch Heiraten mit reichen katholischen Bauerntöchtern Geld aus dem Leuchtenbergschen ins Land bringen. «Und geschieht auch öfters, daß Evangelische Väter von ihren erwachsenen leiblichen Kindern Catholischer Religion in ihrem Alter wie Hunde und nicht wie Väter gehalten, wegen ihrer Religion sündlich verspottet, unverantwortlich angefeindet und wohl gar zum Abfall hart angetastet werden.» Nöte des alten Reiches! Der Kummer über das Durcheinander der verschiedenen Münzsorten ist nicht minder groß. Je länger man in diesen Berichten liest, um so mehr verliert die Krone des Heiligen Römischen Reiches Deutscher Nation von ihrem Glanz. Aber was hier an curialem Stil zu lernen war, das hat ein Jahrhundert lang bei Vater und Sohn vorgehalten.

Indes Johann Caspar wird sich nicht nur in Bösners Schreibstube aufgehalten haben. Man konnte die Vertreter der verschiedenen Reichsstände persönlich kennenlernen. Es gab gesellschaftliche Begegnungen, möglicherweise schlossen sich Freundschaften. Weiter sah man sich die Stadt und Umgebung an. Wir kennen Johann Caspars offenen Blick für die Fülle des Lebens, seine lebhafte Teilnahme an allen Kunst- und Baudenkmälern aus seinen Berichten über Italien. Natürlich hat ihn auch der Regensburger Dom interessiert, obwohl der Gotik damals noch nicht die Bahn gebrochen war. Doch als ihm Wolfgangs Freund Crespel — später der «Rat Krespel» in E.T.A.

Hoffmanns gleichnamiger Novelle — im Jahre 1776 von seinem Wirken bei dem Fürsten Thurn und Taxis zu Regensburg und vom dortigen Dom schreibt, nun unter dem Einfluß von Wolfgangs Hymnus auf «Erwin von Steinbach», da antwortet am 18. Januar 1777 Johann Caspar von Frankfurt nach Regensburg: «Durch die vorläufige Beschreibung des dasigen Dohms werden meine Ideen ganz verjüngt». Es ist eine Erinnerung an seinen Regensburger Aufenthalt, wenige Jahre vor seinem Tode.

Im Mai kränkelte Johann Ulrich Bösner, Anfang Juni zeigt die Witwe auf schwarz umrändertem Bogen den Herren im Römer den Tod ihres Mannes an. Bei dessen Nachfolger Barth wird Johann Caspar nicht geblieben sein. Jetzt lockte Wien. Dorthin ging die Reise, wohl kaum mit der Postkutsche, sondern zu Schiff die Donau hinab, über Straubing, Passau, Linz. —

«Die Sonne war eben prächtig aufgegangen, da fuhr ein Schiff zwischen den grünen Bergen und Wäldern auf der Donau herunter. Auf dem Schiffe befand sich ein lustiges Häufchen Studenten. Sie begleiteten den jungen Grafen, welcher soeben die Universität verlassen hatte, um sich auf Reisen zu begeben. Wer von Regensburg her auf der Donau hinabgefahren ist, der kennt die herrliche Stelle, welche der Wirbel genannt wird. Da ergriff einer von den Studenten seine Gitarre und sang:

> Die Jäger ziehn in grünen Wald
> Und Reiter blitzend übers Feld,
> Studenten durch die ganze Welt,
> So weit der blaue Himmel wallt.
> Der Frühling ist der Freudensaal,
> Viel tausend Vöglein spielen auf — —

Poetisch sein und Poet sein, das sind zwei verschiedene Dinge. Bei dem letzteren ist, wie selbst unser großer Meister Goethe eingesteht, immer etwas Taschenspielerei, Seiltänzerei usw. mit im Spiele.»

Dies aus den ersten Seiten von «Ahnung und Gegenwart». Eichendorff spricht vom Sohn, wir sind beim Vater. Die Verse der Gießener Studenten in ihren Carmina zur Promotionsfeier hatten einen anderen Klang als das, was hier der Student zur Guitarre singt. Barock, Rokoko — nunmehr Romantik — die Situationen bleiben weithin einander verwandt, aber es wandelt sich die Weise, wie sie erlebt werden. Die Schäferin, das ist vorbei; der Ton der Flöten, — «den treibt der Nordwind plötzlich fort.» — «Der Freudensaal», — das Wort ist noch da wie im lutherischen Choral auf Jerusalem als die hochgebaute Stadt. Aber der Freudensaal ist jetzt nicht mehr der jenseitige Himmel der lobsingenden Frommen des Alten Testaments, sondern der diesseitige Himmel mit seinen im Frühling jubilierenden Vögeln; denn jetzt ist's das freie, das romantische Schweifen, in dem die Jugend sich selbst genießt und verherrlicht, nicht mehr die Flöte, der in die Ferne lockende Klang des Waldhorns wäre für diese Jugend der zeitgerechte melodische Ausdruck. —

In Wien, wo noch Karl VI. Kaiser war, wiederholte sich nun, was sich in Regensburg begeben, nur daß freilich die Kaiserstadt unendlich viel reicher an Sehenswürdigkeiten war, an Kirchen und Schlössern, an Adelspalästen und Kunstsammlungen, an Oper, Komödien und Konzerten. Zu alledem kam der Reiz des heiteren Wiener Lebens. Auch hier fehlen leider unmittelbare Zeugnisse aus der Zeit des Aufenthaltes, aber in seinem Reisebericht über Italien, von Johann Caspar Goethe im Alter etwa um 1765/70 niedergeschrieben, im «Viaggio in Italia», finden sich eingestreut Erinnerungen an Wien. Da sieht Johann Caspar in Venedig in San Giorgio Maggiore auf einem Altar eine Marmorsäule, in der gleichsam von Natur ein Gekreuzigter, eine Spanne groß, eingezeichnet ist, und er erinnert sich, zu Wien im Kaiserlichen Schatz ein großes Stück Holz gesehen zu haben, in dessen natürlicher Maserung auch eine ähnliche Erscheinung deutlich sichtbar war. Der Reisebrief aus

Venedig, der dies berichtet, ist vom 14. Februar 1740 datiert, also ganz kurz nach dem Wiener Aufenthalt. Zwei Monate später, unter dem 22. April schreibt er von Rom aus: «Unter den Bibliotheken von Europa sind für mein Gefühl die größten, wertvollsten, nie genug gepriesenen die seiner Kaiserlichen Majestät in Wien und die des Vaticans». Arturo Farinelli, der italienische Gelehrte, der den «Viaggio» herausgegeben hat, merkt dazu an: «Sicher hat er dort, d. h. in der Wiener Hofbibliothek, gearbeitet, seiner Natur nach immer höchst begierig nach Büchern; es war im Jahr vor seiner Italienreise.» Ein dritter Hinweis auf Wien findet sich im «Viaggio» unter dem 10. April. Johann Caspar ist in Herkulaneum gewesen und war von dort nach Portici und nach Resina aufgebrochen, um im Palast dem König und der Königin von Neapel beim Mittagsmahle zuzuschauen, wie das die Sitte erlaubte. Er schildert, wie der Königin, die eine sächsische Prinzessin war, Speisen «alla tedesca», nach deutscher Art zubereitet, aufgetragen wurden, dem König diente die gewohnte spanische Küche. Was ihm aber besonders auffiel, war die Gelöstheit der Umgangsformen: «Sowie der Hof auf dem Lande ist, sind die Zeremonien verbannt und man sieht nicht eine Spur jener spanischen Etikette, die von den Unseren in Wien so rigoros beobachtet wird in Kleidung wie in Tafelsitten; den König bediente nur ein Kavalier, die Königin nur eine Dame, um die Speisen heranzutragen.» — Also die Kaiserliche Hofhaltung, der Reichshofrat, die Kaiserliche Schatzkammer, die Bibliothek, — man sieht, Johann Caspar hatte sich in Wien umgetan.

Das Bittgesuch von 1742 spricht aber nun eben auch im besonderen vom Reichshofrat. Was hatte es mit diesem auf sich? Im Jahre 1495 auf einem Reichstag zu Worms hatten die Reichsstände in ihrer Entwicklung zu unabhängigen Einzelstaaten dem Kaiser sein höchstes Vorrecht, das Amt der Gerichtsbarkeit im Reich, aus den Händen gewunden. Sie schufen als oberstes Gericht in Deutschland das Reichskammergericht, das erst in Frankfurt, darauf in Worms und von 1527 bis 1693 in Speyer tagte. Dann ward es unter dem Druck der Raubkriege Ludwigs XIV. mehr in das Innere des Reiches, nach Wetzlar, verlegt. Es war das oberste Berufungsgericht für alle Streitigkeiten in den Ländern und Städten. Der Kaiser hatte nun seinerseits, um den Machtverlust auszugleichen, sich ein eigenes höchstes Gericht geschaffen, eben den Reichshofrat in Wien, der ursprünglich nur in allen Reichslehnsachen für Klagen gegen Reichsunmittelbare und für alle italienischen Prozesse zuständig war. In Wetzlar war das Verfahren schriftlich. Wie infolgedessen dort die Prozesse versackten, das hat Goethe im Zwölften Buch von «Dichtung und Wahrheit» ausführlich geschildert. Die Folge war, daß immer mehr Rechtsuchende mit einem Appell an den Kaiser, votum ad imperatorem, sich nach Wien wandten. Das Ansehen und der Einfluß des Reichshofrates nahm zu, wie der des Reichskammergerichts in Wetzlar abnahm.

Der Reichshofrat tagte in der Wiener Hofburg. Sein Oberhaupt war der Kaiser, den ein Präsident vertrat. Ein Reichsvizekanzler und siebzehn Reichshofräte, das war das ganze Gericht. Alle wurden vom Kaiser unmittelbar ernannt; die eine Hälfte der Richter war vom Reichsadel, die anderen waren doctores juris, «welche», wie es hieß, «in der Rechtsgelehrsamkeit so weit müssen gekommen seyn, daß sie im Stande sind, aus denen Akten eine gehörige Relation zu machen». Konfessionell waren sie paritätisch. Es gab also in der Wiener Hofburg eine Reichshofratstube mit einer Adels- und einer Gelehrtenbank. Dazu kamen für die Geschäftsführung Reichshofratagenten, Prokuratoren, Advokaten, Schreiber und natürlich auch der Reichshofrat-Türhüter, der «insonderlich dafür zu sorgen hat, daß die ordentlichen Reichshofratzimmer wohl verwahrt und sauber gehalten werden». Gelegentlich beriet der Reichshofrat den Kaiser auch politisch. Selbstverständlich war er antipreußisch. Es war ein kleines, aber sehr einflußreiches Gremium.

Und Johann Caspar Goethe? Man kann sich seine Rolle nicht bescheiden genug denken. Er wird hier noch viel weniger getan haben als später sein Sohn Wolfgang in Wetzlar. Die Atmosphäre war in Wien sicher exklusiver als in Regensburg, und so können wir schon vermuten, daß vielleicht jener Professor Senckenberg von Gießen, der Johann Caspars Lehrer war und so warm und freundschaftlich ihn zum Doctor juris beglückwünscht hatte, den Zugang ebnete, und das um so mehr, als Senckenberg selbst im Jahre 1745 von Kaiser Franz I. nach dessen Krönung in Frankfurt in den Reichshofrat berufen wurde. Der maßgebende Berater des Kaisers war, bis 1753 Kaunitz kam, Bartenstein, aus bürgerlichem Hause, Sohn eines Philosophieprofessors in Straßburg. Mit ihm kann Senckenberg schon 1740 Fühlung gehabt haben.

Farinelli mutmaßt weiter, daß vom Wiener Hof aus auch Empfehlungen für Johann Caspar an den Conte Ponce de Leon gingen, der Standortkommandant in Mailand war; der Name klingt uns im Ohr, denn bei Clemens Brentano kehrt er 1801 als Titel eines Bühnenstückes wieder. Dieser Graf, Goethe im «Viaggio» nennt ihn Conte Ponzis, öffnete wieder die Pforte zum Palazzo des Conte Simonetta, der als Sammler und als Edelmann im Verein mit seiner Gattin eines der ersten Häuser in Mailand führte.

Und auch die Verbindung zum Generalfeldmarschall Friedrich Heinrich Reichsgrafen von Seckendorf bahnte sich damals von Wien aus für Johann Caspar an. Mittelsmann war dessen früherer Privatsekretär Strecker, der den General auf den Feldzügen gegen Frankreich und gegen die Türken begleitet hatte. Es ist aber abwegig, irgendwie politische Pläne seitens Goethe oder seitens Strecker in diesen Empfehlungsbriefen an Seckendorf zu wittern. Wer Verbindungen sucht, die eine Karriere fördern sollen, wendet sich an Männer von Macht und Einfluß. Seckendorfs Name aber hatte am Hof den schlechtesten Klang. Er hatte, von dem sterbenden Prinzen Eugen für das Kommando empfohlen, die österreichische Armee gegen die Türken geführt, aber mit Mißerfolg. Er war angeklagt, «die Glorie und Reputation der Kaiserlichen Armee prostituiert zu haben». Jetzt war er ein Gefangener, in Haft auf der Festung Graz, und der Prozeß schwebte. Hätte Johann Caspar damals politische Ambitionen gehabt, die Verbindung mit einem solchen Mann hätte nur Schaden gebracht. Daß er ihn trotzdem aufsuchte, beweist, daß Goethe nichts anderes wollte, als was der Generalfeldmarschall ihm geben konnte, private Einführungsbriefe bei persönlichen Freunden in Italien. Erst im November 1740 wurde der Prozeß gegen den Feldherren von Maria Theresia niedergeschlagen und die Festungshaft aufgehoben. Freilich einige Jahre später, als das politische Feld sich so ganz geändert hatte, wurde die Verbindung zu dem Marschall doch wichtig. Darum, wer ist dieser Sekretär Strecker gewesen, dem Johann Caspar sie zu danken hatte? Ist er doch so eine Art Schlüsselfigur, einer der wenigen gleichaltrigen Bekannten Johann Caspars aus seiner Jugendzeit, von denen wir wissen. Man hat einen Coburger Schulkameraden aus Franken in ihm vermutet, hat geglaubt, er sei 1739 in Wien tätig gewesen und hat ihn dann in der Legende von dem politisch ehrgeizigen Doctor Goethe fast zu einem Intriganten gemacht, der den jungen Frankfurter in der Stellung eines Wirklichen Kaiserlichen Rates als Schachfigur in der Politik der großen Mächte gebrauchen wollte. — Nichts von alledem. —

Johann Philipp Strecker war, nur um ein Jahr älter als Johann Caspar, 1709 geboren und ist ein Jahr nach ihm 1783 gestorben. Er stammte aus einer guten, angesehenen Beamtenfamilie in Hessen-Darmstadt. Seine Jugend verlebte er in Buchsweiler, jener elsässischen Residenz der Erbprinzeß, späteren großen Landgräfin Caroline, von deren hübschem Schloß und seinen landschaftlichen Reizen Goethe im Zehnten Buch von «Dichtung und Wahrheit» eine so anschaulich heitere Beschreibung gibt. Dort ist der Vater Hessen-Darmstädtischer Kammer- und Jagdrat gewesen. Der Bruder aber war Erster Hofmaler, gehörte zu dem engsten Kreis der Erbprinzeß und gab ihren Kindern Zeichenunterricht; fünf von ihnen sollten später europäische Kronen tragen. Im Amt stand der Hofmaler Strecker neben den Malern Seekatz und Fiedler. Ein Porträt von ihm, das eine seiner Schülerinnen, nämlich die junge Prinzeß Luise, später die Gattin Carl Augusts in Weimar, darstellt, hängt im Frankfurter Goethemuseum. Als eine Art Vetter von Johann Philipp Strecker, ja doppelt ihm verwandt, lebte in Darmstadt der Kriegsrat Merck, der altersmäßig zwischen den Generationen von Johann Caspar und Johann Wolfgang Goethe stand. Seekatz aber, «der Gevatter Seekatz», ging später als Freund und Maler viel im Großen Hirschgraben ein und aus.

Alles das sind uns höchst vertraute Namen und keineswegs eine politische Wiener Atmosphäre, sondern gut Darmstadt und gut Frankfurt. Dieser Johann Philipp Strecker muß dem Doctor Goethe nahegestanden haben. Einen Fremden empfiehlt man nicht. An Strecker sind auch die beiden einzigen Briefe von Johann Caspar aus Italien gerichtet, die wir kennen. Daß sie erhalten sind, danken wir der Verwandtschaft mit Merck. Dieser ließ sich von Strekker die Jugendbriefe vom Vater seines Freundes Wolfgang geben und bewahrte sie auf. Am 22. Februar 1780 sandte er einen davon der Herzogin Anna Amalia in Weimar.

Johann Caspar und Johann Philipp Strecker haben sich vermutlich in gemeinsamen Frankfurter oder Gießener Kreisen kennengelernt. Strecker hatte nicht in Coburg, sondern in Darmstadt das Gymnasium besucht, 1727 war er für einige Zeit in Frankfurt, dann studierte er in Gießen, das er aber Ostern 1730 mit Straßburg vertauschte, während Johann Caspar erst im Herbst in Gießen immatrikuliert wurde. Zum Doctor juris promovierte Strecker nicht, vermutlich schon der Kosten wegen. Von der Hand des Vaters Strecker aber sind vollbeschrieben vier Blätter erhalten, datiert Darmstadt, den 12. März 1727: «Instruction und Regeln wornach sich mein auff Universitäten ziehender Sohn Johann Philipp zu verhalten hat.» Die erste ist, Gott immer vor Augen zu haben, morgens und abends und auch öfters zu anderen Stunden zu beten, zweitens: den öffentlichen Gottesdienst nicht zu versäumen, sich mehrmals im Jahr als reuiger Sünder in den Beichtstuhl zu stellen, die Sünden zu bekennen und das heilige Sakrament zu nehmen, drittens: die Eltern, Vorgesetzten und Lehrer zu ehren, viertens: freundlich, friedsam, modest und höflich zu allen Leuten zu sein, fünftens: die collegia sowohl publica als privata besuchen und auch zu Haus keine Stunde ohne Arbeit verstreichen zu lassen, sechstens: den Herren Professoribus allen geziemenden Respect zu erweisen, siebtens: Müßiggang, Schwärmen, Schlagen und Raufen zu meiden, achtens: in Speis und Trank Maß halten, neuntens: mit Kleidern und Büchern ordentlich umgehen, zehntens: das Geld in guter Verwahrung zu halten, Buch zu führen und von Quartal zu Quartal einen Extract daraus zu überschicken, «laße dich einen jeden Kreutzer dauern unnüzlich auszugeben und bedencke, daß es deinem Vatter sauer wird, etwas zu erwerben», elftens: nicht säumig zu sein in Briefen an Eltern, Brüder und Freunde, zwölftens: indem alles wiederholt wird noch einmal: Gott um den heiligen Geist zu bitten. «Amen.» – Und 37 Jahre später, 1764, gibt Johann Philipp Strecker eben diese «von meinem seeligen Vatter mir ertheilte Instruction nunmehro meinem auf Universitäten gehenden Sohn» mit, unter der Ermahnung, ihr getreulich nachzufolgen. Das war um dieselbe Zeit, da auch Johann Caspar seinen Wolfgang nach Leipzig sandte.

Kann es ein schöneres, wichtigeres Dokument für uns geben als diese väterliche Instruktion? Sie offenbart mehr als alles andere, wie in Johann Caspars Freundeskreis gedacht und gelebt wurde. So also war Johann Philipp Strekker erzogen worden, und so erzog er wiederum seinen Sohn. Er war kein höfischer Rokokokavalier. Er sah die Welt so wie Johann Caspar Goethe sie sah, christlich gläubig und bürgerlich streng. In den Dienst Seckendorfs wird Strecker etwa 1734 getreten sein, wahrscheinlich durch Vermittlung des Markgrafen Karl Wilhelm Friedrich von Brandenburg-Ansbach, dessen Regimenter Seckendorf eine Zeitlang geführt hatte. Die Verbindung war durch das Haus Hessen gegeben. Die süddeutschen protestantischen Fürstenhäuser hielten eng zusammen. In solcher Stellung erhielt Strecker noch 1738, also schon zur Zeit der Seckendorfschen Katastrophe, von Wien aus den erblichen Adel. Es ist bezeichnend für ihn, daß er davon keinen Gebrauch machte. Er durchstrich das Diplom und bemerkte darauf folgendes: «Es ist dieses eine von dem Hr. Major von Mullburg in Wien projectirte Sache, deren mich niemalen annehmen wollen und um deßwillen durchstrichen, aus curiosität aber nicht ganz zerrißen, weilen es wenigstens meinen gehabten guten credit angezeiget.» Von 1738 an war Strecker in hessischem Staatsdienst, zuletzt wurde er Geheimer Regierungsrat in Darmstadt.

Das ist der Mann gewesen, der Ende 1739 an Seckendorf den jungen Doctor Goethe empfohlen hat. Sie waren beide von demselben Schrot und Korn. Johann Caspar aber fand durch Seckendorf in Venedig Zutritt zu der Schicht der Nobili. Dort war nämlich ein gesellschaftlich sehr mächtiger Mann Seckendorfs Freund, der Graf von der Schulenburg [1661-1747]. Dieser war ein Condottiere großen Stils gewesen, hatte gegen Karl XII. gefochten, im Dienst Venedigs 1716 Korfu ruhmvoll gegen die Türken verteidigt, Voltaire hatte ihm seinen «Charles XII.» gewidmet. Jetzt, fast achtzigjährig, war er der ruhmreiche, angesehenste Soldat der Republik. Es ist aber sehr bezeichnend, daß seine Person im «Viaggio» nicht vorkommt. Er interessierte Johann Caspar nicht, genau so wenig, wie ihn damals Seckendorf interessiert hatte. Sie waren dem Frankfurter Doctor juris gefällig, indem sie ihn bei dem italienischen Adel in Venedig, Verona, Rom und Mailand einführten.

Es war eine gesellschaftliche Geste, wie sie gang und gäbe war; im übrigen wollte keiner etwas vom anderen. Erst recht fehlen die beiden Namen in «Dichtung und Wahrheit» und in Wolfgangs «Italienischer Reise», obwohl doch in beiden Werken zuweilen von Italienischen Erinnerungen des Vaters berichtet wird. Nur einmal, im Jahre 1824, wird Schulenburgs Name in Goethes Schrifttum genannt. Damals im April bespricht der Dichter in seiner Zeitschrift «Kunst und Altertum» ein Buch von Varnhagen von Ense, in dem drei Biographien vereinigt waren, darunter auch die des Grafen Matthias Johann von der Schulenburg, und er dankt dem Verfasser, daß er ihm frühste Jugenderinnerungen wieder aufgefrischt. «Ich las hier ausführlich, was mir von den Tagen der Kindheit her bis ins Jünglingsalter heran als Weltmärchen im allgemeinen vorgeklungen.» Hier haben wir den Beleg, daß der Vater Goethe den Kindern von seiner einstigen Bekanntschaft mit dem alten fabelhaften Haudegen aus der Zeit der Türkenkriege erzählt hat.

> Wenn hinten, weit, in der Türkei
> Die Völker aufeinanderschlagen, –

vielleicht sind auch diese Verse aus dem Osterspaziergang im «Faust» eine Spiegelung jenes «Weltmärchens» von Schulenburgs und Seckendorfs Türkenkriegen:

> Man steht am Fenster, trinkt sein Gläschen aus
> Und sieht den Fluß hinab die bunten Schiffe gleiten;
> Dann kehrt man abends froh nach Haus
> Und segnet Fried und Friedenszeiten.

KARNEVAL UND GESELLSCHAFT VON VENEDIG

Aus diesem Wien Karls VI., des letzten Kaisers aus dem Hause Habsburg, brach Johann Caspar nun auf, am vorletzten Tag des Jahres 1739, nach Italien, nach Venedig.

Und jetzt haben wir nach jenem lateinischen Brief vom 2. Dezember 1727 aus dem Gymnasium zu Coburg an den Pfarrer Ritter zum erstenmal wieder ein echtes, unmittelbares Wort von ihm selber, einen Brief, diesmal in deutscher Sprache, vom 20. Januar 1740, also nach einem Zwischenraum von 13 Jahren, und gegeben von Palmanova, der Festung, die in der Ebene südlich von Friaul die östliche Flanke von Venedig deckte. Adressat war Strecker.

Die Reise war über Graz, Laibach und Görz gegangen. In Graz war der Reichsfeldmarschall von Seckendorf in seiner Haft besucht worden; auch in Laibach wurden Kavaliersbesuche gemacht. Aber das Wetter war bitterkalt, der Isonzo mit seinen Zuwassern so angeschwollen, daß sechs Bauern den gemieteten Wagen auf ihren Schultern über eine Anhöhe tragen mußten.

Maria Theresia — es ist jetzt das Jahr, da sie zur Regierung kommen sollte —, die alten Reichsfeldmarschälle aus den Türkenkriegen, ja selbst die «artige Mariandel» im Gasthaus zu Graz, die der Brief erwähnt, — kennen wir nicht diese Welt aus Hugo von Hofmannsthals Dichtung, von der Bühne her und von seiner Prosa? «Wenn Sie weiter nach Italien wollen, wie Sie gesagt haben, so kommt heute abend ein Fuhrmann hier durch, der bringt Sie bis Villach und von dort findet sich eine Gelegenheit ins Venezianische hinunter, einen Tag über den anderen —», das ist aus dem «Andreas» —, auch einer Reise von Wien an die Adria, die Hofmannsthal in die Zeit von Johann Caspars Italienfahrt versetzt. Wir fühlen dankbar, welche Macht der Verzauberung unserer Sprache zuwachsen sollte, um den Alltag des Jahres 1740 in Musik, in Bilder, in die beglückende Fata Morgana der Poesie zu verwandeln.

Palmanova, ein Muster modernster Fortifikation, war abstrakt geometrisch geplant. Von einem großen sechseckigen Platz in der Stadtmitte liefen und laufen noch heute die Straßen strahlenförmig zu den Schanzen und Vorwerken, die ihrerseits die Sternform aufnahmen, so angelegt, daß die Artillerie Angreifer jeweils rechts wie links unter Feuer nehmen konnte. Erbauer war 1593 Scamozzi gewesen; dann hatte Vauban die Werke erweitert. Hier also schrieb Johann Caspar seinen Brief. Sein Aufenthalt in der Festung war nicht freiwillig. Johann Caspar war, wie er sagte, in «Contumaz», d. h. in Quarantäne, die Venedig wegen Pest in der Türkei jedem Einreisenden auferlegt hatte. Die Venetianer, an der Pforte des Orients, waren ängstlich vor Seuchen und hatten wahrscheinlich auch Grund. Zwei Jahre vorher hatte sogar die Kaiserstochter und ihr Gemahl, der Großherzog Franz Stephan von Toscana, zu Dolce an der Grenze der Terra Ferma vierzehn Tage lang gleichfalls eine Quarantäne durchmachen müssen, ehe man sie nach Florenz weiterreisen ließ. In der Einleitung zu der Beschreibung seiner Reise nach Italien, in seinem «Viaggio in Italia», hat Johann Caspar, noch nach Jahrzehnten grollend, die Qualen seiner Haft in Palmanova geschildert: daß man seinen Empfehlungsbrief nur auf einer Schaufel entgegengenommen und über einem Feuer desinfiziert habe, dann die zwei kleinen Fenster der Zelle, die nur mit der Leiter zu erreichen waren, die Mäuse und anderes Ungeziefer, den engen Garten, die Umzäunung. Dazu die Einförmigkeit des Essens, die den Appetit verschlug, was als Zeichen von Krankheit gedeutet wurde, so daß Johann Caspar heimlich die Speisen durch die Fenster den Hunden zuwarf. Immer wilder wuchs, da kein Friseur Zutritt hatte, von Woche zu Woche der Bart. Eine Zechine täglich für Bett und Tafel! Und schließlich dann auf dem Karneval in Venedig die Wächter wieder treffen und ansehen müssen, wie sie dieses Geld verjubelten! Das alles war mehr als verdrießlich gewesen.

Dann aber, am Abend des 12. Februar 1740, ist Johann Caspar doch in Venedig eingetroffen. Er hätte keine bessere Zeit wählen können. Venedig im Karneval. Der Markusplatz, die Hauptstraßen, alles voll Masken, daß man sich kaum bewegen konnte. Johann Caspar sieht ein, nicht kostümiert ist er selbst ein Nichts, hat er zu keiner Redoute Zutritt, ist er von aller Fröhlichkeit ausgeschlossen. Er kauft sich Maske, Mantel und Kappe wie die anderen und besteigt so kostümiert, um sich einen Überblick zu verschaffen, 582 Stufen, den Campanile di San Marco: «vi si monta per 582 scalini». Auch der Sohn sollte den torre di S. Marco besteigen; er liebte es, in fremden Städten zuerst vom Kirchturm aus sich zu orientieren. Johann Caspar sieht zum erstenmal das Meer. «O che bel prospetto! Star qui su e guardar in giù!» Er läßt sich nach der Chiesa di San Giorgio übersetzen. Hier in der Kirche muß er Maske und Narrenhut abtun; er merkt sich vier Gemälde an, Tizian meint er, statt Tintoretto und Bassano, dann das Abendmahl und das Manna in der Wüste, beides nun wirklich von Tintoretto. So wird Johann Caspar sich alle Kirchen in Italien ansehen. Er läßt möglichst wenige aus, notiert sich die Gemälde, die Maler, selbst die Inschriften; und nach zwei Jahrzehnten schreibt er auf Grund dieser Tagebücher am Großen Hirschgraben in italienischer Sprache seinen «Viaggio in Italia», Bildungsernte, Sehnsucht nach Süden und Jugend. Die Führer, nach denen er einst gereist war, die Bücher von Keyßler, Misson und Nemeitz dienen ihm dabei als Gedächtnishilfen. Johann Caspar besucht die Theater, der Sitte gemäß mehrere an einem Abend, die Comödie, die Oper. Um Mitternacht auf dem Markusplatz und unter den Arkaden der Prokuratien ist dann das tollste Treiben, Maskentrubel und Jahrmarkt in eins; «le ninfe di Venezia vi cercano ancor la loro fortun». Auch ein Stierkampf gehört zum Karneval, auf dem Markusplatz, — Tribünen, Illumination und Feuerwerk. In Abständen werden zwanzig Stiere, im ganzen hundert, und starke Hunde gegeneinander losgelassen. Das Schauspiel dauert vier Stunden. «Die Schreie von mehr als fünzigtausend Masken erschreckten mich so, daß sich mir die Haare sträubten.» Johann Caspar besichtigt Murano und seine Glasfabriken, besucht Konzerte und Spielsäle, aber auch Klöster, weiter das

Arsenal, die Druckereien, die Buchhandlungen und Bibliotheken. Auch der Colleoni wird erwähnt, aber eigentlich anonym und mehr nebenbei, als «una bella statua di bronzo a cavallo», 1495 zu Ehren eines Feldmarschalls errichtet. Johann Caspar schreibt auch hier sich die Inschriften ab, kontrolliert deren Text mit dem in seinem Führer und bemerkt, wie sehr eine solche öffentliche Ehrung Ansporn sei, sich in Tugend, Tüchtigkeit und Wissenschaft auszuzeichnen. Der Dargestellte gilt; wer das Monument geschaffen hat, wird nicht gefragt.

Wir, kunstgläubig und kunstfromm, sehen in diesem Reiterdenkmal Verrocchios das Kunstwerk. Wir vergegenwärtigen uns den Vorwurf von Pferd und Reiter von Marc Aurel über den Bamberger Reiter bis hin zum Werk der Renaissance, zu Friedrich dem Großen Unter den Linden, zum Schaffen von Marino Marini. Das Barock aber wurde vom Leitbild der Ehre regiert und geprägt. Daher sein Pathos, sein Standes- und Ständeempfinden, sein Sinn für Etikette und Zeremonie, sein Gefühl für Aristokratie. Deshalb war für Johann Caspar, der mehr historisch als ästhetisch dachte, die Inschrift, weil sie Geschichte überlieferte, wichtiger als Tat und Name des Künstlers. So erlebte er noch ganz den ursprünglichen Sinn und Zweck dieses Standbildes, einen Mann dankbar zu ehren und sein Andenken späteren Geschlechtern als gültiges Vorbild zu überliefern: «Bartholomeo Coleono Bergomensi ob militare Imperium optime gestum.»

Um anschaulich zu machen, wie Johann Caspar erzählt und was er erlebte, seien aus dem «Viaggio» über den Aufenthalt in Venedig einzelne Abschnitte in Übersetzung wiedergegeben, die ersten aus dem Februar 1740, der letzte von der Rückreise im Juni. Zuerst die Theater:

«Ich war starr, als ich in die Oper von San Chrysostomo eingetreten war; die Musik, die Einrichtung, die Szenerie waren großartig, das Orchester, etwa vierzig bis fünfzig gute Spieler, die Kostüme der Hauptpersonen, alles sehr prächtig; besonders glänzend war der überlegte Aufbau, über den die Tänzer und Tänzerinnen, vierzehn zusammen, zum Schluß jedes Aktes von oben nach unten kamen, um dort ein Ballett aufzuführen. Die Oper begann um acht Uhr nach deutscher Zeit und endete um elf. Andere Opernvorstellungen wurden in S. Angelo gegeben; dort wurde ,Cleonice' aufgeführt, doch war die Vorstellung nicht so besucht als jene, gewiß aber an Wert nicht geringer. Freilich überbot die Primadonna Signora Fumagalli mit ihrer Leistung die Übrigen, weniger durch die Schönheit ihrer Stimme als die ihrer Person.» Catharina Fumagalli sang 1740 die Partie der Cleonice; der Text war von Metastasio, die Musik von Johann Adolf Hasse, dem großen Meister der Rokoko-Oper in Dresden, Wien und Venedig. —

Nun ein Bericht über zwei geistliche Konzerte: «Ich fand in der Klosterkirche der Incurabili beim Eintritt viele gute, kleine Mädchen, die keinen andern Vater als die Liebe haben. Sie sind streng bewacht, ohne ein Gelübde abzulegen, und haben die Freiheit sich zu verheiraten, wenn sich dazu eine Gelegenheit bietet, da einige unter ihnen, wie man sagt, mehr als 20 000 Gulden besitzen, je nachdem sie ihre natürlichen Väter ausstatten oder die eine und andere vielleicht durch ihre Kunst sich das Geld ehrlich erworben hat. Sie werden nicht nur in der Musik unterrichtet, sondern in jeder ihrem Geschlechte ziemlichen Fertigkeit. Geben sie diese Lebensweise auf, so ist ihnen verboten, auf den Theatern Venedigs oder eines fremden Fürsten aufzutreten. Wenn diese Mädchen musizieren, sind sie nicht sichtbar, sondern bleiben hinten auf dem Chore. Wer nicht weiß, daß es Frauen sind, würde sie sicherlich für erste männliche Kräfte halten. Namentlich zwei unter ihnen sind wahrhafte Virtuosen, die eine auf der Violine, die andere auf der Orgel; auch zwei Sängerinnen verdienen besonderes Lob. Es ist leicht glaublich, daß, um so göttliche Dinge zu hören, zahllose Kunstfreunde sich dort vereinigen; auch der Kurprinz von Sachsen [Friedrich Christian] erschien dort mehrere Male und ließ sich stets über der Kanzel nieder, um besser zu hören und wenn möglich auch die Künstlerinnen zu sehen. Zu Beginn des geistlichen Konzertes erschien eine Art von Sakristan, der etwas für den Stuhl verlangte, etwa zwei Soldi, während doch ebensoviele Dukaten nicht zu viel gewesen wären. Deshalb ist es auch merkwürdig, daß, wenn man dem Einsammler ein Geldstück von einigem Wert reicht, er den Überschuß dem Gönner herausgibt, auch wenn dieser es gar nicht begehrt. —

Die armen Mädchen im Kloster der Pietà sind zwar legitim, werden aber dort aus Barmherzigkeit unterhalten, ohne jedoch Nonnen zu werden und erwarten nur eins: daß sich jemand entweder in ihre Kunst oder in ihre Schönheit verliebt, da ihnen eine Mitgift fehlt, die sogar die Verrufenste und Häßlichste an den Mann bringt. Auch hier betreiben sie mit unsagbarem Eifer die Musik, zumeist Instrumentalmusik. Sie übertreffen bei weitem die der Incurabili, so daß nicht selten die eine oder andere ihr Glück macht, denn die Italiener sind närrisch in Bezug auf Musik und verlieben sich oft in solche Wunder der Kunst und der Natur, wie man sie nicht leicht im ganzen übrigen Italien sieht.»—

Auch am gesellschaftlichen Leben nimmt unser Reisender teil: «Wer nur etwas bekannt ist mit dem Treiben dieser Stadt, weiß, daß die adligen Spieler auf den Redouten alle zusammen halten. Das macht es unmöglich, daß sie etwas verlieren können. Die Fremden bleiben immer die Betrogenen, wenn sie nicht sehr vorsichtig sind. Für mich, da ich nie das Spiel geliebt habe und daran festhalte, daß die Vernunft, nicht die Sinnlichkeit herrschen soll — ich habe mich nicht damit befleckt, denn das heißt, wie mir scheint, Zeit und Seelenruhe, wenn nicht gar die Gunst Gottes verlieren. Das Spielen ist gerade wie die andern ungeregelten Leidenschaften eine Krankheit. Sie nimmt zu, wenn man nicht mit der Wurzel die Ursache ausreißt, die bei den Spielern keine andere sein kann als die teuflische Gier und das ungezügelte Verlangen, in einem Atemzug ohne große Unbequemlichkeit und Arbeit reich zu werden. Wenn daher eine christliche Seele nur ein klein wenig daran dächte, daß diese Art Kapitalist zu werden nicht in der heiligen Bibel und nicht in menschlichen Schriften begründet ist, wenn man überlegte, daß die Grundsätze der bürgerlichen Gesellschaft einem solchen Erwerbe entgegen sind, sie besagen nämlich: ‚vir iustus nunquam cito dives [ein rechtlicher Mann wird nie schnell reich]‘, wenn man daran dächte, daß das unrecht erworbene Geld den Blitz des Himmels auf sich zieht und daß sich selten die Erben seiner freuen, man würde bei Gott nicht so viele unsterbliche Seelen in solchem Schmutz verderben sehen.»

Der Spielsaal konnte also Johann Caspar nicht verlocken, wohl aber der Tanzsaal: «Ich betrat gegen Mitternacht den schönen, mit mehr als zweihundert weißen Wachskerzen erleuchteten Raum. Zwei Orchester hatten gegenüber je auf einem kleinen Podium Platz genommen. Sie spielten abwechselnd. In der Mitte war eine zahlreiche Gesellschaft beiderlei Geschlechts, die zumeist schon die Masken der großen Hitze wegen abgelegt hatte. Ich staunte über die prächtige Versammlung. Alles atmete Prunk und venezianische Herrlichkeit. Als ich mich ohne Maske einem Stuhle näherte, um zu beobachten und zu sehen, wie die Dinge sich wohl gestalten würden, fand ich in der Gesellschaft einen mir wohl bekannten jungen Nobile. Auf meine Frage, wer die Personen seien, antwortete er: Fürsten, Grafen, Marchesen, Nobili, Literaten und noch andere der angesehensten Bürger der Stadt mit ihren Frauen, mit ihren Geliebten. Er fragte, welche Dame ich kennenlernen wolle; man erfreue sich großer Freiheit. So näherte ich mich keck einer Dame, die ein Auge auf mich zu haben schien, ohne zu fragen, ob sie Fürstin, Bürgerin, Gattin oder Geliebte sei. Ich hatte nicht zwei Worte gesprochen, als sie meinte, sie habe mich schon im Vorübergehen gesehen, wie ich ihren Onkel besucht habe. Ich prüfte solches Entgegenkommen nicht weiter, sagte nur, ich wäre dort gewesen, würde auch nicht verfehlen, sobald als möglich ein andres Mal zu ihm zurückzukehren, indes wenn schon des Oheims Bekanntschaft mir großes Vergnügen bereitet hätte, die Bekanntschaft mit seiner Nichte mache mich geradezu anspruchsvoll. Jetzt fing der Ball wieder an. Ich bat sie, mit mir ein Menuett zu tanzen. Das wurde ausgeführt, und so unterhielten wir uns bis zum folgenden Morgen. Wer nicht Lust hatte zu tanzen, konnte sich eine Spielgesellschaft aussuchen, freilich mit der gleichen Gefahr, sich zu ruinieren, wie auf den Redouten; denn in den Gemächern neben dem Tanzsaale versammelten sich die Liebhaber der Karten. Es gab Erfrischungen und Getränke im Überfluß, was man wünschte, Kaffee, Schokolade, Sorbet. Man zahlte nicht mehr als drei Skudi auf den Kopf, was nicht viel ist, wenn man die Art erwägt, in der man bewirtet wurde, und den Nutzen, den ein Fremder davon ziehen kann.»

Nun ein Vergleich zwischen italienischen und deutschen, vor allem wohl Frankfurter Gesellschaftssitten: «Die venezianischen Nobili leiten zwar den Ursprung ihres Adels aus den ältesten Zeiten ab; trotz solchem Anspruch sind sie so umgänglich im Verkehr mit den untersten Handwerkern, daß sie fast als ihresgleichen gelten könnten. Und man sage mir, worin besteht der wahre Adel? Darin, die untersten Klassen zu verachten und sich aufzublasen wie der Frosch in der Fabel? Gewiß nicht. Oder sind sie adlig, weil sie durch eine reine Laune des Schicksals von einem Cittadino erzeugt sind? Auch das nicht. Nein, das sind die wahren Adligen, die unbeschadet der ihnen geschuldeten Ehrfurcht auch mit den geringern Leuten verkehren, das Laster fliehen, der Tugend nacheifern. Schmach über uns Deutsche! Wollte der Himmel, unsere Fürsten schickten ihre Adligen hierher, um solche Haltung zu lernen, wie sie Knaben und Mädchen hierher senden, daß sie Musik lernen! Dann würde sich bald das unmenschliche Vorurteil verlieren, daß kein Bürgerlicher zu ihren Assembleen zugelassen wird. Aber mir scheint, ich predige Tauben. Doch kann ich nicht mit Stillschweigen die Sitte übergehen, die namentlich dem Fremden gefällt und ihm nützlich ist, daß alle Herren vom Adel, auch die bejahrten, selbst außerhalb der Zeit des Karnevals sich in den Buchläden, den Kaffeehäusern und auf den Plätzen ohne große Umstände anreden lassen, als ob sie mit jedem verbrüdert wären.»

Die folgende Szene spielt sich in der Kirche Santa Croce alla Giudecca am 27. Juni 1740 ab: «Die Feier begann mit einer ausgezeichneten Musik, die während des ganzen Gottesdienstes andauerte, im Wechsel Sonate, Cantate, Sinfonie. Die Kirche war mir Teppichen ausgeschmückt. Die heilige Handlung ging vor sich, von vielen Kanonenschlägen begleitet, während die beiden armen jungen Mädchen an den Ecken des Hochaltars saßen. Vornehm gekleidet und voller Freude erwarteten sie in dieser Haltung ihren Bräutigam, das heißt die Kirche. Endlich wurde die Messe gelesen, dann traten die Schwestern mit Kerzen in den Händen in Prozession in das Parlatorio, wo sie unter den üblichen Gebeten eingekleidet wurden. Es dauerte lang, bis das erledigt war. Ihr Vater küßte sie. Es kamen Damen und taten das Gleiche. — Welcher Wahnsinn, zwei so junge Mädchen einzusperren! — Es ist ein schweres Unterfangen, die Welt in einem Alter zu verlassen, wo noch jedes Urteil fehlt! Wenn solche jungen Mädchen anfangen, die Regungen der Leidenschaft und weltliches Verlangen zu fühlen, wer wird sie trösten? Nur die Predigten und Geduld. Bravo! Aber ich weiß nicht, ob die Natur sich so befriedigen lassen kann und soll, da doch der Schöpfer geordnet hat, daß sein Wille in anderer, dem allgemeinen Zweck entsprechender Weise erfüllt werde. Und im besonderen dieses Schwesternpaar war von der Natur so anziehend; fast alle Anwesenden waren verliebt in sie. Ich konnte nicht umhin, während sie noch am Altar standen, zu einer Dame zu sagen, es sei Sünde, daß diese mit solchen Reizen ausgestattete Unschuld im Grauen eines Klosters begraben würde, ja daß fast alle Zuschauer sie bedauerten, weil sie nach ihrem

Äußern zu urteilen, nicht für die Klostermauern geschaffen schienen und sie einer großen, mehr als menschlichen Tugend bedürften, um dem Verlangen der Natur zu widerstehen. Die Dame antwortete lächelnd: es war der väterliche Wille und ihr eigener Entschluß, und der Himmel würde dem frommen Sinne helfen, wenn etwa künftig das Fleisch triumphieren sollte. — Dieser guten Prophezeiung hatte ich mich ohne Einschränkung zu fügen.» — Die beiden Schwestern, die in Santa Croce am 27. Juni 1740 den Schleier nahmen, hießen Adriana und Francesca Contini. —

Aus den Erlebnissen und Schilderungen Johann Caspars wird deutlich, wie sehr verschieden das Venedig von 1740 von jenem Venedig war, das wir erleben. Nichts von der Romantik einer großen Vergangenheit, kein Kulturherbst eines schönen Verfalls — noch war alles Gegenwart. Die Stadt war schlechthin der Mittelpunkt der europäischen Gesellschaft, der Schauplatz der Lebensfreude und des Lebensgenusses. Kunst, jawohl, aber nicht Kunstgeschichte, und unter den Künsten vor allem die Musik, die große italienische Oper in ihrer Blüte, die sich Paris und Wien als Vorbild dienen lassen müssen. Als ein halbes Jahrhundert später der Sohn Johann Wolfgang die Stadt betrat, da war das Bild der Stadt schon im Wandel, im Übergang; die «Venetianischen Epigramme» sagen es uns, wie unglücklich schließlich sich Goethe 1790 dort gefühlt hat, wo 1740 der Vater so glücklich gewesen.

AUF DEM VESUV UND IN ROM

Am 3. März 1740 verließ Johann Caspar Venedig, zunächst in einer Barke die Brenta aufwärts nach Padua. Der Sohn sollte Ende September 1786 die gleiche Reise, ebenfalls zu Schiff, in umgekehrter Richtung zurücklegen. Und wie der Vater freute er sich an den Gärten und Lusthäusern, die die Flußufer umsäumten. Am 6. März ist man in Rovigo, wo der junge Graf unseren Reisenden anspricht und ihm die Sammlungen seines Elternhauses zeigt. Im Dörfchen Arquato hatte man Petrarcas gedacht, der dort gestorben und begraben ist. Ferrara, hier trifft man am 7. März ein, mahnt an Torquato Tasso und an Ariost, dessen Grabschrift in der Benediktinerkirche sich Johann Caspar abschreibt. Am 9. März wird Bologna erreicht, da ist es denn die Seidenraupenindustrie und der Seidenhandel, die das Interesse besonders fesseln, und wir erinnern uns an die Seidenraupenzucht, die der Kaiserliche Rat später im südlichen Dachzimmer seines Hauses am Hirschgraben einrichten wird und deren lästige Pflege Wolfgang und Cornelia soviel Kummer bereiten sollte; aber wir hören auch die Verse Tassos, die er dem Herzog von Ferrara entgegenhält, die das «Stirb und Werde» des «Divans» vorwegnehmen, das große Thema der Metamorphose:

> Verbiete du dem Seidenwurm, zu spinnen,
> Wenn er sich schon dem Tode näher spinnt:
> Das köstliche Geweb entwickelt er
> Aus seinem Innersten, und läßt nicht ab,
> Bis er in seinen Sarg sich eingeschlossen.
> O geb ein guter Gott uns auch dereinst,
> Das Schicksal des beneidenswerten Wurms,
> Im neuen Sonnental die Flügel rasch
> Und freudig zu entfalten! —

Die Reise geht weiter über Imola, Faenza nach Rimini und von dort am Meer hin über Fano nach Ancona. Johann Caspar sammelt Seesterne und Seepferde. Er fragt nach dem Übergang von Pflanze zum Tier. Er sieht eine bedeutungsvolle Verwandtschaft vom Staubkörnchen an durch alle Stufen der Natur bis hinauf zum Schöpfer, so daß man nicht wisse, wo die eine Wesensart anfängt und die andere aufhört. Er weiß von Beispielen, wo Pflanzliches zum Tier wird. «La natura dunque rassomiglia ad una catena, le di cui anella sono le cose create.» Die Natur gleicht einer Kette, deren Ringe die geschaffenen Dinge sind. Kein

EINFÜHRUNG

Wunder, daß man zu dieser Stelle Beobachtungen aus der «Italienischen Reise» des Sohnes vom 9. Oktober 1786 in Venedig, vom 4. April 1787 in Palermo und Verse des Thales aus der Klassischen Walpurgisnacht im «Faust» herangezogen hat.

Zwanzig Kilometer südlich von Ancona liegt auf einem Bergrücken Loreto. Seit 1194 nachweisbar befand sich dort eine kleine Wallfahrtskirche «Unserer Lieben Frauen». Im 15. Jahrhundert entsteht die Legende, daß nach dem Mißerfolg der Kreuzzüge Engel am 7. September 1295 das Geburtshaus der Maria aus Nazareth nach Loreto getragen hätten. Auch der Altar, an dem Petrus das erste Meßopfer darbrachte, und ein Gnadenbild der Maria mit dem Kind, aus Holz vom Evangelisten Lukas gefertigt, wurden hier verehrt. Ein Brand in der Basilika hat im Jahre 1921 die Heiltümer teils schwer beschädigt, teils ganz vernichtet. Johann Caspar besichtigte die Wallfahrtsstätte am 17. und 18. März. Er wunderte sich, daß alle Einwohner des Ortes von jenem Hirten abstammen wollten, der am 7. September 1295 das Engelswunder als Augenzeuge gesehen hatte. Solche Legenden reizten den Lutheraner in ihm; und so erfüllte es ihn mit Genugtuung, daß er einen Knaben, der für ein Almosen die Casa santa mehrmals fürbittend umrutschen wollte, jedesmal durch Zurufe schnell wieder auf die Knie gezwungen, sobald dieser hinter dem Hause aufrecht laufend sich seinem Versprechen heimlich entziehen wollte. Bis 1794 stand im Haus am Großen Hirschgraben zu Frankfurt das Büchlein: «Notizie della Santa Casa della gran madre di Dio Maria Vergine adorata in Loreto. Ancona 1739», vorn eingeklebt ein Erinnerungsblatt mit eigenhändigem Eintrag: «17. Marzo 1740 J. C. Goethe.» —

Über Macerata ging es von Loreto in den Apennin hinein; und hier ist nun nachzutragen, wie Johann Caspar eigentlich reiste. Er hatte immer seinen Diener bei sich, aber auf einen eigenen Wagen hatte er schon in Venedig verzichtet. Indes er fuhr auch nicht mit der Post. Dafür hatte er sich mit vierzehn anderen Fremden einem Reiseunternehmen von drei Wagen angeschlossen, das von einem Manne geleitet wurde, der im Friseurgewerbe, — man denke an die Perücken der Männer, die hohen Coiffüren der Damen, — zu Geld gekommen war und dieses in Fuhrwerken angelegt hatte. Bei der Reisegesellschaft hieß er der «Direttore Parrucca». Der Preis war eine Zechine täglich für Fahrt, Tisch und Quartier. Unzuverlässig und geizig, hatte er aber seine Pferde nicht beschlagen lassen. Als man jetzt in den Bergen auf die Via Flaminia kam, noch mit den alten römischen Steinen gepflastert, kamen die Gäule ins Rutschen, stürzten, die Wagen schleuderten, und die Reisenden mußten zu Fuß gehen. In Rom, wo sich Johann Caspar, um standesgemäß aufzutreten, vertragsmäßig eine «carrozza di gala» ausbedungen hatte, war die gestellte Kutsche ein Wrack. Aus den geplatzten Polstern flogen die Federn durchs Fenster, und die Leute lachten über Gefährt und Reisenden.

Am 24. März war man in der Heiligen Stadt eingetroffen, am 26. verließ man sie schon wieder. Das Ziel der Reise war nicht Rom, sondern Neapel. Dort war man am 1. April. Vierzehn Tage waren für diese Stadt vorgesehen. Johann Caspar war in den Drei Königen, «Tre Re», abgestiegen, einem der besten Gasthöfe der Stadt, hatte sein Zimmer im dritten Stock und konnte vom Bett aus sehen, wie der Vesuv unablässig Rauchwolken ausstieß. Der letzte Ausbruch war im Jahre 1731 gewesen. Am 9. entschloß man sich, den Berg zu besteigen. Unterhalb des Gipfels versanken indes die Füße so tief in Lava, daß man den Gipfel nicht erreicht haben würde, hätten sich nicht plötzlich etwa fünzig Italiener, kräftig und trotzig und mit großen Messern an den Wehrgehenken, eingefunden, die ihre Dienste aufzwangen. Je zwei zogen vorn, zwei schoben an den Seiten, der fünfte drückte von hinten nach. So wurde jeder Reisende bis an den Rand des Kraters gebracht. Nach dem Abstieg erpreßten die Italiener feilschend je vier Zechinen, um die dann unter ihnen Schlägereien entstanden. Johann Caspar aber ritt auf einem Esel nach Herkulaneum hinüber, das 1719 entdeckt worden war. Der österreichische General Elbœuf hatte einen Brunnenschacht anlegen lassen, da war man in einer Tiefe von 27 Metern auf das Theater gestoßen, hatte Statuen gefunden. Mit den Ausgrabungen war erst gerade vor drei Jahren, also 1737, auf Befehl des Königs Carlos III., des Bourbonen, begonnen worden. Mit Fakkeln stieg Johann Caspar, sicher einer der ersten Deutschen, in die Tiefe. Das Mauerwerk war rot und grau, bemalt mit Gestalten, «heidnisch im Geschmack, göttliche Wesen und Ungeheuer». Viel war noch nicht zu sehen, und das nachrutschende Geröll und Gestein hinderten einen längeren Verbleib. Immerhin, noch wurde ja vielfach in Europa die Wahrheit der Entdeckung angezweifelt, Johann Caspar aber hatte sich überzeugt.

Und nun begann die Rückreise. Vom 19. April 1740 an war Johann Caspar in Rom. Der Gasthof, in dem der Direttore Parrucca seine Reisenden untergebracht hatte, war der «Monte d'Oro, osteria sulla piazza di Spagna molto famosa». Die Stadt war für Goethe in erster Linie die Hauptstadt des Papsttums. Er blieb zwei Wochen. Ja, ursprünglich waren für Rom nur vier Tage vorgesehen, wie aus einem Briefe an Johann Philipp Strecker im Juni aus Venedig hervorgeht: «Ich habe mich in Rom zehn Tag länger als mein Vorsaz gewesen aufgehalten, um, wie dermahlen die Rede ginge, der Creation des Pabstes beizuwohnen. Allein anoch izo wird dem Vermuthen nach die römische Kirche noch lange eine Wittwe bleiben.» Rückblickend, im «Viaggio», wird die Bedeutung Roms anders eingeschätzt. Jetzt heißt es: «Ich verließ also diese berühmte Stadt am 4. Mai nicht ohne ein Gefühl der Bitterkeit, wenn ich ihre Bedeutung erwog, in jeder Beziehung würdig des Studiums, und dann darüber nachdachte, wie wenig und unvollkommen ich meiner Sehnsucht Genüge leisten konnte und wie ich zum Verzicht gezwungen war, genauer und gründlicher alles zu prüfen.» Etwas trocken, — aber doch auch eine Klage über den Abschied von Rom! Vergleicht man mit ihr die letzten Seiten in der «Italienischen Reise» des Sohnes, so wird auch hier wieder deutlich, was es heißt, daß ein Herz empfinden und ein Dichtermund aussagen kann. Trotzdem, man folgt auch Johann Caspar auf seinem Gang über die Piazza Navona, zur Rotonda, zum Monte Cavallo, auf seinen Wegen zum Campidoglio, zum Campo Vacchino, zur Cestiuspyramide, wo 1830 der Enkel sein Grab finden sollte, und zu all den berühmten Kirchen Roms nicht ohne Ergriffenheit.

Am 4. Mai verläßt Johann Caspar die Heilige Stadt. Über Viterbo kommt er nach Montefiascone, wo er vor dem Altar in der Kirche des heiligen Flavian das Grab des trunkfrohen deutschen Ritters und das berühmte «Est Est Est» in Augenschein nimmt. Die Geschichte war am Hirschgraben sprichwörtlich. Auch die Frau Rat spielt auf sie an.

Am 8. Mai ist der Reisende in Siena, am 10. in Livorno, am 13. in Pisa, am 14. in Lucca, am 17. erreicht er Florenz, das aber am 20. bereits wieder verlassen wird, um über Bologna schon am 25. Mai wieder in Venedig zu sein. Eile war not. Am folgenden Tag nämlich ward die Vermählung des Dogen mit dem Meere als größte Staatsfeierlichkeit der Republik begangen. «Tutta la città fu in fermentazione», die ganze Stadt war in Gärung und im festlichen Gewande. Die Barken vereinten sich am Lido. Ein großer Teil führte Musikinstrumente jeder Art mit sich. Sie erwarteten den Bucentoro, das Staatsschiff. 1797 hat Napoleon es verbrannt. Nachdem der Doge an Bord gegangen, traf das Schiff ein, unter dem Lärm der Trompeten, der Pauken und vieler anderer Instrumente und unter dem Tosen der Freudenschreie, daß die Luft erbebte. Die Zeremonie gipfelte dann darin, daß der Patriarch das Meer mit Weihwasser segnete und der Doge einen Ring in die Wogen warf unter den Worten: «Meer, wir vermählen uns dir zum Zeichen wahrer und dauernder Herrschaft. Desponsamus nobis te, Mare, in signum veri perpetuique dominii.» Die Adria war nach Johann Caspars Bericht unruhig, der Himmel bewölkt. Sechsundvierzig Jahre später, Michaelistag, am 29. September 1786, schrieb im gleichen Venedig der Sohn, Johann Wolfgang: «Nachdem ich müde geworden, setzte ich mich in eine Gondel, die engen Gassen verlassend, und fuhr den nördlichen Teil des großen Kanals durch in die Lagunen bis gegen den Markusplatz und war nun auf einmal ein Mitherr des Adriatischen Meeres, wie jeder Venezianer sich fühlt, wenn er sich in seine Gondel legt. Ich gedachte dabei meines guten Vaters in Ehren, der nichts Besseres wußte, als von diesen Dingen zu erzählen.» Und wiederum drei Jahrzehnte später, im September 1815 — Goethe verlebte seine Abschiedstage auf der Gerbermühle —, da geht die Erinnerung an Venedigs einstige Vermählungsfeiern mit dem Meere in den «Westöstlichen Divan» ein. Kein großartigeres Symbol als eben dieses weiß Goethe für seine Bindung an Marianne.

> Als ich auf dem Euphrat schiffte
> Streifte sich der goldne Ring
> Fingerab in Wasserklüfte,
> Den ich jüngst von dir empfing.

Und Hatem antwortet:

> Dies zu deuten bin erbötig!
> Hab ich dir nicht oft erzählt,
> Wie der Doge in Venedig
> Mit dem Meere sich vermählt?

«Hab ich dir nicht oft erzählt?» Ja, auch Goethes Vater hatte es oft erzählt. War er doch Augenzeuge des Schauspiels gewesen, in den glücklichsten Tagen seiner Jugend.

Und tatsächlich, hier in Venedig fühlte sich Johann Caspar am meisten gefesselt. Obwohl er schon bei der Einreise in Italien dort länger geblieben war als später in Neapel oder in Rom, nämlich drei Wochen, schenkt er dieser Stadt noch einmal fast zwei Monate.

Aus diesem venetianischen Aufenthalt liegt uns nun wieder ein Brief vor. Er trägt weder Ort noch Datum, aber aus dem Inhalt ergibt sich, daß er auf der Rückreise geschrieben worden ist. Johann Caspar ist froh, wieder in Venedig zu sein; nur Oberitalien sei noch zu besuchen und dann Frankreich und Holland. Adressat ist wieder Johann Philipp Strecker. Goethe hat dessen Antwort auf seinen Brief aus Palmanova in Venedig vorgefunden und schreibt nun seinerseits. Und zwar antwortet er gleich. Kein Wort über Venedig, nur ein paar Zeilen über die letzten Tage in Rom. Und er schreibt, als ob alles ein Unsinn gewesen wäre! «Ich wundere mich, da es doch allen Reisenden gleich wie mir ergangen und noch ergehet, daß man denen Italienern ihre alten Mauern, worauf sie sich so viel einbilden, nicht lässet, und davor Frankreich, England, Holland und Niedersachsen alleine besuchet.» Freilich er gibt zu: die Bildhauerkunst, die Malerei, die Mosaiken, die prächtigen Kirchen, die vortrefflichen Kabinette, alles, wie es dergleichen woanders nicht gibt. «Doch auch dieses alles bestehet in einer blossen Liebhaberey und trägt weder zur Glückseeligkeit des menschlichen Lebens noch zu einem reelen Entzwek, der schon unter dem ersten mitbegriffen, etwas bei. Genau gesagt ist es, daß man in ganz Europa vor sein Geldt nicht unbequemer und verdriesslicher reiset, als in besagtem Italien. Man bringt nichts mehr mit nach Hause als einen Kopf voller Curiosideten, vor welche man insgesammt, wenn man sie in seiner Vatterstadt auf den Markt tragen sollte, nicht zwey baare Heller bekäme.»

Der ganze Ärger über die Strapazen, Unkosten, Verdrießlichkeiten der schnellen Reise von Rom über Siena, Florenz, Bologna, nach Venedig in zwanzig Tagen spricht aus diesem Schreiben. Merck hat es einen Handwerksburschenbrief genannt. Wir aber denken an das Jahr 1790, an Johann Wolfgangs zweiten venetianischen Aufenthalt, fünfzig Jahre nach dem des Vaters, und an die schon erwähnten «Venetianischen Epigramme»:

> Das ist Italien, das ich verließ. Noch stäuben die Wege,
> Noch ist der Fremde geprellt, stell er sich, wie er auch will.
> Deutsche Redlichkeit suchst du in allen Winkeln vergebens:
> Leben und Weben ist hier, aber nicht Ordnung und Zucht;
> Jeder sorgt nur für sich, mißtrauet dem andern, ist eitel,
> Und die Meister des Staats sorgen nur wieder für sich.
> Schön ist das Land; doch ach! Faustinen find ich nicht wieder.
> Das ist Italien nicht mehr, das ich mit Schmerzen verließ.

Und dennoch hat der Dichter seine «Italienische Reise», hat Johann Caspar, dazu noch in italienischer Sprache, seinen «Viaggio in Italia» geschrieben.—

In seiner «Italienischen Reise» erzählt Goethe, da wo er von seiner Ankunft in Venedig spricht: «Als die erste Gondel an das Schiff anfuhr, erinnerte ich mich eines frühen Kinderspielzeuges, an das ich vielleicht seit zwanzig Jahren nicht mehr gedacht hatte. Mein Vater besaß ein schönes mitgebrachtes Gondelmodell; er hielt es sehr wert, und mir ward es hoch angerechnet, wenn ich einmal damit spielen durfte. Die ersten Schnäbel von blankem Eisenblech, die schwarzen Gondelkäfige, alles grüßte mich wie eine alte Bekanntschaft, ich genoß einen langentbehrten freundlichen Jugendeindruck.»

Dieses Gondelmodell war noch vor wenig Jahrzehnten in einer Frankfurter Familie, Nachkommen aus der Sippe der Großmutter Cornelia, vorhanden. Erst in der Katastrophe des letzten Krieges ist es verloren gegangen.

DIE SCHÖNE VON MAILAND

In der Nacht zum 14. Juli wird von Venedig aufgebrochen, wieder die Brenta aufwärts nach Padua, dann nach Vicenza. In Verona speist Johann Caspar als Gast eines süddeutschen Grafen von Oettingen, am 22. ist er in Mantua. Cremona wird durcheilt: aber den Kanal will man doch sehen, durch den Prinz Eugen 1702 die Soldaten einschleuste, die den französischen Marschall Villeroy im Bett überraschten und aus einer Armee von 8000 Mann entführten. Der Ausgang des Kanals war jetzt vergittert. «Ist die Kuh geraubt, schließt man den Stall», meint Goethe. Der Stadt Mailand gilt der 39. Brief vom 2. August. Zuerst erzählt er vom Conte Simonetta, der zweimal wöchentlich offenes Haus hielt und bei dem Johann Caspar durch den kommandierenden General Ponce de Leon eingeführt war, weiter von Sammlungen, von Medaillen, Urkunden und etruskischen Vasen, vor allem aber von der Bibliotheca Ambrosiana; sie bestehe aus drei Räumen, habe 40 000 Bücher und 1 500 Handschriften, sei täglich vormittags und nachmittags zwei Stunden geöffnet und im Winter geheizt. Erwähnt wird auch der Bibliothekar Sassi. Nach diesem wird von neun Kirchen berichtet, darunter zuerst vom Mailänder Dom: «opera gotica». Er sei kaum weniger groß als Sankt Peter in Rom und enthalte 2 000 Statuen. Es sei eine Sünde, daß er nicht vollendet sei; und natürlich muß Johann Caspar das Dach besteigen.

Der Aufenthalt in Mailand währte vom 4. Juli bis 7. August, also volle fünf Wochen. Was hielt ihn gerade in Mailand so lange fest? — Die Antwort ist vielleicht überraschend. — Das Abenteuer! — Italien beglückte ihn hier zum Abschied noch mit dem Zauber einer romantischen Liebe. — Keine Faustina, — auch keine Maddalena Riggi, wie sie den Sohn 1787 bezaubern sollte, aber doch auch wie diese eine schöne Mailänderin.

Vermutlich war Johann Caspar im Albergo al Pozzo abgestiegen. Da sieht er vom Zimmer seines Gasthofs aus drüben über der engen Straße am Fenster ein junges, schönes Mädchen. Er wirft in großen Buchstaben ein paar huldigende Worte auf ein Papier und hält dieses gegen die Scheibe: «Quando puossi adorarla più vicino? Wann könnte ich Sie aus der Nähe anbeten?» Mit dem Opernglas liest es die Dame. Sie antwortet auf die gleiche Weise: «Wenn ich Heilige bin. Quando sarò santa.» Fürchtet sie den Fremden? Fürchtet sie ihr Temperament, ihre Sehnsucht? Schlag auf Schlag geht es so hin und her, sich steigernd, Spiel und Leidenschaft, bis aus den kurzen Fenstergrüßen von beiden Seiten wirkliche Liebesbriefe werden.— Des Dichters Vater ein Pedant? — Sicher nicht in seiner Jugend. Weder auf dem Ball in Venedig noch hier in Mailand hat er sich als solcher erwiesen.

Johann Caspar hat Maria Giuseppa Merati nie gesprochen, aber auch nie vergessen. Ihren letzten Brief richtet sie nach Argentina, also nach Straßburg. Und noch zu einer Zeit, da der Sohn Wolfgang in Sesenheim Friederike liebte und in Wetzlar Lotte verfallen war, fügte der Vater diesen ganzen Briefwechsel als Abschluß seinem «Viaggio» an und setzte den Wunsch und Glauben unter die Briefe, sie sollten einem jeden, der sie lese, bis in das Tiefste der Seele dringen. «O che sono gustose queste risposte, piene di senno e di spirito, di tanta forza, che penetrano sin al fondo dell'anima di quello che le vede.»

«Dichtung und Wahrheit»? — Sind wir es nicht gewohnt, daß die Familie Goethe uns unter diesem Stichwort immer wieder Rätsel aufgibt? Johann Caspar schließt seinen Mailänder Brief vom 2. August mit der Fiktion, er habe in seinem Gasthof hinter der alten Wandtäfelung ein Bündel schlecht lesbarer Schriftstücke gefunden, alt, doch aus seinem Jahrhundert, den Briefwechsel zweier Liebender, den er mitteilen wolle. Diese Liebesbriefe, die den Abschluß des ganzen «Viaggio» bilden, also auf den letzten italienischen Brief, den aus Genua und vom 20. August, folgen, beginnen indes nach dem schon erwähnten Fenster- und Opernglasdialog mit dem sehr aktuellen Datum «Mailand den 8. Juli 1740». Der erste aus Mailand datierte Brief des «Viaggio» trägt das Datum des 5. Juli 1740. Also am dritten Tag nach Johann Caspars Ankunft im Gasthof haben, wenn diese Datierungen stimmen, die Briefwechsel mit der Dame im Hause gegenüber eingesetzt. Im ganzen sind es je acht Briefe von jeder Seite, der letzte des Liebhabers: Straßburg, den 2. Januar 1741, der letzte der Dame aus Mailand vom 6. Februar 1741, unterschrieben: «M. G. Merati» und adressiert: «A Monsieur Gian Gaspar de Goeda Docteur de Loy per Mr. Kornmann Banquier Argentina». Es gab, so hat Gabbiati, der Direktor der Bibliotheca Ambrosiana, ermittelt, um 1740 in Mailand wirklich eine vornehme Familie Merati. Ein Merati war Arzt am Ospedale Maggiore. Vermutlich wohnte die Familie in der Parrocchia S. Eufemia, also in der Mitte der Stadt. — Und Giuseppa Maria selbst? — Kein Bild, kein Dokument hat sich bislang von ihr gefunden. —

Den Dialog durch das Fernglas hatte das Mädchen kurz beendet: «Schreiben Sie, wenn Sie wollen, schicken Sie, sofern Sie können. Ich will mich nicht mehr plagen. Es wird schon gehen. Damit genug.» — Sie hatte recht. Diese Fensterkorrespondenz war ermüdend. Und Johann Caspar schrieb. Charmant war die Antwort der Dame. Sie halte nichts von plötzlichen Liebesgefühlen, aber sie vergnüge sich an ihnen, weil sie, kaum entstanden, bald wieder verlöschten. Sein wundes Herz zu heilen, solle er sich an seine schöne Seele halten. Daß auf seiner Italienfahrt sie selbst die erste sei, der er große Augen gemacht habe, glaube sie keineswegs. Bei der Meisterschaft, mit der er seine Augen zu gebrauchen wisse, könne sie mit mehr Recht sagen, daß sie noch niemand gefunden, der in dieser Kunst erfahrener wäre. Und übrigens, wenn sie ihm ein Stelldichein gewähre, beraube sie sich ja des Briefwechsels.

Das ist ein neuer Ton im «Viaggio». Es ist kein Zweifel,

dieser Brief ist echt. Das Hinüber und Herüber jeden wechselnden Tag, dann in Abständen, zieht sich in Mailand bis zum 31. Juli hin. Schließlich schreibt Johann Caspar noch vom 10. August in Turin. Der letzte Brief der Merati nach Straßburg ist, wie gesagt, vom 6. Februar 1741. In ihrem zweiten Brief hatte sie bekannt, daß auch sie über die Trennung Verdruß empfände. Aber die Gründe — es ist die Familienkonvention —, die eine Begegnung verböten, seien fest und bestimmt. Freunde, Besuche, Briefe zu empfangen sei nicht ihre Gewohnheit. Ihren dritten Brief, den sie mit ihrem Vornamen «Maria Giuseppa M.» zeichnet, hatte sie begonnen: «Ach was! Sie halten mich für ablehnend. Ich bin es nicht. Ich teile Ihr Leid. Ihre Abreise steht bevor, aber das ist Ihr Wille und kein Zwang. Wenn Sie mich wirklich liebten, würden Sie nicht gehen. Reisen Sie glücklich, aber nennen Sie mir wenigstens Vornamen, Namen, Heimat und Land, wohin Sie reisen. Die Post vermittelt mir Mons. Federico Antonio Ponzone, Ufficiale nel Regg.º Ufficio della Posta Milano.»

Soweit skizzenhaft Auszüge aus dem Briefwechsel, der, immer wortreicher von beiden Seiten her, sich so in der Schwebe zwischen Spiel und Gefühl hält, daß es schwer ist, ihn zu beurteilen. Die Überlegenheit, und nicht nur die geistige, liegt bei der kleinen Mailänderin. Ungeklärt bleibt auch die Frage, inwieweit ihn Johann Caspar später bearbeitet hat. Daß ihn aber noch nach mehr als zwanzig Jahren eine solche Bewegung überkommen konnte, wie sie sein Wort über diese Briefe an den Leser verrät, beweist doch, daß diese wenn auch unerfüllte Liebe der schönste Ertrag seiner ganzen Italienfahrt war. — Ist es nur Spiel gewesen? War es verscherztes Glück? Zuweilen ist wohl beiden Briefschreibern diese Frage zu einer Bedrückung geworden.

Andererseits, Liebesleiden in Briefen dichterisch zu überhöhen war Zeitstil. So sind «Die Leiden des jungen Werthers» entstanden. Und auch Cornelia hat ihren Schmerz über die Abreise ihres geliebten Harry Lupton in poetischen

Briefen an Katharina Fabricius aus dem Alltag in die Sphäre des Romanhaften gehoben. Die Frau Rat ist die einzige in der Familie, deren Briefe, auch da, wo das Herz liebeswund ist, immer erdgebunden geblieben sind.

Johann Caspar schreibt in seinem letzten Reisebrief, dem von Genua am 20. August 1740, er werde nun in einem Zweimaster nach Marseille segeln und seine Berichte dann in französischer Sprache fortsetzen. Aus dem «Viaggio in Italia» sollte also eine «Voyage en France» werden. Das nächste Datum ist der 2. Januar 1741, der Brief an die Merati aus Straßburg. Frankreich und Paris, dem haben also im ganzen nur vier Monate gegolten. Das alles hat keinen großen Eindruck mehr gemacht. Vielleicht haben für Paris auch die Empfehlungen gefehlt, die für Italien von Wien aus zu haben gewesen waren. Jedenfalls: die «Voyage en France» ist nie geschrieben worden. Im Ersten Buch von «Dichtung und Wahrheit» steht das Wort des Vaters an den Sohn, man müsse Paris vorweg sehen, weil man, aus Italien kommend, sich an nichts mehr ergötze. Johann Caspar war reisemüde. Der Plan, Holland zu sehen, war aufgegeben. Als später der Vater seinem Wolfgang dessen künftigen Reiseweg, nämlich den, den er einst selbst erlebt, vorzeichnet, ist nur von Wetzlar, Regensburg, Wien, Italien und Frankreich, aber nicht mehr von den Niederlanden die Rede.

In dem Brief an die Merati steht, eine schreckliche Überschwemmung habe die Reise gehemmt, aber nun wolle er in Straßburg einige Monate bleiben, bis die Wahl des neuen Kaisers vor sich gehe. Post erreiche ihn beim Bankier Korn. Nach Straßburg ist auch vom 6. Februar der Abschiedsbrief der Merati adressiert: «per Mr. Kornmann Banquier Argentina». Die Firma Kornmann – im «Viaggio» variiert die Namensform – hat sich in Straßburg nachweisen lassen. Sie handelte auch in Burgunderwein. Johann Caspar benutzte also einfach eine alte Geschäftsverbindung der Familie vom «Weidenhof» her, den ja die Mutter bis 1735 geleitet hatte. Dadurch aber, daß man Argentina als Argenteuil genommen hat, den Ort an der Seine nördlich Paris, ist man auf merkwürdige Spekulationen gekommen. Johann Caspar soll dort als Geschäftsträger Seckendorfs zwischen den Wittelsbacher und Habsburger Agenten bei der Kaiserfrage zum mindesten als Beobachter tätig gewesen sein. Das ist Phantasie. Die Politik war nicht wichtig, wohl aber die Wissenschaft. Johann Caspar war nicht in Argenteuil, sondern in Straßburg und ließ sich dort am 25. Januar 1741 bei der juristischen Fakultät immatrikulieren. Er ward noch einmal Student. Man sieht, wie ernst er es mit seiner akademischen Ausbildung nahm. Und eben darum hat auch der Sohn, hat auch Wolfgang 1770 sich in Straßburg immatrikulieren lassen müssen, «wo man mir ein heiteres lustiges Leben versprach, indessen ich meine Studien weiter fortsetzen und am Ende promovieren sollte». Ein heiteres lustiges Leben — also Johann Caspar war gerne im Elsaß gewesen.

Bleibt die Frage, warum noch einmal eine Immatrikulation an einer Universität? Hatte doch Johann Caspar 1738 sein Studium mit der Promotion in Gießen abgeschlossen und war dann beim Reichstag in Regensburg, beim Reichshofrat in Wien mit der juristischen Praxis vertraut geworden. Was konnte ihn veranlassen, sich wieder gleichsam auf die Schulbank zu setzen? Wahrscheinlich ist es die Persönlichkeit von Johann Daniel Schöpflin gewesen, der als Professor der Geschichte und Beredtsamkeit seit 1720 in Straßburg lehrte, hoch angesehen als politischer Berater an den süddeutschen Fürstenhöfen, juristischer Vertrauensmann in Wien, aber auch bei der französischen Krone, Stifter und Präsident der Akademie der Wissenschaften von Mannheim. Er gilt als Begründer der «Straßburger Diplomatenschule». Noch Wolfgang stand ganz unter seinem Eindruck, rühmt von ihm, «daß er sich in der höheren Sphäre des Staatsrechts zeitlebens bewegt habe», hat indes persönlich, wie das der Jurisprudenz gegenüber nun einmal seine Art war, auf Distanz gehalten. «Genähert habe ich mich diesem vorzüglichen Manne niemals als in einer Nacht, da wir ihm ein Fackelständchen brachten.» Schöpflin starb am Tag nach Wolfgangs Promotion.

Es gab für Johann Caspar auch noch einen anderen Grund für das Studium in Straßburg. Prüft man nämlich die Matrikel dieser Universität, so ergibt sich, daß, von Ulm abgesehen, keine Stadt so viele ihrer Söhne nach Straßburg geschickt hat, auch Nürnberg nicht, auch Augsburg nicht, wie Frankfurt. Nur die bekanntesten Namen seien aus der Fülle der Studenten Frankfurter Herkunft herausgezogen: von Barckhaus, Behaghel, du Fay, Ettling, Fichard, von Glauburg, von Günderrode, von Holzhausen, Hupka, zum Jungen, von Klettenberg, von Cronstetten, Lersner, Merian, Metzler, de Neufville und allein aus der Familie von Uffenbach fünf, darunter, uns besonders wichtig, Johann Friedrich von Uffenbach, 1712, und zwar in der Liste der «serenissimi et illustrissimi», also in der Adelsliste aufgeführt, aber mit der Randbemerkung seitens des Rektors «hic tantum est Patritius», dieser ist nur ein Patrizier. Der jüngere Bruder Wilhelm wurde 1713 in der gewöhnlichen Matrikel als studiosus juris eingetragen.

Das war es also: Straßburg gehörte zur «welschen peregrinatio», wobei man peregrinatio am besten mit Kavalierstour übersetzt. Straßburg — das mußte sein! Und diesem «Muß» verdanken wir das Heideröslein, die Friederikenlieder, schönste Seiten in «Dichtung und Wahrheit» und vermutlich die Gretchentragödie.

Daß uns der «Viaggio in Italia» überliefert worden ist, ist ein großer Glücksfall. Er ist das bedeutendste schriftliche Dokument über Goethes Vater, die Form der Zeitsitte gemäß fingierte Reisebriefe, ein Buch von 1079 Seiten in Quart, 8 cm dick im Durchmesser, die Briefe selbst Seite für Seite von seiner schönen festen Hand, die Appendices aber mit zittrigen Zügen geschrieben. Wahrscheinlich 1795, bei Auflösung des Haushaltes am Großen Hirschgraben, spätestens 1808, nach dem Tode der Mutter, hat sich Goethe den väterlichen Band nach Weimar kommen lassen. Was sagt er über den Charakter des Vaters aus? Unter welchen Gesichtspunkten ist Johann Caspar gereist? Wie hat sich ihm die Welt dargestellt, wie stellt er sich selbst dar?

Fast ganz fremd sind ihm bei seiner Reise soziale Beobachtungen. Das kann man von einer Reise des 18. Jahrhunderts auch nicht verlangen. Nach den wirtschaftlichen Zuständen ward auch nicht viel gefragt, mehr schon nach den politischen, der Art und Weise, wie regiert und verwaltet wird. Was aber im Mittelpunkt des Interesses steht, das sind Religion und Kunst. In jeder Stadt besucht Goethe immer wieder die Kirchen, eine nach der anderen und keineswegs nur als Schöpfungen der Kunst. Die Kirche, die er betritt, ist ihm Gotteshaus. Er erlebt sie als Christ. Daß er sich dabei stets von neuem mit dem katholischen Kult auseinandersetzen muß, mit der Reliquienverehrung, mit den Legenden und Wundern, zeigt nur, wie ernst es ihm um den Glauben ist. Die Erziehung, die er in Coburg erfahren hat, das strenge und festgefügte Luthertum, ist die Basis seiner Existenz. Und so ist ihm auch Rom schlechthin Begegnung mit dem Katholizismus. Aber ist das nicht eben die Größe dieser Stadt, daß sie jedem Christen die christliche Frage vorlegt, Pascal und William Blake, Kierkegaard und Dostojewskij? Und hat nicht auch Goethe der Sohn, hat nicht auch Wolfgang diesen Dialog mit der ehrwürdigen alten Hauptstadt der Christenheit führen müssen? In der «Italienischen Reise», unter dem 27. Oktober 1786, kurz vor der Ankunft in Rom in Terni, schreibt er: «Dem Mittelpunkte des Katholizismus mich nähernd, von Katholiken umgeben, mit einem Priester in eine Sedie eingesperrt, indem ich mit reinstem Sinn die wahrhafte Natur und die edle Kunst zu beobachten und aufzufassen trachte, trat mir so lebhaft vor die Seele, daß vom ursprünglichen Christentum alle Spur verloschen ist; ja wenn ich mir es in seiner Reinheit vergegenwärtigte, so wie wir es in der Apostelgeschichte sehen, so mußte mir schaudern, was nun auf jenen gemütlichen Anfängen ein unförmliches, ja barockes Heidentum lastet. Da fiel mir der ewige Jude wieder ein, der Zeuge aller dieser wundersamen Ent- und Aufwicklungen gewesen und so einen wunderlichen Zustand erlebte, daß Christus selbst, als er zurückkommt, um sich nach den Früchten seiner Lehre umzusehen, in Gefahr gerät, zum zweitenmal gekreuzigt zu werden. Jene Legende: Venio iterum crucifigi, sollte mir bei dieser Katastrophe zum Stoff dienen.» — Johann Caspar stellt gegen Rom sein Luthertum, Johann Wolfgang das Urchristentum der Evangelien. Aber keiner von beiden ist gleichgültig. Sie sind beide echt christlich engagiert.

Diese lutherische Haltung bestimmte nun auch bei Johann Caspar das Urteil in Fragen der Kunst. Da ist er zum Schluß seines zweiten Aufenthaltes in Venedig in der Akademie der Maler. Dort sieht er Personen, männliche, weibliche, als nackte Modelle: «Man stelle sich vor, so ein verlornes Geschöpf als Jungfrau Maria gemalt ruft dann Wunder hervor.» Nein, da drehen sich ihm, wie er sagt, die Gedärme im Leib um. «Compatisca questa riflessione. Sono il solito moralista. Man verzeihe mir die Bemerkung, aber da bin ich Moralist.» Und damit kommen wir zu der Frage, wie hat Johann Caspar die Kunstwerke gesehen, die er in Italien vorfand? Wie hat er sie beurteilt, wie hat er sie verstanden? —

Im Jahre 1816 erschien bei Cotta der Erste Teil von Goethes «Italienischer Reise», ein Buch des reinsten Glückes, wie es kaum ein anderes in unserer Sprache gibt. Es umfaßt die Zeit vom Aufbruch aus Carlsbad bis zum Februar 1787. In Rom waren die deutschen Maler bei Niebuhr, dem preußischen Gesandten, versammelt, um das Ereignis zu feiern, Cornelius, Koch, Schadow, Overbeck und andere mehr. Die Schrift wurde vorgelesen. Die Enttäuschung war groß. An allem, was diesen Männern bedeutend und wert war, war Goethe ja vorbeigefahren! «Es ist unbegreiflich, wie

EINFÜHRUNG

Goethe dergleichen hat drucken lassen», stöhnte Niebuhr. Wortführer war Cornelius, der doch eben den «Faust» illustriert hatte. Tief bekümmere es ihn, daß Goethe Italien so gesehen. Das Herz habe ihm damals nicht geschlagen, das reiche, warme Herz, es sei erstarrt gewesen. Schon daß er auf der Hinreise den Regensburger Dom nicht einmal nenne! In Padua sieht er die Kapelle der Annunziata nicht, für Giotto kein Wort, für die Primitiven kein Auge! Die Dogenprozession in Venedig erlebt er nur als ästhetisches Schauspiel, als Theaterzug, ohne den Hintergrund der alten Größe. San Giovanni e Paolo kennt er nicht. «Überhaupt, wie unglaublich wenig er in Venedig gesehen, weiß nur der, welcher selbst da war. Von Florenz will ich gar nichts sagen, wie man dort durchfliegen konnte. Ich sage dies alles nur, um meinen Spruch wahr zu machen, daß er ohne Liebe gesehen hat»! So Niebuhr in Briefen an Savigny vom 7. und 16. Februar 1817. Koch, der Goethe ohnehin grollte, weil er Hackert nicht leiden mochte, hatte während des Vorlesens in der Sofaecke geschlafen; er wurde nur bei dramatischen Stellen geweckt. Es war nicht zu leugnen und es war der allgemeine Eindruck: Johann Wolfgang Goethe war blind durch Italien gefahren.

An diese Szene darf man sich erinnern, wenn man in den Biographien von Goethes Vater liest, wie sein «Viaggio» Stadt für Stadt mit der Reise des Sohnes verglichen und an ihr gemessen wird und wie man dem Vater dabei vorhält, was er alles nicht gesehen habe. Seine Urteile seien oft genug schief und in der Sistina in den Stanzen — vielleicht waren sie wegen der Papstwahl geschlossen — sei er überhaupt nicht gewesen. Ja, wahrlich, dieser Johann Caspar war blind durch Italien gefahren!

Schlägt man indessen nach, was Johann Caspar über Bernini sagt, so findet man Worte des höchsten Lobes. Da ist der Brunnen auf der Piazza Navona mit den vier Flüssen der Welt, da ist seine Arbeit an San Pietro, an der Chiesa della Madonna della Vittoria mit dem Brunnen dabei, da nennt er eine Papststatue in Velletri, und vor allem sind da die beiden Gruppen in der Villa Borghese, Aeneas und Anchises und Apollo und Daphne, eine Schöpfung, lesen wir, so schön, daß die Feder sie nicht zu beschreiben vermöge, beste Arbeit Berninis, durch die er mehr als durch jedes andere sein großes Talent bewiesen habe. Ja, Bernini ist überhaupt für Johann Caspar ein Gipfel der italienischen Kunst. Auch für uns ist der Brunnen auf der Piazza Navona schlechthin eine Chiffre für Rom. In Goethes «Italienischer Reise» ist dieser Brunnen aber überhaupt nicht erwähnt. Er war für Goethe sicher ein Kunstgreuel. Die Piazza Navona wird nur nebenbei genannt, eines Klosters wegen und wegen Filippo Neri. Berninis Name aber hat in der ganzen «Italienischen Reise» Goethes nirgends eine Stätte. Denn was hatte Winckelmann geschrieben, kurz nach seiner Ankunft in Rom, im Sommer 1756, in einem seiner ersten Briefe in die Heimat? Bernini sei der größte Esel unter den neueren Künstlern. Und damit war ein Urteil, nein ein Verdikt, gültig für mehrere Epochen, gefällt.

Johann Caspar hatte sicher nicht den Blick, noch das sich einfühlende, künstlerisch beschwingte Empfinden seines Sohnes. Aber hätte er in Frankfurt eine Galerie moderner Bilder zusammengetragen, wenn er nicht ein Organ für Kunst gehabt hätte? Er reiste als ein Vertreter des Barock, der Sohn reiste als Klassizist, Cornelius als Romantiker. Es ist nicht eben weise, wenn man glaubt, etwas dadurch zu gewinnen, daß man eine Generation gegen die andere ausspielt.

GROSSE POLITIK

Wie lange Johann Caspar in Straßburg geblieben ist, wissen wir nicht, den ganzen Sommer 1741 vermutlich bis zum Semesterende. Den Termin einzuhalten, den er sich gesetzt hatte, nämlich bis die Wahl des neuen Kaisers stattfände, die er als Frankfurter selbstverständlich miterleben mußte, das war nicht schwer. Die Verhandlungen zwischen den Kurfürsten und den großen Mächten um die Wahlkapitulationen schleppten sich durch den Frühling und den ganzen Sommer hin, und erst im September 1741 kamen sie wirklich vorwärts. Sie wurden im Grunde auf den Schlachtfeldern ausgetragen, begann doch gerade jetzt der große, blutige Streit um die Pragmatische Sanktion.

Am 20. Oktober 1740 war Kaiser Karl VI. gestorben. Die junge «Prinzeß Resl», wie die Wiener ihre Maria Theresia nannten, war mit erst dreiundzwanzig Jahren Herrscherin von Österreich. In Budapest und Prag warteten auf sie die Königskronen von Ungarn und Böhmen. Alle Mächte hatten in der sogenannten «Pragmatischen Sanktion» diese weibliche Thronfolge anerkannt, nur Bayern nicht. Barbarossa war es gewesen, der nach der Niederlage der Welfen, um das Herzogtum Bayern zu schwächen, 1154 die bayrische Ostmark zum Herzogtum der Babenberger erhoben hatte. Aus diesem Herzogtum mit der Hauptstadt Wien war die Hausmacht Österreich erwachsen. Die Wittelsbacher hatten naturgemäß nicht den geschichtlichen Sinn für die völkerverbindende, weltweite Mission der Donaumonarchie. Sie sahen im Hause Habsburg von jeher nur einen Emporkömmling in einem ehemals bayrischen Territorium. Nach dem Testament des Kaisers Ferdinand I. — er starb 1564 — waren sie die Thronerben für Wien und die Habsburgischen Lande, wenn keine ehelichen Nachkommen Ferdinands vorhanden seien. Jetzt ergriff man in München die Gelegenheit und interpretierte das Testament: statt keine «ehelichen», keine «männlichen» Nachkommen, berief sich auf siebzehn Heiraten und beanspruchte die Lande Maria Theresias. So begann der österreichische Erbfolgekrieg. Er ging über ganz Europa.

Friedrich II., seit 1740 König von Preußen, benutzte die Verlegenheit der jungen Fürstin zum Einfall in Schlesien. Auch Frankreich griff Maria Theresia an. Es sah seit dem Streit zwischen François I. und dem Kaiser Karl V. um Italien, dann um die Rheingrenze, in einem deutschen Kaiser aus dem Hause Habsburg immer einen Erbfeind. Darum war es mit Bayern seit Ludwig XIV. alliiert. England war eifersüchtig auf Frankreich als Kolonialmacht, um so mehr, als man in Paris den Stuarts eine Flotte gab, die in England landen sollte. Also trat England auf die Seite Maria Theresias. Spanien griff die Österreicher in Italien an. Kurz, es ward an allen Fronten gekämpft. Maria Theresia behauptete sich schließlich in ihren Erblanden, aber an die Wahl ihres Gatten, des Großherzogs Franz Stephan von Lothringen-Toscana zum Römischen Kaiser Deutscher Nation war nicht zu denken.

Der Mittelpunkt der politischen Verhandlungen über die Nachfolge Karls VI. war nach der Goldenen Bulle Frankfurt. Dort war die Nachricht vom Tod Karls VI. am Abend des 26. Oktober eingetroffen. Am Dienstag, den 1. November ist der Magistrat zum ersten Mal in langen Trauermänteln zu Rat in den Römer gegangen. Im Dom war der hohe Chor schwarz verhangen, ein Castrum doloris aufgeschlagen. Unter Teilnahme der Dominikaner, Karmeliter, Kapuziner fand am 22. November der Trauergottesdienst statt. Auch das Gymnasium neben der Barfüßerkirche, also am Platz der Paulskirche, war schwarz ausgeschlagen. Der Conrektor Albrecht lud in lateinischem Programm zur Trauermusik ein. Das ist dasselbe Gymnasium, das zwei Jahrzehnte später Wolfgang besuchte und ist derselbe Johann Georg Albrecht, bei dem der Knabe hebräisch lernte, um die Bücher Moses im Urtext lesen zu können. Der Vater, Johann Caspar, muß ihn zu seinen engeren Freunden gezählt haben, denn als der Kaiserliche Rat beerdigt wurde, ging dieser Rektor Albrecht mit zu Grabe. Immer wieder verschlingen sich nun großes politisches und kleines stadtgeschichtliches Geschehen und das Dasein von Johann Caspar, aber auch das von Wolfgang Goethe zu einem Lebensteppich, dessen Figuren und Ornamenten nachzuspüren nicht ohne Reiz ist.

In zwei umfangreichen Foliobänden, dem sogenannten

EINFÜHRUNG

Krönungs-Diarium aus den Jahren 1742 und 1743 ist Tag für Tag in schönstem Druck und mit prächtigen Kupfern der Nachwelt Bericht gegeben, wie die Figuren auf dem politischen Schachbrett gezogen wurden. Johann Caspar hat diese beiden Bände gekauft und sie in seine Bibliothek eingestellt. Aus ihnen hat er 1764 dem Sohne vorgelesen, und dieser hat im Fünften Buch von «Dichtung und Wahrheit», wo er so wunderbar anschaulich diese größte Zeremonie des alten Reiches vor unseren Augen aufsteigen läßt, die Krönungs-Diarien zu Rate gezogen, um dem Gedächtnis nachzuhelfen.

Der Anfang freilich war bescheiden. Am Samstag, den 14. Januar 1741, «meldete sich der Herr Reichs-Quartier-Meister bei der Wahl-Deputation wegen der zu liefernden Schreib Materialien, worauf beschlossen wurde, demselben, dem Herkommen gemäß, ein Riess Papier, einen Krug mit Tinte, ein Tintenfaß und Sandbüchse, eine Tüte mit Sand, 3 Bund Federkielen, eine Schere, zwei Federmesser, 12 Stangen Siegellack, 8 Stangen Bleistifte und 8 Stangen Röthel durch den Rechnei-Bedienten gegen einen Schein überbringen zu lassen, welches auch darauf geschehen».

Die Quartiere wurden folgendermaßen verteilt: an Chur-Mainz gab man nahe den Dominikanern den Compostellhof, in dem sich seit dem Mittelalter alle Pilger zu sammeln pflegten, die nach Spanien wallfahren wollten, Chur-Köln erhielt die Niederlassung des Deutschen Ritterordens drüben über dem Main, Chur-Sachsen bekam den Kornmarkt, Chur-Brandenburg den Saalhof der Familie Bernus, Bayern die Zeil mit den Barckhausschen und Uffenbachschen Häusern, schließlich die Churpfalz die d'Orvilleschen und Rühlschen Häuser auf dem Roßmarkt und dem Großen Hirschgraben, alles Familiennamen, denen wir in der Lebensgeschichte der Eltern Goethe und des Sohnes immer wieder begegnen — die einen in Frankfurt, die Rühles als Rühle von Lilienstern in Weimar. Daß 1764 ein kurpfälzischer Kavalier das sogenannte «Peking», d.h.

das mit chinesischer Tapete geschmückte Zimmer, das 1759 auch der Graf Thoranc innehatte, als Wahlgesandter bezog, erzählt Goethe in «Dichtung und Wahrheit». Das prunkvolle barocke Quartierschild aber, mit goldener Inschrift und Bild der Stadt, das damals über der Eingangstüre des Goethehauses angebracht worden war, ist erhalten. Es hängt auf dem Flur des zweiten Stocks.

Inzwischen war Friedrich der Große in Schlesien eingefallen, und alle Wahlvorbereitungen kamen ins Stocken. Johann Caspar konnte ruhig den Frühling und den Sommer in Straßburg studieren, während der Rat beschloß: «Weil bei gegenwärtiger angenehmer Sommerszeit sowohl die hohen Herren Wahl-Gesandten, als auch anderer großer Potentaten und Fürsten hier anwesende Herren Envoyés Extraordinaires und viele andere vornehme Standespersonen beyderley Geschlechts, fast täglich vor das Gallen-Tor längst dem Main auf und ab, mit sehr vielen sechsspännigen und anderen Carossen, abends im Kühlen spazieren zu fahren und spät wieder in die Stadt zu kommen pflegten, bemeldtes Tor bis abends um 10 Uhr offen und darunter Laternen aufrichten zu lassen.» Wo fuhren die Kutschen denn hin? Vermutlich zumeist nach dem von Loenschen Garten, den der spanische Gesandte als Landsitz gewählt hatte. Dort gab er Soupers, Bälle und Feuerwerke, von denen die Krönungsdiarien zu berichten wissen. Es ist das derselbe Landsitz am Main, wo einige Jahre später die Trauung und Hochzeit von Goethes Eltern stattfinden sollte.

Die erste Wahlkonferenz im Römer hat am 20. November 1741 stattgefunden. Um diese Zeit ist Johann Caspar ganz sicher im Großen Hirschgraben gewesen, nach zweijähriger Abwesenheit wieder in den Armen der Mutter. Die Kavalierstour war beendet.

Schließlich, in dreißig Wahlkonferenzen, die letzte am 23. Januar 1742, war die Wahl des bayrischen Kurfürsten Karl Albrecht durchgesetzt und waren alle Einzelheiten geregelt worden. Für Johann Caspar war dieser Winter ein Höhepunkt des Lebens. Hölderlin hat Frankfurt einmal, freilich aus anderen Gründen, als den Nabel der Erde bezeichnet. Kein Zweifel, daß die Frankfurter so empfanden. Die Stadt war eine einzige große Bühne, mit unerhörten, immer neuen Aufzügen und Einzügen, mit Feuerwerken, Mainfesten, mit Galadiners, Bällen und Contretänzen bis morgens fünf Uhr, mit Übervölkerung der Stadt und Überbeanspruchung der Wohnungen und der Ställe. Allein der Kurfürst und Erzbischof von Köln, auch Wittelsbacher und Bruder des Kaisers, war von seiner Residenz Bonn mit einer Flottille den Rhein heraufgefahren, mit fast 1400 Personen, darunter 24 Köchen und einem Marstall von 741 Pferden. Wir spüren es noch aus «Dichtung und Wahrheit» heraus, was dem Vater Goethe, aber auch dem Sohn dieses großartige Welttheater der Wahl und Krönung in ihrer Vaterstadt bedeutet hat. Es ist uns heute schwer, die richtige Vorstellung davon zu gewinnen, darum sei, um ein Beispiel zu liefern, die Auffahrt des Kurfürsten von Mainz zur zwölften Wahlkonferenz vom Deutschordenshaus in Sachsenhausen zum Römer nach dem Krönungs-Diarium wiedergegeben, wie sie am Freitag, den 15. Dezember 1741 stattgefunden hat:

«Der Aufzug Ihro Churfürstlicher Durchlaucht geschahe aus dem Teutschen Hause durch die Fahr- und Schnur-Gassen in folgender Ordnung:

Kam ein Portier,
Vierundvierzig Laquayen der Herren Cavaliers,
Ein Fourier,
Zweyundzwanzig Churfürstliche Hof-Lakayen,
Zehn Churfürstliche Heyducken,
Zwey Läuffer,
Acht Trompeter und zwey Paucker,
Acht leere Staats-Kutschen, jede mit sechs Pferden von unterschiedenen Farben bespannet, und bey jeder ein Stall-Bedienter,

Der Hof-Fourier,
Zwantzig subalterne Bedienten,
Zwölff Churfürstliche Edel-Knaben,
Zwey Pagen-Hofmeister,
Die Hof- und Cammer-Räthe, Truchsesse und Leib-Medici,
Der Cammer-Fourier,
Die Cavaliers, Cammer-Herren und Minister,
Der Herr Ober-Hof-Marschall,
Zwey Herren Geistliche,
Zwantzig Schweitzer Trabanten,
Zwantzig Hatschirer,
Der sehr herrliche mit rothem Sammet überzogene, in- und auswendig reich mit Gold gestickte, mit sechs Apfel-Schimmeln bespannte Leib-Wagen. In demselben saßen Ihro Churfürstliche Durchlaucht mit einem rothen Talar und langen rothen Mantel von Gros de tour, worauf das Teutsche Ordens-Creutz gesticket war, bekleidet. Neben dem rechten Schlag der Kutsche gieng der Herr Ober-Stallmeister, Freyherr von Roll, neben dem lincken aber der Hauptmann von der Garde, Freyherr von Scherf,
Noch eine leere eben so prächtige und von sechs Pferden gezogene Staats-Kutsche.»

Aber das war ein Nichts gegen die Einzüge der Kurfürsten oder gar des Kaisers in die Stadt. Wie eine Mischung aus Märchenzauber und Opernprunk muten uns die Stiche an, die solche Aufzüge festgehalten haben. Da sieht man oben die Stadt mit ihren Türmen und den Rauchwolken der Salutschüsse über den Wällen, dann in vierundzwanzigfacher Schlangenwindung, weil sonst nicht alles auf das Blatt gegangen wäre, den Kaiserlichen Einzug. Ungezählt die Hunderte der zierlichen Reiter, ungezählt die marschierenden Soldaten, Behörden, Lakaien zu Fuß. Die Zahl der Kutschen allein über achtzig, und dazwischen immer zu Roß die Trompeter und Kesselpauker, mit dem neuen

Musikinstrument, das man den Türkenkriegen verdankte. Dazu ist im Krönungs-Diarium von jeder Kutsche angegeben, welche Standesperson in ihr gesessen. Im Goethehaus im obersten Stockwerk kann man sich an diesen Kupferstichen freuen. Es ist, als ob Goethe, der ja sehr oft bildliche Eindrücke in Dichtung umgeschmolzen hat, bei seinem «Hochzeitlied», als es in Thüringen entstand, an solch einen Frankfurter Stich gedacht hätte:

> Da kommen drei Reiter, sie reiten hervor — —
> Dann folgt ein singendes, klingendes Chor
> Possierlicher, kleiner Gestalten;
> Und Wagen auf Wagen mit allem Gerät,
> Daß einem so Hören als Sehen vergeht,
> Wie's nur in den Schlössern der Könige steht;
> Zuletzt auf vergoldetem Wagen
> Die Braut und die Gäste getragen.

Hören und Sehen, das ist Johann Caspar wie Wolfgang Goethe vergangen, als sie sich diese Einzüge ansehen konnten.

Freilich, Johann Caspar war nicht dabei, wenn am Wahltag die Fürstlichkeiten und der hohe Adel, die hohe Geistlichkeit den Dom füllten und dann unter dem «Veni Creator spiritus» der Graf von Pappenheim als Reichs-Erb-Marschall die Kurfürsten oder deren Vertreter in das kleine mittelalterliche Conclave rechts vom Hochchor führte und hinter sich die Tür abschloß, aber er war sicher dabei, als nach vollzogener Wahl das «Vivat Rex» vom Volk ausgerufen und auf dem Domturm eine Fahne herausgesteckt wurde, Zeichen dafür, daß die Wallartillerie dreihundert Freudenschüsse abzufeuern hatte. Und ebenso gewiß hat Johann Caspar als Doctor juris am 15. März auf dem Römerberg gestanden, wo «Graduierte und übrige Bürgerschaft» vor dem Kaiser auf dem Römer-Balkon den Huldigungseid schwuren; und zwar standen «die Herren Doctores, Licentiati und andere Gelehrte» auf der linken Seite des Balkons. Diesmal erschien die Fahne auf dem Nikolausturm, und es gab hundert Salutschüsse. Von dieser Huldigungsszene gibt der Zweite Band des Krönungs-Diariums einen großen Kupferstich, freilich ohne daß wir Johann Caspar unter den Doctores, die die Rechte zum Eid heben, identifizieren könnten.

Alles das scheint Geschichte der Stadt Frankfurt zu sein und ist doch eben Lebensgeschichte von Johann Caspar Goethe.

Wie sehr er sich mit seiner Vaterstadt eins gefühlt hat, das beweist, daß er noch in diesem Wahljahr 1742 gleichsam als Vor- und Nachgeschichte zur Krönung mit eigener Hand einen Quartband anlegte, der alles, was seit 1509 in Frankfurt rechtsgeschichtlich geschehen war, alphabetisch verzeichnete. An diesen Quartband schloß er eine Sammlung von einundzwanzig Foliobänden an, die, einzig in ihrer Art, in Druckblättern und Abschriften entsprechende Texte sammelte, stadtgeschichtlich eine Quelle ersten Ranges. Hier finden wir im 19. Band von der Hand jenes Schreibers Liebholdt, der Wolfgangs Anwaltskanzlei führte, den Bericht über die Hinrichtung der Kindsmörderin Susanna Margaretha Brandt am 14. Januar 1772, neben anderen Dokumenten ein Beweis, wie sehr dieser unselige Kriminalfall mit der werdenden Faustdichtung verbunden ist. Hier finden wir auch den Bericht über den Tod der jungen Anna Elisabeth Stöber, vermutlich einer frühen Jugendgespielin Wolfgangs, die verzweifelt sich in den Main warf, weil sie glaubte, ohne Ehe Mutter zu werden. Goethe verwendet ihr Los in den «Leiden des jungen Werthers» unter dem 12. August, Werther verteidigt mit dem Schicksal dieses Mädchens den Selbstmord. Alle diese Bände, der in Quart wie die in Folio, stehen heute noch in der Bibliothek des Vaters im Haus am Großen Hirschgraben [Art. Ausg. Bd. 5, S., 704ff.; Bd. 4, S. 1068].

Auf eines aber sei in Verbindung mit dem Krönungs-Diarium noch besonders hingewiesen, auf den strengen zeremoniellen Formalismus, von dem dieses ganze städtische Wesen während der Kaiserkrönung, aber auch sonst getragen wurde. Wenn am 25. März 1741 der Schöffe Textor und der Senator Schlosser — also später Wolfgangs Großvater und Cornelias Schwiegervater — im Saalhof bei Chur-Brandenburg für die Stadt den Besuch machen, so werden sie vom Haussekretär auf dem Absatz der Treppe empfangen, hinauf in die Galerie begleitet, es wurde «alsobald ein Zimmer geöffnet, worauf des Herrn Botschafters Exzellenz aus einem Nebengemach ihnen bis in die Gallerie der Stube entgegen kamen und selbige sogleich vorausgehend hineinführten, niedersetzen hießen und sich, nur etwa einen Schritt gegen ihnen über, auf einem Sessel ohne Lehnen, wie Deputati auch hatten, niedersetzten. Nach einem viertelstündigen Gespräch nahmen die Herren Deputierte ihren Abschied und wurden von Seiner Exzellenz wiederum bis in die Mitte des Vorzimmers, von Dero Haus-Secretario aber bis auf den untern Absatz der Treppe begleitet.» So berichtet das Diarium immer wieder über jeden Besuch und jeden Gegenbesuch. So war die Zeit. Es ist gut, darum zu wissen. Und manches, was bei Goethes Vater als Pedanterie angesprochen wird, war nichts anderes, als daß er eben aus einem barocken Jahrhundert stammte.

Nachdem als letzte Vorbereitung zur Krönung die Metzgersöhne einen fetten Ochsen mit Blumen und Bändern geschmückt, die Hörner vergoldet und Bayern zu Ehren an blauweißem Seil unter Musik in die kaiserliche Küche geführt hatten, damit er auf dem Römerberg am Spieße gebraten werde, fand am 12. Februar die Krönung statt. Und damit war ein Wittelsbacher deutscher Kaiser, Karl Albrecht, als Kaiser Karl VII.

Dieser Kaiser aber war ein kranker Mann. «Meine Krönung ist gestern vor sich gegangen, mit einer Pracht und einem Jubel ohnegleichen, aber ich sah mich zur gleichen Zeit von Stein- und Gichtschmerzen angefallen. Krank, ohne Land, ohne Geld, kann ich mich wahrlich mit Hiob, dem Mann der Schmerzen vergleichen», schrieb der Gekrönte in sein Tagebuch. Tatsächlich, fast gleichzeitig mit der Wahl, ritten die Husaren Maria Theresias durch das Isartor in München ein. Das ganze Land wurde vom Feind überschwemmt. Damit waren dem Kaiser auch alle Einnahmen abgeschnitten.

Schon einmal war ein Wittelsbacher Kaiser gewesen, im 14. Jahrhundert, Ludwig der Bayer. Frankfurt hatte an ihm einen gnädigen Herrn gehabt. Achtunddreißigmal hat er hier Hof gehalten, zumeist beim Deutschen Orden in Sachsenhausen. Von hier aus hat er seine Politik gegen Avignon getrieben. Er hat der Stadt die Erlaubnis zu einer neuen Umwallung jenseits der Staufenmauer gegeben. Mit Recht steht seine Statue an der Front des Römers.

Nun trug zum zweitenmal ein Wittelsbacher die Kaiserkrone. So fremd uns heute die politischen Verhältnisse des 18. Jahrhunderts geworden sind, so fern diese Zeitläufte liegen und so verworren uns das alles anmuten mag, dieser Kaiser Karl VII. aus München ist doch eben jener Kaiser gewesen, von dem Goethes Vater sich den Titel eines Kaiserlichen Rates erbeten hat. Dieses bayrische Kaisertum in Frankfurt ist einmal bestimmende Umwelt für Johann Caspar Goethe, aber auch für die Familien Textor, Schlosser und für das ganze Frankfurter Patriziat gewesen. Wir können nicht umhin, wir müssen nach der Persönlichkeit dieses Kaisers und seinem Schicksal fragen.

Karl Albrecht war in Gegnerschaft zum Hause Habsburg aufgewachsen. Das ging auf den spanischen Erbfolgekrieg zurück, der am Anfang des Jahrhunderts, von 1701 bis 1714, Europa in Atem hielt. Damals war, am 29. April 1706, im Rittersaal der Wiener Hofburg über seinen Vater, den Kurfürsten Max Emanuel, in feierlicher Thronsitzung die Reichsacht ausgesprochen worden, weil Bayern sich gegen den Kaiser mit Frankreich verbündet habe. Freilich, der Geächtete war weit vom Schuß. Er hielt, gedeckt durch französische und bayrische Truppen, theaterfreudig, prunksüchtig, als spanischer Statthalter in Brüssel Hof.

München, seine Hauptstadt, hatte damals noch keinen Namen. Johann Caspar Goethe, auf seiner Kavalierstour von Regensburg nach Wien, ließ die Stadt beiseite liegen. Nach der Volkszählung von 1704 hatte sie nur 13 600 Bewohner. Jetzt kam ein Reichsherold und verlas unter dem schönen Wahrzeichen der Stadt, der Mariensäule auf dem Markt, die Ächtung des Landesfürsten. Diese Mariensäule hatte ein frommer Kurfürst der Gottesmutter zum Dank dafür errichtet, daß München nicht wie Magdeburg zerstört und gebrandschatzt worden war, denn «die Vorschriften und das Gebot der Liebe reichen weiter als die Regeln des Rechts», so hatte Gustav Adolf 1632 beim Einzug in die Stadt gesagt, Worte aus dem Völkerrecht des Hugo Grotius. Jetzt aber mußten eben hier die erschreckten Münchener Bürger hören, daß niemand ihren Landesherren «hausen oder herbergen, atzen oder tränken» dürfe.

Indes eine Reichsacht im 18. Jahrhundert war nicht mehr das, was sie im Mittelalter gewesen. Die Kurfürstin, eine polnische Königstochter, war schon vor der Acht, nicht nach Avignon, das ihr der Papst angeboten hatte, sondern in das maskenfrohe Venedig geflohen. Die Söhne, die Prinzen, gerieten in österreichische Gefangenschaft. Sie lebten in Graz in höchst standesgemäßer Haft; ihr Marstall enthielt 32 Pferde. So also waren die Jugendjahre.

Bald aber versöhnten sich die feindlichen Herrscherhäuser wieder, und Karl Albrecht heiratete nun als bayrischer Kurprinz 1722 die zweite Tochter des Kaisers Joseph, Maria Amalia. Ihr Andenken lebt noch heute in ihrem reizenden Jagdschlößchen fort, in der Amalienburg im Nymphenburger Park, Charme und Glanz in Silber und Blau, von Cuvilliés erdacht und ausgeführt. 1726 ist dann Karl Albrecht Kurfürst geworden. Er verkörpert für Bayern das Rokoko. Cuvilliés, einst als Kammerzwerg an den Hof des Vaters gekommen, von diesem aber in seiner Genialität erkannt und nach Paris zur Ausbildung bei Blondel geschickt, vergrößerte Schleißheim und schuf die «Reichen Zimmer» der Residenz. Seine Kunst gab der Hauptstadt das Gepräge. Das berühmte Residenztheater schuf der Künstler dann unter dem nächsten bayrischen Kurfürsten.

Statt auf einem dieser seiner heiteren bayrischen Schlösser mußte Karl VII. aber nun auf der Frankfurter Zeil Hof halten. Das Haus der Familie von Barckhaus, 1690 errichtet, lag auf der Südseite der Straße im churbayrischen Wahlquartier. Das Thurn- und Taxis-Palais, das vornehmste wirkliche Palais der Stadt und eben 1741 vollendet, scheint aus politischen oder persönlichen Erwägungen nicht in Frage gekommen zu sein. Von den Barckhaus' wissen wir, daß sie um die Mitte des 17. Jahrhunderts aus Westfalen eingewandert sind, und daß sie 1680 von Leopold I. geadelt wurden. Die Familie, reich und angesehen, war für alle Künste aufgeschlossen. Der Katharinenkirche stiftete sie den barocken Marmoraltar und die schöne Kanzel mit dem Pelikan auf dem Schalldeckel. Das Historische Museum zu Frankfurt bewahrt den berühmten Barckhausschen Kunstschrank mit seinen barocken Gold- und Silberschmiedearbeiten. — Jetzt bot ein Barckhaus dem Kaiser die Residenz. Nur drei Jahre älter als Karl VII., mit Vornamen Heinrich und 1690 geboren, wurde er mit vierundfünfzig Jahren Ratsherr.

An und für sich neigte Karl VII. als Wittelsbacher zu einer verschwenderischen Lebensführung, aber er wußte sich in die Verhältnisse zu fügen. Kennen wir doch von ihm Verordnungen wie diese: «fortan von den Kerzen die Stümpfeln sowohl beim Theater als den Musicis jedesmal zurückzunehmen und zu weiterem Nutzen zu verwenden.»

Für die Frankfurter Bürger war das Hin und Her dieses österreichischen Erbfolgekrieges natürlich spannend und aufregend genug. Da residiert auf einmal bei ihnen auf der

Zeil der Römische Kaiser Deutscher Nation, da siegt im Juni 1743 als Maria Theresias Verbündeter der König von England, Georg II. — er hatte 1734 die Universität Göttingen gegründet — fast vor den Toren Frankfurts bei Dettingen über die Franzosen und Bayern. Dann wendet sich das Kriegsglück, und so zieht Karl VII. im Oktober 1744 wieder in München ein. Aber er ist ein todkranker Mann. Er stirbt in Nymphenburg am 20. Januar 1745 — als Mensch liebenswert, als Politiker ein Phantast. Daß aber in Frankfurt, als dieser schöne Kaiser die Stadt verlassen, ein dreizehnjähriges Mädchen traurig war wie über eine verlorene Liebe, ein Mädchen, das diesem Kaiser in die Kirchen nachgeschlichen war, wenn er dort zum Beten auf der hintersten Bank kniete, Catharina Elisabeth Textor, das wissen wir aus dem Munde von Bettina Brentano.

Bestattet wurde Karl VII. in der Theatinerkirche. Die war nach dem Vorbild von San Andrea della Valle in Rom erbaut und lag damals hart an der Stadtumwallung; noch gab es keine Ludwigsstraße. Die Herzen des Herrscherpaares fanden ihre letzte Ruhe in der Gnadenkapelle von Altötting. Frankfurt war nur Zwischenspiel gewesen.

Und nun wird, da der Wittelsbacher Kaiser tot ist, am 13. September 1745 doch noch Franz Stephan, der Großherzog von Lothringen-Toscana und Gatte Maria Theresias, in Frankfurt als Franz I. zum Kaiser gewählt. Man muß das nachlesen im Ersten Buch von «Dichtung und Wahrheit», wie Wolfgang 1764, also zwei Jahrzehnte später und anläßlich der Königskrönung von Josef II. — und schon ist alles halb Legende — von bejahrten Personen erzählt bekommt, was einstens in ihrer Jugend gewesen:

«War die Krönung Franz des Ersten nicht so auffallend prächtig wie jene [nämlich des Bayern Karls VII.], so wurde sie doch durch die Gegenwart der Kaiserin Maria Theresia verherrlicht, deren Schönheit ebenso einen großen Eindruck auf die Männer scheint gemacht zu haben als die ernste würdige Gestalt und die blauen Augen Karls des Siebenten auf die Frauen. Wenigstens wetteiferten beide Geschlechter, dem aufhorchenden Knaben einen höchst vorteilhaften Begriff von jenen beiden Personen beizubringen. Alle diese Beschreibungen und Erzählungen geschahen mit heitrem und beruhigtem Gemüt: denn der Aachner Friede hatte für den Augenblick aller Fehde ein Ende gemacht, und wie von jenen Feierlichkeiten, so sprach man mit Behaglichkeit von den vorübergegangenen Kriegszügen, von der Schlacht bei Dettingen, und was die merkwürdigsten Begebenheiten der verflossenen Jahre mehr sein mochten; und alles Bedeutende und Gefährliche schien, wie es nach einem abgeschlossenen Frieden zu gehen pflegt, sich nur ereignet zu haben, um glücklichen und sorgenfreien Menschen zur Unterhaltung zu dienen.»

Die Schlacht bei Dettingen! — Wer erinnert sich nicht aus dem Dritten Buch von «Dichtung und Wahrheit» der aufgeregten Szene nach der Schlacht bei Bergen? Da hatten die Preußen unter dem Herzog Ferdinand von Braunschweig am 13. April 1759 Frankfurt den Franzosen entreißen wollen, wurden aber östlich der Stadt bei Bergen vom Herzog von Broglie geschlagen. Wolfgang stand oben im Giebel am Dachfenster und lauschte dem Gewehrfeuer und dem Kanonendonner. Der Vater, fritzisch gesinnt und seit Roßbach zuversichtlicher, wagte sich hinaus auf die Bornheimer Heide, ward aber dann durch den Ausgang der Schlacht auf das tiefste enttäuscht und hatte das fatale Rencontre mit dem Grafen Thoranc, das ihn beinahe ins Gefängnis geführt hätte. Die Schlacht bei Dettingen, anderthalb Jahrzehnte früher, hat ihn ganz sicher nicht weniger aufgeregt.

Die Franzosen waren bei Oppenheim über den Rhein gegangen und standen auf dem südlichen Mainufer zwischen Groß-Gerau und Darmstadt. Die Österreicher, Engländer und Hannoveraner hielten das nördliche Mainufer und lagerten westlich Frankfurt vom Gutleuthof an über Griesheim bis Höchst. Der König von England, Georg II., hielt sich im Schloß zu Hanau, nach der Schlacht bei Frankfurt im Schloß zu Rödelheim auf. Eine Begegnung zwischen ihm und dem Kaiser hat naturgemäß nicht stattgefunden. Als König von England war Georg II. souveräner Monarch, als Kurfürst von Hannover war er Fürst des Reiches. Nach welchem Protokoll hätte man verfahren sollen? Vor allem aber, sie waren Feinde.

Der alte Reichswald südlich von Frankfurt trennte die Armeen und machte eine Schlacht unmöglich. Die Franzosen zogen deshalb flußaufwärts, versuchten den Österreichern und Engländern in den Rücken zu kommen und bestrichen mit ihrer Artillerie den Fluß, auf dem die Schiffe und Kähne dem Feinde die Zufuhr brachten. Sie zwangen auf diese Weise die österreichisch-englische Armee zur gleichen Bewegung in östlicher Richtung auf dem Nordufer des Mains. Man kam bis Aschaffenburg, verzichtete dann aber auf einen Vorstoß in die Oberpfalz oder die bayrischen Kernlande, beschloß vielmehr den Rückmarsch nach Hanau, um sich zunächst dort mit 12000 Hessen und Hannoveranern zu vereinen und so der französischen Armee gleich stark zu werden.

Noailles, der die Franzosen und Bayern führte, erkannte die Gunst der Stunde. Er suchte die Entscheidung. Zunächst besetzte er das geräumte Aschaffenburg im Rücken der abgezogenen Briten und Österreicher und ging dann, Fluß zu Tal, bei Seligenstadt mit 26 Bataillonen und 44 Schwadronen auf zwei Brücken über den Main. Die englische Armee war in einer Falle. Eingeengt auf schmalem, nur einen Kilometer breitem Uferstreifen zwischen den Waldhängen des Spessart und dem Main, hatte sie den Feind im Rücken und den Feind vor sich, denn die Franzosen hatten am Ausgang des Engpasses das Dorf Dettingen besetzt, das seinerseits durch die sumpfige Mündung des Forchbaches geschützt war. Vom südlichen Mainufer her lag die Armee, die in zwei Kolonnen marschierte, unter dem Flankenfeuer der französischen Artillerie. Da machte die Ruhmsucht eines Unterführers, des Herzogs von Grammont, alles zunichte. Das Treffen begann planlos, verlief planlos und entschied letzten Endes nichts. «La Maison du Roi», die Elite der französischen Kavallerie, in der der Adel diente, gab den Schutz des Forchbaches auf und griff — der Ehre halber ohne Feuerbereitung — um 10 Uhr morgens dreimal mit dem Degen in der Faust an, wurde aber schließlich von hannoverscher und österreichischer Reiterei geschlagen. Der König, der zwischen den beiden Marschkolonnen ritt, war erst, weil er einen Angriff vom Rücken her fürchtete, bei der Nachhut, eilte aber, als sich die Schlacht vorn entwickelte, an die Spitze. Das Hin und Her des Kampfes, die immer neuen Infanterievorstöße, die Kavallerieangriffe zu schildern, ist hier nicht die Aufgabe. Die Franzosen konnten auf dem engen Gelände ihre Übermacht nicht zur Geltung bringen. Um zwei Uhr nachmittags erzwang die englische Reiterei den Sieg. Sechsmal warf sich ihr die französische Garde-Kavallerie entgegen, dann ergriff sie die Flucht. Noailles gab den Befehl zum Rückzug auf das Südufer des Mains. Der Weg nach Hanau war frei. Warum die Franzosen nicht von Aschaffenburg eingegriffen haben, ist unbekannt. Das Datum der Schlacht war der 27. Juni.

Die Verluste waren blutig, die Zahlen schwanken um etwa drei- bis fünftausend Mann für jede Seite. Der Herzog von Aremberg, der die Österreicher führte, war verwundet, ebenso an der Seite seines Vaters der zweite Sohn des Königs, der Herzog von Cumberland. Der Held des Tages aber war ohne Zweifel Georg II., der immer wieder wie ein alter Troupier seine Soldaten an den Feind führte und sie durch sein Beispiel hinriß. Er hatte schon 1708 bei Oudenarde unter Marlborough im Feuer gestanden und eine Attacke geritten.

In Wien war die Siegesfreude ungeheuer. Die Stadt wußte die Nachricht eher als Maria Theresia, die gerade von einer Lustfahrt auf der Donau zurückkam. Eine Strecke, fünfzehn Kilometer lang, umsäumte die Bevölkerung die Ufer und jubelte ihrer geliebten Herrscherin zu. Der Stephansdom war ein einziger großer Dankgottesdienst. Die Pragmatische Sanktion war gerettet, zumal die Franzosen schließlich über den Rhein zurückgingen. In London war Georg II., der es als König deutscher Abstammung schwer genug hatte, auf einmal der Abgott der Nation. In Hannover wurde eine Medaille auf den Sieg geschlagen, auf der Vorderseite der Kurfürst, auf der Rückseite eine Kampfszene. Voltaire ließ sich im Haag von Lord Stair, dem General der Briten, über die Schlacht berichten, indes der König im Schloß zu Berlin, voll Unmut über einen Sieg des Hauses Habsburg, sich in boshaften Anmerkungen über seinen Onkel in London erging und über die Main-Enten spottete, womit er die französischen Reiter meinte. Das war das Echo in Europa. Kaiser Karl VII. aber, den beide Heerführer, Noailles wie Lord Stair, nach der Schlacht in Frankfurt aufsuchten, antwortete den Franzosen, als sie ihm die Frage eines Friedens nahe legten, wer sichtlich so wenig vom Kriege verstünde, solle sich nicht mit Ratschlägen über den Frieden versuchen.

Im deutschen Bewußtsein hat die Schlacht bei Dettingen keine Stätte, nicht einmal im Frankfurter. Ganz anders in England! Es war die letzte Schlacht, an der ein englischer König persönlich teilnahm. Eine Anzahl alter Regimenter tragen den Namen Dettingen auf dem Fahnenband.

Und doch, dann und wann, werden auch die Deutschen noch an die Schlacht von Dettingen erinnert, und zwar durch die Musik. Georg II. hatte dem Komponisten seiner Hofkapelle den Auftrag zu einem «Te Deum» gegeben. Noch im Juli begann Georg Friedrich Händel seine Vertonung unter dem Text: «The King shall rejoyce». Das ist der 21. Psalm. Es ist, als ob der Komponist die Schlacht selbst erlebt hätte. Mit Trompetengeschmetter beginnt er, und die Trompeten dröhnen zwischen die sakralen Texte, die Chöre, die Soli, die Quartette und die Trios. Immer war die Schlacht gleichsam in Händels Ohren, während er die Noten schrieb. Schon am 18. November 1743 fand die Uraufführung statt, in Whitehall Chapel, noch im gleichen Monat die Wiederholung im Königlichen Schloß und dann wieder und wieder, bis in die Gegenwart hinein, in St. Paul's Cathedral — eine unvergeßliche Musik. In Deutschland führten die Verbündeten das Werk auf; dann gab es nur noch gelegentliche Aufführungen, die letzte zu Frankfurt in der Epiphaniaskirche im Händeljahr 1959. —

«It was a famous victory» — ja, das galt auch für Dettingen! Geschrieben freilich ist der Vers auf die Schlacht bei Höchstädt und Blindheim oder, wie die Engländer sagen, Blenheim, wo im Jahre 1704 — es war die gleiche politische Situation — die Engländer und Österreicher unter Marlborough und Prinz Eugen den Bayern und Franzosen entgegentraten, und wo nach langem verlustreichem Ringen abends ein Reiterdurchbruch von 104 britischen Schwadronen die Entscheidung brachte. Eine grandiose Ballade, diese elf Strophen auf «The Battle of Blenheim» von Robert Southey aus dem Jahre 1798, also schon nach Valmy, tief zweideutig, ja voll skeptischer Ironie gegenüber dem Sinn von Ruhm und Sieg und all dem Schlachtenglück und -unglück. Der erste Druck erschien unter dem 9. August in der «Morning Post», einer Zeitung also. Es ist ein politisches Gedicht.

Da sitzt der alte Bauer nach getaner Arbeit im Sonnenschein vor seiner Hütte und die Enkel, Peter und Wilhelmine, bringen ihm einen Schädel, den sie am Bach beim Spiel gefunden haben.

> 'Now tell us what 'twas all about',
> Young Peterkin, he cries;
> And little Wilhelmine looks up
> With wonder-waiting eyes;
> 'Now tell us all about the war,
> And what they fought each other for.'

Und der Alte erzählt von der Schlacht und dem Elend der Bauern und dem der eigenen Vorfahren:

> 'They say it was a shocking sight
> After the field was won;
> For many thousand bodies here
> Lay rotting in the sun;
> But things like that, you know, must be
> After a famous victory. — —
>
> And everybody praised the Duke
> Who this great fight did win.'
> 'But what good came of it at last?'
> Quoth little Peterkin.
> 'Why that I cannot tell' said he,
> 'But 'twas a famous victory'.

Das 17. Jahrhundert hatte das Unglück der Religionskriege, das 18. das Unglück der Kabinettskriege. Als Anklage und Abrechnung des Bürgertums und der Bauern, die die Opfer bringen mußten, ward Southeys Ballade gedichtet, für Dettingen ebenso gültig wie für Höchstädt.

— Engländer. — In Italien, auch in Frankreich war Johann Caspar gewesen. Eine Reise nach England hat er nicht geplant. Jetzt aber waren die Engländer nach Frankfurt gekommen und promenierten, wenn nicht durch die Straßen, so doch vor den Toren. Es ist dies, von dem jungen Harry Lupton abgesehen, den später seine Tochter Cornelia leidend lieben sollte, für Johann Caspar die einzige persönliche, gewiß etwas einseitige Begegnung mit englischer Art und Sitte gewesen. «Sie sind alle in gut Scharlach gekleidet und mit schönem Gewehr versehen. Sie sind dabei ziemlich gestreckt, stark von Brust und Knochen und so gewachsen, daß sie Strapazen wenig zu achten scheinen. Dem Trunk sind sie eben so wohl ergeben als unsere Landsleute. Sie haben eine Menge Weibsleute bei sich, welche mit ihren Hüten und kleinen roten Mänteln eine sehr artige Figur machen. Alles ist an ihnen nett und sauber und zeigt die Glückseligkeit eines freien Volkes. Nichts aber läßt possierlicher, als wenn die guten Männer ihre Kinder auf den Armen tragen und die Weiber wie vornehme Damen zierlich geputzt vorausgehen, nicht anders, als ob sie verbunden wären, so viel Menschen wieder in die Welt zu setzen, als sie besorgt sind, daß in einem Feldzug darauf gehen möchten. Sie machen sich also gleichsam daraus eine Ehre, ihre Kinder selbst zu schleppen und allenthalben, wo sie hinkommen, Kindtaufen zu halten.» So von Loen in einem Brief aus Frankfurt vom 22. Juni 1743. Ob Johann Caspar, wie von Loen es tat, auch hinaus nach Rödelheim fuhr, um dort im Schloß des Grafen Solms den König und seinen General Lord Stair zu sehen, bleibt dahingestellt.

Man hat gesagt, diese Kriege seien das Schicksal von Johann Caspar Goethe gewesen. Auf ihnen beruhe «die Tragik seines Lebens». Die Bestimmung über sich selbst sei ihm durch die Politik aus der Hand genommen worden. — Eine solche Behauptung verlangt eine Prüfung.

Sicher war es nach der Rückkehr in die Vaterstadt im Herbst 1741 das erste Anliegen, die erworbene Welterfahrung, die juristischen Kenntnisse irgendwo einzusetzen, sich einen Beruf, eine Stellung in der Welt zu schaffen. Der Dichter erzählt im Zweiten Buch, der Vater habe sich deshalb der Stadtverwaltung für ein subalternes Amt ohne Bezahlung zur Verfügung gestellt, vorausgesetzt, daß man es ihm ohne Kugelung übertrüge. Das sei abgeschlagen worden, und so habe sich der Vater verschworen, überhaupt kein Amt in der Vaterstadt anzunehmen. Das ist in dieser Form Legende. Kindereindrücke sind keine Geschichtsquelle. Die Kugelung fand nur bei der Bürgermeisterwahl statt. Da wählte der Rat aus Schöffen und Ratsherren zweimal drei Kandidaten, aus denen dann in geheimer Abstimmung durch Abgabe weißer und schwarzer Kugeln der Ältere und der Jüngere Bürgermeister bestimmt wurden. Richtig ist, daß der Vater später überhaupt nicht in den Rat kommen konnte, weil schon der Bruder, der Zinngießermeister Hermann Jacob Goethe, Sohn des Weidenhofwirtes aus dessen erster Ehe, seit 1747 im Rat war. Verwandtschaft schloß Mitgliedschaft im Rate aus.

Indes jetzt ward, wo nach der Ablehnung irgendeine Frankfurter Stelle nicht in Frage kam, jene Verbindung, die Johann Philipp Strecker im Herbst 1739 zwischen Johann Caspar Goethe und dem Reichsfeldmarschall von Seckendorf im Zeichen der Italienfahrt hergestellt hatte, für Goethe persönlich und politisch wichtig. Maria Theresia hatte den Prozeß gegen den Reichsgrafen, kaum daß sie am 6. November 1740 den Thron bestiegen, niedergeschlagen. Ein Weib auf dem Thron, Feinde ringsum, sie wußte, sie brauchte jeden Degen. Seckendorf aber hatte dem Wiener Hof die Kränkung nicht vergessen. Er hatte es nicht eilig, sich in dem Mächtestreit, der da anhob, als Figur einsetzen zu lassen. Er zog sich schmollend auf sein Schloß Meuselwitz in Sachsen-Altenburg zurück. Als aber durch Friedrichs Sieg über die Österreicher bei Mollwitz am 10. April 1741 die Würfel gefallen waren und die Wittelsbacher zwar nicht Österreich gewonnen hatten, es aber doch zu erwarten war, daß ihrem Hause immerhin die Kaiserkrone zufallen würde, da verließ Seckendorf — im Grunde auch nur ein Condottiere — die Habsburger und ging zum Hause Wittelsbach über. Im Juni 1741 war er in Frankfurt. Die österreichische Feldmarschallswürde legte er nieder und empfing den gleichen Rang und die gleiche Stellung bei den Bayern. Auch diese hatten erfahrene Feldherrnkraft bitter nötig. Denn eben an jenem 12. Februar, an dem Karl VII. feierlich in Frankfurt zum Kaiser gekrönt worden war, waren die Österreicher siegreich in München eingezogen.

Durch Seckendorfs Vermittlung ist Johann Caspar Goethe bei Karl VII. «Wirklicher Kaiserlicher Rat» geworden. Das läßt sich nicht beweisen, ist aber das Wahrscheinliche. Das Gesuch, in dem Johann Caspar um Ernennung zum Kaiserlichen Rat einkam, liegt in Weimar im Goethe-

Schiller-Archiv. Es zeigt den Amtsstil der Zeit und die bei solchem Gesuch festliegenden traditionellen Formeln:

«Allerdurchlauchtigster Großmächtigster und unüberwindlichster Römischer Kayser auch zu Böheim König ɔc. ɔc.

Allergnädigster Kayser, König und Herr Herr!

Ew. Kayserl. & Königl. Majestät haben bereits seit Dero jüngsthin glorwürdigst angetrettenen Kayserl. Regierung auch ein und andere Personen dieser Stadt, so sich durch Wissenschaften und gute Sitten qualificirt gemacht, dero allerhöchste Kayserl. Gnade in verschiedenen Fällen allermildest angedeyhen lassen. Nachdem ich nun nicht allein durch die letzthin von Ew. Kayserl. & Königl. Majestät in allerhöchster Person alhier eingenommenen Huldigung ein allerunterthänigst-treu-gehorsambster Knecht geworden, sondern auch durch den auf verschiedenen Teutschen Academien in denen Studiis gelegten Grund und deren volligen Vollendung so wohl, als nachhero bey dem Kayserl. Cammer-Gericht zu Wetzlar, dem Reichs-Tage zu Regenspurg und dem Reichs-Hoffrath viele Jahre hindurch erlernte Reichs-Praxeos, so fort auff Reisen geschöpffte Einsicht verschiedener vornehmen Europäischen Staaten, Sitten und Gebräuche, die erforderlichen Eigenschafften, Gott, Ew. Kayserl. & Königl. Majestät und dem Vatterlande ersprießlich dienen zu können, hoffentlich acquiriret, So erkühne mich ebenfalls Ew. Kayserl. & Königl. Majestät obgedachte meine wenige qualitäten zu vördrist zu Dero allerhöchsten Diensten allergehorsamst zu offeriren, Zugleich aber allerhöchst Dieselben zu bitten, mir Dero würklichen Kayserl. Raths Caracter allermildest zu conferiren, welche allerhöchste Kayserl. Gnade Zeitlebens mit Treuaufrichtigsten Diensten zu demeriren mein einziges Augenmerk seyn wird, Der ich übrigens in allertiefester auch zu Beobachtung Unsers Kayserlichen Ansehens jedzeit dahin bedacht seyn sich ehrbarlich nach Teutscher Redlichkeit zu halten und keinen in Königlich oder deren Churfürsten und Ständen des Reichs Diensten stehenden Räthen gleiches Stands weichen, und sonst alles anders thun und leisten, was einem getreuen Rath gegen seinen Kayser, ober Haupt und Herrn zu thun gebühret, und wohl eignet, immassen dann wie gemelt, Unser Kayserl: gnädigstes Vertrauen in seine des Johann Caspar Goethe Persohn ohne dem gestellet ist, getreülich und ohne gefährde.

Mit Urkund dieses Briefs, besiegelt mit dem Ffurth den 16ten May 1742.»

Das ist die Sprache von Menschen, die Zeit haben, getragen von der Freude und dem Glauben an die Macht der Formel. Das magisch Bannende aus Urzeiten lebt wie in Zaubersprüchen in diesen Wiederholungen fort, aber auch rhetorischer Aufbau der Sprache von der Schule Ciceros her und dann eine Lust am Pomp und weiten Schwung der Ornamentik. Die Baukunst der Zeit, die Musik der Zeit folgen ähnlichen Gesetzen. Im übrigen wird deutlich, wie der ganze Akt von Johann Caspar ausgegangen ist und nicht vom Kaiserlichen Hof; die Urkunde wiederholt einfach anerkennend die Leistungen des Bittstellers, die dessen Antrag als Begründung aufgeführt hatte.

Nachdem Johann Caspar seine Urkunde empfangen, ist er sicher, wenn nicht schon vorher, in das Barckhaussche Haus gegangen und vom Kaiser in Audienz empfangen worden. Was die beiden miteinander gesprochen haben, wissen wir nicht.

Was hat Johann Caspar beabsichtigt, als er sich diese Würde verschaffte? Hatte er vor allem eine gesellschaftliche Rangerhöhung in der Vaterstadt im Auge? Nur der Schultheiß, die sieben ältesten Schöffen und der älteste Syndikus hatten in der Freien Reichsstadt als Ehrentitel die gleiche Bezeichnung. Oder sollte ihm der Titel eine erste Stufe zu einer diplomatischen Laufbahn sein? Welche Stellen kamen da in Frage? Wir wissen freilich, daß Graf Törring, der unfähige Günstling des Kaisers, der die bayrische Armee und Politik leitete, weder den Willen und vor allem nicht die Mittel hatte, sich einen Stab diplomatischer Vertretungen aufzubauen, lebte doch dieser Kaiser nur von französischem Geld und Anleihen bei Frankfurter Bürgern. Vom Hause Wittelsbach war nicht viel zu hoffen. Auch ist es sehr unwahrscheinlich, daß Johann Caspar, dieser starre Lutheraner, Hofdienst in einem katholischen Hause suchte, hatte doch selbst Bartenstein in Wien übertreten müssen und Seckendorf gerade seiner Konfession halber zu leiden gehabt.

Oder hat Johann Caspar als geschulter Jurist an eine Tätigkeit in dem Reichshofrat gedacht, vielleicht nicht gleich, aber später einmal? Seit Ende des 17. Jahrhunderts bis zur Auflösung des Reiches im Jahre 1806 immer zu Wien in der Hofburg, jetzt vom 17. März 1742 bis zum 18. Dezember 1744 tagte diese Behörde zu Frankfurt. Während der Reichstag, als Regensburg in den Händen Maria Theresias war, sich im Römer versammelte, wählte sich der Reichshofrat das Kloster der Dominikaner als Sitzungsort; hier war 1292 Adolph von Nassau zum Römischen König erwählt worden, hier hatte vermutlich als Ordensprovinziat Eckehart gepredigt, Dürer hatte für den Altar dieser Kirche die Himmelfahrt Christi gemalt, jetzt hatte der Orden unter dem Prior und Subprior etwa noch fünfzehn Dominikanerbrüder im Kloster, die nun die vordem Wiener Behörde bei sich aufnahmen.

Vom Kaiser sind damals in den Reichshofrat auf die Gelehrtenbank eine Anzahl neuer Männer berufen worden. Unter ihnen war Lyncker im gleichen Jahr wie Johann Caspar, also 1710, geboren, hatte aber doch schon in kurmainzischen Diensten gestanden. Der kursächsische Freiherr Thomas von Fritsch, Sohn eines Leipziger Buchhändlers, war zehn Jahre älter als Johann Caspar, hatte sich nach dem Studium durch weite Auslandsreisen gebildet, war dann sächsischer Beamter geworden und hat noch 1763 beim Hubertusburger Frieden Chursachsen vertreten. Er ist der Vater jenes Freiherrn von Fritsch, der sich 1776 in Weimar als Vorsitzender des Geheimen Conseils so scharf dagegen wandte, daß Carl August den jungen sechsundzwanzigjährigen Doctor Wolfgang Goethe in dieses Conseil berufen wollte. Als dritter Reichshofrat, von Karl VII. ernannt, sei Ulrich von Quandt, ein Kaufmannssohn aus Ulm, angeführt. Er war vier Jahre älter als Johann Caspar, hatte aber schon 1733 eine ordentliche Professur in Marburg bekleidet, dann war er 1740 Hofrat im Dienste von Hessen-Kassel gewesen. Der bedeutendste Mann unter den neuen Räten war aber der Graf von Bünau, ein Gelehrter von Ansehen. Seine «Teutsche Kaysergeschichte und Reichshistorie» — der vierte Band erschien eben 1743 — war schlechthin das führende Werk für die deutsche Geschichte unter den Karolingern. Auf seinem Gut Nöthnitz bei Dresden hat er den jungen Winckelmann als Bibliothekar beschäftigt. Nach dem Tod Karls VII. wurde er der Minister der Herzogin Anna Amalia in Weimar und erwarb sich für seinen Lebensabend jenes Gut Oßmannstedt, das er durch Oeser ausschmücken ließ und das später Wieland gehörte.

Diese Beispiele mögen genügen. Man sieht, an Erfahrung und Laufbahn waren diese Männer dem jungen Rat Goethe überlegen; aber sicher hat er mit ihnen Fühlung gehabt. In jener Zeit war der Kreis der Oberschicht sehr klein. Ein jeder kannte jeden. Auch war durch von Loen, der über die kaiserliche Gerichtsbarkeit geschrieben hat, — es wird von ihm noch die Rede sein —, die Verbindung gegeben.

Am 7. Oktober 1745 konstituierte, nach Karls VII. Tod, der neue Kaiser Franz I. gleich nach seiner Wahl den neuen Reichshofrat im Frankfurter Römer. An die sechzig Bewerber, auch solche, die vorher Karl VII. gedient, hatten sich für das einflußreiche Amt empfohlen. Unter den neuen Reichshofräten war Heinrich Christian von Senckenberg, der Sohn des Frankfurter Arztes und eben jener Professor, der in Gießen Johann Caspars Lehrer gewesen war und ihn vor sieben Jahren zum Doktor beglückwünscht hatte.

Johann Caspar sah sich das alles von seinem Haus im Hirschgraben an, — gelassen vermutlich und mit sehr viel Ruhe. Man hat gesagt, weil er von den Wittelsbachern ernannt gewesen sei, wäre für ihn unter der Habsburger Krone kein Platz und keine Tätigkeit gewesen. Das entspricht nicht den Tatsachen. Da der Wittelsbacher tot, seine Dynastie abgetreten war, alle ihren Frieden gemacht hatten, war es weder ehrenrührig noch gesinnungslos, wenn Johann Caspar sich jetzt dem Hause Österreich etwa als Geschäftsträger in Frankfurt zur Verfügung gestellt hätte. Wir hören nichts von einem solchen Versuch. Wir hören auch nichts davon, daß Goethe irgendeinem anderen Staate seine Dienste angeboten hätte. Es gab ja deren wahrlich genug im alten Deutschen Reich und jeder hatte bei jedem seinen diplomatischen Vertreter. Da war z. B. eben Johann Michael von Loen, der später durch Johann Caspars Vermählung mit der Tochter des Stadtschultheißen Wolfgangs Großoheim werden sollte. Er trat in den Dienst Friedrichs des Großen. Da war noch später der eigene Schwiegersohn Schlosser, der Gatte Cornelias; er trat in den Dienst des Markgrafen von Baden. Aber gerade das Schicksal des Freiherrn von Loen — man lese nach im Zweiten Buch — war ein Beispiel: «Der gute Oheim», meinte der Vater, «hätte besser getan, sich mit dem Könige nicht einzulassen, weil es überhaupt gefährlich sei, sich demselben zu nähern, so ein außerordentlicher Herr er auch übrigens sein möge.» Und weiter: «Es mangelte nicht an Betrachtungen und Beispielen, um vor Höfen und Herrendienst zu warnen, wovon sich überhaupt ein geborner Frankfurter kaum einen Begriff machen konnte.» Und im Fünfzehnten Buch, da Wolfgangs Berufung nach Weimar spielt, kann man finden, was für Argumente und bittere Ressentiments der Vater Goethe gegen jeden Hof- und Fürstendienst in sich trug. Nein, die Vorstellung, Johann Caspar Goethe sei durch die politische Entwicklung um seinen eigentlichen Lebensinhalt, eine diplomatische Laufbahn, gekommen, ist irrig. Wer ehrgeizig ist, setzt sich nicht mit fünfunddreißig Jahren zur Ruhe. Wer ehrgeizig ist, der handelt. Johann Caspar handelte nicht. Er hatte die Verbindung mit Seckendorf benutzt, um sich innerhalb der Stadt Frankfurt eine Position zu schaffen. Der Titel machte Goethe gesellschaftlich unabhängig. Er sollte ihm ein Air geben, aber beileibe nicht ihm irgendwelche Verpflichtungen und Dienste auferlegen. Johann Caspar wurde Particulier. Er lebte, wie er gereist war, widmete sich seinen geistigen Interessen, der Freude an der Kunst, der Befriedigung durch Studium und Wissen. Er stand mit einer solchen Entscheidung nicht allein. Es gab eine ganze Anzahl angesehener gelehrter Männer in der Freien Reichsstadt, die ähnlich dachten und handelten. —

DIE HOCHZEIT

Unter den Versen, die der Vater im Fünfzehnten Buch seinem Wolfgang entgegenhält, um ihn vom Fürstendienst unter den Wettinern abzuhalten, lautet einer:

> Wer ganz will sein eigen sein,
> Schließe sich ins Häuschen ein,
> Geselle sich zu Frau und Kindern,
> Genieße leichten Rebenmost
> Und überdies frugale Kost,
> Und nichts wird ihn am Leben hindern.

Ja, eben darum ging es Johann Caspar: Geselle dich zu Frau und Kindern! Ein Haus besaß er, das der Mutter am Großen Hirschgraben, eine Familie mußte er sich gründen. Am 20. August 1748 heiratete er, selbst achtunddreißig Jahre alt, die siebzehnjährige Katharina Elisabeth Textor. Ihr Vater, 1693 in Frankfurt geboren, war gleichfalls Jurist. Er war 1731 Schöffe, d. h. Ratsherr geworden, dann 1738 und 1743 Älterer Bürgermeister, und er war auch wie der Schwiegersohn Kaiserlicher Rat. Jetzt, wenige Wochen vor der Heirat der Tochter, hatte man ihn zum Stadtschultheißen, d. h. obersten Richter gemacht.

«Alle großen Familien machen hier Banden unter sich: wer unter ihnen ist oder das Glück hat, sich unter sie zu verheiraten, der ist von gutem Herkommen, der hat Verstand, der hat Ehre.» Der das sagte, wußte Bescheid; es war Johann Michael von Loen, der selbst dem Bürgermeister Textor verschwägert war, da er die Schwester von dessen Gattin zur Ehe hatte. So ist auch die Heirat Johann Caspars sicher von sozialen Erwägungen bestimmt gewesen; aber man darf darüber nicht vergessen, daß in jener Zeit die Ehe ganz anders als heute göttliche Institution war, daß sie ihre Weihe und ihre Verbindlichkeit aus dem Segen der Kirche erhielt, in der Johann Caspar wie Catharina Elisabeth die heilige Ordnung der Welt sahen. Eine gegenseitige Neigung war dabei nicht ausgeschlossen.

Wann und wo sind sich die Eltern des Dichters zuerst begegnet? Wie kommen überhaupt solche Verbindungen zustande? Haben fürsorgend Vater oder Mutter die Fäden geknüpft? Ist es der Mann gewesen, der sich die Gattin aussuchte? Hat die junge Dame, energisch und temperamentvoll, der Vorsehung nachgeholfen? Oder haben wohlwollende Verwandte fördernd die Hände im Spiel gehabt? Wieder können wir nur sagen, daß uns unmittelbar nichts überliefert ist. Das Wort Goethes im Zweiten Buch von «Dichtung und Wahrheit», der Vater habe um die Tochter des Schultheißen geworben, um sich selbst durch solche Verwandtschaft die Aufnahme in den Rat zu verbauen, ist, wie wir schon gesehen, sachlich falsch und psychologisch ganz unmöglich, ein Teil jener Legende, die sich bei dem Sohn um den Vater gebildet hatte. Vielleicht hat der Herr von Loen, der Oheim, seine Nichte besonders gern gehabt. Er war eine hochgebildete Persönlichkeit, Schriftsteller, Aristokrat, Mann von Welt. Er stand seinem ganzen Werdegang nach dem jungen Doctor Goethe nahe. Der Dichter spricht von seinem Großoheim im Ersten und vor allem im Zweiten Buch von «Dichtung und Wahrheit». Loen war, als Johann Caspar heiratete, vierundfünfzig Jahre alt, also fast gleichaltrig mit dem Vater der Braut. Er lebte seit vierundzwanzig Jahren in Frankfurt auf jenem schönen Landsitz mainabwärts vor den Toren, der früher den Merians gehört hatte. Hier ward seine Nichte dem Doctor Goethe in die Ehe gegeben. Nicht im Anwesen des Vaters Textor, des Bürgermeisters und Stadtschultheißen also — es lag mit geräumigem, gepflegtem Garten an der Friedbergergasse — fand die Hochzeit statt und nicht in der Barfüßerkirche die Trauung, sondern beides, kirchliche Feier wie Fest, im Hause des Oheims am Main. Wenn Goethe aus dem Munde von Bettina Brentano erzählt [Art. Ausg. Bd. 10, S. 681], die Mutter habe gesagt, ihre Erziehung hätte sie einer Tante zu danken, die ihr über das bornierte Wesen ihres häuslichen Lebens hinweggeholfen habe, so kann das nur von Loens Gattin gewesen sein. Aus alledem kann man schließen, daß es das Haus von Loen gewesen ist, das das Paar zusammengeführt hat.

Über die Hochzeit haben wir nun einen Bericht. Hermann Jacob Goethe, der Zinngießermeister, der ältere Halbbruder des Bräutigams, schrieb in seine Familienbibel — sie liegt im Goethemuseum aus —: «Anno 1748 den 19. [statt 20.] Augusti Dingstag Nachmittag umb 1 Uhr ist Mein Bruder Johan Caspar Göthe als Keiserlicher Hoffrath mit deß Herrn Stattschultheisen von [!] Textor Fräulein Jungfer Tochter in des Herrn Hoff-Rath von Lohnen garten vor dem St. gallen Tohr unten an der Wind Mühlen gelegen durch Herrn Pfahrer Fresenius in dem schönen garten-Hauß getrauet und copuliret worden und ist mit einem Consert eine abend Mahl Zeit gehalten worden, worzu der aller Höchste Gott Ihnen seinen Gnaden reichen Seegen hier Zeitlich und dort Ewig verleihen wolle. Dabey Herr Pfahrer Fresenius vor der Copulation eine schöne und wohl außgearbeite zierliche oration gethan hat und wohl auf den Zustand gerichtet war.» Die «Oration» ging über die Worte: «Denn die leibliche Übung ist wenig nütz; aber die Gottseligkeit ist zu allen Dingen nütz und hat die Verheißung dieses und des zukünftigen Lebens.» Die Worte stehen im Ersten Timotheus-Brief Kapitel 4 Vers 8. So vollzog denn ein lutherischer Geistlicher in einem kalvinistischen Landhause eine lutherische Trauung. Das war etwas sehr Außergewöhnliches, zugleich aber auch das Vorzeichen einer neuen Zeit.

Fresenius war der Hauptpfarrer an St. Katharinen. Er hat Wolfgang und Cornelia getauft. In seiner Kirche hatte die Familie drei Plätze; einer darunter, ein Anhängbänkel, d. h. ein Klappsitz im Gang, war ein Kinderplatz. Die gesammelten Predigten des Geistlichen standen und stehen in der Bibliothek des Herrn Rat; dort hängt auch sein Porträt. Während der Festlichkeit aber hielten nach Standesgebühr und Herkommen zwei Hellebardiere vor von Loens Haus Ehrenwache, in rot-weißer Uniform und wie eben der Name sagt: mit Helm und Barte. Die Musici aber, was werden sie gespielt haben? Wahrscheinlich Telemann, der Kapellmeister an St. Katharinen gewesen und noch um 1750 der musikalische Abgott der Frankfurter war.

Wir haben noch ein anderes Dokument über diese Hochzeit, das ist ein Gedicht, das bei der Feier im von Loenschen Hause vorgetragen wurde. Die Titelseite in Folio lautet: «Die hochbeglückte Goethe- und Textorische am 20. August 1748 vollzogene Vermählung bewunderte in diesen geringen Zeilen des wohlgebohrnen Brautpaars tiefgehorsamster Johann David Schepern.» Man sieht, es ist noch genau dieselbe Sprache wie 1739 bei der Doktorpromotion in Gießen. Was sollte sich auch in diesen neun Jahren geändert haben? Nur daß die damals prophezeite «Schäferin aus Frankfurt» sich inzwischen gefunden hatte. Näheres über den Dichter wissen wir nicht. Es lohnt auch nicht, Nachforschungen anzustellen.

Wo Tugend, Ehre, Glück, Verstand, Wiz, Schönheits
>Gaben
Bey Schliesung einer Eh sich so verbunden haben — —
So was vorzügliches nach Würden zu besingen
Mag eines Dichters Geist sich in die Höhe schwingen,
Da dem, der sich, wie ich, zu Dichter Dienern schreibt,
Nur die Bewunderung desselben übrig bleibt.

Eine Strophe dem Vater der Braut, eine dem Bräutigam, eine der jungen Frau —

>Sie sind einander wehrt, hör ich von weitem schreien.
>Sind Sie einander wehrt? O Gott so gieb Gedeyen!

Nein, ein Dichterfürst ist er nicht gewesen, dieser Johann David Schepern, sondern, wie er richtig erkannte, ein «Dichter Diener». Ganz anders von Loen. Er hat den Garten seines Hauses am Main, der der Hochzeitsfeier als Folie diente und der eben jetzt im August in aller Rosenschönheit prangte, in einem langen Gedicht liebevoll uns vor Augen gestellt. Das Haus, der Hof mit zwei Reihen Bäumen, das Gitter, an der Mauer die Orangerien. Der Garten selbst, Rasenplätze mit Buchsbaum, war geschmückt mit barocken Statuen, Arbeiten des Frankfurter Bildhauers Cornelius Andreas Donett, die das Historische Museum der Stadt bewahrt. In der Mitte hatte er einen Springbrunnen; ferner Obstbäume, Rosenhecken im Viereck und Halbrund, vor allem Spaliere mit Trauben.

>E breiter Gang, der durch den Garten streicht
>Und keinem nicht an Schönheit weicht,
>Ist als ein Perspectiv gezogen:
>Hier wird, o Gott! mein Geist zur Andacht oft bewegt.
>Es sieht mein Glaubens-Aug dich nur im Perspective,
>Die unerforschliche ganz unermeßne Tiefe
>Von deiner Liebe, Weisheit, Macht,
>Wer ist, der sie erkennt, wer ist, der sie betracht?

Doch wirst du mir, ich hoffs, in jenem Leben
Davon das rechte Licht in deinem Lichte geben. —

Deus absconditus. — In diesem Hause also und in diesem Garten, sonnig nach Süden offen am vorbeifließenden Strom, fand die Hochzeit der Eltern Goethes statt. Ja, es ist eine ganz besonders festlich heitere Hochzeit gewesen; sonst hätte der Bruder, der Zinngießermeister, nicht so ausführlich darüber berichtet. Es ist der einzige Eintrag in seiner Familienbibel.

Acht Jahre später, und die Gattung des barocken Gratulationsgedichtes ist in den Händen des Knaben Johann Wolfgang Goethe. Es sind seine ersten Verse, wie er selbst sagt. Glückwünsche zum Neuen Jahr:

Erhabner Großpapa! Ein Neues Jahr erscheint,
Drum muß ich meine Pflicht und Schuldigkeit entrichten,
Die Ehrfurcht heißt mich hier aus reinem Herzen dichten,
So schlecht es aber ist, so gut ist es gemeint.
Gott, der die Zeit erneut, erneure auch Ihr Glück,
Und kröne Sie dies Jahr mit stetem Wohlergehen;
Ihr Wohlsein müsse lang so fest wie Zedern stehen,
Ihr Tun begleite stets ein günstiges Geschick;
Ihr Haus sei wie bisher des Segens Sammelplatz,
Und lasse Sie noch spät Möninens Ruder führen,
Gesundheit müsse Sie bis an Ihr Ende zieren,
Dann diese ist gewiß der allergrößte Schatz.

Die Großmutter Textor, «Erhabne Großmama», bekommt ein entsprechendes Gedicht, gleichfalls zwölf Verse. [Artemis Ausgabe Bd. 2, S. 193f.]. Man sieht, was noch barock ist, ahnt aber auch schon das Eigene. Barock ist das Versmaß, der Alexandriner, der Griff nach dem pathetischen Wort, nach der gelehrten Metapher wie Moenina, die Mainstadt, Rokoko ist die Freude an der Antithese, und doch zeigt sich in alledem ein treuherziger Zug zur Schlichtheit hin, zum «reinen Herzen». So hat Goethe angefangen! So ist er aus seiner Zeit, aus dem, was er vorfand, herausgewachsen, hat er die Schale durchbrochen. In dem Gedicht auf eine Hochzeit im Hause Passavant im Sommer 1774 — jetzt ist der «Götz» schon erschienen und der «Werther» ist im Druck — und in dem Gedicht zur Hochzeit des Pfarrers Ewald in Offenbach, von Wolfgang und Lili am 10. September 1775 gesungen, hat dann die ganze Gattung des Hochzeitscarmens ihren Höhepunkt erreicht. In der Umformung des letzten Gedichts zu:

> In allen guten Stunden,
> Erhöht von Lieb und Wein,
> Soll dieses Lied verbunden
> Von uns gesungen sein!

lebt sie zum mindesten in Studentenkreisen heute noch fort.

Neben der Familienbibel und dem Gratulationsgedicht im Goethemuseum zu Frankfurt bewahrt Weimar noch eine besondere Erinnerung an die Hochzeit im von Loenschen Landhaus am Main. Das ist der Teppich, auf dem Bräutigam und Braut niederknieten, als sie den Segen des Pfarrers empfingen. Dieser Teppich war ein ehrwürdiges Erbstück in der Familie der Textors, ein Kunstwerk gotischer Webkunst aus dem frühen 16. Jahrhundert. Rautenförmig abgeteilt zeigt er Sternrosetten, Blüten und Ranken. Ein Jahr nach der Hochzeit, am 29. August 1749, ward Wolfgang über diesem Teppich zur Taufe gehalten. Das gleiche geschah bei den Geschwistern. Vermutlich 1808, nach dem Tod der Mutter, kam er mit dem anderen Erbe nach Weimar. August und Ottilie wurden auf ihm getraut. Die Enkelkinder Walther, Wolfgang und Alma erhielten über ihm gleichfalls die Taufe. Bei der Bestattung des Dichters am 26. März 1832 diente der Teppich in der Fürstengruft dem Sarg als Unterlage. 1872, bei dem Tod von Ottilie von Goethe, fand er zum letztenmal Verwendung. Da er keinerlei christliche Motive aufzeigt, ist eine Klosterarbeit nicht anzunehmen. Eine Ahne Goethes wird in der Zeit, da sie Braut war, sich diesen Teppich, zunächst für ihre Hochzeit, gewoben haben.

Es gibt mehrere Teppiche ähnlicher Art. Sie haben kunstgeschichtlich ihre Bedeutung. Ein Gegenstück, das vordem im Schloß Spiez in der Schweiz war, verwahrt das Schnütgenmuseum zu Köln. Teile einer verwandten Webearbeit befanden sich in dem Nonnenkloster zu Eichstädt, das der heiligen Walpurga geweiht ist. Inwieweit es sich jeweils um eine mittelfränkische oder Schweizer Arbeit handelt, ist nicht zu entscheiden. Die süddeutsche Herkunft ist wahrscheinlicher. Auch im «Germanischen Museum» in Nürnberg befinden sich Brautteppiche.

Der Goethesche Teppich hängt heute im Haus am Frauenplan in der sogenannten Großen Stube. Diese liegt im rückwärtigen Trakt des Gebäudes und gehörte einst, mit Fenstern in den Hof und Fenstern auf den Garten, zu Christianes Bereich.

Das sind die Zeugen, die über die Zeiten hinweg noch heute von jenem 20. August 1748 künden, — antike Gottheiten als barocke Gartenstatuen, ein gotischer Brautteppich, ein Hochzeitscarmen und eine Bibel. —

GEISTIGE NOBILITÄT

Johann Caspar Goethe war also nun Kaiserlicher Rat und wohnte mit seiner Mutter, der einstigen Weidenhofwirtin, die jetzt siebzig Jahre alt war, und mit seiner jungen siebzehnjährigen Frau am Großen Hirschgraben in jenen miteinander verbundenen gotischen Häusern, wie sie, das nördliche schmal, das südliche größer und mit Giebel, um 1600 von holländischen Flüchtlingen erbaut worden waren. Wie gestaltete er sein Leben, nachdem die Bewerbung um ein städtisches Amt erfolglos geblieben war? Im Zweiten Buch von «Dichtung und Wahrheit» hat Goethe die Stellung seines Vaters in Frankfurt, seitdem er in der Vaterstadt wieder heimisch geworden war, zu umreißen versucht. Er hat das getan, indem er jene soziale Schicht charakterisiert hat, der der Vater jetzt angehörte. Es war die geistige Nobilität der Stadt.

In den süddeutschen Reichsstädten hatte sich, nachdem das Unheil der Religionskriege überwunden war, mit dem wachsenden Wohlstand, der vermehrten Länder- und Weltkenntnis und bei dem hier eingewohnten Unabhängigkeitssinn der Bürger eine geistige Oberschicht gebildet, die im höchsten Sinne das Antlitz des Gemeinwesens prägte. Hier hatte Frankfurt jetzt vor Nürnberg und Augsburg die Führung übernommen. Die Mitglieder dieses Kreises, ob mit oder ohne Amt, mochten sie dem Stadtadel entstammen oder nicht, sie waren Gelehrte und sie waren Sammler und sie fühlten sich untereinander verbunden. Das alte Patriziat, der Ämteradel war vielfach korrupt. Er regierte, aber sein moralisches Ansehen war fragwürdig. Goethe in «Dichtung und Wahrheit» erwähnt den Stadtadel kaum, aber mit viel Liebe verweilt er bei jenen Persönlichkeiten, denen er seinen Vater jetzt zuzählt. Was sie charakterisierte war, wie er formuliert, eine «elegantere und liberalere Lebensweise», ein Wissen um die «freie Welt», das man sich auf Reisen erworben, die wichtige Verbindung mit dem Buchhandel, dessen Sitz Frankfurt noch bis ins 18. Jahrhundert hinein war, und der persönliche Wohlstand, der viele Bürger zu Sammlern machte. Wenn es heißt: diese Männer standen isoliert gegeneinander wie gegen das Ganze, ohne unter sich eine «Sozietät» zu machen, so meint Goethe mit Sozietät nur, daß sie klassenpolitisch und sozial gesehen keine Zunft, kein eigentlicher Stand waren wie die Sozietäten des Patriziats, die Adelsgesellschaften der «Frauensteiner» und der «Limpurger», die in dauernder Fehde mit den Graduierten lagen, indem sie argumentierten: erbliche Dignität stünde über Personaldignität und stürbe ein Doctor, so gehörten seine Kinder doch wieder dem gemeinen Pöbel an. Wenn also auch keine «Sozietät» und kein politischer Stand, so standen diese Männer einer kultivierten Oberschicht unter sich doch durchaus in Fühlung und hatten zu Zeiten auch eine gesellschaftliche Vereinigung, die sie wechselnd in ihren Häusern zu Gastmählern und Vorträgen zusammenführte wie das Kränzchen, das 1725 im Hause Uffenbach gegründet wurde.

Der Prototyp dieser ganzen Schicht war Zacharias Conrad von Uffenbach, der von 1683 bis 1734 lebte. Das Geschlecht, ursprünglich wohl Offenbach, war im 16. Jahrhundert aus Wetzlar in die Stadt gekommen. Drei Krebse hatte es als redendes Wappen. Einer der Sippe ward ein angesehener Maler und Lehrer von Elsheimer; ja man kann sagen, mit ihm beginnt die Frankfurter Malerschule. Einer wurde ein berühmter Arzt, ein anderer ein guter Jurist und Reichshofrat. Das große Vorbild aber für die Frankfurter Gelehrten- und Sammlerkreise, das ist eben Zacharias Conrad von Uffenbach gewesen.

Der Vater hatte sein Vermögen im Handel mit französischen Mode- und Galanteriewaren erworben. Der Sohn legte alles Geld in Büchern an. Sein Haus an der Zeil barg in acht Räumen 60000 gedruckte Bände und 2000 Bände Handschriften, darunter Kostbarkeiten ersten Ranges. Es waren lateinische, griechische, französische, englische, mittelhochdeutsche und vor allem auch hebräische Manuskripte. Die einzige Handschrift des Nibelungenliedes in Jiddisch ist so auf uns gekommen. Vieles stammte aus rheinischen Klöstern, die damals ihre mittelalterlichen Handschriften wie Altpapier abgaben, unter anderem z. B. aus St. Pantaleon in Köln, in dessen mächtigem ottonischen Kirchenbau der Reichskanzler und Erzbischof Bruno [† 965] und die Kaiserin Theophanu, Gemahlin Ottos II., begraben liegen. Das meiste hatte Uffenbach auf seinen Reisen zusammengekauft. 1702 bis 1704 bereiste er Deutschland, 1705 die Niederlande, 1709 bis 1711 Niedersachsen, Holland und England, 1718 Belgien. In Berlin wurde noch kurz vor seinem Tode Spener, in Hannover, das damals

12000 Einwohner zählte, wurde Leibniz besucht. Spener erinnerte sich seiner Frankfurter Anfänge, 1666 bis 1686, der ersten pietistischen Versammlungen in seinem Pfarrhaus bei der Barfüßerkirche und fragte nach den ihm bekannten Frankfurter Familien. Damals, 1668, hatte auch der junge Leibniz Spener in Frankfurt gesprochen. Es ging um die Wiedervereinigung der Konfessionen. Nun war auch der Philosoph ein alter Mann. Er empfing die Reisenden in Pelzstrümpfen, in pelzgefüttertem Nachtrock, in großen Socken aus grauem Filz und sonderbarer langer Perücke. Man sprach über codices. Auch noch nach Frankreich und Italien zu gehen, das verhinderte der spanische Erbfolgekrieg. Den Bericht über die Reise von 1709 bis 1711 ließ der Bruder, der an ihr teilgenommen hatte, nach Uffenbachs Tod in drei Bänden 1753 bis 1754 drucken; das waren etwa die Jahre, da der Rat Goethe sein Haus umbaute. Dieser Reisebericht ist ein Vorbild für Johann Caspars «Viaggio in Italia» gewesen. Man braucht, um sich dessen bewußt zu werden, nur etwa bei Uffenbach im «Dritten Theil» nachzulesen, was dort von Seite 744 an über Köln gesagt wird. «Ich observirte an dem Rathhaus die sechs Inscriptionen, davon Misson Tom. I. pag. 43 meldet, sahe aber, daß sie ganz nicht von der Römer Zeiten, sondern recent waren». Genau so hat Johann Caspar in Italien die Inschriften nach demselben Misson als Reiseführer mit den Originalen verglichen. Man sieht, das war keine Goethesche Pedanterie, sondern einfach bei gelehrten Reisenden noch aus dem Barock her der Zeitstil. Den Dom, die Kirchen hatte Uffenbach schon bei seinem ersten Kölner Aufenthalt 1705 besucht; er beschränkt sich also jetzt auf die Klöster. Hier geht er — wir sind im April 1711 — von Orden zu Orden, von Kloster zu Kloster, fragt nach alten Manuskripten und stellt immer wieder fest, daß die Mönche nicht wissen, was sie besitzen. So kommt er auch, nahe dem Rhein bei St. Severin gelegen, zum Kloster der Kartäuser. Als ihm hier ein Bruder, die Wunderheilungen rühmend, den Saum von Christi Oberkleid zeigt, den das blutflüssige Weib angerührt, fragt Uffenbach, ob das Kleid zu gewissen Tagen für Kranke ausgestellt würde. «Darauf antwortete der arme Tropf, es seye solches nicht nöthig, sie schickten nur ein Stückgen Brod, welches sie an dem Saum streichen; wenn nun eine Frau solches Brod ässe und ein paar Vater unser und ave Maria dabei betete, helfe es sogleich. Wenn die Leute Glauben daran haben, kan es allerdings mancher helfen, dann die Einbildung kan mehr als alle Arzney thun.» Genau so würde auch Johann Caspar berichtet haben. Uffenbach besucht die Buchläden, geht zu den Antiquaren. Er fragt nach «Particuliers, so eine Bibliothek oder Cabinett hätten», hörte aber zu seiner größten Verwunderung, «daß in dieser so berühmten und großen Stadt nichts rechtes von dergleichen anzutreffen.» Köln war im Mittelalter die volkreichste und geistigste Stadt des Reiches gewesen, mit einer Fülle großartigster Basiliken und Klöster. Albertus Magnus und Eckehart hatten hier gelehrt. Dann aber blieb der Dombau stecken. Die Dunkelmännerbriefe enthüllten den Verfall. Erst mit der Romantik blühte die Stadt wieder auf.

Das Erscheinen von Uffenbachs Reisen ist in der Frankfurter Gesellschaft naturgemäß viel besprochen worden. Es hat bei Goethes Vater die Idee seines «Viaggio in Italia» hervorgerufen. Den Verfasser selbst aber kann Johann Caspar nur oberflächlich gekannt haben; er war erst vierundzwanzig Jahre alt und noch Student in Leipzig, als jener starb. Es gibt indes auch andere Querverbindungen zwischen Uffenbach und den Lebensläufen von Goethe Vater und Sohn, vor allem in der Lektüre, an der man sich bildete. Die Büchertitel, die wir aus «Dichtung und Wahrheit» kennen, die Bilderbibeln mit Kupferstichen, das alles finden wir in der Lebensbeschreibung Uffenbachs wieder. Indes es sind auch Unterschiede in der Bewertung. Gottfried Arnolds «Unpartheiische Kirchen- und Ketzergeschichte» [1699], die gerade in den Ketzern die eigentlich Rechtgläubigen sieht und so dem jungen Goethe das Buch der Befreiung aus den dogmatisch-orthodoxen Fesseln des Luthertums wurde, war auch dem jungen Uffenbach empfohlen worden, in Halle auf der Universität von seinem Lehrer Thomasius. Dieser Bahnbrecher der Aufklärung meinte: er halte Arnolds Werk nach der Heiligen Schrift für das beste und nützlichste Buch und seine Hörer sollten das Geld dafür ihrem Munde absparen oder erbetteln. Aber es scheint, daß die Frankfurter Studenten sich zurückhielten, daß sie bei Arnold fanden, es fehle ihm der Affekt der Liebe und Gunst für die Rechtgläubigen und der Affekt des Hasses gegen die Irrlehrer. Wie dem auch sei, der Pfarrer Balthasar Ritter, der im Jahre 1727 dem jungen Gymnasiasten Johann Caspar Goethe in Coburg sein Buch über Flacius Illyricus, den Streiter für Luthers Rechtfertigung allein aus dem Glauben, schickte, rühmt dankbar in seiner Vorrede, daß gerade Uffenbach es gewesen, der dieses Werk zu fördern «großgünstig beliebet habe». Auch der Reichshofrat Senckenberg hatte in Uffenbach sein Vorbild gesehen; erst durch jenen sei er befähigt worden, etwas zu lernen.

Die Handschriften, die Uffenbach besessen, befinden sich heute in den öffentlichen Bibliotheken von München, Gießen und vor allem in der Staats- und Universitätsbibliothek Hamburg. Hier liegen auch in zahlreichen Folio-und Quartbänden die 20000 Briefe aus dem 16., dem 17. und 18. Jahrhundert, die Uffenbach teils in den Originalen, teils in Abschriften zusammengetragen hat, Briefe von Gelehrten und Theologen, eine großartige, unerschöpfliche Quelle zur Geistesgeschichte jener Zeit, die nirgends ihresgleichen hat. Der erste der Foliobände enthält Briefe der großen Reformatoren, aber schon der zweite und dritte bringt nur Schreiben, die an jenen Frankfurter Pfarrer Mathias Ritter gerichtet sind, der um 1570 der Freund von Flacius Illyricus gewesen war. Immer wieder stoßen wir auf diesen Namen, der uns zuerst in dem frühen Brief des Coburger Gymnasiasten Johann Caspar Goethe begegnet ist. Die lutherische Rechtfertigungslehre in ihrer schärfsten Ausprägung ist bis ins 18. Jahrhundert in gewissen Kreisen Frankfurts der Eckpfeiler ihres Luthertums gewesen. Sie bestimmte das Verhältnis zu den Katholiken und Reformierten und wirkte noch in die Welt hinein, in der Johann Wolfgang Goethe aufwuchs.

In «Dichtung und Wahrheit» ist Zacharias Conrad von Uffenbach nicht erwähnt, wohl aber sein jüngerer Bruder, Johann Friedrich von Uffenbach, Kaiserlicher Stückhauptmann und Königlich Großbritannischer Obristleutnant. Weder in der österreichischen noch in der britischen Armee hatte Uffenbach gedient. Die Titel hatte er sich erworben wie Johann Caspar seinen Kaiserlichen Rat. Sie sollten ihn davor schützen, in Frankfurt ein Amt annehmen zu müssen. Als Gegenleistung für die Ernennung zum Großbritannischen Obristleutnant vermachte er der hannoverschen Universität – der König von England war Kurfürst von Hannover — seine Frankfurter Bücher und Kupferstiche. Die umfangreiche Korrespondenz über diese Abrede liegt auf der Universitätsbibliothek Göttingen. Dieser Johann Friedrich von Uffenbach war nun nicht nur ein Gelehrter, sondern auch durchaus eine musische Persönlichkeit. Als Architekt baute er mit Balthasar Neumann die Brücke über den Main zwischen Frankfurt und Sachsenhausen um; noch sind alle Unterlagen erhalten. Mit allen Künsten des Ingenieurwesens vertraut, erfand und leitete er das berühmte Feuerwerk bei der Krönung Karls VII. Wie sein Bruder war er ein Sammler von Büchern und Handschriften. In Hamburg liegt aus seinem einstigen Besitz ein Juwel der italienischen Literatur und der Buchkunst überhaupt. Es ist eine Geschichte Roms von Troja an bis zu Constantin, nicht mehr lateinisch geschrieben, sondern das älteste Denkmal der römischen Mundart, ein kleines Büchlein aus dem 13. Jahrhundert mit zartesten Miniaturen auf feinstem Pergament. Vor allem aber war dieser jüngere Uffenbach ein Sammler von Gemälden und Handzeichnungen, war aber auch selbst Zeichner, war Dichter, war Romanschriftsteller und besonders war er ein leidenschaftlicher Musik- und Theaterfreund! Mit Telemann gründete er im Jahr 1713 das Collegium musicum, aus dem das Konzertwesen der Stadt hervorging. Er verteidigte gegen Gottsched die Oper und komponierte einen «Marco Aurelio», für den er auch das italienische Libretto schrieb und zwanzig barocke Theaterdekorationen entwarf. Graun, der die Berliner Oper leitete, wollte das Werk aufführen, scheiterte aber am «goût» des Königs. Die Wahl des Helden war ein Bekenntnis. Der Philosoph als Kaiser, an der Wende von Antike zum Christentum — dieses Thema, immer wieder hat es verwandte fromme Naturen angezogen.

Wir gehen sicher nicht fehl, wenn wir in Uffenbach, als Freund des Hauses, auch den «Konstabler Lieutenant» erkennen, der nach dem Ersten Kapitel von «Wilhelm Meisters Theatralischer Sendung» das berühmte Puppentheater hat bauen lassen oder selbst gebaut hat, vor dem Wolfgang und Cornelia gesessen und das noch heute im Dachstock des Goethehauses steht. Ein Puppenkabinett hatte er sich 1718 in Amsterdam angesehen.

Schon Adolf Feulner hat vermutet, daß Johann Friedrich von Uffenbach auch dem Vater bei dessen Hausumbau geholfen habe. Daß dem so war, läßt sich belegen. In Weimar hat sich ein Brief erhalten, der, weil unter den väterlichen Bauakten, dem Vernichtungswillen des Dichters den Frankfurter Briefen gegenüber entgangen ist. Das Schreiben, datiert vom 17. April 1755, ist uns ebenso wie die Gießener laudatio durch den späteren Reichshofrat Senckenberg und wie die Briefe aus Italien an Strecker wertvoll und wichtig als eines der wenigen Dokumente aus dem Freundeskreis von Goethes Vater, das die Zeiten überdauert hat. Wir kommen auf diesen Brief zurück.

In «Dichtung und Wahrheit» erinnert sich Goethe der Konzerte und Oratorien, die im Uffenbachschen Hause auf der Zeil aufgeführt wurden und wie sich die Frankfurter darüber mokiert hätten, daß der Hausherr selbst mitsang, was als nicht standesgemäß empfunden wurde. Uffenbach starb 1769. Die Auktion der Sammlungen fand Montag, den 6. Mai 1771 statt, in Uffenbachs Haus. Der Katalog ist im Stadtarchiv erhalten. Die Gemälde, die versteigert wurden, waren zumeist aus Holland und gingen unter den Namen van Dyck, Rembrandt, Valkenburg, Teniers und anderen. Auch die zeitgenössischen Frankfurter Maler, die Schütz, Seekatz, Juncker waren mit einigen Stücken vertreten. Den Kern der Sammlungen bildeten die Handzeichnungen: Niederländer, Dürer und vor allem auch Italiener; Uffenbach war länger in Rom gewesen. Die Namen der Käufer sind nur bei den Plastiken verzeichnet, und hier findet sich neben Sammlern wie Ettling, Bernus, Gerning, Städel eben auch immer wieder der Name Goethe. Das ist der Kaiserliche Rat gewesen. Wolfgang war die erste Hälfte des Monats in Straßburg, die zweite in Sesenheim, wo auf ihn schon das Gefühl des Unrechts und das Leid der Trennung von Friederike drückte. Sonst pflegte der Vater gerne den Sohn auf die Versteigerungen zu schicken. Diesmal saß er selber unter den Käufern und bot. Was er ersteigerte, wird uns noch beschäftigen, wenn wir von seinen eigenen Sammlungen reden.

Auf den ersten Seiten des Vierten Buches erzählt Goethe von seinen Versuchen mit einem Magnetstein und einer Elektrisiermaschine und erwähnt dabei einen «Hausfreund, dessen Jugend in die Zeit gefallen war, in welcher die Elektrizität alle Geister beschäftigte». Dieser Freund des Vaters habe erzählt, wie er als Knabe gewünscht, eine Elektrisiermaschine zu besitzen und wie er mit Hilfe eines alten Spinnrades und einiger Arzneigläser ziemliche Wirkungen hervorgebracht habe. Auch hier hat es sich um Johann Friedrich von Uffenbach gehandelt, der im Jahre 1687 geboren war. Die Elektrisiermaschine war 1663 von Otto von Guericke erfunden worden. In Göttingen, in der Universitätsbibliothek, liegen die fünf Foliobände der handschriftlichen Protokolle über Uffenbachs wissenschaftliches Kränzchen, das sich 1725 gegründet hatte. Eine Fülle von technischen Apparaten und Maschinen in reizvollen Aquarellen ist da sauber abgezeichnet. Elektrisiermaschinen wurden in den Sitzungen des Kränzchens öfter vorgeführt. Die Zeichnungen, etwa die Uffenbachs zur Wassermaschine in Herrenhausen, sind so sorgfältig und aufschlußreich, daß sie heute den Stipendiaten der «Deutschen Forschungsgemeinschaft» auf der Suche nach Material zur Geschichte der Technik wertvolle Dienste leisten. Als Uffenbach starb, war er zweiundachtzig Jahre alt. Apparate und kleine Maschinen kamen auch mit auf die Auktion.

«Ein Hausfreund» sagt Goethe. Warum nennt er den Namen Uffenbach nicht? Das ist Altersstil. Auch der Name des intimsten Freundes der Knabenjahre wird verschwiegen. Er heißt Pylades. Wir können nur vermuten, daß es Moors war. In der so einfühlsamen Würdigung von Goethes Altersbriefen [Art. Ausg. Bd. 21, S. 1074] lesen wir: «Namen werden kaum mehr genannt. Es findet sich unter Goethes Briefen ein sich über mehrere Seiten hinziehendes Schreiben, das Goethe Kräuter diktiert hat. Es ist an von Voigt gerichtet und vom 27. Februar 1816 datiert. In einem sehr umsichtigen und eingehenden Gutachten wird die Berufung eines «bedeutenden Mannes» an die Universität Jena mit all ihren Vor- und Nachteilen dargelegt. Den Namen erfahren wir nicht. Es ist kein Geringerer als Schelling. Der junge Goethe hatte die Dinge bei ihrem Namen genannt. Der greise Dichter benennt sie nach ihren Eigenschaften.» — Doch noch ein Wort über die Uffenbachschen Protokolle!

Vertieft man sich in diese fünf Folianten, sie umfassen 2592 Seiten, so kann man sich dem Gefühl des Staunens, ja einer gewissen Ehrfurcht nicht entziehen. Zuerst wöchentlich, später in größeren Pausen kam da eine kleine Schar von Männern aus wissenschaftlichem Interesse wechselnd in den Häusern der Mitglieder zusammen, drei Brüder Uffenbach, die Ärzte Kißner und Eberhard, der mehrfach Älterer Bürgermeister ward, die Kaufleute Behaghel und Diesterweg und der Handelsmann Ettling, der eine der größten Gemäldesammlungen der Stadt besaß, — alles Mitglieder einer gesellschaftlichen Oberschicht mit reichen Häusern, Kunst- und Naturalien-Kabinetten oder auch mit einem botanischen Garten. Man sprach über astronomische, physikalische, botanische, zoologische, paläontologische Themen und über Probleme der Technik. Der Hausherr, bei dem jeweils die Zusammenkunft stattfand, pflegte irgendwelche Objekte vorzulegen, Pflanzen, Steine, Versteinerungen oder eben Apparate, und darüber vorzutragen, und Johann Friedrich von Uffenbach hat von jeder Sitzung auf ein oder mehreren Seiten schriftlich festgehalten, wo man zusammengekommen und was vorgetragen worden war. Er selbst war Mitglied der Göttinger Akademie der Wissenschaften, und auch dies war eine kleine Frankfurter Akademie, die älteste gelehrte Gesellschaft der Stadt.

Themen der bildenden Kunst spielten in Uffenbachs Kränzchen gegenüber den Naturwissenschaften eine sekundäre Rolle. Aber die Mitglieder hätten nicht selbst Sammler sein müssen, wenn nicht auch sie behandelt worden wären. Man referierte über die Geschichte der Miniaturmalerei und über Glasmalerei. Eine «Historie von der gesamten Bildkunst auf Papier», von den ersten Holzschnitten bis zu Dürer, von den ersten Kupferstichen bis zu Rembrandt, Merian und Callot wird in zwei Sitzungen vorgetragen. Stiche nach Holbein und van Dyck, «alles in einem hiesigen Ausruf vor ein Spottgeld erstanden», werden gezeigt.

Dabei, wie altfränkisch treuherzig klingt das alles: «Hierauf wurde die übrige Zeit unserer Versammlung diesmal nach lange vorher geschehenem Versprechen dazu angewendet, daß wir des Eigentümers dieser Behausung, nämlich des Herrn Bernus neues Gebäude am Main und seine darin aufgehängte sehr große Zahl von kostbaren Malereien in Augenschein nahmen.» Die Zusammenkunft, am

EINFÜHRUNG

20. Juli 1736, war bei Diesterweg gewesen, der in englischem Tuch handelte. Man hatte über einen paläontologischen Fund, den der Herr von Günderode in seinem Hof vor der Stadt gemacht hatte, und über Tropfsteinhöhlen gesprochen. Diesterweg wohnte in der Saalgasse im Saalhof, dem Barockpalais am Main, das der Familie Bernus gehörte. Der Vater hatte den Bau begonnen, der Sohn wollte ihn vollenden. Als Hausherr trat er jetzt in die Versammlung und lud die Anwesenden ein, seine Gemäldegalerie zu besichtigen. Man hatte zehn Zimmer zu durchschreiten, aber auch die Gänge und Vorplätze hingen voller Gemälde. Zumeist waren es Holländer und Italiener, Uffenbach hebt die Vogelbilder von Jan Weenix [1640–1719] hervor, von Italienern ältere Historienbilder und moderne Architekturstücke. Er genießt den schönen Blick aus den Fenstern auf Fluß und Landschaft und erwähnt, daß im zweiten Stock noch ein ganzes Zimmer voller Skizzen von Vos gewesen sei. Man habe sich so trefflich unterhalten, daß es Nacht ward, ehe man sich trennte.

Außer den Mitgliedern nehmen auch Gäste an den Sitzungen teil, Ärzte, Pfarrer, Kaufleute oder Particuliers, d. h. wohlhabende, berufslose Bürger. Oder Sammler schicken ihre Neuerwerbungen, besonders der Herr von Uchelnn. Uffenbach hat seine Sammlung in hübschen Versen gerühmt. Am 15. Dezember 1730 sandte er «eine kleine, aber sehr zart in Öl gemalte und meisterliche Schilterei einer Landschaft von Adam Elsheimer», am 4. März 1735 «ein überaus fein gemaltes Bauernstück von Teniers, welche in Holl und Niederland ihrer Seltenheit halben in gar großem Werte sind». Ferner schickte er «zwei alte auf Holz gemalte Porträts von Medicis» [nicht denen in Florenz, Ärzte sind gemeint], «die der Herr Eigentümer von der Arbeit des bekannten Holbein urteilte». Uffenbach setzt aber in seinem Protokoll genau auseinander, warum von Holbein nicht die Rede sein könne. Da weht eine Luft wie im kunsthistorischen Seminar. Sehr schön indes seien die vorgelegten

Landschaften gewesen. Am 15. März 1737 überschickt von Ucheln «Blumen und Vogelwerk in Miniatur und Wasserfarben von der itzo berühmten und zu Nürnberg lebenden Künstlerin namens Dietzschin. Die Gewohnheit, so diese Malerin hat, ihre Stücke mit einem dunklen, satten Grunde von Farben anzustreichen, erhebt das Übrige sehr zart und lebhaft gemachte Werk ungemein und gibt ihm ein sehr liebliches Ansehen. Insonderheit sind die Insekten und Raupen überaus natürlich vorgebildet.» Immer ist die Betrachtung kritisch: Kontur, Farben, Komposition, das alles wird zur Diskussion gestellt. Barbara Dietzsch war damals erst dreißig Jahre alt, hatte aber schon einen Namen. Auch Johann Caspar Goethe erwarb für sein Gemäldekabinett am Großen Hirschgraben auf der Ostermesse 1758 vier kleine Bilder von ihr; vermutlich war sie selbst, wie andere Maler auch, zur Messe anwesend; leider sind die Bilder verloren.

Die Familie von Ucheln, ursprünglich Holländer, waren 1626 von Köln, wo sie sich als Lutheraner nicht halten konnten, nach Frankfurt gekommen und wurden eine führende Handelsfamilie der Stadt im 17. Jahrhundert. Sie wohnten auf der Zeil, exportierten Hochheimer, Bodenheimer und pfälzische Weine nach den Niederlanden, trieben mit den de Neufville zusammen ein großes Speditionsgeschäft und hatten ein Bankhaus. Heinrich von Ucheln, der Bildersammler, war mit solcher Leidenschaft Kunstfreund, daß die Firma fallierte. Die Auktion der 221 Gemälde fand in dem Jahre statt, da Wolfgang geboren wurde.

Die Wirkung der Uffenbachschen Gesellschaft ging aber auch über die eigentlichen Gelehrten- und Sammlerkreise hinaus. Am 15. März 1737 wird eine Näh- und Stickarbeit, unter Glas, gewürdigt, die «Abbildung eines hochgefärbten Insektes, welche Mademoiselle Metzlerin allhier nach der Fr. Merianin Surinamischen Insektenkupferbildern verfertigt. Sowohl die Zeichnung als Farben, insonderheit aber der ungemeine Fleiß war betrachtenswert und alles ungemein meisterlich und wohl angeordnet». — Maria Sybilla Merian, in Frankfurt geboren und eine der bedeutendsten Frauen der Zeit, hatte ihre Beobachtungen in Surinam in Südamerika gemacht. Ihr Werk, das grundlegend die Metamorphose der Insekten erforschte, war mit meisterlichen Zeichnungen von ihrer Hand 1703 erschienen und hatte sowohl bei den Zoologen wie in den Kreisen der Kunst Aufsehen erregt; die Metzlers waren 1674 aus dem Erzgebirge nach Frankfurt gekommen und hatten es schnell zu Ansehen in der Stadt gebracht. Die «Mademoiselle Metzlerin», die Uffenbach erwähnt, hieß Christina Barbara; sie war damals vierunddreißig Jahre alt und leitete später die Firma. Seltsamerweise hat sich eine gleiche Seidenstickerei von ihrer Hand, Schmetterlinge, Libellen und Blumen unter Glasrahmen gespannt erhalten.

Es ist hier nicht der Raum auszuführen, wie groß das Interesse der Gesellschaft für Architektur war, für die Bauten Fischers von Erlach, oder etwa für eine neue Kirche in Worms oder für bauliche Probleme in Heidelberg. Josef Görres hat geschrieben: «Heidelberg ist ja selbst eine prächtige Romantik; da umschlingt der Frühling Haus und Hof und alles Gewöhnliche mit Leben und Blumen und erzählen Burgen und Wälder ein wunderbares Märchen der Vorzeit, als gäbe es nichts Gemeines auf der Welt.» Nun, hundert Jahre früher stand man noch ganz unter dem Eindruck der Katastrophe, war dasselbe Heidelberg noch eine Stätte der Öde und Trümmer, auch im Geistigen. Was einst die Universität war, die älteste Hochschule des Reiches, hat jetzt nur einige Jesuiten als Professoren und kaum Studenten. In einer Sitzung bei Wilhelm von Uffenbach wurde vorgetragen, wie man 1732 empfand. Am Markt fallen neue Bauwerke auf. Die Neckarbrücke, noch nicht die Karl Theodors, wird erwähnt. Das große Faß im Schloßkeller hatte überstanden, es bleibt ein Wunderwerk der Technik. Vom Altan lohnt den Anstieg «eine weite, erhabene, ungemein schöne Aussicht»! Vom Schloß nur dies, «daß es täglich mehr einfällt und ganz verlassen dasteht». Naturgemäß keine Ruinenromantik, kein Gefühl für die «schicksalsgewaltige Burg». Es ist nichts um «die alten Bergschlösser», mit der Enge ihres Raumes, der Kälte im Winter, den Gewittern im Sommer [noch gab es keinen Blitzableiter] und dem steilen Weg zu Tal und zu Berg. Man muß loben, «daß heutzutage Herrschaften gegen ihr Gesinde und Vieh weit sorglicher und mitleidiger sich verhalten als in denen alten Zeiten». Und so preist man Schwetzingen und geometrische Stadtgründungen wie Mannheim. Vergangenheit war nichts Verlockendes. Man war modern.

Wir können uns den Kreis des Geistigen, dem man sich zuwandte, nicht weit genug denken. Noch gab es wirklich das Ideal einer allseitigen Bildung. Wenn Thoranc den Einwohnern Frankfurts vorwirft, sie hätten nichts als ihren Handel, wenn er vom Patriziat sagt «pas de noblesse», hier im Uffenbachschen Kreise war ein Bürgertum, das, von keinem Fürsten gestützt, aus eigener Kraft sich eine Art bürgerlicher Akademie geschaffen hatte, die in nuce alle Bestrebungen enthielt, wie sie sich im 19. und 20. Jahrhundert in eine Reihe naturwissenschaftlicher und geisteswissenschaftlicher Vereinigungen aufsplitterten und schließlich zur Gründung der Frankfurter Universität hindrängten. Dadurch, daß Uffenbachs große Kunst- und Bücherschätze teils versteigert, teils in fremde Städte gekommen sind, ist sein Andenken in seiner Vaterstadt in Vergessenheit geraten, während Namen wie Senckenberg und Städel durch ihre Stiftungen noch heute lebendig sind. Johann Friedrich von Uffenbach ist aber, das muß erkannt werden, die geistig vielseitigste und die bedeutendste Persönlichkeit gewesen, die Frankfurt im 18. Jahrhundert in seinem Bürgertum hervorgebracht hat.

1735, nach dem Abscheiden des älteren Bruders, klagt Uffenbach darüber, daß der Tod die Gesellschaft lichte und daß es in einer doch so volkreichen Stadt wie Frankfurt schwer sei, neue Mitglieder zu finden. Gewiß, die Stadt mit

EINFÜHRUNG

36000 Einwohnern war volkreich, indes die geistige Oberschicht war naturgemäß schmal. Die letzte Zusammenkunft fand am 3. Juli 1739 statt. Das war das Jahr, in dem Johann Caspar Goethe in Regensburg und Wien war, vor seiner Italienreise.

Aber eben gerade diese seine Italienfahrt hat nun gleichfalls unter dem Einfluß Uffenbachs gestanden, der in den Jahren 1714/15 Italien und 1716 Frankreich bereist hatte. Über beide Reisen hat er ausführlich Tagebuch geschrieben, genau so wie später Johann Caspar seinen «Viaggio in Italia», nur eben nicht in italienischer, sondern in deutscher Sprache. Auch diese Reisebeschreibungen von Johann Friedrich von Uffenbach, vier voluminöse Quartbände mit einer Fülle eingeklebter Stiche und schöner Zeichnungen, liegen in Göttingen. Alle diese Manuskripte harren noch der wissenschaftlichen Auswertung.

Uffenbach hat, wie später Goethes Vater, seine Reise an seine Promotion angeschlossen. Er hatte zwei Jahre in Straßburg studiert und war dort am 22. Juni 1714 Doctor geworden. Nun reiste er durch die Schweiz nach Turin, wo er am 28. Dezember 1714 eintraf. Dann ging die Route durch Norditalien, über Mailand, Parma, Mantua, Verona nach Venedig. Das Tagebuch hält anschaulich das persönliche Leben fest, verzeichnet, was besucht und besichtigt worden ist, und ist reich an kunstkritischen Betrachtungen. Da Uffenbach selbst Baumeister ist, fesselt ihn besonders die italienische Architektur. Das mathematische Denken ist im Vordringen. Daß Straßenzüge und Plätze «regulär» angelegt sind, darauf wird der größte Wert gelegt. Am Markusplatz mit seinen Prokurazien wird getadelt, daß der Campanile nicht in der Mitte steht, sondern am Rande des Platzes. Das streng Geometrische ist Trumpf. Von Venedig fährt Uffenbach wie später Johann Caspar über Padua, Bologna und Ancona nach Loreto. Eine Reihe Stiche zeichnen den Bericht über diesen Wallfahrtort aus, der wie bei Goethes Vater irgendwie im Mittelpunkt des Interesses steht. In

Rom bleibt Uffenbach vom 30. März bis 25. Juni 1715, wovon freilich drei Wochen auf einen Abstecher nach Neapel fallen. In Montefiascone mit dem berühmten «Est Est Est», das auch Johann Caspar sich nicht entgehen ließ, wird ein Stich des Grabsteins eingelegt, eine Zeichnung gefertigt; dann geht es über Florenz, Pisa nach Genua. Wir müssen uns dabei von den Vorstellungen frei machen, die wir heute mit diesen Namen verbinden. Die Zahl der Einwohner war niedrig. Nur der Stadtkern stand, und immer war er wie eine Festung von Wällen und Mauern, Gräben und Vorwerken umgeben. Wie die Städte aussahen, das zeigt deutlich ein Buch, das der Vater Goethe besessen, das «Itinerarium Italiae» von Andreas Schott von 1655. Hier sind die Grundrisse der Städte abgebildet. Über Genf schließt sich nun genau wie bei Goethes Vater an die Italienfahrt eine Frankreichreise an. Uffenbach sieht Lyon, sieht Orleans, sieht Paris. Dann aber führt er aus, was bei Johann Caspar nur Plan geblieben ist. Er lernt Brüssel, Antwerpen, Brügge kennen und kommt 1716 über Aachen und Köln heim nach Frankfurt.

Uns interessieren die Reisebegleiter Uffenbachs. Man erfährt durch ihre Namen etwas von der sozialen Schichtung. Die Gesellschaft hat sich im Überschwang des Reiseglücks in Amsterdam zum Scherz auf öffentlicher Straße wiegen lassen. So haben wir nicht nur die Namen, sondern auch die Gewichte. «Hatt gewogen Herr von Uffenbach der Mittler [d. i. Johann Friedrich] 122 Pf., Jungfer Lehnemann 119 Pf., Frau Lindheimern 125 Pf., Frau von Uffenbach auff dem Hirschgraben 129 Pf., Frau von Uffenbach Escherheimer Gaß 162 Pf., Herr von Uffenbach der ältere [d. i. Zacharias Conrad] 133 Pf., Herr von Uffenbach der Jünger 101 Pf., jüngster Lindheimer 85 Pf., Mons. Schneider 87 Pf., Herr von Glauburg 128 Pf., Herrn von Uffenbachs Diener Ernst 132 Pf., der Frau Lindheimern Magd Christina 129 Pf. Summa 1446 Pf.» Wahrscheinlich hat diese Statistik nicht ihresgleichen. Es ist kulturgeschichtlich interessant, wie niedrig die Gewichte sind. — Wann? Sommer 1718.

Vielleicht ist das doch der Unterschied zwischen Uffenbach und Johann Caspar. Am Anfang des 18. Jahrhunderts waren die Niederlande noch unbedingt Sehenswürdigkeit und Reiseziel. In der Mitte des Jahrhunderts war Italien das wichtigste geworden, aber Johann Caspar reist immerhin noch nach Paris. Wolfgang fährt nur noch südwärts über die Alpen. So verschiebt sich das Schwergewicht. Holland Frankreich, Italien — es ist, von Frankfurt aus gesehen, die Abfolge: Barock, Rokoko, Klassizismus.

Ob Johann Caspar, als er 1740 nach Italien ging, die italienischen Reisetagebücher Uffenbachs gekannt hat, steht dahin, daß er sich aber von dem um gut zwei Jahrzehnte älteren Mitbürger hat vor der Reise beraten lassen, ist als sicher anzunehmen. Und zweifellos haben die zwei Freunde, als Goethe dann in Frankfurt seßhaft und Kaiserlicher Rat geworden war, ihre Erinnerungen ausgetauscht. Es war beiden ein lieber Gesprächsstoff; und wie die gedruckten Reiseberichte des älteren Uffenbach, so wurden die geschriebenen des jüngeren Anreiz und Lockung für den Kaiserlichen Rat, nun auch seinerseits sein italienisches Reisetagebuch auszuarbeiten. Wie sehr hier der eine dem anderen folgte, sieht man auch daran, daß Johann Caspar aus Rom die gleichen Veduten der Ewigen Stadt mitbrachte, nämlich die Stiche von Wouters, Specchi und Falda, wie sie auch Uffenbach drei Jahrzehnte vorher für sich erworben hatte. Es sind dieselben Ansichten, die den Besucher des Hauses am Großen Hirschgraben noch heute erfreuen. Piranesi war, als Johann Caspar in Rom war, erst zwanzig Jahre alt.

Als nächsten im Kreis jener Frankfurter Bürger, die dem Vater nahe standen, nennt Goethe den Baron von Häckel. Drei Dinge rühmt «Dichtung und Wahrheit» an ihm: seine Gemäldesammlung, seine Wohltätigkeit, seine offene Tafel. Daß an dieser auch der Kaiserliche Rat oft teilgenommen hat, können wir mit Fug und Recht annehmen. Der Baron muß ein bestrickender Gesellschafter gewesen sein und von gewinnendem Humor. Erst hatte er unter Anton Ulrich von Braunschweig gedient, dann unter Karl XII. von Schweden, schließlich unter den Habsburgern. Als kaiserlicher Obristwachtmeister setzte er sich in Frankfurt zur Ruhe. Durch seine Ehe sehr vermögend, machte er sein schönes Haus «Zu den zwei Bären» in der Töngesgasse zu einer Sehenswürdigkeit der Stadt. Der Auktionskatalog seiner Gemäldesammlung, im Städelschen Kunstinstitut erhalten, verzeichnet 522 Bilder. Cranach, Holbein d. J., Rubens, Rembrandt, van Dyck, Claude Lorrain, Watteau, die holländischen Kleinmeister, die großen Venetianer, alles war vertreten, wenn auch dahingestellt bleiben mag, was davon Originale waren und was nicht. Den älteren Schütz, den Führer der Frankfurter Malerschule, den Johann Friedrich Uffenbach entdeckt hatte, hat er zur Geltung gebracht; von ihm besaß er allein vierzig Bilder. Gerade die Förderung der heimischen Künstler war ihm ebenso Herzenssache wie dem Rat Goethe. Als der Baron 1764 starb, war der fünfzehnjährige Wolfgang — das erzählt «Dichtung und Wahrheit» — auf der Auktion. Diese fand am Samstag, den 25. August, statt, also ein halbes Jahr nach der Königskrönung und nach der Gretchenaffäre und wenige Tage vor Wolfgangs fünfzehntem Geburtstag. Dieser bot für den Vater und bot für sich selbst. Noch 1811, als er «Dichtung und Wahrheit» schrieb, besaß er in Weimar in seiner eigenen Sammlung ehemals von Häckelsche Kunstgegenstände, die er 1764 ersteigert hatte. In Leipzig hat Gellert die Nächstenliebe und Wohltätigkeit von Häckels in einem dichterischen Nachruf gerühmt. Man sieht, er war eine Persönlichkeit über die Frankfurter Grenzen hinaus. Aber auch hier war er originell: als der Herzog Anton Ulrich von Meiningen, der ernestinischer Streitigkeiten halber in Frankfurt wohnte, für eine verarmte Gräfin ihn um Unterstützung anging und mehrere pastorale Beglaubigungen vorlegte, daß sie zum Abendmahl gegangen, empfahl er der Dame zu arbeiten, statt zu betteln; was aber das Abendmahl anlange, um dessentwegen gäbe er nichts, obwohl er persönlich zum Tisch des Herrn ginge; dem Arzt der Gräfin jedoch sandte er hundert Taler. Solche Haltung mag Goethe wohl etwa gemeint haben, wenn er dieser Frankfurter Oberschicht die liberalere Lebensweise einer freien Welt zuspricht: geistige Souveränität.

Weiter erwähnt Goethe dann in diesem Zusammenhang als einen «vortrefflichen Mann» den Rechtsgelehrten Johann Philipp Orth. Dieser war wie alle die hier genannten Männer noch im 17. Jahrhundert geboren — sie waren also ein bis zwei Jahrzehnte älter als der Kaiserliche Rat —, aber er lebte bis 1783 und hat auf Johann Caspar wie auf Wolfgang, bis dieser nach Weimar ging, persönlich Einfluß gehabt, als Mensch und als Gelehrter. Orth gründete ein Waisenhaus, und in seinen «Anmerkungen über die erneuerte Reformation der Stadt Frankfurt» schuf er das bürgerliche Gesetzbuch der Stadt. Auch er lebte wie der Baron von Häckel in der Töngesgasse — so genannt nach dem früheren Antoniterkloster — als stiller Gelehrter aber mit einer großen Bücherei, und Vater und Sohn Goethe, der letztere vor allem, als er Anwalt war, werden dort aus- und eingegangen sein.

Im Großen Hirschgraben, gegenüber dem Goethehaus, lag das Haus der Brüder Ochsenstein. Es war ein gotischer Bau, ebenso hoch wie das Dichterhaus und, wie die zwei Türen bewiesen, wohl ebenso wie dieses aus zwei ursprünglich kleineren gotischen Häusern entstanden. Es ist 1944 gleichzeitig mit Goethes Vaterhaus in Asche gesunken. Hier hatte sich jene Szene abgespielt, von der die ersten Seiten von «Dichtung und Wahrheit» erzählen: Wolfgang, vielleicht dreijährig, wirft unter dem ermunternden Beifall der Brüder Ochsenstein das Küchengeschirr auf die Straße. Den älteren jener drei Brüder, der 1756 starb, rechnet Goethe auch unter jene Frankfurter, die dem Vater im Denken verwandt waren. Er erregte Aufsehen dadurch, daß er bestimmt hatte, still und in der Frühe ohne Begleitung und ohne Gefolge nur von Handwerksleuten zu Grabe getragen zu werden, im Gegensatz zu den pompösen Leichenzügen der Zeit, ein «Symptom jener Gesinnungen von Demut und Gleichstellung, die sich in der zweiten Hälfte des Jahrhunderts von oben herein auf so manche Weise gezeigt haben.»

Die literarisch bekannteste Persönlichkeit dieser ganzen Gruppe, nicht mehr dem Barock verhaftet, ist aber Johann Michael von Loen gewesen. Ursprünglich Holländer, dann im Dreißigjährigen Krieg in Frankfurt heimisch geworden, dankten die von Loens ihren Wohlstand dem Handel mit englischen Tuchen. Johann Michael war 1694 geboren, 1712 ging er nach Halle als Student der Rechte und kam dort durch Thomasius in die Kreise der Aufklärung. Die Kavalierstour führte ihn 1717 nach Wien, 1718 nach Dresden und Berlin, 1719 nach Paris, 1720 nach Holland. Über seine Reisen schrieb er. Er war der geborene Essayist. Aber er dichtete auch amüsant im Stil der Zeit. 1729 heiratete er Katharine Sibylle Lindheimer, die Schwester der Frau Stadtschultheiß Textor. Er kaufte sich das ehemals Meriansche Landhaus am Main, und hier war es, wo im August 1748 für Johann Caspar Goethe und Catharina Elisabeth Textor die Hochzeit ausgerichtet wurde. Dieses Haus am Main, mit einer erlesenen Bücherei, mit der Kupferstichsammlung der Merians, war ein gesellschaftlicher Mittelpunkt für alle geistigen Kreise der Stadt. Auch von Loen hatte, und eben hier, sein Collegium, sein literarisches Kränzchen. In Mörfelden aber, drüben über den Fluß, besaß er ein Landgut; und als dort die Frau Stadtschultheiß Textor, also Wolfgangs Großmutter, in den Teich fällt, von der Pächterin trockene Kleider leihen muß und auf diese Weise sich eine Flohplage zuzieht, da besingt von Loen diese verunglückte Landpartie in charmanten Versen.

Im Mittelpunkt seiner reichen Schriftstellerei stehen sittliche und christliche Fragen. Er müht sich, darin von Leibniz und Thomasius her bestimmt, ernst und verantwortungsvoll um die Vereinigung der Konfessionen, um einen Rückgriff auf die erste, auf die ursprüngliche Kirche. Seine Schrift «Die einzig wahre Religion», 1750, erregte ihm Widerspruch bei den Fakultäten in Marburg und Halle und Fehden mit den Geistlichen der Stadt; und so verläßt er 1753 Frankfurt und tritt, seinen Grundsätzen ungetreu und nicht zu seinem Glück, in den Dienst eines Fürsten, Friedrichs des Großen. Wolfgang hat seinen Großoheim also nur literarisch gekannt; auf den Vater, den Kaiserlichen Rat aber wird der Einfluß groß gewesen sein.

Das also sind die Persönlichkeiten, von denen Goethe im Zweiten Buch von «Dichtung und Wahrheit» sagt: «Solche Männer scheint mein Vater sich überhaupt zum Muster genommen zu haben», und das in einem Gemeinwesen, in dem es keine Universität gab und in dem, auch wieder nach Goethe, das Geld und immer wieder nur das Geld geschätzt wurde. Für alle diese Männer aber galt, was Thomasius in Halle — und sie hatten zumeist an dieser neuen und modernen preußischen Universität bei Thomasius gehört — seinen Studenten vorzuhalten nicht müde geworden ist: «Um alles in der Welt nur nicht in den Fesseln eines Amtes leben, sondern frei leben, wenn man frei leben kann!» — Das muß man sich vor Augen halten, wenn man den Vater Goethe verstehen und richtig beurteilen will! —

Und der Sohn in Weimar, dachte er anders als der Vater? — Am 13. Januar 1779, am ersten Tage, da er die Geschäfte der Kriegskommission übernommen hatte, nach der ersten Session schrieb er in sein Tagebuch: «Der Druck der Geschäfte ist sehr schön der Seele. Wenn sie entladen ist, spielt sie freier und genießt des Lebens. Elender ist nichts als der behagliche Mensch ohne Arbeit, das Schönste der Gaben wird ihm ekel.» — Arbeit ja, — aber ein Amt? — Am 15. Mai 1780 heißt es: «Ich gewinne täglich mehr in Blick und Geschick zum tätigen Leben. Doch ist mirs wie einem Vogel, der sich in Zwirn verwickelt hat. Ich fühle, daß ich Flügel habe und sie sind nicht zu brauchen.» Der Druck der

Geschäfte ist es denn wesentlich gewesen, der die Flucht nach Italien veranlaßt hat. Und kategorisch zieht 1807 die Erklärung an Riemer den Schlußstrich: «Nur nichts als Profession getrieben! Das ist mir zuwider. Ich will alles, was ich kann, spielend treiben, was mir eben kommt und solange die Lust daran währt. So hab ich in meiner Jugend gespielt unbewußt, so will ichs bewußt fortsetzen durch mein übriges Leben. Nützlich — Nutzen, das ist eure Sache. Ich mögt mich benutzen; aber ich kann mich nicht auf den Kauf oder Nachfrage einrichten. Zu einem Instrument gebe ich mich nicht her; und jede Profession ist ein Instrument oder, wollt ihr es vornehmer ausgedrückt, ein Organ.» — Man sieht, Vater und Sohn empfanden in dieser Frage gleich. —

DAS HAUS ZU DEN DREI LEYERN

Das Ausgabebuch des Kaiserlichen Rats, das für die späteren Jahrzehnte erhalten ist, erwähnt alle vierzehn Tage: «convivia amicorum». Goethes Vater lebte gesellig. Wir wissen aber nicht, wer die «amici» waren, die da alle zwei Wochen zu einem heiteren Symposion im Hirschgraben zusammenkamen. Von drei Freunden des Rates Goethe aber haben wir eine deutliche Vorstellung, vom Rat Schneider, von Johann Philipp Strecker und von Johann Friedrich von Uffenbach. An seinen Freunden kann man einen Mann erkennen. —

Am 1. April 1754 starb Cornelia Goethe, die Großmutter Wolfgangs. Im Frühling und Sommer 1755 führte der Vater, jetzt Herr des Grundeigentums und Vermögens, jenen Hausumbau durch, von dem das Erste Buch der Biographie so anschaulich erzählt. Und hier wollen wir nun jenen Brief von Johann Friedrich Uffenbach einschalten, von dem wir gesprochen haben. Die Anrede lautet: «Wohlgebohrner HochgeEhrtester Herr!» Dann folgt als Antwort auf eine Bitte um Rat das Folgende:

«Nachdeme die mir übergebene Überschläge derer Handwerksleuten, welche hiebey wieder zurückkommen, lange und reiflich übersehen und zum theil berechnet, so habe am Ende gefunden, daß solche billig und gar wenig übersetzet seyen, so viel man nehmlich aus einer kurtzen Anzeige abnehmen kan.

Die Zimmerleute haben immer einen Schlupfwinkel in dem Ankauf des Holzes, deßen Preiß nach allerley Vorfallenheiten verändern. Und wenn man die ersten beyde Posten vornimmt, so pfleget sonst die Rechnung so gemacht zu werden, daß ihnen v. 100 Schu Eichenwand-Holz an Fuhr und Arbeitslohn 3 Xr. gebühret, das in gegenwartiger Summa 58 fl. 40 Xr. beträgt, hier aber 66 fl. angerechnet ist. Ferner 6ter Böden, davon einer in circa 18 fl. kostet und für deßen Fuhr und Arbeitslohn man 13 fl. rechnet, das zusammen 31 fl. und dieses 19 mahl 589 fl. beträgt. Das übrige in diesem Überschlag leydet als billig angesetzt wenig Abzug.

In des Steinhauers Überschlag habe gar keinen Wiederspruch und alles der Billigkeit nach angesetzt gefunden, wenigstens, wie alhier der Werth zu seyn pfleget.

Der Maurer ist schlupfriger, und hat die Angaben so verblühmt und ohne Bestimmung des Maßes gesetzet, daß ohnmöglich darüber geurtheilet werden kan. In denen letztern Posten könte zwar der Riß einige Erläuterung geben, allein der Abzugsbetrag scheinet kaum der Rechnungsmühe werth. Folglich muß mit dießem secundum aequum et bonum gehandelt werden.

In dießem wenigen bestehen meine Anmerckungen, die ich zwar erweitern könte und solte, wenn mir nur die Zeit vergönnet wäre. Ich verharre übrigens mit allem Hochachten und möglicher Dienstgeflißenheit

Ffurt. d. 17 Apr.
1755.

Eurer Wohlgebohrnen
ergebenster Diener
J. Fr. von Uffenbach.»

Und so wurde denn nach diesem Gutachten der Umbau durchgeführt. Nachdem aber das Haus in allem fertig war und vollendet stand, da vollzog Johann Caspar einen Akt der Selbstcharakteristik, der eindringlicher spricht als vieles, was über ihn gesagt und geschrieben worden ist. Er wählte sich ein Wappen und fügte es unter das der Gattin, der Textors, im Bandstreifen von links unten nach rechts oben: drei Leiern. Man hat gemäß dem Beruf seines Großvaters, des Hufschmieds Goethe in Artern, gemeint, Johann Caspar habe drei Hufeisen in seinem Sinne umgestaltet. Das ist Phantasie. Das Wappen der Goethes ist das Lamm mit der Osterfahne gewesen. Der Kaiserliche Rat aber, wenn er jetzt sich dieses Wappen der drei Leiern zulegte, hat damit deutlich und unmißverständlich ausgesprochen, in welchem Zeichen dieses sein Haus stehen, wie er sein Leben führen und wie er es gedeutet wissen wollte, nämlich als ein Leben, das den Künsten und der Wissenschaft geweiht sei. Karl-Heinz Hahn, der Leiter des Goethe- und Schiller-Archivs in Weimar, hat einmal sehr richtig formuliert: «Nur wenn man sich vor Augen hält, wie lebendig die Verbindung mit allem Schöngeistigen in den führenden Schichten des deutschen Volkes gerade während der fünfziger und sechziger Jahre des 18. Jahrhunderts war, versteht man wohl, wie wenige Jahrzehnte später eine solche Aufgeschlossenheit für die deutsche Dichtung vorhanden sein konnte.»

Mit dem Hausbau aber setzt nun eben «Dichtung und Wahrheit», setzen Goethes Erinnerungen ein. Unsere Biographie des Kaiserlichen Rates kann sich füglich von nun an kürzer fassen. Nur das soll skizziert werden, in welcher Weise der Rat tatsächlich ein gelehrter und kunstfreudiger Sammler geworden ist.

Wir haben von der Auktion am 6. Mai 1771 gesprochen. Hüsgen, Wolfgangs Schulkamerad, den er einst in der Klasse mit erhobenem Zeigefinger verpetzt hatte: «Der Hüsgen frißt Wecken», erwähnt in seinem Führer durch das künstlerische Frankfurt von 1780, der Vater Goethe besäße auch «unterschiedene schöne in Holz geschnittene Figuren von niederländischen und deutschen Meistern». Das ist immer übersehen worden. Welcher Art sie waren, das enthüllt uns, da «Dichtung und Wahrheit» über die Plastikensammlung des Vaters ganz schweigt, in schönster Weise eben jener Katalog der Auktion Johann Friedrich von Uffenbach. Hier hat der Kaiserliche Rat über fünfzig Figuren gekauft; ob er schon vorher Plastiken besessen hat, wissen wir nicht. Aus Holz waren dabei ein Herkules, auf seine Keule gestützt, eine Nymphe mit einem Delphin, auf dem zwei Putten reiten, ein Genius, der einen anderen auf dem Rücken trägt, eine Venus neben einem Cupido, ein Bauer mit einem Zuber voll Trauben, eine Modellfigur mit herausgearbeiteten Muskeln und ein heiliger Sebastian, an den Baum gebunden.

Viel umfangreicher war die Sammlung von Figuren in Gips oder «Pfeifenerde», d.i. weißer Ton. Auch hier sind die antiken, die mythologischen Darstellungen führend. Herkules mit dem Bucentaurus oder Herkules, ein Kind auf dem Arm, ein sitzender Mars, Apollo mit der Leier, und wieder ein Herkules und wieder ein Apollo, der Raub der Proserpina, ein Nymphenraub, nackte Männer mit einem Stier ringend, eine Hirschhatz, ein Cupido, Nymphen und immer wieder Nymphen, kämpfende Männer, eine sitzende Ceres, diese in rotem Ton, Reiterstatuen, eine davon Ludwig XIV. darstellend, ein Genius auf dem Bauche liegend und aus einer Urne trinkend, dieser aus Alabaster, schließlich zwei kleine Löwen und zwei Sphinxe. Es bleibt dahingestellt, wieviel dieser Kleinplastiken Nachahmungen antiker Figuren sind — Uffenbach war ja länger in Rom —, wieviel Renaissance- oder Barockkunst. Sicher ist nur als antik bezeichnet «der berühmte römische Rumpf in Erde», d.h. in rotem Ton; das ist der Torso aus dem Belvedere im Vatikan. Apollonios von Athen hatte ihn im 3. Jahrhundert v. Chr. geschaffen, Winckelmann 1759 über ihn geschrieben, das Vollendetste aus seiner Feder. Vermutlich hatte Uffenbach als junger Doktor 1715 in Rom die verkleinerte Nachbildung in Ton gekauft. Nun kam sie in den Hirschgraben, Wolfgang bei seiner Heimkehr zu erfreuen, der später eben diesen Torso, groß und in Gips, zum Mittelpunkt seines Büstenzimmers im Haus am Frauenplan machen sollte, neben der Juno Ludovisi als höchste Repräsentanz antiker Kunst.

Der Dichter in Weimar hatte eine ähnliche, aber umfangreichere Sammlung solcher Kleinplastiken. Das meiste davon wird auch er in Rom, jedenfalls nach der Italienreise erworben haben. Auch hier zeigt sich, wie der Sohn fortsetzt, was er beim Vater gesehen. Nur sind seine Figürchen aus Bronze und nicht aus Gips oder Ton. Er hatte sie nach Christianens Tod im Majolika- und großen Sammlungszimmer, die dem Frauenplan zuliegen und die er sein Museum nannte, magaziniert.

Wo aber hatte der Vater alle seine Köstlichkeiten aufgestellt? Wahrscheinlich in Schränken auf den Vorsälen im ersten und zweiten Stockwerk, wo wohl auch die Steinsammlung stand und der Gewehrschrank, dessen Inhalt der Versteigerungskatalog von 1794 überliefert mit 9 Paar Pistolen, 13 «teutschen Büchsen», 10 Gewehren, 3 Säbeln, zwei Degen und Indianerpfeilen und Pulverhörnern. In einem Brief vom 12. September 1788 mahnt Frau Aja den Schauspieler Unzelmann, doch die zwei Gewehre zurückzugeben. Vielleicht kann man aus den Theaterzetteln feststellen, in welchem Stück sie hatten mitspielen dürfen. Als letzte Erwerbung aus der Auktion Uffenbach ist aufzuführen: «eine Laute von dem besten Meister». Johann Caspars Lautenspiel erwähnt schon das Gedicht des «treuen Knechts aus Franken» zum Doktorschmaus in Gießen. Lauten hat der Rat Goethe immer gekauft, freilich, wie der Sohn sagt, um sie länger zu stimmen als zu spielen.

Am 6. Mai 1771 war die Auktion gewesen. Mitte August besuchte Wolfgang auf der Rückkehr von Straßburg den

Mannheimer Antikensaal, den er schon von früher her kannte. Sehr ausführlich spricht das Elfte Buch von dem Eindruck, den der junge Goethe von der griechisch-römischen Kunst hier empfing. Man sieht, in dieser Liebe und in diesem Verstehen waren sich Vater und Sohn einig. Es war das ein Band, das beide bei manchem Trennenden immer wieder aneinander schloß.

Nun aber zu dem Wichtigsten unter den Sammlungen des Kaiserlichen Rates, zu den Gemälden! — Wer wird ihn beraten haben? Wahrscheinlich wieder Johann Friedrich von Uffenbach, mit dem ihn später, seit 1748, über die Lindheimers und Textors auch Verwandtschaft verband — Uffenbachs Schwester hatte einen Lindheimer geheiratet —, Uffenbach, der ihm beim Hausumbau geholfen und der Wolfgangs Puppentheater gebaut hatte und aus dessen Nachlaß eben die Plastiken stammten.

Johann Friedrich von Uffenbach hat um 1750 für die Kunst in Frankfurt das bedeutet, was etwa um 1800 Johann Friedrich Städel, der Gründer unserer Galerie, der Stadt sein sollte. Als die Frankfurter Maler sich aus dem Zunftzwang der Weißbinder und Anstreicher lösen und eine Kunstakademie gründen wollten, boten sie Uffenbach das Präsidium an. Aber vielleicht war es auch gar keine einzelne Persönlichkeit, die den Rat Goethe zum Sammler machte, sondern einfach die Atmosphäre der Stadt. 1747 gab es hier zehn private Gemäldesammlungen, 1776 waren es vierundzwanzig — dabei die Goethesche nicht mitgezählt — und 1780 spricht man von achtzig Personen, die größere oder kleinere Kabinette hatten, und das bei 36000 Einwohnern! Dazu trat die Bedeutung der Stadt als Kunstmarkt, kamen die Messen, auf denen die Maler, z. B. Tischbein aus Kassel, Seekatz aus Darmstadt ihre Bilder auszustellen pflegten. Frankfurt war Umschlagplatz zwischen den Niederlanden und Italien. August der Starke kaufte hier für Dresden, Johann Wilhelm von der Pfalz für Düsseldorf, der Landgraf Wilhelm von Hessen für Kassel, die Schönborns für Pommersfelden. Man sieht, die Frankfurter Luft war kunstgeschwängert.

Welches mag das erste Bild gewesen sein, das der Rat kaufte? Das älteste Bild im Goethehaus ist zweifellos die große Wandtapete im Speisezimmer des Erdgeschosses. Sie mißt 2 m mal 1,78 m und stellt eine Hirschjagd dar. Wie man 1852 auf dem Dachboden des Hauses in einem vergessenen Holzkasten die Kaufakten entdeckte, so fand sich diese Malerei noch 1930 in sechs rußgeschwärzten Fetzen oben unter dem höchsten Dachgiebel auf einem Holzaustritt der Kamintreppe, unangetastet nach fast zweihundert Jahren. Das Bild, gereinigt und zusammengesetzt, ist der letzte Rest jener alten Tapeten, von denen der Dichter im Ersten Buch erzählt, wie sie, voreinst der stolze Schmuck des Hauses, beim Umbau 1755 achtlos abgerissen wurden; ja der Vater habe eine solche Wachstuchtapete dem Knaben über sein Kinderbett gespannt, als es infolge des Umbaus hereinregnete. Es ist möglich, daß Johann Caspar, als er sich 1741 bei der Mutter im Hirschgraben niederließ, diese Wandtapeten nach Frankfurter Sitte anbringen ließ. Wahrscheinlicher ist es, daß er sie vorfand. Das Haus war von 1670 bis 1692 im Besitz eines Arztes gewesen, war von 1705 bis 1727 Eigentum des Schöffen Fleckhammer von Aystetten, beides also wohlhabende Leute, denen solche Prunktapeten schon zuzusprechen sind. Dem Stil nach ist das eine wie das andere möglich.

Anfangs hat auch Johann Caspar Holländer gesammelt. Nach Hüsgens Führer durch das künstlerische Frankfurt von 1780 war ein bemerkenswertes Stück seiner Galerie «das Innere einer großen gotischen Kirche von einem niederländischen Meister». 1760 bezahlte er auch einmal dem Maler Hirt 12 fl. 22 Kr. für die Restaurierung eines Peter Snijder («Schneyeriana pictura reficienda»). Snijder hatte von 1681 bis 1752 in Antwerpen gelebt. Indes beide Bilder waren alter Besitz aus Johann Caspars allererster Zeit. Dann hat er seinen eigenen Weg gefunden. Er kaufte nur moderne Kunst und nur heimische Kunst. Beides war durchaus ungewöhnlich. Die Frankfurter sammelten vor allem und zuerst Holländer, später auch Italiener, noch später auch Deutsche, aber kaum Franzosen. Johann Caspars eigenwillige Haltung erregte Aufsehen. Jedoch wenn man ihm entgegenhielt, seinen modernen Bildern fehle ja das schöne Galeriebraun, so antwortete er, indem er sich humorvoll des Berufs seines Vaters als Wirtes «Zum Weidenhof» erinnerte, wie junge Weine auch einmal alte Weine würden, so würden auch seine Gemälde mit den Jahren einmal wie alte Gemälde aussehen.

Wir haben drei Quellen, um die Sammlung im Großen Hirschgraben, die man auf 120 Bilder schätzen kann, zu rekonstruieren. Da ist zuerst einmal das Ausgabebuch des Vaters von 1753 bis 1779. Es enthält, wenn auch vielleicht nicht vollständig, die Käufe, die unmittelbar bei den Malern selbst vollzogen wurden. Es fehlen aber die Erwerbungen aus den Auktionen, für die wir überhaupt keine Unterlagen im einzelnen haben; wir wissen nur, daß bei der Häckelschen Versteigerung vom Oktober 1764 für 278 fl. gekauft ward. Weiter sind da als Unterlage für unsere Vorstellung von der Gemäldesammlung im Hirschgraben die Angaben in der Schrift von Heinrich Sebastian Hüsgen, «Nachrichten von Frankfurter Künstlern und Kunstsachen» [1780], wo die Galerie des Vaters unter den fünfzehn sehenswerten Kabinetten der Stadt als Nummer zwölf aufgeführt ist und ihre wesentlichen Maler genannt werden. Schließlich und vor allem haben wir die Erinnerungen Goethes, wie er sie 1811 in den ersten Büchern von «Dichtung und Wahrheit» zu Papier gebracht hat.

Alle diese Berichte stimmen überein. Es waren alles Bilder der Frankfurter Malerschule, die ja in der deutschen Kunstgeschichte durchaus ihren Platz hat, Nachfahren der Holländer, aber bürgerlicher, kleiner auch im Format, vielleicht auch gemüthafter und mit einer ausgesprochenen Vorliebe für das Leben des einfachen Volkes. Höfische Repräsentation oder Frivolität des Rokoko hatten hier keinen Platz, und biblische Motive finden sich nur bei Trautmann, der Katholik aus der Pfalz war. Wer heute in das Goethehaus tritt, findet sie alle vereint wieder: Christian Georg Schütz mit dem Goldton seiner Rheinlandschaften, Trautmann mit seiner Neigung zu Feuersbrünsten und Mondscheinlandschaften, die bürgerlichen Interieurs und Blumenstücke Junckers, die Kinderszenen und kleinen Leute von Seekatz, dazu Landschaften von Hirt und Kircheninterieurs von Stöcklein. Nur die «Ovid'schen Vorstellungen» des Kassler Tischbein vom Jahre 1756 sind nach Weimar gekommen und hängen dort im Haus am Frauenplan. Von Johann Ludwig Ernst Morgenstern, dem Ahnherrn eines ganzen Geschlechts von Malern, wurden aber nicht nur Bilder gekauft. Er war auch, nur um elf Jahre älter als Wolfgang, dessen und Cornelias Zeichenlehrer und als solcher des Vaters eigentlicher «Hauskünstler», wie es im Achten Buch von ihm heißt. «Nun begreife ich recht gut, wie Goethe Goethe ward», schrieb Sprickmann an Boie im Juni 1778, nachdem er das Haus mit seinen Sammlungen gesehen hatte.

Die Wendung zur Gegenwartskunst hat aber noch einen besonderen Segen über das Haus am Hirschgraben gebracht: den persönlichen Umgang mit den Künstlern der Stadt. Als Freunde gingen sie ein und aus. Johann Peter Melchior, der Meister der Höchster Porzellanmanufaktur, war ein häufig und gern gesehener Gast. Er schuf die Reliefs von Vater, Mutter und Sohn. Cornelia war damals schon aus dem Hause. 1777 gab der Rat dem Offenbacher Maler Oswald May den Auftrag, das Porträt der Rätin zu schaffen; sich selbst ließ er nicht malen. Wie heiter und herzlich die Beziehungen zu den Künstlern waren, das zeigt der einzige erhaltene Brief an Seekatz, der zur Messe immer im Goethehaus wohnte, am Schluß mit der «höflichsten Salutation an die liebe Ehegattin und Umfassung des niedlichen Seekätzgens». Das «niedliche Seekätzgen» ist auch in «Dichtung und Wahrheit» eingegangen, wo am Ende des Dritten Buches erzählt wird, wie Vater und Mutter Seekatz und Kind aus Darmstadt in den Großen Hirschgraben herüber geholt werden, um Differenzen mit dem Grafen Thoranc durch persönliche Aussprache zu klären.

— Der Graf Thoranc. — Durch ihn wurde nun das Haus «Zu den drei Leyern» für einige Jahre zu einer wirklichen Malerakademie. Der Graf gab den Frankfurter Künstlern, deren Werke er in dem Kabinett des Kaiserlichen Rates kennengelernt hatte, den Auftrag, gegen vierhundert Bilder zu malen, die in seine Heimat Grasse in der Provence gehen sollten. Das Giebelzimmer Wolfgangs wurde, weil hier das beste Licht war, die Werkstatt. Es war der größte Mäzenatenauftrag, den Frankfurt je gesehen hatte. Das Haus des Kaiserlichen Rates war zum künstlerischen Mittelpunkt der Stadt, zum Zentrum der Frankfurter Malerschule geworden. Das ist, was die Malerei anlangt, von kunstgeschichtlicher Bedeutung.

Der Hausherr freilich hatte keine reine Freude daran, und das lag an der Politik. Versailles imponierte den reichsstädtischen Bürgern nicht, und für Preußen sprachen konfessionelle Gründe. Vor allem, Frankfurt fühlte sich als Grenzland. Die Raubkriege Ludwigs XIV., das Elend der aus der Pfalz Vertriebenen war überall noch in lebendiger Erinnerung. Von Frankfurt aus waren die Schiffe den Main und Rhein hinabgefahren, die den Heimatlosen drüben über dem Ozean zu neuen Lebensmöglichkeiten verhelfen sollten. Die Ruinen Heidelbergs kannte jeder. Noch im Sommer 1774, auf der gemeinsamen Fahrt nach Bad Ems, hat Goethe, so erzählt Lavater, von der Höhe des «Wandersmann» vor Wiesbaden auf Oppenheim am Rhein gezeigt und die traurige Geschichte vom Untergang der Stadt erzählt, als sei sie gestern geschehen: «Man sagte es den Einwohnern vorher, auf den und den bestimmten Tag werde man die Stadt an allen vier Ecken anstecken; sie können ausziehen und mit sich nehmen was sie wollen. Sie sandten an den kommandierenden General erst alle Greise, dann alle Witwen und Waisen — dann alle kleinen Kinder, Schwangere, Säugende. Alle auf den Knien baten mit Tränen um Gottes willen um Schonung. Der General weinte mit ihnen, aber er muß es tun. Sie zogen also mit ihrer Habe aufs Feld und sahn die Flammen, in denen die Stadt aufging! O Gerichtstag! Gerichtstag!» So hat Lavater in seinem Tagebuch Goethes Erzählung festgehalten.

Die Oberschicht in Frankfurt empfand indes anders. Auch hier war man zwar nicht eben frankreichfreundlich, aber man sah auf Wien. Man fühlte sich als Reichs- und Krönungsstadt und dem Kaiser verbunden. Wie es im einzelnen geschah, ist ungeklärt. Bestechung war nicht im Spiele, aber der Bürgermeister, gestützt von einem Teil der Schöffen, hat den französischen Truppen das Stadttor in Sachsenhausen zu einem Durchzug durch die Stadt geöffnet, der dann eine Besitzergreifung ward. So war Friedrich der Große in Schlesien eingefallen, und für den Stadtschultheiß Textor waren die schlesischen Kriege nur die «dermalige preußische Empörung» —, so nahmen die Franzosen jetzt die Reichsstadt. Aber die Frankfurter hatten nun die Last der Einquartierung, und das gab böses Blut. Im Goethehaus liegt noch die Verordnung des Herzogs von Broglie vom 4. Februar 1759: Eine Stube und ein Bett für einen Leutnant oder ein Bett für zwei Soldaten. Schwierig ward es bei dritthalben Soldaten, doch auch dafür gab es eine Lösung. Auf alle Fälle: fremde Leute in der Küche, fremde Pferde im Stall, und das vier Jahre lang; die Bürgerschaft war empört.

Thoranc war, was der Rat Goethe wohl nie erfuhr, schon vor der Überrumpelung vom 2. Januar 1759 mehrere Tage in Frankfurt gewesen, um alle militärischen Anlagen zu rekognoszieren, damit man gerüstet sei, wenn es zu Kämpfen käme. Die Stadt verfügte unter einem Obrist Grafen von Pappenheim über etwa 800 Mann eigenes Militär, die Franzosen und Kaiserlichen über die Regimenter Nassau-Zweibrücken und Graf von Bentheim. Das Goethehaus bewahrt aus Thorancs eigener Feder ein Manuskript «Projet de s'emparer de la ville de Francfort». Es enthält die französischen Marschdispositionen im einzelnen und den Bericht über den Ablauf der Aktion. Thoranc verhinderte dann auch, daß an der Hauptwache die Kanonen losgingen. Der Major Textor nämlich, der Bruder der Frau Rat, galoppierte, als er die Überrumpelung erkannte, zur Hauptwache, um von dort her die die Zeil heraufmarschierenden Franzosen zusammenschießen zu lassen. Aber Thorancs Pferd war schneller. Er beschwichtigte das Wachkommando. Der Prinz Soubise empfing den Magistrat im Römer.

Thoranc hatte also schon im Dezember 1758 Gelegenheit gehabt, sich sein künftiges Quartier auszusuchen. Das neue Haus am Hirschgraben hatte ihm in die Augen gestochen. Als ihn dann am Abend des 2. Januar Goethes Vater bei Kerzenlicht durch die Zimmer führte, damit abgeklärt werde, welche Räume der Familie verblieben, da war es das Kabinett der Gemälde, das den Grafen am meisten beeindruckte. Aber auch die Kunst konnte Quartierherren und Quartiergast nicht zusammenführen. Nur einmal seien sie gemeinsam im Giebelzimmer gewesen, als es sich um eine besonders geglückte Arbeit von Seekatz handelte; sonst besuchte der Vater die Maler nur, wenn der Graf bei Tafel saß. Auf der anderen Seite, so liebenswürdig, so verbindlich das Betragen des Grafen war, hat doch für ihn diese bürgerliche Familie Goethe nur ganz am Rande seiner Existenz gestanden. Weder in seinen Briefen, und wir haben deren viele an Mitglieder des Frankfurter Patriziats und den Landadel, noch in seinem «Journal pour moi», das ebenso wie jene Briefe sich jetzt im Hirschgraben befindet, wo es ja einst geführt worden war, ist der Name Goethe auch nur genannt. Als am 13. Januar 1759, zehn Tage nach Thorancs Einzug, sieben Jahre alt der kleine Hermann Jacob an einer grassierenden Dysenterie starb, veranlaßte der Graf beim Rat ein Verbot für Schweinefleisch, dem die Franzosen die

Schuld an der Epidemie gaben. Noch im selben Jahr starb die zweijährige Johanna Maria, im Februar 1761 starb der kleine Georg Adolf, eben sieben Monate alt. Das Leid der Familie — die hohe Politik des fremden Militärs — das alles vollzog sich nicht nur äußerlich in getrennten Stockwerken.

Es soll hier nicht wiederholt werden, was im Dritten Buch nachgelesen werden kann, der Zusammenstoß des Vaters mit dem Grafen am Karfreitagabend 1759 nach der Schlacht bei Bergen. Der Zornesausbruch Thorancs war begreiflich. Die Stadt als Basis des Feldzugs gegen Preußen mußte von den Franzosen auf alle Fälle gehalten werden. Thoranc hatte den Auftrag, für einen ungünstigen Ausgang den Rückzug zu sichern. Die Befehle kamen erst am Morgen. Über den Main sollte er schnell eine Schiffsbrücke schlagen. Keine Seile, weder Bohlen noch Bretter! Und woher die Kähne? Er sollte den Stadtwall mit Kanonen bestücken. Wo die Schlüssel zum Zeughaus Frankfurts, wo die Pferde, wo Geschirre? Schon morgens strömten Verwundete durchs Tor. Er sollte sorgen ohne Lazarette. So waren es zwei hoch erregte Männer, die abends auf dem Vorplatz aufeinanderstießen, der eine als Patriot enttäuscht und verbittert, der andere erst gereizt und angespannt, dann vom Sieg erhoben. Man hat in der Szene, die Goethe schildert, eine novellistische Erfindung sehen wollen. Sie ist nur allzu glaubhaft. — Daß die Frankfurter Atmosphäre aber geladen war, zeigt ein Bericht Senckenbergs, der von einem Dritten gehört haben will, wie etwa um die Jahreswende 1759/60 der Rat Goethe und sein Schwiegervater Textor zusammengestoßen seien. Der Rat Goethe habe bei einem Kindbettschmaus der Frau Pfarrer Starck, die eine Schwester der Frau Rat war, seinem Schwiegervater als Bürgermeister Vorwürfe über die Einquartierung gemacht und die verflucht, die die Franzosen in die Stadt gelassen und dafür Geld genommen hätten. Textor habe gegen seinen Schwiegersohn das Messer geworfen, dieser den Degen gezogen. Eine Theaterszene und in dieser Form sicher Stadtklatsch.

Wolfgang, der seinen Großvater ja kannte, schildert ihn als beherrschten Mann. «Er sprach wenig, zeigte keine Spur von Heftigkeit; ich erinnere mich nicht, ihn zornig gesehen zu haben.» Aber auch «Dichtung und Wahrheit» gibt zu, daß der Siebenjährige Krieg zum Zerwürfnis geführt hatte. Der Großvater hatte über Franz dem Ersten den Krönungshimmel getragen und von Maria Theresia eine gewichtige goldene Kette mit ihrem Bildnis erhalten, der Vater war von Karl VII. zum Kaiserlichen Rat ernannt und so auch jetzt noch gegen Österreich. Es gab unangenehme Szenen, und vor allem fiel das sonntägliche Mittagessen bei den Großeltern weg; der Verkehr hatte unter den Familien schon aufgehört, ehe die Franzosen die Stadt genommen hatten.

Bis zum Juni 1761 mußte der Kaiserliche Rat den fremden Gast ertragen, dann wechselte dieser in ein Haus in der neuen Rothofstraße über. Im Dezember 1762 verließen die Franzosen die Stadt. Thoranc aber hielt die Verbindungen mit Frankfurt noch Jahrzehnte lang aufrecht. Uns wichtig sind aus diesen Briefen sechs Schreiben eben jenes Gevatters Dolmetsch Johann Heinrich Diené, der durch sein vermittelndes Dazwischentreten den Vater Goethe vor dem Arrest auf der Wache gerettet hatte. Diené vermittelte Aufträge an die Maler Seekatz, Schütz und Nothnagel; und hier gibt es nun doch auch Grüße an Monsieur et Madame Goethe; ja einmal schreibt Diené, daß er ganz «au fait» sei über des Grafen Wünsche «par la lecture et par la traduction que le jeune Goethe a fait de vos lettres en sorte, que je puis a present faire l'interpret à Nothnagel et à Seekatz». Wolfgang hatte vermutlich die künstlerischen Fachausdrücke verdeutscht.

Mit dem Abzug der Franzosen ist nun auch die zweite kriegerische Störung, die in Johann Caspars Leben einbrechen sollte, vorüber. Zur Zeit der Schlacht bei Dettingen war er etwa dreißig Jahre alt gewesen. Jetzt ist er ein Fünfzigjähriger. Damals war er Zuschauer, jetzt ist er schmerzlich betroffen. Um so mehr wird der Vater sich gefreut haben, daß er vom Sommer 1761 an frei von fremdem Zwang wieder seinen Liebhabereien als Sammler von Bildern und Büchern nachgehen konnte. Das Goethehaus bewahrt von Thoranc zwei Rechnungen seines Frankfurter Buchhändlers. Eine ist datiert vom 7. April 1761, für 145 Reichsthaler die Lieferungen aus dem letzten Vierteljahr. Nichts kann charakteristischer sein. Unter neunzehn Buchtiteln gehören mindestens fünf der Philosophie zu, Boethius, Seneca, Marc Aurel, Locke und Philosophie Indiens. Immer wieder ist man überrascht, wie sehr «Dichtung und Wahrheit» bestätigt wird. Die anderen Bücher sind historische oder juristische Werke. Schöne Literatur? Nur ein Roman, und das ist Rousseaus «Julie ou la nouvelle Héloise», das Neuste vom Neuen, eben jetzt auf der Ostermesse 1761 — Ostern war am 22. März gewesen — in Paris erschienen.

Hätten sich der Graf und der Rat besser verstanden, so hätte sich Thoranc von seinem Quartierherren den Rousseau leihen können und den Marc Aurel, den Seneca, den Grotius und den Pufendorf auch. Denn der Vater hatte eine ganz hervorragende, eine erstaunliche Bibliothek. Mehr noch als die Bilder waren die Bücher seine Welt. Gemälde wollen nur angeschaut, Bücher wollen gelesen sein. Goethes Vater las seine Bücher. Er war ein Gelehrter. Er hat einen Kosmos aus ihnen rings um sich aufgebaut. Wie genau er wirklich las, was er erwarb, ja wie auch die ganze Familie an dieser Lektüre hat teilnehmen müssen, das haben wir schon an Bowers Geschichte der Päpste gesehen.

Im Ersten Buch von «Dichtung und Wahrheit» erzählt Goethe von dem vollendeten Hausumbau und fährt fort: «Das erste, was man in Ordnung brachte, war die Büchersammlung des Vaters, von welcher die besten, in Franz- oder Halbfranzband gebundenen Bücher die Wände seines Arbeits- und Studierzimmers schmücken sollten. Er besaß die schönen holländischen Ausgaben der lateinischen

Schriftsteller, welche er der äußern Übereinstimmung wegen sämtlich in Quart anzuschaffen suchte; sodann vieles, was sich auf die römischen Antiquitäten und die elegantere Jurisprudenz bezieht. Die vorzüglichsten italienischen Dichter fehlten nicht, und für den Tasso bezeigte er eine große Vorliebe. Die andere Hälfte dieser Büchersammlung, in saubern Pergamentbänden mit sehr schön geschriebenen Titeln, ward in einem besondern Mansardzimmer aufgestellt. Das Nachschaffen der neuen Bücher sowie das Binden und Einreihen derselben betrieb er mit großer Gelassenheit und Ordnung.» Soviel von den Erinnerungen des Sohnes. Wir haben über diese Bibliothek des Kaiserlichen Rates eine Monographie von Franz Götting, die 1953 in den «Nassauischen Annalen» erschienen ist; und diese Darstellung stützt sich ihrerseits wiederum auf den Katalog, den der Hausschreiber Liebholdt für die Versteigerung am 18. August 1794 angefertigt hat. Im ganzen umfaßte die Bibliothek 1691 Nummern. Etwa 400 Bände entnahmen Goethe und sein Schwager Schlosser vor der Versteigerung, so daß rund 1300 bibliographische Einheiten unter den Hammer kamen. Da der Kaiserliche Rat weder ein Exlibris besaß, noch seine Bände mit seinem Namen kennzeichnete, ist nur, was in Weimar ist, noch greifbar vorhanden. Über diese Weimarer Bestände aus Johann Caspars Bibliothek hat Hellmuth Freiherr von Maltzahn im «Jahrbuch des Freien Deutschen Hochstifts» 1927 gehandelt. Außerdem aber ist das Hochstift schon von den Zeiten seines Gründers Otto Volger her bestrebt, nach dem Katalog von 1794 die ganze geistige Welt dieser Bücher wieder aufzubauen, wenn auch nicht in denselben Exemplaren, so doch nach Titel, Erscheinungsort und -jahr genau in denselben Ausgaben.

Es ist nun nicht möglich, in dem hier gesteckten Rahmen ein wirkliches Bild von der Reichweite dieser Büchersammlung zu geben. Daß die antiken Schriftsteller und daß die Jurisprudenz führten, ist selbstverständlich. Aber auch die Abteilungen Geschichte und Geographie waren weit ausgebaut, und wenn Johann Wolfgang Goethe später einmal gesagt hat, das Zeitalter der Weltliteratur sei angebrochen — nun, schon in der Bibliothek seines Vaters standen in italienischer Sprache die Werke von Ariost, Boccaccio, Dante, Goldoni, Guarini, Machiavelli, Metastasio, Tasso und anderen mehr. Von französischen Autoren seien nur Corneille, Fénelon, Grécourt, La Fayette, Lafontaine, Molière, Montesquieu, Racine, Rousseau und Voltaire genannt. Daß die Engländer vertreten waren von Shakespeare bis Richardson und Sterne ist selbstverständlich.

Was uns aber besonders angelegen sein dürfte, das ist die Frage nach der Theologie, denn hier lag doch wohl für den Kaiserlichen Rat ein Schwerpunkt der ganzen Sammlung. Gegen zehn Bibeln waren im Hause, in deutscher, in lateinischer, in englischer, in französischer, in italienischer Sprache, dann das Alte Testament, das Neue Testament, griechisch, lateinisch, französisch; die Psalmen, die Evangelien, die Episteln. Noch in Weimar hat Goethe die Vulgata des Vaters in der Ausgabe von 1613 in seinem Arbeitszimmer gehabt; der Band steht noch heute dort. Dazu kamen apologetische und dogmatische Werke und Schriften zur Kirchengeschichte. Arnolds «Unpartheyische Kirchen- und Ketzer-Historie» ist schon erwähnt; unter den Erbauungsschriften sei die «Nachfolge Christi» von Thomas a Kempis genannt, die dreimal vorhanden war, in deutscher, lateinischer und italienischer Sprache, das letztere Exemplar, Padua 1723, vermutlich vom Vater während seiner italienischen Reise vielleicht doch aus einem inneren Bedürfnis heraus gekauft. Wolfgang kannte dieses mittelalterliche und doch auch wieder zeitlose Andachtsbuch sehr wohl. Er zitiert daraus in seinem Tagebuch von 1770/71, den «Ephemerides», und zwar lateinisch: «Occasiones hominem fragilem non faciunt, sed qualis sit ostendunt.» Widerwärtigkeiten und Nöte machen den Menschen nicht klein; sie bringen nur ans Licht, was er ist. Buch 1, Kap. 16. Höchst merkwürdig, wie Goethe aus dem ganzen Buch nur und gerade diesen Satz herausgreift. Eine Nachfolge Christi unter dem Zeichen des Sturmes und Dranges! Das Wort kehrt vier Jahre später im Vierten Akt des Clavigo wieder: «Wir sind nicht klein, wenn Umstände uns zu schaffen machen, nur wenn sie uns überwältigen.» Im Urfaust heißt es, Vers 195, kurz und bündig: «Mein Herr Magister, hab er Kraft!»

Die Philosophie beginnt mit einer Auswahl aus Plato, griechisch und lateinisch. Dann folgen Auszüge aus Aristoteles. Für das Mittelalter stehen die Opera von Albertus Magnus, für die Neuzeit Baco of Verulam, Spinoza, Leibniz. Von deutscher Literatur war natürlich alles da, was im 18. Jahrhundert Geltung hatte, im besonderen auch die Stürmer und Dränger wie der Maler Müller, Lenz und Heinrich Leopold Wagner. —

Eine jede Bibliothek dieser Art, ist sie nicht ein Gespräch mit dem Weltgeist? Wenigstens wie der Versuch eines solchen Gespräches? Sie befragt alle Ordnungen des Seins, sie enthält alle versuchten Antworten. Sie ist ein faustisches Unterfangen, freilich noch ein zuversichtliches, noch nicht zerschmettert durch die Erkenntnis:

> Und sehe, daß wir nichts wissen können!
> Das will mir schier das Herz verbrennen.

Aber diese Bibliothek ist nicht nur ein Werk des Vaters, sie ist ein Spiegel der Gemeinschaft in und mit der Familie. Denn da ist der Einfluß der Frau Rat und Wolfgangs und der Susanna Katharina Klettenberg, beider vertrauten Freundin. Da gibt es Schriften für und wider die Herrnhuter, da sind deren «Tägliche Loosungen», ist das Ebersdorfer Gesangbuch, begegnen uns die Namen Spener und Spangenberg und Zinzendorf. «Meine Mutter ist öffentlich deklariert für die Gesellschaft; mein Vater weiß es und ist damit zufrieden. Meine Schwester ist mit in den Erbauungsstunden gewesen; ich werde wohl auch hinkommen. Das Ebersdorfer Gesangbuch ist bei dieser Gemeine in großem Ansehen», — so am 8. September 1768. Und dann am 17.

Januar 1769: «Ehegestern war sogar Versammlung in unserm Hause, wie Sie sich vorstellen können, unter einem ansehnlichen Praetexte; es war alles in floribus ordentlich eingerichtet wie eine Gesellschaft. Wein und Würste und Milchbrot auf einem Seitentische, die Frauenzimmer an einem Tische mit Ebersdorfer Gesangbüchern. Einer am Flügel sitzend, der die Melodien spielte, zwei mit Flöten, die akkompagnierten, und wir übrigen sangen.» Man sieht, der Vater war weder starr noch intolerant; er nahm die Erweckten, obwohl die lutherische Kirche sich ablehnend verhielt, bei sich auf.

Und nun kam auch der Chor der Zauberer, hielt auch die Magie ihren Einzug ins Haus — vermutlich durch Wolfgang. Sie stand unter hoher Protektion, nämlich jenes alchimistischen Doctor Metz, der hinter dem Römer wohnte und durch dessen geheimnisvolles weißes Pulver Wolfgang gesund geworden war. Alle Bücher aus dem 16. und 17. Jahrhundert über Dämonen und Beschwörungen, über Gespenster und Lemuren, neuere über angebliche Geheimnisse aus der Kabbala, Schriften von und über Swedenborg, ja selbst der noch von Mörike geliebte «Schwabenvater» Oetinger, sie bildeten eine dunkel geheimnisvolle Gruppe, die freilich im alten Frankfurt zurückgelassen wurde, als Wolfgang nach Weimar ging. Mit seinem Geiste war er ja schon ganz wo anders, bei Philine vielleicht oder bei Mignon, oder bei und mit jener Heroine und Artemispriesterin, — «das Land der Griechen mit der Seele suchend».

Welcher Reichtum des Geistes, der sich hier zusammendrängte, auf neue Antworten sann! Der Vater war für moderne Malerei, der Sohn für moderne Literatur. Vermutlich gab es um 1755 in Frankfurt keine andere Bibliothek, die so beides in sich vereinte, das Älteste und revolutionierend Neue. Was ihr die Sonderstellung gab, war ihre Spannungsweite, älteste Tradition und radikalste Moderne. Es war wirklich ein Haus «Zu den drei Leyern». Aber eben darin war diese Bücherei auch ein Spiegelbild der gefährlichen

Sprengkräfte, die da im Goetheschen Hause nebeneinander zu existieren hatten wie in der alten Fabel der eiserne und der irdene Topf auf gemeinsamer Reise. —

Indes waren auch noch andre Schwierigkeiten im Haus, die in «Dichtung und Wahrheit» nicht zum Ausdruck kommen. Als Mündel des Vaters lebte ein Geisteskranker, wenn auch nicht im Kreis der Familie, doch mit dieser unter ein und demselben Dach. Es war Johann David Balthasar Clauer, geboren 1732, also siebzehn Jahre älter als Wolfgang, gestorben 1796. Zwei von den dreizehn Briefen, die sich von Caspar Goethe erhalten haben, gelten seinem Schicksal. Elisabeth Mentzel, der wir so sorgfältige Untersuchungen über Goethes Knabenjahre, über seine Lehrer und seine Erziehung verdanken, hat auf Grund der Vormundschaftsakten im «Jahrbuch des Freien Deutschen Hochstifts» 1914/15 dargestellt, wie Clauer in das Goethesche Haus kam und welche Rolle er dort gespielt hat.

Der Vater Clauer war der Stadtarchivar Dr.jur. Clauer gewesen, der ein Haus in der Bocksgasse besaß; die Mutter Eva Maria war eine geborene Bethmann, Tochter des Churmainzischen Münzmeisters, der zuletzt 1687 Münzmeister des Deutschen Ordens auf der alten Reichsburg Friedberg in der Wetterau wurde. Die Familie war vermögend, aber der Vater starb bald und dann auch die Mutter, und diese setzte für ihren schon als Knaben kränklichen Sohn 1750 den Rat Goethe als Vormund ein, mit der Bestimmung, in allen wichtigen Dingen den Stadtschultheißen Textor um Rat zu fragen. Es bestand eine weitläufige Verwandtschaft zwischen den Textors und den Bethmanns, die noch der Frau Rat in ihrem Alter zugute kam. Senckenberg hat auch wissen wollen, daß der Stadtschultheiß den jungen Clauer zum Gatten seiner jüngsten Tochter Anna Maria ausersehen hatte, die später den Pfarrer Starck heiratete. Kurz, die Vormundschaft beruhte auf Verwandtschaft und auf Neigung.

Die Briefe des Kaiserlichen Rates an den Dr. Burggrave, den Textorschen Hausarzt, über die «betrübte Verfassung» des jungen Clauer zeigen an, daß die Krankheit im Alter von dreiundzwanzig Jahren ausbrach. Es gelang Clauer noch im Januar 1755 in Göttingen «privative» zu promovieren, dann ging er nach Frankfurt ohne die Kraft, sich für einen Beruf zu entscheiden, und erhielt eine Wohnung im Haus seines Vormunds. Vermutlich wurden ihm Zimmer im dritten Stock eingeräumt, wo auch Wolfgang sein Giebelzimmer hatte. Das Leid des Wahnsinns, dem Rationalismus zum Trotz von Shakespeare und von der Antike her das große Thema der Genieperiode in Dichtung und Malerei, es wohnte dem werdenden Poeten Tür an Tür. Clauers Diener, der eine Livree trug, wird im unteren Dachboden einen Raum gehabt haben, wo sich im alten Haus mehrere holzverschlagene Kammern befanden. Im Frühjahr 1769 — es war die gleiche Zeit, da Wolfgang, krank aus Leipzig zurückgekehrt, den Eltern Sorge und Kummer bereitete — steigerte sich Clauers Trübsinn zu Tobsuchtanfällen. Es wurden von nun an zwei Grenadiere ins Haus genommen, die sich Tag und Nacht abwechselten und auch im Haus verköstigt wurden. Wir wissen den Lohn, wir kennen die Namen. Ruhige Zeiten wechselten mit Ausbrüchen des Paroxysmus. Noch 1783 wurde für die wachthabenden Grenadiere eine Gurtenbettlade angeschafft. In diesem Jahre, nach dem Tod ihres Gatten, setzte Frau Aja durch, daß dem Kranken ein anderes Heim verschafft wurde. Fünfundzwanzig Jahre hatte er im Goetheschen Haus gewohnt.

Von all diesen Dingen läßt uns Goethe nur wissen, Clauer sei «durch Anstrengung und Dünkel blödsinnig geworden», habe aber dem Vater und ihm selbst als Schreiber gute Dienste geleistet. Der Knabe diktierte dem Kranken die Predigten, wie er sie sonntags in der Kirche gehört, und legte dem Vater zu Mittag stolz schon die Texte vor, er diktierte ihm sein französisches Drama, das er unter dem Einfluß des französischen Theaters um 1760 niedergeschrieben, und diktierte auch sein Josephsepos und seine frühen «Vermischten Gedichte». Das Nachschreiben habe den

Kranken beruhigt, indem es ihn an seine Universitätsjahre erinnert habe. Die heftigen Szenen, das Bedrückende der ganzen Situation, davon schweigt «Dichtung und Wahrheit». Dabei sind die Vormundschaftsberichte an die Behörde, die Abrechnungen wie die Krankheitsberichte in den Jahren 1763, 1764, 1765 von Wolfgang selber geschrieben. Von 1767 bis zu ihrer Eheschließung 1773 schrieb sie Cornelia ohne jede Korrektur in ihrer gleichmäßig schönen und klaren Hand, beide Kinder natürlich nach des Vaters Diktat.

Die Vormundschaft war in jeder Beziehung eine Bürde, menschlich wie finanziell, denn es war nicht leicht, das Vermögen des Kranken, über 43 000 Gulden, immer gut anzulegen und zu verwalten; es gab auch Prozesse. Der Kranke aber war dem Vater dankbar. Er fühlte sich in seiner ruhigen und gütigen Hand geborgen. In zweimaliger Eingabe setzte er bei der Behörde durch, gegen den Einspruch seiner Vettern, der Bankherrn Johann Philipp und Simon Moritz Bethmann, daß außer dem Kostgeld dem Kaiserlichen Rat als Geschenk «die noch lange nicht des Vormunds Liebe und Treue vergeltende jährliche Ergötzlichkeit» von 100 Reichsthalern auszuzahlen sei. Auch dieses Zeugnis gehört in das Charakterbild des Kaiserlichen Rates. — —

> Sag ich's euch, geliebte Bäume,
> Die ich ahndevoll gepflanzt,
> Als die wunderbarsten Träume
> Morgenrötlich mich umtanzt.
> Ach, ihr wißt es wie ich liebe
> Die so schön mich wieder liebt,
> Die den reinsten meiner Triebe
> Mir noch reiner wiedergibt. — —
>
> Bringet Schatten, traget Früchte,
> Neue Freude jeden Tag.

Nur daß ich sie dichte, dichte,
Dicht bei ihr genießen mag! —

Das sind Verse von 1780. — Man begreift die Beseligung des Dichters über die Freiheit seines Daseins im stillen Gartenhaus an der Ilm. Weimar war — für das erste Jahrzehnt — ein beglückender Szenenwechsel.

DER SOHN

Dichtung und Wahrheit» ist ein Buch des Friedens und des Ausgleichs. Man kann Seite für Seite nachfühlen, wie der Dichter beruhigen, ja begütigen will. Feindschaften, wie etwa der böse Bruch mit Lavater, werden mit einer schönen, gerechten Würdigung des großen Geistlichen abgetan. Am deutlichsten tritt das am Ende des Siebzehnten Buches hervor, wo Goethe den «beruhigten Zustand des deutschen Vaterlandes» preist, obwohl doch politische wie soziale Gegensätze heimlich-unheimlich drohend überall spürbar waren. Und so hat der Dichter auch versucht, die Explosionen zu verschweigen, die zwischen Vater und Sohn zweifellos und nicht selten stattgefunden haben müssen. Ganz ist es ihm nicht gelungen. Man spürt ein Ressentiment. Und schon die Tatsache, daß er vom Vater immer wieder spricht, während er von der Mutter fast ganz schweigt, beweist, daß hier ein Trauma vorlag, das ihn veranlaßte, immer wieder sich gegen den Vater zu rechtfertigen, zu behaupten, obwohl dieser nun doch schon dreißig Jahre tot war. Ja, es gab Konflikte, um so mehr, je erwachsener Wolfgang wurde: die Wahl der Universität Leipzig, während der Sohn doch in Göttingen studieren wollte, die Entscheidung für die Jurisprudenz statt für die Altertumswissenschaft, das mangelnde Verstehen seitens des Vaters, als der Sohn krank und pflege- und liebebedürftig aus Leipzig nach Hause kam, die Kritik Wolfgangs am elterlichen Haus und dessen Einrichtung unter dem Einfluß des Louis Seize-Geschmacks in

Leipzig, das Fehlen einer gedruckten Doktordissertation, «in Frankfurt Ehre damit einzulegen», die Frage, ob Frankfurter Advokatur oder Fürstendienst in Weimar, das alles waren Störungen des Einvernehmens und das um so mehr, als die Charaktere von Vater und Sohn in vielem grundverschieden waren. Dazu kam der Gegensatz der Generationen. Er ist ein biologisches Gesetz, dem sich schwer ein Mensch entziehen kann. Die Zeitalter, Barock hier, Sturm und Drang dort, kann es größere Gegensätze geben? Was schrieb Georg Melchior Kraus im März 1775: «Im eifrigsten Gespräche kann ihm einfallen aufzustehen, fortzulaufen und nicht wieder zu erscheinen. Er ist ganz sein, richtet sich nach keiner Menschen Gebräuche.» Und der Prinz von Meiningen aus derselben Zeit: «Er hat seine eigenen Ideen und Meinungen über alle Sachen; über die Menschen, die er kennt, hat er seine eigene Sprache, seine eigenen Wörter.» Nun, der Vater war auch «ganz sein». Im Sechsten Buch zeichnet Goethe die Situation: «Ein zwar liebevoller und wohlgesinnter, aber ernster Vater, der, weil er innerlich ein sehr zartes Gemüt hegte, äußerlich mit unglaublicher Konsequenz eine eherne Strenge vorbildete, damit er zu dem Zwecke gelangen möchte, seinen Kindern die beste Erziehung zu geben, sein wohlgegründetes Haus zu erbauen, zu ordnen und zu erhalten; dagegen eine Mutter fast noch Kind, welche mit und in ihren beiden Ältesten zum Bewußtsein heranwuchs; diese drei, wie sie die Welt mit gesundem Blicke gewahr wurden, lebensfähig und nach gegenwärtigem Genuß verlangend. Ein solcher in der Familie schwebender Widerstreit vermehrte sich mit den Jahren. Der Vater verfolgte seine Absicht unerschüttert und ununterbrochen; Mutter und Kinder konnten ihre Gefühle, ihre Anforderungen, ihre Wünsche nicht aufgeben.»

Die kritischsten Jahre waren 1765 und 1768 bis 1770. Wolfgang wollte in Göttingen studieren. «Aber mein Vater blieb unbeweglich. Was auch einige Hausfreunde, die meiner Meinung waren» — vermutlich war Uffenbach unter diesen Hausfreunden, der ja ganz nach Göttingen inklinierte — «auf ihn zu wirken suchten: er bestand darauf, daß ich nach Leipzig gehen müsse. Die Hartnäckigkeit bestärkte mich in meiner Impietät, daß ich mir gar kein Gewissen daraus machte, ihm stundenlang zuzuhören, wenn er mir den Kursus der Studien und des Lebens, wie ich ihn auf Akademien und in der Welt zu durchlaufen hätte, vorerzählte und wiederholte.» «Impietät» sagte Goethe, weil er zunächst noch innerlich fest entschlossen war, gerade das Gegenteil von dem zu tun, was der Vater ihm vortrug. Das alles war 1765. Und fünf Jahre später: «Mit dem Vater konnte sich kein angenehmes Verhältnis anknüpfen; ich konnte ihm nicht ganz verzeihen, daß er bei den Rezidiven meiner Krankheit und bei dem langsamen Genesen mehr Ungeduld als billig sehen lassen, ja daß er anstatt durch Nachsicht mich trösten sich oft auf eine grausame Weise über das was in keines Menschen Hand lag geäußert, als ob es nur vom Willen abhinge. Aber auch er ward auf mancherlei Weise durch mich verletzt und beleidigt.»

Bei alledem müssen wir uns hüten, die pädagogische Situation von 1760 aus dem Gesichtswinkel von heute zu betrachten. Der Kaiserliche Rat konnte sich als Vater nur so verhalten, wie es die Gesellschaft und seine Zeit von ihm verlangten. Das Recht des Kindes, davon sprach damals niemand, wohl aber von der christlichen Verantwortung der Erziehung. Der Vater war nach der Lehre der Kirche der Stellvertreter Gottes in der Familie. Von Luther haben wir das Wort: «Ich wiel lieber einen todten son denn einen vngetzogenen haben.» Ein harter Klang. Der kleine Johannes hatte drei Tage lang mit demütiger Bittschrift den Vater um Versöhnung gebeten. Die Mutter, Melanchthon, Cruciger, Justus Jonas—alles Luthers nächste Umgebung—verwenden sich für das Kind. Der Reformator verweist auf Paulus. Er und sein Haus müßten Vorbild sein. Er hatte das Ansehen der papalen, der höchsten väterlichen Autorität der

Christenheit weithin gestürzt. Aufruhr, Blut und Greuel waren die Folgen gewesen. Es galt, eine neue Autorität zu schaffen. Das war schwer genug. Noch sieben Monate vor seinem Tode verließ der Reformator Wittenberg, weil, wie er klagte, Bürger und Studenten nur ein sündiges, gottloses Leben führten. «Ich mag solchen Säuen nicht ein Hirt sein.» Mit Mühen gelang es den Professoren, dem Bürgermeister, ihn in seine Stadt heimzuholen. Aus solchen Sorgen heraus muß man die Härte des Vaters verstehen. Sie ward Beispiel und Vorbild für die Erziehung in der lutherischen Kirche. Im puritanischen England war es nicht anders. In dem Moderoman der Zeit, der gerade im Goethehaus, besonders von Cornelia, geliebt wurde, in Richardsons «Clarissa Harlowe» von 1748 sagt der Vater: «I will be obeyed. I have no child, I will have no child, but an obedient one.» Wer die sozialen Verhältnisse um diese Zeit kennt, der weiß, wie hart oft die ältere Generation der jüngeren gegenüber trat. In der Familie Senckenberg nahm man den Sohn — eben den späteren Reichshofrat — aus dem Elternhaus, um ihn vor der Roheit der Mutter zu schützen. In der Familie von Reineck flüchtete die Tochter vor der Roheit des Vaters. Gewiß, das waren Skandalfälle und wurden in der Stadt auch als solche betrachtet, aber sie wären doch kaum möglich gewesen, wenn nicht überhaupt die Stellung der Eltern viel autoritativer gewesen wäre als heute. Und so auch im Hause am Großen Hirschgraben.

> Was Vater, Mutter!
> Ich stand, als ich zum erstenmal bemerkte,
> Die Füße stehn.
> Und reichte, da ich
> Diese Hände reichen fühlte.
> Und fand die achtend meiner Tritte,
> Die du nennst Vater und Mutter.

Es spielte sich sicher manch Prometheusdrama im Kleinen ab, bürgerlich, aber nicht minder leidenschaftlich.

Hast du nicht alles selbst vollendet,
Heilig glühend Herz?

Andererseits wäre es ganz falsch, nun diese Gewitterstörungen als Dauerzustände anzusehen. «Ah si vous l'aviez vu dans sa maison paternelle, si vous aviez vu, que ce grand homme est vis à vis de son Père et de sa Mère le plus honnête et le plus aimable des fils, vous auriez eu, ah vous auriez eu bien de la peine, um ihn nicht durchs Medium der Liebe zu sehen!» So Zimmermann an Charlotte von Stein. Das Medium der Liebe war im Grunde doch das Gesetz, das Vater und Sohn verband. Die Noblesse, mit der er seinem Wolfgang 1200 Gulden, beinahe die Hälfte seines Jahreseinkommens, als Studentenwechsel nach Leipzig und nach Straßburg schickte — unter den Kommilitonen galt Wolfgang als «très riche» —, die großzügige Gastfreundschaft, mit der er die zahlreichen Freunde des Sohnes als Gäste in sein Haus aufnahm, das alles spricht seine eigene Sprache.

Zudem gab es vieles, rein von der Lebensführung des Alltags her, was Vater und Sohn verband. Da waren die Gärten draußen vor dem Wall mit Hunderten von Obstbäumen, und da war vor allem der Weinberg vor dem Friedberger Tor mit den Weinstöcken und den Spargelreihen. «Es verging in der guten Jahreszeit fast kein Tag, daß nicht mein Vater sich hinaus begab, da wir ihn denn meist begleiten durften und so von den ersten Erzeugnissen des Frühlings bis zu den letzten des Herbstes Genuß und Freude hatten. Wir lernten nun auch mit den Gartengeschäften umgehen, die, weil sie sich jährlich wiederholten, uns endlich ganz bekannt und geläufig wurden. Nach mancherlei Früchten des Sommers und Herbstes war aber doch zuletzt die Weinlese das Lustigste und am meisten Erwünschte; ja es ist keine Frage, daß wie der Wein selbst den Orten und Gegenden, wo er wächst und getrunken wird, einen freiern Charakter gibt, so auch diese Tage der Weinlese, indem sie den Sommer schließen und zugleich den Winter eröffnen, eine unglaubliche Heiterkeit verbreiten. Lust und Jubel erstreckt sich über eine ganze Gegend. Des Tages hört man von allen Ecken und Enden Jauchzen und Schießen, und des Nachts verkünden bald da bald dort Raketen und Leuchtkugeln, daß man noch überall wach und munter diese Feier gern so lange als möglich ausdehnen möchte. Die nachherigen Bemühungen beim Keltern und während der Gärung im Keller gaben uns auch zu Hause eine heitere Beschäftigung, und so kamen wir gewöhnlich in den Winter hinein ohne es recht gewahr zu werden.»

Aus diesem «Herbst», von dem die Briefe der Frau Rat öfters sprechen, ist dann «vinum hortense» geworden, der Gartenwein, der neben dem Bodenheimer in Fässern im Keller lag und den der Vater besonders gern trank, weil er leicht — «genieße leichten Rebenmost»! — und weil es eben sein eigener Wein war. Viele Frankfurter hatten ihren Gartenwein; denn noch war die Stadt von Weingärten umgeben und «Bier und Aepfelwein war vor der gemeinen Mann».

Indes der Vater Goethe war auch ein Blumenliebhaber und -züchter. Als in Darmstadt eine berühmte Aloe zu sehen war, fuhr die ganze Familie, Unkosten 15 Gulden, nach Darmstadt. Wie systematisch der Rat auch hier vorging, darüber gibt uns seine Bibliothek Auskunft. Er besaß unter anderem das berühmte «Systema Naturae» von Carl Linné, Stockholm 1748, mit dem sich Wolfgang schon in der Jugend beschäftigte. Es besaß die Bücher von Bennemann: «Gedanken über das Reich der Blumen, Dresden 1740» und «Die Tulpe zum Ruhm ihres Schöpfers und zum Vergnügen edler Gemüter beschrieben, 1741». Die erste Tulpe in Europa hatte aus türkischem Samen im Frühling 1559 in einem Augsburger Garten geblüht; nun war sie auf Gemälden, auf Majoliken und Porzellan schlechthin die Blume des Barockzeitalters geworden. Aber Johann Caspar besaß auch, gleichfalls von Bennemann: «Die Rose zum Ruhm ihres Schöpfers und zum Vergnügen edler Gemüter beschrieben, 1742.» Er besaß die «Blumen-Arzney-Küchen und Baum Garten-Lust, Stuttgart 1728», besaß die «Bewährten Garten Geheimnisse, Nürnberg 1734» und schließlich auch Jacob Herveys «Erbauliche Betrachtungen über die Herrlichkeit der Schöpfung in Gärten und Feldern. Aus dem Englischen in 3 Bänden Hamburg 1755».

Wer Goethes Werk kennt, der weiß, welch große Rolle der Schöpfungsgedanke in seiner Dichtung, aber auch in seinem naturwissenschaftlichen Schrifttum spielt. Er hat ihn mit seinem Vater geteilt. Und wer um Goethes Wirken in Weimar weiß, wer sein Bemühen um den Garten hinter dem Haus am Frauenplan und um den Garten vor der Stadt, um den Park an der Ilm und den Park von Belvedere kennt, wem die Fülle seiner botanischen Studien und Schriften gegenwärtig ist, dem wird sich nicht verschließen, wie sehr sich in Weimar ausgewirkt hat, wozu im Elternhaus durch den Vater der Grund gelegt wurde.

Was aber vor allem immer mehr Frieden ins Haus brachte, war, daß jetzt, nach bestandenem Straßburger Examen, Vater und Sohn sich in der juristischen Zusammenarbeit fanden. Gewiß, eine gedruckte Dissertation lag nicht vor, aber Wolfgang hatte den Straßburger Licentiatus juris erworben, und das galt in Frankfurt dem Doktortitel gleich. Sozial gehörte Wolfgang damit zum ersten der sieben Stände. Nun durfte er alle «Sorten von Seiden-Zeug, es seyen geblühmte, gestreiffte oder glatte» tragen, «wie auch Westen von Drap d'Or und Drap d'Argent und guldene Uhren», freilich ohne Juwelen. Für die Verlobung waren ihm als Brautschatz «500 Gulden werth in Jubelen» gestattet, aber nicht mehr, «bey Straff fünfzig Reichsthaler». So nach der Kleiderordnung vom 10. September 1731. Man muß sich diese Kleiderordnungen einmal durchlesen, um zu empfinden, wie gestaffelt und abgegrenzt die Stände nebeneinander geordnet waren und wie gedrückt und im Grunde gedemütigt die meisten Bürger lebten. Freiheit der Persönlichkeit gab es im alten Frankfurt nicht.

Dem Vater war durch seine Ernennung zum Kaiserlichen Rat zwar keine öffentliche juristische Tätigkeit, keine Advokatur erlaubt, aber er hatte längst Mittel und Wege gefunden, unter der Hand als Gutachter tätig zu sein; er war, wie es im Siebzehnten Buch heißt, «als gründlicher, ja eleganter Jurist manchem Vertrauten als Rechtsfreund zur Hand, indem die ausgefertigten Schriften von einem ordinierten Advokaten unterzeichnet wurden.» Besonders günstig wirkte sich dabei aus, daß nach Abzug des Grafen Thoranc der Kanzleidirektor Moritz mit den Seinen, «sehr werte Freunde meiner Eltern», den ersten Stock bezogen hatte. Er «besorgte die Rechtsangelegenheiten mehrerer kleiner Fürsten, Grafen und Herren». Dasselbe tat sein Bruder, der Legationsrat Moritz. Auch dort, wo «Dichtung und Wahrheit» die Abneigung des Vaters gegen die Höfe und den Hofdienst betont, wird doch die Verbindung mit den Geschäftsträgern der umliegenden Fürsten und Herren zugegeben. Das Hochstift hat gelegentlich solche juristischen Gutachten des Vaters, etwa für die Grafen von Ysenburg, aus dem Autographenhandel erwerben können.

Weiter kam man bei Konkursen und Kaiserlichen Kommissionen mehrmals in Berührung. Goethes Vater und vor allem der Legationsrat hielten als Juristen viel aufeinander. «Beide standen gemeiniglich auf der Seite der Kreditoren, mußten aber zu ihrem Verdruß gewöhnlich erfahren, daß die Mehrheit der bei solcher Gelegenheit Abgeordneten für die Seite der Debitoren gewonnen zu werden pflegt.» Konkurssachen also, Gläubiger und Schuldner! Und der Kaiserliche Rat ist strikt für die Geldgeber! Merkwürdig, daß auch hier Wolfgang, der Sohn, aufnehmen sollte, was den Vater als juristisches Problem bewegt hatte. Und höchst charakteristisch, wie er es tat. Er hob es ins Geistige, ins Menschliche. In Weimar, als Mitglied des Geheimen Conseils, diktierte er am 16. August 1781 seinem Schreiber ein «Votum über die Konkurs-Konstitution vom 25. Mai 1780». Es war die Zeit, da sich auch im Herzogtum Weimar der Handel ausweitete. Dazu brauchten die Kaufleute aber Kredit. Geld erhielten sie jedoch nur gegen Sicherheit, und als Sicherheit galt allein Grundbesitz. Dessen Wert stellte ein Taxator fest; da dieser aber persönlich haftete, bemaß er ihn zu niedrig. Gegen dieses alles wandte sich Goethe. Daß Grundbesitz, die Erde, daß die «tote Scholle» allein Sicherheit für geliehenes Geld wäre, das sei grundfalsch. Der Mensch, sein Fleiß, seine Rührigkeit, seine Anstelligkeit, seine Ordnung, das sei vorzüglich zu betrachten. Es ginge nicht an, den Tätigen und den Untätigen mit gleichem Maße zu messen. «Der Credit ist etwas Geistiges», formulierte er; und so brachte er einen veralteten Gesetzentwurf zu Fall.

Einen besonderen Aufschwung erhielt die geheime Kanzlei des Vaters, als im Herbst 1771 der Sohn seine eigene Advokatur im Haus «Zu den drei Leyern» eröffnete. Von etwa dreißig Prozessen, in denen er tätig war, sind die Akten erhalten. Vater und Sohn berieten gemeinsam die Fälle. «Wir besprachen uns darüber, und mit großer Leichtigkeit machte ich alsdann die nötigen Aufsätze. Wir hatten einen trefflichen Kopisten zur Hand, auf den man sich verlassen konnte, und so war mir dieses Geschäft eine um so angenehmere Unterhaltung, als es mich dem Vater näher brachte, der mit meinem Benehmen in diesem Punkte völlig zufrieden, allem übrigen was ich trieb, gerne nachsah, in der sehnlichen Erwartung, daß ich nun bald schriftstellerischen Ruhm einernten würde.» Ja, als Wolfgang im Sommer 1774 mit Lavater zur Lahn und zum Rhein reist, übernimmt der Vater die Kanzlei inzwischen allein.

Für Goethe, den «Wanderer», den «Seefahrer», waren die Verhältnisse in der Vaterstadt zu eng. Ihm grauste bei dem Gedanken, daß er hier leben sollte. «Das Unverhältnis des engen und langsam bewegten bürgerlichen Kreises zu der Weite und Geschwindigkeit meines Wesens hätte mich rasend gemacht», heißt es in einem Brief vom 11. August 1781. Vom Vater aber betont er immer wieder, daß er in seiner

Lebenssphäre zufrieden war. «Meinem Vater war sein eigner Lebensgang ziemlich nach Wunsch gelungen», heißt es im Ersten Buch von «Dichtung und Wahrheit». «Persönlich war mein Vater in ziemlicher Behaglichkeit» sagt das Achte Buch. «Der Vater, in seinen verjährten Liebhabereien und Beschäftigungen ein zufriedenes Leben führend, war behaglich, wie einer, der trotz allen Hindernissen und Verspätungen, seine Pläne durchsetzt», wiederholt das Zwölfte. An diese Zeugnisse müssen wir uns halten.

Das Jahr 1775 brachte die Wirren der Lililiebe. Wir wissen, daß die Eltern sich Susanna Magdalena Münch als Schwiegertochter gewünscht hatten. Der Rat Goethe war nicht intolerant, aber die Reformierten hatten doch in Frankfurt eine schwierige Stellung, obwohl ihre führenden Familien die ersten Kaufleute der Stadt waren. Es konnte vorkommen, daß bei Trauungen Spottlieder gesungen wurden. Innerhalb der Stadt besaßen sie bis 1787 keine Kirche. Sie mußten in das hessische Bockenheim zum Gottesdienst fahren. Daher gibt es heute noch in Frankfurt in den Häusern dieses Bekenntnisses das Wort vom «reformierten Rindfleisch», das man um neun Uhr aufsetzte, wenn die Kutschen zum Bockenheimer Tor hinausrollten und das um zwölf Uhr gar war, wenn die Familien vom Gottesdienst zurückkamen. Als im Jahre 1747 erörtert wurde, ob man den Bau einer reformierten Kirche innerhalb der Stadt erlauben solle, sprach sich der Rat Goethe dagegen aus, war aber für einen Bau außerhalb der Wälle unter dem Schutz der Kanonen der Reichsstadt. Und was Lili als Schwiegertochter betraf, so war der Lebenszuschnitt des Bankhauses dem Vater zu aufwendig. Das Problem löste sich dadurch, daß Wolfgang selbst sich zu einer Ehe nicht entschließen konnte, die ihn, wie die Dinge zunächst aussahen, an die Enge eines Lebens in Frankfurt binden mußte. Der Brief an Gustgen Stolberg vom 14. bis 19. September, ein Tagebuch der Zerrissenheit, offenbart das Auf und Ab der Stimmungen, in denen der Dichter damals lebte. Aber gerade aus den letzten Wochen zeigt ein Brief an Lavater noch einmal mit einem Bild der Familie aus der Intimität des Alltags, wie traulich man im Grunde zu einander stand: «Zimmermann ist fort, und ich bin bis zehn im Bette liegen blieben, um einen Katarrh auszubrüten, mehr aber um die Empfindung häuslicher Innigkeit wieder in mir zu beleben, die das gottlose Geschwärme der Tage her ganz zerflittert hatte. Vater und Mutter sind vors Bett gekommen; es ward vertraulicher diskutiert, ich hab meinen Tee getrunken und so ists besser. Ich hab wieder ein Wohngefühl in meinen vier Wänden. Wie lange es währt.»

Am 30. Oktober verließ Goethe Elternhaus und Vaterstadt. Die Dichtung, die ihn in den letzten Monaten beschäftigt hatte, war der «Egmont». Nichts hat so sehr den Beifall des Vaters gefunden wie dieses Drama. Vermutlich war es das religiöse Thema, das seine besondere Teilnahme erregte, die Auseinandersetzung zwischen Katholizismus und reformiertem Bekenntnis. Tag und Nacht habe er den Sohn angespornt. Jede Szene wurde vorgelesen, und nichts wünschte der Vater so, als das Stück fertig und gedruckt zu sehen. Er hoffte, «der gute Ruf seines Sohnes sollte dadurch vermehrt werden.» Denn das war nach den mancherlei Schwierigkeiten der versöhnende Abschluß. Der Vater wußte um das Außerordentliche in der Erscheinung seines Sohnes. Er glaubte an ihn. Er freute sich des Ruhmes, der durch Wolfgang auf das Haus «Zu den drei Leyern» fiel. Es ist rührend zu sehen, wie er Ende des Jahres 1776 sich das Gedicht «Seefahrt» abschreibt, das ihm der Sohn als Trost und zur Bekräftigung der Hoffnung aus Weimar geschickt hatte:

> Doch er stehet männlich an dem Steuer:
> Mit dem Schiffe spielen Wind und Wellen,
> Wind und Wellen nicht mit seinem Herzen.
> Herrschend blickt er auf die grimme Tiefe
> Und vertrauet, scheiternd oder landend,
> Seinen Göttern.

Es ist das einzige Gedicht, das wir in der Handschrift von Johann Caspar Goethe besitzen.

«Dichtung und Wahrheit» schließt mit einem Zitat aus dem «Egmont». Am 7. November morgens um fünf Uhr fuhr Goethes Wagen durch das Erfurter Tor in die Stadt Weimar ein. Aus dem ersten Weimarer Jahr ist keine Korrespondenz mit dem Elternhaus erhalten; daß es sie selbstverständlich gegeben hat, beweist der Brief vom 6. November an die Mutter, Tante Fahlmer und den Kornhändler Johann Caspar Bölling, der ein Freund der Eltern war. «Schreibt mir mehr, denn ich kann nicht schreiben.» Im nächsten Jahr, am 8. Juni 1777, starb Cornelia in Emmendingen, für den Bruder, die Mutter, aber vor allem auch für den Vater, der sehr an seiner Tochter gehangen hatte, ein schwerer Schlag. «Mein Mann», schreibt die Frau Rat an Lavater, «war den gantzen Winter kranck, das harte Zuschlagen einer Stubenthüre erschröckte ihn, und dem Mann muste ich der Todes Bote seyn von seiner Tochter, die er über alles liebte.»

Im Herbst, am 1. November, schickt Goethe an Charlotte von Stein, «Trauben aus meiner Heimat, wie sie dies Jahr worden sind». Die hatten also die Eltern gesandt, aus dem Weingarten vor dem Friedberger Tor. Die Begleitbriefe sind nicht erhalten. Am 8. November schreibt er an Charlotte: «Die Bäume sind angekommen, 30 an der Zahl, gute Kirschbäume, auch wenige Obstbäume guter Sorten. Wie und wann sollen sie nach Kochberg?» Auch hier handelt es sich vermutlich um eine erbetene Zusendung seitens des Vaters in Frankfurt.

Indessen dieser Vater war jetzt ein kranker Mann. Das Alter ist dunkel. Die Kräfte schwinden. Immerhin, der Vater führte sein Ausgabenbuch eigenhändig noch zwei Jahre bis zum 10. September 1779. Dann bricht es jäh ab. Gleich mit dem nächsten Tag beginnt Frau Rat ihrerseits ein Kassenbuch zu führen. Die Briefe über die Katastrophe fehlen wie so viele andere auch, aber der Sohn war über die Krankheit des Vaters unterrichtet. Unter dem 9. August, also einen Monat vor dem Schlaganfall, in dem Schreiben, mit dem er der Mutter seinen und des Herzogs Besuch ankündigt, heißt es: «Das Unmögliche erwart' ich nicht. Gott hat nicht gewollt, daß der Vater die so sehnlich gewünschten Früchte, die nun reif sind, genießen solle; er hat ihm den Appetit verdorben und so seis. Ich will gerne von der Seite nichts fordern, als was ihm der Humor des Augenblicks für ein Betragen eingibt.» Anderthalb Wochen, nachdem die Krankheit dem Vater die Feder aus der Hand genommen hatte, am 19. September, trafen der Herzog und der Dichter bei den Eltern ein. Die Mutter schreibt darüber ihren wohl berühmtesten Brief, den vom 24. September, an die Herzogin Anna Amalia in Weimar. Erst spricht sie von sich, dann von ihrem Gatten: «Endlich der Auftrit mit dem Vater, das läßt sich nun gar nicht beschreiben — mir war Angst er stürbe auf der stelle, noch an dem heutigen Tag, daß Ihro Durchlaucht schon eine zimmliche Weile von uns weg Sind, ist er noch nicht recht bey sich, und Frau Aja gehts nicht ein Haar beßer — Ihro Durchlaucht können Sich leicht vorstellen, wie vergnügt und seelig wir diese 5 tage über geweßen sind.» Goethe selbst schreibt an Charlotte gleich am Tag nach der Ankunft: «Meinen Vater hab ich verändert angetroffen; er ist stiller und sein Gedächtnis nimmt ab.»

Der Rat hat dann noch zwei und ein halbes Jahr gelebt, mit immer abnehmender Anteilnahme an dem, was um ihn vorging. Die wohl letzte Unterschrift unter einer Urkunde von Ostern 1780 ist zittrig, und man merkt, daß die Hand beim Schreiben nicht vorwärtsrückte. Noch ein Kassaeintrag im Hausbuch für ¼ Pfd. Melberschen Tee ist vom 28. Juni 1780. Im Oktober 1780, gerade während des Besuchs der Herzogin Anna Amalia, traf den Kranken ein neuer schwerer Schlaganfall. Nach diesem konnte er nicht mehr selbst essen und nur noch schwer sprechen. Im Juni 1781 schreibt die Frau Rat, der Vater, wenn auch am Geiste sehr schwach, habe noch seine Freude an der Reparatur des unteren Stocks; auch die Wohnstube weise er allen Leuten, «dabey sagt Er: die Frau Aja hats gemacht, gelt das ist hübsch?» Zwei Monate darauf heißt es, die Geisteskräfte seien ganz dahin, Gedächtnis, Besinnlichkeit, alles sei weg. Das Leben, das der Rat führe, sei ein wahres Pflanzenleben. Am 25. Mai 1782 hatte Johann Caspar ausgelitten. Die Bestattung fand auf dem Peterskirchhof statt, innerhalb der Grabstätte der Familie Walther, wo auch seine Mutter Cornelia lag.

Wir kennen die Namen der Leidtragenden, die im Februar 1730 dem Weidenhofwirt Friedrich Georg Goethe auf seiner letzten Fahrt in sieben Kutschen gefolgt waren. Es waren Leinwandhändler, Kleiderhändler, Schneidermeister, Fettkrämer, Bender, mehrere Bierbrauer, Handwerksmeister und zwei Pastoren. Von dem Blatt, auf dem für den Leichenbitter die Namen derjenigen aufgeschrieben worden sind, denen der Tod des Kaiserlichen Rates anzusagen war, ist die Hälfte erhalten. Da lesen wir unter anderem: Dr. jur. Johann Christian Lucius, jüngerer Bürgermeister von 1779 und Hauptmann — ein Lucius hatte seinerzeit die Bewillkommnungsrede für Karl VII. und die Kaiserin Amalie gehalten —, der Kanzleidirektor Moritz in der Anckergasse, der Gymnasialdirektor Albrecht, jetzt nicht mehr im Amt und deshalb nicht mehr im Barfüßerkloster, sondern in der Schnurgasse wohnend — es ist derselbe, bei dem Wolfgang etwa zwanzig Jahre früher hebräisch gelernt hatte. Ferner lesen wir den Namen der Madame Bernus im Saalhof am Main. Der Bankier Bernus war vielleicht der reichste Mann der Stadt gewesen; sein «Saalhof», ein großes Barockpalais von 1715 und noch mit der alten romanischen Kapelle der Kaiserpfalz, ist schon erwähnt worden, als von dem Erbauer und dessen Gemälden die Rede war; er birgt heute das Historische Museum. Mit der Frau Rat teilte Emilie Bernus die Loge 9 im Theater; ihr Porträt von Anton Wilhelm Tischbein — Juwelen, Pracht und Seide — hängt im Goethemuseum. Dann die Madame

Fingerlin, gleichfalls eine Bankiersgattin, ein Herr von Loen, nicht der Schriftsteller, aber wie dieser ein Verwandter durch die Textors, wohnhaft in der Mainzergasse, weiter Madame Melber auf dem Hühnermarkt, die Tochter des Stadtschultheißen und Wolfgangs «lustige Tante», dann Madame Manskopf — die Firma groß in Manufakturwaren — in der Saalgasse, weiter der Kaufmann Streng in der Borngasse, ein Verwandter durch die Großmutter Cornelia, auch der Dr. Hoffmann in der Schnurgasse und der Kornhändler Bölling in der Buchgasse. Bölling war der Tarockfreund des Kaiserlichen Rates gewesen und später ein treuer Helfer der Mutter Goethe; sein Bild, Pastell, hängt neben dem berühmten Guckfenster im Arbeitszimmer des Vaters. Keineswegs aber zu vergessen, sondern als einer der ältesten Freunde mit Ehren unter den Leidtragenden zu nennen, «der treue Knecht aus Franken», der Rat Schneider im Rebstock. Die anderen Namen sind weggeschnitten. Aber was wir hier haben genügt. Man sieht, wie sehr sich das Ansehen der Familie gehoben hatte.

Man hat das Leiden des Kaiserlichen Rats mit einer Jugenderkrankung zusammengebracht. Hier begegnen wir noch einmal dem Namen Johann Christian Senckenberg. Ein merkwürdiger Mann, ein merkwürdiges Schicksal. Als Knabe hatte er das Unglück, den Vater, der ihn züchtigen wollte, auf einem Auge blind zu machen mit einem Stab, den ihm zur Gegenwehr die Mutter gereicht. Als Erwachsener war er ein bedeutender Arzt, ein angesehener Gelehrter. Seine großherzigen und segensreichen Stiftungen zugunsten seiner Vaterstadt tragen noch heute seinen Namen durch die Zeit. Er war ein Christ außerhalb der Kirche, ohne Gottesdienst, ein Separatist von persönlicher Frömmigkeit, zugleich aber ein unerbittlicher Moralist, hellhörig für jede sittliche Schwäche, von der er irgendwie erfuhr, die er aufschrieb — wie ein Engel des Gerichts. Jeder Mitbürger kommt in seinen Tagebüchern vor; auch Goethes Großmutter, die Frau Textor, auch Goethes Mutter, die

Frau Rat, werden hier «gezeichnet». Es ist Jüngster Tag. Niemand wünscht diese Tagebücher zu drucken. Niemand wünscht sie gedruckt zu sehen.

Johann Christian Senckenberg erzählt unter dem 25. März 1746: Rat Goethe sei im vergangenen Jahr in Aachen zur Kur gewesen, wo ihm ein Franzose gesagt hätte, er habe sich seine Krankheit auch nicht in der Kirche geholt. Indes auch ohne Krankheiten, wie Senckenberg sie im Sinn hat, treten Schlaganfälle auf, und nicht jede solche Krankheit hat Schlaganfälle zur Folge. Es läßt sich nicht feststellen, was an Senckenbergs Angabe wahr ist oder nicht. Er schöpfte oft genug, nach seinem eigenen Wort, aus der «Chronica Scandalosa». Möglicherweise ist Johann Caspar 1745 in Aachen gewesen. Es hätte auch kaum der Natur und noch weniger den Sitten der Zeit entsprochen, wenn er sich bis zu seinem achtunddreißigsten Lebensjahr gänzlich von Frauen ferngehalten hätte. Im Grunde ist das alles nicht eben von Belang; die Dinge werden nur erwähnt, um dem Vorwurf des Verschweigens zu begegnen.

Einundsiebzig Jahre ist Goethes Vater geworden. Er lebte als ein angesehener Mann in seiner Vaterstadt, und auch wenn Deutschlands größter Dichter nicht sein Sohn gewesen wäre, würde doch zum mindesten die Frankfurter Kunstgeschichte um ihn wissen. Als Sammler und Mäzen der Frankfurter Malerschule hätte hier sein Name auch heute noch Geltung.

Der Kaiserliche Rat hatte, soviel wir wissen, nur einen Feind. Das war Johann Heinrich Merck aus Darmstadt. Da dessen Äußerungen über Goethes Vater bislang weithin das Urteil über diesen geprägt haben, muß davon zum Schluß noch kurz gehandelt werden. Merck war ein kluger, vielseitig gebildeter und kenntnisreicher Mann, hatte in Gießen und Erlangen studiert, sich aber auch in Dresden an der Maler- und Zeichenakademie unter Hagedorn ausgebildet. Er war Beamter, Kriegszahlmeister, zuletzt Kriegsrat. Mit Goethe war er um Weihnachten 1771 bekannt geworden und ist diesem während seiner Frankfurter Zeit ein anregender und hilfreicher Freund gewesen, ritt damals häufig auf seinem Fuchs von Darmstadt nach Frankfurt, war gern gesehener Gast im Hirschgraben, besonders zu Messezeiten, und unterstützte den jungen Dichter auch finanziell, indem er kleine Schriften, etwa «Von deutscher Baukunst» und den «Brief des Pastors», vor allem aber den «Götz» auf seine Kosten bei Wittich in Darmstadt erscheinen ließ, Drucke, für die sich der Kaiserliche Rat versagte, weil er damals noch einen Frankfurter Juristen und keinen Skribenten zum Sohn haben wollte. Denn, sagt das Zehnte Buch von «Dichtung und Wahrheit», ein Poet «erschien in der Welt auf die traurigste Weise subordiniert als Spaßmacher und Schmarutzer, so daß er sowohl auf dem Theater als auf der Lebensbühne eine Figur vorstellte, der man nach Belieben mitspielen konnte». Auch im ersten Weimarer Jahr half Merck noch mit Geld aus. Wenn der Herzog ihm seinen Sohn aus dem Vaterhaus und der Vaterstadt entführe, noch dazu, um ihn in einen Hofdienst zu locken, dann sollte er auch dafür zahlen, wie es sich gehöre. Das war des Rats reichsbürgerliche Meinung.

Indes Merck war eine mit sich selbst und der Welt zerfallene Natur. «Wie Mephistopheles, er mag hintreten wohin er will, wohl schwerlich Segen mitbringt», so verdarb Merck dem Dichter durch Spott unschuldige Freuden und glückliche Stunden. Nicht einmal, viermal vergleicht ihn Goethe in «Dichtung und Wahrheit» mit Mephisto. Aber auch die Frau Rat schreibt: «den Mephistopheles kann er nun freilich niemals ganz zu Haus lassen». Das war im September 1779, also Jahrzehnte vor dem Erscheinen von «Dichtung und Wahrheit». Man sieht, die Bezeichnung für den Darmstädter Freund war in der Familie gang und gäbe. Das soll nicht überbetont werden. Man hat mit Recht auf dem Denkstein für Merck in Darmstadt 1958 aus einem seiner Briefe das Wort angebracht: «Wir sind doch nur insofern etwas, als wir was für andere sind.» Indes eine Haltung im Sinne des «Ich bin der Geist, der stets verneint» als gesellschaftliche Form des täglichen Umgangs, dergleichen war es wohl, woran man dachte, wenn man Merck den Mephisto-Namen zulegte. Worin diese mephistophelische Art bestand, das zeigt Mercks Brief an Anna Amalia vom 27. Oktober 1779: «Meine einzige Resource ist hier die treue Frau Aja, mit der ich zuweilen, wenn mir's wehe ist, einen Humpen alten Weines ausleere, indeß daß der Herr Rath seinen Frankfurter trinkt. Dieser alte Mensch ist ganz incorrigible, und die Filzerei ist so arg, daß wenn der Herzog vier Wochen [in Wahrheit vier Tage, vom 19. bis 22. September] in seinem Hause logiert, er der Frau nicht Einen Thaler Wochengeld mehr gibt. Dieser Mensch ist Goethes Vater und Frau Aja Eheliebster. Neulich hat er sich sehr gefreut, daß er's nicht war, der das Geld für des Herzogs Malereien auszulegen hatte; ich glaube, er hätte dafür nicht schlafen können. Warum nun Gott solche Menschen läßt, das mag ich nicht verantworten.»

Diesen Brief schrieb Merck als Gast des Kaiserlichen Rats, der gelähmt ihm gegenüber saß und schon wußte, warum er den leichtesten Wein trank. Daß der Vater in seiner Krankheit die Dinge nicht mehr alle übersah, wird jeder verstehen. Geizig ist dieser Mann, solange er gesund und recht bei Sinnen war, nie gewesen. Und was die Ausgaben «für des Herzogs Malereien» anlangt, so war man auch am Hof der Ansicht, daß Merck bei den Einkäufen von Gemälden für den Herzog nicht immer richtig handle, und es kam vor, daß Merck die Preise reduzieren mußte. Die Bilder waren zum Weitertransport nach Weimar im Großen Hirschgraben abgesellt gewesen. Daher kannte sie der Vater. Es waren Stilleben von de Heem.

Der Dichter selbst hat sich von dem Jugendfreund mit den Jahren mehr und mehr gelöst. Er hatte wohl durchschaut, daß Merck vom Hofadel in Weimar, den von Kalb und von Seckendorf, benutzt wurde, um den bürgerlichen Frankfurter Doctor zu entfernen. Merck ließ sich, natürlich gutgläubig, bereden, der Mutter im Hirschgraben ernste Sorgen um die Gesundheit des Sohnes in dem Weimarer Klima zu machen. Auch hat Merck selbst, in seiner Art sich zu geben, Anstoß in Weimar erregt. Mag die Giannini, Oberhofmeisterin der Herzogin Luise, recht haben oder nicht, wenn sie behauptet, Merck habe die Frau von Stein eine Kanaille genannt, auf alle Fälle, Charlotte und Merck waren Gegenpole und Goethe stand jetzt bei Charlotte. Die Aufführung der «Iphigenie» in Ettersburg zu Ehren Mercks blieb ohne Eindruck auf diesen. Für die Seelenklänge eines erträumten Griechenlands der Humanität, für die Worte ihrer Priesterin blieb er taub. Auch später der «Torquato Tasso» fand keinen Beifall. Da war viel zu viel Hofluft. «Kerls» wie der «Götz», das war und blieb Mercks Welt. Zu allem kam: Merck stellte sich in der für Goethe so wichtigen Frage des Zwischenkieferknochens auf die Gegenseite. Er lehnte Goethes Entdeckung, wenn auch ohne den Dichter zu nennen, öffentlich ab. Zur Zeit der Italienischen Reise war, wie Bräuning-Oktavio nachgewiesen hat [Jahrbuch d. Goethe-Ges. 1952/53] der Bruch zwischen den einstigen Freunden vollzogen. Indes als Merck 1788 mit der von ihm gegründeten Baumwollspinnerei fallierte, trat Goethe für den Jugendfreund ein, indem er Carl August zu einer großzügigen Hilfe veranlaßte.

Je älter und welterfahrener Goethe wurde, um so mehr wuchs sein Verständnis für die Natur des Vaters. Der Vater war ein Sammler von Kunstwerken gewesen. Der Sohn teilte mit ihm die gleiche Neigung. Das zwölfte Kapitel in «Wilhelm Meisters Wanderjahren» gilt einem Sammler, schildert seinen Hausrat und erzählt von einem ehrwürdigen Kruzifixus aus Elfenbein in seinem Besitz. Arme und das Kreuz waren in früheren Zeiten abhanden gekommen. Durch glückliche Fügung wurde erst das Kreuz, wurden später auch die Arme dem Eigentümer zugeführt. «Und so enthalte ich mich nicht, die Schicksale der christlichen Religion hieran zu erkennen, die, oft genug zergliedert und zerstreut, sich doch endlich immer wieder am Kreuze zusammenfinden muß.» Das Sammeln erhält im Symbol eine religiöse Weihe. Das Bewußtsein um die Geschichtlichkeit allen Lebens, das ja dem Sammeln zugrunde liegt, wird unter einen frommen Aspekt gestellt. Dem Kapitel ist im Aufbau des Romans eine bedeutungsvolle Stelle zugewiesen. Es bildet den Übergang zur «Pädagogischen Provinz» mit seiner Religion der vierfachen Ehrfurcht, der Ehrfurcht vor dem was über uns ist, der Ehrfurcht vor dem was unter uns und neben uns ist, vor dem was in uns ist. —

> Manches Herrliche der Welt
> Ist in Krieg und Streit zerronnen;
> Wer beschützet und erhält,
> Hat das schönste Los gewonnen.

Das sind späte Verse aus dem Jahre 1827, aber sie sind Goethe aus dem Herzen gesprochen. Man wird danach verstehen, daß es im Grunde ein unterdrückter Aufschrei ist, wenn es in den «Tag- und Jahresheften» zum Jahre 1795 heißt: «In dem Laufe dieser Jahre hatte meine Mutter die in manchen Fächern wohlausgerüstete Bibliothek, eine Gemäldesammlung, das Beste damaliger Künstler enthaltend, und was sonst nicht alles verkauft, und ich sah, indem sie dabei nur eine Bürde los zu sein froh war, die ernste Umgebung meines Vaters zerstückt und verschleudert.»

Der Maler Georg Melchior Kraus, der als Frankfurter Kind ja Bescheid wußte, hat erklärt, der Dichter habe Gang und Haltung der Hände vom Vater übernommen. Er hatte aber noch anderes ererbt, was sich im Alter immer deutlicher ausprägte: die peinliche Ordnungsliebe und in gewissem Sinne auch die Pedanterie. Der kuriale Altersstil in den Briefen der späten Jahrzehnte läßt nicht vermuten, daß sie im Zeitalter der Romantik geschrieben worden sind. Sie erinnern an das Barock. Goethe wußte sehr wohl, daß Pedanterie eine Schwäche sein konnte, aber mehr noch sah er in ihr eine Tugend. «Alle bedeutenden Menschen, die in ihrer Lebensweise eine gewisse Regelmäßigkeit und feste Grundsätze besitzen, die viel nachgedacht haben und mit den Angelegenheiten des Lebens kein Spiel treiben, können sehr leicht in den Augen oberflächlicher Beobachter als Pedanten erscheinen», zeichnet sich Soret am 3. Februar 1830 als Worte aus Goethes Munde auf. «Gott segne die Pedanten, da sie so viel Nützliches beschicken». Dies Wort fiel 1823 gegenüber der Tochter des Professors Hoepfner, deren Vater der Dichter aus der Wertherzeit her kannte; und dann betonte er, es schicke sich durchaus für ihn, die Partei der Pedanten zu übernehmen, da er selber einer sei. Über seinen Hausmaler Schmeller fällt das Wort: «Die Pedanten haben eigentlich immer recht»; und deshalb ließ er seit 1824 sich von diesem Künstler und von keinem anderen eben seiner Werktreue halber alle Personen zeichnen, die ihn besuchten oder die ihm nahe standen. Über 130 Blätter mit Porträts liegen heute noch im Weimarer Goethehaus, die so entstanden sind. An all diese Urteile des Dichters muß man sich erinnern, wenn man die Tatsache richtig werten will, daß Goethe in «Dichtung und Wahrheit» von der «Hartnäckigkeit» und ausdauernden Willensfestigkeit des Vaters spricht.

Gleich am Anfang von «Dichtung und Wahrheit» steht, leitmotivhaft, der Satz: «Mein Vater war lehrhafter Natur und wollte gern dasjenige, was er wußte und vermochte, auf andere übertragen.» Nun, für Goethe gilt dasselbe. Er war hierin der echte Sohn seines Vaters und hat das auch gewußt und oft genug ausgesprochen. Der Unterschied ist nur der: was der Vater weitergeben wollte, waren Kenntnisse, war Wissen, was der Sohn zu übertragen suchte, war Weisheit.

Warum sucht ich den Weg so sehnsuchtsvoll,
Wenn ich ihn nicht den Brüdern zeigen soll?

So heißt es in der «Zueignung» — Zueignung nämlich an den Leser —, die der Dichter gleichsam als beschriftetes

Portal vor seine «Sämtlichen Werke» gesetzt hat. Der Vater war eine «lehrhafte», der Sohn eine «pädagogische Natur». Es ist dieselbe Anlage, aber auf einer höheren Ebene. Es handelt sich nicht um Vermittlung von Fertigkeiten und Tatsachen, sondern um das Weisen eines Weges, um Führung, Seelenführung.

> Soll ich umsonst die Augen offen haben? — —
> Für andre wächst in mir das edle Gut,
> Ich kann und will das Pfund nicht mehr vergraben!

Brüder nennt Goethe die, die er anspricht, und es geht ihm um Trost:

> Es schweigt das Wehen banger Erdgefühle.

Es geht ihm um Lebenshilfe.

> So kommt denn, Freunde, wenn auf euren Wegen
> Des Lebens Bürde schwer und schwerer drückt.

Wie schließen «Wilhelm Meisters Wanderjahre»? «Wirst du doch immer aufs neue hervorgebracht, herrlich Ebenbild Gottes! und wirst sogleich wieder beschädigt, verletzt von innen oder von außen.» Und so wird Wilhelm Meister Wundarzt, nach soviel Fahrt durch die Welt. Die Kunstform des Romans, vordem schon gelockert, löst sich nun ganz auf. An ihre Stelle treten Lehren, Maximen, Reflexionen und in 11 Terzinen der Ansatz zu einem Preis Schillers, der den Meistergrad vertritt. In seinem Zeichen endet eine Dichtung, die unter dem Namen William Shakespeares begonnen hat.

Nicht die Genugtuung über und Freude am eignen Wissen ist die treibende Kraft, sondern über Zeiten und Geschlechter hinweg die Verantwortung für den Bruder Mensch:

> Und dann auch soll, wenn Enkel um uns trauern,
> Zu ihrer Lust noch unsre Liebe dauern.

Das ist die schönste Frucht, die durch glückliche Fügung letzten Endes aus der Saat im Haus «Zu den drei Leyern» reifen durfte.

Wer Goethes Leben und Dichten kennt, wird diese ererbte, veredelte, pädagogische Anlage überall im Kleinen wie im Großen finden. Da wird 1783 der junge Fritz von Stein ins Haus genommen und genießt Goethes Erziehung. Dem Schweizer Hirtenknaben Peter im Baumgarten war einige Jahre vorher dasselbe zuteil geworden. Der unglückliche Johann Friedrich Krafft — nach dem Pseudonym Krafft vermutlich ein Treibgut der Sturm und Drang-Bewegung — wird von dem Dichter jahrelang unterstützt: «Dem, der sich mit den Wellen herumarbeitet, ist's wohl der schlimmste Herzensstoß, wenn der Willige am Ufer nicht Kräfte genug hat, alle zu retten, die der Sturm gegen seine Küste treibt», heißt es in Goethes erstem Brief an Krafft von 1778. Das Bild von der Seefahrt ist zu dem von der Seenot geworden, und Krafft, dieser unglückliche Schiffbrüchige, war nicht der einzige, der des Dichters Hilfe brauchte. Goethe war ein verschwiegener Wohltäter. Bekannt ist uns noch Plessing, von dem «Die Harzreise im Winter» spricht. Auch Karl Philipp Moritz erhoffte alles von Weimar. Die «Iphigenie» ist im Sinne der «Zueignung» ein pädagogisches Drama wie «Wilhelm Meister» ein pädagogischer Roman. Von sehr vielem anderen zu schweigen. Es ist kein Zufall, daß eine Sammlung aus den Werken des Dichters unter dem Titel «Trost bei Goethe» erscheinen konnte.

Das alles ist nicht das Verdienst des Vaters. Diese Wendung vollzog sich bei Goethe erst in Weimar. Die Begegnung mit Charlotte von Stein verdrängte den furiengetriebenen Orest als innere Mitte eines werdenden Griechendramas und setzte an seine Stelle Iphigenie, die Helfende, die Heilende, die Priesterin. Immer entschiedener vollzog sich bei Goethe die Wendung vom Ich zum Du, zum Mitmenschen. Die Weimarer Jahre haben die Blüte, die vollen Früchte gezeigt, aber die Frömmigkeit des Frankfurter

Vaterhauses und seine Geistigkeit waren der Keimboden, aus dem sich das alles entwickeln konnte.

Erziehung, Verantwortung, ja das war auch dem Vater Aufgabe des Lebens gewesen. Der Rahmen war enger und die Stufe niedriger. Und doch hat der Sohn das Gefühl gehabt, daß die Ansätze zum Werden seiner Persönlichkeit irgendwie, bewußt oder unbewußt, aus dem Vorbild dieses Vaters heraus geprägt worden sind. Eine der letzten Aussagen, die wir von ihm über den Vater haben, steht am Ende des Sechsten Buches der «Zahmen Xenien» in einem Gedicht etwa vom Februar 1827. Hier überdenkt Goethe, was er im einzelnen seinen Vorfahren, den Ahnen zu danken habe, dem Urahnherrn, der Urahnfrau, dann der Mutter und eben auch dem Vater.

Und was hat er dem Vater zu danken? — «Des Lebens ernstes Führen.» — Kann man über einen Mann — da nach dem Außerordentlichen hier nicht zu fragen ist — Rühmenswerteres sagen als eben dies?

DIE SCHWESTER CORNELIA

Das Haus am Großen Hirschgraben war die Welt. Cornelia war fünf Jahre alt, als der Vater zwei kleinere gotische Häuser aus der Zeit um 1600 zu einem neuen, großen, aber wiederum gotischen Haus umbaute; das war 1755. An die alten Gebäude wird das Kind kaum viel Erinnerungen gehabt haben, aber das neue machte es sich zu eigen. Es hatte Geheimnisse genug, die Fülle enger und geräumiger Zimmer, Stockwerk über Stockwerk hervorragend, die großen gewölbten Kellerräume, die noch aus dem Altbau stammten, mit den Weinfässern vom Großvater her, weiter die Speckseiten, Schinken und Würste, die an langer Querstange von der Decke hingen, im Erdgeschoß die Speisekammer neben der Küche, hier wie dort lockende Gerüche, oben aber, unter dem Steildach, der doppelte Boden, voller Gerümpel und Gerät mit den Mägdekammern.

Die Kinder waren zu dritt. Der Bruder Wolfgang war ein Jahr älter, Hermann Jacob zwei Jahre jünger. Immer wieder hatte Cornelia die Freude, sich mit ihren beiden Brüdern über eine Wiege beugen zu dürfen. 1754 kam als Schwesterchen die Catharina Elisabeth an, 1757 die Johanna Maria, 1760 der Georg Adolf. Aber die Geschwister wurden nicht alt. Nach zwei Jahren oder nach einem Jahr wurden sie in kleinen Särgen aus dem Hause getragen. Nur Hermann Jacob erreichte das Alter von sieben Jahren. Und so haben wir uns für das erste Jahrzehnt Cornelias von 1750 bis 1759 eine Spielgemeinschaft von drei Geschwistern im Haus «Zu den drei Leyern» vorzustellen. «Meine Kinder», erzählt die Frau Rat der jungen Bettina Brentano, «machten mit ihren Schulkameraden auf Tischen und Stühlen die tollsten halsbrechenden Gefährlichkeiten; sie bauten Türme und spielten Festungsbelagerung und stürzten über Hals über Kopf mit samt einem unterminierten Turm herunter; und ich kann Gott danken, wenn die Knochen ganz waren und wollte gern die wackeligen Glieder der Möbel wieder in Leim bringen.» Und vielleicht kam es wirklich vor, daß man, ungesehen vom Vater — denn Kinder lieben gerade ihre heimlichen Spiele —, «Katholische Kirche» spielte.

Da lebten wir Kinder Lutheraner
Von etwas Predigt und Gesang,
Waren aber dem Kling und Klang
Der Katholiken nur zugetaner:
Denn alles war doch gar zu schön,
Bunter und lustiger anzusehn. — —

Zum Chorrock, der uns wohl gefiel,
Gaben die Schwestern ihre Schürzen;
Handtücher, mit Wirkwerk schön verziert,
Wurden zur Stola travestiert;
Die Mütze mußte den Bischof zieren,
Von Goldpapier mit vielen Tieren.

So zogen wir nun im Ornat
Durch Haus und Garten, früh und spat,
Und wiederholten ohne Schonen
Die sämtlichen heiligen Funktionen;
Doch fehlte noch das beste Stück.
Wir wußten wohl, ein prächtig Läuten
Habe hier am meisten zu bedeuten;
Und nun begünstigt uns das Glück:
Denn auf dem Boden hing ein Strick.
Wir sind entzückt, und wie wir diesen
Zum Glockenstrang sogleich erkiesen,
Ruht er nicht einen Augenblick:

> Denn wechselnd eilten wir Geschwister,
> Einer ward um den andern Küster,
> Ein jedes drängte sich hinzu.
> Das ging nun allerliebst vonstatten,
> Und weil wir keine Glocken hatten,
> So sangen wir Bum Baum dazu.

Diese Verse schrieb Goethe am 23. Februar 1813; eine gelegentliche Erzählung von Riemer, von 1803 bis 1812 als Lehrer Augusts im Hause, scheint dem Dichter Erinnerungen aus der eigenen Kindheit geweckt zu haben, die mit Riemers Bericht verschmolzen sein mochten. Das «Goldpapier mit vielen Tieren» erwarben die Kinder, so erzählt das Erste Buch, in den Läden am Dom, Vorsatzpapier Augsburger Herkunft, das Entzücken heutiger Sammler.

Im Januar 1759 starb, sieben Jahre alt, der kleine Hermann Jacob, und nun waren Cornelia und Wolfgang allein. Goethe sagt, ein eigentliches Verhältnis, so wie es ihn mit Cornelia verband, hätte er zu dem jüngeren Bruder nie gehabt. Als dieser starb, das weiß Bettina zu berichten, habe Wolfgang keine Träne vergossen und sich über die Trauer der Eltern fast geärgert. Wie aber die Mutter nach acht Tagen den Trotzigen gefragt, ob er denn den Bruder nicht lieb gehabt habe, sei Wolfgang in seine Kammer geeilt und habe unter dem Bett eine Menge Papier hervorgeholt, mit Lektionen und Geschichten beschrieben; das alles habe er gemacht, um den Bruder zu lehren. So wird er auch damals schon der Schwester gegenüber einen kindlichen Lehrer gespielt haben, an dem die Kleine mit aller liebenden Gläubigkeit hing.

Fünf Jahre, bis Wolfgang zur Universität geht, sind nun Schwester und Bruder zusammen. Sie haben den Ärger mit der Seidenraupenzucht des Vaters; und es ist ein Nachklang davon, wenn Wolfgang 1765 nach Hause schreibt, man könne Leipzig wohl eine Maulbeerstadt nennen, da ringsherum solche Bäume und Hecken gepflanzt seien und trotz Beschädigung durch die Preußen wieder sproßten und gut gediehen. Auch auf den Frankfurter Wällen versuchte man damals die Seidenraupenzucht. Cornelia teilte mit dem Bruder das Paradies des großväterlichen Hauses, bis die fritzisch-habsburgische Spannung einen Riß in die Familie brachte. Sie erlebte mit Wolfgang die Erregungen des Puppenspieles und hat auf dem Schemel davor oder mit den Drähten hinter dem Schlußprospekt, hörend oder deklamierend, das Glück der Verzauberung durch die Welt der Bühne erfahren. Als mit der Besatzung, im Januar 1759, fremdes Militär in das Elternhaus eindrang und französisches Theater im nahen Junghof Pariser Stücke spielte, da wurde das Französische, in dem Cornelia seit 1757 unterrichtet war, fast zur zweiten Umgangssprache. In einem Schema zu «Dichtung und Wahrheit» heißt es: «Bediente, Kammerdiener, Köche, zu denen wir Kinder uns hielten, verstanden kein Wort deutsch, und wir mußten ihnen ihre Sprache ablernen; dafür uns denn mancher gute Bissen zuteil ward.» So hat Cornelia ihr erstes Französisch gelernt, in der Küche des Goethehauses. Warum sollte es nicht auch ein Küchenfranzösisch geben, da man doch von einem Küchenlatein spricht!

Schließlich spielte man selber Theater, beim Schöffen von Olenschlager, der dem Vater befreundet war und auf dem nahen Roßmarkt sein Haus hatte. Der Stern an der deutschen Bühne war damals, zwischen Gottsched und Lessing, Johann Elias Schlegel. Der war in Meißen geboren, war in Schulpforta Mitschüler Klopstocks und mit Gellert und Gottsched bekannt. Als Privatsekretär des Sächsischen Gesandten lebte er in Kopenhagen, und so geriet er an die dänische Geschichte. Also gaben die Kinder im Hause von Olenschlager das Spiel vom König «Kanut». Es war ein glücklicher Griff. Das Stück hat durchaus seine Bedeutung. Moralischer Nihilismus steht gegen Humanität, ein im Grund zeitloses Thema. Wolfgang spielte den weisen und gütigen König, der junge Sohn des Hauses dessen Feldherrn, den aufrührerischen, ehrgeizigen, ruchlosen Ulfo, Cornelia die Esthrite, des Königs Schwester und Ulfos Gattin.

Wer hatte das Drama vorgeschlagen? Goethe sagt es in «Dichtung und Wahrheit»: der Schöff Olenschlager, der nicht nur literarisch, sondern auch staatspolitisch interessiert war. Er hatte die «Wahl- und Krönungsdiarien» von 1742 und 1745 herausgegeben und hat dem jungen Wolfgang die Einzelheiten der Goldenen Bulle erklärt. Als Goethe 1831, ein Jahr vor seinem Tode, die Verleihung der Reichsämter durch den Kaiser und Fausts Belehnung mit der Küste gestaltete, da erinnerte er sich der Gespräche, die er in der Jugend mit dem Schöff von Olenschlager gehabt und griff für seine Darstellung auf die Goldene Bulle zurück. Vielleicht ist es gar kein Zufall, daß der Vierte Akt des Zweiten Teiles, der nun entsteht, in einem Rückgriff über siebzig Jahre, in der Form einer Alexandrinertragödie über die Bühne geht, eben in jener Verssprache, die Wolfgang einst handhabte, als er den König Kanut sprach. Und so hat auch Cornelia ihre Esthrite rezitiert:

> Ach! Ulfo kannst du mich so grausam hintergehn?
> Hast du mich hergeführt, hier deinen Tod zu sehn?
> Bedenke, was du schon für deinen Trutz gelitten.
> Mein Bruder ist erzürnt, und du willst ihn nicht bitten.

Die letzten Worte, nach Ulfos Tod, lagen beim König, also bei Wolfgang:

> Wie dauert mich sein Blut.
> Warum entstellte doch die Untreu seinen Mut! –
> Doch ach! Die Ruhmbegier, der edelste der Triebe,
> Ist nichts als Raserei, zähmt sie nicht Menschenliebe.

Man spielte in Reifrock und Perücke, also in der Tracht der Gesellschaft. Das historische Kostüm kam erst in den siebziger Jahren auf. Auch den «Britannicus» von Racine ließ Olenschlager aufführen, der französischen Sprache wegen.

Es war eben nicht nur der Vater Goethe, der die Pflege fremder Idiome in den Mittelpunkt der Erziehung rückte. Cornelia gab hier die Agrippine, Wolfgang den Nero, der junge Olenschlager den Britannicus. Es war keine kleine Leistung für die Kinder.

Aber auch im eigenen Elternhaus war die Atmosphäre literarisch. Der Vater war ein Gelehrter, besaß eine außergewöhnliche Bibliothek in vielen Sprachen. Verantwortungsbewußt wie er war, legte er auf die Erziehung der Kinder den größten Wert. Es war die Zeit, wo die englische Literatur, der englische Einfluß die Vormachtstellung von Paris in Deutschland zu brechen begann. Alle Welt wollte jetzt auch Englisch lernen, und so kam ein Wanderlehrer auf seine Kosten, der versprach, in einem vierwöchigen Einführungskurs jeden mit dem fremden Idiom vertraut zu machen. Der Vater griff zu, lernte selbst zusammen mit den beiden Kindern; von 1762 an – Cornelia ist jetzt zwölf Jahre – ist regelmäßiger englischer Sprachunterricht aus dem Haushaltbuch nachzuweisen. Das Italienische lehrte der Vater die Tochter selbst. Es war ihm wohl die liebste aller fremden Sprachen, barg es doch die Erinnerung an die Italienreise von 1740 in sich. Noch 1775, als Lenz Cornelia in Emmendingen besuchte, schenkte sie ihm Petrarcas Gedichte und schrieb ihm, bezeichnend für sie wie für Lenz, die Verse aus dem 24. Sonett ins Stammbuch:

> Si vedrem chiaro poi, come sovente
> Per le cose dubbiose altri s'avanza
> E come spesso indarno si sospira.

Zum Sprachunterricht kam die musikalische Ausbildung. Beide Eltern sangen und spielten Instrumente, waren musikalisch, und Cornelia scheint es in hohem Grade gewesen zu sein. Der Besuch der Konzerte wird in ihren Briefen getreulich erwähnt. Am 25. August 1763 hört sie, selbst dreizehnjährig, den siebenjährigen Mozart. Den Tod des französischen Komponisten Schobert, der in der Mitte des

EINFÜHRUNG 193

Jahrhunderts in Frankreich und England eine große Rolle spielte, beklagt sie in einem Brief vom Oktober 1767; immer wieder müsse sie seine Kompositionen spielen, kaum, daß ihr andere Musik noch gefallen könne. Später, als der Bruder unter Herders Anregung im Elsaß dem Volkslied nachgeht, macht sie sich dessen Melodien zu eigen, schreibt sie für Herder ab und singt sie zur Zither oder zur Laute in Frankfurt, in Karlsruhe, in Emmendingen. Merck lobt ihr Klavierspiel. Es werden kleine Hauskonzerte im Goethehaus gegeben, und Cornelias musikalische Ausbildung dauert bis zum November 1773, das heißt bis zur Eheschließung, an. Trotzdem, so sehr die Musik ihren eigenen Neigungen entgegenkam, Cornelia hat unter dem Zwang des Unterrichts, der ihr wenig Freiheit ließ, gelitten. Die Spannungen zwischen Vater und Tochter haben vor allem hier ihren Grund; und da beide in ihrem Temperament sehr einander glichen, Cornelia so gar nichts vom Frohsinn der Mutter besaß, sondern wie der Vater schwer lebte, lag hier ein Druck auf der Seele des sich entwickelnden Mädchens, an dem sie zu tragen hatte.

Indes sie stand damit kaum allein. Die Beschreibung Frankfurts von 1747 gibt an: «Die Music-Liebhaberey ist, seitdem der berühmte Telemann hier gewesen, in große Aufnahme gekommen. Es sind wenig angesehene Familien, da nicht die Jugend auf einem oder dem anderen Instrument oder im Singen unterwiesen wird.» Telemann, der große Vorgänger und Rivale Bachs, war von 1712 bis 1721 als Kapellmeister an der Barfüßer- und an der Katharinenkirche in Frankfurt gewesen und hatte 1713 im Verein mit fünfzehn führenden Persönlichkeiten des Bürgertums das Freitagskonzert im Hause Braunfels gegründet. Er machte die Kantaten und Oratorienmusik in der Stadt heimisch und beherrschte diese auch gesellschaftlich. Dann holten ihn die Hamburger als Kapellmeister an ihre fünf Hauptkirchen. Der Senat fuhr ihm in sechsundzwanzig Kutschen bis in die Vierlande entgegen. Frankfurt hatte seinen großen Komponisten verloren, aber die Musikpflege und Musikleidenschaft erhielt sich, zum Kummer der Kinder. Die frohe Jugendzeit war dahin. Sie mußten nun üben.

Die Pädagogik des Barock war hart. Ein Blatt nach des Dichters Diktat von Riemers Hand, das ursprünglich in das Zweite Buch von «Dichtung und Wahrheit» eingefügt werden sollte, dann aber beiseite gelegt wurde, enthält allgemeine Betrachtungen Goethes über das Problem der Erziehung: «In dem Verhältnis der Kinder zu den Eltern entwickelt sich der sittliche Charakter der ersten eigentlich gar nicht. Der Abstand ist zu groß. Dankbarkeit, Neigung, Liebe, Ehrfurcht halten die jüngern und bedürftigen Wesen zurück, sich nach ihrer Weise zu äußern. Jeder tätige Widerstand ist ein Verbrechen. Entbehrungen und Strafen lehren das Kind schnell auf sich zurückgehen und, da seine Wünsche sehr nahe liegen, wird es sehr bald klug und verstellt. Damals wenigstens war es so; und mich dünkt, in den neuern Zeiten, da man den Kindern mehr Spielraum ließ, da man sie mit den Eltern auf gleichen Fuß setzte, da ein gemeinschaftliches ,Du' [im 18. Jahrhundert galt das ,Sie'] das Obere und Untere verband, ist es nicht anders geworden: es gibt wohl grobe Kinder, aber keine aufrichtigen.» So Goethe 1811. Spricht hier Goethe der Sohn oder spricht hier Goethe der Vater? Auf alle Fälle, welch tiefer pädagogischer Pessimismus nach einem Jahrhundert der Aufklärung!

Gegenüber dem väterlichen Übergewicht hatten sich aber nun eben die Geschwister nur um so enger zusammengeschlossen und kultivierten ihre heimlichen Freuden. Zu denen gehörte die neueste deutsche Dichtung, vor allem Klopstock. Goethe erzählt, wie der Vater wohl die Werke von Canitz, Gellert, Hagedorn und Haller in schön gebundenen Ausgaben besaß, indes Klopstocks Hexametern, weil sie nicht reimten, eine ausgesprochene Abneigung entgegenbrachte. Die Kinder aber lernten sie auswendig, und ihre unvermittelte Deklamation einer besonders pathetischen Stelle führte zu einem kleinen tragikomischen Zwischenfall, wie auf der letzten Seite des Zweiten Buches zu lesen ist. Später hat der Vater seine Ansicht über Klopstock geändert; er erwarb den «Messias» in einer der frühsten Ausgaben der ersten drei Gesänge, der von 1751, empfing den Dichter im Oktober 1774 und März 1775 in seinem Hause und besuchte am 18. November 1777, wohl zusammen mit Frau Rat, eine öffentliche Vorlesung des Siebten Gesanges im «Roten Haus» auf der Zeil, wofür das Haushaltungsbuch die Ausgabe von 2 Gulden 24 Kreuzer angibt. Klopstock ist der erste deutsche Dichter gewesen, der in öffentlichen Abenden vorgetragen wurde.

Als um die Jahreswende 1765/1766 Cornelia konfirmiert und damit gesellschaftsfähig wurde, war der Bruder schon seit drei Monaten als Student in Leipzig. Cornelia war allein im Elternhaus zurückgeblieben, das junge Mädchen allein unter Erwachsenen. Plötzlich fehlt ihr die tägliche Aussprache, das vertraute Echo. Sie flüchtet in die Korrespondenz. Leider hat Goethe diese ihre Briefe, wie die des Vaters und der Mutter 1797, als er sich zu einer dritten Italienreise rüstete, verbrannt. So kennen wir ihre Briefe nur aus den Antworten. Im ersten Vierteljahr hat Wolfgang der Schwester fünfmal geschrieben, im Jahr 1766 drei Briefe, vier 1767, im letzten Jahr, 1768, nicht einen einzigen mehr. Naturgemäß hatte er anfangs mehr zu erzählen, da Leipzig, die Universität eine neue Welt waren; und was dann später an inneren Erlebnissen hinzukam, der Umgang mit den Leipziger Mädchen, die Liebe zu Käthchen Schönkopf, eignete sich nicht in allem für Briefe ins Elternhaus. Indes das war vielleicht nicht der einzige Grund, daß die Briefe karger wurden. Es war eben keineswegs eine vertraute Aussprache. Der Vater schob sich pädagogisch in Cornelias Antworten ein. Goethe erzählt im Achten Buch: «Mein Vater hatte nach meiner Abreise seine ganze didaktische Liebhaberei der Schwester zugewendet, und ihr bei einem völlig geschlossenen, durch den Frieden gesicherten und selbst von Mietleuten geräumten Hause fast alle Mittel abgeschnitten, sich auswärts einigermaßen umzutun und zu erholen. Das Französische, Italienische, Englische mußte sie abwechselnd treiben und bearbeiten, wobei er sie einen großen Teil des Tags sich an dem Klaviere zu üben nötigte. Das Schreiben durfte auch nicht versäumt werden, und ich hatte wohl schon früher gemerkt, daß er ihre Korrespondenz mit mir dirigiert und seine Lehren durch ihre Feder mir hatte zukommen lassen. Meine Schwester war und blieb ein indefinibles Wesen, das sonderbarste Gemisch von Strenge und Weichheit, von Eigensinn und Nachgiebigkeit, welche Eigenschaften bald vereint, bald durch Willen und Neigung vereinzelt wirkten. So hatte sie auf eine Weise, die mir fürchterlich erschien, ihre Härte gegen den Vater gewendet, dem sie nicht verzieh, daß er ihr diese drei Jahre lang so manche unschuldige Freude verhindert oder vergällt und von dessen guten und trefflichen Eigenschaften sie auch ganz und gar keine anerkennen wollte. Sie tat alles was er befahl und anordnete, aber auf die unlieblichste Weise von der Welt. Sie tat es in hergebrachter Ordnung, aber auch nichts drüber und nichts drunter. Aus Liebe oder Gefälligkeit bequemte sie sich zu nichts, so daß dies eins der ersten Dinge war, über die sich die Mutter in einem geheimen Gespräch mit mir beklagte.» Aber wir wissen, daß damals auch andere Frankfurter Väter ihren Töchtern nur wenig Freiheit gewährten, nur daß sie geistig vielleicht nicht so viel von ihnen verlangten, wie es bei Cornelia der Fall war. Verführungen auch in den obersten Klassen waren nicht selten, und allein im Patriziat sind in fünf Familien Töchter entführt worden, bei den von Barckhaus z. B. und den von Uffenbach. Von dem Fall, der am meisten Aufsehen erregte, dem des Fräulein von Reineck, Maria Salome und vier Jahre jünger als Wolfgang, erzählt Goethe selbst in «Dichtung und Wahrheit». Vor dem Zorn des empörten Vaters rettete sie sich nach Pappenheim, das im Reich für alle irgendwie Verfolgten Freistatt war. Die

Väter fragten nach «Standesgebühr und Herkommen» und dem Vermögen. Die Mädchen aber fragten ihr Herz.

Der Briefwechsel zwischen Wolfgang und Cornelia war von beiden Seiten ein pedantisch-pädagogischer Briefwechsel. Auch Wolfgang gab sich als Erzieher. Statt zu erzählen, belehrte auch er. Goethe ist immer eine bewußt pädagogische Natur gewesen Seine. großen Werke erhalten von dieser Seite her ihre führende und heilende Kraft.

«Wilhelm Meisters Lehr- und Wanderjahre», die Spruchpoesie des «Divan», die «Zahmen Xenien» leben von diesem didaktischen Zug. Ja, Fausts letzte Aufgabe ist, daß er die «Knaben Mitternachtsgeborne» lehren muß:

> Doch dieser hat gelernt:
> Er wird uns lehren,

und «Die eine Büßerin, sonst Gretchen genannt», bittet die «Mater gloriosa»: «Vergönne mir, ihn zu belehren.» Das Lehren wird ein heiliges Amt.

Und so lehrt denn auch der junge Wolfgang Goethe, bei der Bayerischen Nation an der Leipziger Universität seit dem 19. Oktober 1765 immatrikuliert. Nicht nur der Schwester, auch Käthchen Schönkopf gegenüber spielt er noch von Frankfurt her den Schulmeister: «wenn Sie diese Kleinigkeiten vermeiden wollen, so werden Sie inskünftige die besten Briefe schreiben»! Und nun hält er ihr neunzehn Fehler in der Rechtschreibung vor und setzt gegen Käthchens falsche Schreibungen – das einzige, was von diesem so liebenswürdigen sächsischen Mädchen auf uns gekommen ist – die richtigen. Cornelia aber hält er vor, was er eben im Colleg gelernt hat, mit Selbstgefühl, aber auch mit Selbstironie.

Im ersten Brief fingiert er einen Dialog. «Was würdest du sagen, Schwestergen, wenn du mich in meiner jetzigen Stube sehen solltest? Du würdest astonishd ausrufen: So ordentlich! so ordentlich Bruder! — da! — thue die Augen auf, und sieh! — Hier steht mein Bett! da meine Bücher! Dort ein Tisch aufgeputzt wie deine Toilette nimmer mehr seyn kann.» Im zweiten Brief rühmt er die Tafelfreuden am Mittagstisch bei Professor Ludwig, die Leipziger Lerchen, Fasanen, Rebhühner, Forellen. «Je ne goute pas la biere de Mersebourg. Amere comme la mort au pots.» Der Brief ist französisch, wie im ersten Englisches aufklingt. Im dritten, von Anfang Dezember, nachdem er am 21. Oktober angefangen hat, Vorlesungen zu hören, beginnt er nun den Präceptor zu spielen. «Sey stoltz darauf, Schwester, daß ich dir ein Stück der Zeit schencke, die ich so nohtwendig brauche. Neige dich für diese Ehre, die ich dir anthue, tief, noch tiefer, ich sehe gern, wenn du artig bist, noch ein wenig! Genug! Gehorsamer Diener. Lachst du etwann, Närrgen, daß ich in einem so hohen Tone spreche? Lache nur.» Das also war die Art und Weise, wie die Geschwister miteinander scherzten. «Aber mercke dirs, du sollst keine Romanen mehr lesen, als die ich erlaube.» Dann kommen Notizen aus dem Collegheft. Goethe hörte in Verbindung mit der Philosophie ein collegium mathematicum. «Was willst du von mir lernen? Willst du etwan wissen, daß die fallenden Cörper in ungleichen Zahlen geschwinder werden. Oder daß die Quadratwurzel von 16, 4 ist? Was machtest du mit denen Sachen? Nein ich will dich was bessers lehren.» Und nun kommt das Echo aus den Vorlesungen Gellerts: «Schreibe wie du sprichst», das war immer wieder Gellerts Lehre, um die Verschrobenheit des gezierten und pedantischen Stils durch einen lebendigen zu ersetzen. «Schreib deine Briefe auf ein gebrochenes Blat und ich will dir die Antwort und die Critick darneben schreiben. Aber lasse dir vom Vater nicht helfen. Das ist nichts. Ich will sehen, wie du schreibst. Jetzo werde ich den Anfang machen. Mercke diß: schreibe nur wie du reden würdest, und so wirst du einen guten Brief schreiben.» Es folgt, genau so wie später bei Käthchen Schönkopf, Wort für Wort eine ‚Critick über deinen Brief'. «‚Abzwecken' ist kein Briefwort. Sagst du es

im gemeinen Leben? ‚Indem' ist nicht gut. ‚Subsistiren'
ist nicht deutsch. ‚Herbst' setze lieber Weinlese. ‚Alschon'
ist curial.» Am andern Tage, es ist Cornelias Geburtstag,
setzt er in Versen ein, vers irreguliers, plaudernd über
Frankfurter Stadtangelegenheiten, dann in fünffüßigen
Jamben über seinen «Belsazar».

> Fast ist der letzte Aufzug auch so weit
> Als wie die andern sind. Doch wiß du das:
> In Versen, wie hier die, verfertigt ich
> Die fünfte Handlung. Dieses, Schwester, ist
> Das Versmaß, das der Britte braucht, wenn er
> Auf dem Coturn im Trauerspiele geht. —

Dann folgt, noch in Alexandrinern, der Erste Auftritt aus dem Ersten Akt dieses Stückes, der uns eben nur durch diesen Brief erhalten ist. «Es ist heute dein Geburtstag, ich sollte dir poetisch glückwünschen. Aber ich habe keine Zeit mehr, auch keinen Platz mehr. Werde klüger, so wie du älter wirst. Leb wohl.»

Indes noch geht das Schreiben nicht ab. Goethe setzt zum drittenmal ein, mehrere Tage später, denn Wolfgang beantwortet jetzt einen Brief Cornelias vom 6. des Monats, dem Datum also, an dem er dieses sein eigenes Schreiben begonnen hatte. Er fragt nach dem Frankfurter Konzert, dem Frankfurter Theater, erzählt von dem Leipziger. «Ich gehe manchmal in die Comödie. Ich wünschte, daß ich dich mitnehmen könte.» Und dann, sein Lieblingsthema, Cornelias Lektüre. «Du bist über die Kinderjahre», die Schwester war eben fünfzehn Jahre alt geworden, «du mußt also nicht nur zum Vergnügen, sondern zur Besserung deines Verstandes und deines Willens lesen»! Derselbe Goethe, der später in «Dichtung und Wahrheit» sich über den Vater beklagte: «Hatten wir in langen Winterabenden im Familienkreise ein Buch angefangen vorzulesen, so mußten wir es auch durchbringen», schreibt der Schwester: «Nimm ein Stück nach dem andern», es handelt sich um

Addisons «Zuschauer», «in der Reihe, ließ es aufmercksam durch, und wenn es dir auch nicht gefällt, ließ es doch. Du mußt dir Gewalt antuhn». Betrachtungen soll sie über das Gelesene anstellen, schriftlich, der Bruder will darüber urteilen. Und wieder folgt eine Liste von Büchern, die gelesen werden sollen, Tasso, Cicero, und von solchen, die, wie der Decamerone, von Wolfgang verboten werden. Aus Molière will er Cornelia Auszüge machen. «Du siehst ich studiere doppelt, für mich und für dich.» Ja, mehr als das. «Laß das Liebe Mädgen, die Runckel, von dem was du ließt auch genießen. Es ist mit für sie, daß ich arbeite. Nimm die Stücke des Zuschauers, ließ sie ihr vor, frag ihre Gedancken und schreibe mir es. Auch das was sie sonsten denckt, alle ihre Gesinnungen, ich will für sie sorgen. Ich habe euch gar zu lieb. Siehe ich schreibe bey Nacht für euch. Aber ich höre keine Hippine [Horn des Nachtwächters]. Es ist schon 12. Noch was. Ich will auser dem Briefwechsel mit dir noch einen mit euch beyden anfangen und euch so viel ich kann zu nutzen suchen. Du hast Zeit dazu. Ihr sollt mich auch lieb haben und alle Tage wünschen: o wär er doch bald bey uns.» So aus der Studentenbude bei der Wirtin Straube im Haus «Zur Feuerkugel» in Auerbachs Hof.

Wie liebenswürdig, wie heiter, wie herzlich, bei aller knabenhaften Selbstüberhebung sind doch diese Briefe! Gewiß posiert Wolfgang, aber man fühlt, im Grunde lächelt er über den eigenen Ernst. So wie er hier schreibt, hat er mit der Schwester gesprochen, so lange sie im Elternhaus beisammen waren, die Gedanken tauschend über Menschen, Stadtneuigkeiten, Literatur und Theater, ohne Grenzen gegenüber den Nationen, spielend, so gut sie es eben vermochten, die Sprachen wechselnd, weil alles Neuland war, das sie erobern wollten. Es ist kein Wunder, daß dem Mädchen dieser Bruder jetzt fehlte.

Tatsächlich setzt sich die gute Cornelia nun hin, liest mit der kleinen Lisette Runckel die Œuvres mêlées der Madame Gomez [Paris 1724] und berichtet darüber dem Bruder nach Leipzig. Lisette war damals dreizehn Jahre alt. Ihr Vater war der Stallmeister der Freien Reichsstadt. Auf den großen, schönen Kupferstichen, die in Olenschlagers Krönungsdiarien den Einzug des Kaisers oder eines Kurfürsten wiedergeben, reitet er, während alle Glocken läuten und hundert Geschütze von den Wällen Salut schießen, mit Paukenschlägern und Trompetern in der Spitze des endlos langen Zuges von Reitern und von Kutschen und von Fußvolk. Wolfgang hatte bei ihm auch Reitstunde. Der Marstall und auch die Dienstwohnung Runckels lagen dort, wo heute die Börse steht. Es war damals schon so, genau wie heute. «Zum ersten und letzten war immer vom ‚Schließen‘ die Rede, und es konnte einem doch niemand sagen, worin denn eigentlich der ‚Schluß‘ bestehe, worauf doch alles ankommen solle: denn man fuhr ohne Steigbügel auf dem Pferde hin und her. Übrigens schien der Unterricht nur auf Prellerei und Beschämung der Scholaren angelegt. Vergaß man die Kinnkette ein- oder auszuhängen, ließ man die Gerte fallen oder wohl gar den Hut, jedes Versäumnis, jedes Unglück mußte mit Geld gebüßt werden, und man ward noch obenein ausgelacht.» Wolfgang, weil er kein Frühstück ausgab, erhielt immer die schlechtesten Pferde. Es bestand auch eine dienstliche Verstimmung zwischen dem Stadtstallmeister und dem Bürgermeister Textor. Die Ratsherren forderten die städtischen Wagen und Pferde für ihre persönlichen Bedürfnisse, ihre Gesellschaften, ihre Tarockpartien an. Kurz, Goethe, der später viel und gern geritten hat, gedenkt noch im Alter dieses seines Reitlehrers mit Ingrimm. Indes seine junge hübsche Tochter liebte er heiß. «Combien ne pouroit on attendre de son charmant genie, si on le cultivoit avec soin» — so schwärmt er von ihr in einem Brief an Cornelia vom März 1766 —«si on arrangoit ses pensees delicates et ses sentiments nobles par les œuvres les plus excellents de la religion, de la morale, et du bon gout.» Ja, Mädchenschullehrer will er Lisettes wegen werden. «J'ai eu la pensee, de devenir maitre d'une ecole du beau sexe après mon retour en ma patrie.» Als er 1768 wirklich nach Frankfurt heimgekehrt war, widmete Wolfgang dem Mädchen das hübsche Gedicht «Mit einem goldnen Halskettchen».

> Dir darf dies Blatt ein Kettchen bringen,
> Das, ganz zur Biegsamkeit gewöhnt,
> Sich mit viel hundert kleinen Schlingen
> Um deinen Hals zu schmiegen sehnt.
>
> Gewähr dem Närrchen die Begierde,
> Sie ist voll Unschuld, ist nicht kühn;
> Am Tag ist's eine kleine Zierde,
> Am Abend wirfst dus wieder hin.
>
> Doch bringt dir einer jene Kette,
> Die schwerer drückt und ernster faßt,
> Verdenk ich dir es nicht, Lisette,
> Wenn du ein klein Bedenken hast.

Lisette bedachte sich, wechselte klug und kühl die Anbeter und wartete bis zu ihrem achtundzwanzigsten Jahr. Cornelia hatte die Freundin besser durchschaut als Wolfgang, kannte ihre Koketterie und war auch eifersüchtig auf ihre Erfolge auf den Darmstädter Hofbällen; indes dem Bruder zulieb pflegte sie die Verbindung.

Am 30. März 1766 beginnt Goethe wieder einen Brief an die Schwester, den er am 11., 14. und 28. Mai fortsetzt und am 31. Mai schließt, über zwei Monate hin, eine englisch-französische Plauderei, und zwar in jenem Französisch, ohne Akzente, eigenwillig in der Grammatik, wie es eben zwischen den Geschwistern gang und gäbe war und in dem sie sich gegenseitig so gut verstanden, als ob es reines Frankfurter Deutsch sei. In diesem Brief tritt uns nun jene Persönlichkeit entgegen, der Cornelias große und wohl einzige Liebe gegolten, der junge Engländer Harry Lupton. Nur hier, in keinem der anderen Briefe, wird sein Name genannt, die Schwester scheint von ihm dem Bruder gegenüber geschwiegen zu haben; allein der Vater hat einen Brief Luptons an Wolfgang in deutscher Sprache beigelegt: «The father as he writes in an appendix to Luptons letter, would see if I write as good english as Lupton german. I know it not, but if he should write better then I, that is no wunder, if I should have been as long a time in England as he was in Germany, I would laugh of ten thousand scoolmastres.»

Wer war Harry Lupton? Goethe, im Sechsten Buch von «Dichtung und Wahrheit», erzählt über die Zeit der Königskrönung und seiner Abreise nach Leipzig, also die Monate vom April 1764 bis September 1765: «Mit einem jungen Engländer, der sich in der Pfeilschen Pension bildete, hatte ich viel Verkehr. Er konnte von seiner Sprache gute Rechenschaft geben, ich übte sie mit ihm und erfuhr dabei manches von seinem Lande und Volke. Er ging lange genug bei uns aus und ein, ohne daß ich eine Neigung zu meiner Schwester an ihm bemerkte, doch mochte er sie im stillen bis zur Leidenschaft genährt haben: denn endlich erklärte sich's unversehens und auf einmal. Sie kannte ihn, sie schätzte ihn, und er verdiente es. Sie war oft bei unsern englischen Unterhaltungen die dritte gewesen, wir hatten aus seinem Munde uns beide die Wunderlichkeiten der englischen Aussprache anzueignen gesucht, und uns dadurch nicht nur das Besondere ihres Tones und Klanges, sondern sogar das Besonderste der persönlichen Eigenheiten unseres Lehrers angewöhnt, so daß es zuletzt seltsam genug klang, wenn wir zusammen wie aus einem Munde zu reden schienen. Seine Bemühung, von uns auf gleiche Weise so viel vom Deutschen zu lernen, wollte nicht gelingen, und ich glaube bemerkt zu haben, daß auch jener kleine Liebeshandel, sowohl schriftlich als mündlich, in englischer Sprache durchgeführt wurde. Beide jungen Personen schickten sich recht gut füreinander: er war groß und wohlgebaut wie sie, nur noch schlanker: sein Gesicht, klein und eng beisammen, hätte wirklich hübsch sein können, wäre es durch die Blattern nicht allzusehr entstellt gewesen; sein Betragen war ruhig, bestimmt, man durfte es wohl manchmal trocken und kalt nennen; aber sein Herz war voll Güte und Liebe, seine Seele voll Edelmut und seine Neigungen so dauernd als entschieden und gelassen.»

Die Pfeilsche Pension lag vom Goetheschen Anwesen nur einige Häuser entfernt im Großen Hirschgraben zu Frankfurt. Ihr Inhaber, Leopold Heinrich Pfeil, geboren 1725, gestorben 1792, war Kammerdiener und Sekretär beim Herrn Rat gewesen, hatte dann aber in die Familie hineingeheiratet, indem er eine Demoiselle Walther heimführte, deren Vater, ein vermögender Bierbrauer, der Bruder von Wolfgangs Großmutter Cornelia Goethe gewesen war. Es war das eben jene Großmutter, nach der Cornelia ihren Namen hatte, die als Gattin von Georg Friedrich Goethe die Wirtin «Zum Weidenhof» gewesen, dann als Witwensitz sich die Häuser am Hirschgraben gekauft hatte und dort mit Sohn und Schwiegertochter, Goethes Eltern, zusammen wohnte. Der Enkel im Ersten Buch von «Dichtung und Wahrheit» schildert sie liebevoll, als immer weiß und reinlich gekleidet, schön, sanft, freundlich, wohlwollend. Sie starb als Greisin von 86 Jahren, im Frühjahr 1754. Das Puppentheater für Wolf war ihr letztes Weihnachtsgeschenk. Pfeils Gattin also war eine Nichte dieser Großmutter und somit eine Cousine von Goethes Vater.

Im Vierten Buch der Autobiographie wird auch die Pfeilsche Pension geschildert. «Die weitverbreiteten Konnexionen von Frankfurt gaben Gelegenheit, daß junge Franzosen und Engländer, um Deutsch zu lernen und sonst sich auszubilden, dieser Anstalt anvertraut wurden. Pfeil, der ein Mann in seinen besten Jahren, von der wundersamsten Energie und Tätigkeit war, stand dem Ganzen sehr lobenswürdig vor, und weil er nie genug beschäftigt sein konnte, so warf er sich bei Gelegenheit, da er seinen Schülern Musikmeister halten mußte, selbst in die Musik, und betrieb das Klavierspielen mit solchem Eifer, daß er, der niemals vorher eine Taste angerührt hatte, sehr bald recht fertig und brav spielte.» Goethe hat noch 1811 sich der Liebesnöte seiner Schwester genau erinnert. Der Kummer, den sie erlitten, war ihm bedeutend genug, davon in «Dichtung und Wahrheit» zu erzählen.

Aber nochmals, wer war dieser Harry Lupton? Wir danken es einem englischen Forscher, John R. Wilkie, wenn sich das Dunkel, das über seiner Persönlichkeit lag, gelichtet hat. Wilkie hat auf zwei Briefe hingewiesen [German Life and Letters, A Quarterly Review, Oxford, October 1955] in den Akten einer englischen Fabrik und Tuchhandlung William Lupton and Company zu Leeds, die im Juni und Juli 1764 von William Lupton an den Sohn gesandt worden sind: «A Monsieur, Mons. Arthur Lupton Chez Mons. Leopold Henry Pfeil A Frankfoort Sur le Mayne.» Wilkie druckt diese Briefe ab. Vermutlich bestanden alte Verbindungen zwischen Friedrich Georg Goethe, der ja, ehe er der Weidenwirt wurde, Schneidermeister gewesen war, mit dieser englischen Textilfirma. Auch der Vater der Großmutter Cornelia Goethe, der Schneidermeister Walther, kann Geschäftsverbindungen zu den Luptons gehabt haben. William Lupton dankt dem Sohn für den Bericht über die Krönungsfeierlichkeiten, rügt aber die Handschrift des Sohnes und ermahnt, fleißig Deutsch und Französisch und Buchhaltung zu lernen. Dann folgen lauter Familiennachrichten. Auch der zweite Brief handelt von Geschäfts- und Familiendingen, erwähnt einen Bericht Pfeils über den Sohn, lobt dessen Fortschritte im Deutschen und Französischen, weist aber auch auf die Wichtigkeit des Italienischen hin. «I begg you 'll make my best Compliments to Mr. Pfeil and his Lady and give him many thanks for his kind letter»! Die Briefe sind wichtig. Wir lernen jetzt Wolfgangs schulmeisterliche Briefe auch aus dem Geist der Pfeilschen Pension interpretieren. Die Aufklärung war eben nicht nur eine eminent pädagogische Epoche, sondern auch der besondere Lebenskreis, in dem Wolfgang und Cornelia am Hirschgraben aufwuchsen, war von Lern- und Wissenseifer geprägt. Und wenn Pfeil Wolfgangs Brief vom 14. März 1766 auf Wunsch des Herrn Rat nach Fehlern durchsehen muß, so nimmt der Vater Lupton sprachliche Kenntnisse seines Sohnes nicht weniger ernst als der Vater Goethe. Die Briefe Wolfgangs aus Leipzig setzen also nur die Gespräche und die Bemühungen fort, wie sie sich in der Pfeilschen Bildungsanstalt unter den Geschwistern und ihren Freunden angebahnt hatten. Auch das Ausgabebuch des Herrn Rat bestätigt dies. Die Kinder hatten ein englisches Kränzchen, «congressus anglicus», denn der Vater führte sein Buch lateinisch. Am 8. Februar 1764 waren die Unkosten für die Bewirtung 48 Kreuzer, am 17. May 1 Gulden 20 Kreuzer, am 14. Juli 51 Kreuzer. Das Kränzchen wechselte ab unter den Familien. Der junge Lupton, dem ja das Englische Muttersprache war, hat als wichtigste Person an diesen Zusammenkünften unstreitig teilgenommen. Das Englische war so sehr Trumpf in diesem Kreise, daß sich die jungen Mädchen gegenseitig «Miß» nannten und nicht, wie es Zeitsitte war, «Mademoiselle».

Goethes englischer Freund war am 20. Januar 1748 geboren; als er nach Frankfurt kam, war er sechzehn Jahre alt, ein Jahr älter als Wolfgang, zwei älter als Cornelia. Vermutlich ist er Anfang 1764 nach Frankfurt gekommen; die Krönung hat er schon miterlebt. Im Oktober 1768 ging er in die Heimat zurück. Er heiratete 1773 Olive Rider, die Tochter eines Tuchfabrikanten in Leeds, und starb im Alter von 59 Jahren im Sommer 1807. Seine Nachkommen leben noch heute in Leeds als angesehene Bürger dieser Stadt.

Von Cornelia haben wir einen Niederschlag ihrer Liebe in ihrem geheimen Tagebuch, geheim auch vor Wolfgang, das sie, in französischer Sprache vom 16. Oktober 1768 an – Wolfgang war sechs Wochen vorher in den ersten Septembertagen krank aus Leipzig zurückgekehrt – bis zum

16. August 1769 führte. Die einzigen, die diese Aufzeichnungen lesen durften – sie erhielten sie abschnittweise zugesandt –, waren die Freundinnen Katharina Fabricius und Charitas Meixner in Worms. Da schreibt sie, schon morgens um 8 Uhr, am Sonntag, den 16. Oktober 1768, indem sie von Sir Charles Grandison schwärmt, dem Romanhelden Richardsons: «dommage, qu'il n'y en a plus dans ce monde cy. Il etoit Anglois ma chere; et si je puis croire, qu'il y a encore quelqu'un qui lui ressemble, il faut qu'il soit de cette nation. Je suis extremit portee pour ces gens là, ils sont si aimables et si serieux en meme tems, qu'il faut absolument etre charmee d'eux.» Um zwei Uhr fährt sie fort: «c'est le cœur qui parle, et non pas l'esprit». Und nun gesteht sie: hier ist ein junger Engländer, den ich sehr bewundere. «Fürchten Sie nichts, mein Kind» – schreibt sie – «es ist nicht Liebe, es ist reine Hochachtung, die ich für ihn empfinde, wegen seiner besonderen Eigenschaften» «Si vous le vissiez seulement, une phisionomie si ouverte, et si douce, qu'oiqu'avec un air spirituel, et vif. Ses manieres sont si obligeantes et si polies, il a un tour d'esprit admirable; enfin c'est le plus charmant jeune homme que j'aie jamais vu. Et, et, ah ma chere il part dans quinze jours». Der Jammer ist groß. Sie möchte in der gleichen Stadt wohnen wie er, ihn täglich zu sprechen. Sie hat keinen anderen Gedanken. Der Himmel weiß es. Aber sie wird ihn verlieren, sie wird ihn niemals wiedersehen. Am Montag, um zwei Uhr nach dem Mittagsmahl, schreibt sie von dem Plan, den sie hat. Am nächsten Sonntag will sie ein Konzert geben. Harry, der gut Violine spiele, solle mitwirken, und ein Freund Wolfgangs, ein Maler, der eben von Paris zurückgekehrt sei – es ist Georg Melchior Kraus – soll dabei eine Miniatur von dem Geliebten zeichnen. Am Freitag ist sie ganz Aufregung: «plus ce jour desiré s'avance, plus mon cœur palpite. Et je le verrai donc! – je lui parlerai – du moins son image! – je danse par toutte la maison.» – Indes der Plan mißlingt. Am Samstag, den 29. Oktober: «Vous

attendrez surement des exclamations douloureuses, si je vous dis que mon aimable Anglois est parti, qu'il est parti sans pouvoir me dire le dernier Adieu, que je n'ai pas son portrait. – Mais ma chere je me comporterai comme il me convient. – Mon cœur est insensible a tout. – Pas une larme, pas un seul soupir». –

Eine Schwierigkeit taucht auf. In den Briefen aus Leeds heißt der junge Engländer Arthur oder, wie der Vater ihn nennt, «Aty». Indes, wenn zwei Söhne in der Familie Lupton in der Pfeilschen Pension gewesen wären, so würde, bei der Betonung alles Familiären, in den Briefen an den einen der andere erwähnt worden sein. Harry war poetischer Kosename. Desgleichen war Zeitsitte. Man überhöhte das Alltägliche, indem man der geliebten Person einen poetischen Namen gab. Dafür ließen sich manche Beispiele anführen, unterschreibt sich doch auch Cornelia als Sophie Goethe.

Die Fahnen dieser Einführung zu den Briefen von Cornelia waren schon gesetzt, als das Freie Deutsche Hochstift ein Geschenk von dreizehn Stammbüchern erhielt. Die Gabe kam aus den Händen von Frau Hilde Wolters-Kratz, durch deren Vermittlung schon die Zaubertüre aus dem Märchen vom Neuen Paris seine Stätte zwischen den beiden Gärtchen hinter dem Goethehaus gefunden hat. Eins der Bücher, gezeichnet «G. E. 1763», in braunem Leder, am Rand mit Zierleisten aus goldgepreßten Blumen, enthält Einträge von 1763 bis 1769. Wer der Besitzer gewesen, wissen wir zunächst nicht; wir lesen nur die Initialen seines Namens. Unter den Versen aber, die eingeschrieben sind, findet sich – und die Entdeckung war doch eine kleine Sensation – ein eigenhändiger Eintrag von Harry Lupton. Es ist das einzige Frankfurter Zeugnis seines Aufenthalts in unserer Stadt, ja überhaupt das Einzige, was wir von ihm persönlich haben. In deutscher Sprache, ja in deutscher Schrift, und noch dazu Verse. Goethes Vermutung, er habe unsere Sprache nicht beherrscht, erweist sich als irrig; dieser Kaufmannssohn aus Leeds war zweifellos ein sehr begabter junger Mann.

> Ich folge willig dem Geschicke
> Das über mich verhängt
> So denckt zwar nicht ein jeder Britte
> Der sein Genie nur kent.
> Ein Thor thut ängstlich sich bekümmern
> Was künftig mögt geschehn
> Wie viele Schlösser gehn zu Drümmern
> Weil in der Luft sie stehn.

So oft hochgeehrter Herr Sie diese wenige Zeilen ihres Anblicks würdigen erinnern Sie sich ihres Freunds und Dieners
> Arthur Lupton
> von Leeds in Engelland.

Links unten dann in lateinischer Schrift: «Symbolum [d.i. Wahlspruch] Constancy and Virtue», darunter wieder in deutschen Buchstaben: «Franckfurt d. 20ten May 1765.»

Auf der linken Seite, dem Eintrag gegenüber, ist ein buntes Bildchen eingeklebt, 15 × 19,5 cm. Es stellt eine Landschaft dar. Exotische Gebäude erheben sich duftig im Hintergrund. Den Mittelgrund bildet ein Tal, sandig, mit zwei Reihen von Zelten. Vorn sieht man in die Senkung hinabreitend zwischen Bäumen auf Schimmeln als Rückenfiguren einen Offizier in roter Uniform und eine Dame in blau, ganz im Vordergrund einen mit Koffern bepackten Esel, dazu einen Diener und einen Reiter in rotem Mantel. Das Blatt, höchst reizvolles, farbenfrohes Rokoko, Aquarell und Gouache, ist wahrscheinlich englischer Herkunft.

Es besteht eine Beziehung zwischen dem Bild und dem Gedicht. «Ich folge willig dem Geschicke, das über mich verhängt». Auch die Reiter folgen irgendeinem Ruf, einem Auftrag, stehen unter einem Befehl. Wahrscheinlich gehören sie zu einer kolonialen Expedition. Ähnlich sieht Harry

Lupton sein Leben. In den nächsten beiden Versen bekennt er sich als Engländer, setzt sich aber gleichzeitig von dem Geniebegriff ab, der in England durch Shaftesbury seit Anfang des Jahrhunderts so an Einfluß gewinnen sollte. Es ist das derselbe Genieglaube, den Wolfgang Goethe nur wenige Jahre später, dank seiner Bekanntschaft mit Herder, in Deutschland zum Sturmzeichen einer neuen Jugend machte. «Wen du nicht verlässest, Genius—» beginnt das Gedicht «Wandrers Sturmlied» vom Frühjahr 1772. Lupton aber stellt sich nicht auf solche innere Stimme, einen Ruf oder eine Berufung. Er ordnet sich ein und ordnet sich unter, skeptisch und durchaus realistisch. Auch das ist englisch. «Wie viele Schlösser gehn zu Trümmern, weil in der Luft sie stehn.» Das Gedicht ist vom Mai 1765. Damals war Lupton etwas über ein Jahr in Frankfurt. Er schied, drei Jahre später, im Oktober 1768. Es ist keineswegs anzunehmen, daß die Verse des Siebzehnjährigen sich auf sein Verhältnis zu Cornelia beziehen, aber sie sprechen klar aus, wie dieser junge Mann zum Dasein stand. Er bekennt sich als Realist einer Konvention.

Aber das ist nun wiederum das Paradoxe. Alle anderen Einträge in dem Stammbuch sind konventionell. Man kann sie vertauschen, auch mit Versen anderer Stammbücher; dieser, Luptons Eintrag, ist individuell. Was schreiben die andern? Von Tugend, Freundschaft, Wein, Mädchen, Lebensgenuß. Lupton schreibt von sich selber, und das hebt ihn aus dem ganzen Kreis heraus. Irgendwie war er eine Persönlichkeit, in seinem Pflichtgefühl, «constancy and virtue». Und das war es, was Cornelia anzog. Dieser Engländer war ihr wie ein Sendbote aus einer anderen, besseren Welt. Das Ideal der Romane Richardsons, hier sah sie es verwirklicht. Sie hatte ganz recht, wenn sie das nach Worms schrieb.

Wie kommt nun aber Harry Lupton zum Eintrag gerade in dieses Stammbuch? Da ist noch ein Blatt, das uns fasziniert:

> Leb wohl mein lieber Freund
> Dein Dencken soll allzeit bey meinem Dencken bleiben
> Biß daß das wiedersehen das Dencken wird vertreiben.

Franckfurt d. 10ten Juni 1764.

His Engelbachum sincero pulsus amore Bernhardus Crespel Carminibus Celebrat. [In aufrichtiger Liebe huldigt mit diesen Versen Bernhard Crespel seinem Engelbach.]

Das ist unser Crespel, der Jugendfreund Wolfgangs, der Freund der Frau Rat und derselbe, dem der Vater Goethe 1777 den Brief nach Regensburg geschrieben hat. Goethe macht ihn in «Dichtung und Wahrheit» im Sechsten und im Fünfzehnten Buch zum Erfinder des Mariagespiels; jedenfalls ist er dessen heiterer und witziger Leiter gewesen. Und sehr nach diesem Mariagespiel sieht nun ein weiterer Eintrag aus:

> Sehet die Franckfurter Jungfern an,
> Sie arbeiten nicht, Sie nähen und spinnen nicht
> und der himmlische Vater ernähret Sie doch.

Franckfurth d. 15ten July
    1769.

Dieser Gedancke, Werthester Freund! soll Sie nicht abschröcken, dermaleins ein Franckfurter Frauenzimmer zur Gattin zu wählen, erfreuen Sie mich bald durch eine solche Nachricht.

Unterschrieben hat Georg Friedrich Schuler aus Worms. Die Schwester der Frau Rat, Anna Christina Textor, hatte einen Obristen Schuler geheiratet; vielleicht war Georg Friedrich von diesem ein Verwandter. Auf alle Fälle aber heiratete er 1773 als Wormser Kaufmann Charitas Meixner, eben jene, für die 1769 Cornelia ihr geheimes Tagebuch geschrieben hat. Charitas Meixner war wie Cornelia

1750 geboren und starb wie diese 1777, also nur siebenundzwanzig Jahre alt. Als Nichte des Kanzleidirektors Moritz, der seit 1762 im Goethehaus wohnte, ging sie viel in der Familie ein und aus. Wolfgang adorierte sie; ihr galten seine Grüße aus Leipzig, und wohl diesem Schwarm verdanken wir es, daß wir von beiden, Charitas und Wolfgang, hübsche Ölbilder haben, vermutlich aus dem Jahre 1765. Als Wolfgang von Leipzig zurückgekehrt war, besuchte er 1769 Charitas in Worms. Diese war damals schon Braut.

Das Stammbuch führt uns also dicht an die Goethesche Sphäre heran. Crespel und Lupton waren Ehegatten im Mariagespiel. Vielleicht gilt das auch für manchen anderen, der sich hier eingetragen hat. Da sind gute Frankfurter Namen wie Johann Erhard Bansa und Johann Jakob Hollweg. Da sind weiter Namen, die in Wolfgangs Freundeskreis auftreten. Ein Weyland war Goethes Tischgenosse bei den Schwestern Lauth in Straßburg. Er begleitete den Ritt des Dichters durchs Saartal, führte ihn in Sesenheim bei der Familie Brion ein und ließ sich dann als Arzt in Frankfurt nieder, mied aber hier Goethe, da er ihm sein Verhalten Friederike gegenüber nicht verzieh. Ein Engelbach war gleichfalls Tischgenosse in Straßburg, und ein Engelbach war, wie Crespel uns enthüllt, der Eigentümer des Stammbuches. Gewiß, die Vornamen sind andere, aber es können Brüder, es können Vettern sein.

Das Gymnasium von Zweibrücken in der Pfalz spielt im Stammbuch eine Rolle. Eine Anzahl Namen weisen auf Nürnberg, auf das Vogtland. Vielleicht hat das Buch in der Pfeilschen Pension zirkuliert.

Und noch einmal Harry Lupton. Warum er ohne Abschied ging? – Goethe hat in ähnlicher Lage ähnlich gehandelt. «Daß ich nicht Abschied genommen habe, werden Sie mir doch vergeben haben. In der Nachbarschafft war ich, ich war schon unten an der Türe, ich sah die Laterne brennen, und ging biß an die Treppe, aber ich hatte das

Herz nicht, hinaufzusteigen. Zum letztenmal, wie wäre ich wieder heruntergekommen.» – so an Käthchen Schönkopf aus Frankfurt nach Leipzig am 1. Oktober 1768. Ob das auch Harry Luptons Lage gewesen ist? Inwieweit er überhaupt Cornelias Liebe erwidert hat, wie das Sechste Buch von «Dichtung und Wahrheit» im Anschluß an die Schilderung des Mariagespiels aussagt, das aber in den Herbst 1768, nicht in das Jahr 1764 zu datieren ist, oder ob die Begegnung nur von Cornelias Seite eine Leidenschaft gewesen ist, wir wissen es nicht. Sicher ist das eine: Cornelia hat an der Enttäuschung dieser Liebe lange gelitten, und wenn sie fünf Jahre später, nun dreiundzwanzig Jahre alt, sich zur Ehe entschloß, so war möglicherweise diesmal die Überlegung, «l'esprit», mehr ausschlaggebend als «le cœur».

Cornelia war nicht schön. Sie litt darunter. Es ist erschütternd, in ihrem geheimen Tagebuch zu lesen, wie sie zwanzigmal die Treppe von ihrem Zimmer zum Empfangsraum im Erdgeschoß hinabgeht, der sogenannten Gelben Stube rechts am Eingang, und wie sie zwanzigmal scheu zurückschleicht, weil sie nicht den Mut hat, sich den Besuchern, zwei Studenten aus Wolfgangs Leipziger Zeit, von Angesicht zu Angesicht zu stellen. Sie hatte eine zu hohe Stirn. Statt daß sie nun mit dem reizvollen Spiel natürlicher Locken dem Schaden abhelfen konnte, riß die Mode das Haar gepudert in die Höhe und baute es zu einem Turm auf. Cornelia haßte diese Haartracht «en forme de Pyramide, ou pour mieux dire a la Rhinoceros». Noch 1773 schreibt sie an Kestner, dem sie für Lotte Buff einen Schattenriß oder eine Zeichnung ankündigt: «sagen Sie aber Lottchen, daß sie sich nicht an der Stirne scandalisiren soll». Goethe hat seine Schwester zweimal gezeichnet, im Profil, das eine Mal 1773 auf einem Druckbogen des «Götz von Berlichingen». Da sieht man freilich, wie unvorteilhaft die Mode wirkte. Noch schlimmer ist ein Stich in Lavaters «Physiognomischen Fragmenten». Das Frankfurter Goethemuseum aber bewahrt ein Blatt von Johann Ludwig Ernst Morgenstern, eine weiche Rötelzeichnung. Es ist derselbe Künstler, dessen Ölgemälde der Vater in seiner Galerie sammelte und der den Kindern Zeichenunterricht gab. Morgenstern nimmt Cornelia halb von vorn, läßt sie den Kopf ein wenig senken, so daß sich die Frisur und Stirn verkürzt; die schwarzen Augen sind von den Lidern beschattet; es ist ein schmales, ernstes Mädchengesicht.

Vermutlich sind die fünf Jahre zwischen Wolfgangs Rückkehr aus Leipzig bis zur eigenen Eheschließung Cornelias glückliche Zeit gewesen, wenn auch da der Bruder für zwei Semester in Straßburg oder in Wetzlar war. Sie hatten denselben Freundeskreis; und es gab sich von selbst, daß in die etwas enge und unfreie Mädchenschar der Freundinnen durch die witzigen und beschwingten jungen Literaten, die Wolfgang ins Haus brachte, Leben und Bewegung kam. Jetzt, unter dem Schutz des Bruders, hatte Cornelia auch alle gesellschaftliche Freiheit. Noch in den Herbst 1768 fiel jenes heitere Spiel der Eheschließungen durch Los auf Zeit, von dem das Sechste Buch berichtet. Hier hatte Cornelia noch einmal die Genugtuung, an der Seite des geliebten Harry Stunden des Glücks, freilich eines Glücks des «als ob» zu durchleben. Man machte gemeinsame Ausflüge, wandernd oder zu Wasser, genoß die Gartenfreuden – Cornelia schreibt gelegentlich von dem Garten des Oheim Textor in Sachsenhausen –, und vor allem, man feierte den Herbst, die Weinlese. Nicht der Apfel, die Weintraube war damals noch die Frucht, die ringsum vor den Mauern der Stadt gezogen wurde. Auch die Familie Goethe hatte ihren Weingarten, vor dem Eschenheimer Tor; als «vinum hortense» buchte der Vater die Erträgnisse.

Im Winter gab es regelmäßig die großen Freitagskonzerte, auf die man abonniert war, gab es das Theater und jeden Mittwoch die «grande compagnie», dazu Einladungen zu Freunden und Gesellschaften im eignen Haus. Im Herbst und Frühjahr waren die Messen, immer mit Geldgeschen-

EINFÜHRUNG 215

ken seitens des Vaters. Am 17. September 1772 trägt er ein: «Mademoiselle Goethe pour le manteau 22 Gulden.» Cornelia hatte auf der Messe einen entzückenden Mantel gesehen, und gern war der Vater bereit, den Wunsch zu erfüllen. Daß es genau so war, lehrt unter dem selben Tage der Eintrag: «dem Barbier zur Messe 1 fl. 24 Kreuzer». Wir können aus diesem Ausgabebuch fast Jahr für Jahr Cornelias Toilettenfreuden nachrechnen. Am 18. Dezember 1766 bekam sie einen mit Pelz besetzten Rock für 48 Gulden, am 3. Mai 1770 eine Adrienne, d. i. ein Schleppkleid, für 36 Gulden und 36 Kreuzer. Auch über das Umarbeiten, «filiae vestibus comparandis», haben wir die Einträge. Einmal, unter Donnerstag, den 20. Oktober 1768, da sie an einem sehr kalten Herbsttag ausgeht, beschreibt sie selbst, was sie alles trägt: drei Wollröcke, ein Kleid, drei Halstücher, eine Calesche [rheinischen Radmantel], weiter einen kleinen Mantel aus doppeltem Satin und einen Muff. Man sieht, es fehlte ihr an nichts.

Auf Liebesglück hat sie jetzt jedoch verzichtet. «Je me suis aussi proposée de ne me porter jamais plus a l'exces, soit joje, soit tristesse. J'ai renonce pour jamais a l'amour. Ne riez pas, je parle serieusement, cette passion m'a fait trop souffrir»! So am 13. November 1768. Das Traurige ist, daß es wirklich so um sie stand. Sie war zu schwer enttäuscht, um noch einmal glauben zu können. Ihr ganzer Lebensinhalt wird um so ausschließlicher der Bruder. «J'irai dans ce moment voir mon frere, qui travaille a une nouvelle Comedie; il me lit toujours ses pieces, et vous pouvez croire que je l'entends avec un plaisir infini. Il me dessine aussi quelquefois de jolies tetes dont je vous en enverrai une.» Das Lustspiel, das waren «Die Mitschuldigen».

Trotzdem bleibt es merkwürdig, daß in dem Tagebuch, das Cornelia nun fast ein Jahr lang führt, von diesem Bruder, seiner Krankheit, seinem Schaffen sehr wenig die Rede ist. Die Eltern werden überhaupt nicht erwähnt. Aber man wird dieses Tagebuch immer falsch beurteilen, wenn man es nur als das nimmt, als was es sich gibt: als Tagebuch. Gewiß enthält es Bekenntnisse, Berichte über wöchentliche Erlebnisse, die der Freundin mitgeteilt werden, aber eben doch nur in einem ganz bestimmten Ausschnitt und in einer ganz bestimmten Form. Es ist Literatur und will Literatur sein. Cornelia wetteifert hier heimlich, aber bewußt mit dem Bruder. Sie ist Schriftstellerin in ihrer Weise. Schon als Wolfgang noch in Leipzig war, hatte sie, herausgefordert durch die Arroganz des jungen Studenten und seinen Spott, eine kleine Szene geschrieben: ein Liebhaber, der sich verleumdet sieht, wird von einer Freundin der Geliebten getröstet und von seinem wahren Glück überzeugt. Das Thema, Verleumdung und Liebe, kehrt im Tagebuch immer von neuem wieder. Die kleine Skizze umfaßt acht Blätter, gibt sich als Bericht über eine Unterhaltung in Form eines Briefes und ist das einzige, was sich von Cornelias Sendungen nach Leipzig erhalten hat. Die Sprache ist Französisch. Wolfgang antwortete unter dem 11. Mai 1767: «Je n'y vois plus la petite fille, la Corneille, ma sœur, mon ecoliere, j'y vois un esprit mur, un Auteur, du quel je puis apprendre a mon tour.» Das war es: «un Auteur». Und auch in dem Tagebuch, das zur Freundin nach Worms ging, war das literarische Spiel und der literarische Ehrgeiz mindestens ebenso wichtig wie das Bedürfnis, sich mitzuteilen. Daß wir heute als Leser nicht eben beeindruckt sind, liegt zunächst an der Sprache. Sie verfremdet die Atmosphäre, nimmt dem Ton alles Unmittelbare; will man sich dessen bewußt werden, so braucht man nur Cornelias spätere deutsche Briefe zu lesen. Dazu kommt, daß Cornelia eine bestimmte Kunstform vorschwebte, die der englischen Romane von Richardson. Bezeichnenderweise sagt Goethe selbst, als er im Sechsten Buch davon spricht, wie er seiner Schwester hätte ein dichterisches Denkmal setzen können: er hätte sich dazu keine andere Form denken können als die von Richardsons Romanen. Das war Cornelias Sphäre. In diesen Romanen geht es um Moral und Liebe.

«Point d'histoire d'amour?» so heißt es ja schon im ersten Brief nach Worms vom Oktober 1767. Und so bringt auch Cornelias Tagebuch, abgesehen von einer mehr als theatralisch geschilderten Schiffahrt auf dem Main bei einem Juligewitter von 1769, trotz all ihrem literarischen Bemühen im Grunde nicht viel anderes als lange Confidenzen über Begegnungen in Gesellschaft, im Konzert, auf dem Ball, unter dem Zeichen des Zueinander und Gegeneinander der Damen und ihrer chapeaux. Eine Hauptrolle spielen immer wieder die Liaisons, Eifersüchteleien und Intrigen von Lisette Runckel; bei einem Ball am 1. Mai des gleichen Jahres, im «König von England», bricht sie vierzig Herzen. Daß das alles etwas fad auf uns wirkt, läßt sich nicht leugnen. Aber in einer Zeit, da es dem jungen Mädchen nicht möglich war, einen Beruf zu ergreifen, sich selbst eine Stellung im Leben zu schaffen, wo es warten und suchen mußte, ob und wie es einen Ehepartner, geliebt oder nicht geliebt, finden würde, was blieb ihm denn übrig als dieses oft sehr leere gesellschaftliche Spiel? Um gerecht zu sein, muß man weiter bedenken, daß auch Wolfgangs Briefe aus seiner Leipziger Zeit unreif und teilweise leer sind, und daß, ähnlich wie Cornelia, auch er in den Briefen an Behrisch Liebeswirren schildert. Man lese aus dem Jahre 1767 die Eifersuchtsbriefe über Käthchen Schönkopf im Theater von Dienstag, den 10., bis Sonnabend, den 15. November, bei denen auch unklar bleibt, wieviel hier wirklich Leben, wieviel nach englischem Vorbild gestalteter Roman ist. Am 3. Januar 1828 schreibt Goethe an Marianne Willemer, die ihm die Briefe zugestellt hatte, die er als Leipziger Student an seinen Jugendfreund Horn geschrieben, daß ihm deren Anblick nicht hätte erfreulich sein können: «hier lagen mir eigenhändige Blätter vor Augen, welche nur allzudeutlich ausdrückten, in welchen sittlich kümmerlichen Beschränktheiten man die schönsten Jugendjahre verlebt hatte. Die Briefe von Leipzig waren durchaus ohne Trost; ich habe sie alle dem Feuer überliefert; zwei von Straßburg heb ich auf, in denen man endlich ein freieres Umherblicken und Aufatmen des jungen Menschen gewahr wird. Freilich ist, bei heiterem innern Trieb und einem löblich geselligen Freisinn, noch keine Spur von woher? und wohin? von woaus? woein? deshalb auch einem solchen Wesen gar wundersame Prüfungen bevorstanden.»

Tatsächlich erst die Krankheit, die Goethe am Ende seiner Leipziger Zeit befiel, die Freundschaft mit Susanna Katharina von Klettenberg, die Hinwendung zum Religiösen haben aus Goethe die Persönlichkeit geschaffen, die dann freilich im Sturm die Führung der deutschen Literatur an sich riß. Und wie Goethe noch nach sechzig Jahren an den beiden Straßburger Briefen, die uns heute freilich auch verloren sind, feststellt: im Elsaß ist er geworden, der er werden sollte.

Das Fanal der neuen Zeit war die Shakespearefeier. Daß Cornelia sie miterleben durfte, war sicher einer ihrer größten Tage. Der Anlaß war der Namenstag Shakespeares, der 14. Oktober. Das englische Vorbild war die Feier in Stratford on Avon von 1769. Das Fest fand vermutlich in den Prunkräumen des Hauses statt, im ersten Stock, den einst der Graf Thoranc und dann der 1769 verstorbene Kanzleirat Moritz innegehabt hatte. Die Einladungen waren auch nach auswärts gegangen. Cornelia hatte vorgeschlagen, auch Herder zu bitten. Musiker waren bestellt, eine Credenz war aufgeschlagen; darüber unterrichtet uns das Ausgabebuch des Vaters.

Es ist höchst charakteristisch, daß es Goethe zu dieser Feier drängte. Hier rechnete er ab, mit sich selbst und mit der deutschen Literatur. Das ganze Leipziger Wesen warf er hinter sich. Alles Spielen war vorbei, alle falschen Masken abgetan. Jetzt ging es um den Menschen, eben um sein: wo aus? wo ein? Es war ein düsteres Bild. Der Skeptizismus, der Pessimismus aus dem England der Elisabeth, wie ihn so manche Dramen Shakespeares spiegeln, geistert durch die Rede. Die Welt war nicht mehr wie bei Leibniz die beste aller Welten. Sie ist ohne Heil und ohne Erlösung, und «das was wir bös nennen, ist nur die andre Seite vom Guten, die so nothwendig zu seiner Existenz und in das Ganze gehört, als Zona torrida brennen und Lapland einfrieren muß, daß es einen gemäsigten Himmelsstrich gebe.»

Cornelia begriff und ergriff die Bedeutung der Stunde. «Auf die Reise, meine Herrn!» hatte Wolfgang ausgerufen; «dieser embsige Wandrer bleibt unser Freund und unser Geselle, wenn wir die gigantischen Schritte jenes anstaunen und ehren, seinen Fustapfen folgen, seine Schritte mit den unsrigen abmessen. Die Betrachtung so eines einzigen Tapfs macht unsre Seele feuriger und größer»! – Wolfgang war auf der Reise, – das wußte Cornelia! – Hatte er ihr nicht, heute oder morgen, plötzlich ganze Szenen, ja Akte vorgetragen aus einem Drama über einen Ritter Gottfried von Berlichingen! Ungeduldig und wohlwollend dringend bat sie – im Dreizehnten Buch berichtet es der Bruder –, sich nicht nur «immer mit Worten in die Luft zu ergehen, sondern endlich einmal das, was mir so gegenwärtig wäre, auf das Papier festzubringen. Durch diesen Antrieb bestimmt, fing ich eines Morgens zu schreiben an, ohne daß ich einen Entwurf oder Plan vorher aufgesetzt hätte. Ich schrieb die ersten Szenen, und abends wurden sie Cornelien vorgelesen. Sie schenkte ihnen vielen Beifall, jedoch nur bedingt, indem sie zweifelte, daß ich so fortfahren würde, ja sie äußerte sogar einen entschiedenen Unglauben an meine Beharrlichkeit. Dieses reizte mich nur um so mehr, ich fuhr den nächsten Tag fort, und so den dritten, und in etwa sechs Wochen hatte ich das Vergnügen, das Manuskript geheftet zu erblicken»!

Wieviel Dramen Goethes sind uns verlorengegangen! Wir hören, wie er dies und jenes Freunden vorgetragen, aber nichts wurde festgehalten. Cornelias weiblicher List und liebendem Eifer haben die Deutschen es zu danken, daß sie im «Götz von Berlichingen» ihr vaterländisches Schauspiel haben.

Wenige Wochen später, am 22. Januar 1772, erfolgte vor der Hauptwache die Hinrichtung der jungen Kindsmörderin Susanna Margarete Brandt. Wir wissen aus vielfältigen Zeugnissen, wie der Prozeß, der seit dem Hochsommer spielte, die ganze Familie auf das tiefste erregte. Vermutlich waren Eltern wie die Geschwister Zeugen der Exekution. Aus dem Grauen über das Ereignis gestalten sich, in Prosa und noch in der Sprache des Götz, die Kerkerszenen der Faustdichtung. Cornelia ist ihr erstes Publikum gewesen. Überreich sprudelt es jetzt aus dem Quell dichterischer Imagination hervor. Im Umgang mit dem Kreis der Empfindsamen in Darmstadt, in den Cornelia im Sommer 1773 eingeführt wird, entsteht die lustige Rhapsodie des «Concerto dramatico». Die Knittelversdramen vom «Jahrmarktsfest in Plundersweilern», der «Pater Brey», «Mahomet», «Prometheus», «Satyros oder der Vergötterte Waldteufel», alles wird unter Cornelias Augen niedergeschrieben. Jeder Monat bringt ein neues, keckes, geistreiches Stück. Dazu wird Ossian übersetzt, aus dem Hohen Lied übertragen. Lyrische Gedichte von ganz neuem Klang trägt der Bruder vor. Es war eine unendlich reiche, unendlich beglückende Zeit für Cornelia. In der Teilnahme am genialen Schaffen des Bruders wuchs sie über sich selbst hinaus.

Und doch wurde ihr gerade die literarische Umwelt, die sich nun um den Bruder sammelte, zum Schicksal, ja man kann wohl sagen zum Verhängnis. Im Januar des Jahres 1772 hatte der Goethesche Freundeskreis die Redaktion der «Frankfurter Gelehrten Anzeigen» übernommen, einer Zeitschrift, die seit 1736 bestand, die aber jetzt, wenn auch nur für ein Jahr, das Organ der literarischen Jugend, des «Sturms und Drangs» werden sollte. Herder in Bückeburg, Merck in Darmstadt waren die bedeutendsten Mitarbeiter, aus Frankfurt aber, als eigentlicher Leiter des Unternehmens, Johann Georg Schlosser. Er entstammte einer angesehenen Sippe von Juristen der Stadt; der Vater war Kaiserlicher Rat und Bürgermeister. Die Familien kannten sich lange. Wolfgang, um zehn Jahre jünger, mußte erleben, daß ihm Georg Schlosser immer als Muster vorgehalten wurde. Während der Leipziger Studentenzeit kam dieser nach Sachsen und war Wolfgang angekündigt. Im Siebenten Buch gedenkt Goethe der Begegnung. «Dieser junge, edle, den besten Willen hegende Mann, der sich einer vollkommenen Reinigkeit der Sitten befliß, hätte durch eine gewisse trockene Strenge die Menschen leicht von sich entfernt, wenn nicht eine schöne und seltene literarische Bildung, seine Sprachkenntnisse, seine Fertigkeit sich schriftlich, sowohl in Versen als in Prosa, auszudrücken, jedermann angezogen und das Leben mit ihm erleichtert hätte. Daß dieser durch Leipzig kommen würde, war mir angekündigt, und ich erwartete ihn mit Sehnsucht. Er kam und trat in einem kleinen Gast- oder Weinhause ab, das im Brühl lag und dessen Wirt Schönkopf hieß. Dieser hatte eine Frankfurterin zur Frau, und ob er gleich die übrige Zeit des Jahres wenig Personen bewirtete und in das kleine Haus keine Gäste aufnehmen konnte, so war er doch messenzeits von vielen Frankfurtern besucht, welche dort zu speisen und im Notfall auch wohl Quartier zu nehmen pflegten. Dorthin eilte ich, um Schlossern aufzusuchen, als er mir seine Ankunft melden ließ. Ich erinnerte mich kaum, ihn früher gesehen zu haben und fand einen jungen wohlgebauten Mann mit einem runden zusammengefaßten Gesicht, ohne daß die Züge deshalb stumpf gewesen wären. Die Form seiner gerundeten Stirn, zwischen schwarzen Augenbrauen und Locken, deutete auf Ernst, Strenge und vielleicht Eigensinn. Er war gewissermaßen das Gegenteil von mir, und eben dies begründete wohl unsere dauerhafte Freundschaft. Ich hatte die größte Achtung für seine Talente, um so mehr, als ich gar wohl bemerkte, daß er mir in der Sicherheit dessen, was er tat und leistete, durchaus überlegen war. Die Achtung und das Zutrauen, das ich ihm bewies, bestätigten seine Neigung und vermehrten die Nachsicht, die er mit meinem lebhaften, fahrigen und immer regsamen Wesens, im Gegensatz mit dem seinigen, haben mußte. Er studierte die Engländer fleißig, Pope war, wo nicht sein Muster, doch sein Augenmerk, und er hatte, im Widerstreit mit dem Versuch über den Menschen jenes Schriftstellers, ein Gedicht in gleicher Form und Silbenmaß geschrieben, welches der christlichen Religion über jenen Deismus den Triumph verschaffen sollte. Aus dem großen Vorrat von Papieren, die er bei sich führte, ließ er mir sodann poetische und prosaische Aufsätze in allen Sprachen sehen, die, indem sie mich zur Nachahmung aufriefen, mich abermals unendlich beunruhigten. Doch wußte ich mir durch Tätigkeit sogleich zu helfen. Ich schrieb an ihn gerichtete deutsche, französische, englische, italienische Gedichte, wozu ich den Stoff aus unseren Unterhaltungen nahm, welche durchaus bedeutend und unterrichtend waren.»

Man sieht auch hier wieder, wie sehr es unter den jungen Leuten Sitte war, sich in allen Sprachen zu versuchen. Wolfgang blieb mit Schlosser in Briefwechsel, und als er von Straßburg zurückkam, nahm man die alte Freundschaft auf. Schlosser war es, der Goethe mit Merck bekannt machte.

Am 28. August 1771, seinem zweiundzwanzigsten Geburtstag, war Wolfgang beim Frankfurter Rat um Zulassung zur Advokatur eingekommen. Auch Schlosser war Anwalt, seit 1769. Im Prozeß der Brandt war er federführend für den Henker tätig gewesen. Jetzt trat er dem jungen Freund manchen seiner Prozesse ab, belehrte ihn aber zugleich, sehr bezeichnend für seine Denkungsweise: «Man muß niemals fragen wie eine solche Schrift dem Klienten, sondern wie sie dem Richter gefallen kann.»

Während Goethe in Wetzlar war, verlobte sich Schlosser mit Cornelia. Wie es im einzelnen dazu kam, wissen wir nicht. Gerade für jene Zeit fehlen uns Dokumente; nur daß Merck am 23. August 1772 seiner Frau nach Darmstadt schreibt, Schlosser mache, und nicht ohne Erfolg, Cornelia den Hof. Auf alle Fälle ging er viel im Hirschgraben ein und aus und eben nicht nur als Herausgeber der «Frankfurter Gelehrten Anzeigen» oder als Berater in Wolfgangs Anwaltskanzlei, die wir uns wohl im sogenannten Kaminstübchen im ersten Stock vorzustellen haben. Wie er zusammen mit diesem, im Oktober des gleichen Jahres, fröhlich und Wachslichter auf den Hüten, während der Weinlese abendlich durch die Gärten gegeistert sei, das erzählt ein späterer Brief der Frau Rat an Anna Amalia. Im großen und ganzen halten wir uns aber am besten an das, was Goethe im Zwölften Buch erzählt: «Schlosser entdeckte mir, daß er erst in ein freundschaftliches, dann in ein näheres Verhältnis zu meiner Schwester gekommen sei, und daß er sich nach einer baldigen Anstellung umsehe, um sich mit ihr zu verbinden. Diese Erklärung machte mich einigermaßen betroffen, ob ich sie gleich in meiner Schwester Briefen schon längst hätte finden sollen; aber wir gehen leicht über das hinweg, was die gute Meinung, die wir von uns selbst hegen, verletzen könnte, und ich bemerkte nun erst, daß ich wirklich auf meine Schwester eifersüchtig sei: eine Empfindung, die ich mir um so weniger verbarg, als seit meiner Rückkehr von Straßburg unser Verhältnis noch viel inniger geworden war. Wieviel Zeit hatten wir nicht gebraucht, um uns wechselseitig die kleinen Herzensangelegenheiten, Liebes- und andere Händel mitzuteilen, die in der Zwischenzeit vorgefallen waren! Und hatte sich nicht auch im Felde der Einbildungskraft vor mir eine neue Welt aufgetan, in die ich sie doch auch einführen mußte? Meine eignen kleinen Machwerke, eine weit ausgebreitete Weltpoesie, mußten ihr nach und nach bekannt werden. So übersetzte ich ihr aus dem Stegreife solche homerische Stellen, an denen sie zunächst Anteil nehmen konnte. Die Clarkesche wörtliche Übersetzung las ich deutsch, so gut es gehen wollte, herunter, mein Vortrag verwandelte sich gewöhnlich in metrische Wendungen und Endungen, und die Lebhaftigkeit womit ich die Bilder gefaßt hatte, die Gewalt womit ich sie aussprach, hoben alle Hindernisse einer verschränkten Wortstellung; dem, was ich geistreich hingab, folgte sie mit dem Geiste. Manche Stunden des Tags unterhielten wir uns auf diese Weise; versammelte sich hingegen ihre Gesellschaft, so wurden der Wolf Fenris und der Affe Hanuman einstimmig hervorgerufen, und wie oft habe ich nicht die berühmte Geschichte, wie Thor und seine Begleiter von den zauberischen Riesen geäfft werden, umständlich wiederholen müssen! Daher ist mir auch von allen diesen Dichtungen ein so angenehmer Eindruck geblieben, daß sie noch immer unter das Werteste gehören, was meine Einbildungskraft sich hervorrufen mag. In mein Verhältnis zu den Darmstädtern hatte ich meine Schwester auch hineingezogen, und sogar meine Wanderungen und Entfernungen mußten unser Band fester knüpfen, da ich mich von allem, was mir begegnete, brieflich mit ihr unterhielt, ihr jedes kleine Gedicht, wenn es auch nur ein Ausrufungszeichen gewesen wäre, sogleich mitteilte, und ihr zunächst alle Briefe, die ich erhielt, und alle Antworten, die ich darauf erteilte, sehen ließ. Alle diese lebhafte Regung hatte seit meiner Abreise von Frankfurt gestockt, mein Aufenthalt zu Wetzlar war zu einer solchen Unterhaltung nicht ausgiebig genug, und dann mochte die Neigung zu Lotten den Aufmerksamkeiten gegen meine Schwester Eintrag tun; genug, sie fühlte sich allein, vielleicht vernachlässigt, und gab um so eher den redlichen Bemühungen eines Ehrenmannes Gehör, welcher ernst und verschlossen, zuverlässig und schätzenswert, ihr seine Neigung, mit der er sonst sehr kargte, leidenschaftlich zugewendet hatte. Ich mußte mich nun wohl darein ergeben, und meinem Freunde sein Glück gönnen, indem ich mir jedoch heimlich mit Selbstvertrauen zu sagen nicht unterließ, daß wenn der Bruder nicht abwesend gewesen wäre, es mit dem Freunde so weit nicht hätte gedeihen können.»

Der Ehekontrakt, der das Bündnis besiegelte und auf dem beide Familien unterzeichnet haben, ist im Goethehaus erhalten:

EINFÜHRUNG

«Nachdeme Ich Johann Georg Schloßer, I. V. Doctor, weyl. Herrn Erasmus Carl Schloßers Seel. gewesenen Kayl.-würcklichen Raths, Ältesten Schöffen und des Raths, wie auch der beyden Rechten Doctoris und Burgers allhier hinterlaßener Ehelicher Sohn, und Ich Cornelia Friderica Christiana, Herrn Johann Caspar Göthe Kayl.-würcklichen Raths, der beyden Rechten Doctoris und Burgers hieselbst, Eheliche Tochter, uns miteinander durch Göttliche Fügung Ehelichen verlobet; Als geben wir hiermit vollkommene Macht und Special-Gewalt Georg Daniel Hollweg, Procuratori Judicii Ordinario allhier in unserm Nahmen vor dahiesigem Hochlöblichem und verendo Consistorio zuerscheinen und solches geziemend anzuzeigen auch um die gewöhnliche Aufbiet-Scheine gehorsammst zu bitten.

Wie wir dann zu desen wahren Urkund gegenwärtige Vollmacht wohl und wießentlich also ertheilet, benebst unten benahmten nächsten Herren Anverwandten eigenhändig unterschrieben und besiegelt. So geschehen Franckfurth am Mayn d. 13. 8tris 1773.

Schwarzes Siegel:
J. Georg Schlosser Dr.
als Bräutigam

Rotes Siegel:
Cornelia Friederika Christiana
Goethe
als Braut.

Schwarzes Siegel:
Susanna Maria Schlosserin
als Mutter von dem
Bräutigam

Rotes Siegel:
Johann Caspar Goethe
Ksl. w. Rath
als Vatter der Braut.

Catharina Elisabetha Goethe.
als Mutter der Braut.

Rotes Siegel:
Als Groß Mama
Anna Margaretha Textor,
Wittwe.

Daß vorstehende Special-Vollmacht in meiner zu End unterschriebenen gegenwart von denen sämmtlichen Herren Interessenten eigenhändig unterschrieben und besiegelt worden, auch unter beyden verlobten keine Verwandtschaft vorhanden, attestire hierdurch der wahrheit zu Steuer, kraft meiner eigenhändigen Unterschrift. Actum Anno, mense et die, ut supra.

Georg Daniel Hollweg mppr.
Proc. Ordin.»

Die Textors und Goethes siegeln rot, die Schlosser, da sie Trauer haben, schwarz.

Am 1. November 1773 fand die Hochzeit statt, bei der, wie Goethe sagt, das ganze Haus, von Freudigkeit bewegt, glänzte. Die Hochzeitscarmina sind erhalten, das beste vom Oheim, dem Schöffen Johann Jost Textor, dem zur eignen Hochzeit sechs Jahre vorher Wolfgang, als Leipziger Student, jenes ominöse Gedicht gewidmet hatte, vom Streit zwischen Themis, Venus und Amor, das sein Lehrer Clodius im Colleg so unfreundlich zerpflückte. Goethes Verse sind verloren; aus dem Gedicht des Oheims aber seien zwei Strophen wiedergegeben:

> Und uns, o Braut, verbindet
> Verwandtschaft nicht allein,
> Seitdem dein Herz empfindet,
> War stets ein Eckgen mein.
> Im stillen Kinderhäubgen
> O schöne süße Zeit!
> Nannt ich dich oft mein Weibgen,
> Aus Scherz und Zärtlichkeit.
>
> Da fühltest du im Scherzen,
> Daß auf der ganzen Welt
> Dem jugendlichen Herzen
> Kein Titel mehr gefällt.

Kind — Engel — liebstes Glücke —
Herz — Göttin — bester Schatz —
Macht all' im Augenblicke
Dem Titel: «Weibgen» Platz.

Die Trauung vollzog der Pfarrer Johann Georg Schmidt, geboren 1694, also fast achtzigjährig. Er war der «Sonntagsprediger» an der Hospitalkirche zum Heiligen Geist, die, ein kleiner gotischer Bau aus dem Jahre 1468, zwischen Main und Römerberg lag. Fresenius, der einstmals die Eltern getraut und Wolfgang wie Cornelia getauft hatte, war tot. Der Pfarrer Starck von der Katharinenkirche, der die Schwester der Frau Rat zur Frau hatte, nächster Verwandter also, war wie alle Textors österreichisch und habsburgisch gesinnt und kam deshalb für den Vater nicht in Betracht. So griff man auf den alten Pfarrer Schmidt zurück, der einst der Hausgeistliche des Großvaters, des Weidenhofwirtes Friedrich Georg Goethe, gewesen war. Ihm hatte man auch schon, eben wegen der Spannungen, die Confirmation von Wolfgang und Cornelia anvertraut. Über die trockene Art seiner Unterweisung klagt noch das Siebente Buch von «Dichtung und Wahrheit». Vermutlich ist also die Trauung, da sie kaum im Hause stattfand, wie es Sitte war, in der Barfüßerkirche vollzogen worden. Es war das letzte Mal, daß Cornelia die Großmutter Textor sah, aber es war auch ein Abschied vom Kreis der Sippe, den Melbers, Schulers und Starcks, von den Gespielinnen und Freundinnen der Jugend. Auch Vater und Mutter sollte Cornelia nicht wiedersehen. Zwanzig Jahre später, und Cornelias Tochter Lulu, neunzehn Jahre alt, schreibt aus Karlsruhe an eine Freundin, «daß ein Koffer da ist, von unsrer seligen Mama. Es ist freilich nicht viel drin, denn damals war man in allem so sparsam; es sind nur drei Kleider, ein Schwarz Grotiturenes, braun und rot changeant Taft und ein Grau Taftenes, ihr Hochzeitskleid». —

So also schied denn Cornelia aus Frankfurt, schied sie aus dem Elternhaus. Mit welchen Gefühlen, —das deutet vielleicht das Petschaft an, das sie bei der Trennung ihrem Lehrer, dem treuen Philipp Seidel, gegeben, der zwei Jahre später den Bruder als Sekretär und unentbehrliche Hilfe nach Weimar begleiten sollte. Es zeigte einen Vogelbauer und einen Vogel, der in die Freiheit fliegt, mit der Aufschrift: «La liberté fait mon bonheur.» Schlosser schrieb überschwengliche Briefe an Lavater. Goethe schrieb an Lotte Buff: «Unsre beyden Verliebten sind auf dem Gipfel der Glückseeligkeit», und Cornelia schrieb an Caroline Herder: «alle meine Hoffnungen, alle meine Wünsche sind nicht nur erfüllt—sondern weit—weit übertroffen. — wen Gott lieb hat, dem geb er so einen Mann —» Das war ein Zitat aus dem «Götz». Dort sagt der Ritter von Elisabeth: «Wen Gott lieb hat, dem geb er so eine Frau.» Aber Goethe wandelte damit nur ein Frankfurter Sprichwort ab, das uns Müllers «Beschreibung von Frankfurt» aus dem Jahre 1747 überliefert: «Wen Gott lieb hat, dem gibt er Wohnung und Nahrung zu Frankfurt.» Und dieses Wort geht seinerseits wiederum auf eine entsprechende spanische Sentenz zurück.

Man war noch zwei Wochen in der Stadt geblieben, vermutlich im Schlosserschen Familienhause in der Töngesgasse, in dem Goethe zur Divanzeit abzusteigen pflegte; dann, am 14. November, brach man nach Karlsruhe auf. Frankfurt war von den Franken her älteste, ehrwürdigste Stätte des Reichs, mit Bauten voller Würde und voller Geschichte, selbstbewußtes altes Bürgertum; Karlsruhe war ganz 18. Jahrhundert, ganz neue Zeit, eben erst 1715 gegründet, nach dem Reißbrett abgezirkelt, und zählte nur 3000 Einwohner, eine Hof- und Beamtenstadt. Indes es war nur ein Übergang, nur vom November 1773 bis Juni 1774; dann wurde Schlosser, obwohl ihn der Markgraf als wichtigsten Mann der Regierung in der Hauptstadt zu halten wünschte, auf seinen Wunsch hin Oberamtmann in Emmendingen. So erfolgte ein neuer Umzug, zu Schiff, den

Rhein hinauf. Cornelia bangte dabei am meisten um den Flügel, eben jenen Flügel von Pfeil, dem sie als Kind so gram gewesen war, und um den Laokoon-Kopf in Gips, den Schlosser sich erworben hatte, wie er ihn bei Wolfgang gesehen.

Emmendingen, das war ein kleines träumerisches Städtchen im Markgräfler Land, auch das Amtshaus war klein. Schlosser kaufte es dem Staat ab und baute es um, nach seinen und Cornelias Bedürfnissen und Wünschen. Er war der höchst bezahlte Beamte des Landes. Mit 2000 fl. Gehalt, 600 fl. Zinsen aus eigenem Vermögen und 400 fl. jährlichem Zuschuß von Cornelias Vater in Frankfurt hatte er ein Einkommen, das das des Kaiserlichen Rates im Großen Hirschgraben jährlich um 5 bis 600 fl. überstieg. Die Verhältnisse des Bruders in Weimar waren um vieles enger.

Schlosser aber herrschte wie ein kleiner Fürst. Zu dem Amt, dem er vorstand, gehörten neunundzwanzig Ortschaften, in denen 20000 Menschen ihr Heim und ihre Arbeit hatten. Und er herrschte badisch human. Im alten Stadtschloß zu Emmendingen, einem Bau im Stil des 16. Jahrhunderts, ist ein Museumszimmer. Da liegt im Original das Copialbuch von Schlossers amtlichen Schreiben aus. Die Schriftstücke beginnen: «Geliebter Amts Burgermeister und Liebe Vorgesetzte» oder: «Geliebte Förster und Liebe Vorgesetzte». Das war der Stil seit 1752 im Oberamt Hochberg. Erst mit dem Jahr 1809 hörte diese menschenfreundliche Art der Anrede auf.

So lebte denn Cornelia in der oberrheinischen Landschaft, zwischen Schwarzwald und Vogesen, einer Gegend, paradiesisch wie wenig andere in Deutschland. Alles was Goethe im Elften Buch von «Dichtung und Wahrheit» über das Elsaß schreibt, galt und gilt es nicht ebenso für das Markgräfler Land? «Man durfte sich nur der Gegenwart hingeben, um diese Klarheit des reinen Himmels, diesen Glanz der reichen Erde, diese lauen Abende, diese warmen Nächte zu genießen. Monatelang beglückten reine, ätherische Morgen, wo der Himmel sich in seiner ganzen Pracht wies, in dem er die Erde mit überflüssigem Tau getränkt hatte; und damit dieses Schauspiel nicht zu einfach werde, türmten sich oft Wolken über die entfernten Berge bald in dieser, bald in jener Gegend. Sie standen Tage, ja Wochen lang, ohne den reinen Himmel zu trüben, und selbst die vorübergehenden Gewitter erquickten das Land und verherrlichten das Grün, das schon wieder im Sonnenschein glänzte, ehe es noch abtrocknen konnte. Der doppelte Regenbogen, zweifarbige Säume eines dunkelgrauen, beinah schwarzen himmlischen Bandstreifens waren herrlicher, farbiger, entschiedener, aber auch flüchtiger als ich sie irgend beobachtet.» So zeichnet Goethe noch im Alter die Landschaft, die er, drei Jahre bevor die Schwester nach Emmendingen kam, drüben auf der anderen Stromseite erlebt hatte. Indes der Bruder genoß die Natur als Liebender, und eben das war der Schwester versagt. «Man durfte sich nur der Gegenwart hingeben», so setzt Goethes Schilderung ein; es war das Schicksal Cornelias, daß es ihr, wo es auch immer sei, schwer fiel, sich hinzugeben.

Und vielleicht bekommen da doch die Worte im Tagebuch vom Mai und Juli 1769 eine erhellende Bedeutung: «Ich lebe jetzt ein sehr ruhiges Leben, aber diese Ruhe hat keinerlei Reiz für mich. Ich liebe die Abwechselung, die Unruhe, den Lärm der großen Welt, die aufregenden Vergnügungen. Alle Tage sind so einförmig, denn jetzt im Sommer gibt es keine Gesellschaften, keine öffentlichen Vergnügungen»; und einige Wochen später: «Die Einförmigkeit, in der ich lebe, die Gleichförmigkeit meines seelischen Daseins, die stumpfe Ruhe meines Herzens, all das geben mir keinen Stoff zu einem unterhaltenden Brief!» Und im August: «Wenn man nichts erlebt, was einen interessiert, dann langweilt es, Briefe zu schreiben.» So Cornelia im Sommer 1769, da doch der Bruder bei ihr im Hause war, mit ihr zusammenlebte. Von dessen Liebe zur Natur, die bald der deutschen Lyrik einen völlig neuen Klang geben sollte, scheint die Schwester nichts in sich getragen zu haben.

Allerdings der großen Stadt Frankfurt war man fern, die mit ihren Frühjahrs- und Herbstmessen, mit dem Theater, den Abonnementskonzerten, den wöchentlichen Einladungen dem Dasein einen reich belebten Hintergrund gab. Indes wenn Cornelia klagt: «Wir sind hier ganz allein, auf dreißig bis vierzig Meilen weit ist kein Mensch zu finden», so ist das Übertreibung. Nach Colmar waren es nur vierzig, nach Straßburg waren es nur sechzig Kilometer; in beiden Städten wohnten Freunde Schlossers und, wenn auch damals räumliche Entfernungen etwas ganz anderes waren als heute, so kam doch vor allem von Straßburg her viel Besuch, und aus der Schweiz auch. Schlossers Heim war ein Anziehungspunkt für den ganzen oberrheinischen Kreis der Sturm- und Drang-Bewegung, auch für Lavater und die Seinen. Es waren keine unbedeutenden Leute, die als Gäste das Amtshaus in Emmendingen aufsuchten. Auch scheint es, daß immer einmal eine der Schwestern Gerock, der Frankfurter Jugendfreundinnen, für kürzer oder länger im Haus bei Cornelia lebte. Das waren heitere, freundliche Mädchen, sie brachten heimatliche Wärme mit. Wir wissen nicht viel von ihnen, aber was wir wissen genügt uns. Kestner erzählt in seinem Tagebuch über seinen Frankfurter Besuch im September 1772: «Wir», d. h. Kestner, Schlosser, Merck und Goethe, «gingen auf den Römer, wo die Mercken, nebst der Dlle. Goethe, auch war. Unvermuthet begegnet uns ein Frauenzimmer. Wie sie den Goethe sah, leuchtete ihr die Freude aus dem Gesicht, plötzlich lief sie auf ihn zu und in seine Arme. Sie küßten sich herzlich»! Das war Katharina Gerock.

Schlosser, als Oberamtmann, war gewiß viel unterwegs, wurde von seiner Verwaltungsarbeit beansprucht, auch von gelehrten Studien. Er hatte nur die späteren Abendstunden für Cornelia frei. In ein weibliches Temperament sich einzufühlen, dazu war er wenigstens in dieser seiner ersten Ehe nicht schmiegsam genug. Andererseits, er war ein bedeutender Kopf und ein Charakter. Die Aufgaben, die er sich gestellt hatte, dem Bauernstand zu helfen, die Erziehung der Jugend zu bessern, ihre religiöse Unterweisung weniger vom Katechismus und mehr vom Herzen und gelebten Leben her bestimmen zu lassen, das waren sehr menschliche Anliegen. Man sollte meinen, eine Frau, die nicht allzu sehr in sich selbst versunken lebte, die einen offenen Blick für die Welt und deren Nöte hatte, sollte mit Freuden dem Gatten bei solcher Arbeit gefolgt sein.

Cornelia aber nahm an alledem keinen Anteil. Sie war krank. Schon in Karlsruhe, als Lavater sie besuchte, litt sie an «Üblichkeit». Der Umzug nach Emmendingen strengte sie so an, daß sie fast nicht stehen konnte. Haushalt zu führen war ihr an sich schon Last, und mit der Einrichtung war sie nach dreiviertel Jahr noch nicht fertig. «Wir könnten ja wohl auskommen, aber meine Frau ist auf einem besonderen Fuße erzogen worden», schreibt Schlosser an Lavater. Ein andermal: «Jeder Wind, jeder Wassertropfen sperrt sie in die Stube und vor Keller und Küche fürchtet sie sich noch zuviel.» Am 28. Oktober 1774 wurde die erste Tochter geboren, Lulu, mit den Taufnamen Maria Anne Louise. Von der Entbindung konnte sich die junge Mutter nicht erholen. Anderthalb Jahr, bis in den Sommer 1776 hinein, blieb die Arme an das Bett gebannt, wie sie klagt, nicht imstande, sich selbst nur einen Strumpf anzuziehen. Eine tiefe Melancholie lag über ihr. Sie las kein Buch, schrieb keinen Brief, weigerte jede Handarbeit. Erst im Juni 1776 scheint diese schlimme Periode vorüber gewesen zu sein. Aber schon im Oktober klagt sie wieder über einen entsetzlichen Paroxysmus von Gliederschmerzen, im Dezember, eben erst 26 Jahre alt geworden, schreibt sie von ihrem Körper, daß er nirgend hintauge als ins Grab. — Am 10. Mai 1777 wurde die zweite Tochter geboren, Catharina Elisabeth Julie oder, wie sie in der Familie genannt wurde, Juliette. Vier Wochen darauf, am 8. Juni, war Cornelias Leben vorbei. Die Stadt Emmendingen pflegt das Grab.

So ist es schwer zu entscheiden, inwieweit die Teilnahmslosigkeit an der Arbeit des Gatten körperlich, inwieweit sie geistig bedingt war. Der Gesunde war von seinem Beruf beansprucht, die Kranke blieb an ihre Stube, an ihr Bett gefesselt. Wie hätte da ein gemeinsames Leben geführt werden können!

Ein anderes kam dazu, die Ehe noch schwieriger zu gestalten. Cornelia war eine unsinnliche Natur. Auch hierin glich sie Charlotte von Stein, die man auch nur verstehen kann, wenn man weiß, wie sehr sie gerade unter dem Weibsein des Weiblichen litt. Der Arzt Zimmermann, der ein guter seelischer Diagnostiker war, hat diese Verwandtschaft der beiden Frauen sofort erkannt. «Ihr ekelt vor meiner Liebe», hat Schlosser seinem Bruder geschrieben. Goethe wußte darum. Eckermann, der am 28. März 1831 das Gespräch auf Cornelia gebracht hatte, zeichnet von Goethe auf: «Sie war ein merkwürdiges Wesen, sie stand sittlich sehr hoch und hatte nicht die Spur von etwas Sinnlichem. Der Gedanke, sich einem Manne hinzugeben, war ihr widerwärtig, und man mag denken, daß aus dieser Eigenheit in der Ehe manche unangenehme Stunde hervorging. Frauen, die eine gleiche Abneigung haben oder ihre Männer nicht lieben, werden empfinden, was dieses sagen will. Ich konnte daher meine Schwester auch nie als verheiratet denken, vielmehr wäre sie als Äbtissin in einem Kloster recht eigentlich an ihrem Platze gewesen.» Merck, rückblickend nach Cornelias Tod, sagt: «Sie haben gut zusammen gelebt, obgleich sie's nur getragen hat.»

«Äbtissin in einem Kloster», hier wird zum Bild, was jener andere Satz aussagt: «Sie stand sittlich sehr hoch.» Beides hören wir aus Lavaters Tagebuch heraus, der am 19. Juni 1774, eben noch vor der Übersiedlung nach Emmendingen, in Karlsruhe war. Lavater gibt eine kleine

Szene: «Ich frug bald Herrn Hofrat Schlossern nach. ‚Er werde wohl nicht im Lande sein?' ‚Die Frau Hofrätin doch?' ‚O ja!' — Ich ging gleich hin, ganz begierig Schlossers Frau und Goethens Schwester zu sehen. Ich klopfte an — Ein junges, lebhaftes Mägdchen kam heraus», es war Katharina oder Antoinette Gerock. «Nicht die Hofrätin, dachte ich — Sogleich kam hinter ihr eine lange, blasse, weißgekleidete, himmlisch erhabene Dame — Beide durchstachen mich mit ihren Augen — fingen an zu lächeln. ‚Ach, vielleicht sind Sie Herr Lavater?' ‚Ich bins.' Lautes Aufjauchzen des Mädchens, daß die Frau Schlosserin die Tür, wo die Gesellschaft war, zuzog. ‚Nicht so laut, mein Kind! — sind Sie Lavater?' Noch immer hüpfte, jauchzte das Mädchen, faßte mich bei der Hand; führten mich in Schlossers großes, hohes, sehr simples Studierzimmer.»

«Lange, blasse, himmlisch erhabene Dame» bei Lavater, «Äbtissin, nicht die Spur von etwas Sinnlichem, sie stand sittlich sehr hoch», so Goethe. Bei aller Jugend Cornelias, in sich war sie fertig, ausgeprägt, vielleicht — wenn man ein solches Urteil wagen darf — zum Ziel gekommen. Und darauf beruhte die Wirkung, die sie, die Kranke, auf ihre Umwelt haben konnte. Das merkwürdigste Beispiel ist Lenz, der Straßburger Jugendfreund Goethes, der Dichter der Komödien «Der Hofmeister», «Die Soldaten». Einen Monat jünger als Cornelia, im Januar 1751 geboren, war er wie diese in Goethes Bann und hatte, gleichsam in seinem Schatten, um die verlassene Friederike in Sesenheim geworben. Cornelia lernte er kennen, als Schlosser mit ihr 1774 durch Straßburg reiste. Im April 1775 besuchte er Emmendingen; vom Frühjahr bis Herbst 1776 war er in Weimar und fand dann, nach dem Bruch mit dem Bruder, wieder den Weg zu Cornelia. Sein Dichten wurde ein geistiges Werben um sie. Sie war ihm, dem Getriebenen, in verspielter Phantasie hin und her Geworfenen, beruhigender Mittelpunkt alles Denkens, das Idol, bei dem er Halt suchte. Blätter auf Blätter füllte er mit Prosa, mit Versen, die ihr galten. Wenn Cornelia klagte, «hier sind wir abgeschnitten von allem was gut und schön in der Welt ist», wenn sie sich aus der Einsamkeit in die große Stadt sehnt, so sehnt sich Lenz aus der Stadt hinaus zu ihr und in die Natur: «Wenn ich bedenke, wie unmöglich es dem meisten Teil der jungen Leute in Straßburg ist, einen vernünftigen Gedanken, ein edles Gefühl zu erhalten, wie alles sich bei ihnen täglich zerstreuen, verwischen muß, wie zuletzt ihre ganze Fassungskraft stumpf und matt wird und sie herumtrottende Tiere und Kälber ohne Menschensinn und Menschengefühl werden müssen — das heiße warme Klima, der Nationalcharakter, die ewige, unersättliche, sinnliche Neugier, das Auf- und Abziehen der geputzten Damen und Herren auf der Promenade, das ewige Zerstreuen und Vermannigfaltigen der Concupiscenz, der Wurzel alles moralischen Gefühls, auf hunderttausend Gegenstände, das ewige Klavierspielen auf unsern armen Nerven ohne Zweck, ohne Ganzes, das uns in einem immerwährenden, zerstörenden, abnutzenden Traum erhält. — Gottlob, daß ich Dich habe ——— O göttliche Frau! Schutzgeist!»

Als Lenz in Zürich den Tod Cornelias erfuhr, entstehen die Verse, die, was Lavater, was der Bruder über sie ausgesagt, — «himmlisch erhabene Dame, Äbtissin, sie stand sittlich sehr hoch» — von Lenz aus bestätigen:

Wie hob mich das Gefühl auf Engelschwingen
Zu edlern Neigungen empor,
Wie warnt es mich bei allzu feinen Schlingen,
Daß ich nie meinen Wert verlor.
Mein Schutzgeist ist dahin, die Gottheit, die mich führte
Am Rande jeglicher Gefahr,
Und wenn mein Herz erstorben war,
Die Gottheit, die es wieder rührte.
Ihr zart Gefühl, das jeden Mißlaut spürte,
Litt auch kein Wort, auch keinen Blick,
Der nicht der Wahrheit Stempel führte. —

Wenn wir auch bei Lenz immer zu fragen haben, was ist selbstgefällige Träumerei, was wahres Gefühl, — diese Totenklage ist echt. —

Der Bruder jedoch verstummte. Wie sich das geschwisterliche Verhältnis nach der Trennung Cornelias von der Heimat gestaltet hat, läßt sich im einzelnen nicht aufweisen. Goethe hat die Briefe der Schwester vernichtet. Schlosser hat umgekehrt das gleiche getan. Vermutlich ist es zuletzt nur ein karger Briefwechsel gewesen. Cornelia konnte nicht schreiben aus körperlichen, der Bruder aus seelischen Gründen. Sein Wissen um ihr Leid lähmte ihn. Vom 27. Mai bis 5. Juni 1775, also über eine Woche, war er in Emmendingen. Er war von Straßburg aus mit Lenz herübergekommen. Es war auf jener ersten Reise in die Schweiz, die er am 14. Mai in Begleitung der Brüder Stolberg und des Grafen von Haugwitz angetreten, die ihm erweisen sollte, ob er Lili, mit der er sich zu Ostern verlobt hatte oder mit der er verlobt worden war, vergessen könne. Er konnte sie nicht vergessen. Sie war ihm überall gegenwärtig. Auch in Emmendingen besprach er mit der Schwester seine Lage. Und diese tat, was sie nur tun konnte, den Bruder zur Lösung des Verhältnisses zu bestimmen. —Warum? —Wollte sie den geliebten Bruder, von dem getrennt zu sein ihr schon Schmerz genug war, nicht an eine andere verlieren? War sie eifersüchtig auf Lili wie seinerzeit Wolfgang eifersüchtig auf Schlosser war? Hielt sie wirklich den Unterschied der Familien, deren gesellschaftliche Haltung und Lebensführung für so wesentlich? Zog sie aus Erfahrungen ihrer Ehe verallgemeinernd Schlüsse auf die Ehe überhaupt? Goethe in «Dichtung und Wahrheit» im Achtzehnten Buch, wo er von seinem Aufenthalt in Emmendingen spricht, meint, ihre Erfahrung, aus anregender Gesellichkeit in ländliche Einsamkeit versetzt zu sein, sei der Hauptgrund gewesen, «aufs ernsteste eine Trennung von Lili zu befehlen. Es schien ihr hart, ein solches Frauenzimmer, von dem sie sich die höchsten Begriffe gemacht hatte, aus einer wo nicht glänzenden, doch lebhaft bewegten Existenz herauszuzerren, in unser zwar löbliches, aber doch nicht zu bedeutenden Gesellschaften eingerichtetes Haus, zwischen einen wohlwollenden, ungesprächigen, aber gern didaktischen Vater, und eine in ihrer Art höchst häuslich-tätige Mutter, welche doch, nach vollbrachtem Geschäft, bei einer bequemen Handarbeit nicht gestört sein wollte, in einem gemütlichen Gespräch mit jungen herangezogenen und auserwählten Persönlichkeiten. Dagegen setzte sie mir Lilis Verhältnisse lebhaft ins klare; denn ich hatte ihr teils schon in Briefen, teils aber in leidenschaftlich geschwätziger Vertraulichkeit alles haarklein vorgetragen.»

Auch im Neunzehnten Buch, da wo Goethe noch einmal sein Schwanken und dann die Trennung schildert, heißt es: «Freilich sehr verbietend und bestimmt waren die Gebote meiner Schwester; sie hatte mir mit allem verständigen Gefühl, dessen sie fähig war, die Lage nicht nur ins klare gesetzt, sondern ihre wahrhaft schmerzlich mächtigen Briefe verfolgten immer mit kräftigerer Ausführung denselben Text. ‚Gut', sagte sie, ‚wenn ihr's nicht vermeiden könntet, so müßtet ihr's ertragen; dergleichen muß man dulden, aber nicht wählen.'»

Georg Witkowski, in seiner Biographie Cornelias, urteilt: «Die Schwester hat mit ihrem verständigen Gefühl, ihrer eignen schmerzlichen Erfahrung den Bruder nicht gut beraten. Wenn ihre Worte und Briefe ihn von Lili getrennt haben, so trägt sie Mitschuld daran, daß er auf die würdigste Gefährtin verzichtete, die ihm auf seinem Lebenswege entgegentrat.»

Wenn auch beim Besuch des geliebten Bruders Cornelias Gesundheit aufflackerte, Goethe übersah die Lage; und eben das, was er sah, schilderte er später in «Dichtung und Wahrheit». Der Zustand der Schwester war ein einziger Jammer, und der Schmerz darüber griff so tief, daß er, wie so oft in solchen Fällen, sich nur im Gleichgewicht erhalten konnte, indem er nichts aussprach, indem er schwieg.

Aber er rief helfende Kräfte bei anderen auf, er bat Gustchen Stolberg, er bat Charlotte von Stein, Cornelia zu schreiben. Am 16. Juni 1777 erhielt er die Todesnachricht. Darüber haben wir einen Zettel an Frau von Stein: «Um achte war ich in meinem Garten, fand alles gut und wohl und ging mit mir selbst, mit unter lesend auf und ab. Um neune kriegt ich Brief daß meine Schwester todt sey. — Ich kann nun weiter nichts sagen. G.» Im Tagebuch steht: von Kochberg «früh zurück. Brief des Todts m. Schwester. Dunckler zerrissner Tag.» Dann: «17. Leiden und Träumen», so geschrieben, daß es auch den 18. und 19. Juni umfaßt. Erst mit dem 20. setzt mit einer Conseilsitzung das äußere Leben wieder ein. Einen Monat darauf, Mitte Juli, an Gustgen Stolberg, der der letzte erhaltene Brief Cornelias gegolten hatte: «Dank, Gustgen, daß du aus deiner Ruhe mir in die Unruhe des Lebens einen Laut herüber gegeben hast.

> Alles geben Götter die unendlichen
> Ihren Lieblingen ganz
> Alle Freuden die unendlichen
> Alle Schmerzen die unendlichen ganz.

So sang ich neulich, als ich tief in einer herrlichen Mondnacht aus dem Flusse stieg, der vor meinem Garten durch die Wiesen fliest; und das bewahrheitet sich täglich an mir. Ich muß das Glück für meine Liebste erkennen, dafür schiert sie mich auch wieder wie ein geliebtes Weib. Den Todt meiner Schwester wirst du wissen. Mir geht in allem alles erwünscht, und leide allein um andre.»

Im November erhält Goethe die «seltsame Nachricht», daß Schlosser in Johanna Fahlmer, der Verwandten der Jacobis, seinen beiden kleinen Töchtern eine neue Mutter geben werde. Johanna, nur fünf Jahre älter als Goethe, hatte seit 1772 für einige Jahre in Frankfurt gelebt, war Cornelia Freundin und dem Dichter Vertraute in den Tagen der Lililiebe gewesen. Nach Emmendingen geht ein Glück-

und Segenswunsch. Offener aber spricht sich Goethe der Mutter gegenüber aus: «Mein Herz und Sinn ist zeither so gewohnt, daß das Schicksal Ball mit ihm spielt, daß es fürs neue, es sei Glück oder Unglück, fast gar kein Gefühl mehr hat. Mir ists, als wenn in der Herbstzeit ein Baum gepflanzt würde. Mit meiner Schwester ist mir so eine starke Wurzel, die mich an der Erde hielt, abgehauen worden, daß die Äste von oben, die davon Nahrung hatten, auch absterben müssen.»

Zwei Wochen später, und Goethe verläßt Weimar. Er reitet in den winterlichen Harz, allein. Ihn rief das Gebirge, aber er suchte auch die Einsamkeit. Er hatte viel mit sich abzumachen.

> Denn ein Gott hat
> Jedem seine Bahn
> Vorgezeichnet,
> Die der Glückliche
> Rasch zum freudigen
> Ziele rennt:
> Wem aber Unglück
> Das Herz zusammenzog,
> Er sträubt vergebens
> Sich gegen die Schranken
> Des ehernen Fadens,
> Den die doch bittre Schere
> Nur einmal löst.

Am 7. Dezember, in Clausthal, gedenkt das Tagebuch der Toten: «Geburtstag meiner abgeschiednen Schwester».

Zwei Jahre später, Ende September 1779, wiederum auf einer Reise in die Schweiz, diesmal mit dem Herzog, besucht Goethe, von Friederike in Sesenheim und von Lili in Straßburg kommend, Emmendingen. Er steht am Grabe der Schwester. «Ihr Haushalt», schreibt er an Charlotte von Stein, «ist mir wie eine Tafel, worauf eine geliebte Gestalt stand, die nun weggelöscht ist. Die an ihre Stelle getrettene

Fahlmer, mein Schwager, einige Freundinnen sind mir so nah wie sonst. Ihre Kinder sind schön, munter und gesund.»

Dieses «so nah wie sonst» war gute Absicht, aber im Grunde Selbsttäuschung. Goethe hat das Leid um Cornelia nie verwunden. Als durchaus eidetische Natur, die immer, oft bedrängend und bedrückend, vor Augen hatte, was sie einmal gesehen, ist das Bild der kranken Schwester im Unterbewußtsein bis in das eigene hohe Alter mit ihm gegangen und hat alle früheren Bilder verdrängt. So mied er möglichst, was die trüben Erinnerungen wachrufen konnte.

Als er nach der Belagerung und Übergabe von Mainz im Sommer 1793 eingeladen wurde, Schlosser und die Seinen, die nun in Karlsruhe lebten, wiederzusehen, entzieht er sich dem Besuch. Er wußte, die kleine Juliette war hoffnungslos erkrankt; es war ihm entsetzlich, seine Schwester «zum zweiten Mal sterben zu sehen». Aus der Erinnerung an die kranke Cornelia prägt er das Bild der Schwester in «Dichtung und Wahrheit». Und als eben damals im Jahre 1811, da er hier seine Jugendzeit wieder aufsteigen ließ, nun auch, erst 37 Jahre alt, die andere Tochter Cornelias starb, die heitere Lulu Nicolovius, glückliche Mutter mehrerer Kinder, da schrieb er dem ihm persönlich unbekannten Gatten gegenüber von dieser seiner Nichte, die er nur als einjähriges Kind gesehen, die seltsamen Worte: «Wenn sie bei so viel liebenswürdigen und edlen Eigenschaften mit der Welt nicht einig werden konnte, so erinnert sie mich an ihre Mutter, deren tiefe und zarte Natur, deren über ihr Geschlecht erhobener Geist sie nicht vor einem gewissen Unmut mit ihrer jedesmaligen Umgebung schützen konnte.» Das galt der Lulu, von der einst Cornelia gesagt: «Mein Mädgen würde mir sehr viel Freude machen, wenn ich mich mit ihm abgeben könnte. Es ist sehr lustig und will den ganzen Tag tanzen, desswegen es auch bey jedem lieber als bey mir ist». Wie Lulu wirklich war, ein Ebenbild ihrer Großmutter, der Frau Rat, frohgemut und lebensprühend, das zeigen ihre Briefe, wie sie von mir unter dem Titel «Cornelias

Tochter» in den «Essays um Goethe» 1957 veröffentlicht worden sind. Goethes Worte beweisen nur eines, die Stärke seines Traumas. Erst zu den Enkeln der Schwester, den Söhnen von Lulu, die als Jenaer Studenten in Goethes letztem Lebensjahrzehnt im Weimarer Haus verkehrten, stellte sich ein verwandtschaftliches Verhältnis her.

Sicher, Cornelia war für den Bruder der Inbegriff der eigenen Jugend gewesen. Im selben Haus waren sie aufgewachsen. Vater und Mutter, die Großeltern und Verwandten, es waren dieselben Erlebnisse und Erinnerungen. Auch den Kreis der Freunde und Freundinnen hatten sie gemeinsam. Von Straßburg, vor allem aber von Leipzig her hatte der Bruder immer dafür gesorgt, daß die Verbindung eng bliebe. In dauerndem Gedankenaustausch vermittelten sie sich gegenseitig ihre Eroberung der Welt. Und doch ist es nicht zutreffend, wenn gesagt wird, Cornelia habe alles mit dem Bruder geteilt. Einem wichtigsten Bezirk scheint sie fern geblieben zu sein, dem religiösen. Wir hören weder von einer inneren Teilnahme an den Herrnhuter Abenden im Goethehaus, noch von einer engeren Verbindung mit Susanna Katharina von Klettenberg, versagte sich diese doch auch der Teilnahme an der Hochzeitsfeier, wie sie schreibt «nach Standesgebühr und Herkommen». Der Absagebrief «an meine Theure Goetheische und Schlosserische Freunde» ist im Schlosserschen Nachlaß über Stift Neuburg auf uns gekommen. Zu Schlosser selbst aber war ihre Verbindung eng. Sie starb ein Jahr nach Cornelias Hochzeit, am 13. Dezember 1774, aber noch 1809 ließ Schlosser ihre geistlichen «Neuen Lieder» von 1753 in einem Privatdruck wieder erstehen.

Cornelias literarische Neigungen galten in erster Linie dem moralischen Roman. Nach Rousseaus «Nouvelle Heloïse» nannte sie ihre zweite Tochter Julie. Lavater hatte Schlosser zur Hochzeit mit einem Gedicht begrüßt, Cornelia kannte er von Karlsruhe, von Emmendingen her, er sandte ihr seine Predigten, aber er ist nicht, wie etwa bei

Lili von Türckheim, Trost und Helfer gewesen. Lenz, in seinem autobiographischen Roman, der der Gestalt Cornelias gilt, wird schon Tatsächliches überliefern, wenn er schreibt, ihr Mann habe ihm gesagt, sie arbeite vergeblich, ihre Seele zum vertrauten Umgang mit Gott zu gewöhnen. Entscheidend ist, was Goethe 1811 oder 1812 in seinen Notizen zum Sechsten Buch von «Dichtung und Wahrheit» aufzeichnet: «Wundersame Natur meiner Schwester. Man hätte von ihr sagen können, sie sei ohne Glaube, Liebe und Hoffnung.» Es sind die drei christlichen Kardinaltugenden, die Goethe hier der doch über alles geliebten Schwester abzusprechen scheint. Indes Witkowski hat darauf hingewiesen, daß in «Wilhelm Meisters Lehrjahren», im Vierten Kapitel des letzten Buches, auch von der tüchtigen Therese gesagt wird, Jarno habe ihr die drei schönen Eigenschaften Glaube, Liebe, Hoffnung völlig abgesprochen. «Statt des Glaubens hat sie die Einsicht, statt der Liebe die Beharrlichkeit, und statt der Hoffnung das Zutrauen.» Überträgt man dies in die geistesgeschichtlichen Kategorien des Jahrhunderts, so steht hier Aufklärung gegen Empfindsamkeit und Genieperiode. Es war ja aber gerade die Sendung des jungen Goethe gewesen, daß er den «Sturm und Drang» gegen den Rationalismus durchsetzte. Hier also gab es eine dezidierte Grenze, die bei aller Liebe die Geschwister trennte. Dieses beides also, daß sie keinerlei Verhältnis zur Natur und keine Einfühlung in die religiöse Sphäre hatte, das sind bestimmende Charakterzüge, die wir uns bei unserem Bild von Cornelias Wesen nicht verhehlen dürfen.

«Wundersame Natur meiner Schwester», — Goethe selbst hat in der Beurteilung Cornelias vor einem Rätsel gestanden. Man wird ihr wohl nie gerecht werden, so lange man ihren Zustand nur vom Seelischen, etwa der Vereinsamung auf dem Lande, der Trennung vom Bruder her deuten will. Alle diese Momente erklären nicht die Krankheit. Es ist schwer, Diagnosen zu stellen, schon bei Lebenden, noch viel mehr gegenüber Toten; indes es drängt sich doch die Vermutung auf, daß Cornelia wiederkehrend von Schwermut überschattet war. Vielleicht hatte sie schon in Frankfurt solche Zeiten gehabt. Das schwierige Verhältnis zum Vater würde verständlicher. Jedenfalls war sie schon in der Jugend kränklich. Sie ist die einzige in der Familie, die nach dem Haushaltungsbuch des Vaters zur Ader gelassen werden mußte. Des öfteren kann sie der Gesundheit wegen die Bälle nicht besuchen. Sie klagt über Melancholien.

Eine solche Krankheit Cornelias stünde nicht für sich. Es scheint, es handelt sich um eine Erbanlage in der Familie. Es ist doch nicht zufällig, daß, was Goethe an der Schwester erleben mußte, sich an seinem Enkel Wolfgang wiederholte. Welche Rolle spielt dieser liebenswürdige Knabe in den Briefen, im Tagebuch des Großvaters! Er ist das Glück seines Alters, ist bei allem Leid, das die schwierige Ehe des Sohnes über Goethe brachte, sein Trost. «Wolf hält sich besonders zu mir und hat eine Schublade in meinem Schreibtisch sich zu Kleinigkeiten und anderen Spielsachen angemaßt, die er jeden Tag umlegt; aber stets mit Sorgfalt und in einer gewissen symmetrischen Ordnung, woran man sich zu erfreuen hat», so an Ottilie am 13. August 1824 über den vierjährigen Knaben. Immer wieder, ja oft mehrmals in einer Woche, erzählt ähnliches das Tagebuch. Willkürlich herausgegriffene Einträge: 12. November 1826 «Abends Wolf, laut lesend»; weiter: «Wolf spielte Abends bey mir und unterhielt sich gar neckisch», so am 24. November; «kam Wölfchen und verweilte eine Stunde. Ich las Guizots und Villemains neuste Vorlesungen», am 12. August 1829; «mit Wölfchen Domino gespielt», das am 6. März 1830. «Fünf Leipziger Studirende sangen ganz früh im Garten vor meinem Fenster. Ich verehrte durch Wolf jedem ein Exemplar von ‚Hermann und Dorothea'», dies am 4. September 1830; «nötigte mich Wölfchen, ein Stück von Kotzebue anzuhören, welches er lebhaft und gehörig vortrug», so am 11. Januar 1831. Noch aus einem Brief an

Ulrike von Pogwisch vom 18. Juni 1831: «Wölfchen hält sich wie immer ganz nah an dem Großvater, wir frühstücken zusammen, und von da an zieht sich's durch den ganzen Tag durch. Das Theater reißt im Grunde diese guten Kreaturen mit sich fort, er schreibt Trauer- und Lustspiele, sammelt die Komödienzettel, liest grenzenlos. Mir kommt immer vor, daß unsre Kinder sich wirklich als mit Purzelbäumen bilden.» Schließlich unvergeßlich jene Szene aus dem März 1825, nach der Nacht, in der das Theater niedergebrannt war. Eckermann eilte zu Goethe. «Wir haben alle verloren», sagte er, «allein was ist zu tun! Mein Wölfchen kam diesen Morgen früh an mein Bette. Er faßte meine Hand, und indem er mich mit großen Augen ansah, sagte er: ,So geht's den Menschen!' — Was läßt sich weiter sagen als dieses Wort meines lieben Wolf, womit er mich zu trösten suchte.» So groß war die Liebe des Ahnen dem Kind gegenüber, daß er sorgsam jede Stunde festhielt, die ihnen zu gemeinsamem Umgang geschenkt war. Viele Seiten könnte man mit den Auszügen aus den Tagebüchern füllen — rührenden Aufzeichnungen.

Der Erwachsene aber hatte ein schweres Leben. Vor allem zeigte sich bald, daß er, wie man sich ausdrückte, nervenkrank war. Schon mit sechzehn Jahren, 1836, hatte er die ersten Perioden einer Depression. Badereisen und lange Erholungspausen führten zu einer Wiederherstellung, die ihn instand setzte, 1839 das Weimarer Gymnasium mit Auszeichnung zu verlassen. Aber 1845, nachdem Wolfgang in Heidelberg über etruskische Agrargesetze promoviert hatte, traten wie bei Cornelia die melancholischen Zustände in Verbindung mit neuralgischen Beschwerden wieder auf. Sie halten mehrere Jahre lang an. Alle Kuren sind vergeblich. Der Kranke hat nicht die Kraft, sich einem weiteren Examen zu stellen. Acht Jahre diplomatischer Verwendung in preußischen Diensten, durch die Königin Augusta, Carl Augusts Enkelin, vermittelt, zuerst in Rom, wo bei der Cestiuspyramide der Vater begraben lag, dann in Dresden, waren mehr eine Scheinbeschäftigung als Tätigkeit. Immer wieder hat Wolfgang die Heimsuchungen seiner Krankheit zu erdulden. Die letzten dreizehn Jahre seines Lebens dämmert er leidend und menschenscheu dahin.

Cornelias Leiden hat man aus der Trennung vom Bruder erklären wollen, das des Enkels, das doch schon bei dem Sechzehnjährigen auftrat, aus dem Anspruch und Gewicht des großen Namens. Hier wie dort macht man zur Ursache einer Krankheit, was belastend zu dieser hinzutritt, und verzeichnet infolgedessen die Charaktere. Gerade die Wiederholung der Krankheit in ein und derselben Familie durch zwei Generationen sollte vor Fehlschlüssen warnen. Bei allem Wissen um psychosomatische Wechselwirkungen ist von Wolfgang wie von Cornelia zu sagen, ihre Seelen waren krank, weil ihre Konstitution krank war, nicht umgekehrt.

Eckermann hat den Zweiten Teil seiner «Gespräche mit Goethe» geschlossen, indem er erzählt, wie er am Tag nach Goethes Tod vor den Leichnam tritt. «Sein treuer Diener Friedrich schloß mir das Zimmer auf, wo man ihn hingelegt hatte. Auf dem Rücken ausgestreckt, ruhte er wie ein Schlafender; tiefer Friede und Festigkeit waltete auf den Zügen seines erhaben-edlen Gesichts. Die mächtige Stirn schien noch Gedanken zu hegen. Der Körper lag nackend in ein weißes Bettuch gehüllet. Friedrich schlug das Tuch auseinander, und ich erstaunte über die göttliche Pracht dieser Glieder. Ein vollkommener Mensch lag in großer Schönheit vor mir, und das Entzücken, das ich darüber empfand, ließ mich auf Augenblicke vergessen, daß der unsterbliche Geist eine solche Hülle verlassen.» — —

Ein und dieselbe Urne birgt beides — die weißen und die schwarzen Lose.

CATHARINA ELISABETH GOETHE

Im «West-östlichen Divan», im ersten Gedicht des «Buchs der Liebe», prägt Goethe den Begriff der «Musterbilder». Auch von seiner Mutter, der Frau Rat, können wir sagen, daß sie seinem Volke als Musterbild vor Augen steht. Als Vorbild einer treuen Gattin, einer gütigen, warmherzigen Mutter, lebensmutigen und glücklich heiteren Frau ist sie unserem Herzen nahe wie kaum eine andere deutsche Frau. Immer wieder bezaubern ihre Briefe jeden, der sie liest. «Vom Mütterchen die Frohnatur», das sei es, was er ihr als Mitgift für das Leben zu danken habe, so hat Goethe in jenem bekannten Gedicht, das von seinen Ahnen und ihren Gaben an die Nachkommen handelt, von ihr ausgesagt. Und doch müssen wir uns fragen, ob diese unsere Vorstellung dem Wesen und dem Schicksal dieser Frau wirklich in allem gerecht wird. Wir halten uns an Goethes Wort, wir beurteilen sie nach ihren Briefen, aber meistens gibt man sich nicht darüber Rechenschaft, daß sehr viele Briefe nicht auf uns gekommen sind, und daß die Auswahl der erhaltenen einseitig ist, daß sie unter einem gewissen sinngebenden Zeichen steht, eben jenem «vom Mütterchen die Frohnatur».

Wir müssen uns darüber klar sein, daß der Dichter grundsätzlich viele Dokumente seines Lebens, zum mindesten in seinen ersten Jahrzehnten, vernichtet hat. Wo sind die Briefe der Eltern, der Schwester nach Leipzig, nach Straßburg? Die Leipziger Briefe an Cornelia sind nur erhalten, weil der sorgliche Vater sie hatte heften lassen. Wo die von Käthchen Schönkopf, von Friederike Oeser, von Friederike Brion, die Goethe «das Herz zerrissen», wo die von Lili Schönemann, mit der doch «Zettelchen» gewechselt wurden wie später mit Charlotte? Wir wissen, Lili vernichtete alles, was sie von Goethe hatte, aus ihrem ehelichen Treuebegriff heraus, als sie den Baron von Türckheim heiratete. Aber auch Goethe zerstörte alle Dokumente aus dem Schicksalsjahr 1775. Ja, wer weiß, ob nicht auch die Briefe an Charlotte von Stein vernichtet worden wären, wenn nicht diese, die ihre eigenen Briefe an Goethe zurückverlangte und vernichtete, die Schreiben Goethes als schmerzliches Pfand verrauschten Liebesglücks auf ihrem Schloß Kochberg der Nachwelt hinterlassen hätte.

Das früheste Autodafé, das Goethe seinen Papieren bereitete, fand schon in Leipzig auf dem Küchenherd der Witwe Straube statt. Dann haben sich solche Exekutionen immer wiederholt. Goethe nannte das: die alte Schlangenhaut abstreifen. Unter dem 7. August 1779 heißt es im Tagebuch: «Zu Hause aufgeräumt, meine Papiere durchgesehen und alle alten Schalen verbrannt. Andre Zeiten, andre Sorgen. Stiller Rückblick aufs Leben.» Es ist jene lange, berühmte Selbstbetrachtung, die mit den Worten schließt: «Möge die Idee des Reinen, die sich bis auf den Bissen erstreckt, den ich in Mund nehme, immer lichter in mir werden.» Die für uns verhängnisvollste Exekution war die vom 2. und vom 9. Juli 1797. Es war vor dem Aufbruch zu der geplanten dritten Italienreise. In den Annalen heißt es: «Vor meiner Abreise verbrenn' ich alle an mich gesendeten Briefe seit 1772, aus entschiedener Abneigung gegen Publikation des stillen Gangs freundschaftlicher Mitteilung.» Und im Tagebuch heißt es unter dem 9. Juli: «Briefe verbrannt. Schöne grüne Farbe der Flamme, wenn das Papier nahe am Drahtgitter brennt.» Der Verfasser der Farbenlehre genießt ästhetisch, was uns heute noch schmerzlich berühren muß.

Der alte Goethe hat sein Verhalten bedauert, was ihn nicht abhielt, auch im späten Alter noch Jugendbriefe zu verbrennen. Riese, der älteste Schulfreund, in Frankfurt als

Jurist Kastenschreiber und Verwalter der Armenkasse, hatte 1806 nach dem Tode eines anderen Goetheschen Jugendbekannten, nämlich Johann Adam Horns, die Briefe des Dichters ersteigert und sie Marianne von Willemer ausgehändigt mit der Bitte, sie nach seinem, Rieses Tod, an Goethe zurückzugeben. Das geschah treulich im Jahr 1827. Wir haben Goethes Urteil schon einmal angeführt: «Eigentlich waren es uralte, redlich aufgehobene Briefe, deren Anblick nicht erfreulich sein konnte; hier lagen mir eigenhändige Blätter vor Augen, welche nur allzudeutlich ausdrückten, in welchen sittlich kümmerlichen Beschränktheiten man die schönsten Jugendjahre verlebt hatte. Die Briefe von Leipzig waren durchaus ohne Trost; ich habe sie alle dem Feuer überliefert; zwei von Straßburg heb ich auf, in denen man endlich ein freieres Umherblicken und Aufatmen des jungen Menschen gewahr wird. Freilich ist, bei heiterem innern Trieb und einem löblich geselligen Freisinn, noch keine Spur von woher? und wohin? von woaus? woein? deshalb auch einem solchen Wesen gar wundersame Prüfungen bevorstanden.» Aber auch die Straßburger Briefe sind nicht auf uns gekommen.

«Durchaus ohne Trost; ich habe sie alle dem Feuer überliefert. Keine Spur von woher? und wohin? von woaus? woein?» Da hören wir aus Goethes eigenem Munde, nach welchen Grundsätzen er Briefe vernichtete, er Briefe aufbewahrte. Auch hier ist wie in seinem ganzen Sein und Schaffen ein geheimes seelsorgerisches Anliegen am Werke.

Betrachten wir unter diesem Gesichtspunkt, was für Briefe von Goethes Mutter an ihren Sohn erhalten sind.

Der erste Brief, den der Dichter uns überliefert hat, ist vom 23. März 1780. Und wie beginnt er: «Lieber Sohn! Diesen Augenblick bringt mir Herr Paulsen zwei Briefe, die mich so in einen Freuden- und Jubelton gestimmt haben, daß es gar nicht ausgesprochen werden kann.» Warum? Die Briefe waren vom Herzog und der Herzogin Anna Amalia. «Wenn es aber auch kein Weimar und keine solche herrliche

Menschen drinne gäbe — ferner keinen Hätschelhans — So würde ich katholisch, machts wie Maler Müller. Da uns aber Gott so begnadigt hat, so freuen wir uns auch dieses Erdenlebens nach unserer Fasson und wie wirs eben haben können.»

Wo aber sind die Briefe der Mutter über das Leiden, über den Tod der Schwester, über die zweite Ehe Schlossers, die dem Bruder den Schwager und die Kinder Cornelias so entfremdet hat, daß er bis zu seinem Tod kein Verhältnis mehr zu jenem Bereich fand, der unter dem Zeichen der so geliebten, so früh verblichenen Schwester stand? Das waren Briefe, in denen für Goethe durchaus kein Trost war, kein «woaus? woein?» Sie waren der grünen Flamme übergeben worden, wie alle anderen mütterlichen Briefe vor diesem einen vom 23. März 1780, der nun freilich eine Fanfare, ein Freuden- und Jubelton war. Und so sollte die Nachwelt die Mutter sehen, froh und dankbar für das Glück des Lebens, und dieses besonders unter dem Stern von Weimar. Davon handelt der nächste von Goethe ausgewählte Brief fünfviertel Jahr später, vom 17. Juni 1781. Prinz Constantin wird erwartet, von Kalb und von Seckendorf waren im Hirschgraben gewesen. Es ist der Brief, aus dem wir von den Kabalen der von Kalb und von Seckendorf am Hof gegen Goethe erfahren, aber auch von dessen Glück, in Weimar zu leben und zu wirken. Dann ist sechs Jahre Schweigen. Inzwischen war 1782 der Vater gestorben und bestattet worden. Im Jahr darauf verlor die Frau Rat die «Mama», Wolfgangs Großmutter, die Frau Stadtschultheiß Textor. Kein Brief berichtet davon. Wohl aber sind aus dem Jahre 1786 zwei Schreiben aufbewahrt worden, das eine vermutlich mehr durch Zufall als durch Absicht, ein unbedeutender Zettel vom Februar über Einkäufe für Charlotte von Stein und dann der berühmte Brief vom 17. November: «Eine Erscheinung aus der Unterwelt hätte mich nicht mehr in Verwunderung setzen können als dein Brief aus Rom — Jubilieren hätte ich vor Freude mögen, daß der

Wunsch, der von frühester Jugend an in deiner Seele lag, nun in Erfüllung gegangen ist. Einen Menschen wie du bist, mit deinen Kenntnissen, mit dem reinen großen Blick vor alles was gut, groß und schön ist, der so ein Adlerauge hat, muß so eine Reise auf sein ganzes übriges Leben vergnügt und glücklich machen — und nicht allein dich, sondern alle, die das Glück haben, in deinem Wirkungskreis zu leben.»

Das Glück von Weimar also, das Glück von Rom, davon sollte die Nachwelt erfahren, das hatte Goethe aus der Vernichtungsaktion herausgenommen, die im Juni 1797 stattgefunden und die sich auf alles erstreckte, was vor dem Jahr 1792 lag. Warum gerade dieses Jahr die Grenze bildete, läßt sich nicht sagen. So ist es gekommen, daß vom Dezember 1792 bis zum Jahre 1808, da die Mutter starb, 159 Briefe von ihr an den Sohn erhalten sind, aus der Zeit von 1766 bis 1792 aber nur vier Briefe vorliegen. Die ganze Jugend Wolfgangs, die erste Weimarer Zeit sind verloren. Die Mutter wird damals kaum weniger oft an den Sohn geschrieben haben als später, mehrmals im Monat. Man wird die Zahl der verbrannten mütterlichen Briefe mit etwa zweihundert richtig ansetzen. Daß alle Briefe der Mutter an Cornelia dahin sind, ist nicht minder zu beklagen. Ob sie Schlosser selbst vernichtet oder ob er sie nach dem Tod der Tochter der Mutter zurückgegeben hat, ob diese selbst oder ihr Sohn als Erbe sie den Flammen weihte, darüber läßt sich nichts sagen.

So sind wir für die frühen Jahrzehnte auf diejenigen Schreiben angewiesen, die sich zufällig in befreundeten Familien erhalten haben, weil die Schreiberin die Mutter des berühmten Dichters war. Da sind als früheste Dokumente die Gruppe der Briefe an Lavater, einsetzend 1774, noch aus der Zeit, da Herrnhut für die Frau Rat war, was später Weimar wurde. Der berühmte Geistliche war Gast im Hirschgraben gewesen. Der Brief ist nur kurz, eigentlich ein Stammeln, in Rührung und Abschiedsschmerz. «Ich muß aufhören und muß weinen.» So also hat Goethes Mutter auch einmal schreiben können, im «Wertherjahr», im Zeitalter der Empfindsamkeit. Der nächste Brief schildert den Heimgang der Herzensfreundin, des Freifräuleins von Klettenberg, die die Mitte und Seele des ganzen pietistischen Kreises war. «Es wird ein Tag kommen, dann wird sie auferstehn! Dann werden wir auferstehen.» Das ist Klopstock, aus der Ode «An Fanny»:

> Dann wird ein Tag sein, den werd ich auferstehn!
> Dann wird ein Tag sein, den wirst du auferstehn!
> Dann trennt kein Schicksal mehr die Seelen;
> Die du einander, Natur, bestimmtest.

«Am 12ten, sobald ich früh Morgens zu ihr kam, sagte Sie: ,Gute Nacht, Räthin, ich sterbe!' Vor Weinen konnte ich kein Wort reden.» Wie nun die Freundinnen am Leidenslager geistliche Lieder singen, Bibelworte sagen, wie das Halleluja erschallt, wie von der Seligkeit des Himmels gesprochen wird und wie dann abends die Sterbende nach dem Doctor fragt, aber nicht den Arzt, sondern Wolfgang meint: «Sag ihm Adieu, ich hab ihn sehr lieb gehabt», Wolfgang indes mit einem: «Sie stirbt nicht!» von seinem Schicksalsstern gezogen Carl August nach Mainz begleitet, das ist eine große Szene. Und man sieht schon hier, diese Frau konnte Briefe schreiben. Zwei Jahrzehnte später setzt Goethe der Verstorbenen und dieser ganzen pietistischen Epoche ein Denkmal in den «Bekenntnissen einer schönen Seele», die das Sechste Buch von «Wilhelm Meisters Lehrjahren» füllen. — 1777, Cornelia ist krank: «bei uns geht's wie's geschrieben steht, des Menschen Hertz ist trotzig und verzagt», und dann, nachdem die Tochter gestorben ist, die gottergebene Klage: «zwar mit tausend Tränen: der Herr hat's gegeben, der Herr hat's genommen, sein Name sei gelobet». Und wieder erinnert sie sich, «wie ich bei Eurer Abreise einen ganzen Tag geweint habe.» Dann aber lokkert sich die Bindung an Lavater. Die späteren Briefe an ihn sind nur noch Aufträge.

Die Frau Rat nannte Lavater «Lieber Sohn», obwohl er ihr sicher in der Klettenbergzeit geistliche Autorität war. Aber «Lieber Sohn», so redete sie auch Crespel an, und das war nun eine ganz andere Natur. Er war 1747 geboren, also sechzehn Jahre jünger als die Frau Rat, zwei Jahre älter als Wolfgang. Die Eltern wohnten ursprünglich, den Textors nachbarlich, in der Friedberger Gasse. Das hatte die Knaben in früher Kindheit zu einer Freundschaft geführt, die sich auch auf Bernhard Crespels jüngere Schwestern Franziska, oder wie sie bei Wolfgang heißt, «das Fränzchen» und auf «der Jungfraun Flor» Katharina erstreckte. Es war ein enger Bund. Bernhard spielte vorzüglich Geige, Fränzchen sang, Katharina war wie der Bruder durch Witz und Humor ein Elixier für jede Geselligkeit. Wolfgang hat Katharina in den Versen des alten Reynierschen Stammbuchs «Ein teures Büchlein siehst du hier» [Art. Ausg. Bd. 2, S. 223] mit «Äugelein schön» und «Jungfräulein von edler Art» gehuldigt. Für Fränzchen waren wohl schon 1770 beim Aufbruch nach Straßburg die zärtlich verliebten Strophen «Der Abschied» geschrieben worden:

> Laß mein Aug den Abschied sagen,
> Den mein Mund nicht nehmen kann!
> Schwer, wie schwer ist er zu tragen!
> Und ich bin doch sonst ein Mann.

Die beiden Schwestern gehörten zu den «Samstagsmädeln» der Frau Rat; und mit Bernhard, der über Anekdoten von Bettina und Clemens Brentano in die Dichtung von Ernst Theodor Amadeus Hoffmann und so in «Hoffmanns Erzählungen» von Offenbach geriet, haben die Frau Rat, aber auch der Vater zeitlebens gute Freundschaft gehalten. Die Briefe an ihn nach Regensburg, wo Crespel, vordem am Frankfurter Oberpostamt, seit 1771 im Dienst des Fürsten von Thurn und Taxis stand, spiegeln am reinsten das jugendlich heitere Temperament der Frau Rat, wie sie sich mit den Schwestern Crespels, den Gerock-Mädchen, der Maxe Brentano, dem auch noch sehr jungen «Tantchen» Wolfgangs, Johanna Fahlmer — sie war 1744 geboren — ein «groß Gaudium» nach dem anderen ersann. Sie tröstet Crespel, wie sie die Maxe tröstet, und gibt durch die Anschaulichkeit ihrer Schilderungen, ihren Sinn für das bezeichnende Detail, uns noch heute ein liebenswertes Bild davon, wie sie sich selbst, jetzt etwa fünfundvierzig Jahre alt, nach dem Weggang ihrer Kinder aus dem Haus, mit Jugend zu umgeben und mit dieser das Leben als Fest zu feiern wußte.

Und nun, wo die Briefe an Crespel abbrechen, setzt eine dritte Gruppe ein, in der sich das Schwergewicht von Frankfurt nach Weimar verlegt, die Briefe an die Herzogin Anna Amalia, der erste vom 17. August 1778. Hier danken wir es dem Herzoglichen Hausarchiv, daß sich die Schreiben erhalten haben. Im Juni und dann wieder im Juli hatte die Herzogin die Eltern Goethes besucht. Luise von Göchhausen, ihre Hofdame, hatte sie auf der Reise begleitet. Es war eine Lustreise und Kunstfahrt an den Main und Rhein gewesen. Von Düsseldorf aus schickt die Fürstin der Frau Rat Bilder vom Höllen-Breughel. Es wird rechts vom Hauseingang die gelbe Stube, das Empfangszimmer, ganz den Weimarer Geschenken gewidmet. Die Büste des Herzogs, die des Sohnes, die der Anna Amalia selbst, das Ölbild «Goethe mit der Silhouette», das heute wieder im Goethehaus hängt, Zeichnungen von Georg Melchior Kraus, Schattenrisse unter Glas und Rahmen und eben auch die vier Höllen-Breughel, alles das findet hier seinen Platz. Jeder Besucher sollte sofort gewahr werden, wie sehr diese Stätte unter der Gunst des Hauses Wettin stünde. Der Vater Goethe hatte in seinem «Viaggio in Italia» bittere Anmerkungen über den Hochmut des deutschen Adels gemacht und dankbar die Liberalität der Nobili von Venedig gerühmt. Die «seidnen Buben», unter denen hatte auch Crespel in Regensburg zu leiden gehabt; jetzt aber erfüllte es die Frau Rat mit Genugtuung, daß ihr Wolfgang in Begleitung des Herzogs zu der ältesten Frankfurter Patrizier-Gesellschaft im Hause zum Braunfels am Liebfrauenberg Zutritt hatte und daß sich «unsere Hochadliche Fräulein Gänsger brüsteten und Eroberungen machen wollten, wie es aber nicht zustande kam.»

Auf die Goldwaage darf man nun aber all die überschwenglichen Huldigungen der Frau Rat gegenüber der Fürstin nicht legen. Da mischen sich Scherz und Ernst. Es war immer ihr Temperament, Gefühle und Worte zu übersteigern. Die Schlußsätze des Briefes vom 19. Februar 1779, mit denen sie die Herzogin gleichsam adoriert, könnte sie weder als Christin noch als Bürgerin einer Freien Reichsstadt verantworten. Indes alles Politische lag ihr fern. Ihr Gatte blieb bei aller Freude über den fürstlichen Besuch immer, wer er war. Die Frau Rat aber fühlte einfach als Mutter. Sie war glücklich, weil sie ihren Sohn glücklich wußte, und aus überströmendem Herzen dankte sie denen, die ihrem Wolfgang die Stellung gegeben hatten, deren er zu seiner Entwicklung bedurfte.

Jahr für Jahr kommen nun freundliche Gaben aus Weimar, und immer sind sie ein Triumph für die Frau Rat, und immer wird mit Jubel gedankt. Allmählich aber, als keine persönlichen Begegnungen mehr stattfinden, ändert sich der Ton. Der vorletzte Brief beginnt: «Furchtsam und schüchtern wage ichs Ihro Hochfürstlichen Durchlaucht mein Andenken wieder in etwas aufzufrischen»; der letzte ist vom 9. März 1787. Im Anschluß an den Besuch der Herzogin im Hirschgraben auf ihrer Kunstreise im Sommer 1778 hatte die Korrespondenz begonnen. Über ein Jahrzehnt hatte die Verbindung gedauert. Nun aber hatten sich die Aspekte verschoben. Weimar war nicht mehr Weimar, auch für den Sohn nicht mehr. Rom war an seine Stelle getreten. Und als er zurückkam, fühlte er sich in dem Hofzirkel nicht mehr wohl. Jena gab ihm jetzt mehr als die Residenz. Die Freundschaft zum Herzog hatte sich gelockert. Carl August war in die preußische Armee eingetreten. Der Fürst, der Dichter, jeder ging seinen eigenen Weg.

Von 1784 bis 1790 wird dann Fritz von Stein der Weimarer Korrespondent. «Wie wäre es, wenn Sie so ein kleines Tagebuch hielten und schickten es mir alle Monat, — viele Arbeit soll das Ihnen gerade nicht machen, nur ohngefähr auf diese Weise: Gestern war Goethe im Schauspiel, Abends zu Gaste — Heute hatten wir Gesellschaft, u.s.w. Auf diese Weise lebte ich gleichsam mitten unter Euch — freute mich eurer Freuden — und die Abwesenheit verlöre viel von ihrer Unbehaglichkeit.» So beginnt die Frau Rat den Briefwechsel mit dem zwölfjährigen Knaben. Auch hier ging es der Mutter um den Sohn. Aber als dieser Christiane ins Haus genommen hatte, Fritz von Stein reif zur Universität wurde, brach auch diese Verbindung ab.

Die Herzogin Anna Amalia war eine kunstsinnige Fürstin. Sie hat den Ruhm von Weimar und Tiefurt begründet. Sie liebte die Dichtung, pflegte die Musik, berief Corona Schröter an ihren Hof, sie komponierte. Oeser lud sie aus Leipzig ein und zeichnete mit ihm und mit Kraus. Es gibt Radierungen von ihrer Hand. Die Reise von 1778 galt den süd- und westdeutschen Galerien. Merck, ein Liebhaber und Kenner, war ihr Begleiter. Goethes Mutter aber hatte kein Verhältnis zu den bildenden Künsten. In der berühmten Ettlingschen Galerie, in die Merck in Frankfurt die Reisenden geführt hatte, war für die Göchhausen und sie das «Gekickerre» über die «Moppelger», also wohl ein niederländisches Tierstück, das heiterste künstlerische Erlebnis gewesen. «Da darf ich doch auf meine eigne Hand lachen, ohne Herrn Krauße böse zu machen.» Gemeint ist der Maler Georg Melchior Kraus, der 1780 Direktor der Zeichenschule in Weimar wurde. Und wenn ihr nun Anna Amalia aus Düsseldorf vier Höllen-Breughel sendet — es kann sich nur um Stiche gehandelt haben —, so ging es auch hier nicht um die Kunst. «Solche Karikaturen sind doch, so lang die Welt steht, in keines Menschen Herz und Sinn gekommen, aber eben deswegen ist mirs so lieb, das ist vor Mutter Ajas Lunge allemal ein herrlicher Spaß — Ich habe über alle die Teufel und Menschen, die so kunterbunt durcheinander krabbeln, so gelacht, daß ich es endlich gar weglegen mußte, weil leicht ein Schade daraus hätte entstehen können.» Kann man aber von einer lebensfrohen Dame des Rokoko und Louis-Seize verlangen, daß sie sich in die Verdüsterungen und Glaubensängste eines Breughel einfühlen könne? Selbst die Herzogin hatte das nicht gekonnt und die Blätter zur Erheiterung nach Frankfurt gesandt.

Auch für die Gemäldesammlung ihres Gatten und seine Plastiken — «Nacktärsche» sagt sie — hatte Frau Rat kein Verständnis. Als sie das Haus am Großen Hirschgraben räumte, hieß es kurz entschlossen: «alles kling klang wird verkauft.» Auch das Weimarer Zimmer ward aufgelöst. Selbst vom Seekatzschen Familien-Porträt meint sie nur, daß wenigstens der Rahmen und das Brett zum Übermalen noch tauglich seien. Indes hier scheint sie sich besonnen zu haben. Es kam erst 1808, nach ihrem Tode, auf die Auktion. Melina von Guaita erwarb es für die Schwester Bettina; von ihr erbte es Herman Grimm. Daß in die neue kleine Wohnung von drei Zimmern die väterlichen Sammlungen nicht übernommen werden konnten, war selbstverständlich. Die vielleicht etwas lieblose Hast, mit der sich die Rätin all dieses Kunstbesitzes entschlug, empfand der Sohn als Kränkung. Er versuchte noch des einen oder anderen Bildes habhaft zu werden, jedoch umsonst.

Aber wenn die Frau Rat auch die Liebe ihres Gatten und ihres Sohnes zu den bildenden Künsten nicht zu teilen vermochte, so war doch ihre Teilnahme für das Theater um so größer. Der Bühne war sie mit Leib und Seele zugetan. Gerade in jener Zeit, da die Briefe an Anna Amalia abbrechen, setzen von 1788 bis 1793 die Briefe an den Schauspieler Unzelmann ein. Aber schon aus den Jahren vorher, von 1777 an bis 1793, liegen uns solche an den Schauspieldirektor Großmann vor. Diese Briefe sind bei den Nachkommen nicht geschlossen aufbewahrt worden, sondern durch den Autographenhandel gegangen. Wir können immerhin die Überraschung erleben, daß hier und da noch einmal ein Schreiben auftaucht.

Zuerst also, wer war dieser Schauspieldirektor Großmann, den die Frau Rat ihren «wertgeschätzten, lieben Herrn Gevatter» nennt? Welche Bedeutung hatte er für sie, welche für die deutsche Bühne?

Großmann war 1743 in Berlin geboren und dort im Umgang mit den Theaterkreisen der Stadt groß geworden. Als Lessing, der mit ihm lebenslänglich befreundet war, gelegentlich äußerte, er brauche ein und ein viertel Jahr, um ein Stück zu schreiben, erklärte Großmann, ihm genügten drei Tage. Tatsächlich, er dramatisierte in drei Tagen den Brand von Königsberg, dessen Augenzeuge er gewesen war, erfand eine Liebesgeschichte dazu und ließ das Stück 1773 unter dem Titel «Die Feuersbrunst» drucken. Döbbelin führte es in Berlin auf. Als das nächste Stück geschrieben wurde, ein bürgerliches Trauerspiel mit Verführung und Mord, «Wilhelmine von Blondheim» — diesmal währte es eine Woche —, war Großmann schon in Gotha bei der Seylerschen Truppe. Der Herzog hatte die Aufführung der «Minna von Barnhelm» gewünscht. Seyler konnte die Rolle des Riccaut nicht besetzen. Großmann sprang ein und spielte sie, wie sie nach allgemeinem Urteil noch nie gespielt worden war. So wurde der Bühnenschriftsteller auch selber Schauspieler. Er hatte seine Bestimmung gefunden. Gotter, Goethes Jugendfreund aus dem Frühling in Wetzlar, war in Gotha der führende Kopf. Aber auch Reichard, der Komponist so vieler Goethescher Lieder, und der große Ekhof waren dort, ferner die Gattin Seylers, einst als Madame Hensel die in der Hamburger Dramaturgie gefeierte Sara Sampson und Orsina, weiter Charlotte Brandes, die die Ariadne kreierte, Romana Koch, die 1773 in Weimar Wielands Alceste gegeben. Es war eine Elite der damaligen Schauspielkunst. Noch ist das Rokokotheater im Schloß erhalten, das so berühmte Tage gesehen hat, klein und bescheiden, und doch ein Juwel deutscher Theatergeschichte und zugleich das erste deutsche Hoftheater.

Mit der Seylerschen Truppe kam Großmann zur Oster- und Herbstmesse nach Frankfurt. Man spielte im Junghof. 1778 ward er Direktor des Kurfürstlichen Hoftheaters in Bonn. Er gab Schauspiele und Opern. Sein Musikdirektor war Neefe, unter dessen Leitung Beethoven im Theaterorchester die zweite Bratsche spielte. In Theaterzeitschriften griff Großmann in den Streit um den «Götz» ein, verteidigte das neue unregelmäßige Schauspiel neben dem regelmäßigen. «Es ist eine wahre Bereicherung der Sprache, daß wir das 15. Jahrhundert nachahmen können.» Auch da, wo das Stück am derbsten ist, bejaht er. «Götz müßte nicht Götz sein, wenn er anders spräche.»

Großmanns Ruhm war sein Schauspiel «Nicht mehr als sechs Schüsseln». Das Stück, geschrieben 1777, gedruckt 1780, dankte den Erfolg seiner Aktualität, seinen aggressiven, sozialrevolutionären Tendenzen. Es griff den Adel an. Es wandte sich gegen die Korruption der kleinen Fürstenhöfe. Insofern steht Großmanns Schauspiel zwischen «Emilia Galotti», 1772, und «Kabale und Liebe», 1784. Keineswegs war es irgendwie Dichtung, sondern nur politisches Zeitstück. Es weicht auch dem tragischen Schluß aus.

Der Untertitel lautet: «Ein Familien-Gemälde». Die Spannungen zwischen Bürgertum und Adel werden in ein- und derselben Familie ausgetragen. Der Träger der Handlung, der redliche und gradsinnige Justizdirektor und Hofrat Reinhard, hat in zweiter Ehe eine Dame von Stand geheiratet. Deren Sippe, verschuldet, anspruchsvoll, hochmütig, will mit dem Vermögen Reinhards sich und ihren Anhang sanieren. Die Intrigen, die dazu gesponnen werden, gehen von einer Verwandten der Gattin des Hofrats und dem Kammerherrn, dem Günstling des Fürsten, aus. Den Titel hat das Stück davon, daß der Hofrat einer Gesellschaft, die er geladen hat, nach seiner bürgerlichen Sitte nicht mehr als sechs Schüsseln vorsetzen will, während die adlige Verwandtschaft zwölf, ja achtzehn Gänge als standesgemäß verlangt. Der Aufbau des Ganzen ist geschickt, und jede Szene bringt neue Einfälle. Da werden bei den Handwerkern — und der Sattlermeister mit seinem immer wiederholten «Nichts für ungut» wurde sicher eine populäre Figur — seitens des Adels auf des Hofrats Namen Schulden über Schulden gemacht. Da werden dem Fürsten das Recht beugende Urteilssprüche zugeschoben. Bestechungsversuche werden unternommen. Ein Mädchen, des Hofrats Tochter, soll aus der Stadt entführt und in die Arme des Kammerherrn geliefert werden. Alles, was die Zeit an Problemen in sich barg, irgendwie kam es zur Sprache. Ein Kirchenrat tritt auf, nur um gegen die «heutige gereinigte Lehre» zu protestieren, «die auch nicht weit her ist, wo sie der Religion ihr ehrwürdiges Kleid ausziehen und eins fein lüftig nach der Mode anlegen». In den Liebesszenen wird die Sprache der Empfindsamkeit gesprochen: «Hab ich dich verstanden englisches Mädchen? — Wo war ich? Wo bin ich? — Ha! Ein solcher Augenblick söhnt uns mit allen Widerwärtigkeiten des Lebens aus. — Welch ein Blick! Und der Ton ihrer Stimme! — Der sanfte Druck ihrer Hand! — O ein ganzer Himmel lag darin! — Hier stand sie! Mein Fuß betritt die heilige Stätte, wo der Engel stand, der mich liebt!» Das sind Stella-Töne, nur eben von Großmann.

Auch den «Sturm und Drang» hören wir. «Nach Amerika will ich. Es gehen ehrliche, brave Kerls dahin. Ich habe Mark in Knochen, Schwingkraft in Nerven und Hirn im Kopf — ich will's hier [in Europa] nicht allgemach aufzehren lassen. Mit einem mal aus oder ein gemachter Kerl. Ich muß des lieben Gotts freie Luft einsaugen, die Knochen zusammen schütteln und's Blut durcheinanderpeitschen.»

Klingt da nicht wiederum Goethe an, sein Singspiel «Claudine von Villa Bella», aus dem Lilifrühling 1775? «Wißt Ihr die Bedürfnisse eines jungen Herzens wie meins ist? Ein junger toller Kopf? Wo habt Ihr einen Schauplatz des Lebens für mich? Eure bürgerliche Gesellschaft ist mir unerträglich! Will ich arbeiten, muß ich Knecht sein, will ich mich lustig machen, muß ich Knecht sein. Muß nicht einer, der halbweg was wert ist, lieber in die weite Welt gehn? Verzeiht! Ich höre nicht gern anderer Leute Meinung; verzeiht, daß ich Euch die meinige sage.» Es sind die gleichen Gedanken, nur bei Goethe ist die Sprache echt, bei Großmann theatralisch übersteigert.

Wie hatte das Motto zum «Götz von Berlichingen» gelautet? «Das Unglück ist geschehn, das Herz des Volks ist in den Kot getreten und keiner edlen Begierde mehr fähig.» Bei Großmann hören wir: «Weh dem Lande, dessen Fürst sein Herz den Händen eines Narren anvertraut und nicht mit eigenen und den Augen eines weisen Ministers sieht, wenn Mätressen sich in Staatsverfassung und Gesetzgebung mischen.» Es mußte und sollte den Zuschauer reizen, wenn es von der Bühne her scholl: «Der Soldatenstand ist der honorabelste Stand und der einzige Weg, auf welchem eine bürgerliche Familie einen Pas in der großen Welt bekommen kann.» Und es war auf den Beifall des Publikums gezielt, wenn der Hofrat eine Herausforderung zum Duell ablehnt: «Ich bin ein Bürger des Staats, bin Ehemann und bin Vater — ich schlage mich nicht. Das heißt: ich stelle mich nicht hin, um vorsätzlich das Vaterland um einen nützlichen Bürger zu bringen, das Weib zur trostlosen Witwe, Kinder zu jammernden Waisen zu machen. In meinen Augen ist der vorsätzliche Duellant der größte Verbrecher, für den ich keine zu harte Strafe weiß.» Es entsprach auch durchaus den Anschauungen der Zuhörer, wenn der Sohn, der als Student in Saus und Braus gelebt hat, aber nicht als Beamter arbeiten, sondern als Offizier sein ausschweifend genußfrohes Leben fortsetzen will, vom Vater gezwungen wird, Musketier zu werden, von der Pike auf zu dienen, damit er gehorchen lerne, ehe er sich das Befehlen anmaßt. Zum Schluß bringt der Landesherr, von einem treuen Beamten aufgeklärt, alles in Ordnung, entläßt seine Kreaturen und befördert den Hofrat. Die letzte Szene ist eine Domestikenszene, die «Minna von Barnhelm» abgelauscht ist.

Man sieht, Großmanns Stück war ein echtes Zeitstück, und darauf beruhte sein großer Erfolg. Es wurde in Frankfurt noch in der zweiten Hälfte des 19. Jahrhunderts gegeben. Seitdem wir ein bürgerliches Schauspiel haben, das heißt eben seit jener zweiten Hälfte des 18. Jahrhunderts, sind solche Stücke immer wieder geschrieben worden, in jeder neuen Generation, die auf der Bühne diskutiert sehen wollte, was an Problemen in ihrer Zeit lag. Gewöhnlich war der Erfolg sensationell, aber zumeist waren die Stücke in der nächsten Epoche auch schon vergessen. Welches Theater spielt heute noch Ibsens «Nora»? Es bleibt aber das Verdienst Großmanns, daß er zu jenen Dramatikern gehört, mit denen das zeitgebundene soziale Problemstück einsetzt.

Das also ist der Gevatter Großmann, der bei der Frau Rat in den Zeiten, da er in Frankfurt war, aus und ein ging. Und die Mitglieder seiner Truppe waren gleichfalls gern gesehene Gäste am runden Tisch in der blauen Stube. Das Theater gab nach dem Tod von Goethes Vater in den achtziger Jahren der Geselligkeit im Haus am Großen Hirschgraben das Gepräge. Man vergegenwärtige sich, wie das Leben in diesem Haus pulsierte. Vater, Mutter und Sohn, jeder in seiner Art war der Kunst ergeben. Der Rat förderte die Maler und hatte sie zu Freunden. Die Musiker, die zu Gastvorstellungen in die Stadt kamen, ließ er bei sich wohnen. Den Sohn suchten die berühmtesten Dichter und die führenden Schriftsteller der Zeit auf. Die Mutter zog die Schauspieler und Schauspielerinnen an ihre Tafel und sparte nicht mit «Tyrannenblut». «Zu den drei Leyern», unter diesem Zeichen stand das Haus wirklich. Es gab kein gleiches in Frankfurt.

Schiller hat an Großmann seinen Sinn für das Theater geschätzt. Am 23. Juli 1783 ging in Bonn «Die Verschwörung des Fiesko in Genua» über die Bühne, am 8. Oktober in Frankfurt. Vermutlich wohnte der Dichter der Aufführung bei. Er nahm sich auch die Einwürfe Großmanns zu Herzen und seine Wünsche, das Stück mehr den technischen Möglichkeiten der Bühne anzupassen. Am 8. Februar 1784 übersandte er von Mannheim aus eine umgearbeitete Fassung und schrieb: «Unterdessen freue ich mich dieses Anlasses, der mich mit einem Mann in Verbindung bringt, dem ich schon seit so lange meine vollkommenste Achtung weihe und welcher mit doppelter Wirksamkeit und doppeltem Glück mit mir die nämliche Bahn geht. Welcher Gewinn für mich, wenn ich mich mit Vertrauen und Bruderliebe an Sie anschließen und Ihre reife Kenntnis der Bühne bei meinen künftigen Arbeiten zu Rat ziehen kann. Ich werde Sie also gewiß festhalten und mein Freund müssen Sie werden, das ist ausgemacht.» Am 13. April 1784, dem dritten Ostertag und ersten Messetag, erfolgte in Frankfurt im neuen Komödienhaus die Erstaufführung von «Kabale und Liebe». Der Beifall war groß. An die «Räuber» aber wagte sich Großmann erst im Oktober 1785. Er hatte Vorbehalte. «Franz! Gibt es solche Menschen, dann weh uns und pfui uns! Es ist der allerschurkigste Schurke, an dem auch kein gutes Haar ist und doch gezeugt von einem wackeren Vater, der wahrscheinlich auch ein wackeres Weib hatte. Es ist ein revoltierender Widerspruch darin und in der Ursache, warum er ein so großer Schurke ist.» Bei der Aufführung gab er den alten Moor, Unzelmann spielte den Franz nach Ifflands Vorbild, die Amalia war die Fiala, wie immer eine Schauspielerin von Noblesse und Innerlichkeit. Die Frau Rat hatte sie gern zu Gast, korrespondierte mit ihr und empfahl sie ihrem Sohn für Weimar noch in einem Brief vom März 1795. Ein Theaterschriftsteller Aloys

Schreiber gibt «Dramaturgische Blätter» heraus. Er widmet den Jahrgang 1788/89 «der Frau Räthin Goethe in Frankfurt.»

Am 6. Mai 1786 gab Großmann in Frankfurt den «Götz von Berlichingen», ein großes Ereignis für die Bürger der Stadt, besonders für die Frau Rat, die in ihrer Loge die frohen Blicke ihrer Mitbürger auf sich zog. Großmann spielte den Bruder Martin. Es war seine letzte Inszenierung in Frankfurt. Er ging nach Köln, wo ihn Streitigkeiten mit Kollegen in Not brachten und seine Existenz bedrohten. Schiller aber stand treu zu ihm: «Wir werden», schrieb er, «wunderbar auf diesem Globus herumgeworfen. Wir sind zwei Taucher, die bald hier, bald dort aus dem großen Weltmeer den Kopf heraus strecken und wieder in die Tiefe sinken.» Er bot ihm die Erstaufführung seines «Don Carlos» für zwölf Dukaten an. Aber selbst diese Summe konnte Großmann nicht aufbringen. «Mir tut es leid, lieber Großmann, das Sie für jetzt von meinem Karlos keinen Gebrauch machen können. Sehr gern hätte ich mein Stück auf Ihrer Bühne gesehen, und der glückliche Erfolg wäre mir doppelt angenehm gewesen. Verbessert sich Ihre Situation, so geben Sie mir Nachricht — und Sie sollen es sogleich erhalten.»

Das Ende entbehrt nicht einer gewissen Tragik. Die Französische Revolution hatte auf Großmann stark gewirkt. Daß eine innere Bereitschaft bei ihm vorlag, sich ihren Ideen hinzugeben, hatte ja schon sein Familiengemälde «Nicht mehr als sechs Schüsseln» bewiesen. Am 3. Februar 1795 ließ er sich bei der Aufführung einer Farce hinreißen, in Gegenwart des Braunschweigischen Hofes in extemporierten Ausfällen Regierung, Fürsten, Adel, Religion, Gelehrte, Schriftsteller in so scharfer Weise anzugreifen, daß er schließlich in Haft genommen wurde. Man ließ ihn, da er schwer krank war, bald wieder frei, aber das Theater durfte er nicht wieder betreten. Am 26. Mai 1796 starb er.

Goethe hat die Freundschaft seiner Mutter und die Schillers Großmann gegenüber nicht geteilt. In «Dichtung und Wahrheit», im Dreizehnten Buch, dort wo er auf seinen «Götz von Berlichingen» zu reden kommt, spricht er auch über die Satire und das Theater jener Tage. Lessings «Emilia Galotti» läßt er gelten, aber von Großmann sagt er, daß er in «sechs unappetitlichen Schüsseln alle Leckerspeisen seiner Pöbelküche dem schadenfrohen Publikum auftischte. Ein redlicher Mann, Hofrat Reinhard, machte bei dieser unerfreulichen Tafel den Haushofmeister, zu Trost und Erbauung sämtlicher Gäste. Von dieser Zeit an wählte man die theatralischen Bösewichter immer aus den höheren Ständen; doch mußte die Person Kammerjunker oder wenigstens Geheimsekretär sein, um sich einer solchen Auszeichnung würdig zu machen. Zu den allergottlosesten Schaubildern aber erkor man die obersten Chargen und Stellen des Hof- und Ziviletats im Adreßkalender, in welcher vornehmen Gesellschaft denn doch noch die Justitiarien als Bösewichter der ersten Instanz ihren Platz fanden.»

Goethe hatte es erbittert, daß das Schreiben, mit dem am Ende der Landesfürst die Gerechtigkeit wiederherstellt, mit dem Namen Carl August unterzeichnet war und daß der ungebärdige Sohn des Hofrats in Jena studiert hatte. Was von Großmann als Huldigung gedacht war, konnte den Anschein erwecken, als ob es sich bei dieser ganzen Handlung um Zustände im Herzogtum Sachsen-Weimar handele. Die Frau Rat hingegen liebte das Stück, gab aber zu, daß die Noblesse sich herausgefordert fühlen müsse und daß es «vor die Art Menschen zu starker Taback» sei.

Kunst ist Steigerung des Lebens und eben dadurch auch Gefährdung. Die Freundschaft, die die Frau Rat mit Unzelmann verband, verlief nicht in so ruhigen Bahnen wie die mit Großmann. Einunddreißig Jahre war Unzelmann alt, als er 1784 sich der Großmannschen Truppe in Frankfurt anschloß, die damals schon im neuen Komödienhaus spielte. Er war eine vielseitig begabte Natur, Tänzer im Ballett, Tenor in Singspiel und Oper, genial vor allem in komischen Rollen. Mutterwitz, Ironie und ein Gesicht, «in welchem sich ein frappanter Ausdruck von Neugierde, treuherziger Einfalt und verborgener Schelmerei spiegelte». Eine gute Figur und große Gaben der Einfühlung, das alles half ihm, schnell in Frankfurt, noch mehr später in Berlin, die erste Größe seines Fachs auf dem deutschen Theater zu werden.

Als er nach Frankfurt kam, war der Herr Rat seit zwei Jahren, Cornelia nun schon seit sieben Jahren tot. Wolfgang lebte in Weimar, das einst so lebendige Haus wäre leer und einsam gewesen, wenn nicht die Leidenschaft für das Theater der Mutter des Dichters Anregung, Freude und Spannung des Daseins gegeben hätte. Der Glaube an die Bühne, die Enttäuschung durch die Bühne, wie sie der Sohn eben damals in «Wilhelm Meisters Theatralischer Sendung» aus eigenen Erfahrungen heraus gestalten sollte, beides ist auch zur freud- und leidvollen Erfahrung für die Mutter geworden. Ihre Briefe an Unzelmann fallen in die Jahre 1788 bis 1793, immer aber schon Dokumente des Getrenntseins, ja der Katastrophe. Die glücklichen Jahre, das war die Zeit von 1784 bis zum Weggang des Schauspielers von Frankfurt im März 1788 gewesen. Unzelmann hatte 1785 geheiratet, die fünfzehnjährige Friederike Flitner, Großmanns Stieftochter aus dessen erster, in Gotha geschlossener Ehe. Frau Rat kannte sie seit Kindestagen, liebte «die Fritze». Diese galt als frühreif, war sehr kokett, sehr hübsch und hochbegabt. Ihre Büste von Tieck schmückte bis 1944 das ehemals Königliche Schauspielhaus in Berlin. Goethes Mutter stand dem jungen Ehepaar als mütterlich sorgende Freundin gegenüber, nur daß sich eben sehr verschiedene Affekte mischten. Das Leben der Schauspieler war genau so ungebunden, wie Goethes Roman es schildert. Liebesaffären, Kabalen und Intrigen, Ehrgeiz, Geldnöte und Verschwendung, es war ein Himmelauf und Höllenab. Das Herz der

Frau Rat wurde in alle diese Strudel hineingezogen. In der Ehe des jungen Paares war keiner dem anderen treu, aber der Frau Rat hat der von ihr verwöhnte Liebling, Iffland nennt ihn einen «gelebten Weibermann», stumpf und ohne tieferes Gefühl gegenübergestanden. Sie war es allein, die litt. Der Brief vom 16. März 1788, den sie dem aus Frankfurt entwichenen Unzelmann nachsendet, ist nichts als eine einzige Klage, ein einziger Jammer. «Die Qual, die ich jetzt leide, ist unaussprechlich.» Solche Töne sind wir von dieser Frau nicht gewöhnt. Auch noch nach Monaten klingt es verzweifelt und trostlos: «Was kann eine Frau, der in der Welt alles gleichgültig geworden ist, die keine Gefühle vor nichts mehr hat, die in allen ihren Hoffnungen auf das Schrecklichste getäuscht worden ist, die den Glauben an Menschen verloren hat, was soll die schreiben? — Vor mich ist alles vorbei. Mit mir ists aus.»

Auch Großmann ist keineswegs eine bürgerliche Natur gewesen, aber Leben und Persönlichkeit waren bei ihm von einem starken Ethos getragen. Karoline Neuberin hatte ihr Ende auf der Landstraße gefunden. Viele Künstler und Künstlerinnen der Bühne mit einst hochangesehenen Namen starben in Dürftigkeit, manche im Armenhaus. Großmann war der erste, der hier auf Abhilfe sann. Er warb von Mainz aus für eine Pensionskasse zugunsten alternder Schauspieler. In Mannheim bei Iffland, in Hamburg bei Schröder fand er ein Echo. Dann aber zerschlug sich das Ganze. Großmann versuchte auch Geld für ein Lessingdenkmal zu sammeln. Es wäre das erste deutsche Denkmal für einen Dichter gewesen. Noch war die Zeit nicht für solche Pläne reif.

Unzelmann aber war von ganz anderer Prägung, ein Charmeur, heiter, leichtsinnig. Vor seinem Engagement bei Großmann hatte er diesen um hundert Reichsthaler angegangen, damit seine Hamburger Schulden gedeckt würden. Die Briefe der Frau Rat beweisen, daß Unzelmann auch in Frankfurt aus den Schulden nicht herauskam. Wenn sie aber in ihrem ersten Brief vom Januar 1788 ihre Vermittlung bei dem Mainzer Kammerherrn, dem Grafen Spaur, anbot, so war sie auf falschem Wege. Die Mainzer Intendanz hatte, und darum wußte Spaur, ein Schreiben Unzelmanns gefälscht, um diesen, der mit seiner Gattin nach Berlin strebte, bei der vereinten Frankfurt-Mainzer Truppe zu halten. Nur durch ein königliches Handschreiben aus Berlin kamen Unzelmanns frei. Eben darum war ihre Abreise heimlich und überstürzt. Goethes Mutter kannte diese Hintergründe nicht. Daher ihre tiefe Enttäuschung. Die Zeichen standen auf Sturm, bei der Frau Rat sowohl wie beim Theater. Und doch sind uns gerade diese ihre Briefe besonders wertvoll. Sie zeigen, wie leidenschaftlich diese Frau empfinden konnte, wie treu sie für einen Freund eintrat, wie tapfer sie sich mit einer bitteren Enttäuschung abfand. «Freilich ist es etwas beschwerlich, immer eine Maske zu tragen und immer anders zu scheinen als man ist. Doch Gott Lob, bei Ihnen brauche ich das nun nicht. Ihnen kann ich sagen, daß mir Ihr Weggehen leid, sehr leid getan hat, daß mein Steckenpferd total ruiniert ist, daß mir beim Essen die Zeit unausstehlich lang wird, mit einem Wort, daß mein Märchen im Brunnen liegt und wohl schwerlich wieder herausgezogen wird.»

Aber es war nicht nur der menschliche Verlust, auch die persönliche Verbindung zur Bühne war abgerissen. Die Gäste blieben aus, mit denen sie sonst am runden Tisch der blauen Stube von den Stücken sprechen konnte, die kommen sollten, mit denen die Leistungen des letzten Abends durchgegangen wurden, die Erfolge wie das Versagen. Es gab keine Kulissengespräche mehr, und es war auch kein Partner mehr da für Diskussionen über das neuste Heft von Wielands «Merkur», über die Theaterjournale, über Zusendungen aus Weimar. Nichts war da als eine große Stille, eine beklemmende Einsamkeit. Und das für eine so agile, warmherzige, unternehmungslustige, noch immer sehr jung empfindende Frau. Das «Pflanzenleben», von dem sie sagte, es sei das Schicksal der letzten Jahre des Herrn Rat gewesen, jetzt bezeichnet sie mit diesem Wort ihr eigenes Dasein.

Es ist der Frau Rat nicht gelungen, noch einmal eine so geistige Atmosphäre um sich aufzubauen wie in den Zeiten der Freundschaft mit Großmann und Unzelmann. Aber das lag wohl weniger an ihr selbst, als an den allgemeinen Verhältnissen der Stadt. Und wer weiß, ob sie es überhaupt gewollt hat. Von den Theaterkreisen zog sie sich jedenfalls zurück. Der so viel angeführte Ausspruch ihres Sohnes von 1816: «Es geziemt Frankfurt, von allen Seiten zu glänzen und nach allen Seiten hin tätig zu sein» ist eine Forderung, keine Feststellung. Ganz anders klingt das Wort zum Kanzler von Müller aus dem Sommer 1824, wenn auch wohl in augenblicklichem Unmut gesprochen: «In Frankfurt herrscht der krasseste Geldstolz, die Köpfe sind dumpf, beschränkt und düster.» Freilich auch Goethe selbst hat in der gleichen Zeit, da es um die Mutter so einsam wurde, trokkene und unergiebige Jahre ertragen müssen, bis er zu der Freundschaft mit Schiller hinfand.

Unzelmann war ein sehr lässiger Briefschreiber: «Wie wenig Ihnen meine Freundschaft wert ist, das sehe ich nun auch so klar, daß mich die Augen beißen. Gott lasse es Ihnen in Berlin wohl gehn!» Im Mai heißt es: «Krank an Leib und Seele», und «so oft mir eine Zeitung zu Gesichte kommt, zittern mir alle Glieder, Ihren Namen auf eine schimpfliche Weise drinnen zu finden», und weiter «Drei Tage war ich bettlägrig, heute stunde ich mit dem Trost auf, einen Brief von Ihnen zu erhalten, aber es kam keiner.» Indes der gleiche Brief zeigt, daß sie doch wieder das Theater besuchte, und es ist ihr wie Trost, darüber Rolle für Rolle berichten zu können. Langsam faßt sie sich und bekommt sich wieder in die Hand, zumal als sie erfährt, welche Auszeichnungen beide, Unzelmann wie Friederike, vom Königlichen Hof erfahren. «Eine solche Ehre hätten Sie und die Frau Gevatterin hier nicht erlebt, und wenn Ihr wie die Engel gespielt hättet. Das Königliche Haus ließ sich bedanken! Das hätte hier der Bürgermeister nicht getan.» Sie hilft, die Verbindlichkeiten regeln, die das Ehepaar hinterlassen hat, sie hatte auch für die Reise nach Berlin das Geld herbeigeschafft; aber wenn sie nun auf der Bühne eine Rolle sieht, die früher Unzelmann gegeben hat, dann geht sie, wie sie sagt, oft mitten im Stück auf und davon.

Aber dann kommen im Herbst Schlossers mit den Kindern Cornelias, mit Lulu und Juliette, in den Hirschgraben, den Enkelkindern, die sie seit sechs Jahren nicht mehr gesehen, und die Frau Rat hat wieder eine Aufgabe, eine mütterlich-großmütterliche. Lulu war vierzehn, Juliette elf Jahre alt. Denn das war es gewesen, in Unzelmann hatte die Frau Rat einen Ersatz des Sohnes gefunden; hier konnte sie lieben, wie es ihre Natur verlangte, konnte bilden, sich einsetzen, erziehen. Alles das hatte sie dem jungen Schauspieler zugewendet. Darum fiel ihr Herz schlechterdings ins Leere, als kein Gegenüber mehr da war, für das es schlagen konnte. Nun aber standen plötzlich die beiden freundlichen Mädchen vor ihr, Vermächtnis der geliebten Tochter, jugendfrisch und besonders Lulu so warmherzig-heiter und daseinsfroh, wie es die Großmutter im Grunde ja auch war. Goethes Mutter war immer dem Augenblick hingegeben. Er konnte sie verdammen, aber er konnte sie auch erlösen. Ob sie sich dessen bewußt war oder nicht, ihre Seele war geheilt. Schon das nächste Schreiben an Unzelmann vom 13. November, abends zehn Uhr begonnen, um ein Uhr gleichzeitig mit der Nachtsuppe geschlossen, ist viel ruhiger und gelassener; nur ab und zu wetterleuchtet es noch: «— brauchen Sie nicht zu wissen, denn ich wills nicht haben, und damit punctum.» Am Ende empfindet die Frau Rat doch den Wandel. «Das ist wahrhaftig ein Brief nach dem alten Stil, als wenn es nach Cassel sollte.» Dort hatte Großmanns Gesellschaft in früheren Jahren gelegentlich für kurze Zeit gespielt. Und als im Dezember Unzelmann mit dem Gedanken umgeht, wieder nach Frankfurt zu kommen, weil er, geltungssüchtig wie er war, in Berlin Ärger und Streitigkeiten hat, da bietet sie dem alten Freund ernstlich Halt: «Glauben Sie denn, daß so ein abermaliges Abschiednehmen Balsam vor mich sein dürfte? Nein, lieber Freund! So einen Auftritt mag ich nicht wieder! In der Angst meines Herzens schicke ich diesen Brief mit umlaufender Post und bitte Ihnen inständig, mich nur durch die zwei Worte ‚Ich bleibe wo ich bin‘ zu beruhigen. Leben Sie wohl und antworten mir flink, daß Sie guten Rat annehmen und bleiben wollen wo Sie sind.» Zuletzt wird der Ton sarkastisch: «Aber in aller Welt sagen Sie nur wies zugeht, daß Sie wieder weg wollen? Ihre ersten Briefe, auch die von der Frau Gevatterin, waren ja alle so voll Entzükken, Jubel, Freudengeschrei, Königlicher Gnade u. s. w. Wir arme Schelmen kommen ja mit all unserer erwiesenen Freundschaft, Dienstleistungen und gutem Willen als ganz unbedeutende Figuren in den Hintergrund, daß das beste Auge uns nicht gewahr werden konnte!»

Jetzt aber mischen sich in diese letzten Unzelmannbriefe schon die ersten, die nach Karlsruhe gehen. «Liebe Enkeleins! Ihr lieben guten Jungfräulein! Es freut mich außerordentlich, daß Euch mein überschicktes Christkindlein so wohl gefallen hat; ich hätte nur gewünscht, Euch in der rosenfarbenen Herrlichkeit zu sehen und zu beschauen! Doch Eure lieben guten Briefger haben mich schadlos gehalten und ich sahe Euch im Geiste bei denen Prinzessinnen Besuch abstatten.» Und zum Schluß: «Ich bin so lang ich atme Eure Euch zärtlich liebende Großmutter Goethe.» Ein gleichzeitiger Brief an Fritz von Stein zeigt, daß die Frau Rat sich wieder gefunden hatte. «Übrigens geht hier alles seinen Gang fort. Montags ist Ball, Freitags Konzert, Dienstags, Donnerstags und Sonnabends ist Komödie, aber nicht von unsern vorigen Leuten. Die Truppe ist sehr mittelmäßig, die Ballets sind aber ganz artig. Mein größtes Steckenpferd ist jetzt Klavierspielen, das macht mich sehr glücklich.» Nach Berlin sind die Briefe nur noch ökonomisch. Geliehene Möbel werden zurückgefordert, in Unzelmanns Auftrag wird ein Ring meistbietend losgeschlagen; zum Schluß heißt es mit Seitenblick auf die Berliner Erfolge fast ironisch: «Es bleibt dabei, das von hier Weggehen ist und bleibt ein Meisterstreich, das glaubt ganz gewiß Ihre Freundin Elisabeth.»

Während so die Korrespondenz mit Unzelmann ausklingt, wieder und wieder dem Wankelmütigen von jedem Gedanken einer Rückkehr abmahnend, immer kühler im Ton, schreibt Lulu aus Karlsruhe, wie sorgfältig sie jeden Brief der Großmutter aufhebt. Lulu war ja selbst eine höchst charmante Briefschreiberin. Wir danken ihr die frischesten Backfischbriefe, die aus dem 18. Jahrhundert auf uns gekommen sind. Wer ihre Art näher kennen lernen will, der lese in den «Essays um Goethe», was dort aus ihren Briefen unter «Cornelias Tochter» mitgeteilt ist. Das Hochstift bewahrt etwa hundert Schreiben von ihrer Hand. — Der Frau Rat aber hatte sich eine neue Welt erschlossen. Geschenke gehen hin und her. Die Mädchen sticken und stricken. Lulu zimmert sogar ein Tischchen. Das hatte sie bei ihrem Vater gelernt, dessen «Steckenpferd» die tägliche Tischlerarbeit war, handwerkliche Tätigkeit, wie sie von den modischen Schweizer Erziehungsinstituten propagiert wurde. Die Großmutter sendet Messegeschenke und Christkindlein.

Dann setzt aber mit dem Jahr 1792 nun endlich auch der Briefwechsel mit dem Sohne ein. Von diesem Jahr an hat Goethe keinen mütterlichen Brief mehr verloren gehen lassen. «Deshalb sind Briefe so viel wert, weil sie das Unmittelbare des Daseins aufbewahren». Gerade in jenem Nachtrag zu «Dichtung und Wahrheit», in dem er der Mutter ein Denkmal setzen will [Art. Ausg. Bd. 10, S. 855], hat Goethe dieses Bekenntnis formuliert. Nun, wo es ihm nicht mehr darum geht, die Pyramide seines Daseins so hoch als möglich in die Luft zu spitzen — so einst an Lavater am 20. September 1780 —, jetzt wo er sich selbst schon historisch sieht, wo Vergangenes in Gefahr ist zum Traumbild zu werden, bekommt für ihn alles, was Dokument ist, einen eigenen Wert.

Damit wird für das letzte anderthalb Jahrzehnt der Briefwechsel der Frau Rat ein Zwiegespräch zwischen Weimar und Frankfurt. Jetzt liegt das Dasein der Mutter Goethes in der ganzen Weite, in der es geführt wurde, vor uns. Vordem waren es, je nach dem Partner bestimmt, immer nur Ausschnitte, an denen wir teilnehmen durften. Lavater war «Sohn» und Seelsorger gewesen. In Crespel lebte die Jugendzeit Wolfgangs fort und das Mariagespiel, aus dem sich die Zusammenkünfte der Samstagsmädel entwickeln sollten. Anna Amalia und das Fräulein von Göchhausen, das war ganz unmittelbar der Weimarer Hof und über Wolfgang dessen Beziehungen zur blauen und gelben Stube im Hirschgraben und zum Herzen der Mutter. Großmann und Unzelmann, die stehen für das «Steckenpferd», das Theater und seine Kreise. Luise und Julie, dann Jettchen und Eduard, das war das Gespräch zwischen Großmutter und Enkelkindern. Dem Sohn aber war das ganze Leben der Mutter wichtig, er war auch mit dem ganzen vertraut. Wirtschaftliches und Persönliches, Schicksal der Freunde und Verwandtschaft und Schicksal der Reichsstadt, an allem nahm er teil, denn alles war ihm persönlich vertraut, erregte Hoffnungen und Befürchtungen, erweckte Erinnerungen. Wie muß es Goethe berührt haben, wenn er lesen mußte: «daß die Max Brentano so geschwind aus der Welt gegangen ist, das war ein harter Schlag vor Brentano und seine zwölf Kinder.» Die Leidenschaft zur Maxe Brentano hatte 1774 den Anstoß zur Niederschrift der «Leiden des jungen Werthers» gegeben. Als die Frau Rat im Juli 1796 nach Offenbach geflüchtet war und nicht in ihre Stadt zurück konnte, da war es Johann André, der eine artige Kutsche zur Verfügung stellte, so daß sie rasch wieder in Frankfurt war, derselbe André, der Goethe einst im Hause Schönemann eingeführt und «Erwin und Elmire» und das Bundeslied «In allen guten Stunden» vertont hatte. Drei Jahre später, 1799, war die Nachricht, daß die Handlung d'Orville und Bernard, jeder der beiden Inhaber war ein Onkel Lilis, falliert hatte, gleichfalls eine Erinnerung an das Jahr seligunseliger Bräutigamszeit. Und 1808, als August, der Enkel, in sein erstes Semester auf der Universität Heidelberg zieht, da muß er die Demoiselle Delph besuchen, jetzt eine Dame in hohen Jahren; aber 1775 hatte sie die Verlobung von Wolfgang und Lili gestiftet.

Eine verwitwete Gräfin Ysenburg-Philippseich wohnt im Hause der Frau Rat. Die beiden Damen spielen miteinander abendlich Schach. Auch die Beziehungen zu den Ysenburgs gehen in frühe Jahrzehnte zurück. Der Kaiserliche Rat hatte die Familie juristisch beraten. Die Stocks, die eine große Rolle spielen und zu den allertreusten Freunden gehören, waren Erinnerung an früheste Kinderzeit. Esther Maria, geboren 1755, hatte als Nichte des Kanzleidirektors Moritz, der 1762 Thorancs Räume übernommen hatte, vor dem Puppentheater gesessen, Jugendgespielin von Wolfgang und Cornelia. Jetzt war sie Gattin des Ratsherrn und Schöffen Jacob Stock. Beide Familien, die Moritz wie die Stocks, hatten zu dem Herrnhuter Kreis gehört. Seit dem Tode des Kaiserlichen Rates ist Goethes Mutter sonntags Mittagsgast im Stockschen Haus am Liebfrauenberg, im Sommer bei schönem Wetter im Garten vor dem Bockenheimer Tor. Auch die Elise Bethmann hatte zu dem Publikum des Puppentheaters gehört. Liebhold, der den Katalog der Bibliothek des Vaters für die Versteigerung anfertigt, mühsam, denn er sieht nur noch mit einem Auge, hatte als Wolfgangs Schreiber dessen Anwaltskanzlei geführt. Der Pfarrer Claus, der im Sechsten Buch des «Wilhelm Meister» sofort die Klettenberg erkennt, war einst der Seelsorger der Herrnhuter in Frankfurt gewesen. Im Atelier Nothnagels, dem die Frau Rat die Gemälde des Vaters anbieten will, hatte Goethe am 20. November 1774 seinen ersten Versuch in Öl zu malen gemacht und an Sophie La Roche geschrieben: «Heut schlägt mir das Herz. Ich werde diesen Nachmittag zuerst den Ölpinsel in die Hand nehmen! Mit welcher Beugung, Andacht und Hoffnung, drück ich nicht aus. Das Schicksal meines Lebens hängt sehr an dem Augenblick.» Die La Roche hatte Goethe kennengelernt, als er im Sommer 1772 aus Wetzlar nach Ehrenbreitstein entwich. Jetzt muß die Mutter alle Diplomatie anwenden, um zu verhindern, daß die etwas redselig gewordene alte Dame aus Furcht vor den Franzosen zu Wieland und Goethe nach Weimar reist.

Im «Divan», im «Buch des Sängers», heißt ein Gedicht «Im Gegenwärtigen Vergangnes»: «Und da duftet's wie vor alters» — das gleiche läßt sich von den Briefen der alten Frau Goethe sagen. Jedes Blatt, wie es dem Sohn in die Hände kam, mußte Vergangenheitsbilder in ihm wecken. Und das um so mehr, als er gerade in jenen Jahren die Stadt seiner Jugend, das Elternhaus, die Mutter nach langer Pause persönlich wieder gesehen hatte. Im August 1792, auf dem Weg nach Verdun und Valmy, und im Mai und Juli 1793, vor und nach dem Fall von Mainz, ist Goethe bei der Mutter, besucht zum letztenmal das Haus seiner Kindheit und rät der Mutter zu dessen Verkauf. Die Verhandlungen darüber beschäftigen die Frau Rat die nächsten drei Jahre. Es war eine schwere Zeit. Kriegsgefahr und dauernde Einquartierung drücken auf das Gemüt. Zunächst 1792 und 1793 ergreift auch die Mutter die allgemeine Furcht, aber allmählich gewöhnt sie sich an den Zustand, und als am 3. Januar 1794 abends um sieben Uhr ihre Freundin Elise Bethmann im Nachthabit und außer Atem zu ihr gerannt kommt: «Rätin, liebe Rätin, die Feinde bombardieren Mannheim mit glühenden Kugeln», da bleibt sie gelassen, erkennt sofort die Gerüchtemacherei und läßt sich auch nicht bewegen, wie es der Nachbar de Bary tut, die Stadt zu verlassen. Erst im Sommer 1794 denkt sie daran, wenigstens ihre Wertsachen wegzuschicken. Liebhold muß drei große Kisten packen. «All mein gutes Weißzeug, gemacht und ungemacht, Silber und Geschmeide ist aufs beste gepackt, in der größten Unruhe, da Stroh und Seile im Hausehren [d. h. auf dem Vorplatz des Erdgeschosses] lagen». Es war dies ein Vorspiel von dem, was sich 1940 weniger harmlos wiederholen sollte. Frau Rat lagerte ihre Kostbarkeiten nach Langensalza aus, wo der Kaufmann Polex sie in treue Obhut nahm. Dann aber, am 12. Juli 1796, bombardieren die Franzosen von der Friedberger Wache her wirklich die Stadt, und die Mutter muß in den Keller, flüchtet nach Offenbach zu Sophie La Roche, ist aber am 16. schon wieder in Frankfurt, um ihre schöne neue Wohnung gegen die Franzosen zu verteidigen. Das Elternhaus, das Haus der Textors in der Großen Friedberger Gasse, war indessen, ebenso wie die Judengasse, abgebrannt. Von den Dörfern kamen die Spritzen. Die Franzosen selber halfen löschen.

Die schöne neue Wohnung lag im zweiten Stock des Hauses «Zum Goldnen Brunnen», gegenüber der Katharinenkirche an der Hauptwache. In den Briefen vom 16. März und 24. August 1795 hat die Frau Rat ihre Herrlichkeit genau beschrieben. Der Eigentümer des Hauses, das der Mutter Goethe für ihre letzten Lebensjahre ein sie beglückendes Heim bot, war der Braumeister und Gastwirt Johannes Bauer. Seine Nachkommen leben noch heute in der Stadt, und ein Verlag «Der Goldne Brunnen» hat getreu der Überlieferung der Familie manche schöne Goetheschrift in erlesenen Lettern zum Druck gebracht. Fried Lübbecke hat im «Goethe-Kalender auf das Jahr 1943» eingehend über diese neue Wohnung, das «niedliche logiegen» gehandelt, auch über die Familien der Freunde, die dort aus- und eingingen, eben die Stocks, die Schmidts, die Starcks, die Fleischbein von Kleeberg, die Hetzlers und die Kellners und über von Gerning. Auch Elisabeth Bethmann-Hollweg ist hier zu nennen, die den «Wilhelm Meister» so liebte. Es ist dies dieselbe Bethmann-Hollweg, die am 28. August 1815 frühmorgens dem Dichter vor der Gerbermühle von einem Mainboot aus durch die Theaterkapelle ein Ständchen bringen ließ. «Ei, ei, da kommen ja gar Musici», sagte Goethe und schickte den Musikanten einen Dukaten. Die Künstlerehre war gekränkt, aber der Zwischenfall ließ sich schnell beilegen.

Wann Goethes Mutter von Christiane Vulpius erfahren hat, wissen wir nicht. Ihr erster Brief an sie ist aus dem Jahre 1793. Goethe war vom 17. bis 26. Mai im Elternhaus gewesen, dann weiter nach Mainz zur Armee gegangen. Aber schon bei seinem Aufenthalt im August des Vorjahres — es war der erste Besuch der Vaterstadt nach der Italienischen Reise — hat er der Mutter von Christiane und dem Sohn August erzählt. Jetzt sagt sie ihm zu: «Ich werde an dein Liebchen schreiben», und am 20. Juni macht sie das Versprechen wahr, noch ohne Anrede, plaudernd, mit Grüßen an den kleinen «Augst». «Nun leben Sie wohl und vergnügt! Dieses wünscht von ganzem Herzen Ihre Freundin Goethe.» Und auch damit hat für die Frau Rat eine neue Epoche ihres Lebens begonnen, mit einer neuen Aufgabe. Die Enkel in Karlsruhe, der Enkel in Weimar, die Freundin des Sohnes und vor allem dieser selbst, ja sie war wieder mütterliches Haupt eines Familienkreises. Das beglückte sie, füllte sie aus, täglich mehr wuchs sie in ihre neue Stellung hinein. Sie war nun die alte Frau Rat.

Den nächsten Gruß mit Bettzwilch für ein Unterbett, einem Pfühl, Tafeltuch und zwölf Servietten zeichnet sie: «Ihre ergebene Dienerin Goethe.» Dann bringt im August 1797 der Sohn Christiane und den achtjährigen August nach Frankfurt. Die beiden Frauen verstanden sich schnell. «So kurz unsere Zusammenkunft war, so vergnügt und herzlich war sie doch; und die Hoffnung Ihnen, meine Liebe, einst auf längere Zeit bei mir hier zu sehen, erfreut mich zum voraus. Da wir einander kennen, so wird die Zukunft immer vergnügter und besser vor uns werden. Behalten Sie mich in liebevollem Andenken und von meiner Seite glauben Sie das nämliche.» Die Anrede lautet: «Liebe Freundin», die Unterschrift: «dero treue Freundin und

Mutter Elisabetha Goethe.» Im Jahr darauf heißt die Anrede «Liebe Tochter». An allem, was Christiane schreibt, nimmt sie teil: «Tanzen Sie immer, liebes Weibchen, tanzen Sie, fröhliche Menschen, die mag ich gar zu gern, und wenn Sie zu meiner Familie gehören, habe ich Sie doppelt und dreifach lieb», und im Jahr darauf, 1803: «Sie haben also wohl zugenommen, sind hübsch korpulent geworden, das freut mich, denn es ist ein Zeichen guter Gesundheit und ist in unserer Familie üblich.» Von sich selbst fühlt sie, als sie dreiundsiebzig Jahre alt ist, daß der Lebensrhythmus auch ihr, der so beweglichen, an allem teilnehmenden, daseinsheiteren Frau, langsam ein anderes Gesetz auferlegt. «Schickt mir keine Merkure mehr. Diese Last muß einmal aufhören», weiter, daß sie «die große Resignation keinen Taback mehr zu schnupfen glücklich ausgeführt» habe, und ihre Briefe, «die werden ganz erbärmlich hölzern, wie Figura zeigt». Aber das geht vorüber. 1805 kommt der Enkel zu Besuch, und im Jahr darauf am 18. Oktober wird in der Sakristei der Hofkirche die Ehe geschlossen: «Zu Deinem neuen Stand», schreibt sie ihrem Wolfgang, «wünsche Dir allen Segen, alles Heil, alles Wohlergehen. Da hast Du nach meines Herzens Wunsch gehandelt. Gott! Erhalte Euch! Meinen Segen habt Ihr hiermit in vollem Maß. Der Mutter Segen erhält den Kindern die Häuser», und an Christiane, im Hinblick auf deren Verhalten nach der Schlacht bei Jena: «Ihr schönes, heroisches, haushälterisches Betragen hat mein Herz erfreut. Gott! Erhalte Ihren frohen Mut. Ein fröhliches Herz ist ein tägliches Wohlleben, sagt Sirach. Ein mehreres auf ein andermal. Glückliche, vergnügte Feiertage, ein gesegnetes neues Jahr, bleibt nur so wie im alten und ich bin Eure treue Mutter und Großmutter Goethe.» Die größte Freude für sie wird dann im März und April 1807 der Besuch Christianens, nun als Frau Geheimrätin von Goethe, mit ihrem Sohn in allen Freundeskreisen eingeladen und freundlich aufgenommen. «Ja wir waren sehr vergnügt und glücklich beieinander! Du kannst Gott danken! So ein liebes, herrliches, unverdorbenes Gottesgeschöpf findet man sehr selten. Wie beruhigt bin ich jetzt, da ich sie genau kenne, über alles was Dich angeht; und was mir unaussprechlich wohl tat, war, daß alle Menschen, alle meine Bekannten sie liebten. Es war eine solche Herzlichkeit unter ihnen, die nach zehnjähriger Bekanntschaft nicht inniger hätte sein können. Mit einem Wort, es war ein glücklicher Gedanke, sich mir und allen meinen Freunden zu zeigen. Alle vereinigen sich mit mir, Dich glücklich zu preisen und wünschen Euch Leben, Gesundheit und alles Gute, was Euch vergnügt und froh machen kann. Amen.»

Daß die Frau Rat den Sohn nie in Weimar besucht hat, daraus hat man diesem fast einen Vorwurf gemacht. Viel befremdlicher ist, daß die Mutter nie zur Tochter nach Emmendingen gefahren ist. Die Entfernung war geringer, die Reise kürzer, und die Mutter wußte, daß Cornelia krank und im Grunde unglücklich war, daß ihr die Frankfurter Luft fehlte; deshalb war immer eins der Gerockmädchen als Freundin und Gesellschafterin im Schlosserschen Hause. Aber die Frau Rat reiste offenbar ungern. Vor allem, wir sollten uns hüten, frühere Verhältnisse, in die wir uns doch nie ganz einfühlen können, nach unseren Maßstäben zu beurteilen. Auch später hat die Frau Rat ihre Enkelkinder und Schlosser weder in Emmendingen noch in dem nahen Karlsruhe besucht.

Was aber Weimar anlangt, so hat der Sohn zunächst eine Reise dahin nicht gefördert. Wir können vermuten weshalb. Er wollte sich und der Mutter Verdruß ersparen. Die Frau Rat hatte mit ihrem gesteigerten Temperament und ihrer sehr bestimmten, urwüchsigen Art sich zu geben Eigenheiten, die altfränkisch liebenswürdig und süddeutsch reichsstädtisch im Großen Hirschgraben als «gewachsene Natur» durchaus am Platze und zu respektieren waren. In die höfische Abgestimmtheit eines fürstlichen Zirkels mochten sie weniger passen. Was gemeint ist, wird am ehesten deutlich, wenn man die Erzählung der Bettina

Brentano von der Fahrt ins Wilhelmsbad auf Einladung der Königin Luise liest. Wie dieser, für die Frau Rat so bedeutungsvolle Tag in Wirklichkeit festlich und würdig verlief, das möge man in ihrem Briefe an den Sohn vom 24. Juni 1803 nachlesen. Bettina aber, indem sie gewisse Züge im Wesen der Rätin übersteigert, gibt aus dem Berlin von 1843 heraus eine leicht karikierte, heitere Rückschau auf das Frankfurt von 1800. Bettinas Erzählung, veröffentlicht in «Dies Buch gehört dem König», ist wohlwollend. Goethe aber wußte, daß in Hofkreisen nicht alle Menschen wohlwollend waren und daß die Medisance, wenn irgendwo, hier ihre Stätte zu haben pflegte.

Später in den Zeiten der Kriegsgefahr hat er die Mutter wiederholt gebeten, zu ihm zu kommen. Aber sie wollte nicht. Sie fühlte sich am wohlsten in ihrer heimischen Welt und wollte lieber eine Gefahr auf sich nehmen als jene verlassen. Im Sommer 1784 war Elise von der Recke im Großen Hirschgraben gewesen. Die Frau Rat hatte die erste Fremdenführerin des Hauses gemacht. «Sie ließ es sich nicht verdrießen, uns jedes Zimmer des Hauses zu zeigen, wo ihr Sohn in irgend einem Alter seines Lebens sein Wesen getrieben hatte; sie zeigte uns, wo er als Knabe kleine Marionettenspiele erdacht und als Jüngling einen Werther, einen Clavigo hervorgebracht hatte», so Sophie Becker, die Reisebegleiterin. Was aber schrieb die Frau Rat über diesen Tag an Fritz von Stein: «Ich bin viel glücklicher als die Frau von Reck. Die Dame muß reisen, um die gelehrten Männer Deutschlands zu sehen, bei mich kommen sie alle ins Haus, das war ungleich bequemer, — ja, ja, wems Gott gönnt, gibt ers im Schlaf.» Und eben deshalb blieb sie in ihrem Frankfurt. So weit wir sehen, sind Ausflüge nach Offenbach, eine Reise nach Wiesbaden und eine nach Heidelberg ihre größten Unternehmungen gewesen.

Die Frau Rat beruft sich in ihren Briefen gern auf ihren Humor, der ihr helfe, die Schwierigkeiten des Lebens zu meistern. Es ist bekannt, was der Sohn am 6. Juni 1824, bei

Erwähnung des Pfarrers Kirchner in Frankfurt, zum Kanzler von Müller über dieses Thema gesagt hat:

«Nur wer kein Gewissen oder keine Verantwortung hat, kann humoristisch sein. Musäus konnte es sein, der seine Schule schlecht genug versah und sich um nichts und um niemanden kümmerte. Freilich, humoristische Augenblicke hat wohl jeder; aber es kommt darauf an, ob der Humor eine beharrliche Stimmung ist, die durchs ganze Leben geht.»

«Wahrscheinlich deswegen», meint der Kanzler, «weil dem Humoristen mehr an seiner Stimmung als an dem Gegenstand gelegen ist, weil er jene unendlich höher als diesen anschlägt.»

Darauf Goethe: «Ganz recht und sogar ganz in meinem Sinne. Wieland zum Beispiel hatte Humor, weil er ein Skeptiker war, und den Skeptikern ist es mit nichts ein großer Ernst. Wieland hielt sich niemandem responsabel, nicht seiner Familie, nicht seinem Fürsten und handelte auch so. Wem es aber bitterer Ernst ist mit dem Leben, der kann kein Humorist sein. Wer untersteht sich denn, Humor zu haben, wenn er die Unzahl von Verantwortlichkeiten gegen sich selbst und andere erwägt, die auf ihm lasten? Wenn er mit Ernst gewisse bestimmte Zwecke erreichen will?»

Der Dichter, den das Gespräch sehr erregte — der Kanzler sagt, er schrie und habe sich nur schwer beruhigt —, lenkte dann scheinbar ein: «Doch damit will ich den Humoristen keine Vorwürfe machen. Muß man denn gerade ein Gewissen haben? Wer fordert es denn?» — Wer es fordert? Die Frage ist ironisch. Der Dichter forderte es. — In dem Ausweichen vor der Verantwortung sah er «Negation» des Lebens.

Humor hier und Humor dort ist nicht dasselbe. Das Wort ist vieldeutig, hat Goethe doch selbst einmal, im Dritten Teil der «Italienischen Reise», von Filippo Neri als «humoristischem Heiligen» gesprochen. Gewiß, die Mutter des Dichters hatte Humor aus angeborenem Frohsinn, aus

Freude an der bunten Fülle des Daseins. Aber ihr Humor wurde niemals eine Flucht in die Verantwortungslosigkeit. Die Verantwortungen, die sie zu tragen hatte, nämlich als Mutter und Großmutter der Ihren, hat sie mit rührender Treue und Liebe getragen. Für das Heilige Römische Reich Deutscher Nation aber fühlte sie sich nicht verantwortlich; da konnte es ihr gleich sein, ob das rechte oder linke Rheinufer französisch wurde. Und doch ist sie traurig, als zum erstenmal Kaiser und Reich in der Fürbitte des Kirchengebetes nicht mehr erwähnt werden. «Es sind wie lauter Leichenbegängnisse, so sehen unsere Freuden aus.»

Wieland war Humorist aus Skepsis. Die innere Heiterkeit der Frau Rat wurzelte zum letzten in ihrem Glauben. Und da müssen wir eben wieder beklagen, daß der Sohn alle ihre frühen Briefe vernichtet hat. Ihr Glaube war, so weit wir das beurteilen können, nicht so sehr der des eigentlichen Luthertums, durch den Römerbrief, die Lehre von Sünde und Rechtfertigung bestimmt, er ist vielmehr eine Gläubigkeit herrnhutischer Prägung gewesen, das stille Wissen um das persönliche Geführtsein durch Gottes Hand. Man lese den Brief vom Juni 1777 nach Cornelias Tod: «Ohne den felsenfesten Glauben an Gott, an den Gott, der die Haare zählet, dem kein Sperling fehlet, der nicht schläft noch schlummert, der nicht verreist ist, der den Gedanken meines Herzens kennt, ehe er noch da ist, der mich hört, ohne daß ich nötig habe, mich mit Messern und Pfriemen blutig zu ritzen, der mit einem Wort die Liebe ist, ohne Glauben an den wäre so etwas ohnmöglich auszuhalten.» Man könnte sagen, das ist Lavaterzeit. Aber in den späteren Jahrzehnten hören wir die gleichen Töne. «Siehst du nun, wie Gott gute Kinder schon hier belohnt», schreibt die Großmutter im März 1794 an ihre Enkelin bei deren Verbindung mit Nicolovius. «Ist deine Heirat nicht beinahe ein Wunderwerk, und daß sich alles so schicken muß, daß deine lieben Eltern und Geschwister nun mit dir gehen; das würde doch nicht so leicht gegangen sein, wäre kein Krieg ins Land gekommen. Merke dir das auf dein ganzes Leben: der Gott, der dem Abraham aus Steinen Kinder erwecken kann, kann auch alles, was wir mit unsern blöden Augen vor Unglück ansehen, zu unserm Besten wenden.» Niemand wird diesen Brief so verstehen, als ob der Krieg wegen Lulus Verlobung und Heirat hätte ausbrechen müssen, aber im Zug dieser geschichtlichen Ereignisse, die für alle Welt nur ein sichtbares Unglück waren, hat Gottes väterliche Hand die Enkelin zum Glück geführt. So sieht die Mutter Goethes das Leben. Überall waltet Gottes väterliche Hand. Goethe spricht einmal, in einem Brief an Zelter, von der «alttestamentlichen Gottesfurcht» seiner Mutter, die «ein tüchtiges Leben voll Zuversicht auf den unwandelbaren Volks- und Familiengott zubrachte und als sie sich ihren Tod selbst ankündigte, ihr Leichenbegängnis so pünktlich anordnete, daß die Weinsorte und die Größe der Bretzeln, womit die Begleiter erquickt werden sollten, genau bestimmt war».

Im Textorschen Elternhaus hat es, soweit wir wissen, pietistische Neigungen nicht gegeben, wohl aber hat Johann Friedrich von Uffenbach, Freund des Kaiserlichen Rates und mit den Textors verwandt, Spener in Berlin besucht. Wann hat sich die Seelenfreundschaft zwischen Goethes Mutter und der Klettenberg, die ja eine Verwandte war, angebahnt? Wären nicht vor etwa vierzig Jahren die elf Briefe Wolfgangs an Langer aufgefunden worden, wir wüßten nichts über die Zusammenkunft der Herrnhuter im Goetheschen Haus am 15. Januar 1769. So gänzlich unzureichend, so zufällig sind leider unsere Kenntnisse! Daß aber doch der Pietismus für Goethes Mutter in einer gewissen Zeit ihrer Ehe eine wirkliche Geistesmacht gewesen ist, bestätigen nicht nur dieser Brief Wolfgangs und ihre eigenen ersten Briefe an Lavater, sondern dafür zeugt vor allem das Sechste Buch von «Wilhelm Meisters Lehrjahren», die Aufnahme der «Bekenntnisse einer schönen Seele» in den Theaterroman. Wenn das Puppentheater als Geschenk der Großmutter die Anfänge der Bindung Wolfgangs an die Welt der Bühne und der dramatischen Dichtung symbolisiert, so spiegelt die Autobiographie der mütterlichen Freundin die religiöse Sphäre und zeugt für den Ernst, mit dem im nächsten Lebenskreis der Mutter, vor allem von ihrer Freundin, aber doch eben auch von ihr selbst, um die Frage nach Gott gerungen worden ist. Auch in diesen Bekenntnissen handelt es sich um göttliche Schickung und Führung, um das Glaubenserlebnis und um die Heiterkeit aus dem Glauben.

Das Fünfte Buch hatte zuletzt geschildert, wie Aurelia die Orsina gespielt, dann erkrankt und gestorben war, und hatte mit Mignons Versen: «Heiß mich nicht reden, heiß mich schweigen» geschlossen. Der heutige Leser stockt, wenn er nun mit den «Bekenntnissen einer schönen Seele» plötzlich in eine Welt versetzt wird, die mit dem Vorhergehenden durchaus in keinem Zusammenhang zu stehen scheint. Das 18. Jahrhundert, das ja die religiöse Diskussion als sein aktuellstes Problem, als sein allereigenstes Anliegen erlebte, empfand da keinen Bruch. Es sei nicht auf Fritz von Stolberg hingewiesen, der alle anderen Bücher des Romans verbrannte, dieses sechste aber sorgfältig binden ließ, sondern eben auf die Frau Rat, die an den Sohn schreibt, kaum daß der Band erschienen war: «Kannst du glauben, daß die alte Rätin Moritz und der Pfarrer Claus den dritten Teil vom Wilhelm gelesen, die Klettenbergern gleich erkannt und sich herzlich drüber gefreut haben.» Sie selbst aber, die Mutter, bekennt dem Sohn: «Der ist wie ein Baum, gepflanzet an den Wasserbächen, der seine Frucht bringet zu seiner Zeit, und seine Blätter verwelken nicht. — Das ist der lieben Klettenbergern wohl nicht im Traume eingefallen, daß nach so langer Zeit ihr Andenken noch grünen, blühen und Segen den nachkommenden Geschlechtern bringen würde. Du, mein lieber Sohn, warst von der Vorsehung bestimmt zur Erhaltung und Verbreitung dieser unverwelklichen Blätter. Gottes Segen und tausend Dank davor! Und da aus dieser Geschichte deutlich erhellt, daß kein gutes Samenkorn verloren geht, sondern seine Frucht bringt zu seiner Zeit, so laßt uns Gutes tun und nicht müde werden, denn die Ernte wird mit vollen Scheuern belohnen.» Noch ein Jahr vor ihrem Tode knüpft hier Goethes Mutter an die Glaubenserlebnisse der Klettenbergzeit an. Alles ist Fügung und der Sohn Werkzeug in Gottes Hand, auserwählt, die unverwelklichen Blätter vor dem Untergang zu bewahren und kommenden Geschlechtern zu überliefern. Und an anderer Stelle, nachdem sie sich um den Sohn gesorgt hatte: «Gott sei Dank! Er wird alles Übel auch in Zukunft von dir entfernen, dies traue ich Ihm mit fester Zuversicht zu, und dieses Zutrauen hat mich noch nie, in keiner Not, stecken lassen. Dieser Glaube ist die einzige Quelle meines beständigen Frohsinns», so am 19. August 1806. Im Jahr darauf wiederholt sie dasselbe Bekenntnis mit dem schönen, fast sakralen Bild aus dem Gewölbebau, das auch der Sohn liebte: «Der Schlußstein, der Glaube an Gott, der macht mein Herz froh und mein Angesicht fröhlich.» Hier wie dort ist es von ihr selbst klar gesagt: die «Frohnatur» von Goethes Mutter war nicht nur eine Gabe, sie war vielleicht mehr noch eine Leistung. Immer wieder wie ein Basso continuo geht dieser Grundton durch die Briefe der Mutter Goethes, manchmal ist die Formulierung antik, daß man dem Schicksal nicht in die Speichen des Rades greifen könne, zumeist aber wird schlicht und fest das Credo ausgesprochen und der Name Gottes im echten Anruf auch im Brief nicht gescheut. Die Eltern Goethes, der Vater wie die Mutter, sie waren beide, jeder auf seine Weise, fromm. Und der Dichter, in seiner Art, war es auch.

Die Jahre um 1800 waren nicht nur dem Jahrhundert nach eine Zeitenwende. Eine neue Generation, auch in der Dichtung, trat in Erscheinung. Frankfurt sollte dabei eine Rolle spielen. Die Frau Rat kam mit dieser Jugend in Berührung, aber kaum in Fühlung. Im August 1797 steht Hölderlin vor Goethe in der neuen Wohnung der Mutter im Haus «Zum Goldnen Brunnen», «etwas gedrückt und kränklich, aber wirklich liebenswürdig und mit Bescheidenheit, ja mit Ängstlichkeit offen». So heißt es in einem Brief an Schiller. Eine frühere Begegnung in Jena hatte unter einem glücklicheren Stern gestanden. «Es ist der schönste Genuß unseres Lebens, so viel Menschlichkeit zu finden bei so viel Größe», hatte damals Hölderlin an Hegel geschrieben. Aber wenn schon Goethe nur schwer zu Hölderlin hinfand, für die Mutter war dieser eben nur ein Besucher des Sohnes. Susette Gontard war sicher der Frau Rat nicht fremd; aber die Welten, in denen beide Frauen lebten, waren zu verschieden, so daß selbst die Familie Sömmering keine Brücke bilden konnte. Der Arzt, von 1792 bis 1805 in Frankfurt, stand Goethe als Naturforscher nahe und zählte dadurch auch zum engeren Freundeskreis der Frau Rat. Diese erwähnt ihn immer wieder. Das Söhnchen Wilhelm kommt zu ihr zum Spielen und Malen. Elisabeth, seine Mutter, war die intimste Freundin von Hölderlins Diotima, von Susette Gontard. Erst kürzlich, 1956, ist der Brief aufgefunden worden, den diese über den Tod von Elisabeth Sömmering schrieb. «Meinen großen unersetzlichen Verlust berühre ich nicht, meine Gefühle darüber aufzuschließen wäre mehr als ich tragen könnte, ich verhülle sie gern in heilige Dunkelheit, ein dichter Schleier decke sie für immer!» Wir hören die Sprache eines anderen Lebenskreises. Adressatin war eine junge Frau, die gleichzeitig mit Hölderlin, der den Sohn erzog, Erzieherin für die Töchter gewesen war. Das Hochstift bewahrt ein Hyperionfragment von ihrer Hand. Die Freundin war im Januar 1802 gestorben, die Klage um ihr Scheiden ist vom April; im Juni starb auch Susette Gontard. Gesellschaftlich kannte Goethes Mutter beide Frauen zweifellos; ob und inwieweit sie aber ihnen nahe stand, darüber fehlt jedes Zeugnis.

Clemens Brentano wird in den Briefen nach Weimar erwähnt, als er in dem heißen Sommer 1807 Auguste Bußmann aus dem Hause Bethmann entführt und mit ihr in Marburg einen überstürzten Ehebund schließt. «Die Hitze ist ganz allein Schuld», meint die Frau Rat. Clemens selbst aber gedenkt der Mutter Goethes in der Einleitung zu seinem Märchen «Gockel, Hinkel und Gackeleia», und wie ihn die Frau Rat getröstet habe, als er erfahren, daß sein Traum- und Feenland Vaduz wirklich existiere: «Laß dich nicht irr machen, glaub du mir, dein Vaduz ist dein und liegt auf keiner Landkarte und alle Frankfurter Stadtsoldaten und selbst die Geleitsreiter mit dem Antichrist an der Spitze können dir es nicht wegnehmen; es liegt, wo dein Geist, dein Herz auf die Weide geht:

> Wo dein Himmel, ist dein Vaduz,
> Ein Land auf Erden ist dir nichts nutz.

Dein Reich ist in den Wolken und nicht von dieser Erde, und so oft es sich mit derselben berührt, wird's Tränen regnen.» Auch die Ehe mit Auguste Bußmann lag in Vaduz. Dann aber habe die Rätin den Clemens ins Theater geführt und ihm gezeigt, wie ein allerliebster Harlekin aus einem Ei kroch und die zierlichsten Sprünge machte. Der Harlekin war die Demoiselle Marianne Jung aus Linz. Vierzehn Jahre war sie alt und 1798 zur Frankfurter Bühne gekommen. Zwei Jahre später nahm sie der Bankier Jakob Willemer, der Freund der Frau Rat, in sein Haus «Zum Roten Männchen» beim Fahrtor am Main. Oft genug ist Goethes Mutter dort zu Gast gewesen, indes keiner ihrer Briefe erwähnt die kleine Tänzerin, die 1814 zur hohen Zeit des «Divans» die Suleika des Sohnes werden sollte.

So ist es denn nur «die kleine Brentano», durch die die verschiedenen Generationen, die alte Zeit und die neue Zeit, zu einer wirklichen Begegnung kamen. «Gute, liebe, beste Bettina» oder «Liebe, liebe Tochter», so herzlich lauten die Anreden. Und nun sitzt das junge Mädchen zu Füßen der alten Frau, hört von Wolfgangs Kindheit, schreibt was sie hört nach Weimar und regt den Dichter an, seine Jugend zu erzählen. «Bekenntnisse» soll das Buch erst heißen, dann wählt Goethe den Titel «Dichtung und

Wahrheit». Bettina danken wir es, daß wir von der Kindheit der Elisabeth Textor wissen und von der Dreizehnjährigen, die dem Kaiser Karl VII. nachschlich, wenn er in die Kirchen zum Gebet ging, und die nie die Posthörner vergaß, unter deren Klängen er am letzten Morgen früh vier Uhr die Stadt seiner Krönung verließ. Die Gestalt der Mutter Goethe verläßt Bettina nicht. Sie geht mit ihr durch ihr ganzes Leben, und 1843, als sie mit der Schrift «Dies Buch gehört dem König» ihre Zeit und den Monarchen aufrütteln und für ihre liberalen und sozialen Ideen gewinnen will, da wird die Frau Rat die Hauptfigur in den Gesprächen, die über die Probleme der Gegenwart und Zukunft geführt werden. Nichts von dem, was Bettina ihr in den Mund legt, würde die Frau Rat wirklich gesagt haben. «Sie wissen, daß ich keine Politica bin und der Kaiser und die Türken und die Türken und der Kaiser mich so viel interessieren als der Mann im Mond», hatte sie einst an Unzelmann geschrieben. Es ist allein Bettina, die spricht, die Frau Rat ist das nicht mehr. Ihre Gestalt ist nur ein Schemen, ein Mythos, ist gleichsam wie eine der antiken Sibyllen, von denen auch niemand darüber Rechenschaft ablegen kann, was sie wirklich ausgesagt haben und was nicht. Aber wie stark muß doch der Eindruck von Goethes Mutter auf das Mädchen Bettina gewesen sein, daß sie sich zeitlebens nicht von ihrem Bild befreien konnte.

Was die junge wie die alte Bettina mit der Frau Rat verband, das war die gemeinsame Liebe zu ihrem Sohn. Weimar und nicht das Griechenland Hyperions, Weimar und seine klassische Dichtung und nicht die Romantik, das war und blieb die innere Heimat der alten Frau im «Goldenen Brunnen». «Du und Schiller Ihr seid hernach klassische Schriftsteller wie Horaz, Livius, Ovid und wie sie alle heißen, was werden alsdann die Professoren euch zergliedern, auslegen und der Jugend einbleuen», so «am heiligen Christtag», ihrem letzten Weihnachten, 1807. Sie hatte ein ganz sicheres Gefühl für die Geschichtlichkeit der Stunde und für ihre Werte, und es freute sie, daß im Museum die Büste des Sohnes aufgestellt war und daß der Fürst-Primas sie in das Thurn- und Taxis-Palais einlud und auf ihre und des Sohnes Gesundheit trank, wovon noch das Echo aus Augusts Munde in Eckermanns Gesprächen zu finden ist.

Zur Welt der Schauspieler waren nähere freundschaftliche Beziehungen jetzt nicht mehr gegeben. Wohl aber behielt die Mutter Goethes ihr Abonnement bei, verfolgte aus ihrer Loge Nr. 9, die sie mit Frau Bernus und Frau Bethmann teilte, auf das sorgfältigste den Spielplan. Noch ist ihr Logenstuhl erhalten, hartes Holz nur, kurze, unbequemste Rückenlehne; ein primitiveres Möbel kann man sich nicht denken. In Delphi wurde Jahrhunderte hindurch im Tempel Apollos der Stuhl Pindars bewahrt, in Frankfurt widerfährt ein nun doch sehr viel bescheideneres Schicksal dem Theaterstuhl von Goethes Mutter; aber alles andere, was das Komödienhaus von 1782 barg, ist zugrunde gegangen; dieser Stuhl, weil er der Mutter des Dichters diente, ist bewahrt worden.

Über die Stücke, die Künstler, die sie sieht und hört, gehen treuliche Berichte an den Sohn und an Christiane, die ja ihre Leidenschaft für alles, was Bühne ist, teilt. Mehr als Mutter und Sohn lieb ist, wird die Fürsprache in Weimar beansprucht. Wer wie Wilhelm Meister für die Segnungen der doppelten Buchführung kein Verständnis hat und zum Theater will, der wendet sich an die Frau Rat, und das «Demoisellchen Caspers», dem in Frankfurt Fleiß und rechte Schulung fehlen, wird unter Goethes Augen in Weimar eine brauchbare Schauspielerin. Aber gerade infolge der Distanz von den Künstlern intensiviert sich das Interesse für die Kunst. Die dramatische Dichtung als solche wird wichtiger als der Schauspieler. Mit Eifer vertieft sich die Frau Rat in das große klassische Drama ihrer Zeit. Sie scheint Jahre hindurch ihr festes Lesekränzchen gehabt zu haben. Tag und Stunde, auch der Kreis der Teilnehmer haben vermutlich gewechselt, der Mittelpunkt ist doch wohl die Familie Bethmann-Metzler gewesen. 1796 liest man den «Don Carlos», die Frau Rat hat die Rolle des Posa. Im Jahr 1800 ist man jeden Mittwoch um fünf Uhr in der Grüneburg bei der Tochter von Elise Bethmann, die, sechsundzwanzig Jahre alt, allem Geistigen aufgeschlossen, als Frau Sophie von Schwartzkopf eines der ersten Häuser der Stadt machte. Die Gastgeberin liest die Leonore von Este, ihr Gatte den Tasso, die Frau von Holzhausen Leonore von Sanvitale, Willemer den Herzog und die Frau Rat den Antonio. Aber auch «Wallensteins Tod», «Iphigenie auf Tauris», «Nathan der Weise» und wiederum «Don Carlos» werden gelesen. «Die meisten deklamieren, daß es eine Art und Schick hat. Jeder freut sich auf den Mittwoch.»

Was an Werken aus Weimar kommt, wird mit Dankbarkeit und Stolz aufgenommen, das «Tiefurter Journal», dann, was Wieland schreibt, jedes Heft seines «Teutschen Merkur», aber vor allem die Schriften des Sohnes. Der «Wilhelm Meister» wird gelesen wie ein Andachtsbuch; aber auch die «Geschwister», das Faustfragment, «Reinecke Fuchs», «Benvenuto Cellini», «Die natürliche Tochter» werden genossen. Eine ganz große Rolle spielt «Hermann und Dorothea». Alle ihre Freunde lieben diese Dichtung besonders, der Pfarrer legt sie seiner Predigt zugrunde, Elise Bethmann muß in seiner Gegenwart eins der teuersten Exemplare kaufen, «Schneider, Nätherinnen, Mägde, alles liest es, jedes findet etwas, das so ganz für sein Gefühl paßt», und das «Lieschen» erbittet und erhält vom Dichter ein Exemplar mit Widmung, Elisabeth Hoch nämlich, das letzte Mädchen der Frau Rat, das noch 1844, nun eine Matrone von 85 Jahren, neben Goethes einstigem Diener Stadelmann an der Einweihung des Goethedenkmals auf dem Roßmarkt teilgenommen hat, nicht in der ihr angebotenen Ratskutsche dazu abgeholt, sondern in einem von ihr gemieteten Wagen, denn sie könne es ja bezahlen.

Aus diesem Umgang mit der besten Literatur ihrer Zeit hat die Frau Rat aber unter anderem auch den Gewinn gehabt, daß sie richtig orthographisch schreiben lernte. Vergleicht man ihre frühen Briefe mit denen ihres Alters, so sieht man den Unterschied. Unsere Ausgabe, nicht aber diese Einführung, gibt getreu der historisch-philologischen Editionsmethode jeden Brief genau so wieder, wie er geschrieben worden ist. Die Frau Rat wußte, daß es bei ihr mit der Rechtschreibung haperte. «Es lag am Schulmeister», sagte sie und schrieb, wie sie sprach oder wie sie sich die Schreibweise dachte. Daher haben ihre frühen Briefe jenes heiter originelle Gepräge, das noch heute dem Leser eine Freude macht. Und doch hat die Genauigkeit der Wiedergabe auch ihren Nachteil. Sie verfälscht den Charakter der Briefe. Der Leser wertet leicht die lustige Orthographie höher als den Inhalt. Vor allem, er sieht die Schriftzeichen, wo er doch eine Rede hören sollte. Man lese einmal laut etwa die Briefe an Unzelmann, und man wird wahrnehmen, von welchem großen Atem sie getragen sind. Alle Briefe von Goethes Mutter sind gesprochene Rede, in Wortwahl, in Satzbau, in Rhythmus und Sprachmelodie geprägt durch die Unmittelbarkeit ihres Temperaments. Daher auch die ihr eigentümliche Zeichensetzung. Mit Grammatik hat sie nichts zu tun. Ihre Striche sind Atempausen im Strom der Rede oder Konventionsgesten der Feder.

Und dazu die wunderbare Bildkraft des Ausdrucks! Im heißen August 1788 schreibt sie: «Die Ihnen so bekannten Badhäuser waren von früh um 5 bis abends 9 nie leer, und im Main sahe es aus wie bei der Auferstehung der Toten.» Oder 1794 an den Sohn: «Ich habe so ein Drängen und so ein Treiben in meinem Innern, die Gedanken und Ideen jagen sich so untereinander wie die Knaben, wenn sie Jäger spielen!» Oder wenn sie von den Ängsten spricht, die sie ausgestanden, als die Franzosen im Sommer 1796 die Stadt beschossen und eroberten: «Wir sind nun wieder in Kaiserlichen Händen. Gott gebe, daß wir bis zum Frieden drinnen bleiben! Denn die sieben Wochen war Odem holen unter Henkers Hand.» Ein andermal nimmt sie für ihre Umzugspläne das Gleichnis aus ihrer Tätigkeit in der Küche: «So eine Art von Hoffnung habe ich, aber die Sache ist noch im Brühen und nicht ganz klar.» Aus der Küchensphäre stammt auch das Bild von dem aufgespulten Bratenwender, der hurtig abläuft, für ihre Briefschreiberei. «Ich glaube, ich lasse ihn noch laufen, bis ich Euch von meiner Abendglückseligkeit einen kleinen Begriff gemacht habe.» Und wie anschaulich das Gleichnis von dem Steckenpferd, das dem spielenden Kind in den Brunnen gefallen ist!

Auch Goethe hat ja seine Dichtung mit Bildern und Erlebnissen aus dem Elternhause angereichert. Vielleicht spiegelt sich eine häusliche Küchenszene und mütterliche Ermahnung, wenn wir in der «Stella» lesen: «Carl! da ist wieder das Salzfaß vergessen. Heißt das geschwenkt? Sieh nur die Gläser!» Wir haben ja eine lateinische Schularbeit Wolfgangs darüber, daß er im Elternhause den Tisch decken mußte. Sicher aber hören wir die Mutter in «Erwin und Elmire», wie sie mit der Gegenwart abrechnet und ihre Jugend preist: «Wie ich jung war, man wußte von all den Verfeinerungen nichts, so wenig man von dem Staate was wußte, zu dem man jetzt die Kinder gewöhnt. Man ließ uns lesen lernen und schreiben, und übrigens hatten wir alle Freiheit und Freuden der ersten Jahre. Wir vermengten uns mit Kindern von geringem Stand, ohne daß das unsre Sitten verderbt hätte. Wir durften wild sein, und die Mutter fürchtete nicht für unsern Anzug, wir hatten keine Falbalas zu zerreißen, keine Blonden zu verschmutzen, keine Bänder zu verderben; unsre leinene Kleidchen waren bald gewaschen. Keine hagre Deutsch-Französin zog hinter uns her, ließ ihren bösen Humor an uns aus und prätendierte etwa, wir sollten so steif, so eitel, so albern tun wie sie. Es wird mir immer übel, die kleinen Mißgeburten in der Allee auf und ab treiben zu sehn. Nicht anders siehts aus, als wenn ein Kerl in der Messe seine Hunde und Affen mit Reifröcken und Fontangen mit der Peitsche vor sich her in Ordnung auf zwei Beinen hält, und es ihnen mit derben

Schlägen gesegnet, wenn die Natur wiederkehrt und sie Lust kriegen, einmal à leur aise auf allen vieren zu trappeln.» So Elmirens Mutter. Ist das alles nicht wie eine Exegese zu dem Brief an Großmann vom Mai 1780, in dem die Frau Rat Gott dankt, daß ihre «Seele von Jugend auf keine Schnürbrust angekriegt hat, sondern daß sie nach Herzens Lust hat wachsen und gedeihen, ihre Äste weit ausbreiten können und nicht wie die Bäume in den langweiligen Ziergärten zum Sonnenfächer ist verschnitten und verstümmelt worden.» Goethe hat der Mutter Elmirens huldigend den Namen Olympia gegeben wie er Götzens tüchtige Gattin Elisabeth genannt hatte.

Und dann «Hermann und Dorothea»! «Auf das Werk, worinnen eine Frau Aja vorkommen soll, freue ich mich sehr, so wie über alles, was von Dir kommt», dies aus dem Brief an den Sohn vom 17. Juni 1797. Und nun schlage man den Vierten Gesang auf, der «Mutter und Sohn» überschrieben ist, das Gespräch unter dem Birnbaum im Weinberg. Was in «Dichtung und Wahrheit» steht, wie die Mutter Trösterin war bei Zusammenstößen mit dem Vater, hier ist es dichterisch verklärt.

Nicht nur über die Rechtschreibung der Frau Rat hat man sich gewundert, auch ihre arithmetischen Kenntnisse sind angezweifelt worden. Sie habe nicht rechnen können. Ach, wer kann denn schon rechnen! Überprüft man aber in Weimar ihre Ausgabebücher, so gewinnt man einen anderen Eindruck. Die Frau Rat konnte durchaus genau sein. Ja, daß sie sogar imponierend pedantisch war, wenn sie es sein wollte, das wird jedem Leser offenbar, wenn er beobachtet, wie sie immer wieder, ohne jede Nachsicht und Milde, von Unzelmann die geliehenen Hefte des «Teutschen Merkur» eintreibt. Ein unvollständiger Jahrgang ist ihr ein Greuel. Schließlich reißt ihr die Geduld: «Schicken Sie mir doch den schon tausendmal geforderten Merkur», und als auch das nichts hilft, schreibt sie an die Fritze, Unzelmanns Gattin: «Ein Teil des Deutschen Merkurs ist noch in seinen

Händen, der ihm zu nichts dient und dessen Entbehrung mir meine ganze Sammlung defekt macht. Haben Sie demnach die Güte mir ihn mit der fahrenden Post zuzuschicken. Sie werden dadurch überaus verbinden dero Dienerin und Gevatterin E. Goethe.»

Diese Weimarer Kästen und Abrechnungen! Nicht ohne Befangenheit löst man aus dem umhüllenden Papierstreifen die Stecknadel, mit der vor 160 Jahren die Mutter Goethes ihre gebündelten Abrechnungen zusammengefügt hat. Sehr genau kann man das bürgerliche Leben der Rätin bis in den Alltag hinein verfolgen. Was das Bärbel bekommt und der Perückenmacher, was das Theaterabonnement kostet und was der Buchhändler Fleischer erhält, — es ist derselbe, der 1764 Wolfgang als «kleinen eingewickelten Knaben» mit nach Leipzig genommen, wo Fleischer auf die Messe und Wolfgang auf die Universität wollte. Am 24. Juli 1787 wird ein Abendessen auf dem Sandhof für 25 Gulden gegeben, ein andermal für zwei große Gesellschaften 30 Gulden bezahlt. Am 13. Februar 1788 schreibt sie von vierzig Gästen. Die Festivität kann nur in den Räumen des ersten Stocks stattgefunden haben, wenn sie nicht eben auf dem Sandhof war. Das war noch in der Unzelmannzeit. Die Gäste werden vom Theater gewesen sein. Regelmäßig bekommen die Butterweiber, wenn sie ihre 200 Pfund Butter zum Einsalzen bringen, ihr Trinkgeld für das Tragen. Noch 1807 wird ein Spinnrad angeschafft und am 4. November zum erstenmal gesponnen. Zehn Pfund Mainzer Flachs werden gekauft, und sorgsam, wie die Frau Rat war, wird ein «Flachs-, Spinn- und Webebüchlein» angelegt.

Das Haus am Hirschgraben verfügte über eine geräumige Waschküche. Der Raum ist heute noch vorhanden. Er flankiert den Hof im Erdgeschoß. In die Hauswand ist ein steinerner Löwenkopf eingelassen, der aus dem Bau um 1600 stammt, wohl ein Portalschmuck, vom Vater Goethe geschätzt und deshalb in seinen Hausumbau von 1755 übernommen. Nur dreimal im Jahr war früher große Wäsche gewesen. Es waren das die Frühlings-, Sommer- und Winterwäsche, oder wie das Ausgabebuch des Vaters in Latein festhält: die lavatio verna, aestiva und hiemalis. Die Linnenvorräte müssen ungeheuer gewesen sein. Daher die großen Schränke. Jetzt wird wohl im «Goldenen Brunnen» gewaschen. Über das einzelne: Hemden, Linnentücher usw. unterrichtet genau das «Spülbüchlein» der Frau Rat, das in Weimar liegt.

Wichtiger als dieses «Spülbüchlein» ist uns aber das «Spielbüchlein von Gewinn und Verlust vom Jahr 1781». — Das ist also aus dem Jahr vor dem Tod des Gatten. Ein gleiches Buch ist für 1782 vorhanden, bricht aber in jenen Wochen ab, da der Rat starb. In jener Zeit also, da Goethes Vater nur noch ein «Pflanzendasein» führte, ging die Mutter im Durchschnitt zweimal in der Woche zu Freunden, um sich zu zerstreuen und so die Kraft zu gewinnen, das Leid im Hause zu tragen. Aus diesem Spielbüchlein können wir ihren Umgangskreis ersehen. Im Januar bucht sie an folgenden Daten nachstehende Verluste: Am 3. bei Frau Syndicus Gelf 1 Gulden 20 Kreuzer, am 7. bei der Mama 8 Kr., am 11. bei der Mama 40 Kr., am 26. bei Frau Jaquet — so hieß jetzt Fränzchen Crespel — 1 fl. 49 Kr., am 31. bei Frau Löhnhardt 1 fl. 9 Kr. Dem stehen Gewinne an sieben Tagen gegenüber: bei Herrn Crespel, die Mama bei mir, bei Herrn Crespel, bei Frau Jaquet, bei Herrn Crespel, bei Frau Jäger, bei der Mama. Am Jahresende heißt es: «Verspielt also dieses Jahr 10 Gulden, 40 Kreuzer.»

Im Grunde ist dieses Spielbüchlein ein Tagebuch der inneren Not. «Die Vorsehung findet eben vor gut mich durch allerlei Wege zum Ziel zu führen; denn daß ich dabei was rechts leide, brauche ich einer so gefühlvollen Seele wie Ihr seid nicht lange vorzuerzählen», schrieb sie damals an Lavater. Die Freunde, die Freundinnen, vor allem die Mama — ihr Portrait hängt im Hirschgraben — und eben die Ablenkung durch das Kartenspiel, das alles sollte helfen, das Leben zu bestehen. Die Frau des so traurig kranken Mannes wird eingeladen, um ihr andere Eindrücke zu verschaffen. So stand man ihr bei.

Im Lauf der Monate werden die Einträge seltener. Wir halten noch folgende Namen fest: Frau Rath Moritz, bei der Mama Stock, bei Herrn Doctor Schlosser, bei Frau Hauptmann Lucius, bei Herrn Doctor Moors — das ist der Bruder von Wolfgangs Jugendfreund, der 1802 Stadtschultheiß wurde —, bei der Gräfin v. Rantzau, bei Frau Brentano — d. i. die Maxe, die Mutter von Clemens und Bettina —, bei Frau Doctor Textor — d. i. die Schwägerin —, bei der jungen Frau Stock, bei Frau Schöff Lucius, bei Frau Rath Selig, bei der Frau Obereinnehmer, bei Frau Lehnhardt — so schwankt ihre Schreibweise —, bei Frau Muppermann, bei Frau von Metting, bei Frau Melbert — wohl die in «Dichtung und Wahrheit» erwähnte Tante —, bei Frau von Klettenberg, bei Jungfer Schmidt, bei Frau Gallet, bei Frau Doctor Schweitzer, bey Frau Hoffmann. Immer kehren im Ablauf der Monate dieselben Namen wieder.

Wie sehr spricht dies alles nicht für die Frau Rat! Man sieht, wie groß die Zahl derer war, die sich hier zur Verfügung stellten, die sich der schwer geprüften Frau annahmen. Zum Teil sind es Personen, von denen wir nie wieder hören, die also nicht zu dem engeren Freundeskreis gehörten. Der Eintrag, der sich am häufigsten findet, ist «bey der Mama». Und das ist natürlich. Von ihr, der Mutter, der Frau Stadtschultheiß Textor in der Großen Friedberger Gasse, die selbst siebzig Jahre alt war, wird das Ganze ausgegangen sein. Sie verfügte auch über die gesellschaftlichen Verbindungen, den Einladungskreis so zu erweitern.

Aus der Zeit nach dem Tod des Gatten ist kein Spielbüchlein vorhanden, auch nicht aus den Jahren vor dessen letzter Krankheit. Es ging nicht um das Spiel, es ging um menschliche Hilfe. Die vorletzte Buchung ist vom 10. Mai. Ende des Monats starb Johann Caspar Goethe. Da alle Briefe aus den Notzeiten der Mutter 1797 vernichtet wor-

EINFÜHRUNG

den sind, sind uns die siebzehn Seiten dieses Spielbüchleins ein Dokument, das uns offenbart, wie es in ihr aussah.

Aber auch sonst sind die letzten Lebensjahrzehnte schwere Jahre gewesen, vor allem wirtschaftlich. Das Familienvermögen schmolz zusammen. Von der Hinterlassenschaft des Herrn Rat war beim Tod der Mutter kaum noch die Hälfte vorhanden, etwa 44000 Gulden, je 22000 für Wolfgang und ebensoviel für die Nachkommen Cornelias. Aber die Zeiten waren doch auch schrecklich gewesen. Dauernd Kriege, Truppendurchzüge, Einquartierungen. Die Staatspapiere fielen an Wert. Was sich im Nachlaß an Papieren vorfand, waren Nieder-Österreichische Ständische Obligationen, Bethmännische Obligationen, Kurfürstliche bayrische Obligationen, Frankfurter Rechnungs Commissions Obligationen und ein Frankfurter Rechnei-Amt-Gültbrief. Das Ausgabebuch hat die Frau Rat vielleicht nicht so geführt, wie einst ihr Gatte. Das soll man von einer Frau auch nicht verlangen. Aber die Buchungen ergeben, daß hier keineswegs anspruchsvoll, sondern bescheiden gelebt wurde. Soweit man nach diesen Eintragungen urteilen darf, wenig Ausgaben für Kleidung oder Schmuck, aber immer einmal einige Kreuzer für «Marzipengen», Brenten, Kirschentorte, für Schokolade, Malaga, besonders wenn Besuch kam. An Wein zog Frau Rat den Marcobrunner und Hattenheimer den rheinhessischen Weinen vor, die der Rat im Keller gehabt hatte.

Und dann, wieviel Verpflichtungen brachte doch die Sitte mit sich. Jedes Neujahr kostete etwa 50 Gulden. Das war viel Geld. Jahr für Jahr sind die Aufstellungen darüber vorhanden. Nur die letzten, aus dem Jahr ihres Todes, seien angeführt. Sie geben einen Einblick in die bürgerlichen Verpflichtungen der Frau Rat. Zunächst Herrn Doctor Hufnagel — das war der Senior erst an der Barfüßerkirche, jetzt nach deren Abbruch an der Paulskirche — 11 fl., dann dem Perückenmacher 5 fl. 24 Kr., dem Liesgen — das war die Magd — ebensoviel, dem Schuch, der Friedericke —

wohl eine Kleinmagd — 2 fl. 42 Kr., in die Kestenbüchse 2 fl. 24 Kr., ditto Kleine 24 Kr. — das waren Almosen — in gleicher Weise für das Armenhaus 2 fl. 24 Kr., ditto Kleine Büchse 24, dem Lampenfüller 24 Kr., für die «Nachricht» 12 Kr., für die «Landzeitung» 12 Kr., für das «Journal» 12 Kr. — hier handelt es sich nicht um die Zeitungen, sondern immer um die Austräger —, für die Schützen 12 Kr., für den Kirchenzettel 1 fl. 12 Kr., dem Portechaisenträger 12 Kr. — Johann Caspar hatte die Sänfte als sella portabilis gebucht, Frau Rat hatte immer dieselbe Sänfte, deren Träger eben auch ihr Neujahrsgeld zu erhalten hatten. Die Liste geht weiter: Dem Catharinenthürmer 24 Kr. — das galt dem Kirchturm, den Frau Rat vom Fenster aus als Trost vor sich sah —, dem blinden Mädchen 12 Kr., der Milchfrau 26, dem Zettelträger 1 fl., dem Engel und der Logenfrau 2 fl. 42 Kr., dem Soldat im Schauspiel 24 Kr., der Bäckermagd 12 Kr., meiner Kehrfrau 12 Kr., der Hamburgern ihrer Magd 48 Kr., dem Glöckner zu St. Peter — dort war der Friedhof, wo der Gatte lag — 12 Kr., dem Kohlenträger 12 Kr., dem Kercher 12 Kr., dem Gassen Kercher 12 Kr., ebensoviel dem Wächter auf dem Turm. Das war der Türmer von St. Bartholomäi, also des Kaiserdoms. Er hatte zu blasen bei Feuer und Nahen feindlicher Truppen. Der war auch Anno dazumal, 1759, unterwegs gewesen, Neujahrsgelder zu sammeln statt als Wächter zu blasen, so daß die Franzosen die Stadt überrumpeln konnten. «Dichtung und Wahrheit» Anfang von Buch Drei: der Türmer habe an jenem Neujahrstag nicht aufgehört zu posaunen, ist hier Dichtung und nicht Wahrheit. Drei Türmer also erwarteten und erhielten von der Rätin ihr Neujahrsgeld. Als letzter Eintrag: der die Billiet bringt, vom Theater nämlich, 48 Kr. Summa 46 fl. 24 Kr.

Schon im Ausgabebuch des Vaters sind die Meßgeschenke und Neujahrstrinkgelder eine Last. Aber das war immer schlimmer geworden. An diesen Neujahrstagen ist die halbe Stadt unterwegs gewesen, und das Klingeln an der Haustür muß nicht aufgehört haben. Das war der Nachteil des Kaiserlichen Ratstitels. «Engel und die Logenfrau»? Was das bedeutet, klärt die Liste von 1797; da steht: Soldat Engel. Und warum dem Soldaten Engel ein Douceur? Das ergibt wiederum die Liste von 1802: dem Soldat, der an meiner Loge auf und nieder geht. Hier wußte die Frau Rat nicht den Namen. Die Soldaten lösten sich ab. Auch «Schuch» wird einer gewesen sein. Gelegentlich erhält «der Kleine Schuch» eine Puppe. Es handelt sich um die städtische Sicherheitswache im Theatergebäude.

Zu den meisten der so am Neujahrstag Bedachten wird Goethes Mutter ihrer ganzen Art nach persönliche freundliche Beziehungen gehabt haben. Das Geben machte ihr Freude. Ging doch kein Brief nach Weimar, den nicht Geschenke begleiteten oder in dem nicht Geschenke angekündigt wurden. Daß außerdem an den Sohn auch Geldsendungen gingen, daß die Mutter für den Sohn die Frankfurter Schatzung bezahlte, auch davon künden die Rechnungspapiere. Eine Quittung sei aber noch besonders erwähnt, weil sie für die Frau Rat bezeichnend ist. Sie kehrt ebenso regelmäßig wieder wie die Meßgeschenke oder die Gaben zum Jahreswechsel. Das ist die Bescheinigung für 1 Gulden 30 Kreuzer «für das halbjährige Singen am Hause»; hier zeichnet der Rektor Purman für seine Gymnasiasten, deren Chor an bestimmten Tagen vor dem Hause geistliche Lieder vortrug. — Purmann war ein Jugendbekannter Wolfgangs, der, an Winckelmann gebildet, 1773 «Einige Gedanken über die Empfindsamkeit» und für die Ansprüche des Herzens geschrieben hat, ein Jahr vor dem «Werther». — Goethes Mutter kannte und liebte die Choräle ihrer Kirche. Wir denken an den Brief vom 1. Oktober 1796: «da der Türmer zum erstenmal seine Zinken und Posaunen ertönen ließ und ‚meine Hoffnung stehet feste auf den Lebendigen Gott' zu uns heruntertönte, sange ich unter hellen Freudentränen mit.»

Tapfer wie diese Frau ihr Leben bestanden hat, bestand sie auch ihre letzten Stunden. Marie Belli geb. Gontard schreibt über sie: «Frau Rath Göthe hat hier fünf Kaiserkrönungen erlebt, und jedesmal von der gleichen Stelle sie mit angesehen. Neben der Uhr im Römer befindet sich ein kleines Zimmer, von da aus war sie Zuschauerin. — Bis an das Ende ihrer Tage blieb sich diese merkwürdige Frau gleich. Auf ihrem Sterbebette hörte sie die Stimme eines Tischlers, der gekommen war, sich für die Anfertigung ihres Sarges zu empfehlen, sie sagte: ‚es sei ihr leid, er käme zu spät, alles wäre schon von ihr angeordnet', ließ ihm aber zur Entschädigung ein Geldgeschenk reichen. — Als ihr letzter Tag nun herangekommen war, ließ die Sterbende spät Abends ihren Neffen und Arzt Dr. Melber, den sie sehr liebte, noch einmal zu sich bescheiden, und legte ihm die unumwundene Frage vor, wie viel Stunden ihr noch übrig seien? Auf eine ausweichende Antwort wurde sie fast ärgerlich. ‚Mach Er mir nichts vor, Vetter, ich weiß doch, daß es aus mit mir ist. Sag Er's rund heraus, wie lange habe ich noch zu leben?' Die Erwiderung, daß es wohl noch bis den kommenden Mittag dauern könne, hörte sie mit heiterer Fassung an. ‚Nun muß Er mir aber auch noch versprechen mich nicht eher zu verlassen als bis ich tot bin', bat sie zuletzt. Der Arzt erfüllte ihren Wunsch und blieb bei ihr, bis sie gegen Mittag 12 Uhr entschlummert war.»

Die Briefe

I. JOHANN CASPAR GOETHE

1. An Johann Balthasar Ritter

> VIRO summe reverendo et excellentissimo
> Domino Johanni Balthasaro
> Ritter
> Pastori vigilantissimo
> S. P. D.
> Johannes Casparus Goethe.

Literas tuas una cum fasciculo nuper ad me allatas, Dn. Lic. Swarzio patrono meo suavissimo pro mea in te pietate statim tradidi. Quoque sit animo per literas certiorem te faciet. Liber ille qui de Flacii vita agit, mihi in tuam memoria missus atque dono datus, maximam atque infinitam mihi peperit laetitiam, cum nihil majoris existimem, libro illo pulcherrimo. Quantum vero gaudium mihi liber ille attulit, tantum curae mihi est, ut tua VIR excellentissime beneficia nulla re ac ratione compensare atque adaequare valeam. Quod vero hoc tempore atque his meis rationibus compensare non possum, id parens meus charissimus Deo adjuvante renumerabit. De me autem, nunquam obliviscar, maxima ac plurima me tibi debere. De reliquo Deum Ter. Opt. Max: etiam atque etiam oro atque obtestor, ut te una cum domo tua quam diutissime sanum atque incolumem conservet, et ad rei literariae commodum, ecclisiaeque aedificationem vires largiatur integras. Vale,

> Coburgi d. IV a. Non. Dec. MDCCXXVII.

2. An Johann Philipp Strecker

HochEdelgebohrner
Insonders hochgeehrtester Herr Secretarie!

So angenehm mir durch EwHochEdgb. Vorschub der Aufenthalt, und zulezt die *tröstlichen* Stunden in und bey Grätz geweßen: so Gallenbitter hat mir die kalte Reiße darauf schmecken müßen. Ich habe die strengste Kälte ausstehen müßen, welche verursacht daß ich erst den 8. Jan. Mittags in Laubach eingefahren. Bereits alhier hatte ich mir aus verschiedenen Ursachen an Dieselben zu schreiben vorgesezet, wenn mich nicht damahl der so schleünige Abgang der Post daran verhindert hätte. Das erste war: länger nicht meine schuldige Dancksagung aufzuschieben, die mir vor die von EwHochEgb. erwießene Höflchkeit auch hin und wieder verschaffte angenehme Bekandschafft, wie itzo förmlich geschiehet, abzutragen, obliget. Die übrigen beyde Ursachen gehen mich alleine an. Sie beschuldigen mich der Vergessenheit. Weßentwegen ich habe bitten wollen, meine in dem Gasthause zu Grätz liegen gelaßene Schreibtafel nebst dem darinn verwahrten Marmor Stein, den mir die artige Mariandel verehret, zuzusenden, wie auch den zulezt gebrauchten Wagen mit 3 Siebenzehner zu bezahlen, ich würde Ihnen davor biß gegenwärtig hafften. Nunmehro an die aufgetragne Commissionen zu gedencken; so habe ich in Laubach etl. Stunden nach meiner Ankunfft sogleich meine Aufwartung dem H. v. Hohenwarth gemacht, von welchem ich auch freündl. empfangen worden, nachgehends habe den Herrn Kriegs Commissarium Vogel und den Herr S. Rheidt aufgesuget und an beyde die Begrüßung von EwHochEgb ausgerichtet. Von Laubach überhaupt zu reden so habe die Zeit daselbst sehr verdrießlich zugebracht. Vor dem Wirthshauße dem schwartzen Rößel, will einen jeden Reißen[den] abrathen. Um Mitternacht verließe ich diesen Ort und fuhr den 11 Jan. in Görtz ein. Ich habe den Brieff an die Fr. Gräfin durch einen Bedienten überschicken müßen, weilen Sie eine Unbäßlichkeit vorschobe mich nicht selber vor sich lassen zu können. Durch fernre Nachfrage habe auch erfahren, daß die Stunde einer abermahligen Niederkunfft sich herannahete. Hie an diesem Orte war es nahe genug und Zeit sich um den Ort meiner Contumatz zu erkundigen. Mir war anfangs bange, weil man mir sagte, es würde niemand in Palmanova wohin ich meine Gedanken gestellet, angenommen, es wären die Grafen von Stahrenberg abgewießen worden. Alleine, da man nicht mehr so scharf verfähret, und die Contumatz auf 28 Tage veringert worden, auch die gute Anstalten in Ungarn den Venetianern sind zu Ohren gekommen, hat man endlich zugelaßen die Contumatz in Palmanova, das sonsten nicht geschehen, zu halten, alwo ich den 17^{t} Jan. erst angekommen. Mich hat bißhirher Kälte und Waßer verfolget.

Ich war schon von Görtz abgereißet, und mußte auch, weil ich wegen des angelaufenen wilden Wassers nicht fortkommen konnte, wieder zurückkehren und demohngeachtet nach zweyen Tagen weil das Wasser noch nicht verlaufen, den Wagen mit den Sachen durch 6 Bauern über einen unwegsammen Berg schleppen lassen. Setzen Ew HochEgb die Contumatz noch auf 40 Tage so wäre mir das Carneval abdisputirt worden. Gedenken muß ich daß ich in meiner itzigen Einsamkeit rechtwohl stehe. Ich habe gut Eßen und Trinken einen sehr muntern und aufgeweckten Guardian, ein gutes Zimmer mit einem Camin. Und heüte sind 4 Personen von Grätz auch in dieses kleine Contumatz Haus eingetretten; wer sie sind weiß ich noch nicht. So bald sie angekommen, haben wir gantz nahe mit einander reden dürfen. Es fält also das ausgeschriehene rigorese Weßen hinweg. EwHochgb. wollen die Gütigkeit haben bey Gelegenheit dem Herrn Mollinari oder wie er heißet meine Empfehlung zu machen und bey Ihn meo nomine um die übrige address Briefe nach Rom zu sollicitiren, auch mir solche endlich in praesentem Carcerem vel quasi, oder nach

Venedig unter der Addresse des Herrn Pommers Panquier daselbst, mit meiner Schreibtafel zu überschicken. Nunmehro habe noch was nötiges Ihnen aufzutragen das ist, mich bey allen denjenigen welche mir so viel Ehre und Höflichkeit erwießen, förmlich zu empfehlen von mir aber versichert zu leben wie ich mit aller Aufrichtigkeit seye

EwHochgebohren ergebster Diener

J C Goethe, D.

Palmada ex Contumacia d. 20. Jan. 1740.

P. S. An die beyden Mademoiselles Pentz bitte eine besondere gehorsame Empfehlung zu machen, auch selbige mir fernerhin geneigt zu verbleiben, zu bitten, wie auch öffters den RosenKrantz während [?] meiner Contumatz vor mich herunter zu beten, übrigens auch Selbige zu versichern daß mir unmöglich wäre Ihre gefellige Lebensart zu vergeßen, und daß ich ein ergebenster Diener von Ihnen verbleiben würde.

In die Contumatz kann die Addresse an den Sige. Nicoletto Moro a Palmada gemacht werden.

3. An Johann Philipp Strecker

[Venedig, Juni 1740.]

HochEdelgebohrner, Hochgelahrter
Insonders Hochgeehrter Herr Secretarius!

Ich hätte nicht geglaubet, daß sich auf Reisen, an seine gute Freunde und Gönner zu schreiben, so viele Hindernisse fänden. Nunmehro aber habe ich eine Probe davon. Denn wie lange ist es nicht, daß ich Dero angenehme Zuschrift nebst der Schreibtafel empfangen und izo erstlich dieselbe beantworte, davor danksage, und das ausgelegte auf mich zu schreiben bitte. Unterdessen ist meine italienische Reise in so weit vollendet, daß ich nur noch den Obertheil desselben zu besugen vor mir habe, von dar ich vermuthlich durch Frankreich und Holland nacher Hausse gehen werde. Was ich froh bin, wieder in Venedig zu seyn, ist unglaublich, weilen mich der Weg nach Rom und Napoli zwar viel Geld, aber noch 10 mahl mehr Verdruß gekostet. Und ich wundere mich, da es doch allen Reisenden gleich wie mir ergangen und noch ergehet, daß man denen Italienern ihre alten Mauern, worauf sie sich so viel einbilden, nicht lässet, und davor Frankreich, England, Holland und Niedersachsen alleine besuchet. Die Teutschen sowohl, Engländer als Franzosen, sind in dieses Land recht bezaubert, und zwar ohne Noth, dahingegen die Catoliquen insbesondere ein Gelübde thun, Rom und Loretto zu besugen, ob sie gleich sich selbsten diese That, als eben nichts überflüssig vernünftiges vorwerfen. Allein was hilfft es auf Seiten dieser, wenn sich die principia nicht ändern, und auf der andern Seite wird so lange gereist werden, bis alle alte Mauern und Thürme über den Hauffen gefallen, folglich alles Angedenken der vorigen Zeit wird erloschen seyn, wovor die Italiener schon ein Mittel haben, derowegen sie dergleichen baufällige Dinge unterstützen lassen, und sich zu deren ewiger Dauer, viele Kosten verursachen. Ich wollte keinem rathen, sich an denen alten Dingen zu vergreifen, denn man weiß gewiß, daß als der Farnesische Palast in Rom aufgerichtet werden sollte und der damahlige Pabst aus diesem Hause seinen Nepoten die Steine hiezu von dem Amphiteatro zu nehmen die Freyheit gabe, diese auch zur Nachtszeit einen ziemlichen Theil davon fortschlepten, mithin dem Coliseo an seinem Ansehn vieles benahmen; so geriethe das Volk in eine heftige Bewegung und hatte es das Ansehen, wenn es nicht gleich unterblieben, zu einem Aufruhr zu gelangen. Von denen vielfältigen Ursachen, die das Volk hierbey hat, will ich nicht reden. Niemand darf glauben, als ob die Antiquitäten alleine die Fremden so häufig nach Italien lokten, es kommt die Bildhauer-, Mahlerkunst und die Musik, anizo aber die hochgestiegene Mosaische Arbeit, die prächtige Kirchen, vortrefliche Kabinette, noch darzu, weil alles in solcher Vollkommenheit alhier angetroffen wird, daß man an andern Orten nichts dergleichen mehr finden möchte, es müßte denn nur in einzeln Stüken bestehen. Doch auch dieses alles bestehet in einer blossen Liebhaberey und trägt weder zur Glückseeligkeit des menschlichen Lebens noch zu einem reelen Entzwek, der schon unter dem ersten mit begriffen, etwas bei. Ich habe mich wie offte an die Worte, welche Ihro Excellenz der Herr Feldmarschall zu mir gesprochen, erinnert. Die Natur des Briefes leidet es nicht, Italien in anderen Dingen weitläuftiger abzuschildern. Genau gesagt ist es, daß man in ganz Europa vor sein Geldt nicht unbequemer und verdriesslicher reiset, als in besagtem Italien. Man bringt nichts mehr mit nach Hause als einen Kopf voller Curiosideten, vor welche man insgesammt, wenn man sie in seiner Vatterstadt auf den Markt tragen sollte, nicht zwey baare Heller bekäme. In den Geselschaften und Buchläden ist wenig Trost zu hohlen. Ich habe mich in Rom 10 Tag länger als mein Vorsaz gewesen aufgehalten, um, wie dermahlen die Rede ginge, der Creation des Pabstes beizuwohnen. Allein anoch izo wird dem Vermuthen nach die römische Kirche noch lange eine Wittwe bleiben. Nicht zu vergessen habe ich vor die mir mit Ihro Hochwürden dem Herrn P. v. Blascovich verschaffte Bekandschaft ergebenen Dank abzustatten. Ich muß aber bekennen, daß wie mir Rom in noch mehren Stüken nicht gar wohl gewollt, es auch geschehen, gedachten wakern Mann nicht ehender, aller Nachfrage ohngehindert, als den lezten Tag vor meiner Abreiss kennen zu lernen. Diesem ohngeachtet habe ich aus der zwar kurzen Conversation alles was Dieselben von Ihme und seinen Qualitäten gedacht, richtig befunden. Bey diesem Unstern habe ich dem Herrn P. v. B. statt meiner einer andern guten Freund zuzuführen die Freyheit genommen, welcher Herr Lic. Lange und gegenwärtig Secretarius bey dem Auditore di sacra rota, überdiß von Würzburg gebürtig, auch wie mich dünket, seines Umgangs würdig ist. Was soll ich aber ferner zu dem langen Verweilen in Gräz sagen. Will denn ein so hartes Verfahren, wie es nunmehr der ganzen Welt vor Augen lieget, noch nicht ein Ende nehmen. Und ob ich gleich nicht zweifle, es werde Ew. HochEdelgebohren in Gräz ganz wohl gehen, so wünsche ich doch von Herzen, daß Sie mir die Abreise von daselbst ehestens berichten möchten, und kan ich solche Zeitung noch in Venedig, wo ich noch etliche Wochen bleibe, erhalten, so werde ich äusserst erfreuct seyn. Übrigens bitte ich bei ohnehin besugen meinen respect denenjenigen so sich meiner annoch zu erinnern belieben, zu vermelden, welches ich insbesondere bei den Mademoiselles Pentzen zärtlich zu verrichten ersuche, der ich überdiß mit behöriger Hochachtung harre

Ew. HochEdelgebohren
ganz ergebener Diener
J. C. Goethe.

4. An den Arzt Dr. Johann Philipp Burggrave

P. P.

Aus den beykommenden Briefen, können Ewhoch-Edgb die betrübte Verfassung meines curandi des jungen H. Clauers, dessen H. ordin. Sie vormals waren, zur Genüge einsweilen ersehen. Dieser junge Mann hatte schon vor geraumer Zeit die fromme Absicht sein Herze von der argen Welt zu Gott zu wenden, der Erfolg aber hat gelehret, daß Er sich darin nicht recht finden können, indem Er mit dem bößen auch das gute verworfen, und wie mans sonst austrückt, das Kind mit dem bade ausgeschüttet. Er verließ nehmlich auf einmal alle menschl. Gesellschaft, hörte auf die Collegia zu besuchen, saß beständig über den Büchern, und gerieth dadurch nach und nach in einen solchen Tiefsinn, daß, da seine promotion so nahe ist, auch das Examen rigor. schon längstens vorüber, Er dadurch auser Stande gesezet worden, solche rühml. zu vollenden. Mehreres hiervon will ich mir künftig zu mündlicher Unterredung vorbehalten, annizo aber mir dieses zu wißen ganz gehors. ausbitten, Ob es rathsam seye, Ihn bey gegenwärtiger Jahres Zeit die von allen facultäten daselbst einstimmig vorgeschlagene Reise an tretten zu lassen? nicht weniger was etwa von dort her zu näherer vorläufiger Kentniß seines Zustandes, zu wissen, notig erachtet werden solle? Ich bin Willens mit der heütigen post, die beyden Schreiben zu beantworten, und wünschte hertzl. wen es die häufigen Verrichtungen anders zuliesen, diese nebst Dero Äuserung hirauf, durch meinen Bedinten NachM. um 2 Uhr, ablangen zu lassen. Ich habe die Ehr hochd. zu seyn

Ew HochEdelgb.

VHs. [von Hause] am 11. Jan   gehors. Diener
1755.   Goethe.

5. An den Arzt Dr. Johann Philipp Burggrave

P.P.

Des Hr. C. Umstände haben ausweiß der beylage sich in einem Huy verändert, und mag das wol eine Himlische Medicin seyn, die ihn so gar geschwind wiederhergestelt. Ich fasse es nicht, bin aber gar gerne damit zufrieden. Er selber hat mir auch vorgestern seine längst den 14 h. m. zu haltende dissert. kurz, doch sehr ordentlich, einberichtet. Darf ich eine Muthmaßung wagen: vielleicht ist dort ein frommer Studiosus etwas seltens, ein Wunderding quid quod? ein Narr. Auf diesen Gedancken würde mir was einbilden, wen nicht so viele wackere Männer, aus allen facultäten, hirin einstimmig gewesen. Es muß doch wol an der Sache was seyn, wie viel aber, wollen wir erwarten. Ich suche hirdurch EwWohlgb weiter nicht zu beschweren. Ich habe nur das gute so wie das schlimme Dero hirantheilnehmendem edlen Herzen melden wollen, und harre

Ew Wohlgebohren   ganz geh. Diener
Goethe.

VHs am 15. Jan.
17[5]5.

6. An?

P. P.

Ewhochw. habe die Ehre zu melden, daß der Herr Dr. Cl. gestern Abend ganz ohnvermuthet, bey uns ein getroffen. Seine Reise ist, ohngeachtet der strengen Kälte zwar ganz glücklich gewesen, aber! aber! sonst siehet es mit Ihme schlecht aus, so daß die Nachrichten von dort her sich bewahrheiten dürften. Ich stelle derowegen denselben lediglich anheim, wen Sie so gütig seyn wollen, ihn selber zu besuchen [?], den in diesen Verfassungen ist es nicht rathsam, in vor die Thüre zu lassen. Meine weitere Gedancken über ihn, will mündl erörtern, und mich nur noch mit aller wahren Hochachtung unterzeichnen

Ewhochwürden

VHs am 27. Jan.
1755.

gehors. Die.
Goethe.

7. An den Maler Johann Konrad Seekatz

Franckfurth den 25<u>ten</u> Sept. 1763.

Ew. HochEdb. sind immerfort so höflich, und nehmen Antheil an unserm Wohlseyn, und wir erwiedern solches, mit dem süsesten Vergnügen, da wir auf das neue Dero Nahmen unter diesem Brief erblicken, und uns dahero die erfreuliche Vorstellung machen können, daß Sie einer völligen guten Gesundheit hinwiederum, durch die Gnade Gottes, theilhafftig worden sind, welche der liebe Gott lange hin, befestiget bleiben lassen wolle. Jedoch bedauern wir, daß Ew. HochEdb. uns nicht diese Messe mit Ihrer schätzbaaren Gegenwart beglücken wollen, anbey hoffende: dieser Ehre alsdenn vielleicht theilhafftig zu werden, wenn des Herrn Grafens Stücke fertig seyn wird, dessen Hand-Zeichnung ich bestens empfehle. Anjetzo aber meinen gefertigten beyden Stücken und dem Hoffmann, der sie überbringen soll, mit Verlangen entgegen sehe.

Hierbey gehende Rechnung, ist uns zu bezahlen, zugestellet worden. Da aber die Waare zu Dero Frau Liebste allhier verfertigte Andrienne angewendet worden, so frage an: ob ich die vier Gulden auslegen soll, womit die Ehre habe unter höflichster Salutation an die liebe EheGattin, und Umfassung des niedlichen Seekätzgens ohnabänderlich zu beharren

Dero
ergebenster Diener
Goethe.

8. An Lavater

Hochehrwürdiger Herr Diaconus,

Ich dancke Ihnen herzlich für das Viertelstündgen — das ganze Blätgen hatte auf mich, auf uns alle eine Trostvolle Würckung. — Zufrieden mit unserer Bewirthung — Teüerster Freund, wer genügsam ist, dem ist das wenige alles, und wie hätten wir einen edlern Gast aufnehmen können, als den, der so leicht zu begnügen war — Und der werthen Gattin gab unser ungezwungenes Leben Gelegenheit zum Lächlen. O, hätte sie doch ein Augenzeügen davon seyn können. Nun ist das kurze Leiden der Abwesenheit vorüber, aber die Freüde der neuen Umarmung desto gröser. Der im Himmel wohnt, lasse Sie lange so beysamen glücklich seyn, u die vorgewesene Reise leibliche u gemüthliche Früchte bringen — Wie bald sind nicht Kinder zu erfreüen deren Zustand stets der beste ist. Gott erhalte sie Ihnen zum immerwahrendem Troste — Der D.. Soloecismus steht nun blos, u ist dadurch das Publicu des nähern unterrichtet er mag auch dagegen einwenden was er wolle. Es muste jeden vor der neüen Aufstellung des längst bemosten Vorgangs grauen. Ein schwacher Freünd ist oft schädlicher als ein starcker Feind. Das vernünftige Publium braucht wenig Belehrung u dem unvernünftigen steht das:

plus est in veritate quam in oppinione, entgegen. Mögten Sie doch nun ganz ruhig wachen und schlafen — Uns werden Sie, bewährter Freünd immerhin liebenswürdig schäzbar und unvergeßl bleiben. Gönnen Sie Uns Ihr liebwerthes Angedencken, dem wir uns angelegenst empfehlen. Zweiflen Sie ja nicht an unserer Theilnehmung der von Gott Ihnen hienieden zu gewährenden Glückseeligkeit u nehmen den gebührenden Danck für die beyde ehrliche Biedermänner von dem gütigst an, der sich gehorsamst als Freünd u Diener unterzeichnet

Frankfurt d. 23t. Sept. 74.   J. C. Goethe.

9. *An Hieronymus Peter Schlosser*

Mein Sohn verlangte in seinem letzten Schreiben aus Weimar, einige Nachricht von dem ehemaligen hiesigen Syndico Joh. Fichart, mit angehängter an Ew Wohlgb. gestelten Bitte, daß Sie auch die etwaige Collectanea diesen Monat gütigst mittheilen mögten, wovon 1 paar der schönsten Abtrücke zu Diensten stünden. Man ist willens ihn dem T[eutschen] Mercur vorzusezen, wie es schon mit zwey andern berühmten Männern, dem Sebast. Brand u. Ulrich v. Hutten geschehen. Ich finde in des Lers.[ners] Chr.[onik] 1$^{\underline{ten}}$ Th. p. 260 die Umstände unter welchen von ihme die Solms.[ische] Lands Ord.[nung] u hiesige Reformation gefertigt worden, beschrieben. Allein es fragt sich: ob man nicht irgendswo ein mehreres von sey Leben antreffen solte, und es ist kein [Zweifel,] daß Ew wohlgb nicht diesem Desiderio genüge leisten solten. Sonst ist auch bekandt, daß er 1512 geb. u 1581 gestorben folgl. [ich] 69 Jahr alt geworden. Es sind ingleichen 7 Kupferstiche von ihm vorhanden, von denen eines muthmaslich, der gegenwärtige Abtruck, durch Krausen gezeichnet u v. Lips gestochen worden, welches, wen Sie ein od das andere besizen, leicht zu conferiren wäre.

Ich bin auserdem mit vollständiger Hochachtung

Ew wohlgeb.
Von Hause d. 19. April gehorsamster Diener
1776. u wahrer Freund
J. C. Goethe.

10. An Gottlob Friedrich Ernst Schönborn

Frankfurth am Mayn d. 24. Julij 1776.

Ihr freündschaftlicher Brief d. d. Algier d. 28. Octb. 1775 an Unsern Sohn, worinnen eine succinte Beschreibung des Spanischen coup manqué besonders enthalten, ist ohngefehr 6 Wochen hernach alhir richtig eingelaufen, und ist seine Schuld nicht daß er bisher unbeantwortet geblieben. Er war damals schon abwesend, und wir musten ihm solchen nach Weimar schicken wo er sich noch aufhält. Hören Sie wie dis an einander hängt, weil Ihnen doch alles, schäzbarer Freünd, was diesen Singulären Menschen betrifft, interessant seyn mögte. Ich fange vom Ursprung seiner izigen Verhältnüsse an. Der Herzog von Weimar lernte ihn schon vor 2 Jahren auf der vorteilhaften Seite kennen, und nach dem Er von Durlach, wo Er sich mit der Darmstadt. Prinzessin Louise vermählt hat, wieder zurück nach Frankf. kam, wurde er von diesem jungen Herzoglichen Paar in aller Form nach Weimar eingeladen, wohin er den auch gefolget. Er hielte sich den vergangenen Winter daselbst als Gast auf, und unterhielt die dortige Herrschaften mit Vorlesung seiner noch ungedruckten Werckgens, führte das Schlittschufahren und andern guten Geschmack ein, wodurch er sich Dieselbe sowohl, als auch in der Nachbarschaft viele hohe und vornehme zu Freünde machte. Je mehr nun aber der Herzog den Dr kennen lernte, desto weniger konte Er ihn entbehren, und prüfte seine Gaben hinlänglich, die Er so beschaffen fand, daß Er ihn endlich zu seinem geheim. Legations Rath mit Sitz und Stimme im geheim. Conseil und

1200 Thlr. Besoldung ernante. Da sizt nun der Poet und fügt sich in sein neües Fach bestmöglichst. Wir wollen ihn auch darin sizen lassen, jedoch auch zugleich wegen dessen izigen AmtsGeschäften in dieser Correspondenz ablösen und vertretten. Sie sollen das weitere von ihm jederzeit erfahren, auch seine kleine Schriften (alter Colomosius) womit anbey der Anfang gemacht wird, überkommen. Noch eins: Weilen der Herzog von W. die Gelährte nicht nur schäzt sondern sie auch nach Verdienst belohnet, dürfte seine Residenz in kurzem der Sammelplaz vieler schöner Geister seyn z. B. ist daselbst der eine Grf. v. Stollberg Cammerherr geworden, und wird sich bald dahin verfügen. Herder tritt da als General Superind. auf, und Lenz ist ingleichen seit einigen Monathen dort. Was Sie aber am meisten wundern wird, ist, daß sich der Dr mit Wieland ausgesöhnet, und nun auf den freündschaftlichsten Fuß mit ihm lebet. Und das geht von Herzen. Was den Hofr. Schlosser in Emmedingen betrifft, kan er mit Drukschrifften nicht fertig werden, die theils denen dogmatischen Theologen gar nicht anstehen, wie den eben diese Schwarze Manner mit weisen Krägen den 2ten Theil seines Landkatechismus nach ihrer dogmatischen Lehrart nicht gestellet fanden, und daher den weltl. Arm zur Confiscation reizten. Er kam auch erst mit seinem Anti-Pope zum Vorschein. In den Ephemeriden der Menschheit, eine Schrift die in Basel heraus komt, trift man auch verschiedene Aufsäze von Ihm an u. s. w.

       Hactenus
       Goethe Pater.

Lieber bester Freund! Sie müßen doch auch ein Wörtgen von mir hören, doch auch erfahren, daß ich noch lebe, oft oft an Ihnen dencke, immer gern wissen mögte was unser Freund Schönborn in Alschier betriebe u. d. m. Sie erinern Sich doch daß beynahe 3 Jahr verfloßen sind, da wir so vergnügt beysammen waren und Weintrauben assen. Ich dächte Sie wären lang genung in der Barbarey gewesen, hätten lang genung verschleierte Menschen gesehen, mein rath den Ihnen mein Freundschafftliches Hertz gibt, ist also der, kommen Sie bald wieder zu uns, es war vor mich jederzeit eine Wolust große Menschen um und bey mir zu haben, aber in meiner jetzigen lage, / : Da meine beyde Kinder weit weit von mir entfernt sind : / ists Himmel Freude. Folgen Sie mir und kommen je ehender je besser, es soll Ihnen wohl thun, was wollen wir einander erzählen, vor langeweile dürfen wir uns nicht fürchten, ich besitze einen schatz von Anectoten, Geschichten u. s. w. daß ich mich anheischig mache 8 Tage in einem fort zu plaudern, und wenn *Sie* nun gar anfangen werden — — Von Seen und Meeren, Städtten und Dörffern, Menschen und Mißgeburten, Elevanten, und Schlangen. Das soll ein gaudium werden. Leben Sie wohl. Dieses wünscht Ihre gantz eigne Freundin

C. E. Goethe.

Antworten Sie uns doch ja bald, damit wir erfahren ob die 4 piesen glücklich in Ihre Hände gekommen sind.

11. *An Lavater*

Liebster und theüerster Freund.

Sogleich wurden schickliche Anstalten getroffen — Sie werden nun sehn, wie weit es hier gebracht werden können — die angebogne Kayserl. Zeitung hats aus dem Altonaer Postreüter genommen, doch mit dem Unterschied, daß die hiesige andere Worte vorsezte, als jener — Füge noch die Myreütische Zeit. hinzu, vielleicht geben die sub artic. baaynstrom mit Rothstein unterstrichene Worte, zu muthmaßen, Anlaß — Weiter hat man es hier, da es einer aus dem Andern genommen, nicht bringen können — man müste sich also nach Altona, Hamburg u. s. w. wenden, um mehr ins klare zu sehen — So weit gehn meine Dienste — Stehe immer zu Befehl — Nun eine Bitte auch vor mich und meine Frau d. i. einige Abtrücke unserer beyder Angesichter von Schmoll im Profil schattirt — Die beste Salutation an die liebe Gattin, mit dem Wunsch u zwar herzlichen Wunsch alles wahren Guten vor Beyde, und Verlangen stets der Ihrige zu seyn

Frankf., den 1. Nov. 1776.　　　　　　J C. Goethe.

Lieber Sohn! Gott segne Euch, Eurer liebes weib, Kinder, und alles was Euch theuer ist. Grüßet von mir Pfenniger, Frau Schultz Mademoiselle Muraldt, und behaltet in gutem Andencken, die sich unterschreibt　　　Frau Aja.

12. An Johann Bernhard Crespel

Teüerster Freund,

Wen Ihr sonst lieber Brief, uns durchgehends erfreuen sollen, hätte darinn nichts von mislichen Gesundheits Umständen vorkommen müssen. Die ganze Sambstags Gesellschaft, der dieses sehr schwer aufgefallen, schreibt es einstimmig verabsäumter Pflege zu. Sie läst ihre wärmste und herzliche Salutation vermelden, und solche auf das angelegentlichste empfehlen. Ihr Interesse ist dabey zu groß, als daß sie nicht insgesamt dieserwegen besserer und Seelenerquickenderer Nachricht entgegen sehen solte.

Hören Sie doch auch noch in d Entfernung folgende Standes Erhöhung. Der Churf.[ürst] v. Trier hat nehml. bey seiner Durchreise am 14. h[ujus] in Selbst hoher Person der Max [Brentano], das Diploma zu überreichen geruht, worinnen er ihren Gemahl zu seinem Rath und Residenten alhier ernennet. Das Churfürstl. Creditiv an den Magistrat, hat Peter selbst dem ältern Hrn Burgermstr zu handen gestelt, der nun, wens nicht schon geschehen, durch eine Schöffen deputation bekompliementirt werden wird.

Durch die vorläufige Beschreibung des dasigen Dohms, werden meine Ideen ganz verjüngt. Man findet so gar wenig Nachricht von diesem wichtigen Gebäude, und muß eine nähere Kentnüß davon immerhin schäzbar seyn, die wir, wo nicht schriftl. /: Den das wäre zu mühsam/: Doch mündlich zu erwarten hofen.

Endlich komme ich an den Herrichschen Auftrag, mit welchem Sie viele Mühe und Arbeit haben. Debitor scheint nur amusiren zu wollen. Gegenwärtiger offener Einschluß sezt alles ins klare.

Ermüden will ich Sie nicht weiter, sondern nur noch die aufrichtige und liebe volle Hochachtung beyfügen, unter welcher ich niemalen aufhören werde zu seyn

>Ewere Wohlgebohrnen
>gehorsamster Freund u Diener
>J. C. Goethe.

Frankfurth d. 18. Jan
1777.

Ohne ein paar Worte von mir darf der Brief nicht abgehen. Lieber Crespel! Werde Er ja bald wieder recht Gesundt, ich werde nicht ehender ruhig, biß Ihr uns von Euch bessere Nachrichten zuschikt. Es kann Niemandt mehr theil an allem nehmen, was Euch mein Bester angeht, als Eure treue Freundin und Mutter

>C. E. Goethe.

II. CORNELIA GOETHE

[Die Ziffern in eckigen Klammern geben die Seite des Manuskriptes an]

1. *An Katharina Fabricius*

Bien aimee, et charmante Amie.

Qui n'admireroit pas Votre heureux Etoile, laquelle vous conduisit dans une Compagnie si aimable jusqu'a Votre chere Patrie; et qui ne s'applaudiroit du changement fortune, qui Vous fit tomber en partage, une des beautés les plus remarquables. Oui ma chere; quelque peine que m'ait couté Votre depart, et quelque affliction que j'aje sentie en Vous vojant partir, sans seulement pouvoir vous ouvrir mon cœur, sans etre en etat de vous apprendre une Epoque tres affligeante, qui ne laissa pas de me causer beaucoup de douleur; je fus cependant a demi consolee, en Vous vojant accompagnee si agreablement. Le sommeil n'etoit pas bien placé là, mon Enfant; Dormir en Compagnie d'un bel Esprit, d'un homme si savant, non! cela n'est pas pardonnable. Qu'auriez Vous pu profiter de ses raissonnemens, de la description de ses vojages. Il aura [2] eu beaucoup des avantures, qui conviennent a un Heros de ses pareils. Point d'histoire d'Amour? C'auroit ete là son fait – Un mot de votre tendresse envers moi: Je n'aurois jamais cru que mon souvenir put vous causer des larmes, dont je vous rends mille graces. Mais parcequ'enfin elles sont versees, il faut vous dire, que c'etoit un peu trop premature, de renoncer a une seconde Entrevue: J'ai tant de confiance a ce Ciel, que vous regardates alors si tranquillement, au coucher du Soleil, qu'il contribuera a vous faire retourner bien tot ici, ou d'inspirer a moi meme une Excursion a Worms — La Musique, surtout celle du Clavecin, a perdu beaucoup, par la mort de Mr. Schobert, celebre Claveceniste de Mons. le Prince de Conti, a Paris, dont vous aurez aussi sans doute entendu par les Gazettes. Des champignons venimeux en furent la cause, qu'il mangea avec sa Compagnie, et qui en moururent touts. [3] Il a compose XV ouvrages gravees en taille douce, qui sont eccellentes, et que je ne saurois me lasser de jouer. Toute autre Musique ne me plait presque plus. En jouant, des sentiments douloureux percent mon ame, je le plains ce grand auteur, qui, a la fleur de son age, avec un tel genie, a falu perir d'une façon si miserable et inopinee — Le tems de se promener est passé, la foire aussi, et me voila confinee a ma chambre, pour, ecrire, travailler, et lire. Accomplissez vous donc ce que vous vous etes proposee ici ? a peu prés comme je m'imagine; mais il faut que je me taise, vous etes surement plus constante que moi — hem — ne riez pas mon Enfant — Mlle B. . que Vous connutes ici, est tres affligee, a cause du depart de son amant, qui doit se faire cette semaine; ah! ma chere qu'on est malheureuse quand on aime, la pauvre fille! je la plains [4] elle n'a point de repos jour et nuit. Mais si j'en crois a mes yieux, qui sont tres clairvojants, le terme d'affliction ne durera pas trop longtems, ce seroit un grand avantage pour elle, et je m'en rejouirois, quoique je n'y aie pas trop d'interet. Je lui tins dernierement, un grand sermon, aussi y preta-t-elle l'oreille, tellement que j'espere qu'a la fin, le tems et mes conseils, la gueriront — Une folie, ma chère. J'ai vu ces jours cy, le miserable, qui fait tout par misericorde; vous m'entendez bien. Il voulut m'accoster, preludant par des reverences tres humbles, mais je lui tournai le dos tout d'un coup; ce qui le mortifia tellement, qu'il se retira en faisant un visage aquilin et des gestes pitojables, ha ha ha — Je vous prie de faire bien des compliments, a M^r. votre Pere, M^r. Hallungius, et a Mlle

votre Sœur. Soyez enfin assuree que je suis, et serai toujours,

Francfort
ce 1me Octbre
1767.

La Votre
C. F C. Goethe.

2. An Katharina Fabricius

Agreable Amie

Rien n'egala ma joje, en vojant que Vous prenez encore tant de part a tout ce qui me regarde, et je vous en sai tres bon gre, que vous vous affligez pour l'amour de moi, sans en savoir la cause. J'aurois ete a plaindre, si le tems ne diminuoit pas l'affliction; mais je l'ai prouvé. Chaque jour je sentis que mon cœur devenoit plus libre, plus serein; et a la fin c'est tout passé — comme un songe qui s'enfuit lorsque nous eveillons — que je m'en rejouis. Il m'est impossible maintenant de vous en faire le recit puisque le sentiment me manque; le refroidissement se feroit voir par tout — vous m'en dispenserez donc. — Je suis tres charmee, que vous etes si sage, et que vous etudiez tant. Ne prenez pour rien la moquerie de quelques miserables, mais poursuivez toujours, vous en serez d'autant plus respectable. — Je m'etonne que vous avez si mal reuissi, au choix d'une amie, surtout lorsque vous etes si clairvojan-[2]te. Cette pauvre fille s'est rendue malheureuse, car on verra toujours que ces sortes de mariages, ne reuississent pas, et je ne vois que trop par la, qu'il ne va pas mieux a Worms que chez nous; ou une telle couple vit encore depuis une quinzaine d'annees, mais tres malheureusement, n'ajant presque rien de quoi soutenir sa nombreuse famille, quoique le Pere de la femme, soit un des plus riches de notre ville. Cet exemple donc que vous alleguez, et qui est tout frais nous apprend, aussi d'etre sur nos gardes en fait d'amitie, et d'etre plutot trop soupconneuse que trop ouverte, envers des personnes qu'on ne connoit pas encore a fond — Vous ne vous expliquez pas trop clairement, touchant cette petite avanture qui vous arriva. Que veut donc ce Mons. Hesse? quel est son but en vous envojant 24 Menuets? en quel termes sa lettre est-elle composee, parle t-elle d'amour? ha-ha ha! j'éclate de rire; non cela ne se peut pas, car il auroit commencé ses affaires plus prudemment. A quels termes en etes vous donc mainte-[3]nant avec lui; auriez vous acceptee sa proposition? je ne le crois jamais, car ce n'est pas la une creature pour vous; vous qui seriez... mais je me tais ce sont la des choses qu'on n'écrit pas. N'est ce pas ma chere? — Depuis que vous etes partie de nos parages, je n'ai vue d'un coup d'œil, M$^{\underline{lle}}$ votre honoree cousine, ainsi je ne saurais vous en rapporter quelque chose. Qu'elle ne s'est pas encore trop changee a son avantage, c'est ce que ses lettres font voir. Je crois cependant, qu'elle soit fort a son aise, n'ajant plus un objet de jalousie devant les yieux. Qui sait si on ne l'aime pas. Riez vous ma chere, ou cela vous deplait-il. Auriez vous encore quelques sentiments de tendresse, pour un homme qui vous est entierement devoué. Il y avoit un tems ou vous en eutes pour lui; si je ne me trompe fortement. Recevez vous des lettres — hola un peu doucement qu'est ce que cela vous regarde, penserez vous. Pardonnez moi ma chere si je fais quelquefois des questions importuns, je voudrois savoir tout ce qui vous regarde, car je vous aime tant — La chere Runkel se por-[4]te a merveille, elle devient touts les jours plus sage, et naturellement plus grande. Pouvez vous croire qu'elle hait maintenant tant le misericordieux que moi. Comment cela se fit c'est ce qui m'est inconnu suffit qu'elle le meprise, ne le voit ni ne lui parle plus. Tout ce que j'en sais, c'est qu'un autre object, plus attirant, plus aimable que lui, a pris sa place. Elle vous fait ses complimens, vous souhaittant toujours beaucoup de bien — Nos vendanges sont faites, nous n'en avons remporte qu'une corbeille de raisins, qui ne furent pas tout a fait murs. C'est ainsi que le Ciel nous a voulu priver, du meilleur produit de l'annee presente. Je sais que ceci, fait le principal article de vos environs, dites moi qu'en avez vous reçu? Fûtes vous plus heureux que nous; Je pense qu'oui, puisque votre terrein est plus propre pour la culture des vignes, que le notre — Mes chers Parents vous font faire bien des compliments, et je vous prie d'en porter de pareils, a Mr votre Pere, et a Mlle votre Sœur; vous persuadant que je ne cesserai jamais d'etre

Franfort
ce 6. Nov. 1767.

La Votre
C. F. C. Goethe.

3. An Katharina Fabricius

La plus estimable de mes Amies.

Si je pouvois vous communiquer la joje que j'ai ressentie en vojant par votre chere lettre que Vous m'aimez toujours encore, vous en seriez d'autant plus convaincue, que je retourne sincerement votre affection, et que mon amitie pour vous est inalterable. Oui je m'estimerois parfaitement heureuse si nous etions dans une meme ville, pour pouvoir nous parler et nous entretenir de bouche, surement vous me frequenteriez plus souvent que Mlle votre Cousine que je n'ai pas vue depuis sa visite derniere dont je vous fis mention. Il est vrai que j'en suis la cause moi; car il me conviendroit de me faire annoncer, mais je ne saurois m'y resoudre; crojant gener des gens, dont vous m'avez appris le caractere; et j'y trouve aussi peu de gout moi meme, car une conversation pareille me seroit trop ennujante, comme vous pouvez vous imaginer. Je ne crois pas qu'elle lit quoiqu'elle en ait l'occassion, car, ma chere, manquant d'esprit, comment peut elle avoir plaisir a la lecture; je crois plutôt qu'on se glorifie plus qu'il n'en est, car des gens de merite, comment peuvent ils entrer en connexion particuliere, avec une fille dont ils connoissent les sentiments. Oui mon Enfant, l'aimable Demoiselle s'est plainte beaucoup de vous, que Vous lui ecriviez si rarement, qu'il [2] n'y avoit rien de nouveau dans vos lettres, et qu'enfin elle s'etoit imaginee que Vous seriez beaucoup plus prompte a lui ecrire. Je pris la liberté de lui faire un petit reproche, disant qu'a Worms, il n'y avoit pas tant de nouvelles qu'ici, et que c'etoit ainsi a elle, de vous en ecrire. Elle se tût, baissa les yieux, de meme qu'a l'allee, a l'apparence de... vous m'entendez — Vous voulez savoir des nouvelles de Mlle S.. que puis je vous dire, elle est encore la meme que vous l'avez vue. Ses minauderies et ses gestes bouffonnes ne l'ont pas encore quittee. Elle aime extremement la parure, et son unique dessein est de plaire. Cependant je ne saurois rimer son caractere. Pouvez vous croire, qu'avec toutts ces sentiments folatres, elle adore encore W.. jusqu'a l'exçès. Apres touttes les fautes qu'il a commises a son egard comme vous savez, il est pleure nuit et jour, surtout quand on se resouvient d'une folie commise; qui ne m'etoit pas encore connue; on ne sauroit presque se consoler. Je lui reproche souvent, cet attachement inalterable, lui representant tout ce qui pourroit l'en detourner, mais a lieu d'etre convaincue, elle me repond: Je ne suis pas si infidele que toi. Quand on parle d'un homme aimable, qu'on le dit un modele d'esprit et de beauté, elle repond dabord avec un coup d'œil meprisant: Ce n'est point de W.. Tout ceci [3] marque la grandeur de son affection; cependant je vous laisserai a juger si cela ne vaut pas un peu mieux que la conduite de Mlle B.. dont je vous dirai un mot, et qui est justement le contraire de celle la, quoiqu'en effet leur manieres exterieures ne sont pas beaucoup differentes. Je vous ai deja parle dans une de mes lettres, precedentes du depart de son Adorateur, qui se fit en effet, il y a quelques mois, et dont elle fut presque inconsolable. Un jour entier ses pleurs ne se tarirent; ce meme jour elle s'enferma dans sa chambre, ne voulut voir, ni parler personne. De même qu'une jeune veuve, a la mort de son mari, se lamente, et veut mourir avec lui; le jour suivant elle est plus consolee, et en peu de tems un autre occupe la place du defunt. Ainsi c'etoit de meme avec Mlle B. Presque quatre jours furent passes, qu'elle se trouva un nouveau, ne pensa plus a celui qui fut tant pleure, et enfin elle fait maintenant le meme manege avec celui ci, que l'ete passe avec le pauvre T... auquel nous retournerons un peu pour vous faire entendre son destin. En partant d'ici cet infortuné etoit si pauvre, comme un rat d'eglise. Il fit le vojage d'Hamburg avec tres peu d'argent, et y cherchant une condition chez des Marchands, il n'en trouva point, ce qui le fit desespere, et ne sachant ou aller sans argent et sans amis, il chercha a se faire Soldat; et il y auroit reuissi s'il avoit mieux sû l'allemand, car sa grandeur [4] est enorme. Mais l'Officier trouva ceci a redire, puisqu'en tems de guerre on le reconnoitroit dabord pour francois. Imaginez vous la situation de ce pauvre malheureux. Toutte vue de resource lui etant coupe; il s'engagea chef des Comediens, avec lesquels il est immediatement à Braunschweig, gagnant son pain miserablement. Qu'en dites vous ma chere, n'est ce pas une avanture bien curieuse ? et digne d'etre rapportee, pour servir de modele aux jeunes filles; d'eviter la connoissance particuliere de gens qu'elles ne connoissent pas — Avez vous eu aussi si froid au commencement de l'annee, ici il etoit excessif de sorte qu'on ne pouvoit mettre le nez hors de la fenetre. Nos vignes ont derechef soufferts. Mais maintenant il fait si beau tems que le Printems semble approcher. J'en serois tres charmee pour pouvoir recommencer mes promenades, car en verite je ne saurois manquer de devenir hipochondre, puisque je n'ai point de motion; aussi suis je depuis quelques jours si sombre, et si insupportable que je suis mecontente de moi meme, d'ou cela vient je ne saurois pour l'heure vous expliquer. Suffit, que plusieurs choses me vont contraires, que je vous apprendrai une autre fois. Adieu ma chere, faites mille compliments a M[lle] Meixner, embrassez la de ma part; de meme que votre chere Sœur, et tenez moi toujours pour

Frkfrt:
ce 5 Febr.
1768.

Votre
fidelle Amie
Goethe.

4. *An Katharina Fabricius.*

Solide Amie.

Je fus charmee d'entendre que vous futes a Manheim, pouvant bien m'imaginer l'impression que la magnificence, le charme de l'action, et du chant, auront faits sur votre esprit. Je ne vous accuse pas d'extravagance; mais je l'aurois fait si vous aviez neglige une occasion si favorable. Dommage que votre Cousine n'en a pas profité; c'auroit ete mieux pour elle, que la lecture de tant de livres, dont elle n'entend rien. Ha ha, riez; elle eut dernièrement sa grande Compagnie, j'y fus; quelle scene miserable, ah ma chere vous connoissez celle qui la composent; nous parlames d'œconomie, de la lecture, des arts, des langues. Qu'en dites vous? Pour moi, j'eus si mal d'une conversation, dont je ne pouvois detourner la fadeur, qu'il me faloit bien de tems à me remettre. Je pouvois là à loisir, examiner le caractere de chacune, et j'entrevis clairement, que [2] c'est l'education qui les rend si sottes. Elles font les devotes forcèes, ne regardent point d'homme, parcequ'on leur defend absolument de converser avec tout autre, que celui qui sera leur mari; d'eviter toutte connoissance particuliere avec qui que ce soit; et que si elles parlent tres peu, se tiennent bien droite, et font les precieuses, qu'alors elles sont accomplies. N'est ce pas la une education bien pitojable et peu digne d'etre imitee, puisqu'au lieu des filles spirituelles on ne trouve que des statues, qui ne prononcent autre chose que oui et non. Je pourrois m'emanciper encore plus sur cet article; si je ne me crojois obligèe de vous faire part d'une scene, qui quoiqu'elle ne vous regarde pas, n'en sera moins interessante, d'autant plus etant si peu attendue, que vous vous en etonnerez surement. Le principal but en vous la racontant c'est de faire reparation d'honneur à une personne que j'ai noircie dans votre [3] Esprit, etant alors trop preoccupèe des rapports malins qu'on m'en avoit faits. Il est vrai mon enfant nous avons touts le defaut de croire plutot le mal de notre prochain, que le bien; C'en est un grand je le confesse, sans lequel j'aurois été deja longtems convaincue de la susdite personne, qui maintenant... mais quel preambule, vous ne saurez dont il est question je commencerai vite à vous raconter le fait quoiqu'en verite je ne sache pas ou commencer. Vous vous resouviendrez encore sans doute de la colere dans laquelle je fus l'ete passè contre le misericordieux. He bien ma chere j'eus jusqu'ici une très mauvaise opinion de lui, crojant toujours qu'il etoit coupable, et qu'il avoit raisonné de moi d'une maniere peu decente, comme je vous l'ai appris. Quand je le vojois, je lui tournai le dos sans le regarder; enfin dernierement je le rencontrai en compagnie, il me parla; ma reponse fut courte, et comme il se tourna pour re-[4]pondre à une personne qui le questionna, je sortis expressement de la chambre, pour prendre un peu l'air. Ceci le choqua plus que tout, et ne pouvant se contenir, il demanda la maitresse du logis, ce que j'avois contre lui, et en quoi il avoit eu le malheur de m'offenser, que je lui faisois un accueil si rude, et si peu favorable. Dèz qu'il fut sorti on me demanda la raison de mon procede envers lui, me rappellant ses propres paroles. Je fus outree de cette apparente effronterie, et pour justifier ma conduite, je leur disois tout ce que j'avois entendu, avec une colere inexprimable. On s'en etonna, et pour eclaircir ces sottises la, on lui redit tout; Il resta stupefait, et quelques moments absorbè dans des reflections. Quoi! s'ecria t-il, on a pu former des mensonges si infames, ou mon honneur souffre tellement, que celui de Mademoiselle. Je ne m'etonne pas maintenant qu'on me regarde avec tant d'horreur. Mais comment [5] a t-on pu croire cela de moi, que ne l'a t-elle dit deja avant une annee entiere, pour que j'eusse pu aneantir ses soupçons. Cette mechante vipere de Rst. inventa tout ceci, par haine par jalousie. Elle s'en repentira, j'en jure au Ciel; je la menerai chez Mademoiselle, il faudra y confesser la verite. Il exclama encore beaucoup sur ce sujet; et obtint enfin des gens de la maison, qu'ils lui fourniroint un entretien avec moi. On me rapporta tout ceci; je balançai longtems, ... enfin à quoi bon ce long galimathias; suffit que je le vis; il se justifia, convaincue de son innocence, je le remis dans mes bonnes graces... et voila la paix faite — ha, ha, ha. C'est bien court me direz vous, je m'attendois à une description particuliere; Pardonnez moi ... je ne saurois; de peur d'ettouffer de rire. Ma chere si vous aviez ètè dans un coin, vous n'auriez pas subsisté... Representez vous notre situation; la sotte figure que nous fimes en nous abordant.. Suffit — [6] Je suis sure que vous entendrez avec plaisir quelques nouvelles de la fondation de Cronstadt qui fut confirmèe de Sa Majesté Imperiale, et honorèe en même tems avec une espece d'ordre, ou signe de grace, consistant en une petite Etoile d'or, emaillèe avec l'inscription: *In hoc signo salus;* et de l'autre cotè: *Augustissimus Josephus II.*, devant etre portèe des nobles Demoiselles qui la composent, à la poitrine gauche, suspendue à un ruban blanc avec des marges rouges. Il est aussi à savoir que sa Majesté, prennant la susdite Fondation sous sa protection, obtint le droit des premieres Prieres, mais avec cette distinction; que les Administrateurs ont proposè a Elle deux sujets de cette ville, pour en choisir un, à son bon plaisir. De plus on a observé, que parmi ces deux personnes, il y avoit une des plus riches de notre ville, pour eviter le reproche, comme si cette fondation n'etoit etablie que pour des pauvres filles nobles, Idee toutefois directement contraire au Diplome [7] fait pour cet institut, qui n'admet que celles, qui en ont besoin. Ma chere Amie, si Dieu nous enrichit tellement, à faire du bien à notre Prochain après notre mort, executons le d'une autre maniere, ou nous sommes assurèes, que l'on fera notre volonte à l'avenir, et non pas celle des Administrateurs. — Ce n'est pas un portrait avantageux, que vous faites de Mlle B. mais la reflection y jointe est d'autant plus juste, qu'elle contient de la saine morale sur notre sexe qui donne regulierement dans le defaut, que vous avez si bien critiquè — Or l'Evechè vacant de Worms est remplacè, et votre ville n'aura pas manquèe de faire ses felicitations à son nouveau Chef. La notre s'etant aussi acquittée de son devoir par une Deputation, laquelle ci devant apres cette ceremonie fut invitèe à la table Electorale même; mais dèz qu'un certain des Antecesseurs accepta celle de [8] Marechal, on continue toujours de les y placer ce qu'ils cherchent à eviter, se rendant dans une hotellerie, pour y faire bonne chere, au depens de notre ville, ou en même tems, les trompettes qu'ils amenent d'ici, font un grand tintamarre, que toutte la ville quasi s'y attroupe. — Le Concerts et touts les divertissements de l'hiver sont finis, cependant il fait encore si froid qu'on ne sauroit gouter ceux du Printems. Je l'attends avec impatience. Ah ma chere nous souhaittons toujours; et lorsque nous l'avons, ce bien tant desirè, nous nous y accoutumons; C'est ainsi, que le cœur de l'homme est formè; notre ame aime le changement, et il ne tient pas à nous, de nous en guerir — Puis je esperer, de vous voir ici cette foire; quelle seroit ma joje! Je pourrois alors vous reïterer de bouche; combien je vous aime; et que je ne cesserai jamais d'etre

Francfort
ce 24me Mars
1768.

La plus
fidelle de vos
Amies
C. F. C. Goethe.

5. *An Katharina Fabricius*

Aimable Amie

Ne crojez pas que mon silence ait pour fond un ralentissement d'amitie ou de la negligence, non ma chere: je ne suis capable ni de l'un ni de l'autre. Des affaires indispensables m'occupoint, sans lesquelles j'aurois deja eu l'honneur de vous ecrire avec Mlle Meixner. Le plaisir que j'eus de voir cette charmante Demoiselle chez nous, fut inexprimable, sa Compagnie, et sa conversation effaçerent peu a peu le depit que me causa votre lettre, ou je vis qu'il n'avoit dependu que de Vous de venir ici. N'auriez vous pas pû soutenir ce peu de tems une compagnie desagreable, vous qui y futes deja accoutumee, vous seriez sortie touts les jours et … mais a quoi bon ces remarques, ça est passè. Vous aurez entendue plusieurs petites avantures de notre aimable Amie, que je la priai de vous raconter. Je fus si heureuse de la voir touts les jours; nous nous promenames ensemble sur les remparts, aux promenades, sur des collines [2] verdojantes, ou l'arrivee des petites fleurs, et de l'herbe, annoncoint le Printems; là sous des ombres agreables, assises sur le gazon, qui enorgueilli de cette charge charmante, s'elevoit, et croissoit a nos yeux, là nous nous entretinmes de mille choses; et il ne manquoit rien a notre bonheur, que votre presence. Cependant Vous n'y perdiez rien, vous fites toujours le principal objet de nos discours; votre merite et vos graces furent relevees, enfin je vous assure que si vous aviez eté a nous ecouter vous n'en auriez pû etre que tres contente. A propos ma chere que fait Mr. H.. est il encore constant? vous incommode t-il avec des lettres? M<u>lle</u> Meixner m'a racontee quelque traits de lui qui m'ont fait eclater de rire on croiroit presque, qu'il lui manque tant soit peu au dessous du chapeau — Qu'il fait beau maintenant ici a l'allee, j'y suis tres souvent, et chaque fois il y a quelque nouvelle avanture. Vous y auriez dû etre Dimanche passe; M<u>lle</u> B. vint a nous toute [3] epleuree, nous nous etonnames de la voir dans un tel etat a un lieu public; apres mille questions on nous apprend qu'elle a perdu la bague que son cher T. lui donna sur la fidelite. Quels eclats de rire ne fimes nous pas; je l'en felicitai, en lui disant de l'avoir merité a cause de son caractere volage, mais elle y fit peu d'attention, plaignant toujours son malheur, et le mauvais destin, qui lui avoit fait negliger ce gage precieux — Je vous ai envojee les lettres du Marquis de Roselle, lisez les avec attention on y peut profiter beaucoup, le vice y est montrè sous l'apparence de vertu dans toute sa forme. Le Marquis qui n'a pas l'experience du monde, donne dans les filets de cette fausse vertu, et s'y enveloppe de façon qu'il coute beaucoup a l'en tirer. Que touts les jeunes gens y prennent un exemple, qui comme lui ont le cœur droit et sincere, et ne se doutent nullement de la tromperie que cette sorte de femmes exercent avec eux. C'est là une grande cause que notre jeunesse est si corrompue puisqu'un vice en-[4]gendre l'autre. Relisez plusieurs fois la lettre ou Mme de Ferval parle de l'education de ses enfants. Si seulement touttes les Meres en usoint de meme, certe qu'on ne verroit pas tant de filles insupportables comme vous en connoissez, et moi aussi. — Vous aurez quelque tems a lire au Testament de Cronstatt, vous pouvez le garder j'usqu'a la foire prochaine, et le rapporter alors vous meme s'il vous plait. Deux Demoiselles de la Fondation en sont sont sorties l'une par la mort, l'autre par le mariage. On voit de là que quelque magnifique et commode que soit la vie de ces Dames, la mort ne s'en soussie pas, et le mariage est preferé. C'est bon pour elles que l'entree dans cet institut, ne les exclue pas de ce dernier article, mais je crois qu'alors il n'y entreroit que tres peu, si l'age ne les empechoit pas d'y penser — Faites mes compliments a Mlle Meixner, Mlle Hafner, et a Mlle votre Sœur, dites a la premiere qu'une grande partie de notre ville fut tres fachee de la voir partir si tot; Il n'y a la rien d'etrange puisque tout le monde aime la beauté et le merite. Adieu

Franfort ce 14 May
1768
C F C. Goethe

6. *An Katharina Fabricius.*

Ma charmante Cousine,

Avec un plaisir infini, je prends la plume, pour m'entretenir avec Vous. Que les liens de l'amitie sont agreables, je ne crois pas me tromper si je dis, qu'il y a tant de charmes qu'a ceux de l'amour. Du moins je vous assure, que j'attendis votre lettre avec beaucoup d'impatience, deux mois s'etant ecoulés sans entendre de vos nouvelles. Je m'imaginai deja qu'il pourroit bien vous etre arrivee quelques accidents. Enfin je la vois cette lettre tant desiree, je l'embrasse, je l'ouvre, je la lis, j'y trouve que vous m'aimez toujours, et voila recompensés touttes mes attentes, car que puis je souhaitter de plus — Je suis charmee que vous avez tant de plaisir a la promenade, je n'en ai pas moins ma chere, surtout goutant un repos interieur qui me permet d'en profiter. Quelle difference entre ma [2] situation presente, et celle de l'hiver passe, ou je fus en proje des plus cruels tourments; quels souçis, quelles inquietudes. Maintenant que j'y pense de sang froid, je vois a quel point j'etois egaree, je rougis d'avoir pû former un seul souhait... C'est ainsi que nous sommes, lorsque la passion nous aveugle, nous ne vojons pas, la raison est subjuguee, on ne pense pas a l'avenir, toutes nos vues sont plaisantes, nous ne respirons que la joje. Mais quand nous revenons a nous meme, lorsque nous reflechissons; qu'est ce alors? une vaine illusion, un pur fantôme de bonheur, meme quelquefois tout le contraire de ce que nous avions envisagé. Ah pourquoi ne devient on pas plutôt sage que par sa propre experience. — Je crois que Md[lle] H. dont vous parlez dans votre lettre, se corrigera bientôt du defaut dont vous l'accusez; je m'imagine aussi que l'education en est plus la cause que son propre [3] cœur. Tachez en attendant de lui oter son ridicul objet; elle vous en saura bon gre un jour; je sais des exemples — Dans ma derniere je vous appris qu'une des Demoiselles de la Fondation de Cronstatt, en etoit sortie pour se marier; pensez ce que lui arriva. Peu de jours apres les Fiancailles, elle fit une chûte, soit par sa propre foiblesse, ou par negligence, suffit qu'elle fut entierement privee de ses sens; on la porta au lit, et apres avoir ete là deux jours sans aucun signe de vie, elle revint a soi, pour faire voir que son Esprit etoit tant soit peu derangé. Ceci n'empecha pas son Epoux de se marier avec elle quoique la Ceremonie nuptiale se fit sur le lit. On la transporta apres cela dans la maison de son mari ou elle resta quelques jours, lorsque sa maladie se degenera tout a coup en melancolie. Son mari lui devint insuppor-[4]table, elle ne voulut plus rester aupres de lui, et alla rejoindre ses parens. Sur ces entrefaits les deux nouveaux mariés demanderent la Separation en forme, lorsque la melancolie de l'Epouse la quitta, et se changea en bonne sante. Elle est maintenant tres contente aupres de son mari dont plusieurs personnes ont ete temoins, quoique le public en parle differemment. Vous ne sauriez croire quel bruit cette facheuse histoire a faite dans notre ville, et les mensonges qui furent inventès, comme des suites infaillibles dans des pareilles occasions, ou on ne se contente pas de dire la verite. — Vous me demandez comment je trouve la pensee de Mr Hallungius a l'egard du petit cœur, et je vous assure qu'elle m'a parue fort plaisante et de tres bon gout; Je souhaitte a ce nouveau Cousin une longue duree de la plus parfaite [5] santé; car j'entends de vous qu'il a ete malade — Je ne vous ai pas encore appris, que je bois les eaux a l'allee; nous avons la une compagnie tout a fait charmante de Dames et de chapeaux, dont le plus aimable est Mr. le Docteur Kölbele, que vous connoissez par son oration du mariage qu'il tint une fois en votre presence; ou il nous compara, nous autres femmes, a des poulets. Maintenant il nous donne des leçons sur la Philosophie morale. Cependant rien n'est plus plaisant que quand il veut exercer la galanterie qui dort depuis longtemps aupres de lui. Nos Dames qui sont les plus gajes du monde, la lui aprennent de nouveau. Elles se font mener par lui, porter le Parasol, verser leur verres pp. ah ma chere il execute tout ça avec des gestes si modernes, qu'on le diroit etre arrive immediatement de Paris. Nous avons aussi de la [6] musique, composee de dix Instruments savoir, de Cors de Chasse, Hautbois, Flutes, un Contre-Violon, et une Harpe. Vous pouvez vous imaginer quel bel effet ça fait dans la verdure. Nous chantons aussi souvent pour plaire a notre charmant Docteur, car qu'oiquil soit tres serieux, il aime nonobstant de voir la jeunesse enjouee. Ce chanson s'accorderoit bien sur lui: Es war einmal ein Hagenstoltz, il s'est meme bien plû a l'entendre. Jusqu'ici il a fait tres mauvais tems, que nous etions forcees de nous promener en parapluie ce n'etoit bon ni pour les vignes ni pour nous, mais depuis quelques jours il fait un tems de Paradis, et de Benediction. — Dites moi vos sentiments sur l'entree de votre nouvel Electeur. Je ne veux pas savoir ce que la Gazette en dit, mais vos reflections sur cet [7] article me charmeront. — J'ai bien des baisers a Vous donner de la part de Mlle Runkel; elle vous fait dire qu'etant dernierement au Jardin de Mr. Glötzel Mlle votre charmante Cousine y vint aussi; celle ci protesta avoir grande envie de danser, et voulut l'executer si seulement elle etoit accompagnee du moindre musicien. Vous savez ma chere ce qui en est, et cepandant on se glorifia beaucoup plus. Ce manege dura quelque tems, lorsque les chapeaux enfin ennujes de ce danser de bouche, appellerent Schlicht qui passa par bonheur. Toutte l'assemblee s'en rejouit, crojant voir des merveilles. Mais que pensez vous quelle fut sa conduite? maintenant qu'il s'agissoit de la realite elle ne voulut pas au fait; Vingt excuses furent proferees; qui ne lui servirent de rien; on la força de danser un Menuet, ce qu'elle fit de si mauvaise grace, que personne ne voulût frapper des mains, lorsqu'il fut fini — Pensez ma chere, j'ai apprise sous main que le misericordieux cherche avec un empressement [8] sans egal de nous trouver ensemble, la R. et moi, pour lui dire qu'elle est la plus infame creature, et de la forcer d'avouer la verite en ma presence. Je ne sai pas quel motif le fait agir de nouveau, puisqu'il m'a promis, il y a cinq mois, de n'en jamais plus parler. Du moins je suis dans une grande inquietude, puisqu'elle cherche maintenant mes bonnes graces, et me fait partout la cour, ainsi il n'y a pas de difficulte a nous attraper. Aussi le vois je roder souvent aux promenades, pour lorgner une occasion favorable, mais je saurai l'en preserver — Une Demoiselle des plus galantes de notre ville se trouve maintenant en couche, par ou elle se laissa trainer sous l'esperance de mariage. On est attentif de la part du Public, si elle obtient son but, ajant entamè le Proces contre son amant presomtif devant le Consistoire. Cette affaire cause ici beaucoup de bruit — Embrassez M<u>lle</u> Meixner et votre chere Sœur de ma part, et tenez moi toujours pour

Francfort
ce 28me Juillet
1768.
Votre
constante Amie
C. F. C. Goethe

7. *An Katharina Fabricius?*

Ma tres chere Amie

J'aurois depuis longtems repondu a Votre aimable lettre si je n'avois ete empecheè par plusieurs affaires indispensables. Vous etes si bonne que de m'aimer toujours, quoique je Vous en donne tres peu l'occassion; mais ma chere, sojez assuree, qu'il ne passe pas un seul jour sans que je pense a Vous. La maladie reiteree de mon frere ne lui permet pas de Vous ecrire; il en est tres fache, et m'a chargè de l'excuser; et qu'aussitôt qu'il sera retabli, il aura l'honneur de repondre a une lettre qui lui a causè beaucoup de plaisir. L'esperance qu'il a de Vous connoitre de personne la foire prochaine, n'attribue pas peu a sa guerison. Pour moi ma chere je compte les jours qui nous rejoindront, le tems n'est pas trop eloignè, et si Vous avez la meme inquietude que moi, Vous avancerez Votre depart de quelques semaines. C'est alors mon aimable Amie que je Vous dirai tout, ce qui m'est impossible d'exprimer maintenant. N'aneantissez pas mes esperances je Vous prie, car je Vous assure que je n'ecrirai plus le mot qu'apres Vous avoir vue. Adieu ma bonne, comptez sur l'amour de celle qui se nomme avec la plus parfaite sinceritè

Francfort
ce 3me Fevr.
1769.
La Votre
C. F C. Goethe.

[2] Mademoiselle votre Sœur vous embrasse tendrement
[von anderer Hand.]

8. Cornelias Tagebuch für Katharina Fabricius
16. October 1768 — 16. August 1769

I.

16.—22. October 1768

[1]   Dimanche matin
                                       a 8 heures ce 16. Octb.

Ma chere Amie

J'ai dans ce moment tant d'envie d'ecrire, et tout le monde est a l'eglise, de sorte que je puis le faire sans etre interrompue, car personne chez moi ne doit rien savoir de cette lettre. Il y a longtems que j'ai voulu commencer cette correspondance secrette, par laquelle je vous apprendrai tout ce qui se passe ici; mais pour dire la verite j'ai toujours eu honte de vous importuner avec des bagatelles qui ne valent pas la peine qu'on les lise, et qui ne sont interessantes que pour les personnes qu'elles regardent immediatement. Enfin j'ai vaincu ce scrupule, en lisant l'histoire de Sir Charles Grandison, je donnerois tout au monde pour pouvoir parvenir dans plusieurs annees a imiter tant soit peu l'excellente Miss Byron. L'imiter? folle que je suis; le puis je? Je m'estimerois assez heureuse d'avoir la vingtieme [2] partie de l'esprit, et de la beaute, de cette admirable Dame, car alors je serois une aimable fille; C'est ce souhait qui me tient au cœur jour et nuit. Je serois a blamer si je desirois d'etre une grande beaute; seulement un peu de finesse dans les traits, un teint uni, et puis cette grace douce qui enchante au premier coup de vue; Voila tout. Cependant ça n'est pas, et ne sera jamais, quoique je puisse faire, et souhaitter; ainsi il vaudra mieux de cultiver l'esprit, et tacher d'etre supportable du moins de ce coté la — Quel excellent homme que ce Sir Charles Grandison; dommage qu'il n'y en a plus dans ce monde cy. Il etoit Anglois ma chere; et si je puis croire, qu'il y a encore quelqu'un qui lui ressemble, il faut qu'il soit de cette nation. Je suis extrement portee pour ces gens là, ils sont si aimables et si serieux en meme tems, qu'il faut absolument etre charmee d'eux... Alte là il faut que je me coiffe maintenant peutetre que je puis continuer apres midi.

[3] Apres midi a 2 heures

Je viens dans ce moment de la table; et je me suis derobee pour vous entretenir un peu; vous ne devez rien attendre de premedité dans ces lettres, c'est le cœur qui parle, et non pas l'esprit. Je voudrois bien vous dire quelque chose, ma chere Catherine et cepandant j'apprehende... mais non vous me pardonnerez, n'e sommes nous pas touts ensemble susceptible de foiblesses. Il y a ici un jeune Anglois, que j'admire beaucoup, ne craingez rien mon enfant, ce n'est pas de l'amour, c'est une pure estime que je lui porte, a cause de ses belles qualités; ce n'est pas ce Milord dont Mlle Meixner vous aura parle sans doute, c'est un impert.... st st, il est aussi Anglois, et n'aime je pas toute le nation, a cause de mon seul aimable Harry. Si vous le vissiez seulement, une phisionomie si ouverte, et si douce, qu'oiqu'avec un air spirituel, et vif. Ses manieres sont si obligeantes et si polies, il a un tour d'esprit [4] admirable; enfin c'est le plus charmant jeune homme que j'aie jamais vu. Et, et, ah ma chere il part dans quinze jours; j'en suis fort afligee, qu'oique ce ne soit pas une douleur, pareille a celle quand on aime. J'aurois souhaittee de demeurer dans la meme ville que lui, pour pouvoir lui parler et le voir toujours; je n'aurois jamais eu une autre pensee; le Ciel le sait, et il est... mais j'en serai privee, je ne le reverrai plus. Non non je ne puis le quitter tout a fait, j'ai une pensee en tete, qui s'executera; il faut, que ça soit, oui en verite. Je vous dirai tout, condamnez moi, mais si vous connoissez le cœur humain vous ne le ferez pas, surement. Il faut que je cesse derechef, puisque le tems m'est fort cher; je vais cet apres midi en visite chez Mlle de Sosure, vous la connoissez, j'aimerois mieux rester a la maison et causer avec vous; mais cela ne se peut. Adieu. Peutetre que je le verrai. Ah mon cœur! —

[5] Lundi apres dine
a 2 heures.

Maintenant je vous parlerai du dessein que je forme. J'ai fait connoissance cet Ete avec un jeune peintre arrive de Paris, qui est tres habile en miniature. Il fut plusieurs fois chez nous, et me montra quelques Portraits qu'il avoit fait a l'insu des originaux memes. Je lui dis que je serois charmee s'il vouloit me peindre de meme une certaine personne. Il y consentit dabord, et nous commençames dez lors a prendre nos mesures dont plusieurs nous manquerent; enfin il a ete conclu que j'aurai Concert Dimanche prochain. Harry sera invité parcequ'il joue admirablement du violon; et le Peintre viendra pour faire une visite a mon frere, et agira comme s'il ne savoit pas qu'il y a de la Compagnie. On fera alors tres bien ses affaires, et justement quand le plus aimable des hommes joue sur son instrument — Je m'y perds ma chere.

[6] Mardi a 3 heures.

Puisqu'il faut que j'ecrive tout a la derobee, je ne saurois le faire tant que je voudrois bien; craignant a tout moment d'etre attrapee. Vous pourrez bien croire que ça ne me plairoit pas. J'oublie presque en Vous entretenant toujours de mes folies de vous dire, que j'eus enfin la semaine passee une visite de Mlle votre Sœur et de l'aimable Mlle Bauman, qui etoit coiffee en forme de Pyramide, ou pour mieux dire a la Rhinoceros; La pauvre fille avoit mal aux dents; et se comportoit comme toujours, d'une façon tres mediocre; surtout lorsque mon frere entra elle prit une de ses mines, que vous connoissez; la tete levee et les yieux baissès; et ne parla pas le mot. Aulieu que Mlle votre Sœur se conduisit d'une maniere tres raisonnable, de sorte qu'elle eut l'approbation de mon frere; qui cependant seroit beaucoup plus charme de vous voir ici. Il ne sait rien du tout de ce que [7] je vous ecris, car il ne le souffriroit pas, se nommant mon

Secretaire quand il s'agit de vous. Dites moi que pensiez vous de sa derniere lettre ? n'est ce pas un homme bien hardi et entreprenant de vouloir se mettre là dabord dans vos bonnes graces. Il vous admire extremement depuis qu'il a lû quelques unes de vos lettres; et il paroit souhaitter d'entrer sous mon nom dans une correspondance avec vous — Il faut que je vous dise maintenant quelque chose de la petite Runkel, pensez ma chere elle reçoit depuis quelque tems les hommages d'un tres riche Marchand de notre ville, qui est près de 50 ans et veuf depuis quelques annees. Elle croit qu'il l'epousera, et sur cette imagination, elle devient si impertinente, qu'il n'y a pas le mojen de la supporter. Auriez vous pû croire ça de cette pauvre petite fille, qui apres la mort de son Pere n'avoit de quoi vivre; et si le fils aine [8] ne lui avoit pas succedè dans son Emploi, toutte la famille auroit ete reduite a demander l'aumône. Mais cela est passé, et pour lors elle fait la grande Dame. Je vous dirai seulement un trait dont vous pourrez conclure aux autres. Il sera sans doute aussi connu chez vous, qu'il y avoint avant quinze jours des grandes solemnités a Darmstadt, a l'occasion de quelques Mariages qui si firent là. L'ecujer qui est le plus grand sot du monde voulut s'y montrer avec Mlle sa sœur, et son Epoux futur; Ils y allerent donc touts trois en Phaeton. Cette fois cy Mlle Lisette s'habilla tout en noir, une grande robe trainante en façon de Domino garnie de ruban couleur de chair. Sa tete etoit ornee d'un petit chapeau de plumes blanches. Elle fut admiree de tout le monde, et le Prince hereditaire voulant savoir qui etoit cette belle Dame, la fit prier par un Cavalier de [9] se demasquer, afin qu'il put voir si son visage repondoit, a sa figure incomparable. Elle s'excusa sur ce que personne n'otât sa masque, et qu'ainsi il ne seroit pas convenable a elle seule de le faire. Le Prince n'insistant plus, il en demeura là ce jour c'y. La sémaine suivante il y avoit encore un bal; et nos trois charmantes personnes s'y trouverent derechef, la Dame vetue en Venitienne; une juppe de satin bleu doublée en argent, un corset de la meme couleur et un survetement de satin cramoisi, le tout garni de pelisse brune et de dentelles dargent. Ses cheveux pendoint flottants, ils etoint nouès en façon romaine, et entrelaçès de Perles et de Diamans. Sur le milieu de la tete il etoit attache de la creppe blanche, qui pendoit jusqu'a la taille; et de la par terre etant serree au milieu avec une riche echarpe d'argent. Que dites vous de ce pompe? Je poursuivrai demain.

[10]   Mecredi ce 19 Octb.

Il fait un peu froid ici dans ma chambre, cepandant je n'ai point d'autre place pour vous dire la suite de ce que je commençai hier. Ecoutez attentivement. Madame Lisette entrant avec touts ces atours dans la Salle du Bal, tout le monde cessa de danser, on se pressa autour d'elle pour la voir; les Princes etoint restès immobiles, se doutant si c'etoit une Deesse, ou bien une mortelle. Les Princesses se regarderent les unes les autres, et disoint que c'etoit surement une Dame de grand rang, qu'on le vojoit a son port majestueux, a son habillement; et a la magnificence de ses Diamans. Enfin le vieux Landgrave, qui est a present dans le Ciel peutetre, rompit ce silence d'admiration, en commandant au jeune Prince George, d'aller engager cette charmante Dame a un Menuet; Il vint d'un pas mal assurè; mais vojant de plus près touts ces charmes, il fut perçè d'un [11] trait irresistible, et perdit tout a fait le peu de contenance qui lui etoit restè encore. Mademoiselle Lisette fut charmee de l'air du Prince, et encore plus de la beaute de sa figure; elle vit l'impression que ses charmes avoint fait sur son cœur, et par une simphathie mutuelle, elle conçut dèz ce moment une tendresse pour lui que la mort seule pourra vaincre. Le Landgrave vojant le trouble de ces deux aimables jeunes gens, envoja un autre Prince; mais alors le premier s'appercevant de sa faute, prit vite la main de la Dame et commanda un Menuet aux Musiciens. Alors l'ame des Spectateurs etoit en suspens, car personne ne dansa qu'eux, les autres, s'etoint rangés en deux hajes, et chacun paroissoit s'efforcer de retenir l'haleine pour ne les pas deranger. On entendoit cependant quelquefois dire tout bas: Elle danse comme un Ange. L'un s'ecrioit: Quelle taille. L'autre: [12] Quel charmant maintien; et le troisieme se fit entendre qu'il n'avoit jamais vu tant de beautes reuinies. Enfin le Menuet etant fini, les Princes et les Princesses formerent un cercle autour d'elle pour la contempler a leur aise, et assurerent que c'etoit la plus charmante masque de tout le Bal. La Princesse Hereditaire s'avança, lui prit les deux mains et dit avec un sourire gracieux: Mademoiselle vous etes bien aimable: La pauvre fille etoit trop consternee, pour pouvoir repondre autre chose, que par une reverence, aussi le peu de françois qu'elle sait n'auroit pas suffi a parler dignement avec une Dame d'un tel rang. Si je voudrois vous dire encore touts les honneurs que Mlle Lisette reçut ce soir là, je remplirois quelques feuilles de papier, ce que cependant je n'ai pas envie de faire sur un tel sujet. Suffit que vous sachiez que le jeune Prince George ne la quitta point du tout; elle n'osa danser qu'avec lui, et si un de ses freres [13] cadets vouloit l'engager a une contredance, il lui commanda de se retirer en disant: Qu'avez vous a faire ici? n'approchez pas vous dis je — La douleur de Mlle Lisette est fort grande a cause de la mort de Monseigneur le Landgrave, car elle a voulu reparoitre demain en grande magnificence, a un nouveau Bal qui y a dû etre.

Jeudi matin a 11 heures.

Nous faisons aujourdhui nos vendanges, ainsi je ne saurois vous ecrire beaucoup. Il fait un froid excessif, et cependant j'irai me promener cet apres midi, mais si vous vojiez mon habillement vous seriez sure que le froid ne sauroit percer. Trois juppes de laine, une robe, trois mouchoirs de cou, une Calesche, un Mantelet de satin doublé, et un Manchon. Ne pourroit on pas vojager en Siberie avec touts ces atours ? Nous irons en plusieurs visites, mon frere, et moi, nous passerons le Mein, pour aller voir [14] mon oncle qui a un jardin dèz delà ; Puis nous ferons encore un grand tour par terre, ce qui sera tres util a notre sante, car il faut que je vous dise en confiance, nous ne sommes pas bien touts les deux, ma çà se passera. Adieu ma chere.

Vendredi apres dine.

Je viens de recevoir votre charmante lettre, mais je n'y repondrai rien, laissant ce soin a mon Secretaire, ou a une reponse en forme ; seulement je Vous prie de ne plus me faire rougir par vos louanges, que je ne merite en aucune facon. Si ce n'etoit pas vous ma chere j'aurois ete un un peu piquee, de ce que vous dites de mon exterieur, car je le pourrois alors le prendre pour de la Satyre, mais je sai que c'est la bonte de votre cœur, qui exige de vous de me regarder ainsi. Cependant mon miroir ne me trompe pas ; s'il me dit que j'enlaidis a vue d'œil. Ce ne sont pas là des manieres, ma chere enfant ; Je [15] parle du fond du cœur, et je Vous dis aussi que j'en suis quelquefois penetree de douleur ; et que je donnerois tout au monde pour etre belle, surtout Dimanche prochain — pardonnez moi — plus ce jour desiré s'avance, plus mon cœur palpite. Et je le verrai donc ! — je lui parlerai — Mais a quoi ça me sert il ? — He bien folle ; ne l'auras tu pas puis pour toujours — du moins son image ; et que pretends tu de plus ? Ah ma chere je suis pleine de joje ; Vous en aurez une copie, surement vous ne me donnerez pas tort de l'aimer — Qu'ai je dit ? effaçerai je ce mot ? non je le laisserai, pour vous faire voir toutte ma foiblesse. Condamnez moi — Aujourdhui je n'ecoute que le plaisir, je danse par toutte la maison ; quoique quelquefois il me vienne une pensee qui me dit de me moderer, et qu'il peuvent arriver plusieurs obstacles. Mais je ne l'ecoute pas ; en m'ecriant dabord : Il le faut —

[16] Samedi matin a 10 heures.
ce 22 Octb. 1768.

J'ai envojé ce moment mon laquais pour inviter les Dames, j'apprehende de le voir de retour, et cepandant je le souhaitte; car tout depend de celles là. Un reve que j'ai eu cette nuit m'inquiette. J'entendis dire une voix: Tu ne le verras plus! — Ah ma chere que ferai je? le Domestique est de retour; et les Dames ne viennent pas — malheureuse — tout est fini. Mon orgueil est bien puni maintenant. — Il faut que ça soit — j'avois bien sujet de dire ainsi — Ajez pitie de moi — Je suis dans un etat a faire compassion — Il m'est impossible de poursuivre — pardonnez moi touttes ces folies — Ecrivez moi quelques lignes seulement qui m'apprennent que Vous me condamnez — Adressez les a Mlle votre Sœur qui me les donnera en secret. Personne ne les verra — Gardez bien cette lettre, que personne ne la voje, qui ne doit pas la voir. Aimez moi toujours. Adieu
GC

2.

25. October—2. November 1768

[17] Mardi ce 25 Octb.
1768

Ma bien aimee Amie

La fin de ma derniere lettre, etoit tres confuse, pardonnez le moi, je ne savois ce que je disois, et une sorte de saississement s'empara alors de mon ame. Je m'étonne quelquefois de moi meme; j'ai des passions si fortes que dabord je suis portée a l'exçés; mais ça ne dure pas longtems, et c'est la un grand bonheur pour moi, car il n'y auroit pas le mojen d'y subsister. Pour maintenant je suis assez tranquille, esperant que dans cinq jours il y aura encore un Dimanche — taisons nous de peur que si nous manquons encore une fois, on aura sujet de se moquer de nos desseins. Vous le feriez surement n'est ce pas ma chere? et je le meriterois. S'il part dans cette semaine .... ne donnons point de lieu a une Idee si choquante la seule pense me fait fremir — Et ne puis je donc pas quitter ce sujet, quoique je me le sois proposé ; vous le vojez mon enfant ; et je crois vous entendre dire que si je ne sai rien d'autre je dois [18] cesser tout a fait. Je le ferai aussi, mais auparavant je parlerai un mot de Mlle Meixner. Vous pouvez lui montrer touttes ces lettres si vous le jugez convenable, dites lui que je lui dois encore une reponse de compliment, mais qu'elle doit m'excuser, puisque je n'aime pas ce ton là. Dites lui encore que c'est tant pour elle, que pour Vous que j'ecris ces recits ennujants, et remplis d'impertinences, car je suis sure que Vous les trouverez tels. Je m'estimerai assez heureuse, si en les ajant parcourues, vous daignez me pardonner, et me plaindre — Je n'ai pas vu depuis Mlle votre Sœur, quoique je l'aje priee de me venir voir quand il lui plaira, sans la charmante Cousine. Peutetre que cela ne lui sera pas permis ; Vous connoissez les sentiments de ces aimables personnes. J'en suis fachee pour l'amour de Mlle votre Sœur ; on pourroit procurer a cette chere fille toutes sortes d'amusements, mais, avec cette Cousine tout est gàté. Adieu, je m'en vais vous quitter, jusqu'a revoir.

[19] Mecredi ce 26 Octbr.
a 2 heures apres dine

Dans ce moment mon frere est alle voir deux jeunes Seigneurs de qualite, qui viennent de Leipzig, ou il a eu connoissance avec eux. Je le priai de me les decrire, ce qu'il a fait avec plaisir. Monsieur de Oldroqq l'ainé, me dit il, a environ vingt six ans, il es grand, de belle taille, mais son visage a des traits peu flatteurs ; il a beaucoup d'esprit, parle peu, mais tout ce qu'il dit, montre la grandeur de son ame, et son jugement elevé ; il est tres agreable en Compagnie ; pousse la civilité jusqu'au plus haut bout, supportant avec condescendance, les personnes d'un merite inferieur, enfin il possede touttes les qualités requises pour rendre un Cavalier aimable — Son frere aura vingt ans, il a la taille moins haute que l'aine, mais ses traits sont d'une beaute charmante; comme vous aimez a les voir vous autres filles; il est beaucoup plus vif que l'autre, parle souvent, quoique quelquefois mal a propos, il a le [20] caractere aimable, melé avec beaucoup de feu, ce qui lui va tres bien; Encore un peu d'etourderie, mais ça ne fait rien. Il suffit a toi de savoir que c'etoint là les Cavaliers les plus distingués de toutte notre Academie — Je suis charmee de cette description, ne l'etes Vous pas aussi ma chere car je Vous assure que quand mon frere loue quelqu'un il faut qu'il ait beaucoup de merite. —

a six heures du soir.

Il est de retour, pensez mon enfant, demain ils viendront chez nous; je suis curieuse de les voir, mais j'ai honte de me presenter a eux. Voila une de mes grandes foiblesses, il faut que je l'avoue; Vous connoissez mes pensees là dessus, et vous me pardonnerez si je rougis, en pensant de montrer a des personnes d'un tel merite, une figure si humiliante, et si peu digne d'etre vue. C'est un desir innocent de plaire, je ne souhaitte rien — Ah ma cher si vous vojiez les pleurs — non non je n'en verse pas, ce n'est que — ce n'est rien —

[21] Jeudi a 10 heures du matin

Si je pouvois Vous deployer l'etat present de mon ame je serois heureuse, du moins je comprendrois alors ce qui se passe en moi. Mille pensees mortifiantes, mille souhaits a demi formés, et rejettés dans le meme moment. Je voudrois — mais non je ne voudrois rien — Je Vous envie presque ma chere, le repos que vous goutez, etant contente de Vous meme, ce que Vous avez sujet; au lieu que moi — je ne saurois poursuivre —

a 2 heures apres midi —

Que ferai je? je me suis habillee pour sortir, et je n'en ai pas le courage. Je m'en irai; il m'est impossible de les voir;

vojez la folle comme le cœur lui bat. Vingt fois les escaliers furent descendues, et autant de fois mes pas me ramenerent dans ma chambre. Mon frere m'a demandé si je sortois aujourdhui, et je lui ai repondue qu'oui, ainsi je ne saurois reculer — Adieu je m'en vais pour la derniere fois, prennons courage, vite point de grimaces; Ne suis je pas bien ridicule?

[22]   a cinq heures

Me voila revenue, je me suis trouvee mal, je crains a tout moment une foiblesse — Je vais me deshabiller — Ils sont là ma chere, et pensez il est arrive justement un de mes Cousins, qui etoit depuis quelque tems a la Cour, il est aussi aupres de ces Seigneurs, s'il lui venoit en tete de me voir — J'ai ete surprise, mon frere est entré et j'ai cache vitement ma lettre, ah ma chere il a ete envojé de mon Cousin qui veut me voir absolument il a deja fait mon eloge a Messieurs de Oldroqq — je me suis excusee, disant que me trouvois mal, mon frere etoit effraje en me regardant, car je suis pàle comme la mort. Je n'y saurois aller — que vais je devenir j'entends la voix de mon Cousin qui s'ecrie — il faut qu'elle vienne — il entre, ah ma chere sauvez moi —

                                                      a 7 heures

J'y ai donc eté; he bien sotte, qu'avois tu besoin de craindre. Je suis si gaje maintenant; — ecoutez moi, je Vous dirai tout ce qu'il se passa — Comme mon Cousin entra dans ma chambre, j'etois prete a m'evanouir, il le vit, ah Mademoiselle s'ecria t-il je vous revois, et dans quel etat — vous palissez — eh mon Dieu, qu'avez Vous [23] je suis venu pour Vous chercher, ces Messieurs sont inquiets de vous voir, allons venez, ils sont bien aimables, votre mal se passera — Laissez moi Monsieur, je ne saurois, vous vojez que je ne suis pas bien, — que diront ces Messieurs s'ils me vojent en un tel etat — ce qu'ils diront ma chere — eh que ma Cousine est un Ange — Je Vous prie Monsieur — et je Vous prie Mademoiselle que craignez vous — venez venez. Il saisit ma main m'entraine — ouvre la Salle — voila Messieurs ma Cousine. Ah ma chere ne tremblez vous pas pour moi? Plus morte que vive j'entre — ils se levent — je ne sais ou je suis, et machinalement je vais vers l'aine d'Oldroqq qui prend ma main, la baise, et me fait quelques compliments, que je n'entends point. Le Cadet approche, je me tourne vers lui, faisant la reverence, je le regarde et je reste stupefaite, en vojant qu'il ressemble beaucoup a mon aimable Anglois — Mon frere apperçoit mon trouble et pour m'en tirer il prie les Messieurs de s'assoir. Cela me fait recouvrir la parole, je leur dis que j'etois fachee de les avoir derangès, et qu'ils me feroint plaisir de reprendre leur places. Nous nous [24] assejons, le Cadet a coté de moi a main droite, mon frere a main gauche, l'aine a cote de lui, et puis vis a vis de moi mon Cousin. J'etois trop pres des chandelles, j'eus honte de me faire voir, c'est pourquoi je pris ma chaise, et la tirant loin de la table je m'y râssis — Mon cousin s'ecria dabord: Eh ma chere pourquoi nous derobez Vous nous votre charmant visage, approchez vous je vous prie — C'est ainsi ma coutume Monsieur de me mettre loin de la lumiere; et je l'ai plus sujet maintenant que jamais, ajant ete dans l'obscurité, ce grand eclat me frappe tout a coup, et m'eblouit tellement que je ne puis voir personne — Vous aurez en tout votre volonte ma chere, mais dites moi comment vous ètes Vous portee depuis l'hiver passe, vous etes devenue plus grande, et plus belle, Messieurs qu'en dites vous; vous ai [je] trompés en parlant de ma Cousine, comme d'une fille admirable? Ah ma chere j'etois exedee — Les deux Seigneurs me regardoint avec un sourire d'approbation, ils se baisserent — que devoint ils dire — Je pris courage — Messieurs leur dis je, Vous vojez de ce seul trait, que mon Cousin a grande envie de railler aujourdhui, il badine, et je vous prie de prendre [25] tout ce qu'il dit sur ce ton là — «Ma chere Cousine je ne vous ai pas encore communique la joje que j'ai ressentie, en trouvant a mon retour ici un Cousin si aimable, je ne le connois que depuis une heure, et dans ce peu de tems j'ai deja decouvert en lui mille belles qualités, on a sujet de vous feliciter, d'un frere si digne d'etre aimé» — Je suis charmée Monsieur que vous etes convaincu a present, combien j'avois raison d'etre affligée de l'absence de ce frere cheri; ces trois annees ont etés bien longues pour moi, je souhaittois a tout moment son retour. — Ma Sœur, ma sœur, et maintenant que je suis là personne ne desire de me voir, c'est tout comme si je n'y etois pas — Point de reproches mon frere, vous le savez vous meme, que ce n'est pas là ma faute, vous etes toujours occuppé, et je n'ose vous interrompre si souvent que je le voudrois — Mais ma chere Cousine comment va donc la musique, vous excelliez deja l'hiver passe, que ne sera ce maintenant. Oserois je vous prier, de me faire entendre vos nouveaux progres; je suis sur que ces Messieurs en seront charmés —|: Il faut vous dire ma chere que je me portois mieux a tout moment, mes terreurs etoint passéz, et je commençai [26] a recouvrir toutte ma presence d'esprit. Je me levai dabord et l'orsqu'ils virent que je marchois vers mon Clavessin ils se posterent touts autour de moi; le Cadet se mit de façon a pouvoir me regarder a son aise pendant que je jouois. Je le surpris quelque fois. Je fus deconcertee un peu sans savoir pourquoi, je rougissois, — mais mai chere pourquoi me regardoit il aussi — cepandant j'executai assez bien mon Concert, et en me levant, je priai mon Cousin, de nous faire entendre son habilete en sifflant; C'est un drôle d'homme ma chere il fait ça d'une façon si curieuse, qu'il faut eclater de rire en le vojant. Il me ramena a ma chaise, et en me demandant ce qu'il devoit faire encore pour m'obliger je le priai de reprendre sa place; Vous saurez qu'elle etoit vis a vis de moi — Je vois a quoi ça aboutit s'ecria t-il vous voulès que je m'eloigne, c'est vous Monsieur, dit il au jeune d'Oldroqq, qu'elle a elû pour etre toujours pres d'elle; Que je suis charmé Messieurs, que vous ne restez pas ici; je n'aurois plus la moindre place dans le cœur de, ma niece, car je suis sûr que Vous me l'enleveriez entierement — Ah ma chere que [27] le cœur me battoit, je ne sûs que dire; Le jeune d'Oldroqq etoit en peine pour moi, je le vis a l'emotion peinte sur son charmant visage. Il me regardoit timidement comme s'il eut craint de m'offenser. Je ne pouvois me defendre le plaisir de le contempler, je crûs voir mon aimable Harry, je ne sais plus ce que je pensois alors — Mon frere pour donner un tour a la Conversation parla de Leipzig, du tems agreable qu'il y avoit passe, et en meme tems il commença a se plaindre de notre ville, du peu de gout qui y regnoit, de nos citojens stupides, et enfin il s'emancipa, que nos Demoiselles n'etoint pas supportables. Quelle difference entre les filles saxonnes, et celles d'ici s'ecriat-il — Je lui coupai la parole et m'adressant a mon aimable Voisin Monsieur lui dis je ce sont ces reproches qu'il faut que j'entende touts les jours; Dites moi je vous prie; vous qui n'etes peutetre pas si prevenu que lui, si c'est en effet la verite, que les Dames Saxonnes, sont tant superieures, a celles de toutte autre nation? — Je vous assure Mademoiselle que j'ai vu le peu de tems que je suis ici beaucoup plus de beautés parfaites qu'en Saxe, cepan-[28]dant j'ose vous dire, ce qui porte tant Monsieur votre frere pour elles, c'est qu'elles possedent une certaine grace un certain air enchanteur — C'est justement interrompit mon frere, cette grace et cet air qui leur manque ici, je suis d'accord qu'elles sont plus belles, mais a quoi me sert cette beauté, si elle n'est pas accompagnee de cette douceur infinie, qui enchante plus que la beaute meme — Juste ciel il sonne dix heures, il faut aller me coucher, je n'ai pas soupee aujourdhui pour pouvoir vous dire tout ça; J'aurois bien voulu vous raconter la Conversation jusqu'a la fin, mais il m'est impossible de prendre tant de tems. Je n'ajouterai donc rien, excepte qu'ils s'en allerent tres contents, sur tout le Cadet, qui prit un conge tres poli de moi, il baisa ma main, la serra a plusieurs reprises, je crûs presque qu'il ne vouloit plus me la rendre — Qu'avoit il besoin de se comporter tellement — J'envie ces belles Dames qu'il a vu ici, n'y auroit il pas une douceur infinie de plaire a un tel homme — Mais pourquoi dis je cela? vous vojez que le sommeil m'egare; Adieu ma bonne — je m'endors —

[29]   Vendredi matin.

J'ai oubliee de vous dire que le Païs natal de ces jeunes Seigneurs est la Livonie; c'est quelques centaines de lieues d'ici; ça est bien loin n'est ce pas ma chere Catherine. Ils vojageront par toutte l'Europe, et puis ils iront retrouver leur chere Patrie. Je voudrois qu'ils restassent ici encore huits jours, car vendredi prochain notre grand Concert sera pour la premiere fois, et ils pourroint en y allant, concevoir une bonne idee de notre ville et de nos habitants.

a 7 heures du soir.

Dans ce moment mon frere est arrive a la maison, il a ete toutte cette journee aupres de ses aimables Seigneurs et il soupera aussi avec eux; j'envie presque le bonheur qu'il a, de les voir si souvent. Demain matin ils partiront pour Majence, ils y resterons deux jours, et puis ils reviendront ici — Je crains de vous ennujer, si je babille toujours de ces Messieurs, que vous ne connoissez pas; mail il faut que vous vous accoutumiez a entendre parler des personnes que j'estime, car quand on a une fois un rang [à] mon cœur, soit amour, soit amitie on peut etre assuré, que ma bouche ne retient pas les louanges.

[30]   Samedi matin a 10 heures

Vous attendrez surement des exclamations douloureuses, si je vous dis que mon aimable Anglois est parti, qu'il est parti sans pouvoir me dire le dernier Adieu, que je n'ai pas son portrait, qu'enfin touttes nos mesures ont manqués. — Mais ma chere je me comporterai comme il me convient; quoique ç'a vous etonnera, apres ce que [je] Vous ai deja ecrit. — Mon cœur est insensible a tout. — Pas une larme, pas un seul soupir — Et quelle raison en aurois je aussi? aucune je pense. — Cepandant ma chere Amie y avoit il jamais un souhait plus innocent, que celui de voir toujours son image? j'avois toujours un extreme plaisir a le regarder, et j'en suis privee maintenant — mais ça ne fait rien. — vous vojez toutte mon indifference — l'etat present de mon ame approche a l'insensibilite. — Je regarde dans mon miroir, et j'ai pitie d'un affreux etalage couleur de feu, que je me suis mis sur la tete sans le savoir. Je suis tres belle, je crois dans cette parure — Oui oui ça va tres bien a mon teint. — Si j'avois seulement envie de rire, je pourrois — mais ou je m'egare; je suis aujourdhui de bonne humeur — Bon soir ma chere — je jouerai un air sur le Clavessin, que ces vapeurs passent —

[31]   Dimanche matin ce 30 Oct.

Je n'ai pas envie d'aller a l'eglise, je ne suis pas trop bien, et puis la medicine que je prends a un gout si affreux, que je crains a tout moment un mal de cœur. Il fait tres beau tems aujourdhui, nous irons avec une grande Compagnie sur le Pfarrthurm; le connoissez vous; c'est la tour la plus haute de notre ville, je n'y ai jamais eté. Ce sera une petite motion j'espere, qui me sera de grande utilité; il faut que je marche tout le jour, et cepandant je me poste là pour ecrire. Allons levons nous —

a 7 heures du soir

Nous y fumes ma chere, que cela est beau d'avoir toutte la ville a ses pieds; mais pensez, en montant il fallut nous arretter quattre fois, tant l'haleine nous manqua. Il y a une grande Salle, ou on peut jouer sur le Clavessin. Nous vimes

Hanau tout près avec une perspective. Les Gloches sont d'une enorme grandeur, et quand on les entend battre de pres, on perd entierement ses oreilles — En descendant on ne manque pas d'haleine, mais nos genoux commencerent a chanceller, de sorte que comme nous fumes en bas je m'assis par terre, non pas par lassitude; mais a cause d'un tremblement universel. —

[32]   Mecredi ce 2 Novemb.
                              a 8 heures du matin

J'enverrai aujourdhui cette lettre a la poste, il faut donc que je finisse, — ma chere, Messieurs de Oldroqq viendront cet apres midi, je m'en rejouis — du moins je verrai encore une fois cet aimable visage, qui a tant de ressemblance — st - st. — Je vous ecrirai tout ce qui se passe, — je les persuaderai de rester jusqu'a vendredi — je pourrai alors — on m'interrompt — c'est mon frere, que va t'il dire — Ah ma chere, plaignez moi — tout s'accumule pour me faire desesperer — ils partent ce matin — que ferai je — si vous vissiez ma peine, elle est au dessus de mes forces — touts les plaisirs que je me promets, me manquent — a quoi suis je encore reservee — Pardonnez moi ma bonne amie, vous vojez que je suis dans le premier saississement — Ils passeront par Worms, et y logeront a l'Empereur Romain — Vous les verrez peutetre — Au nom du Ciel prennez garde a cette lettre, je serois au desespoir si quelqu'un d'autre que Vous et ma chere M$^{\underline{lle}}$ Meixner, vit ces folies — Sojez indulgentes envers une fille qui quoiqu'elle ne le merite pas; a cependant besoin de votre amitie — Mon frere s'en est allé dans ce moment pour leur dire Adieu, — ah quelle pensee s'offre a mon esprit — non non —

                                      Adieu
                                         G C.

3.
13. November—17. December 1768

[33] Dimanche ce 13. Nov.

Ma chere Amie

La semaine passee Mlle votre Sœur me vint voir toutte seule, elle s'est beaucoup plainte de la maniere de vivre qu'il faut exercer avec honorables parents. La bonne fille seroit charmee de retourner a Worms; parlez en a Mr votre Pere, peutetre qu'il se trouvera une compagnie qui puisse l'amener; car c'est serieusement qu'elle le souhaitte — L'histoire de St... m'a etonnee, je n'en savois le mot, quel melange de fatuité et de sottise, car pour l'amour, il n'y entre pas. Je crûs toujours l'homme plus sensé, votre description le faisoit tel. Mais il est vrai, la passion, óte entierement l'usage de la raison; sur tout ajant pour but, un object si aimable — Je mene depuis quelque tems une vie tres tranquille, et uniforme, de sorte que vous ne devez pas vous attendre a beaucoup de variete, et d'interessant. Je me suis aussi proposeé de ne me porter jamais plus a l'exces, soit joje, soit tristesse; vous verrez si je persevere dans ce dessein; car sojez sure que chaque pensee que je forme vous sera deceleé. Qu'ai je a craindre? votre amitie pour moi, vous fera indulgente pour mes fautes — Qu'en dites vous ma chere, que j'ai renonce pour jamais a l'amour. Ne riez pas, je parle serieusement, cette passion m'a fait trop souffrir, pour que je ne lui dise [34] pas Adieu de tout mon cœur. Il y eut un tems, ou remplie d'idees romanesques, je crus qu'un engagement ne pût etre parfaitement heureux sans amour mutuel; mais je suis revenue de ces folies là. De quelle opinion etes vous ma bonne?

Mecredi ce 16. Nov

Je fus hier dans notre grande Compagnie, dont je vous parlai quelquefois; il y avoit beaucoup be beau monde; tout etoit dans le plus grand eclat. Cependant je n'aurois pû manquer de m'ennujer, si je ne trouvois pas un certain plaisir a contempler les personnes. Lisette de Stokum est la plus belle de touttes nos Dames, je l'admire, et chaque fois que je la vois elle me paroit plus aimable. Quel avantage que la beauté ! elle est preferee aux graces de l'ame. Il y avoit encore quelques jolies filles mais touttes inferieures a Lisette. Les Messieurs se comporterent assez bien, exepté quelque fadeurs, qu'il faut leur pardonner. Vous savez que je n'aime pas le jeu, ainsi j'avois tout le tems a faire des reflextions ; que je Vous communiquerois volontiers si j'en avois le tems. Je crains aussi d'abuser de votre patience. J'irai dans ce moment voir mon frere, qui travaille a une nouvelle Comedie ; il me lit toujours ses pieces, et vous pouvez croire que je l'entends avec un plaisir infini. Il me dessine aussi quelquefois de jolies tetes dont je vous en enverrai une.

[35] Samedi ce 19. Nov.

Hier nous fûmes au Concert, mon frere et moi, l'assemblee etoit brillante, on y entendit la musique la plus choisie. Cependant je ne sai ce que me manqua, les personnes qui en faisoint le principal ornement n'y sont plus, touts ceux qui se trouvoint là me sont fort egals... mais non, il y auroit de l'injustice a dire cela si positivement, je le revoque — La Maitresse du Comte de Podoki nous honora de sa presence, c'est une charmante femme, et on peut dire sans flatterie que toutte sa personne est remplie d'agrements. Le Comte l'a quittéé pour quelque tems, et en attendant elle cherche ici la bonne avanture. Le jeune Milord que Mlle Meixner connoit est un de ses premiers Adorateurs, il l'accompagne par tout, et se fait si ridicule que toutte la ville en parle. Il lui parla hier a tout moment, puis se mettant vis a vis d'elle il lui souriot, avec des signes de tete, et d'autres semblables niaiseries. J'etois justement placée a pouvoir l'observer a mon aise. Elle me regarda longtems, puis en appellant Milord elle le demande qui j'etois, et s'il me connoissoit ; il paroit interdit, lui repond a l'oreille ; elle sourit et me regarde avec plus de curiosité. Je ne sai pas ce qu'il lui aura dit a mon compte, aussi ça m'importe peu. Je crois qu'il faudra pajer bien cher ses faveurs. Ce jeune homme est extremement changé depuis quelque tems, il donne dans touttes sortes de debauches. C'est dommage, car il est tres aimable, aussi a t-il de bonnes qualités — [36] Ecoutez la hardiesse du Misericordieux. Cette ridicule figure se posta derriere ma chaise d'un air si familier puis se baissant sur moi il commença a m'entretenir; j'aurois bien voulu lui appliquer un soufflet tant j'etois indignee de son comportement. Mademoiselle me dit il, la joje que je ressens de vous voir est si extreme, qu'il m'est impossible de la deguiser. Il y a un demi siecle que Vous n'etes pas venue voir Miss Lisette, d'ou vient ce refroidissement? Je sais bien qu'elle ne vient non plus chez vous, et que deux fois elle a manqué la Compagnie de Lundi, mais je vous assure que le rhume et la toux l'en empecherent — Je n'en doute en aucune facon, car je sais bien que c'est maintenant le tems pour ces sortes de maladies, aussi est ce une excuse tres commode — Je vous entends Miss, vous ne m'en crojez pas, vous etes en colere contre Miss Lisette mais je puis jurer que ce n'est pas elle qui en est la cause, la chere enfant va touts les jours chez Mr. B. |: c'est ce veuf dont je vous ai deja parlè :| elle est fortement liéé par cette connoissance, car chaque jour on s'engage a un nouveau divertissement pour le lendemain, et elle ne sauroit s'en defaire — Aussi je ne desire pas cela Monsieur, car l'amitie de Mr B. est de beaucoup plus grande importance que la mienne, il y auroit de l'imprudence a l'en priver — Mon aimable Miss, si je pouvois aider a quelque reconciliation — Nous n'en avons pas besoin, car il n'y eut point de brouillerie entre nous, mais je vous prie de vous taire, on joue un solo —

[37]   ce 30. Nov.

Mlle votre Sœur vint me voir hier a l'imprevu, et me porta votre lettre; je la lisois en rougissant de votre bonté exessive, que je merite si peu. Et vous m'excusez ma chere? vous diminuez mes fautes, vous me les pardonnez; lorsque je ne saurois me les pardonner a moi meme. Mais ma chere Enfant oublions tout, et si nous nous ressouvenons encore quelquefois de mes foiblesses passees, que ce soit pour mon humiliation — J'etois fachéé d'etre engagee a sortir, Mlle votre Sœur resta quelques heures aupres de moi, puis nous sortimes ensemble, moi dans la grande Compagnie, et elle dans sa prison. Nous etions 32 personnes, 20 chapeaux, et 12 Dames, il y avoit entre autres un jeune Marquis, nommé Monsieur de la Varee, qui est tout a fait aimable, il est françois, et possede touttes les qualites de cette nation. Le Chevalier de la Roche est un Cavalier accompli, il a plus de serieux que le premier, qui ne fait que folâtrer; il parle d'une maniere si engageante et si polie, qu'il faut l'estimer bongré, malgrè; je crois qu'ils resteront quelque tems ici — Je m'appercois avec plaisir, que je regarde les personnes les plus aimables sans la moindre emotion; ce n'est que la nouveauté qui nous eblouit; je le vois bien maintenant. On n'est jamais plus heureuse que lorsqu'on est tout a fait indifferente, on peut contempler tout avec plus de liberte, on est en etat de faire des reflextions. Oui ma chere je resterai dans cette situation, rien ne pourra m'en tirer, a l'avenir. J'ai mes fortes raisons pour cela, que je ne saurois vous dire. Peutetre aussi vous ne m'en croiriez rien; ce sera pour une autre fois. —

[38] Lundi ce 5. Decembre.

Pensez mon Enfant je fus hier en grande Compagnie chez Miss Lisette, cela vous paroitra singulier, apres ce que j'ai dit d'elle. Sa joje en me revoyant me parût sincere. Elle m'embrassa mille fois et me demandant si je ne l'avois pas oubliee, et si je l'aimois encore. Ce changement subit m'etonne, je ne sais a quoi l'attribuer. Entre autres Dames Miss Baumann se fit voir dans une affreuse magnificence.

Miss Leonore de Saussure est toujour encore si gaje que vous l'avez vue, elle felicita Lisette a cause de son mariage, qui l'accepta de fort bonne grace; en la remerciant. Nous voulumes eclater de rire en vojant le portrait de l'epoux futur, dessiné d'elle meme en sillouette, dans la chambre ou nous etions. La mechante Leonore fit quelques remarques, auxquelles je ne sûs resister. Ces Dames s'imaginerent je crois, que nous tenions un peu de la lune. N'importe ce sont des fades creatures — A huit heures du soir, Madame m'envoja du message, de la venir voir a sa chambre; j'y allai, en crojant que c'etoit quelque grosse nouvelle qu'on vouloit m'apprendre. Mais je n'entendis que des reproches, d'avoir laisser passer tant de tems, sans venir la voir. Tout d'un coup la porte du Cabinet s'ouvre, et le Misericordieux sort, en me faisant des politesses extremes. J'en fus un peu choquée, parceque je m'apperçûs que ç'etoit concerté, cependant je n'en fis rien paroitre. Ils me forcerent de rester là une demie heure, puis il m'offrit le bras pour me reconduire, ce que je ne pûs refuser. Pour mon bonheur il [me] vint dans la pensee, de faire participer Leonore de cette charmante Compagnie; qui quoiqu'elle etouffa presque de rire, me preserva non obstant par sa presence de plusieurs fadeurs, qui ne fûrent executés qu'a moitie — Tant pour aujourdhui —

[39]   Mecredi ce 7 Decemb.

C'est aujourdhui le jour de ma naissance, ou j'ai dixhuit ans accomplis. Ce tems et ecoulé comme un songe; et l'avenir passera de meme; avec cette difference qu'ils me restent plus de maux a eprouver, que je n'en ai senti. Je les entrevois — Mon frere est tres mal, il a eu tout d'un coup une violente attaque de colique, qui le fait souffrir extremement. On emploje tout pour lui procurer quelque repos; mais en vain. Je ne saurois le voir dans un tel etat sans que mon cœur se fend. Que ne puis je le secourir.

Samedi ce 10 Decemb.

Apres deux jours de souffrances mon pauvre frere est un peu mieux, mais il est si foible qu'il ne sauroit rester debout pendant un quart d'heure; si seulement les douleurs finissent, la force reviendra bientôt. Il faut esperer le mieux et avoir patience. Pensez ma chere, Miss Lisette vint me voir hier, toutte habillee en taffetas couleur de rose, avec les atours verd de pomme. Elle avoit l'air d'une petite Princesse, tant cet habillement la rendoit brillante, et jolie. Je la regardai deja comme la femme de Mr. B. et je faisois là mes reflections, lorsque tout d'un coup elle vint a parler de lui, en me demandant si je savois deja qu'il avoit achete le Roi d'Angleterre, maison precieuse que Vous connoitrez. Je lui repondis que oui; et que je m'en etois etonnee, parce qu'il a deja une tres belle maison — Elle lui est trop petite; il n'y a pas assez de place pour ses marchendises; il pourra bien mieux s'etendre dans son nouveau Palais, qui lui a couté cinquante mille florins, il y batira encore pour vingt mille; la grande salle sera [40] terrassee tout a fait — Oui l'interrompis je, apres qu'il y aura celebré ses noces. — Ses nôces? secria t-elle. Il ne les celebrera peutetre jamais — Je n'en veux pas gager; mais a quoi çà tient il? — Cà tient a beaucoup, ou trouver un parti qui lui convienne? s'il se marie, il lui faut au moins une femme de vingt cinq ans; car pour une jeune fille ce seroit toujours une grande resolution. Il est vrai que dans le premier coup d'œil on voit des grands avantages, mais en verite ma chere si on y reflechit mûrement, ils perdent beaucoup de leur valeur. Il n'est plus jeune, car la semaine passee il a eu quarante six ans; dans quattre annees il est deja un homme agé; et alors sa femme si elle a maintenant dixsept, seroit dans son plus bel age; Il en deviendroit jaloux, et alors o mon Dieu avec quelles peines achetteroit elle le bonheur d'etre riche; mais ma chere que ce que je vous ai dit reste entre nous — Imaginez vous mon etonnement a entendre parler Lisette de sorte; je crus songer, cependant je voulus mieux m'en eclaircir, c'est pourquoi je lui dis : — Votre confiance en moi me donne une nouvelle preuve de votre amitie, et sojez sure que qu'oiqu'il puisse arriver, je n'en ferai jamais usage, et je n'y penserai plus ; comme si vous ne m'aviez rien dit — Je la regardai alors avec un coup d'œil perçant, aussi me comprit-elle dabord, car elle s'ecria : Ne craignez rien ma chere, ça ne peut jamais etre — C'est beaucoup dit mon enfant — Oui ma bonne amie, il y avoit un tems, ou... mais maintenant c'est tout a fait impossible — Impossible? que me dites vous là? je m'egare ; ce sont des misteres que je ne saurois percer — Vous les percerez un jour, mais je ne puis plus rien Vous dire dans ce moment, exepte que c'est moi seule qui en suis la cause, et que si [41] la preference que j'ai donnée a un autre... elle s'arretta là, rougissant d'avoir trop dit, pour moi je ne voulûs pas relever ce mot, et puisqu'il etoit huit heures passees, elle s'en alla, me promettant de m'apprendre le tout — Je suis tres curieuse, je me confonds, sans m'arreter a rien je forme des soupçons, qui quoique pris de tres loin, ne sont pas tout a fait sans fondement. Que le Ciel les verifie, c'est tout ce que je puis dire maintenant.

Dimanche apres midi

J'ai eté ce matin dans une petite angoisse ; pensez ma chere a peine suis je sortie des mains du Peruquier, que je monte pour m'ajuster. Comme je suis tout a fait deshabillee j'entends sonner extremement, et en meme tems un carrosse s'arrete a la porte. Je m'epouvante sachant que la chambre d'enbas est occuppee, et qu'ainsi il n'y a que la mienne qui puisse servir a recevoir des personnes etrangeres. Dans le meme moment mon laquais entre, et me crie : Vous etes en ce desordre? ils sont deja sur l'escalier et qui donc? — C'est Monsieur le Resident — Eh mon Dieu dites a mon Pere qu'il doit un peu l'entretenir la dehors. Je tremblois de pied en cap ; et l'apprehension me fit faire tout a travers, de sorte que je liai justement mon neglige, lorsqu'ils entrerent. Un jeune Cavalier plus beau que le jour, en habit de deuil avec des pleureuses, me tira de mon aneantissement, mais pour y retomber plus que jamais. Je faisois une sotte [42] figure, ne sachant s'il y auroit de la folie a m'en aller, ou bien si s'en seroit de rester là. Enfin je pris le parti de sortir ce que j'executai d'une façon si gauche, qu'il y avoit de la pitié a me voir. Je repris mes forces en venant dans le froid, et lorsque je me regardai dans une glace, je me vis plus pàle que la mort; Il faut vous dire en passant que rien ne me va mieux, que quand je rougis ou pàlis par emotion. Tout autre que Vous me croiroit de la vanite en m'entendant parler ainsi; mais Vous me connoissez trop pour m'en croire susceptible; et cela me suffit. —

Samedi ce 17 Dec.

Je ne saurois plus ecrire tant que je voudrois, car on m'obsede tout le jour. Depuis la maladie de mon frere nous dinons chez moi et ça m'empeche beaucoup. Touttefois je me derobe un quart d'heure, pour vous dire que je fus hier au Concert, et que j'y eus toutte sortes d'avantures. Cela Vous paroitra ridicule en sachant qu'il n'y [a] que des beautés qui font les heroines de Roman. Cependant ridicule ou non, c'est la verite — Nous nous faisions un vrai plaisir, ma Cousine Charlotte qui etoit la seule personne qui m'accompagnoit, et moi, d'etre arrivees les premieres. Nous fimes un tour dans la grande Salle, qui appartient maintenant a Mr Busch, et qui est tres magnifique. Je disois a Charlotte que je m'attendois ce soir a beaucoup de visites, où qu'on avoit sujet d'entamer un discours, en me [43] demandant des nouvelles de la sante de mon frere. Ce que j'avois predit arriva, plus de trente beaux Messieurs vinrent me faire la cour; et touts leurs entretiens commencerent par: Miss, comment se porte Mr votre frere? j'ai entendu qu'il est malade — Oui Monsieur il a ete tres mal, mais ça va mieux maintenant Dieu soit loué — Je poussai Charlotte du pied, et celle ci vouloit étouffer de rire. Sur ces entrefaites je remarquai Mr le Resident parmi la noblesse, je le reconnûs dabord, quoique je ne l'eusse vu; plus d'un moment. Si je voulois peindre l'amour, c'est lui que je prendrois pour modele, tant il es aimable; passons — A la grande pause, j'allois faire le reverence a quelques Dames de la Noblesse; en leur parlant; j'apperçus tout près de moi Mr le Resident qui parloit vivement avec le Marquis de Saint Sever; j'etois curieuse de savoir le sujet de leur entretien, lorsque j'entendis dire le premier: Ne la connoissez vous donc pas? je suis inquiet de savoir son nom; c'est la plus belle Dame du monde, et l'esprit perce a travers de ses beaux yieux. — Non mon cher ami repliqua l'autre je ne sai qui elle est; mais elle me paroit aussi jolie qu'a Vous; nous serons donc rivals; venez vite ajouta t-il en le prenant par la main; rejoignons la, et vojons a qui elle donne la preference; je crains bien qu'elle vous choisira; a cause de votre air aimable — Vous raillez mon cher Marquis; je vous prie — avec ces mots ils s'eloignerent. — Heureuse Dame pensai je [44] — Je fis mon compliment a Mesdames les Comtesses de Neuberg et de Heydesheim; puis en rejoignant Charlotte, nous allames voir nos amies qui etoint assisés en arriere. J'eus pendant cette course a essujer beaucoup de fadeurs; enfin je rencontrai Caroline de Stokum; qui me retint en me demandant des nouvelles de mon frere; en levant les yieux je vis a quelque distance Lisette sa sœur; et Mr le Resident, qui etoint enfoncés dans un profond discours. Après quelques minutes il nous regarda, et demanda Lisette qui j'etois. A mon nom, il se resouvint de la sotte figure que j'avois jouée en sa presence; il quitta Lisette et en m'abordant avec un Compliment tres gracieux, il me dit: Mademoiselle est ce que vous me reconnoissez? Monsieur le Resident, des personnes comme vous ne s'oublient pas si tôt; nous eumes dernierement l'honneur de vous voir chez nous, — Apres ça il m'entretint d'une façon si obligeante; il fit voir tant d'esprit, qui reuini avec les graces de sa personne, en fait un homme bien aimable — Le reste de la soiree se passa fort agreablement et ce qui me rejouit le plus, c'est que le Misericordieux ne pouvoit jamais parvenir a me parler, quelque peine qu'il s'en prit, tant j'etois entouree de beau monde — C'est assez pour cette fois, j'enverrai Lundi ce griffonage a la poste, bien faché qu'après l'avoir relû, je n'y trouve rien du tout d'interessant. Ce n'est pas ma faute; car je n'ecris rien que ce qui m'arrive; Et je ne suis pas faite pour — — Adieu

4.

23. December 1768—31. Januar 1769

[45] ce 23. Dec. 1768

Enfin j'ai eu un eclaircissement avec Miss Lisette, toutte sa conduite passée se developpe; elle sera heureuse; et elle le merite. Hier elle vint me voir, et lorsque nous fûmes seuls elle tira une lettre de son Portefeuille, en me priant de la lire; vous verrez là ajouta t-elle l'obstacle de mon union avec Mr B... Ma curiosite augmente, je l'ouvre et j'y trouve ce qui suit.

Aimable et choisie de mon cœur

«Ce vojage est fini heureusement et je suis arrive ici en bonne santé. Quoique le tems est si court que je ne saurois Vous l'apprendre qu'en deux mots, je sens cependant dans ce moment une consolation, qui m'adoucit un peu la tristesse que j'ai sentie jusqu'ici. Vous connoissez mon cœur chere Lisette; vous savez que je Vous sacrifie tout, et cela Vous garantit qu'il ne cessera jamais de vous appartenir. Plus je suis eloigne, plus la morne affliction augmente, et je serois le plus malheureux des hommes, si je n'etois pas fortifie d'une main puissante. Dieu qui connoit tout ne nous privera pas de sa benediction pour quoi nous l'invoquerons ensemble. Consolez Vous mon Ange mon amour sincere, et ma constante fidelite, Vous est vouéé pour toujours. J'aurai souvent l'occasion de Vous repeter cette assurance. Embrassez Madame votre Mere, et sojez assure que je ne vis que pour Vous et que je mourrai dans ces sentiments, etant toujours.»

Amsterdam
ce 6. Dec
1768

Le Votre
Dorval

[46] Et bien ma chere, lui dis je apres l'avoir lue, je ne suis pas encore au fait. Qui est donc ce Dorval? d'ou est il? comment l'avez vous appris a connoitre... Ce sont trop de questions sur un coup, ajez patience, et vous saurez tout. Dorval continua t-elle, est un des Marchans les plus renommées, et les plus riches de Coppenhagen; il y est associe avec un homme deja agé, auquel il doit la plus grande partie de ses biens. Ce Compagnon un peu capricieux, et prevenu beaucoup pour l'argent, lui proposa il y a quelque tems, un mariage a Amsterdam avec une Demoiselle qui possede deux millions. Dorval sans etre ebloui de l'enormite de cette fortune, se propose d'aller voir la Dame. Il part, arrive, la voit, elle ne le touche pas. Cependant il ne veut rien precipiter, il demande du tems pour reflechir, on le lui accorde. Pour trainer un peu l'execution; il fait un petit vojage, et vient ici. A lui qui a deja fait trois fois le tour de l'Europe a lui dis je ce vojage ne sembloit qu'un amusement. Il loge a l'Empereur Romain; Vous savez que j'y suis tres connue; Mr B etant l'Oncle de l'hôte. J'y vais pour visiter Madame; Dorval entre, me regarde, reste stupefait, me fait la reverence, et sort. Nous pensons qu'il a eu mal, mais apres un quart d'heure il revient, se poste pres de moi, me parle, et montre tant d'esprit dans ses discours, que je l'entends avec plaisir. Nous nous entretenons jusqu'au soir, et fachés que la montre alloit si vite nous nous separons. A peine suis je sor-[47]tie qu'il va trouver Mr et Madame B. Mes chers amis leur dit il, ne vous etonnez pas de ce que je vais vous dire. Je suis captivé pour toujours, les charmes de Miss

Lisette et encore plus la beauté de son ame m'ont enchainés. Ma resolution est prise, je lui offrirai mon Cœur, et ma main, conseillez moi... Eh mon Dieu; mon cher Dorval qu'allez vous faire? Vous etes engagé; que diroit votre Compagnon? Elle n'a rien; Et les deux millions? — Je ne les desire pas. Vous vojez en moi un homme desinteressé. Que cette fortune me couteroit cher, surtout maintenant, surtout apres avoir vu Miss Lisette, non il n'en sera rien — Mon cher Dorval tranquilissez vous, laissez passer ce premier feu, vous autres jeunes gens vous brûlez a tout moment — Moi Monsieur? ne le crojez jamais. J'ai vu touttes les beautés de l'Europe, aucune ne m'a touchee qu'elle. Ne craignez pas que cette passion si subite s'eteigne avec le tems; non je sais de quoi je suis capable; je suis epris pour la premiere fois, et je le serai pour toujours — Nous n'empecherons pas votre bonheur Dorval, mais pensez y bien; si Vous pouvez lever touttes les difficultes, nous travaillerons de concert a vous rendre heureux — Ah Monsieur, ah Madame, que ne vous devrai je pas! mais qu'elle ne sache rien de mes intentions, que sa Mere ne s'en apperçoive pas; je ne l'obtiendrai que d'elle meme. Et si j'ai le malheur de lui deplaire, si elle ne sent pour moi que de l'indifference; je m'en irai, sans tacher de la persuader; je ne la verrai plus; qu'elle soit heu-[48]reuse dans les bras de l'homme que son Cœur choisira, mais jamais, jamais, elle n'en trouvera qui l'aime plus que moi — Ici finit le discours; qui me fut rapporte ensuite par Madame B... — Que vous dirai je enfin, ma chere, je sentois bien que je l'aimois.. je le vis souvent sans qu'il osât jamais me parler de son amour; je decouvris en lui mille belles qualités. C'est ainsi que se passa un mois entier, lorsque le tems des Vendanges approchoit; nous fûmes touts chez Mr. B. le veuf, qui depuis ce tems avoit cesse ses poursuites aupres de moi. Il y avoit grande Compagnie dans son jardin, nous dansâmes; je vis les progrès que je faisois sur le Cœur de Dorval. Je m'etois echauffee un peu trop, et me sentant mal, je sortis; Un Cabinett ouvert m'offre une retraitte tranquille; je me jette sur un Canapé, mais a peine y fus je quelque minutes, qu'on m'appella par toutte la maison, enfin Dorval entre... C'est là ma chere qu'il me declara sa passion... il me disoit tout ce qu'un amour sincere peut inspirer... J'etois confondue... il vit qu'il ne m'etoit pas indifferent. Apres un long entretien, nous rejoignàmes la Compagnie — Depuis ce tems la cordialite s'etablit entre nous, il fit part de ses projets a ma Mere, et a Mr. B. le veuf, qui en parût etonné... Il ne laissa pas un jour sans venir me voir, nous convinmes de tout, d'ici a un an la nôce se fera, puis il me menera a Paris, a Londres, a Amsterdam, et de là dans sa Patrie. Ah ma chere voila touts mes vœux accomplis; dèz ma plus tendre enfance, je souhaittois de voir le monde; je serai heureuse, et [49] je ne regretterai rien, que Vous, qu'il me faudra quitter, cepandant ce seroit une grande consolation pour moi, si avant de partir d'ici, je vojois assuré votre bonheur — Que le Ciel vous benise ma chere Lisette, parlons de votre felicité, et non pas de la mienne; ou est donc maintenant Dorval? — A Amsterdam, dont je viens de recevoir cette lettre que je vous ai montree, c'est là qu'il travaille a rompre son mariage entamé, et ou il tache d'appaiser son Compagnon, j'espere qu'il reuissira. Mais ma chere Cornelie, si je me represente le jour de son depart, tout mon sang s'emeut. Il entra dans ma chambre d'un air desolé, je m'en vais s'ecria-t-il, je vous quitte... Puis se precipitant a mes pieds, il arrosa mon tablier de ses larmes, vingt fois il retournoit, pour me regarder, il vit mon trouble, en parût satisfait; enfin il prend courage, et sort. Ma douleur fut extreme; cepandant peu a peu les reflexions que je fis servirent a me tranquilliser. Qu'est ce qu'une annee pensai je! et dèz lors tu le possederas pour toujours. Son portrait qui est dans ma chambre, me tient lieu de tout. Vous le verrez ma chere, et vous jugerez mon choix; mais ce n'est pas son exterieur, c'est son ame que j'aime, et cet amour ne s'eteindra jamais — Je vous prie ma Lisette comment se comporte

Mr. B. et que dit il de tout cela? — J'y fus hier; il me mena vers la fenetre, et me demanda tout bas: En qui me fierai desormais Mademoiselle? puisque vous m'abandonnez. Je crojois etre sûr de vous; je differois de jour en jour ma declaration, et m'en voila puni. Aucune Dame ne saura plus me captiver apres vous; je ne me marierai jamais. Sojez heureuse avec Dorval, je le connois, il est un homme d'honneur; qu'aucun nuage trouble votre union; mais n'espe-[50]rez pas que je vous oublie — Je voulois tourner ce discours en badinage, mais il jura qu'il parloit serieusement.

ce 8 Janvier 1769

Je suis pleine de joje; pensez ma chere un riche neveu de Lisette est mort, et a laisse tout son bien a sa mere. Maintenant ces gens sont hors de l'embarras, ou le peu de revenu les jettoit. Les autres parents du defunt qui n'auront que des petits legats, le persuaderent a faire un nouveau testament, mais il mourût avant la souscription; de sorte que ce n'est que le premier qui est valable — Lisette a recû depuis ce tems deux lettres de Dorval, elles sont pleines de tendres protestations, mais il ne parle point du progrès de ses affaires. Il aura ses raisons, et moi j'ai les miennes de cesser.

ce 13. Janvier.

J'ai ecrit aujourdhui a Mlle Meixner, priez la de me par donner d'avoir trainé si longtems. Nous parlàmes d'elle dernierement chez Mr le Conseiller Moritz, qui donna un repas a mon frere a l'occasion de son retablissement — Il faut que je vous dise quelque chose en confiance; Müller et mon frere ne sont plus si bien ensemble, qu'ils l'ont ete autrefois; leurs maximes sont differentes, parceque la philosophie de mon frere est experimentee, au lieu que M. ne doit la sienne qu'a l'etude. Il s'est comporte aussi tres froidement, durant la derniere grande maladie, de mon frere, et je commence a entrevoir moi meme que ses principes ne sont pas propres pour l'usage du monde — Vous vous convaincrez de plus en plus vous meme des sentiments de mon frere, si vous prenez garde à sa conduite, car il ne parle que comme il pense.

[51] Mardi, ce 24 Janv.

Cet hiver me passe bien vite, je ne sai ce qu'il est devenu; quoique je ne frequente pas les divertissements brujants, j'en ai cependant qui m'amusent beaucoup; savoir, touts les vendredi concert, et le mardi notre grande Compagnie. Miss B. une de nos plus riches reformees, est epouse declarée de Saint Albin. C'est un jeune homme des plus accomplis, son exterieur est brillant, et la fraicheur de la jeunesse eclate sur son visage. Il a beaucoup d'esprit, et plus de serieux qu'il n'en faut a un francois. Je suis intime amie de Miss Marie B. et je crois que St. Albin m'aime pour cela; il a plus d'attention pour moi, que je ne merite, et si Miss Marie n'etoit pas si sûr de son cœur, elle pourroit devenir jalouse. Hier au soir il me mena en carosse chez moi. Il gardoit longtems le silence, puis tout d'un coup, comme s'il eveilloit d'un songe, il me demande avec empressement: Chere Miss quand vous reverrai je? — eh lui repondis je en riant que vous importe de me voir — Mon aimable Miss, vous ne savez pas... vous ne crojez pas... que dirai je? mais non je ne dirai rien... Miss venez vous demain au Bal? — Non je n'y vais pas, on me l'a defendu par rapport a ma santé; Miss Marie y ira, et cela vous suffit. Heureux Saint Albin, vous serez bientôt liè a cette aimable fille, que desirez vous de plus? — Moi?... rien que... votre amitie ...me la promettez vous. — Oui Saint Albin, et voila ma main pour gage, tant que votre charmante Epouse m'honorera de son amitie, vous avez droit sur la mienne; je vous estimerai toujour nous vivrons ensemble, en amis; nous nous verrons sou-[52]vent... Souvent Miss! est ce bien vrai? conservez ces pensees, mais... Et bien mais qu'y a t-il encore? C'est là que la carosse s'arreta; il prit ma main. Vous ne viendrez donc pas au Bal — non vous dis-je, mais Mardi prochain chez Miss Philippine — Adieu donc jusqu'a la j'y serai sûrement; n'oubliez pas votre promesse — Non non Saint Albin je ne l'oublierai pas — Que vouloit il dire partout cela ma chere; sotte que je suis, il s'est crû oblige de me faire quelques compliments et voila tout; je ne saurois vous dire combien je l'estime, et combien il merite de l'etre. Vous le connoitrez ma chere, et vous me jugerez. Adieu pour cette fois.

Mardi ce 31. Janv.

Ce que j'ai a Vous dire, vous etonnera sans doute, Saint Albin... ah mon enfant, il n'est plus. Cruelle pensee qui m'ôte tout sentiment. On l'enterre aujourdhui — ha c'est impossible. Mais ce n'est que trop vrai il est mort, et je ne le verrai plus. Malheureuse Marie que feras tu? Si j'etois a sa place — Ciel — mais je ne sais ce que j'ecris. Pardonnez a ma douleur ma chere, j'ai perdu un ami qui m'etoit cher; et comment? pourrai je le dire. Ce Miserable Bal — il s'echauffa trop, une inflammation de sang survint; et lui le plus aimable des hommes, a la fleur de son age, dans la situation la plus heureuse mourût. Chere Saint Albin je t'avois promis qu'aujourdhui — et c'est la le jour de son enterrement — Que fera Marie? que feront ses Parents, qui avoint mis touttes leur esperances — Adieu ma bonne je ne puis plus — Prenez garde a cette lettre.   G C

5.
11. Februar—11. März 1769

[53]   Samedi ce 11. Fevr.

La joie, et le plaisir s'eloignent de moi, plus je m'en approche; non ma chere, ce souvenir ne s'effacera pas sitót, quoique la premiere douleur passe; et qu'un sentiment plus tranquille y succede; cette douloureuse tranquillite n'en est pas moins sensible; cependant j'y trouve un certain delice, et elle m'occupera longtems. Vous mon enfant, qui avez le cœur tendre, representez vous ma situation d'hier, et vojez si... mais je ne dirai rien, vous jugerez de tout. Avez plus de tristesse que de plaisir j'entrai hier au Concert, craignant de rencontrer des personnes, qui me feroint resouvenir de Saint Albin; je crojois que tout le monde en parleroit, Je m'assieds en pensant a Miss Marie; ah quelle est a pleindre, me disois je en moi meme, rien n'egalera sa douleur; elle sera inconsolable, et surement elle ne viendra plus ici, tout lui rappelleroit l'Epoux aimable, qu'elle pleurera toujours, que cette musique lui paroitroit insipide; je la trouve telle moi, qui n'ai perdu qu'un ami. Miss Philippine se met a coté de moi sans que je l'appercois, enfin elle me demande en riant a quoi je pensois. Je m'excuse, mais je n'ose lui parler de sa cousine, je m'ettonne deja qu'elle n'en commence rien elle meme; et apprehendant un nouveau malheur, je suis prète a l'interroger, lorsque la porte s'ouvre, et [54] Miss Marie entre dans le deuil le plus pompeux. Je suis muette, je palis; et craignant de rencontrer ses yieux je me tourne. Elle s'assied derriere moi, j'en suis charméé; mille et mille pensees vinrent me troubler. Je suis reveillee de mon extase par Miss Philippine qui branla sa chaise pour parler a Marie. Et bien ma Cousine lui dit elle la trisstesse est elle bientot passee? — Oh pour de la tristesse! repondit Miss Marie en riant, elle ne sauroit passer, puisque je n'en ai point sentie, mon cœur plus gai que jamais, est offensé de ces habits lugubres, que le devoir m'oblige de porter — Je n'entendis plus rien quoiqu'elle parlat encore, touttes les facultés de mon ame etoint suspendus. Un tremblement universel s'empara de mes membres; il falût me contraindre; touts les yeux etoint attaches sur moi; je tachai de prendre une mine indifferente; en renfermant le chagrin dans mon cœur. Combien me couterent ces moments; mettez vous a ma place, ah ma chere je ne saurois vous dire ce que je pensois — Indigne

Marie; infortuné Saint Albin; m'ecriai je; mais non, tu es heureux; mille fois plus heureux maintenant, que si tu avois eu une telle femme. Dieu l'en preservoit en l'otant de ce monde, pour lequel il etoit trop bon — Quoi malheureuse; tu ne l'as donc pas aimé? lui qui te vouoit toutte sa tendresse, qui craignoit de t'offenser a tout moment; qui [55] n'etoit occupé qu'a te plaire. Ingrate tu ne meritois pas son amour; non tu ne meritois pas le moindre de ses regards. Ne me nommes plus ton amie; j'ai cessé de l'etre aussitôt que je t'ai connu a fond — Pardonnez moi ma chere Catherine que je vous entretiens de choses qui vous interessent si peu; mais je crois vous prendrez cependant part a mon indignation, quoique vous ne connoissiez pas celle qui la fit naitre. Je ne vous en parlerai plus; ni de Marie, ni de mon Ami perdu; mais ne crojez pas pour cela je l'aje oublié —

Mecredi ce 15. Fevrier.

M<u>lle</u> votre Sœur vint me voir hier, en me portant votre lettre; elle etoit belle, je l'avoue, mais j'etois fachée que vous n'aviez pas alors ma derniere pour me dire votre opinion des choses qu'elle contient. Ce sera pour une autre fois, et vous n'avez pas besoin d'ecrire tout sur un coup, faites le comme moi. Vous m'aprennez beaucoup de nouvelles; mais aucune vous touche particulierement; n'avez vous donc point de petite affaire de cœur pour me confier? Ou peutetre vous mefiez vous de moi — Le Misericordieux et Miss Lisette, sont assez bien ensemble, mais d'un ton eloigné, et haut; Dorval l'occuppe entierement, elle ne veut entendre parler que de lui; tout autre divertissement lui paroit insipide. Dans sa sixieme lettre il compte d'aller a Londres, ou il sera maintenant; combien de [56] fois ces lettres ont elles eté lues, et embrassees; on croit toujours voir et entendre son objet adoré. Je l'en raille souvent, mais elle me dit qu'un tems viendra, que j'agirai de meme, et alors elle veut se moquer de moi. On aura beau attendre, ce tems ne viendra jamais — Mlle votre Sœur a ete privee de votre lettre par mon frere, il l'en a tant priee qu'elle ne pût resister. Vous lui ferez beaucoup de plaisir en ecrivant souvent; il est toujours charmé de vos lettres, et puisqu'il est encore confiné dans sa chambre, c'est une sorte de recreation pour lui.

ce 1. Mars.

Je fus hier en grande Compagnie chez votre charmante Cousine. Que de belles Dames! et quel pompe! non ma chere, je ne saurois vous le decrire. Mlle votre Sœur et moi, nous eclatâmes plusieurs fois; Demandez la quand elle sera retournee chez vous, les particularités d'un certain discours sur la lecture. Miss Lisette etoit plongee dans une reverie amoureuse, elle ne prit point du tout garde a son jeu. Je l'en raillai; et alors elle rougit jusqu'aux oreilles. Il faut que ce Dorval soit un homme admirable. Il a le stile un peu ramanesque je l'avoue; mais mon enfant vous devriez voir les lettres qu'elle lui ecrit. On devroit les imprimer — que je suis mechante; non elles sont tres jolies, excepté qu'on avance un peu, en montrant trop d'amour

[57] Samedi ce 11. Mars

Notre Concert d'hiver est fini; hier il fut pour la derniere fois. Je n'entendis jamais une Musique plus eccellente, et tout conspiroit a le rendre brillant. Ma Cousine Catherine et moi y parûmes avec eclat. J'avois plusieurs bourlesques en tete, et ma Cousine me promit de m'aider a les executer. Le beau monde accourût en foule et nous eumes beaucoup de fadeurs a essujer. Enfin pour que tout fut complet le Misericordieux arriva; il m'aborde a l'instant et me dit: J'ai voulû vous amener Miss Lisette, mais elle ma donne le refus, etant deja engagee chez Mr. B. a l'Empereur Romain. J'aurois ete a blamer si j'avois insiste davantage, la Compagnie est trop agreable, et elle ne trouveroit rien ici a l'en dedommager —

Ça se pourroit Monsieur; mais Lisette n'est pas amatrice de la musique et ainsi elle s'ennujeroit — Oh infailliblement! car quand les pensees sont eloignéés, on ne trouve point de plaisir a tout ce qui nous environne. Mais chere Miss, je ne vous vois plus chez nous, et si vous y venez je ne l'apprends que lorsque vous etes partie. Miss Lisette est si secrete — Eh Monsieur qu'a t-elle besoin de vous rendre compte des visites qu'elle recoit, je n'en saurois pas la raison, et quel interet avez vous.. — Eh mon Dieu Miss que vous etes cruelle, vous ne voulez pas m'entendre; car mes yieux ont ete mille fois l'interprete de mon cœur; combien [58] de fois avez vous pû remarquer... mais je ne dirai plus rien, j'enfermerai dans mon ame les sentiments que vous fites naitre, et dont je me fais gloire. Ah Miss je possede un bijou; qui est pour moi le plus grand tresor que je puis avoir dans cette vie, c'est votre portrait en sillouette. Je pars cet eté, et je l'emporterai; fut il seulement d'une matiere plus durable, que je n'avois pas besoin d'apprehender d'y gater quelque chose; oui je pars Miss; et je m'en irois content si j'etois sûr d'avoir regagne la bienveillance de l'original, que je perdis il y a quelque tems par la malice la plus infame — Monsieur pour pouvoir perdre quelque chose, il faut l'avoir possedee |: Ceci le deconcerta; et moi je mordis les levres, de peur qu'on remarquât que j'etois prête a rire. Je serrai ma Cousine Catherine qui me fit une mine si friponne avec son joli petit visage, que je n'y tins plus, cependant je m'armai de tout mon courage lorsqu'il recommença a parler, affectant une serieusite attentive :| Pardonnez moi Miss... je m'etois donc trompé... mais non vous ne me haissiez pas avant cette fatale brouillerie... et quel sujet en auriez vous eu... je ne vous ai jamais offense... vous avez ete convaincue de mon innocence... et cependant... mais je me tairai — |: Il s'eloigna a ces mots et dans quelques minutes il revint :| Miss etes vous venue seule ici? — Ma charmante Cousine m'a tenu Com-[59]pagnie — Me permetteriez vous Miss de vous ramener ce soir? |: Je ne me possedai plus mon enfant; que devois je faire; sans la plus grande absurdite il m'etoit impossible de le lui refuser; c'est pourquoi je lui dis d'un air moitie facheux et moitie riant :| Vous nous ferez beaucoup d'honneur Monsieur — Il protesta longtems qu'il ne vouloit pas me gener; que je devois parler ingenument, et mille semblables niaiseries. Enfin notre carrosse arriva, nous descendimes, il se faisoit gloire de me mener par toutte la foule; mais moi j'en etois choquee; L'aimable Catherine vit ma peine, fachee de ne pouvoir y remedier, elle me serra la main en me conjurant de prendre patience. Nous la menàmes chez elle, et enfin me voila seule avez cet homme. Saint Albin me vint alors dans la memoire. Quelle difference pensai je; ah si c'etoit lui... mai j'ai promis de n'en plus parler; Ecoutez la scene du Carrosse, et gardez votre air serieux si vous pouvez. — Chere Miss me dit il en mettant sa main sur la mienne, ce procede vous paroitra peutetre libre; mais j'ai tache depuis longtems a vous parler sans temoins; l'occasion est si favorable, et vous me pardonnerez cette liberte. |: Ce commencement me parut trop ridicule pour ne pas eclater; il ne s'en apperçût pas, et continua ainsi :| J'ai des soupçons Miss, des soupçons fondés, que Miss Lisette, et sa Mere ont eu beaucoup de part a ce complot, qui m'a prive de votre grace; et qu'elles ont taché, et tachent encore de me noircir dans votre esprit. Parlez du fond de votre cœur Miss, [60] dites moi la verite, personne n'en saura rien; je vous conjure soiez sincere — Que vous dirai je Monsieur? je ne puis que hausser les epaules, et me taire. Sachez cependant que vous n'avez pas mal soupçonné pour le passé; mais pour le present... — Oh Miss ne me celez rien, je connois a fond ces personnes et je les crois capable de tout — Mais quel interet auroint-ils — Aucun... que... Miss oserois je vous parler ouvertement. Parlez — Et bien sachez donc Miss que j'etois au commencement assez imprudent pour leur faire voir l'impression que vous aviez faite sur moi. Elles en devinrent jalouses; La Mere choquéé de ce que les charmes de sa fille, qu'elle crût superieures aux vòtres, n'avoit rien operès; mit tout en usage pour me faire hair de vous. La R..st. y contribua, et elles agirent de concert a verser le venin dans votre cœur. Ils n'y reussirent que trop. Infortuné que j'etois, je ne pouvois vous convaincre de mon innocence, tout etoit contre moi; enfin j'y parvins avec beaucoup de peine. Cependant une explication totale etoit impossible vû que la Mere et la fille y etoint comprises... Je fus predestinè a etre malheureux, et je le serai toujours, si vous ne me rendez pas votre affection. Dites moi Miss, me hairez vous sans cesse? prononcez une seule parole, et je suis le plus heureux des mortels — Si ça vous rend tranquille Monsieur je la prononcerai. Je vous assure de mon estime et de mon amitie. Sojez heureux, c'est ce que je souhaitte de tout mon cœur — Je n'y tiens plus ma chere j'etouffe de rire Adieu.

G C

6.
16. April—22. Mai 1769

[61] Dimanche ce 16. Avr.

Il m'etoit impossible de vous ecrire avec Mlle Meixner, elle vous aura racontéé quelques petits evenements; mais nous eumes si peu de loisir a nous parler, qu'elle n'apprit que la moitie de ce que je lui destinois — Le Misericordieux, ou pour mieux dire Mr. G.. n'est pas encore parti. Il passe vingt fois par jour a ma maison, je ne sai a quel dessein. Miss Lisette vint me voir avant hier, apres les premiers compliments elle me dit dabord: Ma chere nous etions hier au Forsthaus, Mr. B. le veuf, Mr. G. et moi. Ils me prierent instamment de vous faire dire, de nous honorer de votre compagnie; mais je n'osois; la crainte que vous me crússiez d'accord avec Mr. G. dont la presence vous fut toujours a charge, m'en empecha. Le pauvre homme! quelles instances il me fit, combien de fois ne me conjurat-il pas — j'etois inexorable. Il le vit et se levant, il me dit larmes aux yieux:

Je ne gagne rien sur vous, touttes mes prieres n'ont point d'effet. O Miss que je me trompois en vous crojant tendre et sensible, si vous l'etiez — n'auriez vous pas pitie de moi. Vous ne savez pas ce qu'un cœur passionne souffre — jamais vous n'avez aimee — Quels reproche ma chere, moi ne pas aimer? je m'attendris, j'apellai la servante, je l'envoiai chez vous. Il me remercia mille fois et s'en alla dans sa chambre. Je vis bientot la faute que j'avois commise, je crojois vous offenser au plus haut point. Pour mon bonheur la servante n'etoit pas encore partie, je l'instruisis, et en peu de tems elle revint, comme de chez vous, en portant votre refus, [62] il fut present, je ne pûs soutenir sa peine, je le quittai — Ce n'etoit pas bien agi Lisette — Comment! auriez vous voulû aller avec nous? — Sans doute. — Vous — Moi, ma chere, je n'aime a offenser personne; il peut croire maintenant que je l'evite, ou que je le crains. Fi fi, Lisette faites pour vous meme des sottises, et non pas pour moi — Ne lui dites rien je vous en prie — Non jusqu'acequ'il me demande, mais alors je saurai defendre mon honneur; et pour vous faire voir que je ne l'evite pas, je viendrai Dimanche chez vous — N'ai je pas bien fait ma chere Catherine de lui promettre cela; j'y irai cet apres diné; et je me comporterai de façon qu'on peut voir que je ne crains personne.

Lundi ce 17. Avr.

En entrant hier chez Lisette j'y trouvai sa Mere et une Dame de leur connoissance; apres le Caffé nous jouames quadrille. A six heures Monsieur se fait annoncer et entre dans le meme instant. Il nous salue generalement, puis se postant vis a vis de moi il me regarde pendant un quart d'heure entier. Il n'ose approcher de moi, mais Madame l'en prie d'un ton moqueur, et il s'assied entre nous deux filles. Je lui parle avec beaucoup de complaisanse; Lisette me contemple d'un air jaloux, et Madame qui se trouve piquee, s'en veut venger en me raillant de ma distraction, et de mon inattention pour le jeu. Je fis semblant de ne pas comprendre ce qu'elle vouloit dire; mais on continua du meme ton pendant toutte la soiréé. Cela m'indigna; je me contins cepandant qu'oiqu'avec peine jusqu'a huit heures; Je pris enfin congé; la Mere, et la fille changerent [63] de couleur en vojant qu'il alloit me reconduire. L'innocence tremble t-elle ? ah ma chere la mauvaise conscience trahit le criminel. Lorsque nous fumes dans la rue il me dit dabord : On m'a voulû rendre heureux deux fois cette semaine, par votre compagnie, mais un refus a toujour succedé l'invitation; je vous conjure Miss; dites moi, est ce de la haine, ou bien.. — Je n'en sai rien Monsieur on ne m'a pas invité, je n'ai donc pû venir — O mes soupcons fondés! s'ecrie t-il; je me doutois bien de la verité. Chere Miss on nous a trompés lachement; si vous saviez quels mensonges ont ete inventés; combien d'histoires blamables.. — Quoi Monsieur! achevez — Oui Miss vous saurez tout — Que m'apprit-il là ma chere des inventions infernales, pour nous dessunir, des mensonges ouvertes; enfin que vous dirai je? je vis mais trop tard que je lui avois fait tort pendant le cours de quatre annees; que ma credulité en etoit la cause, et qu'il n'a commis aucune faute que celle de me trop estimer. Ne suis je pas la plus blámable des filles? Grondez moi ma chere, car je le merite — Il avoit encore beaucoup a me dire, lorsque nous fûmes a ma porte, Ah Miss s'ecria-t-il, le principal me reste encore a vous apprendre; et je ne vous reverrai plus; ce que j'ai deja dit ne sont que des bagatelles vis a vis de cela, ne pourrai je pas encore une fois avoir le bonheur.. — C'est tout a fait impossible. Adieu, pardonnez moi — Moi vous pardonner Miss? ah mon Dieu... et c'est donc la derniere fois... malheureux que je suis — La porte s'ouvrant alors j'entre, le cœur dechiré par mille pensees diverses — Ne me plaignez pas, je le merite —

[64] ce 1. May 1769

Mr. B. le veuf donne aujourdhui un grand Bal, dans sa grande sale au Roi d'Angleterre. Une grande partie de notre ville y assistera avec la pompe necessaire; en un mot la magnificence sera poussee au plus haut bout. J'y suis aussi invitee mais je n'ose y aller parceque ç'a pourroit nuire a ma santé. Miss Lisette fera la Reine du Bal, par cette raison elle se met tout en noir, et les atours couleur de rose, pour avoir quelque chose de particulier. Son chapeau noir est parsémé de diamans, on en raisonnera beaucoup a ce je crois; mais peutetre que je me trompe. J'irai voir ma Cousine Catherine qui est aussi empechee d'y aller par la foiblesse de sa santé, nous parerons ses sœurs d'une façon sans egale, et je me suis mis en tete de les coiffer de sorte, que les diamans de Lisette perdront tout leur merite. Peutetre que je pourrai vous apprendre ce que s'y passa, si je n'etois seulement pas toujours empechée d'ecrire.

Vendredi ce 5. May

Les Savants ont raison de defendre le Bal, il est toujours nuisible a la jeunesse. Que de malheureux ce dernier ne fit-il pas! il vont mourir ces pauvres gens; et par un seul coup; ne sont-ils pas a plaindre? Miss Lisette est la cause de ce fatal evenement; en entrant dans la salle elle captiva quarante cœurs a la fois, ils se disputoint la preference d'etre près d'elle, et en peu de tems on n'entendit que des [65] plaintes et des exclamations douloureuses. Un jeune Cavalier de la figure la plus charmante, prit son ami a part et lui dit a l'oreille: Je suis perdu mon cher, entierement perdu! Depuis un quart d'heure je contemple ce que je souhaitterois de posseder; si je pouvois acheter ce bonheur au prix de mon sang, je me croirois le plus heureux des hommes; que dis tu de mon choix? regarde la; c'est elle qui danse avec le Comte de Nesselroth, quelle grace! quel air divin! peut-on la voir sans l'aimer? je l'ai entendue nommer Miss Runkel

— mais tu ne me repends rien, tu detournes le visage ; et des pleurs... ah explique toi... le desespoir est dans ton regard — Infortunés!, s'ecria l'autre nous sommes donc rivals — Rivals? — Oui mon ami j'aimai Lisette dèz que je la vis; rien ne peut m'en guerir, et si elle n'approuve pas mes feux, la mort seule... — Ils s'eloignerent a ces mots de l'endroit ou ma Cousine Antoinette avoit entendue tout le discours sans que leur extase permit de s'en appercevoir. Quel don dangereux que la beauté! je suis charmeé de ne pas l'avoir; du moins je ne fais point de malheureux. C'est une sorte de consolation, et cepandant si je la pese avec le plaisir d'etre belle, elle perd tout son merite. Vous aurez deja entendue que je fais grand cas des charmes exterieures, mais peutètre que vous ne savez pas encore, que je les tiens pour absolument necessaires au bonheur de la vie, et que je crois pour cela que je ne serai jamais heureuse. Je vous expliquerai ce que je pense sur ce sujet. Il est evident que je ne resterai pas toujours fille, aussi seroit ce tres ridicule d'en former le projet. Quoique j'aie depuis longtems abandonnéé les pensees romanesques du mariage, je n'ai jamais pu effacer une Idee sublime de l'amour conjugal, cet amour, qui selon mon jugement peut seul rendre une union heureuse. Comment puis je aspirer a une telle felicite, ne possedant aucun charme qui pût inspirer de la tendresse. Epouserai — je un mari que je n'aime pas? cette pensee me fait horreur, et cependant ce sera le seul parti qui me reste, car ou trouver un homme aimable qui pensàt a moi. Ne crojez pas ma chere que ce soit grimace; vous connoissez les replis de mon cœur; je ne vous cache rien, et pourquoi le ferois je? Vous et Mlle Meixner vous etes mes seules amies en qui je puis me confier. Je crojois en avoir une eternelle en Lisette, mais son terme a peu duré, l'applaudissement general du grand monde la gàte. Fiere de ses conquèttes elle meprise tout le monde, et quoique Dorval est uniquement aimé, l'ençens de tant de cœurs lui plait au delà de l'expression, elle s'en vante par tout, et triomphe secrettement de nous abbaisser par ses charmes. Jugez ma chere si avec ces sentiments elle peut etre amie fidelle. Il y avoit un tems ou peu connue du monde elle se crût heureuse par mon amitie, mais ce tems n'est plus, et je vois par là, que c'est le train du monde. —

[67] Mecredi ce 11. May

Enfin Mr. G. est parti; apres avoir eu le bonheur de me parler encore une fois. Ma chere si vous aviez entendue ce discours vous auriez fait des eclats de rire. Pour moi j'etois si serieuse, que l'occassion le demandoit. Son affliction etoit tres grande, et je ne la crois pas contrefaite. Nous parlâmes de Lisette, et il m'assura qu'il auroit toujours beaucoup d'estime pour elle, quoiqu'elle etoit la principale source de touts ses malheurs, car, poursuivit-il j'aurois ete moins infortuné si.. mais ça est passé, et je l'oublierai, je souhaitte de tout mon cœur qu'elle soit heureuse avec Dorval, et que son union — Quoi Monsieur vous avez donc aussi — Comment pourrais je ne pas le savoir? je le connois tres bien, et mes propres yieux m'en instruisirent dèz le commencement — Mais que pensez vous de ce mariage Monsieur, c'est un grand bonheur pour Lisette il doit etre tres aimable, et tres riche, que peut-elle desirer de plus — Permettez moi Miss de hausser les epaules, et de vous dire que le mariage n'est pas encore consommé — Il se tût et changea de discours je ne sai ma chere ce qu'il a voulu dire; Dorval adore Lisette, touttes ses lettres en sont temoins; et il est trop honnette homme pour la tromper. Il n'est meme pas vraisemblable, qu'il ne cherche qu'un amusement puisque tant de personnes savent [68] son intention; Laissons là tout ce qui pourroit etre et attendons l'avenir, qui developpera ces misteres.

Lundi ce 22 May

Je vis a present d'une façon tres tranquille, mais cette tranquillité n'a point de charmes pour moi; j'aime la variete, l'inquietude, le bruit du grand monde, et les Divertissements tumultueux. Touts les jours sont si uniformes, car pendant l'eté ils n'y a point de cercles, ni aucun amusement public. Vous aurez peutetre envie de me gronder, en pensant que je pourrois bien me dedommager de tout cela en me promenant, mais je vous assure que c'est ici une affaire tres genante; Si on n'a pas toujours en sortant une Compagnie bien choisie, le monde s'en moque, et raisonne impitoiablement. Vous direz que je ne dois pas m'en soucier; mais je ne saurois m'en defendre. J'ai mes fortes raisons de me tenir plus retiree que jamais; Il y a des certaines personnes qui ont des vues sur moi, et par cette raison ils sont attentifs a mes moindres demarches. Quoique je ne pourrai jamais les estimer, je ne veux pas leur donner l'occassion de concevoir une opinion moins favorable de ma conduite, qu'ils ne l'ont apresent. Adieu ma chere, continuez de me vouloir du bien; et ne m'oubliez pas. G C

7.
16. Juni—16. August 1769

[69] Vendredi ce 16. Juin

Mlle votre Sœur m'envoja votre lettre la semaine passeé, je ne sais pas pourquoi elle ne me la donna elle meme, car la vojant tres rarement je n'ai pû encore lui remettre la sienne. Il me paroit etonnant que vous laissez cette bonne enfant gemir si longtems sous le joug d'une femme qui n'a pas de semblable en bizarrerie a ce qui me semble; mais je puis aussi me tromper — La lettre de votre nouvelle Cousine est tres charmante, jamais je n'ai lû un stile si parfait; et vous pouvez dedaigner le frere d'une si aimable personne? sur tout un galant homme, titré d'une façon si magnifique, non, je n'y comprends rien. Cependant a parler serieusement je suis d'accord qu'un homme d'eglise petit maitre est le plus ridicule personnage qu'on peut voir. J'en ai eu dernierement l'epreuve, rencontrant par hazard un Predicateur reformé.

Il me contempla longtems par une lorgnette, puis s'approchant de moi il m'adressa la parole avec un tour si galant; et me dit tant de fleurettes dans ce peu de tems, que je n'en entends toutte l'annéé. La chose me paroissoit choquante, mais je me contins, et il fut tres charme de ma conduite envers lui. N'est ce pas pour rire? —

[70] ce 12 Juilliet

Un mois entier sans ecrire une parole! c'en est trop, je le confesse moi meme, et si j'en etois la cause je ne me le pardonnerois jamais. Et qui donc direz vous, qui vous en empeche? La veritable raison c'est que je n'ai rien a vous dire. L'uniformeté dans laquelle je vis, les mouvements egals de mon ame, la tranquillite insipide de mon cœur, tout cela ne me donneroit point de matiere a vous entretenir, et meme aujourdhui je n'aurois pris la plume, si quelques petits incidents ne me le permettoint pas. Que dirés vous ma chere si je vous apprends que Miss Lisette, et moi nous sommes totalement brouilléés, et d'une façon qui ne sera pas a remettre. Si j'avois le tems je vous ferois part de toutte l'histoire, mais elle est trop longue; il suffit a vous de savoir, que la Mere et la fille m'ont accuséé de medisance et de trahison, et que j'ai trouvéé ces termes trop vils, pour m'abbaisser a une justification. Cette affaire m'a causéé une revolution de quelques jours, mais elle est passéé et j'ai reprise ma tranquillité, qui a l'air de durer longtems, si un accident nouveau ne la chasse. Je n'ai pas vue encore Mlle votre Sœur, la lettre est toujours chez moi, et je n'ose la lui envojer.

[71] Vendredi ce 28. Juillet.

Je m'en vais vous faire part d'un accident facheux arrivé a plusieurs personnes de notre ville, qui par sa singularité, merite d'etre raconté. Un jeune reforme d'ici s'etant marié il y a quelques mois, promit a ses amis de leur donner un bal a Offenbach, aussitôt que le tems seroit favorable d'y aller par eau. Mecredi le 19 Juillet est assigné pour ce divertissement, il arrive et promet le plus beau jour ; La compagnie qui consistoit en quarante personnes, chapeaux, et Dames, s'assemble dans un grand vaisseau de chasse, on y attache deux petits bateaux pour les musiciens, et un pareil les suit avec les enfans, les servantes, et le souper destiné pour le soir. C'est ainsi qu'ils partent a deux heures après midi, remplis du plaisir qui les attend. Les Messieurs montent sur la galerie, s'y dressent une tente pour être a l'abri des rajons du soleil. Deja ils ont faits la moitie du chemin, lorsque peu a peu le ciel s'obscurçit, le vent se leve, et on voit touts les presages d'une tempete. Les Da-[72]mes effrajees montent et prient leurs maris de faire aborder le vaisseau, mais ceux ci rient et se moquent de leur frajeurs, les assurant qu'ils arriveroint encore avant le commencement de l'orage. Elles s'en vont a contre cœur, et sont a peine assisses, que la pluje tombe abondamment, le tonnere gronde, une epaisse obscurité couvre l'orizont et on ne voit rien qu'a la lueur de l'eclair. Les chapeaux courent en bas pour se garantir de la pluje, le vent devient furieux, il jette le vaisseau d'un coté a l'autre. L'homme a cheval qui tient la corde en est precipité dans l'eau, le pilote ne peut plus tenir la rame ; tantôt ils sont eleves en l'air, tantôt coules a fond. Les Messieurs hors d'eux mêmes se deshabillent, ouvrent la porte, et demandent au Pilote s'ils peuvent l'aider, il leur repond que non ; une grande onde se leve et tombe dans le vaisseau par la porte ouverte, de sorte que toutte la compagnie est jusqu'aux genoux dans l'eau. On la referme vite ; et c'est là que la terreur devient generale, les Dames percent l'air de leur cris, l'une prie notre Pere, l'autre [73] le sixieme Pseaume, la troisieme confesse ses peches ; la quatrieme s'ecrie que c'etoit là la punition pour cette demarche voluptueuse, qu'elle venoit de se retablir d'une grande maladie, et au lieu de rendre grace a Dieu elle alloit au Bal. Une autre disoit en pleurant, que depuis longtems elle etoit attaquee de la consomption, et qu'il falloit encore qu'elle se nojoit. Les femmes se jettent au cou de leurs maris, leur disent adieu et s'ecrient: nous mourons! ah mon Dieu et quelle mort! La parole leur manque ici, elles perdent le sentiment. Tout d'un coup on entend un bruit effrojable, le bateau des musiciens venoit de se briser, ils se jettent touts a la fois sur un coté dans le grand vaisseau. Le Pilote crie nous sommes perdus dans un moment si on ne tient l'equilibre. Le grand bruit du vent, et de la pluje qui ressembloit a un deluge, defendit qu'on ne le comprit pas bien; et touttes les personnes se jettent sur l'autre coté. Le vaisseau se tourne, s'enfonce, l'eau entre de touttes parts; il n'y a plus de mojen de se sauver. Les Dames rouvrent les yieux dans l'instant [74] qu'ils alloint perir. Elles se vojent entourees des horreurs de la mort. L'une se leve et s'ecrie: allons Mesdames perissons un moment plutôt et sauvons nos Maris, suivez mon exemple. En prononçant ces dernieres paroles elle s'elance dans le fleuve. Son mari desesperé la retient par les habits, bientôt la force lui manque, il crie au secours, personne ne peut lui en donner, chaque mari a a faire avec sa femme qui touttes alloint suivre la premiere. Enfin le Pilote vojant le danger eminent; fait un dernier effort, se jette dans l'eau, s'empare de la corde, nage vers le rivage et la lie a des roseaux. Le bon Dieu eut alors pitie de ses creatures qu'il ne vouloit pas perdre, il fit cesser l'orage, et ils arriverent a bord. On peut bien s'imaginer la joie de toutte la compagnie en vojant ce miracle, et les actions de grace qui furent rendues au Seigneur. Apres s'etre un peu remises les Dames mariees s'ecrient: Bon Dieu qu'avons nous oubliees pour notre propre danger, ou sont les enfans? On demande par tout, mais ils ne sont point là. On veut le cacher aux Meres, elles s'en apperçoivent, s'arrachent les cheveux, crient ah nos enfans! nos enfans! et tombent sans [75] connoissance sur le bord du rivage. Enfin les enfans arrivent mouillés jusqu'aux os. Leur petit bateau avoit eté dabord rempli de la pluje, tout le souper fut inondé on prit la vaisselle pour en decharger l'eau, mais envain. Le vent les jette dans des roseaux, là les enfans s'attachent a ces foibles troncs, et s'ecrient: ah nous pauvres petits infortunés; devons nous perir si impitojablement — je ne saurois poursuivre, mes sens sont trop agités; aussi peut on s'imaginer le reste. Occupés a secher leurs habits, personne ne pensa a la danse; ils revinrent ici en tres mauvais etat, quelquesuns en eurent la fievre, et la plûpart des fluxions rhumatiques, qui ne leur feront pas sitôt oublier cette promenade malheureuse — Cette année ci il faut bien prendre garde au beau tems; touts les jours pluje, touts les jours un orage, ou du vent; en est ce de meme chez vous? Je n'ai pas du tout encore gouté l'eté, et il est bientôt fini. J'en suis charméé et j'attends l'hiver avec impatience; vous savez que j'aime beaucoup mieux celui ci, aussi ai je mes raisons authentiques. Mais a propos — que voulois je dire? ce sera pour une autre fois —

[76] ce 14 Aout.

Je suis tres paresseuse a ecrire, surtout depuis quelque tems; et j'en sais bien la raison. Quand on n'a rien a dire ce qui nous interesse nous mèmes, on s'ennuje a parler des autres. Je pourrois bien vous apprendre quelque nouvelles si vous voulez les entendre, et c'est que Miss Simonette Bethmann est epouse avec une jeune Banquier d'ici nommé Mezler; la nôce se fera lundi prochain, et peutetre il y aura bal... mais tout cela ne vous regarde pas, parlons de Miss Lisette. Depuis que je suis brouillee avec elle, je n'apprends plus rien du tout de ses secrets. Ou Dorval est maintenant, ce qu'il fait, s'il est fidele ou non, je n'en sais rien. Du moins il faut qu'il vienne bientot, car ces vendanges l'année est ecouléé ou il a promis de l'epouser, on verra s'il tient parole. J'ai lû huit ou dix de ses lettres qui sont ecrites avec bien de l'elegance; s'il pense comme il parle aucun amour est egal au sien. Mais quelquefois il dit un peu trop, et Lisette en devient si orgueilleuse, puisqu'elle croit tout. Jugez en [77] Vous même par un endroit de sa lettre ou il dit:

«Je vis une grande partie du monde, je vis des creatures. — Enfin je trouvai le chef-d'œuvre de la nature, mais comment vous decrire ce que je trouvai? — Vous meme c'est tout dit, un bijou qui me restera toujours infiniment precieux. Que le Seigneur benisse seulement la suite, comme il benit l'heureux commencement, lorsque je Vous vis pour la premiere fois, lorsque je sentis tout ce qu'un amour vertueux peut inspirer pp.»

Et bien ma chere comment Vous plaisent ces expressions, ne sont elles pas un peu outréés. Lisette a tant aimé cette lettre qu'elle me la repetoit mille fois, et c'est de là que je sais encore ce morceau par cœur. — Mr. B.. lui fait toujours la cour, et elle s'est choisie un jeune homme tres aimable qui lui sert en qualité d'amant jusqu'au retour de Dorval. Son gout n'est pas mauvais, car Theodor est encore plus beau en exterieur que Dorval —

[78] Mecredi ce 16 Aout

J'enverrai aujourdhui cette lettre a la poste, de crainte qu'elle n'y vienne jamais. Pardonnez moi ma douce Amie, la negligence de mon ecriture. Ne le prenez pas pour un defaut d'amour; non ma chere je vous aime plus que jamais. Pourquoi ne venez vous pas ici, encore une seule fois, que je Vous voje; que je vous dise tout de bouche ce qui m'est impossible d'ecrire. On m'a dit que je verrois ma chere Mlle Meixner la foire prochaine; venez ensemble mes deux aimables amies, et je n'aurai plus rien a souhaitter. Votre Patrie vous est elle donc si chere que vous ne pouvez plus la quitter. Je crains peutetre avec raison que quelque attachement — Pardonnez mes soupçons; ils partent d'un cœur qui vous aime. Adieu, je vous embrasse mille fois, que ne le puis [je] reellement.

A propos, Mr. Steinheil est passé par Worms qu'a t-il dit? que fait-il. Mlle votre Cousine s'en console de plus en plus; la premiere douleur etoit forte, mais elle est passéé.

Je l'ai appris par Mlle votre Sœur, qui vous fait faire ses compliments.

9. An Johann Christian Kestner

Küssen Sie Ihr liebes Lottchen von meinetwegen, und sagen Sie ihr dass ich sie von ganzem Herzen liebe.

C. Goethe

[prst. 7. Nov. 72]

10. An Kestner

Samstag den 21. Nov. 72

Ich habe Ihren Brief meinem Bruder nach Darmstadt geschickt mein Herr, dencken Sie nur er ist schon seit am Montag weg, und hat noch kein Wort von sich hören lassen, ist das nicht zu arg. — aber so macht er's, Sie werdens auch schon an ihm gewohnt seyn.

Ehe mein Bruder von hier weggieng hat er mir eifrigst aufgetragen einige Liedgen vor Ihr liebes Lottchen abzuschreiben, weil es aber nur ein paar sind so wollte ich fragen ob ihr nicht seit der Zeit etwa noch eins eingefallen wäre das sie gern haben mögte — wenn aber das nicht ist so schreiben Sie mir ob sie den Marsch aus den zwey Geizigen hat, sonst will ich den noch mit beyfügen, die Melodie ist gar angenehm. Wollen Sie so gütig seyn mein Herr und mich dem ganzen Puffischen Haus empfehlen, aber recht freundschafftlich, und wenn Sie das recht schon ausrichten so verspreche ich Ihnen dass ich auf einandermahl den Herrn weglassen, und Freund an seine Stelle sezen will   G.

11. An Kestner

Mittwoch den 25. Nov. [1772].

Lottchen muss mit meiner schlechten Schreiberey vorlieb nehmen, wie ich die Noten schrieb dachte ich nicht an die Worte die drunter kommen sollten, und da ists denn so ausgefallen, doch hoffe ich dass es leserlich seyn wird.

Ich dancke Ihnen lieber Freund für die Nachricht von meinem Bruder, biss jezt ist er noch immer stumm gegen uns — dass sie nicht nach Manheim gehen hat er die vorige Woche Netten zu meinem Trost geschrieben weil er versprochen hatte mich mit zu nehmen. Errinnern Sie sich noch der guten Mädgen mein Freund die wir die vergangene Messe zusammen besuchten, sie lassen sich alle Lottchen und Ihnen empfehlen, und bitten sehr dass Sie beyderseits uns doch bald besuchen mögen, biss dahin aber dencken Sie so offt an uns als wir an Sie dencken — G.

12. An Kestner Dienstag den 1. Dec. [1772.]

Hier schick ich Ihnen die eine Helffte von dem verlangten Buch, die andere folgt Morgen, weil es auf einmahl ein wenig zu starck geworden wäre. Das Exemplar habe ich in meines Bruders Zimmer gefunden, wenn er wiederkommt mag er sich ein anders kauffen, und dann kann er Ihnen den Preis melden. — Leben Sie wohl lieber Freund, grüsen Sie Lottchen recht schön und sagen Sie ihr dass ich alle Abend um zehn Uhr den Marsch auf meiner Zitter spiele, und dabey an sie dencke —

HE. Schlosser grüsst Sie beyderseits von ganzem Herzen. Goethe.

13. An Kestner Freytag d. 4 Dec. [1772.]

Eben erhalte ich Ihren Brief lieber Freund, die zwey verlangte Exemplare sollen ehestens erscheinen; schreiben Sie mir nur ob sie wie das vorige überschickt werden sollen, und ob's die Post nicht übel aufnimmt. —

Leben Sie wohl.

Mein Bruder hat auch uns geschrieben er denckt noch nicht ans wiederkommen G.

14. An Kestner Montag den 4 Jen. 73.

Mein Bruder hat mir aufgetragen Ihnen zu schreiben dass Sie so gütig seyn sollen den Herrn v. Kielmanseck zu fragen ob er jezt einen Theil vom Ossian will, er ist heut angekommen —

Es freut mich recht wenn ich was von euch lieben Leuten höre, manchmal darf ich ein wenig in Ihre Briefe schielen und wenn ich da nur sehe dass Sie alle vergnügt sind so binn ich schon befriedigt genug — Leben Sie wohl lieber Freund, ich küsse Lottchen und Lenchen, und die andern lieben Schwestern alle von ganzem Herzen   Sophie

15. An Kestner Dienstag den 12 Jen. 73.

Hier kommen einige Muster von dem verlangten Cattun, mehr habe ich nicht auftreiben können denn er geht hier sehr starck ab. Gefällt Ihnen aber keins von diesen so warten Sie etwa noch drey Wochen, da beckommen die Leute wieder neue wie sie sagen.

Mein Gesicht wird ehestens auf eine oder die andere Art erscheinen, sagen Sie aber Lottchen dass sie sich nicht an der Stirne scandalisiren soll —   Sophie.

16. An Kestner Montag den 18. Jen. 73

Gestern Abend wie ich das Liedchen spielte fiel mir ein dass es vielleicht Lottchen so gut gefallen könnte als mir, und da sezte ich mich gleich hin und schrieb's —

Wir leben hier ganz einfach und recht vergnügt, wenn wir des Abends zusammen am Ofen sizen und schwazen, oder wenn uns mein Bruder etwas vorliesst, da wünschen wir offt dass Sie bey uns seyn und unser Vergnügen theilen könnten. — Leben Sie wohl lieber Freund, grüsen Sie das ganze Puffische Haus sowohl von mir als von meinen Freundinnen —   Sophie

17. An Caroline Herder Carlsruh den 13 Dec [1773].

Freylich wars nicht recht liebste Caroline dass ich Ihnen von D. nicht geschrieben hatte — aber Sie wissen von jeher wie wenig ich schreibe und das muss mich entschuldigen — wie offt wir damals von Ihnen gesprochen das wird Ihnen Ihr Herz gesagt haben — wir waren so vergnügt zusammen und es fehlte niemand als unsre Caroline —

Dass Sie glücklich sind beste Freundinn fühle ich an mir selbst — alle meine Hoffnungen, alle meine Wünsche sind nicht nur erfüllt — sondern weit — weit übertroffen. — wen Gott lieb hat dem geb er so einen Mann —

Mein Bruder konnte uns nicht begleiten, ich hätts gewünscht für ihn und für mich — wir waren in allem Betracht mit einander verschwistert — und seine Entfernung fühle ich am stärcksten — vielleicht besucht er uns künftigen Sommer wenn die schöne Natur hier in ihrer vollen Pracht ist — ach liebe Caroline das soll ein herrlicher Anblick seyn —

Unsere Lila haben wir zu Ende des Sommers besucht — der 29 September war der glückliche Tag — wir brachten ihn ganz bey ihr zu — Sie haben auch ihre Schöpfung gesehn — erinnern Sie sich noch des dunklen, einsamen Gangs — da sprachen wir von Ihnen liebste Freundinn und Ihrem Herder —

Meine arme Antoinette habe ich verlassen müssen — ich wollt sie anfangs mitnehmen, aber es fanden sich so viele Schwürigkeiten — hier hab ich noch keine weibliche Freundinn gefunden — wenn ich so glücklich wäre wie Sie meine Beste und eine Mutter fände — unser Schicksal ist ja sonst in allem so gleich sollts hierinn nicht auch seyn —

Leben Sie wohl liebste Caroline, grüsen Sie Ihren Herder von mir und meinem Mann recht herzlich — dencken Sie manchmal an uns — und seyn Sie versichert dass ich liebe ohne zu schreiben. C. S.

18. An Friederike Hesse Emed. 29. Juni [1774.]

Ich binn Ihnen unendlich verbunden beste Schwester für die Bekanntschaft der lieben Königinn, ich habe kein Frauenzimmer in Strasburg gesehn als sie, wir waren fast den ganzen Tag beysammen, und sie hat sich gleich meiner so gütig angenommen dass ichs Ihnen nicht beschreiben kann — wir haben Sie beste Friedrike beständig gewünscht und es fehlte nichts als Ihre Gegenwart — ach warum müssen wir doch so getrennt leben —

Meine Reise war glücklicher als ich vermuthet hatte, denn ich trat sie mit Gliederschmerzen an — die Kälte, die grosen Bestreitungen in Carlsruh machten mich noch kränker so dass ich fast auf keinem Fuss stehen konnte, in Strasburg wars auch noch schlimm, aber iezt Gott sey Dank gehts doch wieder etwas besser — auf dem Weg von Strasburg biss hierher war mirs unvergleichlich weil mir die liebe Jfr. König eine Bettflasche mitgegeben hatte die mich in beständiger Wärme erhielte —

Unsre ganze Haushaltung ist noch auf dem Wasser, wir hoffen dass das Schiff morgen ankommen wird — mir ist um nichts bang als um meinen Flügel und um den Laocoons Kopf —

Ich binn jezt so zerstreut und in so vielen unangenehmen Geschäfften verwikelt dass es fast Sünde ist wenn ich schreibe — haben Sie noch ein wenig Geduld beste Schwester, ich hoffe mit der Zeit soll alles gut gehn —

19. An Kestner

Ich habe eine grose Sünde auf dem Herzen bester Kestner — Ihren lieben Brief so lang unbeantwortet zu lassen, das ist abscheulich — Ich wäre mit nichts zu entschuldigen wenn ich nicht seit zwey Jahr keinem Menschen in der Welt geschrieben hätte — so lang währt meine Kranckheit und eine Art von Melancolie die eine natürliche Folge davon ist

— Ihre liebe aktive Lotte wird sich hierüber nicht wundern, weil sie sich leicht vorstellen kann was das heisst als Frau und Mutter zwey Jahre lang im Bette zu liegen ohne im Stand zu seyn sich selbst nur einen Strumpf anzuziehen —

Zimmermann kam als mein guter Genius mich an Leib und Seele zu erretten, er gab mir Hofnung und munterte mich so auf, dass ich seitdem wenig ganz trübe Stunden mehr habe — es ist auch wircklich durch seine vortreffliche Vorschrifften so weit mit meiner Corperlichen Besserung gekommen dass ich grose Lindrung spüre — Es fehlt mir hier hauptsächlich an einer Freundinn die mich aufzumuntern wüsste, und die meine Gedancken von dem elenden kräncklichen Cörper weg, auf andre Gegenstände zöge — Es ist sehr schlimm dass ich mich selbst mit nichts beschäfftigen kann, weder mit Handarbeit, noch mit lesen, noch mit Clavierspielen — auch das Schreiben fällt mir sehr beschwehrlich wie Sie sehen —

Mein Mädgen würde mir sehr viel Freude machen wenn ich mich mit ihm abgeben könnte, aber so muss ichs ganz fremden Leüten überlassen, welches nicht wenig zum Druck meines Gemüths beyträgt — Es ist sehr lustig und will den ganzen Tag tanzen, desswegen es auch bey jedem lieber als bey mir ist — laufen kanns noch nicht allein, es happelt aber entsezlich wenn manns führt — Schreiben Sie mir doch ja viel und recht umständlich von Ihren Kleinen, denn wie ich höre so sind Sie so glücklich zwey zu haben — ich mögt gern wissen wie sie aussehn, ob sie der Lotte gleichen ob sie blaue oder schwarze Augen haben, ob sie lustig oder still sind u. s. w.

Verzeihen Sie mir ja die viele Fragen, ich würde sie nicht gethan haben wenn ich nicht versichert wäre dass Sie sie gern beantworteten — Leben Sie wohl. Ihre liebe Lotte küss ich hundertmal

d. 6. Jen. 76.   C. Schlosser —

20. *An Charlotte von Stein* [Emmendingen, Juni 1776.]

Wie soll ich Ihnen dancken beste edelste Frau dass Sie sich in der unendlichen Entfernung meiner annehmen, und mir suchen meine Einsamkeit zu erleichtern o wenn ich nun hoffen dürffte Sie ein einziges mahl in diesem Leben zu sehn so wollt ich nie schreiben und alles biss auf den Augenblick versparen denn was kann ich sagen das einen einzigen Blick, einen einzigen Händedruck werth wäre —

Umsonst such ich schon lang eine Seele wie die Ihrige, ich werd sie hierherum nie finden — es ist das das einzige Gut das mir jezt noch fehlt, sonst besiz ich alles was auf der Welt glücklich machen kann —

Und wem meynen Sie meine edelste Freundinn dem ich diesen jezigen Wohlstand zu dancken habe — niemand anders als unserm Zimmermann, der mir in meiner Gesundheit alles Glück des Lebens wiedergeschenckt hat —

Noch vor kurzer Zeit war ich ganz traurig und melancolisch, das beynah dreyjährige beständige Leiden des Cörpers hatte meine Seelenkräffte erschöpft, ich sah alles unter einer traurigen Gestalt an, machte mir tausend närrische, ängstliche Grillen, meine Einbildungs Kraft beschäfftigte sich immer mit den schrecklichsten Ideen so dass kein Tag ohne Herzens Angst und drückendem Kummer verging —

Nun aber siehts Gott sey Danck ganz anders aus, ich finde überall Freude wo ich sonst Schmerzen fand und weil ich ganz glücklich binn befürchte ich nichts von der Zukunfft o meine Beste wenn der Zustand dauert so ists der Himmel auf der Welt — Alles Vergnügen das hier in den herrlichen Gegenden die schöne Natur gibt, kann ich jezt mit vollem Herzen geniesen, meine Kräffte haben so wunderbar zugenommen, dass ich gehn, und sogar reiten kann, ich entdecke dadurch alle Tage neue Schäze die ich bisher entbehren musste, weil die schönsten Wege zu gefährlich zum Fahren sind — Meines Bruders Garten hätt ich wohl mögen blühn sehn, nach der Beschreibung von Lenzen muss er ganz vortrefflich seyn, in der Laube unter euch Ihr Lieben zu sizen — welche Seeligkeit —

21. An Charlotte von Stein

Emmeding. d. 20. Oct. [1776]

Ich kann Ihnen nicht beschreiben beste Frau was die Nachricht dass Sie künfftigen Sommer hierherkommen werden für eine sonderbare Wirkung auf mich gethan hat — ich hielts biss jezt für ganz unmöglich Sie jemals in dieser Welt zu sehn, denn die entfernteste Hoffnung wär unwahrscheinlich gewesen, und nun sagen Sie mir auf einmal — ich komme —.

Schon zwanzigmahl hab ich heut Ihren lieben Brief gelesen um gewiss versichert zu seyn dass ich mich nicht betriege — und doch sobald er mir aus den Augen ist, fang ich wieder an zu zweiflen —

Ihre Silhouette wird jezt mit weit mehr Aufmercksamkeit studiert wie sonst — aber um Gottes Willen wie kann Zimmermann eine Gleichheit zwischen uns beyden finden —

Es ist mir diesen Sommer eine Fatalität begegnet die ich gar nicht vergessen kann — ich war ganz gesund — und just bey Lavaters u. des jungen Zimmermans Ankunft überfällt mich ein entsezlicher Paroxismus von Gliederschmerzen an dem ich aber selbst Schuld war weil ich mich erkältet, ermüdet, und der feuchten Lufft ausgesezt hatte —

Gleich den Tag darauf durch ein einziges Bad kam ich völlig wieder zurecht, und seitdem spür ich nicht das mindste davon — Urtheilen Sie nun selbst ob mir das nicht höchst empfindlich seyn mußte, dass mich der junge Mensch in dem critischen Augenblick sah — und nur in dem Augenblick —

Für Ihre Musick meine Liebste kann ich Ihnen nicht genug dancken ob ich schon nur den kleinsten Schatten davon auszuführen im Stande binn. Das Recitativ vom Orpheus muss eine erstaunende Würkung thun — ich glaub ich käm von Sinnen wenn ich einmal wieder so was hörte —

hier sind wir abgeschnitten von allem was gut und schön in der Welt ist —

22. An Auguste Gräfin Stolberg

Emedingen den 10. Dec. 1776.

Ganz unverzeihlich ist's, bestes Gustgen, daß ich Ihnen noch nie geantwortet habe, ich will mich auch gar nicht entschuldigen, denn was sollte was könnte ich sagen. Ihre häusliche Glückseeligkeit ahnde ich und wünschte als Schwester unter Ihnen aufgenommen zu seyn, das ist der eine von den Wünschen, der nie erfüllt werden wird, denn unsere gegenseitige Entfernung ist so gros, dass ich nicht einmal hoffen darf, Sie jemals in diesem Leben zu sehen.

Wir sind hier ganz allein, auf 30—40 Meilen weit ist kein Mensch zu finden; — meines Manns Geschäffte erlauben ihm nur sehr wenige Zeit bey mir zuzubringen, und da schleiche ich denn ziemlich langsam durch die Welt, mit einem Körper der nirgend hin als ins Grab taugt.

Der Winter ist mir immer unangenehm und beschwehrlich, hier macht die schöne Natur unsre einzige Freude aus, und wenn die schläft schläft alles.

Leben Sie wohl, bestes Gustchen, ich umarme Sie im Geist, kann Ihnen aber nichts mehr sagen weil ich zu entfernt von Ihnen binn. Cornelia.

CATHARINA ELISABETH GOETHE

1. An Lavater　　　　　　　Dinstags d 2^(ten) Aug 1774

Tausendt Danck nochmahls, lieber, bester Sohn, vor euren Auffenthalt bey uns — — abschied konte ich nicht nehmen, mein Hertz war zu voll — — niemahls, niemahls, verliere ich euer Bild aus meiner Seele — — lebt wohl Gott der allmächtige Segne euch, begleite euch auf allen euren Wegen, bringe euch gesund und wohl an ort und stelle — — O vergeßet uns nicht bester, bester Lavater — — ich muß aufhören, und muß weinen — — mein Hauß ist mir so einsam, wie ausgestorben — noch einmahl lebt wohl　　　　　　Catharina Elisabetha Goethe.

2. An Lavater　　　　　　　Frankfurt, d. 26 Xbr. 74.

Meine theuern Freünde!

Ihr wollt den ganzen Umfang von der Krankheit u. dem Tode unserer Fräülein Kltbrg [Klettenberg] wissen? Ein schmerzlicher Auftrag! Dies kann ich euch versichern. Mein Gemüth ist so ganz in Traurigkeit verlohren, daß ich mir nicht zu rathen noch zu helfen weiß. Ich weiß, ich werde sie wieder sehen; aber izt, izt fehlt sie mir! Meine Rathgeberin, in deren Schooß ich alles ausschütten konnte, ist in die Herrlichkeit eingegangen, wovon sie so oft mit Entzüken sprach. Ihr seyd noch hier, ich bin noch hier — aber es wird ein Tag kommen, dann wird sie auferstehn! Dann werden wir auferstehen, u. uns freüen mit unaussprechlich herrlicher Freude! Amen.

Am 7 Xbr. waren wir sehr vergnügt beisammen, ich habe sie lange nicht so munter gesehen, nicht der kleinste Gedanke von Krankheit fiel mir ein. Um 8 Uhr gingen wir von einander. In der Nacht bekam sie einen heftigen Frost, hernach Hize. Am 8ten erfuhr ich nichts davon, am 9 früh ließ sie mir sagen, sie wäre krank; wie ich zu ihr komme, fand ich sie ganz leidentlich, sie selbst glaubte, es werde nichts zu sagen haben; den 10. wurde sie schlimmer, aber in der Nacht wurde es dem Anschein nach wieder besser, ich verließ sie nicht. Als am 11. der Medicus in die Stube kam, lief ich voller Freude ihm entgegen — «sie ist besser!» sagte ich. «Das gebe Gott, sagte Er, aber wir sind noch nicht über den Berg.» Am 12ten, sobald ich früh Morgens zu ihr kam, sagte Sie: «Gute Nacht, Räthin, ich sterbe!» Vor Weinen konnte ich kein Wort reden. Sie winkte, ich sollte näher kommen, drückte mir die Hand u. sagte: «wandle vor ihm u. sey fromm!» — sahe mich mit unaussprechlich heiterm Gesichte an, u. war sehr ruhig u. vergnügt.

Nachmittag kamen einige christliche Freunde zu ihr. Wir fragten: «ob sie leiden könnte, wenn wir einige christliche Verse sängen?» «O ja» sagte sie. Wir sangen: Komm! ist die Stimme deiner Braut u. Sie verlangte das Lied: Die Seele Christi heilige mich. Ein Freund fragte sie: «Wie ihr beym Anblick des Todes zu Muthe sey?» «Ich bin so voll Seligkeit, daß die arme Hülle es nicht aushält, sie muß davon zerbrechen, sagte sie.» Ich sagte aus einem Lied: Hier ist nichts als die Todsgestalt u. den Stachel hat er verlohren! Hallelujah.

Des Abends, da die andern Freunde weg waren, u. ich allein bei ihr saß, sagte sie: «Der Doctor!» Ich bildete mir ein, sie meine den Medicus, u. sagte: «Er ist weggegangen.» «Nein, sagte sie u. deutete auf mich. «Meinen Doctor meinen Sie?» Sie nikte mit dem Kopfe. «Ach, sagte ich, der glaubt so wenig, daß sie sterben, daß er mir aufgetragen hat, Ihnen zu sagen, wie er morgen mit dem Prinzen von Weimar nach Mainz reisen werde — dreymal hab ich schon angefangen, ihn auf Ihren Tod vorzubereiten, es ist aber alles vergebens. Sie stirbt nicht! sagt er immer, das kann nicht

OKTOBER 1774

seyn, Sie stirbt nicht.» Sie lachte. «Sag ihm Adieu, ich hab ihn sehr lieb gehabt.» «Ach meine Beste, sagte ich, Sie gehen izt in die Ewigkeit, auf die Sie sich schon so oft im Geist gefreut haben — ich gönne Ihnen Ihre Ruhe u. Seligkeit von Herzen — aber ich bleibe noch zurück. Wenn die Seligvollendeten noch an Ihre zurückgebliebenen Freünde denken — o so denke an Deine treue Räthinn.» Sie gab mir ein Zeichen mit dem Kopf, daß sie es thun wolle. Ich blieb die Nacht bei ihr. Thee, den sie in ihren gesunden Tagen am liebsten trank, war auch in diesen lezten noch ihre beste Erfrischung; überhaupt war diese Nacht sehr erträglich. Sie hatte keinen grossen Schmerzen, u. wenn man die Freundlichkeit in ihrem Gesichte sah, konnte man nicht glauben, daß sie so krank, u. ihrem Ende so nahe sey. Mein lieber Sohn, Lavater! hat ihren freundlichen Blick gesehen, u. kann sich einen Begrif davon machen. Morgens, als am 13 kamen die Freundinnen wieder, wir sezten uns ums Bette herum, um bis auf die Lezte bei unserer lieben Freundinn auszuhalten. Sie sahe uns an, u. lächelte. «Habt euch unter einander lieb» — war ihr lezter liebevoller Befehl. Wie sie das Singen überaus liebte, sangen wir etliche Verse aus dem Lied: Christi Blut u. Gerechtigkeit ɔc.

Um sie nicht zu ermüden, redeten wir nicht viel, dann u. wann einen schiklichen Spruch, oder aus schönen Liedern einen schönen Vers. Um 8 Uhr kam der Medicus, D. Metz, ein rechtschaffener Mann, u. einer ihrer besten Freunde, der sein Vermögen darum gegeben hätte, sie beym Leben zu erhalten; ich sagte zu ihm: «Lieber Hr D. ist es dann gewiß, daß unsere Freundinn stirbt? Haben Sie gar nichts mehr, Ihr zu helfen?» «Frau Räthinn, sagte er mit seiner gewohnten Ernsthaftigkeit: da Elias sollte gen Himmel fahren, kamen die Prophetenkinder zu Elisa u. sprachen: Weissest du auch, daß der Herr wird deinen Herrn heute von deinen Haüptern nehmen. Er aber sprach: Ich weiß es wohl, schweiget nur stille.» — Hierauf ging er ans Bett, u. nahm einen solchen christlichen Abschied, der uns allen durch die Seele ging; doch versprach er Nachmittag wieder zu kommen, nicht als Arzt, weil seine Kunst am Ende war, sondern als Freund. Um 11 Uhr kam der Chirurgus, u. wollte nach der Ader sehen, die Fraulein hielte das für unnöthig, bath ihn aber, ihr zu sagen, ob ihre Augen nicht gebrochen wären? Der gute Mann, dem das in seinem Leben villeicht nicht vorgekommen, wußte nicht, was er sagen sollte. Nach einigem Besinnen sagte er: «Die Augen sind noch helle, aber der Puls geht schwach.» Die Frl. schüttelte den Kopf, und lachte. Um ½ 12 Uhr sagte sie, «nun ists besser, ich habe keine Schmerzen mehr —» rükte sich im Bette zurecht, u. sagte mit halbgebrochener Stimme: *«Gute Nacht!»* Darauf lag sie stille, redte nichts mehr, der Othem wurde kürzer, blieb manchmal aus, kam wieder, um 12 Uhr nahm endlich der erlöste Geist von seinem Körper Abschied.

Meine Seele sterbe des Todes dieser Gerechten!! — Einige Minuten blieben wir ganz stille. Eine Freundinn, die vom Schmerz weniger betäubt war, als die andern, that ein herrliches Gebeth, dankte Gott für alle, der seligen Frl. von Klettenberg erwiesne Wohlthaten an Seele u. Leib, munterte uns auf immer mehr dem Ziele nachzujagen, immer mehr auf Jesum, den Anfänger und Vollender des Glaubens zu sehen, u. Fleiß anzuwenden, daß unser Keiner dahinten bleibe. Noch muß ich sagen, daß das 17 Kap. Johannis, u. die Sprüche: Wer an mich glaubt, der wird den Tod nicht sehen ewiglich! — Ich bin die Auferstehung u. das Leben — u. dgl. ihr ganz besonders lieb waren...

Den 16. wurde sie zur Erde bestattet.

> Ich seh im Geiste Gottes Sohn
> Holdselig ihr entgegen eilen,
> um seinen höchst glorreichen Thron
> mit ihr als seiner Braut zu theilen.
> Willkomm, Willkomm, Willkomm — erklingt,
> das durch den ganzen Himmel dringt.

Von den verklärten Geistersphären
da wird sie ihren Namen hören —
und was sie hier im Herrn gekannt,
beut ihr frolokend Mund und Hand.

Hier habt ihr, liebe Freunde, die ganze traurige Geschichte. Gönnt mir einen Plaz in Eurem freundschaftlichen Herzen, u. seyd versichert, daß ich bis ins Grab u. noch drüber hinaus seyn werde,

Eure treue Freundinn
E. Goethe.

3. An Lavater   Franckfurth d 28<u>ten</u> Juni [1775.]

Hir kommt die versprochne Mucsick, wünsche viele Freude daran zu haben. Meinen Brief vom 26<u>ten</u> werden Sie bekommen haben, und ich erwarte sehnlich eine Antwort. Grüßen Sie die Herrn Grafen, und den lieben Baron und sagen Ihnen, ich hätte meinen Wolfgang Ihnen anvertraut, und danckte vor alle liebe so Sie ihm erwießen hätten, doch bätte ich, Sie solten ihn jetzt wieder zu uns schicken, Dann der Frau Aja würde Zeit und weile sehr lang. Viele Grüße von uns an alle Freunde Vale:

4. An Hans Buff   Franckfurt d. 2ten Februar 1776.

Mein lieber Herr Buff! Die Mutter von Ihrem Freund, dem Doctor Goethe, hätte eine Bitte an Sie. Ich weiß, daß Sie meinen Sohn lieb haben. Um desto getroster darf ich Ihnen einen Auftrag geben, da Sie des Sohnes wegen, der Mutter gewiß einen Gefallen thun. Den 9ten November vorigen Jahres, schickte ich an Hr. Cammerrichter ein Päckchen mit 44 f 10 xr. Dagegen bekam wie gewöhnlich einen Postschein, der ein ¼ Jahr gültig ist; den 9ten Februar wäre also die Zeit vorbey, inzwischen habe von Hrn. Cammerrichter nicht die geringste Nachricht, ob das Geld glücklich angekommen ist. Nun ist die Frage, ob Sie mir wollen den Gefallen thun und sich bey seiner Excellenz Haushofmeister, oder wen Sie sonst von seinem Hofstaat kennen, erkundigen wollen, ob das Geld richtig überliefert worden seye, denn im entgegenstehenden Falle habe noch 8 Tage Zeit mich beym Postamt zu melden. Haben Sie die Güte mir vor Ablauf der 8 Tage zu antworten, damit ich weiß, woran ich bin.

Sie werden sich ohne Zweifel wundern, warum der Doctor nicht selber schreibt. Aber der ist nicht hier, schon ¼ Jahr ist er in Weimar beym Herzog, und Gott weiß wenn er wieder kömmt. Aber freuen thut er sich gewiß, wenn ich ihm schreibe; daß ich an seinen lieben alten Bekannten und guten Freund geschrieben habe, denn wie viel er immer von Ihnen und Ihrem ganzen Haus erzählt hat, kann ich Ihnen nicht sagen. Für seinen vergnügtesten Zeitpunkt hat er es immer gehalten. Ihr lieber Herr Vater, Brüder und Schwestern, besonders Herr und Frau Kestner sind doch, hoffe ich, alle wohl? Grüssen Sie alles von mir, und seyd versichert, daß ich jederzeit seye

Ihre Freundin Goethe.

Wenn Sie die Güte haben an mich zu schreiben, so ist meine Adresse An Frau Rath Goethe, auf dem grossen Hof[Hirsch]graben.

5. *An J. G. Zimmermann* Franckfurth d 16ten Febr 1776

Lieber Herr Leibmedicus! Ihr lieber Brief machte mir von der einen seite viel Freude: Aber, aber, das was ich an Ihnen in Spaß schrieb, ist also nicht gantz ohne grundt, Sie sind nicht gesundt, glauben Sie mir, ich bin von Hertzen drüber erschrocken. Gott im Himmel! Wie kommt ein so vortrefflicher, geschickter, Freundlicher, herrlicher, Lieber Mann zu der verdamten Kranckheit? Warum just an die brauchbaresten Menschen, ich kenne eine menge Schurcken, die solten Kranck seyn, die sind ja doch der Welt nichts nütze, und mann hat von ihrem Wachen oder Schlaffen nicht den geringsten nutzen. Lieber bester Freund! Wollen Sie von einer Frau einen Rath annehmen, die zwar von der gantzen Medicin nicht das mindeste versteht, die aber doch Gelegenheit gehabt hat, mit vielen Menschen in genauer Verbindung zu stehn, welche von diesem Übel geplagt wurden. Die Veränderung der gegenstände war immer die beste Cur, da braucht mann nun nicht eben 30 Meilen zu reißen, wenn wenn man nur aus seinen vier Mauren komt, nur nicht zu Hauß geblieben, so sauer es gemeinilich denen Krancken ankomt, in die freye Luft, aufs Landt, unter Menschen gegangen die man leiden kan, und alle schwartze Gedancken dem Teufel vor die Füsse geschmissen, dieses Mittel hat Docter Luther schon probatum gefunden, und in seinen herrlichen trost Briefen dem Spaladinus seinem vertrauten Freund angerathen. Folgen Sie also bester Mann dem Rath einer Frau, das thut Ihrer großen Gelehrsamkeit keinen schaden, gab doch ehmals ein Esel einem Propheten einen guten Rath. Den Ducaten habe richtig erhalten, aber Lieber Freund Sie haben mir zu viel geschickt, ich habe ja nur 3 f 24 xr ausgelegt, ich wills aufheben, es wird sich schon eine Gelegenheit finden daß ichs Ihnen verrechnen Kan. Gott lob daß die Schlossern sich besser befindet: Wer war aber ihr Helfer? Wem hat sies zu dancken? nechst Gott gewiß niemandt als unserm theuren *Zimmermann*. Das Zeugnüß von Wielandt Liebe gegen meinen Sohn, das Sie die Freundschafft hatten, mir mitzutheilen freute mich hertzlich; das ist nun einmahl das glückliche Looß von Docter Wolf, daß ihn alle Leute lieben denen er nahe kommt. Das ist nun freylich gantz natürlich, er hat ein gutes Hertz, liebt seine mitmenschen, sucht wo er hinkommt Freude zuverbreiten, mann sieht in der Nähe nur den Menschen Freund, und vergießt gerne den Satiren schreiber. Daß Ihre Liebenswürdige Jungfer Tochter noch an uns denckt, und sich wohl und vergnügt befindet, war auch eine Nachricht nach meinem Hertzen: erlauben Sie, daß ich mir die Freude mache und die Zahl meiner Kinder durch dieselbe vermehre, dieses süße liebe Mägdgen kommt in gute Gesellschafft, auser denen Zwey die unter meinem Hertzen gelegen, habe ich das Glück noch viele Söhne und Töchter zu haben, als da sind, die zwey Graffen Christian und Friederich von Stollberg, Lavater, Wieland, von Knebel, von Kalb, Demoiselle Fahlmer, Delph, von Wreden u. s. w. und da meine liebe Tochter Zimmermann den Seel und Leib erfreuenden *Mutter* Nahmen leyder schon lange nicht mehr nent, so hoffe ich Sie nimbt meinen Vorschlag an, um nur den Nahmen nicht gantz zu verlernen. Mein Lieber Mann Empfiehlt sich Ihnen und meiner Lieben Tochter aufs beste. Behalten Sie uns in gutem Andencken, und seyn versichert daß wir sind, biß ins Grab, ja noch drüber hinaus Ihre wahre und Auffrichtige Freunde   C. E. Goethe:

N. S. Claus kinemundt wird nun bald ankommen, die Wege sind freylich jetzt schlimm aber gemach kommt mann auch weit.

Noch eins, es ist wieder aus dem Gehirn des Docter Fausts etwas in der Welt erschienen, ist dedruck [gedruckt] zu haben, und heist Stella.

6. An Klinger   [23. (?) Mai 1776.]

Der Doctor ist Vergnügt u Wohl in seinem Weimar, hat gleich vor der Stadt einen herrlichen Garten welcher dem Hertzog gehört bezogen, Lenz hat den selbigen poetisch beschrieben, und mir zum Durchlesen zugeschikt. Der Poet sizt auch dort als wenn er angenagelt wäre, Weimar muß Vors Wiedergehn ein gefährlicher Ort seyn, alles bleibt dort, nun wenns dem Völklein wohl ist, so gesegnes ihnen Gott. — Nun lieber Freund leben Sie wohl, so wohl sichs in Gießen leben läßt. Ich meine immer das wäre vor Euch Dichter eine Kleinigkeit alle, auch die schlechtesten Orte zu

Idealisiren, könnt ihr aus nichts etwas machen, so müßt es doch mit dem sey bey uns zugehn, wenn aus Gießen nicht eine Feen Stadt zu machen wäre. Darinen habe ich zum wenigsten eine große Stärke, Jammer Schade! daß ich keine Dramata schreibe, da sollte die Welt ihren blauen Wunder sehn, aber in Prosa müßte es seyn, von Versen bin ich keine Liebhaberin, das hat freylich seine Ursachen, der poetische Kannengießer hatte den nemlichen Haß gegen die Lateinische Sprache. Grüßen Sie Schleierm. von uns u sagen Ihm, er würde künftige Messe Ihnen doch nicht allein hirher Reißen laßen, u dann versteht sich das andre von selbst, daß wir Ihn u Sie bey uns sehen, manch Stündchen vergnügt verschwazen, allerley schöne Geschichten erzählen u s. w.

7. *An J. D. Salzmann*   Franckfurt, den 24. July 1776.

Lieber Herr und Freund! Tausend Danck für Ihr gütiges Andencken an uns, für die überschickte, herrliche moralische Abhandlung. Mein Mann /: welcher sich Ihnen gehorsamst empfiehlt :/ und ich haben die Früchte Ihres Geistes mit Erbauung und Vergnügen durchgelesen. Gott erhalte Sie, Ihren Mitmenschen zum besten, fahren Sie fort, die Geschöpfe Gottes zu belehren, zu bessern, und Ihre Wercke werden Ihnen in die Ewigkeit nachfolgen. Bester Mann! dürfen wir Sie nun ersuchen beikommendes Päckgen mit sichrer Gelegenheit nach Marseille zu schicken, damit es von da weiter an unsern Freund Schönborn nach Algier übermacht werden könnte. Sie können Sich unmöglich vorstellen, was für Freude der ehrliche Schönborn fühlt, wenn von Zeit zu Zeit etwas von teutschem Genie den Eingang in seine Barbarey findet

Daß unser Sohn beym Herzog von Weimar als geheimer Legationsrath in Diensten ist, werden Sie längst wissen. Gestern hörten wir sehr viel schönes und gutes von ihm erzählen. Ein Curier vom Herrn Herzog, der in Carlsruh wegen glücklicher Entbindung der jungen Frau Markgräfin seines

Hofes Glückwünsche überbringen mußte, kam, als er hier durchging, zu uns. Ich bin überzeugt Sie freuen Sich unsrer Freuden, Sie, ein so alter Freund und Bekannter vom Doctor, nehmen allen Antheil an seinem Glück, können als Menschenfreund fühlen, wenn der Psalmist sagt: «Wohl dem, der Freude an seinen Kindern erlebt!» — wie wohl das Eltern thun muß. Gott regiere ihn ferner und lasse ihn in den Weimarschen Landen viel Gutes stiften, ich bin überzeugt Sie sagen mit Uns: Amen.

Leben Sie wohl und vergnügt, behalten uns und die uns angehören in gutem freundschaftlichem Andencken und seyn versichert, daß wir alle / : in's besondere aber ich : / mit Grund der Wahrheit uns nennen werden, Ihre ganz eignen Freunde.   C. E. Goethe.

8. An G. F. E. Schönborn   [24. Juli 1776.]

[Nachschrift zu Brief Nr. 10 Johann Caspar Goethes]

9. An Lavater   [1. November 1776.]

[Nachschrift zu Brief Nr. 11 Johann Caspar Goethes]

10. An J. B. Crespel   Franckfurth, den 5. Jenner 1777.

Lieber Sohn! Einen mächtigen großen Lobstrich soll ich Euch im Nahmen des Papas schreiben, wegen der geschwinden Bestellung des Briefs an Herrn Herrich. Nun hat der Vater noch eine Bitte, Ihr solt nehmlich die Güte haben, und Euch von ihm in Zeiten die versprochne Anweissung hier in Loco das Geld zu erheben geben lassen, wann das geschieht, so schickt sie gleich her, daß wir erfahren ob uns der hiesige Bezahler ansteht. Ich weiß Ihr nehmt die viele Mühe so Euch das Ding macht nicht übel, Ihr solt auch davor am runden Tisch sitzen, und über Euer Haupt soll ein gantzes Füllhorn vom guten ausgeschüttet werden. Gestern wäre es vor Euch ein Hauptspaß gewesen, Jammerschade daß Ihr in Regenspurg sitzt! 8 junge Mädels waren bey mir, zwei Demoisellen Clermondt, die Mingen Starck u. s. w. wir spielten, stirbt der Fuchs so gielt sein Balg und da gabs Euch Pfänder daß es eine Lust war. Auch wurden Mährgen erzählt, Rätzel aufgegeben, es war mit einem Wort ein groß Gaudium. Eure Grüße an die *Max*, Tante, Gerocks habe wohl ausgerichtet, Sie haben Euch alle sampt und sonders lieb und werth, und wünscheten daß Ihr wieder da wäret. Nur vor einen gewissen Peter ist Eure Abwesenheit ein groß Labsal, es ist überhaupt ein wunderlicher Heiliger. Bis die arme Max ins neue Hauß kommt, wirds vermuthlich noch manchen Tantz absetzen. Neues giebts hier auf der Gottes Welt gar nichts, als daß ein großer Schnee gefallen, und die Leute wacker im Schlitten fahren. Lebt wohl mein Lieber! Behaltet uns in gutem Angedencken, und seydt versichert, daß wir alle, besonders aber ich bin und seyn werde Eure wahre Freundin und treue Mutter   C. E. Goethe.

11. An Ph. Seidel   Franckfurth den 17 Jenner 1777

Den 3ten Jenner ist der Kasten mit dem Tuch vor Herrn von Herr von Kalb, und den 7ten ditto ein Brief von Herrn Rath nach Weimar abgegangen. Heut als am 17 Jenner ist weder auf das eine noch auf das andre Nachricht eingelauffen, ob alles richtig bey euch angekommen ist. Zumahl da etwas dabey war, daß euer Herr unterschreiben sollte, so bin ich desto mehr in Sorgen. Es ist doch alles Gesundt und wohl bey euch? Vielleicht ist ein Brief an uns unterwegs, Dann ists schon gut, weil ich das aber nicht wissen kan, und heut Post Tag ist, so schreibe dieses, welches wohl ohnnöthig seyn mag, Das hat aber nichts zu bedeuten. Die herrlichen Handschu habe erhalten, in einem Brief an Herrn Wielandt den ich am 13 Jenner abschickte, stehn eure Verhaltungs Befehle wegen des Herrn Oberstallmeisters von Stein. Lebt wohl und schreibt bald. grüßt den Docter und alles.   Goethe.

Mein Brief war schon zugesiegelt, als das unterzeichnete Schreiben ankam. aber ob das Kästgen glücklich in euren Händen ist; und ob die Hembten, das Tuch u. s. w. recht ausgefallen, davon finde kein wort. Berichtet mir es bald. In großer Eil.

12. An J. B. Crespel [18. Jan. 1777.]

[Nachschrift zu Brief Nr. 12 Johann Caspar Goethes]

13. An J. B. Crespel   Franckfurth d 1ten Febr. 1777.

Lieber Sohn! Auf der einen seite hat mir Ihr Brief große Freude und Wonne gemacht, dann alles was von Ihnen mein Bester kommt vergnügt mich. Aber um Gottes willen sagen Sie nur was das vor ein trauriger Thon ist, der Ihrem Brief das Ansehen vom Propheten Jeremia in seinen Klagliedern gibt. Auf das Regenspurg habe ich nun Zeit meines Lebens einen unversöhnlichen Haß, das muß ein garstiger Ort seyn wo mann unsern lieben Braven Crespel kräncken, und seinen trefflichen Carater verkennen kan. Eine Stange Gold von 40 Pfundt ohne allen Stemppel ist doch warlich besser als ein ¼ Ducägen welches noch so schön geprägt und von Juden und Christen vor gäng und gäbe gehalten wird. Verdinste bleiben Verdinste, und werden von allen Rechtschaffenen Leuten gefühlt und hochgeschätzt, um der andern seidnen Buben ihren Beyfall oder Thadel braucht sich ein ehrlicher Kerl nicht zu bekümmern. Denckt durch was alles Euer Bruder der Docter sich hat durchschlagen müssen was vor gewäsch, dedräscht Lügen u. s. w. bloß weil die Leute nicht begreifen konnten, wie mann ohne von Adel zu seyn Verstandt haben könte. Fasset also Eure Seele in Geduldt, machtet daß Ihr Euer geschäffte bald in ordnung bringt, als dann flieget zu uns. Mit aller Freundschafftlichen Wärme solt Ihr empfangen werden drauf verlaßt Euch. Wir kennen Euren inern Werth und was Ihr wiegt, und wir nicht allein sondern andre gute Menschen wissens auch, unter denen grüßt Euch besonders Jungfer Fahlmern, die Frau Residentin, und die Gerocks. Alle Samstag reden wir vom Bruder Crespel, und bedauren daß Ihr uns nicht lachen helft. Wir haben jetzt ein Steckenpferd welches uns ein groß gaudium macht, das ist die neue Deusche Opera von Herrn Profeßer Klein in Mahnheim, *Günther von Schwartzburg*. Sie ist von der löblichen Samstags Gesellschaft mit Noten, Anmerkungen, ja so gar mit Handzeichnungen verbessert und vermehrt worden. Ferner hat uns Phillipp ein Verzeichnüß von den weimarer Carnevals Lustbarkeiten zugeschickt, wo unterandern eine Tragedia mit vorkommt welche den Tittel führt, Leben und Thaten, Tod und Elisium der weylandt berühmten Königen Dido von Carthago. Eine noch nie gesehne Tragedia in 31 Aufzügen. So ein Specktackel ists unter dem Mond weder gesehn noch gehört worden. Unterandern ist Hanß-wurst Carthaigscher Burgemeister, und nebenbuhler des Aeneas. Ferner ist die Scene in den ersten 15 Aufzügen auf der Erde und noch in dieser Zeitlichkeit; bald zu Carthago, bald im Walde, bald auf dem Marcke bald im Zimmer u. s. w. Die folgenden 10 Aufzüge werden in der Hölle tragirt. Die 6 letzen aber spielen im schönen Elisium. Mit einem Wort, das ding muß mann lesen wen der Unterleib verstopt ist und vor die Cur bin ich Bürge. Nun noch ein Wort von Herrn Herrich: Der ehrliche Mann soll nur entweder Euch die 18 gulden /: als welches seine Schuld beträgt :/ geben, oder den Freund in Franckfurth nennen und eine Anweißung geben wo wir das Geld empfangen sollen, weiter brauchts in der Gottes Welt nichts. Ich und Herr Rath bedauern nur die viele Mühe die Euch das Ding veruhrsacht. Lebt wohl! guter bester! seyd versichert, daß ich bin Eure wahre Freundin und Mutter C. E. Goethe.

14. An J. B. Crespel   Franckfurth den 10ten Februar 1777.

Lieber Sohn! Glauben Sie ja nicht mein Bester; daß Ihr lieber Brief meine muntere Farbenmischung in Unordnung

gebracht hat: nein lieber Crespel ich habe Ihm nur sagen wollen wie mir die Dinge durch mein Glas /: welches Rosenfarb und weiß ist :/ Vorkommen: findet Er also erleichterung in ergießung Seines Hertzes, in Den treuen Schoß seiner Mutter; so soll es an Trost nicht manglen. O! wie freue ich mich auf die Ankunft meines Freundes, was wollen wir da alles schwatzen, uns Vergnügen, und die gantze Welt S. V. zu gaste bitten. Den 2ten Februar ist Herr Weinnacht hier angekommen, die arme Frau Weinnacht hat einen hohen Gradt von Melancoley, welcher freylich von Hypocontrischen /: Der Teufel hole das Verfluchte Wort, ich kans nicht einmahl schreiben :/ umständen herkommt. Warum ich die Brave Frau hertzlich bedaure, ist, Daß sie keine lebendige Seele um sich hat die nur im geringsten einen solchen Zustandt einzusehen im Stande wäre, denn die Frau Massin, die Gänse Jungfern Hoppe genandt, die Ihr im spaziren fahren Gesellschaft leisten, sind warlich die Leute nicht, eine solche Krankheit einzusehen, und folglich auch nicht Capabel die rechten Mittel zur Genessung anzubringen. Im Gegentheil bringt das dume Volk mit dem ewigen Geträsch und Gewäsche die gute Frau noch mehr aus aller Fassung. Mein einziger Trost ist, daß Ihr Mann Sie mit nach Paris nehmen will da dann die Bewegung, die Veränderte Oppjecte u. s. w. hoffentlich das Beste bei der sache thun würden. Die gantze Samstags Geschellschaft nebst Frau Residentin grüßt Euch hertzlich, der Papa desgleichen, und ich bin wie immer meines guten, lieben, Braven Crispels, wahr Freundin und
treue Mutter Goethe.

15. An Ph. Seidel 7. März 1777.

Der Brief, wo Ihr die Aufführung des Schauspiels ohne Namen so schön beschrieben habt, hat uns ein groß Gaudium gemacht; fahret immer fort, uns von Weimar aus gute, neue Mähre zu überschreiben, besonders was es bei Herzog Ferdinands Dortsein vor Spectakel gegeben hat. – –

16. An J.B.Crespel   Franckfurth d 7ten Mertz 1777

Lieber Sohn! Nun werdet Ihr die Musick von Herrn Hanß Andre haben, er hatte sie wenigstens als Euer letzter Brief ankam schon auf dem Postwagen zu Euch geschickt. Aber lieber Crespel! was in aller welt macht Ihr dann so lang in Regenspurg? Das ist ja Dumm, daß wir Euch /: Gott weiß wie viel wochen :/ schon entbehrt haben. Allerley habt Ihr versäumt, auch ein herrlich Concert daß Mademoiselle Danzi zweymahl hir gab. Auch hat uns Hoffrath Schlosser besucht der hätte sich auch gefreut Euch zu sehen. Suma Sumarum macht dem Ding einmahl ein Ende, Eure Freunde sind des wartens satt — Denckt einmahl! Das liebe Fräntzgen, und der Jungfraun Flohr, haben sich auch zu unserer Samstags Gesellschaft eingefunden: und wir waren miteinander herrlich und vergnügt. Herr Weynnacht ist noch hir, seine Frau ist aber fast immer noch in einem, nur daß sie einen bessern Schlaff wie sonst hat. Das sind alle Franckfurther Neuigkeiten, was es übrigens gibt ist wenigstens vor Euch nicht Intresant. Lebt wohl! macht mir bald die Freude Euch mündlich versichern zu können, daß ich bin bis an das Ende meiner Tage, Eure wahre Freundin u treue Mutter

C.E.Goethe

N.S. Der Vater grüßt hertzlich, wie sich so was von selbst versteht.

17. An J.B.Crespel   Franckfurth d 17ten Mertz 1777

Lieber Sohn! nun die 6 oder 8 Wochen werden sich also noch erleben laßen, was wird das vor ein gaudium seyn!!!!!! Gott soll denen alsdann gnädig beystehen die auf unsern mist kommen. Schwärmer, Ragetten, Feuer-Räder wollen wir unter die Kerls werffen; Die Kleider sollen ihnen zum wenisten verbrent werden, wenn sie auch schon die Haut zu schonen davon lauffen. Daß Er keinen Brief an die Max geschrieben, darann hat Er sehr weißlich gethann; was ich von Ihr weiß ist folgendes. Ihre große Jugendt und Leichtersinn hielft Ihr freylich schwere Lasten tragen. Peter ist immer noch Peter, seine Standts erhöung ist auf der einen Seite betrachtet von Mama la Roche ein guter Einfall gewesen, den da er sich erstaunlich viel drauf Einbildet, und es doch niemandt als seinen Schwiegereltern zu verdancken hat; so hat das einen großen Einfluß auf seine Frau. Auf der andern Ecke aber hat das Ding wieder seine verteuffelte Mucken. Sein Hauß will er /: weil die la Roche ihm in Kopf gehenckt hat, der Churfürst würde bey ihm einkehren :/ unterst zu oberst wenden, als Resident muß er einen Bedienten hinter sich her gehen haben, Das viele zu Fuße gehen sagt er schicke sich auch vor die Max nicht mehr. Nun denckt Euch bey dieser angenommen größe den Peter, der jetzt fürcherliche Ausgaben, und sich zu einem vornehmen Mann wie der Esel zum Lautenschlagen schickt − − − So viel rathe ich Euch ihn nicht anders als Herr Residendt zu Tituliren. Neulich war er beym Papa, der im Discurs Herr Brentano sagte, wissen sie nicht daß ich Churfurstlich Thrirscher Residendt bin? Ha Ha Ha, darnach könt ihr Euch also richten, und vor Schimpf und Schaden hüten. Wieviel nun die gute Max bey der Historia gewonnen oder verlohren hat, weiß ich nicht. Eure Schwestern sind herrliche Geschöppe, Tante und ich haben sie recht lieb. Ich vor mein theil weiß doch keine größre Glückseligkeit als mit guten Menschen umzugehn. Kommt also bald wieder und helft die Zahl der Braven Leute vermehren, mit offnen Armen solt Ihr empfangen werden. Der Papa, und die Samstags Gesellschafft grüßt Euch von Hertzen, und von mir seydt versichert, daß ich bin, meines lieben Sohns

wahre Freundin und treue Mutter
C. E. Goethe

N. S. Vor die Nachricht daß ich die Briefe an Euch nicht Franckiren soll, dancke die Galgen Vögel auf der Post haben mich aus gelacht, daß ich es bißher gethan habe.

18. An J.B.Crespel   Franckfurth d 16. Aprill 1777

Lieber Sohn! Beschuldigt mich keiner Faulheit weil ich Euren letzen Brief jetzt erst beantworte, die Meße und was dran hengt ist einzig schuld. Hier ein Fremder der einem über dem Hals sitzt, da einer den mann Ehrenhalber zu Gaste haben muß u.s.w. Jammer schade mein Bester! daß Ihr nicht hier seydt. Affen und Katzen, Narren und Fratzen sind in menge zu sehen. Das kan ich ohne Geld überall haben, werdet Ihr sagen, ja, aber die Narren die auf die Meße kommen, sind eben so gantz aparte Narren. Da tantzt z.E. eine Frau auf einem trat gegen die, die Jungfer Boltz ein Wickelkindt ist. Nun ein Wort vom Peter — kein Mensch kann begreifen warum er nicht ins neue Hauß zieht, Bauen thut er auch nicht, da doch jetzt die schönste Zeit dazu wäre, die Max darf nichts davon Reden, sonst ergrimt er im Geist, es ist ihr himmel angst, Daß das bissgen Verstandt so noch in seinem Hirn wohnt, nicht auf einmahl mit Extra Post in Mondt reißt. Tante /: welche Euch vielmahl grüßen läßt :/ und ich haben jetzt ein groß gaudium am Schach-spiel, lachen was rechts über den Matz-bumbes von König, den jeder laffe Schach machen kan, verstehen nun auch die Rede des Olearius im Götzt von Berlichingen vollkommen, wenn er sagt! das Spiel spielt ich nicht wann ich ein großer Herr wär u.s.w. Der Bruder in Weimar ist Gott sey Danck Gesundt, Baut pflantzt, gräbt in seinem Garten, daß es Art und schick hat. Die Schlossern liegt noch nicht in Wochen, auf Pfingsten können wir gute neue Mähr hören. Lieber Crespel! bald, bald, hoffe ich Euch nun wieder zu sehen, Da wollen wir guter Dinge seyn, alte Historien auf neue art erzehlen, in unserm Cirkul vergnügt Leben, und Sonne und Mondt sampt allen Planeten ihre Wirthschafft ruhig treiben lassen.

Heut ist Mittwoch in der Zahl Woche, und wir hören und sehen keine Bezahlung, keine Anweißung von Herrn Herrich, glauben auch nicht daß er sich in denen noch übrigen

3 Tagen einstellen wird. Ihr mein bester! könt also wens Euch beliebig ist Eure maßreglen darnach nehmen. Der Papa bedauert nur die viele Mühe, die Euch das Zeug macht und läßt schönstens grüßen. Lebt wohl! komt bald zu uns zurück seyd versichert daß niemandt mehr Antheil an Eurem Wohlergehen nimbt als Eure treue Mutter u wahr
Freundin   C. E. Goethe.

19. An Lavater   Franckfurth d 13ten Juni 1777.

Lieber Sohn! Gottes Seegen über Euch und die Euch angehören – – Hier ein Büchelein, das ich von Weimar aus Order habe Euch zuzustellen. Wer der Verfasser ist weiß Gott – – Aber lieber Sohn! was macht Ihr dann? mann hört und sieht ja nichts vom lieben *mir* so theuren Lavater – – bey uns gehts wies geschrieben steht, das Menschen Hertz ist trotzig und verzagt. Da meine Kinder nicht bey mir sind; so beruht alles auf das Schreiben so wir erhalten. Von Weimar haben wir gute neue Mähr, von Emmedingen aber – – ist die Schlossern kranck vielleicht gefährlich – – Gott weiß es — ginge nicht der Postwagen; so könte ich Euch mehr schreiben, das Büchlein ist aber ohndem länger hier als es solte. Lasset uns in allem dem Herrn vertrauen Er ist die Liebe – – – folglich geht alles gut. Grüßet Weib und Kinder, seydt versichert daß ich bin Eure treue Mutter, und wahre Freundin   Goethe.

N. S. gelt Ihr habt die Kupperstiche die vor uns sollen vergessen, zum theil gehören sie in den ersten Versuch der Phisionockmick und dann, die von des Herrn Raths und meinen Gesicht. Ihr könt sie gelegenhèitlich aufsuchen und uns herschicken. Noch einmahl lebet wohl! grüßet auch Pfeninger, die Frau Schultz, Demoiselle Muraldt, mit einem Wort, die gantze unsichbahre Kirche in Zürch, und dencket zuweilen an Eure Mutter Aja.

20. An Lavater Franckfurth den 23ten Juni 1777.

Er gibt den müden Kraft und Stärcke genung den ohnvermögenden — was Er zusagt hält Er gewiß. Ein neuer, lebendiger, dastehnender Zeuge sind wir, die wir unsre Cornelia unsere eintzige Tochter nun im Grabe wissen – – und zwar gantz ohnvermuthet, Blitz und Schlag war eins. O lieber Lavater! die arme Mutter hatte viel viel zu tragen, mein Mann war den gantzen Winter kranck, das harte zuschlagen einer Stubenthüre erschröckte ihn, und dem Mann muste ich der Todes Bote seyn von seiner Tochter die er über alles liebte — mein Hertz war wie zermahlt, aber der Gedancke, ist auch ein Unglück in der Stadt, das der Herr nicht thut hielte mich daß ich dem Schmertz nicht erlag. Ohne den Felsenfesten Glauben an Gott — an den Gott, der die Haare zehlet dem kein Sperling fehlet — der nicht schläfft noch schlummert, der nicht verreißt ist — der den Gedancken meines Hertzens kent ehe er noch da ist — der mich hört ohne daß ich nöthig habe mich mit messern u Pfriemen blutig zu ritzen, der mit einem Wort die Liebe ist — ohne Glauben an den wäre so etwas ohnmöglich auszuhalten – – freylich fühlt sich der Mensch Paulus sagt: alle Anfechtung wenn sie da ist, düncket uns nicht Freude zu seyn — aber ein anders ist fühlen, ein anders ist mit Gottes führung unzufrieden seyn — und sich denen gleich stellen die keine Hoffnung haben – – aber wir! die wir wissen daß über den Gräbern unsterblichkeit wohnet, und daß unser spannenlanges Leben auch gar bald am Ziel seyn kan — uns ziemt die Handt zu küssen die uns schlägt, und zu sagen /: zwar mit 1000 thränen :/ der Herr hats gegeben, der Herr hats genommen, sein Nahme sey gelobet. Lieber Sohn! Euer Brief hat mir sehr wohl gethann, Ihr seyd böse auf Euch daß Ihr nicht trösten könt — wenn ich Euch aber sage daß er mir Labsahl war, daß ich Euer gantzes warmes, gefühlvolles, Freundschafftliches Hertz offen vor mir hatte, da wenn ich nur eine Zeile von Euch sehe mir alle die seeligen

Augenblicke einfallen, da wir zusammen an einem Tisch assen, da Ihr unter meinem Dach ward, da Ihr Abends um 9 Uhr in meine Stube kamt, da ich Euch kaum eine minute sahe, und doch gleich wuste, auf welche Staffel von der großen Leiter worauf meine Söhne stehen ich Euch stellen solte, daß ich mich nicht geirret — wie ich bey Eurer Abreiße einen gantzen Tag geweint habe – – alles das komt mir ins Gedächnüß wann ich nur Eure Handt auf einer Adresse sehe. Verzeiht mir lieber Sohn, daß ich Euch so ein geschreibe daher schreibe – – wißt es ist jetzt eins meiner liebsten Beschäftigungen an die Freunde so meinen Hertzen nahe sind die Schmertz u Vergnügen mit mir theilen Briefe zu schreiben, ich lebe in dieser großen Stadt wie in einer Wüste, Von meinem Geschlecht habe ich nur eine Fahlmern die mich versteht /: und die ist jetzt zum Unglück in Düsseldorf :/ Nun mein Bester! Lebt wohl! grüßt Eure liebe Frau, Pfenniger /: ach der singt auch nicht mehr mit dem Engel :/ Frau Schultz, Lentz und alle gute Seelen – – noch eins, ich habe zwey herrliche Briefe von meinem lieben Sohn Schlosser bekommen Er duldet wie ein Christ u Mann und – – glaubt an Gott. nun der Allmächtige seegne Euch und die Euch angehören, behaltet mir Eure Liebe, die meinige soll währen, biß an Grab ja drüber hinaus, solches sagt und wills halten Eure treue Mutter Aja.

N. S. Das päcklein mit einem Buch werdet Ihr mit dem Postwagen erhalten haben.

21. An Großmann den 27ten September 1777

Lieber Gevatter! Daß Ihnen mein Brief Freude gemacht ist mir lieb, daß Sie den sehr braven Schauspieler Opitz angenommen haben davor wird Ihnen unser publickum gantz besonders verbunden seyn, denn jedermann freut sich wenn Er mitspielt, ich sebst /: was sagen Sie dazu :/ habe Ihn im Hamlet den Laerthes mit großem Vergnügen machen sehn, den Auftritt mit der Wahnsinnigen Ophelia machte Er meisterhafft — Lieber Gevatter! Sie müßen von mir längst überzeugt seyn, daß ich Ihnen und den Ihrigen wohl will, also will ich freylich alles thun was möglich ist, daß wir Ihnen bald wieder hir sehen — Eins thut mir leid — Opitzen kan ich das Geld nicht geben, meine Casse hat diese Meße gar einen großen Riß gekriegt, den Herr Rath kennen Sie zu gut als daß mit dem so was anzufangen wäre — glauben Sie mir daß mirs wehe thut, könte ich wie ich wolte!!! Wer kan aber in dieser Welt alles zusammen begehren — Mit einem Wort Sie kennen mich, und sind überzeugt daß das was ich sage, keine Fratzen sind. Der Herzog wird etwan in 3 wochen wieder kommen — Zu der Corpulentz der Frau Gevatterin gratulire von Hertzen — Berichten Sie mirs ja gleich, obs der Lotte gleich sieht. Im übrigen verlassen Sie Sich drauf, Himmel und Erde soll bewegt werden, Ihnen die Ostern hir zu sehen — Noch eins Sprenckel gibt sich vor einen gewissen Schauspieler aus Böhmen viele mühe — Da mann Ihnen aber hir schon kent, und von andern gar nichts weiß, so wird die Wage gantz gewiß zu Ihrem Vortheil sincken. Leben Sie wohl! Ich bin wie immer Ihre Freundin   Goethe.

N. S. daß Sie alles schön grüßen Sollen, versteht sich am rande.

22. An Ph. Seidel   Franckfurth d 10. October 1777.

Euer Brief vom 5 October hat uns sehr gefreut, insbesondre daß der Dokter gesundt und guten Houmors ist — Wann Ihr so was schreibt sollen euch vor jetzt und künfftig alle Vagabundereyen verziehen seyn, zumahl da Herr Merck viel guts von euch erzählt hat, und wie hübsch ihr alle sachen von eurem Herrn besorgt und in obacht nehmetet — als ein braver Pursch dörft ihr auch Freude haben, und ich wünsche euch recht viele. Die Reiße von eurem Herrn mag gehen wo hin sie will; so werdet ihr uns doch als im Vertrauen sagen wo Er ist, dann mann kann nicht wissen was als vorfält, daß doch ein Brief zu euch gelangen kan. Von Herrn Wielandt habe gar ein liebes Briefgen erhalten, wo Er mir sagt, daß Er das Christkindgen bey uns holen will, wir freuen uns sehr auf seine Ankunfft. Sagt dem Docter, daß ihm Herr Merck ehestens wegen einer bewusten Angelegenheit schreiben würde, und wie alles gemacht und gehalten werden solle. Der Herr Rath ist immer noch nicht recht wohl, wir brauchen Medicin, laufen spaziren u. s. w. Die Jahre kommen freylich heran, von denen es heißt, sie gefallen mir nicht. Was aber mich anbelangt so bin ich Gott sey Danck frisch und gesundt auch gutes Humors zumahl wenn ich als gute neue Mähr von euch geschrieben bekomme, macht mir also öffters so einen spaß, davor solt ihr auch gelobt und gepriesen werden von allen besonders aber von eurer euch steht gewogenen C. E. Goethe.

23. An Wieland [November 1777?]

Eben da ich meinen Brief zusieglen wolte, erhalte inliegendes von Schlosser nebst einem schreiben an mich, weil nun verschiednes in meinem Brief Lentzen betrift und von Ihm handelt das im pro memoia nicht steht; so wills hir beyfügen. 1.) ob die weimarer gegen Neu Jahr etwas geben wollen? 2.) daß Lentz wöchentlich 3 f also das Jahr 156 f kostet, doch daß darunter 3.) keine Kleider begriffen sind.

Es ist sehr unverantwortlich von Lentzens Vater seinen Sohn so zu verlassen und dessen Freunden mit Moralischen Brühen [?] und Chrien aufzuwarten. Auch ists schlecht von Lentz daß Er lieber Faulentzt und seinen Freunden beschwerlich wird, als daß Er zu seinem Vater nach Hauß ginge. Mit dem allen ists aber doch ein armer Teufel und es ist doch auch so eine sache Ihn gantz zu verlaßen: Merck und ich wollen hertzlich gern auch was beytragen. In der Eil fält mir nur nachfolgendes ein, wißt Ihr was bessers so thut als hätte ich nichts gesagt. Die woche 3 gulden N. B.

schlecht Geld thut alle ¼ Jahr oder alle 13 wochen 39 gulden rechnet daß das in 6 Persohnen getheilt wird trägt jedem alle ¼ Jahr 2 f: 10 xr. finden sich mehere so verstehts sichs von selbst daß es noch weniger macht. Wie gesagt Merck und ich sind dabey — überlegts und sagt mir Eure meinung nur mit ein paar Zeilen, damit ich Schlossern Nachricht geben kan.

Inliegenden Brief gebt dem Docter, und sagt Ihm, daß Er ehestens eine lange schöne freundliche Epistel von Frau Aja erhalten soll, bißher haben es gewisse Umstände verhindert.

24. An Caroline Großmann

Liebe Freundin!

Das Vertrauen so Sie zu mir haben freut mich ungemein, ich würde es Ihnen in einer langen Epistel noch deutlicher vorlegen, wann nicht mein Hauß von oben biß unten mit schönen Geistern vollgepfropft wäre. Wielandt ist schon einige Tage da, auch Freund Merck. Herr Docter Wagner wirds Ihnen sagen, daß von Morgens biß in die liebe Nacht alles drunter und drüber geht, denn liebe Frau Gevatterin da Sie selbst einen Poeten zum Mann haben, und also aus Erfahrung wissen daß die Gattung Menschen in einem Tag mehr unfug anrichtet, als wir andern arme Erden-würmer in einem Jahr; so können Sie Sich leicht meine dermahlige Häußliche Unordnung und Verwirrung vorstellen. Dieses schreibe ich Ihnen früh Morgens um 6 Uhr da alles noch in tieffen Schlaf begraben liegt. Sonst stehe ich freylich auch bey so dunckeler Jahrzeit so frühe nicht auf, aber Ihre Niderkunfft jagte mich aus den Federn. Tausendt Element dachte ich wenn die liebe Frau ins Kindbett käme und wüßte unsre nahmen nicht und sie Taufften das arme Kind in der Angst Ursula, Angnes, oder wohl gar Tristmegistus, Diesem allen vorzukommen berichte dann, daß ich Catharina Elisabetha, mein Sohn aber Johann Wolfgang heisset. Nun

liebe Frau Gevatterin! Gott seegne Ihre Niderkunfft ich werde mich auf alle guten Nachrichten von Ihnen freuen. Leben Sie wohl! grüßen den Herrn Gevatter, und küssen mein goldiges Lottgen Tausendtmahl von mir und dem großpapa, behalten Sie uns in gutem Angedencken, biß wir uns wieder von Angesicht sehen und seyn versichert daß ich bin Ihre
aufrichtige Freundin
Franckfurth d 19ten December   C. E. Goethe
1777.

N. S. Mein Mann empfiehlt sich Ihnen aufs beste.

25. An Ph. Seidel

Eure Neujahrs Briefe waren uns sehr angenehm, Herr Wieland soll euch auch davor einen heiligencrist mitbringen. Jetzt aber mögte ich gar gern wissen, ob die zwey Körbe Champanger wein bey Herrn von Kalb glücklich angekommen sind, ich schriebe schon neulich drum, aber ihr habts vielleicht vergessen. Ferner daß ihr dem Herrn Rath einen Weimarer Hoff und Adreß Callender besorgt. Vor Leylacken werde sorge tragen, und sie ehestens schiken. Wenn das Festein von der Regierenden Frau Herzogin vorbey ist so gebt uns auch Nachricht, wie alles zugegangen, denn eure Beschreibungen lesen wir sehr gern. Am 26ten December ist eine Schachtel an den Docter abgegangen, Er wird sie doch wohl erhalten haben? Hat der junge Herr Willmern die Manschetten überlieffert? — Zuletzt vergeßt die Phisionockmik nicht.

Ich weiß noch gar zu gut wie ihr am runden Tisch den Götz v. B. abschriebet, und wie ihr das Lachen verbeißen woldet, da der junge Officier nichts bey der sache zu dancken fand. Ich freute mich damals schon über euch daß ihr das so alles fühlen kondet Meine liebe und das Vertrauen zu euch hat nun immer zugenommen, weil ich mich nicht betrogen und ihr täglich Braver worden seyd. Fahrt fort ein

guter Mensch zu seyn, das wird euch in Zeit und Ewigkeit wohlthun. Von mir und dem Herrn Rath könt ihr versichert sein, daß wir euch auch in diesem Jahr in gutem Andencken haben werden, und solches bestättige ich mit meiner Unterschrifft, als eure euch gewogne C. E. Goethe
den 2ten Jenner 1778

N. S. Antwortet auf obigen Anfragen gleich und besorgt mir auch meine 32 f auslagen, vor Herrn v. Kalb.

26. An Lavater Franckfurth den 20ten Mertz 1778

Lieber Sohn! Der Papa hat ein großes Anliegen an Euch das Ihr aus inliegendem Zettel ersehen könt. Bruder Wolf ist wie bekandt ein Poet und hat das fehlende muthmaßlich verzettelt, wenn Ihr könt so helft daß das arme Exemplar nicht defect bleibt. Lieber Sohn! wie gehts Euch denn in dieser werckeltags-welt? was machen Frau und Kinder, alles ists doch noch hübsch gesund und wohl? Wann mir doch der liebe Gott noch eineinzigmahl, nur die Freude machen wolte Euch an meinem runden Tisch zu sehen. Euch noch einmahl bey uns zu haben, ist und bleibt eine meiner lieblings jdeen wovon ich mir oft die herrlichsten Mährgen erzähle. Diesen Winter haben wir nun auch Freund Wieland kennen lernen, wer diesen Mann sieht, und Ihn nicht lieb kriegt, über den sage ich mein Urtheil einmahl nicht. Er war nebst Freund Merck 8 Tage bey uns. O was war das wieder einmahl vor eine herrliche Zeit! Ihr wüßt das nicht so, denn bey Euch gibts der guten Menschen doch immer einige, aber bey uns!!!!!!!! mir ist nur immer vor dem verrosten bange, wenn mann genöthigt ist mit lauter schlechten Leuten umzugehen, so ist 1000 gegen 1 zu wetten daß wenn mann nicht genau auf sich acht gibt — auch schlecht wird. Was macht denn Kauffman und sein liebes Weib? ich mögte Ihn doch als Haußvater sehn es muß Ihm recht gut zum Gesicht stehn. Bruder Wolf befindet sich Gott sey danck wohl, ist in seinem Gartenhäußgen recht vergnügt, hat auf der

Regierenden Frau Herzogin Geburths Tag ein schön stück Arbeit von einem Drama verfertig, wovon das Monodrama Proserpina einen theil aus macht. Er hat es uns zum durchlesen zugeschickt, denn es wird schwerlich gedruckt werden. Schlosser befindet sich nebst seinen Kindern gesundt, Klinger ist jetzt bey Ihm.

Lebt wohl lieber Sohn! grüßt Euer gantzes Hauß, auch alle lieben und Freunde, von uns seyd versichert daß wir sind und bleiben Eure wahre u treue Freunde.

C. E. Goethe

N. S. Wan es Euch möglich uns von des Docters seinem in Kupper gestochenen gesicht noch einige Abdrücke zu kommen zu lassen; so würden wir hertzlichen Danck davor sagen, die Leute plagen uns beständig und wollen so was zum Andencken haben.

27. An Lavater Franckfurth d 26ten Juni 1778

Lieber Sohn! Der Docter hat uns von Weimar aus den 4ten theil der Phisiocknomick zugeschickt, aber ohne kupperstich, wir sollen uns deswegen /: wie Er sagt :/ an Euch wenden. Also lieber Lavater die kupperstiche zum 4ten theil. Es ist uns leid daß wir Euch so oft beschwerlich fallen müßen, aber defecte bücher hat man doch nicht gerne, und Phisiocknomick ohne kupper was wäre das—Gerne schriebe ich Euch viel und mancherley — aber vor heut ists nicht möglich — nur so viel, daß wir wieder einmahl in diesem Erdeleben frohe Tage gehabt haben, die Herzogin Mutter war bey uns. Ich halte nichts vom loben u preisen mann muß allemahl die sache selbst sehen, alles andre ist leidiges gewäsch — also sage ich Euch weiter nichts als daß wir froh waren. Der Docter ist Gott sey Danck wohl und vergnügt. Dancket doch ja Kauffmans Frau vor Ihr liebes Briefelein, ich werde Ihr auch bald schreiben. Eure liebe Frau von der mir noch heute ein gewißer Herr Reinwald so viel guts gesagt hat, grüßt Sie doch Tausendtmahl das liebe gute weib,

Küsset Eure Kinder, bleibt unser Freund, so wie Ihr wißt, daß wir sind biß ans Ende unserer Tage Eure wahre Freunde. C. E. Goethe.

28. An die Herzogin Anna Amalia

Franckfurth d 17ten Augst 1778.

Theureste Fürstin! Tausend und aber Tausend Danck vor alle uns erzeigte Gnade, und Liebe. O! wie seelig waren wir in dem Umgang einer Fürstin, Die die Menschen liebt, Ihres hohen standes Sich so enäusserte, Sich herab läßt und wird wie unser einer, und da solte sich nicht alles alles freuen eine solche vortreffliche Dame wiederzusehn? wäre es möglich daß es solche Unholden in der Natur gäbe; so müsten sie mir Stafache des Bergs Caukasus seyn, und das biß an den jüngsten Tag. Meine Freude daß ich einen Höllen Bregel zu selbst eigenem besitz haben soll, können Ihro Durchlaucht Sich ohnmöglich vorstellen, da darf ich doch auf meine eigne Hand lachen, ohne Herrn Kraußen böße zu machen — nur schade daß die *gnädige* Freulein Thusnelde nicht dabey ist, wir wolten ein solches gekickerre verführen, wie über die Moppelger bey Herrn Ettling. Ich statte also meinen Unterthänigen Danck zum Voraus davor ab. Es hat mich biß zu Thränen gerührt daß meine gnädige Fürstin so gar auf der Reiße an Mutter Aja denckt und ihr Freude zu machen sucht. So bald der Höllen-Bregel ankommt wird er in die kleine Stube meinem Wohnzimmer gegenüber aufgestelt, sonst hieß sie *gelbe*, jetzt heißt sie die *Weimarer Stube*, und alles was ich von Weimar schon besitze, und wils Gott noch besitzen werde /: Denn Herr Krauße hat mir auch etwas versprochen :/ soll als ein *Heiligthum* drinnen aufbewahrt werden und wenn mir meine Einsankeit und die schlechten Menschen um mich herum zur Last fallen, daß mirs in dem Luft Creiß zu schwer wird zum Odem zu kommen; so will ich in diese liebe Stube gehn, mich zuerst erinnern daß die Beste aller Fürstinnin auch hir auf und abgegangen ist, hernach alle meine sachen eins nach dem andern andächtig beschauen. Flugs wird mich meine Einbildungskrafft nach Weimar versetzen und aller Druck — üble Laune — lange weile — und wie die bößen Geister alle heißen, werden über Hals und Kopf den reißaus nehmen. Der Vater hat eine solche Freude daß Ihro Durchlaucht sich seiner *so gnädig* erinnert haben und rechnet es unter den glücklichsten Zeitpunckt seines Lebens, daß er eine solche Vortreffliche Fürstin die gnade gehabt hat kennen zu lernen: Er wird es ewig nicht vergeßen, und läßt sich Ihro Durchlaucht zu fernern Hulde und gnade unterthänigs empfehlen.

Freund Mercken habe ich seit seinem Abschied im rothen Hauß mit keinem Auge gesehen, aber ein gar herrlich Briefelein, worin unsere liebe Fürstin den Anfang und das Ende ausmachen, habe vorige woche von ihm erhalten. Diese woche hoffe ich ihn zu sehen — wie wird er sich freuen wann ich ihn versichere daß die herrlichste Fürstin und die vortrefflichste unter dem Menschengeschlecht noch mit wohlgefallen an ihn denckt und Sich seiner Gesellschafft so gnädig erinnert. Johann Caspar Bölling begreift biß diese Stunde nicht wie er als Kornhändler aller der großen Seeligkeiten hat theilhafftig werden können — danckt mit innigem Freuden gefühl vor das gnädige Andencken — und wird es biß an den letzten seiner Tage nicht vergeßen wie wohl es ihm vom 15$^{\underline{ten}}$ biß den 20$^{\underline{ten}}$ Juni /: wo er die Römergläßer ins Schiff besorgte :/ und vom 18$^{\underline{ten}}$ biß den 27 Juli /: da er die gnade hatte Abschied zu nehmen :/ in seiner Seele geworden ist. Ich weiß Ihro Durchlaucht halten mir dieses lange geschreibe zu gnaden, den so lang ich von *Ihnen* rede oder dencke so könte ich 10 Jahre in einem fort machen und schreiben. Vor diesesmahl aber will ich doch nur noch das thun — den Vater, mich, und den Docter Wolf zu fernerern gnaden Unterthänigst zu empfehlen. Ich verharre Ew. Durchlaucht

Unterthänige und gehorsamste Dienerin
Frau Aja.

29. *An Ph. Seidel*   den 7ten September 1778

Euer Herr schreibt mir daß Herr Wieland gern einen Bratenwender oder wie wir es hir nennen einen Brätter haben mögte, ich soll ihn kauffen u. s. w. Das will ich nun auch gar gerne thun nur muß erinnern daß so ein ding 25 biß 30 gulden komt, ferner daß vors zerspringen der Feder kein Mensch was kan an dem meinigen ist die Feder so oft gesprungen daß ich die Feder gantz und gar heraus gethan habe und ihn jetzt durch gewicht steine treiben laße — ob diese Medote in Weimar bekandt ist weiß ich nun nicht mann müßte einen Uhrmacher fragen — Auf alle fälle will einen guten tüchtigen aussuchen — aber ihn nicht ehender kauffen als biß ich von euch Nachricht habe, das muß aber bald geschehen, dann sonst verkauffen die Frembden ihre wahre. Wegen des Metzger Knecht dint zu Nachricht, daß unsere hiesige Metzger keinen einzigen die rechte kunst Schwartemägen zu verfertigen lehren — das hat mir mein eigner Metzger gantz aufrichtig gesagt — und es ist auch gantz nathtürlich denn aus der halben welt kommen Knechte hieher und wens die nun gelernt hätten, so könten die Schwartemagen überall verfertigt werden, welches nun doch nicht ist. Also das Ende vom Lied ist, daß Franckfurth die Ehre allein behalten will rechte Schwatemägen zu machen. Ihro Durchlaucht können sie aber alle woche mit dem Postwagen bekommen, und von der besten Fabrick das verspreche ich. Mein Bruder der Docter Textor hat den einfall gehabt euren Herrn um Verse auf Docter Schlossers Hochzeit zu bitten. Da ich nun nicht glaube daß euer Herr dazu Zeit und laune hat; so tragt entweder einem andern dortigen Poeten auf, oder macht ihr euch dran — wenn aber das alles nicht anginge, so meldet es bey Zeit, damit die hiesige Poeten ihren Pegasus besteigen können. Lebt wohl! grüßt alles, ich bin

                Eure euch gewogne

                              C. E. Goethe.

30. An die Herzogin Anna Amalia

Franckfurth d 11<u>ten</u> September 1778

Theureste Fürstin! Der 8te September war vor mich ein Tag des jubels und der Freude. Zwey päcklein vom Eissenacher Postwagen wohl und schön behalten kammen bey Frau Aja Morgens um 10 Uhr richtig an, der herrliche Höllenpregel in dem einen, ein gantzer Berg voll vortrefflicher Handschu in dem andern machte mich so singend springend und wohlgemuth daß ich 20 Jahre auf der stelle jünger wurde das unvergleichliche Geschenck erfreute mein Hertz aus mehr als einer Ursach. Erstlich ist es an sich kostbahr und schön zum andern komt es von einer Fürstin vor die ich mein Leben ließe Wüsten Ihro Durchlaucht was ich fühle indem ich das schreibe so hätten Sie doch wenigstens einen kleinen Begrief von Mutter Ajas Hertzen da das aber nicht möglich ist und man gemeiniglich durch das viele Reden und Schreiben die beste sache verdirbt; so ist mein inniger, hertzlicher, heisser, warmer Danck das einzige was ich davor geben und sagen kan. Die seeligen Tage da ich die gnade hatte Tag täglich um Ihro Durchlaucht zu seyn machen mir wenn ich dran dencke auf der einen seite Freude die fülle, was sie mir aber auf der andern machen mag ich gar nicht sagen zumahl jetzt da wir Meße haben da erinnert mich alles an meine vorige Glückseligkeit Das gantze Rothe Hauß voll Durchlauchten /: worundter auch die Gemahlin vom Printz Ferdinand sich befindet :/ was geht mich das aber alles an Frau Aja sahe einmahl eine Fürstin und wird außer *Dieser* schwerlich wieder so was zu sehen kriegen. Daß Docter Wolf die Gnade gehabt hat unserer *besten Fürstin* im Stern eine kleine Freude zu machen ergötze mich sehr, Wieland hat an Bölling auch ein sehr liebes Briefelein über das Festein im Stern geschrieben, das geht aber alles gantz nathürlich und ohne Hexereyen zu Ihro Durchlaucht bringen zu großen und kleinen Festeins die Freude selbst mit, und an der sache liegt es also gar nicht, wann Bölling Merck die Tante und ich auf den punckt /: den Vater mit eingeschlossen :/ kommen; so werden wir in einem Tag nicht fertig, bekennen aber auch mit Mund und Hertzen daß Ihro Durchlaucht davon das eintzige Exempel auf Gottes weitem Erdboden Seyn. Aber Theureste Fürstin! Sie haben uns verwöhnt, es schmeckts uns nichts mehr, Frau Aja befindet sich insbesondre vorjetzo in einer solchen dummen lage, daß wann ihr Houmor nicht gantz Rosenfarb wäre; so kriegte sie gantz gewiß das kalte Fieber. Ihro Durchlaucht kennen nachstehende Personen nicht, können Sich also von meiner peinlichen Verfaßung keine jdee machen: aber der Herr geheimdte Legations Rath *Goethe* dem dürffte ich nur sagen, dem Pfarrer Starck sein käthgen heurathet den dummen Buben Fritz Hoffmann, und Hironimus Peter Schlosser die älste Jungfer Steitz — und mit allen den Philistern soll ich jetzt Essen, Trincken u. s. w. auch so gar pretendiren die Fratzen daß mann sie Amusiren soll — aber ich hoffe zu Gott, Er wird mich auch einmahl von dem verkehrten Geschlecht befreyen, und nach überstandenem Leiden nach Weimar führen, da würde ich verjüngt wie ein Adler wenn ich der Besten Fürstin die Hand küssen und sagen könte, ich bin und bleibe biß in Ewigkeit

>Ihro Durchlaucht
>unterthänigste und treuste Dienerin
>C. E. Goethe.

N. S. der Vater empfiehlt sich zu fernerm hohen und gnädigsten Andencken.

N. S. So eben wie ich im Begrief war diese Briefe auf die Post zu schicken, läßt mir Herr Rath Tabor die Ankunfft der neumodischen Lüster melden. Ich mache mich noch denselben Abend mit Tante Fahlmer auf, und fahre um 8 Uhr hin die selltenheit zu beschauen. Wir fanden ein zimmlich großes Zimmer, wo eine Taffel von 20 und mehr Couvert platz genung hätte, dieses Zimmer fanden wir so hell daß mann in der entferntsten Ecke bequem lesen konnte. Die Neue Maschine hing wie nathürlich in der mitte, was aber das herrlichste dran ist, ist das ich niemahls einen schönern Efekt von Licht gesehen habe, dann um die gantze Maschine geht ein weißer Flohr herum, und dadurch kriegt das gantze ein so Feen mäßiges Ansehn, daß wir einige Minutten glaubten in einem bezauberten Saal zu seyn. In den Lamppen brent vom besten Baumöhl, die Tochte aber sind von etwas gantz besorndern, da bekomt man eine zimmliche menge mit, wohl auf 2. 3 Jahre, und sind sie verbraucht; so kan mann mehrere bekommen, sowohl hir bey Tabor, als bey dem Pariser erfinder dessen Adreße Ihro Durchlaucht zugeschickt werden soll. Ihro Durchlaucht hatten bey Ihrem hirseyn die gnade zu sagen, wenn der Lüster mir gefiehle solchen gleich vor Ihnen zu kauffen, da er mir nun sehr gefält, und der preiß wegen der nutzbarkeit auch nicht zu theuer scheint, Herr Tabor glaubt daß mit Transport und allem es ohngefähr 40 f schlecht Geld kommen mögte. Kostbahres ist an dem ding freylich nichts, es ist von weißem Blech, da mann es aber zum leuchten brauchen will und überhaubt der weiße Flohr alles verdeckt, so ists nach meiner Meinung einerley, von was vor einer Masse das ding ist. Ihro Durchlaucht bekommen also die Zauber Laterne ehestens. Die Erbprintzsetz von Braunschweig hatt auch gleich eine gekaufft. Ich hoffe daß Ihro Durchlaucht damit zufrieden seyn werden, und empfehle mich nochmahls zu fernerer Huld u gnade.

31. An die Herzogin Anna Amalia

Franckfurth d 16ten October 1778

Theureste Fürstin! Tausendt Danck vor das gnädige Anden [ken] an Mutter Aja Die überschickten Lieder werden von mir gesungen und gespielt daß es eine art und schick hat, doch über das von Ihro Durchlaucht Componierte Sieh mich Heiliger — geht nun eben gar nichts, das bleibt nun Tag täglich auf dem Clavier Pult und wird allemahl zu erst und zuletzt gesungen. Vor 14 Tage ist Schlosser mit seinem Weib von hir weg, ich begleidete Sie biß nach Darmstadt und hatte bey der Gelegenheit auch wieder einmahl einige frohe Tage mit Mercken, daß das Andencken an Unsere Beste Fürstin den Haubtinhalt unseres Gesprächs und unserer Freude ausmachten, das versteht sich von selbst. Ich hatte das Vergnügen wieder Menschenkinder von Weimar bey mir zu sehen, nehmlich Herrn von Stubenvoll nebst seiner Frau Gemahlin Ferner Herrn von Staff — die musten dann wie billig mir viel viel von Weimar erzählen. Gestern war Weinlese hir, es war noch zimmlich Wetter und alles war frölich, mir aber fiel der Herbst von 1772 ein da der Docter und Hoffrath Schlosser mit wachslichtern auf den Hüten wie geister im neuen weg herum gingen, da waren noch viel andre und bessre Zeiten vor Frau Aja. Doch wirds vielleicht einmahl wieder Lustiger und munterer um und neben mir: wollen das beste hoffen. Merck besteht drauf daß ichs Frühjahr mit Ihm nach Weimar müßte — vor der Hand kan ich die möglichkeit noch nicht so recht einsehen, wollens also einstweilen bey dem goldnen spruch: Sorget nicht vor den andern Morgen, beruhen lassen. Das Jahrmarcks-Fest von Plundersweiler möchte wohl mit anschauen, und die austheilung der Rollen wissen — die gnädige Freulein Thusnelde ist wohl so gnädig mir eine getreue Relation davon abzustatten, ich werde *Dieselbe* in einem eigenen Schreiben auf das höfflichste drum ersuchen. Bölling legt sich Ihro Durchlaucht zu Füßen, und wenn Er nur Dero Nahmen hört ist Er ein gantz anderer Mensch, auch scheints Ihm nicht glaublich wieder so einen herrlichen Sommer zu erleben, wie der von 1778. Ich hoffe daß die Laterne nunmehro bey der Hand seyn und alle Sterne überleuchten wird. Der Vater danckt mit gerührtem Hertzen vor das gnädige Andencken und freut sich hertzinniglich daß unsere beste Fürstin seiner noch immer in gnaden denckt. Dieses ist nun auch was Frau Aja vor ihre Person Unterthänigst bittet und begehret und in der vesten Zuversicht, daß dieses mein gesuche in gnaden erhört werden wird, unterzeichne ich mich als

Ihro Durchlaucht
Unterthänigste und treugehorsamste Dienerin
C. E. Goethe.

32. *An die Herzogin Anna Amalia*

Theureste Fürstin! Gottes reichen seegen über Ew. Durchlaucht und über gantz Weimar! Das war einmahl wieder ein Freytag der Mutter Aja Leib und Seele erfreut hat. Ich hatte so ein Gaudium daß ich gar nicht wuste ob ich erst lesen oder kucken, kucken oder lesen solte, mit einem wort Frau Aja geberdete sich wunderlich endlich fiel mir der Brief von unserer besten Fürstin in die Augen und nun wars entschieden. Alles übrige /: so schön und erfreulich es auch war :/ muste zurückstehn und in dieser Ordnung solls auch jetzt gehn. Wie herrlich mir nun zu muthe ward als ich das schreiben von Ihro Durchlaucht gelesen hatte, das ist nicht in meiner gewalt aufs papier zu übertragen, nein so was ist nicht möglich — ich wils in einem feinen guten Hertzen bewahren *Amen*. Die Reiße nach dem lieben lieben Weimar kan noch gar wohl aufs Frühjahr zu stande kommen — Merck besteht steif und fest drauf, und Ihro Durchlaucht können Sich leicht vorstellen daß das vor Frau Aja der höchste grad von irdischer Glückseeligkeit wäre — Der Vater /: welcher sich Ew. Durchlaucht zu fernerem gnädigen Andencken unterthänig empfehlen läßt :/ nahm das gnädige anerbieten Krantzen in meiner abwesenheit zu Ihm zu schicken in gantzem ernst auf und freute Sich sehr daß Er so dievertirt werden solte. Ihro Durchlaucht sehen daraus daß sich die sache wohl wird machen laßen und so gantz ohnmöglich nicht scheint—Indessen biß die Stunde schlägt erzähle ich mir die herrlichsten Mährlein davon und bin seelig in der Hoffnung. Daß uns das Jahrmarcks Fest wieder auf lange Zeit vergnügt und froh gemacht hat werden Ihro Durchlaucht leicht glauben. Über Ahasverus, Haman, und Mardochai, Ester u. s. w. konten wir mit lachen gar nicht fertig werden, besonders gefiehlen uns die 10000 galgen — Herr Krauße soll ein apartes Dancksagsungs schreiben von mir erhalten — die 3 Zeichnungen kan man gar nicht genung ansehen, und ich glaube wenn einer halb todt wäre er müßte lachen. Auch die Bänckelsängers Verse und die gemahlten geschichten dazu sind gar nicht zu bezahlen. Alles kriegt Rahmen und gläßer und wird in die Weimarrer Stube zum ewigen Andencken aufgestelt. Bey der gnädigen Freulein Thusnelde werde meinen ergebensten Danck wegen der herrlichen Beschreibung und dem Verzeichnuß der spielenden Persohnen abzustatten nicht ermanglen. Überhaubt haben mir die lieben und Braven Weimarrer in Zeit von 8 Tagen so große Freude und Wonne gemacht, daß wenn ich alles gehörig beantworten und in richtigkeit bringen will, mann mir wenigstens 8 Tage Respiro verstatten muß: Dann stellen sich Ew: Durchlaucht nur einmahl die sache vor!!! Eine Beschreibung der Fete von Freulein Thusnelde, einen Brief nebst present von Herrn Krauß, ein Brief von Wieland, ein ditto von der lieben Caroline Herder, noch ein ditto nebst einschlag von Meister Phillipp u. s. w. Nun die kurtzen Tage — nun daß biß Mittwoch Catharinen Tag ist, da mir Herr Crespel ein Concert und Soupée gibt — ferner daß Freund Merck da ist, über das alles daß Madamm la Roche hir ist; so kommt Suma Sumarum das Facit heraus daß mann mit mir gedult tragen und daß ich ohnmöglich das alles auf einen Posttag bestreitten kan. Was ich thun kan ist; daß niemand zu kurtz bey der sache komen, sondern jeder, nach standts gebühr und würden bedint werden soll. Ihro Durchlaucht können aus meiner Laune schließen, wie glücklich Sie mich wieder gemacht haben — Erhalten Sie mir Theureste Fürstin diese Unschätzbahre gnade, es ist vor mich immer ein sichrer und fester Stab worann ich mich halte wenn der Weg meiner Wallfahrt schon über Dorn und Distlen geht. So weit hatte ich geschrieben als die Ku[t]sche vor der Thür stand mich in meine Montags gesellschafft abzuholen, da ich nach Hauße kam /: nehmlich Abens um 9 Uhr :/ fande einen Brief von Freulein Thusnelde /: das ist doch ein liebes gutes Mädelein die Mutter Aja vor falschem geträsch zu bewahren :/ Der von Ew: Durchlaucht Kranckheit, aber Gott sey Milioenmahl Danck gesagt auch von Dero völligen geneßung einen sehr guten bericht abgestattet hat. Noch einmahl, und abermahl, *Nun dancket alle Gott Mit Hertzen, Mund, und Händen.* Montags Abens um 11 Uhr.

Dinstags früh. Diese gantze Nacht träumte ich von Weimar besonders aber von Ihro Durchlaucht, da kams mir vor als ginge ich über die Zeil und Ihro Durchlaucht säßen auf dem Balcon im Rothen Hauß, riefen mir zu ich solte herauf kommen ich hatte auch großen lusten, es musten aber vorher noch allerley Dinge gethann und bestritten werden, die mir im Traum sehr wichtig vorkammen, das wolte ich nun alles geschwind abthun, arbeitete mit so großer Unruhe daß ich drüber wach wurde — So gantz ohne bedeutung dürfte der Traum nun wohl nicht seyn indem ich es einmahl vor ohnmöglig halte den Vater allein zu laßen — es ist gar zu abwechslend mit Ihm in der einen stunde glaubt Er selbst daß es anginge und in der andern macht Ihn der bloße gedancke meines fortgehns kranck — müßen es eben abwarten bis der Frühling komt und als dann sehen was in der sache zu thun ist. Mit mir mags werden wie es will ich mag reißen oder daheim bleiben, wenn ich nur immer höre und erfahre daß Unsere beste Fürstin /: mir und noch so vielen Tausend Menschen zum trost :/ im höchsten wohlseyn Sich befindet, und zuweilen mit Huld und gnade an Mutter Aja denck.

Theureste Fürstin! Solten Sie nur einmahl zuhören wan Merck und ich von Ihnen anfangen zu erzählen, und wie wir uns einander Glück wünschen und freuen und frölig sind daß wir Unsere herrliche und beste Fürstin von Angesicht zu Angesicht zu kennen die gnade gehabt haben. So könte ich nun noch 10 bögen hintereinander fortschreiben, aber da der Brief ohnehin aussieht als wann ihn Henriette Byron gestelt hätte; so will ich Ew: Durchlaucht Geduld nicht länger mißbrauchen, sondern nur noch mich und die so mir angehören zu ferneren gnade unterthänigst empfohlen haben — Ich aber unterzeichne mit [mich] mit einer solchen Freude die ihres gleichen nicht hat

>Ew: Durchlaucht
>Unterthänig gehorsamste Dienerin
>C. E. Goethe.

Franckfurth d 24$^{\underline{ten}}$ November 1778

33. An Wieland

Lieber Sohn! Merck war 3 Tage bey uns, da Er fort ist suche ich im Zimmer nach, raume auf, wie das bey Poeten ein sehr nöthiges werck ist, wie Ihr aus vorgehendem Brief zu gnüge ersehen könt. Den der arme Brief hätte gewiß gelegen und wäre niemahls an Ort und stelle gekommen, hätte Frau Aja weniger Einsicht in das Poeten wesen. Aber die ist Gott sey Danck noch nicht aus der Übung obgleich Herr Wolfgang Goethe schon 3 Jahr Ihr Hauß nicht mehr erfreut, sondern sein Licht in Weimar leuchten läßt. Lieber Sohn! Habt die Güte und bestelt innliegende Briefe auf beste — bey dem Anti-Pope ist auch alles besorgt, jeder hat so seine Art und Kunst. Bald wünsche ich gute neue Mähr von Eurem lieben Weib u Euch zu hören. Ich bin, wiewohl in großer Eil

>Eure wahre Freundin.

den 24ten November 1770 [1778]   C. E. Goethe

34. An die Herzogin Anna Amalia

Franckfurth d 30ten November 1778

Ihro Durchlaucht Legens recht drauf an Goetheens Vater und Mutter in ihrer Einsamkeit zu erfreuen. Kaum haben wir uns über den Jahrmarckt und alles was dabey war herrlich ergötzt; so bringt der Postwagen wieder etwas in schönem grünem Wachstuch wohl verwahrt mit — wie der Blitz ist Frau Aja dahinter her macht in einer geschwindigkeit die Cordel ab und will nun sehen was es ist — da waren aber so viele Nägel herauszuziehen daß Frau Aja eben alle ihre gedult zusammen nehmen und warten mußte biß die Zange und der Hammer das ihrige gethann und der Deckel vom Kästgen in die Höhe ging: nun lag noch ein papier drauf, rischs war das auch weg, und Frau Aja that einen großen schrei als sie ihren Häschelhanß erblickte. Wir finden viele gleichheit drinnen, und haben eine große herrlichkeit damit wie das Ihro Durchlaucht Sich leicht vorstellen können, da wir ihn selbst in 3 Jahren nicht gesehen haben, zumahl da er im Frack gemahlt ist worin ich ihn immer am liebsten so um mich herum hatte, und es auch seine gewöhnliche tracht war. Jetzt wird eine Rahm drum gemacht und es wird in die Weimarrer Stube aufgestellt, so wie auch die 3 Zeichnungen aus dem Jahrmarckt. Nun Theureste Fürstin! nehmen Sie den inningsten wärmsten und hertzlichsten Danck von Vater und Mutter davor an, und erhalten uns und Docter Wolfen Dero Unschatzbahre gnade, wir glauben auch vestiglich daß Ihro Durchlaucht unsere Bitte erhören, und immer vor uns /: und Gott gebe :/ und unsere Nachkommen die Huldreichste und gnädigste Fürstin seyn und bleiben werden. Vor den Musicalischen Jahrmarck dancke auch unterthänigst, und werde so bald ich alles durchgespielt habe Ihro Durchlaucht schreiben wie mir dabey zu muthe war, von aussen sieht mann schon daß es von einer Fürstin kommt, der prächtige Band, die vortreflich geschriebene Noten u, s. w. So großen lusten ich hatte alles stehn und liegen zu lassen um zu Singen und zu spielen; so glaubte ich doch daß es schöner wäre unserer Besten Fürstin gleich zu dancken und keinen Postttag vorbey gehen zu laßen. Daß Ihro Durchlaucht spinnen freut mich sehr, Frau Aja hats auch einmahl starck getrieben, und kans noch so zimmlich. An der Spinnerrey vom Docter habe so meine Freude daß ich ihm ehestens 25 $\overline{u}$ schönen feinen Flachs zum geschenck überschicken will. Wann es nicht beynahe 5 Uhr wäre so schriebe ich so wahr ich lebe einen andern Brief, ich begreife gar nicht wie ich so entsetzlich ghudelt habe, die Federn tauchten nichts, das papier floße. Ihro Durchlaucht verzeihen nur, auf einandermahl sols schöner werden. Beste Fürstin! nehmen Sie nochmals unsern hertzlichen Danck vor *alles alles* an und glauben daß ich bin biß ans grab ja noch drüber hinaus

Ihro Durchlaucht
unterthänige und treugehorsambste Dienerin
C. E. Goethe.

35. An die Herzogin Anna Amalia

Franckfurth den 4ten Jenner 1779

Theureste Fürstin! Den ersten gebrauch den ich von meinem /: Gott sey Danck :/ wieder gesundem Auge mache, ist, daß ich Ihro Durchlaucht vor Dero letzen Brief, und vor das gnädige Andencken an Frau Aja den Unterthänigsten, hertzlichsten und wärmsten Danck abstatte, ja Große und Beste Fürstin! ich habe in meinem Leben manches gute genoßen, manches Jahr vergnügt zurückgelegt, aber vor dem 1778 müßen die vorigen alle die Seegel streichen — wahr ists, ich habe große und edle Seelen gekandt, eine Klettenbergern zum Exempel, aber – – – die war doch so zu sagen Fleisch von meinem Fleisch, und Bein von meinem Bein, mit einem Wort meines gleichen — Aber Eine *Amalia* kennen zu lehrnen!!! Gott! Gott! das ist kein gepappel, oder geschwätzt, oder erdachte Empfindsamkeiten, sondern so wahres gefühl, daß mir die Thränen anfangen zu laufen, daß ich etwas aufhören muß, denn das weinen ist mir verbotten. Gnädigste und Beste Fürstin! laßen Sie Dero gnade ferner über mich und alles was mir angehört walten; so wird auch dieses Jahr, froh und glücklich vor Frau Aja dahinfliesen. Die vortreffliche Mucick vom Jahrmarck kan ich jetzt gantz vollkommen, alle Welt ist drüber entzückt — Das Porträt des Docters ist unsere und aller seiner Freunde Augenweide jedermann erkent ihn. Der Brief der lieben Freulein Thusnelde, die herrliche Zeichnungen von Herrn Krauße das Bänckelsänger Gemählde, hat uns so viel Freude gemacht, daß ich allen denen die nah oder fern theil daran haben 1000 heil und seegen zum Neuen Jahr wünsche. Wann Ihro Durchlaucht jetzt meine Weimarrer Stube sehen solten! Da Paradirt das döckergen als Herr geheimdter Legations Rath mit einem Schattenriß in der Hand, als Anderson, Hamann, Mardochai — Herr Krauße hätte uns gewiß keine größre Freude machen können, überhaubt um mein Schifflein flott zu machen, müßen die Seegel von Weimar aus geschwelt werden, die gantze übrige welt liegt bey mir im argen und kümmert mich nicht ein Haar, das weiß so gar der Briefträger, hat er einen Brief von Weimar zuüberbringen so reißt er die klingel bald ab, bey andern gehts nur ping ping, davor habe ich ihm auch ein doppelt Neujahrs geschencks gegeben, weil er der Frau Aja ihres Hertzens gedancken so gut versteht. Durchlauchdigste Fürstin! Erhören Sie meine oben gethane Bitte und schencken uns und unserm Sohn ferner Dero Huld und gnade; so wird auch dieses Jahr ein Jahr der Freude und Wonne vor uns seyn. Gott erhalte Ihro Durchlaucht biß an das spättste Ziel des Menschlichen alters Dieses ist der Wunsch und das Gebet von denjenigen so mit tieffter Ehrfurcht sich unterzeichnen.

                Euer Durchlaucht
        unterthänige gehorsambste
Johann Caspar Goethe. m. p. Catharina Elisabetha Goethe.

36. An Louise von Göchhausen

[Anfang Januar 1779.]

Dein guter Wunsch auf grün papier
Hat mir gemacht sehr viel pläsir,
Im Verse machen habe nicht viel gethan
Das sieht mann diesen Warlich an
Doch hab ich gebohren ein Knäbelein schön
Das thut das alles gar trefflich verstehn
Schreibt Puppenspiele kutterbunt
Tausend Allexandriner in einer Stund
Doch da derselbe zu dieser frist
Geheimdter Legations Rath in Weimar ist
So kan Er bey bewandten sachen
keine Verse vor Frau Aja machen
Sonst solldest du wohl was bessers kriegen
jetzt mußt du dich hieran begnügen
Es mag also dabey verbleiben
Ich will meinen Danck in prosa schreiben

37. An ?   Frankfurth 28. Jenner 1779.

Wir haben uns freylich über die neue Ehrenstelle von unserm Sohn gefreut, das könnt Ihr leicht glauben. — Gott erhalte Ihn nur gesund und vergnügt. Amen. *[Ferner empfiehlt sie ihren Vetter Georg Adolph Melber, Goethes Onkel.]*
... da unser Sohn vielleicht Geschäfte halber nicht immer um Ihn seyn könnte, so thut Ihr was Ihr könt und vermögt, um Herrn Melbert seinen aufenthalt angenehm zu machen: besonders ist Er ein Meister im Schlittschu Schleifen und möchte sich darin gern sehen lassen. Das wird sich schon machen lassen, denke ich.

38. An die Herzogin Anna Amalia   den 9ten Februar 1779

Durchlauchtigste Fürstin!

Aller Seegen Gottes über Ihro Durchlaucht. über unsern besten Fürsten und Herzog, über seine Durchlauchtigste

Gemahlin, über Den Theuren Printz Constantin, und über Die Liebe kleine Printzeß Amalia. Gott vermehre die Zahl solcher vortrefflichen Fürsten und Fürstinnen: Er laße biß ans Ende der Tage, zum trost und zur Ehre des Menschen geschlechts Dem Lande Sachsen Weimar und Eissenach es nie an solchen Regenten und Regentinen fehlen, die Einen Carl August und Einer Amalia /: Diesen großen Vorgängern :/ nacheiffern, um Ihre Unterthanen eben so glücklich zu machen als diese vortreffliche Fürsten-Seelen es in der that und Wahrheit gethan haben, *und alles Volck soll sprechen Amen.*

Die liebe Freulein Thusnelde /: Die auch ehestens ein Briefelein von Mutter Aja empfangen soll :/ hatte die güte mir die Reiße von Ihro Durchlaucht nach Leipsig zu berichten, und da die großen dieser Welt zu merckwürdig sind und die andern unbedeutende Erdensöhne von großen Herrn gar gern reden und schreiben; so stunde die Reiße von Ihro Durchlaucht in allen hisigen Zeitungen. Ich freute mich von Hertzen daß unsere Theureste Fürstin Vergnügen und Wonne fühlte Diesen vortrefflichen Printzen Leopold einmahl wieder zu sehen und an Ihr großes und edles Hertz zu drücken. Ihro Durchlaucht haben die gnade zu sagen, ich würde Ihn lieben wenn ich Ihn kente — das thue ich von gantzem Hertzen, ist Er nicht der Bruder von unserer gnädigen, Besten Fürstin Amalia? Ihro Durchlaucht sind überzeugt, daß Frau Aja ihr höchstes Ideal ihr größter Wunsch der ist, das holdselige und freundliche Angesicht von meiner Theuren Fürstin in diesem Leibes Leben nur noch einmahl /: mehreres wäre zu viel gewünscht :/ zu sehen — auch sagt mir mein Hertz daß es geschehen werde, wie bald aber und ob Frau Aja und der Frühling zusammen in Weimar eintreffen werden, Das weiß Gott. So oft der Vater etwas von Ihro Durchlaucht sieht oder höret, so wird Er jung wie ein Adler — nun können Ihro Durchlaucht leicht dencken wie Dero gnädiges Andencken in Dero letzem schreiben sein Hertz ergötzt hat — Die fortdauernde Gnade von Ihro Durchlaucht ists warum er bittet — Daß der Herr geheimde Legations Rath Häschelhanß sich wohlbefindet hat uns sehr gefreut, auch daß er brav Schlittschu gelaufen ist. Seine in dieser kunst hir zurück gelaßne Schüler, als Bölling, Rieße, Metzler u.s.w. haben diesmahl die sache in einen rechten schwung gebracht, zumahl da der Mayn zu war. Den Brief an Bölling habe so gleich bestelt, was wird der vor ein gejauchze verführen! Ohngeachtet mein Brief schon eine schöne länge hat, muß ich doch noch eins sagen. Das überschickte Porträt vom Docter macht uns Tag täglich viele Freude, alle Welt kent ihn beym ersten Anblick — Wir dancken nochmahl davor, wie vor alle andre gnaden und Wohlthaten, und sind biß auf den letzen pulps schlag

Ew. Durchlaucht
unterthänige gehorsamste.
Goethe

39. An Ph. Seidel [Mitte Februar 1779.]

Es mag ohngefähr ein ¼ Jahr seyn daß ich durch Euch einem Brief an Herrn Bertuch überschickte, es betrafe Herrn Schauspieler Großmans seiner Kinderwärterin hinterlaßenes geringes vermögen — da nun biß dato keine rückantwort von Herrn Bertuch erfolgt ist, und Großmann doch gerne wißen mögte wie es um die sache steht; so bittet Er nur um ein paar Zeilen.

Ich schicke Euch auch hiebey ein stück von einem Brief daraus Sein anders Anliegen ersichtlich ist — Ich sähe gern daß der Coffer durch einen Fuhrman hieher gebracht würde — Aus dem offenen Brief an den Silberarbeiter in Eissenberg erhelt daß nur der Fuhrlohn von Eissenberg nach Weimar zu bezahlen wäre, ich hoffe nicht daß der Coffer etwa Schulden halber ist in Verwahrung stehen geblieben, in dem fall wasche ich mir die Hände — und mag er meinetwegen biß an jüngsten tag stehen — ist es aber alles in seiner gehörigen Ordnung, und kostet nur das porto, so schickt ihn wie schon gesagt mit Fuhrleuten an mich. Jetzt wirds bey Euch wieder herrlich im Garten seyn, wen ichs nur einmahl mit genißen könte! Mit jedem Postwagen warte ich auf mein liebes unterschälgen, ich sage Euch schafft es mir.

40. An die Herzogin Anna Amalia

Franckfurth den 19 Februar 1779

Durchlauchtigste Fürstin! Was soll ich zu erst, was soll ich zu letzt sagen! Mein Hertz ist zu voll alle Ausdrücke gefallen mir nicht, sagen das nicht was ich fühle — so gern sagen wolte — Aber Theureste Fürstin Sie kennen mein Hertz und werden leicht begreifen wie mir zu muthe war als ich die Schachtel eröffnete, und das Liebreiche, Holdselige, Freundliche Anglitz meiner Großen Verehrungwürdigen *Amalia* erblickte, und zwar mit einer solchen erstaunlichen gleichheit, daß ich in meinem gantzen Leben so keine Sihlouette gesehen habe — Von der übrigen kostbahrkeit, Pracht und Schönheit der Dose kan ich weiter gar nichts sagen als daß es ein würcklich Fürstliches Geschenck ist. O! was können die großen, die Götter dieser Welt, wenn Sie Einer Amalia gleichen vor Freuden um Sich her verbreiten! So habe ich noch keinen Geburthtag gefeyert — nein warlich noch keinen! Was wird mir das herrliche Geschenck noch alles vor Freude bereiten! was werden meine Freunde Merck, Bölling, die Samstags Mädel sagen — Morgen, Gott lob schon Morgen ist Sambstag! was soll das vor ein Festtag seyn! Das was jetzt kommt hätte ich nur wünschen mögen daß Ihro Durchlaucht Davon ein Augenzeuge gewesen wären. Als der Vater herunter zum Essen kam fand er das Futteral auf seinem Teller, er machte es auf, fuhr vor Erstaunen zusammen — großer Gott das ist ja Unsere Frau Herzogin mit Leib und Seele, und was ist das vor eine prächtige Dose — als ich ihm die sache erklährt hatte war er eben so erfreut und erstaunt wie ich. Mit einem Wort es war ein Tag der Freude und des Wohllebens, ein Geburths tag wie noch keiner war. Nun Durchlauchtigste Fürstin! was soll ich weiter sagen oder schreiben — ich bin über dieses neue und große Kennzeichen von Dero Gnade so gerührt so im innersten grund der Seelen bewegt daß alle dankbahre Ausdrücke zu schwach, und alle Worte zu wenig sagen würden — nur eins kan Frau Aja — So lange es noch der Göttlichen Vorsehung gefält mich hienieden herum wandlen zu laßen, Tagtäglich das herrliche Ideal von Einer Fürstin mit Kniebeugung zu verehren, und mit stillen Freudenthränen vor dieses neue Zeichen Dero Gnade, als vor alle vorhergende, meinen innigen, hertzlichen und wärmsten Danck vor dem Theuren Bildnüß abzustatten, und mich ewig der glücklichen Tage zu erinnern, daß das Original hir unter uns war, und meinem Hauß *besonders* dadurch groß Heil wiederfahren ist. Der Vater und ich empfehlen uns zu fernerer Gnade, und sind mit Danckerfülltem Hertzen

>Ew Durchlaucht
>unterthänig gehorsambste
>C. E. Goethe

41. An Großmann   Franckfurth d 19ten Februar 1779

Lieber Herr Gevatter! Dancke gar schön in unserm und der Welt nahmen daß durch Ihnen abermahls ein schönes Geschöppf mehr bey der Hand ist, die liebe Frau Gevatterin soll auch /: und zwar den größten theil :/ dran haben — Es ist keine geringe wohlthat vor das Menschengeschlecht, daß noch Leute da sind die die Welt mit schönen Gestalten versehen, den warlich Fratzen und Affengesichter sieht mann die menge, also nocheinmahl einen schönen großen Danck. Wie gehts Ihnen den in Bonn? sind Sie zufrieden? Haben die Leute geschmack? Vielleicht mehr als die Franckfurther. Die güngstige aufnahme des Hamlets hatte mir beynahe unser Publicum ehrwürdiggemacht, aber beym Licht besehen, war es nichts gar nichts als neugirde — etliche wenige ausgenommen resoniren sie wie die Pferde. Vor einigen Tagen trafe ich in einer Gesellschafft eine Dame von der so genandten großen Welt an, die vom Hamlet das Urtheil fällte es wäre nichts als eine Farse — O!!! Gevatter! Gevatter! Hamlet eine Farse!!!!! Ich dachte ich kriegte auf der stelle eine Ohnmacht — Ein anderer behaubtete /: noch obendrauf mit dem ausdruck :/ Daß ihn der Teufel holen solte, wo er nicht eben so ein Ding voll Unsinn schreiben könte, und das war ein Dicker Vierschröderischer Weinhändler. Da ist nun als ein gekreische von unserm Jahrhundtert, von erleuchten Zeiten u. s. w. und doch ist, /: eine kleine Zahl ausgenommen die freylich das Saltz der Erden sind :/ bey denen Herrn und Damen alles so schal, so elend, so verschoben, so verschrumpft, daß sie kein stück Rindfleisch kauen und verdauen können — Milchbrey — gefrohrne sachen — Zuckerpletzger — hogout das ist ihr Labsahl, freylich verderben sie sich den Magen dadurch noch immer mehr, aber wer kan helfen — Wen ich Schauspiel Direktor wäre, /: so will ich schippen Dame seyn :/ wen sie nicht den Hermann von Frau Gottsched zu genießen kriegen solten, es ist ein feines stück, regelmäßig, moralisch, mit einem wort nicht schwer zu verdauen — Der Schauplatz stelt einen Wald vor, an den Bäumen hängen Bildnüße von alten Helden, Herrmann und sein Vater tretten auf — Vater. Nun Herman höre zu, und mercke mit bedacht, warum dein Vater dich in diesen Hayn gebracht — Sohn!!! wo dich Muth und Glück zu edlen Thaten tragen; so laß dir deine pflicht /: Er wendet Sich gegen die Bäume :/ von diesen bildern sagen u. s. w. Was Herman drauf zur Antwort gibt habe ich vergeßen, den ich war 10 Jahr alt als es hir gegeben wurde. Halt — ho, ho — es war mein steckenpfferd gemeint, das gar zu gern im Galopp geht, der spaß pasirt ihm eben nicht oft — Wenn ich in eine honette Companie gehe wirds vernageld. Darum thut ihm die Freiheit so wohl, aber jetzt Punctum Die Commision nach Weimar so wohl wegen der guten Muhme als auch wegen des Coffers sind aufs beste besorgt, und erwarte ich von Phillipp Herrn Goethens blitz pagen ehestens antwort, die Sie so gleich vernehmen sollen. Die liebe Frau Gevatterin ist doch wieder recht wohl? grüßen Sie Sie ja recht schön — und die goldne Lotte, und das Hänßgen, vergeßt auch die Flittnern nicht, und zwar das alles von Herr Rath und von mir, die ich bin, lieber Herr Gevatter! Eure wahre Freundin.   C. E. Goethe

42. *An Lavater*

Lieber Sohn! Lange schon sehr lange ist es daß wir von Euch mein Bester nichts gesehn und vernommen haben, aber was schadet daß Ihr Seyd in unser Hertz so tief eingeprägt — Euer Andencken ist so im Seegen unter uns — Euer Liebevolles, freundliches Angesicht steht so gegenwärtig vor unsern Augen, daß keine Briefe, keine tode Buchstaben nöthig sind uns zu errinnern daß der herrliche Mensch Lavater in unserm mitte war und unter uns gewandelt hat. Was mir in dieser Werckeltags Welt am wenigsten ansteht, ist, daß die besten Menschen einander gar wenig seyn können — Der plan Gottes erfordert daß der eine in Osten und der andre in Westen die Welt einsaltzen und vor der Fäulnüß bewahren muß — Meine Lieben und Freunde sind alle weit weit von mir weg — meine ewig geliebte Klettenbergern in einer bessern Welt, meine Fahlmern in Emmedingen. Es mögen wohl noch gute Menschen in Franckfurth seyn, villeicht verwundre ich mich einmahl in der Ewigkeit daß ich sie hir verkandt habe — aber vor der Hand, geht doch Frau Aja ihren pfad allein fort.

Was macht Ihr denn lieber bester Sohn? was Eure liebe Frau, sambst Kindern und Freunden? ich hoffe daß alles vergnügt und wohl ist, Gott erhalte Euch dabey *Amen*.

Mein Mann welcher Sich Euch bestens empfiehlet bedaurert daß Er durch nachstehendes Euch wieder mühe machen muß — aber wenn Ihr die große Ordnung des Herrn Raths bedenckt; so werdet Ihr leicht einsehn was ein defecktes Buch /: zu mahl ein solches wie die Phisioknomick :/ vor einen übelstand in seiner Büchersammlung machen muß, und Ihm also nicht übel nehmen wenn Er Euch ersucht nachfolgende stücke etwann einem von den Zürcher Herrn Kauffleuten mit anhero auf die Ostermeße zu geben. Erstlich, die durch Herrn Nüschelern bald möglichst versprochne Kupper zum 4ten theil der Phisioknogmick — zweytens den abgängigen Text zum 3ten theil, welchen Herr Kriegs Rath Merck Ihnen zugesandt, wie auch drittens, noch einige von des Herrn Raths Gesichter, die Herr Schmoll gezeichnet hat.

Noch einmahl, verzeiht die viele mühe und plage.

Euer Bruder Wolf befindet sich Gott sey Danck in Weimar recht wohl — Die Herzogin Mutter war vorigen Somer hir, eine vortreffliche Frau das glaubt mir auf mein Wort — großes edeles Menschengefühl belebt Ihre gantze Seele, aber Sie schwätz und prahlt nicht, wie das so viele falsch empfindsame zu thun gewohnt sind. Nun bester Lavater Gottes Seegen über Euch und alle die Eürigen. Grüßt alles was noch an uns denckt, und Seyd versichert, daß ich biß an das Ende meiner Wallfahrt bin

Eure wahre Freundin u treue Mutter
C. E. Goethe.

Franckfurth den 23ten Februar 1779

43. An Großmann   Franckfurth d 4$^{\underline{ten}}$ Mertz 1779

Lieber Herr Gevatter! Innliegendes ist mir von Weimar aus zugeschickt worden, mit dem bedeuten, daß die Acten bey Gelegenheit nachgeschickt werden solten. Ich hoffe daß meine liebe Frau Gevatterin und alles was Ihnen zugehört sich wohlbefinden wird. Wären Sie noch bey Herrn Seiler; so würde ich mich auf die annährung der Ostermeße viel mehr freuen — aber so gehts in der Welt! alles ding eine weil ein Sprüchwort ist, mein lieber Christ u. s. w. Jetzt gibts nicht morgens um 10 Uhr Schachspiel zu vieren — Jetzt sehe ich die goldige Lotte nicht als Milchmädgen mehr — Jetzt ist der spaß mit den kleinen Büßquittger am Ende, es ist doch eine lumpenwirtschafft unter diesem Mond. Aber trost ists doch allemahl wenn die Leute die mann lieb hat noch mit uns von einer Sonne beschienen werden, wenn sie nur nicht gar in die Elisäischen Felder Marschiren, der gute Docter Wagner steht nah dran, ich glaube nicht daß Er noch 3 wochen lebt — Er ist so ausgezehrt, daß nichts als Haut und Knochen an Ihm ist — Ich bedaure Ihn sehr. Leben Sie wohl! und laßen mich von zeit zu zeit immer gute nachrichten von Ihnen und den lieben Ihrigen hören, dieses wird jederzeit sehr vergnügen

Ihre wahre Freundin
C. E. Goethe

N. S. Der Herr Rath grüßt Sie alle besonders aber seine Lotte

44. *An Großmann*

Lieber Herr Gevatter! Ich hoffe daß der Brief mit Geld /: welchen ich schon am 5$\underline{\text{ten}}$ Mertz an Ihnen abgeschickt, und welches der guten Muhme zugehörte :/ wird richtig überliffert worden seyn. Der Coffer von dem Herrn Schauspieler Dietzel ist mir nebst einen Brief an ebendenselben von Eissenberg aus wohlüberliffert worden, und wartet nun auf gute gelegenheit ferner nach Bonn Transporttirt zu werden — Es wäre am besten, wenn Sie lieber Herr gevatter einen Schiffer ausmachten der ihn biß Bonn überbrächte — ich habe hir keinen ausfindig machen können — Ich werde den Coffer und Brief so lange verwahren, biß Sie ihn abholen laßen — aber ein paar Zeilen von *Ihrer Hand* muß der abholer alle mahl mitbringen, daß ich sicher bin — sonst kriegt ihn kein Mensch.

Das wäre nun so weit besorgt — Was macht denn aber die liebe Frau gevatterin? Was Ihre gantze Familie überhaubt — besonders aber unsere goldige Lotte? noch zur Zeit habe ich noch kein Kind gesehen das würdig wäre Ihr die Schuriehmen aufzulösen — grüßen Sie Sie ja recht schön von uns — Jetzt eben fält mir ein den Brief an Herrn Ditzel mit zu schicken — hir ist er also. Die Post will fort ich kan also weiter nichts beyfügen als daß ich bin —

Ihre wahre Freundin
C. E. Goethe

Franckfurth d 8<u>ten</u> Mertz 1779

45. An Wieland   Den 12<u>ten</u> Mertz 1779

Lieber Sohn und Gevatter! Die Sünde der Undanckbahrkeit liegt schwer auf mir — Sechs Briefger liegen mir vor Augen, eben so viel Mercure und Frau Aja hat eben ihrem lieben Wieland lange lange nichts gesagt ohngeachtet Er ihr so manche Freude mit Seinem Mercur gemacht hat, zu meiner Entschuldigung kan ich weiter nichts sagen als daß unserm Lieben Herr Gott Sein prächtig Wetter die größte Ursach meiner Faulheit im schreiben ist, Tag täglich Marschire ich durch Feld und Wald und Fluhr u. s. w. Gestern Abend als ich von einem herrlichen Spazirgang nach Hauße kam lasse ich Pervonte oder die Wünsche, hatte darob eine solche Freude, fühlte so gantz was Ihr vor ein herrlicher Mensch, vor ein lieber Wieland Seyd, und daß keiner vor Euch und schwerlich einer nach Euch seyn wird der in solcher Art von Gedichten und Erzählungen den grad erreichen wird den Ihr von Gottes gnaden, und der Mutter Natur empfangen habt. Da mir nun bey dem leßen so wohl ward daß ichs Euch gar nicht beschreiben kan, ergrimmte mein Geist Daß ein Mann wie Ihr sich nothgedrungen sieht einem solchen Schuft von Buchhändler nur eine Zeile zu antworten. Bunckel wird immer und in Ewigkeit ein abscheuliches Buch; so wie Eure Recention ein Meisterstück bleiben und hirmit Gott befohlen. Laßen wir den fatalen

Menschen fahren, und suchen auf andre Gedancken zu kommen. Ihr wißt doch lieber Sohn was mir unsere Liebe Frau Herzogin vor eine Freude gemacht hat? O wenn Ihr Frau Aja gesehen hättet! das war ein Geburths Tag! Ich habe zwar gleich auf der stelle meine Freude und Danckbahrkeit in einem Brief an Ihro Durchlaucht darzulegen gesucht, allein es sind nachher zu großem Vergnügen der Frau Aja noch solche Dinge mit der herrlichen Dose pasirt, daß ich ein Tagbuch drüber schreiben könte. Bölling kommt alle Tage um seine Andacht vor dem Liebevollen Anglitz unserer Theuren Fürstin zu halten — manchmahl reißt Ihn sein entzücken so hin daß Er sich gantz vergißt — So soll mich der Teufel holen /: ruft Er dann aus :/ wenn ich begreife wie mann so einen Schattenriß machen kan — liebe Frau Aja fragen sie doch die weimarer wer das gemacht und ausgeschnitten hat, je mehr mans ansieht je unbegreiflicher kommts einem vor — es ist unsere Beste Fürstin mit Geist Seele und Leib — ich werde noch ein Narr drüber, und so ist Er im stande eine glocken-stunde immer in einem fortzureden. Freund Merck den ich seit dem vorigen November weder gesehen noch das geringste von Ihm gehört habe ist vermuthlich in seine Cartofflen, seinen Fuchs und dessen Füllen so verschammerirt daß Er alles drüber vergißt — Sanct Velden wird Ihn doch diese Meße herführen — O! was wird der erst zu meiner Dose sagen! Empfehlet mich ja unserer Theuren Herzogin zu fernerer Gnade — die liebe Freulein Thusnelde versichert meiner aufrichtigen Freundschaft und Hochachtung — Freulein von Stein — Herrn von Einsidel — Herrn Krauße alles alles grüßt von Frau Aja den Papa mit eingeschlossen. Euer Weib das ein rechter Fruchtbahrer Weinstock ist, und Eure Öhlzweige, besonders meinen lieben Paten küßt und grüßt von uns 1000 mahl. Von mir wißt Ihr längst daß ich ewig bin, Eure wahre Freundin   Frau Aja

46. An die Herzogin Anna Amalia

Franckfurth den 25ten Mertz 1779

Durchlauchdigste Fürstin! Die Freude und den Jubel wenn nun so ein Brief ankommt wo Hand und Pettschafft gleich verkündigen, daß, daß er von unserer Besten Fürstin ist, die Freude und den Jubel /: ich muß es noch einmahl sagen :/ Solten Ihro Durchlaucht nur einmahl mit ansehn. Tausendt Danck Theureste Fürstin vor jede Zeile vor jedes Wort — Es ist vor Mutter Aja jederzeit eine erquickung in ihrer Wallfahrt durch die Sandwüste dieser Werckeltags Welt. Ja Große Fürstin! Erhalten Sie uns Dero Gnädiges Andencken, und Senden uns von Zeit zu Zeit — nur eine Lienie — nur Den Theuren Nahmen Amalia — und unser Hertz wird voll Freude, und unsere Seele voll Jubel seyn. Dem Herrn geheimdten Legations Rath wünsche von Hertzen eine glückliche Entbindung und freue mich im voraus auf das liebe Enckelein, in der guten Hoffnung daß es seinen übrigen Kindern gleich sehen und wir daran /: wie an den vorigen :/ große Freude und Wonne erleben mögen. Wer doch den dritten Feyertag in Weimar wäre!!!! Wen die Büsquittger guten abgang finden, so stehen sie zu gantzen Schaaren zu befehl. Es hat mich unendlich gefreut daß doch nur etwas mir vergönt worden ist an Ihro Durchlaucht zu überschicken, Den wer unterstünde sich sonst so was! So oft ich nach Weimar schreibe, es sey nun an Ihro Durchlaucht, oder an sonst jemandt, so muß ich von meiner herrlichen Dose reden — ich wüste nun in der Welt nicht was mich mehr hätte freuen können — O Beste Fürstin! Den Jubel hätten Sie hören sollen! Wie die Dose auf einem Sillbern presenttier Teller in der Samstags Gesellschafft herum ging, und was noch Tag täglich mit vorgenommen wird, und was noch alles mit vorgenommen werden soll. Da Sie vortreffliche Fürstin, nun als ein wahrer abglantz der Gottheit, Sich der Freunde [Freude] der Menschen freuen; so haben Sie Sich dadurch Selbst eine Freude zubereittet —

Wenn mann den Schattenriß ansieht mögte mann gleich niederfallen — Wer hats nur gemacht? Wer hats nur gemacht?? Wolten Ihro Durchlaucht die gnade haben, und der gnädigen Freulein Thusnelde meinen besten und schönsten gruß vermelden, wenn wir doch nur einmahl wieder zusammen lachen könnten, nun — wer weiß was Gott weiß — Der Vater empfieht sich zu fernern Hohen gnaden und Frau Aja ist und bleibt biß der Vohrhang fält

Ihro Durchlaucht

Unterthänigste
treugehorsambste Dienerin
C. E. Goethe.

47. An Ph. Seidel

Gestern erhielte die Musick, sagt unserer besten Fürstin den unterthänigsten Danck davor — Auch Herrn Krantz versichert unserer liebe und Freundschafft — billig hätte ich Ihm schon lange auf Seine Freundschafftliche Briefe antworten sollen — aber wies so geht mann verschiebts von einer Zeit zur andern u. s. w. Daß ich meine schöne Tasse wieder habe freut mich gar sehr — Ihr solt vor die gute Besorgung meinen großen Danck haben, auch bey erster gelegenheit, den großen Thaler den sie gekostet hat, ferner die auslage wegen des Koffers — Mit dem ehesten wird Euer Herr durch einen Fuhrmann wieder 6 Krüge alten Wein — und ein gantzes dutzend nagelneue Strümpfe von mir erhalten — sie sind alle von einer Hand gestrickt, und werden dem Herrn Docter sehr wohl behagen. Jetzt Phillippus habe ich einen auftrag der zum krancklachen ist — stelt Euch vor! es betrifft die Schulmeister stelle in Umpferstadt — Der ehrliche Mann der sie gerne hätte ist Schulmeister zu Zillbach, und heißt Johann Valentin Hartmann, Er hat seine hiesige Freunde an mich geschickt die mich dann sehr gebeten haben, ein Vorwort beym Docter einzulegen — Ich dachte aber es wäre beßer Euch davon nachricht zu geben Ihr könts Eurem Herrn vortragen — und wens angeht so würde es mir lieb seyn — Ihr habt Eure sachen bißhir her so gut ausgericht, daß ich an dieser Commision auch nicht im geringsten zweifle. Wünsche von Hertzen daß das Ostereyerfest möge gut abgelaufen seyn — könte ich aber nur den 3$\underline{\text{ten}}$ Feyertag bey Euch seyn! Nun ich werde doch das neue stück auch zu lesen bekommen — das soll einstweilen mein trost seyn. Lebt wohl! grüßt alles von mir besonders gevatter Wieland und sagt Ihm ich ließe mich vor den letzen Mercur bedancken — aber von Pervonte hätte ich die Vortsetzung vergeblich gesucht. Nun Gott befohlen! Es ist Ostersambstag und Frau Aja hat noch viel zu schaffen — und der Brief muß heut fort — gehabt Euch wohl ich bin wie immer Eure Euch gewogne C. E. Goethe

den 3$\underline{\text{ten}}$ Aprill 1779

N. S. Zu mehrerer Deutlichkeit, kommt hir des Schulmeister Brief in Natur mit.

48. An die Herzogin Anna Amalia

Franckfurth den 11$\underline{\text{ten}}$ Aprill 1779

Durchlauchdigte Fürstin! Nach dem Appetitt meiner Samstags mädel zu rechnen müßen die kleine büßqüttiger längst alle seyn — Ich nehme mir hir die große Freyheit, Ew: Durchlaucht noch eine kleine Provision zu übersenden, nehmen Sie Beste Fürstin meine Freyheit ja nicht ungnädig. Bey uns ists Meße!!! Weitmäuligte Laffen, Feilschen und gaffen, Gaffen und kauffen, Bestienhauffen, Kinder und Fratzen, Affen und Katzen u. s. w. — Doch mit Respeckt geredt Frau Aja, Madamm la Roche ist auch da!!!! Theureste Fürstin! Könte Docter Wolf den Tochtermann sehen, den die Verfasserin der Sternheim Ihrer zweyten Tochter Louise aufhengen will; so würde Er nach seiner sonst löblichen Gewohnheit mit den Zähnen knirschen, und gantz Gottloß fluchen. Gestern stellte Sie mir das Ungeheur vor — Großer Gott!!! Wenn mich der zur Königin der Erden /: Americka mit eingeschloßen :/ machen wolte; so — ja so — gebe ich Ihm einen Korb — Er sieht aus — wie der Teufel in der 7ten Bitte in Luthers kleinem Catesichmus — ist so dumm wie ein Heu Pferd — und zu allem seinem seinem Unglück ist Er *Hoffrath* — Wann ich von all dem Zeug was begreife; so will ich zur Auster werden. Eine Frau wie die la Roche von einem gewiß nicht gemeinem Verstand, von zimlichen Glücksgütern, von Ansehn, Rang u. s. w. die es recht drauf anfängt Ihre Töchter unglücklich zu machen — und doch Sternheime und Frauenzimmer Briefe schreibt — mit einem Wort, mein Kopf ist wie in einer Mühle. Verzeihen Ihro Durchlaucht, daß ich Ihnen so was vor erzähle, ich habe aber eben das Awentheuer vor Augen — und die Thränen der guten Louise kan ich nicht ausstehn — Der 3te Feyertag ist doch glücklich vorbey gegangen, ich hoffe — auch etwas davon zu vernehmen? Die Freulein Thusnelde hat eine gar schöne gabe solche Festiviteten zu beschreiben, und ich glaube Sie wird Ihren Ruhm behaupten, und Frau Aja was davon zukommen laßen, dann das Jahrmarcksfest hat Sie gantz herrlich beschrieben — thut Sies — So haben Ihro Durchlaucht die gnade Ihr von den Büsquittger auch Ihren antheil zu überreichen. Der Vater empfiehlt sich zu ferneren Hohen gnaden, und Frau Aja der es nie so wohl ist, als wenn sie, an die Vortrefflichste, Größte, Liebenwürdigste, Beste Fürstin denckt, küßt in Anbethung und Demuth die Hand Ihrer Theuresten Fürstin und bleibt biß ins Grab

            Ihro Durchlaucht
                  Unterthänige Dienerin
                  C. E. Goethe.

49. An die Herzogin Anna Amalia   den 30ten Aprill 1779

Ihro Durchlaucht haben Mutter Aja immer noch in gnädigstem Andencken davon ist Dero letztes Schreiben ein neuer beweiß — Wie wohl mirs ums Hertz wird, wenn ich das große Siegel und unserer Theuren Fürstin Handschrifft sehe, das läßt sich nur fühlen, sagen kan mann eben drüber gantz und gar nichts — O! könte ich mich dieser gnade nur recht würdig machen! doch das bestreben darnach ist auch That dieses muß mich trösten. Der lieben Freulein Thusnelde werde meinen warmen Danck vor die Beschreibung des 3ten Feyertags in einem Briefelein abstatten. Wenn aber auch die lieben lieben Weimarrer nicht wären! So würde mein armes Leben gar traurig hinschleichen — aber Gott sey Danck! daß ein Weimar in der Welt ist. Heut ist die la Roche mit der armen Braut und dem Noblen Herrn Hochzeiter wieder nach Coblentz, das Unthier heiß Möhn und ist würcklicher Hoffrath vom Curfürsten von Trier. Haben Ihro Durchlaucht nur die gnade und fragen Merck was der von der sache denck und wie Er die la Roche drüber ausgeputzt hat — Ich habe närische Heurathen genung erlebt, aber warlich was zu viel ist, ist zu viel. Merck wird seine Reiße nach dem gelobtenland *Weimar* auf seinem getreuen Fuchs ehestens antretten, daß Er sich wie ein Kind aufs Christkindgen freut können Ihro Durchlaucht leicht dencken, wäre der Vater gesünder, so käme gewiß noch jemandt mit — Aber wie will ich mich auf Mercks Rückreiße freuen, was soll der mir alles erzählen, unter 8 tage laße ich Ihn nicht aus meinem Hauße, und da soll mirs wohl seyn. Der Docter hat viele Dinge schon in der Welt gemacht die Frau Aja sehr vergnügt haben — Aber über den Schattenriß von Ihro Durchlaucht geht nichts — auch Phillipp hat sein Verdinst bey mir dadurch ungemein vergrößert. Der Vater danckt vor das gnädige Andencken Unterthänigst und mit gerührtem Hertzen — und ich erbitte mir die einzige Gnade ewig seyn zu dürffen

Ihro Durchlaucht
Unterthänigste und treuste Dienerin

C. E. Goethe.

50. An die Herzogin Anna Amalia

Durchlauchdigste Fürstin!

Mittwochs als den 21 Juli Mittags 12 uhr, sassen die wackern Ritter von Einsiedel und Merck an der berühmten Taffelrunde — Speißten Welschhanen Paßtete und trancken echten 26 — Frau Aja war frölig und wohlgemuth über alle die guten Nachrichten die diese Brave Menschenkinder von Weimar erzählten. Nochmehr aber wurde ihr Hertz mit Freude und Wonne erfühlt, da Herr von Einsidel einen sehr schönen Geldbeutel hervor brachte und ihn mir zum Andencken von Unserer Besten Fürstin überreichte — Wäre ich im stande Ihro Durchlaucht es recht lebendig darzustellen, was da alles in meiner Seele vorgeht, wenn durch so ein äusserliches gnadenzeichen mein Hertz die Versicherung empfängt — daß die Theureste Fürstin Amalia noch in Liebe an Mutter Aja denckt — ich weiß Sie freuten Sich meiner Freuden — aber so was aufs papier zu stellen vermag ich nicht — nur den größten und hertzlichsten Danck hieher zu schreiben, das vermag ich ——— Mit dem Postwagen haben wir auch zwey kostbahre Bücher die Beschreibung des Vesuvus von Hammilton erhalten, Merck sagte /: da kein wort dabey geschrieben war und wir also fragten was das mit den Büchern vor eine Bewandtnüß hätte :/ Ihro Durchlaucht der Herr Herzog schickten solche dem Papa zum ansehen weil Sie glaubten ihm dadurch eine Freude zu machen — Dürffen wir Ihro Durchlaucht Unterthänigst bitten Ihro Durchlaucht dem Herrn Herzog vor dieses gnädigste Andencken unsern größten und besten Danck abzustatten. Der Vater sitzt tagtäglich drüber und bewundert die erstaunliche und herrliche Arbeit, so bald er sich satt gesehen hat, sollen sie mit Unterthänigstem Danck und wohl behalten zurück geschickt werden — Ferner haben wir einen Schattenriß vons Docters gantzer gestalt erhalten so was ähnliches ist noch gar nicht gesehen worden — das machte uns nun wieder ein groß Gaudium — es wird ein glaß drüber

gemacht und in die Weimarrer Stube gehengt — Mit einem
Wort, alle Freuden derer ich mich nun bald an die 4 Jahr
besinnen kan kommen aus dem gebenedeyten Weimar. Eya
wär Mutter Aja auch nur einmahl da ——————— Ihro
Durchlaucht! haben die gnade Freulein Thusnelde und Gevatter Wieland hertzlich von mir zu grüßen, mit der Versicherung daß ich Ihre liebe Briefger ehestens beantworten
werde vor heut aber ists ohnmöglich — Künfftigen Mittwoch ist bey einer meiner Freundinnen große gesellschafft
da wird Frau Aja prangen, mit der herrlichen Dose, mit dem
vortrefflichen geldbeutel /: den es wird starck in der Carte
gespielt :/ und endlich mit den Eissenacher Handschuen die
außer mir keine lebendige Seele hat — Es ist immer ein großer spaß, wie mich die Baasen um das alles befragen. Durchlauchdigste Fürstin! Erhalten Sie *mir*, dem *Vater* und dem
Häschelhanß Dero unschatzbahre Gnade — und wir alle verlangen kein größers Glück, als uns ewig nennen zu dürffen

Ihro Durchlaucht
unterthänige
treugehorsambste Diener und Dienerin
C. E. Goethe

Franckfurth den 26ten Juli 1779

51. An die Herzogin Anna Amalia

Den 3ten September 1779
Durchlauchdigste Fürstin!

Frau Aja — die glückliche Frau Aja! ist also noch immer
bey der Besten Fürstin in gnädigstem Andencken. Theureste Fürstin! Erhalten Sie mir dieses unschätzbare Glück, es
verbreitet Leben und Wonne auf meine Tage, und macht
meinen gang durch diese Welt heiter und voller Freuden.
Die 4 Höllen Bregel sind glücklich angelangt und haben uns
große Freude gemacht besonders haben wir uns über des
Mannes seine Einbildungskrafft erstaunt — Solche Carika-

turen sind doch so lang die Welt steht in keines Menschen Hertz und Sinn gekommen, aber ebendeswegen ist mirs so lieb, das ist vor Mutter Ajas Lunge allemahl ein herrlicher spaß — Ich habe über alle die Teufel und Menschen die so kutterbunt durcheinander krablen so gelacht, daß ich es endlich gar weglegen mußte, weil leicht ein schade daraus hätte entstehen können — Vor diese mir geschenckte neue Freuden, dancke Ihro Durchlaucht von gantzem Hertzen. /: wo nehme ich aber auch Freude her, wenn kein Weimar in der Welt wär? :/ Freund Merck steckte das in Ettersburg geführte herrliche Leben noch in allen Gliedern, und wann Er darann dachte daß Er über die Sachsenhäußer Brücke in seine Heimmath reiten müßte, so überfiel Ihn Kopf, Hertz und Magen weh — vordießmal war Er also nicht sehr genißbar vielleicht gehts beßer wann Er die Meße herkommt. Herr von Einsidel hat Sich aber Brav aufgeführt, Wir hatten an der Taffel runde in Gesellschafft Caspar Böllings einen vergnügten Tag. Merck ist an Wielands Kinder Fabrick /: so wahr ich lebe :/ viel schuld, wenigstens von 1776 angerechnet — Hören Ihro Durchlaucht nur so schreibt Er dem guten Wieland.

Lieber Herr und Bruder mein, Hier ein Stück ächten Reihnischen Wein.

Ihr solt dabey frölich zechen u lachen, Kinder wohl — aber nicht Verse machen u. s. w.

das befolgt nun der gute Mann so, und hat dabey kein arg in Seinem Hertzen — Nun wohl bekomme es Ihm — Darf Ich Ihro Durchlaucht unterthänigst ersuchen, Ihn von Frau Aja recht schön zu grüßen, denn ich habe Ihn recht sehr lieb. Was macht den meine Liebe Freulein Thusnelde? Sie wird doch nicht böße seyn, daß ich Ihr so lange nicht geschrieben habe? Mutter Aja hat sich eben diesen Sommer hübsch zu nutz gemacht — War keinen Tag zu Hauß — Haben Ihro Durchlaucht die gnade und sagen /: nebst meinem hertzlichen gruß :/ der Lieben Freulein, wann die trüben Tage kämen wolt ich fleisiger seyn. Der Vater empfiehlt sich zu gnädigstem Andencken — Frau Aja bittet sich ferner Dero Hohe Huld, Gnade und Wohlwollen unterthänigst aus und daß ihr erlaubt seyn möge sich ewig zu nennen

Unserer Durchlauchdigsten Fürstin
treugehorsambste Dienerin.
C. E. Goethe

52. An Großmann

Franckfurth d 22ten September 1779

Lieber Herr gevatter!

Ich will gleich mit der Hauptsache anfangen — Versäumen Sie ja keine zeit, es haben sich schon zwey gemeldet, deren nahmen ich vergeßen habe — noch ist nichts entschieden — Sie lieber gevatter haben viele gute Freunde und an meinem Eiffer sols auch nicht fehlen — Ich verstehe von der gantzen sache nichts, aber wenns möglich wäre daß Sie einige von der Seylerischen Truppe brauchen könten, das würde Ihnen das Publickum noch mehr zum Freunde machen, denn die zurückgebliebenen Schauspieler werden durchgängig sehr bedaurtert — Ihren Jungfern Schwägerinnen werde mit Vergnügen rathen und gute Reiße Anstalten besorgen helfen. Tausende Verhinderungen waren an meinem langen stillschweigen schuld — und auch diesen Brief hätten Sie ehender gekriegt, wenn ich nicht die gnade gehabt hätte, Ihro durchlaucht den Hertzog von Weimar 5 Tage in meinem Hauße zu bewirthen, daß mein Sohn auch dabey war versteht sich, und da können Sie Sich leicht den Jubel dencken. Leben Sie wohl! und machen Ihre sachen gut, damit wir Ihnen bald wieder bey uns sehn — Grüßen Sie die liebe Frau gevatterin, die goldige Lotte — den braven Hanß wolf und alles
Ich bin

Ihre wahre Freundin
C. E. Goethe

53. An die Herzogin Anna Amalia

Durchlauchdigste Fürstin.

Der 18te September war der große Tag da der alte Vater und Frau Aja, denen seeligen Göttern weder Ihre Wohnung im hohen Olymp, weder Ihr Ambrosia noch Nectar, weder Ihre Vocal noch Instrumentthal Mucick beneideten, sondern glücklich, so gantz glücklich waren, daß schwerlich ein sterblicher Mensch jemahls größre und reiernre Freuden geschmeckt hat als wir beyde glückliche Eltern an diesem Jubel und Freuden Tag — Niemahl hat mich mein Unvermögen eine sache gut und anschaulich vor zutragen mehr belästig als jetzt da ich der Besten Fürstin /: von Der doch eigendtlich alle diese Freude ausgeht, die doch eigendlich die erste Ursach aller dieser Wonne ist :/ so recht aus dem Hertzen heraus unsere Freude mittheilen mögte — Es gerade nun wie es wolle, gesagt muß es nun einmahl seyn.

Ihro Durchlaucht unser gnädigster und Bester Fürst, stiegen /: um uns recht zu überraschen :/ eine strecke von unserm Hauße ab kamen also gantz ohne geräusch an die Thüre, klingelten, traten in die blaue Stube u.s.w. Nun stellen Sich Ihro Durchlaucht vor, wie Frau Aja am runden Tisch sitzt, wie die Stubenthüre aufgeht, wie in dem Augenblick der Häschelhanß ihr um den Hals fält, wie der Herzog in einiger Entfernung der Mütterlichen Freude eine weile zusieht, wie Frau Aja endlich wie betruncken auf den besten Fürsten zuläuft halb greint halb lacht gar nicht weiß was sie thun soll wie der schöne Cammerherr von Wedel auch allen antheil an der erstaunlichen Freude nimbt — Endlich der Auftrit mit dem Vater, das läßt sich nun gar nicht beschreiben — mir war Angst er stürbe auf der stelle, noch an dem heutigen Tag, daß Ihro Durchlaucht schon eine zimmliche Weile von uns weg Sind, ist er noch nicht recht bey sich, und Frau Aja gehts nicht ein Haar beßer — Ihro Durchlaucht können Sich leicht vorstellen wie vergnügt und seelig wir diese 5 tage über geweßen sind. Merck kam auch und führte sich so zimmlich gut auf, den Mephistoviles kan Er nun freylich niemahls gantz zu Hauß laßen, das ist mann nun schon so gewohnt. Wieder alle Gewohnheit waren dieses mahl gar keine Fürsten und Fürstinnen auf der Meße, das war nach Unsers Theuresten Herzogs Wunsch, Sie waren also gar nicht genirt — Am Sontag gingen Sie in ein großes Concert das im Rothen Hauß gehalten wurde, nachdem in die Adliche Geschellschafft ins so genandte Braunenfels, Montags und Dinstags gingen Sie in die Commedie, Mittwochs um 12 Uhr Mittags ritten Sie in bestem wohlseyn der Bergstraße zu, Merck begleidtete Sie bis Eberstadt. Was sich nun alles mit dem schönen Cammerherrn von Wedel, mit dem Herrn Geheimdten Rath Goethe zu getragen hat, wie sich unsere Hochadliche Freulein gänßger brüsteten und Eroberungen machen wolten, wie es aber nicht zu stande kam u. d. m. das verdiente nun freylich hübsch dramatisirt zu werden. Theureste Fürstin! Sie verzeihen diesen kalten Brief der gegen die Sache sehr zu kurtz fält — es ist mir jetzt gantz ohnmöglich es beßer zu machen — ich bin den gantzen Tag vor Freude und Wonne wie betruncken, wen sichs etwas zu boden gesetzt hat wird meine Vernunfft auch wieder zu Hauße kommen — biß dahin Bittet Frau Aja daß Ihro Durchlaucht Geduld mit ihr haben mögten. Uns ist jetzt nichts im Sinne, als die Freude des wieder Zurückkomens, da soll der jubel von neuem angehn. Gott bringe Sie glücklich und gesund zurück, dann soll dem alten Reihnwein in prächtigen Pocalen mächtig zugesprochen werden. Wüsten Ihro Durchlaucht wie oft wir mit Freudenthränen an Ihnen dachten, von Ihnen redeten, wie Frau Aja den Tag seegnete da die Beste Fürstin Ihrem glücklichen Land einen Carl August gebohren hat, *Der* wie es nun am Tage ist, nicht Seinem Land allein zum Heil gebohren worden, sondern auch dazu um auf unsere Tage Wonne Leben und seeligkeit zu verbreiten — Wie dann ferner Frau Aja sich nicht mehr halten konte, sondern in ein Eckelgen ging und ihrem Hertzen Luft machen mußte; so

weiß ich gantz gewiß die Beste Fürstin hätte Sich unserer Freuden gefreut — dann das war kein Mondschein im Kasten, sondern wahres Hertzens gefühl. Dieses wäre nun so ein kleiner abriß von denen Tagen wie sie Gott /: mit dem seeligen Werther zu reden :/ seinen Heiligen aufspart, mann kan hernach immer wieder was auf den Rücken nehmen und durch diese Werckeltag Welt durchtraben und sein Tagewerck mit Freuden thun, wenn einem solche erquickungs stunden zu theil worden sind. Nun Durchlauchdigste Fürstin! Behalten Sie uns in gnädigstem Angedencken — der Vater empfiehlt sich gantz besonders — und Frau Aja Lebt und stirbt als Ihro Durchlaucht
unterthänigste treugehorsambste Dienerin
C. E. Goethe

Franckfurth d 24<u>ten</u> September 1779

54. An die Herzogin Anna Amalia

Durchlauchdigste Fürstin!

Alles alles legt es drauf an, Frau Aja gantz glücklich zu machen — Dero letztes gnädiges schreiben an mich, das so vortrefflich, so herrlich, so liebevoll, so gantz dem Hertzen Der größten und Besten Fürstin ähnlich ist, machte mich so vergnügt, daß jedermann, besonders meine Montags Gesellschafft meinen Rosenfarben Humor bewunderten und große Freunde [Freude] ob meinem thun und wesen hatten, dieses geschahe Montags. Dinstags kam die Post aus der Schweitz, und brachte mir einen Brief /: von wem glauben wohl Ihro Durchlaucht? :/ von Unserm gnädigsten und Besten Fürsten selbst eigenhändig geschrieben an Frau Aja — und was vor ein Brief, und in was vor ausdrücken! Glückliche! und abermahls Glückliche Fürstin! die der im argen liegenden Welt einen solchen Fürsten Sohn gegeben und geschenkt hat. Gott erhalte und seegne *Ihn,* und *Die* die Ihn gebohren — und alles Volck soll sagen *Amen.*

Der Brief von Unserm Besten Herrn Herzog ist den 2ten Oktober in Basel geschrieben — Sie waren die gantze Reiße über gesundt und überaus vergnügt — Wie wir uns auf die Rückkunfft freuen kan ich nicht beschreiben Zeit und weile wird mir unendlich lang biß ich den Besten Fürsten wieder in meinem Hauße auf und nieder wandlen sehe. O! Hauß! was ist dir vor Heil wiederfahren!!! Von Emmedingen habe ich von Schlosser und seinem Weib auch einen Brief erhalten der uns Leib und Seele erfreut hat — der Anfang und das Ende ist aber immer unser gnädigster Fürst, der meinen Emmedinger Kindern auch die gnade erzeigt hat unter ihrem Tach einzukehren und mit ihrem Bürgerlichen thun und wesen vor liebt zu nehmen. Häschelhanß habe ich zu seinem vortheil sehr verändert gefunden Er sieht gesunder aus und ist in allem betracht Männlicher geworden, seyn Moralischer Carackter hat sich aber zu großer Freude seiner alten Bekandten nicht im geringsten verschoben — alle fanden in Ihm den alten Freund wieder — mich hats in der Seele gefreut wie lieb Ihn alles gleich wieder hatte — den Jubel unter den Samstags Mädel, unter meiner Verwandt und Bekandschafft, die Freude meiner alten Mutter u. s. w. wie alle Welt nun auch des Goethe Seinen Herzog sehen wolte, wie meine Wohnstube immer voll Menschen war, die mit Schmertzen warteten biß Ihro Durchlaucht die Treppe herunter kammen — wie der Beste Fürst voll Freundlichkeit in die Stube tratt, Sich von allen beschauen ließ, mit einem und dem andern redete, wie alle Anwesende froh und frölig waren u. s. f. Eine Chronick müßte ich schreiben, und keinen Brief, wenn ich Ihro Durchlaucht das alles berichten wolte, was sich in den 5 glücklichen Tagen bey uns zugetragen hat — es waren eben Feyer und Freuden Tage deren uns Gott mehrere gönnen wolle. So sehr ich mich auf die Rückkunfft freue, so komt der fatale gedancke des Abschieds nehmen wie ein Pfeil ins Hertz geflogen — ich will aber gar nicht dran dencken und mir meine Freude nicht verderben — Auch wäre es Undanck garstiger schwartzer

Undanck wenn mann nur noch das geringste verlangen wolte. Diese große Freude kam so von ohngefähr — wer weiß was uns übers Jahr blühet — Erfahrung bringt Hoffnung — Hoffnung läßt nicht zu schanden werden. Johann Caspar Bölling danckt unterthänig vor das gnädigste Andencken — findet Sich übrigens wohl und hat an der Erscheinung seines Freundes Goethe sich weidlich gelabet. Den Brief an unsern Herrn Herzog habe so gleich nach Basel spedirt. So wie die Hoffrath Schlossern schreibt, zeichnet Herr Geheimde Rath Goethe mächtig schöne gegenstände, Er wird also viel gutes mitbringen. Die Rückreiße und alles was ich sonst erfahre, werde immer so gleich an Ihro Durchlaucht einberichten. Der Vater /: dems gar wohl und sonderbahr zu muthe ist :/ empfiehlet sich zu Gnaden — Was die glückliche Frau Aja betrieft, so hofft sie in aller Unterthänigkeit sich ferner des gnädigsten Andenckens von der Größten und Besten Fürstin rühmen zu dürffen — In dieser Hoffnung habe die Gnade mich ewig zu nennen

Ew: Durchlaucht
unterthänigste
treugehorsamste Dienerin
C. E. Goethe

Franckfurth d 8ten October 1779

N. S. Wollten Ew: Durchlaucht die gnade haben, und Freulein Thusnelde freündlich grüßen — Desgleichen auch den Lieben gevatter Wieland.

55. *An die Herzogin Anna Amalia*

den 29ten Oktober 1779
Durchlauchdigste Fürstin!

Die Commision wegen der Wandleuchter habe so gleich damahls als Herr von Einsidel mir sie auftruge besorgt — Tabor ließe sagen wenn ich noch etwas warten könte, so hätte ich hernach die aus wahl, denn Er bekäme einen neuen Transport. Gestern als ich Dero gnädigstes schreiben erhielte schickte den Augenblick hin — da die Wandleuchter nun von verschiedner höhe und breite sind, so hat Er mir versprochen noch heute das maß wie auch die preiße zu zuschicken — erhalte ich alles zu rechter Zeit, so sols mit der heutigen Post noch fort, wo nicht so komts doch mit nächstem Posttag — Denn Die Befehle und Aufträge von *Unserer* Größten, Besten Fürstin sind mir zu heilig und zu theuer um sie nicht mit der äussersten Geschwindigkeit zu vollziehen. Unser Sohn hat an Mercken einen gar guten Brief geschrieben, welchen Er uns zum durchlesen zuschickte. Himmel! Was vor Städte, Dörfer, Flecken — Berge, Thäler, Gründe u. s. w. haben Sie in denen 5 wochen nicht schon alles bereißt und gesehn, das wird eine herrliche Erzählung werden — Was aber über alles geht, ist, daß der Häschelhanß schreibt, das Wetter wäre wie im hohen Sommer, und nur einen einzigen Tag hätte es geregnet — Auch befänden Sich unser Theurester Fürst überaus vergnügt und wohl — desgleichen die gantze Reiße gesellschafft — Gott sey Tausendtmahl Danck davor. Daß es uns auf die Rückreiße gantz unendlich verlangt werden Ihro Durchlaucht gerne glauben. Niemahls habe ich denen Feen ihre Macht und Gewalt beneidet als jetzt, da wir den Besten Fürsten zurück erwarten — Himmel und Erde! wenn ich nur auf diese Zeit die Fee Urgande wäre — was solte mein Hauß vor ein Palast seyn! Gold, Demandten Perlen alles wolte ich mit dem besten gusto anwenden, auch solten Sänger und Sängerinnen bey der Hand seyn wogegen sich die Mara verkriechen müßte. Doch die Götter im hohen Olimp laßen sich den guten willen wohlgefallen und die Götter auf Erden /: zumahl wenn Sie Carl Augste sind :/ thun des gleichen, dieses beruhigt Frau Aja gantz und gar. Tabor schickte mir 3erley sorten Wandleuchter von unterschiedner größe und also auch von verschiedenen preißen, sie haben in der mitte spiegel und sind zumahl der 9 gulden das stück kostest sehr schön — ich hätte gern Zeichnungen davon gehabt, um sie Eurer Durchlaucht zum ansehen zu überschicken, da er mir das aber als eine ohnmöglichkeit vorstellte; so bleiben zwey wege übrig — der erste, daß ich die 3 Wandleuchter auf dem Postwagen Ihro Durchlaucht zum ansehn schicke, oder ob ich sie dem Herrn Herzog zur auswahl vorstellen soll — denn da sie sehr verschieden sind z. E. einer mit Farbigem gold mit einem Blumen körbgen — der 2 und 3 wieder anders; so kan ich sie vor mich ohnmöglich wählen. Ihro Durchlaucht befehlen mir also wie ichs machen soll, so soll alles mit dem größten eifer betrieben werden, von

Dero treugehorsamten Dienerin
C. E. Goethe.

56. An die Herzogin Anna Amalia

Durchlauchdigste Fürstin!

Hier überschicke ich auf Order und Befehl eines gewißen Herrn geheimdten Raths, Goethe benamset, eine schöne und über die maßen amuthige Reiße beschreibung — Ich wünsche von Hertzen daß Ihro Durchlaucht Sich recht sehr dran ergötzen mögten — Frau Aja sahe im Geiste all die herrlichen Gegenden, kletterte mit auf die Felsen, und erfreute sich von gantzer Seele, über der Reißenden Glückseeligkeit und wohlbefinden: ob ich Ihnen nun das alles gleich von Hertzen gönne; so kann ich doch nicht in abrede seyn, daß Ihre Rückkunfft mit sehnlichem Verlangen von uns erwartet wird — Unter den vielen Ursachen /: die sich wie ein Pater noster herzehlen ließen :/ ist mein in Kammern und Stuben aufgespeichertet Herbst nicht die kleinste — Denn da ich wuste daß Unser gnädigster Herzog die Weintrauben sehr liebten, auch bey Ihrem hirseyn sie Sich recht gut schmecken ließen; so lasse ich nicht allein aus unserm Garten die schönsten und besten aus, sondern alle meine Baasen und Gevatterinnen /: die auch ihr Scherflein zur Bewirtung des Besten Fürsten beytragen wollten :/

machten es mir nach, mit dem anerbieten, daß sobald Ihro Durchlaucht ankämen ich drüber zu disponiren haben solte — die eine hälffte haben wir aber leider schon selbst verzehren müßen — und der andern wirds vermuthlich nicht beßer gehn — mein einziger Trost ist, daß Sie unterwegs weit beßre Trauben gekostet haben, und es eine frage wäre, ob die hiesigen jetzt drauf schmeckten. Die Nachricht wegen der Wandleuchter werden Ihro Durchlaucht nunmehro erhalten haben, und ich erwarte Dero befehl hierüber. Daß in Franckfurth der Witz sehr starck floriret hat der Häschelhanß schon 1773 in reimme gebracht «Franckfurth am Mayn des Witzes Flohr, nicht weit vom Eschenheimerthor u. s. w.» und daß Docter Faust hirinnen die Wahrheit gesagt, soll eine kleine Handarbeit /: welche ich mir die Freyheit nehmen werde Ihro Durchlaucht zu überschicken :/ sattsam beweisen. Ich weiß Ihro Durchlaucht nehmen so was nicht ungnädig auf, sonst würde ichs mich nicht unterfangen — Mit einem Wort mir ists zu muthe mit der Besten Fürstin, wies Hanß Schickenbrod mit unserm lieben Herr Gott war, Die Grabschrifft des guten Mannes hat Herr Hübner der Geographf in sehr schöne Verse verfaßt und gestelt. Ihro Durchlaucht! Erhalten mir und allem was mich angeht Dero Gnade und Wohlwollen, Dieses ist der einzige Wunsch von

        Eurer Durchlaucht
            unterthäniggehorsambsten
            Dienerin — C. E. Goethe.

N. S. Der Vater empfiehlt sich zu beharrlicher Gnade. Die Briefe die Eurer Durchlaucht mir zuzuschicken die Gnade haben, werden immer so gleich auf beste bestelt.

Franckfurth den 5ten Novber 1779

57. An die Herzogin Anna Amalia

Franckfurth d 12 November 1779

Durchlauchdigste Fürstin!

Ohnerachtet es sehr schmeichelhafft vor mich ist, daß Ihro Durchlaucht meinem geschmack so viel gutes zutrauen, und mir die kauffung der Wandleuchter völlig überlaßen haben; so traute ich meiner Einsicht doch nicht so viel zu, und bin daher auf ein mittel gefallen wodurch ich hoffe Ihro Durchlaucht zu vergnügen und mich aus der Verlegenheit zu ziehen meine sachen nicht recht gemacht zu haben: Zu dem Ende ist heut mit dem Eissenacher Postwagen einer von denen Wandleuchter zu 9 gulden an Ihro Durchlaucht abgegangen — ohnerachtet das Spiegel glaß drinen fehlt, so kan mann sich das leicht dazu dencken — Gefält er Ihro Durchlaucht, so sollen mit dem nächsten Postwagen, die andern 7 mit Spiegelglaß gantz fertig /: auch das fehlende glaß :/ nach geschickt werden. Im fall nun der Leuchter Ihro Durchlaucht nicht gefiehle, so mag er wieder herreißen, ich habe das mit Tabor ausgemacht. Nun noch was — Tabor hat zu diesen 8 Wandleuchter einen gantz vortrefflichen Spiegel den Er eigendtlich dazu hat verfertigen laßen, damit Spiegel und Wandleuchter eine vollkommene Garnitur ausmachten, diesen schickte Er mir nun, damit ich bey Ihro Durchlaucht anfragen solte, ob Sie denselben etwa brauchen könten — Die goldne Rahm acordirt nun zu den Wandleuchtern und ist von einem erstaunlichen pracht, aber aus beyliegender Nota können Ihro Durchlaucht auch abnehmen daß es ein kostbar stück ist, den 10 Carlolinen ist gantz hübsches Geld — Es steht nun alles in Ihro Durchlaucht gnädigstem wollen oder nicht wollen es war nur bloß eine Anfrage von Tabor an mich und diesen gefallen konte ich ihm nun wohl thun da er allemahl bereit und willig ist, die 8 Wandleuchter ohne den Spiegel wegzugeben. Diesesmahl hat das sonst so wahre und richtige Gefühl meiner Besten Fürstin /: vielleicht zum erstenmahl :/ doch gefehlt — Ich solte die Briefe /: von der Größten und Vortrefflichsten Fürstin Die ich verehre wie mann eine Gottheit verehrt — Da wann ich nur den kostbahren Nahmen Amalia leße ein Jubiliren und Freudenfest in meines Hertzens-Schrein gehalten wird :/ überdrüßig werden — Nein Theureste Fürstin! der kleinsten Buchstaben von Dero Liebenwürdigen Hand /: die ich so gern die Gnade haben mögte noch einmahl in dieser Zeitlichkeit mit tieffstem Respeckt zu küssen :/ ist mir Freude und Wonne. Ihro Durchlaucht laßen also dem Gedancken von überlast ja keinen Raum sondern Begnadigen Frau Aja ferner mit Dero gnädigsten Zuschrifft. Die Briefe habe wohl besorgt —Die Handarbeit wird ehestens erscheinen — und hoft eine gnädige aufnahme. Durchlauchdigste Fürstin! erhalten Sie Dero Gnade und Wohlwollen Derjenigen die ewig ist und bleibt

>Durchlaudigste Fürstin
>Dero
>Unterthänige treue und gehorsamste Dienerin
>C. E. Goethe

N. S. Der alte Vatter empfiehlt sich zu gnaden.

58. An die Herzogin Anna Amalia

den 29ten November 1779
Durchlauchtigste Fürstin!

Am 26ten dieses sind die Wandleuchter mit einem Frachtbrief an Wieland abgeschickt worden. Tabor fand es beßer sie einem Fuhrman und nicht dem Eissenacher Postwagen mitzugeben, ich wünsche daß alles wohl behalten anlanden möge. Das Buch vom schönen Wedel hat mir ein groß gaudium gemacht — und bey der Rückkunfft unserer Reißenden soll das ein haubtspaß werden, auf so was versteht sich Frau Aja Meisterlich, darauf können Sich Ihro Durchlaucht verlaßen. Gott sey ewig Danck daß ich nun weiß daß unser Bester Fürst sich unserer Hütte wieder allgemach nähert, und daß Sie vermuthlich zu Ende dieser oder Anfangs der andern woche bey uns Seyn werden, dann gestern erhielte einen Brief vom Häschelhanß daß Sie alle wohlbehalten in Zürch angekommen wären, und nun ohngesäumt Ihren Weg verfolgen würden, ich solte Ihnen eine gute Stätte bereiten u. s. w. Ihro Durchlaucht können Sich leicht vorstellen wie geschäfftig Frau Aja seyn wird, und wie alles an mir lebt und webt diese große Freude recht recht zu genießen. So bald ich nähre Nachrichten bekomme sollens Ihro Durchlaucht immer so gleich erfahren. Das Kleidt vor unsern Lieben Fürsten das Herr Bertuch die Order hatte hieher zu schicken, ist glücklich ankommen, und von mir in die beste Verwahrung genommen worden. Daß mein Beutelein Gnade vor Dero Augen gefunden hat macht mir eine große Freude — Doch kenne ich nicht die Beste Fürstin schon! *Die* den Göttern gleich, nicht die Gabe, sondern das Hertz ansieht. Merck hat mir einen auszug aus einem Brief seines Schwiegervaters und Schwagers zugeschickt worinnen sie Ihm sehr dancken daß Er ihnen solche Reißende zugeschickt — Einen Fürsten dessen Politesse und Menschenfreundlichkeit gar Seines gleichen nicht habe, in den schönen Wedel sind sie alle sterblich verliebt, und der Herr Geheimdte Rath kriegt auch sein gebührendes theil. So viel vor diesesmahl — meine Neuigkeiten sind am Ende — meine alte Bitte aber mich ewig nennen zu dürfen

            Durchlauchdigste Fürstin
                   Dero
     unterthänige treugehorsambste Dienerin
                  Goethe

bleibt der wärmste Wunsch meines Hertzens und Ihro Durchlaucht sagen gewiß Amen dazu!

N. S. Der Vater empfiehlt sich zu gnaden.

59. An die Herzogin Anna Amalia

Durchlauchdigste Fürstin!

Jetzt sitzt Mutter Aja gantz allein in den Hütten Kedar und ihre Harpfe hengt an den Weiden — Einsam wie im Grabe, und verlaßen wie ein Käutzlein in verstöhrten Städten. Alle die von Hertzen frölich waren seuffzen, die Freude der Paucken feyert, und die Herrlichkeit hat /: wenigstens vor diesmahl :/ ein Ende. Dieses Theureste Fürstin ist meine aufrichtigte Beichte, und die lage meiner Seele — Mein sonst rosenfarber Houmor ist etwas floh-farb geworden, und ich muß alle kräffte anspannen, damit Sauls unruhiger Geist mich nicht beym Schoppf erwische. Wundern würde ich mich nun freylich nicht, wenn in meinem Hertzen und gemüthe noch viel wunderlichre Dinge entstünden — Denn meine *glorie* war fast groß, und meine *Freude* ohne alle gräntzen. Biß ich mich nun wieder in den ordentlichen Cammerthon hinein stimme dazu gehört Zeit. Den Besten Fürsten Tag täglich zu sehen war herrlich, aber Ihn reden zu hören ging über alles. Wie oft saße ich gantz ohnbemerckt in einem eckelgen, und hörte Dinge darüber mann erstauen mußte — Eine solche Weißheit und Klugheit, eine solche tiefe kentnüß der Menschen biß in die innersten kleinsten Falten und Winckel des Hertzens — Mit dem allen die gantz erstaunliche entäuserung als wenn das alles gar nicht da wäre — und das in einem Alter von 22 Jahren! Wenn Er noch länger hir geblieben wäre, hätten mir die Leute mein Hauß gestürmt, den jedes das einmahl die gnade gehabt hatte Ihn zu sehen wolte das Glück mehr haben — Jedem sagte Er was verbindliches jedem was ihm Freude machte, besonders unsere Damen Frauen und Jungfrauen sind so entzückt, haben in ihrem Leben noch so gar nicht gesehn — *So einen Herzog!* Diejenigen die das Unglück gehabt haben Ihn nicht zu sehen oder zu sprechen werden von den andern glücklichern vor halb unehrlich gehalten. Der schöne Wedel hat auch überall Lob und preiß eingeärndet. Herr Geheimdte Rath Goethe hat nicht minder bey seinen Landsleuten, Freunden und Bekandten einen guten geruch zurückgelaßen. Durchlauchdigste Fürstin! Es war mit einem Wort das plus Ultra; und wir, und unsere Freunde, und unsere Stadt, und die Höffe Darmstadt, Homburg und Hanau werden diesen Zeitpunckt gewiß so leicht nicht vergeßen. Gott seegne Die Fürstin die der Welt einen solchen Fürsten Sohn gebohren hat! Amen Amen.   Dieses wäre nun so eine kleine unvollkommene Relation, was der Vater und ich in diesen Tagen vor glückliche Leute geweßen sind. Alles gefühl unserer danckbahren Hertzen auszudrücken ist gantz ohnmöglich — Aber wir wißen und sind überzeugt, daß *Unsere* gnädigste Fürstin Freundlich Sind, und Ihre Güte ewiglich währet   In die Güte Gnade und Freundlichkeit empfehlen wir uns nebst den unserigen auf neue, und sind und bleiben, biß ans Ende dieser Wallfarth

Durchlauchdigste Fürstin
Dero
unterthanigste treugehorsamste
Diener und Dienerin
Johann Caspar Goethe mppr. C. E. Goethe

Franckfurth d 18 Jenner 1780

60. An die Herzogin Anna Amalia

[Ohne Datum.]

Durchlauchtigste Fürstin.

Die Gnade die Ew: Durchlaucht vor den alten Vater und Frau Aja haben, ist in unsern danckbahren Hertzen tief, tief eingeschrieben. Wir hoffen zu Gott, daß die nächsten Briefe die Besserung unsers *einzigen* uns versichern werden. Von uns soll seine unpäßlichkeit keine Seele erfahren, denn ich weiß aus Erfahrung was so ein geträsche einem vor Unruhe machen kann. Also noch einmahl Danck, Theureste Fürstin vor die Nachricht und daß es sich bessert. Der Vater hat große Freude daß sein Porträi gnade vor Dero Augen funden hat — Ich weiß *Sie große würdige Fürstin* erhalten uns diese Gnade, dieses ist unser Wunsch, unser verlangen und begehren. Unser Durchlauchtigster Fürst befindet Sich doch auch wieder recht wohl? Darf ich mich unterfangen, an den Besten Vortrefflichsten Fürsten Tausend seegens wünsche von uns, Durch Ihre Durchlaucht ausrichten zu laßen? Aber um alles in der Welt, was macht und treibt Freulein Thusnelde? in 1000 Jahren habe ich nichts von Ihr gehört noch gesehn. Diesen Sommer hoffe ich gantz gewiß Sie wieder einmahl zu sehen, denn Ihro Durchlaucht werden doch Franckfurth nicht gantz vergessen haben. Frau Aja glaubt steif und fest bald wieder das große Glück zu erleben unsere Theureste Fürstin hir die Hände küssen zu dörffen. Da Ihro Durchlaucht die Gnade hatten mich zu versichern, daß ich mit ehester Post, weitere nachricht von unserm Sohn erhalten solle; so erwarte sie mit verlangen. Die hir zurück gebliebne Gemälde von Ihro Durchlaucht unsern besten Herzog sind nun auch eingepackt und gehen mit dem ersten Fuhrmann ab. Dörffen wir noch um eine gnade bitten, so wäre es Häschelhanß recht schön von uns zu grüßen und ihm zu sagen er mögte ja bald wieder hübsch gesund werden, damit die große Freude die wir gehabt haben uns ja nicht verdorben würde — Doch ich traue es dem lieben Gott zu, daß wir bald gute Nachricht von Weimar hören werden *Amen*. Nun Theureste Fürstin! Wir und die uns angehören, empfehlen wir zu ferner gnade, und ich verharre

            Durchlauchdigste Fürstin
                       Dero
            unterthänigste treugehorsamste
                    Dienerin
                    C. E. Goethe

N. S. Der Vater danckt vor das gnädige Anden[ken], und empfiehlt sich *unser Besten Fürstin* auf das neue.

61. *An die Herzogin Anna Amalia*   den 19 Februar 1780

Durchlauchdigste Fürstin

Die Freude von Frau Aja in ihrem vollen glantze zu beschreiben, daß weiß ich nun eigenthlich nicht wer so was könte, ich kans einmahl gantz gewiß nicht. Was muß gesagt seyn, kalt wirds allemahl gegen das innere Gefühl des Hertzens ausfallen. Theureste Fürstin! was war das wieder vor ein gnädiges Andencken! vor ein herrliches geschenck! So vortrefflich hat Frau Aja ihren Nahmen noch nie gesehen, alles ist erschöpft, was von gousto, Elegantz, und Schönheit nur möglich war — Ich bin eine glückliche Frau!!! In der gnade Einer Fürstin zu stehen, die so wie der Liebe Gott alles vergnügt und glücklich macht, Die immer Freude bereitet — Die eben mit einem Wort, eine wahre Fürsten Seele hat. Ja Vortreffliche, Große, Beste Fürstin ich erkenne im innersten und tiefften grund des Hertzens dieses neue Zeichen von Dero Huld und Gnade, und mein einziger, eiffrigster wärmster Wunsch ist der, mich Dieser gnade diesen hohen Andencken, nur einiger maßen würdig zu machen. Alle meine Seegenswünsche über Diejenigen Die den herrlichen Gedancken haben uns unsere Fürstin wieder her zu bringen. Ihro Durchlaucht bedencken doch, daß es beynahe zwey Jahre sind, daß das vor Mutter Aja eine Ewigkeit ist — in der ich unsere Theureste Fürstin nicht gesehen habe. Ihro Durchlaucht haben also die Gnade, alle Anschläge die Reiße betreffend zu unterstützen und zu befördern, damit Frau Aja *mündlich* vor alle, besonders vor die letzte am 19 Feb: erzeigte Gnade dancken, und einmahl wieder ein rechtes Freudenleben gelebt werden mögte. Diese Hoffnung soll mich dann von nun an beleben, soll mit mir aufstehn, mit mir schlaffen gehn, nichts, nichts als das will ich mir vorerzählen, und dem seeligen Augenblick mit großen Freuden entgegen sehn — und alsdann mit Hertz Mund und Hand bekennen, daß ich kein ander Glück weiß und kenne, als der Theuren Fürstin Amalia ewig unterthan und gantz eigen zu seyn. Indeß biß diese herrliche Zeit heran kommt, kan ichs freylich nicht anders als auf diese weiße thun — daß ich schriefflich sage, wie ich ewig bin

Durchlauchdigste Fürstin
Dero
Unterthanigste treugehorsamste
Dienerin
C. E. Goethe

N. S. Der Vater empfiehlt sich gleichfals zu fernerer gnade.

62. An Goethe   den 23ten Mertz 1780

Lieber Sohn! Diesen Augenblick bringt mir Herr Paulsen zwey Briefe, die mich so in einen Freuden und Jubelthon gestimt haben, daß es gar nicht ausgesprochen werden kan. Unser Bester Fürst! hat mich mit einem gantz herrlichen schreiben begnadig, und unsere Theureste Fürstin Amalia that des gleichen. O thue mir die einzige liebe und dancke Unterthänigst auch vor diese der Frau Aja gemachte Freude. Wenn es aber auch kein Weimar und keine solche herrliche Menschen drinne gäbe — ferner keinen Häschelhanß — So würde ich Catholisch und machts wie Mahler Müller. Da uns aber Gott so begnadig hat, so freuen wir uns auch dieses Erdeleben /: nach unserer Fason und wie wirs eben haben können :/ sehen den 3ten Feyertag den Julius von Tarendt u. s. w. In deinem Garten muß es jetzt wieder schön seyn, wiewohl heut bey uns noch garstig kalt wetter im Schwang geht. Der Vater und alle Auserwählte grüßen dich — Der Postwagen will fort, lebe wohl! Ich bin ewig

deine treue Mutter Aja.

N. S. Viele hertzliche grüße an Wieland — Seinen Oberon erwarte ich und mehr gute Seelen mit Schmertzen.

Mein päcklein war schon zu gesichelt, als der Briefträger mir den so lang gewünschten Oberon, nebst einem guten Briefelein von meinem lieben gevatter und Sohn Wieland überbrachte — Blisch, Blasch alles würde wieder aufgerißen, um Ihm durch dich einstweilen meinen herzlichen Danck davor abzustatten. Wenn ichs gelesen will ichs selbst thun.

Das soll mir morgen einen Festtag geben. Adio.

63. An die Herzogin Anna Amalia

Durchlauchdigste Fürstin!

Ja wohl ist mir alles was von Weimar kommt, ein Bote und Herold der Freude und des Vergnügens. Was kümmerts michs wie er gestaltet, was kümmerts michs was er treibt und was sonst seines thuns und Wesens ist; kriegt Frau Aja doch Nachricht, wies in dem Lieben lieben *Weimar* geht und steht — kriegt Nachricht wie die wahren großen Fürsten seelen Sich befinden — wird überzeugt daß noch, noch in allen gnaden an Mutter Aja gedacht wird. ja Gnädigste Fürstin Dero liebevolles gnädiges Schreiben und der gantz vortreffliche Brief *unsers* Gnägigsten und Besten Fürsten, haben mir Feyertage gemacht, die nur Gott und ich weiß. Freylich hätte ich nur eine einzige Freundin, eine einzige theilnehmende Seele, so hätte meine Wonne und Freude den höchsten giepfel erreicht, denn ein Vergnügen das mann niemand sagen kan, bleibt allemahl nur halb. Was kan ich aber machen — vor der Hand ist das nun jetzt eben Frau Aja ihr trauriges Looß — doch Gedult, es hat sich in meinem Leben schon so manches wunderbahre zu getragen, das am Ende immer gut war, daß ich gewiß hoffe, mann spielt jetzt am 4ten Ackt, der 5te ist nahe, es entwickelt sich und geht alles brav und gut. Wielands trefliches Werck genandt Oberon, habe zum erstenmahle verschlungen, hernach wie ein vernünfftiger Mensch mich dabey geberdet und es langsam und ordendtlich gelesen. Sohn, Freund und Gevatter Wieland, soll so bald sich nur die Meße ein wenig verlaufen hat /: denn jetzt habe ich manchen Tag keine halbe stunde frey :/ ein eigenhändiges Schreiben von mir erhalten: worinnen nebst dem wärmsten Danck eine Beurtheilung in Frau Aja manir erfolgen soll. Theureste Fürstin! So eben kommt die Büste von unserm Besten Fürsten bey wohlbehalten an. Die Freude und Wonne, den Jubel, über dieses so gnädigste Fürstliche Andencken nur einiger maßen zu beschreiben, das ist mir platerdings ohnmöglich. Weimar ist eben dazu erkohren, uns mit Freude und Wonne zu überschütten — da ists nun freylich kein Wunder alles was von Weimar komt, und nur einem Menschen gleich sieht, mit einem freundlichen Anglitz anzublicken — zumahl wenn es noch obendrauf, so höfflich und dinstfertig wie Herr Commerien Rath Paulsen ist. Ich habe den braven Mann nicht so betrüben wollen diesen Brief auf die Post zu geben, indem Er mich gar angelegenlich bate, durch Ihn die Rückantwort an Ihro Durchlaucht gelangen zu laßen; sonst hätte ich gewiß ehender auf Dero gnädiges schreiben geantwortet.

Das Schweitzer Drama von Bruder Wolf mögte ich wohl aufführen sehen, besonders den schönen Wedel als Bauer, da mag Er einem gar hübschen pursch gleich sehen. Wir haben diese Meße die Chur Cöllischen Hofschauspieler hir, Großmann, und der alte Hellmuth sind die Direckter: den Julius von Tarent machten sie gar brav, besonders Großmann als Fürst, Opitz als Julius, und Steiger als Guido verdienten allen Beyfall. Darf ich Ihro Durchlaucht unterthänigst bitten unsern Sohn vielmahls zu grüßen, desgleichen auch Freulein Thusnelde, und Ihr zu sagen, daß Ihr Machwerck in gantz Franckfurth herum Marschiren muß, und überall lob und Ruhm davon trägt. Ihro Durchlaucht verzeihen, daß ich Ihnen mit so einer langen Epistel beschwerlich gewesen bin, jetzt nur noch die alte bitte, daß Unsere Beste Fürstin, Frau Aja und alles wer ihr angehört, beständig in gnaden gewogen bleiben wollen, ich an meinem geringen theil, bin mit Leib, Seele, und Geist

Unserer Besten Fürstin
Unterthänigste treugehorsamste
Dienerin
C. E. Goethe.

Franckfurth d 31ten Mertz 1780

N. S Der Vater empfiehlt sich zu ferneren hohen Gnaden.

64. *An die Herzogin Anna Amalia*

Durchlauchdigste Fürstin!

Den Todtesfall von Dero Hochseeligen Herrn Vater habe ich von Hertzen beklagt — Alters wegen hätten Hochdieselben noch lange Sich auf diesem Erdenrund aufhalten, und Ihrer Theuren Gemahlin und allen Ihren Fürstlichen Söhnen und Töchtern zur Freude noch viele Jahre leben mögen — doch in keinem, am wenigsten in diesem stück läßt sich das Schicksal in die Karte gucken, es spielt nun so sein spiel im Verborgnen fort, und 1000 gegen 1 gewettet am Ende müßen wir doch gestehen, daß es das spiel aus dem grunde versteht. Wenn ich meine eigne Erfahrung zur Hand nehme, und dencke, was ich alles, diesen punckt betreffend vor Narrenspoßen gewünscht und nicht gewünscht, und wie wann es so gekommen wäre, die herrliche Epoche meines jetzigen Lebens gar nicht hätte erscheinen können, im gegentheil alles alles wäre verdorben und verhuntzt geworden; so habe ich heilig geschworen, mich mit meinem Maulwurfs Gesicht in gar nichts mehr zu meliren, und zu mengen, es immer einen Tag, dem andern sagen laßen, alle kleine Freuden aufzuhaschen, aber sie ja nicht zu anatomiren — Mit einem Wort — täglich mehr in den Kindersinn hineingehn, denn das ist Summa Sumarum doch das wahre, wozu mir dann Gott seine gnade verleihen wolle

Amen. Hoffendlich werden Ihro Durchlaucht jetzt in Gottes freyer Welt seyn, den Balsam der Blüthen, Blumen und Kräuter einathmen, und dadurch neues Leben, neue Wonne und Seeligkeit empfinden. O! wie freue ich mich Theureste Fürstin, Ihrer Freuden! Auch Frau Aja hat im sinn sich diesen Sommer hübsch zu nutzen zu machen — freylich muß ich Abens allemahl wieder in mein Häußlein zurück kehren — kan also die Sonne wenn sie geschmückt wie ein Bräutigam hervor tritt nicht sehen, habe sie /: solten das Ihro Durchlaucht wohl glauben :/ nie aufgehn sehen — davor will ich oft bey ihrem Untergang mich einfinden, um doch etwas zu genießen. Künftige woche habe vor Freund Merck zu besuchen, die fahrt ist jetzt wegen dem frischen grün in denen Wäldern gantz herrlich — da nehme ich ein paar brave Mädels mit, und einen wackern Bursch der uns gegen die Räuber verdeigtigt, und dann singen wir den gantzen weg allerley, was wir aus Operetten und andern Liedern wißen, z. E. Es lebe der Herzog mein Töffel und ich, der Herzog vor alle mein Töffel vor mich u. s. w. Von dem lieben Gevatter Wieland, habe am Samstag einen Brief bekommen — Einen Brief! der gar nicht zu bezahlen ist, davor ist Er aber auch *Wieland.* Was mir sein Oberon vor seelige Tage gemacht hat, und noch macht, das belohne Ihm Gott. Auch vom schönen Wedel habe gar ein liebes Briefelein gekriegt — Wollen Ihro Durchlaucht die gnade haben, und Ihm sagen, Er solle mit den gläßern im Sack, den Bruder Wolf besuchen und diesem andeuten, wie daß es der Mutter Aja ihr ausdrücklicher Wille wäre, daß besagte gläßer von dem wahren est, est angefühlet und unter dreymahligen hoch auf meine Gesundheit ausgelehrt werden sollten. Daß Unser Bester Fürst /: Dessen Andencken bey uns immer im Seegen grünt und blüht :/ den Häschelhanß wieder mit nach Leipsig genommen haben, hat mir eine große Freude gemacht, so was Circulirt allzeit biß zu uns, da sind die Franckfurther Kaufleuthe, die, die Leipsiger Meße besuchen, da wird nun das dem gantzen Abdera erzählt wie der Herr Geheimdte Rath mit seinem Fürsten auf auf der Meße war — das gibt dann unter meinen Basen, Gevatterinnen u. s. w. große Discurse, darob dann Frau Aja eine große Freude hat. Ihro Durchlaucht verzeihen allem diesem Geschwätze — Wann ich die gnade habe, an unsere Beste Fürstin schreiben zu dürfen; so übertreibe ichs allemahl, und weiß weder Ziehl noch maß. Vorjetzt erlauben Ihro Durchlaucht, mir nur noch, vor mich und die so mir angehören die fortdauer von Dero Huld und Gnade auf neue zu erbitten. Ich bin, bleibe, Lebe und ersterbe

   Durchlauchdigste Fürstin
      Dero
 unterthänigste, treugehorsamste Dienerin
     C. E. Goethe

Franckfurth d 16 May 1780

N. S. Der Vater empfiehlt sich zu hohen Gnaden. Freuleins Thusneldens Briefgen war mir lieb und her — O! wären wir doch wieder einmahl beysammen!!!! Schreiben — ja schreiben thuts freylich nicht.

65. An Großmann   Franckfurth d 19ten May 1780

Lieber Herr Gevatter! Sehr, recht sehr hat es mich gefreut daß Sie glücklich in Bonn angelangt auch Ihre lieben Kinder wieder hübsch frisch und munter angetroffen haben — Halten Sie ja Ihr versprechen künfftige Meße mich wieder eins dieser lieben geschöpfe sehen zu laßen, doch /: verstehts sichs :/ der Lotte ohnbeschadet, den die ist und bleibt nun einmahl mein Ideal. Küßen und grüßen Sie das herrliche Mädgen, und sagen Ihr, daß ich, und die kleinen Büßquitger mit schmertzen auf Ihre Rückkunft warten. Nochmahls vielen Danck vor alle die Freuden und vergnügten Tage die Sie mir vier hübsche Wochen lang tag täglich verursacht und gemacht haben. Bey meiner Lage, bey der stille die um mich herum herscht ists nöthig, ists Wohlthat wenn mir was vor die Seele gestelt wird das sie aufzieht, in die höhe spant, daß sie ihre anziehende kraft nicht verliehrt. Doch da mir Gott die Gnade gethan, daß meine Seele von Jugend auf keine Schnürbrust angekriegt hat, sondern daß Sie nach Hertzens lust hat wachsen und gedeihen, Ihre Äste weit ausbreiten können u. s. w. und nicht wie die Bäume in den langweiligen Zier Gärten zum Sonnenfächer ist verschnitten und verstümmelt worden; so fühle ich *alles* was wahr gut und brav ist, mehr als villeicht Tausend andre meines Geschlechts — und wenn ich im Sturm und Drang meines Hertzens im Hamlet vor innerlichem Gefühl und Gewühl nach Luft und Odem schnappe, so kan eine andre die neben mir sitzt, mich angaffen, und sagen, es ist ja nicht wahr, sie spielens ja nur so — Nun eben dieses unverfälschte und starcke Nathur gefühl bewahrt meine Seele /: Gott sey ewig Danck :/ vor Rost und Fäulniß. Den letzen Tag Ihres hirseyns ware ich zum beschluß noch recht vergnügt — Henriette hat mir gantz auserordentlich behagt, bittens uns auf künfftige Meße zum Regal und Hertzens weide wieder aus. Heut ist mit Schiffer Frantz Matheus mein und meines Sohns Gibs Gesicht, wie auch die Nackäsche an Ihnen abgegangen — Wünsche viele Freude dran zu erleben. Leben Sie recht wohl! Grüßen vielmahls von mir /: besonders aber vom Papa:/ Ihre liebe Frau, Lotte, Hänßgen, Fritze, Fräntzgen und Antonette /: Sie sehen doch daß ich die nahmen hübsch behalten kan :/ Kommen Sie die Meße gesund und vergnügt wieder zu uns — Laßen Sie Ihre Herrn Schauspieler nebst Frauen und Jungfrauen ihre Rollen recht schön einstudiren — damit ich und andre brave Menschen in der herrlichen Täuschung erhalten werden, Im Hamlet und andern ihm ähnlichen stücken, von gantzer Seele flennen — In den 6 Schüßlen, in der Jagdt von gantzer Seele lachen — In Trau schau wem — bald über das unglückliche paar hertziniglich betrübt sind — bald über den drolligen pips tränen lachen. Summa Sumarum — daß alles hübsch klapt und paßt. Nun nocheinmahl leben Sie wohl! Und glauben daß ich bin

Ihre

wahre Freundin

C. E. Goethe

66. An die Herzogin Anna Amalia

Durchlauchtigste Fürstin!

Die gnädige Vorsorge so Ihro Durchlaucht vor das Leben der Frau Aja bezeugt, und das freundschafftliche Anerbieten in dem unerschütterten Weimar mein junges Blut in Salvo zu bringen, und nicht vor der Zeit in die Grube zu fahren hat mich auserordentlich gerührt und erfreut. Ferne seye es von mir, mit den neuen Propheten spaß zu treiben, diese gattung Leute können einem auch noch im Tode Schabernack und Hertzeleid anthun. Ich werde also drauf bedacht seyn meine besten Habseligkeiten besonders die alten Weine dem Untergang zu entreißen und alles unter sicherem geleit nach Weimar spediren. Die neuen und minder guten Weine aber, zu ersparung des Transports biß auf den letzen tropfen austrincken. Den Frachtbrief werde ich an Den Hochwohlgebohrnen Herr Baron und Cammerherrn von Einsidel adresiren, mit Bitte Sich dieser armen Vertriebenen und verjagten Emigranten anzunehmen, und ihrer in einem hübschen trockenen Keller, best möglichst zu pflegen. Freund Bölling dem ich aus Menschenliebe diese Schreckenspost auch mitgetheilt habe, bittet um die gnädige Erlaubnüß mit 50 Fäßer Caffe und etlich 100 Kisten Zucker seinen Einzug in Weimar halten zu dürfen — Überhaubt solte das eine gantz hübsche Emigration werden, den das Sündhaffte Darmstadt, das sich untersteht Presidenten abzusetzen geht gewiß am ersten Cabut — Merck mit seinem Fuchs wird auch schlechten Lusten haben, Sich in der hälfte seiner Tage Lebendig begraben zu laßen, den bringen wir dann auch mit. Ihro Durchlaucht haben die Gnade einstweilen davor zu sorgen, daß uns ein hübscher

Romantischer platz zu auferbauung eines Dörfgens angewißen werde, damit wir da, in Ruhe und Frieden, wies guten und treuen Untherthanen zusteht, unser Leben in Zucht und Erbarkeit führen mögen. Das Dörfelein soll Zoar, und wir Colonisten die flüchtigen Franckfurther benamset werden. Ach! wie mirs so wohl ums Hertz ist, daß meine Häußliche Angelegenheiten so vortrefflich besorgt sind, nun kan ich mich freuen und fröhlich seyn! Auf die Weimarer Vögel bin ich auserordentlich neugirig, und mich verlangt mit Schmertzen, den Dialog zu hören zwischen einem Spatzen und einen Reihger. Daß Ihro Durchlaucht in Ihrem Etterburg Gesund und vergnügt Sind, hat mich unendlich erfreut — Aber — aber eine große Kluft ists doch alle mahl vor Frau Aja!!! Dieser Sommer geht also leider wieder vorbey, ohne daß ich die Seeligkeit genüße meiner Theuren, Besten und Holdseligen Fürstin Liebevolles Angesicht zu sehen — O! was muß mann doch alles in dieser Werckeltag welt entbehren! Mein einziger Trost ist, daß Ihro Durchlaucht mir auch in der entfernung Dero Gnädigstes Andencken nicht entziehen — Vortrefflichste Fürstin! Erhalten Sies uns — Wir, der Vater /: der sich zu gnaden empfiehlt :/ und ich ersterben

Ihro Durchlaucht
Unterthänigste, treugehorsamste Diener —
Goethe

den 14ten Juli 1780

67. An Großmann

Lieber Herr Gevatter! Schon wieder eine Angelegenheit! Es wird nehmlich um die Loge No. 9 weidlich gezanckt — Die Streitenden Parteien sind, Frau Bettmann Metzler, Frau Bernus, und Frau Rath Goethe eines theils, Contra Herrn Behrnhard von Offenbach andern theils. Frau Bettmann behaubtet, daß Sie diese Loge schon vorige Meße bey Herrn Helmuth, und dem Scheideweiler bestelt habe — In dieser gewißen Zuversicht suchte Sie nun Abonenten, und Frau Bernus und ich sagtens Ihr gleich zu. Nun kommt Bernhard und will die nehmliche Loge auch haben — Frau Bettmann beruft sich auf Ihr älteres Recht und will weil Ihre Schwägerin, die Bettmann Schaffin die Loge No. 8. hat absulut keine andre nehmen — Ferner führt Sie zum besten Ihrer sache an, daß Sie, und die gantze Bettmannische Familie vor und nach der Meße niemahls fehlen, da hingegen Bernhardt nur die Meße käme, und Sie überhaupt die Loge gleich nach der Ostermeße, bey Herrn Helmuth bestelt hätte. Ich bin in der Sache unparteiisch, ich werde wohl zum Lachen und Greinen ein Eckelgen finden, und die Bernus mögte auch zusehen, wie Sie zurecht käme — Aber Lieber Herr Gevatter! Um Ihnen ists mir zu thun — Die Bettmänner haben großen einfluß in hisiger Stadt, und die vielen Fremden die die Meße über bey Ihnen aus und eingehen, macht auch etwas aus, die den doch allemahl auch einigen einfluß haben. Da nun noch überdiß No. 10. nicht vergeben ist; so könte Herr Bernhardt meiner Meinung nach wohl damit zufrieden seyn. Herr Helmuth dürfte nur bezeugen, daß die Loge No. 9. an Frau Bettmann durch Ihn schon wäre versprochen gewesen, daß aber Scheideweiler nichts davon gewußt hätte. Jetzts überlegts lieber Herr Gevatter! Antwortet nur mit zwey Zeilen — denn die Bettmännin ist so krittlich wie ein Kind das zahnt. Übrigens freue ich mich recht sehr Sie und alles was Sie mitbringen wieder zu sehen. Leben Sie wohl! Ich bin immer

Ihre wahre Freundin
C. E. Goethe

den 27ten Augst 1780

68. An die Herzogin Anna Amalia den 12 September 1780

Durchlauchdigste Fürstin!

Zwey Briefe! Zwey Briefe von unserer Besten Fürstin und Frau Aja solte nicht alles stehn und liegen laßen um gleich den Augenblick vor dieses neue Geschenck, vor dieses immerfort daurente Gnädigste Andencken den Untherthänigsten größten wärmsten Danck abzustatten. Ja Theureste Fürstin! Ich dancke Ihnen mit gerührtem Hertzen vor diesen neuen Beweiß von Dero Gnade. Wolt Gott! Frau Aja wäre nicht so stümpperin in der Musik, könte das herrliche das drin liegt, gleich faßen und packen damit ich im stande wäre Ihro Durchlaucht schon in diesem schreiben meine Lieblings Arien vorzutragen, und das Exzelente in dieser oder jener stelle anzumercken — Aber da brauchts Zeit — Zumahl jetzt in der Meße, da mann vor Trommlen, Posaunen, Leyern, Geigen den gantzen Tag nicht zum besinnen komt vielweniger Musick studiren kan. Zumahl diese Meße — Wir haben Großmann und seine Truppe, Opera Buffa, Zwey Gesellschafften Seiltäntzer, ein ditto Luftspringer u. s. w. Nun stellen Sichs Ihro Durchlaucht vor, daß die Kerls den gantzen Tag in der Stadt herum reiten, und vor sich her Trommlen und pfeiffen laßen — alle der andern specktackel nicht zu gedencken: Die nähre Beschauung der Compositztion wie auch des Textes Worte, behalte ich mir auf ruherige Zeiten vor, nur mein Danck konte so lang nicht warten. Die Frau Margräffin von Bareuth kommen erst den 15 dieses hir an. Ihro Durchlaucht sollen die Abreiße den Augenblick erfahren, gewöhnlich halten sich die Frau Marckgräffin immer biß gegen das Ende der Meße hir auf — dem seye wie ihm wolle ich erfahrs durch Dick und berichte es gleich. Freulein Thusnelde soll Tausend Danck haben, es ist gar brav und schön von Ihr daß Sie einem solche Freude und Wonne bereittet Sie soll auch davor — Erstlich in meines Hertzens schrein wohl verwahrt bleiben — Zweitens /: nach der Meße versteht sich :/ einen langen, vortrefflichen Brief von mir empfahen. Ihro Durchlaucht haben die Gnade Ihr einstweilen in meinem Nahmen zu dancken. Merck hat die Sünde des Caricaturs Portrait auf seinem Gewißen, da schickt Er mir den Fratzen übern Hals, ich muß mich so verzerren laßen, und noch obendrauf 18 gulden bezahlen — Aber geschworen seys, komt mir noch einer — Ich weiß was thue. Was übrigens meinen Schönheits kram anbelangt so haben Ihro Durchlaucht vollkommen recht — etwas stickt gantz gewiß darhinter — Ja ja es sind sonderbahre sachen, und die Welt liegt schon so lang im argen daß ihre beßerung freylich schwer hält. Doch darf ich mich nur mit dieser Hoffnung trösten, daß unsere Theure Fürstin! Frau Aja in allen gestalten mit Gnade zugethan bleibt; so ist alles recht und gut. In dieser süßen Hoffnung leb und stirb

>Durchlauchdigte Fürstin
>Dero
>Unterthänige treugehorsambste Dienern
>C. E. Goethe

N. S. Der Vater empfielt sich zu Gnaden.

68a. An Großmann

Lieber Herr Gevatter! Zu Ihrem Briefgen von voriger Woche wolten Sie wißen wann ich eigendtlich mein Geld brauchte — Das ist dann zu Ende dieser Woche Freytags — ich habe meine zu bezahlende Contos biß dahin verspart — Gerne sehr gerne wolte ichs Ihnen länger laßen, aber da ich nicht Herr und Meister bin; so muß ich mich nach meinen Einnahmen richten, und meiner Ehre liegt dran nichts schuldig zu bleiben — bin ich einandermahl wieder im stande Ihnen auszuhelfen; so werde mir immer die größte Freude daraus machen.

Übrigens seyn Sie versichert, daß ich ewig bin

>Ihre
>
>V. H. den 27ten September 1780 — wahre Freundin C. E. Goethe

N. S. Diesen Abend komme ich ins Schauspiel — da kan ich Ihnen etwa einen Augenblick sehen.

69. An die Herzogin Anna Amalia

Durchlauchdigte Fürstin!

Die glückliche Ankunft von Ihro Durchlaucht in dem lieben Weimar, hat Frau Aja hoch und hertziniglich erfreut. Freylich wäre es vor mich Freude und Wonne geweßen, wenn unsere Beste Fürstin Sich noch länger in dem so Weltberühmten Franckfurth zum trost oben benamter Frau Aja hätten aufhalten mögen; so aber war leider, diese Herrlichkeit, dieser Sonnenschein von gar kurtzer Dauer — und des Vaters Kranckheit hätte zu keiner ungelegnern Zeit kommen können — dann das gab meiner Glückseligkeit einen sehr harten stoß. Das Schicksal hat von je her vor gut gefunden mich in etwas kurtz, und die Flügel unter der Scheere zu halten, mag auch bey dem allen, so gar unrecht nicht haben. Zu Ende dieser Woche, gehen auch meine Kinder und Kindes Kinder wieder fort, und da mag ich dann zusehen, wie ich mich zu Hauße in der dunklen blauen Stube, und außer dem selben in den Noblen Companigen der Frau Baaßen und andern hübschen Leuten zurecht kome. Mein einziger Trost sind die 12 Spiegel im Rothen Hauß Saal, und so ohngefähr in der mitte des Novembers hebt sich diese große Epoche des Vergnügens an — Haben Ihro Durchlaucht die gnade manchmahl des Freytags Abens um 6 Uhr an mich zu dencken — ich werde es nie unterlaßen, und zwar immer mit dem inbrünstigstem Wunsche, daß Ihro Durchlaucht und Dero gantze Reiße-Gesellschafft auch da seyn, und diese übergroße Herrlichkeiten mit anschauen und genißen könten: Dann etwas dem neuen Jerusalem ähnliches muß doch allemahl dabey heraus komen — und Tausend gegen eins gewettet, so sind die 12 Spiegel unsern Damen erbaulicher, als die 12 Perlen-Thore. Ich werde mir die Freyheit nehmen, wann die sache in ihrem gantzen Lüster ist, Ihro Durchlaucht eine genaue Beschreibung von allem zu überschreiben, zumahl da Dieselben unsere vortrefliche Nobleße von Angesicht zu Angesicht haben kennen lernen — Insonderheit werde nicht ermanglen, der lieben Freulein Thusnelde, von Ihrer Hertzens Freundin der Frau von Vrintz, getreuliche und wahrhafftige nachrichten mitzutheilen. Was Merck treibt, das mögen die großen Götter wißen, ich höre und sehe nichts von Ihm. Der Vater ist immer noch wie Er war — der Himmel verleihe uns nur Gedult Amen. Theureste Fürstin! jetzo noch meinen wärmsten und besten Danck, vor alle mir bey Dero hirseyn erzeigte Gnade, bitte in untherthänigkeit, um die fortdauer Derselben, und bin, so lange dieses Leibes Leben dauert

Durchlauchdigste Fürstin
Dero
unterthänigste treugehorsambste Dienerin
C. E. Goethe

den 30ten October 1780

70. An Großmann   Franckfurth den 16ten November 1780

Lieber Herr Gevatter! Schon längst hätte ich Ihnen erzählen können warum die Rahmen noch nicht fertig sind, und worans hangt und langt; nehmlich jede soll 10 gulden kosten, weil wegen dem Ovalen sehr viel Holtz verschnieden werden müßte. Da mir das nun verwünscht theuer schein; so wolte es Ihnen erst berichten, und warum dieses nicht geschehen, sollen Sie jetzt gleich hören. Erstlich war der Herr Rath auf den Todt kranck, und das biß jetzt vor ein paar tagen, da sichs wieder sehr gebeßert hat. Zweytens war zu gleicher Zeit die Herzogin Mutter auf 12 Tage hir, noch überdiß kam auch noch drittens mein Schwiegersohn Schlosser mit Frau und Kindern angemarschirt — da ging es nun freylich etwas bunt durcheinander, und ans Schreiben war kein Gedancke. Auch muß ich bekennen, daß ich eine kleine Schadenfreude habe, den Herrn Minister als Hauß-aresttant unter meinem beschlag zu haben. Es mag ein gantz guter Mann seyn, aber daß Er bey Ihrem letzten hirseyn, alles zur unzeit that läßt sich nicht leugnen; da geht Er dem Maximilian entgegen, und mein guter Herr Gevatter schickt die stafette ohne allen nutzen in die weite Welt. Jetzt hat Ihn der Geyer wieder nicht an Ort und stelle: mit einem wort ich habe einen pick auf die Exzelentz, und Er kan in Gottes nahmen Sich noch in meiner Commodeschublade amusieren wie Er mag und will. Daß die Ge[se]llschafft deuscher Schauspieler in Deobalds Saal noch tag täglich ihre Bühne eröffnen und Trauer und Lustspiele nach Hertzens gelust aufführen, wird Ihnen durch die Fama wohl zu Ohren gekommen seyn. Am vergangenen Samstag war ich zum erstenmahl auch drinnen; es wurde ein Moralisch Ding Armuth und Tugend aufgeführt, und ohngeachtet es Hundekalt im Saal war, so kriegte ich doch vor Angst so rothe Backen, als wenn fingers dick der der Carmin drauf läge. Die armen Leute Heulten und Greinten so erschröcklich, als wenn sie die Daumen schrauben an Händen und Füßen hätten — Besonders war das auf die Knie fallen vor einem Wohlthäter u. s. w. ausnehmend ängstlich, und that allemahl einen solchen plotz, daß ich alle Kniescheiben vor verlohren gab — der Vorhang fiel endlich zu meiner großen erquickung — drauf wurde die Weinlese gegeben, und das gerithe nicht übel, der Prinzipal der Fischer heißt, ist ein guter Comischer Schauspieler und die andern waren auch alle beßer in ihrem Fach — Mann konte doch vor seine 30 xr sich satt lachen, und das war doch allemahl das Geld unter Brüdern werth — zumahl da wir auch noch mit einem Balet Regalirt wurden. Einen jungen Mann haben sie, der, wenn Er gute Muster vor sich sähe, zu Liebhaber Rollen, gut werden könte weil Er auf dem Theater sehr gut aussieht, vorjetzt merckt mans ihm aber noch zu viel an, daß es nur gespielt ist. Die Weiber machens doch im Schreiben wie im Reden ists einmahl im gang klipp klapp gehts wie eine Mühle — Gott seye dem gnädig der mit vielen Correspondite! Jetzt nur noch viele grüße an Weib und Kinder, und dann Gott befohlen. Ich bin wie Sie längst wißen, Ihre wahre Freundin Goethe.

N. S. Wegen der bewußten Geldsache bin ich überzeugt, daß es Ihnen selbst wehe gethan hat, daß Sie nicht den versprochenen Termin einhalten konten. Eben so überzeugt bin ich, daß Sie alles anwenden werden Ihre Frau Gevatterin nicht stecken zu laßen — Indem ich mir wenigstens einbilde daß Ihnen an meinem Credit etwas gelegen ist; also kein wort mehr Punctum

71. *An die Herzogin Anna Amalia*

Durchlauchdigste Fürstin!

Die unvermuthete Erscheinung des Herrn Krantzens, hat uns sehr gefreut — Seine Reiße wird gewiß von großem Nutzen seyn — Er wird seine Musicalische Thalende erweitern und als ein herrlicher Virtuoso nach Weimar zurück kehren. Mir ist das vor den guten geschickten Menschen überaus lieb; Gott seegne Ihro Durchlaucht und unsern Besten Herzog vor diß alles — Krantz hat uns mit gerührtem Hertzen die große Gnade so Ihro Durchlaucht vor Ihn haben der länge nach vorerzält. Dero hohen Befehl zu folge habe ich Ihn gütig aufgenommen, und am Rundentisch meine Protection Ihm angedeihen laßen. Wir waren recht vergnügt zusammen, und trancken in uhralten Reihnwein auf das Wohlseyn des Hochfürstlichen Haußes Weimar und Eissenach die Gläßer wacker lehr. Der alte Vater wurde so gar von Freude belebt, druckte Krantzen einmahl über das andre die Hände, weinte aber bey seinem Abschied die bittersten Thränen — Ich habe den Mann in langer Zeit nicht so gerührt gesehn. Daß Schlosser und sein Weib wieder hir sind, werden Ihro Durchlaucht wohl gehört haben, kaum waren sie 10 Tage fort, so starb die alte, und sie musten die herreiße wieder antretten. Mit dem sehen der Iphigenie, des Jahrmarckts und den übrigen schönen sachen des

Herren Häschelhanßens, wirds wohl noch Zeit haben: Frau Aja muß noch im glauben leben, das schauen muß sie mit Gedult erwarten. Von dem berühmten Herrn Generahl Supprindtenten Herder habe ich zwey Predigten gelesen, auf die Geburth und Taufhandlung der Printzseß von Weimar — Wan ich Sontags immer so was hören könte, würde mein Kirchengehen auch in beßerer Ordnung seyn, als leyder jetzt, da des Herrn Pfarrers Starcks seine Gemeinplätze, und Wieder-geburthen mein warmes Bett in keine Wege ersetzen. Aber Gnädigste Fürstin! was treibt denn das gnädige Fräulein Thusnelde? macht Sie Verse, oder spint Sie Ihr Braut Hembt? so etwas muß es doch seyn — noch keine Zeile habe ich von Ihr gesehn, und wenn Ihro Durchlaucht nicht die Gnade gehabt hätten, viele grüße von Ihr an mich auszurichten; so würde gewiß geglaubt haben, Sie wäre in das Reich der Schatten hinüber marschirt. Klinger hat aus Petersburg an Schlossern geschrieben, daß er glücklich angelangt, und bald sein Glück zu machen gedächte — Lentz lebt noch, ist noch närrisch — ist Hoffmeister geworden, wo, habe ich vergeßen. Da Ihro Durchlaucht diese zwey Menschen kennen; so wolte doch von ihrem thun und laßen etwas berichten. Theureste Fürstin! Haben Sie die Gnade, und behalten Frau Aja immer in Dero gnädigstem Andencken. Ich lebe und sterbe

Durchlauchdigste Fürstin
Dero
Unterthänigste treugehorsambste Dienerin Goethe

Franckfurth d 15<u>ten</u> December 1780

72. *An Großmann*

Lieber Herr Gevatter! Die Nachricht daß Sie künfftige Ostermeße wieder zu uns kommen, hat mich ungemein erfreut — Wollen wünschen und hoffen, daß es beßer wie vorige Meße geht. Dießmahl Herr Gevatter greifen Sie Sich aus allen kräfften an, den jetzt liegen die würfel auf dem Tisch — das neue Schauspiel hauß wird gantz gewiß zur Herbmeß fertig, und es wäre ein großer spaß wen Sies einweihten!!!! Aber lieber Herr Gevatter! nichts vor ungut — Haben Sie denn die stelle von Opitz wieder ersetzt? kriegen wir einen rechten Blainville, Dormin, Tadler, Hamlet, Beaumarchais? Herrn Steiger sehe und höre ich recht gern, Er ist ein braver Schauspieler, aber Er kan doch nicht zwey rollen in einem Stücke übernehmen. Sie sind überzeugt daß das gesagte aus Freundschafft vor Ihnen so hin geschrieben ist, das neue Schauspielhauß steckt mir eben im Kopf, also nichts vor ungut. Wegen unserer Geldgeschichte dint so viel zur Nachricht, daß ich bloß mit Ihnen zu thun haben will, und weder die Bettmänner noch sonst jemandt mag, zudem würden mich ja diese weiße Herrn vor eine dumme Ganß gehalten haben einen Wechsel, der weil er schon lang verfallen nur noch als Handschrift gilt, doch als Wechsel zu presentiren — Mit einem Wort — Können Sie es möglich machen, mir noch vor Ihrer Herkunft einen theil abzutragen; so wäre mirs Lieb, wo es aber gar nicht thulich ist; so mags dann biß zur Ostermeße 1781 seyn bewenden haben, nur Lieber Herr Gevatter daß es alsdann gewiß ist, und zwar in der zweyten woche — Sie Sind überzeugt daß ich keine Grimaßen mache — Sie kennen mich zu gut dazu — aber verschiedne nothwendigkeiten zwingen mich, daß ichs da haben muß. Wir hoffen ja noch lange in dieser Werckeltags Welt zusammen zu Leben, und da kan noch oft eine Hand die andre waschen, sagt der weiße Sancho. Nun viel Glück und Segen zum neuen Jahr — Langes Leben, gute Gesundheit, ein Schauspielhauß jedesmahl vollgepropft voll Menschen u. d. g. Leben Sie wohl! Grüßen Ihr liebes Weib — Fritze, Lotte Hans Wolf und wie die andern alle heißen. Ich bin wie immer

Ihre
wahre Freundin Goethe

Franckfurth d 23ten December 1780

73. An Großmann

Lieber Herr Gevatter! Längst hätte ich Ihnen mir so angenehmen Brief beantwortet, wäre nicht beykommende Theater Zeitung /: die ich doch gern mittschicken wolte :/ bey Buchbinder geweßen. Ja lieber Herr Gevatter Ihr Brief hat mich recht gefreut! Das wird ja die Meße recht hübsch werden, da Sie so gute Leute mitbringen — vor mich wirds ein groß gaudium seyn, meine Leibstücker mir vortragiren und vor Comisieren zu laßen — Als da sind Henneriette, trau schau wem, die Schwiegermütter, der Schmuck, und wenn die Nobleße eine glatte Haut hätte — die 6 Schüßlen aber aber das Stück ist vor die art Menschen zu starker Taback — den Berlinern verdirbts den Magen nicht — das ist unerhört wie ofts Döbelin aufgeführt hat — und ich habe eine Berliner Dame gesprochen, die mich versicherte, das Hauß seye jedesmahl zum erdrücken voll geweßen. Emilia Galotti, Hammlet, Clavigo, Ariadne — und beynahe hätte ich meine Minna von Barnhelm vergeßen — wan ich noch an *das* Stück dencke, und wie alle rollen so gut besetzt waren; so ist mirs immer noch ein Jubel. Vorstehndes und was ihm ähnlich ist währe nun so ohngefähr mein geschmack — Was aber Franckfurth überhaubt betrieft, so mag der liebe Gott wißen was sie wollen — Schon vor 40 Jahren /: sagte mir mein alter Agend Schneider :/ hätte Madam Neuberin beynahne eben das gesagt und geklagt. Solte ich aber in Erfahrung bringen was dieser oder jener gern sähe und wollte; so will ichs Ihnen /: verlaßen Sie Sich drauf :/ redlich melden. Von dem schönen Geleße des Königlichen Verfaßers habe mir gar viel erzählen laßen — Aber sonderbahr ists doch, daß so gar unsere Philister sagen — Ihro Könignichkeiten hätten Sich damit, doch etwas prostituirt. Ich laße neulich eine Anneckdotte von der großen Königin der Britten Elisabeth, die die Aufschrift hatte — Die größte Königin ist doch nur ein Weib — Hier mögte ich sagen, der größte König ist doch nur — ein Mensch! Meinem Sohn ist es nicht im Traum eingefallen seinen Götz vor die Bühne zu schreiben — Er fand etliche spuren dieses vortrefflichen Mannes in einem Juristichen Buch — ließ sich Götzens Lebens beschreibung von Nürnberg kommen, glaubte daß es anschaulicher wäre in der Gestalt wies vor Augen liegt, webte einige Episoden hinein, und ließ es aus gehn in alle Welt.

Meiner lieben Frau Gevatterin, wünsche Heil und Seegen ins Wochenbett — Hoffen doch daß es wieder was hübsches geben wird — so ohngefähr wie Lotte und Hanß Wolf. Frau Bettmann Metzler und ich haben unsere Loge No. 9 schon beym Kopfe gekriegt, andre Leute mögen auch zusehn, wie sie zurechte kommen. Nun leben Sie recht wohl! Grüßen Ihr gantzes Hauß — Bald sage ich Ihnen mündlich, daß ich bin — Ihre wahre Freundin.

C. E. Goethe.

Franckfurth den 4<u>ten</u> Februar 1781

N. S. Bringen Sie die Theater Zeitung nur auf die Meße wieder mit, ich brauche sie nicht ehender — und ich weiß daß Sie mir hübsch drauf achtung geben — weil eine Kranckheit meines Buchbinders schuld ist, daß sie nur geheft, und nicht einmahl planirt ist.

74. An die Herzogin Anna Amalia

Durchlauchdigste Fürstin!

Die Büste ist glücklich angekommen, und steht in der Weimarer Stube neben des Herrn Herzogs Seiner. Aber ist es möglich einem Stein so viele ähnlichkeit und Wahrheit zu geben! Alle meine Bekandten die die gnade haben Ihro Durchlaucht zu kennen, stunden alle vor Erstaunen mit offenen Mäulern da, konten sich gar nicht satt sehen — ja bey der Brentano gings gar so weit, daß Sie sich anfing zu fürchten — Mir ist Himmelangst der Stein fängt an zu reden sagte Sie — Mit einem Wort, es ist ein Meisterwerck wo die /: ohne all ihr Verdinst und würdigkeit :/ glückliche Frau Aja Besitzerin davon ist. Ja Theureste Fürstin! Dieser neue und große Beweiß von Dero Huld und Gnade gegen mich thut meinem Hertzen so wohl, erfült mich so mit Freude, Leben und Wonne daß das alles, so wie *ichs* fühle auszudrucken oder an den Tag zu geben platterdings ohnmöglich ist. Nehmen Ihro Durchlaucht! den wärmsten und innigsten Danck von Mutter Aja in Gnaden auf und an — Und ich glaube, Unsere Beste Fürstin können doch so etwas ahnden, wie glücklich und selig mich dieses herrliche und über alles gehende Geschenck gemacht hat. Unser Freytags Concert ist sehr Briliant würde es aber noch weit mehr seyn, wen die Spiegel vom Fürst Razevill aufgehengt wären, da sind sie schon lange — aber die Rahmen kommen zu theuer, da wartet den der alte Dick auf beßre Zeiten — und 200 Frauen und Jungfrauen müßen sich einstweilen mit einem Spiegel behelfen. Das liebe Frühjahr komt freylich heran aber ich habe weder Ahndung noch Freude — Gebe mann einem Menschen alle Herrlichkeiten der Welt was hielfts ihm wen er keinen Freund hat dem ers sagen kan — Eine Glückseligkeit die wir allein genüßen bleibt ewig nur halb — und das ist so ohngefähr mein fall — weder in noch außer dem Hauß habe ich jemand mit dem ich so ein Hertzens gesp[r]ächsel führen könte. Wissen Ihro Durchlaucht so etwas Freudenbringendes; so haben Sie die Gnade michs gantz in der stille mercken zu laßen niemand sols erfahren, und die vor-freuden haben auch einen großen Werth. Der lieben Freulein Thusnelde Brief habe erhalten und werde Pflichtschuldiger maßen ehestens antworten — Auch Gevatter Wieland soll eine Epistel voll Ruhm und Lob seiner guten Aufführung wegen von mir zu theilwerden. Der alte Vater empfielt sich zu Gnaden, hatte große Freude über die Büste erkente Sie gleich, und wallfahrtete den gantzen Tag nach der Weimarer Stube. Auch Frau Aja empfielt sich zu ferreren Gnaden, und ist und bleibt ewig

Durchlauchdigste Fürstin!
Dero
Unterthänigste treugehorsambste Dienerin, Goethe.

den 19ten Februar 1781

75. An Goethe   Sontag den 17 Juni 1781.
Morgens 9 Uhr

Noch ist Printz Constantin nicht hir — Ich werde Ihn nach meiner gewohnlichen art — freundlich und holdselig empfangen, und am Ende dieses, dir den ferneren Verlauf erzählen. Von Kalb und von Seckendorf waren bey mir, und schienen vergnügt zu seyn, da ich aber wuste daß erster dein so gar guter Freund nicht mehr ist; so war ich Ihm zwar überaus höfflich, nahm mich aber übrigens sehr in acht, um nicht nach Frau Aja ihrer sonstigen Gewohnheit gleich vor Freude aufzufahren wenn mann deinen Nahmen nent — Ich machte im gegentheil meine sachen so fein, als wenn der größte Hof meine Säugamme gewesen wäre — Sie waren aber kaum 10 oder 12 Tage nach Düsseldorf gegangen so kamen Sie schon wieder hir an — da ließen Sie mir ein Commpliment sagen — gingen nach Darmstadt, und versprachen in der Rückreiße mich nocheinmahl zu sehen. Das was ich hätte zuerst schreiben sollen, komt jetzt, nehmlich, Tausend Danck vor deinen Brief, der hat mir einen herrlichen Donnerstag gemacht, daher auch dieser gute Tag mit einigen meiner Freunde, auf dem Sandhof mit Essen Trincken Tantzen und Jubel fröhlig beschloßen wurde. Da du aber ohnmöglich rathen kanst, warum gerade dieser Brief mir so viele Wonne verursacht hat; so ließ weiter, und du wirsts verstehen. Am vergangen Montag den 11 dieses kam ich aus meiner Montags Gesellschafft nach Hauß, die Mägdte sagten daß Merck da gewesen und morgen wieder komen wolte — Ich kleidete mich aus, wolte mich eben zu Tische setzen /: es war gleich 10 Uhr :/ als Merck schon wieder da war — Dieses späte kommen befremdete mich schon etwas — noch unruhiger wurde ich als Er fragte, ob ich keine *gute* Nachrichten von Weimar hätte — weiter erzählte Er daß von Kalb und von Seckendorf wieder hir wären, Er mit Ihnen gesprochen, und auch noch diesen Abend mit Ihnen speiste — Ich habe gar keine Nachrichten von Weimar, Sie wißen Herr Merck daß die Leute dort, so oft nicht schreiben — Wenn Sie aber was wißen so sagen Sies — Der Docter ist doch nicht kranck — Nein sagte Er davon weiß ich nichts — aber allemahl und auf alle fälle solten Sie suchen Ihn wieder her zu kriegen, das dortige Infame Clima ist Ihm gewiß nicht zuträglich — Die Hauptsache hat Er zu stande gebracht — der Herzog ist nun wie Er sein soll, das andre Dreckwesen — kan ein anderer thun, dazu ist Goethe zu gut u. s. w. Nun stelle dir vor wie mir zu muthe war, zumahl da ich fest glaubte — daß von Kalb oder Seckendorf etwa schlimme Nachrichten von Weimar gekriegt und sie Mercken erzählt hätten. So bald ich allein war stiegen mir die grillen mächtig zu kopf. Bald wolte ich an den Herzog, bald an die Herzogin Mutter, bald an dich schreiben — und hätte ich Dinstags nicht meine Haut voll zu thun gehabt; so wäre gewiß was pasirt, nun aber war der Postag versäumt — Aber Freytags solte es drauf loß gehen, mit Briefen ohne Zahl — Donnerstags kam nun dein lieber Brief meinem geschreibe zu vor — und da du schreibst daß du wohl wärst; waren meine Schruppel vor das mahl gehoben. Lieber Sohn! Ein wort vor Tausend! Du mußt am besten wißen was dir nutzt — da meine Verfaßung jetzt so ist, daß ich Herr und Meister bin, und dir also ungehindert gute und ruhige Tage verschaffen könte; so kanst du leicht dencken, wie sehr mich das schmertzen würde — wenn du Gesundheit und kräffte in deinem dinste zusetzen, das schaale bedauern hintennach, würde mich zuverläßig nicht fett machen. Ich bin keine Heldin, sondern halte mit Chilian das Leben vor gar eine hübsche sache. Doch dich ohne Noth aus deinem Würckungs-Kreiß heraus reißen, wäre auf der andern seite eben so thörig — Also du bist Herr von deinem Schicksahl — prüfe alles und erwähle das beste — ich will in Zukunft keinen Vorwurf weder so, noch so haben — jetzt weiß du meine Gedancken — und hirmit punctum. Freylich wäre es hübsch wenn du auf die Herbstmeße kommen könstes, und ich einmahl über all das mit dir reden konte — doch auch das überlaß ich dir. Der Vater ist ein armer Mann Cörpperliche Kräffte noch so zimmlich — aber am Geiste sehr schwach — im übrigen so zimmlich zufrieden, nur wan Ihn die langeweile plagt — dann ists gar Fatal — An der Reparatur des untern Stocks hat Er noch große Freude — meine wohnstube die jetzt gantz fertig ist, weißt Er allen Leuten — dabey sagt Er, die Frau Aja hats gemacht, gelt das ist hübsch — nun wird die Küche gemacht, das ammusiert auch gar sehr, und ich dancke Gott vor den glücklichen einfall den ich da hatte — wenigstens geht der Sommer dabey herum /: den vor Augst werd ich nicht fertig :/ vor den winter mag die Zukunft sorgen. Wen die Herzogin einen Sohn bekommt; so stelle ich mich vor Freude ungeberdig — laße es mich ums Himmels willen gleich erfahren. Der Kayser Joseph hat unserer Stadt ein groß gaudium gemacht, Er kam zwar im strengsten Inconito — aber das half alles nichts — die Franckfurther als echte Reichbürger stunden zu Tausenden auf der Zeil am Römischen Kayser /: wo das Quartir bestelt war :/ Drey Kuschen kamen, alles hatte schon das Maul zum Vivat rufen aufgespert — aber vergebens — Endlich kam Er in einer schäße mit 4 pferden — Himmel und Erde was vor ein Lermen! Es Lebe der Käyser! Es lebe unser Käyser — nun komt aber das beste — nachdem Er gespeißt /: um 4 Uhr :/ ging er zu Fuß in sein Werbhauß im rothen Ochsen auf der Schäffer gaß — vor Freude ihren Käyser zu Fuß gehen zu sehen hätten Ihn die Menschen bald erdrückt. Die Soldaten wolten zuschmeisen um platz zu machen — loßt sie holter gehn — schlagt ja nit — sagte Er sahe alle freundlig an, zog den Hut vor jedem ab — Als Er zurück kam stelte Er Sich in ein Fenster /: nicht auf den Balcon :/ und und der Lermen ging mit Vivat rufen von neuen an. So groß aber die Freude der gantzen Stadt war; so übel machte die Ankunft des Monarchen dem Herrn von Schmauß, du wirst dich des dicken Kerls noch wohl erinnern — Als Kriegs Commisair hatte Er alle Liefferungen — betrog aber so, daß so wie der Käyser hir an kam — auss Furcht zur Rechenschafft gezogen zu werden — Sich in Mayn stürtze und ersoff. Du fragst, wie der Käyser aussieht — Er ist gut gewachsen, sehr mager, von der Sonne verbrant — hat einen sehr gütigen Blick im Auge — Sein Anzug war, ein grauer Überrock die Haare in einem Zopf — Stiefflen — Bastienne Manscheten — Jetzt wartes alles auf Seine Zurück kunft den es ist ein spaß, und eine halbe Krönung. Franckfurth ist ein Curioser Ort, alles was durchpasirt muß den nehmlichen weg wieder zurück — Vivat Franckfurth!!!

Dinstag d 19ten Juni Morgens 10 Uhr

So eben erschiene Printz Constantin mit Seinem Begleiter — Frisch, gesund, und über unsere Gegenden und lage besonders den Maynstrohm sehr vergnügt. Wir waren ungemein aufgeräumt und behaglich zusammen, Frau Aja, Ajate das kanst du leicht dencken, doch alles hübsch mit Maß und Ziel — Sie wird ja einmahl gescheid werden — Unserer lieben Frau Herzogin dancke zum voraus vor Ihren Brief — Ehestens komt die Antwort — In optima Forma — So viel vor dießmahl — Lebe wohl! Vergieß die Herbstmeß nicht — Gott befohlen.

den 19ten Juni 1781   Frau Aja.

76. An die Herzogin Anna Amalia

Durchlauchdigste Fürstin!

Heut vor 8 Tagen war ich so glücklich den Printz Constantin in meinem Hauße zu haben, freylich nur auf kurtze Zeit, doch lange genung um zu sehen, daß Er von unserer Theuren! Besten! und Holdseligen Fürstin ein wahrer Abkömmlich ist. Leutselig und Freundlich besprachen Sie Sich mit mir — und wir wurden gantz warm und vertraut: auch ist Herr Rath Alberti ein wackerer und würdiger Mann, Der mir sehr wohl gefallen hat. Gott begleite Sie auf Ihrer Reiße und bringe Sie gesund und vergnügt zurück Amen. So weit schriebe ich gestern und glaubte gewiß den Brief fortschicken zu können, aber es war gantz ohnmöglich, es war als hätten sich alle Feen und Zauberer verabredet mich unter allerley gestalten zu plagen, und zu verhindern — zum Glück sahen sie noch so zimmlich hübsch aus — waren auch höfflich und Invitirten mich zu Abendschmäußen und Lustfahrten welches dann eben so gar schreckhaft nicht war — Frau Aja fand auch große Behaglichkeit, auf des einen seinen Lustrevier, und übermorgen sols in dem berühmten Willhelms-Baad auch gar nicht trübselig hergehen. Unser Franckfurth ist diesen Sommer so lebhaft, so mit hohen Herschafften angefült, als wens Meße wäre. Der Herzog von Teschen nebst Seiner Gemahlin — Printz Mayimilian — Der Erbprintz von Hanau, und alle Printzen 10 meilen in die Runde — was aber denen Franckfurther Reichs Bürgern über alles ging, war die Ankunft Kaysers Josephs, das hieß ein gaudium! Ihro Durchlaucht können so ohngefähr mercken, was Frau Aja mit dem allem sagen will — «Es ist diesen Sommer vor Hohe Herschafften sehr gut und heilsam zu reißen.» So was muß zuverläßig in allen Hof Calendern stehn — Auch in dem Weimarer, den Printz Constantin beweißts ja — Haben Ihro Durchlaucht die Gnade, und überlegen *diese sache* einmahl ernstlich. Einen Herbst kriegen wir, als bey Menschen gedencken lange keiner war — Trauben wie die im Lande Canan, es verlohnt sich schon der mühe 30 meilen drum zu reißen. Ich werde wenigstens nicht ermanglen, mir gar ein herrliches Mährgen von diesem allen zu fabriziren — Den so was erhält mich, und macht meine Sele wonnevoll. Ja Theureste Fürstin! der Gedancke, daß ich immer noch Dero Gnade und Huld besitze, hat mir schon manche trübe stunde helle gemacht. Erhalten Ihro Durchlaucht mir und den meinigen diese unschätzbahre Glückseligkeit, Ich bin davor biß an Ende meiner Laufbahn

        Durchlauchdigste Fürstin
                Dero
        treue und unthertänigste Dinerin
             C. E. Goethe.
Franckfurth d 29 Juni 1781

77. An Großmann   den 10ten Juli 1781

Lieber Herr Gevatter! Daß wir uns die Herbstmeße nicht sehen sollen ärgert mich recht sehr. Gott weiß wie das ding zugegangen ist — Ihre Wiedersacher wusten just das Temmpo in acht zu nehmen, da Ihr Patron Glauburg die Cur tranck, und mein Bruder abwesend war. Doch die sache beym Lichte besehn; so ists vielleicht auch so schlimm nicht. Böhms Truppe soll von Hertzen schlecht seyn, das wißen viele von unserer Obrigkeit selbst — aber sie sprechen, man hätte dem Churfürst von Mäntz doch einmahl einen gefallen erweißen müßen. Nun glaube ich gantz gewiß, daß Ihn die Franckfurther bald satt kriegen — und werden dann gezwungen seyn zu bekennen, daß Ihre Truppe weit beßer seye — daß ich dazu aus allen kräfften helfen werde, darauf verlaßen Sie Sich. Die Nahmen Schmidt, Steiger, Viala, Großman, Hellmuth — will ich dem verkehrten geschlecht so in die Ohren kreischen — darob sie sich männiglich verwundern sollen. Auch kommt der glückliche Umstand noch dazu, daß vor dem Jahr Christe 1782 N.B. erst in der Herbstmeße, /: und wans da erst wahr ist:/ das neue Schauspiel Hauß gar nicht zu genießen seyn wird noch kan — Drum nur getrost Herr Gevatter, denn ich sehe im Geiste bey aufziehung des Vorhangs im neuen Hauße, Herrn Schmidt hervortretten, und an uns sampt und sonders eine gar herrliche Rede halten, Amen. Da ich aber mit all meinen guten Aussichten, Ihnen doch künfftige Meße nicht sprechen kan; so muß ich eben holter schreiben — dieses betrieft unser Geld Commertz — Sie wißen daß das Darley von 500 f in der Ostermeße 1780 geschahe — Sie versprachen die Herbstmeße zu zahlen, Sie mußten über hals und Kopf fort also unterbliebe es — Die Ostermeße war schlecht ich gab Ihnen noch 52 Conventhaler — Sie versprachen mir eine Anweißung auf Herrn Tabor — dieses ist Ihnen vermuthlich in dem wir war vergeßen und entfallen. An allen diesen Händlen, die Ihnen und mich behelligen, ist doch im Grunde Ihr Herr Minister schuld — dannenhero habe ich großen Lusten an Ihro Exzelentz ein schreiben in meinem Stiel ergehen zu laßen, worinn ich Ihm sagen werde — daß die Curköllische Schauspieler Gesellschafft zu brave Leute wären, um sie stecken zu laßen, daß aber auch ein particulier kein Curfürst sey um aus allen Nöthen helfen zu können — Ich will das ding schon fein machen verlaßen Sie Sich drauf — denn das ist doch unausstehlich daß der Mann solche Ratten hat — doch vorher noch einen Brief mit Ihrer genehmigung erwarten — weil Sie aber Geschäffte haben könten; so soll ein stillschweigen von 8 biß 10 Tagen das Singnahl seyn daß Sie meinen Plann billigen. Berichten Sie mir auch wie das Inokuliren abgelaufen, und ob Lotte und Hans Wölfgen ihre schöne gesichtergen noch haben. Grüßen Sie Frau und Kinder, und seyn versichert, daß ich bin

Ihre

wahre Freundin,
Goethe.

78. An die Herzogin Anna Amalia

Durchlauchtigste Fürstin!

Alle Kayser, Könige, Churfürsten, Fürsten im gantzen heiligen Römischen Reich — können meinetwegen kommen und gehen bleiben und nicht bleiben, wies die Majestetten und Hoheitten vor gut finden, das kümmert Frau Aja nicht das geringste, macht ihr Hertzs nicht schwer — Essen, Trincken schlaffen geht bey der guten Frau so ordendtlich seinen gang, als ob gar nichts vorgefallen wäre. Aber dann geht es aus einem gantz andern thon, wenn so eine Freudenpost aus dem rothen Hauß komt — ja da klopfts Hertz ein bißgen anders, da bleibt alles liegen und stehen — und nun geschwind zu der Besten aller Fürstinnen Der ich eine ewige Untherthanigkeit — und Anbetung geschworen habe. Ja Theureste Fürstin! Ein einziger gütiger Blick der mich fest überzeugt ich stehe noch in gnädigstem Andencken bey unserer Holden Fürstin macht mir mehr Freude und Wonne als alles übrige in der gantzen weiten Welt. Vor die Strumpfbänder dancke unterthänig — So vornehm war ich in meinem Leben nicht — werde sie aber auch alle Morgen und Abende mit gehöigem Respect und Devotion an und aus ziehen — Ihro Durchlaucht müßen aber eine große Idee von meiner Corpulentz gehabt haben den eins gibt gerade zwey, vor mich freylich desto beßer, denn eine solche Ehre wird meinem Leichnam wohl schwerlich mehr wiederfahren, dahero werde ich diese 2 paare so in Ehren halten, daß meine morgen und abend Andacht ununterbrochen viele Zeiten hindurch dauren soll. Bey der lieben Freulein Thusnelde komme ich in eine solche erstaunliche Schuldenlast, daß mir bey meiner angebohrnen Faulheit angst und bange wird — So ein prächtiges machwerck, brächte ich biß an jüngsten tag nicht zu stande — und doch kommt mein Stoltz und weibliche Eitelkeit ins gedränge — Da weiß ich nun freylich nicht so recht, wie ich mich geberden soll — Doch da nur gegen den Tod einzig

und allein kein mittel ist; so hoffe ich mich doch noch mit Ehren aus dieser Verlegenheit zu ziehen und bitte Ihro Durchlaucht daß Sie die Gnade haben mögten, einstweilen biß mein Meisterwerck erscheint /: den Spott und Sschande wäre ein simpler Brief :/ meiner Lieben besten Fräulein Tausendt Danck in meinem Nahmen zu sagen und Sie zu versichern, wie Ihr gütiges und liebes Andencken mir Freude und Wonne in großem maße gemacht hat. Ferner wie das herrliche Portefoïlle mich überall all überall hinbegleiten soll — in große und kleine Gesellschafften und wie Frau Aja so /: als geschehe es von ohngefähr :/ einen Brief oder ein Liedgen sucht — wie das nun alles die Augen aufspert — Ey Frau Räthin, ums Himmels willen! was haben sie da? und wie ich mich dann in Positur zurechte rücke, mich räuspre, mir ein Ansehn gebe, und nun die Geschichte beginne — und wie da, zu meinem großen gaudium, Lob, Preiß, Ehre und Ruhm, auf meine liebe Freulein herabträufflen wird — Ich weiß zuverläßig daß unsere beste Fürstin die Gnade haben wird, diß alles wohl zu besorgen. Ich empfehle mich zu ferener Gnade und Hulde und lebe und sterbe   Durchlauchdigste Fürstin
Dero
Unterthänigste treu gehorsamste Dienerin Goethe.

den 17 Juli 1781

79. An Großmann   Franckfurth d 19 Juli 1781

Lieber Herr Gevatter! Habe die 52 Stück Convthaler von Herr Tabors Contor richtig empfangen, und dancke vor gute Zahlung. Mit den übrigen 500 f dächte ich so; /: voraus gesetzt daß es Ihnen so behagt :/ Herr Tabor gäbe mir zwey Wechsel auf Sich die hälfte nehmlich 250 f in der zweyten Herbstmeß woche 1781 — den andern in der zweyten Ostermeß woche 1782 zahlbahr den die gantze Summa auf einmahl mögte Herrn Tabor vielleicht nicht gelegen seyn — das machen Sie nun wie Sies am schiklichsten glauben — denn Sie müßen längst überzeugt seyn — wie viel Zutrauen ich in Ihnen und Ihren Verstands-Kasten habe — Haben Sie die Güte mir nur zwey Worte über diesen meinen Vorschlag zu schreiben, damit ich mich darnach richten kan. Ich gebe Ihnen meinen vollkomenen Beyfall, daß Sie die kommende Meße wieder keine Seide gesponnen haben würden — obs Böhme beßer geht, darann zweifle ich sehr, die ersten 8 Tage ja das mag wohl gehen, aber das ewige gesinge und gespringe kriegen meine Lands Leuthe zuverlässig bald satt. Ein großer Haubt und Ritterspaß ereignet sich vor jetzo schon — kein Teufel weiß wo Comedie gespielt wird — Ergo kan sich auch niemand Aboniren — Böhme hat den Sprengkel angenommen, und von Bienenthal schwört Stein und Bein, daß Er den kerl nicht in seinem Hofe leidet — Bienenthal hat nun auch /: wie Sie wohl wißen :/ viele Feinde, die rathen also zu einer Bretternen-Hütte — Meine Schauspiel Gesellschafterin die Bettmännin ist in Embs — Sie hat mir aufgetragen unsere bekante Loge am Kopf zu kriegen. nun sitze ich wies Kind bey Dreck /: mit Respeckt zu sagen :/ niemand weiß wer Koch oder Keller ist — was mich am meisten gaudirt ist, daß Bienenthal gar nicht hir sondern in Zweybrücken ist, und erst kurtz vor der Meße zurück kommt — Wens Ihen Freude macht, mein lieber Herr Gevatter; so sollen Sie allen specktackel, groß und klein, dick und dinn — gut und böß — von mir treu fleisig vor gedramatisirt kriegen — denn alle die Zeit da ich mit Lotte und Hans wölfgen Ballete getantzt Ariadne gespiel, kartenhäußer gebaut — will ich diese meße zum schreiben anwenden — und da sollen Sie denn /: wie billig :/ auch ihren partikul davon genießen. Aber ums Himmels willen wie ist dann die Inokulation abgelaufen??? ich hoffe gut — da Sie mir nichts bößes schreiben, Gott gebe es!!! Lotte muß ihr hübsches gesichtgen behalten, und ich hoffe noch so lang zu leben, Sie als erste Liebhaberin auf dem Theater zu sehen — und Hans wolf gibt ein Theseus als noch keiner auf Gotteswelt war — Grüßen Sie mir ja

diese lieben Geschöppfe — Die Frau gevatterin und demoiselle Flittner nicht zu vergeßen. Vordiesmahl Gott befohlen. Ich bin wie immer Ihre
wahre Freundin C. E. Goethe

80. An Lavater den 20ten August 1781.

Lieber Sohn! Einige fehlende Kupperstiche von dem 4ten theil Eurer Phisiocknomischen Fragmenten nöthigt mich Euch mein bester zu incomodiren — Villeicht könt Ihr mir damit aushelfen — und dann meinen schönsten Danck dafür. Daß alles bey Euch wohl ist, habe ich zu meiner innigen Freude von dem jungen Käyser vernommen — Bey uns gehts — so — so. Ich vor mein theil befinde mich Gott sey Danck, noch immer wie ich war, gesund, munter, und guten Houmors — aber der arme Herr Rath, ist schon seit Jahr und Tag sehr im abnehmen — vornehmlich sind seine Geistest kräffte gantz dahin — Gedächnüß, besinnlichkeit, eben alles ist weg. Das Leben das Er jetzt führt ist ein wahres Pflantzenleben — Die Vorsehung findet eben vor gut, mich durch allerley Wege zum Ziel zu führen — denn daß ich dabey was rechts leide — brauche ich einer so gefühlvollen Sele wie Ihr seyd — nicht lange vorzuerzählen — Zumahl da ich keinen Ersatz an meinen Kindern habe — Alles ist ja von der armen Frau Aja weit weit weg — Ich hatte mir mit der Hoffnung geschmeichelt mein Sohn würde die Herbmeße herkommen, aber da wird auch nichts draus — Er hat so viele Geschäffte, so viel durcheinander zu thun — hat mir aber zu einer kleinen entschädigung einen gar herrlichen Brief geschrieben — Ich muß nun auch darüber meine Sele in Gedult faßen. Vor jetzt wärens nun der Klaglieder genung — Behaltet mich in guten liebevollen Andencken, so wie ich Euch Zeitlebens nicht vergeßen werde /: ob Ihr gleich mein Gesicht nicht gewürdigt habt etwas in Euren 4 großen Büchern drüber zu sagen :/ Grüßt alles! Ich bin ewig — Eure treue Mutter C. E. Goethe

Die fehlende Kupper zum 4 theil sind

pag: 437. A Christus mit einer Hand
pag: 439. B Christus von einem andern Meister
pag: 445. G Ein schattirtes Voll Gesicht.
pag: 397. Vollgesicht und provill — a. b.

Villeicht könte es ein Meß Kaufmann mitbringen, wo aber nicht, so habt die güte es mit dem Postwagen zu schicken — denn keine große eile hats nicht — Besorgts nach Eurer gemächlichkeit.

81. *An die Herzogin Anna Amalia*

Durchlauchdigste Fürstin!

Also haben Sie, Beste und vortrefflichste Fürstin! meinen Sohn an seinem Geburths tag so hoch geehret: wie schmeichelhafft Der gantze Plann die gantze Ide auch vor Frau Aja ist können Ihro Durchlaucht Sich leicht vorstellen. Aber so was, gedeihet auch nur in Weimar, wird auch da nur reif wo Fürstinnen, wie *unsere* Amalia die Hand mit im Spiele haben. O könte ich nur so glücklich seyn, eine solche Haupt Freude mit anzusehen! Theureste Fürstin! Desto wärmer, inniger und größer ist mein Danck, daß Ihro Durchlaucht die gnade haben, mich doch immer auch was davon genißen zu laßen — wäre ich nur im stande dagegen auch mit etwas Hertzerfreuenden aufzuwarten — Aber du lieber Gott! So gut Wein und Früchte /: besonders in diesem Jahr :/ bey uns gedeihen, desto stupider werden die Menschen um mich herum — Ich habe diese Meße die deutlichsten proben davon — Unsere vorige Schauspieler konten mit Hammlet, Emilia Galotti, Minna von Barnhelm u. s. w. auf keinen grünen Zweig kommen, und nur noch Gestern trug dem jetzigen Nahmens Böhm, ein hertzlich dumes Ballet über 1000 gulden ein — Besonders aplaudirten meine Lands Leute die Teufel, die mit dem brenenden Werg so gut umzugehen wusten, daß kein Unglück damit geschahe — Auch waren die Furien gar schön frisirt — und Satan und Adamelech sahen auch gar nicht bitter aus — Mit einem Wort, es war eine Hölle die sich gewaschen hatte. Tante Fahlmer, hat mich mit einem Mädelein abermahlen zur Großmutter gemacht — es solte über alle gewalt ein Knabe werden und Henrich heißen — ging aber vordießmahl nicht an — Gibt nur Gott der Frau Herzogin von Weimar einen Printzen — So mag die Schlossern meintetwegen noch 10 Töchter bekommen, es sterben keine Lehen aus. Es ist jetzt wieder ein solches Gewirre und Geschwire in Franckfurth, daß einem der Kopf Sumst — unter den vielen Fremden, war auch die berühmte Herzogin von Kinston — Sie wiegt zuverläßig ihre 300 π. Ich habe mein gantzes unterstes Stockwerck besonders meine Wohnstube; so schön aufgetackelt und ausgeziehrt, daß der prächtige Tisch welchen mir Ihro Durchlaucht verehrten ohne schamroth zu werden drinnen paradiren darf und auch wircklich als mein Arbeits-tisch sitz und stimme an meinem gewöhnlichen platz genommen hat — was Basen und Gevatterinnen alles drüber fragen und Resoniren, wäre freylich werth nach gevatter Wielands Manier erzählt und dagestelt zu werden — Dieser Brief ist ein wahres Quotlibet, dran ist die verdamte Meße schuld — Da komt nun gar die politica Delphin — glaubte gantz gewiß Herrn Goethe hir zu finden — fande Ihn aber nicht — macht darob ein Gesicht wie eine Nachteule u. s. w. Heute wird Agamenon — Clyremnestra — und Gott weiß wer noch alles mehr ermordet — und das hübsch nach dem Tackt — es mag wohl lustig werden — wollens beschauen. Nun der Himmel laße mich bald gute Nachrichten von Weimar hören! Niemand, auch nicht der getreuste Unterthan soll in der Freude und in dem Jubel Diejenige übertreffen die mit tiefster Erfurcht sich unterzeichnet

Durchlauchdigste Fürstin

Dero

Unterthänigste treu gehorsambste Dienerin. Goethe.

den 14 September 1781

N. S. Den Augenblick erhalte die Nachricht von meinem Sohn — von der Niederkunft der Herzogin — Das ist ein gutes Unglück das — allein kommt. Wo zwey Prinßinnen hergekommen sind — kommen wohl auch Printzen nach — zumahl in einem alter von 22 Jahren. Gantz anders war die Probe von dem alten 70jährigen Herzog von Meinungen — eins — zwey — drey Printzeßinnen und doch noch zwey Söhne —— Indeßen bin ich verstimt — so verstimt — daß ich kein Wort mehr schreiben kan.

82. An die Herzogin Anna Amalia

Durchlauchdigste Fürstin!

Zwey Schachtelen mit Trauben werden ehestens bei Ihnen eintreffen — Der Himmel verhüte nur daß es keinen Most gibt — Auf die, so heut mit dem Eissenacher Postwagen abgegangen — verlangt michs am meisten zu erfahren, ob sie glücklich angelandet ist — dann wenn das wäre wann das anginge; so könten Ihro Durchlaucht alle Woche Trauben haben, so lang sie dauren. Die andre Schachtel hat Herr Streuber von Eißenach mit genommen und will sie von Eissenach aus, durch einen Amtsboten biß nach Weimar tragen laßen — aus der Ursach durfte die Schachtel auch nicht so gar groß sein —. Weil wir nun nicht immer einen Herrn Streuber und einen boten bey der Hand haben; so wünschte gar sehr, daß der Postwagen sich gut aufführen mögte. Noch ein Umstand macht mich vor die armen Trauben fürchten — Wir haben hir seit 12 tagen nichts wie Regenwetter, und zwar güße wie Wolckenbrüche — also konten sie nicht gantz trocken seyn — Ich wils abwarten, und das beste hoffen. Ihro Durchlaucht sehen wenigstens meine bereitwilligkeit Dero Order immer auf das geschwindeste zu befolgen. Daß die Durchlauchdigste Frau Kindbetterin Sich wieder in hohem Wohlseyn befinden — davor dancke ich Gott von Hertzen — Es wird schon alles noch gut gehen — und mein Festein das ich zu geben willens war —

wird doch noch in großer Pracht vollzogen werden Amen. Daß Herr Goethe gut und lieb ist, freut mich sehr — wollen Ihro Durchlaucht die Gnade haben, Ihn recht hübsch von Frau Aja zu grüßen. Dieße Meße brachte außer den verschiedenen gauckelern Commediandten u.s.w. auch schöne Geister in unser Franckfurth Der vornehmste drunter war ohne allen Zweifel, Herr Sebaldus Nothancker — Er machte mir eine Visite nebst Herrn Merck — Wer diese zwey nicht beysammen gesehen hat, hat nichts gesehen — das behaubte ich. Sie scheinen überaus gute Freunde zu seyn — O Jemine! O Jemine!!! Vergangenen Montag war ich in Gesellschafft Herrn Streubers, seiner Frau und übrigen Familie, bey Demoiselle Schmidt zum Abendeßen — daß Weimar unser Anfang Mittel und Ende war, können Ihro Durchlaucht leich dencken — Ich empfhele mich, unserer Besten Theuresten Fürstin zu fortdauenter Gnade und Liebe und verharre

Durchlauchdigste Fürstin

Dero
Unterthänigste treugehorsamste Dienerin
C. E. Goethe

Franckfurth d 28ten September 1781

83. An Hieronymus Peter Schlosser

den 4ten November 1781

Lieber Herr Sohn! Diß ist in meinem Leben die erste Bitte, die ich mir die Freyheit nehme an Ihnen zu thun — Ich bin von Ihrer Freundschafft zu sehr überzeugt, als daß ich eine abschlägliche Antwort befürchten solte. Herr Großmann komt biß Dinstag um künftige Ostermeße hir halten zu dürfen bey Einem Hochedlen Rath ein — Also, Lieber Herr Sohn! Ihr ja wort — Dieses ist, worum Ihnen recht sehr ersucht   Ihre
wahre Freundin
Goethe

84. An die Herzogin Anna Amalia

Durchlauchdigste Fürstin!

Schon längst würde ich Dero gnädiges Schreiben vom 20 October beantwortet haben, aber viele Geschäffte die sonst der Vater besorgte, und die mir nun allein über dem Hals liegen, haben mich dran gehindert. Dem Himmel sey Danck! Daß doch ein Transport von Trauben glücklich angelandet ist — Ich wäre sonst gantz untröstlich gewesen — es bleibt eben immer eine böße Frucht zum verschicken — Ewig schade ists, daß Ihro Durchlaucht diesen Herbst nicht hir waren, denn so einen Seegen haben die älsten Menschen sich nicht erinnert. Aber es ist ebenfals schade, daß Frau Aja nicht bey dem herrlichen Chinesischen Fest, das der Frau Marckgräffin von Bareyth zu Ehren gegeben worden gegenwärtig war. Philippus hat mir eine solche entzückende und anschauliche Beschreibung da von gemacht, Daß die bloße Erzählung, mich mit Freude und Wonne erfült hat — In dieser Werckeltags Welt, kan mann freylich nicht alles beysammen haben, und ein jeder muß schon mit seinem Looß zufrieden seyn — den mit murren, und knurren bringts niemand um ein Haar weiter, und das Schicksahl dreht seine Maschine, ob wir lachen, oder greinen — Darum wollen wirs mit unserm bißgen Leben auch noch gantz gut betreiben, uns ohne die größte Noth keinen trüben Tag machen — hübsch in Zucht und Ehren lustig seyn — ins Freytags und Mittwochs Concert gehen — und sonst den Winter über manchen gespaß haben. Freylich hat Weimar auf unsere Freud und Leid den größten Einfluß — Haben doch Ihro Durchlaucht die gnade und helfen mitdazu daß mein Sohn den Winter in der Stadt eine Wohnung bekomt — So oft wir hir schlimme Witterung haben /: wie eben jetzt der Fall ist, da des Regens kein Ende werden will :/ so fält mirs schwer aufs Hertz, daß der Docter Wolf in seinen Garten gehn muß, daß allerley übels draus entstehen kan u. s. w. Ihro Durchlaucht! werden Frau Aja unendlich verbinden, wenn Sie ihr diesen Hertzendruck helfen wegnehmen. So eben erhalte den Mercur vom Lieben Gevatter Wieland — Haben doch Ihro Durchlaucht die Gnade, und grüßen Ihn rechthertzlich von mir — den Er ist nun einmahl mein Bester Gevatter, Freund, und Sohn — und das Vergnügen das ich im Winter 1777 von Seinem hirseyn hatte — wird keine Zeit aus meinem Hertzen auslöschen. Der Lieben Freulein Thusnelde bitte doch auch in meinem Nahmen, viel schönes und gutes sagen, unteranderm, daß meinem Machwerck nur noch die Blicker, und der Schlagschatten fehlt — so dann ists fertig — und macht zuverläßig noch in diesem Jahr seine Aufwartung, bey meinem werthgeschätzten Freulein. Ich empfehle mich unserer Besten Fürstin, zu fortdauernder Gnade, und verbleibe

Durchlauchdigste Fürstin!

Dero
Unterthänige treugehorsambste Dienerin
C. E. Goethe.

Franckfurth d 16 November 1781

N. S. Den Augenblick erhalte Freulein Thusneldens Brief nebst einlage — Tausend Danck davor, und bald von Frau Aja ein mehreres.

85. An die Herzogin Anna Amalia

Durchlauchdigste Fürstin!

Es hat mich sehr gefreut, daß mein Sohn sich ins künftige wie andre Christenmenschen geberden und auf führen will — Daß Ihro Durchlaucht die Gnade haben wollen, dem guten Wolf, sein neues Hauß ausschmücken zu helfen — davor statte den Unterthänigsten Danck ab. Die Muster nebst denen Preißen sollen ehestens erscheinen — Der Cathun Händler sind viele in Franckfurth — um die sache nun recht zu betreiben, will ich selbst aus marschiren — und bald möglichst den besten Bericht erstatten. Wenn Gevatter Wieland auf ein Hertz Stoltz ist, das mit wahrer Freundschaffts und Mutter Liebe an Ihm hengt, und keine Zeit anders machen wird und kan; so läßt Er mir Gerechtigkeit wiederfahren. Auf das tiefurther Journal freue ich mich von Hertzens Grund — den Frau Aja sitzt in einer Sandwüste, wo die frischen Quellen rahr sind, und mein armes bißgen Witz und Verstand, ist dem verschmachten oft schon nahe geweßen. Häschelhanß hat mich auch mit verschiednen herrlichen sachen erquickt — davor Ihm ein eignes Dancksagungs schreiben zu theile werden soll. Theureste Fürstin! Leben Sie jederzeit so vergnügt und wohl, als es wünschet und Hoffet

Durchlauchdigste Fürstin
Dero
Unterthänigste, treugehorsambste Dienerin,
Goethe

den 30<u>ten</u> November 1781

86. An Louise von Göchhausen

Geliebtes Freulein!

Die Mode es ist,
Daß frommen Kindern der heilige Christ
Wann sie das Jahr hübsch brav gewesen,
manch schöne Gabe hat auserlesen.
Torten, Rosinen, Gärten mit Lichtern,
Herrn und Dammen mit höltzern Gesichtern,
Äpffel und Birn, Geigen, u Flöten,
Zuckerwerck, Ruthen, Mandlen, Pasteten
Reuter mit Pferden, gut ausstaffirt
nachdem ein jedes sich aufgeführt.
Da nun Frau Aja wohlgemuth —

Den alten Gebräuchen ist hertzlich gut
und Freulein Thusnelda in diesem Jahr
gantz auserordtenlich artig war
So schickt sie hir ein Bildnüß fein,
Das Ihnen wohl mögte kentlich seyn;
und bittet es zum Angedencken,
An Ihren Schwannen Hals zu hencken.
Dadurch ihm dann große Ehre geschicht
s ists aber auch drauf eingericht!
Eitel Gold von vornen von hinten,
Das müßen Sie freylich treflich finden.
Dafür verlang ich ohn Ihr beschweren
Daß Sie mir eine Bitte gewähren.
Mit Ihnen mein Freulein zu discuriren
thu ich oft großen Lusten verspühren
Doch ist der Weg verteufelt weit
Zum Reißen ists jetz garstige Zeit
Drum thu ich Ihnen zu Gemüthe führen,
mit meinem Gesicht eins zu parliren
Antworten wirds Ihnen freylich nie
Allein wer läugnet wohl Simpatie!
Da wird sich mein Hertzlein vor Freude bewegen
Daß mein Gedächnüß blüht im Seegen
Bey Menschen die Bieder, gut und treu,
Voll warmer Freundschafft ohn Heucheley
Den heut zu Tag sind Freundschafftthaten
so rahr wie unbeschnittne Ducaten —
Doch ist Frau Aja auserkohrn
in einem guten Zeichen gebohrn
kent brave Leute deß ist sie froh,
und singt In dulci Jubilo.
Auch freut sie sich Hertzinniglich
Daß sie kan unterschreiben sich
Dero wahre Freund und Dienerin,
Die ich gewiß von Hertzen bin.

C. E. Goethe.

87. An die Herzogin Anna Amalia

Durchlauchdigste Fürstin!

Den Augenblick komt der berühmte Flecken von Plunderweiler gut und wohlbehalten an. Ich halte es vor meine Pflicht, solches Ihro Durchlaucht /: da zum Glück eben Posttag ist :/ auf das geschwindeste einzuberichten. Mehr bin ich aber auch bey Gott nicht im stande! Kucken, Lesen, Lesen Kucken, in die Hände klaschen, Lachen u. s. w. Das wird nun freylich wenigsten so ein paar Tage fortdauren — Wegen des Mercurs und meinem Liebling mit dem Lilienstengel in den Wolcken, davor hätt ich meinen Sohn Küßen mögen — Alles soll aufs heiligste beobachtet werden — Mercken will ich schon im Respeckt erhalten, darauf können Ihro Durchlaucht Sich verlaßen. Auch soll eine treue Relation von Merckens und meiner Freude eingeschickt werden, nur heute bittet um Gnade und Verschonen Diejenige, die ewig sich in Demuth unterzeichnet

> Durchlauchdigste Fürstin
> Dero
> Unterthänigste treugehorsambste Dienerin
> Goethe.

den 26ten Februar 1782

88. An die Herzogin Anna Amalia

Durchlauchdigste Fürstin!

Mit unterthenigstem Danck, komt hir das große Meisterwerck zurück. Die Freude und den Jubel welches es mir und andern guten Selen gemacht hat, ist gantz ohnmöglich zu beschreiben; nur von dem gaudium des 5<u>ten</u> Mertzens muß ich doch etwas sagen. Merck war punct 12 Mittags in unserm Hauß, zur Gesellschaft hatte Freund Bölling und Rieße auch eingeladen. Wir speißten mit großer Behaglichkeit, und der 26ger versetzte alle in sehr gute Laune. Nach Tisch holte ich eine Staffeley, stelte sodann das Opus drauf, führte Mercken davor, ohne ein einziges Wort zu reden, hatte auch den andern verboten keinen thon von sich zu geben. Merck stand eine Weile, mit verschränckten Armen, gantz betäubt ob all der Wunder — auf einmahl fuhr Er in die höhe — Um Gottes willen! da bin ich auch — seht Ihr den Kerl der die alten Kleider aus klopft — bey meiner Seele das bin ich! Das ist Nicolai der sägt an den Steltzen — die in der Laube, sind die göttinger — das ist der Werther — den Mann im Talar hielt Er vor Lavater — die gruppe wo in die Steine gebißen und lauter grimiges Zeugs betrieben wird behagte Ihm gar sehr — Nach langem beschauen von oben und unten, von rechts und lincks — fragte Er endlich, ob dann gar keine Beschreibung dabey wäre daß das alles noch anschaulicher würde. Jetzt rückte ich mit den Versen heraus, und Declamirte mit solcher Kraft und Wärme daß es eine Lust war es anzuhören. Alle die Freude die uns /: Das gewiß in seiner art unschätzbahre Werck, und wodurch auch Herr Krauße einen großen Ruhm erworben hat :/ in dem allen zu theil ward — kan ich, ich sags noch einmahl nicht ausdrücken. Mercks Hände haben wir auch vor Misethat bewahrt, Er kriegte Papier und bleystift aus der Tasche, und wolt, ich glaube gar was von der Zeichnung abstelen — aber flugs truge ichs fort, und Er bekam es nicht wieder zu Gesicht. Freylich was Er davon in seinen Hirnkasten eingesteckt hat, Davor kan ich nun nicht stehen. Theureste Fürstin! Noch einmahl meinen innigsten, wärmsten, und hertzlichsten Danck vor die Erquickung in meiner Einsamkeit. Freulein Thusnelde auch alles gebührende Lob, vor die schöne Abschrieft der Verse — Dieses Opus darf ich doch behalten, und als mein Eigenthum ansehn? So oft ich etwas von Weimar erhalte, freut sich mein Geist, sambt Seele und Leib; es ist mir immer ein sicherer Beweiß, daß

mein Gedächnüß noch im Segen grünt und blüht, um die
Fortdauer dieser Gnade bittet mit gerührtem Hertzen

Durchlauchdigste Fürstin
Dero
unterthanigste treugehorsambste Dienerin
Goethe.

Franckfurth d 10<u>ten</u> Mertz 1782

89. An die Herzogin Anna Amalia

Durchlauchdigste Fürstin!

Fest überzeugt, daß Unsere Theureste Herzogin Amalia
noch immer mit Huld und gnade an Frau Aja denckt, wage
ich es, Ihro Durchlaucht eine Bitte in Unterthänigkeit vor
zu tragen. Der Churmäntzische Cammer Virtuoso Schick
wird in ohngefähr 3 wochen *durch* Weimar kommen Er
mögte gern die gnade haben, sich vor den Durchlauchdigsten Herrschafften hören zu laßen. Da ich nun gewiß weiß,
daß Er auf seinem Instument der Violin Ehre einlegen
wird indem wir Ihn 3 Winter im Rothenhauß mit Enzücken
gehört haben; so habe um so weniger unterlaßen können
Ihn in seinem verlangen zu unterstützen, und gegenwärtiges Empfehlungs Schreiben an Ihro Durchlaucht voraus zu
schicken. Es komt noch ein überaus geschickter Violin spieler nahmens Triklir mit Ihm, und ich hoffe diese beyde braven Männer werden Ihro Durchlaucht gewiß erfreuen.

Das Meister werck von meinem Sohn und Herrn Krauße
wird doch wohlbehalten wieder in Weimar angelandet
seyn? ich habe Phillipp schon lange drum befragt, aber der
macht einmahl wieder den Gott Baal — Die Meße ist nun
auch zu Ende, in 10 Jahren war keine so schlecht, und das
üble Wetter thut auch noch das seine dabey — das ist alles
was sich dermahlen von unserm berühmten Franckfurth

sagen läßt. Ich empfehle mich zu gnädigem Andencken, und verbleibe zeitlebens

>Durchlauchdigste Fürstin
>Dero
>Unterthänigste treugehorsambste Dienerin
>Goethe.

Franckfurth d 19ten Aprill 1782

N. S. Was die Leute doch nicht alles mit mir vor streiche beginnen! Da schickt mir ein auswärtiger Freund, ein gantz vortrefliches Damen Kleidt — Hell blau der grund, so hell daß es mit grün streittet eine sehr schöne Farbe — Durchaus nach dem neusten gousto gestickt Die Stickerey hat in Wienn 25 neue Louidor gekostet — davor soll ichs auch weggeben, Der gantze Zeug dicker prächtiger grodetur will mann gar nicht rechnen — Daß alles noch ungemacht ist versteht sich von selbst — es ist neu von der Nadel weg — Solten Ihro Durchlaucht es etwa in Dero garderobe brauchen können — so wolte ein stück davon zum Anschauen auf dem Postwagen überschicken — Ihro Durchlaucht halten mir die genomne Freyheit zu gnaden — Doch beste Fürstin wenn Ihro Durchlaucht wüsten von wem es käme — Sie könten gewiß über mich nicht Ungenädig werden.

90. An die Herzogin Anna Amalia

Franckfurth d 11 Juni 1782

Durchlauchdigste Fürstin!

Den Antheil den Ihro Durchlaucht an dem Ableben meines Mannes zu nehmen die Gnade gehabt, hat mich sehr gerührt — Freylich war eine Beßerung ohnmöglich, vilmehr mußte man das was am 25 May erfolgte täglich erwarten — Doch so schnell vermuthete ich mirs doch nicht — Ihm ist wohl, den so ein Leben wie die letzten zwey Jahre, davor bewahre Gott einen jeden in Gnaden! Mit Herrn

Krauße, und dem sehr gesprächigen Herrn Paulsen habe ich mich schon sehr ergötzt — Ihro Durchlaucht können leicht dencken wovon wir reden — Ich Catechisire die guten Leute so arg, daß Ihren Lungenflügeln so lang Sie hir bleiben, eine sehr starcke Bewegung bevorsteht. Theureste Fürstin! Aus einem Schreiben von meinem Sohn ersehe mit Erstaunen, daß Unser Bester und Gnädigster Fürst, zu allen, nun bald an die 7 Jahre erzeigten Gnaden und Wohlthaten, noch eine mir gantz ohnerwartete hinzugefügt hat — Über so was kan ich nun gar nichts sagen, denn der größte Danck ist stumm — Gott segne und erhalte unsern Liebenswürdigen Fürsten — Unsere Vortrefliche Fürstin Amalia, Die uns diesen wahren Fürsten-Sohn gebohren hat — Das gantze Hochfürstliche Hauß müße grünen und blühen biß ans Ende der Tage — dieß ist der heißeste, eifrigste und hertzinniglichste Wunsch, von Mutter Aja Amen. Durchlauchdigste Fürstin! Jetzt verzält sich Frau Aja die prächtigsten Mährgen, von einer Reiße nach Weimar — Ich hoffe zuverläßig, daß mir der Himmel diese auserordentliche Freude gewähren wird — so geschwind kan es aber freylich noch nicht seyn — Doch Gedult! Wollen schon unsere sieben sachen suchen in Ordnung zu bringen, und dann auf Flügeln des Windes an den Ort eilen, der vor mich alles enthält, was mir auf diesem Erdenrund hoch, theuer und werth ist. In diesen süßen Gedancken will ich einstweilen Leben, und mich unserer Besten Fürstin zu fernern Gnaden empfehlen biß der angenehme Zeitpunct herbey komt, da ich mündlich versichern kan, daß ich ewig seyn und bleiben werde

       Durchlauchdigste Fürstin
            Dero
  unterthänigste treugehorsambste Dienerin
           Goethe.

N. S. An meine liebe Freulein Thusnelde 1000 empfehlungen.

91. An die Herzogin Anna Amalia

Durchlauchdigste Fürstin!

Was dem müden Wanderer ein ruhe plätzgen, Dem Durstigen eine klahre Quelle und alles was sich nun noch dahin zählen läßt; was die armen Sterblichen stärckt und erlabt, war das gnädige Andencken unserer Besten Fürstin! Du bist also noch nicht in Vergeßenheit gerathen — Die Theureste Fürstin denckt noch an Dich — fragt nach Deinem Befinden — Tausend facher Danck sey Ihro Durchlaucht davor dargebracht! Ihro Durchlaucht haben die Gnade zu fragen was ich mache? O beym Jupiter so wenig als möglich! und das wenige noch obendrauf von Hertzen schlecht — Wie ists aber auch anders möglich! Einsam, gantz allein mir selbst überlaßen — wen die Quellen abgeleitet oder verstopt sind, wird der tiefste Brunnen lehr — ich grabe zwar als nach frischen — aber entweder geben sie gar kein Wasser — oder sind gar trübe, und beydes ist dann freylich sehr schlimm. Die Noble allgerorie könte ich nun bis ins Unendliche fortführen — könte sagen, daß um nicht Durst zu sterben ich jetzt Mineralisch Wasser träncke — welches sonst eigentlich nur vor Krancke gehört u. s. w. Gewiß viele schöne sachen ließen sich hir noch anbringen — aber der Witz, der Witz! den habe ich imer vor Zugluft gehalten — er kühlt wohl — aber mann bekommt einen steifen Hals davon. Also ohne alle den schnick schnack — Alle Freuden die ich jetzt genüßen will, muß ich bey Fremden, muß ich außer meinem Hauß suchen — Den da ists so still und öde, wie auf dem Kirchhoff — sonst wars freylich gantz umgekehrt — Doch da in der gantzen Natur nichts an seiner stelle bleibt, sondern sich in ewigem Kreislauf herum dreht — wie könte ich mich da zur Ausnahme machen — nein so absurd denck Frau Aja nicht — Wer wird sich grämen daß nicht imer vollmond ist, und daß die Sonne jetzt nicht so warm macht wie im Julius — nur das gegenwärtige gut gebraucht und gar nicht dran gedacht daß es anders seyn könte; so komt mann am besten durch die Welt — und das durchkommen ist doch /: alles wohl überlegt :/ die Hauptsache. Ihro Durchlaucht könen nun so ohngefähr aus obigem ersehen, daß Frau Aja imer noch — so ohngefähr Frau Aja ist, ihren guten Houmor beybehält, und alles thut, um bey guter Laune zu bleiben — auch das mittel das weiland König Saul gegen den bößen Feind so probat fand, fleißig gebraucht; und so hats menschlichem Ansehn nach noch lange keine Noth mit der guten Frau. Zumahl da Herr Tabor /: den Ihro Durchlaucht wenigstens dem Nahmen nach kennen :/ vor unser Vergnügen so stattlich gesorgt hat. Den gantzen Winter Schauspiel! Da wird gegeigt, da wird trompett — Ha! den Teufel mögte ich sehen, ders Currage hätte einem mit schwartzem Blut zu Incomodiren — Ein einziger Sir John Fallstaff treibt ihn zu paaren — das war ein gaudium mit dem dicken Kerl — Christen und Juden alles lachte sich die Galle vom Hertzen. Diese Woche sehen wir auch Clavigo — da geht gantz Franckfurth hinein, alle Logen sind schon bestelt — Das ist vor so eine Reichsstadt, allemahl ein großer spaß. Ich habe nun Ihro Durchlaucht befehl in Unterthanigkeit befolgt — von meinem Seyn oder nicht Seyn wahrhaften und aufrichtigen Bericht erstattet — Empfehle mich nun zur fernrer Huld und Gnade, und bin ewig

    Durchlauchdigste Fürstin
      Dero
     unterthänigste treugehorsambste
      Dienerin Goethe.

Franckfurth d 22 October 1782

92. An Lavater   Franckfurth d 5ten Jenner 1783

Lieber Sohn! Inliegendes eröffnet nicht ehender biß Ihr diese Epistel geleßen habt. Schattenriße befinden sich drinnen worüber mann gern Eure Gedancken wißen mögte — Findet Ihrs nicht vor rathsamm; so schickts unerbrochen zurück — Ich weiß nicht woher sie sind — noch weniger wen sie vorstellen — Doch sind sie mir von Persohnen zugestelt worden, denen ichs nicht abschlagen konte — So geht einem, wen die Menschen wißen daß solche Lichter der Welt unsere Freunde sind — Auch stehe ich bey Euren Glaubens genoßen in großem Ansehn — freylich ohne all *mein* Verdinst und Würdigkeit — doch was thut das! Der Mond prangt ja auch mit geborgtem Licht, und mitalledem weiß ich keinen Dichter von Kloppstock bis zum Neukirch der ihn nicht besungen und beklimppert hat. Vor das überschickte Buch dancke hertzlich — Es macht mir mache erquickende und gute Stunde — eben wie alles was von Euch kommt — Den das betheure ich, daß von *allen* die ich kenne /: sind doch auch viele gute Menschen drunter :/ keiner so in meinem Hertzen angeschrieben steht wie Ihr. Gottes reichen Seegen zum Neuen Jahr, vor Euch und alles was Euch angehört — Behaltet mich Lieb und glaubt daß ich ewig bin

Eure wahre Freundin u treue Mutter
Goethe.

N. S. Daß ich das Kleid noch nicht habe anbringen können, thut mir sehr leid, ich gebe mir alle Mühe — Das letzte was ich noch probiren will ist, es einem Kaufmann, der mit solchen Waaren handelt in Comision zu geben — thun will ich wenigstens alles, was gethan werden kan.

93. *An die Herzogin Anna Amalia*

Durchlauchdigste Fürstin!

Ich habe Gott sey danck in meinem Leben viele Freuden gehabt — Das Schicksahl hat mir manchen frohen Tag geschenckt — aber niehmahls kam mir eine Freude so unvermuthet — niemahls bin ich so von Wonne truncken gewesen — als über die Geburth des Printzen von Sachsen Weimar. Da ich kein Wort von der Schwangerschafft der Herzogin wußte; so stellen Sich Ihro Durchlaucht mein Erstauen über die gantz unerwartete glückliche nachricht vor! Als ich an die Worte in Freuleins Thusneldens Brief kam «Wenn ich den Printzen selbst gemacht hätte u. s. w.» so zitterte ich am gantzen Leibe, ließ den Brief aus der Hand fallen — bliebe eine Zeit starr und gleichsam ohne Empfindung stehen — auf einmahl wurde mein gantzer Cöpper siedend heiß, mein Gesicht sahe aus, als wens doppelt mit Carmin belegt wäre — nun mußte ich Luft haben — Ein Printz! ein Printz! schriehe ich meinen Wänden zu — O wer mich in dem Augenblick gesehen hätte! Ich war gerade gantz allein, zum Glück bliebe ich es nicht lange, Frau Bethmann kame mich ins Schauspiel abzuholen, nun konte ich, Gott sey Danck! meinem Hertzen Luft machen — Alle meine Bekandten, wer mir vors Gesicht kam, mußte die frohe Neuigkeit hören. Abens hatte ich ein paar Freunde zum Nachteßen und wir sungen Corus — Fröliger, Seliger, Herrlicher Tag. Voll von diesen Ideen, wars kein Wunder, daß mirs träumte ich ich seye in Weimar — Was hatte ich da alles vor Freude! nur Schade, daß Morgens beym Erwachen, die gantze Seligkeit dahin war. Theureste Fürstin! Gott Erhalte den neu gebohrnen P[r]intzen — Laße Ihn zu nehmen an Alter und Gnade bey Gott und den Menschen — die Zukunft müße dem glücklichen 2ten Februar noch Jubellieder Singen Amen. Mich empfele zu fererer Hulde und Gnade, und bin ewig

> Durchlauchdigste Fürstin
> Dero
> Unterthänigste treugehorsamste Dienerin
> Goethe.

Franckfurth d 7ten Februar 1783

94. An Merck den 21ten Februar 1783

Nun Lieber Sohn! Ihr werdet doch auch an der großen Freude theil genommen haben die jetzt gantz Weimar belebt. Ich vor mein theil war wie Närisch — Denn überlegt nur — kein wort von der Schwangerschafft zu wissen — und auf einmahl so eine fröhige Bottschafft — das kan ich schwören lange lange war mir nicht so seelig wohl. Aber lieber Freund! warum schickt Ihr mir denn die Iphigenie nicht — vor länger als 4 wochen bate ich Euch drum — auch nicht einmahl eine Zeile Antwort — Ich will nicht hoffen daß Ihr Kranck seyd — eben so wenig daß Ihr mich vergeßen habt — Laßt bald was von Euch hören, das wird hertzlich freuen — Diejenige, die ist und bleibt

Eure
wahre Freundin. C. E. Goethe.

95. An die Herzogin Anna Amalia   den 1ten Mertz 1783

Durchlauchtigste Fürstin!

Ich bin ja wohl eine recht glückliche und beneidungs würdige Frau! In dem Andencken, in der Gnade Einer *Amalia* zu stehn! Einer Fürstin die in allem betrachtet, würcklich Fürstin ist — *Die* der Welt gezeigt hat, daß Sie Regiren kan — *Die* die große Kunst versteht alle Hertzen anzuziehn — *Die* Liebe und Freude um Sich her verbreitet — *Die* — Mit einem Wort zum Seegen vor die Menschen gebohren wurde. Ja Große und Vortreffliche Frau! Ich schwöre bey allem was heilig ist, daß, die Fortdauer von Höchst Dero Gnade und Güte, mir mehr werth ist, als der Beyfall einer gantzen Welt. Theureste Fürstin! Erhalten Sie mir diesen Unaussprechlich großen Schatz! Der nun einmahl zu einem Wesentlichen theil von mir gehört, ohne den meine Exsißtentz so wenig ein gantzes wäre, als der Leib ohne Seele. Unser Theurer Erbprintz befindet Sich also wohl — Gott sey Taußend Danck davor gesagt! nach Dero Beschreibung, gibt das ja einen zweyten Reinhold — und da ich zuverläßig weiß, daß Er die beste Erziehung nach Leib und Seele bekommen wird; so kan auch der Wachsthum an beyden nicht fehlen — und alles Volck soll sagen

Amen. Wieland und meinem Sohn würde ich es ewig nicht verzeihen, wenn Sie bey dieser frohen Begebenheit Ihren Pegasus nicht weidlich tummelten, und mich verlangt recht hertzlich, Ihre Gebuhrten zu sehen. Freylich komt es mir vor als ob mein Sohn, sich in etwas mit den Musen Brouliert hätte — doch alte Liebe Rostest nicht — sie werden auf seinen Ruf, schon bald wieder bey der Hand seyn. Mit Wieland — ja das ist gantz was anders, Das ist ein gar beständiger Liebhaber — die 9 Mädger mögen lachen oder sauer sehen — Er schickt sich in alle Ihre Launen — und ich weiß von sichrer Hand, daß so was, die Damen überaus gut aufnehmen. Ihro Durchlaucht haben die Gnade Sich zu erkundigen was ich mache — Ich befinde mich Gott sey Danck, gesund, vergnügt, und fröliges Hertzens — suche mir mein bißgen Leben noch so angenehm zu machen als möglich — Doch liebe ich keine Freude, die mit unruhe, wirrwar und beschwerlichkeit verknüpft ist — Den die Ruhe liebte ich von jeher — und meinem Leichnam thue ich gar gern seine ihm gebührendte Ehre. Morgens besorge ich meine kleine Haußhaltung und übrigen Geschäffte, auch werden da Briefe geschrieben — Eine solche lächerliche Correßpontentz hat nicht leicht jemand außer mir. Alle Monath raume ich meinen Schreibpult auf — aber ohne lachen kan ich das niehmals thun — Es sieht drinnen aus, wie im Himmel. Alle Rangordnung aufgehoben — Hohe und geringe, Fromme und Zöllner und Sünder, alle auf einem Haufen — Der Brief vom frommen Lavater liegt gantz ohne groll, beym Schauspieler Großmann u. s. w. Nachmittags haben meine Freunde das Recht mich zu besuchen, aber um 4 Uhr, muß alles wieder fort — dann kleide ich mich an — fahre entweder ins Schauspiel oder mache Besuche — komme um 9 Uhr nach Hauß — das ist es nun so ungefähr was ich treibe. Doch das beste hätte ich bald vergeßen. Ich wohne in der langen gaßen, die mann vor Leßer erbauen laßen u. s. w. Nehmen Ihro Durchlaucht mit der Beschreibung meines geringhaltigen Lebenswandel vor lieb, und erhal-

ten mir Dero unschätzbare Gnade, diß ist die einzige Bitte
von
      Ihrer Durchlaucht
          unterthänigst und treusten Dienern
             Goethe.

96. An die Herzogin Anna Amalia

         Franckfurth d 24ten Mertz 1783

Durchlauchdigste Fürstin!

Vor die übersendung der zwey vortrefflichen Cantaten, dancke unterthänigst; sie haben mir sehr wohl gefallen — doch wenn auch in dem beglückten Weimar nichts von Geistes producten zum Vorschein käme, wo den sonst??? Sind den weit und breit so viele herrliche Menschen beysammen? Wo find mann denn die Höffe, die von solchen Herschafften Regirt werden — Wo trieft den das just eben so zu, daß Mutter und Sohn einerley Fürstliche und wahre große Gesinnungen haben — *Die* das Verdinst wo *Sie* es finden emphor heben — auf den Leuchter stecken — ists also ein Wunder wen das Licht leuchtet! Theureste Fürstin! Diß ist das wahre Bild, aller der glücklichen Menschen, die die Gnade haben in Dero und Unseres Besten Fürsten Dinsten zu stehen. Mich verlangt sehr auf meines Sohns Darma — Der Himmel gebe sein Gedeihen, daß auch Er, zur Verherrlichung Dieser frohen Zeit, etwas Leib und Seele erfreundendes hervor bringen möge! Seidel hat mir die Weimarer Zeitung überschickt, wo der Kirchgang von der Durchlauchdigsten Frau Herzogin gar schön und feyerlich beschrieben ist — Auch habe ich das Versprechen, alles was sonst noch merckwürdiges pasirt ist zu erfahren, worauf ich mich zum voraus freue. Ich empfehle mich meiner Theuresten Fürstin zu fernerem Gnädigstem Andencken, und verbleibe
    Durchlauchdigste Fürstin
          Dero
    unterthänigste treugehorsambste Dienerin
         Goethe.

97. An die Herzogin Anna Amalia

Durchlauchdigste Fürstin!

Das schrieftliche Zeugnüß das Ihro Durchlaucht mich noch immerfort mit Dero gnädigem Andencken begnadigen erfreute mich über allen ausdruck — Mitten in der großen Welt — in dem kreiß Dero Hohen und Vortrefflichen Anverwanden — unterm Genuß der herrlichsten Freuden denckt Unsere Beste Fürstin an die so gantz im stillen dahinlebende Frau Aja! Gnädigste Fürstin! Mein gantzes Verlangen, begehren und wünschen geht einzig dahin, mich dieser großen Gnade nur in *etwas* würdig zu machen — Aber was kan eine Frau wie ich anders thun, als aus der fülle ihres Hertzens dancken, und um die Fortdauer solcher Gnade Demüthist ansuchen — In vollem Glauben, daß diese Bitte gnädige Erhörung finden wird — will ich mit frohem Muthe und frölligem Hertzen das was Ihro Durchlaucht zu wißen verlangen, auf das treulichste und bestmöglichste vortragen und berichtigen. So tief wird mich doch der liebe Gott nicht herabsincken laßen um an einem Journal zu schreiben — Behüte und bewahre! Ich weiß dem Himmel sey Danck, die langeweile beßer zu verjagen — und ohne mich zu prostituiren meine Tage vergnügt durchzuleben — Überhaubt wüßte ich von dem gantzen dummen gezeugs nichts — wenn nicht Frau Max Brentano mir den Plan zugeschickt hätte — Ich würde die gantze sache vor eine Satire halten, wen es nicht der Printzseß Elisabeth zugeeignet — und alle Postämter mit geplagt würden. Wir haben hir so etliche arme Schlucker, die wird der böße Feind und ihr Magen wohl zu so einem geschreibe verführt haben — das ist alles was ich von der schönen Rarität weiß. Daß mein Sohn dem Durchlauchdigsten Herzog von Braunschweig wohlgefallen — thate mir gar sanfte an meinem Mütterlichen Hertzen — Beynahe gehts mir wie dem alten Ritter, den Geron der Adelich in einer Höle antraf, und der mitunter bloß davon lebte, weil ihm die Geister so viel gute

Nachrichten von seinem Enckel Hecktor überbrachten —
Was habe ich nur dieße Meße über wieder vor Lebens Balsam gekriegt. Nun Gott sey ewig davor geprießen!

Da Ihro Durchlaucht die Gnade haben mich zu fragen, was ich mache, wie ich mich befinde? so gehts bey mir immer den alten gang fort — Gesund, vergnügt, lustig und fröhlich — zumahl bey dem herrlichen Herbst und vortrefflichen Wetter den 3$\underline{\text{ten}}$ war das große Bachus Fest — Es war ein Jubel, eine Lust, ein gejauze — Trauben! wie in Canaan — und noch obendrein, die Hüll und Füll — in meinem kleinen Weinberg weit über ein Stück — Aber da gabs auch unendlichen Schweinebraten!!! Phillipp war so glücklich die gantze Lust mitzugenüßen u. s. w. Aus dieser Relation, können Ihro Durchlaucht ersehen, daß es mir gantz behaglich zu muthe ist. Zum vollen Maß meiner Glückseligkeit — erbitte von Ihro Durchlaucht unserer Besten Fürstin, die Fortdauer Dero Huld und Gnade vor Diejenige, die zeitlebens ist

    Durchlauchdigste Fürstin
           Dero
  Unterthänige, treugehorsambste Dienerin.
          Goethe.

Franckfurth d 5$\underline{\text{ten}}$ October 1783

98. An Fritz von Stein   Frankfurt, den 9. Jenner 1784.

Lieber Sohn!

Vielen Dank vor Ihren lieben Brief, er hat mir große Freude gemacht, — es geht Ihnen also recht gut bei meinem Sohne, — o, das kann ich mir gar wohl vorstellen. Goethe war von jeher ein Freund von braven jungen Leuten und es vergnügt mich ungemein, daß Sie sein Umgang glücklich macht. Aber je lieber Sie ihn haben, und also gewiß ihn nicht gern entbehren, je zuverläßiger werden Sie mir glauben, wenn ich Ihnen sage, daß die Abwesenheit von ihm mir ofte trübe Stunden macht. Sie, mein kleiner Freund, könnten nun da ein großes gutes Werk thun, — zumahl da Sie mich lieb haben, so wird es Ihnen gewiß nicht sauer ankommen, hören Sie, lieber Freund, meinen Vorschlag, — da Sie beständig um meinen Sohn sind, also mehr von ihm wissen, als Jeder andere, wie wäre es, wenn Sie so ein kleines Tagebuch hielten, und schickten es mir alle Monath, — viele Arbeit soll das Ihnen gerade nicht machen, nur ohngefähr auf diese Weise: «Gestern war Goethe im Schauspiel, Abends zu Gaste, — Heut hatten wir Gesellschaft», u. s. w. Auf diese Weise lebte ich gleichsam mitten unter Euch, — freute mich eurer Freuden, — und die Abwesenheit verlöre viel von ihrer Unbehaglichkeit, — eine kleine Zeile Morgens oder Abends geschrieben, — macht Ihnen wenig Mühe, mir aber würde es unbeschreiblich wohl thun, — überlegen Sie die Sache einmahl, ich glaube, es geht.

Wenn mein Sohn einmahl nach Frankfurt kommt, müssen Sie mitkommen, an Vergnügen soll es dann nicht fehlen, wenigstens wollte ich Alles zur Freude stimmen. Nun, das kann ja wohl einmahl geschehn, — Inzwischen behalten Sie mich lieb, ich verspreche Ihnen desgleichen, Grüßen Sie meinen Sohn, und seyn versichert, daß ich ewig bin

Ihre
wahre Freundin und treue Mutter
Elisabeth Goethe.

99. An Fritz von Stein   Fr. den 12. Februar 1784.

Lieber Sohn!

Das ist ja recht brav, daß Sie so Wort gehalten haben — das Tagebuch ist so ganz recht, und hat mich außerordentlich gefreut, — machen Sie mir das Vergnügen und schicken alle Monath so eine Beschreibung Ihres Lebens und Ihrer Beschäftigungen — die Entfernung von meinem Sohne wird mir dadurch unendlich leichter, weil ich im Geiste

Alles das mitgenieße, was in Weimar gethan und gemacht wird, — ich bitte, fahren Sie so fort, und Sie sollen mein lieber, lieber Sohn seyn. Die Zeichnung von Ihrer Stube hat sich recht gut conservirt, — sie liegt auf meinem Arbeitstisch und in Gedanken bin ich gar öfters bei Ihnen. Hier giebts nicht viel Neues, das interessant wäre, wir haben diesen Winter nur alle Dienstage Schauspiel. Die Schauspieler sind in Maynz und Schnee und Eis machen die Wege überaus schlimm, — grüßen Sie meinen Sohn vielmahls, und glauben, daß ich ewig bin

Ihre treue Mutter
E. Goethe.

100. *An Louise von Göchhausen*

Eine alte sage sagt recht fein,
Poeten dichten nur beym Wein,
beym Wasser sollen die Verselein,
Durchaus nicht zu genüßen seyn.
Das drückt mich nun am Hertzen schwer
Der Wein ist rahr zu kriegen her
Wir leben wie mitten auf dem Meer
Es geht drunter drüber kreutz und querr!
Die Keller sind von Wasser voll
Wir singen jetzt aus dem C Moll†
Nun! Herr Nepptun nur nicht zu doll
Was schirt ihn denn der Reihn und Mayn
Er soll ja Engeländer seyn?††
Geh Er in seyn Gebieth hinein
Da laß Ers Wasser aus und ein.
Er wär ein Gott? und ist so blind
Weiß nicht daß Menschen Menschen sind
und keine Fisch — Drum schaff Er Wind
Doch säum Er nicht und mach geschwindt
und trockne unsere Keller aus —

† In der bekandten Melodie, das alte Jahr vergangen ist
†† Siehe den Teuschen Mercur 1783. pag 274

und macht Ers gut so steht ein Schmauß
Zu Dinst — doch rätht ihm Mann und Mauß
Einandermahl bleib Er zu Hauß. u. s. w.
Genung davon — trotz Noth und Pein —
mein Brief soll dennoch werden fein —
und fehlt mir auch gleich der Wein
mein Danck soll doch in Versen seyn.
Danck! Tausend Danck vor deinen Strauß
Warhaftig der lacht Flohren aus,
Die Kunst erhebt sich zur Natur
und folgt getreulich ihrer Spur —
Man glaubt sich unter Blumen Flohr
Das Hertz schlägt freudiger empor —
Denck an den Frühling und vergießt,
Daß der, so nah noch gar nicht ist.
O Täuschung! Du, des Lebens Glück!
oft hast Du meinem Mißgeschick
Die hellste Colorit gegeben —
Verlaß mich nicht in diesem Leben
bleib bey mir! Andern gönn ich gern
Die Nackte Wahrheit. In der Fern
Will ich sie sehn, doch nicht zu nah,
ist sie vor blöde Augen da?
Ein Adler Auge thuts verstehn,
Doch damit bin ich nicht versehn.
Halt Steckenpferd! Steh still, kom her —
Das purtzelt in die kreutz und quer —
Der Brief der fängt sich an vom Strauß,
Der Schöppfs macht eine Predigt draus,
so wässerich wie zu dieser frist,
Es hir in Franckfurth Mode ist.
Nun gönn mir noch ein gnädig Ohr,
und merck was deiner Blumen Flohr,
Vor Ehre wiederfahren soll,
Ich bitte dich! Gib Achtung wohl.
Bey Hochzeit, Kindtaufs Schmausereyen

Concerte, Bälle, Gasterereien —
Bei Caffe, Thee, Bon Bon Gelagen —
An allen großen Galla Tagen —
Zu Kusch, zu Fuß, auf Promenaden
Im Glück von volten und geladen —
Bey Schwestern, Vettern, Nichten, Tanten —
Gevattern Baaßen Anverwandten —
Und in das neue Schauspiel Hauß,
geh ich geschmückt mit deinem Strauß.
Und endlich dann nun zum beschluß —
An lieben Wieland meinen Gruß —
Danck Ihm vor den Mercuius —
Ich bitt dich, liebe Freundin thuts!
Und dann — Behalt in Hertz und Sinn
Mich deine Freund und Dienerin

         Goethe.
den 1ten Mertz 1784

101. An die Herzogin Anna Amalia   den 2<u>ten</u> Mertz 1784

Durchlauchdigste Fürstin!

Ich vermag nichts als Danck zu stammeln — Die Gefühle meines inniggerührten Hertzens bin ich nicht im stande auszudrucken — nur das kan sagen, daß kein Ordens Band so lang die Welt steht mit mehr Freude, Stoltz und tieffem Gefühl unverdienter Gnade ist umgethan worden als das so trefende Bild meiner Vortrefflichen und Gnädigen Fürstin Amalia. Nie soll bey allen Festlichen Gelegenheiten ein anderer Schmuck mich zieren — schon zweymahl habe ich mir diese Wonne gemacht — Ihro Durchlaucht müßten doch lächeln, wen Sie sähen wie Frau Aja sich in die Brust wirft — daher rauscht in einem weißen seidnen Kleid — das mir ewig Theure Bild an einem breiten schwartzen Band auf der Brust — und ein Ausdruck in gang und mienen, daß alles meine gantze Selbstzufriedenheit aus den Augen leßen kan

— und nun das gucken, das fragen ohne Ende wer die schöne Dame seye — nun das Dickthun Derjenigen die die Gnade haben Ihro Durchlaucht zu kennen — wo immer eins stärcker als das andre schreit — Bey Gott! das ist die Herzogin Amalia, wie aus dem Spiegel gestohlen! Ihro Durchlaucht! würden lächeln /: noch einmahl seye es gesagt :/ und empfinden, wie so gantz glücklich Sie mich gemacht haben Der Blumen-korb ist ein solches Meisterwerck, das gar nicht genung bewundert werden kan — Er steht in meinem besten Zimmer auf einem Marmor Tisch, und wer ihn noch gesehen hat, bekent, daß Franckreichs und Italiens Blumen steifes Papier gemächte dagegen ist — Beym aufmachen des Kastens stunde ich wie bezaubert — ich wuste gar nicht was ich dencken und machen solte — Alles trägt jetzt hir Blummen, alt und jung und niemand ist im Er[n]st aufgetackelt der nicht wenigstens eine vorsteken hat, aber du Lieber Gott! das ist alles gegen diese Stroh eitel Stroh — besonders die Blätter und die Stiele sind der Natur so ähnlich, daß ich in der Täuschung an der Hiazinte roch. Dieser herrliche Weimarer product, soll als ein Heiligthum bey mir aufgehoben werden, und wehe dem! der nur einem Stengel dran zerknickte. Der Geldbeutel hat mich sehr gefreut — Gott mache mich noch einmahl so glücklich die Hände zu küssen, die ihn verfertigt haben! Die Luftreiße wolte ich mit Vergnügen anstellen — nur fürchte ich daß es so bald noch nicht geschieht — von unserm Luftballon ist alles Maußestill, mich dünckt die Verfertiger sind ihrer sache nicht gantz gewiß, und fürchten das auspeifen.

Gott seegne die Bergwercks Geschäffte! und schencke meinem Sohn Gesundheit und kraft Dero Hohen Fürstlichen Hauße alle ersprießliche Dinste zu leisten. Wir haben hir eine große Überschwemmung gehabt — noch heute da ich dieses schreibe ist mein Keller noch voll Wasser — auf unserer Straße fuhr man in Schiffen — An niedrigen Orten wie am Fahrthor stunde das Wasser im ersten Stockwerck — Das Elend war viel größer als 1764 Unsere Dorfschafften stehen meist unter Wasser — Das Unglück abgerechnet, war der Eißgang ein prächtiges Schauspiel — Das krachen an den Eißbrechern — die schrecklichen großen Schollen die wie Berge sich aufthürmten mit großen gethön sich überein ander wältzten — das brausen des Maynstrohm — Der Donner der Canonen der dazwischen brüllte, um der Stadt Manyz das Singnahl zu geben, daß der Mayn auf sey — Der Lermen der Menschen, das raßlen der wagen die die Kaufmans Gewölbe lehr machten u. s. w. Das alles zusamen konte den Hertzhafftesten in Furcht jagen. In dem jetzt beschriebenen Wirr Warr — kam Dero herrliches Geschenck bey mir an. Das kan ohnmöglich alles vor dich seyn — villeicht steht in dem dicken Brief die Order wo der große und kleine Kasten hin gehört — also risch rasch den Brief auf — und nun die Freude, den Jubel! Ich vergaß alles, zog ein Band durch und nun gleich mich mit damit geschmückt. Da ich ferner bemerckte, daß das übrige auch mein Eigenthum wäre, da gings an ein auspacken — und mein Erstaunen über alle den Pracht, habe ich schon die Gnade gehabt Ihro Durchlaucht oben zu beschreiben. Gott sey der Vergelter aller der Freuden! Er bestreue mit Blumen den Lebens pfad *Unser Theuren Fürstin!* Erhalte Sie und das gantze Durchlauchdigste Hauß, Daß noch Urenckel das Holde Angesicht Ihrer Stammmutter sehen — Einer Fürstin! wie sie Gott nicht alle macht. Mir erbitte ich die Fortdauer von Dero hohen Gnade, und verbleibe Zeit Lebens

Durchlauchdigste Fürstin!
Dero
Unterthänigste treugehorsambste Dienerin
Goethe.

102. An Fritz von Stein Fr. den 22. März 1784.

Lieber Sohn!

Ihr Brief, die Beschreibung der Reise nach Ilmenau, die gedruckten Reden, die Blumen, die Zeichnung der Bergleute, und überhaupt Alles, was Sie mir sonst geschrieben haben, hat mich sehr gefreut. Nein, einen solchen lieben, fleißigen Correspondenten habe ich noch nicht gehabt; es wird ein großes Vergnügen vor mich seyn, wenn Sie die Güte haben so fortzufahren, die kleinste Begebenheit, die Sie mir berichten, hat mehr Reiz für mich, als Alles, was sonst in der weiten Welt passiren mag. Es ist die Wahrheit, daß wir hier sehr großes Wasser gehabt haben, das von 1764 war Spaß dagegen — unsere Stadt ist in 14 Quartiere eingetheilt, drey blieben befreit, die andern elf hatten ihre große Noth. Mein Keller ist jetzt wieder in der schönsten Ordnung, und es ist, Gott sey Dank, nicht das Allergeringste verunglückt, und zum Zeichen, daß mein oberonischer Wein noch wohlbehalten ist, werden ehstens sechs Krüge bei meinem Sohn anlanden. Ihr Pettschaft ist recht schön, wie froh werd ich immer seyn, wenn es mir zu Gesichte kommt! An Ihre liebe Frau Mutter, an meinen Sohn, an Gevatter Wieland, meine schönsten und besten Grüße. Sie aber, mein lieber Sohn, fahren fort, mir von Zeit zu Zeit gute Nachrichten mitzutheilen, Sie werden dadurch diejenige sehr verpflichten, die ewig ist

Meines lieben Sohnes
treue Mutter
Elisabeth Goethe.

103. An Fritz von Stein　　　　　　　　Fr. den 30. März 1784.

Lieber Sohn!

Sie können nicht glauben, wie mich Ihr Schattenriß gefreut hat. Nun kann ich mir doch eine Vorstellung von meinem lieben Correspondenten machen, ich danke recht sehr davor. Es wäre mir gar lieb, wenn Sie mit meinem Sohne nach Eisenach gingen, da erführe ich doch auch wie es da herginge, und Ihre Briefe lese ich mit vielem Vergnügen. Ich wünsche von Herzen, daß der ewige Schnee einmahl aufhören wollte, damit Sie in Ihrem Gärtchen sich recht erlustiren könnten, — bei uns ists noch dicker Winter, heut kann fast kein Mensch aus dem Haus vor entsetzlichem Schnee und Wind — vor einigen Tagen ist ein kleiner Luftballon von zwei Schuh in die Höhe gestiegen, es war spaßhaft anzusehn. Vor heut muß ich schließen, die Post will fort und doch lasse ich nicht gern einen Brief von Ihnen, mein lieber Sohn, unbeantwortet, besser ists doch immer, ein wenig als gar nicht; seyn Sie versichert, daß ich unverändert bin

Ihre
treue Mutter
Elisabeth Goethe.

104. *An Fritz von Stein*

Fr. am ersten Ostertag 1784 [11. April].
Lieber Sohn!

Ich wünschte sehr, daß sie jetzt bei mir wären. Übermorgen geht unser Schauspiel wieder an, und zwar wird ein ganz neues Stück gegeben, Kabale und Liebe von Schiller, dem Verfasser der Räuber, — Alles verlangt darauf und es wird sehr voll werden. Vor Ihren lieben recht schönen Brief und vor das Wochenblatt danke aufs Beste. Daß Sie das Tagebuch wieder anfangen wollen, freut mich gar sehr, doch verlange ich keineswegs, daß Sie sich geniren sollen, denn wenn man auf der Reise ist, oder sonst Vorfälle kommen, so versteht es sich von selbst, daß das Schreiben warten muß. Anbei schicke ich Ihnen ein kleines Meßgeschenk — und wünsche, daß es Ihnen gefallen möchte. Grüßen Sie Ihre Frau Mutter, meinen Sohn, und alle gute Freunde von derjenigen die unverändert ist

Meines lieben Sohnes
treue Mutter
E. G.

105. An Louise Schlosser   den 21ten Aprill 1784

Liebes Enckelein!

Mich hat dein Brief sehr gefreut. Der Eduart, das muß ja ein gantzer Bursche sein! Der kan dir schon die Hände drücken — Aber was wird das vor ein spaß sein, wen Er mit dir und deinen zwey Schwestern im Garten herum laufen kan — hübsch achtung muß du freylich auf ihn geben, daß er nicht auf die Naße fält. Wegen der schönen Strümpfe die du mir gestrickt hast, schicke ich dir hiemit einen Strickbeutel — dem Julgen auch, damit es auch fleisig wird — die Bilder sind dem Henriettgen Der Strickbeutel und die sielbernen Maschigen mit dem rothen Band sind dein, die mit blau dem Julgen. Jetzt Lebe wohl und behalte mich Lieb. Ich bin immer, deine treue Großmutter

                                                      Goethe.

106. An die Herzogin Anna Amalia   den 13ten Juni 1784

Durchlauchdigste Fürstin

Hoffrath Bode war mir ein gar lieber Bothe, den Er brachte gute Nachrichten von Unserer Besten Fürstin und ein so gnädiges, herrliches Briefgen das mir die frohe Gewißheit gab, mein Andencken grüne und blühe noch bey einer Fürstin Dero Gnade und Wohlwollen mir über alles in dieser Welt geht. Ihro Durchlaucht haben die Gnade zu fragen, wie es mit mir steht? Gott sey Danck! immer noch auf die alte Art und weiße, das ist verdolmeschts, Gesund, vergnügt, guten Houmors u. s. w. Freylich ist das in meiner Lage eben so keine große Kunst — Aber doch mitalledem liegt es mehr an der innern Zufriedenheit mit Gott, mit mir, und mit den übrigen Menschen als gerade zu an den äußern Verhältnüßen — Ich kenne so viele Menschen die gar nicht glücklich sind, die das arme bißgen von Leben sich so blut sauer machen, und an allen diesem Unmuth und unmusterhaftem Wesen ist das Schicksahl nicht im geringsten schuld

— In der Ungenügsamkeit da steckt der gantze fehler. Ihro Durchlaucht verzeihen mir dieße Moralische Brühe — es ist sonst eben meine sache nicht, aber seit einiger Zeit bin ich die Vertraute von verschiedenen Menschen worden, die sich alle vor unglücklich halten, und ist doch kein wahres Wort dran — Da thut mir dann das kräncken und Martern vor die armen Seelen leid u d m. Der erschröcklich lange Winter, macht einem die Freuden des Frühling doppelt fühlbar — Auch ich Theureste Fürstin! genüße so viel immer möglich die Herrlichkeit der schönen Natur — und das Vortreffliche Bild unserer Besten Fürstin begleidet mich zu allen Freuden des Lebens — nur nocheinmahl wünschte ich das Glück zu genüßen das mir so Theure Originahl zu sehen! Ist denn dazu gar kein Anschein? gar keine Möglichkeit? Auch Sohn Wolf komt nicht! und da kommen doch von Osten und Westen, Süden und Norden allerley Figuren die ——— wegbleiben dürften — Das gehört nun freylich alles unter die Leiden dieser Zeit. Wie befindet sich denn meine Liebe Gnädige Freulein von Goechhaußen? Das Theure Freulein scheint etwas Tintenscheu zu seyn — ein Übel das mich auch oft überfält — Darf ich Unterthänig bitten meinen freundlichen Gruß auszurichten, und wie hertzlich es mich verlangte, mit dem herrlichen Blumenstrauß vor Ihre Augen zu tretten — Gott gebe daß es bald geschehen möge Amen. Ich empfehle mich in aller Unterthänigkeit zu fernerer Gnade und verbleibe biß ins Grab

Durchlauchdigste Fürstin!
Dero
Unterthänigste treugehorsambste Dienerin
Goethe.

107. An Fritz von Stein　　　　　　Fr. den 2. Juli 1784.

Lieber Sohn!

Ich erkenne aus Ihrem letzten Schreiben Ihre ganze freundschaftliche Gesinnung gegen mich, auch mir würde es großes Vergnügen machen Sie und meinen Sohn zu sehen, — aber das ist auf keine Weise thunlich, — das Reisen war nie meine Sache und jetzo ists beinahe ganz unmöglich, — alle die Ursachen, die mich verhindern, anzuführen, wäre zu weitläufig, und Sie, mein lieber Sohn, würden weil Sie das Innere meiner Verhältnisse nicht wissen, mich doch nicht begreifen. Die Vorsehung hat mir schon manche unverhoffte Freude gemacht, und ich habe das Zutrauen, daß dergleichen noch mehr auf mich warten, — und Sie und meinen Sohn bei mir zu sehen, gehört sicher unter die größten, — und ich weiß gewiß, meine Hoffnung wird nicht zu Schanden. Behalten Sie in guten Andenken diejenige, die unverändert ist

Ihre

treue Mutter
E. G.

108. An Fritz von Stein   Frankfurth, den 9. September
Lieber Sohn!   1784.

Ungeachtet Sie dieses Schreiben durch die Post ehnder würden erhalten haben, so konnte es dem Überbringer dieses ohnmöglich abschlagen, der mich sehr ersuchte, ihm etwas mitzugeben. Ich danke Ihnen von ganzem Herzen vor die Schilderung Ihrer mir so lieben und interessanten Person — besonders freut es mich, daß Sie Ihr Gutes und Nichtgutes schon so hübsch kennen. Bravo! lieber Sohn! das ist der einzige Weg, edel, groß, und der Menschheit nützlich zu werden; ein Mensch, der seine Fehler nicht weiß, oder nicht wissen will, wird in der Folge unausstehlich, eitel, voll von Pretensionen, — intolerant, — niemand mag ihn leiden, — und wenn er das größte Genie wäre, ich weiß davon auffallende Exempel. Aber das Gute, das wir haben, müssen wir auch wissen, das ist eben so nöthig, eben so nützlich, — ein Mensch, der nicht weiß, was er gilt, der nicht seine Kraft kennt, folglich keinen Glauben an sich hat, ist ein Tropf, der keinen festen Schritt und Tritt hat, sondern ewig im Gängelbande geht und in seculum seculorum — Kind bleibt. Lieber Sohn, bleiben Sie auf diesem guten Wege, und Ihre vortrefflichen Eltern werden den Tag Ihrer Geburt segnen. Es ist ein großes Zeichen Ihrer Liebe und Freundschaft, daß Sie eine genaue Beschreibung von meiner Person verlangen, hier schicke ich Ihnen zwei Schattenrisse, — freilich ist an dem großen die Nase etwas zu stark, — und der kleine zu jugendlich, mit alle dem ist im Ganzen viel Wahres drinnen. Von Person bin ich ziemlich groß und ziemlich korpulent, — habe braune Augen und Haar, — und getraute mir die Mutter von Prinz Hamlet nicht übel vorzustellen. Viele Personen, wozu auch die Fürstin von Dessau gehört, behaupten, es wäre gar nicht zu verkennen, daß Goethe mein Sohn wäre. Ich kann das nun eben nicht finden, — doch muß etwas daran seyn, weil es schon so oft ist behauptet worden. Ordnung und Ruhe sind Hauptzüge meines Charakters, — daher thu' ich Alles gleich frisch von der Hand weg, — das Unangenehmste immer zuerst, — und verschlucke den Teufel /: nach dem weisen Rath des Gevatters Wieland :/ ohne ihn erst lange zu bekucken; liegt denn Alles wieder in den alten Falten, — ist Alles unebene wieder gleich, dann biete ich dem Trotz, der mich in gutem Humor übertreffen wollte. Nun, lieber Sohn, kommen Sie einmal und sehen Sie das Alles selbst mit an, — ich werde Alles anwenden, um Ihnen Freude und Vergnügen zu verschaffen.

Seyn Sie versichert, daß ich ewig bin

Ihre
wahre Freundin und treue Mutter
E. G.

109. An Bertuch [10. September 1784.]

Wohlgebohrner Herr
Insonders Hochgeehrter Herr Rath!

Ich würde mir nicht die Freyheit genommen haben, Ew: Wohlgeb: mit gegenwärtigem zu belästigen, wenn Herr Hoffrath Bode die Güte gehabt hätte meinen Ihm gegebenen Auftrag zu besorgen; ich bate Ihn nehmlich, mir ein Dutzend Blumensträuße von der vortreflichen Weimarrer Fabrick zu überschicken. Vier Monathe wartete mit der größten Geduld, vertröstete alle meine Freundinnen drauf, aber es erschiene nichts — Madam Banßa war glücklicher — nun wolte ich von diesen nehmen, aber auch das schlug fehl, sie waren schon alle weg. Ew: Wohlgeb: sehen also von selbst, daß mir kein anderer Weg offen bleibt, als gerade zu mich an Ihnen selbst zu wenden; so ungern ich auch einen Mann belästige der ohnehin mit Geschäfften überhäuft ist. Haben Sie also die Güte und überschicken mir von den herrlichen Blumen, besonders erbitte mir Feld blumen, als, Kornblumen, Vergißmeinnicht, Reseda, Klapperroßen u. s. w. Ew: Wohlgebohren werden mich dadurch sehr verpflichten, und ich erbiete mich zu allen angenehmen Gegendinsten. Empfehen Sie mich, Dero Frau Gemahlin, und seyn versichert, daß ich von Hertzen mich unterzeichne

> Wohlgebohrner Herr
> Insonders Hochgeehrter Herr Rath!
> Dero gehorsambste Dienerin und Freundin
> Elisabetha Goethe.

N. S. Das Geld werde sogleich mit dem besten Danck zu übersenden die Ehre haben.

110. An die Herzogin Anna Amalia

Durchlauchdigste Fürstin!

Meine Freude war unbeschreiblich groß, einmahl wieder einen so genadenreichen Brief von unserer Theuren und Besten Fürstin zu erhalten! O! wie ofte war ich mit Hertz, Seele und Geist in dem mir so lieben lieben Weimar! Ihro Durchlaucht würden auch zuverläßig mehrmahlen mit Briefen von mir belästigt werden, wenn der Gedancke von meinem Unvermögen mich nicht zurück hielte: denn was kan eine Frau wie ich, die in einem so beschränkten Circkel lebt einer Fürstin schreiben, Die alles was groß, was herrlich, was vortrefflich ist um sich herum hat, und das alles durch Ihre holde Gegenwart noch größer, herrlicher, noch vortrefflicher macht — Was kan /: ich sage es noch einmahl :/ eine Frau wie ich da wohl Intresantes schreiben oder sagen! Aus Ihro Durchlaucht gnädigstem Schreiben ersehe aber zu meinem Trost, daß wir hir doch etwas haben das beßer ist als in Weimar nehmlich das Schauspiel — Es sind Leute drunter, die schon auf den besten Theatern Teuschlands mit Ruhm geehrt worden sind und die ihrem Ruhm stehen. Vor 14 Tagen hatten Wir ein groß gaudium! Die Herren Ifland und Beck Schauspieler von Mannheim spielten eine gantze Woche hir — unterandern machte Ifland in der verstelten krancken den Tauben Apotecker und der Jubel und das gelächter war so groß, daß die Schauspieler mit angesteckt wurden, und alle mühe von der Welt hatten im gleiße zu bleiben und sich nicht zu prostituiren. Vor die guten Nachrichten Die Ihro Durchlaucht die Gnade gehabt haben, mir von meinen vielgeliebten Sohn zu berichten, dancke in Unterthänigkeit und freudig gerührtem Hertzen und empfehle ihn zu fernern Hohen Gnade. Aus den Zeitungen habe ersehen, daß unser Durchlauchdigster Herr Herzog außer Seinem Lande ist, Gott gebe Ihm eine glückliche Reiße!!! Ihro Durchlaucht haben die Gnade Freulein Thusnelde von mir aufs freundlichste und Hertzinngigliste

zu grüßen. Gerne mögte ich an Gevatter Wieland, Freund Bode und Herren Bertuch das nehmliche thun, aber Ihro Durchlaucht damit zu beschweren das unterstehe ich mich nicht. So bald es die Witterung zuläßt, sollen Schwartemägen von der besten Fabrick sich einfinden — Mir wird es die größte Gnade seyn, wenn Ihro Durchlaucht davon speißen und Derjenigen dabey sich erinnern, die biß ans Ende ihrer Tage ist.
Durchlauchdigste Fürstin!
Dero
Unterthänigste treugehorsambste Dienerin. Goethe.

den 13ten November 1784

111. An Fritz von Stein Frankfurth, den 23. Dezember 1784.

Lieber Sohn!

Glauben Sie ja nicht, daß ich Ihnen vergessen hätte, das ist meine Gewohnheit gar nicht — die Ursach meines Nichtschreibens liegt vor jetzt an den kurzen Tagen, — ich kann, ohne mir an meiner Gesundheit zu schaden, nicht gleich nach Tische und eben so wenig bei Licht schreiben. Morgens wirds vor halb neun nicht Tag und bis ich angekleidet bin und meine übrigen Sachen in Ordnung habe, so ist es Mittag, man weiß nicht wie — kommen gar noch Morgenbesuche /: welches bei mir nichts Seltenes ist :/ so fällt das Schreiben gar weg. Ich bin überzeugt, daß Ihnen diese Gründe einleuchten. Nun weiter. Die Zeichnungen habe wohl erhalten und dancke dafür. Ich will auch mit helfen bitten, daß Ihro Durchlaucht glücklich in die Wochen kommen möchten. Der Herr Herzog ist noch in Darmstadt und erlustigt sich mit der Jagd. Er kam über Frankfurth und ich hatte die Freude ihn in meinem Hause mit einem Frühstück zu bewirthen. Ich bin viel glücklicher als die Frau von Reck. — Die Dame muß reisen um die gelehrten Männer Deutschlands zu sehen, bei mich kommen sie Alle ins Haus, das war ungleich bequemer, — ja, ja, wems Gott gönnt, giebt ers im Schlaf. Lieber Sohn, fest überzeugt, daß Sie meinen guten Willen höher schätzen, als die That, schicke ich Ihnen hier etwas vom hiesigen Christ, Bonbons nebst einem Geldbeutel weil mir die Gattung und Farbe artig däuchte. Schnee haben wir hier auch, — das mag ich nun wohl leiden, — aber so großes Wasser, wie vorm Jahre, das will mir sehr verbeten haben. Leben Sie recht wohl. Grüßen Sie Ihre liebe Frau Mutter, meinen Sohn, Herder, Wieland, Bode u.s.w. von

Ihrer
treuen Mutter
E.G.

112. An die Schlosserschen Kinder [nach Weihnachten 1784?]

An Meine Liebe Enckeleins
Louise, Julie, Henriette, u Eduardt

Mich freuts ihr Lieben, daß mein Christkindlein Euch wohl gefallen hat — fahret fort so geschickt und brav zu seyn wie bißher, das wird Eure Lieben Eltern und die Großmutter hertzlich freuen — auch soll der Heilige Crist /: wen ichs erlebe :/ Euch wieder viele hübsche sachen mitbringen. Dancke auch vor Euer liebes Schreiben, es hat mir große Freude gemacht zu sehen, wie geschickt meine Louise und Julie sind. Vergeßt die Großmutter nicht, die Euch alle hertzlich liebt.

Elisabetha Goethe

113. An Fritz von Stein Frankfurth, 24. Januar 1785.

Lieber Sohn!

Es herrscht eine etwas große Verwirrung unter unsrer Correspondenz, — aber meines Wissens bin ganz und gar ohne Schuld, — und ich will so viel als möglich ist, die Sache suchen ins Klare zu bringen. Ende Dezember schickte ich eine Schachtel mit Marzipan nach Weimar —

unten auf den Boden legte ein Päckchen mit Ihrer Addresse, worinnen eine Brieftasche, ein Geldbeutel und ein Schreiben von mir befindlich war, — ich glaubte nun Alles in Richtigkeit, aber zu meinem großen Erstaunen erhalte von Ihnen einen Brief vom 1. Januar 1785. datirt, woraus ich sehe daß die überschickte Schachtel nicht bis auf den Boden ausgeleert worden war. Vor ohngefähr 14 Tagen schicke ich abermals ein Kistchen und einen Brief an meinen Sohn, einen Brief an Ihnen, worin ich der Bonbonschachtel hauptsächlich erwähne, und glaubte nun abermals daß Alles in Ordnung sey; wie sehr verwunderte ich mich aber, als ich statt einer Antwort wieder einen Brief von Ihnen vom 6. Januar erhalte, worin Sie mich auslegen, daß ich nicht an Ihnen schriebe. Das ist nun der Dritte, und eh setze ich keine Feder mehr an, bis ich gewiß weiß ob Sie meine Briefe alle haben.

Eben da dieser Brief auf die Post sollte, erhalte Ihr liebes Schreiben vom 19ten Jenner und sehe mit Vergnügen, daß unsre Correspondenz in schönster Ordnung. Die Nachricht von dem Wohlbefinden meines Sohnes und was er treibt und macht, vergnügt mich immer, wie Sie leicht denken können, gar sehr und thut meinem Herzen gar wohl. Vor den Addreßkalender danke höflich. Mich freut, daß Sie sich auf der Redoute so gut amusirt haben. Wir haben hier alle Montag Ball und vorige Woche war ein gar prächtiger, 900 Menschen waren da, alle Prinzen und Prinzessinnen auf 10 Meilen in die Runde beehrten ihn mit ihrer Gegenwart. Schauspiel haben wir jetzt nicht, hoffen aber die Fasten es zu bekommen, — der Kaiserliche Gesandte hat sichs vom hiesigen Rathe zur Freundschaftsprobe ausgebeten. Leben Sie wohl und glauben, daß ich unverändert bin

Ihre

wahre Freundin
E. G.

114. An Louise von Göchhausen [Ende Februar 1785.]

Mein Theures Freulein!

   Des Danckes viel,
Vor deinen Brief im gereimten Stiel
Wolte mich freuen mit Hertz u Muth
Wen mirs gerithe auch so gut.
Aber als mich meine Mutter gebahr,
Kein Poeten Gestirn am Himmel war;
Doch — will ichs machen so wie ichs kan
Ein kleiner Mann, ist auch ein Mann,
Wir können nicht alle Wielande seyn
Der macht dir den Reim so nett u rein
Keiner kans beßer in Prosa sagen
Das thut einem freylich dann wohl behagen.
Auch habt Ihr der großen Leute so viel
Daß beßer wär, unsereins schwieg still.
Doch lirum larum Dudelein,
Laßen wir die großen Männer seyn:
Und reden jetzt zu dieser frist,
Wie uns der Schnabel gewachsen ist.
Also zum Zweck! Habe 1000 Danck.
Von Mutter Aja Lebenslang,
Vor deine liebe drey Briefelein,
Die mir wohlthaten im Hertzen mein.
Der Erste überzeugte mich gantz,
Vom völligen Wohlseyn des Häschelhanz,
Der zweyte erzählt was ein Profeßer sagt
Der über das Leben der Menschen wacht,
Der Brave Mann beweißt mit gründen
Die gar nicht sind zu überwinden;
Mann müße hübsch Eßen u Trincken auf Erden,
Wenn Einer nicht wolle zum Leichnam werden.
Nun kommt der Dritte, der ist gar schön,
Und lieblich und freundlich anzusehn,
Hat grün Papier thut den Augen gut,

Gießt Hoffnung ins Leben macht wohlgemuth —
Da freust du dich nun mächtig gar,
Daß Mutter Aja gebohren war,
In Franckfurth der berühmten Stadt
Die große Häußer, kleine Köpfe hat;
und wünschest Glück mit so biederm Muth,
Das that Frau Aja treflich gut.
Vor alles das dancke hertzlich *dir*,
Bin deine Freundin für und für,
Und hoffe noch in diesem Jahr,
Dich zu sehn mit meinen Äugelein klahr,
und dir zu sagen daß ich bin,
Deine treue Freund u Dienerin

Frau Aja.

N. S.

Ich bin sehr begirig dein Machwerck zu sehn. Drum laß das Ding nicht länger anstehn, und schicke es eilig und geschwind, mit dem Postwagen, der geht wie der Wind.

115. An Fritz von Stein Fr. den 16. Mai 1785.

Lieber Sohn! diese Messe war kalt und sehr unfreundlich Wetter, auch ists noch nicht sonderlich behaglich. Den 16. April wäre bald der ganzen Stadt Lust und Freude in Trauer und Wehklagen verwandelt worden. Nach Mitternacht brach in dem neuen, prächtigen Schauspielhause Feuer aus, und wäre die Hülfe eine Viertelstunde später gekommen, so war alles verloren. Der Direktor hat Alles eingebüßt — nichts als sein und seiner 6 Kinder Leben davon gebracht. — In solchen Fällen da ehre mir aber Gott die Frankfurther, — sogleich wurden drei Collekten eröffnet, eine vom Adel, eine von den Kaufleuten, eine von den Freimäurern, die hübsches Geld zusammenbrachten, — auch kriegten seine Kinder so viel Geräthe, Kleider u. s. w. daß es eine Lust war. Da das Unglück das Theater verschont hatte, so wurde gleich 3 Tage nachher wieder gespielt, und zwar «der teutsche Hausvater», worin der Direktor Großmann den Maler ganz vortrefflich spielt. Ehe es anging, hob sich der Vorhang in die Höh', und er erschien in seinem halbverbrannten Frack, verbundenen Kopf und Händen, woran er sehr beschädigt war, und hielt eine Rede — die ich Ihnen hier schicke — seine 6 Kinder stunden in armseligem Anzug um ihn herum, und weinten alle so, daß man hätte von Holz und Stein seyn müssen, wenn man nicht mitgeweint hätte, auch blieb kein Auge trocken, und um ihm Muth zu machen, und ihn zu überzeugen, daß das Publikum ihm seine Unvorsichtigkeit verziehen habe, wurde ihm Bravo gerufen und Beifall zugeklatscht. —

Meinem Sohn habe meine Krankheit umständlich erzählt, es war starke Verkältung, bin nun aber wieder recht wohl. Leben Sie wohl, und grüßen meinen Sohn, ich bin ewig

Ihre

wahre Freundin
E. G.

116. An Großmann [Anfang Juli 1785.]

Lieber Herr Gevatter!

Da No. 3 die wichtigste numer in Ihrem Brief ist, da Ihre Zufriedenheit davon abhengt; so verdient sie billig den Vorzug, die beyden andern können und sollen nachkommen. Sie verlangen, daß ich deusch, gerade, und bieder meine Meinung sagen soll — das ist viel begehrt! denn um das recht und mit wahrer Treue zu thun — müßte man ja die Person genau kennen — ihre Tugenden und Fehler klahr einsehen — alsdan erst laßen sich Gründe davor und darwieder abwiegen — und da läßt sich sehen, ob die Schaale fält oder steigt. Das ist nun mein Fall in der that nicht — Ich kenne die Demoiselle Schrott, nur als Schauspielerin — wäre also die Frage von Ihren Theatralischen Talenten da mögten meine Kentnüße noch wohl hinreichen — aber wer sagt mir ob Sie ein gutes braves *Weib* eine treue *Mutter* eine ordentliche und spahrsame *Haußfrau* ist oder werden wird — und doch möchte ich Ihnen so gern meinen besten Rath geben, weil Ihre Ruhe, Ihre Glückseligkeit auf Ihr übriges gantzes Leben, das Glück Ihrer Kinder Suma Sumarum alles davon abhangt. Wenn es wahr ist, daß des Volck Stimme Gottes Stimme ist; so sieht es mit Ihrer wahl freylich bek[d]encklich aus — den das ist doch sonderbahr, daß, alle wie abgeredt Freunde und Feinde ja so gar Menschen die Ihnen gar nicht kennen, das Theater nie besuchen gegen diese Verbindung laut declamiren — Da Sie nun mein Lieber Herr Gevatter! längst überzeugt sind, daß mir Ihr wohl und Glück nicht gleichgültig ist, so wahr sehr natürlich daß auch ich /: bloß aus Freundschaft vor Ihnen, den was vor Vortheil oder Schaden hätte ich sonst davon :/ diese wahl nicht billigen konte. Sie wißen daß nicht alle hiesigen Menschen Freunde von Ihnen sind — und daß es Leute gibt, die nur auf der lauer stehn um etwas zu erhaschen, um Ihnen beym Pupplicum ein Bein unterzuschlagen — das wuste ich mußte es mit anhören, und da wünschte ich die sache anders. Aber etwas ist mir bey der Begewenheit doch sehr aufgefallen — nehmlich der allgemeine Lerm gegen diese Heurath — Die Ursach läßt sich aber doch begreifen und ist so schwer nicht einzusehn. Die Lebens beschreibung Ihrer Seeligen Frau ist in jedermans Händen — Sie erscheint in derselben in einem solchen Licht, das beynahe blendet — Besonders die gantz gräntzen lose Liebe zu Ihnen, das anhangen an Ihre Kinder — die genaue und gute führung Ihrer wirtschaft, das alles setzt die Verklährte in ein solches Licht — daß freylich die Demoiselle Schrott zu starck in Schatten und in Hintergrund stelt. Lieber Großmann! bedencken Sie Sich wohl! Heurathen ist wahrlich kein spaß, es ist ein wichtiger Schritt! Phillipp in den 6 Schüßlen hat gantz recht — daß man ein weib so geschwind am Hals hat wie das Fieber, nur daß die China nicht so dagegen hielft.

Noch einmahl sage ichs, überlegen Sie die sache reiflich — Sie Sind ein Mann von Einsicht, Klugheit und Erfahrung — aber eben deßwegen mehrerem Tadel ausgesetzt — und es zeigt doch allemahl eine Achtung und Theilnehmung von seiten des Pupplicums an, daß es sich so erstaunliche Mühe gibt diese Heurath zu verhindern, und ich zweifle sehr obs Ihnen nach diesem Schritt noch mit Wohlwollen begegnen würde. Hier haben Sie alles was ich Ihnen sagen kan — Obs Ihnen gefält weiß ich nicht, aber Deusch, gerade und bieder ist es, das weiß ich. An Schlossern will ich schreiben — an meinen Sohn kan ich deßwegen nichts gelangen laßen, weil ich nicht weiß wo er gegenwärtig ist — man sagt in Böhmen. Leben Sie wohl! Kommen Sie gesund und vergnügt wieder zu uns — das wird alle Ihre Freunde, besonders aber diejenige freuen, die Unverändert ist

                Ihre
                      wahre u aufrichtige Freundin
                          Elisabetha Goethe.

117. An Großmann   Franckfurth d 9ten Juli 1785

Lieber Herr Gevatter!

Wer soll, Wer kan in der Wichtigsten Sache Ihres Lebens Richter seyn als Sie selbst. Salomon mit aller seiner Weißheit könte das ohne die Acten gelesen zu haben nicht, und würde um vernünfig zu handlen sein Urtheil suspendiren. Das Publicum, Ihre Freunde /: worunter ich mich wie billig setze :/ und Feinde sind in dem nehmlichen Fall — Unser Resonemant muß und kan Ihnen nicht anders als schief vorkommen weil unser Augenglaß anders geschlieffen ist — und also gantz nathürlich auch anders sieht, und aus eben dem Grund auch anders urtheilt.

Sie glauben an Demoiselle Schrott ein gutes braves Weib — eine treue Mutter — eine Sparsame Haußfrau theils schon zu finden — theils Sie noch /: wo es etwa fehlen solte :/ dazu zu bilden. Eben dießes bezweifelt nun Jedermann und eben deßwegen ist Jedermann dagegen, weil mann glaubt, daß Sie Lieber Freund! eines beßerns Glücks würdig wären. Das sind die Gründe, das ist die Ursach. Sie sehen aus diesem allen daß Sie Sich selbst der beste Rathgeber seyn müßen — und das kan Ihnen Lieber Herr Gevatter! doch auch ohnmöglich schwer fallen. Die Demoiselle Schrott ist schon verschiedne Jahre gleichsam unter Ihrer Aufsicht — Ihr gutes und Ihre Fehler müßen und können Ihnen nicht im minsteten verborgen seyn — zumahl einem Mann von Ihrer Welt und Menschen kentnüß — dazu komt noch daß das Mädgen wie Sie selbst schreiben — gut, gerade und bieder ist bey solchen Umständen, ist das prüffen eben keine sehr schwere Sache — noch mehr — die Demoiselle Fritze ist ja auch beständig um und bey der Demoiselle Schrott — was sagt denn die? ich hoffe die Wahrheit — voraus gesetzt daß Ihnen die Fritze noch eben so liebt und ehrt wie sonst. Das ist nun alles was ich Ihnen Lieber Herr Gevatter über diesen punct schreiben oder sagen kan. Ein altes Sprüchwort sagt: Bette dich gut, so schläft du gut — Dieses gebe Gott! Amen.

Aber Lieber Herr Gevatter! Ich bin böße auf Ihnen recht böße — was haben wir Franckfurther den gesündigt, daß wir bey Meister Böhm und Consorten ins Schauspiel gehen *müßen* um unser Abonement von *dem* vortragirt zu kriegen??? Geben Sie dann dadurch nicht zu erkennen, daß Ihre und Böhms Leute einerley Schrot und Korn sind — Den schlechteres werden Sie uns doch nicht zumuthen zu sehen, und nur den kitzel von des Hanßwurst Freunden mitanzusehn könte einem wieder Gichtbrüchig machen. Spielen könte er so lang er wolte, nur Ihr Abonement sollten Sie absolut nicht an ihn abgeben. Ihre Freunde zumahl die, die bey dem letzten Unglück sich so viele mühe um Sie gegeben haben — sind Fuchs wild — und wenn sich der Vorhang hebt und es erscheint so ein Christel, Distel Petrübi N. B. vor mein Großmännisches abonement; so ärgere ich mich abscheulich — und das haben Sie doch warhafftig auf

Ihrem Gewißen. Vorjetzt Leben Sie wohl! Gedencken zu weilen an den großen Hirschgraben und an diejenige die unverändert ist
> Ihre
>> wahre Freundin
>>> Elisabetha Goethe.

N. S. Bitte die Inlage an Herrn Schmidt gefälligst abzugeben

118. An Louise Schlosser   den 14ten September 1785

Liebes Enckelein
Mein Bestes Louisigen!

Hier schicke ich dir das verlangte Stickbändgen, und hoffe daß es recht und gut seyn wird — Deine Schwestern werden sich recht freuen daß du sie so lieb hast und ihnen vergnügen machen wilsts — Gott gebe nur daß sie gesund und glücklich zurück kommen mögen. Wenn du in Zukunft etwas um Freude zuverbreiten heimlich verfertigen wilst; so schreibe es mir nur, ich will dir alles schicken was du dazu nöthig hast. Es ist schlimm daß der Postwagen zu Euch die Woche nur einmahl geht, und wenn mann daher einen versäumt gleich 8 Tage verlohren gehen — Ich muß mich deßwegen kurtz faßen — Behalte mich Lieb, und glaube daß ich bin
> deine
>> treue Großmutter Goethe.

N. S. grüße alles was im Hauße ist.

119. An Fritz von Stein   Fr. d. 20. October 1785.

Mein lieber Cherubim!

Ihre glücklich abgelaufene Reise und die ausführliche Beschreibung davon hat mich sehr gefreut, — auch ergötzte mich herzinniglich, daß mich mein lieber Fritz in gutem Andenken hat. Ich vergesse aber meinen lieben Pathen eben so wenig — Alles erinnert mich an ihn, — die Birn', die ihm früh morgens so gut schmeckten, während ich meinen Thee trank, — wie wir uns hernach so schön auftackeln ließen, er von Sachs, ich von Zeitz, und wie's hernach, wenn die Pudergötter mit uns fertig waren, an ein Putzen und Schniegeln ging, und dann das vis a vis bei Tische, und wie ich meinen Cherubim um zwei Uhr /: freilich manchmal etwas unmanierlich :/ in die Messe jagte, und wie wir uns im Schauspiel wieder zusammen fanden, und das nach Haus führen, — und dann das Duodrama in Hauseheren, wo die dicke Catharine die Erleuchtung machte, und die Greineld und die Marie das Auditorium vorstellten — das war wohl immer ein Hauptspaß. Hier schicke ich Ihnen auch eine getreue und wahrhafte von Sternen und Ordensbändern unterzeichnete ausführliche Beschreibung des zuerst zerplatzten, hernach aber zur Freude der ganzen Christenheit in die Luft geflogenen Luftballons nebst allem Klingklang und Singsang, kurzweilig zu lesen und andächtig zu beschauen. Übrigens befinde mich wohl und werde heute den Grafen Essex enthaupten sehen, — auch war gestern der transparente Saul bei der Hand und erfreute jedermänniglich; — aber Du lieber Gott, was sieht man auch nicht Alles in dem noblen Frankfurth, der Himmel erhalte uns dabei, Amen. Leben Sie vergnügt und glücklich, dies ist mein Wunsch und wird immer in der Seele wohl thun

Ihrer
treuen Freundin und Gevattern
E. G.

120. An Charlotte von Stein

Franckfurth d 14ten Novemb 1785

Gnädige Frau
Theureste Freundin.

Ich habe die Antwort auf Dero zwey mir so lieben Briefe so lang aufgeschoben, biß ich von der mir aufgetragenen

Commision zuverläßigen Bericht abzustatten im stande war. Die Ohrgehenge habe von vier Jubelierern und einem Juden schätzen laßen — der Jude bietet das meiste nehmlich 60 Carlolin — zu dem preiß wie sie bey Ihnen sind geschätzt worden, kan ich sie hier nicht anbringen — die Spitzen noch weniger — ich habe noch nicht einmahl ein Gebot drauf bekommen — Die Ursach ist leicht zu errathen — Leute die reich sind kauffen so was neu — geringeren ists zu kostbahr — Über das alles erwarte Dero gefällige Rückantwort. Es hat mich sehr gefreut, daß Dero Herr Sohn mit seinem Auffendhalt bey mir so zufrieden war — Ich habe wenigstens alles gethan, um Ihm meine Vaterstadt angenehm zu machen — und bin froh daß es mir geglückt ist — Zwar habe ich die Gnade von Gott, daß noch keine Menschenseele mißvergnügt von mir weggegangen ist — weß Standes, alters, und Geschlecht sie auch geweßen ist — Ich habe die Menschen sehr lieb — und das fühlt alt und jung gehe ohne pretention durch diese Welt und das behagt allen Evens Söhnen und Töchtern — bemoralisire niemand — suche immer die gute seite auszuspähen — überlaße die schlimme dem der den Menschen schufe und der es am besten versteht, die scharffen Ecken abzuschleifen, und bey dieser Medote befinde ich mich wohl, glücklich und vergnügt. Ich erwarte mit nächstem von Ihnen neue Verhaltungs Befehle und erbiete meine Dinste vor jetzt und in Zukunft — womit die Ehre habe zu verharren, und mich zu fernerem Wohlwollen und Freundschafft auf beste zu empfehlen — und mich zu unterzeichnen

        Gnädige Frau

            Dero

    gehorsambste dienerin und Freundin

          Goethe.

N. S. Dero Herrn Gemahl — wie auch unsern beyden Söhnen empfehlen Sie mich aufs beste.

121. An Fritz von Stein　　　　　Fr. d. 10. Dezember 1785.

Lieber Sohn!

Das ist brav, daß Sie noch an mich denken, auch ich und meine Freunde, bester Fritz, haben Sie noch nicht vergessen, werden es auch nie. Wir haben diesen Winter drei öffentliche Concerte, ich gehe aber in keins, wenigstens bin ich nicht abonirt, das große, welches Freitags gehalten wird, ist mir zu steif, das montägige zu schlecht, in dem mittwöchichen habe ich Langeweile, und die kann ich in meiner Stube gemächlicher haben. Die vier Adventswochen haben wir kein Schauspiel, nach dem neuen Jahr bekommen wir eine Gesellschaft von Straßburg, der Direktor heißt Koberwein. Übrigens bin ich noch immer guten Humors, und das ist doch die Hauptsache. In meiner kleinen Wirthschaft gehts noch immer so, wie Sie es gesehen haben, nur weils der Sonne beliebt, länger im Bette zu bleiben, so beliebt es mir auch, vor ½9 Uhr komme ich nicht aus den Federn — könnte auch gar nicht einsehen, warum ich mich strapatzen sollte, — die Ruhe, die Ruhe, ist meine Seligkeit, und da mir sie Gott schenkt, so genieße ich sie mit Danksagung. Alle Sonntage esse ich bei Frau Reck, Abends kommen Frau Hollweg Bethmann, ihre Mutter, Demoiselle Moritz, Herr Thurneisen, Herr Graf, da spielen wir Quadrille, L'hombre u. s. w. und da jubeln wir was rechts. Die andern Tage bescheert der liebe Gott auch etwas, und so marschirt man eben durch die Welt, genießt die kleinen Freuden und prätendirt keine großen. Leben Sie wohl, lieber Sohn, und behalten die lieb, die sich nennt

Ihre

　　　　　　　　　　　　　　　　treue Freundin
　　　　　　　　　　　　　　　　E. G.

122. An Fritz von Stein　　　　　Fr. den 18. Dezember 1785.

Lieber Fritz! damit ich hübsch im Gedächtniß meines lieben Sohnes bleibe und er auch seine gute Mutter nicht vergißt, so schicke ich ihm hier ein kleines Andenken, dabei kommen auch die zwei Lieblingslieder und da ich nicht weiß ob der deutsche Figaro in Weimar Mode ist, so folgt hierbei das Liedchen auch; — lieber Fritz, erinnert Er sich noch, wie wirs zusammen sangen, und dabei so fröhlich und guter Dinge waren. Fröhlichkeit ist die Mutter aller Tugenden, sagt Götz von Berlichingen, — und er hat wahrlich recht. Weil man zufrieden und froh ist, so wünscht man alle Menschen vergnügt und heiter zu sehen und trägt Alles in seinem Wirkungskreis dazu bei. Da jetzt hier Alles sehr still zugeht, so kann ich gar nichts Amusantes schreiben — ich thue also besser, ich schreibe das Lied von Figaro ab. Ich wünsche vergnügte Feiertage und bin und bleibe

Ihre

wahre gute Freundin
E. G.

123. An die Schlosserschen Kinder

Den 13ten Jenner 1786.
Liebe Enkeleins!

Es freut mich, daß Euch mein Christgeschenk Vergnügen gemacht hat — ich höre aber auch das gantze Jahr von Eurer lieben Mutter, daß ihr geschickte und gute Mädels seyd — bleibt so — ja werdet alle Tage noch besser, so wie ihr größer werdet — Folgt euren lieben Eltern, die es gewiß gut mit euch meinen; so macht ihr uns allen Freude — und das ist denn gar hübsch, wenn vor alle Mühe die eure Erziehung kostet — eure Eltern, Groß Mutter und übrigen Freunde — Freude an euch haben — Auf den Strickbeutel freue ich mich was rechts, den nehme ich dann in alle Gesellschaften mit, und erzähle von der Geschicklichkeit und dem Fleiß meiner Louise! Ihr müßt den Bruder Eduard jetzt hübsch laufen lernen — damit wenn das Frühjahr kommt, er mit euch im Garten herumspringen kann — das wird ein Spaß werden. Wenn ich bei euch wäre, lernte ich euch allerlei Spiele, als Vögel verkaufen — Tuchdiebes — Potz schimper potz schemper und noch viele andre — aber die G** müßten das alles ja auch kennen — es ist vor Kinder gar lustig, und ihr wißt ja, daß die Großmutter gern lustig ist und gerne lustig macht.

Nun Gott erhalte euch in diesem Jahre gesund, vergnügt und munter, das wird von Hertzen freuen

Eure
treue euch liebende Großmutter
Goethe.

124. An Goethe [Ende Februar 1786.]

N. S. Schon am 1ten Jenner dieses Jahrs, habe ich die Juwelen und Spitzen an Frau von Stein mit dem Postwagen überschickt — Ich hoffe von Zeit zu Zeit auf antwort des glücklichen ankommens — aber vergebens — da nun die garanti des Postamts bald zu Ende geht so erbitte ich mir nur zwey Zeilen um aus der Verlegenheit zu kommen.

125. An Fritz von Stein Fr. den 25. Mai 1786.

Ei! Ei! mein lieber Sohn! Sie scheinen ja gar böse auf Ihre Gevatterin zu seyn! Hören Sie aber erst meine Entschuldigung und ich wette, alle Fehde hat ein Ende. Wahr ists, ich habe zwei Briefe von Ihnen nicht beantwortet, aber, lieber Freund, es war Messe! Freunde und Bekannte nahmen mir meine Zeit weg. Herr Kriegsrath Merck war tagtäglich bei mir, — der berühmte Dichter Bürger, Reichardt aus Berlin, und andere weniger bedeutende Erdensöhne waren bei mir, — an Schreiben war da gar nicht zu denken — und das, was ich jetzt thue, thu ich gegen das Gebot meines Arztes, der beim Trinken der Molken /: welches jetzt mein Fall ist :/ alles Schreiben verboten hat, — doch um meinen lieben Sohn wieder gut zu machen, will ich der ganzen medizinischen Fakultät zum Trotz doch schreiben. Der

8te Mai war wohl für mich als für Goethe's Freunde ein fröhlicher Tag, — Götz von Berlichingen wurde aufgeführt, hier schicke ich Ihnen den Zettel, — Sie werden sich vielleicht der Leute noch erinnern, die Sie bei ihrem Hierseyn auf dem Theater gesehen haben. Der Auftritt des Bruder Martin, — Götz vor den Rathsherrn von Heilbronn, — die Kugelgießerei, — die Bataille mit der Reichsarmee, — die Sterbescene von Weislingen und von Götz thaten große Wirkung. Die Frage: «wo seyd Ihr her, hochgelahrter Herr?» und die Antwort: «von Frankfurth am Main» erregten einen solchen Jubel, ein Applaudiren, das gar lustig anzuhören war, und wie der Fürst /: denn Bischöfe dürfen hier und in Maynz nicht aufs Theater :/ in der dummen Behaglichkeit dasaß, und sagte: «Potz, da müssen ja die zehn Gebote auch darin stehen», — da hätte der größte Murrkopf lachen müssen. Summa Summarum! ich hatte ein herzliches Gaudium an dem ganzen Spektakel. — Nun, lieber Sohn, sind Sie jetzt wieder mit mir einig? Das ist doch ein ziemlich honetter Brief vor eine Frau, der das Schreiben verboten ist. Wir sind wieder gute Freunde und in der Hoffnung unterschreibe ich mich als

Ihre
wahre und treue Freundin
E. G.

N. S. Dienstags den 30ten Mai wird auf Begehren des Erbprinzen von Darmstadt Götz von Berlichingen wieder aufgeführt. Potz, Fritzgen, das wird ein Spaß seyn!

126. An Lavater   Sontags früh um 6 Uhr
                    d 18ten Juni 1786

Lieber Sohn!

Die Fürstin von Würtenberg Mutter der Groß Fürstin, kommt heute nach Offenbach, um Euch Predigen zu hören

Hochdieselbe läßt Euch durch mich höfflichst ersuchen, nicht so gar strickte in besteigung der Cantzel zu seyn, sondern zu warten biß Sie Sich eingefunden hat, welches villeicht nur ein virthel stündgen länger dauert. Der Klingel beutel mag die Offenbacher über diese kleine Verweilung trösten —

Lebt wohl! Reißtet glücklich — behaltet lieb und in gutem Andencken Diejenige die ewig ist

> Eure treue Freundin
> Elisabetha Goethe.

N. S. Herrn und Frau Pfarrern Doblern nebst dem Lieben Heinchrich grüßt hertzlich von mir.

127. An die Herzogin Anna Amalia

Durchlauchtigste Fürstin!

Furchtsam und schüchtern wage ichs Ihro Hochfürstlichen Durchlaucht mein Andencken wieder in etwas aufzufrischen, und mich Dero Höchsten Gnade in allerunterthänigkeit zu empfehlen. Noch würde ich es mich nicht unterstanden haben, wenn ich es nicht vor Pflicht geachtet hätte, zu der Neugebohrnen Fürsten-Tochter meine Untherthänige gratulation abstatten zu müßen. Gott seegne, vermehre und erhalte das gantze Hochfürstliche Hauß biß ans Ende der Tage, diß ist mein eifrigster, wärmster, und hertzlichster Wunsch Amen. Zu meiner unaussprechlichen Freude höre daß Ihro Hochfürstliche Durchlaucht Sich nach der so schweren Kranckheit, wieder in Höchstem Wohlseyn befinden, wozu ich von gantzem Hertzen den allerdauerhafftesten Bestandt anwünsche! Voriges Jahr im Mertz mußte ich mir auch gefallen laßen das erstemahl in meinem gantzen Leben in Ernst kranck zu werden — es ist sonst sehr gewöhnlich, daß alles was mann zum erstemahl begint linckisch und schief gethann wird — aber Musterhaft habe ich mich aufgeführt, und mein Leibmedicus ist erböthig mir /: im fall es nöthig seyn dürfte :/ ein schrieftliches Astestat darüber auszustellen. Länger unterstehe ich mich nicht Ihro Hochfürstlichen Durchlaucht mit meinem unintreßanten Schreiben zu incomodiren — erbitte mir nur Dero Huld und Gnade und verharre

Durchlauchdigste Fürstin
Dero
Unterthänigste Dienerin
den 24ten Juli 1786   Goethe.

128. An Goethe   Franckfurth den 17 November 1786

Lieber Sohn! Eine Erscheinung aus der Unterwelt hätte mich nicht mehr in Verwunderung setzen können als dein Brief aus Rom — Jubeliren hätte ich vor Freude mögen daß der Wunsch der von frühester Jugend an in deiner Seele lag, nun in Erfüllung gegangen ist — Einen Menschen wie du bist, mit deinen Kentnüßen, mit dem reinen großen Blick vor alles was gut, groß und schön ist, der so ein Adlerauge hat, muß so eine Reiße auf sein gantzes übriges Leben vergnügt und glücklich machen — und nicht allein dich sondern alle die das Glück haben in deinem Wirckungs kreiß zu Leben Ewig werden mir die Worte der Seeligen Klettenbergern im Gedächnüß bleiben «Wenn dein Wolfgang nach Maintz reißet bringt Er mehr Kentnüße mit, als andere die von Paris und London zurück kommen» — Aber sehen hätte ich dich mögen beym ersten Anblick der Peters Kirche!!! Doch du versprichts ja mich in der Rückreiße zu besuchen, da mußt du mir alles Haarklein erzählen. Vor ohngefähr. 4. Wochen schriebe Fritz von Stein er wäre deinetwegen in großer Verlegenheit kein Mensch selbst der Herzog nicht, wüste wo du wärest — jedermann glaubte dich in Böhmen u. s. w Dein mir so sehr lieber und Intresanter Brief vom 4ten November kam Mittwochs den 15 ditto Abens um 6 Uhr bey mir an — Denen Bethmännern habe

ihren Brief auf eine so drollige Weiße in die Hände gespielt, daß sie gewiß auf mich nicht rathen. Von meinem innern und äußern Befinden folgt hir ein genauer und getreuer Abdruck. Mein Leben fließt still dahin wie ein klahrer Bach — Unruhe und Getümmel war von jeher meine sache nicht, und ich dancke der Vorsehung vor meine Lage — Tausend würde so ein Leben zu einförmig vorkommen mir nicht, so ruhig mein Cörpper ist; so thätig ist das was in mir denckt — da kan ich so einen gantzen geschlagenen Tag gantz alleine zubringen, erstaune daß es Abend ist, und bin vergnügt wie eine Göttin — und mehr als vergnügt und zufrieden seyn, braucht mann doch wohl in dieser Welt nicht. Das neueste von deinen alten Bekandten ist, daß Papa la Roche nicht mehr in Speier ist, sondern sich ein Hauß in Offenbach gekauft hat, und sein Leben allda zu beschließen gedenckt. Deine übrigen Freunde sind alle noch die sie waren, keiner hat so Rießenschritte wie du gemacht /: wir waren aber auch imer die Lakqueien sagte einmahl der verstorbene Max Moors :/ Wenn du herkomst so müßen diese Menschen Kinder alle eingeladen und herrlich Tracktiert werden — Willprets Braten Geflügel wie Sand am Meer — es soll eben pompos hergehen. Lieber Sohn! Da fält mir nun ein Unthertäniger Zweifel ein, ob dieser Brief auch wohl in deine Hände kommen mögte, ich weiß nicht wo du in Rom wohnst — du bist halb in Conito /: wie du schreibst :/ wollen das beste hoffen. Du wirst doch ehe du komst noch vorher etwas von dir hören laßen, sonst glaube ich jede Postschäße brächte mir meinen *einzig geliebten* —und betrogne Hoffnung ist meine sache gar nicht Lebe wohl Bester! Und gedencke öffters an   deine
treue Mutter
Elisabetha Goethe.

129. An Fritz von Stein Fr. den 17. Dezember 1786.

Lieber Sohn! Hier schicke ich Ihnen ein Christgeschenk um sich meiner beständig zu erinnern, ja, lieber Sohn, thun Sie das, gedenken Sie an eine Frau, die sich immer noch mit Vergnügen die Zeit zurückruft, wo wir so manchen frohen Tag zusammen lebten — nur schade, daß Alles so schnell vorübergeht und daß die Freuden des Lebens immer auf der Flucht sind, — darum soll man sie ja durch Grillen nicht verscheuchen, sondern sie geschwind haschen, sonst sind sie vorbei und eilen und schlüpfen ins Eia Poppei! — Wissen Sie denn noch immer nicht, wo mein Sohn ist? das ist ein irrender Ritter! nun er wird schon einmal erscheinen, und von seinen Heldenthaten Rechenschaft ablegen, — wer weiß wie viele Riesen und Drachen er bekämpft, wie viele gefangene Prinzessinnen er befreit hat. Wollen uns im Voraus auf die Erzählung der Abentheuer freuen und in Geduld die Entwickelung abwarten. — Neues giebt es hier gar nichts; unsere freien Reichsbürger essen, trinken, banketiren, musiciren, tanzen und erlustigen sich auf allerlei Weise — und da sie das freut, so gesegne es ihnen Gott! Leben Sie wohl, lieber Sohn, und gedenken auch im 1787ger Jahre zuweilen an

Ihre

wahre Freundin
E. G.

130. An Charlotte von Stein

Franckfurth d. 29ten Jenner 1787

Hochwohlgebohrne Frau,
Vortreffliche Freundin!

Wie vielen Danck bin ich Ihnen nicht vor die Mittheilung der mir so sehr Intreßanten Briefe schuldig! Ich freue mich daß die Sehnsucht Rom zu sehen, meinem Sohne geglükt ist, Es war von Jugend auf sein Tags Gedancke, Nachts sein Traum — Die Seeligkeit, die Er bei Beschauung der Meisterwercke der Vorwelt empfinden und genißen muß kan ich mir lebendig darstellen und freue mich seiner Freuden. Gott bringe ihn gesund zurük, dieß ist mein /: und wie ich überzeugt bin :/ der Wunsch aller seiner Freunde. Ihro Durchlaucht der Herzog haben mich auf das angenehmste überrascht, meine Freude war groß unsern Theuren Fürsten, gesund, vergnügt und wohl zu sehen. Herr von Knebel und Graf von Lincker waren Seine Begleiter Dero Herr Bruder war nicht dabey, die mir so lieben Briefe, erhielte durch einen Jäger von Meinungen Der hier durch nach Darmstadt in Geschäfften geschikt wurde. Wenn mein kleines Christgeschenck Dem /: mir so sehr lieben :/ Herrn Sohn Freude gemacht hat; so ist mein Entzwek völlig erreicht — Ich erinnere mich immer noch mit vergnügen daß Ihm der Auffenthalt in meinem Hauße einige Freuden gewährt hat. Ich empfehle mich und meinen Sohn aufs beste in Dero und des Herrn Gemahls /: dem ich meine gehorsamste Empfehlung zu vermelden bitte :/ fortdaurende Liebe und Freundschafft, und verbleibe mit der größten Hochachtung

Hochwohlgebohrne Frau!
Dero
gehorsambste Dienerin
und Freundin
Elisabetha Goethe.

N. S. hiebey kommen die Briefe, mit dem ergebensten Danck zurük.

131. An Fritz von Stein Fr. den 9. März 1787.

Lieber Sohn! Großen schönen und vielfältigen Dank vor die überschickten Briefe, — es war mir ein Trost, Labsal und Freude, aus der großen Entfernung so gute Nachrichten von meinem Sohne zu hören. Bitten Sie doch Ihre Frau Mutter, Alles was an sie gelangt, mir gefälligst zu übersenden — und ich will recht herzlich dankbar dafür seyn. Vor dem Abschreiben haben Sie keine Sorge, es bekommt sie Niemand zu sehen. Sie sind also nicht der Meinung, daß mein Sohn noch eine längere Zeit ausbleiben wird? Ich für meine Person gönne ihm gern die Freude und Seligkeit in der er jetzt lebt, bis auf den letzten Tropfen zu genießen, und in dieser glücklichen Constellation wird er wohl Italien nie wiedersehen; ich votire also aufs längere Dorthleiben, vorausgesetzt, daß es mit Bewilligung des Herzogs geschieht. Grüßen Sie meinen lieben Sohn Wieland und Herders, besonders aber Ihr ganzes Haus von derjenigen, die unverändert ist Ihre

wahre Freundin
E. G.

132. An die Herzogin Anna Amalia

Franckfurth d 9ten Mertz 1787
Durchlauchdigste Fürstin!

Alle Befehle von Ihro Durchlaucht sind vor mich das 11 Gebott. Freund Merck soll die zwey Briefe /: den mehr habe ich nicht empfangen :/ überschickt bekommen wie wohl ich zweifle ob Er vor seine Wißbegier viel Nahrung finden wird — mich haben sie freylich unendlich gefreut weil sein innigster und heißester Wunsch erhört worden ist — von früher Jugend an war der Gedancke Rom zu sehen in seine Seele geprägt und ich kan mir Die Freuden sehr lebhaft dencken, die Er jetzt fühlt in dem Genuß der Meisterwercke der Vorwelt — auf sein gantzes Leben muß ihn das ergötzen — auch seine Freunde werden mit genüßen, den Er hat die Gabe zimlich lebendig die Dinge darzustellen. Gott bringe ihn nur gesund und wohlbehalten zurück; so ist auch mein Wunsch erfült.

Ihro Durchlaucht können nicht glauben wie mich der unvermuthete Besuch von Unserm Gnädigsten Fürsten gefreut hat — Zumahl da Ihro Durchlaucht so gesund aussahen und so vergnügt waren. O! Möchte ich doch jederzeit durch das Anschauen oder durch Briefe von dem Wohl des gantzen Hohen Fürstlichen Haußes überzeugt werden, Das würde dem Glück gleich seyn, daß mir erlaubt mich ewig in tiefter Ehrfurcht zu nennen

Durchlauchdigste Fürstin
Dero
Unterthänigste Dienerin. Goethe.

133. An Fritz von Stein   Fr. den 1. Juni 1787.

Lieber Sohn! Hier schicke ich mit großem Danke die Journale meines Sohnes zurück, bitte, mir nun auch die andern zuzusenden, — besonders möchte ich gar gern wissen, wie es mit seiner Rückkunft in seine Heimath aussieht. Es ist nicht Neugierde, — ich habe eben diesen Sommer verschiedene nöthige Reparaturen in meinem Hause vorzunehmen, — käme er also bald, so müßte natürlich Alles aufgeschoben werden, wäre aber seine Ankunft erst gegen den Herbst, so könnte ich meine Sachen vorher fertig machen, — es liegt mir sehr viel daran, es zu wissen, und ich verlasse mich gänzlich auf Sie, mein lieber Sohn, daß Sie mir Nachricht davon geben. Denn stellen Sie sich vor, wie ärgerlich es mir seyn würde, da ich meinen Sohn so lange nicht gesehen habe, wenn ich ihn in einem solchen Wirrwarr bei mir haben, und ihn nur halb genießen könnte. Empfehlen Sie mich Ihrer Frau Mutter aufs Beste, und glauben Sie daß ich unverändert bin

Ihre

wahre Freundin
E.G.

134. An den Herzog Carl August

Durchlauchdigster Herzog
Gnädigster Fürst und Herr!

Ich unterstehe mich eine Bitte an Ihro Hochfürstliche Durchlaucht zu wagen, und da das die erste in meinem Leben ist; so hoffe ich auf Gnädigste Erhörung. Mein Vetter

Georg Adolph Starcke dem Ihro Durchlaucht vor einigen Jahren die Gnade erzeigten den Tittel als Commerz Rath Allergnädigst mitzutheilen, bittet durch mich in aller Unterthänigkeit um den Tittel eines Hoffraths — Das gantze Glück dieses jungen Mannes beruht darauf — Demohnerachtet würde ich mich doch nicht unterstanden haben Ihro Durchlaucht um diese Gnade anzuruffen, wenn nicht die Eltern von ihm in meinem Wittwen stand mir viele und wirklich große Gefälligkeiten erzeigt hätten — und da mein Schwager Pfarrer Starcke weiß, daß ich die Gnade habe von Ihro Hochfürstlichen [Durchlaucht] gekand zu seyn; so konte es um so weniger abschlagen, ein Vorwort vor seinen Sohn bey meinem Gnädigsten Fürsten in aller Unterthänigkeit anzubringen. Ich bin eine zu unbedeutende Erden-Tochter um vor diese gebethne Hohe Gnade etwas thun oder würken zu können — den Un[ter]-thänigsten Dank — und den innigsten Wunsch vor das fordaurnde Glück und Wohl des gantzen Hochfürstlichen Haußes — Dieses einzige ist im stande zu thun

Durchlauchdigster
Herzog
dero
Unterthänigste Dienerin Goethe.

Frankfurth d. 27ten Juli
1787

135. An Unzelmann

[Zwischen dem 11. und 24. Januar 1788.]

Lieber Freund!

Ich mögte den Herrn Graffen von Spaur noch einmahl sprechen — Könnten Sie es möglich machen daß Er diesen Morgen noch auf einige Augenblicke zu mir käme, so wäre es mir sehr lieb — daß Sie der Inhalt unseres Gesprächs seyn werden errathen Sie leicht — eben so gewiß sind Sie überzeugt — daß alles zu Ihrem Nutz und Frommen ist — diß sind längst überzeugt von Ihrer Freundin

            Elisabeth.

136. An Unzelmann   den 13ten Februa[r] 1788.

Lieber Freund!

Schließen Sie nicht aus diesen wenigen Zeilen — auf etwanigen mangel an meiner Freundschaft, sondern schreiben Sies dem wirr warr zu mit dem ich heute umgeben bin. Sie wißen daß alljährig es die Mode bey mir ist alle meine Freunde und Bekanten zu Regaliren dieses Festein ist heute — Dencken Sie Sich also die Geschäfftigkeit der Frau Aja, 40 Menschen mit Speiß u Tranck zu bewirthen! Leben Sie wohl! Amen. Es muß sich in Wichs setzen

      Ihre Freundin
          Elisabeth.

N. S. Stegmann wolte mich vorgestern besuchen ——— ich war aber in der Montags Gesellschaft — es that mir leid, ihn nicht gesehen zu haben.

137. An Fritz von Stein   Fr. den 22. Februar 1788

Lieber Sohn! Vor die Pandora und den Hofkalender danke aufs Beste. Ich habe einen Brief vom 3ten d. aus Rom, wo mein Sohn schreibt, gegen Ostern wollte er mir kund thun, ob ich ihn dieses Jahr zu sehen bekäme oder nicht, — ich glaube daher, daß es noch höchst ungewiß ist, ob er über Frankfurth zurück geht; — daß er gegen seine Freunde kalt geworden ist, glaube ich nicht, aber stellen Sie sich an seinen Platz — in eine ganz neue Welt versetzt, — in eine Welt, wo er von Kindheit an mit ganzem Herzen und ganzer Seele dran hing, — und den Genuß, den er nun davon hat. Ein Hungriger, der lange gefastet hat, wird an einer gutbesetzten Tafel bis sein Hunger gestillt ist, weder an Vater noch Mutter, weder an Freund noch Geliebte, denken, und Niemand wirds ihm verargen können. Ich muß Ihnen noch einmal vor die Pandora danken, — es ist die Königin aller andern Calender, Almanache, Blumenlesen u.s.w., es sind ganz vortreffliche Sachen darin. Leben Sie wohl und behalten in gutem Andenken

Ihre

Freundin
E.G.

138. An Unzelmann Den 16ten Mertz 1788

O! Täuschen Sie mich nicht wieder! O! Blasen Sie nicht den toden funcken wieder an — überlaßen Sie mich lieber meinem gram der eine solche höhe erstiegen hat wo schwerlich was drüber geht — Bey einem Gewitter verkündigt doch der Donner die annährerung des Blitzes — aber hir war Blitz und schlag so eins; daß michs ewig wundern wird — daß mich meine Lebens geister nicht den Augenblick alle verließen. Ich weiß warrlich nicht, ob ich nach so vielem vorhergegangenen Täuschungen, fehlgeschlagenen Erwartungen, mein Hertz der Hoffnung die mich so offte, so unendlich offte hintergangen hat, ob ich dieser Betrügerin es je wieder öffnen soll: oder ob es nicht beßer ist sie gantz zurück zu weißen, keinen strahl davon mehr in die Seele kommen laßen — und mein voriges Pflantzenleben wieder anzufangen — ich sage es noch einmahl — ich weiß es nicht. Die Quall die ich jetzt leide ist unaussprechlich — da begegnen mir auf allen Ecken von dem verwünschten Volck, und machen jede Rückerinnerung neu, reißen durch ihren Basilisken Blick jede Wunde auf — suchen und spähen ob in meinen Augen Traurigkeit wahrzunehmen ist — um vielleicht darann ein gaudium zu haben — und wenn ich an die Meße dencke auf die ich mich sonst so kindisch freute, wie das großmaul die St. mit Schadenfreude auf mich blicken wird — und ich mich in dem punct so wenig verstellen kan; so weiß ich nicht was ich thun oder laßen soll — Aber eins weiß ich — das Otterngezüchte soll aus meinem Hauß verbant seyn, kein Tropfen Tyrannenblut soll über ihre Zungen kommen — keine Hand will ich ihnen zur Ehre, oder zur Ermunterung rühren — kurtz allen Schabernack den ich ihnen anthun kan — will ich mit Freuden thun — räsonieren will ich, Bürgers Frau Schnips soll ein Kind gegen mir seyn — denn Luft muß ich haben sonst ersticke ich — unterstehen Sie Sich nicht noch einmahl die F. meine Freundin zu nennen — das ist prostution vor mich — sie war es *nie* wird *nie* werden — ich bin mit meiner Freundschaft nicht so freygebig es haben gantz andre Leute als solch *eine* darum gebuhlt und sind in gnaden fortgeschickt worden. Das mir so gütigst mitgetheilte Geheimnüß werde wie einen kostbahren anvertrauten Schatz bewahren — kein Mensch auch selbst der Töffel nicht soll es erfahren — vor mich soll es nicht sowohl Hoffnung /: den mit der bin ich entzweyt :/ sondern eine art von Luscher seyn. Vor Ihrem herkommen fürchte ich mich — Sie können leicht begreifen warum!!! Morgen laße ich Brandbriefe an all meine saumseelige Schuldner ergehen — und dann wird Ihrer gedencken

Ihre

Elisabeth.

N.S. An die Frau Gevatterin meinen freundlichen gruß.

139. An Unzelmann　　　　　　　　　den 21. Mertz 1788

Müssen mir denn beynahe immer die wenigen vergnügten Augenblicke so ich in Ihrer Gesellschaft genüße so schrecklich verbittert werden! denken Sie wie weh es mir thun muß daß mein bester Wille beständig vereitelt wird — jetzt fehlt zu meinem Unglück nur noch der letzte Schlag —

daß Sie hie von ihren Schuldleuten prostituirt würden. Ich bitte Ihnen um alles was Ihnen lieb und theuer ist — *kommen Sie ja nicht* biß die sachen auf eine oder die andre Weiße ranggirt sind — es würde mein Tod seyn. Ziehen Sie den vortrefflichen Graf Spaur zu rathe — lassen Sie von Ihrer und der Frau Gevatterin Ihrer Garderobe unter aufsicht des grafen in sicherer Verwahrung — hier spielen Sie nicht mehr — allso wissen die Leute und sehen den Defect nicht — in Berlin noch weniger — denn sie sagten ja mir selbst — daß sie dort nicht nöthig hätten davor zu sorgen — was nutzt Ihnen also all das Zeug mitzunehmen — Es soll Ihnen ja unverlohren seyn und in diesem critischen Moment — gäbe es doch ein Hülfsmittel ab. — Ihre beide Freunde, der Graf und ich gewinnen Zeit zum besinnen — den vor den jetzigen Augenblick ists mirs ohnmöglich — Ueberlegens Sies mit der Frau Gevatterin — Mein Gott! Es ist ja ihrer Ehre mehr dran gelegen — als ein ehrlicher Mann wegzugehn — als ein paar goldne Röcke mehr zu haben — nur lassen Sie Sich die Juden nicht prellen, und ziehen bei allem was Sie vornehmen Ihren großmüthigen Freund zu rathe. Ich bin überzeugt Er gibt Ihnen den besten rath — Sie wissen ja — daß wer Zeit gewint alles gewint. Schreiben Sie mir ob und wies geht. Kommen aber /: ich sage es noch einmahl :/ bei Strafe meiner Ungenade nicht ehnder her — als biß ich ruhig seyn kan. Wollen der Herr Graf über diese sache mit mir Correßpontiren — so wird mirs eine Ehre seyn — den vier Augen sehen mehr wie zwey. Meine Freundschaft gegen Sie wird *nie* wanken — nur muß mann mittel und Wege ersinnen — daß alle theile zufrieden seyn können — und der eine nicht zuviel gedrückt wird — Prüfen Sie alles weißlich, und lassen mich bald beßre nachrichten hören — das wird auserordentlich freuen und aufrichten

        Ihre würklich bekümterte Freundin
                    Elisabeth.

N. S. Grüßen Sie die Frau Gevatterin in meinem Nahmen und ich ließe Sie bitten — alles mit anzuwenden — damit Ihre Feinde nicht Triumpfirhen mögten.

Koch ist noch nicht hie mann ist in einer großen unruhe — kein Mensch weiß, was den Dienstag gespielt werden soll.

140. An Unzelmann

Lieber Freund!

Unsere gestrige Unterredung war zu kurtz abgebrochen und zu unbestimmt als daß Sie einen ordentlichen Bericht davon an Herrn Graffen von Spaur machen könnten — ich will Ihnen also hirmit meine Meinung klahr und deutlich vor Augen legen. Vors erste muß ich die Summe genau wißen — zweytens muß ich mit dem Herrn Graffen selbst in unterhandlung tretten — damit ich weiß wie die Sache zu unser aller Befriedigung angefangen, und beendigt werden soll — Denn ich weiß Sie dencken zu gut und edel als daß Sie mir zumuthen sollten — Dinge zu versprechen ohne vorher zu wißen — ob ich sie auch halten kan — Richten Sie also auf dieses begehren Ihren Brief an Spaur ein mündlich ein mehreres von Ihrer

Freundin Elisabeth.

Den 28ten Mertz in großer eil und mit einer stumpen Feder.

Dancke vor den Thoringer — das publicum war Brav — Morgen ein mehreres — Gott befohlen —

141. An Unzelmann [Anfang April 1788.]

Gott sey Danck! daß Sie mein Launiger Herr heute keine Rolle gehabt haben — was wäre das vor ein Elend geworden, wenn es Ihnen wie Constantze und Belmonth ergangen wäre! Keine Hand hat sich beynahe gerührt — nicht einmahl Vivat Bachus hat sein altes recht erhalten —

O Jemine das hätte bey Ihnen alles der Mesias in die Schue gekriegt — Sehen Sie daß mann sich irren kan — Aber ich habe mich nicht geirtet — Sie waren beym Schluß unsichtbar — das war eben nicht Freundschaftlich — so eine kleine Freude hätten Sie doch wohl gönnen können

Ihrer
Freundin Elisabeth.

N. S. das Gesicht spielt immer seine Rolle im letzten Act — worauf ich vergebens gehoft habe.

142. An Unzelmann

Leßen Sie dießes vor sich gantz allein —

Mann ist an dem Ort wo Sie aus ungegründeter Furcht nicht nocheinmahl hingingen wie Sie doch versprochen hatten sehr über Ihnen erzörnt — Es wird von Ihnen Satisfation begehrt werden, worinn sie bestehen soll weiß ich nicht — geben Sie dieselbe, so ist alles verziehen und Sie kommen um die Zeit /: die Sie wißen :/ mit Ehren zuruck — Thun Sie aber das Gegentheil; so werden Sie in die Zeitungen gesetzt öffentlich beschimpft und ist an keine Rückkehr zu dencken — Hoffentlich werden Sie Ihr bestes in acht nehmen, und nicht Sich und Ihre Freunde in Schande und Unglück bringen. Mann hat ein wachsames Auge auf Ihrer Freunde Coreßpontenz — die Briefe werden also so lange biß alles ausgegliechen und in Ordnung ist unter anderer Adreße auf die Post gegeben — wenn Sie daher an die zwey Freunde die Sie in hiesiger Gegend haben schreiben wollen; so Adreßiren Sie die Briefe an unsern treuen Töffel — bezeichenen aber die Straße wo er wohnt, den er hat der Nahmens Verwandten mehr — Was aber übrigens Ihre hiesige Freunde die Zeit über gelitten haben das laße Ihnen das Schicksahl nie in ähnlichem fall erfahren! Wir ersuchen Ihnen machen Sie die sachen dadurch wieder gut, daß Sie thun was von dem bewußten Ort an Ihnen gefordert wird — sonst sind wir vor Sie — und Sie vor uns auf immer verlohren. Alles andre auf ein andermahl — jetzt ist der Zeitpunct nicht mehr zu sagen und zu schreiben. An dem Ort wo Sie jetzt sind — müßen Sie kein Wort weder von diesem Brief noch von allen möglichen Briefen die da kommen sollen und deßen Inhalt sagen — Leben Sie wohl!

d 22ten aprill 1788

N. S. Laßen Sie die Auffschrieft an den Töffel von Ihrer Friedericke machen daß mann Ihre Hand nicht sieht.

Inliegendes schicken Sie mir sobald Sie es geleßen wieder zurück.

Diese Coreßpontents fängt nicht sonderlich an — Gott gebe daß sie in der folge beßer wird!

143. An Unzelmann Den 29ten Aprill 1788

Lieber Freund!

Ihren Brief aus Leipzig und den aus Berlin habe mit Vergnügen geleßen den aus beyden ist klhar zu ersehen, daß Sie unsere gute Stadt und Ihre Freunde noch nicht vergeßen haben — es würde aber auch ungerecht von Ihnen seyn, denn das Glück mag Ihnen in andern Zonen noch so freundlich lächeln; so werden Sie doch *nie* bereuen vier Jahre bey uns gelebt und geweßen zu seyn. Den Tag Ihrer Abreiße schickte ich die dicke Iris mit einem warmen prächtigen Kuchen, etwas Tyrannen Blut — einem sehr wohl stilisirten Abschiedsschreiben in Ihr logie — aber eine mitleidige Oreade rief aus der Bretternen Wand — /: den es gab da keine Felsen :/ Er ist auf ewig dir entflohn! Was machte aber Ariadne? das sollen Sie gleich hören — So wild und ungeberdig stellte sie sich nun eben nicht — die Eumeniden — die die Furien wurden nicht incomodirt — und die gantze Hölle erfuhr von der gantzen Geschichte kein Wort

— hätte die arme Naxoser Ariadne in unserm aufgeklährten Zeitalter gelebt — wo alle Leiden und Freuden alles Gefühl von Schmertz und Lust in Sisteme gezwängt sind — wo die Leidenschaften wenn sie in honetter Commpanie erscheinen wollen steife Schnürbrüste anhaben müßen — wo Lachen und Weinen nur biß auf einen gewißen grad steigen darf — sie hätte zuverläßig ihre sachen anders eingerichtet. Freylich ist es etwas beschwerlich immer eine Masge zu tragen — und immer anders zu scheinen als mann ist — Doch Gott Lob bey Ihnen brauche ich das nun nicht — Ihnen kan ich sagen daß mir Ihr Weggehen leid sehr leid gethan hat, daß mein Steckenpferd total ruinirt ist — daß mir beym Eßen die Zeit unausstehlich lang wird mit einem Wort, daß mein Mährgen im Brunen liegt, und wohl schwerlich wieder heraus gezogen werden wird. Auch sey Ihnen ohnverholen daß ich öffters bitter böße auf Ihnen bin, daß Ihr Ehrgeitz, Ihre falsche Chimären Sie von hir weggetrieben haben da mann jetzt gantz das Gegentheil von allem sieht, sieht, daß Koch ein guter Mann ist — der alle so liebreich behandelt der so wenig Neid hat, daß wenn einer gut spielt er ihm um den Hals fält ihn küßt und vor aller Welt sagt, das war brav — der dem organ nichts zu gefallen thut wens den Schauspielern nicht recht ist z. B. das organ wolte die Leute wieder in seinen langen Wagen packen und nach Maintz spediren — Stegmann und Walters setzten sich darwieder — Koch gab Ihnen recht und das organ mußte Kuschen herbey schaffen. Gestern trat ein Subject nahmens Meyer im Clavigo als Beaumarchais auf machte aber seine Rolle so erbärmlich daß die Leute fortgingen ohne das Ende abzuwarten — Morgen tritt er als Lügner auf, O weh!!! Aber Herrn Cziky muß mann sehen, wenn mann verstoppung im unterleib hat — den Willibald in der Heurath durch ein Wochenblat, hat er Meisterhaft gespielt — es wurde so lange aplaudtirt biß er den Auftritt noch einmahl machte — Die Cosa Rara hat in der Fraskatanerin debitirt hat aber ihrer unmannirlichen grimaßen wegen wenig beyfall gehabt. Das sind vor dißmahl meine neuigkeitten alle — unser guter lieber Freund Heinrich hat glaube ich die Sache mit unserm Briefwechsel etwas zu gefährlich gemacht — durch Herrn Lantz werden Sie meinen ersten erhalten haben — melden Sie mir doch wo Sie wohnen daß die Briefe nicht nöthig haben, durch einen dritten bestelt zu werden. Wie stehn denn die Sachen in Maintz — sind denn die Personen bald wieder versöhnt? unser dortiger Freund beobachtet ein tiefes Stillschweigen. Leben Sie wohl! und gedencken ferner an Ihre zurückgelaßne Freunde — und an diejenige die biß in Carons Nachen ist

Ihre
Freundin Elisabeth.

N.S. An die Frau Gevatterin
meine beste Empfehlung.

144. An Unzelmann   Den 9ten May 1788.

Lieber Freund

So ist es denn beschloßen, daß Sie durch Ihren falschen gantz am unrechten Ort angebrachten Stoltz und Ehrgeitz sich um die Liebe Ihrer bewährten Freunde bringen, sich ins Unglück stürtzen wollen. Hat Ihnen Ihr hitziges, aufbraußendes, sprudlendes Weßen noch nicht Kummer genung gemacht — wollen Sie nie dem Rath wahrer erprobter Freunde folgen — Freunden denen Sie viel viel Dank schuldig sind — wollen Sie abermahl Ihrem Kopf der Ihnen schon so ofte schlimme Dinste gethan hat auch in der Maintzer Sache folgen! In Gottes Nahmen! Thun Sie was Sie wollen. Aber bringen Sie den Edlen Grafen mit ins Spiel — mißbrauchen sein großmüthiges Vertrauen so abscheulich; so ist dieses der letzte Brief, den Sie in Ihrem Leben von mir zu sehen kriegen — den ein Mann der die größten Wohlthaten so bald nicht allein vergißt, sondern sogar bundbrüchig an dem Freund wird — der kan mein Freund nicht seyn. Sie halten das Ihrer Ehre nachtheilig wenn Sie Dahlberg um Vergebung bitten — um Vergebung bitten thut an der Ehre nicht den geringsten Abbruch — den fehlen ist ja so menschlich — und welcher vernünftige Mann wird sich denn schämen zu sagen, ich habe gefehlt — pasirt denn das nicht Täglich? ist denn das was? In dem punct ist also Ihre Ehre sehr kitzlich — aber Ihre Freunde die Ihnen aus Todesängsten geholfen — die Ursach waren daß Sie als chrilicher Mann fortreißen konnten /: denn da da stund Ihre Ehre auf dem Spiel :/ diese Freunde zu beleidigen das verträgt sich mit Ihrer Ehre! Mit einem Mann der freylich so sonderbahre Grundsätze hat — läßt sich nicht gut disputiren — Wie wenig aber Ihnen auch meine Freundschaft werth ist — daß sehe ich nun auch so klahr daß mich die Augen beißen. Gott laße es Ihnen in Berlin wohl gehn, Er schenke Ihnen Freunde wie die die Sie hier zurückgelaßen haben — aber es gehört auch eine vierjährig probe dazu — und Auftritte wie die waren in denen ich Ihnen hie mehr wie einmahl sah — wollens abwarten, es wird sich wohl am Ende finden. Unzelmann! Noch einmahl ich bitte Ihnen überlegen Sie die Sache reiflich ehe Sie den gefährlichen Schritt wagen — Denn tretten Sie öffentlich auf — fechten gegen Dahlberg, so sind Sie, Sie mögen gewinnen oder verliehren vor *uns* auf ewig verlohren — und ein kluger Generahl hält sich doch immer gern den Rücken frey. Sie werden nun zwey Briefe von mir empfangen haben — die an Herrn Inspector Lantz adresirt waren — auch einen vom Grafen an mich — schicken Sie mir ihn doch gefälligst zurück — da ich auf meine zwey Briefe noch keine Zeile Antwort erhalten habe, so wäre dieser gewiß nicht fortgeschickt worden — denn in gewißen Dingen bin ich auch Stoltz — aber ich that es um des Grafen willen — von dem ich ein gar Hertzerschüttertes Briefelein erhalten hatte. Den 12ten May sind es drey Jahre da Sie uns auch verließen und nach Cassel gingen — aber da! War die Hoffnung das große Loßungswort — aber jetzt!!! genüßen andre die Früchte, die wir so sorgfältig gepflegt und gewartet haben *und das thut gar zu weh!* Ich hoffe und glaube nicht daß Sie in der kurtzen Abweßenheit — alle Freundschafftliche Gefühle werden verlohren haben, eine solche undankbahre Seele traue ich Ihnen nicht zu — Stellen Sie Sich also einen Augenblick an Ihrer Freunde Platz — Einen Freund den mann liebt und schätzt — an dem mann alles alles vor jetzt und in Zukunft gethann hat — um Ihm glückliche und frohe Tage zu machen — und dieser zerstöhrt um einer Grille wegen plane, Hoffnung und Glück — verspert sich selbst den Weg uns jemahls wieder zu sehen — Wer über gewiße Dinge seinen Verstand nicht verliehrt — der hat keinen zu verliehren. Damit Sie aber nicht denken — ich hätte dieses alles aus einer Weiblichen Laune geschrieben; so leßen Sie beykommenden Brief /: welchen ich mir zurück erbitte: / und urtheilen selbst. So weit war ich, als Ihr Brief vom 2ten May ankam — Ich danke Ihnen dafür, den er gab mir doch einigen Trost — aber so lange die Sache mit Maintz nicht gantz ausgeglichen ist; so gebe ich vor alle Hoffnungen keine taube Nuß. Koch war bey mir und mit Thränen in den Augen sagte er wie bestürzt ihn Ihre plötzliche Abreiße gemacht hätte sie wären noch beysammen bey Tabor geweßt, hätten zusammen gespeißt — er hätte Ihnen nach Hauße begleitet — hätte Ihnen gebeten wenn Sie von Maintz zurück kämen einen Contrakt auf künftige Ostern zu unterschreiben alles wäre so schön eingerichtet geweßen — der Tod hätte ihn nicht mehr erschrecken können als Ihre plötzliche Abreiße — und fuhr er fort wenn ich Ihn und seine Gattin auch nicht so schätzte, wie ich doch wirklich thue; so brauchen wir Sie — Wir hätten uns beholfen keine neue Leute wenigstens nicht auf lange Zeit angenommen u. s. w. Gott verzeihe es dennen Verläumdern, die Ihm Dinge von mir in Kopf gesetzt haben, woran keine Silbe wahr ist — ich spiele von seinen Rollen das ist wahr, aber da sein Rollenfach so mannigfaltig ist; so wird er überall auf Leute stoßen da es das nehmliche ist. Fleck spielt ja die Rollen auch — und wenn ich bedenke was die meisten Stücke

/: die wir jetzt gar nicht geben können :/ gewonnen hätten — so ist mir der Vorgang noch empfindlicher z. E. Minna von Barnhelm ich den Tellheim, Er den Paul Werner u. s. w. so redete er zwey gantze Stunden — und war sehr brav. Nun habe ich genug von Ihnen geschwatzt nun noch ein Wort von mir. Mein Schauspiel-schuß ist seinem Ende nahe — weder an meinem sonst so lieben Fenster im Schauspiel Hauß weder unter den Spielenden noch unter den Stummen sehe ich was ich sonst sahe und wenn mir einfält daß es auf immer und ewig so bleibt und wenig Wahrscheinlichkeit vors Gegentheil ist; so packts michs bey der Brust, daß ich denke der Odem bleibt mir aus und dann fält mir immer der Brief /: O! Elisabeth was habe ich gethan:/ aufs neue ein — Ja wohl hätten Sie doch ein klein bißgen Rücksicht auf Ihre Freundin und auf die Zukunft nehmen sollen. Mein einziger Trost ist noch, daß es Ihnen dort wohlgeht — und daß Sie diejenige doch nie gantz vergeßen werden — die Ihnen so viele Proben gegeben hat — daß sie war, und ist, und bleibt

Ihre Freundin

Elisabeth.

N. S. An die Frau Gevatterin meine Empfehlung. Jude Goldschmidt bittet ihn nicht gantz zu vergeßen — sondern in Gnaden an ihn zu denken.

145. An Unzelmann

Geschrieben am 2ten Pfingstag [12. Mai]
krank an Leib u Seele.
fortgeschickt den 13ten May 1788

Lieber Freund!

Ich soll mich nicht beunruhigen — nicht ängstigen — soll auf die Zukunft bauen! Ich! die so klahr und deutlich sieht, daß alles darauf angelegt ist, Sie auf ewig von uns zu entfernnen — so offte mir eine Zeitung zu Gesichte kommt zittern mir alle Glieder Ihren Nahmen auf eine schimpfliche weiße drinnen zu finden — und ist nur die kleinste Drohung — der minsteste trotz in dem Schreiben der dortigen Commision enthalten; so ist das unglück gewiß, und Sie sind vor uns auf immer verlohren — Ein Haußarest wäre Ihnen lange lange nicht so schimpflich geweßen — wie wenig Menschen hätten das erfahren — aber Zeitungen die in alle Welt laufen — vom großen und kleinen pöbel geleßen werden, in Gegenden wo Ihnen jedes Kind kent; so was geht über alles! und nun das gerede in allen Gesellschafften — und Ihre Freundin mitten drunter — was soll die nun machen oder welche Rolle soll sie spielen! Habe ich nicht schon genung um Ihrent willen geduldet — vergeben, getragen, gelitten, und nun noch dieses schreckliche alles schrecklichen — O! Schicksahl womit habe ich das verdient! Meine Meinung war so gut, so bieder — ich wolte das Glück eines Menschen machen — und that gerade das Gegentheil — hätte ich Ihn gelaßen wie und wer Er war — Er wäre noch bey uns das bin so fest überzeugt als von meinem eigenen Daseyn — Verzeihen Sie Lieber Freund! daß meine Briefe keinens beßern und vergnügerns Inhalts sind, gegen Ihnen kan und mag ich mich nicht verstellen — Sie müßen mir vergönnen mein Hertz aus zuschütten — Diese Freundschafts probe verdiene ich doch — nicht wahr? — Drey Tage war ich Bettlägrig heute stunde ich mit dem Trost auf einen Brief von Ihnen zu erhalten — aber es kam keiner — Es ist zweyter Feyertag, alles fährt und läuft — ich sitze einsam in meiner Wohnstube — und weiß meine Zeit nicht beßer anzuwenden als an Ihnen zu schreiben — wären Sie hie so wüßte ich wohl, daß ein klein Bouteilligen Tyrannen Blut würde genoßen werden Aber die Zeiten sind vorbey! Diese berühmte Wohnstube hat Ihnen doch machen gram von der Stirne gewischt — es war so ein Asilum wenn die Winde tobeten und der Donner in den Lüften rollte — Es war gar ein sicherer Haven wenn das Schifflein von den

Wellen um und um getrieben wurde — Erinnern Sie Sich noch der Dose die ich Ihnen vor 3 Jahren nach Cassel schickte wo ein Mann mitten im Schiefbruch einen Fels ergliemte, und die Worte die ich dabey schrieb? nun sind Sie wieder zur See gegangen — Gott laße Ihnen immer einen sichern port finden wo Sie Anker werfen können Die Gesellschaft bleibt den gantzen Sommer hie!!! und wird die woche dreymal spielen — Koch hat den Fallstaf in Heinrich dem Virten recht brav gespiel — aber das Stück ist kein Gericht vor Franckfurth — Am Donnerstag war der doppelte Liebhaber der Vorhang hob sich und Koch erschiene und sagte Madam Fiala wäre plötzlich kranck geworden um aber das Stück doch geben zu können hätte Madam Stegmann die Rolle noch in der geschwindigkeit gelernt es wäre seine Schuldigkeit ein verungswürdiges publicum davon zu benachrichtigen — so treibt er es in den geringsten kleinigkeiten — und das stoltze publicum dem das kitzelt ist sehr mit ihm zufrieden — Er versteht wie mann Vögel fängt — Auch mit den Schauspielern macht Ers so neulich war Lilla — Er bate seine Colegen um Erlaubnüß keinen Statisten machen zu dürfen, weil er Lilla noch nie gesehen hätte und also das Stück gern gantz in Ruhe sehen mögte u. s. w.

Aber als ich meinen Jäger nicht sah! Da war mirs alleins was sie trillerten und wie sie trillerten — Doch muß ich zu steuer der Wahrheit sagen, daß die Cosa Rara keine grißmaßen schniede und das Duet mit Stegmann so vortreflich sang daß es 3 mahl wiederholt werden muße — und das terzet mit der Königin 2 mahl. Es ist sonderbahr daß ich Herrn Czike der jetzt meist Ihre Rollen spilt noch in keiner gesehen habe — Der Ring war an einem Montag Baldian war an einem ditto — Am Sonabend im Brandgen war ich kranck — Aber schlecht macht ers das habe ich gehört — er spielt alles im gantz nidig Commischen Z. B. als Rath Brand hatte er schwartz Englichpflaster auf die obern Zähne geklebt! Es ist doch eine herrliche Sache um das schreiben — zumahl an einen Freund — nur ists ein unglück daß so ein

Brief siebentage braucht um an ort und stelle zu kommen — so weit haben Sie Sich noch nicht von mir verlaufen gehabt wie jetzt und Ihre Zurückkunft konte mann doch mit strichen ausrechnen — Lieber Freund! Nur eins mögte ich wißen — haben Sie denn gar nicht an mich gedacht — da Sie den Contrack von dort unterschrieben? auch gar nicht an die folgen und an die Wirkung die so was auf mich nothwendig machen müßte — Sie wußten doch bey Gott alles! das ist mir immer das unbegreiflichste bey der gantzen Sache geweßen und ist es noch — denn ich gestehe Ihnen, so ein Schritt, wäre mir nicht im Schlaf eingefallen — Stock und sein Weib grüßen Ihnen aufs beste — Deßgleichen Elise Bethmann ob Sie ihr schon zwey paar Strümpfe von Ihrem Mann mitgenommen haben auch Freund Thurneißen — Sagen Sie ja an Freund Heinrich nicht daß ich Ihnen von seinen Briefen schicke — Er mögte mir sonst nicht mehr schreiben — Grüßen Sie die Frau Gevatterin — von Ihrer

Freundin
Elisabeth.

146. An Unzelmann Dinstags den 27ten May 1788.

Lieber Freund!

Es ist ein großer Fehler an mir, daß ich mehr an die vergangene Zeit als an die gegenwärtige dencke, und daß ich mir die Ideen, Träume und Mährgen die ich mir mit Ihnen in Kopf gesetzt hatte, noch nicht gantz aus dem Gedächnüß tilgen kan — aus dieser trüben Quelle sind auch noch meine zwey letzten Briefe geflossen — aber ich verspreche Ihnen hiemit feyerlich ins künftige alle Jeremiaden aus meinen Briefen zu verbannen zumahl da Ihnen Ihre Feinde anstatt bößes, gutes gethan, und Sie ins Glück hinein getrieben haben — Eine solche Ehre hätten Sie und die Frau Gevatterin hir nicht erlebt, und wenn ihr wie die Engel gespielt hättet — das Königliche Hauß ließe sich bedancken! Das hätte hir der Burgemeister nicht gethan — überhaubt scheint mirs daß Berlin der Ort ist wo Sie endlich einmahl glücklich seyn werden — Ich bitte Ihnen daher um alles was Sie lieben und Ihnen werth ist, stoßen Sie dießes Glück nicht wieder von sich — Das Schicksahl ist nicht immer so gut gelaunt, daß wenn eine Thür sich schließt, es gleich wieder eine aufthut — mein Trost wird dann doch imer seyn — daß ich doch den Grundstein gelegt habe — worauf nun andre, größre, und geschicktere Baumeister fortbauen mögen — Diese kleine Eitelkeit werden Sie mir nicht übel nehmen — denn sie macht mich glücklich. Mit den überschickten Rechnungen hat es diese Bewandnüß — den Tag nach Ihrer Abreiße schickte mir Ihr Haußherr Boot dieselben zu, mit Bitte sie Ihnen nach zu senden — In Ihrem Abschieds Schreiben ersuchten Sie mich einiges zu bezahlen — also schickte ich in die Engelapotecke 12 f. dem Schußter Brabant 11 f und ein paar Stiefel — Dem Schußter Lehr vor ein paar atlaßne Schu vor die Frau Gevatterin 2 f: 24. Herrn Scheidel vor Band vor ebendieselbe 1 f: 40 xr. Dieses habe nun bey den Rechnungen mit dem Ausdruck bezahlt sagen wollen — Die Handschrieft ist vermuthlich von Herrn Boot — Die Apotecker Rechnung ist deßwegen nicht angemerckt, weil ich sie schon früh Morgens bezahlen ließ — und er also nicht nöthig hatte in Ihr Quartier zuschicken. Lieber Freund! Sie haben vermuthlich vergeßen daß ich auf bitten und gleichsam auf Caution von Freund Heinrich meinen Credit verwendet habe um 76 Louidor zu Ihrer Reiße aufzutreiben, diese müßen im Julius bezahlt seyn — den meine Ehre und gegebenes Wort geht mir über alles — ich kan und werde mich also in nichts neues von der art einlaßen. Mit den Strümpfen der Bethmann war es spaß, ich habe sogleich zwey paar neue davor hingeschickt — von *der* möchte ich nun eben nichts geschenckt haben. Viermahl haben wir hier die Woche Schauspiel es geht wies kan — mir ists jetzt so gleichviel ob sie den Hanßwurst im Schlafrock oder den Don Carlos spielen — aber ich muß auch nicht unbillig seyn wenn mann 12 Jahr ein Steckpferd geritten hat so kan auch einmahl ein anders seinen platz einnehmen — in der Welt bleibt ja nichts ewig an seinem fleck. Wir sollen ja das Glück haben Ihren guten König zu sehen — den muß ich mir doch auch beschauen — das verdient doch eine Fahrt nach Hanau! Grüßen Sie die Frau Gevatterin und sagen Ihr, Sie sey eine plitz Hexe im verdrängen — Die armen Theaterdamen! Doch können sie sich damit trösten — daß dieses Mißgeschick ihnen nicht allein wiederfahren ist, sondern daß sie Gesellschaft haben, an gewißen Persohnen, die das nehmliche erfahren und sich auch drein ergeben müßen. Leben Sie wohl, vergnügt und glücklich! Vergessen aber in Der Prächtigen Königs Stadt das arme Franckfurth nicht gantz und gar — sondern dencken zuweilen an Ihre Freunde besonders an diejenige die sich nent

Elisabeth.

147. An Unzelmann den 24ten Juni 1788

Lieber Freund!

Kranck bin ich nun eben im eigentlichen Verstand des Worts nicht — aber traurig — Mißmuthig — Hoffnungsloß — niedergeschlagen das ist vor jetzt mein Looß — und die ursach meines nicht schreibens. Wenn Orsina recht hat, daß die unglücklichen sich gern aneinander ketten; so ist der Gegensatz eben so wahr, daß der Glückliche die Gefühle des unglücklichen selbst mit dem besten Hertzen und Willen, doch nicht mitempfinden kan — Ein Armer wird den Druck der Armuth nie stärcker fühlen, nie unzufriedener mit seinem Schicksahl seyn, als in Gesellschaft der Reichen — da da erniedrig da beugt ihn sein Mangel doppelt — und jedes Wort sey es noch so unschuldig — noch so unbedeutent wird ihm als Spott als Satire auf seine Armuth vorkommen — jedes lächlen wird ihm Hohn über sein Elend düncken — den *nie* ist der unglückliche gerecht — sieht alles durch ein gefärbtes Glaß — beurtheilt alles schief. Meine eigne Erfahrung meine jetzige Gefühle leisten mir die Gewähr daß vorstehendes Gleichnüß überaus paßend und trefendent ist: den Lieber Freund! Können Sie wohl glauben daß einige Ihrer Briefe mich so niedergedrückt so traurig gemacht haben, daß ich Mühe hatte wieder empor zu kommen — und ob ich schon fest überzeugt war, daß es Ihre Meinung gantz gewiß nicht geweßen ist mich zu kräncken; so thats mir doch in der Seele weh daß ein umgang von vier Jahren Ihnen noch nicht gelernt hat die Nerfe unberührt zu laßen, wo ich /: mit Don Carlos zu reden :/ immer Gichter spühre, und in Ewigkeit spühren werde. Hieraus können Sie sehen wie übel gestimt die Saiten meines Gemüths sind — und daß ich deßwegen nicht schriebe, um Ihren Humor nicht zu trüben — um Ihr Glück nicht zu stöhren. Mit dem Maintzer Theater /: ich kan nicht mehr sagen mit dem hisigen :/ geht auf Ostern allerdings eine große Veränderung vor — der Sage nach, hat Herr von Dahlberg alles übernommen und Tabor hat gar nichts mehr zu sagen oder zu thun sein Regiment hat in Maintz ein Ende — Wie es aber nun uns ergehen wird, weiß ich nicht — kümmre mich auch nicht drum — meine Schauspiel Freude ist vorüber — und *alles* ist vorbey! Herr Widemann wird jetzt bey Ihnen seyn, und Herr Franckenberg wird ehestens zu Ihnen kommen — von denen können Sie die Sache gründlicher und am besten erfahren — auch was seit Ihrer Abreiße neues an Opern und Schauspielen gegeben worden ist — vor Zeiten hätte mir so eine Dramaturgi großen Spaß gemacht — aber dazu gehört gute Laune — vergnügtes Hertz—Hoffnung die Leib und Seele erfreut — wehen des Geistes der den toden Buchstaben Leben gibt — dieses ist aber einem Toden /: und Moralisch ist das jetzt mein fall :/ ohnmöglich. Die Commedien Zettel habe alle richtig erhalten — dancke aufs beste vor Ihre gütige Aufmercksamkeit — zum ewigen Andencken wie vergänglich alles in dieser Werckeltags[welt] ist werden sie wohl aufgehoben — den wer mir 1785 Prophezeiht hätte von *Ihnen* dergleichen zu erhalten — dem hätte ich das

Propheten weßen auf eine garstige art legen wollen. Leben Sie vergnügt und glücklich — diß ist mein innigster und sehnlichster Wunsch — dencken zuweilen an die jenige die zwar allen Wünschen vor sich auf immer entsagt hat, aber doch ist

>Ihre Freundin
>Elisabeth.

148. *An Fritz von Stein* Fr. den 4. Juli 1788.

Lieber Sohn! Es war mir eine große Freude zu vernehmen, daß mein Sohn glücklich in Weimar angelangt ist. Gott erhalte ihn auch dort gesund, das Andre wird sich Alles geben. So ein klein Steinchen möchte ich wohl auch zum Briefsiegeln haben, meine Pettschaften sind Alle so groß, und der Fall, kleine Billeter zu schreiben, kommt mir doch oft vor. Können Sie eins entbehren, das Ihnen am Wenigsten behagt, so schicken Sie's mir, vor mich ist das Geringste schon gut genug. Grüßen Sie meinen Sohn recht herzlich von mir, und glauben, daß ich unverändert bin

>Ihre
>wahre Freundin
>E. G.

149. *An Unzelmann* den 15ten Juli 1788

Lieber Freund!

Ist möglich daß ich so in kurtzer Zeit vergeßen bin, wie mann einen Todten vergießt! Ist möglich daß eine Abweßenheit von 3 Monathen mein Andencken so völlig ausgelöchst hat, als eine Schrieft in Sand geschrieben! Ist es denn wohlgetan seine *bewährten* Freunde im Glück so gantz hintenan zu setzen — die mann in Wiederwärtigkeitten doch so wohl erprüft hat! Dieses einzige hat noch gefehlt das bißen frohen Sinn — das Fünckgen guter Laune zu unterdrücken — und völlig auszulöschen. Verzeihen Sie daß

JULI 1788

Ihnen villeicht diese paar Zeilen beschwerlich sind — aber mann nimbts ja einem der ertrinken will nicht übel wen er sich an einem Strohhalm anhält — Ich könte Ihnen noch mancherley sagen — aber ich fürchte, daß da Sie die Correßpontens /: allem anschein nach :/ gern entübrigt seyn wollen, durch dießes schon zu viel gesagt zu haben — nur das noch! Ich bin nicht so wandelbahr — sondern /: thun Sie an Ihrer Seite — was Ihnen gut deucht :/ noch immer

Ihre

Freundin. Elisabeth.

150. An Unzelmann den 18ten Juli 1788

Lieber Freund!

Endlich nach Verlauf von 4 langen der Ewigkeit gleichen Wochen einmahl einen Brief — So wäre ich doch noch nicht gantz vergeßen — so wäre doch mein Andencken noch nicht gantz verlöscht — Ich will mich dann so viel als möglich zu beruhigen suchen — aber versprechen kan ichs nicht — auch würde das ein schlechtes Zeichen seyn — Den eine Freundschaft die sich so leicht in Ruhe versetzen kan — mit der ists so gut als — vorbey. Laßen Sie mich also nie wieder so unausstehlich lang auf Nachrichten von Ihnen warten — sondern bedencken, daß es ja das einzige ist — und daß alle meine ehemalige *Hoffnungen Erwartungen Mährgen u.s.w.* sich ja leider nur auf das kleinste und geringste auf — tode Buchstaben einschräncken müßen — und solche Brosämlein werden Sie doch einer an allem übrigen so verarmten Freundin nicht versagen. Sie bezeügten in einem Ihrer Briefe ein verlangen Nachrichten von der hiesigen Bühne zu erhalten — von mir würden sie sehr unvollständig seyn — den ich gehe ofte in der mitte des Stücks auf und davon — so machte ich es vorige Woche in der glücklichen Jagt — den wer konte Große Ihre Rolle spielen sehn — und nicht vor ärger das Gallenfieber kriegen — Freylich wars ein Scandal vor das organ, der nebst dem Mesias mutterseelen allein auf dem parterre saß — daß die Frau Rath anstatt auf Theater zu schauen — die paar Juden im dritten Rang lornigrte — und dann mitten im Stück nach ein paar hem, hems auf und davon lief. Da ich mir aber die Hoffnung nicht nehmen laße, Sie, ehe ich den Schauplatz dieser Welt verlaße doch noch hir wieder bei uns zu sehn — und zu dem Ende gerne wolte, daß Sie in Connexttion mit dem hiesigen Theater so viel als möglich blieben; so schicke ich Ihnen hirmit drey Blätter daraus vieles und mancherley zu ersehen ist — Wöchentlich erhalten Sie ins künftige ein Stück — und der vortheil vor Sie ist nach meiner Einsich doppelt — dann erstlich — bekommen Sie bey der Gelegenheit — auch immer ein paar Zeilen von mir mit in kaufe und ich bin so eitel zu glauben, daß Ihnen das lieb seyn wird. — Zweytens erfahren Sie auch als dann neuigkeiten wen die Truppe in Maintz ist, den in dem fall könte ich Ihnen nun gar nicht dienen. Ich lebe der Zuversicht, daß Sie Sich hübsch bei mir bedancken werden daß ich Ihnen Mittel an die Hand gebe das steigen und fallen unserer Truppe recht abzuwägen. Die Ehre, die Ihnen der Monarch erzeigt hat — freut mich so, daß ich deckenhoch springen möchte — Sie wißen daß ich keine politica bin — und der Kayser und die Türcken, und die Türcken und der Kayser mich so vill Intereßiren, als der Mann im Mond — Aber jetzt leße ich die Zeitung — aber nichts als den Artickel Berlin — und da freuts mich wen der König wohlauf ist, wen die Printzsetzin Friedericke in Pyrmont gesund wird, wen die Königin den Grundstein legt u.s.w. Übermorgen nehme ich die Zettel mit bey Stocks da wird sich alles freuen Mann und Weib auch die Kindleins /: den die Ricke u käthgen fragen imer nach Ihnen :/ auch demoiselle Marianne — Herr Graf mit einem Wort die gantze Pastete. Auch habe ich so viele grüße an Ihnen von allen Ihren Freunden die mich immer plagen um neuigkeiten von Ihnen — besonders Freund Thurneißen — wen ich den so vier Wochen keinen Brief habe — da stehe ich dann wie Kind beym D* Führen Sie Sich ins künftige musterhafter auf — O! Lieber Freund! Specktackel über Specktackel könte ich Ihnen noch schreiben — der arme Franckenberg! war in der Wache — Alle Schauspieler besonders Stegmann stunden gegen das Organ auf — hätte Stegmann meine Wuth und Muth im Leibe gehabt; so wäre jetzt unsere Bühne geschloßen — und es konte kein einzig Stück gegeben werden — Ha! das wäre ein Triumpf vor Frau Elisabeth geweßen — Laßen Sies sichs von Franckenberg alles erzählen — den die Galle steigt mir wen ichs erzählen solte. Leben Sie wohl! Grüßen Sie die Frau Gevatterin — den kleinen Carl — gratuliren dem Friederich zum gewinn von 8f geben dem Plumpspiel einen Knochen in meinem Nahmen — und vergeßen nicht

Ihre
Freundin Elisabeth.

N. S. Graf Spaur ist in Italien. Goldschmidt will ichs sagen laßen.

151. An Unzelmann abgegangen Freytags d 1 Augst

Lieber Freund!

Hier schicke ich Ihnen den 5ten Band von Goethens Schrieften. Herr Göschen hat sich mächtig mit schönem Einband angegriffen — nur schade daß die vier ersten Bände nicht auch so Elegant sind. Ich hoffe Sie werden eine kleine Freude über die wieder neu gewordne Dose haben — mir hat sie wenigstens gantz artig geschienen — brauchen Sie dieselbe mit heiterem und vergnügtem Sinn und Muth — und dencken zuweilen an die übersender und Schöpferin derselben. Das Organ /: den ich wie die Sünde haße :/ hat sich beygehen laßen ein Abonnement suspendü wegen dem Licht der welt Herrn Lux als Apotecker Stößel anzukündigen — Ehe hätte ich meinen gulden dem ersten

Bettler gegeben als auf Franckenberg /: dem keiner beykommen wird die Herrn in Us und Es so Meisterhaft zu produciren :/ einen andern zu hören — grüßen Sie Ihn von mir — und laßen Sich die Teufeley und den Unfug von Ihm erzählen. Ich bewundre nichts mehr, als das gute Bestandhaben meiner Gesundheit, die muß von Stahl und Eißen seyn — Vorigen Sonnabend vermuthete ich wenigstens daß ein gallenfieber im anmarsch seye — aber danck seys meiner guten Natur, es verwandelte sich in etwas minder gefährliches — Und die Ursach? Fragen Sie — ja dencken Sie nur meinen Hans Zenger die Rolle in die ich so verliebt bin, spielt Herr Chike!!! So geht mirs nun tagtäglich! Ach! Mein armes Steckenpferd! Es war so ein gutes wohltätiges niemand beleidigendes Thiergen — und wird nun aus mangel der nahrung so klapper dürr wie der Pabst im Baßler Toden tantz. Ihr Brief vom 22$^{\underline{ten}}$ Juli hat meinen Glauben wieder gestärckt — meine Hoffnung auf neue belebt — So weit Ihre Entfernung — so wenig Wahrscheinlichkeit bey der Sache ist daß ich Ihnen *je in meinem Leben wieder sehe*; so ist das einzige worann ich mich noch halte, daß das Andencken an Ihre Freundin doch nicht gäntzlich verlöschen wird — und wie mann ein Gemählde von Zeit zu Zeit durch Firnüß erfrischen muß, daß die Farben nicht gantz verbleichen; so muß unser Briefwechsel der Firnüß seyn, daß die Freundschaft nicht verbleicht — oder gar erlöscht. Ich begreife gar wohl, daß Sie viel zu thun haben — und thue auf lange Briefe gern Verzicht — aber ein paar Zeilen — so einen kleinen Luscher — das können — das werden Sie gewiß Ihrer Freundin nicht versagen. Daß die Geschwister so wohl in Berlin gefallen haben — hat mich sehr gefreut — Es ist ein klein Stück aber eben deßwegen gehört von seiten der Schauspieler mehr Kunst dazu jeden Caracter ins rechte Licht zu setzen und mit wärme und Wahrheit darzustellen — als in einem großen Prachtstück mit Trommlen und Pfeifen — Aber Leute wie die — die auf dem mir überschickten Zettel stehn — heben das Stück und machen dem

Autor Ehre. Bei der erstaunlichen Hitze die wir auch hir gehabt haben habe ich Ihnen 100 mahl unsern Mayn in Ihre dortigen Gegenden gewünscht — die Ihnen so bekandten Baadhäußer waren von früh um 5 biß abens 9 nie lehr — und im Mayn sahe es aus, wie bey der Auferstehung der Todten. Aber das gibt auch ein Wein!! Wenn Sie 1798 wieder kommen — und der Tod die Höfflichkeit hat mich biß dahin da zu laßen; so sollen Sie in meinen Hauß, aus einem schön vergoldenen Glaß meine Gesundheit in diesem Anno Domine trincken — auch sollen Sie auf Ihrem Stuhl mit den doppelten Kißen sitzen — Summa Summarum es soll gehen wie ehemahls — und ich will wenn mir biß dahin der Stimmhammer nicht fält eben so laut /: als da Sie 1785 d 6ten September von Cassel kamen :/ rufen — Ist Er da! Vorige Woche habe ich meinen Keller wieder in Ordnung gebracht — da fielen mir bey den alten Herrn von 1706. 1719. allerley Gedancken ein — Sie werdens leicht errathen können was ich alles dachte — denn Sie kennen zur gnüge meine Schwärmerische Einbildungs Kraft. Jetzt ists hohe Zeit daß ich aufhöre — den die Feinde meiner Glückseligkeit und Ruhe sind im Anmarsch — Leben Sie wohl! Grüßen die Frau Gevatterin, und schicken bald wieder einen Luscher

Ihrer
Freundin
Elisabeth.

N. S. Alles grüßt Ihnen besonders die Stocks — Maianne Bethmann — Graf — Thur[n]eißen

152. An Unzelmann   den 12ten September 1788

Lieber Freund!

Freylich ists sonderbahr daß *ich* die ehedem so schreibeseelig war — die keinen Posttag versäumte — die ehnder alles, als so was unterlaßen hätte — jetzt in 4 wochen keine

Feder ansetzt — Aber Lieber Freund! Was kan eine Frau der in der Welt alles gleichgültig gewoden ist — die keine Gefühle vor nichts mehr hat — die in *allen* ihren Hoffnungen auf das schrecklichste getäuscht worden ist — die den Glauben an Menschen verlohren hat — was soll die schreiben? soll ich andern mit meinem Kummer beschwerlich fallen — was nutzt das? soll ich immer noch Schlößer in die Luft bauen — dem Irlicht Hoffnung auf neue trauen um aufs neue betrogen zu werden? Nein Mein Trauter Freund! Vor mich ist alles vorbey — mit mir ist aus — daß es Ihnen wohl geht, daß Sie auch zu Ihren andern anerkandten Verdinsten noch in Commischen-Opern brilliren freut mich — den so tief bin ich noch nicht gefallen — daß mich das Glück meines Freundes nicht vergnügen solte — aber es ist eine bitter süße Freude — andre die nicht gesät haben erndten — und die den Saamen ausstreute leidet Hunger — den Baum den ich pflantzte von dem eßen andre die nun reife Früchte — Aber ums Himels willen! wozu all das — laß gut seyn — es hat ja so viel ein Ende genommen — mit dir wirds doch auch nicht ewig werden. Lieber Freund! Sie sagten mir bey Ihrem hirseyn, daß der Band vom Mercur den Sie noch von mir haben — nebst denen zwey Flinten bey Graf Spaur in verwahrung legen da ich nun glaubte Sie auf Ostern wieder zu sehen — so dachte ich hätte das alles keine Eile — da aber auch dieser Strahl von Hoffnung /: wie all die andern :/ dahin ist; so schriebe an den Grafen — der mir antworttete — daß Er von gar nichts wüßte — haben Sie doch die Güte mir zu schreiben — ob diese sachen noch in Maintz sich befinden, u bey wem — Stegmann soll mirs dann besorgen. Lachen Sie nicht — daß ich mit diesen kleingikeiten Ihnen belästige — meine gantze Sammlung Mercure wäre mir eben defect — und in meinem Gewährschranck zwey lücken — Ihnen nutzts ja nichts. Graf Spaur ist etwas ungehalten — weil Er in langer Zeit keinen Brief von Ihnen erhalten hat — Er ist zwar noch in Italien — aber ich schicke nach seiner Order meine Briefe nach

Maintz — da werden sie Ihm sicher übermacht, und ich bekomme auch richtig Antwort. Blanchard ist in Berlin! vor drey Jahren war er hir! Muß mich denn alles mahnen! sagt Elisabeth im Carlos — Das war die glücklichste Zeit, in meinem gantzen Leben — Aber dahin ist sie geflohen die goldne Zeit. Nach dem Kupperstich will ich mich erkundigen. Herr Kriegsrath Bertram wird Ihnen einen Freundlichen Gruß von mir überbringen. So eine menge Fremden als diese Meße hir sind erinnre ich mich nie gesehn zu haben — und wäre ich noch was ich ehemahls war; so würde mir das viel Spaß machen. Nun Leben Sie wohl Lieber Freund! Möge Ihr Glück in Berlin recht groß und glänzend und von fester Dauer seyn. Erfreuen Sie mich von Zeit zu Zeit mit guten Nachrichten, und glauben, daß weder Entfernung noch Zeit Ihr Andencken erlöschen wird, bey Ihrer

Freundin Elisabeth.

N. S. An die Frau Gevatterin und den kleinen Carl meinen Gruß und Kuß. Den 25. September wird in Berlin eine große Oper gegeben und Abens gibt die Königin einen Ball — Auch wird Herr Blanchard an eben dem Tag in die Luft steigen. Der Coadjutor von Maintz, und der Herzog von Braunschweig — komen auch hin — 2 Operetten werden neu einstudirt — um in Potsdam aufgeführt zu werden — ob ich mich wohl um Berlin bekümmere??????

153. An Johann Christian und Lotte Kestner

Franckfurth d 23ten October 1788

Lieber Herr Gevatter!
Vortrefliche Frau Gevatterin!

Kein Kaufmann kan über einen starcken Wechsel der ihm presendtirt wird — und der den grund seiner Caße erschüttert mehr erschrecken — als ich über Dero zweyten Brief. Erlauben Sie mir, daß ich meine Rechtvertigung

Ihnen vorlegen darf — und ich erwarte von Ihrer Gerechtigkeit Liebe — meine völlige loßsprechung. Bey empfang Ihres mir so erfreulichen Schreibens von 17ten September war ich kranck — mein Kopf war mir dumm und Mein Mund voller plassen — meine Zunge wie durchlöchert — welches alles große Schmertzen verursachte und mich zum Schreiben gantz unfähig machte. Noch in dieser fatalen periode kam Schlosser von Carlsruhe mit Weib und Kinder mich, die sie in 6 Jahren nicht gesehn hatten zu besuchen — Logirten in meinem Hauß — Sie meine Theuresten! Können Sich die Unruhe, das Visitten Leben leicht dencken — Ich noch halb kranck mußte alles mitbetreiben — Da war nicht eine Minute Zeit an etwas zu gedencken — als Besuche — Gasterreyen u. s. w. Kaum waren sie fort, so hatten wir die Weinleße — die denn auch Zeit wegnahm — Summa Summarum 10 gantze wochen lebte ich in einem beständigen wirr warr — und mußte meinen Danck vor Dero gütiges Zutrauen freylich wieder meinen willen aufschieben — Finden Sie dieße Gründe nun hinreichend; so laßen Sie mich ein wort des Friedens hören — das wird mir wohlthun, und mein Hertz erfreuen. Wie sehr es mich gefreut hat pattin von Lottens und Ihrer Tochter zu seyn können Sie kaum glauben — Gott erhalte Ihnen dieselbe — zur Ihrer Freude! nun etwas Herrn Hans Buf betrefend — wie Ihre liebe Frau hir war — so machte ich Ihr ein Geschenck von Den 4 ersten Theilen von Goethens Schrieften — eininge Zeit hernach schrieben Sie mir — daß Sie solche von meinem Sohn auch empfangen hätten — ich solte also sagen /: weil Sie keine doppelte Exemplare haben wolten :/ an wen Sie solche geben solten. Ich decitirte vor Herr Hans Buf — da ich Ihm nun den 5ten theil vor einiger Zeit einhändigte — so sagte Er mir, daß Er die 4 ersten theile noch nicht hätte — und bate mich Ihnen zu erinnern Ihm solche zuzuschicken. Mein Sohn ist nun wieder aus Italien zurück, und befindet sich vergnügt und wohl. Die Frau Bethmann hat gestern an Ihnen geschrieben — Sie war auch

kranck. Leben Sie wohl! Grüßen und küßen vor allen meinen Lieben Eduart — von derjenigen die unverändert ist
Meines Lieben Herrn Gevatters u Frau Gevatterin

treue wahe Freundin.
Elisabetha. Goethe.

154. An Unzelmann   den 26ten October [1788]
fortgeschickt d 27 ditto

Lieber Freund!

Es war freylich etwas lange daß mein Luscher ausblieb — und da /: wie Sie selbst sagen :/ es das eintzige ist was mir von Ihrer Freundschaft übrig geblieben ist; so kan ein 5 Wochen langes Stillschweigen ohnmöglich Balsam vor mich seyn. Es ist ein Glück, daß der braune Genius noch imer Ihr sehr guter Freund ist, der den auch bey dieser Gelegenheit Ihre parthie wacker genommen — und mir die viele Arbeit, Geburthstäge u. s. w. gar anschaulich gemacht hat — ja er that noch mehr — indem er mir ins ohr sagte — daß Sie mein Freund bleiben würden — Die Dinge möchten sich drehen — und die Sachen kommen wie sie wolten — ob er Ihnen recht beurtheilt hat — muß die Zeit lehren. Aber die größte Unwahrscheinlichkeit ists doch immer, daß Sie *jemahls wieder herkommen* — Was in aller Welt solte Ihnen denn bewegen einen ort zu verlaßen, wo es Ihnen so auserordtentlich wohl geht — und wieder dahin zu gehen wo Undanck — Grobheit — und äußerst schlechte Behandlung Ihr Lohn war — und wo alle die Menschen noch beysammen sind — die Sie mir mündlich und schrieftlich als eingefleischte Teufel beschrieben haben — Einanderes wäre es wenn Berlin Ihrer Erwartung nicht entsprochen hätte — dann hätte ich Ihre Rückkunft geglaubt — aber nun — wäre Glauben Wahnsinn! Das eintzige was sich noch etwa zutragen könte müßte in der veränderung aller Menschlichen Dinge liegen — denn wenn mann Ihnen vor drey Jahren gesagt hätte Sie würden unsere Gegend verlaßen hätten Sie damahl so was geglaubt? Es wäre also eine möglichkeit, daß es Ihnen in Jahr und Tage dort nicht mehr gefiehle — oder daß Ihnen von hieraus solche annehmliche propositionen angetragen würden — daß Sie im Triumpf zu uns zurück kämen — und alle Ihre Feinde zum Schemmel Ihrer Füße erniedrigt sähen — überhaubt haben sich seit meiner Bekandtschaft mit Ihnen solche unvorhergesehne Revolutionen zugetragen — daß ich an nichts, weder gutes, noch bößes mehr glaube — Geht es Ihnen in Ihrer neuen Laufbahn glücklich, so wird michs freuen — und wer wird dran zweiflen! Ich schicke Ihnen hir wieder die dramaturgische Blätter — da Sie aber noch nie Ihren Wohlgefallen darüber zu erkennen gegeben haben; So bin ich zweifelhaft — ob ich sie vor Ihnen forthalten soll, oder nicht — Von der hiesigen Truppe erfahre sehr wenig, den außer Stegmann der mich manchmahl besucht sehe ich keine Seele — bin aus aller Connecktion — und kümmre mich um nichts mehr — mit dem Steckenpferd wäre es so zimmlich vorbey — Aus beygelegten Zetteln können Sie sehen daß Ifland hir gespielt hat — bey gepreßt vollem Haußé, und mit dem gewöhnlichen Beyfall. Der heran rückende Winter kommt mir Schauerlich vor — Zwar habe ich mir ein ander Stekkenpferd angeschaft wie lang michs ammusiren wird — mag die Zeit lehren.

Gestern ist Demoiselle Willman im Baum der Diana zum letztenmahl hir aufgetretten — und wurde herausgerufen — Herr Koch hat mich zu Gevattern gebethen — es ist nun wieder eine Elisabeth mehr in der Welt. Heut über achttage geht die Geschelschaft nach Maintz — Dahlberg verlangt daß gleich operetten gegeben werden sollen — Stegmann hat eingewendet daß doch erst wenigstens zwey proben müßten gegeben werden da die Hellmuth in 10 Jahren kein Theater betretten — und die Hammel noch gar niemahls — St. verspricht mir fleißig zu schreiben und zu erzählen wies geht — ich konte es Ihm nicht abschlagen ob michs zwar sehr wenig Intreßirt. Haben Sie Docter Schweitzer nicht gesehen? Er war einige Zeit in Berlin — Künftigen Freytag reißt Willmer nebst seinem Weib auch hin — Wenn ich gerne reißte; so wäre das eine hübsche Gelegenheit — Ihnen zu besuchen. Daß Sie so ein ansehnlich Geschenck vom König erhalten haben freut mich — Aber Sie waren ja immer ein Glücksritter! Verhudlen Sies nur nicht wieder — wie das auch sonst so Ihre hübsche Gewohnheit war — Ich hoffe aber daß Sie von jetzt an, die Suppe kalt werden laßen — den verbrent haben Sie Sich bey Jupiter offte genung — Verzeihen Sie diese wohlgemeinte freundschaftliche Warnung — sie fließt aus der Quelle der Freundschaft derjenigen — die ist und sich unterzeichnet

Ihre
Freundin Elisabeth.

N. S. An die Frau Gevatterin meine Empfehlung der liebe Carl ist doch wieder gantz wohl?

155. An Unzelmann

den 13ten November 1788 Abens 10 Uhr.

Lieber Freund!

Es ist ein gutes Zeichen der Freundschaft wenn man auf Briefe hoft und haret — mir gings eben so — hundertmahl bekuckte ich den Datum ihres vorletzten Briefes — ist möglich! den 3ten October! und seit der Zeit keine Zeile — Endlich erschiene am 13. November Ihr Lieber mir so angenehmer Brief — und tröstete mich und erfreute mich gar sehr — nur die Nachricht von dem Tod Ihrer Lieben Frau Mutter dämpfte mein Vergnügen in etwas. Gott setze Ihnen die Jahre zu, die die Selige noch hätte leben können — und mache sie so glücklich in Ihrer noch zu laufenden Bahn — als Ihre Freundin es wünscht — dann werden Sie ein beneidungs würdiger Sterblicher seyn und bleiben Amen. Morgen ein mehreres. Den 14. Abens 5 Uhr — Diese Nacht träumte ich von Fetten Hämeln, großen Kufen mit alten Wein — Die dicke Iris als eine große Traum[deu]terin provezeiht großes Glück — vor der Hand ists gerade das Gegentheil — ich habe in dieser Nacht, ein so entsetzlich geschwollenes Gesicht gekriegt — und sehe so fürchterlich aus wie Atzor — Schlucke Arzeney die wie der Teufel und seine Großmutter schmeckt. Den 16. ich bin noch nicht so gantz wiederherstelt — sitze einsam in meiner Krankenstube — will versuchen ob das Schreiben an Ihnen mir wohlmacht. Da alles was das Maintzer und hiesige Theater angeht Ihnen Intresirt so sollen Sie von groß und kleinen Begebenheiten von Zeit zu Zeit genaue Nachricht erhalten. Koch der wegen der Gevatterschaft etliche mahl bei mir war, lag mir auserordentlich an Ihm doch ja nur einen Wink zu geben — wenn es Ihnen etwann nicht mehr in Berlin gefiehle — Wie ich nun *keinem* traue, sagte ich davor wirds gute Ruhe haben — Sie sind beyde so beliebt daß der Fall der sie wieder herbrächte sich kaum denken läßt — Er schine verblüpft — Er glaubte da meine Freundschaft vor Ihnen ihm bekandt ist — ich würde vielleicht mit großen Exclamationen heraus platzen — und mit Freuden und Begeisterung alles sagen was ich auf dem Hertzen hätte — aber dazu bin ich zu klug — daß die jetzige Enterprise nicht Bestand hat, das glaubt jedermann — Wenn Sie und die Frau Gevatterin mir in Ihrem ersten Brief an mich feyerlich angeloben meine gutgemeinte Nachrichten bloß vor sich zu behalten — und keiner Seele auch ihren Feinden nicht das geringste davon merken zu laßen — sondern es nur dazu brauchen und nicht wie ehemals in Maintz geschehen Schlangen zu nähren, die Ihnen stechen; so sollen Sie erfahren wer der ist, den das Organ in seinem Brief meint. Aber noch einmal seye es gesagt — keinen andern als obig Benanten gebrauch davon zu machen: denn da mir das Theater keine Freude mehr gewährt — so verbitte ich mir auch alles Unangenehme — Die Willmans werden nun bey Ihnen seyn — Das Mädel ist gut — das gibt ihr das gantze Theater

Zeugnüß aber der Papa der Papa, das ist ein sehr bößer Mann — vor dem hüten Sie Sich so viel es in Ihrer Macht steht. Ich warte sehnlich auf die Ankunft von G. Spaur — habe aber noch nicht erfahren, ob Er wieder in Maintz ist — Sie sollen es sogleich erfahren — die dicke Iris war in allen Buchläden — und die Buchläden wollen sehen daß Sies schaffen können — vor der Hand ist es aber noch nicht da. Don Carlos! Ey ey! Aber die Rollen? Mein schöner Mandel spielt der auch mit?? Daß die Frau Gevatterin bei der Königin so in gnaden steht freut mich — Ihro Majestät sollen auch eine große Freundin vom deutschen Theater sein — Hier gabs ehemahls auch so eine Frau die zwar freylich keine Monarchin aber doch sonst eine gute Art von Frau war — und die sich ergötzte wenn die Frau Gevatterin bey ihr am kleinen klimper kleinen Tisch saße und die trinne den Reißauflauf oder die Gelee Paßtete wohl und schmackhaft zubereitet hatte. Hier schicke ich des Organ seinen Brief zurück. Ihnen sage ich kein sterbens Wörtgen drüber — aber der Frau Gevatterin will ich meine Gedanken eröffnen — aber unterstehen Sie Sich nicht diese Epistel nur anzurühren — geschweige solche zu leßen — Wagen Sie so was nicht, bei meinem Zorn u.s.w. Doch den Anfang könne Sie hören: er fängt an wie die asiatische Banise — Blitz, Donner und der Hagel — Was aber hernach kommt — brauchen Sie nicht zu wissen — denn ich wills nicht haben, und damit punctum. Mein Steckenpferd wollen Sie wissen — Ey warum nicht gar! Es ist ein Braves Thier das bei einem bleibt, und nicht 60 meilen auf und davon läuft — Das man auch in Krankheit und übler Laune haben kann — Gestern hätte ich Ihnen /: voraus gesetzt Sie wären noch in Maintz geweßen :/ einen Eilboten geschickt, und Sie höfflichst ersucht mich heute in meinem jammer zu besuchen — ja es hat sich was zu schicken! Alle 4. 5. Wochen einen Brief — Das ist mir eine saubre Wirthschaft! Da sitze ich und trinke Wasser wie der Senecka und morgen steht mir eine Lacksirung zu Dinsten — Da kan mann sich ja freuen. Aber dem seye nun wie ihm wolle, so sticht mich der kitzel Ihnen aber im höchsten Vertrauen /: der Frau Gevatterin können Sies sagen :/ einen spaß zu erzählen der dem Schauspieler Cike geariviert ist. Dieser Mensch hat nun einmahl das Unglück daß ihn beynahe kein Mensch mag — besonders wenden die Damen alle ihre holden Anglitzer weg, so bald er auftritt — warum *ich* nun einen gantz besondern pick auf ihn geworfen habe kommt daher weil er meist alle Ihre Rollen spielt — welches dann nun nicht wohl anzusehn ist. In dem Mannegtißmus machte er den Vendius — der Tramaturgen schreiber fensterte ihn gewaltiglich aus wie Sie in den Blättern selbst leßen können. Darob ergrimte das Männlein so, daß er dem Professor Schreiber ins Hauß läuft und ihn bemaulschelt — Der klagt bei der hisigen Obrigkeit — und ihm wird auferlegt — Erstlich dem Professor in dem Römer öffentliche Abbitte zu thun. Zweytens alle Kosten der Advokaten zu bezahlen und drittens 8 Tage auf die Hauptwache ins Gefängniß. Nun mußt er den Abend im Felicks spielen /: er machte den Baron Jachthols :/ so bald er sich auf der Bühne blicken ließ, erthönten von oben unten in der mitte an die 20 pfeifen, die waren Euch so hell als wärens Canarien Vögel — nun mußte er eine arie singen — da gingen nun all die pfeifen mit und machten ein Concert zum erstaunen des gantzen Publikums. Gott mag mir meine Sünde vergeben! Jederandre sogar der geringste hätte mich gedauert, aber der gewiß nicht — das hat er am Wachtmeister am Brandgen — am kriebler und am Wolf im Otto verdient Ich hoffe wir sehn ihn hir nicht wieder — Die Kaufleuthe und die Gelehrten sind so gegen ihn aufgebracht — daß er wohlthut wenn er geht. Die Gräffin von der Lippe drehte sich während dem Spektakel zu mir — und sagte ach unser Amour! daß Gott erbarm! Die Bethmann die den Koch schon um alles gebethen hat ihr den Menschen wegzuthun — lachte /: das sonst ihre Sache nicht viel ist :/ aus Leibeskräften. Ihnen kans nicht so viel Intereßiren weil Sie das Monstrum nicht kennen — aber allen Anhängern von Ihnen thats in der Seele wohl. Thurneißen kam zu mir und sagte — gelt da hat Sie einmahl eine Freude gehabt. Eine Feder ist rund abgeschrieben — Diesen langen Brief haben Sie meinem Affengesicht zu danken — das Schreiben thut mir heute wohl. Von St. habe noch nichts erhalten — so bald ich was bekomme sollen Sie theil dran haben. Diesen Morgen leße ich die Berliner Annalen, die mich einestheils vergnügten, weil von der Frau Gevatterin und von Ihnen so viel Gutes gesagt war — Aber eins ärgerte mich — wer in aller Welt mag das seyn, der den Wollschofski als jürge in den beyden Billiet gesehen hat, und ihn loben mag — Nein das ist zu toll — dem Verfaßer glaube ich nun kein Wort mehr — Die Leute sind herausgelaufen — wie im Jurist und Bauer — und beyde Stücke waren sonst dem hisigen Publicum so lieb. Wenn die Journalisten anfangen so partheiisch denn gute Nacht Literatur. Laßen Sie doch auch einmahl etwas von dem alten Döbelin hören — was hat er denn zu Ihnen gesagt? Hat er sich nicht gefreut Ihnen so Musterhaft wieder zu sehn? Schreiben Sie mir doch auch von Ihren neuen Bekandtschaften — wie überhaupt alles was Ihnen dort Freude macht — Das ist wahrhaftig ein Brief nach dem alten stiel — als wenn es nach Caßel sollte. Alles grüßt Ihnen — und die Frau Gevatterin — das thue ich nun auch und zwar mit der Versicherung daß ich mit Wahrheit bin

Ihre Freundin
Elisabeth.

N. S. Jetzt ists 1 uhr da will ich meine Suppe eßen dann schlafen gehn und Morgen als den 17. November dieses fortschicken. Laßen Sie einem nicht wieder 5 Wochen warten, sonst gibts ein Unglück.

156. An Unzelmann den 19ten December 1788

Lieber Freund!

Ihr Lieber Brief hat mich aus mehr als einer Ursache sehr erfreut — Den schon stieg der Gedancke wie aus einer schwartzen Gewitterwolcke in mir auf — Du und dein Nahme sind rein vergeßen! Desto angenehmer wurde ich überrascht. Wenn mann etwas vor verlohren hält, und es findet sich unvermuthet wieder; so fühlt die Seele eine art von Behaglichkeit — die ihr unaussprechlich wohl macht — Nur das Ende Ihres Briefs hat mich ordentlicher weiße erschreckt — Sie werden doch den sonderbahren Gedancken nicht wircklich ausführen — und in dieses entsetzlichen Jahres Zeit — 60 meilen reißen! Das würde vor Ihnen, und vor mich keine gute Folgen haben. Ihnen würde kein Mensch weder in Berlin, noch hir glauben, daß Sie bloß die Reiße meinetwegen angetretten und unternommen hätten; sondern alle Welt müßte dencken, es gefiehle Ihnen nicht mehr dort, und Sie wolten Sich hir wieder antragen, und wenn Sie wieder fortgingen, so hieße es hernach Die Direcktion hätte Ihnen nicht haben wollen — und da würden Mährgen ohne Zahl gefabrizirt — Selbst in Berlin könte mann dergleichen dencken — so viel Nachtheil hätte so ein Schritt auf Ihrer Seite. Und nun nicht einmahl zu gedencken was mann alles auf meine Rechnung erzählen würde — Glauben Sie dann daß so ein abermahliges Abschied nehmen Balsam vor mich seyn dürfte?? Nein Lieber Freund! So einen Auftritt mag ich nicht wieder! Will es das Schicksahl daß ich Ihnen wieder sehen soll; so muß es auf die alte Art und Weiße geschehen — sonst Dancke ich Unterthänig davor. In der Angst meines Hertzens schicke ich diesen Brief mit Umlaufender Post — und bitte Ihnen inständig mich nur durch die zwey Worte /: Ich bleibe wo ich bin :/ zu beruhigen. Alles was zum Theater weßen gehört, schicke ich Ihnen die künftige woche. Daß die Frau Gevatterin über die Willmann den Sieg davon getragen hat, das war mir nichts unerwartetes das glaubte hir das Publicum und die Schauspieler obendrein — Ich fragte Stegmann, ob wohl die W. in Berlin gefallen würde — Sie wird ausgepfiffen sagte er — Ihr hiesiges Publicum war Herr Arbauer, der sich in jeden Weiberrock verschamarirt, und einige von unserer Nobleße, wo die älste W. Clavier Informationen gibt — und dann der Noble Papa der im Parket herum schlich um ablaudirer zu sammlen — und was ist dann außer ihrem Ha, Ha, Ha — und Hi, Hi, Hi an ihr — sie sieht aus wie eine Jüdin, spricht Deusch wie der Casperle in Winn — aber das plus Ultra das die Berliner versäumt haben, und deswegen sehr zu beklagen sind ist der Töffel in der Operette Töffel u Dorgen — den in Hoßen muß mann sie sehen — kein Hintergestell! Keine waden! sie gleicht dem krancken Löwen in der Fabel — der war vom Kopf biß auf den Schwantz — so mager wie der Pabst im Baaßler Todten tantz. Ey, Ey wie ist mein Mandel zu so großen Ehren gelangt! Gar die Schultern und Lenden eines Käysers zu schmücken — was doch aus den sachen werden kan, wenn sie in die rechten Hände gerathen — bey mir wäre er in der Dunckelheit geblieben, da ihn hingegen sein jetziger Besitzer zu Ruhm und Ehren gebracht hat. Sie und die Frau Gevatterin haben mir Verschwiegenheit angelobt, ich verlaße mich drauf — Franckenberg hat die Dinge die nicht sonderlich klangen, an Stegmann geschrieben — St. der mir nun um alles so was nicht gesagt hätte, referite es der Stockin — die mirs den wieder erzählte — und weil es das Organ weiß; so muß es doch weiter herum gekommen sein, trauen Sie ihm also nicht. Wenn Ihr kleiner Sohn in Maintz davon komt, so ists ein Wunder — er hat die Blattern so erstaunlich, daß das ganze Kind eine Blaße ist — er hat aber auf meinen Befehl einen Doctor und alle nur mögliche pflege — Sie können also darüber ruhig seyn — Mit meiner Gesundheit gehts wieder Berg auf — nur wegen der Siberischen Kälte — hat mir mein Artz das ausgehen noch untersagt. Leben Sie wohl! und antworten mir flinck — daß Sie guten Rath annehmen — und bleiben wollen wo Sie sind. Noch einmahl Danck vor Ihren guten Brief von

Ihrer
Freundin Elisabeth.

N. S. Die Frau Gevatterin zu grüßen, versteht sich von selbst.

Dem kleinen Karl geben Sie von mir einen Schmatz — und lernen ihn hübsch meinen Nahmen — damit wann er wieder herkommt — ihm derselbe nicht Fremmdt ist.

157. An Fritz von Stein Fr. den 2. Januar 1789.

Lieber Sohn!

Es ist mir sehr angenehm, daß Ihnen das kleine Christgeschenk Vergnügen gemacht hat, — haben Sie die Güte Herrn Wieland, Bertuch und Krause vor den Merkur und Modenjournal in meinem Namen aufs Beste zu danken, — nur muß ich erinnern, daß mir vom Merkur der Dezember von 1788 noch nicht ist zugeschickt worden — haben Sie die Gefälligkeit und besorgen mir, daß ich ihn bekomme, sonst ist der vorige Jahrgang defeckt. Wir leben hier in Erwartung der Dinge, die da kommen sollen, der Maynstrom ist noch nicht aufgegangen, — und Alles ist wegen des Wassers in Sorgen — wir denken noch an 1782 — müssens aber doch in Geduld abwarten, — 15 Wochen ist der alte Herr jetzt schon zu — Jedermann wartet sehnlich auf die Abfeuerung der Kanonen — denn das ist das Signal, daß er aufgeht — geschieht's am Tage, so läuft Alles was gesunde Beine hat, — und es ist wirklich ein schauderndes Spektakel — ich wünschte, Sie könnten es mit ansehen. Übrigens geht hier Alles seinen Gang fort. Montags ist Ball, — Freitags Concert, — Dienstags, Donnerstags und Sonnabends ist Comedie, aber nicht von unsern vorigen Leuten, sondern Koberwein von Straßburg spielt bis Anfangs der Fasten, —

die Truppe ist sehr mittelmäßig, die Balletts sind aber ganz artig. Mein größtes Steckenpferd ist jetzt Clavierspielen — das macht mich sehr glücklich. Leben Sie recht wohl und gedenken zuweilen an

Ihre

wahre Freundin
E. G.

158. An die Schlosserschen Kinder   den 7<u>ten</u> Jenner 89.

Liebe Enckeleins!

Ihr Lieben guten Jungfreulein! Es freut mich auserordtenlich daß Euch mein überschicktes Christkindlein so wohl gefallen hat — ich hätte nur gewünscht Euch in der Rosenfarbenen Herrlichkeit zu sehen und zu beschauen! Doch Eure lieben guten Briefger haben mich schadloß gehalten und ich sahe Euch im Geiste bey denen Printzessinnen Besuch abstatten — So brave liebe Enckel verdienen allerdings daß die Großmutter ihnen Freude macht — und wenn mir Gott das Leben erhält; so soll dieses nicht die letzte geweßen seyn. Gott erhalte Euch und den Ritter Eduart auch in diesem Jahr frisch — gesund — und vergnügt — fahret fort Euren lieben Eltern Freude zu machen — gedenckt manchmahl an die Großmutter und behaltet sie lieb — Ich bin so lang ich athme

Eure Euch zärtlich liebende
Großmutter
Goethe.

159. An Unzelmann   den 19<u>ten</u> Jenner 1789

Lieber Freünd!

Ich habe die beyden Ringe richtig erhalten — nach dem Werth des einen werde mich nun bey verschiedenen Jubelieren erkundigen, Ihnen aber ehe ich loßschlage doch allemahl noch erst schreiben — den verschleutern muß mann doch so was nicht. Da dieser Brief ökonomisch anfängt so will etliche Dinge bey Ihnen in erinnerung bringen — worauf ich mir gefälligste Antwort erbitte. Bey Ihrem Weggehn sagten Sie mir, daß der Schranck worinnen Ihre Kleider gelegen, und den ich Ihnen geliehen, nebst einer Comode in Maintz beym Hofsattler in Verwahrung legen — jetzt hätte ich die schönste Gelegenheit es mit dem Marckschif herauf komen zu laßen. Sie müßten mir ein paar Zeilen schicken — wogegen der Mann die sachen an dem dem ichs auftrage auslieferte — Auch ersuche Ihnen meinen Band Mercur doch mit dem Postwagen mir zuzuschicken — Ich habe noch verschiedenes zu erinnern, aber da muß Graf Spaur wieder in loco sein, und vor der Hand, ist Er in Tyrol u zwar in Insprug Vor heut ist mir meine Zeit theuer — nur muß ich Ihnen noch vor das schöne Geschenck dancken — das Ringelein hat mich sehr gefreut, und soll zu Ihrem Andencken getragen werden — auch vor den Neujahrwunsch dancke ich — Herr und Frau Stock thun deßgleichen — und die guten Seelen glauben daß Sie doch manchmahl noch mit Vergnügen an die Zeiten dencken würden — wo Ihnen gesellschaftliche Freude im Circul Ihrer wahren Freunde so manchmahl ergötzt und froh gemacht hat. Leben Sie in dem neuen Creiß Ihrer jetzigen Freunde immer vergnügt und glücklich — diß ist der aufrichtige Wunsch

Ihrer
Freundin Elisabeth.

160. An Unzelmann den 3ten Februar 89.

Lieber Freund!

Nachdem ich den Ring von getauften und beschnittenen Juden habe beschauen laßen; so ist das größte Gebot 130 f. Ich erwarte nun Antwort von Ihnen, ob ich ihn davor hingeben — oder ob Sie ihn zurück haben wollen. Glauben Sie wohl daß mir St. noch eine Zeile geschrieben hat — Ey bewahre — ich habe nichts gehört noch gesehen! Gestern besuchte mich Herr Koch und sagte mir zum unaussprechlichen Trost, daß der verhaßte Cicke nicht wieder mit her käme sondern auf Ostern fortginge — deßgleichen die Günders — daß aber andre brave Leute unter andern auch eine gute Sängerin angenommen worden wären — Ferner daß Walters das Glück gehabt hätten als Hof Sänger angestelt zu werden und im fall Kranckheit oder alter sie untüchtig machten solte jedes eine pention von 400 f also zusammen 800 f biß an ihr Lebens Ende gereicht werden. Wenn die Zeiten der Schreibseligkeit nicht bey mir vorbey wären; so könte ich Ihnen von der Koberweinischen Gesellschaft die jetzt 3 mahl die Woche hir spielt mancherley erzählen — Aber mein neues Steckenpferd ist ein abgesagter Feind von allem was Dinte Feder und Papier ähnlich sieht. Leben Sie also wohl! grüßen die Frau Gevatterin und sagen Ihr, daß, da ich in der Zeitung von dem Benefitz Concert die prächtige Einnahme gelesen, ich im stillen meine gratulation bey Ihr angebracht hätte — das wäre alles nicht geschehen, wenn Sie beyderseits in unsern Gegenden geblieben wären. Es bleibt dabey — das von hir weggehn ist und bleibt ein Meisterstreich — das glaubt gantz gewiß

Ihre
Freundin Elisabeth.

N.S. der kleine junge in Maintz ist wieder gantz wohl und hat zwey Zähne. Meinen Gruß ans Carlgen.

161. An die Schlosserschen Kinder Den 23ten Februar 1789.

Liebe, liebe, gute brave Enkeleins!

O! was habt Ihr mir vor Freude gemacht! und das alles kam so gantz unerwartet! Liebe Louise! Es war ja als wenn Du es gewußt hättest, daß ich in großer Strickbeutels Noth mich befände — mein allerbester ist 9 Jahr alt, und so unmusterhaft als nur möglich — und da es doch sehr oft der Fall ist, daß ich in Gesellschaften gehe wo gearbeitet wird: so war es höchst nöthig einen neuen anzuschaffen — und da kommt mir so gantz von ungefähr ein schöner, prächtiger, von meinem lieben Enkel selbst verfertigter — so lieb wäre mir doch kein andrer geweßt — Aber den will ich auch in Ehren halten — allen meinen Bekannten sagen von wem er ist — und stoltz auf mein geschicktes und fleißiges Enkel sein — Habe also meinen besten Dank davor. Meine liebe Julia! auch Dir danke ich vor Dein schön gearbeitetes Angebinde — auch zu Deinem Andenken soll es Parade machen — damit jedermann sieht, daß auch Du liebe Juliette an die Großmutter denkst. Und mein liebes Jettchen! mit seinem schönen Körbgen — so zierlich als man's nur machen kann — potz fickerment! Jetzt muß die Großmutter fleißig sein und N. B. auch schöne Arbeiten machen wie es sich zu so einem eleganten Körbgen schickt — ich will wenigstens mein möglichstes thun, um ihm keine Schande zu machen — danke Dir hiermit hertzlich vor Deine Liebe zur Großmutter.

Treuer, biederer Ritter Eduard! auch Du denkst an mich — Ha aus dem Glas da schmeckts — habe sogleich meines lieben Ritters Gesundheit getrunken, und werde das oft thun, danke danke danke lieber Eduard. Die dicke Catharine fragt alle Tage ob Eduard und Jettgen recht bald wiederkämen — sie möchte gar zu gern mit ihnen die Wachtparade aufziehen sehen — und die Elisabeth möchte gern wieder gebrannte Mehlsuppen machen — Kommt doch ja bald wieder — Hörst Du!

Nun liebe Enkeleins! Nochmals meinen Dank — Fahrt ferner fort Euren lieben Eltern und mir Freude zu machen — und glaubt, daß ich allezeit von gantzem Hertzen bin

Eure
Euch zärtlich liebende Großmutter
Elisabethe Goethe.

162. An Unzelmann fortgeschickt den 9^(ten) Mertz 1789

Lieber Freund!

Wenn Sie Ihre Briefe geschrieben, gesiegelt und fortgeschickt haben; so ists eben als hätten Sie aus dem Fluß Lethe getruncken, alles ist aus Ihrem Gedächnüß so rein verwischt, daß nicht eine spur davon übrig bleibt — den wie wäre es sonst möglich, daß Sie den Ausdruck *Meisterstreich* kränckend gefunden, der doch nichts anders sagt und Ausdruckt als was Sie selbst in allen Ihren Briefen gesagt und ausgedruckt haben. Soll ich Ihnen etwann Condoliren daß Sie und die Frau Gevatterin den größten Beyfall haben — daß die letzte der Liebling einer der größten Königinnen ist, daß Sie *alles* verdrängt — daß der König selbst gesagt hat, Sie sänge beßer als die W. und diese mit Schande abziehen und den Kampfplatz verlaßen mußte — Daß als in Pozdamm gespielt wurde der König 900 rth in die Caße verehrt /: N.B. mir und der Gevatterin schreiben Sie:/ Daß Sie ein Benefitz Concert gehalten wo /: laut den Nachrichten aus den Zeitungen :/ der König 40 Friederich dor die Königin 10 — und übrigens das Hauß gepropft voll war — Daß Sie Werther Freund im Fiesko und andern Rollen vom König sind ablautirt worden u. d. m. Dieses alles verdient doch warlich keine Jerimiaden! Auch die Frau Gevatterin schrieb /: nicht an mich Den was solte Sie dazu bewegen :/ sondern an St. daß Sie auf den Händen getragen würde daß das der Ersatz vor die *Leiden der 3 letzten* hir zugebrachten Jahre wäre u. s. w. O! wie froh /: dachte ich bey allen diesen herrlichen Nachrichten :/ müßen jetzt diese gute Menschen seyn — mit Schaudern müßen Sie an Ihren hiesigen Aufenthalt zurück dencken — wo Neid, Cabale, Zurücksetzung, Ihre Tage verbitterte. Da diese so eben erzählte Begebenheiten nicht etwa wischi waschi von andern, sondern Reelle Facta aus selbst geschriebenen Briefen sind; so kan ich mein Urtheil ohnmöglich zurück nehmen, sondern behaupte gegen jeden wer es auch sein mag, daß das von hir weg, und nach Berlin gehen — ein — Meisterstreich war. Daß Sie Sich über meine arme Briefe geärgert haben — das begreife ich nun vollends gar nicht — ich werde doch ohne Ärgernüß zu geben nach Dingen die mein sind fragen dürfen? Zumahl da sie Ihnen nichts nutzen — Was dient Ihnen 1 theil vom deuschen Mercur? und mir machts meine gantze Sammlung defect — und was soll der Maintzer Sattler mit meinen Möbelen machen, was gehn die ihn an? Haben Sie die Güte /: aber ärgern Sie Sich nicht :/ und schicken mir den Mercur — und geben mir Anweißung nach Maintz dieweil die Truppe noch dort ist — Das müßen nun wohl freylich seltsame dinge seyn — die Ihnen das Recht gäben Ihren Contrack nicht zu halten — da ich nun in dieses Geheimnüß nicht eindringen kan; so bin ich auch außer Stand davon zu urtheilen, nur aus alter Freundschaft bitte und ersuche ich Ihnen thun Sie keinen unüberlegten Schritt, den Reue nach der That nutzt zu nichts, und ist das peinlichste Gefühl von allen Gefühlen. Hierher wolten Sie kommen? warum? zu was Zweck? ist denn Ihr angagement in Maintz schon so gewiß, daß Sie nur zu kommen brauchen? und wenn das auch wäre — hat sich dann die Truppe in dem Jahr so umgeändert? meines wißens sind alle die Odiosen Menschen die Ihnen von hir wegtrieben noch da und bleiben auch da — was in aller Welt kommt Ihnen den auf einmahl an? aus dem Paradieß wieder ins Fegfeuer — da mache mir einer einer einen Vers draus! Nun nun, das war einmahl eine üble Laune die wird sich schon legen — nicht wahr, ich habe es errathen? Es werden schon wieder Musterhafte Briefe kommen die den bißherigen entsprechen und worüber sich Ihre Freunde freuen können. Göschen ist ein L........d da schickt er den 8$\underline{^{ten}}$ Band wieder in Papier gebunden wie die 4 ersten theile — was ihn nur vor ein Narr gestochen hat den 5$\underline{^{ten}}$ theil so prächtig einbinden zu laßen? Aber er soll sein Fett kriegen, ich habe eine Epistel an ort und stelle geschick, und mich gegen dieses Unmustterhafte Betragen höchlich beschwert. Ich hoffe daß Ihnen dieser theil einige vergnügte

Stündger verschafen wird. Wie ist dann die Teufels Oper mein großes Leibstück aufgenommen worden? Das wäre warhaftig ein großes Unglück geweßen wenn Sie dem Herrn C. das Auge ausgestochen hätten — Er soll ein sehr schöner Mann seyn — und eine pasionirte Liebhaberin haben — die würde es Ihnen sauber und hübsch gelohnt haben — Mit dem Ring bin ich noch sehr unschlüßig was ich mit thun soll — den innern werth hat ein hiesiger Jubelirer auf 20 Carolin geschätzt — aber davor ihn behalten — das will er doch nicht, und das Geboth von einem andern Herrn von seinen Colegen nehmlich 130 f ist doch gegen den innern gehalt zu gering — Ich will mir noch mehr Mühe drum geben, villeicht bringe ich ihn höher an — wo nicht, so schicke ich ihn zurück — doch nicht ehnder als biß ich wieder Nachricht von Ihnen habe. Am Friederichstag ist die Stockin mit einem Sohn niedergekommen der auch Fritz getauft wurde — Sie und ihr braver Mann, laßen es Ihnen und der Frau Gevatterin Notificiren. Ich wünsche daß Sie von dem neulich gethanen Fall bald völlig wieder hergestellt seyn mögten — laßen Sie Sich so etwas zur Warnung dienen, und nehmen Sich in Zukunft in acht. Das war wieder einmahl eine lange Sermon — auch sage nur noch, viele Grüße an die Frau Gevatterin u den kleinen Carl — nachdem treuen plumpspiel muß ich mich doch auch erkundigen — ist er noch so ein Freund von Kalbsknochen — sie haben ihm bey mir oft sehr wohl geschmeckt. Leben Sie wohl! Dieß wünscht

Ihre

Freundin Elisabeth.

163. An Unzelmann den 12ten Mertz 1789

Lieber Freund!

Hier schicke ich Ihnen ein Theater product, das so eben die Preße verlaßen — und noch gantz warm u neu ist. Der Verfaßer ließ die Erbschaft — da das Werklein noch ungedruckt war hir aufführen — es wurde mit dem größten Beyfall aufgenommen — da wir an guten Nachspielen über Reichthum eben nicht klagen dürfen; so werden hoffentlich diese kleine Stückger brauchbar sein. Da Sie einen sehr langen Brief bereits von mir in Händen haben müßen; so ist dieser nur ein kleiner Beweiß — wie bereitwillig ich bin die bereits erworbene Lorbern von Ihnen und der Frau Gevatterin /: an welche mein hoflichst Compliment erbitte :/ die Sie beyderseits in diesen Stücken zuverläßig erhalten werden auch an meinem theil zu vermehren — und versichert zu seyn daß auch in der Entfernung ich jederzeit bin

Ihre Freundin Elisabeth.

164. An Fritz von Stein Fr. den 30. März 1789.

Lieber Sohn! Die Exemplare sind richtig angelangt und meine Freunde und ich danken davor aufs Beste — nur begreife ich nicht, warum Herr Göschen den sonderbaren Einfall hat, mit dem Einband der 5 zu verschenkenden Exemplare so zu wechseln, — die 4 ersten Bände waren in blau Papier — das war ganz ordentlich — jeder konnte am Ende des Werks die geschenkten Schriften einbinden lassen, wie er wollte. Nun kommt der 5te Band so prachtvoll als möglich — die Freunde sind also gleichsam gezwungen, die vier ersten Bände so einbinden zu lassen, — ich glaubte, daß nun die 4 letzten eben so schön, wie der 5te seyn würden, und siehe da! der 8te ist wieder in blau Papier — wenn nun Hr. Göschen die noch übrigen 3 Theile nicht eben so schön, als den 5ten überschickt, — so sind die Leute genöthigt, entweder 7 Bände mit vielen Kosten dem einen gleich binden zu lassen, oder den einen schönen Band herunter zu thun u. s. w. — Ich bitte also eine Erinnerung deswegen an Herrn Göschen zu thun, daß die noch kommenden 3 Bände dem 5ten gleichen möchten, hat er es vergessen, wie sie aussehen, so kann ich ihm mit einem Bande andienen. Wie gehts Ihnen denn, ist Alles, besonders mein Sohn noch wohl auf? Bei uns gehts leidlich, nur der fatale Nordwind ist Menschen, Vieh und Pflanzen odios, — wenns nicht besser wird, so giebts eine hungrige Messe, und so spät sie fällt, kriegen die Fremden doch keinen Spargeln. Neues giebts hier nicht — Alles ist noch im Alten — auch ich bin noch immer

Ihre

Freundin
E. G.

165. An Großmann Den 24ten Aprill 89.

Lieber Herr Gevatter!

Die unerwarttete ankunft Ihres Lieben Briefes hat mir viel Vergnügen verursacht — mir wards, als trätte ein alter guter Freund in meine Stube — und spräche: Da bin ich wieder. Die Vergleichung gefällt mir — meine Einbildungskraft wird mir beystehen — Sie sitzen in der bekandten Wohnstube — das Band meiner Zunge wird loß — und ich hebe an meinen Spruch. Wenn Thalien und Melpomenen an mir etwas gelegen war; so mögen sie ihre Häupter mit Flohr verhüllen und ihre Leichname in Trauer gewand einwickeln. Die Ursachen dieser großen Revolution laßen sich her sagen wie — ein pater noster wer nur das mindeste Gefühl hat kan der es ansehn, daß ein Mensch von der plumpsten Sorte — deßen eigendlicher Beruf porteschäschentragen wäre, deßen heulenden Organ ihn zum Nachtwächter qualivicirte — daß ein solcher den guten biedern Wolf im Otto spielt! Ein gewißer Herr Großmann stellte diesen treuen Diener s'o auserordentlich brav dar, daß bey singung der Romanze kein Auge trocken blieb — bey dem Vierschröterischen Wolf — lachte alles überlaut — Muß es nicht alle Ilusion stören, wenn Madam Beck die wenig Zähne mehr hat in den Beyden Billiet das Rösgen macht — ich will ihren sonstigen Talenten dadurch gar nicht zu nahe tretten — aber ein Rösgen ist sie doch warlich nicht — In diesem

Thon könte ich Ihnen noch viel vorerzählen — aber zu was nutzt es, zu was fromt es — soviel ist ausgemacht, daß die vortreflichsten Stücke bißhieher wegen dem fortgehen der geschicktesten Leute entweder gar nicht, oder sehr elend sind gegeben worden. Ein gantzes Schock neuer Menschenkinder sind zwar angelandet — da ich aber diese Meße noch mit keinem Fuß im Theater war; so kan ich von ihren Talenten oder nicht Talenten auch nichts sagen. Da ich überzeugt bin, daß mein Lieber Herr Gevatter schweigen kan — und also von allen diesen Nachrichten keinen gebrauch als vor *Sich Selbst* macht; so kann ich auch von Koch offenherzig reden. Er scheint mir ein guter Mann zu seyn, scheint keinen üblen Carackter zu haben, aber träge, unordtenlich, manchmahl wißen die Schauspieler nicht was übermorgen gespielt wird — in der garterobe soll eine Confusion herschen die ohne gleichen ist — einige Rollen spielt er brav — den Siegfried in der väterlichen Rache — guthertzige Alte — aber zu jungen Rollen ist sein Cörperbau zu starck, seine Stimme zu hohl und Rau und äußerst unangenehm z. E. als Hammlet, als Posa im Don Carlos ist er mir unausstehlich, auch als Tellheim ist er ungenißbar. Stegmann ist jetzt der Liebling des hiesigen und Mainzer publicums — er ist opern director — hat jetzt gute Singstimen — Madam Helmuth — Madam Schick — Madam Walther — er läßt die opern recht einstudiren — und wenn Koch doll würde, so giebt er keine Neue biß die Leute sie aus dem Fundament hertrillern können — da nun Koch es mit dem Schauspiel just umgekerth macht — und die Leute mit den Rollen keine Zeit gelaßen wird, so folgt gantz nathürlich, daß alles in die Oper läuft — und beym Schauspiel lehre Bänke in menge sind. Weil nun Stegmann dadurch der Kaßa mehr einbringt als Koch; so ist leicht zu begreifen, daß er hir u in Maintz sehr gut angeschrieben ist — auch hat er sich auf 12 Jahr aufs neue anwerben laßen. Da ich so lange nichts von Ihnen gehört hatte; so waren mir die dramaturischen Blätter von Herrn von Kniege ein wares Freudenfest. Leben Sie wohl!

Grüßen Ihre Liebe Frau Lotte und alles was Ihnen lieb ist von

Ihrer wahren Freundin
E. Goethe.

166. An Unzelmann den 2ten May 89

Lieber Freund!

Hier schicke ich Ihnen einen Wechsel auf 75 Reichsthaler ich habe wie Sie sehen also noch etwas mehr vor den Ring bekommen — Seyn Sie froh daß Ihre hiesige Schuldner nichts davon inne geworden sind — kein Heller wäre in Ihre Hände gekommen — besonders Ihr ehemahliger Schneider hat schon viele klaglieder angestimt. Von unsern neuen Leuten gefallen die meisten sehr — besonders die Operette geht herrlich. Stegmann ist der Liebling hir und in Maintz und hat sich aufs neue auf 12 Jahr anwerben laßen — Koch und Fiala auch jedes auf 12 Jahr — das ist das neuste. Ich habe heute viel eile — Leben Sie wohl! und berichten mir sogleich den empfang dieses Briefes —

E.

N. S. Schicken Sie mir doch den schon 10000 mahl gefoderten Mercur.

167. An Unzelmann den 15ten May 1789.

Mein Brief vom 2<u>ten</u> May hat Ihnen nicht sonderlich behagt — Sie gestehen also doch daß Sie ihn empfahnen haben — War denn in diesem Schreiben nicht auch ein Wechsel /: vor den Ring von 75 Reichsthaler an Herrn Engel von Herr Wilmer ausgestelt :/??? und von dieser *mir* so wichtigen übermachung schreiben Sie kein sterbens wort — sagen mit keiner Sielbe ob Sie das Geld erhoben haben u. d. m. Auf alles andre in Ihrem Brief befindliche werde ich nicht ehnder Antworten biß ich nachricht über obiges erhalten habe — und ich erbitte mir Antwort mit umlaufender Post.

E.

168. An die Freifrau von Knigge

Frankfurt, den 23. Juni 1789.

Gnädige Frau!

Ich finde mich sehr geehrt, daß meine gnädige Frau sich meiner Bekanntschaft noch in so freundlichen Ausdrücken erinnert haben; nicht weniger schmeichelt mir das Zutrauen, welches Dieselben in mein Vorwort zu setzen die Güte hatten. Ich habe die Sache aufs Beste eingelenkt und besorgt, zweifle auch keineswegs an baldigen und vergnüglichen Nachrichten. Wenigstens bin ich fest überzeugt, daß mein Sohn sich das größte Vergnügen daraus machen wird, Dero Herrn Gemahl, dessen Verdienste um die Gelehrsamkeit sowol, als um die Menschheit längst von allen Rechtschaffenen anerkannt und verehrt sind, zu nützen. — Empfehlen Sie mich diesem würdigen Manne und glauben, daß ich in Wahrheit bin, gnädige Frau, Dero gehorsamste Dienerin und Freundin Elisabetha Goethe.

169. An Friederike Unzelmann

den 1ten September 1789.

Liebe Frau Gevatterin!

Aus Inliegendem Schreiben werden Sie ersehen, daß der kleine Felix allem seinem Leiden entrückt ist — Gott erhalte Ihnen Ihre zwey noch lebende Kinder, zu Ihrem Trost und Vergnügen. Nun eine kleine Bitte an Ihnen — die ich zwar schon verschiedne mahl an Herrn Unzelmann habe ergehen laßen, der es aber wahrscheinlich wegen vieler andern Beschäftigungen vergeßen hat: Ein theil des deushen Mercurs ist noch in seinen Händen, der Ihm zu nichts dient, und deßen Entbehrung mir meine gantze Sammlung defect macht — Haben Sie demnach die Güte mir ihn mit der Fahrenden Post zu zuschicken — Sie werden dadurch überaus verbinden

dero
Dienerin und Gevatterin
E. Goethe.

170. An Louise Schlosser den 14ten October 1789

Liebe Louise!

Daß dir das überschicke Buch Freude gemacht hat ist mir sehr lieb und ich wünsche nichts so sehr, als dir und deinen Lieben Geschwistern immer ein kleines Vergnügen verschaffen zu können. Die Freulein von Clermont sind gar liebe Kinder — aber ich habe Sie zu kurtze Zeit gesehen zu wenig Umgang mit Ihnen gehabt um zu bestimmen welche mir am besten gefallen hätte. Sie erinnerten sich mit vielem Vergüngen an Ihren Aufenthalt bei Euch — und sagten mir so viel liebes und gutes von Euch allen, welches mir dann sehr erfreulich war. An Tante Bognern meinen besten und schönsten Gruß und das verlangte Buch wolte ich sehen obs zu bekommen wäre — und es als dann überschicken. Daß du meine gutgemeinte aber sehr gekritzelte Briefe so werth hälst daß du sie so wohl aufhebst freut mich gar sehr — denn Schreiben ist eben so eigentlich meine Sache nicht — und meine Briefe haben wen ich nicht gantz besonders dazu aufgelegt bin — gar oft weder Muster noch geschick — Destomehr schmeichelt es mir, daß du sie so viel werth hälst um sie aufzuheben. Ja wann ich so schön schriebe wie meine Luise! Potz Fischen! Da solte die gantze Christenheit Briefe von mir erhalten — nun nun jeder hat so seine eigne Gabe — und wen ich in den langen Winter Abenden bey Euch wäre wolte ich mein Licht schon leuchten laßen und Euch durch Anmuthigen Geschichten, schöne Mährlein die Zeit so vertreiben — daß es eine Art und schick haben solte. Jetzt muß ich noch an die liebe Julie schreiben, Lebe also vordießmahl wohl und behalte lieb

deine

treue Großmutter
Elisabetha Goethe.

N. S. Eben hatte ich Juliens Brief geendigt — und wolte noch an Eure Liebe Mutter schreiben — als ein Besuch kam der mich biß kurtz vor Abgang der Post abhielt — Diese Briefe wolte nun nicht liegen laßen — grüße die Mama und sage Ihr daß ehestens ein langes Schreiben an Sie ergehen würde jetzt fort auf die Post. In große Eil.

171. An Unzelmann Den 27ten December 1789.

Lieber Freund!

Meinen besten Dank vor Ihr gütiges Andenken und vor das *mir* so angenehme Geschenk — Es war meine Feyertags Belustigung das Leben dieser großen Frau und ihren Caracter recht zu studiren. Die letzten Tage ihres Lebens waren schauderhaft schrecklich! Das Bild des blutenden Essexs verdrängte alles vom dem guten und großen was sie in dem Laufe ihres so glorreichen Lebens gethan hatte — sie sahe nichts als ihren ermordeten Liebling — Arme Elisabeth! Du kantest dein Herz nicht! Ehrgeitz und Eitelkeit sind immer schlechte Rathgeber aber besonders fiel ihr Rath zu kurtz, bey einer Leidenschaft die übers Grab hinaus ging. Daß ich meinen Mercur wieder habe deß bin ich sehr froh — Vielen Dank vor dessen überschickung. Sie bekommen hiebey vielerley zu leßen — die noch ungebundne Blätter gehören zu denen die Sie schon besitzen — Sie können doch so ohngefähr unsere jetzige Lage daraus ersehen. Ohne Zweifel wird Ihnen schon bewußt seyn, daß das Organ mit der Sache gar nichts mehr zu thun hat, sondern daß v. D. auch bey uns hir vor alles steht. Obs beßer oder schlechter in Zukunft geht muß die Zeit lehren. Was macht denn die Liebe Frau Gevatterin? Sagen Sie Ihr daß es doch nicht hübsch wäre nicht einmahl ein paar Zeilen an mich zu schreiben nicht einmahl zu antworten, da ich Ihr den Tod des Kindes verkündigte. Ich weiß wohl daß Sie viele Geschäfte hat, weiß wohl daß Sie viele neue Freunde bekommen hat — aber die alten gantz zu vergeßen das ist doch auch nicht so gantz an seinem platz. Was macht Carlgen und die kleine

DEZEMBER 1789

Fritze? Carl muß jetzt schon ein Tapferer Ritter seyn. Herr und Frau Stock empfehlen sich Ihnen und der Frau Gevatterin aufs beste, und freuen sich daß es Ihnen dort so wohl geht. Leben Sie wohl! und denken jezuweilen an Ihre hiesige Freunde, mitunter auch an diejenige, die sich unterschreibt   Dero wahre Freundin
                                Elisabeth.

172. An Louise Schlosser   den 10 Jenner 1790

Liebe Louise!

So viel es in meinem Vermögen war suchte ich Euch Euren hisigen Aufenthalt angenehm zu machen — und ich freue mich wenn Ihr vergnügt und zufrieden geweßen seid. Auch ist es mir sehr lieb, daß mein Christkindlein jettgen und Eduart angenehm war. Die käthgen und Fridericke reden noch immer von Euch, und grüßen Euch von gantzem Hertzen — auch Frau Stock gedenckt Eurer so ofte wir beysammen sind — Sie läßt fragen was die Manschetten machen — und ob sie bald fertig sind?

Der Ring ist mir gantz gerecht — ich werde ihn dir zum Andencken tragen. Gott erhalte dich in dem neuen Jahr gesund und vergnügt — diß ist der beste Wunsch von

          deiner
              dich liebenden Großmutter
                  Elisabetha Goethe.

173. An Fritz von Stein   Fr. den 1. März 1790.

Lieber Sohn! Das Erste warum ich Ihnen bitte, ist meinem Sohne zu danken wegen seines 6ten Bandes, Tasso und, Lilla sind mir neu — und ich hoffe viel Vergnügen davon zu haben. Ferner berichten Sie ihm, daß sein römisches Carneval auf dem Hofball in Maynz mit aller Pracht ist aufgeführt worden, — dieses läßt ihm Mama la Roche nebst ihrer herzlichen Empfehlung vermelden. Der Tod des Kaisers hat unsere Stadt zu einem lebendigen Grabe gemacht; das Läuten aller Glocken, welches 4 Wochen täglich zweimal, nämlich Morgens von 11 bis 12 und Abends von 5 bis 6 Uhr geschieht — hat einen so lugubren Ton,daß man weinen muß, man mag wollen oder nicht. Der ganze Magistrat in tiefer Trauer — die Garnison schwarz, mit Flor Alles umwickelt, — die kaiserliche Werbung, die Räthe, Residenten u.s.w. Alles, Alles schwarz, — das hat ein überaus trauriges Ansehen. Künftigen Sonntag den 7$\underline{\text{ten}}$ März ist bei allen drei Religionen in allen Kirchen Leichenpredigt — unsre Hauptkirche wird ganz schwarz behängt, — Jung und Alt erscheint in tiefer Trauer — Sänger und Sängerinnen sind zur Trauermesse verschrieben und dieser einzige Umstand kostet 2000 Flor. Sollte die künftige Krönung näher rücken, so wissen Sie Ihr Plätzchen — auch habe ich dann einen Plan im Kopfe, dessen jetzige Mittheilung noch zu früh und zur Unzeit wäre. Erlebe ichs, — nun kommt Zeit kommt Rath. Empfehlen Sie mich Ihrer Frau Mutter und glauben daß ich ewig bin   Ihre

wahre Freundin
E. G.

174. An Fritz von Stein   Fr. den 22. April 1790.

Lieber Sohn! Ich habe eine Bitte, — einer meiner Freunde möchte gern wissen, ob Ihro Durchlaucht der Herzog sich in Weimar befindet, oder wo er sonst etwa ist, — es bedarf nur ein Paar Zeilen zur Rückantwort. Aber eben so gern möchte ich wissen, wo mein Sohn ist. Einige sagen in Venedig, — Andere in der Schweiz, — Jetzt von mir und meinem Vaterlande ein Paar Worte. — Die Trauer um den Kaiser ist vorbei, Alles ist in Erwartung der Dinge, die da kommen sollen! Wenns, wie die Sage lautet, Krieg giebt, denn mag Gott wissen, wenn die Krönung ist! Indessen werden die Quartiere schon gemacht, und die Auffahrt ist im Juli.

Ich will dieses Alles in Geduld abwarten — und ein Kämmerlein soll Ihnen bei mir aufbehalten seyn — denn den Tumult müssen Sie doch mit ansehen. Empfehlen Sie mich Ihrer Frau Mutter und glauben, daß ich ohnverändert bin

Ihre

treue Mutter
F. G.

175. An Unzelmann

Werthgeschätzter Herr Gevatter!

Da ich aus Erfahrung weiß, daß das so Ihre Medote Art und Weiße ist, die Haut feil zu bieten, ehe Sie den Bären haben; so halte ich mich aus Freundschaft verpflichtet Ihnen unsere hiesige Lage so klar und deutlich vor Augen zu legen, damit Sie im Stande sind die Sache reiflich zu überlegen um Sich nicht auf Neue in Schaden, Verdruß und Unlust zu bringen. Koch bleibt von dem heutigen Dato an noch 11 sage Eilf Jahre — junge Rollen spielt er nicht mehr sondern hat sie an Porsch und Ziegler abgegeben in Väter, Pedanten, Helden die gerade nicht jung zu seyn bedürfen gefält er — und steht /: welches das Beste ist :/ bey Herrn von Dahlberg in Gnaden — wird also wohl schwerlich wegkomen. An ein Nationahl Theater ist hir nicht zu denken — so lange von der Obrigkeit die Advents und Fastenzeit das Schauspiel untersagt, ist so was ein frommer Wunsch — der nicht in Erfüllung gehen kan. Das größte Hindernüß /: alle die eben erzählten abgerechnet :/ Ihnen jemahls wieder hir zu sehen, ist wohl, daß Dahlberg immer noch sehr über Ihnen aufgebracht ist — und ich weiß von *sicherer Hand* daß Sie mögten wieder kommen über lang oder kurtz Ihnen die Strafe noch bevor steht — Wie ist es also glaublich, daß Er Ihnen wieder herberufen wird! Setzen Sie Sich also nicht wieder zwischen zwey Stüle, und fangen doch einmahl an zu überlegen, ehe Sie handeln. Aber in aller Welt sagen Sie nur wies zugeht daß Sie wieder weg wollen? Ihre ersten

Briefe, auch die von der Frau Gevatterin, waren ja alle so voll *Entzücken, Jubel, Freudengeschrei,* Königlicher Gnade u.s.w. Wir arme Schelmen kommen ja mit all unserer erwißenen Freundschaft, Dinstleistungen und gutem Willen; als gantz unbedeutende Figuren in den Hindergrund, daß das beste Auge uns nicht gewahr werden konte! Sie hätten wenigstens aus Delicateße Ihr Paradieß nicht so Vortreflich ausmahlen sollen — und die Entschädigung vor die 3 Jahre Elend /: wie sich die Frau Gevatterin in einem Brief ausdruckte :/ lieber verschweigen sollen. Glauben Sie, daß dieser Posaunen-thon Ihre Freunde recht gekränkt hat — Nun das alles bey seite — Gott schenke Ihnen noch viele glückliche Tage, ists gleich nicht bey uns, so ist die Welt groß und Gottes Himmel überall und Ihre beyderseitige Talente machen überall ihr Glück. Grüßen Sie Ihre Liebe Frau — den kleinen Sänger Carl — das kleine Mädelein von

Ihrer
es aufrichtig meinenden Gevatterin
Elisabeth.

den 11ten May 1790.

N.S. Das arme organ hat gerade zur Unzeit die Anterprieße an D. abgegeben — Die Krönung hätte ihn aus aller Noth heraus reißen können — Im Juli ist die erste Auffahrt zur Wahl — das gibt ein groß Spectakel — Mein Hauß wird von oben bis unten voll gepfropft.

176. An Fritz von Stein   Fr. den 12. Juni 1790

Lieber Sohn! Eine Berechnung, wie viel der Aufenthalt während der Krönung hier kosten möchte, ist beinahe ohnmöglich zu bestimmen, so viel ist gewiß, daß eine einzige Stube den Tag ein Carolin kosten wird, das Essen den Tag unter einem Laubthaler gewiß nicht. Zudem ist auch die Frage, ob ein Cavalier, der unter keiner Begleitung eines Churfürstlichen Gesandten ist, Platz bekommt, denn unsre besten Wirtshäuser werden im Ganzen vermiethet, — dem Dick im rothen Hause sind schon 30,000 Flor. geboten, aber er giebts noch nicht davor. Wenn Leopold Kaiser werden sollte, so mag Gott wissen, wo die Leute alle Platz kriegen werden — denn da kommen Gesandten, die eigentlich nicht zur Krönung gehören, als der Spanische, Neapolitanische, von Sicilien einer u. s. w. — Der Päbstliche Gesandte, weil er in der Stadt keinen Raum gefunden, hat ein Gartenhaus vor 3000 Carolin gemiethet. Bei mir waren die Quartierherren noch nicht, — ich traue mir deswegen nicht vor die Thür zu gehen und sitze bei dem herrlichen Gotteswetter wie in der Bastille, — denn wenn sie mich abwesend fänden, so nähmen sie vielleicht das ganze Haus, denn im Nehmen sind die Herren verhenkert fix, und sind die Zimmer einmal verzeichnet, so wollte ich's keinem rathen, sie zu anderem Gebrauche zu bestimmen. — Nun muß ich Ihnen noch was Spaßhaftes erzählen. Diesen Winter hats hier kein Eis gegeben — und die galante Welt hat diese Herrlichkeit entbehren müssen, ein einziger Mann, der S... heißt, hat von 88 noch eine Grube voll. Diese Grube ist ohngefähr so groß, wie meine Wohnstube, doch nur 3 Schuh hoch, — diesem Mann hat der Churfürst von Cöln 19000 Floren davor geboten, er giebts aber nicht anders, als 30000 Flor. O, wer doch jetzt Eis statt Wein hätte! Wenn nur die Krönung sich nicht bis in den Winter verzieht — davor ist mir angst und bange, — müssens eben in Geduld abwarten! — Sie werden doch mit meinem Sohne kommen? Eine Stube sollen Sie haben, aber freilich müßten Sie sich begnügen, wenns auch drei Treppen hoch wäre, — was thäte das, wir wollen doch lustig seyn, — in dieser angenehmen Hoffnung verbleibe wie immer

Dero
treue Freundin
E. G.

177. An Fritz von Stein Fr. den 20. Dezember 1790.

Lieber Sohn! Nach dem großen Wirrwarr, den wir hier hatten, ists jetzt, wie ausgestorben — mir ist das ganz recht, — da kann ich meine Steckenpferde desto ruhiger gallopiren lassen, — ich habe deren vier — wo mir eins so lieb ist wie's andere, und ich ofte nicht weiß, welches zuerst an die Reihe soll. Einmal ists Brabanter Spitzenklöppeln, das ich noch in meinen alten Tagen gelernt, und eine kindische Freude darüber habe, — dann kommt das Clavier, — dann das Lesen, — und endlich das lange aufgegebene aber wieder hervorgesuchte Schachspiel, — Ich habe die Gräfin von Isenburg bei mir logiren, der das oben benannte Spiel auch große Freude macht, wenn wir beide Abends zu Hause sind, welches, Gottlob, oft passirt, dann spielen wir, und vergessen der ganzen Welt, — und amusiren uns königlich. Da es einmal Sitte ist, daß mir zu Ende des Jahres allemahl ein Stück Merkur fehlen muß, so fehlt mir vor diesmahl Nro. 2. — Bitten Sie doch den lieben Gevatter Wieland, daß er es mir zuschicken läßt, danken ihm auch vor alle in diesem Jahre abermals erzeigte Freundschaft, und Sie, lieber Sohn, empfangen meinen herzlichen Dank vor alle Liebe und glauben, daß ich immer und allezeit mit Wahrheit bin

Ihre
wahre Freundin und Mutter
E. G.

178. An Großmann   den 29ten Mertz 1791
in großer Eil

Werthgeschätzer Herr Gevatter!

Es ist die Wahrheit daß die angesehnsten Männer sich große Mühe geben ein Nationahl Theater hir zu Stande zu bringen Viele Converenßen sind schon deßwegen gehalten worden — und nächstens wird eine Bittschrift deshalben an den Magistrath ergehen — um 1792 in der Herbstmeße

/: da die 10 Jahre von Tabor vorbey sind :/ ein beständiges Theater zu errichten. Von dieser seite ist alles in Ordnung — schon an die 60 Theilnehmer wo jeder 50 louidor gibt sind bey der Hand — von diesen sind Chiron — Schamo — Kißner und der älste von Stockum als Ausschuß ernent — an einen derselben mann sich also wenden muß — Chiron ist /: unter uns gesagt doch die erste Instans — ob aber bey allem diesem gutem Anschein die Sache zu Stande kommt kan mann nicht zuverläßig sagen — Erlaubt die Obrigkeit die Advents Zeit die 7 Fasten Wochen und die Sontäge nicht — so wird aus der gantzen Geschichte nichts — auserdem thut Maintz sehr böße, und es ist bekandt daß uns dieses in vielen Sachen sehr wehe thun kan — So bald diese Hindernüße besigt sind — sollen Sie mehr hören. Unterdeßen können Sie imer an einen derer Herrn schreiben Chiron /: ob ich den Nahmen recht schreibe weiß ich nicht :/ ist Banquier — Chamo /: ist der nehmliche fall meiner Unwißenheit, ist Handelsmann — Kißner ist Holtzhändler — von Stockum ist adelich. Daß es mir übrigens ein Vergnügen seyn würde Ihnen hir zu sehen das sind Sie überzeugt — auch werde ich nicht ermanglen Ihr Andencken bey dieser Gelegenheit zu erneueren — und Ihre warhafte große Thalente als Director und Schauspieler mich eifrigst bemühen ins Licht zu stellen. Da Sie aus großer Eilfertigkeit in Ihrem Brief den Ort Ihres Aufendthalts nicht bemerckt haben; so schicke ich dieses aufs geradewohl nach Hanover — Leben Sie wohl! Grüßen Ihr gantzes Hauß von Ihres

guten Freundin u Gevatterin
Goethe.

179. An Louise Schlosser

Liebe, gute, brave Louise!

Tausend Danck vor dein schönes, geschmackvolles — und zugleich prächtiges Arbeits-tischgen — So ist keins in

Franckfurth — Es wird aber auch deßwegen von Hauß zu Hauß zum beschauen herumgetragen — heute ists bey Frau Stock, und ich freue mich auf den Nachmittag wie meine geschickte Louise von alt und jung in meiner Gegenwart wird gelobt und geprießen werden. So bald es aus gepackt war truge ich es zu meiner Frau Gräffin die bey mir wohnt — ich mußte es den gantzen Tag oben laßen, damit Sie es denen Herrschaften die Sie besuchen kamen zeigen konte — Sämptlich verliebten Sie sich hinein — und jede hätte gern so ein schön Möbel in ihr prunckzimmer gehabt — und ich wurde um so eines geschicken Enckels willen von allen beneidet — welches mir dann sehr wohl that. Nimb also nochmahls meinen besten Danck dafür an. Die andre Woche soll eine Schachtel voll klein brod und sonstiges bon bon Eure Hertzen erlaben — Sage deinem lieben Vater daß auch Er künftige Woche die Rechnung erhalten soll — die liebe Mutter grüße hertzlich — wie auch alle deine Geschwister — die liebe Bogener und die Charlot. Lebe wohl! Behalte die jenige lieb und in gutem Andencken die ist und bleibt

deine
treue Großmutter
Elisabetha Goethe

den 1ten May 1791

180. An Unzelmann den 21ten May 1791

werthgeschätzer Herr Gevatter!

Mit unserm Nationahl Theater hat es in so weit seine Richtigkeit, daß der Magistrath seine Einwilligung dazu gegeben hat — nun muß das Colegium der Herrn 51ger noch mit einstimen, woran wir den auch nicht zweiflen — das ist aber auch alles was ich von der Sache weiß Daß mann schon an Ihnen gedacht haben solte ist möglich aber als director — das ist ein bißgen unwahrscheinlich. Nehmen Sie Sich in acht, daß Sie das gewiße nicht verliehren, und nach dem ungewißen greifen — So lange die unternehmer nicht selbst an Ihnen schreiben; so ist alles andre geschwätz wischi waschi. Zudem kan ich mir nicht vorstellen daß Ihr jetziger Aufenthalt Ihnen nicht mehr behagte — wo Sie so viel Glück zurück laßen müßten daß Sie hir schwerlich finden würden — denn die Zeit hat *viel viel* verändert — das können Sie mir auf mein Wort glauben!! Rathen was Sie thun sollen, das kan ich auf keine weiße, da ich ja wegen Ihrer dortigen Verhältnüße gantz unwißend bin — und eben so unwißend bin ich was das hiesige neue Theater weßen anbelangt. Ich bekümmre mich jetzt Gott sey Lob und danck!!! um all das Zeugs nichts mehr — denn niemand weiß beßer als Sie wie ich vor meine Mühe Sorgen und Wohlthaten bin belohnt worden — Ein gebrandes Kind scheut das Feuer — Da haben Sie meine jetzige Gesinnungen und Gelehrten ist gut predigen. Vor die überschickte vollmacht dancke ich Ihnen — ich habe die Sachen alle erhalten — Die Liebe Frau Gevatterin grüßen Sie vielmahls und sagen Ihr Madame Stegmann hätte mir alle Rechnungen und quittungen zugestelt — woraus mann ersehen könte, daß Sie Ihnen nichts heraus zu geben hätte — Ich habe sie in meiner verwahrung, und kan sie Ihnen auf verlangen überschicken — Auch würde ich der Frau Gevatterin auf Ihren lieben Brief geantwortet, und Ihr meine Freude über die schöne Einnahme bezeigt haben — aber Tausend verhinderungen und dann eine Kranckheit die mann Tintenscheu nent hat mich von Zeit zu Zeit abgehalten — Sie muß es mir verzeihen und dem ohngeachtet versichert seyn daß ich Ihr und Ihnen werthgeschätzer Herr Gevatter alle mögliche gute von gantzem Hertzen wünsche — und mich mit wahrheit unterzeichne

Ihre
Freundin u Gevatterin
Elisabetha.

181. *An Louise Schlosser* — den 8ten Jenner 1792

Liebe Luise!

Das freut mich ja recht sehr daß ich zu deinem Vergnügen etwas beygetragen habe — mein Wunsch ist es immer Euch meine lieben Freude zu machen — und wenn dieser Zweck erreicht wird fühle ich mich sehr glücklich. Aus eben dem Grund ist mir es aber auch unbehaglich wenn ich dein Verlangen meine Liebe Luise nicht befriedigen kan. Ich habe mir alle ersinnliche Mühe gegeben, alle Musick Kenner und Liebhaber angegangen — und keiner kan mir über die Ariadne wie du sie verlangst Auskunft geben. Solte ich noch so glücklich seyn das Opus aus findig zu machen; so solst du es gewiß gleich haben. Mich freuts daß das liebe Clärchen und du einander so lieb haben — bewahret diese Freundschaft in Euren Hertzen — denn es ist eine köstliche Sache mit einer erprobten Freundin so durch Erdeleben zu wandlen! In meiner Jugend war mirs auch eine große Freude das neue Jahr an Singen — an trommlen — an Schießen zu hören — aber jetzt ist mir mein Bett lieber — um halb 10 Uhr schliefe ich dißmahl schon so fest, daß weder der Nachtwächter mit seiner holden Stimme, noch pfeifen und trommlen mich in meinen 7 Kißen incommodirten. Wenn ich nun schon bey Euch mit dem Leibe nicht gegenwärtig war; so wünscht ich Euch *allen* doch die Fortdauer Eures wohlseyn — nebst Glück — Heil und Seegen — und dieses seye denn hirmit nochmahls wiederholt. Lebe wohl! behalte lieb.

deine
dich liebende Großmutter
Elisabetha Goethe.

182. *An Henriette Schlosser* — den 8. Januar 1792

Liebe Henriette!

Also hat dir dein Christkindlein Freude gemacht? Ei, da ist ja mein Wunsch erfüllt — glaube mir, wenn die Sachen auf dem Postwagen sind — das ich immer in Gedancken mit reiße — und wenn ich ahnde daß die Stunde der Bescherung erscheint; so bin ich im Geiste bey Euch, und freue mich Eurer Freuden. Ich mögte wohl mit dir und Eduard Häußer bauen, so ein Spiel mag ich recht gern — Wenn du nach Franckfurth kommst; so bringe deine Häuser und Bäume mit — da will ich mit Euch Spielen. Erinnerst du dich noch wie du bey der Großmutter warst und wie du und Eduard in dem Eckgen meiner Wohnstube — so schön mit einander spieltet — Hochzeit — Kindbett und allerley — und den Jubel wann die Englischen Reuter kamen — und wie wir dem großen Bassa Lieder gesungen haben? Das war doch ein Capital Spaß! Ich habe gehört daß die Reihe zu reißen an dir und Eduart ist, und Ihr also bald wieder her komt — Potz Fischen! da wollen wir lustig seyn — da ich also muthmaßlich dich noch in diesem Jahr sehe, so will ich meinen Glückwunsch müdlich bey dir anbringen — Lebe indeßen wohl! Bleibe hübsch gesund! und behalte lieb

deine dich
liebende Großmutter
E. Goethe.

183. An Fritz von Stein   Franckfurth d 23ten Jenner
1792

Lieber Sohn!

Meinen besten Danck vor den mir so schätzbahren Damen Calender. Sie sind ein vortreflicher Sohn! Ein Freund wie es wenige gibt — Sie sind jetzt in einem gantz andern Wirckungskreiß als ehedem, und doch vergeßen Sie Ihre alten Freunde nicht — wie mich Ihr so schätzbahres Andencken gefreut hat, kan ich weder sagen noch beschreiben! Erhalten Sie diese Freundschaftliche Gesinnungen gegen mich — und glauben steif und fest daß die vergnügte Zeit Ihres hirseyns *nie* bey mir verlöschen, sondern *stets* gegenwärtig bleiben wird. Ja ich hoffe zu Gott! daß ich noch ein-

mal in diesem Erden-leben die Freude genüßen werde
Ih[n]en von Angesicht zu Angesicht in meinem Hauße zu
sehen, um von allen den vergnügnus vollen Stunden die
mir Ihre Gegenwart 1785 verursacht hat da capo machen zu
können. Madam Stock ist sehr erfreut über Ihr gütiges Andencken — und läßt nebst mir Herrn Göritz sich bestens
empfehlen. Leben Sie wohl! Behalten mich lieb, und seyn
versichert daß *niemand* mit mehr Wahrheit sich unterschreibt als

Ihre

Freundin und Mutter
Elisabetha Goethe.

184. An Louise Schlosser den 13ten Februar 1792

Liebe Louise!

Daß dir die Ariadne so viel Vergnügen gemacht hat hat
mich hertzlich gefreut — es war mir nur leid, daß ich es
nicht ehnder habe bekommen können, und daß du gutes
Mägtelein so lange hast warten müßen — aber vorspielen
muß du mir sie, das versteht sich — mache nur und komme
bald einmahl wieder her, da wollen wir frölich und guter
Dinge seyn. Vor die Nachricht vom Oncel Georg dancke
ich dir, es freut mich daß Er so vergnügt und glücklich ist.
Hir schicke ich dir und deinen Geschwistern ein gantz Na-
gelneußes Spiel voraus gesetzt, daß Ihr keine Aristokraten
seyd — uns machts vielen Spaß — vor des Eduarts liedgen
dancke vielmahls — das ist allerliebst! ich laße es neulich
bey Herrn Stock vor, und alles hatte große große Freude
daran. Daß es mit Julie beßer geht freut mich, grüße mir
das Liebe Mägelein hertzlich auch deine Liebe Eltern —
Henriette und Eduart — Clärgen Tante Bognern und alles
was bey Euch lebt und webt von

deiner

dich liebenden Großmutter
Elisabetha Goethe.

185. An Goethe d 4ten December 1792

Lieber Sohn!

Auf Order Ihro Durchlaucht des Herrn Hertzogs von Weimar soll ich dir schreiben, daß du mögstes hieher kommen. Hier sieht es bunt aus, seit vorgestern haben die Hessen unsere Stadt ocubirt — Gott gebe daß sie sich drinnen erhalten, sonst mögte es Curios mit uns aussehen. Diesen Brief schreibe ich auf Befehl — doch thut mirs leid, dich aus deiner ruhigen Lage heraus zu ziehen, in eine Gegend, wo mann in beständiger Angst lebt und athmet. Biß vorgestern hatte ich noch immer guten Muth — aber nun bin ich sehr schwermüthig — so was läßt sich nicht Schreiben. Ich bin eine schlechte geografin — will dir also nur melden — daß der gantze Landstrich von Speyer, Worms und Maintz unsicher — und du auf dieser Rutte nicht her kommen kanst. Ich weiß nicht ob ich wünschen soll, dich bald zu sehen oder ob das Gegentheil zuträglicher wäre — Gott mag es lencken, ich weiß nichts. Lebe wohl! und schreibe wenigstens daß mann erfährt an was mann ist. Ich bin wenigstens vor jetzt, die verstimmte und sehr unruhige

Frau Aja

186. An Goethe den 14ten December 1792

Lieber Sohn! So eben erhalte einen Brief von Fritz Jacobi wodurch ich erfahre daß du in der mitte dieses Monaths wieder in deinem ruhigen Weimar einziehen wilsts — du wirst einen Brief von mir vorfinden — worinn der Herzog dich /: der dich aber noch in Düsseldorf glaubte :/ hieher invitite — ich gabe dir schon in dem Schreiben einen Winck, daß es jetzt hir gar kein Spaß ist — nun da du gar 30 meilen in dieser Witterung reißen soltst — um an einen Ort zu kommen — wo wann zum Unglück Custine zurück kommen solte — du doch wieder fortmüßtest; so dächte ich du entschuldiges dich so gut du könstest —Wir leben hir in täglicher Angst und Gefahr — und wenn ich einen gran Furcht mehr hätte, als ich Gott sey Danck nicht habe; so ginge ich in die weite Welt — so aber soll und muß ichs abwarten. Willmer hat endlich der Raths stelle entsagt — bey der Gelegenheit kam nun abermahls die alte Frage an mich, ob ich denn noch keine Endscheidente Antwort von dir erhalten hätte — ich sagte du hättest her kommen wollen, aber die Kriegs Unruhen wären die Ursach deines Ausenbleibens u. s. w. Meine Gründe davor und dagegen habe ich dir in einem Brief vorgelegt — auch glaube ich wenn du Lust gehabt hättest würdest du flincker geantwortet haben. Ich glaube allemahl, daß dir in deiner jetzigen Verfaßung nach Leib und Seele beßer ist — als in einer neuen Laufbahn — denn du bist in dem eigentlichen Sinn des Worts ein Freyherr. Doch verdinte die Achtung deiner Freunde auf alle Fälle eine Rückantwort — auch habe ich sonst bey jedem Fall das Anfragen aufs neue. Vordißmahl ist der Canseley Rath Metzler von der goldenen Kugel getrofen worden. So lange Maintz noch nicht wieder in deuschen Händen ist, schweben wir imer noch in Furcht und Unruhe — zumahl da auf unsere gute Stadt von Maintz und Straßburg aus so infame Lügen aus gestreut werden — die Blesirten und Gefangenen muß mann fragen was die Franckfurther an ihnen gethan haben — das all zu erzählen, reichte kein Rieß papir aus — underdeßen sind die Francken jetzt erboßt — und kämen sie zurück Gott weiß ob nicht diese Verläumdungen doch Unkraut unter den Waitzen gesäht hätten. Wollen Gott vertrauen und es abwarten. Ich habe einen Officier und 2 gemeinen zu Einquartirung es sind Hessen — gute Leute aber /: unter uns gesagt :/ sehr arm — ich muß sie füttern, — die Frantzsosen hatten die Hüll und die Füll — daß das füttern sehr incomdirt kast du leicht dencken — doch da es jeder thun muß so ists nicht anders. Lebe wohl! Behalte mich in Liebevollen Andencken — und hirmit Gott befohlen!

                                                           Goethe.

N. S. Es ist eine Ewigkeit daß ich kein Modejournahl u keinen Mercur gesehen habe.

187. An Goethe   den 19ten Decemb. 1792

Lieber Sohn!

Hir schicke ich Christkindleins bon bon mit Bitte dem jungen Herder Augst benamset etwas in meinem Nahmen davon zu komen zu laßen. Hir Leben wir in Furcht und Erwartung der Dinge die kommen sollen — Die Höchsten und Hohen Herschaften versichern uns zwar daß alles gut gehen werde, das ist verdolmescht daß die Francken nicht wiederkommen würden — so lange aber Maintz nicht in deuschen Händen ist — dürfen wir noch nicht Vicktoria rufen — und die Wolfhaut noch nicht feilbieten. Du wirst dich jetzt von deinen gehabten Strapatzen in deinem neuen schönen Hauß und unter deinen Freunden erholen — daran thuts du nun sehr gescheidt. Ihro Durchlaucht die Frau Herzogin Amalia haben die Gnade gehabt mich wegen der Kriegsunruhen nach Weimar zu invitiren — dancke Hochdenenselben in meinem Nahmen — und sage dieses vortreflichen Fürstin — Ich hätte guten Muth der Gott der mich bißhirher gebracht, würde weiter sorgen. Ihro Durchlaucht der Herzog befindet sich wohl und vergnügt — deßgleichen Ihro Königliche Majestät von Preußen — Gott gebe dir ein fröliges Neuesjahr — und uns den edlen Frieden — diß ist der Wunsch deiner treuen Mutter
                                        Goethe.

188. *An die Schlosserschen Kinder*

Den letzten Tag im Jahre 1792.

Liebe Enkelein!

An Euch alle ist dieser Brief gerichtet — wollte ich jedem von Euch sein liebes Schreiben eintzeln beantworten; so mögte mir die Zeit mangeln, und Ihr müßtet lange auf meine Danksagung vor die Freude, so Ihr mir durch Eure lieben und hertzlichen Briefe gemacht habt, warten. Liebe Kinder! das Christgeschenk kann Euch ohnmöglich mehr Freude gemacht haben, als mir Eure Briefe. Sagt selbst — was mir tröstlicher und erquickender sein könnte, als Enkel zu haben, die so dankbahr gegen mich sich betragen — die so liebevoll meiner gedenken — die mit warmen Gefühl trotz der Entfernung mich so lieben und ehren. Liebe Enkelein! Machet mir in dem kommenden Jahr eben so viel Freude wie im zu Ende gehenden — behaltet mich in gutem Andenken — nehmet auch in diesem Jahr, so wie an Alter — also auch an allem was Eure lieben Eltern, mich und alle guten Menschen erfreuen kann, immer mehr und mehr zu; so wird Euch Gott segnen und alle die Euch kennen werden Euch lieben und hochschätzen — besonders aber diejenige die beständig war, ist und bleibt Eure

>Euch
>Herzlich liebende Großmutter
>Elisabethe Goethe.

189. An Goethe Am neuen Jahrs Tag 1793

Lieber Sohn! Vielen Danck vor deinen schönen Brief der ist wie er sein soll ich werde bey deinen Freunden Gebrauch davon machen. Die Stelle des Cappelmeisters ist zwar noch nicht ersetzt, aber es ist so ein jämmerlich Amt daß wenn der Mann nicht Clavir stunden dabey gibt er ohnmöglich davon leben kan — auch glaubt Doctor Hetzler /: mit dem ich davon sprach :/ daß sie gar nicht wieder würde besetzt werden — und daß unsere überhaupt so elende Kirchenmusick nach und nach gantz eingehen dürfte. Deine zurückgelaßne Sachen, schicke ich längstens heut über 8 Tage mit dem Postwagen an dich ab — villeicht geschiehts noch ehnder — nehmlich den Freytag noch in dieser Woche — du glaubst nicht was einem die Einquartirung vor allerley Molesten macht daß mann vieles drüber vergißt — Entschuldige mich also daß die Sachen auf deinen ersten Brief nicht gleich fortgeschickt worden sind. Die Lampe mit 3 Lichtern ist besorgt, so bald sie fertig ist bekomst du sie wohl eingepackt — es sind schon sehr viele davon verschickt worden, und sind immer glücklich angelangt. Da sie vermuthlich vor deinen Gebrauch ist; so mache ich dir damit ein kleines Neujahrs Geschenck. Ich laße einstmahl im Jorick, daß das ein bößer Wind wäre, der *Niemandt* was guts zuwehte — das trieft nun mit unserm Schauspiel ein — der Krieg und seine Unruhen die so viele Menschen incomodiren und ruiniren macht der anterpriße den Beutel voll — Da der König von Preußen und alle Generälle — Herzogen und Printzen alle Abende drinnen sind; so ist dir das ein Leben wie die Krönung—das Hauß das nun schon längst fertig ist hast du gesehen — es ist zimlich groß — aber vor jetzt meistentheils zu klein — So einen Specktackel wie am 2ten Christag habe ich noch nicht /: selbst die Krönung nicht :/ drinnen erlebt — über 200 menschen mußten zurück — mann konte keinen Appfel zu Erde werfen — von der Seite wird es sich nun freylich und zwar mit Nutzen halten. Gott bewahre unsere Stadt vor einem Bombartement — den da könten wir alle arm und elend werden — und also die Enterpriße gantz nathürlich mit — das wollen wir nun nicht hofen — sondern Gott vertrauen — und den Deuschen Glück und Seegen wünschen. Mein Befinden ist Gott sey [Dank] gantz gut, ich bin wohl und auch vergnügt — trage was ich nicht ändern kan mit Geduld — warte auf beßre Zeiten ängstige mich aber nicht vor der Zeit — nur ist mir *unter uns gesagt* die deutsche Einquartirung sehr lästig — Bey den Frantzosen wenn mann da gemeine hatte hatte mann keine Officire und umgekehrt — Jetzt habe ich zwey Offciere und zwey gemeine — da werden nun statt einer Stube zwey geheitzt, das bey dem theuren Holtz eine garstige Speculation ist — ferner hatten die gemeinen Francken Fleisch, Reiß und Brod im überfluß — diese haben nicht als elendes Brod — die Frantzöische Officire wären lieber Hunges gestorben, als daß sie was gefodert hätten, diesen muß mann es sogar auf die

Wache schicken — Summa Summarum es ist eine große Last — meine sind Heßen — wies mit den Preußen ist, weiß ich nicht — da hast du so ohngefähr meine jetzige Lage.

Gott erhalte dich in diesem Jahr mit allem was dir lieb und theuer ist gesund und vergnügt. Er schencke uns den edlen Frieden diß ist mein und der Wunsch von vielen Tausenden — Behalte mich in Liebevollem Andencken und sey versichert, daß ich bin

deine
treue Mutter
Goethe.

N. S. Ihro Durchlaucht der Herr Herzog befindet sich wohl — es scheint Ihm hir zu gefallen. Noch eins! Doctor Hetzler läßt dich an den Rußischen Offen erinnern — wovon du ihm ein Model, oder eine Beschreibung versprochen hättest — dencke! Er ist dis Jahr Burgemeister

190. *An Goethe* den 6ten Jenner 1793

Lieber Sohn! Hir schicke ich dir deine, und deines Schildknappen zurück gelaßne Sachen. Ich war nur froh daß es kein Meißner porzelain war, denn Einpacken ist einmahl meine Forse Rolle nicht. Dein Brief hat seine Würckung gethan — und ich bin froh daß Sie mich jetzt in Ruhe laßen — ich dancke dir davor — Wenn der Einballirte Pack fortsoll, so muß mein Brief vor dißmahl kurtz seyn — vor die überschickten Modejournahle und Mercure dancke recht sehr — die Laterne ist aufs beste nochmahls bestelt — ich hoffe daß sie bald fertig und bey dir erscheinen wird. Alle deine Freunde grüßen dich — das thut auch

deine
treue Mutter
Goethe.

N. S. Jetzt hangt hir der Himmel voller Geigen — alle Tage wird gedantzt — Ihro Durchlaucht diverdiren Sich nebst den übrigen überaus wohl!

191. An Goethe den 22ten Jenner 1793

Lieber Sohn! Ich habe die Gnade gehabt am vergangenen Sontag bey Ihro Durchlaucht der Regienden Frau Herzogin in Gesellschaft der Mama la Roche und verschiedenen Preuschischen Officiren zu Mittag zu speißen. Wir waren sehr vergnügt — blieben biß 5 uhr — gingen dann samt und sonders ins Schauspiel. Der junge Gerning ist schon im September nach London gereißt — ich glaube nicht daß Er bunte Gläßer gefunden hat, sonst hätte ich sie gewiß bekommen — Denn was thäte Er nicht vor dich! Unsere Situation ist immer noch die nehmliche — Ich füttre noch 2 Heßische Officire u 2 ditto Gemeine. Wenn diese Menschenkinder nur nicht den gantzen Tag Toback rauchten meine Zimer sehen aus wie eine Wachtstube!! Lebe wohl! Behalte in gutem Andencken
deine
treue Mutter Goethe.

192. An Unzelmann den 22ten Jenner 1793

Werthgeschätzer Herr Gevatter!

Meine Freundin und ich danken Ihnen vor das niedliche Neujahrs Andencken — nur hätten wir gewünscht etwas mehr von Ihrem wohlseyn und wohlbefinden zu erfahren — Da wir überzeugt sind, daß Sie jetzt in der glücklichsten periode Ihres Lebens sich befinden; so vermehre auch dieses Jahr /: wens anders möglich ist :/ noch Ihre Glückseligkeit, dieses ist der aufrichtigste Wunsch von uns beiden. Aus den Zeitungen werden Sie unsere Lage wißen — Preußen u Heßen halten bey uns Winterquartire — Ihro Preußische Majestätt befinden sich in Höchstem wohlseyn — Ich habe die Freude Höchst dieselben alle Tage im Schauspiel zu sehen, da meine Loge gerade gegen Ihm über ist. Daß die Maintzer Truppe gantz auseinander gegangen ist, werden Sie wißen — der ältre Walther und seine Frau nebst der Fiala sind zu Großmann — der junge Walther nach Mannheim — Porsch und Hübsch zu uns — Koch und die übrigen haben noch kein Angagement — Unser Theater hat gerade gute Zeiten erlebt — die Krönung — jetzt die vielen Printzen — Generale — Offcire — und vor allen den König von Preußen — Am Sontag da Hocus Pocus von Dittersdorf war, mußten über 200 Menschen zurück gehn — und sowas geschieht sehr ofte. Empfehlen Sie mich der Frau Liebste — Leben Sie wohl und glücklich — deß wird sich immer freuen

Dero
Gevatterin. EG.

193. An Goethe   den 7ten Februar 1793

Lieber Sohn! Inliegender Brief kommt aus all zu großer Ordnung so spät zu dir — ich hatte ihn so wohl aufgehoben, daß er mir gantz aus den Gedancken kam — und darüber vergeßen wurde — verzeihe mir dieses Versehen — der Schreck so ich drüber empfand, mag zur Büßung dienen. Wir haben jetzt die Königliche Garde von Potzdamm hir — ich habe einen Kapitain, und einen Leutnandt — deßgleichen vier gemeinen! Im Vertrauen seye es dir gesagt — ich fange an das Ding hertzlich müde zu werden — die Ordnung und Ruhe war in meinen jungen Jahren schon mein Element — und jetz da ich alt bin ist es mir gantz und gar Bedürfnüß — seit anno 1790 treibe ich mich in beynahe ewigem Taumel herum — Mein Hauß sieht zum Erbarmen schmirig aus — und ist die Historia zu Ende — so brauche ich ein volles Jahr biß alles wieder in vorigen Stand kommt. Übrigens befinde ich mich aber wohl — von dir hoffe ich ein gleiches — Lebe wohl! und liebe deine

treue Mutter Goethe.

N. S. Die Durchlauchdigsten Herschaften befinden sich in höchstem Wohlseyn. Die bestelte Laterne wird bald fertig seyn — und bey dir erscheinen.

194. An Goethe den 15ten Mertz 1793

Lieber Sohn! Es ist Raum genung in der Frau Aja ihrem Häußlein, kome du nur — freylich mußt du dich mit dem zweyten Stockwerck begnügen — aber einem Mann der eine Cammpangne mitgemacht und dem die Erde sein Bett und der Himel sein Zelt war, verschlägt nun so was nichts — Übrigens sols an nicht fehlen was zur Leibes Nahrung und Nothdurft gehört. Ich habe jetzo eine sehr brave Einquartirung — und ich rechne es mir vor ein wahres Unglück, daß sie in ein paar Tagen fortgeht — was ich hernach bekomme muß in Gedult erwartet werden. Aber daß der König die Meße /: wie mann mich gestern vor gewiß versichert hat :/ hir bleibt das ist mir und der gantzen Stadt ein wahres Jubelfest — den so wie der König von uns allen geliebt wird, ist wohl schwerlich noch ein Monarch geliebt worden — wenn Er einmahl weg geht; so weine ich dir gewiß 8 Tage, und vergeßen wird Er von uns allen Zeitlebens nicht. Den andern Monath wird es nun wahrscheinlich über das bedauerungs würdige Maintz hergehen! Wir können Gott nie genung dancken, daß wir noch so zu rechter Zeit von den den Freiheits-Männern sind befreit worden! Wenn wir sie nur nicht wieder zu sehen kriegen! Gantz bin ich noch nicht beruhigt, so lange Maintz — Worms und Speier in ihren Händen und sie nicht über den Reihn gejagt sind; so lange ists imer noch so, so. Alles was nun noch zu sagen wäre — wollen wir aufs mündliche erzählen verspahren — denn ich schwatze ohnehin lieber als ich schreibe — Herr Gerning läßt sich dir bestens empfehlen — und freut sich einen Brief von dir zu erhalten. Lebe wohl! Gott! Schencke uns eine fröhliche Zusammenkunft! Dieses wünschet hertzlich

deine

treue Mutter
Goethe.

195. An Goethe den 26ten Aprill 1793

Lieber Sohn! Ich erwarte dich mit großem Vergnügen. So nahe der Schauplatz des Krieges bey uns ist; so ists so ruhig als wenn das große Werck am Ende der Welt vor sich ginge — Lange währet es mit dem bedauerungs würdigen Maintz — Gott gebe nur daß es bald in deusche Hände kommt — denn so lange das nicht ist; so lange sind wir immer noch nicht gantz ohne Furcht. Ohngeachtet die Stadt vorjetz wenig besetzt ist, so habe ich doch von den wenigen noch mein theil, und was das lustigste bey der Sache ist, einen Stock Frantzosen der kein Wort deusch kan — Er ist von den Emigrirten und bey der Preuschischen Arme Ingenier — So lange der nun hir bleibt — bleibts auch mit Maintz ruhig. Mündlich von all dem Specktackel ein mehreres. Lebe wohl! Es hoffet dich bald von Angesicht zu sehen

deine

treue Mutter
Goethe.

N. S. Weil aber deine Vorsätze sich öffters wunderbahr verändern, und dir etwan dein Plann durch unvorhergesehene Zufälle vereitelt würde, so lasse mich ja nicht vergeblich warten — so was kan ich durchaus nicht vertragen.

196. An Großmann den 27ten Aprill 1793

Werthgeschätzter Herr Gevatter!

Sie werden verzeihen daß ich Ihnen so lange die Antwort auf zwey Briefe schuldig geblieben bin — Doch liegt meine Entschuldigung in den gegenwärtigen Zeitläuften — seit dem 22ten October 1792 hatten wir andere Dinge zu betreiben und zu besorgen als Briefe zu schreiben, die erfordern /: wenigstens bey mir :/ ein ruhigs Gemüth, wer aber bey zwey Milionen Brandschatzung — bey der starcken Einquartirung /: da ich eine Stube vor mich vor Eßen — Trincken — Schlafen und Visiten guter Freunde nur übrigbe-

halten habe :/ wer bey Einnahme der Stadt in Gefahr war sein Hauß und Vermögen in die Luft fahren zu sehen — wer aus Christlichem Mitleid den armen Blesirten und Gefangenen — Nahrung und Kleidung Stücke in die Spiethäler und Gefängniße zu schicken hatte — wer bey allem diesem wirr warr sich ruhig hinsetzen und Briefe schreiben konte der war geschickter wie ich — und noch biß auf den heutigen Tag sind sind und können wir nicht ruhig seyn — so lange das beklagungs würdige Maintz nicht wieder in Deuschen Händen ist, dürfen wir noch nicht gantz ohne Furcht seyn. Aus allem diesen erhelt nun zur Gnüge daß uns die Lebendigen so viele Arbeit — Mühe, und Kosten verursachen daß wir an die Toden nicht dencken können — Überhaubt mögte ich mein Hertz /: über Verewigung — großer Menschen — durch Obelisken — Urnen u d g. :/ wohl einmahl ausschütten — aber nur nicht gegen Ihnen — denn da Sie alle Briefe dieser art drucken laßen; so könte mir diese Ehre ebenfals wiederfahren — welches mir dann keinen kleinen ärger verursachen würde. Vor die übersendung der Tramatugischen Blätter dancke ergebens — ich leße so was mit Vergnügen — da das Theater noch biß dato mein liebstes Steckenpferd ist. Ich habe im Jorick gelesen, daß das ein bößer Wind wäre, der *niemand* was gutes zuwehete — das gielt von unserm hiesigen Theater — das hat durch den Krieg diesen Winter erstaunlich gewonnen — Der König von Preußen — die Printzen — Genährle — kurtz alles war alle Abend im Schauspiel worüber ich dann eine hertzinnigliche Freude hatte und in denen Stunden alles übrige Leyd so zimlich vergaße. Der guten Viala bin ich auch noch eine Antwort schuldig!! Grüßen Sie Sie auf schönste und beste von mir und versichern derselben die Fortdauer von meiner Freundschaft — Dieses nehmliche sagen Sie Ihrer Lieben Ehehälfte der Frau Gevatterin — und zum beschluß Sich selbst. Ich bin wie vor Olim
     Dero   Gute Freundin
            Goethe.

197. An Goethe den 14ten Juni 1793

Lieber Sohn! Der dumme Fuhrmann sagte er bringe ein Kistgen, und bringt einen Kasten der 1⁷/₈ Centner wiegt und 9 f Fracht kostest. Die Maschine die drinnen ist, ist nach der Meinung des Jägers den du geschickt hast, eine Schlangen Spritze — die mag nun biß auf weitere Order bey mir liegen bleiben. Ich werde an dein Liebgen schreiben — und den Brief an Herrn Mahler Meyer /: Er heißt doch so?? :/ adresiren. Ich bin Gott Lob wohl — Er [es] grüßen dich alle Freunde — deßgleichen thue auch ich — Lebe wohl!

deine
treue Mutter
G.

N. S. So wie ein Kistgen oder sonst was ankommt, so werde es öffenen und sind Bürgergenerahle drinnen, dir durch Herrn Bansa die verlangten 6 Exemplare zuschiken —

198. An Christiane Vulpius den 20ten Juni 1793

Daß Ihnen die überschickten Sachen Freude gemacht haben, war mir sehr angenehm — tragen Sie dieselben als ein kleines Andencken von der Mutter deßjenigen den Sie Lieben und hochachten und der wircklich auch Liebe und hochachtung verdient. Zehn kurtze Tage war Er nur bey mir und seinen Freunden — wir lebten herrlich und vergnügt — und trösten uns auf seine Wiederkunft — und hoffen Ihn alsdann etwas länger zu genießen. Sie können nicht glauben wie lange uns die Zeit wird, biß Maintz wieder in deuschen Händen ist — den so lange die Freitheits Männer es im Besitz haben, dürfen wir noch nicht Jubiliren — Doch Gott Lebt noch! und es kan alles beßer gehen als viele jetzt glauben —: Ein einziger Augenblick kan alles umgestalten: sagt Gevatter Wieland — und Gevatter Wieland hat recht. Verzeihen Sie daß Ihnen von Kriegs und Kriegs-geschrey so was vor tragire — wir sehen und hören aber Tag-täglich nichts als Bomppen — Kuglen — Pulver Wägen — Blesirte — Krancke — Gefangne u. d. g. Tag und besonders Nachts gehts Canoniren beynahe an einem fort — da ists nun freylich kein Wunder, daß im Reden und Schreiben imer von der Sache was heraus kommt — da mann freylich etwas beßeres und Intereßanterer reden und Schreiben könte und solte. Das soll auch jetzt sogleich geschehen — indem ich mich nach dem befinden des kleinen lieben Augst erkundigen will — ich hoffe er ist Gesund und munter? sagen Sie ihm wenn er hübsch geschickt wäre und das A. B. C. lernte; so wollte ich ihm herrliches bon bon — und schöne Spielsachen schicken. Nun Leben Sie wohl und vergnügt! Dieses wünscht von gantzem Hertzen

Ihre

Freundin
Goethe.

199. An Goethe   den 21<u>ten</u> Juni 1793

Lieber Sohn! Das verlangte Buch ist weder auf der Bibliotheck noch sonst zu haben — Freund Rieße hat sich alle Mühe drum gegeben. Es sind ein paar Schu u 1 paar Pantoflen mir mit meinem Schuster überliefert worden, die vermuthlich nach Weimar gehören — doch ohne deine Order schicke ich sie nicht weg. Überbringer dieses bittet nochmahls um dein Vorwort bey Ihro Durchlaucht dem Herrn Hertzog von Weimar. Ich habe Eile — Lebe wohl! Behalte deine Mutter lieb, und grüße Schlosser

G.

200. An Goethe   den 25<u>ten</u> Juni 1793

So eben erhalte von Herrn Unger 12 Exemplare vom Bürgergenerahl — Davon sende dir auf dein Verlangen 6 — die übrigen werde aufheben, biß zu deiner Zurückkunft. Inliegender Brief ist von Weimar — ich habe ein gutes Briefelein an dein Liebgen geschrieben — das Ihr vermuthlich Freude machen wird. Mit der größten Ungedult warten wir auf den Fortgang der Belagerung von Maintz — dencke es hat seit Samstags Frau Aja Feuer im Ofen!! Auch habe seit dem 23 Juni wieder Einquartirung — einen krancken Hauptmann der von Hüffer heist, und von Landau kommen ist, um sich hir Curiren zu laßen — Er hat, eine Soldaten Frau bei sich, die ihm in meiner Küche kocht — einen Bedienten und Reitknecht — sind alle gar brave Leute die mit ihrem Logie sehr zufrieden sind — und mich wenig incomodiren. Freylich thut ihnen auch das gute Essen, und die weichen und reinlichen Betten überaus gut — Wenn uns Gott nur den Winter Ruhe schenckt! Nun wollen das beste hoffen! Lebe wohl! das ist der Wunsch

deiner

treuen Mutter
Goethe.

201. An Goethe den 8<u>ten</u> Juli 1793

Lieber Sohn! Freund Rieße schickt dir hirbey die verlangten Zeitungen mit Bitte keine davon zu verliehren — auch muß du nicht übel deuten, daß die neusten nicht dabey sind, indem die Lesegesellschaft ihrer noch bedarf. Die Spritze ist an Fritz fortgeschickt — vermuthlich hat Er sie jetzt. Das mein Brief Freude gemacht hat freut mich — wolte Gott ich könte alle Menschen froh und glücklich machen, dann solte mir erst recht wohl seyn. Schlosser läßt dich grüßen — und ich soll dir die traurige Nachricht vom Tode seiner Julie melden — das Mägchen thut mir sehr leid — es war gar ein liebes Geschöpf — Freuen würde es den gebeugten Mann, wenn du Ihm einmahl ein paar Worte sagen woldest. Briefe — das Gedicht u. s. w. soll alles wohl bestellt werden — einen Bürgergenerahl habe Willmern geliehen der ihn noch nicht wieder gegeben hat — hir schicke also die übrigen 5 Exemplare. Ich bin von der Hitze so matt und unleidlich — daß *du* es seyn mußt — der mich bewegen kan — eine Feder in die Hand zu nehmen. Nach dem Lustspiel wird jetzt in allen Buchläden herum geschickt ists zu haben; so komts hirmit — ists nichts — so kan ich auch nicht helfen — Lebe wohl! Keine Zeile mehr von

deiner
vor Hitze faulen und matten Mutter
G.

202. An Goethe

Lieber Sohn! Götzens unvermuthete Ankunft hat mich sehr gefreut — Durch ihn übersende dir Nankinet zu Beinkleider und Weste so gut als du ihn Ehlen weiß nicht zu kaufen bekomst — nur darann muß du dich nicht stossen, daß es ein überrock von mir war — wenn alles gemacht ist — wirds ihm wohl niemand ansehn was es vorher war. Den Zeug zu einem Unterbett und zwey Pfühlen will sogleich besorgen und nebst dem Taffel gedeck mit dem ersten Postwagen nach Weimar schicken. Gott! Seegne dein Schwalbacher Wasser trincken! nehme dich nur zur Abendzeit vor Verkältung in acht — den der Nordwind — so erquickend er ist — macht gern Bauchgrimmen. Wegen der Zeitungen soll ich dir noch sagen, daß einige Stücke fehlen — gantz ohne Unordnung gehts in Rießens Lesegesellschaft /: ohngeachtet aller angewandten Mühe :/ doch nicht her — Er läßt sich deßwegen entschuldigen. Die Hitze ist beynahe unerträglich — wie mags erst bey Euch seyn!! Lebe wohl! Behalte lieb —

	deine
den 10ten Juli	dich liebende Mutter
1793	Goethe.

203. An Christiane Vulpius   den 11ten Juli 1793

Hir übersende 1 gantzes Stück Bettzwilch dieses gibt ein Unterbett und einen Pfühl — anbey folgt noch 2 ¾ Ehlen zum zweyten Pfühl — wünsche guten Gebrauch. Anbey kommt ein Taffelgedeck von 1 Taffeltuch und 12 Sevietten —ich hoffe es soll Ihnen allen wohl gefallen, weil es würcklich nach meiner Meinung sehr hübsch ist. Gestern war Götze aus dem Lager bey mir, und versicherte mich daß mein Sohn und alle übrigen gesund munter und vergnügt seyen — Es wird von den braven Deuschen eine Schantze nach der andern Erobert — und wir hoffen es soll mit Maintz bald zu Ende gehn — Götze hat mir versprochen so bald Maintz in deuschen Händen wäre auf Tod und Leben zu reiten, um mir die erste Nachricht davon zu bringen. Gott gebe daß es bald geschieht!! Leben Sie wohl! Grüßen das gantze Hauß von

Ihrer
ergebenen Dienerin
Goethe.

204. An Goethe den 6ten September 1793

Lieber Sohn! Die Briefe und Commisiohnen — die dein letzer Brief enthielt habe besorgt. Die Meße ist gläntzender als in vielen Jahren — das Schauspiel befindet sich gut dabey — die Zauberflöthe ist bezahlt. Übrigens geht alles seinen alten Gang fort. Mit Herrn Stock welcher sich dir bestens empfehlen läßt — habe über alles das bewußte geredet — Er will die Sache mit betreiben helfen — aber übereilen wollen wir solche Haupstücke nicht. Nach der Meße wird der Catalog von den Büchern verfertigt. Es wird hoffentlich alles gut gehen — Gott! laße mich nur gesund — denn dieses alles ist mit großer Unruhe verbunden. Wollen das beste hoffen — von allem wird dir Nachricht geben

deine
treue Mutter
Goethe.

205. An Goethe den 10ten Septemb 1793

Lieber Sohn! Habe die Güte innliegenden Brief an seine Behördte abzugeben. Wie ich der Frau Gräfin von Guttenhofen ihr Banquier geworden bin, das mag der Schutzpatron von Maintz wißen ich weiß es wenigstens nicht. Wenn Sie mir aber nicht auf eine oder die andre art ein ¼ procent in die Ficke wirft; so dancke vor Ihre Kundschaft. Lebe wohl! diß wünscht

deine

treue Mutter
Goethe.

206. An Bertuch Franckfurth d 10ten Septem 1793

Ein Auftrag von der Frau Gräfin von Guttenhofen verschaft mir die Ehre Ew. Wohlgebohr: gegenwärtiges zu übersenden — und gibt mir sogleich Gelegenheit mich bey Ihnen vor die bißherige gütigst übersendtete Modenjournahle /: die ich jederzeit mit Vergnügen leße :/ auf beste und Freundschaftlichste zu bedancken — Ich würde mich glücklich schätzen wenn ich im stande wäre Ew: Wohlgebohr: angenehme Gegendinste erweißen zu können. Nun habe die Ehre Ihnen noch zu melden, daß oben genandte Frau Gräfin mir heut dato 100 Carolin in großenthalern sage Einhundtert Carolin an Ew. Wohlgebohr: hat übermachen laßen — und ich nun Dero Order erwarte — wie und auf welche art — Sie dieses Geld überkommen wollen. Ich erwarte darüber Dero gütige Anweißung und verharre

Derosellben
gehorsambste Dienerin
Elisabetha Goethe.

207. An Goethe den 31ten September [1. October] 1793

Lieber Sohn! Ich hoffe daß du glücklich in deiner Heimat angelangt bist — Hir kommt ein Brief — auch ist mit dem

Freytägigen Postwagen ein Pack Musick an dich abgegangen. Mit meinem Befinden gehts etwas besser. Neues pasirt gar wenig — das Schachern Handlen und Verkaufen — ist jetzt mein einziger Gedancke — Von allem solst du Nachricht haben. Lebe wohl! Grüße dein gantzes Hauß, von

deiner
treuen Mutter
Goethe.

208. *An Goethe* den 9ten November 1793

Lieber Sohn! Das beykommende Anliegen des unterstützung bedürfigen jungen Menschen empfehle dir bestens — die Armuth macht ihn so schüchtern daß er einem Jammert — kanst du was zur Erleichterung /: durch Verschafung des Freytisches :/* beytragen; so thuts du ein wahres gutes Werck. Hercules misttete einmahl einen Stall aus, und wurde ergöttert — gemistest habe ich — aber mit der Vergötterung wils noch nicht so recht fort. Drey Centner Papier habe durchsucht — das wenige nützliche /: wovon du in einem Kästlein auch etwas erhalten haben wirst :/ habe beybehalten — das andre auf die Papirmühle verkauft — Die zwey Böden, und der 3te Stock sind nun von allem unnützen ammeblement gereinigt — das alte Holtzwerck das gar nicht zu brauchen war ist zum verbrennen klein gemacht worden — die andern noch brauchbahre Sachen habe in einen öfendtlichen Ausruf gethann weiß aber noch nicht was draus gelößt worden ist. Mit Verkaufung des Haußes wirds so gehalten: Erstlich wird Schlossers Ankunft erwartet um auch mit Ihm drüber zu reden — Zweytens muß ich *vor allen Dingen* meinem Stand und Würden gemäß ein Logie haben — daß ich mich in meinen Letzten Lebens Jahren nicht zu guterletzt herunter setze. Denn im 5ten Act soll ablaudtirt und nicht gepfeiffen werden — mit Gogel ists nichts der nimbt niemandt — Doch habe meine Lauerer

* Der junge Mensch kommt erst auf Ostern und studirt Theologie.

aufgestelt — Die werden schon was auftreiben. Drittens nach Schlossers Abreiße — laße unter Herrn Stocks Anleitung einen verschwiegenen Zimermeister das Hauß so ohngefähr schätzen — und Schätzung und das weitre soll du sogleich erfahren. Deßgleichen mit den Weinen. Aergerlich ist mirs daß der Mann der den Catalogus der Bücher machen soll und will so viel zu thun hat, daß der Anfang noch nicht hat gemacht werden können — denn die schöne Witterung wäre dazu sehr dienlich geweßen — Nun muß ich Odem holen — denn mir ist noch immer als säße ich auf dem obern Boden und hätte die 3 Centner Papire um und neben mir, 14 Tage habe daran ausgesucht — O! das war eine verwünschte Arbeit — jedes noch so unbedeutende päckgen, war mit Cordel umbunden — nun das alle aufzumachen!!!

Viele Grüße von allen Freunden — besonders der Sopfie Bethmann — Der König war wieder 3 Tage hir — und freundlicher und liebreicher wie jemahls! Den Confect wirst du doch wohl erhalten haben?

Neues gibts hir nichts, als daß die Zauberflöte 18 mahl ist gegeben worden — und daß das Hauß immer geproft voll war — kein Mensch will von sich sagen laßen — er hätte sie nicht gesehn — alle Handwercker — gärtner — ja gar die Sachsenhäußer — deren ihre Jungen die Affen und Löwen machen gehen hinein so ein Specktackel hat mann hir noch nicht erlebt — das Hauß muß jedesmahl schon vor 4 uhr auf seyn — und mit alledem müßen immer einige hunderte wieder zurück die keinen Platz bekommen können — das hat Geld eingetragen! Der König hat vor die 3 mahl als Er das letzte mahl hir war, und nur die einzige kleine Loge von Willmer innehatte 100 Carolin bezahlt.

Gerning hat mir deinen Brief überbracht — und 4 Carolin 3 davon sind noch in meiner Hand worüber du disponieren kanst. Die Castanien sind besorgt — aber unter 14 Tagen kanst ich sie nicht schicken die Croneburger Frau will mir die schönsten /: die vorjetzt noch in den Hülßen sind :/ aussuchen — auch die Brunellen will besorgen. Bey aussuchung der Papire wovon dir eintheil hirmit zugeschickt wird — habe seelige Stunden gehabt — ich war dabey 25 Jahre jünger — ich wünsche dir eine gleiche Freude. Heute als den 24ten October erwarte ich Schlosser da soll viel geredet werden, und das Resultat solst du erfahren. Schlosser war hir und hat den Plann mit dem Hauß und den Weinen sogleich gebiligt — nun werde sachte vorwärtzt gehn — Da Gerning immer noch hir bleibt so werde diesen Brief nicht schließen — villeicht kan ich noch eins und das andre melden. Dem Himmel sey Danck! Endlich ist der Mann erschienen, der den Catalog der Bücher macht — heute ist der 3te Tag da er mit beschäftigt ist. Die Cast[a]nien werde zwischen die Betten packen und dir so bald ein Fuhrmann da ist zuschicken — denn ich hoffe daß wir im punct der Einquartirung diesen Winter zimmlich ruhig seyn werden. Vergeße der Stockin ihre Tablo nicht in Ordnung zu bringen. Da Gerning Morgen verreißt — so sage dir nur noch in gutem Andencken zu behalten

deine

treue Mutter
Goethe.

209. An Goethe   den 19ten Decemb 1793

Lieber Sohn! Schon längst würde ich deine Briefe beantwortet haben — wenn ich nicht gehoft hätte dir von unsern Verkauf Speculationen nähre Nachricht mittheilen zu können — jetzt vernim wie die Sachen stehen. Lippold ist mit dem Abschreiben des Bücher Catalogs biß auf den heutigen Tag noch nicht fertig — freylich sinds 1693 Stück — und da er sonst viel zu thun hat; er ihn auch des verschickens wegen sehr sauber auf Postpapir schreibt — und die Tage kurtz sind — und er sein einziges Auge /: am andern ist er lange blind :/ bey Licht schonen muß; so gehts etwas langsam, doch das meiste ist gethann — und bald wird er in deinen Händen seyn. Herr Gogel hat die Weine probirt — hat

davor 7500 f gebothen Da aber eine Schwalbe keinen Sommer macht, und ich immer hofe noch mehr zu bekommen — so werden sie noch vor den Feyertagen von Herrn Peter Dorville probirt werden — hernach kommt die Reihe an Herrn Dick im Rothen Hauß — mann kan ja jedem seine Meinung hören — und doch thun was mann will. Die versprochne 1000 f bekomst du auf allerspästte anfang Mertz — solte es mit den Weinen voran gehen so bekomst dus den Augenblick — Noch hat sich kein schicklich quartir vor Frau Aja presendtirt — es wird sich schon geben — wenigstens habe /: wenn die Bibliotheck und die Weine einmahl fort sind :/ mir das Ausziehen sehr erleichtert — Die Boden — die Vorplätze sind von den alten zum theil Wurmstichigen Möbel befreit — ich habe 250 f davor gelößt — und ich dancke dir, daß du mir den ersten Gedancken dazu eingegeben hast. Dem kleinen Mädelein seine Rolle war kurtz — Gott! Erhalt dich und was noch übrig ist. Ohne Zweifel wirst du schon erfahren haben, daß die Max Brentano so geschwind aus der Welt gegangen ist — das war ein harter Schlag — vor Brentano u seine 12 Kinder — auch Mama laroche ist zu beklagen. Der Centner vom besten Reiß 109 $\bar{u}$ kostest 11 ½ thaler. Hirbey kommt auch die Rechnung von der Straßen Laterne — Herr Handelsmann Nicolaus Schmidt auf dem Liebfrauenberg hat sie besorgt und wird sich ein Vergnügen machen, auch Weimar damit zu verschönern. Viele Grüße an Herrn Gerning — Vom September — October — November — und December erbitte mir die Modenjournahle — auch was vom Mercur vor mich parat liegt. Lebe wohl! Grüße dein gantzes Hauß von deiner
           treuen Mutter
           Goethe.

210. An Goethe   den 23ten Decemb. 1793

Lieber Sohn! Alles was ich dir zu gefallen thun kan, geschieht gern und macht mir selbst Freude — aber eine solche jnfame Mordmaschine zu kaufen — das thue ich um keinen preiß — wäre ich Obrigkeit die Verfertiger hätten an Halseißen gemußt — und die Maschine hätte ich durch den Schinder offendtlich verbrennen laßen — was! die Jugendt mit so etwas abscheuliches spielen zu laßen — ihnen Mord und Blutvergießen als einen Zeitvertreib in die Hände geben —nein da wird nichts draus. Hirbey kommt ein stück von unserm Anzeigblättgen da sehe und sey Stoltz daß du ein Franckfurther Burger bist. Wöchendtlich sind schon 3000 f beysammen die jede Woche biß zum ersten Mertz vor Lebens mittel vor unsere Brüder die Braven Deuschen bestimmt sind. Das heiße ich doch deusches Blut in den Adern haben. Unsere Kaufmans Söhne aus den ersten Häußern — tragen alle Unniformen und sind mit den geringsten Schuster und Schneider einverstanden ihrer Vaterstadt im fall der Noth beyzustehn — unsere Brave Sachsenhäußer sind aufs Quartir amt gegangen — und haben gebethen wann Truppen zum Einquartiren kämen; so möchte mann sie ihnen geben. Leute die ein stübgen — und gröstentheils unbemittelt sind — unsere Metzger haben fast keine Hembter mehr — sie haben sie alle in die Hostpiläler getragen — und das alles aus gutem Hertzen und freyem Willen — es ist niemand eingefallen ihnen so was zuzumuthen — nun verwunder mann sich noch daß Franckfurth reich wird — grünt und blüht — Gott muß ja das belohnen! Jetzt genung von meinen braven Landsleuten — wogegen sich alle andre Reichs-städte verkriechen müßen. Die Schachtel mit dem langen Brief und dem bon bon wirst du nun haben. Lebe wohl! Ich bin

deine treue deusche Mutter
Goethe.

N. S. Sage Götzen was der Heilige Christ nicht gethan hätte, solte der Neujahrsmann thun — vor Spielsachen sonst brächte der Heilige Christ nichts — da wäre er zu groß.

Kaum hatte ich meinem Vaterländischen pradiodißmuß Luft gemacht, als dein Lieber Brief ankam, auf den ich mit ein paar Worte noch antworten will. Daß große Freude über die Rückkunft des durchlauchtigsten Herzogs bey Euch allen ist, das ist nun kein Wunder — da sich gantz Franckfurth freute Ihn wieder gesund und wohl zu sehen — Ich war leider dißmahl nicht so glücklich. Ich hoffe doch nicht daß ich in Ungenade bin, das wäre mir unerträglich — auch wüßte ich nicht wodurch ichs verschuldet hätte. Daß meine Prinßessinnen meiner gedacht haben freut mich — daß es Ihnen wohl und glücklich gehen mögte ist mein heisester Wunsch. Du wirst Stocks eine große Freude mit den Fächern bereiten — vor die Mühe dancke einstweilen — aber Sie verdienen auch, den Stock gibt sich viele Mühe mit meinem treiben und verkaufen — und ist ein treuer und verschwiegner Rathgeber. Daß Gerning froh und frölig ist, das glaub ich gern — Seine Mutter besuchte mich gestern — und empfahl ihn auf beste deiner Freundschaft Daß der gute Bode todt — thut mir leid — wir haben manchen Spaß miteinander gehabt — Herrn Crunelius werde sogleich bezahlen — und wegen dem schuldig seyn sey ohne Sorgen — ich bin dir laut meines Versprechens mehr schuldig als du mir — aber mein Brief den du jetzt in Händen hast, wird dich über alles belehrt haben. Noch einmahl Lebe wohl!

211. An Goethe den 7ten Jenner 1794.

Lieber Sohn! In meinem Leben habe ich noch nie so heis und inbrünstig gewünscht — Weine — Hauß — Bibliothe u. s. w. loß zu werden wie jetzt — wie kan ich weg da mir das alles noch auf dem Rücken liegt — und in denen Trublen denckt kein Mensch an Kauf oder Handel — erlößt uns Gott von den Feinden — daß nichts mehr zu fürchten ist — dann ruhe — dann raste ich nicht — biß ich der Sorge loß bin — jetzt höre auch meinen Plann — alles was aus Hauß — Wein — Bibliotheck — gelößt wird theile ich in zwey theile einen bekömst du — um ihn anzulegen wie dirs nützlich und gut deucht — nur die Intereßen muß du mir geben — denn da ich hernach kein Hauß habe, so muß ich im Zinß wohnen — da ich keine Weine /: denn die geringen müßen auch fort — auch der Garten wenigstens mache ich keinen Herbst mehr sondern verkaufe die Trauben am Stock :/ mehr habe, so muß ich doch auch zu meinem Gebrauch welchen kaufen — Schlosser bekomt auf die nehmliche Condition die andre hälfte — Sterbe ich so hat jeder doch schon etwas im Besitz — die Capitalien die hir angelegt sind — bleiben vor der Hand — und sind bald getheilt — Mitalledem, daß mir die Last den Rücken drück, werde ich doch weder schnell, noch unüberlegt verfahren, dir und Schlosser von allem Bericht erstatten und ohne Euren Rath und Willen nichts thun — 5 Stück alte Weine sind vorhanden 2 Stück von 1706. 1 Stück von 1719. 2 Stück von 1726 — die 3 ersten sind die besten, doch muß alles miteinander gehn — 3 Stück von unserm Garten von 47 der aber schlecht ist 1 Stück 88 u 89 halb und halb — u 1 Stück allerley jahrgänge durcheinander — den seit 10 Jahren gabs keinen gantzen Herbst — bald 2 Ohm — bald 1 Ohm u. s. w. Vertheilt nutzen sie nichts — ich habe sie also zusammen schmeißen laßen. Meinem Bendermeister der brav ist habe ich 100 f versprochen — wenn er sie gut anbrächte — das würde er auch schon gethann sich wenigsten alle Mühe gegeben haben, wenn die Deuschen sich nicht so hätten jagen laßen — und wir jetzt die Bescherung wieder so nahe hätten Wenn ich 10000 f vor den gantzen Keller kriege, so hätte groß Lust sie weg zu geben — wollen sehn — aber fort müßen sie. Vor dein gütiges Anerbieten mich aufzunehmen dancke dir — aber alles im Stiche laßen!! Wie würden sie haußen wenn sie ein lehr Hauß antrefen! Vor der Hand habe ich noch guten Muth — Einmahl glaube ich steif und fest sie kommen nicht wieder zu uns — und dann habe ich glauben an Gott — der hat auch bey der Sache noch was zu sagen. Aber unsere Madatores soltest du sehen! Bey all dem Unglück muß mann lachen — und die hohe Nobeleße!! Aber ein prächtiger Feldzug war das einmahl wieder — das muß wahr seyn — sehen und hören verleidet einem — und unsere Stadt da wimelts von Blesi[r]ten — ich soll auch einen Leutnant nebst Feldchirugius und 2 bedinten empfahen — der arme Mensch ist durch die Brust geschoßen — ich habe noch was darüber sagen wollen, aber ich mag nicht. Herr Doctor Behrends mein Leibmedicus läßt sich dir gehorsambst empfehlen, und fragt an, ob im Fall der Noth es erlaubt seye — seine Frau und die kleinsten Kinder nach Weimar zu spediren — Er verlangt weiter nichts — als daß sie vor ihr Geld dort leben dürften nur mögte er wißen — ob mann so gerade zu kommen könte, oder ob der Herr Hertzog Durchlaucht — oder die Regirung darum ersucht werden müßte. Er bittet deßwegen sehr mir in ein paar Zeilen Auskunft darüber zu ertheilen, und daß es bald geschehen muß versteht sich — Eben so gern möchte ich wißen, ob mein Plan dir so gefält — denn da es vor der Hand nichts als Plan ist; so kans noch nach Gutbefinden alles geändert werden. Lieber Sohn! Zum Fortgehn habe ich keine Lust — auch versichern uns alle Officire daß wir gar nicht zu fürchten hätten — auch ohne diese Versicherungen sind wir seit ein paar Tagen wieder ruhiger — indem Hülfe von allen Orten zu unserer Sicherheit ankommen soll — Gott! verläßt uns nicht das bin ich fest überzeugt — Unterdeßen dancke ich dir vor deine Liebe und Sorgfalt. Sey doch so gut und trage Götzen auf, mir die schon im vorigen Brief verlangte Modenjournahle und Mercure zu übersenden. Der treue Schildknapp wird doch mein kleines Neujahrs Geschenck erhalten haben? Grüße Herrn Gerning, und dancke Ihm vor das mir überschickte herrliche presendt. Viele Grüße und Küße an dein gantzes Hauß von

deiner

treuen Mutter
Goethe.

N. S. Der Hollendische Gesandte Baron von Kinckel empfiehlt sich dir auf beste — Auch Frau Schmerber und *Demoiselle*.

212. *An Goethe*   den 13$\underline{\text{ten}}$ Jenner 1794

Lieber Sohn! Nun wirst du meinen langen Brief vom 7ten Jenner erhalten — und meine Meinung daraus zur Genüge ersehen haben. Vor deinen lieben Brief vom 8$\underline{\text{ten}}$ Jenner worinn du mir deine Hülfe zu meinem fortreißen so hertzlich und Liebevoll anbietest — dancke ich dir recht von Hertzens grund. Ich habe noch zur Zeit nicht die geringste Furcht — eben so wenig dencke ich ans Weggehen — Ein panischer Schrecken hat sich freylich über gantz Franckfurth verbreitet — und es wäre kein Wunder wenn mann mit dem Strudel fortgerißen würde — Furcht steckt an wie der Schnupfen — ich hüte mich daher so viel ich kan den Memmen auszuweichen — um mir den Kopf nicht auch verdrehen zu laßen — doch ist das sehr schwer zu vermeiden — den es ist ein Gemeinplatz wo /: wie bey Feuer Unglück :/ jede Ganß und jeder Strohkopf sein Scherflein wischi waschi anbringen kan — und wie ein Kind dem die Amme ein Gespenster Mährgen erzählt hat sich vor dem weißen Tuch an der Wand entsetzt — gerade so gehts bey uns — Sie glauben /: wenns nur recht fürchterlich klingt wahrscheinlich oder nicht das wird nicht mit kaltem Blut untersucht — das ist alles eins, je toller je glaubwürdiger :/ *alles*. Zum beweiß nur /: unter Tausendt :/ ein Geschichgen. Den 3 Jenner kommt Abens um 7 uhr Frau Elise Bethmann im Nachthabit, außer Odem zu mir gerent — Räthin! liebe Räthin! Ich muß dich doch von der großen Gefahr benachrichtigen die Feinde bompardiren Mannheim mit glühenden Kuglen — der Commandant hat gesagt, länger als 3 Tage könte er sich nicht halten u. d. m. Ich bliebe gantz gelaßen — und sagte eben so kalt — wie machen sies dann — daß sie Mannheim beschießen können — sie haben ja keine Batterien schießen sie dann vom flachen Ufer hinüber — da werden ja die Kuglen biß sie über den breiten Reihn kommen wieder kalt — und was der Commandandt zu thun gedenckt, wird er schwerlich austrommlen laßen — woher weiß denn das euer Coreßpondtend — schreibe du ihm, er wäre ein Haßenfuß — So ein Gerüchte verbreitet sich nun, und da die Bethmanns als gewaltige Leute bekandt sind, so glaubt alles sie habens aus der ersten Quelle — da dancke ich nun Gott, daß ich so viel Verstand habe das trierum trarum nicht zu glauben — und das lustigste ist, das sie alle gute Nachrichten nicht glauben — Die Obrigkeit hat den Senator Luther an den Herzog von Braunschweig — den Kaufmann Jordis an Generahl Wurmser abgeschickt um von der Lage der Sachen Gewißheit zu erfahren — Beyde kamen mit den besten Nachrichten und Versicherungen zu rück — das hielft aber alles nichts — sie wollen sich nun einmahl fürchten — sie wollen nun ohne Brandschatzung doch Brandschatzung geben — denn glaubst du wohl daß die Transportirung der hir gelegenen Wahren schon eine Milion f. fortzuschafen gekostest hat! Aber so was hat mann auch sehen müßen um es zu glauben! Der Roßmarckt wo alles gewogen werden muß, ist doch ein großer Platz — aber da war vor Fuhren keine Möglichkeit durchzukommen — und das nicht etwann einen Tag, nein, vom ersten Rückmarsch der Deuschen biß auf den Augenblick wo ich schreibe. Da sind 10 Meßen Kinderspiele dagegen. Vorgestern ist mein Nachbar Dübari mit Frau und 6 Kinder auch auf und davon. Ich wolte nur daß alle feige Memmen fort gingen, so steckten sie die andern nicht an. All das Zeug und wirr warr hat mir nun Gott! sey Danck noch keine trübe Stunde gemacht — ich schlafe meine 8 Stunden nett hinweg — eße und trincke was manirlich ist — halte meine Montag Commpanie auch die ditto Sontag in Ordnung — und welches das beste ist, befinde mich wohl. Den plesirten Leutnant habe ich nicht bekommen, davor aber einen Preußischen Obristen nahmens Jungherrn mit 4 seiner Leute —

die glauben nun wenigstens im Paradieß zu seyn — Aber was die auch freßen!! die waren so ausgehungert daß es ein jammer war! Gestern ließe ich ihnen einen Schweinebraten zu Tische tragen — das war dir eine Königliche pläsir. Ich bin nicht gern überbringerin bößer neuigkeiten — also wenn Gerning noch bey dir ist; so sage ihm folgendes nicht — seine Mutter ist vermuthlich auch aus Angst über die gegenwärtige Zeitläufte — Närisch geworden — will nach Italien zu ihrem Sohn u. d. m. Vergeße die Antwort die Doctor Behrends begert nicht — und noch einmahl sagt dir vor deine Liebe und Aufmercksamkeit vor mein Wohl den besten Danck

deine

treue Mutter
Goethe.

N. S. glaube nicht alles was von hir geschnackt wird — es sind viel feurige kuglen von der Bethmann drunter

213. *An Goethe* den 21ten Jenner 1794

Lieber Sohn! Dein letzter Brief hat mir einige Unruhe verursacht — die Sache ist von zu großer Wichtigkeit um nicht reiflich überlegt, und verlohnt der Mühe daß mann sie von mehr als einer Seite betrachtet. Nach meiner Einsicht steckts du dich in eine unübersehbahre Last! Wäre unter Hauß wircklich verkauft, so wäre die Sache noch ehnder shulich, denn Schlosser würde keine Einwendungen machen — kann mann denn aber in den jetzigen Zeitläuften nur die minstete Hoffnung zum baldigen Verkauf haben — ist nur einige Wahrscheinlichkeit da um zu glauben, daß dieser kommende Feldzug der letzte seyn wird — und wer wird in diesen Trubelen ans Kaufen dencken! Nun überlege! Du bist also genöthig da du kein Geld hast 45 000 rth zu verintreßiren — und Gott weiß wie lange zu verintreßiren — kanst du mir denn den Ausgang dieses leidigen

Kriegs sagen — weiß du denn ob uns unsere Besitzthümer bleiben? daß du Güter zum voraus drauf kaufen wilsts — verkaufe doch die Haut nicht biß du den Bären hast. Ich bin ruhig und in völligem Zutrauen zu Gott daß alles gut gehen wird — aber die Zeit und wann ja das weiß ich nicht — und wenn ich dich in oben gesagter Verlegenheit wüßte, das würde mich mehr ängstigen, als alle ohne Hoßen in gantz Franckreich. Thue jetzt was und wie du es vor gut finstest — mein Versprechen halte ich — das zu lößende Geld aus dem Hauß soll du auch alleine haben — mehr kann ich nicht sagen. Nur noch eins — Das Gut scheint mir zu groß vor dich — du bist kein Landmann — hast andre Lieblings Beschäftigungen — wirst leicht zu bevortheilen seyn u. s. w. und wenn du denn ein Gut haben wilst — muß es den eins um so einen enormen preiß seyn Wie du hir warst, so sprachst du von einem von viel geringerem Gehalt — aber 45 000 rth!! da wurde mir gantz schwindlich vor den Augen. Noch einmahl — thue was du wilst — nur ängstige mich nach geschenen Sachen nicht — auch mit den 3 procent will ich zufrieden seyn — Ich will ja alles thun, was ich kan und vermag, nur mögte meine paar Jahre noch ruhig durchleben — das ist das einzige was begehrt und verlangt

deine

treue Mutter
Goethe.

N. S. Dancke dem braven Götze vor sein Anerbieten — und vor das überschickte Modenjournahl.

214. An Goethe den 6ten Jenner [Februar] 1794

Lieber Sohn! Hier erscheint endlich der Catalogus — gefält dir die Einrichtung so soll er so gedruckt werden — nur eins halte ich vor nicht gantz schicklich — nehmlich daß des Vaters nahmen vorgedruckt wird — es braucht ja niemand zu wißen von wem die Bücher sind — und der Nahme thut zur Güte der Bücher nichts — ich ließe ihn also weg — nicht allein über dießes sondern überhaupt erwarte dein Urtheil. Suche dir nun aus was dir etwann nützlich deucht — alsdenn soll ihn Schlosser auch bekommen — schicke ihn zu dem Ende bald zurück. Gleich zu Anfang des Mertzens kans du die versprochne 1000 f haben — sollen sie so wie schon geschehen an Herrn Bansa ausgezahlt — und dir hernach durch Herrn Streüber übermacht werden? auch darüber erbitte mir deine Meinung. Mit dem andern Verkauf ist jetzt alles wie leicht zu dencken ist still — doch hat sich ein neuer Liebhaber zu den Weinen gemeldet — Er wird sie villeicht die andre woche probiren — den Erfolg solst du sogleich erfahren — es ist Herr Dick im Rothenhauß — Wegen der Gemählde ist mir eingefallen, ob ich nicht sie Herrn Nothnagel an bieten solte — ich wolte 100 Carolin davor fordern — mann könte ja hören was er dazu sagte — übereilen werde nichts — auch nichts vor mich thun — sondern deine Meinung vor allen Dingen hören — ohngeachtet die Zeitläufte so beschaffen sind, daß mir des Diogines sein Faß am liebsten wäre — ich wolte es schon rollen!! Wir haben wieder Winterquartire die Hüll und die Füll! 3 Battalion Preuschisch Garde — so viele plesirte und Krancke — daß die Obrigkeit genöthigt war vorige woche doppelte Einquartirung ankündigen zu laßen — Wollen sehen wir wir uns durchdrücken — nur das Holtz ist eine theure Speculation — du hast gesehen wie gut ich mich versehen hatte zwey Jahre hätte ich vor mich dran gehabt — aber! aber! das marschirt — mein krancker Obrister geht wie nathürlich nicht vor die Haußthüre — also wird den gantzen Tag eingeheitzt — bekomme ich nun noch einen — dann wirds schön werden — Was das alles am Ende noch werden soll — das weiß glaube ich der größte politicker nicht — genung wir sind in einem wirr warr — der nicht ärger seyn kan — Laßen wir das Ding gehen wie es kan — ängstigen uns nicht vor der Zeit — bringen unsere Tage so vergnügt zu als wir können — denn wir können dem Rad des Schicksahls doch /: ohne zerschmettert zu werden :/ nicht in die Speichen greifen u. s. w. Dencke! vorige Woche ist die Zauberflöthe zum 24$^{\underline{ten}}$ mahl bey voll gepropftem Hauße gegeben worden, und hat schon 22000 f eingetragen! Wie ist sie denn bey Euch executirt worden? machens eure Affen auch so brav, wie unsere Sachsenhäußer? Jetzt will ich einpacken, damit die Geschichte Morgen bey Tages anbruch fort gehen kan — Lebe wohl! Grüße alles in deinem Hauße — auch den braven Götze von

deiner
treuen Mutter
Goethe.

N. S. Hast du meinen letzten Brief wegen des Guts behertzigt? ich möchte eben nicht gern — eine Last auf deinem Halses wißen — das würde mich sehr drücken.

215. An Goethe den 9ten Mertz 1794

Lieber Sohn! Hir kommt das Türckische Korn wünsche das es wohl gerathen und gedeihen mögte. Ich habe so ein drängen so ein treiben in meinem innerern — die Gedancken und Ideen jagen sich so untereinander — wie die Knaben wenn sie Jägers spielen! Sie dir alle zu erzählen würde mich im Schreiben, dich im Lesen ermüden — 14 Tage erwarte ich schon einen braven von Freund Stock mir vorgeschlagenen Werckmeister — der mein Wohnhauß von untenan, biß oben aus besichtigen und aldann sagen soll was es ungefähr werth seye — ehe das geschehen ist — habe ich keine feste Gewißheit im fordern — 20000 f hat es der Vater mit sambt den Möbeln ehedem geschätzt — wollen hören was der Mann sagen wird — ja wenn die Ohnehoßen wieder zu Hauße wären — das wäre freylich ein ander Ding — Verschleudern thue ich es nun gewiß nicht — und den gantzen Verlauf solst du erfahren — die Gebrüder Thurneißen haben das große Hauß dem Braunenfelß gegenüber das dem

Adlichen Hauß Frauenstein gehört — gantz /: der Meß-
läden wegen :/ gemithet — Thurneiß hat mir eine Wohnung darinnen angebothen — ich liebe aber die Lage nicht
— der Roßmarck oder die Gegend der Hauptwache muß es
seyn — So eine art von Hoffnung habe ich — in dieser mir
so sehr am Hertzen liegende Gegend meine noch übrigen
Tage zu verleben — aber die Sache ist noch im brühen —
und nicht gantz klahr — Summa Summarum es ist eben
noch nichts im klahren — müßen es mit Gedult erwarten —
biß sichs aufklährt. Übrigens befinde ich mich wohl — habe
biß auf den heutigen Tag — meinen alten krancken Obersten noch im Hauß — müßen eben froh seyn daß es nicht
ärger ist — doch mir gefallen so wenig wie dem Eulenspiegel die großen Glücksfälle — wenn mann ein Bein
bricht — ists ein großes Glück — das es der Hals nicht war
u. s. w. Lebe wohl! Ich schreibe bei Licht — und das amusirt
mich nicht — bald ein mehreres von deiner

treuen Mutter.

N. S. muß auch noch Nachtlichter vor heute — vor den
den krancken Hermann machen.

216. *An Schlosser* [Anfang März 1794.]

Lieber Sohn! alle Eure Pläne und Vorhaben kann ich mit
vollem Zutrauen unterschreiben und eben so, was Ihr für
Eure Kinder beschließet: denn wo hatten je Kinder einen
bessern Vater, als die Euren?

217. *An Louise Schlosser* den 24ten Mertz 1794

Liebe Louise!

Sieht du nun wie Gott gute Kinder schon hir belohnt —
ist deine Heyrath nicht beynahe ein Wunderwerck — und
daß sich alles so schicken muß, daß deine Lieben Eltern

und Geschwister nun mit dir gehen — das würde doch nicht so leicht gegangen seyn, wäre kein Krieg ins Land gekommen — mercke dir das auf dein gantzes Leben — Der Gott der dem Abraham aus Steinen Kinder erwecken kan, kan auch alles was wir mit unsern blöden Augen vor Unglück ansehen zu unserm besten wenden. Nun Liebe Louise du einzige die mir von einer theuren und ewig geliebten Tochter übriggeblieben ist — Gott seegne dich! Sey die treue Gefährtin deines zukünfigen braven Mannes — mache Ihm das Leben so froh und glücklich als nur in deinem Vermögen steht — Sey eine gute Gattin und deusche Haußfrau; so wird deine innre Ruhe, den Frieden deiner Seele nichts stöhren können — Behalte auch in der weiteren Entfernung deine Großmutter lieb — mein Seegen begleite dich wo du bist — und ich bin immer

deine
treue Großmutter
Goethe.

N. S. Grüße Nette und Mutter und sage der letzten, daß ich ehestens auch an Sie schreiben würde aber doch nicht ehnder als biß ich von der Gerockischen Sache etwas Zuverläßiges sagen könte. Den Brief an deinen Bräutigam schließe offen bey — damit ihr ihn leßen könt auch weiß ich nicht wohin ich ihn adreßiren soll.

218. An Goethe den 1ten Aprill 1794

Lieber Sohn!

Die Bürgerkrone wäre nun verdient! Mama la Roche kommt nicht zu Euch — ich könte um meinen Ruhm zu vergrößern Euch rathen laßen wie ich die Sache betrieben doch kan vor dißmahl die Verheimlichung meiner Talente /: aus Gründen die Ihr gleich hören solt :/ nicht statt finden. Gestern fuhr ich nach Offenbach — zum Glück oder Unglück das kan ich noch nicht bestimmen war die l. R. nach Hanau gefahren aber ihre Tochter die Hoffräthin Möhn war bey der Hand — ich will die Geschichte dialogisiren es klingt beßer, als das ewige sagte ich, sagte Sie. *Frau Aja* — Ey Ey die Mama reißt doch auch immer im Lande herum ich habe gehört sie will auch nach Weimar — *Möhnin* ja es ist so etwas im Werck — *Aja* — ja über diese Reiße hätte ich doch etwas mit Mama zu reden — doch da sie nicht da ist kan ichs ihnen auch vertrauen — aber versprechen sie mir daß Wieland in seinem gantzen Leben nichts von alledem was ich jetzt sagen werde erfahren soll — *Möhnin.* ja das verspreche ich. *Aja.* Wieland ist mit Arbeiten so überhäuft daß er die Nächte zu Hülfe nehmen muß — weil es eine absulute Nothwendigkeit ist, daß die Sachen fertig werden — darunter leidet sein ohnehin nicht starcker Körpper — nehmen sie nun noch Zerstreuung dazu! sein Geist würde durch das Daseyn seiner Freundin gantz auf andre Gegenstände geleitet werden — Demohngeachtet müßte seine angefangne Arbeit vollendet seyn, da könte warlich eine gantze Zerrüttung der Maschine bewürckt werden u. d. m. legen sie das der Mama an Hertz und sie wird mir vor meine ihr gegebene Wincke dancken — Damit aber Wieland von unserm Plann /: der doch in Wahrheit bloß zu seinem besten angelegt ist :/ nicht ahndet; so muß die Mama einen Brief an ihn Schreiben, worinn sie mit großem Bedauren Umstände angibt /: die bey jetzigen Zeiten leicht zu erfinden sind :/ die sie verhindern zu kommen. *Möhnin.* Das alles soll befolgt werden — das verspreche ich ihnen. Nun könt Ihr gantz ruhig seyn den zum Überfluß will sie Morgen nach Franckfurth und kommt zuverläßig zu mir — und da will ich so empfindsam Salbatern als wenn mann sagte Baal Samen daß mann es könte vor Balsam nehmen. Was macht du denn vor ficks facks mit deiner Unschlüßigkeit — wunderlicher Mensch! nehme deine Jugendfreunde die du ungern verkaufen siehst — suche dir aus was dir Freude macht, was kommt den auf ein 100 f mehr oder weniger an — du hast ja das erste und größte Recht dazu — nur mache daß ich den Catalog noch vor oder zu Anfang der Meße bekomme — den zu Anfang des Sommers wird hir eine andre große Bibliothecke verkauft, da mögte ich die unserige gern mit anstoßen — es ist profitabeler — nun muß Schlosser den Catalog noch haben — auch muß er gedruckt und in die Welt geschickt werden, drum zaudre und zögre nicht länger — nimb was du wilt und damit Holla — aldann schicke ich dir den gantzen ausgesuchten Plunder auf einmahl — was soll ich jetzt und den abermahl packen und schicken u. s. w. Mit dem Verkauf der Sachen werde mich gantz zuverläßig nicht übereilen — doch stille sitze ich auch nicht — ich würcke und treibe die Sache so im stillen — denn wer nicht sucht, der findet auch nicht. Heute habe ich unsern alten Bekandten Peter Melchior zum Mittagessen — da wollen wir ein schwatzen — 20 Jahre uns zurück dencken — Kriegs und Kriegsgeschrei soll nicht in Anschlag kommen — die großen Herrn mögen sich einander bescheißen /: das ist doch das rechte Wort :/ Das soll uns nicht kümmern. Der Churfürst von Cöln räumt /: so sagt man :/ sein Argief — und zwar nicht aus Furcht vor den Frantzosen — Ha! wen die Sage wahr wäre — da lachte ich mir einen Buckel. Lebe wohl! Grüße alles in deinem Hauß

von

deiner treuen Mutter
Goethe.

219. An Goethe den 5ten May 1794

Lieber Sohn!

Sobald Lippold seine Meßgeschäfte zu Ende gebracht hat; so wirst du die Bücher nebst deinem überschickten Heft erhalten — Auch soll das Tuch zu den Halsleinen und der Batist mitkommen. Zu Euerer nochmahligen Beruhigung gebe ich Euch mein Ehrenwort, daß Mama la Roche gantz gewiß nicht kommt. Sie ist sehr kranck geweßen und ist es zum theil noch, das mag die Ursach ihres nichtschreibens geweßen seyn — über den Punct Seyd also völlig ruhig. Jetzt eine Bitte und Auftrag von Madame Stock, im Fall die Fächer noch nicht in Rahmen sind, solche nicht machen zu laßen, sondern nur eine Rahme über die andern Beyde verfertigen zu laßen — Ursach — weil Sie von ihrem Bruder noch mehr Zeichnungen aus Italien erhalten die sich beßer zu Tablo /: weil sie die Form haben :/ schicken als die dreyeckige der Fächer. Gerning war hir, und zwar in Dulci Jubilo — Er hat prächtige presendte vom König und der Königin von Neapel erhalten — du wirst das mehrer von Ihm sebst erfahren. Der Brief an Nothnagel ist bestelt. Wir haben ja eine gantze Karavanne von Sänger von deinem Theather erhalten! Herr Weyrauch debütite als Hironimus Knicker und gefiel recht gut — desgleichen Madam als Konstanse in der Entführung — von Anfang war sie etwas verpflüpfst — den es war das Hauß gedrück voll — gegen das Ende gings besser — auch wurde Sie durch applaudiren aufgemuntert — aber als Königin der Nacht — da konte Sie kein Wort von der Rolle — da war mir angst und bange — das zweyte mahl ging aber beßer — das Hanchgen im Trüben ist gut fischen — hat Sie recht brav gespielt und gesungen. Herr Demmer! das ist ein herrlicher Mann — den Tamino hat er vortreflich gespielt — und unsere Opern haben durch ihn sehr gewonnen — seine Frau ist nur als Claudia einmahl aufgetretten — da kan mann noch nicht viel sagen. Vorrige Woche ist die Zauberflöte zweymahl bey so vollem Hauße gegeben worden, daß alle Thüren offen bleiben mußten sonst wäre mann vor Hitze erstickt! Mein Lieber Fritz Stein ist noch hir, und lebt wie der Vogel im Hanfsaamen — stetzt Lustig Heysa Hopsasa — Er ist immer noch der Liebe junge der Er vor 9 Jahren war. Wie mir es geht? hertzlich erbärmlich Die Bibliotheck wird wohl das erste seyn was ich mit Ehren vom Halsse kriege — Hätten die Ohnehoßen so viel Wein getruncken als mann ihnen Schuld gibt; so wäre jetzt nicht möglich so eine enorme me[n]ge

Weine noch vorzufinden, da vergeht keine woche, wo nicht in den Maintzer Gegenden 50. 60. und mehrre Stücke des besten Weins feilgeboten werden — da sitze ich denn, und ist nicht die geringste Nachfrage. Auch mit der Schätzung des Haußes bin ich sehr unzufrieden — dencke 14 000 f im 22 f fuß!! Freylich werde ich es nicht so weg geben — aber ich kan doch auch die Schätzung nicht vorweißen — ohne mir thort zu thun. 20 000 f hat es der Vater mit den Mobilien geschätzt. Jetzt muß ich andre Leute ins Spiel ziehen — und sehen obs beßer geht — daß du von allem Nachricht haben sollst, versteht sich. Noch eins! Ich habe in einem zimmlich großen Kasten Handzeichnungen und andre dahin einschlagende Dinge, die ich mit fleiß nicht in den Catalog habe bringen laßen, vor dich zurück gelegt, und werde solches alles mit den Büchern mitschicken — obs aber gute oder schlechte Dinge sind verstehe ich nicht. Wenn etwa Ihro Hochfürstliche Durchlaucht die Regirende Frau Herzogin eine Oberhoffmeisterin brauchte so hat sich bey mir eine Frau von Schilden gebohrne Gräfin von Rantzau gemeldet — Sie ist von ihrem Manne geschieden — und geht ihr kümerlich — will sogar ohnendgeldlich in Dinsten tretten — ist eine gute Freundin von Sopfie Bethmann — und in dieser Rücksicht habe es doch Schreiben müßen, um sagen zu können ich hätte es geschrieben. Lebe wohl! Behalte lieb

deine

treue Mutter
Goethe.

220. An Stock

Lieber Freund!

Da es bey Stadt und Land eine ausgemachte Sache ist, mich als eine Beschützerin und Pflegerin der Sieben freyen Künste anzusehn — und alle Schöne Geister die in Sturm und Drang sich befinden ihre Zuflucht zu mir nehmen; so hat auch Herr Robert der kurtze Zeit im Dinste Taliens und Melpomenens Figurirt hat sich De und wehmüthig an mich

gewendet um ihm bey meinen Freunden die am Ruder des
Staats sitzen ein gnädiges Fiat zuwegen zu bringen. Dieser
junge Mann ist auserordentlich geschickt im zeichnen ich
habe eine Landschaft von ihm gesehen die dem größten
Meister Ehre machen würde. Da Er nun seine Kunst noch
sehr gern der Vollkommenheit näher bringen mögte — und
ihm ein Freund dazu behülflich seyn will; so wird er morgen bey einem Hochedlen Rath um Verlängerung seines
hierseins unthänig ansuchen — Da Sie nun Lieber Freund
bey dieser Sache großen Einfluß haben; so lege sebst eine
Bitte vor den wircklich Talenten reichen jungen Mann bey
Ihnen ein — Hoffe auf gnädige Erhörung und verbleibe
nebst Empfehlung an Ihre Liebe Frau und Kinder

       Dero
     gehorsambste Dienerin u Freundin
v. H. d 14ten May   Goethe.
  1794

221. An Goethe   den 25ten May 1794

 Lieber Sohn!

Ob zwar die Bücher hoffendtlich diese Woche gepackt
und alsdann so bald als möglich durch einen Fuhrmann an
dich abgeschickt werden sollen; so hat es mir doch vor inliegendes Holländische Tuch, und den Batist zu lang gedauert. Verwundre dich nicht daß der Batist aus lauter Lappen besteht — Dein Bettschatz wird es schon einrichten,
daß es reichlich an 12 Hemden Manschetten und Voder-
striche gibt — die Stockin kauft vor ihren Mann immer
solche Lappen — warum aber nicht vom gantzen Stück?
Antwort — weil es die nehmlichen Dinste thut und weil der
Batist /: Da kein Frantzoß mehr her darf :/ jetzt enorm
theuer ist — die hälfte ist zum allerwenigsten gespart —
brauche alles gesund. Meine Revolution ist in vollem gang
— was nun draus werden wird muß sich jetzt bald entschei-

den — über die Weine habe alle verständige Leute meiner Bekandschaft um Rath gefragt sebst solche die in gleichem Fall waren wie z. E. Doctor Hetzler der in der Etlingischen Erbschaft mit Erbe war — der war nun so gütig mir die Specivication so wohl der jahrgänge, als auch die Taxation —und den endlichen Verkauf aus dem Inventario mitzutheilen — daraus ich denn ersehen habe, daß da diese Weine ohngefähr mit den unserigen in gleichem Verhältnüß stehen — ich sie vor 8000 f loßschlagen kan — den diese Gattung ist nur vor wenige brauchbar — Gogel und Dick sind hir die einzigen die sich mit so alten Burschen abgeben — nun hat Gogel 7500 f geboten, jetzt habe gestern dem Dick proben davon geschickt — und bietet der 8000 f so soll er sie in Gottes nahmen haben — den 1^{tens} bringe ich sie nicht an; so muß ich wieder etliche 100 f anwenden um auffüll Wein zu kaufen — 2^{tens} entbehre ich jährlich 320 f Intereßen —und 3^{tens} bin ich der Kellersitzerrey müde und satt—vorgestern mußte wieder um alles aufzufüllen — Trinckwein zu brechen u.s.w. 5 Stunden unter der Erde seyn! und endlich 4^{tens} wenn ich ein ander logie beziehe — da wäre es nun gantz ohnmöglich die alten Herrn mitzunehmen — und verkaufe ich nun das Hauß so müßte der Keller geräumt werden — und da wäre ich gezwungen noch Kellerzins zu bezahlen — das beste ist sie machen vor der Zeit Platz. Mit dem Hauß ist es jetzt in zimmlicher Bewegung — Lippold hat den Auftrag 3 bis 4 Competenten sind muthmaßlich da — Herr Handelsmann Chamo — Herr Müller der in der Bethmännischen Handlung ist — Herr Senator Metzler Tochtermann von Herrn Keller. Lippold bietet es vor 30000 f an — das glaube ich nun eben nicht zu erhalten — müßens eben abwarten. Vor mich scheint sich auch etwas zu presentiren — wenn mir das gelänge; so würde ich nach meiner Empfindung sehr glücklich seyn! Es liegt auf der Seite des Roßmarcks wo die Aussicht die gantze Zeil vor sich hat, hat die Morgensonne — und ich bekäme folgendes — auf der Erde 1 Stube von 2 Fenster vor meine Mägde

— eine Küche — Hoff — Holtzplatz — Wasser — Regenpompe — Keller — 1ter Etage Wohnstube von 3 Fenster fohrnenheraus die Aussicht nach der Zeil — gleichdran die Schlafstube von 2 Fenster in Hoff — auf dem nehmlich Stock noch 2 Stuben jede mit 2 Fenster auch in Hoff gehendt — Vorplatz — privat — Kammern u. s. w. Das wäre nun alles gantz herrlich in die Schlafstube würde eine Klingel die in die Mägdte Stube ginge angebracht — so wie ich was bedürfte — geklingelt — da hätte ich oben meine gantze Bequemlichkeit u. s. w. Nun kommt aber, das große *Aber* — es ist nur erst im Riß und noch nicht gebaut! Wird sich aber auch in der Woche auf klähren, und gebaut ists deßwegen doch bald, weil kein Keller und kein Fundament gegraben wird. Aus dieser Relation siehst du, daß alles in Gährung ist, und daß Frau Aja alle Hände voll zu thut hat — nicht minder daß der guten Frau ihre Seelenkräfte sehr in thätiger Bewegung sind — so lange mir es nur an Eßen — Trincken und Schlafen keinen Abbruch thut — so mags meinetwegen kochen biß mans genießen kan. Jetzt kein Wort mehr — ich bin müde, und vor daß daß ich die Molcken trincke — ist diese Epistel lang genung Lebe wohl! dießes wünscht

deine

treue Mutter
Goethe.

N. S. Du hast doch verstanden, was ich dir neulich schriebe — nehmlich daß die Stockin die Neapolitanischen Fächer nicht in Rahmen /: in so fern es nicht schon sind :/ eingefaßt haben will — sondern von den andern beyden — eine Rahme zu Probe — weil du sehr beschäftigt bist, so nims nicht übel daß ich dirs nocheinmahl ins Gedächnüß rufe.

222. *An Goethe* Sontags d 15^(ten) Juni 1794

Lieber Sohn!

Meinen besten Danck vor Reinecke den ertz Schelm — es soll mir aufs neue eine köstliche Weide seyn! Auch verdient Herr Unger Lob und Preiß wegen des herrlichen Papiers und der unübertrefbahren Lettern — froh bin ich über allen Ausdruck, daß Deine Schrieften alte und neue nicht mit den mir so fatalen Lateinischen Lettern das Licht der Welt erblickt haben — beym Römischen Carneval da mags noch hingehen — aber sonst im übrigen bitte ich dich bleibe deusch auch in den Buchstaben — Auf Gevatter Wielands Wercke hätte ich prenumorirt aber vor der neuen Mode erschrack ich — und ließe es bleiben. Hir Schlossers producten — ich hatte sie vergeßen beyzupacken — mich freut daß die Kasten glücklich angelandet sind — und daß ich sie vom Halsse habe — wünsche viel Vergnügen daran zu erleben. Das päckgen an Ifland habe sogleich besorgt. Noch ist alles bey mir im alten — zwar haben zwey Mäckler das Hauß von obenan biß untenaus besehen — sind aber noch zur Zeit nicht wieder erschienen. Müßen es eben abwarten. Übrigens befinde ich mich so gantz leidlich von Hertzen gesund — und daß vor dieses Jahr das lincke Bein wie vorm Jahr das rechte so kleine Späße macht — demohngeachtet gehe ich beynahe täglich aus — z. E. heute zu Stocks in Garten — bin vergnügt und lustig — und sehe Morgen die Erbschleicher von Gotter u. s. w. Lebe wohl! Grüße dein gantzes Hauß — und behalte lieb

deine

treue Mutter
Goethe.

N. S. Der, so mir von dem Reinecke die Blätter aufgeschnitten hat soll großen Danck davür haben — Aufschneiden ist meine Sache nicht, ich thue es nur in den größten Nöthen.

223. An Goethe den 26ten Juli 1794

Lieber Sohn! Habe doch die Güte mir mit dem ersten Postwagen das geschriebne Verzeichnüß der Bücher so du empfangen hast mir zuzuschicken — ich habe es höchst nöthig alle Nummern müßen nathürlich wegen der entstandenen Lücken in andre Ordnung gebracht werden — der Schuft von Buchdrucker hat das von Lippold geschribne verlegt oder gar zerrißen — die auction geht im Augst vor sich — ich ersuche dich also mir mit dem deinigen auszuhelfen. Ohne diesen Vorfall hättest du keinen Brief von mir erhalten, denn bey uns gehts toller zu wie jemahls — alles packt — alles rüstet sich zur Flucht — woher all der wirr warr entsteht kan ich mit Zuverläßigkeit nicht sagen — es verbreiten sich Gerüchte die ich nicht dem Papier anvertrauen mag — genung so arg war es noch nie!! Um nun nicht gantz unthätig zu seyn — um mich wenigstens so viel mir möglich ist von Vorwürfen die mich trefen könten frey zu machen — so habe Gestern meine beste Sachen die sich transportiren laßen in 3 große Kisten durch Lippold Packen und durch den Freund in der Noth Nicolaus Schmidt nach Langensaltze zu seinem Schwager Herrn Polecks überbringen laßen — warum nicht zu dir? das will ich dir sagen — der mangel an Fuhrleuthe die gerade nach Weimar gehn war die Ursache — Schmidt als ein der Sache Verständiger hat mir diesen Rath gegeben — und ich dumm in diesen affähren — habe ihn befolgt. All mein gutes Weißzeug gemacht und ungemacht — Silber und Geschmeide ist aufs beste gepackt — einbalirt u.s.w. In der größten Unruhe — da Stroh — Seile u.d.g. im Haußehren lage — kommt noch eine neue Erscheinung von Einquartirung — K.P. Capitain und Quarttier Meister von Goeltz! nun kommt aber das beste — Er bringt seine Gemahlin mit!! Ach Herr jemine! Warhaftig die Frau Aja wird recht getrillt — Gott! Erhalte mir meinen guten Muth und mein fröhliges Hertz — diesen Troblen ohngeachtet — hat mir um 5 uhr mein Eyerkäße recht gut geschmeckt — und diesen Abend werden mir Ehlenlange Krebse die Last des Tages versüßen. a propo! Wann bekomme ich dann einmahl wieder Modejournahle — seit dem Monath Mertz habe ich nicht gesehn — auch Mercure wens beliebt — Ich habe dir 10 Centner Bücher geschickt — also — den Gelehrten ist gut predigen. Länger habe heut nicht Zeit — ich muß noch zwey Briefe schreiben — an Schlosser der nach Bareuth Emigrirt — und an Peter Melchior der in die weite Welt marschirt. Lebe wohl! Gedencke zuweilen an deine in jetzigen Zeiten geplagte Mutter — Grüße alles was dir lieb ist

von
der Frau Aja
wohlgemuth.

224. An Goethe den 15$\underline{\text{ten}}$ August 1794

Lieber Sohn!

Ich muß dir Bericht von unserm Hauß erstatten und wie bis jetzo die Sache ist betrieben worden — erbitte mir über das alles eine prompte und die Sache entscheidende Antwort — denn nichts ist fataler als das nicht wißen was mann eigendtlich thun oder nicht thun soll. Zwey Mackler haben es vor ohngefähr 3 Monath besehen da der Preiß ihnen aber vermuthlich zu hoch war blieben sie weg — nun kam der Lermmen die Frantzosen kämen — da war nathürlich alles stille — Gestern meldete sich ein Käufer der botte 22 000 f in 24 f fuß — 30 000 f ist zu viel und das obige ist kein gantz schlechtes Gebot — aber erhöhet kan es villeicht doch noch werden — ich dencke vor 24 000 f könte mann es laßen — das größte wäre 25 000 f — doch hat das alles so keine Eile — ich will nur gewiß seyn worauf ich halten soll. Ich verkaufe — ich behalte es, alles wie du und Schlosser die Sache betrieben haben wollest   ein Stückgen Allwißenheit wäre jetzt so übel nicht! Gibts bald Friede so könte mann noch warten — sollten aber die Francken das gantze Reich überschwemmen und in ihren Siegen fortfahren —so mögte freylich in einem Winckelgen meiner Vaterstadt ohnbesorgt vor Hauß und Hof ruhig dem Specktackel zusehn. Ihr Männer die Ihr die Sache beßer einsehn müßt als ein Weib das nicht das geringste davon versteht — Ihr müßt Rath ertheilen — meinen Rücken will ich ein vor allemahl frey haben — ich bin gantz Resingnirt — ich verkaufe ich laße es seyn — wie Ihr wolt — so theuer Ihr wolt u. s. w. Mit dem Aufbauen einer Wohnung worauf ich mich so freute gehts nicht Der Mann kan kein Geld bekommen — die Leuthe die jetzt so was mit fremdem Geld unternehmen wollen, sind sehr übel dran — die Capitalisten geben ihre Gelder auswerths — um nicht alles an einem Fleck zu haben — ich selbst habe auf Anrathen Herrn Schöff Schlosser 3000 f an Churplaltz zu 5 procent ausgeliehen. Eine Wohnung hätte ich folglich noch nicht — allein das soll der Sache kein Hindernüß in den Weg legen — ich will mich schon durchbringen. Jetzt überlege, und gib mir so bald als möglich /: den ich habe den Mackler auf die Antwort meiner Kinder vertröstest :/ eine entscheidende Antwort. Die Mode Journahle die Mercure sind angekommen — aber das beste was ich von dir verlangte ist ausengeblieben — nehmlich der geschriebne Catalog von den Büchern die du empfangen hast — und den ich sorgfältig wieder auf dein Begehren mit den Büchern dir zurück geschickt habe — ist er noch vorhanden so habe die Güte ihn mir mit dem ersten Postwagen zu übersenden — solte er aber nicht mehr bey Handen seyn — so melde es wenigstens mit ein paar Worte — da müßten wir eben sehen — wie wir uns sonst aus der Verwirrung heraushülfen. Schlosser ist nach Bareuth geflüchtet —sogleich werde auch an Ihn schreiben und mir seinen Rath und Meinung erbitten. Lebe wohl! Ich bin und bleibe

deine

treue Mutter
Goethe.

225. *An Goethe* den 29ten Augst 1794
Lieber Sohn!

Ich bin in einer art von Verlegenheit die aber mehr dich als mich angeht — Mit dem Haußverkauf will es nicht recht vorwärths gehen — die Ursach dieser Trenteley kan ich nicht ergründen — Gleich nach Empfang deines und Schlossers Briefe /: die völlig gleichlautent sind :/ ließe dem Mackler zu wißenthun, daß meine Kinder den Kauf genehmigten — und daß nun weitere Absprach darüber genommen werden könte. Ich glaubte also — daß gleich den andern oder doch einige Tage hernach die Sache ins klahre kommen müßte — Heute sinds 8 Tage daß meine obige Antwort ihnen hinterbracht worden ist — und ich höre und sehe nichts — den Mackler treiben — wäre ein wahrscheinliches Zeichen, daß mir das Hauß zur Last wäre und würde keine gute Wirckung hervorbringen — und da er Nutzen davon hat; so muß sein eigener Vortheil ihn von selbst antreiben — der Sache ein Ende zu machen. Mir liegt nun in gewißer Rücksicht die Sache nahe — auch nicht nahe — ich kans abwarten — auch so lange nichts gantz und gar abgesagt wird — ist Hoffnung daß es noch vorwärths gehen kan — auch würde ich dir keine Silbe biß zum Ausgang er seye nun so oder so geschrieben haben, wenn dein Gedancke dich auf neue mit dem Guts Kauf einzulaßen — mir das Schreiben nicht als höchst wichtig vorgestelt und mir ängstliche Gedancken und überlegungen zugezogen hätte — Jetzt überlege wie die Sache zu betreiben oder nicht zu betreiben ist — meinen Willen hast du [zu] allem deinem Thun und Laßen — nur gegen Ohnmöglichkeiten kan ich nicht kämpfen — und Unruhe im Gemüthe ist mir ärger als /: ich schriebe das schon einmahl :/ als alle ohne Hosen bey der gantzen Armee — die haben mir noch keine einzige schlaflose Nacht gemacht. So bald ich was weiteres höre solt du es erfahren — biß dahin Lebe wohl!

Deine treue Mutter
Goethe.

226. An Goethe den 14ten September 1794

Lieber Sohn! Ich bin dir doppelten Danck schuldig den ich hirmit von gantzem Hertzen erstatte: Einmahl vor deinen letzten lieben Brief der mich von so großer Sorge und Bangigkeit befreit hat, und denn vor den geschriebenen Catalog den ich hirmit danckbarlichs zurückschicke — er hat uns gute Dinste gethan — aus Versehn waren nemlich Bücher im gedruckten Catalog z. E. Pitaval Rechtshändel angezeigt — die nun in der Bibliothecke nicht zu finden waren — aus deinem Catalog ersahen wir nun, daß sie in deinen Händen und nicht wie wir wähnten abhanden gekomen waren, und damit war es gut u. s. d. m. Gott lob und danck! das wäre nun auch vorbey! Verkauft sind sie — aber war draus gelößt worden ist weiß ich noch nicht — in der Meße haben die Ausruffer zu viel zu thun — um Rechnung ablegen zu können — Mit unserm Hauß ists noch immer stille — jetzt muß ich es gedultig abwarten — an Kopf schmeiße ich Ihnen das schöne — gut unterhaltende Hauß gewiß nicht — zumahl da durch das Verzögern ein schönes vor mich paßendes Logie an andre vermithet worden ist — doch Gott! der mir von jugend an so viele Gnade erwißen hat — der wird schon ein plätzgen aus suchen, wo ich meine alten Tage ruhig und zufrieden beschließen kan.

Hirbey kommt ein einschlag von einem Schauspieler, den ich aber nicht kenne — von seinen Talenten also keine Rechenschaft ablegen kan — auch ein Brief von der Fiala — um dir zu sagen wie ich zur Einlage gekommen bin. Nun noch eins! Weiß du keinen Rath zu geben vor den Doctor Wolfgang Starck — den älsten Sohn des Pfarrer Starck? Dieser ist sein Vaterland müde und satt — alle Cabalen die gespielt werden zu erzählen wie die schlechtesten Subjecte ihm vorgezogen werden das wäre zu weitläufig — Er mögte also gern in ein ander Land als Amtmann — oder was er nur seyn könte wenn es auch nur 500 f eintrüge — an Schlosser will ich auch schreiben — freylich muß du ja niemandt von Verwandschaft ins Weimarische bringen das setzt kein gutes blut — auch ist das die Meinung nicht — sondern villeicht nach Deßau oder sonst — genung Er hat mich sehr darum gebethen — und ich lege es so hin.

Jammer und Schade daß du jetzt nicht hir bist — aber freylich früher hättest du kommen müßen — so ein Jahr ist seit 1748 nicht geweßen — gantze körbgen mit Pfirsingen wurden mir von guten Freunden verehrt — es kan seyn, daß der Herbst noch in die Meße fält — so reif ist alles — wenn nur Friede wäre — da wolten wir jublen!! Heute ist ein prächtiger Sontag — darum schreibe ich auch nicht eine Zeile mehr — ich Marschire auf und davon — Lebe wohl! Grüße alles in deinem Hauße — nochmahls meinen Danck! und Lebe wohl! das wird Seele und Leib erquicken

deiner
treuen Mutter
Goethe.

N. S. Hier ein Stückgen Bordüre die in einem der Mercure gelegen hat — mann kan immer so was brauchen.

227. An Louise Schlosser　　　　　　den 20ten Septemb.
1794

Liebe Louise! Dißmahl ein paar Zeilen an dich Liebes-Mägdelein — Wie sehr mich dein Fleiß deine Aufmercksamkeit vor mich gefreut hat, kan ich dir nicht genung sagen — meinen Hertzlichen Danck vor die schönen, warmen Strümpfe die sollen mir wohlthun — das hielft mir mehr als die gantze Apothecke sambst allen ihren Büssen und Schachtlen — auch sind sie so schön gerathen. Denn ich habe sie sogleich anprobirt — Ich schicke dir hir ein kleines Gegengeschenck — nim mit dem guten Willen der Großmutter vorlieb — auch 2 $\tilde{u}$ Schocolade — die andern 20 $\tilde{u}$ sollen durch Fuhrleuthe bald folgen. Grüße deinen Lieben Vatter und dancke Ihm vor die überschickte Quitungen —

jetzt ist alles wie ich es wünschte, in der schönsten Ordnung — nur in meinem Hauße ist es unsauber und unordentlig das thut einem sehr leid, wenn mann das Gegentheil gewohnt war! Gott! gebe bald Frieden, daß mann wieder Ruhe in seinem Eigenthum genißt Amen.

Heute habe ich viel und mancherley zu schaffen — darum nur soviel vor dißmahl — Grüße auch deine Liebe Mutter — Henriette Eduart und Tante Bognern von

deiner
treuen Großmutter
Goethe.

228. An Goethe   den 5ten October 1794

Lieber Sohn! Da in diesem Jahr alles einen Monath früher kommt wie sonst; so sind auch die Castanien schon bey der Hand — und zwar so schön wie Italienische Maronen — erlusttire dich dran mit deinem gantzen Hauße welches ich auch bitte freundlich zu grüßen. Bey uns siehts wunderselsam aus — Franckfurth ist von ausgewanderten von Achen Coblentz u. s. w. gepropft voll! sollen nun wie es heißt — die Winterquartire auch starck werden; so wird das eine saubre Wirthschaft geben — wollen indeßen auf Gott vertrauen — und so viel nur immer möglich in unsere Behaglichkeit bleiben — und unsern guten Muth /: der uns schon so viele wichtige Dinste geleistet hat :/ nicht verliehren. Was mir am unangenehmsten ist — ist daß ich eben dieser Zeitläufte wegen — unser Hauß noch eine weile werde behalten müßen — doch wenn ich bedencke wie viel unglückliche Menschen jetzt froh wären wenn sie ein Hauß hätten, und wüsten wo sie ihr Haupt hinlegen sollten; so schäme ich mich, und bitte Gott um Vergebung vor meine Ungedult und Narrheit. Lieber Sohn! Ich muß dich doch auch einmahl wieder an die Fächer und Tablo von Stocks erinnern — besorge doch daß die Sachen einmahl zurück kommen. Wie ich höre, so kommen die Weyrauchs wieder zu

Euch — es ist mir vor die Leute recht lieb hir wolte es mit ihnen gar nicht gehen — Lilla der Frau ihre letzte Darstellung — keine Hand hat sich gerührt — sie hat mich gedauert — freylich haben wir gar trefliche Lillas gehabt — eine Unzelmann — Willmann — Schick — das hat die Sache freylich vor die gute Frau verschlimmert.

Merckwürdgig neues pasirt vor der Hand hir nichts — eine allgemeine Sage geht umher — daß der König von Preußen ehestens hir eintrefen würde — das würde wieder ein geträsche wegen der Sophie B. geben! Lebe wohl! Grüße alles was dir lieb ist und alles was fragt nach

deiner
treuen Mutter
Goethe.

229. An Goethe   den 17ten November 1794

Lieber Sohn!

Es ist schon zimmlich lange daß wir nichts von einander vernommen haben — drum soll dieser Morgen gewidmet seyn, dir eins und das andre vorzutragen. Die Castanien wirst du erhalten haben? Den Confect bekomst du auf den Heiligen Christ — früher kan mann die Manigfaltigkeit nicht haben das ist die Ursach der Verzögerung. Der Vetter Wolfgang Starck braucht deine Hülfe nicht — er hat sich selbst eine Charge zugetheilt — Er hat ein Weib genommen und sitzt deßwegen gut oder schlimm in Franckfurtht fest. Siebenstück Modejournal und Siebenstück Mercure sind in meinen Händen — gelegenheitlich erbitte ich mir die folgenden. Lieber Sohn! Ich ersuche dich sehr angelegentlich die Sachen die du von Herrn Stock in Händen hast — doch bald möglichst Retour zu schicken — ich bin schon so ofte drum gefragt worden /: Es ist ein precium affectionis :/ ich weiß denn niemals eine rechtliche Antwort zu geben, und bin jedesmahl in Verlegenheit — Ich bitte dich also nochmahls spedire die Sachen bald — und wilt du dich bey Stocks /: die wie du selbst weiß sehr gute Menschen sind :/ recht insinuiren so laße ein paar Zeilen die Sachen begleiten Adreßire sie an mich — ich will gerne das porto des Postwagens bezahlen — damit sie franck und frey in Ihre Hände kommen. Bey uns fängt die Gefahr wieder an zu wachsen — mann fürchtet daß das arme Maintz wieder eine Belagerung auszustehen hat — das war wieder ein Ruhmvoller Feldzug vor die Deuschen!!! Zum Ruhm muß mann Ihnen nachsagen, daß sie sich hir recht wohl befinden. Meine jetzige Einquartirung ist gut, und belästigt mich sehr wenig — Oberauditer Lückdicke nebst seiner Frau — und einem Bedienten — das geht an — Zwar kochen sie in meiner Küche — brauchen meine Mägde als wärens ihre eigne — aber alles das macht keine große Unruhe — dann etwas muß mann doch tragen. Übrigens befinde ich mich sehr wohl nach Leib und Seele — weiß von keiner Furcht — laße kommen was ich nicht ändern kan — geniße das gegenwärtige — und da ich die Speichen des großen Rades nicht aufhalten kan; so wäre es ja Narrheit drüber zu greinen daß mann so schwach sich fühlte. Noch eins! Ich mögte deinem Augst gerne zum Heiligen Christ eine kleine Freude machen — etwas zu einem Kleidgen — oder Spielsachen u. d. g. gehe mit deiner Freundin zu rathe und schreibe bey Zeiten — damit ichs zeitig besorgen kan. Jetzt Lebe wohl! Grüße dein gantzes Hauß und behalte in gutem Andencken, deine

treue Mutter
Goethe.

230. An Goethe   den 8ten December 1794

Lieber Sohn!

Ich hoffe beykommendes Zeug welches warm hält, und doch leicht ist wird dem kleinen Augst wohl behagen — Der prächtige Franckfurther Confect wird in der Christwoche erscheinen. Daß du vor dißmahl ohne Einquartirung noch davon gekommen bist — darüber freue dich — denn die Last die wir nun zwey volle Jahre tragen ist gar kein Spaß — wenn nur das Einfeuern nicht wäre! Du kanst nicht glauben was das Holtz kostet das hir so enorm theuer und beynahe nicht einmahl zu bekommen ist, sonst im übrigen bin ich mit meiner dißmahligen Einquartirung wohl zu frieden Oberautitor Lückdecke nebst seiner Frau — Er ein gescheidter klahrer Kopf — Sie ein gutes Weib — freylich kochen sie in meiner Küche — da aber meine Tracktemente in 3 Schüschlen und die ihrige in zwey bestehen — so gehts doch. Was ich sage daß die 20tausend Mann Preußen zurück kommen? nichts anders als was einmahl ein Cardinahl dem Pabst der gantz erstaunt /: weil er in der größten stille in seinem Kloster gelebt hatte :/ über die menge Menschen die er am Tage seiner Erhöung vorsich sah antwortete als der Pabst ihn fragte: wovon leben diese alle? Ihro Heiligkeit sie bescheisen einander. Aus dem gantzen Weßen wird kein Menschenkind gescheid — ich verbreche mir auch gar nicht den Kopf drüber — das Ende das doch endlich einmahl komen muß wirds aus weißen — wer bestuhltgängelt worden ist. Daß Stocks Bilder eingepackt sind ist mir sehr lieb — wollen sie also erwarten. Auch habe ich kein klein gaudium daß endlich nach langem sehnen und harren Willhelm endlich erscheint — erbitte mir ein Exemplar. Du bist überzeugt daß es mir immer Freude macht dich bey mir zu haben — gibt also Gott Frieden so habe ich statt einer Freude zwey. Ich soll dir im Nahmen des Pfarrer Starcks den Tod seiner Frau melden — Er ist im Schreiben nicht sehr geübt — und bittet deßwegen um Verzeihung. Minister von Hardenberg läßt dir viel schönes sagen — es ist ein freundlicher Lieber Mann. Schlosser hat mir schon lange den Auftrag gegeben dir vor Reinecke den Fuchs zu dancken — Er und sein gantzes Hauß hatten viele Freude und Wonne darob. Ich hoffe daß die beyden Halstücher den Jungfer Mägden ein angenehmes Christgeschenck sein werden, denn ich habe zwey gantz gleiche /: damit sie sich nicht über die

Wahl veruneinigen :/ und recht schöne /: wie der Augenschein lehret :/ ausgesucht — Jetzt lebe wohl! Grüße alles in deinem Hauße und behalte lieb

deine

treue Mutter
Goethe.

231. An Goethe den 19ten Jenner 1795

Lieber Sohn!

Den besten und schönsten Danck vor deinen Willhelm! Das war einmahl wieder vor mich ein Gaudium! Ich fühlte mich 30 Jahre jünger — sahe dich und die andern Knaben 3 Treppen hoch die preparatoien zum Puppenspiel machen — sahe wie die Elise Bethmann brügel vom ältesten Mors kriegte u. d. m. Könte ich dir meine Empfindungen so klahr darstellen — die ich empfand — du würdest froh und frölig seyn — deiner Mutter so einen vergnügten Tag gemacht zu haben — Auch die Romantzen die Reichart zum Glück vor mich in den Clavier sch[l]üßel gesetzt hat machten mir große Freude besonders was hör ich draußen vor dem Thor — was auf der Brücke schallen? die wird den gantzen Tag gesungen — also noch einmahl vielen Danck. Freund Stock war über deine Güte und Höfflichkeit sehr gerührt auch in seinem Nahmen dancke ich — Schlossern habe sein Exemplar so gleich überschickt — dem wird es auch wohlgethan haben. nun noch etwas vom äußern — was ist das vor herrlich Papier was vor vortrefliche Lettern!! Das ließt sich mit Lust — Tausendt Danck daß du das herrliche Werck nicht mit Lateinischen Lettern hast drucken laßen — ich habe dir es schon einmahl geschrieben daß ichs nicht ausstehn kan. Jetzt von meinem Thun und laßen nur so viel, daß ich Gott Lob bey der entsetzlichen Kälte auser einem Cathar mich wohlbefinde — daß ich meinen Oberauditor nebst Ehegemahlin noch zur Einquartirung habe, daß es vor jetzt hir gantz ruhig ist/: versteht sich wegen der Frantzosen :/ denn sonst ist Lerm und Romur genung bey uns — die gantze Armme wird von hiraus versorgt 500 Wagen gehen beständig hin und her — mann weiß weder obs Sonn oder Werckeltag ist — Wenn nicht Friede wird, so fürchtet mann sehr aufs Frühjahr — Ich habe mich Gott sey Danck noch nie gefürchtet — und jetzt mag ich nicht anfangen — müßens abwarten — nehmen einstweilen die guten Tage mit — und grämen uns nicht vor der Zeit — Ein einziger Augenblick kan alles umgestalten. Schlosser lebt jetzt in Anspach — Ihm gefälts wohl — aber die Schlossern der ist ihr Mährgen in Brunen gefallen — alles war drauf angelegt in Düsseldorf den Frieden abzuwarten — nun sind die Jacobis selbst nach Wansbeck emigriert. Noch eins! die Fortsetzung vom Willhelm wird doch nicht lange ausenbleiben — denn ich habe ihn noch nicht binden laßen — laße einem nicht so lange auf die Forsetzung harren — denn ich bin gar begirig drauf. Lebe wohl! Küße den kleinen Augst — auch deinen Bettschatz von deiner

treuen Mutter
Goethe.

N. S. Ein päckgen ich glaube es war von deine Hand, an Semmering ist sogleich besorgt worden.

232. An Goethe

Die Kälte ist so schrecklich daß ich in meiner Stube eingegraben bin wie der Dachs in seiner Höle — Lebe wohl! und gedencke meiner

deine

den 26<u>ten</u> Jenner 1795   treue Mutter
                                       Goethe.

233. An Goethe   den 9ten Mertz 1795

Lieber Sohn!

Lange habe ich nichts von dir — lange hast du nichts von mir gehört — eigentlich wüßte ich auch nichts daß das Schreiben lohnte, denn bey uns ists immer noch im alten — haben Einquartirung — theure Zeit — befinden uns wohlauf — hoffen auf den Frieden — das ist alles und so immer einerley macht nicht schreibeselig. Die Ursach gegenwärtiges Schreibens kanst du aus inliegendem Brief ersehen — Fiala ist eine anerkandte gute Schauspielerin — Königinnen — edle Mütter ist ihr Fach — Sie ist noch so schön — daß Sie die jüngsten verdunckelt — hat einen edlen Anstand — auch einen guten Moralischen Caracker — ist friedliebend — fern von Cabalen macherrey — mit einem Wort, ein brauchbahres Subjetzt. Bey uns sind leider ihre Rollenfächer besetzt — sonst würden wir Sie mit Freuden wieder bey uns gesehen haben. Könnet Ihr Sie nun beym Weimarrer Theater brauchen — so habe die Güte mir solches zu berichten — im Fall es auch nichts wäre — so wirst du doch mir Nachricht /: nur mit ein paar Zeilen :/ zu kommen laßen — damit Sie ihr Fortkommen anderswo suchen kan. Nun noch eins! mir fehlt das 12te Stück von 1794 vom Mercur — und auch das 12te Stück von 1794 vom Modejournahl — von 1795 habe noch gar keins erhalten — mache so ein päckgen zusammen und schicke es mit dem Postwagen. Wann erscheint denn wieder etwas vom Willhelm?? laße uns nicht so lange warten. Lebe wohl! Grüße alles in deinem Hauße was dir lieb ist von

deiner treuen Mutter
Goethe.

234. An Lavater

Lieber Sohn Lavater!

Es ist eine kleine Ewigkeit daß wir uns einander nicht genähhrt haben, und schon längst wünschte ich eine schickliche Gelegenheit mein Andencken bey Euch aufzufrischen — Euch Frau Aja einmahl wieder ins Gedächnüß zu bringen — gegenwärtige erwünschte Gelegenheit ergreife ich demnach mit Freuden — Euch zu versichern, daß Ihr Theurer Freund in meinem Andencken noch grünet und blühet, daß ich noch immer mit freüdiger Seele an die Zeit Eures hirseyn dencke u. s. w. Auch bin ich überzeugt — daß Ihr mich noch lieb und werth habt Amen. Überbringer dieses ist Herr von Lehonardi ein Sohn aus einem unserer besten Häußer — ein Hoffnungsvoller Jüngling — Er und seine würdige Eltern wünschten sehr daß Er von mir als Eurer alten Freundin ein Empfehlungs Schreiben mitbringen mögte — denn wem ist unbekandt — daß Ihr auch sehr ofte von Unwürdigen beläßigt worden seid und noch werdet — Seid diesem Jungen mann freundlich und belohnet dadurch den Glauben den jederzeit an Eure Menschenliebe und freundlichkeit gehabt hat und noch hat

Eure
wahre und treue Freundin
Goethe.

Franckfurth d 9<u>ten</u> Aprill 1795

235. An Goethe den 10<u>ten</u> Aprill 1795

Lieber Sohn! Künftigen Montag wird seyn der 13te Aprill gehen an dich zwey Kistger ab — in einem ist das Türckische Korn 2 $\bar{u}$ Türckisch garn und etwas Rabuntzlen — ich habe letzre mit den Wurtzlen laßen ausheben — wenn sie gleich in die Erde kommen; so hoffe ich daß sie gedeihen — sie wachsen hir in keinen Gärten sondern wild — es ist mir übel gegangen biß ich sie durch Bauersleute bekam — die Artischocken pflantzen sind diesen strengen Winter alle erfrohren — und sind keine zu haben. Mit den Löwen von Seekatz die im andern Kistgen erscheinen ist mirs Curios gegangen — indem ich vor kurtzem die Gemählde um 250 f verkauft habe — ich schickte also gleich zu dem Käufer und bekam aus gefälligkeit um einen billigen preiß das Gemählde zurück. Vor die journahle besonders aber vor Willhelm dancke recht schön und aufs beste.

Daß er nicht aus meinen Händen kommt — das versichre ich. Hier gehts durcheinander wie Kraut und Rüben — bald Friedensgerüchte — bald wieder das Gegentheil — mann muß eben alles mit Gedult abwarten. Das Gemahlde wird mit dem Brief ankommen — Lippo[l]dt und der Schreiner haben die Sache geschwind betrieben — das ander weil ich auf die Rapuntzlen /: weil ich sie frisch schicken wolte :/ warten mußte geht den 13ten ab. Den Augenblick kommt die Nachricht und zwar von sicherer Hand daß Friede ist! Die Nachricht ist zu schön um noch was hinzuzusetzen — nur noch daß ich bin

deine

treue Mutter
Goethe.

236. An Goethe den 1ten May 1795

Lieber Sohn!

Endlich erscheint Gott sey Danck die Zeit daß ich das Hauß um 22000 f im 24 fuß verkaufen kan — die Last die ich bißher getragen habe wurde mir sehr beschwerlich mit jedem der es sehen wolte mußte ich /: wie nathtürlich :/ vom Boden biß in den Keller hinauf und herab steigen, das meinen ofte von Schmertz beschwerten Beinen eben kein Labsal war — und so bald sie den Preiß von 2000 Carolin hörten kam keiner wieder — ein eintziger /: Professer Bouklair :/ bote 18000 f. Die Ursach läßt sich leicht erklähren — vor 40 Jahren war unser Hauß eins der schönsten in der Stadt — der Lussus ist seit der Zeit nun so gestiegen — daß es vor sogenandte Vornehme und reiche Leute die jetztige Modische Herrlichkeiten nicht hat — keinen Saal wo 40 Persohnen speißen können — in dem Vorderhauß in allen Zimmern Durchzüge — auch sind die Zimer den vornehmen

Leuten nicht hoch genung u. s. w. Leute von einer andern Gattung war es wieder zu hoch im Preiß — zumahl da es nur eine Küche hat — Der jetzige Käufer ein junger Weinhändler macht seine Hauptspeculation auf den Keller — da ich nun die Sache recht sehr zu frieden bin; so kommt es jetzt hauptsächlich auf dich an, denn Schlosser ist das weiß ich zum Voraus alles recht — Vernim also die Contizionen es wird also um 22000f im 24f verkauft 4000f in eben dem Fuß werden gleich abgelegt — 18000f bleiben drauf stehen und werden als Insatz im Römer eingeschrieben — in 3 Jahren werden wieder 4000f abgelegt — bist du es nun zufrieden so schicke mir /: wanns möglich ist :/ mit ehester Post deine vitimirte Einwilligung — Herr Schöf Schlosser — und Freund Stock wollen mir in allem mit Rath und That an Handen gehn — diesen Nachmittag kommt Schlosser zu mir — um einstweilen die Puncte zusamen zu überlegen — ich will zu dem Ende diesen Brief noch ofen laßen um dir die Unterredung mitzutheilen. Ein Hauptpunct ist — daß ich nicht ausziehe biß ich ein vor mich anständiges Logi ausgemacht habe — den in den paar Jahren als ich villeicht noch hir bleibe verkriege ich mich in kein Loch. Noch etwas das mir den Kauf annehmlich gemacht hat, ist, das Taxiren eines im übrigen gantz braven Zimmermeister das ich dir beylege — daß also kein Mensch sagen kan mann hätte es verschleudert. Herr Schöff Schlosser war da es ist doch ein gefälliger braver und thätiger Mann — Er hat alle Puncte so schön aufgeschrieben — daß nichts dran Auszusetzen ist — Heute werden sie von dem Käufer und mir einstweilen unterzeichnet biß die von dir und Schlosser vidimirte Vollmachten ankommen — da als dann der rechte Kaufbrief nach der Ordnung unterschrieben und besiegelt wird. Auch will Herr Schöff Schlosser den Kaufbrief selbst verfertigen — das ist recht Freundschaftlich. Es scheint sich alles zum besten vor deine alte Mutter anzuschicken — indem auch ein Logi in der schönsten Gegend der Stadt nehmlich auf dem Roßmarck wird zu haben seyn — Morgen will ich es besehen. Wie will ich so froh seyn wenn ich auf dem Roßmarck heraus kucke — und die Last die mich nun schon lange drückt loß seyn werde — den Gott weiß was es mit dem Frieden noch gibt Gestern z. E. Canonirte es wieder den gantzen Tag fürchterlich in der Gegend von Maintz — Ich weiß du gönst mir in meinem Alter noch die bevorstehnende Ruhe — und schickt deine Einwilligung sogleich nach Empfang dieses. Lebe wohl! Ich bin ewig

deine treue Mutter
Goethe.

N. S. Der Brief war schon gesigelt aber auf wohlmeinenden Rath Herrn Schöff Schlossers mußte die Taxation des Haußes welche ich dir beygeschlossen hatte wieder heraus nehmen und zu dem Ende hir behalten daß im Fall der Käufer von meiner minderjährigen Enckelin auch sicherheit begerte — dem hisigen Curatel Ammt die Schätzung vorgelegt werden könte daraus den zu ersehen wäre — wie das Hauß um 7000 f höher als die Taxation verkauft worden wäre — indem der Geschworne Taxator es um 14000 f im 22 f fuß also ohngefehr zwischen 15 und 16000 f im 24 f fuß geschatzt hat. Lebe wohl! und Antworte bald.

237. An Goethe den 16ten May 1795

Lieber Sohn!

Vielen und hertzlichen Danck vor die überschickte Vollmacht! Nichts als dein Cathar weßen — /: da ich nun einmahl nichts von Cörpperlichem Unbehagen an dir leiden mag — weil ich mir gleich dabey allerley unruhige Gedancken mache :/ konte mich heute etwas niederschlagen — und mir Wasser unter den Wein gießen — denn seit 14 Tagen schwimme ich in Vergnügen! Ursach? weil sich *alles* zu vereinigen scheint um mir die Unruhe des Aus und Einzugs zu erleichtern. Da du von dem Fortgang meiner Angelegenheiten gerne von Zeit zu Zeit unterrichtet seyn mögest, so vernim *die vor mich* gantz sonderbahr glückliche

Wendung der Dinge. Heute vor 14 Tagen wurde die Punctation von beyden theilen unterschrieben — Schöf Schlosser /: der sie auch aufgesetzt hat :/ war mein Zeuge — Herr Handelsmann und 51iger Ammelburg war des Käufers Zeuge — Die Punctation war /: wie mann es vom Schöf Schlosser erwarten konte :/ ordentlich — deutlich und nichts vergeßen — Ein Punct darinnen besagte, daß ich im Hauß müßte wohnen bleiben, biß eine schickliche Gelegenheit sich mir darböte — und biß ich eine Wohnung nach meinem Gefallen finden würde. Nun hatte ich ein Ideal im Kopfe — worann ich selber zweifelte obs zu finden seyn dürfte — denn Erstlich solte es nicht weit von meiner jetzigen Wohnung entfernt sey[n], weil alle meine besten Freunde um den Fleck herum wohnen — Fingerlings — Metzler — Stocks — Hetzler — Moritz u. s. w. Zweytens sollte es eine schöne Aussicht haben — drittens 3 Zimmer an einer Reihe — und virtens alles was zur Haußhaltung gehört — großer Vorplatz — Küche — Speißekammer auf einer Etage. Gleich den Tag nach unterschriebener Punctation komt ein Mackler — und bietet mir ein logi mit allen oben benanten und verlangten Eigenschafften an — Auf dem Roßmarckt im Goldenen Brunnen — ja sage ich das mag wohl recht hübsch seyn aber es ist zwey Treppen hoch — Das sehen haben sie umsonst sagte der Mann — und wohl mir daß ich diesen klugen Rath annahm — einen Tag später und mein Ideal war an andre vermiettet — zum Haarausreißen wäre es gewiß gekommen! Nun ging ich oder beßer gesagt ich lief hin. Im hinaufsteigen prüpfte ich die Treppe sehr genau — nun fande ich sie sehr gut — auch nicht auserordentlich hoch — indem die Stockwercke obs schon ein neu Hauß ist — nicht so enorm in die Höhe getrieben sind — nun besahe den Vorplatz — schön — groß — wie ich ihn wünschte — wie ich aber in die Zimmer kam so kan ich dich auf Ehre versichern, daß ich dastunde wie simpel vor Erstaunen — nein eine solche Aussicht — eine solche Lage ist in der gantzen Stadt nicht mehr anzutrefen

— die Küche ist hell und schön — eine große Speißekammer — großer Holtzplatz Summa Sumarum mein gantzes Ideal — was nun die zwey Stiegen betrieft; so war das nun gerade nicht in meinem Plann — allein ich überlegte, daß ich in unserm Hauß die Treppe mehr zu steigen habe, indem Kleider — Geräthe — porzelain u. d. g. alle obenauf sind — und dann, daß Frau Aja nicht herum läuft — sondern wen sie aus geht nur einmahl im Tag die nun an sich gute Treppe zu steigen hat — den Preiß wußte ich ehe ich es in Augenschein nahm nehmlich 400f. — nun habe ich in unserm Hauß 900f weniger 20 versessen — und meine Gemächlichkeit die ich davor hatte, ist dir am besten bekandt. Wem habe ich aber alle diese Freuden zu verdancken? niemandt als Gott und dir — du hast mich auf den glücklichen Einfall gebracht — meine noch übrigen Jahre in Ruhe verleben zu können. Davor bin ich nicht allein von Hertzen danckbahr — sondern da du vom Verkauf der Baumwißen 1000 f als Geschenck erhalten hast; so mache ich dir vom Verkauf der Weine ebenfals mit 1000 f ein Geschenck — das du Anfang Augst auf welche Art es dir am gemächlichsten ist beziehen kanst — biß dahin gehen sie ab — und den eigendlichen Preiß — der noch bey mir nicht fest bestimt ist solst du als dann auch erfahren. Um nun gantz in Ruhe und Zufriedenheit zu kommen, so lege ich mit dem Überschuß der Weine ein Capital ab — daß ich mit Pfarrer Starck gemeinschaftlich besessen — und das Er jetzt zum Fortkommen seiner beyden verheurateten Söhne braucht — und mich drum ersucht — und ich Ihm auch bewilligt habe. Von den Alten weinen solt du noch 12 Bouteillen bekommen — nicht allein aber das sondern der Käufer unseres Haußes Herr Weinhändler Blum will von seinen Kostbahren Rüdesheimer — Hochheimer u d g von jedem etwas beypacken — womit ich dir denn auch ein Geschenck gemacht haben will — Sollten die Weine — bey Ihro Durchlaucht oder sonst guten Freunden Beyfall finden; so empfehle ich den wircklich braven Mann — ich habe versprochen es zu thun — und entledige mich hirmit meines Versprechens. Noch eins! Ich habe verschiedne Sachen, die mir den Auszug erschwören würden — und vor die ich auch keinen Platz im neuen Quartir finden könte — Als da ist das berühmte Puppenspiel — unser Fammilien Portrait wovon wenigstens die Rahme — und das Bret zum übermahlen noch tauglich sind — ferrner noch andre Rahmen — 3 Büsten von Stein — 1^{tens} Ihro Durchlaucht der Herr Herzog — 2^{tens} Durchlaucht Herzogin Amalia — 3^{tens} du selbst. In meinem neuen Hauße muß ich nun auf alles das Verzigt thun, aus Mangel des Platzes entweder ich laße nun dieses alles Einpacken und schicke es mit einem Fuhrmann zu dir — oder ich verschencke es. In dem alten Hauß werde noch zwey Monath bleiben müßen — den das neue muß geweißt und verschiedne Dinge noch in Ordnung gebracht werden — So weit wären wir nun — was noch geschieht soll alles zu deiner Wissenschaft gelangen. Noch ein unruhig ¼ Jahr dann hoffe ich froh und zufrieden — gantz ruhig dem Lauf der Dinge zuzusehen und jeden Alexander zu bitten, mir aus der Sonne zu gehn. Meine 3 Zimmer im Neuen Hauß Möblire ich hübsch und ordendtlich aber aller kling klang wird verkauft — Herr Blum hat Lust die Möbel in der guten rothen Stube zu kaufen — ich habe sie Taxiren lassen 15 Carolin ohne Lüster und Wandleuchter — gibt Er es nicht; so wirds mit allem andern Überfluß im öffendtlichen Ausruff verkauft. Erfreue mich bald mit ein paar Zeilen — und mache das Maaß meiner Freuden voll — Indem du mir die völlige Herstellung deiner Gesundheit verkündigest — diß soll mich mehr freuen als alles übrige. Lebe wohl! Grüße alles in deinem Hauße was dir Lieb ist von deiner

treuen Mutter Goethe

N. S. Wenn das Geld wieder durch Herrn Banßa könte an dich gelangen — der Canal wäre recht hübsch. So einen langenbrief habe ich lange nicht geschrieben — aber müde und matt bin ich auch —

238. An Goethe

den 22ten Juni 1795

Lieber Sohn!

Ungefähr vor 8 Tagen ist eine Kiste mit den zwey Lüster an dich abgegangen — Von den Spiegelen sind nur 3 die gantz ohne allen Mackel sind, und die brauche ich selbst und muß da ich 5 Pfeiler zu besetzen habe noch 2 vor meinen Gebrauch kaufen — dir ist bekandt, daß alle die Möbel besonders die Spiegel 40 Jahre gedient — und den 7jährigen Krieg — 3 Krönu[n]gen — und nun noch 3 Jahre Einquartirungen ausgehalten haben — daher ists nicht zu verwundern — daß hie und da etwas beschädigt worden ist — ich glaubte daß mann solches villeicht ohne große Umstände Repariren könte — und erkundigte mich deßhalb bey Tabor der sagte mir aber, daß bey viel oder wenig der gantze Spiegel neu mit Quecksilber belegt werden müßte das sind nun die alten Herrn nicht werth — sie sollen also sämtlich im Ausruf verkauft werden — Was die Betten anlangt so habe nur ein einziges übrig das ich nicht entbehren kan — mann kan kranck werden — oder einen Freund z. E. du selbst zum Besuch bekomen u. d. m. Aber Gelegenheit kan doch sich vorfinden zu einem Bett zu gelangen — da es nicht auf einen Stutz seyn muß — so gibts hir mehrmahlen Vorfälle in Ausrüffen u. d. g. wo sich schon so was finden wird — den Judenkram will besorgen Wegen des Buchs habe von Lippold noch keine Antwort — heute soll er aufs neue erinnert werden — Vor den Willhelm dancke recht sehr — das thut auch Herr Stock — Jedermann ist nur auf den fortgang der Geschichte sehr erpicht — und wartet mit Ungedult auf die folgenden Theile — welches dann vor den Autor ein gutes Zeichen ist. Jetzt Lieber Sohn! wirds du so bald nichts wieder von mir hören — den dieser Brief ist schon 8 Tage in Gedancken geschrieben geweßen — aber Zeit hatte ich nicht dazu — denn nun bin ich im größten wirr warr ich ziehe aus und ziehe ein — und da doch die Hauptsache durch *mich* besorgt werden muß — und es das erstemahl im meinem Leben ist, *daß* ich aus und einziehe; so kanst du dir meine Geschäfftigkeit leicht dencken!! Aber die Freude in mein schönes logi so bald als möglich einzukehren versüßt mir alle Mühe. So eben sagt mir Lippold daß er das Buch erhalten hat — daß es aber noch unter den andern läge er will mir es aber ehestens zu stellen — als dann solst du es gleich mit dem Postwagen erhalten. Lebe wohl! Ich habe heute noch viel zu thun — und sage nur noch, daß Gerning sehr vergnügt ist — und daß ich ewig bin

deine

treue Mutter
Goethe.

239. An Goethe den 24ten Augst 1795

Lieber Sohn!

Schon längst hätte ich dir eine Beschreibung meines Aus und Einzugs überschickt — aber ich wollte erst deine Rückkehr nach Weimar abwarthen — Gott sey Danck! der dir das Carlsbad so wohl hat gedeihen laßen — auch freuts mich, daß ich etwas dazu habe beytragen können. Die Lüster wirrst du wohl erhalten haben? auch ist ein Fuhrmann unterwegs der dir 12 Bouteillien vom alten Tyrannen Blut — und 6 ditto von verschiedenen Sorten /: wovon der Preiß hir bey kommt :/ von Herrn Blum der unser Hauß gekauft hat überbringt — solte bey Hoff oder in der Stadt sich jemandt finden dem er behagte; so solte mir es lieb seyn. Ehe ich zu meiner Erzehlung schreite muß ich dir noch innliegenden Brief vom Herrn Schöf von Holtzhaußen und seine Bitte wegen des armen Menschen ans Hertz legen — wenn du was /: woran ich nicht zweifle :/ dazu beytragen kanst wirst du es gewiß thun Dein Ruhm und Nahme wird dadurch bey deinen Landsleuten noch erhöht und bekömt einen neuen glantz — du kenst ja die Herrn Profeßoren — und weißt die Wege die mann um so etwas zu erlangen einschlagen muß — im October wird der arme junge erschienen. Schon 6 wochen wohne ich in meinem neuen Quartir — mein Aus und Einzug ging so glücklich von statten, daß ich wenig oder gar keine Ungemächlichkeit davon empfunden habe — zwey Preußische Soldaten haben mir alles hin getragen — weder Schreiner noch Fuhrwerck habe ich nöthig gehabt und nicht das mindeste ist beschädigt worden. Freuen wirst du dich wenn du einmahl herkomst — wenn du mein niedliches logiegen sehen wirst. Eingerichtet bin ich gantz exelentz — ich habe gerade so viel als ich brauche — 3 gar schöne Stuben in einer reihe, eine von 4 Fenster die auch wohl einen Saal vorstellen könte ist so lange mann noch nicht einzuheitzen braucht, meine Wohn und Besuch Zimmer — die zweyte von 3 Fenster ist mein Schlafzimer — die von zwey Fenster haben meine zwey Mägde — ich habe letztere so hübsch eingerichtet daß wann ich die Freude habe, dich bey mir zu sehen — es dein Zimer wird — meine Leute will ich schon hintenaus verstecken — Ferner ist ein schöner geräumiger Vorplatz hinter den Zimmern wo alle meine Schräncke stehn — eine schöne helle Küche — alles auf einem Platz auch noch Speißekamer — Holtzplatz — so daß ich die Treppe nicht zu steigen brauche, als wenn ich ausgehe — Das ist das innre — aber nun die Aussicht — da ists ohne allen streit das erste Hauß in Franckfurth — die Hauptwache gantz nahe — die Zeil da sehe ich biß an Darmstädter Hof — alles was der Catharinenporte hinein und heraus kommt so mit der Bockenheimerstraße u. s. w. und dann das jetzige Soldaten weßen! So eben werden die Anspacher auf dem Paradeplatz gestelt — um 11 uhr die Wachtparade mit treflicher Kriegerischer Musick alles an mir vorbey — und Sontags wenn die Catharinenkirche aus ist — und die Wachtparade dazu kommt so siehts auf dem großen Platz aus wie am Krönungstag — sogar an Regentagen ist es lustig die vielen hundtert Paraplü vormiren ein so buntes tach — das lustig anzuschauen ist — ich muß dir auch noch sagen wie ichs mit der Einquartirung habe — das Hauß ist auf gemeine eingeschrieben jetzt hat es 4 Mann vom Regiment Taden — 2 hat der Haußherr — die andern 2 haben wir nehmlich Herr Bernus — Frau Rittern und ich — Frau Rittern gibt die Stube Bettung — ich gebe täglich dem einen vor Kost 8 xr Herr Bernus dem andern ebenfals 8 xr — weiter hören und sehen wir von ihnen nichts und bleiben im übrigen ruhig. Ich bin mit einem Wort sehr vergnügt — bereue meinen Tausch gantz und gar nicht und dancke dir noch vielmahls daß du mich auf den guten Gedancken gebracht hast. Nun ich weiß daß du wieder in Weimar bist, soll auch der Judenkram bald erscheinen — das beste davon sind zwey Neßeltüchern Kleider wovon das eine recht hübsch ist — sage aber noch nichts davon — damit es mehr Spaß macht. Den Brief habe bestelt — Gerning grüßt dich — Noch etwas! Ich habe von meinen Möbel die ich nicht mitnehmen konte noch wolte einen Ausruf im alten Hauß gehalten — was draus gelößt worden weiß ich noch nicht — ich hoffe doch so viel um die Tapeten im neuem Hauß umsonst zu haben. Jetzt lebe wohl! Auf die Fortsetzung des Romans freue mich sehr. Grüße alles

von
deiner treuen Mutter
Goethe.

240. An Goethe   den 24ten September 1795

Lieber Sohn!

Hier kommt der Judenkram — wünsche damit viel Vergnügen! Auch gratulire zum künftigen neuen Weltbürger — nur ärgert mich daß ich mein Enckelein nicht darf ins Anzeigblättgen setzen laßen — und ein öffendlich Freudenfest anstellen — doch da unter diesem Mond nichts Vollkommenes anzutrefen ist, so tröste ich mich damit, daß mein Häschelhans vergnügt und glücklicher als in einer fatalen Ehe ist — Küße mir deinen Bettschatz und den kleinen Augst — und sage letzterem — daß das Christkindlein Ihm schöne Sachen von der Großmutter bringen soll. Das inliegende an Bethmann Metzler habe sogleich besorgt — Auch von Kappel solst du nachricht haben — schickt Bethmann so lang der Kasten offen ist den Credit brief so komt er mit — sonst schicke ich ihn mit der reitenden post. Hier ist alles auf neue in großer Unruhe — die Kayerlichen retiren sich — die Frantzsosen werden bald wieder bey uns seyn — nun trösten uns zwar die sich noch hir befindende Preußen — und sagen die Francken gingen nur durch — und wir hätten unter ihrer Obhut nicht zu befürchten — müßens eben abwarten — ich bin frölich und gutes Muthts — habe mir über den gantzen Krieg noch kein grauhaar wachssen laßen — schaue aus meinem Fenster wie die Östreicher ihre krancken auf Wagen fortbringen — sehe dem Getümmel zu — speiße bey offenem Fenster zu Mittag — besorge meine kleine Wirthschaft — laße mir Abens im Schauspiel was daher tragiren — und singe, freut euch des Lebens, weil noch das Lämpgen glüht u. s. w. Arbeiten thue ich vor der Hand nicht viel — und wer jetzt einen Brief von mir erhält — kan dick thun — die Witterung ist zu schön — meine Aussicht zu vortreflich — wärest du nicht der Wolfgang — du hättest warten können. Nur einen Augenblick wünschte ich dich jetzt her — vor Getümmel konte ich beynahe nicht fortschreiben — der gantze Roßmarck steht voll Bauern wagen die Stroh und Heu zu Marckte gebracht haben — die Wachtparade der Preußen soll aufziehen es ist auf dem großen platz kein Raum — die Bauern kriegen Prügel u. s. w. Von dem Bockenheimer Thor herein kommen — Wagen mit Betten — die Maintzer flüchten — genug es ist ein Schari wari das Curios anzuhören ist. So eben kommt von Herrn Kappel die Antwort, daß er Burgunder Wein erwartete — so bald er ankomt — will er dir Proben schicken. Lebe wohl! grüße alles was dir lieb ist

von
deiner treuen Mutter
Goethe.

N. S. mit Verlangen und großem Vergnügen erwarte die Fortsetzung vom Willhelm.

241. An Goethe den 16ten October 1795

Lieber Sohn!

Seit 5 Tagen erwartete ich deine Ankunft anstatt deiner kommt nun ein Brief der von veränderten Umständen spricht — und wo zu meinem Leidweßen dein noch längeres Ausbleiben mir angedeutet wird. Wenn die Umstände die sich verändert haben dich und deine Geschäfte betrefen; so kan ich nichts dagegen sagen — wäre aber unsere jetzige Lage darundter gemeint, so weiß ich wieder nicht warum du dich abwendig machen läßt her zu kommen — zumahl da die Frantzsosen im Rückmarsch begrifen sind. Wir sind gantz ruhig am Montag war starcke Canonade — wo die Kayerlichen die Frantzen zurück drengten — wir sind seit 3 Jahren das Ding so gewohnt worden — daß alles seinen ordentlichen Gang dabey fortgeht. Die Ursach deines Ausenbleibens seye nun welche es wolle so habe zwey Bitten an dich, Erstlich mir den Tag deiner Abreiße von Eißenach zu berichten — damit ich nicht Tagelang /: wie seit Sontag der Fall war :/ am Fenster mich bald blind gucke und jede Postschäße vor die deinige halte — Zweytens daß du bey guter Tageszeit eintrifst — denn da es nicht mehr mein eigen Hauß ist; so müßen verschiedne Einrichungen getrofen werden — die bey Nacht sehr beschwerlich wären — z. E. Ich habe von meinem Haußherrn eine Stube vor deine Bedinung gemithet — alles geht bey Zeit schlafen — ich kan nicht zur Stube ohne den Haußherrn allso — den Gelehrten ist gut predigen. Ich befinde mich Gott sey Danck! Lustig — munter und gesund — doch etwas grämlich über dein Ausbleiben — denn ich hätte doch Lust zu wetten, daß so etwas von feurigen kuglen von der Bethmann ihrer Fabrick schuld an deinem Ausbleiben ist. Dein

Koffer ist wohlbehalten angekommen — kome du auch bald — und verlebe mir die noch sehr schöne Herbst tage nicht in Eißenach. Lebe wohl! Ich hoffe dir bald mündlich sagen zu können daß ich bin

deine treue Mutter
Goethe.

N. S. Daß alle deinen Freunden Zeit und weile lang wird bist du kommst — kanst du aufs wort glauben. Auch habe ich dir ein Theatralisch Donnerwetter bestelt — das dich hoch gaudiren wird. So eben zieht die Preußische Wachtgarde auf kuckstest du doch mit mir dem Fenster herraus !!!//

242. *An Goethe* [Mitte December 1795]

Lieber Sohn!

Hir kommt das gewöhnliche bon bon unten in der Schachtel — liegt Infanteri und Cavaleri vor den kleinen Augst — Er kan bey den langen Winter abenden sich damit amusiren — in der Entfernung und dem seltenen Briefwechsel kan ich ohnmöglich wißen was dem Kind etwa Freude machen mögte — auch sind größre Spielwercke wegen des Transports zu kostspielig — nehmt also mit dem vorliebt. Die Castanien werden jetzt ersetzt seyn. Vor die Übersendung des Willhelm dancke hertzlich das Intereße steigt; so wie es weiter fort geht — Habe Danck daß du der unvergeßlichen K. noch nach so vielen Jahren ein so schönes Denckmahl gestifftet hast Sie kan dadurch nach Ihrem Tod noch gutes stifften. Ehe ich dieses schließe, will ich nachsehn, wie viele Mercure und Modejournahle mir fehlen es ist lange her daß ich keine bekommen habe. Hir kommt ein Brief davon der Verfasser endweder ein geni oder ein Lustiger Spaßmacher ist — ließ nur meine Adreße! Hir ist jetzt alles ruhig und still — wir haben eine gantz kleine Besatzung von Käyerlichen und die fernen Nachrichten lauten noch immer sehr gut — Ich bin gesund vergnügt und frölig — es gefält mir täglich im neuen Logi beßer und beßer — wie konte ich nur 46 Jahr auf dem Hirschgraben wohnen!! No. 7. 8. 9. 10. 11. 12. fehlen vom Mercur und vom Modejournahl also ½ Jahr schicke sie mit Gelegenheit und wens dir gemächlich ist. Dencke im Mertz werde ich Urgroßmutter!! Da will ich Respeck von allen Menschen /: und zwar mit recht :/ fodern — Louise beklagt sich über deine Unoncklichkeit du hättest Ihr nicht geantworttet — Wir sind freylich so in alle 4 Winde zerstreut das es beynahe heißt — wer ist meine Schwester u. s. w. Dem allen ohngeachtet bin ich doch vors Zusammenhalten — den *so* kommen wir doch nicht wieder zusammen.

Gott! Segne dich im Neuen Jahr — Er laße Seine Lieb und Güt um — bey und mit dir gehn was aber ängstest und betrübt gantz ferne von dir stehn Amen.

Deine treue Mutter
Goethe.

N. S. Herr Stock danckt dir recht hertzlich vor den überschickten Willhelm. Er war sehr kranck und läßt sich deßwegen /: weil Er immer noch schwach ist :/ durch mich endschuldigen daß Er nicht selbst geschrieben habe.

Gestern wars du die Ursach eines sehr vergnügten Tages — die Elise Bethmann gab verschiedenen großen Musick Künstlern ein Dine nach Tische setzt sich der eine an's Forte piano und singt mit der herrlichsten Stime: kents du das Land wo die Citeronen blühn? das war etwas auserordtenliches — der Ausdruck dahin dahin hat bey mir ein Gefühl zurück gelaßen — das unbeschreiblich ist — die Sophie Bethmann soltet du diese Worte declamiren hören — ich versprach es dir zu schreiben — und in aller nahmen zu dancken — und thue es hiemit. Gott! Segne dich im Neuen Jahr Amen.

243. An Louise Nicolovius d 30ten Jenner
1796

Liebe — Gute Louise — und brave Haußfrau.

Hier komt das Machwerck der Urgroßmutter. Tausend gegen eins gewettet bin ich die erste Urgroßmutter die die Spitzen an ihres Urenckels Kinds Zeug geklöppelt hat — und zwar wie der Augenschein darthut nicht etwann lirum larum sondern ein sehr schönes Brabanter Muster — Was wird das kleine Wesen so schön darinnen sich aus nehmen! Ehe du dieses bekomts — schreibe ich noch an dich und an deinen vortreflichen Mann auf deßen Enckelschaft ich Stoltz bin. Jetzt Lebe wohl! denn nun muß die Raritet gepackt und eilig fortgeschickt werden — damit das Urenckelchen nicht ehnder als die Sachen ankome — Grüße deinen Lieben Mann von deiner

treuen Großmutter
Goethe.

244. An Ludwig und Louise Nicolovius

Den 1ten Februar 1796
Liebe Kinder!

Mit umlaufender Post würde ich Eure Briefe die meinem mütterlichen Hertzen so wohl thaten, die mir so viele Freude machten auf der Stelle beantwortet haben — wenn nicht das kleine noch unsichtbahre Weßen mich dran verhindert hätte. Ja Lieben Kinder mein Urgroßmütterliches Machwerck war an der Verzögerung schuld — Angst und bange wurde mir wenn mir einfiehle daß das Urenckelein ehnder ankäme als meine Rarität — alles mußte stehn und liegen bleiben u. s. w. Aber nun schöpfe ich Odem!! Das päcklein ist Spedirt — wohin? Das könt Ihr auf beykommendem Zettelgen leßen — Gott! Gebe unserer Louise eine frohe und glückliche Entbindung — das soll und wird vor uns *alle* ein Tag der

Freude und des Jubels seyn Amen. Meinen Schattenriß solt Ihr haben, nur müßt Ihr Euch noch etwas gedulten — denn der Mann der darinn Meister ist, ist verreißt, so wie Er wieder kommt solls verfertigt und den mir so rühmlich und gütig zugedachten platz bey Euch einnehmen. Daß meine ehemahlige Freunde und Bekandten sich meiner noch in Liebe erinnern thut meinem Hertzen wohl, und versetzt mich in die so seligen Tage der Vorzeit wo mir in dem Umgang der Edlen und biedern Menschen so wohl ward — wo ich so viel gutes sah und hörte — so viel Nahrung vor Hertz und Geist genoß — niemahls nein niemahls werde ich diese herrliche Zeit vergeßen! Da Ihr meine Lieben Kinder nun das Glück habt unter diesen vortreflichen Menschen zu leben; so gedenckt meiner zuweilen — nicht gantz aus dem Andencken dieser mir ewig unvergeßlichen Freunde aus gelöscht zu seyn, wird mir in meiner Einsamkeit auch in der großen Entfernung Freude und Wonne seyn. Mein Lieber Sohn Schlosser nebst Weib und Kinder werden im Frühjahr zu mir kommen — die Ankunft wird vor mich freudevoll und lieblich sein aber der Abschied!! Wenn ich dencke, daß aller Wahrscheinlichkeit nach es das letztemahl seyn wird daß Frau Aja dieses Vergnügen genüßt daß die große Entfernung Coreßpontentz und alles übrige erschwert — so habe ich nur einen Trost, den ich aber auch mit beyden Händen halten muß daß er mir nicht entwischt — nehmlich, daß Ihr alle zusammen alsdann eine der glücklichsten Familien ausmachen werdet, und daß ich in den gantz sonderbahren Fügungen und Lenckungen Euer *aller* Schicksahle erkennen, fühlen und mit gerührtem Hertzen bekennen und sagen muß Das ist Gottes Finger! Nun dieser Gott! der bißhieher so viel gutes uns erzeigt hat, der wirds auch in diesem Jahr an keinem guten manglen laßen — Er seegne Euch erhalte Euch froh und freudig — Er schencke unserer Louise einen freudigen Anblick ihres Erstlings — und laße Sie die Mutterfreuden gantz fühlen — dem lieben Urenckelein schencke Er Gesundheit Munterkeit und Kraft zum Eintritt ins Leben — das wird Er thun Amen. Lebt wohl! und behaltet lieb

> Eure
> Euch hertzlich liebende
> Großmutter
> Goethe.

245. An Goethe den 2ten Februar 1796

Lieber Sohn!

Schon längst hätte ich mich vor die überschickten Mercure und Modejournahl bedancken sollen, aber ich hatte ein Machwerck unterhänden wo, wann es zu rechter Zeit fertig werden solte Fleiß und Anstrengung nöthig war. Meine Enckelin Louise kommt im Mertz in die Wochen — da werde ich nun Urgroßmutter! Um nun diesem Vorfall noch mehr Raritet zu geben, entschloß ich mich eine Arbeit vor zu nehmen, die /: ich wette mein Hab und fahrt :/ seit der Erschaffung der Welt /: ein starck stück :/ keine Urgroßmuter verfertigt hat: nehmlich die Spitzen an das Kindszeug die Häubger und Ermelger zu klöpplen — und nicht etwa so lirum larum, nein, sondern ein Brabanter Muster 3 Finger breit und wohl zu bemercken *ohne Brille!* Nun dencke dir die kurtzen Tage — mancherley Abhaltungen und du, und wer es hört wird meinen Fleiß bewundern — daß das Wunderwerck ficks und fertig auch schon spedirt ist. Daß dem lieben kleinen Söhngen seine Rolle hienieden so kurtz aus getheilt war, thut mir sehr leid — freylich bleiben nicht alle Blüthen um Früchte zu werden — es thut weh — aber wenn die Saat gereift ist und kommt denn ein Hagelwetter und schlägts zu Boden was in die Scheuern eingeführt werden solte, das thut noch viel weher — Wenn aber nur der Baum stehen bleibt; so ist die Hoffnung nicht verlohren. Gott! Erhalte dich — und den Lieben Augst — und deine Gefährtin — diß ist mein innigster und hertzlichster Wunsch. Daß das Judenkrämgen seine Bestimmung erfült hat freut mich — die weimarer Damen sind geschickter und haußhälterischer wie bey uns, da muß alles neu seyn sonst gehts nicht. Den eingeschlagenen Brief den jungen Menschen betrefendt, habe an Herrn Schöff von Holtzhauß überschickt, damit Er sieht, daß du in der Sache thätig geweßen bist. Jetzt noch etwas von meinem Thun und laßen. Ich befinde mich diesen Winter /: der aber auch freylich den Nahmen nicht verdient :/ sehr wohl und vergnügt — wir haben 3 Batalion Grenadir Kayerliche zur Einquartirung — es sind Niederländer die kein Wort deusch können — im Anfang wars nicht angenehm, mann glaubte die Feinde zu hören, jetzt wißen wir woran wir sind — Herr Bernus — Frau Rittern und ich, haben Mann — Frau und ein Knäbelein von 10 Wochen zu unserm Antheil erhalten — Sie wolten kein Geld, sondern die Kost — da füttert sie Herr Bernus eine Woche — und ich eine — Frau Rittern gibt die Stube und Bett da sind sie und wir gantz vergnügt — Heute bekommen sie bey mir Fleischbrüh Suppe — Weißkraut und Rindfleisch, das ihnen sehr wohl behagen wird. Auch verdienen es die braven Kayerlichen daß es ihnen bey uns wohlgeht, denn nächst Gott waren sie unsere Retter. Gott verleihe uns bald den edlen Frieden — das ist der allgemeine Wunsch. Lebe wohl! Behalte mich in gutem Andencken — grüße alles was dir lieb ist von

deiner

treuen Mutter
Goethe.

246. An Goethe den 28<u>ten</u> Februar 1796

Lieber Sohn!

Hir etwas von Schlosser — und bey dieser Gelegenheit kan ich dich von meinem Wohlbefinden benachrichtigen. Das ist aber auch alles was ich dir zu schreiben habe — denn wie ich im übrigen diesen Winter gelebt habe dürfte dir wohl schwerlich so Intereßant seyn um die Zeit mit Leßen zu verderben Doch zum Spaß nur etwas: Frau Bethmann ist verreißt — und Ihre Töchter und ich kommen die Woche etliche mahle zu sammen auch sind noch einige gute Freunde dabey wie du gleich hören solst: was wir da treiben? wir leßen — vorige Woche lassen wir Schillers Dom Karlos! jeder bekam eine Rolle — Sophie die Königin — Herr von Schwartzkopf /: der gantz vortreflich ließt :/ den Dom Karlos — Posa ich — Fürstin Eboli — die Jeni Bethmann — Domingo Herr Gerning — König Phillip Herr von Formey — Herzog Alba Eduarts Hoffmeister Herr Wagner die kleineren Rollen vertheilten wir wieder unter uns — du kanst nicht glauben wie uns das Freude gemacht hat — künftige Woche gibts was neues — Ach! Es gibt doch viele Freuden in in unseres Lieben Herr Gotts seiner Welt! Nur muß mann sich aufs suchen verstehn — sie finden sich gewiß — und das kleine ja nicht verschmähen — wie viele Freuden werden zertretten — weil die Menschen meist nur in die Höhe gucken — und was zu ihren Füßen liegt nicht achten. Das war einmahl wieder eine Brühe von Frau Aja ihrer Köcherrey. Lebe wohl! Grüße alle deine Lieben von

deiner

treuen Mutter
Goethe.

247. An Goethe den 19ten Mertz 1796

Lieber Sohn!

Herr Dorville und Bernhardt von Offenbach empfehlen dir durch mich Überbringer dieses Herrn Fräntzel einen großen Meister auf der Violine — Er machte ein große Reiße — oder hat sie zum theil schon gemacht, villeicht verschaft Ihm deine Bekandtschaft die Gnade, sich vor der

Durchlauchdigsten Herrschaft hören zu laßen — oder auch sonst bey deinen Freunden Ehre legts du gewiß ein wo du Ihn auch einzuführen die Güte haben wirst. Solchen alten Freunden konte diese kleine Gefelligkeit ohnmöglich versagen —

deine

treue Mutter
Goethe.

248. An Ludwig und Louise Nicolovius

den 5<u>ten</u> Aprill 1796

Nun dancket alle Gott! Mit Hertzen Mund und Händen, der große Dinge thut — Ja wohl — an Euch, an mir mir, an uns allen hat Er Sich auf neue als den Manifestirt der freundlich ist und deßen Güte ewiglich wäret — gelobet seye Sein Heiliger Nahme Amen. Lieben Kinder! Gott seegne Euch in Eurem neuen stand! Der Vater und Mutter Nahme ist Ehrwürdig — O! Was vor Freüden warten Eurer — und glückliches Knäbelein! Die Erziehung solcher vortreflichen Eltern und Großeltern zu genüßen — wie sorgfältig wirst du mein kleiner Liebling nach Leib und Seele gepflegt werden — wie frühe wird guter Samme in dein junges Hertz gesäht werden — wie bald, alles was das schöne Ebenbild Gottes was du an dir trägst verunziren könte ausgerottet seyn — du wirst zunehmen an Alter — Weißheit und Gnade, bey Gott und den Menschen. Die Urgroßmutter kann zu allem diesem guten nichts beytragen, die Entfernung ist zu groß — Sey froh lieber Johann Georg Eduart die Urgroßmutter kan keine Kinder erziehen schickt sich gar nicht dazu — thut ihnen allen willen wenn sie lachen und freundlich sind, und prügelt sie wann sie greinen, oder schiefe Mäuler machen, ohne auf den Grund zu gehen — warum sie lachen — warum sie greinen — aber lieb will ich dich haben, mich hertzlich deiner freuen — deiner vor Gott ofte und viel gedencken — dir meinen Urgroßmütterlichen Seegen geben — ja das kan, das werde ich. Nun habe ich dem jungen Weltbürger deutlich gesagt — was er von mir zu erwarten hat, jetzt mit Euch meinen Lieben großen Kindern noch ein paar Worte. Meinen besten Danck vor Eure mir so liebe und theure Briefe — sie thun meinem Hertzen immer wohl und machen mich überaus glücklich — besonders die Nachricht daß das päckgen wohl angekommen wäre, /: den darüber hatte ich große Besorgnüß :/ machte mich sehr froh — den denckt nur!! wenn der Urgroßmutter ihr Machwerk worüber die gute Matrone so manchen lieben langen Tag geseßen und geklüppelt hat wäre verlohren gegangen, oder zu spät gekommen, das wäre mir gar kein Spaß geweßen — aber so, gerade zu rechter Zeit, vier Tage /: den ich guckte gleich in Calender :/ zuvor ehe das Knäbelein ankam das war scharmandt. Der kleine junge hat mir den Kopf vor lauter Freude so verrückt, daß die eigendtliche Gratulation die doch nach der ordtenlichen Ordnung zu Anfang stehen solte, jetzt hintennach komt — bedeutet aber eben so viel, und geht eben so aus dem Hertzen. Gott! Laße Euch Freude und Wonne in großem Maaß an Eurem Kindlein erleben — Es sey Eure Stütze auch in Eurem Alter — Es seye Euch das, was Ihr Euren Eltern und der Großmutter seidt das ist der beste Wunsch beßer weiß ich keinen. Liebe Frau Gevatterin! /: der Tittel macht mir großen Spaß :/ wenn dieses zu Ihren Händen kommt da ist Sie wieder frisch und flinck — aber höre Sie, seye Sies nicht gar zu sehr — gehe Sie nicht zu frühe in die Aprill Luft den der hat seine Nücken wie die alte Gertraudt im Wansbecker Boten bleibe Sie hübsch in ihrem Kämmerlein biß der May kommt — damit kein Catar und Husten Sie beschweren möge — nun ich hoffe Sie wird guten Rath annehmen. Nun Lieber Herr Gevatter! Tausendt Danck nochmahls vor alle Eure Liebe — vor Eure schönen Briefe /: der Louise ihre mit eingeschlossen :/ vor die gute hertzerfreuende Nachricht — vor die Gevatterschaft vor alles Liebes und gutes womit Ihr schon so manchmahl mein Hertz erfreut habt — Gott! Lohne Euch dafür — Behaltet mich lieb — Ihr lebt und schwebt in dem Hertzen derjenigen die ist und bleibt

>> Eure
>> treue Groß und Urgroßmutter
>> Goethe.

N. S. Der vortreflichen Frau Gräfin von Stollberg — wie nicht minder der Lieben Tante Jajobi meinen besten Danck vor Ihre Liebe und Freundschaft gegen meine Louise — Gott! Seegne Sie davor. Der Scharlot habe sogleich den Brief überschickt — Himmel! was wird die vor Freude greinen! das ist ein hertzgutes aber Cuioses Geschöpf die greint bey Freude — die greint bey Leide — wens regnet und wenn die Sonne scheint — verdirbt Ihre Augen gantz ohne Noth und macht dem Urenckelein keine Spitzen!

249. An Goethe den 22ten Aprill 1796

Hier kommt das welsche korn — wünsche gute gedeiliche Witterung — daß Herr Ifland Euch sehr wohl unterhalten wird darann zweifelt niemand der diesen Künstler kent — hir wird auch wacker drauf loß tragirt — die Meße war unserm Theater sehr ersprißlich — und thrug schönes Geld ein. Neues gibts gibts bey uns gar nichts, das der Tinte werth wäre — Schlosser kommt mit Sack und Pack in 3 wochen hieher und geht alsdann vermuthlich auf Lebenslang nach Eutin — Lebe wohl! Grüße alles was dir Lieb ist von

>> deiner
>> treuen Mutter
>> Goethe.

250. An Goethe geschrieben am längsten tag 1796

Lieber Sohn!

Sogleich nach erhaltung deines Briefes habe die Einlage an Freund Rieße übergeben. Er empfielt sich dir bestens, und wird ehestens eine vollständige Relation an dich übersenden — zugleich Mittel und Wege angeben wie die dortige Lotteri ihren rechten Schwung bekommen kan — das alles wirst du also durch Ihn bestens erfahren. Nun von meinem Thun und Laßen. Hir war wieder einmahl alles in großen Schwulitäten — eingepact — fortgegangen — Pferde bestelt — täglich vor ein Pferd 11 gulden bezahlt damit es parat wäre — manches Hauß brauchte 6 auch noch mehrre — war also alle Tage so viel Pferde so viel Carolinen — die Kuscher haben wieder ihren Schnitt gemacht — auch die Schreiner — Packer u. d. g. Bey diesem Specktackel bliebe ich wie die gantze Zeit her ruhig — packte nicht — regte mich nicht — Eßen — Trincken und Schlaf bekame mir wohl — Erfahrung brachte Hoffnung — der 3 mahl geholfen hat, hats nicht verlernt — Er kan auch jetzt helfen, und Er thats durch die braven Sachssen, die haben uns wieder vordißmahl befreyt. Auch trägt zu meinem ruhigseyn nicht wenig bey, daß ich unter so guten Menschen wohne — die eben so ruhig und still sich betrugen wie ich — denn wenn mann unter so verzagten Haaßen sich befindet; so kostest doppelte Mühe sich aufrecht zu halten — die Furcht steckt an, wie der Schnuppen — und macht aus dem Singularis alle mahl den Pluralis sie macht es noch immer wie vor 4000 Jahren da sagten die Syrer, der König hätte wieder sie gedingt die *Könige* der Hethiter und die *Könige* der Egypter — sagten also statt König Könige! Zweyte Buch der Könige Cap 7 v. 6. Schlosser war mit Weib und Kinder 10 Tage hir — viel Genuß war nicht bey der Sache — denn die Unruhe war etwas starck, und sein Dichten und Trachten ging nach dem Nordischen Canaan Ich laße jedem Menschen gern seyn Himmelreich — denn in der Himmelreichs Faberick habe noch nicht viel progreßen gemacht und bin sehr froh, wenn die Menschen es ohne mich finden. Im übrigen pasirt hir wenig neues — das verdindte beschrieben zu werden — mit deinen alten Freunden sieht es ohngefähr so aus: Rieße ist etwas Hipoconder — Crespel ist ein Bauer geworden, hat in Laubach Güter gekauft das heißt etliche Baumstücke — baut auf dieselbe ein Hauß nach eigner Invenstion hat aber in dem kickelsort weder Mauerer noch Zimmerleute, weder Schreiner — noch Glaßer — das ist er nun alles selbst — es wird ein Hauß werden — wie seine Hoßen, die er auch selbst Fabricirt — Muster leihe mir deine Form!! Jetzt einen gelehrten *artickel:* wann kommt denn wieder ein Willhelm Meister zum Vorschein — die Leipziger Meße ist doch zu Ende? In diesem gantzen Jahr habe noch keinen Mercur noch kein Modejournal erhalten — es ist freylich von mir so etwas impertinent immer noch das zu verlangen, was die guten Freunde mir schon so viele Jahre die Güte hatten zu zuschicken — ich frage auch deßwegen nur gantz höfflich an ohne es geradezu zu pretendiren. Jetzt Lebe wohl! Grüße alles aufs beste und freundlichste in deinem Hauße von deiner

treuen
Mutter Goethe.

251. An Goethe den 22ten Juli 1796

Lieber Sohn!

Aus den Zeitungen wirst du die jetzige Lage deiner Vatterstadt erfahren haben — da aber das Tagebuch von Frau Aja zuverläßig nicht darinnen steht und ich doch mit Zuversicht glaube daß es dir nicht gleichgültig ist wie ich diese Epoche überstanden habe; so werde eine kleine Relation davon abstatten. Vor denen Frantzosen und ihrem hereinkommen hatte ich nicht die mindeste Furcht daß sie nicht Plündern würden war ich fest überzeugt — wozu also einpacken? ich ließe alles an ort und stelle und war gantz ruhig — auch glaubte kein Mensch daß die Käyerlichen sich hir halten wollten — es war wie die Folge auch gezeigt hat wahrer Unsinn — da sie es aber doch thaten; so fing die Sache an bedencklich zu werden — das Hauß wo ich wohne ist in Zeiten der Ruhe eins der schönsten in der Stadt — aber desto fürchterlicher in solchen Tagen wie die vergangenen wahren — der Kayerliche Commandtant wohnte gegen mir über, nun sahe ich all den Specktackel — die Frantzosen mit verbundenen Augen — unsern Burgemeister — alles in Furcht was da werden solte u. s. w. Den 12ten gegen Abend fing das Bombardement an wir setzen uns alle in die untere Stube unsers Haußherrn wie es etwas nachließ ging ich schlafen — gegen 2 uhr früh morgens fings wieder an wir wieder aus den Betten — nun fing ich an auszuräumen nicht vor den Frantzosen aber wohl vor dem Feuer — in ein paar Stunden war alles im Keller biß auf die Eißerne Kiste die uns zu schwer war — ich ließ meines Schwager Major Schuler seinen Fourirschütz nebst noch einem starcken Mann holen — die brachten sie dann glücklich in Keller. Biß an diesen periodt war ich noch gantz berugigt — jetzt kamen aber so schreckliche Nachrichten wie der wie jener /: es waren Leute die ich kante :/ der von einer Haupitze zu Todt geschlagen dem der Arm dem der Fuß vom Leibe weg u. d. g. nun fing mir an Angst zu werden und ich beschloß fortzugehn freylich nicht weit — nur dem Bombardement auszuweichen — da war aber kein Fuhrwerck ums Geld zu haben — endlich hörte ich, daß in meiner Nachbahrschaft eine Familie nach Offenbach führe — ich ließe sie bitten mich mitzunehmen — und es wurde mit vieler Höfflichkeit bewilliget. Ich bin keine von den verzagten Seelen, aber diese schreckliche Nacht die ich gantz ruhig in Offenbach bey Mama la Roche zubrachte, hätte mir in Franckfurth vielleicht Leben oder doch Gesundheit gekostet — den 12ten 13ten und 14ten bliebe ich also in meiner Freystadt — den 15ten früh kam die Nachricht daß die Capitulation geschloßen und nichts mehr Leib und Leben betrefendt zu befah[r]en sey — nur müßte mann machen den Tag noch zurückzukommen weil den 16ten die Frantzosen einrücken würden und als dann die Thore geschloßen seyn würden — nun wäre ich um keinen Preiß in Offenbach geblieben — einmahl weil mann mich vor Emigrirt hätte halten können — zweytens weil meine schöne Zimmer als gantz lehr stehend /: denn meine Mägde hatte ich auch mitgenommen :/ hätten weggenommen werden können. Nun war wieder Holland in Noth! war wieder kein Fuhrwerck zu haben — Da erbarmte unser alter Freund Hans Andre über mich, gab mir sein artiges Küschgen und rasch war ich wieder im goldenen Brunne Danckte Gott von gantzem Hertzen vor meine und vor die Bewahrung meiner Wohnung. Es ist gantz begreiflich daß ein größerer Unglück das kleinere verdrängt — wie die Canonade aufhörte — waren wir wie im Himel — wir sahen die Frantzosen als Retter unsers Haab und Beschützer unserer Haußer an — denn wenn sie gewolt hätten so stünde kein Hauß mehr — und zum löschen spantten sie ihre Pferde vor die Spritzen die von den Dorfschafften zum löschen herbey eilten. Gott! Schencke uns den Frieden! Amen! Lebe wohl! Grüße alles in deinem Hauße, und behalte lieb

deine

treue Mutter
Goethe.

N. S. vor die überschickten journarle und Mercure dancke bestens — villeicht finden sich die 3 fehlende Mercure noch, bemühen solst du dich aber deßwegen nicht.

252. An Goethe den 1ten Augst 1796

Lieber Sohn!

Du verlangst die näheren Umstände des Unglücks unserer Stadt zu wißen. Dazu gehört eine ordendtliche Rangordnung um klahr in der Sache sehen zu können. Im engsten Vertrauen sage dir also, daß die Kayerlichen die erste ursach geweßen sind — da sie nicht im stande waren die Frantzosen zurück zu halten — da diese vor unsern Thoren stunden — da Franckfurth keine Festung ist — so war es Unsinn die

Stadt ohne daß sie den minsten Vortheil davon haben konten ins Unglück zu bringen — mit alledem wäre allerwahrscheinlichkeit nach kein Hauß gantz abgebrandt — wenn der fatale Gedancke /: den sich niemand ausreden ließe :/ die Frantzosen würden plündern — nicht die Oberhand behalten hätte — das war das Unglück von der juden gaße. — denn da war alles ausgeräumt — beynahe kein lebendiges weßen drinnen — der Unsinn ging so weit, daß sie vor die lehren Häußer große Schlößer legenten. Da es nun anfing zu brennen, so konte erstlich niemandt als mit Gewalt in die zugeschloßenen Häußer — zweytens waren keine juden zum löschen da — drittens waren gantz nathürlich in den Häußern nicht die minsteste anstalt — wenn es die Christen eben so Horndumm angefangen hätten, so wäre die halbe Stadt abgebrandt — in allen Häußern — waren die größten Bütten mit Wasser oben auf die Böden der Häußer gebracht — so wie eine Kugel zündete waren naße Tücher — Mist u d g bey der Hand — so wurde Gott sey Danck — die gantze Zeil — die große und kleine Eschenheimer gaße — der Roßmarckt — die Tönges und Fahrgaße gerettet daß nicht ein Hauß gantz niedergebrandt ist — ja beßer zu sagen gar nichts das der Mühe werth wäre zu sehen — Der andre Theil der Stadt der Römerberg Maynzergaße und so weiter kamme ohnehin wenig hin — und that gar nichts. Auf der Frieburger gaße ist unser ehemahliges Hauß abgebrandt — auch der gelbe Hirsch hintenhinaus. Von unsern Bekandten und Freunden hat niema[n]dt etwas gelitten — nur ein Bekandter von mir Kaufmann Graff der in unserm Sonntags kräntzen bey Stocks ist — hat durch die Einbildung es würde geplündert einen großen Verlust gehabt — Er glaubte nehmlich wenn Er sein gantzes Waaren lager bey jemandt der in Preußischen Dinsten wäre und wo der Preußische Adler über dem Eingang angebracht wäre; so seye alles gerettet — In unserm alten Hauß auf der Frieburger gaße wohnte nun ein Preuschischer Leutenant — also brachte der gute Mann seyn Haab und Fahrt in dieses Hauß

in höltzerne Remisen — nun ist ihm alles verbrandt — und die vielen Öhlfäßer — der ungeheure Vorrath von Zucker /: er ist ein Spetzerey Händler :/ machte zumahl das öhl das Feuer noch schrecklicher — noch andre Leute folgten dem unglücklichen Beyspiel — trugen aus ihren sicheren Wohnungen alle ihre Sachen — Geld — Silber — Betten — Geräthe Möbel — in dieses unglückselige Hauß — und verlohren alles. Überhaubt hat der Gedancke der Plünderung der Stadt mehr Geld entzogen — als selbst die Brandschatzung — denn es sind Häußer die das Packen — fortschicken 6000[600]—1000 und noch mehr gekostest hat — daß der gute Hetzler und Schlosser als Geißlen sind mitgenomen worden, wirst du aus den Zeitungen wißen. Unsere jetzige Lage ist in allem Betracht fatal und bedencklich — Doch vor der Zeit sich grämen oder gar verzagen war nie meine Sache — auf Gott vertrauen — den gegenwärtigen Augenblick nutzen — den Kopf nicht verliehren — sein eignes werthes Selbst vor Kranckheit /: denn so was wäre jetzt sehr zur Unzeit :/ zu bewahren — da dieses alles mir von jeher wohlbekommen ist, so will ich dabey bleiben. Da die meisten meiner Freunde Emigrirt sind — kein Comedienspiel ist — kein Mensch in den Gärten wohnt; so bin ich meist zu Hauße — da spiele ich Clavir ziehe alle Register paucke drauf loß, daß man es auf der Hauptwache hören kan — leße alles unter einander Musencalender die Welt Geschichte von Voltäre — vergnüge mich an meiner schönen Aussicht — und so geht der gute und mindergute Tag doch vorbey. So wie weiter was wichtiges vorgeht — das sonderlich bezug auf mich hat, solts du es erfahren. Küße deinen Lieben Augst in meinem Nahmen — Grüße deine Liebste — von
                                deiner
                                                    treuen Mutter
                                                    Goethe.
N. S. Aber wo bleib der Willhelm??

253. An Goethe
den 7ten Augst 1796

Lieber Sohn!

Deinen zweyten Brief vom 29ten Juli habe auch erhalten — und übersende dir hirmit was du verlangt hast — was noch ferner heraus kommt will ich sammlen, und dir gleichfals zuschicken. Villeicht hast du die übergabe und Einnahme unserer Stadt noch nicht so in der Ordnung geleßen — drum lege sie mit bey — Ist es aber nicht abscheulich daß wir unschuldige Leute in dem 4ten artickel noch als Schuldbeladene dastehn!! Ernst der verschiedne Jahre bey dir war, und nachher zu Gerning kam hat vorige woche auch einen unerhört dummen /: denn Boßheit traue ich ihm nicht zu :/ Streich gemacht — Lotheringer Husaren waren auf eine Nacht hir Einquartirt zum Unglück konnten sie deusch — auf den Straßen sprachen nun die Leute mit ihnen — erkundigten sich /: wie das so gewohnlich ist :/ nach diesem, nach jenem — Ernst komt auch dazu und sagt: Jetzt ist es beßer hir zu seyn als am 2ten December 1792 da die Metzger und Juden die Frantzosen tod schlugen — die Burger so dabey stehn — gehen sogleich zum Burgemeister — Ernst wird ins Rathhauß — und von da grade ins Gefängnüß geführt, sitzt bey Waßer und Brod u. s. w. Unsere Situation ist noch die nehmliche — alles hoft auf den Frieden der *allein* uns und gantz Teuschland retten kan. Ich bin die gantze Woche zu Hauß — nur Sontags gehe zu Stocks — mir ists nicht beßer /: vor jetzt:/ als in meiner eigenen Gesellschaft — Gerning ist von unsern Freunden der brafste — Er besucht mich ofte — auch Schwartzkopf /: nunmehr declarirter Bräutigam von der berühmten Sofia Bethmann :/ Sie hat durch diese wahl viel bey mir, und dem gantzen Puppilicum gewonnen — So wie etwas geschied, das dir zu wißen nöthig ist, solst du es erfahren

von

deiner treuen
Mutter Goethe.

N. S. Ich werde mich erkundigen, ob Fuhrleute sicher nach Weimar Sachen mitnehmen können — in dem Fall wird Frau Aja einen etwas großen Judenkram überschikken — nicht von Lumppen und Lappen, sondern von verschiedenen brauchbahrem Weßen zum Haußhalt — Was es alles ist, wird als dann eine Spezivication anzeigen. Grüße alles in deinem Hauße und gehabe dich wohl.

254. An Goethe den 17$^{\underline{ten}}$ September 1796

Lieber Sohn!

Wir sind nun wieder in Kayerlichen Händen — Gott gebe daß wir biß zum Frieden drinnen bleiben! Den die Sieben wochen war Odem holen unter Henckers hand — Tagtäglich lebte man in Angst vor warten der Dinge die noch kommen konten. Der 7$^{\underline{te}}$ September war mir gantz besonders ängstlich — auf dem großen platz den ich jetzt übersehen kan — bemerckte ich verschiedenes das mir gar nicht behagte — Ich danckte Gott wie die Nacht herbey kam, denn da wards ruhig — den 8$^{\underline{ten}}$ früh um 5 uhr stunde ich auf und sahe zu meiner Unaussprechlichen Freude unsere Franckfurther Soldaten auf der Hauptwache — meinen Augen nicht trauend holte ich meine Lorngette und sie gingen mit Stöcken /: den die Gewähre hatten die F. alle mitgenommen :/ auf und nieder — was ich da empfand läßt sich nicht beschreiben — daß ich Gott hertzlich danckte versteht sich wohl von selbst — und des Abens unsern Zapfenstreich wieder zu hören war mir lieblicher als eine Oper von Morzart. So weit wären wir nun wieder — Gott! wird ferner durchhelfen. Burgemeister Schweitzer hat viel gethan — die gantze Burgerschaft trägt ihn beynahe auf den Händen — unsere Sachsenhäußer wolten Ihn in Römer statt der Pferde im Thriumpf ziehen — welches Er sich nun freylich verbate. Herr Doctor Schleußner war bey mir, und versprach im Rückweg mit seiner Freundin wieder zu mir zu kommen — was ich Ihm dienen kan werde mit Vergnügen thun. Daß du in unserer gegenwärtigen Verfaßung an mich gedacht hast, davor dancke ich dir sehr hertzlich solten wir das Unglück noch einmahl haben die F. hirher zu bekommen; so bleibe ich schwerlich da — aber so weit weg gehe ich auch nicht — wollen hoffen daß uns Gott behüten wird. Der Christenkram ist gepackt — ambalirt — und geht — oder ist villeicht schon fort Herr Nicolaus Schmidt war so gütig die Besorgung zu übernehmen. In dem Kram wirst du bey den Franckfurther Edicten die bezahlte Rechnung von Nothnagel vorfinden. Schicke du nur was von geleße nicht in deinen Kram dient — es wird schon in meinen dienen. Der gute Gerning hat seine Mutter verlohren vor Ihn ist es ein großer Verlust — Er will wieder Castanien vor dich besorgen — welches mir um des willen lieb ist — weil Er Bekandschaft mit dem Pfarrer in Cronenburg /: wo die besten zu haben sind :/ hat, und die Bauern vor ihren Herrn Pastor die schönsten aussuchen — diese Gefälligkeit sie vor mich nicht haben. Sehr viele Kaufmanns-güter komen hir an, ob aber demohngeachtet viel aus der Meße werden wird, darann wird wegen Mangel an Geld noch gezweifelt. Aber eine Hitze stehen wir schon den gantzen September aus, die beynahe unerträglich ist. Mehr kan ich vor heute nicht schreiben — pro primo weiß ich nichts mehr — pro Secundo muß ich noch einen langen Brief an Demoiselle Sophie Bethmann nach Leipzig fertig machen — denn wir correßpondiren miteinander, daß es eine Lust ist. Lebe wohl! Behalte mich in gutem Andencken — Grüße alles in deinem Hauße — von

deiner

treuen Mutter
Goethe.

N. S. Wenn der Kasten angekommen ist; so berichte es nur mit ein paar Zeilen, den Brief nach Italien habe sogleich besorgt.

255. An Goethe den 1ten October 1796

Lieber Sohn!

Das ist das erstemahl daß ein Brief von hiraus nach Weimar ist verlohren gegangen — schon am 17ten September schickte dir einen zimmlich langen Brief — worinn der Abzug der Frantzosen — der Einmarsch der Kayerlichen — meine Empfindungen darüber — daß gute Croneburger Castanien durch Freund Gerning besorgt würden — ferner daß der dermahlige Christenkram bald abreißen würde — daß der mir zugeschickte Herr Doctor bey mir geweßen — und mehrre Dinge die ich jetzt wieder vergeßen habe. Solte mein Brief noch ankommen, so bitte dich recht sehr mir solches sogleich durch ein paar Zeilen zuwißen zu thun — nicht um des Briefs wegen denn da ist so viel nicht dran gelegen — sondern weil ich ihn durch jemand habe auf die Post tragen laßen auf den ich einen Argwohn habe — Den 26ten September ist der Kasten mit einem Fuhrmann gantz Francirt an dich abgegangen — unter den Edicten von hir — befindet sich die bezahlte Rechnung von Nothnagel — alles diß stunde im nicht angekommen Brief. Da du Strickgarn verlangst aber etwas unbestimt davon schreibst, so will ich aufs gerathe wohl 1 u̇ No. 5. schicken. Es fängt jetzo hir Gott lob und danck! wieder an etwas Lebendig zu werden — eins nach dem andern komt wieder — Gellert hat recht: schilt nicht den Unbestandt der Güter usw: Der erste Zappenstreich von unsern Franckfurthern drang mir lieblicher ins Ohr — als die schönste Oper von Morzard — und da der Thürmer zum erstenmahl seine Zincken und Posauen erthönen ließ und — meine Hoffnung stehet feste auf den Lebendigen Gott: zu uns herrunter thönte sange ich unter hellen freuden Thränen mit. Mit deinem Brief vom 24ten September — muß doch auch ein Irthum vorwalten — den du läßt schreiben: Ich schicke hir wieder einige Mercure und Modejournahle — der Brief kam aber gantz Solo auf der reitendenpost — auch ist der Ort vergeßen von wannen

der Brief kam — Ich bin immer in Franckfurth, daher ists nicht nöthig den Ort anzugeben — denn wenn du die Zeit in Jena warst, so habe noch Hoffnung daß mein Brief von 17 September nicht verlohren, sondern villeicht in Weimar liegen geblieben ist. Auf den 4$\underline{\text{ten}}$ Band des Romans freue ich mich hertzlich. Kanst du glauben daß die alte Räthin Moritz und der Pfarrer Claus den 3$\underline{\text{ten}}$ theil vom Willhelm geleßen — die Klettenbergern gleich erkandt — und sich hertzlich drüber gefreut haben. Lebe wohl! Empfehle mich doch auch einmahl wieder deinen Durchlauchten zu Gnaden — auch Freulein Thusnelde — ferner Gevatter Wieland — Kraußfe — Herder und seinem Weibe — Wir haben doch manche frohe Stunde miteinander gehabt — und Leben Gott Lob noch alle — da muß mann doch nicht thun, als ob das Schattenreich einem schon aufgenomen hätte — Zuweilen so einen freundlichen Blick so ein Kopfnücken oder der gleichen — thut einem auf seiner Wanderschaft sehr wohl. Die Ankunft des Kastens bist du auch so gütig zu berichten. Nocheinmahl Lebe wohl! Grüße alles in deinen Hauße von
deiner
treuen Mutter
Goethe.

256. An Goethe den 9$\underline{\text{ten}}$ October 1796

Lieber Sohn

Überbringer dieses ist der Sohn deines ehemaligen sehr guten Bekandten und Freundes Herrn Andre von Offenbach — Er geht nach Jena auf die Universität — kanst du Ihm mit gutem Rath an Handen gehn — auch sonst Ihm förderlich und dinstlich seyn; so wäre es erwiederung alter und neuer /: von seinem Vater mir bey der letzten Fluch[t] nach Offenbach erzeigten Freundlichen Aufnahme :/ Freundschafts dinste. Überzeugt von deiner Willfährlichkeit verbleibe
deine
treue Mutter
Goethe.

257. An August von Goethe den 15ten October 1796

Lieber Augst!

Das ist ja vortreflich daß du an die Großmutter so ein liebes gutes Briefelein geschrieben hast — nimmermehr hätte ich gedacht, daß du schon so geschickt wärest — wenn ich nur wüßte womit ich dir auf kommenden Christag eine kleine Freude machen könte — weißt du was? sage was du gerne haben mögstet deinem Vater — und der soll mir es schreiben — besinne dich, denn es hat noch Zeit — Zur Belohnung deines schönen Briefes, schicke ich dir hir etwas bon bon — Aber den Christag soll eine große große Schachtel voll ankommen — du mußt brav lernen und recht geschickt seyn — da wirst du bald groß werden — und dann bringt du mir die Journahle und Mercure selbst. Lebe wohl! Grüße Vater und Mutter

von
deiner dich hertzlich liebenden
Großmutter
Elisabetha Goethe.

258. An Goethe den 4ten November 1796

Lieber Sohn!

Vor deinen Willhelm Meister dancke ich hertzlich — Stocks und Sömmering thun das nehmliche und grüßen dich vielmahls. Der 4te Band ist gantz herrlich! Ich bin noch nicht mit zu Ende — denn es ist Confect womit ich mich nur Sontags regalire — mir ist Angst und bange — daß das der letzte Band seyn mögte — künftigen Sontag werde es erfahren — denn ich leße es ungebunden — und kucke um Leben nicht in den letzten Bogen — noch einmahl meinen besten Danck davor. Die Kupferplatte habe sogleich mit dem Postwagen abgeschickt. Über die Langsamkeit des Fuhrmanns habe eine rechte Ärgernüß — Herr Schmidt schickt hirmit inliegenden Zettel — um zu bezeugen daß alles auf beste ist besorgt worden — nun ankommen wirds endlich doch einmahl — und da der hiesige Güterbestätter den Fuhrmann kent; so müßte im äußerten Fall derselbe in Verantwortung gesetzt werden — ich hoffe immer noch, daß das alles nicht nöthig seyn soll. Ich mögte deinem Augst gern eine kleine Freude auf die Christtage machen — dazu mußt du mir behülflich seyn — Hoßen und Weste von hübschen Winterzeug — wenn das beliebt würde, so müßte aber der Schneider befragt werden wie viel er dazu braucht, auch müßte die breite an gegeben werden z. E. ist das Zeug Ehlen breit so braucht mann so viel u. d. g. Weißt du aber etwas anders so berichte es. Unser Liebes Franckfurth kommt wieder nach und nach ins alte Gleiß — Gott sey ewig danck, daß unsere Verfaßung geblieben ist — davor war mir am bängsten — mit den Schulden — und was die Bürger am Ende werden beytragen müßen wird sichs auch geben — von dem Gelde das vom Kirchen und Bürger Silber ist geschlagen worden, soll Augst auch einen Convensthaler zum Andencken in seine Spaarbüsse haben — es sind doch 80000 f zusammen getragen worden — von Maleberth — und die alte Frau Leerse haben keinen Silbernen Löffel mehr — und der Pfarrer Starck /: der nun gestorben ist :/ hat sein schönes Müntzcabinet auch dazuhergegeben — genung jeder hat gethan was ihm möglich war — die ärmsten Leute haben die Patengeschencke ihrer Kinder dargebracht — auch haben die Frantzsosen gesagt so eine Einigkeit zwischen Magisterrath und Bürgerschaft wäre ihnen noch in keinem Lande in keinem Orte vorgekommen. Es wird dir bewußt seyn daß alles was mann beygetragen hat auf 6 Jahre zu 4 procent verintresirt wird — nun ginge mir es sehrsonderbahr — den 1ten Juli legte Pfeil 7200 f an mich ab die wurden denn sogleich wieder angelegt und zwar recht gut zu 5 procent — den 16ten kammen die Freitheits Männer da war nun bey mir große Noth — ich hatte nur so viel als ich zum täglichen Leben brauchte — geben mußte ich —

auch hätte ich mich zu Tode geschämt und gekrämt — also Geld herbey! Aber woher! Jeder brauchte das seine vor sich selbst — ich war nicht allein in diesem Fall — Frau Schöff Schlosser — Herr Hoffrath Steitz — Jungfer Steitz und mehrre — wir schickten den Lippoldt nach Hanau — es war nichts — Endlich erbarmte sich ein unbeschnidner Jude aber zu 9 procent und nach Versatz von 3 Kayerlichen Obligationen!! Ich überlegte und da fiel mir ein — daß dieser Wucher bey mir nur 8 Monathe dauern durfte — indem ich stipulirter maßen das andre Jahr vom Hirschgräber Hauß 2000 f abgelegt bekomme — die doch wieder angelegt werden müßen — also ist der Verlust nicht groß — ich bekomme so zu sagen doppelte Intereßen — einmahl vom Hauß und von der Stadt — also nahm ich das Geld — und im May kriegt er es wieder — So habe ich mich durchgedrückt. Heute habe eine sehr gute Nachricht gehört — /: wenn sie wahr ist :/ die Stadt ist vom Convent vor Neuterahl erklährt, und die Geißlen kommen in 14 Tagen wieder — das wäre herrlich. Lebe wohl! Behalte lieb

deine
treue Mutter Goethe.

N. S. Grüße alles in deinem Hauße.

259. An Goethe den 4<u>ten</u> December 1796.

Lieber Sohn!

Hir kommt ein gantz Musterhaftes stück Warndörfer Tuch vor den Lieben Augst zu Hembten — Gott laße Ihn dieselben gesund verwachsen und zerreißen — die Infanteri und Cavaleri nebst dem Zuckerwerck erscheint wie es Sitte ist in der Christ woche. Herr Schmidt läßt sich dir bestens empfehlen — du solst keine Sorge wegen des noch nicht angekommenen Kasten haben — er schaffte ihn gewiß herbey. Den ersten theil der Revolution in England von Albrecht habe durch deine Güte erhalten — wenn der 2 theil erscheint; so erbitte mir ihn ebenfals. Der 4$\underline{\text{te}}$ Band von Willhelm Meister wird mit einer Begirde nicht gelesen — sondern verschlungen — Willmer sagt: so hätte er in sei nem Leben nichts geleßen, daß ihn so im innersten bewegt hätte — genung eins reißts dem andern aus der Hand — mich hat es auserordendtlich ergötzt — jetzt fange ich an es vom Anfang zu behertzigen — den den Faden kan man ohnmöglich im Gedächnüß behalten — alles freut sich auf die Fortsetzung. Von meinem Thun und Lassen ist übrigens nicht viel zu erzählen — als daß ich Gott sey danck wohl und vergnügt bin — Meine gute Freunde und Bekandte sind alle wieder hir — Sophie Bethmann ist nun in aller Form Frau von Schwartzkopf u. s. w. Ich bin Ihre ausgewählte Freundin — und die Vertraute vom gantzen Hauß — Eße oft in Gesellschaft von Mama la Roche daselbst — genung ich ammusire mich so gut es gehen will — die alte Montags Gesellschaft ist auch wieder im gang — ins Commedienspiel wird auch gegangen — zu Hauß bin ich sehr fleisig — stricke — Klöpple Spitzen — besorge meine kleine Geschäffte — Eße — trincke — Schlaffe — das ist so ohngefähr mein beynahe /: Schlaraffen :/ Leben. Lebe wohl! Grüße dein gantzes Hauß — und behalte Lieb

deine

treue Mutter
Goethe.

260. An Goethe den 17$\underline{\text{ten}}$ Decemb 1796

Lieber Sohn!

Ich freue mich sehr daß der Kasten mit dem Geräthe und der rahren Decke endlich einmahl angekommen ist — auch hoffe ich daß das Stück Tuch zu Hembten vor den lieben Augst auch glücklich durch den Postwagen zu Euch gelangt ist. Hir kommt nun noch — Eine Arche Noa es ist zum bewundern was alles drinnen enthalten ist, ich glaubte dem Augst dadurch Spaß zu machen — Auch Invanteri und

Cavalleri — ferner einen Conv:-thaler — von dem Kirchen und Bürger zur Brandschatzung bey getragenen Silber — Bitte mit dem allem vorliebt zu nehmen. Die Feyertage werde mir ein großes gaudium mit Willhelm Meister machen — und ihn vom Anfang leßen — indem mann ohnmöglich den Faden der Geschickte behalte kan den in einem ½ Jahr verwischt sich manches — jetzt habe aber alle 4 theile vor mir — das soll mir wohl behagen den der Gang der sonderbahren Geschichte hat meine Erwartung auf höchste gespant. Der 4te theil macht hir eine erstaunliche Wirckung — und mit Schmertzen wartet jedermann auf den 5ten theil — die Hollweg — Metzler — Willmer Thurneißen sind gantz bezaubert davon — besonders Willmer — dem hat die Marianne den Kopf so verrückt, daß Er beynahe einen dumenstreich gemacht hätte — wenn ich sogerne schriebe als ich plaudre; so würde dir die Sache erzählen, das ist mir aber zu weitläuftig genung Er glaubt sich in dem Fall des Willhelms zu befinden. Jetzt Lebe wohl! Der Brief muß heute in die Confect Schachtel gepackt werden — den übermorgen geht der letzte Postwagen vor Christag ab — nun muß ich diesen Mittag selbst zum Contitor um das Zuckerwerck auszusuchen habe heute sonst noch allerley zu thun. Schlißlich, grüße alles in deinem Hauße

von
deiner treuen Mutter
Goethe.

261. An Goethe den 14ten Mertz 1797

Lieber Sohn! Inlage kommt von Herrn Bernhadt von Offenbach — mit der inständigsten Bitte an dich als seinen alten Freund — sobald als möglich an mich darüber Auskunft zu geben — du wirst dadurch Ihn — mich und dein gantzes vaterländisches Pupplicktum sehr verbinden. Ich erwarte also darüber je ehnder — je lieber eine gnügliche Antwort zu erhalten. Wie stehts denn mit deiner Italieni-

schen Reiße? Gerning den ich offte mit fragen behellige —
sagt Er hätte noch keine positiefe Antwort — Wenn ich die
Freude haben soll dich zu sehen; so muß ich es doch zeitlich
vorher wißen denn in meinem jetzigen Logi sind andre Verhältnüße — als in einem Hauße da mann allein Herr und
Meister ist. Lebe wohl! Grüße alles und behalte lieb

deine
treue Mutter.

N. S. um keinen Postag zu versäumen schriebe dieses
Nachmittags 2 uhr — vor mich eine garstige Schreibstunde

262. An Goethe den 24ten Mertz 1797

Lieber Sohn!

Vielen und schönen Danck vor die geschwinde Nachricht wegen dem Sänger — Herr Bernhardt danckt ebenfals
auch auf beste — auch hat mich dein Brief noch von einer
andern Seite sehr gefreut und erheitert — denn die Italienische Reiße war so wie die Sachen *jetzt* in Italien stehen —
gar nicht nach meinem Geschmack — So viel Vergnügen
ich haben werde, dich einmahl in meiner neuen Einrichtung
bey mir zu haben; so würde der Gedancke daß du in das
Land wo jetzt Räuber und Mörder ihren Sitz aufgeschlagen
haben hin wollest mir alle Freude vereitelt und geheimer
Kummer hätte mir allen Spaß verdorben — Gott bewahre! die Wege sind unsicher — was könnte da alles geschehen!! Genung ich bin froh, daß du wahrscheinlich in
deinem friedlichen Sachsen bleibst — und Gerning machen
läßt — was Er nicht laßen kan. Übrigens leben wir immer-
noch in Erwartung der Dinge die da kommen sollen —
Gott! weiß ob wir die Freyheits männer nicht noch einmahl zusehen kriegen — Unsere Obrigkeit thut sehr heimlich was einer aus ihren Mittlen in Pariß wo Er ungefähr
6 Wochen war aus gerichtet hat — mann glaubt daß es etwas guts seyn müße — wenigstens hoft mann es. Neues

pasirt hir nichts das des Schreibens werth wäre — Lebe wohl! Dancke dem Lieben Augst vor die überschickten Modejournahle und sein Briefgen wenn wieder so was bey der Hand ist, soll er mir es schicken Die Großmutter wird ihn auch recht lieb haben — Gott befohlen.

Deine treue Mutter
Goethe.

263. An Goethe den 15ten May 1797

Lieber Sohn!

Schon wieder eine Bitte von Herrn Bernhard — die Oper Cosa van Tutti — oder so machen sies alle — soll in Weimar so sehr viel durch den verbeßerten Text gewonnen haben — denn den wir hir haben der ist abscheulich — es ist also dieser verbeßerte Text darum Herr Bernhardt dich höfflich ersuchen läßt — alle Kosten des Abschreibens und was sonst etwa dabey ist — soll mit dem größten Danck erstattet werden. Friede hätten wir nun — das Feuer ist gelöscht aber nun geht es ans Aufräumen — da wird mann sich noch die Finger an den rauchenden Balcken verbrennen — nun es wird auch gehen — Die Frantzosen besuchen uns noch Tag täglich — Generahl Hoche hat die Zauberflöthe am Donnerstag verlangt — die den auch bey vollem Hauße ist gegeben worden. Semerring den ich gestern sprache — läßt dich grüßen — und wird dir ehestens etwas vortrefliches das Auge betreffendt übersenden — Grüße den Lieben Augst meinen kleinen Correßpondenten und bitte Ihn mir bald wieder Modejournahl und Mercure zu senden von jedem habe ich erst den Jenner — Neues pasirt hir weiter nichts — als daß die policticker die Frantzosen jetzt nach Norden marschiren laßen — Lebe wohl! Grüße alles was dir lieb ist von

deiner
treuen Mutter
Goethe.

264. An Goethe den 2ten Juni 1797

Lieber Sohn!

Die Mercure — Modejournahle und das Geld vor das Loteriloß dieses alles ist glücklich angelangt — meinen besten Danck davor! Die letzte /: Gott gebe daß sie es war :/ Geschichte drohte unserer Stadt mehr Unglück und Schaden, als alles vorhergegangne — denn wir gliechen Leuten die in guter Ruhe und größter Sicherheit in tiefem Schlaf liegen — weil sie Feuer und Licht ausgelöscht glauben — so was glaubten wir auch — und wie mann eine Hand umwendete war Vorsicht und Mühe unnütz und wir waren im größten Unglück. Senator Milius brachte schon am 2ten December voriges Jahres vom Nationahl Confent die Neutralität vor unsere Stadt von Paris /: wo Er sich 6 Wochen aufgehalten hatte :/ mit — die Declaration vom Confent war vortreflich zu unsern gunsten abgefaßt besonders wurden wir über den letzten Rückzug vom 8ten September 1796 sehr gelobtet und gepriesen — wer hätte da nun nicht ruhig seyn sollen? Das waren wir auch — kein Mensch emigrirte — niemandt schickte etwas weg — die meisten Meßfremden /: besonders die Silberhändler vom Ausspurg :/ hatten ihre Buten ofen und blieben ruhig hir — die Frantzosen waren nahe an der Stadt — wir erwarteten sie in einer Stunde die Käyerlichen waren zu schwach um sich zu halten — wir sind Neuterahl erklährt — also ist von keinem Bompatemant die Rede genung ich kuckte zum Fenster hinaus und wolte sie ankommen sehen — Das war Mittags um 2 uhr — aufeinmahl kommt die Fritz Metzlern mit Sturm in meine Stube ruft schir auser Odem Räthin es ist Friede! Der Commendant von Milius hat einen Courir vom Bononaparte — es ist ein jubel — Gott befohlen ich muß weiter die gute Nachricht verbreiten u. s. w. Gleich daraus kommt der Burgemeister Schweitzer — und Syndicus Seger in einer Kusche um ins Frantzöische Lager zum le Feber zu fahren und Ihm zu gratuliren — wie Sie an die Hauptwache kommen — werden Sie von den Bürgern umringt die Kusche muß stillhalten — Sie versichern die gute Nachricht vom Frieden — Alt und jung schwingt die Hüte ruft Vivat es ist ein Jubel der unaussprechlich war — wem in aller Welt fält es jetzt ein an Unglück zu dencken!! Keine 6 Minuten nach dieser unbeschreiblichen Freude, kommt die Käyerliche Cavaleri zum Bockenheimerthor herein gesprengt /: so etwas muß mann gesehen haben beschreiben läßt sichs nicht :/ der eine ohne Hut — dort ein Pferd ohne Reuter — und so den Bauch auf der Erde gings die Zeile hinunter — auch hörte mann schißen — alles gerithe in Erstaunen was ist das vor ein Friede so rief immer eins dem andern zu — nun zu unserer Errettung. Ein Käyerliger Leutenant hatte /: und zwar ohne Order :/ die Gegenwart des Geistes in wehrender galopate den Gattern am Thor zu und die Zugbrücke auf zuziehen — ohngeachtet noch nicht alle Käyerliche in der Stadt waren — das war nun unser Glück, denn wären die Frantzosen nachgestürmt; so wäre die Masacker in der Stadt loßgegangen — und hätte ein Burger sich nur der Sache angenommen; so war Plünderung und aller Greuel da — und am Ende hätte es geheißen *wir* hätten die Neutralität gebrochen — die Frantzosen Tod geschlagen u.s.w. Burgemeister Schweitzer und Seeger wurden geplündert le Feber wolte durchaus nicht glauben daß Friede wäre — Er hätte noch keinen Courir — von unserer neutralität wüßte Er kein wort — Endlich überredete der Käyerliche Commandant den Generahl le Feber mit in die Stadt zu kommen — versicherte auf sein Ehren wort — daß Friede wäre und daß freylich der Courir nicht bey allen Generahls zugleich ankommen könte — darauf ging Er mit — der Burgemeister Schweitzer auch und mehrere vom Magisterath gingen alles in Römischen Käyser trancken — und alles endigte sich zu unserm Glück. Dem braven Leutenant — und dem Wirth im weißen Lamm in Ausburg haben wir allso unsere Rettung zu dancken — der erste macht das Thor ohne Order zu haben zu — der andre weißt dem Courir einen kürtzern Weg nach Franckfurth er kommt auf diesem weg 6 Stunden früher — Gott hat wohl schon durch geringre Mittel aus großen Nöthen geholfen — und solte mein Glaube an die Ewige Vorsehung wieder einmahl schwach werden — so will ich mir zurufen: *dencke an den 22ten Aprill*. Die Frantzosen sind jetzt täglich /: weil sie noch in der nähe liegen :/ in unserer Stadt — besuchen fleißig das Schauspiel — Vorgestern war auf Verlangen des neu vermählten Erbprintzen von Heßencaßel und seiner Gemahlin Palmira das ist eine Oper!! sie wird hir mit aller möglichen Pracht gegeben. Hir kommt auch die No. von Lotteri Loß — Lebe wohl! Grüße alle und behalte lieb

deine
treue Mutter
Goethe.

265. An Goethe den 5ten Juni 1797

Lieber Sohn!

Alles was ich vermag um dich ruhig und zufrieden zu machen will ich von gantzem Hertzen gerne thun — ohngeachtet ich gantz gewiß weiß, daß Gott mich deinen — ich kan das Wort nicht schreiben — nicht erleben läßt; so will ich doch auf deine Erbschaft Verzicht und überhaubt alles thun was dir Vergnügen machen kan — damit du ruhig und ohne Kummer die Reiße antretten — und noch 40 Jahre theils in Italien theils in Weimar des Lebens genüßen kanst und solls — Auf dein herkommen freue ich mich hertzinniglich! Bitte dich aber nur um das einzige daß ich es 8 Tage vorher gewiß weiß — auch ob du einen oder zwey Bedienung mitbringst — denn was ich dir damahls /: als du kommen wolstest aber nicht kamst :/ schriebe gielt auch vor jetzt — nehmlich daß ich eine Stube vor deine Leute von meinem Haußwirth borgen muß — meine Wohnung ist der Lage nach einzig in ihrer art — nur so viel platz wie ehemahls im alten Hauß habe ich freylich nicht — davor bin ich aber auch aller Haussorgen quit und loß. Die Briefe habe sogleich besorgt. Ich zweifle nicht daß du dein Vorhaben die deinigen auf alle Fälle zu versorgen recht kräftig ins Werck richten wirst — solte es aber villeicht räthlich sein um mehrer sicherheit willen auch hir jemandt um Rath zu fragen von deßen verschwiegenheit mann versichert wäre; so darfst du mir nur den Auftrag geben und auch das soll befolgt werden.

Heute ist mirs nicht mehr schreiberlich drum Lebe wohl! Grüße alle deine Lieben — besonders meinen kleinen Correßpondtenten und ich werde ihm auch bald wieder schreiben Gott befohlen.

deine treue
Mutter Goethe.

N. S. Aus Thurneißens briefgen kanst du ersehen wie sie es hir mit der Oper halten wollen.

266. An Goethe den 17$\underline{\text{ten}}$ Juni 1797

Lieber Sohn!

Hier kommt die acte in aller Form zurück. Zwey Senatoren haben sie unterzeichnet — und besiegelt — deßgleichen auch ein Herr Notarius — aufgehalten habe ich die Sache auch nicht denn den 15$\underline{\text{ten}}$ erhielte ich sie und heute beym Abgang haben wir den 17$\underline{\text{ten}}$ warum sie aber 8 Tage unterwegs war denn den 9$\underline{\text{ten}}$ ist dein mitgekommender Brief von Jena datirt und den 15$\underline{\text{ten}}$ erhielte ich sie erst — das hat nun weiter nichts zu bedeuten — es soll nur beweißen, daß ich nicht saumselig geweßen bin dir ein ruhiges Gemüth zu verschaffen. Gerning hat mir meine Freude dich einmahl wiederzusehen in etwas getrübt — es könte seyn sagte Er, daß du zu Ihm nach Ausburg kämest und dann reißet Ihr miteinander — ich will dir in keine Wege deinen Plann verrücken oder gar hinderlich seyn — du mußt wißen was dir am zuträglichsten ist — nur eins bitte ich in diesem Fall mir von dir aus nehmlich eine Adreße wo ich in deiner Abweßenheit meine etwaige zu schreibende Briefe hinschicken soll — denn es können ja Fälle vorkommen, daß ich nach Weimar schreiben müßte — auch eine ditto vor Italien — Ich verwundre mich nur daß du in das vor jetzt noch so unruhige Land reißen wilsts — das muß du nun freylich alles beßer verstehen wie ich — es ist nur so eine kleine Mütterliche Sorge die villeicht sehr unnützt ist —aber villeicht kommt du doch noch erst hieher — und hörst das geplauder von Frau Aja denn darinn ist sie immer noch sehr starck — siehts meine kleine aber hübsche Wohnung u. s. w. Auf das Werck worinnen eine Frau Aja vorkommen soll freue ich mich sehr — so wie über alles was von dir kommt. Noch eins! Hetzler hat die Acte geleßen und findet sie bündig und gut. Lebe wohl! Grüße alle deine Lieben — und laße mich bald gute Nachrichten von dir hören. Dießes wird von Hertzen freuen

deine

treue Mutter
Goethe.

N. S. Hier kommt der Nahme eines jungen Mannes der künftige Herbstmeße nach Jena gehen wird um dort Jura zu studiren — sein Vater ein nicht reicher Mann hat mich sehr gebeten — seinen Sohn dir zu empfehlen und um die stelle an einem Freyti[s]ch gantz gehorsambst zu bitten — kanst du vor deiner Abreiße dieses gute Werck thun — so thue es so was bringt allemahl Seegen — und da du doch auf alle Fälle noch an mich schreiben mußt; so sage mir nur mit wenig worten was ich den guten Leuten antworten soll.

Beigelegte Urkunde

Da ich mich entschlossen habe, meinem Sohne, dem Herzogl: Sachsen Weimarl: Geheimen Rath, Herrn Johann Wolfgang von Goethe, auch dadurch einen Beweiß meiner sorgfältigen Theilnehmung an seiner häuslichen Verfassung und meiner mütterlichen Liebe zu geben, daß ich mit ihm einig worden bin, ihn auf den Fall, wenn er, des großen Unterschiedes der Jahre unerachtet, vor mir vorsterben sollte, über die Folgen dieser Möglichkeit in Ansehung seines Nachlasses völlig zu beruhigen: So erkläre ich hierdurch mit freyer Überlegung, daß, wenn ich auch gegen den Lauf der Natur meinen obgenannten Sohn überleben sollte, ich dennoch sein Vermögen an Immobilien, Mobilien, Activen und worin es irgend nur bestehen möchte, ganz zu seiner eigenen Disposition überlassen, und jede Anordnung, die er unter den Lebenden oder auf den Todesfall darüber treffen möchte, es sey auf eine rechtsförmliche Weise, oder ohne alle Feierlichkeit der Rechte, vollkommen anerkennen und als gültig bestehen lassen will, ohne mich irgend einiger zur Schwächung oder Vernichtung seiner gemachten Dispositionen abzielenden Rechtsmittel zu bedienen. Zu dem Ende entsage ich, wohlbedächtig, dem in den Gesetzen geordneten Pflichttheil und überhaupt allem Beerbungsrecht, das mir auf den Nachlaß meines Sohnes bey Überlebung desselben zustehen möchte; ich begebe mich auch aller Exzeptionen, die etwa zu Entkräftung dieser meiner freywilligen Anerklärung und Entsagung ersonnen werden könnten, besonders der Verletzung der Überredung und der Wiedereinsetzung in den vorigen Stand, und wünsche übrigens meinem Sohne die längste und zufriedenste Lebenszeit. Zur Beglaubigung dieser Renunciation habe ich meinem Sohne gegenwärtige Urkunde ausgestellt und solche eigenhändig unterschrieben. So geschehen Frankfurth am Main den 17. Junii 1797

    Catharina Elisabetha Goethe. Wittib.
    Johann Ludwig Hetzler Sen. als Zeuge
    Jakob Stock Sen. als Zeuge

267. *An Goethe* den 1ten Juli 1797

Lieber Sohn!

Ich hatte selbst eine wahre Freude daß ich die Acte so geschwind befördern konte — du kanst sie einmahl deinen Enckeln vorweißen damit sie sehen wie du vor sie gesorgt hast — zu etwas weiterem dient sie nicht — darauf gebe ich dir mein Wort. Die Päckgen an Herrn Meyer 3 an der Zahl habe von Herrn Gerning zurück erhalten. Hier überschicke dir 2 Planne von der hiesigen Lotteri — einen von der jetzt im Ziehen begriefenen — der andre auf die folgende — daß ich mich hertzlich auf deine Herkunft freue, das brauche ich dir wohl nicht zu beschwören — dein Aufenthalt bey mir wird eine wahre Erholung vor deine Lunge seyn — denn Frau Aja fühlt sich so redeselig — daß du Mühe haben wirst ein ja oder nein schicklich anzubringen. Vor heute weiß ich nichts mehr als alles zu grüßen was du lieb hast — und daß ich die Nachricht von deinem herkommen mit Freude erwarte — Lebe wohl! diß ist der Wunsch deiner

treuen Mutter
Goethe.

268. *An Goethe* den 25ten Juli 1797

Lieber Sohn!

Die Ankündigung deines Koffers hat mir große Freude gemacht er soll wohl aufgehoben seyn — aber vor der Rückreiße deßselben ohne dich dancke gantz gehorsambst!! Denn das Fenster gucken von zwey Jahren her das habe ich noch nicht vergeßen — jede der Zeil herunter kommende Postkusche wurde scharf beobachtet — und das dauerte 14 Tage — Mitalledem rühre ich nichts an — laße alles stehen wie es steht — biß du schreibst den und den reiße ich ab, und hoffe den und den bey ihr zu seyn — denn schöne Geister — sind schöne Geister und damit Holla. Mir wäre es sehr lieb wenn du es einrichten könstes bey hellem Tag in Goldenen brunen deinen Einzug zu halten — des Nachts ankommen liebe ich nicht — zumahl in einem dir gantz frembten Hauß — Hir hast du meine Willens meinung — Bald also hoffe ich dir mündlich zu sagen — wie sehr sich auf deine Herkunft gefreut hat

deine

treue Mutter
Goethe.

N. S. Grüße alles in deinem Hauße — lieblich und freundlich wie es sich gehört — gebührt und gezimt.

269. An Christiane Vulpius den 24ten August 1797

Liebe Freundin!

Das Vergnügen so ich in Ihrem Lieben traulichen Umgang genoßen macht mich noch immer froh — und ich bin meinem Sohn vielen Danck schuldig daß Er mir solches zu verschaffen die Güte hat haben wollen. So kurtz unsere Zusammenkunft war, so vergnügt und hertzlich war sie doch — und die Hoffnung Ihnen meine Liebe einst auf längre Zeit bey mir hir zu sehen erfreut mich zum voraus — Da wir einander kennen; so wird die Zukunft immer vergnügter und beßer vor uns werden — behalten Sie mich in Liebevollem Andencken — und von meiner seite glauben Sie das nehmliche. Die Gründe die mir mein Sohn von seiner Reiße vorgestelt hat konte ich nicht wiederlegen — Er geht also in die Schweitz — Gott! Begleite Ihn und bringe Ihn so gesund und heiter wieder zu uns als Er weg geht; so wollen wir uns über seine Abweßenheit beruhigen, und Ihm dieße Freude das schöne Schweitzer land nach so viel Jahren einmahl wieder zu sehn von Hertzen gönnen — und wenn ich Ihn bey seiner Rückkunft wohl genährt und gepflegt habe — Ihnen meine Liebe wohlbehalten wieder zurück spediren werde — das wiedersehn wird *uns allen* große Freude machen — das soll dann einstweilen unser Trost sein. Vor Ihren Lieben Brief dancke Ihnen hertzlich — auch dem lieben Augst dancken Sie durch einen hertzlichen Kuß von der Großmutter vor den seinen, auch sagen Sie Ihm, daß das Mändelgen mit den Schellen sich als noch hören ließe — und daß ich Infanteri und Cavaleri aufs Christkindlein bestellen wolte. Leben Sie wohl! Behalten diejenige in gutem Liebevollen Andencken, die mit wahrer Liebe und hertzlichkeit ist und seyn wird

dero
treue Freundin und Mutter
Elisabetha Goethe.

270. An Christiane Vulpius   den 23<u>ten</u> September 1797

Liebe Freundin!

Zwey ja dreyfachen Danck bin ich Ihnen schuldig — vor die Huflandischen Bücher — vor die auserordentlichen schönen und wohlgerathenen Strümpfe — die mir wie angegoßen sind — und mich diesen Winter vor der Kälte wohl beschützen sollen — und endlich daß Sie mir doch ein klein Fünckgen Licht von meinem Sohn angezündet haben — vermuthlich wißen Sie also wo Er ist? Gestern waren es 4 Wochen daß Er von hir weggereißt ist und ich habe noch keine Zeile von Ihm gesehen — die Briefe die nach seiner Abreiße bey mir eingelaufen sind — liegen ruhig auf meinem Tisch — da ich nicht weiß wo Er ist — und ich sie also ohnmöglich Ihm nachschicken kan. Da ich von Ihnen Liebe Freundin höre daß Er wohl und vergnügt ist — so bin ich ruhig — und will alles andre geduldig abwarten. Unsere Meße ist dißmahl auserordtlich Brilliant — Königliche Bräute zukünftige Churfurstinnen — Printzen — ditto Printzeßinnen — Gaffen* — Baronen — mit und ohne

---

* soll Graffen heißen

Stern u. s. w. Er [es] ist ein fahren — Reiten — gehen durcheinander — das Spaßhaft anzuschauen ist — mittlerweile wir nun hir gaffen klaffen und ein wahres Schlarraffen Leben führen — Sind Sie meine Liebe arbeitsam — sorgsam — wirthschaftlich — damit wenn der Häschelhans zu rückkommt — Er Kammern und Speicher angefült von allem guten vorfinden wird — nehmen Sie auch davor meinen besten Danck — denn ein wirthschaftliches Weib — ist das edelste Geschenck vor einen Biedermann — da das Gegentheil alles zerrüttet und Unglück und Jammer über die gantze Familie verbreitet — Bleiben Sie bey denen Ihnen beywohnenden Edlen Grundsätzen — und Gott! und Menschen werden Wohlgefallen an Ihnen haben — auch wird die Ernde die Mühe reichlich belohnen. Grüßen Sie den lieben Augst und dancken Ihm durch einen Kuß vor seinen Lieben Brief — Gott! erhalte Ihn zu unser aller Freude gesund — und laße Ihn in die Fußstappen seines Vaters tretten Amen. Behalten Sie mich indeßen in gutem liebevollen Andencken — und Seyn versichert daß ich biß ans Ende meiner Tage seyn werde

dero
treue Mutter — und Freundin
Goethe.

N. S. Haben Sie die Güte mir den Musterstrumpf zurück zu schicken — vor diesen Winter habe an dem einen paar genung — wenn ich übers Jahr noch bey der Hand bin; so schicke ich Ihnen wieder ein Muster — und ich weiß daß Sie die Güte haben werden es als dann abermahl zu besorgen. Auch sagen Sie dem Lieben Augst daß Er ehestens auch ein Briefgen von mir haben soll — heute aber hat die Großmutter viel und mancherley zu betreiben — und Er soll vor dißmahl mit Kuß und Gruß vorlieb nehmen. Vor das Modejournal dancke gleichfals.

271. An Christiane Vulpius den 5^(ten) Nov 1797

Liebe Freundin

Hir kommen die Castanien — ich wünsche daß sie wohl schmecken und eben so bekommen mögen — es gibt dieses Jahr nicht viele — sie halten immer gleichen Schritt mit dem Wein — wenn der nicht im Überfluß geräth; so gerathen sie auch nicht. Jetzt wünsche ich nur, daß mein Sohn sie mit verzehren hälfen möge — Sollten Sie wohl glauben, daß ich noch biß auf den heutigen Tag keine Silbe von Ihm gesehen habe — weiß nicht in welcher Himmels-gegend Er sich befindet — weiß eben nichts, platterdings gar nichts — das ist doch wircklich Courios — wenn ich gefragt werde wo Er ist; so sage ich in der Schweitz — weiter weiß ich keine Antwort zu geben — müßens eben abwarten endlich wird das Inconito doch ein Ende nehmen und wir werden erfahren wo Er eigendlich ist — was Er treibt, und wenn Er zurück komt. Wir meine Liebe Freundin leben jetzt in großem jubel weil es Gott sey Danck endlich Friede geworden ist, und wir keine Kriegsunruhen mehr zu befürchten haben! Unser rechtes gaudium geht freilich erst an wenn das Reich auch dabey ist, und das kan noch diesen Winter über daurern biß alles ins reine gebracht ist — aber Furcht und Angst ist doch verschwunden — und ich sehe schon im Geiste das Friedensfest feyern — höre schon alle Glocken läuten — potz Fischen! Was wollen wir da Vivat rufen! Sie wißen meine Liebe wie nahe ich an der Hauptwache wohne da wird der werthe Friede ausgetrompetet ausgepauckt — das wird ein Leben sein!!! Mittler weile werden wir doch auch etwas von meinem Sohn erfahren — das gibt denn noch eine große Freude die letzte gebe uns Gott je ehnder je lieber Amen. Haben Sie die Güte Ihrem Herrn Bruder recht schön zu dancken vor die 2 vortreflichen Taschen bücher die sind in und äußerlich gantz herrlich — das eine wird nur zur parade alle Sonntage und Festage gebraucht — das ist so schön, daß es nur die besten Freunde von mir in die Hände nehmen dürfen — und der Inhalt hat auserordentliche Wirckung gemacht — jedermann findet es gantz vortreflich — unser Senior Doctor Hufnagel hat ein Brautpaar mit den worten womit Herrmann und Dorothea eingesegnet worden — zusammengegeben und dabey gesagt — eine beßre Copulation rede wüßte Er nicht. Ich hoffe sein langes Stillschweigen bringt uns wieder so etwas gutes — womit wir freudig überrascht werden sollen. Leben Sie wohl! Grüßen und küßen den lieben Augst — und sagen Ihm, daß der Christtag im Anmarsch ist und daß die Großmutter nicht ermangeln würde ihr gethanes Versprechen zu halten — übrigens seyn Sie versichert, daß ich vor jetzt und immer bin

Ihre
wahre Freundin u Mutter
Goethe.

272. An Goethe   den 4ten December 1797

Lieber Sohn!

Das erste ist, daß ich dir dancke daß du diesen Sommer etliche Wochen mir geschenckt hast — wo ich mich an deinem Umgang so herrlich geweidet — und an deinem so auserordentlichen guten an und Aussehen ergötzt habe! Ferner daß du mich deine Lieben hast kennen lernen worüber ich auch sehr vergnügt war, Gott erhalte Euch alle ebenso wie bißher — und Ihm soll dafor Lob und Danck gebracht werden Amen. Daß du auf der Rückreiße mich nicht wieder besucht hast that mir in einem Betracht leid — daß ich dich aber lieber den Frühling oder Sommer bey mir habe ist auch wahr — denn bey jemand anders als bey mir zu wohnen — das ertrüg ich nicht — und bey schöner Jahreszeit ist auch Raum genung vorhanden — mit entzücken erinnre ich mich wie wir so hübsch nahe beysammen waren — und unser Weßen so miteinander hatten — wenn du also wieder kommst wollen wirs eben wieder so treiben nicht wahr? Deine zurück gebliebene Sachen würden schon ihren Rückmarsch angetretten haben, wenn ich nicht die Gelegenheit hätte benutzen wollen — ein Christkindlein zu gleich mitzuschicken — packe also den Kasten alleine aus damit weder Freundin noch Kind vor der Zeit nichts zu sehen bekommen den Confect schicke wie nathürlich erst in der Christwoche nach. Solte das was ich vor meine Liebe Tochter gewählt habe nicht gefallen — indem ich unsere Verabredung bey deinem Hirseyn gantz vergeßen habe; so schicke es nur wieder her und ich suche etwas anders aus — mir hat es sehr wohl behagt — aber daraus folgt nicht daß es derjenigen vor die es bestimmt ist auch gefallen muß — heute wird noch vor den lieben Augst allerley zusammen getribst — und ich hoffe, daß künftigen Freytag den 7 dieses die Raritäten auf den Postwagen gethan werden können — wenigstens will ich mein möglichstes thun — Was Herrman und Dorothea hir vor große Wirckung verursacht hat — davon habe schon etwas an meine Liebe Tochter geschrieben — Hufnagel ist so gantz davon belebt daß Er bey Copulationen und wo es nur möglich ist gebrauch davon macht — zur Probe dienet innliegendes — Er behauptet *so* hättest du noch gar nichts geschrieben. Vor die vortreflichen Taschenbücher dancke hertzlich — in und auswendig sind sie zum küßen — Hufnagel hält alle die es nicht haben oder es nicht als ein Handbuch im Sack beysich tragen — vor Hottentoten — die Elisa Bethmann mußte in seiner Gegenwart sogleich eins von den theuresten Exemplaren kaufen u. s. w. Vor den Frieden sey Gott Tausendmahl gedanckt! Wenn das wieder loßgegangen wäre — was wäre aus unserer guten Stadt geworden!!! Jetzt prepariren wir uns auf das Friedensfest — unser vortreflicher Theater Mahler mahlt Decorationen dazu — der Singsang ist auch fertig — Paucken und Trompeten sind auch bey der Hand — das wird ein Jubel werden — an der Hauptwache wird er ausposaunt! alle meine Freunde wollen aus meinen Fenstern den Jubel mit ansehn auf so viele Angst verdient mann doch wieder einmahl einen fröhligen Tag zu haben. Seit dem du weg bist hat unser geschickter Mahler 3 neue Decorationen gemacht — ein sehr schönes Zimmer — eine Stube vor arme Leuthe die gantz vortreflich ist — und einen Garten der zum erstenmahl im Don Juan sich presentirt hat — alles mit großem Ablaudisement. Ich schicke dir auch alle Comedien Zettel mit, über die eingeführten kleinen wirst du lachen — solte mann glauben daß das eine Ersparnüß jährlich von 700 f ist! Dein Looß ist mit 50 f heraus gekommen 5 wurden abgezogen vor die übrigen 45 f habe wieder ein neues zur 13$\underline{\text{ten}}$ Lotheri genomen — 728 ist die No: Das wäre so ohngefähr alles vor dißmahl. Lebe wohl! Behalte mich in gutem Andencken — Grüße deine Lieben von

deiner
treuen Mutter
Goethe.

273. An Goethe   den 23$\underline{\text{ten}}$ December 1797

Lieber Sohn!

Ich habe mit Vergnügen vernommen daß der Kasten glücklich angekommen — und daß das Christkindlein dir wohlgefallen hat — Jetzt zur Beantwortung deiner Fragen. Der Gemahl der Demoisell Sarascin heist Leutnant von Waldenfels — das Regiment Lanckens ehedeßen Anspach. Lodoiska hat hir kein Glück gemacht — mein gulden vor abonnemend Suspendi hat mich sehr schmertzt — die Musik /: sagen Kenner :/ soll sehr schön seyn vor unser Publicum war es keine Speiße — an den Decoracionen war auch nichts besonders — wir haben außer dem vortreflichen Italienischen Mahler noch einen /: der aber jetzt nicht mehr da ist : / der wolte auch sein Kunstück machen — es war ein Wald und im Hindergrund das Schloß des Tyrannen — das aber auf die Decorationen der Palmire gar nicht schmecken wolte — die andern waren unsere schon offte gesehne — ein

Zimer u. d. g. außer der Lodoiska und dem Tyrannen /: ich weiß seinen Nahmen nicht mehr :/ die sehr schön waren Sie von blauem atlas reich mit Peltz verbremt — Er gelb und rothen atlas so wie ein Pohle oder deß gleichen — die andern die rußische Kleider — die in den Strelitzen paradiren — überhaupt da ich es dem Himel sey Danck nur einmahl gesehen und vor Langerweile bald fortgegangen wäre; so erinnre ich mich weiter nichts als was ich oben gesagt habe — zudem ist es ein virtheljahr daß die Sache vorgefallen ist — und wir haben in der Zeit so viel und mancherley gesehen und gehört daß die arme Lodoiska gantz verwischt ist und ihrer nicht mehr gedacht wird — Es ist allerdings wahr daß Demoiselle Woraleck /: jetzt Madam Canabich :/ durch das Feuerwerck das am Ende abgebrandt wurde sehr beschädigt worden ist — allein Sie war schuld dran — bey belagerung des Schloßes soll Sie oben auf dem Thurm seyn — Sie stand aber unten zwischen den Culißen — ein Schwärmer fuhr ihr ins Gesicht und das Pulver verbrante ihr Anglitz und Haare, zum Glück machte Sie in dem Schrecken die Augen fest zu sonst hätte Sie das Gesicht verliehren können — 3 biß 4 Wochen daurete es biß Sie geheilt und wir Sie wieder sahn — das geschah in der 2$^{\underline{ten}}$ Vorstellung — wo ich nicht zugegen war — da die Sache nun nicht behagte, und dieser Zufall dazu kam, so wird dieses /: vor mich :/ so langweilige Stück nicht wieder aufleben. Somit hätte ich dann deine Fragen so pünctlich wie möglich beantwortet. Wir haben einige herrliche Theater aquisionen gemacht — nehmlich den großen Baßist Mauerer der in Winn so viel aufsehn gemacht hat und zwar mit allem Recht — Er ist 19 Jahr alt — schön von Gestalt — und einen Baß wie wir noch keinen gehört haben — als Sarastro war des Bravo rufen kein Ende — ferner einen Herrn Stadler der Väter rollen spielt — außer Ifland haben wir auch noch nicht seines gleichen gesehen — wenn er auf dem Zettel steht — lauft alles ins Schauspiel aber es ist auch der Mühe werth — weiter eine Madam Gromes — Herrn Blum —

Demoiselle Spitzeder alle 3 zur Oper — auch alle sehr brauchbahr — es werden noch so viele erwartet, daß wir biß Ostern noch manches Debütt zu sehen bekommen werden. Das wäre nun alles gantz lustig anzuschauen wenn wir nur einmahl wüsten was es um uns herum werden solte — das lincke Reinufer scheint verlohren zu seyn — das macht denn doch diesem und jenem Kopfweh — müßens eben holter abwarten — das Grämen vor der Zeit halte ich vor ein sehr unnützes Geschäfte. Ich hoffe daß du und deine Lieben Hauß-geister sich wohl befinden werden meine Persohn ist Gott sey Danck wohl und vergnügt — und sehe heute die Palmire — Wünsche Euch alle gute liebliche Feyertage und ein frohes neues Jahr — und hoffe auf dein Versprechen dich bald wieder in dem kleinen Stübgen zu sehn — Grüße deine Lieben — auch Schiller — Böttiger — auch bey Gelegenheit Gevatter Wieland — Herder — Bertuch — Kraußestete und alles in Weimar was mich kent — und nicht vergeßen hat! Lebe wohl! dießes wünscht

deine
treue Mutter
Goethe.

274. *An Christiane Vulpius* den 12ten Jenner 1798

Liebe Freundin!

Die 3 liebe Briefe so ich von Ihnen — meinem Sohn — und dem Lieben Augst erhilte haben mir einen recht sehr frohen Tag gemacht — besonders war es mir erfreulich, daß das Christkindlein wohl gefallen hat — es soll so was eine überraschung seyn und da kommt die Sorge hintendrein, ob mann auch nach gusto die Sachen ausgesucht habe. Desto erfreulicher ists wenn mann Freude verbreitet hat. Wir leben hir in wunderlichen ereignüßen und Begebenheiten — der Friede sieht dem Krieg so ähnlich wie zwey Tropfen wasser nur daß kein Blut vergoßen wird — Maintz ist in Frantzöischen Händen so wie die gantze Gegend — was uns bevorsteht ist in Dunckelheit eingehüllet — gekocht wird etwas das ist gewiß — denn um nichts sitzt unsere Obrigkeit nicht biß Nachts 11 uhr im Rathhauß — ich begreife nicht was der Congreß in Rastadt eigendtlich vor Nutzen haben soll — da die Frantzosen die Macht in Händen haben — die dürfen ja nur befehlen — wer will es wehren — genung von der Sache — die Deuschen sind kein Volck keine Nation mehr und damit punctum.

So wiedersinnig es klingen mag so ist mein Trost daß meine Kinder nicht hir sind und ich das jenige was mir das liebste auf der Welt ist in Sicherheit weiß. Darinn liegt nun eben das wiedersinnige nicht — aber wohl darinn — daß die meisten Menschen gern im Unglück Gesellschaft haben und ich davon eine Ausnahme mache sind die meinigen wohl und zufrieden; so bin ich auch vergnügt — denn ich bin an dem allen nicht Schuld, und kan dem Rad des Schicksahls nicht in die Speichen fallen und es aufhalten. In meinem Goldenen Brunnen bin ich froh und vergnügt — und laße die Menschen um mich herum treiben was ihnen gut deucht. Daß mein Sohn Ihnen ein schönes Geschenck mit gebracht hat war recht und billig — Sie verdienen seine gantze Zärtlichkeit und Liebe — auch ich freue mich Ihnen wieder zu sehn nur müßen die 7 Siegel gelößt und die Engel nicht mehr wehe posaunen — wer weiß geht noch alles beßer als wir jetzt dencken. Von unsern Winterlustbahrkeiten — ist vor mich nichts genüßbahr als das Schauspiel das wird den auch fleißig besucht wir haben auch wieder zwey neue Wesen vom Hamburger Theater bekommen Herrn und Madame Reinhard die ich heute zum erstenmahl beaugenscheinigen werde. Der Liebe Augst hat mir einen so schönen langen Brief geschrieben — daß es unverantwortlich wäre ihm nicht in einem gantz eigenen schreiben zu dancken — da der Brief aber auch heute noch fertig seyn muß; so müßen Sie meine Liebe mit vorstehnendem vorliebt nehmen. Behalten Sie mich auch im neuen Jahr in liebevollem Andencken — so wie ich biß der Vorhang fält seyn und bleiben werde

Ihre
treue Freundin u Mutter
Goethe.

N. S. Daß Sie meinen Lieben Sohn recht viele Grüße von mir überbringen sollen — versteht sich am Rande.

275. An Goethe den 20ten Jenner 1798

Lieber Sohn!

Meinen besten Danck vor die mir überschickten Bücher — besonders vor den Schillerischen Musen allmanack — ich werde mir etwas mit zu gute thun — In dem Graffen von Donwitz hat innliegen. Brief an dich gelegen — und ist vermuthlich aus versehen mit hieher geschickt worden — wenn der 2te theil von oben erwöhnten Graffen von Donwitz in deine Hände kommt; so habe die Güte mir ihn auch zuüberschicken — weil mir so das Buch defect ist, auch von Schilly von Nehrlich muß ich mir das nehmliche erbitten — Geleßen habe ich noch von alledem nichts — weil ich vermuthe daß es etwas genißbahres ist — und ich mir so was gern vor die ruhigen stunden des Sontags aufspahre — du wirst mir jederzeit Freude machen wenn du mir Dinge die dir aus mangel der Zeit doch nicht viel nützen anhero zu schicken, die Güte haben wilst. Anbey übersende den Commedien Zettel von der zum erstenmahl gegebenen Oper — das ist ein herrlich Product — es streittet mit der Palmire um den Vorzug — Demmer und Madam Canabich haben sich selbst übertrofen — es war gantz herlich. Wir leben hir gantz ruhig und in der besten Hoffnung daß wir bleiben was wir sind. Ich vor meine Person befinde mich wie gewöhnlich gantz zufrieden — und laße die Dinge die ich doch nicht ändern kan ihren Gang gehen — nur Weimar ist der einzige Ort in der gantzen weiten Welt woher mir meine

Ruhe gestöhrt werden könte geht es meinen Lieben dort gut; so mag meinetwegen das rechte und linke Reinufer zugehören wem es will — das stöhrt mich weder im Schlaf noch im Eßen. Daraus folgt nun daß Ihr mir von Zeit zu Zeit gute Nachrichten zusenden solt, damit ich gutes Muths bleibe — und meine noch übrigen Tage — Freut Euch des Lebens mit wahrheit und frohem Sinn Singen kan. Jetzt Lebe wohl! Grüße deine Lieben hertzlich von derjenigen die ist und bleibt

deine u ihre
treue Mutter
Goethe.

N. S. Bald hätte ich die schöne Musick vergeßen ich dancke davor — mein aufgewachtes kleines Musikalisches Talent hat dadurch einen neuen Sporn bekommen.

276. *An Goethe* den 2ten Februar 1798

Lieber Sohn!

Ein Gespräch so ich neulich mit Semmering hatte veranlaßt gegenwärtiges Schreiben — Er ahndete daß Maintz in Frantzöische Hände kommen würde, und hatte daher um seine Dimision gebethen und dieselbe auch erhalten — Er lebt nun hir und hat eine ansehnliche Pracksin — und insofern geht Ihm nun freylich nicht ab — allein Er sagte seine Kunst müßte drunter leiden — die Er doch sehr ungern vernachläßigen möchte — wenn Er also über kurtz oder lang eine Einladung als academien erhalten könte; so würde Er nicht anstehn die Stelle anzunehmen. Dieses alles soll nun zu weiter nichts dienen, als dir seine Gesinnungen kundt zu thun — daß im Fall ihr einmahl so ein Supject nutzen könet seine Gedancken vor dir ofen liegen — doch merckte ich, daß eine Profeßer stelle auf einer Academi seine Sache so eigentlich nicht wäre — zum Glück hat Er hir sein gutes Auskommen — und die Sache hat gantz und gar keine Eile

— daher bedarfs auch wenigstens keiner geschwinden Antwort. Da wir übrigens hir gantz still und ruhig leben — und es gar nichts neues gibt so wünsche dir und deinen Lieben nur noch wohl und vergnügt zu leben und nicht zu vergeßen

Eure
treue Mutter — Goethe

277. An Christiane Vulpius   den 15ten Februar 1798

Liebe Tochter!

Sie haben mir durch die überschickten Bücher eine große Freude gemacht besonders war ich entzückt Angnes von Lilien jetzt gantz zu besitzen, die ich mit so großer Begirde in den Horen suchte aber immer nur stückweiß fande — ich machte mir also ein rechtes Freudenfest und ruhte nicht biß ich damit zu Ende war — so viel ich mich erinnere von meinem Sohn gehört zu haben ist die Frau Verfaßerin eine Schwägerin von Schiller — O! laßen Sie dieser vortreflichen Frau meinen besten Danck vor dieses herrliche product kund und zu wißen thun. Auch Julie hat mir sehr behagt wer ist denn die Verfaßerin davon? Ja meine Liebe! Sie können kein beßeres und verdienstlicheres Werck an Ihrer Sie liebenden Mutter thun, als daß Sie die Güte haben, wenn Ihnen solche liebliche Sachen zukommen mich in meiner Geistesarmuth theil darann nehmen zu laßen — auch verbinde ich mich im Fall Sie Ihre Bibliotheke mit ausschmücken wollen — das was Sie etwann verlangen sollten wann ich es geleßen wieder zurück zuschicken. Wir haben hir das Thirische Leben betrefendt an nichts mangel — aber dem Geist geht es wie Adonia dem Königs Sohn im Alten Testament — von dem geschrieben steht wie wirst du so mager du Königs Sohn. Also nochmahls meinen besten Danck, vor die gute und genüßbahre Speiße womit Sie mich erquickt haben. Es freut mich überaus daß alles was mir in Weimar lieb und theuer ist sich wohlbefindet — Auch das ist recht und brav daß Sie Sich den Winter in Ihrem Häußlichen Circul als außer demselben Vergnügen machen — denn die heiligen Schriftsteller und die profanen muntern uns dazu auf, ein fröliges Hertz ist ein stetes wohlleben sagen die ersten — und frölig keit ist die Mutter aller Tugenden steht im Götz von Berlichingen Wegen des Krieges wachssen mir auch keine graue Haare — das was ich neulich an Ihnen schriebe — daß wenn es in Weimar gut mit meinen Lieben geht und steht mich das lincke und rechte Reinufer weder um Schlaf noch appetit bringt — ist noch heut dato meine Meinung. Künfigen Montag wird seyn der 19te ist mein Geburthstag — da trincken Sie meine Gesundheit — das werde ich durch Simpathi spüren und fühlen und wird mir wohl thun. Leben Sie wohl! Grüßen meinen Lieben Sohn — und glauben daß ich ewig bin

>
> Ihre
> Sie von hertzen liebende Mutter
> Goethe.

278. An Goethe und die Seinen den 12ten Mertz 1798

Liebe Freundin!

Das Vergnügen das Sie mir auf neue gemacht haben erfordert meine gantze Danckbahrkeit, und es an den Tag zu legen schreibe ich Ihnen meinen besten Danck mit umlaufender Post — wie viel Freude haben Sie mir mit Angnes von Lielien und mit Julgen Grünthal gemacht — auch Julgen hat mich sehr vergnügt — die neuen die ich von Ihrer Güte erhalten habe, habe freylich noch nicht geleßen — die werden zu gantz ruhigen Stunden aufgespart es ist mein bon bon das ich so mit Behaglichkeit genüße — sind sie genoßen da soll noch ein Danck hintendrein kommen. Daß Sie alle bey dem herannahenden Frühling in Ihrem Garten in der frischen gesunden Luft Sich erlustigen das ist sehr wohlgethan — an jedem schönen Tag werde ich künftig an Sie alle dencken und mich im Geiste mit Ihnen freuen. Jetzt erlauben Sie daß ich ein paar Worte mit meinem Sohn spreche! Lieber Sohn! Dein Looß hat wieder die Einlage zur künftigen Lootheri die im May gezogen wird gewonnen — das alles kanst du aus der Beylage zur gnüge ersehen. Nun ein Wort über unser Gespräch bey deinem hirseyn über die Lateinischen Lettern — den Schaden den sie der Menschheit thun will ich dir gantz handgreiflich darthun. Sie sind wie ein Lustgarten der Aristokraten gehört wo niemandt als Nobeleße — und Leute mit Stern und Bändern hineindürfen unsere deusche Buchstaben sind wie der Prater in Winn wo der Kayser Josephs drüber schreiben ließe Vor alle Menschen — wären deine Schrieften mit den fatahlen Aristokraten gedruckt; so allgemein wären sie bey all ihrer Vortreflichkeit nicht geworden — so recht anschaulich ist es mir auf neue bey Herrmann und Dorothea geworden — Schneider — Nätherinnen — Mägte alles ließt es — jedes findet etwas das so gantz vor sein Gefühl paßt — genung sie gehen mit der Literatur Zeitung — Docter Hufnagel u. a. m. pele mele im Prater Spatziren ergötzen sich seegnen den Autor und laßen Ihn Hoch Leben!!! Was hat Hufland übel gethan sein vortrefliches Buch mit den vor die größte Menschenhälfte unbrauchbahr[en] Lettern drucken zu laßen — sollen denn nur Leute von Stand aufgeklärt werden? soll den der geringre von allem guten ausgeschloßen seyn — und das wird er — wenn dieser neumodischen Fratze nicht einhaltgethan wird Von dir mein Lieber Sohn hoffe ich daß ich nie ein solches Menschenfeindliches product zu sehen bekomme. Jetzt auch noch meinen Danck an meinen Lieben Augst — Liebes Enckel! Vielen Danck vor die schöne und deutliche Beschreibung der vielen vierfüßigen Thire und der herrlichen Vögel das muß ja prächtig an zu sehen geweßen seyn — aber daß du alles das auch so hübsch behalten hast um es der Großmutter so anschaulich zu machen das verdint gewiß daß du recht gelobt wirst — ich hoffe daß wenn wieder etwas neues in Weimar zu sehen seyn wird, daß du es mir wieder schreiben wirst — es macht mir jederzeit große Freude, so einen geschickten Enckel an meinem Augst zu haben — auch übst du dich dadurch im Schreiben das auch sehr gut ist — Sehr gern wolte ich dir auch mit etwas neuem von hir aufwarten aber da ist nichts das der Tinte werth wäre — nur dem Vater kanst du sagen, daß unser vertreflicher Theater mahler zwey neue Decorationen beyde Straßen vorstellendt gemahlt hat bey deren Anblick ich den Vater nur auf eine Minute her gewünscht hätte denn *so was* sieht mann nicht alle Tage! Solte die Meße was sehenswerthes herkommen; so will ich dir es schreiben — Behalte die Großmutter in gutem Andencken — das will ich mir ausgebethen haben. Vor Heute genung — Lieber Sohn! Liebe Tochter! Was ich von Augst begehre geht auch Euch an Behaltet mich lieb und gedencket zu weilen an Eure

treue Mutter u Großmutter
Goethe.

N. S. Auch vor die Lieder dancke auf beste — potz Fischgen! was wollen wir Singen! Der Tittel auf rothpapier bedeutet daß in dem Buch — Herrmann und Dorothea seine Vergötterung erhalten hat.

279. An Christiane Vulpius den 2ten Aprill 1798

Liebe Freundin!

Hir kommt das verlangte welsch korn — wünsche gutes Gedeihen. Mein Sohn wird jetzt in Jena seyn darüber freue ich mich, denn Er hat bey seinem Hirseyn gesagt, daß seine Geistes producte dort zur Reife kommen — aus dem Grund hofe ich, daß die Gelehrte und ungelehrte Welt bald wieder mit etwas schönes erfreut werden wird — Gott erhalte Ihn gesund — froh und vergnügt diß ist mein innigster und heißester Wunsch. Sie meine Liebe und der brafe Liebe Augst sind hoffentlich auch wohlauf und glücklich — was ich in der Entfernung dazu beytragen kan werde immer mit Vergnügen thun. Es fängt jetzt wegen der Meße an recht lebendig bey uns zu werden — wie sie ausfallen wird muß mann abwarten. Übrigens leben wir ruhig und still — und erwarten wie die halbe Welt den Frieden. Das ist aber auch alles was ich Ihnen vordißmahl sagen kan. Behalten Sie mich in gutem Andencken — küßen den Lieben Augst von derjenigen die unverändert ist

dero

treue Mutter und Freundin Goethe.

280. An Christiane Vulpius den 7<u>ten</u> May 1798

Liebe Freundin!

Meinen besten Danck vor Ihren lieben letzen Brief, ich erkenne es wie ich soll daß Sie mir /: seye es dictirt oder selbst geschrieben :/ so angenehme Neuigkeiten von Weimar haben zukommen laßen — Nachrichten von dort her sind die einzigen die mich intereßiren, die mich froh und glücklich machen — Haben Sie auch in Zukunft die Güte mich von Zeit zu Zeit von *Ihrer aller* Wohlbefinden zu unterrichten — und jede gute Zeitung wird vor die Mutter und Großmutter ein Festtag seyn. Auch vor die überschickten Bücher dancke — und wenn ferner in diesem artickel was vorkomt; so dencken Sie gefälligst an mich. Ich glaube gern daß Iflands Gegenwart gantz Weimar froh macht — vor 13 Jahren da Er noch in Mannheim war hatten wir öfferts das Vergnügen Ihn hir zu sehen — das letzte mahl sahe ich Ihn vor 8 Jahren in der Krönung — als Hoffrath in den Hagenstoltzen — Er ist ein großer Mann das streittet Ihm niemand ab — Seine Heyrath bestättig das Sprichwort: alte Liebe rostest nicht — es war eine lange lange Liebschaft. Die Rarit[ä]ten die wir die Meße hir hatten — schreibe ich an den Lieben Augst der mir so eine schöne Beschreibung von Verfertigung des Papiers gemacht hat. Unser Theater hat auch einige sehr gute Aquisitionen gemacht — Stadler — Otto und Werdi — können jedem Theater Ehre machen — auch Madam Reinhart von Hamburg die sehr schön ist und vortreflich spielt. Sie haben so viele Geschäfte Liebes Weibgen — so was ist nun grade mein Casus nicht — daher sind die Monathe May und Juni meine fatalsten im gantzen Jahr — da wird vor das gantze Jahr Butter eingemacht — da komt vor das gantze Jahr Holtz — da koche ich meine Molcken — da wird die große Wasche besorgt u. d. g. Die Frau Rath kommt da aus ihrem gerick und geschick — kan nicht ordentlich Leßen — Clavir spielen — Spitzen klöpplen — und ist Seelenfroh wenn alles wieder den alten Gang geht — wenn ich aber so einen Lieben Brief aus Weimar bekomme — dann geht alles flink von statten — und ich fühle mich immer um 10 Jahre jünger — Jetzt wißen Sie das mittel mich zu verjüngen — geben Sie mir zuweilen solche Lebens-tropfen und ich Tantze noch den Ehren tantz aufs Augsts Hochzeit. Jetzt muß ich noch an Augst schreiben — Leben Sie wohl! Grüßen meinen Lieben Sohn recht hertzlich — und behalten lieb

> Ihre
> wahre Freundin u treue Mutter
> Goethe.

281. An Goethe den 22ten May 1798

Lieber Sohn!

Wegen einer zu machenden Reparatur wird unser Theater den gantzen Juli geschloßen bleiben — von den Schauspielern geht der eine ins Baad — der andre wo anders hin — Herr und Madam Reinhardt wollen auf ihrer Rutte die sie nehmen über Weimar gehen — und fragen durch mich an ob in oben benanter Zeit sie die Ehre haben könnten bey Euch einige Gastrollen zu Spielen — es sind ein paar brauchbahre Supjette — besonders die Frau die in Edlen Frauen — Liebhaberinnen Koniginnen u. d. g. recht brav spielt, Er macht Helden — Offizire auch gut — nun ist mir aber erinnerlich daß Eure Gesellschaft den Sommer in Lauchstädt spielt — wie lange aber weiß ich nicht — wolldest du also wohl die Güte haben nur mit ein paar Worten zu antworten ob im Juli etwas bey Euch zu thun wäre — oder nicht — im letzten fall würden Sie ihre Reiße-rutte anders einrichten — so viel von Herr u Madam Reinhardt. Demoiselle Schnautz war bey mir, und ich hatte das Vergnügen Ihr gleich beym ersten Empfang einen freudigen Abend zu verschaffen — ich nahme Sie mit ins Schauspiel — das Ihr sehr behagte auch offeri[r]te ich so ofte es Ihr beliebte einen Platz in meiner Loge welches Sie freudig annahm — wie du weißt ist das vor Frembte ein großer Vortheil weil es schwer hält ohne abonirt zu seyn einen guten Platz zu erhalten — Es ist ein sehr angenehmes Frauenzimmer, die mir wohl behagt hat — Sie soll in Franckfurth keine langeweile haben — davor stehe ich — Heute will ich Ihr die Gegenvisitte machen, und Sie ins Schauspiel einladen, da Ihr lieber Demmer den Sichel so schön spielt — es freut mich daß Sie gerade in einen glänzenden Zeitpunct unsers Theater eingetrofen ist — den der geschickte Tenorist Schultze von Winn ist angelangt und wird in der Palmire Opferfest und Zauberflöthe debitiren — Meine Liebe Tochter und Lieben Enckel grüße hertzlich von

deiner
treuen Mutter
Goethe.

282. An Christiane Vulpius den 21$\underline{\text{ten}}$ Juli 1798

Liebe Freundin!

Vor dißmahl nur meinen besten Danck vor Ihr Liebes Briefgen, und vor die Bücher — Mich freuts ungemein daß alles bey Ihnen wohl ist — das ist mein bestes Labsahl auf dieser Welt — Erfreuen Sie mich von Zeit zu Zeit mit guten Nachrichten — und Sie sollen Lob und Danck davor haben,

Der Liebe Angst [August] ist ja auserordentlich fleisig — so viel zu schreiben — und in der Ordnung mit Vergnügen leße ich seine Kunst sachen — es ist ein Lieber herrlicher Junge — Gott erhalte Ihn gesund. Herr Rath Krauße und Demoiselle Schnautz werden jetzt wieder in Weimar seyn wir haben einander öffters gesehen, und es hat Ihr hir wohl gefallen — übrigens ists Jetzt bey uns zimmlich still — alles ist in den Landhäußern — oder in den Bädern — Ich bin auch sehr oft auf dem Land bey guten Freunden — Sie Liebe Freundin kennen nun freylich diese Menschenkinder nicht, aber was thut das, genung Sie hören doch wie sich die Großmutter amusirt und ihren Sommer hinbringt — den gantzen Sontag bin ich vor dem Bockenheimer thor in Senator Stock Garten — in der Woche vorm Allerheiligen Thor bey Madam Fingerling — dann über Sachsenhaußen auf einem prächtigen Gut bey Herrn Kellner — und so habe ich 3 biß 4 Orte wohl es mir sehr wohl behagt. Sie sehen hiraus, daß die Großmutter sich des Lebens noch immer freut — und warum solte es einem auch auf dieser schönen Gottes Erde nicht wohl seyn — das wäre garstiger Undanck vor alle die Wohlthaten die Er mir in meinem Leben erzeigt hat — und unter Gottes Lob und Danck soll so ein Tag nach dem andern hingehn, biß der Vorhang fält. Leben Sie wohl! Grüßen den Lieben Wolf — und behalten Lieb

Ihre
wahre Freundin u treue Mutter
Goethe.

283. An August von Goethe   den 21ten July 1798

Lieber Augst!

So ofte ich ein so schön und deutlich geschriebenes Heft von dir erhalte; so freue ich mich daß du so geschickt bist die Dinge so ordentlich und anschaulich vorzutragen — auch schäme ich mich nicht zu bekennen, daß du mehr von diesen Sachen die von so großem Nutzen sind weißt als die Großmutter — wenn ich so gerne schriebe wie du; so könte ich dir erzählen wie elend die Kinder zu der Zeit meiner Jugend erzogen wurden — dancke du Gott und deinen Lieben Eltern die dich alles nützliche und schöne so gründlich sehen und beurtheilen lernen — daß andre die dieses Glück der Erziehung nicht haben im 30 Jahr noch alles vor Unwißenheit anstaunen, wie die Kuh ein neues Thor — nun ist es aber auch deine Pflicht — deinen Lieben Eltern recht gehorsam zu seyn — und Ihnen vor die viele Mühe die Sie sich geben, deinen Verstand zu bilden — recht viele viele Freude zu machen — auch den Lieben Gott zu bitten Vater und Mutter gesund zu erhalten damit Sie dich zu allem guten ferner anführen können. Ja Lieber August! Ich weiß aus Erfahrung was das heißt Freude an seinem Kinde erleben — dein Lieber Vater hat mir *nie nie* Kummer oder Verdruß verursacht — drum hat Ihn auch der Liebe Gott gesegnet daß Er über viele viele empor gekommen ist — und hat Ihm einen großen und ausgebreitnen Ruhm gemacht — und Er wird von allen Rechtschaffenen Leuten hoch geschätzt — da nim ein Exempel und Muster dran — denn so einen Vater haben und nicht alles anwenden auch brav zu werden — das läßt sich von so einem Lieben Sohn nicht dencken wie mein August ist. Wenn du wieder so Intreßante Nachrichten gesammelt hast; so schicke sie mir — Ich bin und bleibe

deine
treue u gute Großmutter
Goethe.

284. An Goethe den 15ten September 1798

Lieber Sohn!

Es ist schon langeher daß ich nichts von dir und den Lieben deinigen vernommen habe — ich frage also einmahl wieder an und erkundige mich nach Eurem Wohlbefinden

— auserdem habe auch verschiedne Vorfälle zu erzählen, da du über einige dich verwundern wirst — Schlosser ist Franckfurther Syndicus geworden — /: und zwar welches Ihm zu Ehre gereicht und bey unserer Verfaßung ein gar seltner fall ist :/ ohne Kugelung! Der Magistrath — die 51 — die 9 waren alle /: das beinahe unerhört ist :/ in dieser Sache einig — Wer hätte sich das träumen laßen! Ich bekomme dadurch eine Stütze die in gegenwärtigen immer noch Crittischen Zeiten mir nicht unlieb ist — auf den Umgang mit der Schlossern freue ich mich — den ob ich gleich verschiedne weibliche Bekandtschafften habe; so ist doch keine darundter, die mich so gantz begreift und versteht — die alten Zeiten fangen wieder bey mir an aufzuleben — daß die Hanchgen bey uns im alten Hauß am runden tisch bey mir saße — und du manchen schönen Abend unser Gespräch warst — Es ist mit alledem Courios daß Schlosser aus Furcht vor den Frantzsosen bis beynahe ans Ende der Welt läuft — große Aufopferungen macht und doch wieder zu einer Zeit zurück muß — da nahe genung die gefürchteten Menschen um uns herum stehn — und der Ausgang der Sache noch nicht im klahren ist — Ich bin ungewiß ob du weißt, daß sein Bruder der Schöff Schlosser vorm Jahr gestorben ist — sonst hätte freylich die Syndicus wahl nicht auf Ihn fallen können. Dein Looß ist wie das meinige blind heraus gekommen — ich lege es hir bey — da nun jedes blind heraus gekommene Looß ein frey Looß zur ersten Claße der neuen Lootteri die den 6ten November gezogen wird erhält; so ist die No: 712 dir zu theil worden — kommt es in der ersten Claße nicht heraus, so stehts es bey dir ob du es renoviren oder fallen laßen wilst — die Nachricht davon solst du so gleich von mir erfahren.

Vor Prachtvolle Castanien wird vor dieses mahl Freund Gerning sorgen. Eine unserer hiesigen Schauspielerinnen Madam Bulla kam vorige Woche zu mir und ersuchte mich bey dir anzufragen, ob Sie und Ihre Tochter ein Mädelein von 17 Jahren bey der weimarischen Gesellschaft angenommen werden könnten — dir Ihre Talente zu Speciviziren würde deßwegen unnütz seyn, weil ich in Erfahrung gebracht habe, Ihr Contrackt noch 2 ½ Jahr dauert — freylich sagt Sie mann habe Ihr den ihrigen in ansehn Ihrer Tochter auch nicht gehalten u. d. g. ich dencke aber mann muß diesen Menschenkindern nicht so schlechterdings erlauben und Ihnen leicht machen von einem Ort zum andern ohne Vorwißen der Direcktoren zu gehen — dieses gantze Geschreibe hätte ich mir erspahren können — aber ich hatte es /: ohne die Umstände gründlich zu wißen :/ einmahl versprochen und mein gegebenes Wort ist mir heilig — Du wirst die Güte haben bey Gelegenheit durch deinen Geist mir nur ein paar Worte über obige Sache zu schreiben z. E. Wie es deine Art nicht wäre jemandt zu angaschiren deßen Contract nicht zu Ende wäre, oder was dir sonst gut deucht — damit ich mich Legitimiren kan, daß ich geschrieben habe. In gegenwärtiger Meße ist viel Specktackel — viele Verkäufer — aber wenig Käufer und wenig Geld — so lange kein Friede ist; so lange wirds happern. Was machen denn deine Lieben? Von Augst habe beynahe eine Bibliotheke von seinen Erfahrungen die mich sehr gefreut haben. Grüße und küße die Lieben Haußgeister von

> deiner
> treuen Mutter
> Goethe.

285. An Goethe [Ende Oktober 1798]

Lieber Sohn!

Es ist schon wenigstens 6 Wochen daß ich einen Brief an dich abgeschickt habe — ohne eine Zeile Antwort zu erhalten — da ich nun auch seit dem Monath Juni weder Modejournahl noch Mercure empfangen habe; so hofte von Posttag zu Posttag auf diese und haupsächlich auf ein paar geschriebene Zeilen um mich bey Madam Bulle rechtfertigen zu können — Ich frage also hirmit, was das bedeute, daß weder Demoiselle Vulpius — weder Augst — weder du das mindeste von sich hat hören laßen — Ich hoffe daß angenehme Verhinderungen die Ursach Eures Stillschweigens geweßen sind — Bitte nur um ein paar Zeilen — und bin wie immer

Eure
treue Mutter
Goethe.

286. An Christiane Vulpius   den 9ten November 1798

Liebe Tochter!

Haben Sie die Güte und dancken meinem Sohn und dem Lieben Augst — ersterem vor seinen Lieben Brief — dem letzten vor seine schöne Beschreibung* — entschuldigen Sie mich bey meinen beyden Lieben, daß ich nicht jedem inbesondre Antworte — besonders dem Lieben Augst der mir so viele Freude mit seinen Beschreibungen gemacht hat, und von dem ich so manches das mir gantz unbekandt war geler[n]t habe. Ich bleibe seine Schuldnerin und werde das versäumdte nachholen. Jetzt frage ich Ihnen meine Liebe! was dem Lieben Augst zum Heiligen-Crist wohl erfreuen könte? auch was ihm etwa an Kleidungs stücken angenehm und nützlich wäre — die Zeit rückt näher und ich mögte es gerne noch früh genung übersenden, damit es hübsch fix und fertig wäre. Freund Gerning hat die Castanien besorgt — und jetzt werden sie wohl angelangt seyn — Was ich zuerst hätte thun sollen thue ich zuletzt — Ihnen hertzlich zu dancken vor überschickung der Modejournahle und Mercure — besonders aber vor Ihren Lieben Brief — ich habe mich gantz in Ihre unruh und sorgenvolle Lage versetzt — daß, wäre ich an Ihrer Stelle geweßen ich gewiß an kein Schreiben gedacht hätte — vor diese Aufmercksammkeit gegen mich — nehmen Sie hirmit noch-

---

* Loben Sie Ihn in meinem Nahmen – und sagen Ihm, daß Er gegen die Großmutter gerechnet – Ein gelehrter ist – sein Fleiß hat mich sehr gefreut.

mahls meinen besten Mütterlichen Danck. Ja wenn die Großmutter nicht so gemächlich wäre; so wäre das gar nicht übel wenn sie einmahl ihre Kinder besuchte — und alles schöne was ich schon längst von Weimar gehört habe selbst in Augenschein nähme — Aber du Lieber Himmel!! Ich und Reißen! Das gescheideste ist meine Kinder kommen zu mir — dabey wirds auch wohl sein Bewenden haben. Leben Sie wohl! Grüßen meinen Sohn — und den geschickten — fleißigen — lieben — guten — braven Augst von Eurer allen treuen Euch liebhabenden

Mutter u Großmutter
Goethe.

287. An Goethe   den 23ten November 1798

Lieber Sohn!

Die Beyden Opern haben sehr wohl gefallen — doch hat die gebeßerte Eigensinn[ig]e bey uns vor den Brüder als Nebenbuhler den Vorzug erhalten Der gantz vortrefliche Gesang der Madam Kananbich — der nicht minder herrliche Gesang des Herrn Maure[r]s und sein und Herrn Luxens wahr Comisches Spiel ist die Ursach, daß das Puplicum die Eigensinnige den Brüder vorzieht. Von Eurem schön neu eingerichteten Schauspiel Saal habe schon vor einiger Zeit Nachricht erhalten — ihn zu sehen — darauf muß ich wohl Verzicht thun! und mich begnügen was auf unserm Theater zu sehen ist — die Direction gibt sich alle Mühe die Sache in gutem Gang zu erhalten — auch ist unser Männliches Personale ohne Übertreibung gesprochen vortreflich — das weibliche ist mehr fehlerhaft — Die kommende Woche werde ich die Christkindleins Sachen Einkaufen und überschicken — eröffne du aber selbst das Kästlein damit weder meine Liebe Tochter noch mein geschickter Correßpondt vor der Zeit die Raritäten zu sehen bekommen. Der Confect komt ein paar Tage vor Christtage. Dancke meiner Lieben Tochter vor Ihren Lieben Brief —

mit der Rück antwort muß Sie ein wenig in Gedult warten — den die Großmutter schreibt nur des Morgens — und der ist jetzt sehr kurtz. Grüße meine beyden Lieben hertzlich von

Euer allen
treuen Mutter und Großmutter
Goethe.

288. An Goethe den 17<u>ten</u> Decemb 1798

Lieber Sohn!

Heute ist der Christ Confect mit dem Postwagen an Euch abgegangen — das Kistgen das den 29<u>ten</u> November an dich abgegangen — wirst du richtig erhalten haben. Gott! Gebe dir und den Lieben die dir angehören fröhlige Feyertage und ein glückliches Neu Jahr. Merckwürdiges pasirt bey uns gar nichts — und andre Dinge verlohnen nicht der Mühe des Schreibens. Ich bin Gott Lob — gesund gehe meinen alten Schlenderian so fort — und das ist alles. Behalte mich lieb in gutem Andencken — Grüße meine Liebe Tochter und bitte Sie mit dem Christgeschenck vorlieb zu nehmen thue ein gleiches mit dem Lieben Augst Ich bin wie allezeit

Euer allen
treue Mutter Goethe.

289. An Goethe den 15<u>ten</u> Mertz 1799

Lieber Sohn!

Hier schicke ich meinem Lieben Augst Nanquinette zu einem Sommer Habit — Gott laße es Ihn gesund verbrauchen — wenn in Zukunft wieder ein Kleider bedürfnüß vorfält; so mache mir eine Freude draus das abgehnde zu ersetzen — nur bitte ich, daß der dortige Schneider jedesmahl das Maaß angibt — denn bißher habe immer aufs gerathe wohl den Zeug oder Tuch fortgeschickt — In den Kaufläden wird alles nach Stab oder /: welches einerley ist :/

nach Pariser Ehle verkauft — thut das in Zukunft. Dein Looß ist durch alle Claßen gelaufen ich habe es immer Renovirt — am Ende kam es mit 60 f heraus — wenigstens ist der vortheil dabey daß du diese jetzt kommende ohne Geld zu zulegen mitspielts — mir ists nehmlich so geworden So bald ich das Neue looß habe schreibe ich dir die No. Die Meße rückt herbey, wird aber wohl ein Jahrmarck draus werden! Übrigens leben wir zwischen Furcht und Hoffnung — wißen nicht welchen Gang die Dinge noch nehmen werden — ich habe mich bey dem aufs beste hoffen immer gut befunden — dabey will ich denn auch bleiben. Vor die Mercure — und Modejournahle dancke bestens — Viele Grüße an meine Liebe Tochter und an den Lieben Augst von

Eurer
treuen Mutter
Goethe.

N. S. Schlossers grüßen vielmahl.

290. An Goethe Abgeschickt d 2ten Aprill 1799

Lieber Sohn!

Hir das welsche Korn — wünsche daß es 100fältige Früchte tragen mögte. Dancke dem Lieben Augst vor sein gutes Brieflein, es freut mich daß Ihm das Sommerkleidgen wohlgefält — aber leider ist der Sommer bey uns wieder verschwunden! Heute als den 29ten Mertz ist eine Kälte, daß ich meinen Peltzmandel wieder hervor geholt habe um im Sontagskind nicht zu erfrieren. Lieber Sohn! Was macht, was treibt Ihr denn? der Augst hat mir zwey Briefe geschrieben aber kein Wort weder von dir noch von meiner Lieben Tochter — ich hoffe ja ich weiß sogar daß alles gut ist — und daß die Nägel fest stecken — aber ich höre doch zuweilen gern von Eurem allerseitigen Wohlseyn. Aber O! Wehe!! Madame la Roche geht doch zum Gevatter Wieland — der Vetteran hat Ihr die Einladessten Briefe geschrieben — und ich wette Er langweilt sich wenn Sie ½ Tag bey Ihm ist — vermuthlich wird Sie alle große und Edle Menschen in und um Weimar mit Empfindsamkeit in Contiportion setzen, wobey du gewiß obenan stehts — Faße deine Seele in Gedult — oder gehe im May /: den da kömt Sie zu Euch :/ nach Jena — doch du wirst es schon einrichten. Lebe wohl! Grüße deine und meine Lieben von

deiner
treuen Mutter Goethe

291. An Goethe den 10ten May 1799

Lieber Sohn!

Frau Elise von Bethmann — empfiehlt sich dir und ersucht dich — ob du wolstes die Güte haben ihr bey dem Weimarer Hoffgärtner ein Kistgen Nordamerikanischer Holtzarten — wie auf beykomdendem blättgen das mehrrere zu ersehen — kaufen und mit dem ersten Postwagen anhero zu spediren doch unter meiner adreße — auch solst du thun als wäre es vor dich selbst — Sie glaubt — daß Sie dadurch am besten versorgt werden dürfte — Solten außer den hirbey kommenden 4 Louidor noch etwas auslage dabey seyn — so wird alles mit dem besten Danck erstattet werden. Vor Euren Lieben Brief vom 24ten Aprill dancke recht sehr er hat mir viel und große Freude gemacht. Dein jetziges Looß ist No. 702. Gestern speißte bey Frau Elise und trafe dem Bremischen Gesanden da an — der mit dir in Leipsig studirt hat — der Mann hatte eine Seelenfreude mich als deine Mutter kennen zu lernen — seinen Nahmen habe ich vergeßen — villeicht höre ich ihn noch einmahl — dann solt du ihn wißen — Er kam von Rastadt — Großer Gott! was ist das vor eine Geschichte!!! Wir sind alle wie vorn Kopf geschlagen — Ich laße mich sonst nicht leicht etwas so mir frembt ist ängstigen aber diese greuel kan ich gar nicht aus dem Sinne kriegen. Gott Lob und Danck! daß du in Weimar und nicht in Paris bist! Ich fürchte wenn die Nachricht unter den Pariser pöpel kommt — sie bringen alle Deusche um — Wenn ich jemand jetzt von den meinen in Franckreich oder wo sonst Frantzosen sind wüßte — ich glaube ich stürbe vor Angst — ich muß nur davon aufhören — sonst kommen mir die Greuelgesichten wieder in Kopf — wie gestern — ich war im Schauspiel — hörte und sahe aber nichts — vor lauter nachdencken über dieser Abscheuliche that. Lebe wohl! Grüße alle deine Lieben von

Eurer allen treuen Mutter
Goethe.

292. *An Goethe* den 24ten May 1799

Lieber Sohn!

Sage meiner Lieben Tochter vielen und hertzlichen Danck, vor das vortrefliche Exemplar von Herrmann und Dorothea — das Werck verdint solche verschönerungen — denn es ist ein Meisterstück ohne gleichen! Ich trage es herum wie die Katze ihre Jungen — biß Sontag nehme ich es mit zu Stocks — die werden krehen und jublen — ferner hat mir meiner Lieben Tochter ihr Brief große Freude gemacht — weil du jetzt mit Kusche und Pferden gesegnet bist — und dadurch dir nach Leib und Seele viel vergnügen machen kanst — auch hat der Liebe August mir wieder ein dickes heft seiner Frühlings Ergötzlichkeiten überschickt, das ich mit großem Vergnügen geleßen habe dancke Ihm hertzlich davor. Da ich nun aus eben dem Brief ersehen habe, daß du und alle die deinigen bey Jena auf dem Lande in einem Garten den Frühling genüßest; so habe jegenwärtiges an Herrn Hoffrath Schiller Adreßirt — da es dir denn wohl zu Händen kommen wird — jetzt eine Frage die du die Güte haben wirst, mir durch deinen Geist nur mit ein paar Worten beantworten zu laßen. Mit dem Postwagen der Freytags den 10ten May von hir nach Weimar abgegangen ist, habe 4 Louidor an dich abgeschickt mit Bitte Nordamerikanische Höltzer von dem Hoffgärtner vor Frau von Bethmann einzukaufen, und solche unter meiner Adreße herzuschicken — ob du den Brief nebst dem Gelde empfangen hast — habe die Güte mir melden zu laßen. Übrigens freue ich mich, daß du wieder in oder um Jena bist — da gibts wieder so einen Hermann — oder der gleichen — Gott seegne dich und erhalte dich gesund und froh! Lebe wohl! Grüße deine Lieben — aber auch Schiller den ich von Hertzen liebe und verehre — Behaltet alle lieb

Eure
treue Mutter
Goethe.

N. S. Auch vor die Modejournahle und Mercure dancke aufs beste.

So eben erhalte deinen Brief vom 19 und weiß nun, daß Brief und Geld bey dir glücklich angelangt ist — dancke vor diese Nachricht. Das übrige das du die Güte hattest zu berichten, soll Frau Bethmann pünctlich erfahren.

293. *An Goethe* den 20ten Juli 1799

Lieber Sohn!

Hertzlich hat mich die Nachricht von Euer aller Wohlseyn erfreut — So wie mir meine Liebe Tochter schreibt — war ein etwas starcker Roumor in Eurem Haußweßen wegen Anweßenheit der Königlichen Majestät! Die Franckfurther haben auch alles mögliche gethann — um ihren ehemahligen Bekandten zu beleben — Er hat es auch recht freundlich auf und angenommen — mir ist eine Ehre wiederfahren, die ich nicht vermuthete — die Königin ließ mich durch Ihren Bruder einladen zu Ihr zu kommen der Printz kam um Mittag zu mir und speißte an meinem kleinen Tisch — um 6 Uhr holte Er mich in einem Wagen mit 2 bedinten hintenauf in den Taxischen Palast — die Königin

JULI 1799

unter hielt sich mit mir von vorigen Zeiten — erinnerte Sich noch der vielen Freuden in meinem vorigen Hauß — der guten Pannekuchen u. s. w. Du lieber Gott! was so etwas vor Wirckung auf die Menschen macht! Das war gleich in allen Coffe und Weinhäußern, in großen und kleinen Gesellschaften — es wurde in den ersten Tagen nichts anders geredetet als, die Königin hat die Frau Rath durch den Erbprintzen von Mecklenburg zu sich holen laßen — und wie ich Stapazirt wurde alles zu erzählen was alles da wäre abgehandelt worden mit einem Wort ich hatte einem Nimbus ums Haupt der mir gut zu Gesichte stand. Dancke ja recht schön meiner Lieben Tochter vor Ihren Lieben Brief und vor die überschicken Jounahle und Mercure — besonders aber vor das herrliche Werck der Confirmation des Erprintzen — *das hat mir wohlgethan* — das ist ein ander Ding — als von unserm überspanten Hufnagel — mit seinem jemmerlichen a. b. c. buch worüber in Sachsenhaußen beynahe eine Revolution entstanden wäre. Die Bethmann danck recht sehr vor die Höltzer die wohbehalten angelangt sind — mit dem überblieben Louidor das hast du gantz brav und schön gemacht — In der vorigen Lotteri hast du ja gerade so viel gewonnen — daß gegenwärtige Ziehung nichts kostest die 5$\underline{te}$ Classe wird den 5 Augst — und die letzte den 2$\underline{ten}$ September gezogen — da du denn gleich Nachricht haben solst. Der Liebe Augst hat mir wieder ein dickes Heft von seinen Reißen zugeschickt — das mich sehr gefreut hat — grüße Ihn hertzlich von der Großmutter und dancke Ihm. Jetzt eine Theater affäre. Wir haben hir ein junges Demosellgen 17 Jahr alt nahmens Casperts, die gerne nach Weimar auf Theater mögte — Sie war hir zu ersten Liebha[b]erinnen angenommen, gefiehl auch als Friedericke in den Jägern und als Cora in der Sonnenjungfrau — nachher wolte es nicht recht fort — die Ursach mag in einer gewißen Faulheit und Gemächlichkeit liegen — genung es wurde Ihr aufgesagt — Sie ist von hübschen Eltern aus Mannhein Demoiselle Jagemann kent sie — sie will gern zweyte Rollen übernehmen — hir hat sie 800 f bekommen — Ich würde mich mit der Sache gar nicht befaßt haben — aber Frau Stock — die sich Mutter von ihr nennen läßt bate mich so lange, daß ich es Ihr versprach — Meiner Lieben Tochter würde ich auch geschrieben, und mich bey Ihr selbst bedanckt haben — desgleichen an den Lieben August — aber ich habe durch die Kranckheit meiner Köchin, so eine unordnung in meinen thun und seyn — daß mir diesen Brief zu Ende zu bringen Mühe kostest — da ich nehmlich nichts ordentliches bey mir zu Eßen haben kan; so gehe ich beynahe alle Tage zu Gaste bin also den Nachmittag nicht zu Hauß — da gibts nun die Morgenstunden — aufzuräumen — zu Rechnen und diß und das — daß die Zeit zum Schreiben sehr knapp zugetheilt ist. Ich will bey beßerer Muße alles wieder einbringen. Grüße und Küße einstweilen alles was dir und mir lieb ist von

deiner
treuen Mutter Goethe.

N. S. Viele Grüße von Schlossers.

294. An Goethe [Etwa 20. Oktober 1799]

Lieber Sohn!

Die Nachricht die ich dir jetzt schreibe — wird dir unerwartet und traurig seyn. Schlosser ist nicht mehr! Eine Lungenentzündung entriß Ihn uns am 17$\underline{\text{ten}}$ dießes — die paar Jahre in Eutin schienen auf seine Cörpperliche Umstände nicht gut gewürckt zu haben — als Er hinreißte sahe Er gut ja blühend aus — bey seiner Herkunft vor 11 Monathen kante mann Ihn beynahe nicht mehr — Er war eingefallen — alles — Zähne — Farbe alles war weg — und so mager daß alle die Ihn sahen — über die große Veränderung erstaunten. Seine Lunge zeigte sich sogleich als den schwächsten theil an Ihm — durch öfftere Catharr-Fieber u. d. g. Heut vor 14 tagen war Er in seinem vor gantz kurtzem erkauften Garten. Er steckte Zwieblen — pflantzen u. s. w. Er hörte schießen arbeitete aber imer fort — endlich kammen die Schüße näher — Er eilte fort — kam ans Eschenheimer thor — das war zu — die Brücke aufgezogen — die Frantzsosen standen davor — ein Mann sagte Ihm wenn Er *eilte* so käme Er noch zum Neuen thor herein — nun strengte Er alle Kräf[t]e an — kam auch glücklich noch herein aber erhitzt und in Angst — Er ging zu seiner Schwägerin — die nicht wohl war, und fand da eine sehr heiße Stube — wo Er nathtürlich noch mehr erhitzt wurde — diesen Augenblick wurde Rathsitz angesagt — nun mußte Er in Römmer in die kalte große Raths stube — den 2ten Tag darauf bekam Er Husten — Fieber und gleich röchlen auf der Brust — Er wolte keinen Artz — endlich kam einer der fand Ihn tödtlich kranck — mann nahm noch einen — der erklährte auch daß es sehr gefährlich wäre — Sie hatten dißmahl recht — den Er starb. Die gute Schlossern — und Ihre zwey Liebe Kinder Laßen dich hertzlich grüßen — daß Sie dir nicht selbst schrieben wirst du leicht verzeihen — Sie bitten um die Fortdauer deiner Freundschaft — auch ersuchen Sie dich es Herder — Wieland und wer Ihn etwa sonst gekandt hat bekandt zu machen. Grüße den Lieben Augst, und sage Ihm — daß sein Oberrock u Westgen nicht vergeßen seye — daß es die andre Woche soll gekauft und Ihm zugeschickt werden — denn die Großmutter wäre jetzt den gantzen Tag bey Schlossers — und das wäre die Ursach, daß es noch nicht bey der Hand seye. Mama la Roche ist gantz entzückt über die gütige Aufnahme in deinem Hauße — Sie hat mir darüber einen gar lieben Brief geschrieben — Gott erhalte dich das ist mein Morgen und Abend Gebet — Grüße meine Liebe Tochter! Laßt bald wieder etwas von Euch hören Ihr seyd ja überzeugt — daß das Leben und Wonne gibt

Eurer
treuen Mutter
Goethe.

N. S. Dein Looß hat 30 f gewonnen — die wollen wir dann wieder anwenden die neue Nummer ist 718 den 5ten November wird die erste Claße gezogen.

295. An Goethe   den Wolfgangs Tag [31. Oktober] 1799

Lieber Sohn!

Hier schicke ich dem Lieben Augst ein Winter Kleidgen — ich hoffe daß es Ihm wohlgefallen und Ihn warm halten wird — grüße Ihn und meine Liebe Tochter hertzlich. Am vergangenen Montag war Herbst — aber ohne Sang und Klang — ich habe noch keine einzige Beere gegeßen — den sie sind nicht reif geworden — vor meine Trauben werde ½ Carolin bekommen — und bin noch obendrein froh daß ich sie loß werde. Weil du schon so lange aus aller hießigen Connexion bist; so schreibe dir sehr selten Neuigkeiten — denn ich fürchte sie Intreßiren dich nicht — aber daß Bernhardt und Dorville von Offenbach falirt haben das muß du doch wißen — weil du das Hauß in seinem größten Flohr gekandt hast — Bernhardt hatte eine Capelle von 22 der geschicktesten Leute unser Theater hat die besten davon angenommen. Ich habe überall mich nach Kastanien umgethan so wie ich noch so glücklich seyn solte gute zu bekommen — solst du sie sogleich bekommen. Meinen Brief wegen Schlossers Ableben wirst du erhalten haben? Das ist alles was ich vor jetzo dir zu berichten habe Lebe wohl! Grüße nochmahls alles in deinem Hauße was dir lieb und werth ist von

       Euer allen
     treuen Mutter und Großmutter
       Goethe.

296. *An Goethe*   den 2ten Decemb 1799

Lieber Sohn!

Dißmahl nur ein paar Worte den Heiligen Christ betrefendt. Meine Liebe Tochter muß wieder etwas von mir bekommen — aber es muß Ihr auch Freude machen — Sey demnach so gütig und schreibe mir /: aber ja gleich :/ was ich thun soll. Nun vor den Lieben Augst weiß ich auch nichts so was Ihn etwa freuen könte — ein Winter Kleidgen hat Er bekommen und da Er im Wachssen ist; so sind Kleidungsstücke im voraus nicht rathsam — Ich schicke hirbey ein Verzeichnüß von allerley villeicht findest du etwas darunter was dem Lieben Jungen Spaß machte — du dürftes in diesem Fall mir nur die No. anzeigen da könte ich in meinem Verzeichnüß nachsehen und die Sache überschicken — Findest du aber nichts darinnen was dir behaget, nun so seye so gut und sage mir etwas anders — aber mit umlaufender Post sonst mögte alles zu spät ankommen. Jetzt kein Wort mehr — ich habe allerley zu treiben — Lebe wohl!

                                                     deine
                                          treue Mutter
                                              Goethe.

N. S. Vor die überschickte Bücher dancke — bald von allem ein mehreres — auch August soll ehestens meinen Danck vor seinen schönen langen Brief empfahen.

297. *An Goethe*   den 16ten December 1799

Lieber Sohn!

Heute ist das Kistgen bepact mit Christgeschencken an dich mit dem Postwagen abgegangen — wünsche daß alles zum Vergnügen ausfallen möge — Auch hoffe ich, daß das Zeug zum Kleid meiner Lieben Tochter gefallen wird — der Judenkram ist vordißmahl etwas ärmlich — ich habe alle Schubladen aus gelehrt um nur dein Begehren in etwas zu erfüllen. Vergangenen Freytag den 13ten ist auch ein Kästgen mit Maronen an dich abgegangen — ich hatte eine große Freude welche zu bekommen — die Castanien sind erbärmlich und nicht zu genißen, da lase ich im Anzeigs Blatt, daß Maronen zu haben wären flugs schickte ich darnach — kaufte und spedirte sie sogleich nach Weimar — wünsche daß sie dir behagen mögen. Lieber Sohn! Nach der Rückkehr der Mama la Roche empfinde erst recht — wie du mir zu liebe dich in meiner kleinen Wohnung beholfen hast — Ei! Was hat die mir und allen deinen Freunden vor eine herliche Beschreibung deines Haußes und deiner gantzen Einrichtung gemacht das deliziese Gastmahl das du Ihr gegeben hast — das prächtige grüne atlasne Zimmer — der herrliche Vorhang — das Gemählde das dahinter war — Summa Sumarum — einen gantzen Tag hat Sie mich davon unterhalten — was mir das vor ein Tag war kanst du leicht dencken!!! Gott! Erhalte und Seegne dich laße dir es wohl gehen — und lange mögstes du Leben auf Erden — und das wird geschehen, denn der Mutter Seegen baut den Kindern Häußer Amen. Aber dem allem ohnbeschadet — hoffe ich doch daß du mich einmahl wieder mit deinem Besuch erfreuen wirst — ich will so viel mir möglich dir alle Gemächlichkeit zu verschafen suchen. Das wäre denn vordißmahl so ohngefähr alles was ich dir zu berichten hätte — Grüße meine Liebe Tochter und den Lieben Augst hertzlich von

Eurer aller
treuen Mutter Goethe.

298. An Goethe   den 29ten Jenner 1800

Lieber Sohn!

Überbringerin dieses, Demoiselle Caspers empfiehlt Sich deinem Wohlwollen — Wenn Sie Fleiß anwendet und gute Lehrmeister in der dramatischen Kunst Sie unterstützen; so kan etwas — villeicht viel daraus werden. Nirends kan es aber beßer geschehen, als in Weimar — wo die größten Meister in diesem Fach zu Hauße sind. Sie hat mich zu diesen Entzweck ersucht Sie dir zu empfehlen — welches ist [ich] hirmit bestens gethan haben will. Sie ist jung — hat eine hübsche Theaterfigur — wird gute Lehren willig annehmen — und die Sache wird /: zu beyder seitigen :/ Vergnügen und Nutzen gedeihen — Lebe wohl! Grüße deine Lieben von

deiner
treuen Mutter
Goethe.

299. An Goethe   den 28ten Februar 1800

Lieber Sohn!

Schon längst hätte an Euch alle schreiben sollen, schon längst mich bedancken bei dem Lieben Augst vor seinen lieben Brief wo ich abermahls so viel gelernt habe — Tausende von Bücher sind in meinen Händen geweßen ohne daß ich jemahls gewußt hatte wie der Buchbinder das Werck anfängt und beendigt — dancke Ihn in meinem Nahmen vielmahls davor — daß Er auch darinn die Großmutter belehrt hat — wenn Er in andern Künsten wieder etwas lernt; so wird es mir Freude machen wenn ich durch Ihn auch in Zukunft belehrt werde. Daß meiner Lieben Tochter das kleine Geschenck Vergnügen gemacht hat that meinem Hertzen sehr wohl — grüße Sie hertzlich, und versichere Sie meiner Mütterlichen Liebe. Auch dancke ich vor die überschickten Mercure und Modejournahle, auch vor den Janus wenn Ihr die Fortsetzung davon erhaltet; so erbitte ich mir sie ebenfals — denn es hatt mich und meine Freunde sehr amusirt. Nun kommt auch der beste Danck an dich Lieber Sohn! daß du Demoiselle Caspars so gütig aufgenommen hast, Sie ist über ihre Situation enzückt — hat einen Brief von 4 seiten an Frau Senator Stock geschrieben — und kan das liebe Weimar nicht genung loben und preißen. Jetzt bin ich mit meinem Danck zu Ende — und das war der Entzweck meines Briefes denn sonst weiß ich in der Sonnen-Welt nicht zu schreiben, daß Euch nur im mindesten Intresiren könte — Mann Tantzt mann jsts mann trinckt — gerade wie vor 6000 Jahren — die Frantzsoßen laßen uns so zimlich in Ruhe — werden es aber villeicht wie gewöhnlich wieder auf die Meße verspahren. Nicolovius seine Frau und 3 Urenckel kommen im Aprill die Syndicus Schlossern zu besuchen — ich freue mich die kleinen zu sehen, und als Urgroßmutter zu paradiren. Lebe wohl! Laße bald etwas von dir hören — Grüße deine Lieben — Auch Schiller und dancke Ihm vor die Glocke. Ich bin ewig

Eure
treue Mutter
Goethe.

300. An Goethe den 22ten Mertz 1800

Lieber Sohn!

Senior Hufn[a]gel überschickt dir hir etwas — daß von Hermann und Dorothe die Rede darinnen ist kanst du leicht errathen — dieses vortrefliche Werck hat auf Ihn einen Eindruck gemacht der nicht leicht größer seyn kan — Tausendtmahl grüßt Er dich — bittet um deine Freundschaft u. s. w. Daß du und deine Lieben gesund und vergnügt Seid hoffe ich — Ich bin Gott Lob auch wohl — Das ist aber auch alles was dich Intreßiren kan. Lebe wohl! Grüße deine Haußgeister von

Eurer
treuen Mutter
Goethe.

301. An Goethe und die Seinen

Am Ersten Ostertag [13. April] 1800
Lieber Sohn!

Hirbey kommt das gewöhnliche Welsch korn — Ihr habt es zwar noch nicht verlangt — da es aber alle Jahre um diese Zeit begert wurde; so schicke ichs in Hoffnung daß es gerade zu recht kommen wird. Schöff Hetzler wird dir geschrieben und wegen der Contibuzion alle mögliche Aufschlüße gegeben — auch dabey erinnert haben, daß ich die Bezahlung auf mich nehme — Ich habe dich in Bausch und Bogen auf 10000 f angesetzt und 1797 200 f vor dich bezahlt — auch würde ich alles vor mich stillschweigend abgemacht haben — wenn das Amt deine Erklährung nicht verlangt hätte — du magt dich nun angeben wie du mit gutem Gewißen thun kanst — /: noch einmahl seye es gesagt :/ vor die Zahlung brauchst du nicht zu sorgen. Am Freytag den 11ten Aprill empfange ich von Weimar eine Rolle mit Musick von meinem alten Freund Krantz — das hat mich sehr gefreut — dancke Ihm doch in meinem Nahmen aufs beste und freundliste davor — wenn ich auch selbst nicht so geschickt bin es gleich zu singen und zu spielen; so haben wir hir Persohnen, die mir den Vorschmack davon geben sollen biß ich es selbst executiren kan. Die Edle Musica geht bey mir eifriger wie jemahls — der Marsch aus dem Tittus hat mir wegen der vermaledeiten Sprünge viel noth gemacht!!! Jetzt ein paar Worte mit meiner Lieben Tochter. Sie verlangen feines Tuch zu den Hälsen — das sollen Sie sehr schön bekommen ferner Batist zu Kraußen — nicht auch zu Manschetten? Ich weiß wohl daß die meisten Herrn keine mehr tragen — wie es aber bey meinem Sohn Mode ist — das müßen Sie die Güte haben mir mit ein paar Worten zu schreiben. Auch muß ich Ihnen über Ihren großen Fleiß im Spinnen loben — das ist recht brav Ihro Demoiselle Schwester ist sehr geschickt so fein Spinnen zu können das ist viel nützlicher als womit sich die Frauenzimmer bey uns abgeben Dancken Sie Ihr in meinem Nahmen und empfehlen mich Ihr aufs beste. Vielen Danck vor die Bücher besonders vor den Janus der macht mir viel Vergnügen — das muß wahr seyn Ihr Weimaraner seyd glückliche Menschen! Alles schöne — alles große — alles Vortrefliche habt Ihr im überfluß — wir dancken Gott! vor die Brosamen die von Eurem Tische fallen! Wenn aus Demoiselle Caspars in Weimar nichts wird, so wird in ihrem gantzen Leben nichts aus ihr — Sie ist aber auch mit ihren Aufenthalt in Weimar vergnügt wie eine Königin. Lieber Augst! Wie sehr hat mich die Beschreibung der Macarade ergötzt — und daß du gedantzt hast das war auch recht schön — hir dürfen keine gehalten werden Bälle ohne Masken gabs die menge — von hören weiß ich daß die junge Welt sich recht lustig soll gemacht haben — jedes Alter hat seine Freude — die Großmutter geht um 10 Uhr ins Bett — und läßt Tantzen wer Lust und Liebe dazu hat. Wenn du die Großmutter besuchen wilst; so mußt du Vater und Mutter mitbringen — allein mögte dir die Zeit bey der alten Großmutter zu lang fallen. Kranck warst du — das laße unterwegens bleibe hübsch gesund — und behalte diejenige lieb die imer ist

Euer aller
treue Mutter u Großmutter
Goethe.

302. An Goethe   den 27ten Aprill 1800

Lieber Sohn!

Hier schicke ich einen Sommerhut von der neusten Fason — wünsche daß er meiner Lieben Tochter wohlgefallen möge — da er aber ein sehr festliches Ansehn hat; so soll mit kommendem Postwagen — noch ein geringerer von Stroh alle Tage zu tragen nachfolgen — Ferner Nankinett vor den Lieben Augst — Er soll es gesund zerreißen. Da oben erwähnter Hut so Spät fertig geworden — kan ich um den Postwagen nicht zu versäumen — nichts weiter hinzu thun als mich vor die überschickten Bücher zu bedancken — und anzufragen — ob das welsche Korn glücklich angelangt ist? behaltet lieb

Eure treue Mutter
Goethe.

303. An Goethe

Lieber Sohn!

Nur mit ein paar worte benachrichte ich dich daß Schöff Hetzler sehr kranck darnieder liegt — wenn du also noch nicht an Ihn geschrieben hast; so thue es nicht sondern warte den gang der Kranckheit erst ab. Ehestens erhälts du nähre Nachricht von

deiner
treuen Mutter
Goethe.

den 16ten May 1800

304. An Goethe und Christiane Vulpius

den 10ten Juni 1800

Lieber Sohn!

Daß du in Leipsig mit deinen Lieben vergnügte Tage verlebt hast hat mich sehr gefreut, solche Nachrichten von dir machen mich allezeit sehr glücklich — Gott! Laße mich immer solche gute Briefe von dir und den Lieben die dir angehören leßen. Madam Elise von Bethmann danckt dir vor den überschickten Catalog — der Pflantzen — und wird es sich zu Hertzen nehmen — vorjetzt ist Sie nach Baad Ems. Unser guter Hetzler ist nicht mehr unter uns! Es ist ein großer Verlust — der Rath mißt ein treuen und fleißigen Mittarbeiter — seine Familie den besten Mann und Vater — seine Freunde den verschwiegenen treusten Rathgeber — so bald wird diese Lücke nicht ausgefült werden. Was du nun an Ihn der Contipucion wegen hast schreiben wollen —

das berichte mir — ich will als dann schon sehen — wie ich es betreibe — Jetzt ein paar worte mit meiner Lieben Tochter! Wenn Ihnen meine Liebe der Sommerhut Freude gemacht hat; so ists mirs sehr angenehm — daß ich mein versprechen mit dem andern der nachkomen solte, nicht gehalten, darann bin nicht ich sondern Frau von Schwartzkopf schuld — die versprach mir einen zu besorgen — und thats nicht — ich bin in diesen Modesachen sehr unwißent — ich werde mich jetzt an Frau Stock wenden, da wird doch endlich noch einer zum Vorschein kommen. Sie haben neulich von mir Hals kraußen und Batist verlangt, darauf schriebe ich Ihnen ob mein Sohn nur Schapo oder auch Manschetten trüge — darauf habe noch keine Antwort erhalten — ich müßte es aber doch wißen — um mich im Einkaufen darnach zu richten. Jetzt noch eins — Vor die überschickten Bücher dancke recht sehr — nur haben Sie mir den 4ten theil vom Mercur 2 mahl geschickt — davor fehlt aber No. 3. bey Gelegenheit erbitte ich mir ihn. Dem Lieben Augst würde ich selbst ein eigenes Brief[g]en geschrieben, und mich vor seinen Lieben guten Brief bedanckt haben — aber ich habe so mancherley zu tribschen und zu treiben, daß es vor jetzt ohnmöglich ist — dancken Sie Ihm in meinem Nahmen recht hertzlich davor. Wenn von dem Journahl der Romane wieder etwas heraus kommt; so erbitte ich es mir wieder zuzusenden. Lebt wohl! Liebe Kinder! und gedenckt zuweilen an

Eure
treue Mutter
Goethe.

305. An Christiane Vulpius den 7ten Juli 1800

Liebe Tochter!

Hier schicke ich Ihnen den verlangten Batist und das Tuch zu Halskrägen ich hoffe daß es Ihnen gefallen wird — Ferner den schon längst versprochenen Strohhut — verwundern Sie Sich nicht das er auch die gelbe Farbe hat — die gantze neumoische Welt trägt jetzt gelb lauter gelb — brauchen Sie ihn gesund und froh! Vor die überschickten Bücher besonders den 3ten theil des Mercurs dancke auf das verbindlichste.

Meinem Sohn sagen Sie viel schönes und liebes — ferner sagen Sie Ihm es hätte mit der bewußten Sache keine Eile — Er soll abwarten, biß Er den weiteren Verlauf von mir hören wird. Dem Lieben Augst dancken Sie hertzlich vor die schöne und ausführliche Reißebeschreibung — der gute Liebe Enckel stelt die Sachen so lebendig vor Augen trägt alles so anschaulich vor daß mann glaubt mann habe es mit eigenen Augen gesehen küßen Sie Ihn hertzlich vor die Freude die Er der Großmutter gemacht hat. Leben Sie wohl! Und dencken manchmahl an diejenige die jederzeit seyn wird Ihre

wahre Freundin u treue Mutter
Goethe.

306. An Christiane Vulpius und August von Goethe

[September 1800]

Liebe Tochter!

Ihr Liebes Schreiben hat mich wieder sehr froh und glücklich gemacht — wenn ich gute Neuigkeiten von Weimar höre; so werde ich immer verjüngt — und meine Freunde haben meine gute Laune in vollem Maß zu genißen — Ihr guter Brief kam gerade zu rechter Zeit — denn die Freiheits-Männer drohten uns wieder unser Geld abzunehmen welches uns den keinen guten Houmor verursachte — denn es sind kaum 4 wochen — daß sie 300000 gulden auf neue von unserer Stadt erpreßten — da kamen nun gerade gute Nachrichten von Ihnen allen — da ward ich froh — und dachte Geld hin — Geld her — wenn es nur in Weimar bey deinen Geliebten wohl und vergnügt zugeht; so schlafe du ruhig — das thate ich denn auch bey all dem wirr warr.

Daß Sie meine Liebe den Sommer vergnügt zu gebracht haben freut mich sehr — die Groß mutter hat auch ihr mögligstes gethann um auf Gottes schöner Erde diesen Sommer vergnügt und froh zu seyn — und es ist mir auch gelungen ohne jedoch meine von langen Jahren her gewohnte Ordnung zu unterbrechen doch mit aller meiner Ordnung will ich doch die Reiße zu Ihnen nicht verschwören — wer weiß was in der Zeiten hindergrund schlummert — das Verlangen mich einmahl wieder zu sehen kan nicht größer seyn, als das meinige ist einmahl Ihre schöne Häußliche Ordnung und Wirthschaftlichte Beschäftiungen mit meinen Augen anzusehn — und Ihnen meinen Mütterlichen Danck mündlich davor abzustatten. Biß diese schöne Zeit erscheint — erfreuen Sie mich von Zeit zu Zeit mit angenehmen schrieftlichen Nachrichten — wofür ich Ihnen immer hertzlich dancken werde. Mit den Castanien sieht es dieses Jahr schlecht aus, die Zeitigung und ihre güte geht mit den Trauben Schritt vor Schritt — die Trauben werden nicht zeitig — nicht einmahl zum Eßig taugen sie — folglich mögten sie vor dieses Jahr genoßen seyn — doch will ich mein mögligstes thun — ob vielleicht hie und da welche gerathen seyn könnten — Schicke ich keine; so geben Sie Mutter Natur schuld — nur *mir nicht*. Jetzt auch ein paar Worte an meinen lieben Augst. Nur soviel noch an Ihnen meine Liebe Tochter! Tausend Grüße an meinen vielgeliebten Sohn von

> Eurer allen
> treue Mutter Goethe.

N. S. großen und schönen danck vor die Mercure u Modejournahle, sie sind dißmahl sehr Intereßant.

Lieber Augst!

Du hast mir wieder eine rechte Freude mit der Beschreibung von deiner Sommer Wallfahrt gemacht — das war recht schön daß deine Liebe Mutter — Deine Liebe Tante

und du Gottes freye Luft so schön genoßen und neues Leben und Gesundheit eingeathmet habt — dadurch hast du neue stärcke erlangt um diesen kommenden Winter brav Schrittschu zu laufen — damit du dich nun nicht erkältest soll ein gantz musterhafter Oberrock und eine warme weste erscheinen. Ich mögte dir gar gerne auch einmahl etwas von meinen wanderungen erzählen — aber das ist ohnmöglich, denn ich wandre um 6 uhr Abens die Treppe herunter, um 9 uhr die Treppe herauf — da ist nun nichts Intreßantes zu berichten — doch etwas wobey ich deinen Vater hergewünßt habe — in die Oper Tittus — da hat der Italienische Mahler 5 neue Decorationen gemacht — wo ich bey der Erscheinung des Capitohls bis zu Thränen bin gerührt worden — so prächtig war das, und der Einzug des Tittus anzusehen. Lebe wohl! Behalte mich lieb, und glaube daß ich immer bin   deine
dich Liebende Großmutter
Goethe.

307. An Goethe   den 12$\underline{\text{ten}}$ October 1800

Lieber Sohn!

Hir kommen in 2 Kistger 12 $\bar{u}$ Croneburger Castanien — da sie immer mit dem Wein gleichen schritt halten; gibts sehr wenige und ich war froh durch Gernings Freund den Pfarrer in Croneburg diese zu erhalten — verzehre sie mit den Lieben die bey dir sind, gesund und frohen Muthes. Meine Liebe Tochter hat mir ein hertzliches liebes Briefgen geschrieben davor dancke Ihr — ich freue mich jederzeit etwas von Ihr zu leßen — denn Sie ist wie der Polo[n]ius im Hamlet immer die überbringerin guter Nachrichten — daher erbreche ich auch jedesmahl Ihre Briefe mit Vergnügen — und nun der gute Augst was hat mir der wieder vor ein dickes dickes Buch geschickt!! Ich bewundre seine Geschicklichkeit, das war [was] er schreibt so anschaulich darzustellen — es hat mich recht sehr gefreut — Küße und dancke Ihm in meinem Nahmen — und ein Glück ists, daß Er keinen so langen Gegenbrief von der Großmutter verlangt — das verbitterte mir die Freude — denn Schreiben ist meine Sache gantz und gar nicht — aber der gute Junge nimbt mit dem Danck vorliebt — das weiß ich.

Vor die Modejournahle — Mercure — Janus — dancke gar sehr — diß macht mich und meine Freunde immer froh und vergnügt — wenn kommt aber einmahl wieder etwas vom Journahl der Romane heraus? da vergeßt mich nicht— den Pauline das ist gar schön — und hat mir und meinen Freunden sehr behagt. Georg Jacobi ist hir zum besuch bey seiner alten Freundin der Syndicus Schlosser — Sein Weib /: es ist sonderbahr :/ gleicht auserordentlich der Lotte Kästnern — um dieser Gleichheit willen ersucht Sie ja Sie bittet dich in den Musen Allmanach auf das Jahr 1802 etwas von deinem Geistesausfluß an Ihren Mann zu überschicken — Sie bate mich um mein Vorwort welches ich denn hirmit bestens gethan haben will.

Die Meße war äusterst mittelmäßig — und unser Theater hat wegen der gar zu vielen Schnurpfeiereyen auch gelitten — besonders hat der Hanßwurst vielen Schaden verursacht —es war Thon hinzugehen es ist warlich schwer so etwas zu begreifen — zum Spaß schicke ich dir einige Zettel — und über so gantz entsetzlich plattes Zeug — Iflands — Kotzebue — und andre gute Stücke zu vernachläßigen — um den Hanßwurst — der keine Ader von einem rechten Hanßwurst hatte i hab sein Kragen sei knopf het i a sei Kopf!!! nein es ist zu Toll! Wir winden und drehen uns noch immer um die Contipution derer 800000 Lieber zu entgehen — es werden alle Seegel angespant — ob geht werden wir bald erfahren — außer dem Geld geben, führen sie sich sehr brav auf jedermann ist mit ihnen zu friden — müßen eben alles wies kommt mit Gedult abwarten. Lache nicht daß ich dir 2 Kistgen schicke ich hatte keins wo sie alle hinein gegangen wären — und doch wolt ich auch nichts zurück behalten — du kanst doch eine Ganß mehr füllen — zumahl da die Dinger heuer so rahr sind. Lebe wohl! Grüße deine Lieben von

deiner
treuen Mutter Goethe.

308. An Goethe   den 8<u>ten</u> December 1800

Lieber Sohn!

Künftigen Freytag als den 12<u>ten</u> December schicke ich mit dem Postwagen ein ambalirtes Kistgen, es enthält das Christkindlein vor meine Liebe Tochter und den Lieben Augst — die Ursach warum ich dir dieses zum voraus melde — wirst du leicht einsehen — damit es vorher niemand zu sehen bekommt — und die Freude desto größer ist — den Confect schicke 8 Tage nachher, so gut und schön er zu haben ist — wünsche daß alles wohlbehalten anlangen, und Vergnügen erwecken möge.

Mann hat mir gesagt, daß herrliche Anstalten bey Euch gemacht werden um das neue Jahrhundert mit Freude und Würde zu empfangen, und zu begrüßen — Gott! Laße es Euch allen gesegnet seyn. Trettet mit frohem Jubel hinein, und vorzüglich dancket Gott! Der das liebe Sachsen von der Kriegs-geisel noch unberührt gelaßen hat: Wir sind es /: das weiß Gott :/ müde und satt! Contiputionen — Requisitionen Einquartirung — Durchmärsche u. s. w. Ich habe Gott sey Lob und Danck! immer noch guten Muth — habe was die Einquartirung anbelangt — beynahe gar keine Last — wenn die Stadt, und also auch das Hauß wo ich wohne nicht mit Truppen überhäuft ist, so nimt mein Haußwirt meine und der übrigen Einwohner, um ein sehr billiges kostgeld sie zu den seinen — das ist denn vor mich eine große Erleichterung. Jetzt genung von dem leidigen Kriegs-gethümel punctum. Künftige Ostern geht dem verstorbenen Schöff Schlosser sein Sohn nach Jena um Medicin zu studiren — und freut sich hoch auf Jena aber nicht weniger auf Weimar — Seine Mutter und die gantze Freundschaft empfehlen Ihn dir auf beste — auch den guten Georg Jacobi vergiß nicht in seinen Allmanach 1802 etwas von dir Ihm zuzustellen, Er freut sich wie ein Kind darauf. Diesen Winter habe ich alle Mittwoch eine sehr angenehme Unterhaltung — die uns die großen Tichter gewähren ich bitte dich sage Schillern etwas davon villeicht macht es Ihm einen guten Augenblick. Wir kommen um 5 Uhr Abens bey Frau von Schwartzkopf zusammen — setzen uns um einen runden Tisch und d[r]amatisiren wie folgt — Wallensteins Tod! Wallenstein, Herr von Forme seine gattin, Freulein Jenny von Bethmann — Octavio Picolomine Herr Schauspieler Prand — sein Sohn Max, Herr von Schwartzkopf — Teckla, Frau von Holtzhaußen, Buttler, Heintze — Graf Terckki Frau Aja — seine Gattin Frau von Schwartzkopf — Isolani — Herr von Henckel u. s. w. Da wir nicht so viele Persohnen haben — so hat eins mehrere Rollen z. E. Ich habe noch den Seni und den Westhaußen — das amusirt uns nun Königlich — Künftigen Mittwoch wird Tasso von dir geleßen — dann Iphigeni dann Nathan der Weiße — Don Carlos — die meisten declamiren daß es eine Art und Schick hat — jedes freut sich auf den Mittwoch. Fält mir noch ehe dieses fort geht etwas ein das des Schreibens werth ist; so solst du es wißen, wo nicht — so sage ich nur noch: Gott segne dich und dein gantzes Hauß, erhalte Euch alle mir — laße das neue Seculum mit Tausenfachen Seegen über Euch kommen diß ist das Morgen und Abend Gebeth

Eurer
Euch Liebenden Mutter
und Großmutter C. E. Goethe.

N. S. Daß du meine Liebe Tochter und den Lieben Aug hertzlich von mir Küßen und grüßen solst das versteht sich am Rande.

309. An Christiane Vulpius den 19ten Jenner 1801

Liebe Tochter!

Preiß — Danck und Anbethung sey dem Gott! der vom Tod erretten kan, und der Hülfe gesendet hat, damit unser Glaube an *Ihn* auf neue gestärcket — und wir mit neuem Muth immer auf *Ihn* hoffen und *Ihm allein* vertrauen! *Er* stärcke meinem geliebten theuren Sohn! Schencke Ihm die verloh[r]ne Kräffte, und setze Ihn ferner zum Seegen zur Freude uns und allen die Ihn lieb und werth haben *Amen*. Aber meine Liebe Liebe Tochter! wie soll ich Ihnen dancken, vor alle Liebe und Sorgfalt die Sie meinem Sohn erwießen haben — Gott sey Ihr Vergelter — Er hat Ihn Ihnen jetzt aufs neue geschenckt — Sie werden jetzt ein neues Leben mit Ihm Leben — und wird Ihr beyder Wohlseyn zu meinem größten Trost biß in die spätesten Zeiten erhalten Amen. Nun meine Liebe Tochter! Jetzt eine Bitte — ich muß nun /: will ich ruhig und meine Tage nicht in Sorge und Angst hinleben :/ ehestens wieder Nachricht haben, wie es aussieht — ob die Beßerung anhält — und was es denn eigendlich vor ein Übel war — das uns so schrecklich unglücklich hätte machen können — Sie sollen nicht schreiben, erholen stärcken von der großen Mühe und von der noch größeren Angst das sollen Sie, nicht Schreiben, auch mein Sohn nicht der soll sich pflegen und erholen — Aber entweder dictiren Sie Geisten — oder Augst oder laßen Sie Ihren Herrn Bruder die Mühe übernehmen — nur ein paar Zeilen mit der ersten Post!!!! Die Kranckheit muß doch erst nach neujahr gekommen seyn, denn die Christtage habe ich Briefe die gut lauten von Ihnen und von Ihm — Nochmahls Tausend Danck vor alle Liebe — treue und Besorgung — auch vor den Brief an mich — wie leicht hätte ich es von Frembten auf die schreckhafteste art erfahren können — Leben Sie wohl! Grüßen meinen mir von Gott auf neue geschenckten Sohn — auch den Lieben Augst von

Eurer aller
treuen Mutter und Großmutter
Goethe.

310. An Wilhelm Soemmerring

v. H. den 22<u>ten</u> Jenner 1801.

Lieber Willhelm!

Diese Woche waltet ein feindseliges Gestirn über unsere Zusammenkunft! Ich freute mich schon dich heute bey mir zu sehen — große Bögen Papir lagen bereit — um deinen Kunstfleis zu bewundern — und zur Belohnung waren Schocoladen Küchlein ausgebreitet — dir zur Freude und Wonne. Aber alles das ist vereitelt! Indem ich zu einer Freundin zum Mittag-eßen eingeladen bin — mein Trost ist, daß die künftige Woche gewiß ein Tag erscheinen wird, wo *wir* das vor jetzt aufgeschobe reichlich einbringen wollen. Lebe wohl! Grüße deinen lieben Vater — und Mutter von deiner

sehr guten Freundin
Goethe.

311. An Goethe

den 31<u>ten</u> Jenner 1801

Lieber Sohn!

Dancke meiner Lieben Tochter vielmahls vor Ihren Lieben Brief vom 22<u>ten</u> Jenner — Gott sey Lob und Danck! daß Er die dir gedrohte große Gefahr so gnädig und bald abgewendet hat — Ach was ist die Unwißenheit eine herrliche Sache! Hätte ich das Unglück das dich betrofen gewußt ehe die Beßerung da war, ich glaube ich wäre im Elend vergangen — so aber war ich gerade diese krittische Tage froh und vergnügt — nun war es aber wieder sehr gut, daß ich Nachricht von deiner Beßerung hatte, sonst wäre es noch erschrecklicher geweßt — denn der Brief meiner Lieben

Tochter kam Sontags früh um 11 Uhr an — ich hatte der Syndicus Schlossern versprochen Sie Abens mit ins Schauspiel zu nehmen weil Johanne von Monfocon gegeben wurde — ich sagte nicht ein Wort von deinem Kranksein — ein Unglück lauft gleich einem Lauffeuer — und sowas kan ich nicht ertragen — Aber nun kommts warum es so herrlich gut war, daß ich deine Beßerung erfahren hatte: Herr Handelsmann Friederich Schmidt mein Logen Nachbar frag[t]e, was ich vor Nachricht von dir hätte, du müßest sehr kranck seyn — denn der Hertzog hätte einen Eilboten nach Jena geschickt um einen dortigen geschickten Artz um Hülfe zu rufen — Nun bitte ich dich überlege wenn ich den guten Brief deiner Beßerung nicht in Händen gehabt hätte, ich glaube der Schrecken wäre mir tödlich geweßen, so aber sagte ich gantz kurtz, daß du wieder beßer wärest, fragte aber doch woher er das wiße? ein Vetter von mir erwiederte er studirt in Jena — der hat es mir geschrieben. Innerlich danckte ich Gott vor meinen vor ein paar Stunden vorher empfangenen Brief — und war so zimmlich ruhig. Jetzt hoffe ich, daß du völlig wieder hergestellt bist — auch daß du mit deinem schönen braunen Auge Gottes Schopfung wieder frölich Anschauen wirst, und bitte sehr um baldige Nachricht, von den fortschritten deiner Besserung, damit meine Seele mit freudigem Munde und Hertzen, Gott davor dancken könne! Ihro Hochfürstliche Durchlaucht lege meinen innigsten Danck zu Füssen vor alle die gnädige Sorgfalt und Liebe, die dieser vortrefliche Fürst in diesen Bößen und gefährlichen Tagen dir erzeigt hat — Gott! seegne den Besten Fürsten und das gantze Hochfürstliche Hauß zeitlich und ewig davor Amem. Lebe wohl! und laße mich balde wieder etwas gutes von dir hören — grüße meine Liebe Tochter — und den guten Augst von

Euerer
treuen Mutter u Großmutter
Goethe.

N. S. Auch dem Braven Geist dancke vor seine Beyhülfe — und allen die dich erquickt und dein Leiden haben tragen helfen. Tausendmahl danckt die nun wieder frohe Mutter. Gott! vergelte es allen allen allen.

312. An Goethe den 7ten Februar 1801

Lieber Sohn!

Dein wieder besserbefinden so gar ein Brief von deiner eigenen Hand, hat mich so glücklich so schreibeselig gemacht, daß ich dir mit umlaufender Post antworte. Der 6te Februar da ich deinen mir so theuren Brief erhilt, war ein Jubel, ein Beth und Danckfest vor mich! ohnmöglich konte ich diese große Freude vor mich behalten, Abens war ich bey Syndicus Schlossern theilte meine Freude mit — und erhilt von allen die hertzlichsten Glückwünsche, auch zeigte mir Schlossern einen sehr guten Brief von dem Braven Seidel — die Stockin hatte auch deßgleichen von Demoiselle Kapspars — wir waren den gantzen Abend froh und frölig und alle alle laßen dich hertzlich grüßen. Unsere gantze Stadt war über deine Kranckheit in alarm — so wie deine Beßerung in den Zeitungen verkündigt wurde — regnete es Zeitungen in meine Stube — jedes wolte der erste sein, mir die frohe Nachricht zu hinterbringen — Herr und Frau Schöff von Wiesenhüten waren die ersten — gleich nach Tische kam Herr von Fleischbein — dann Tante Melbert u. s. w. Was ich gethan habe weiß niemand als — Gott! Vermuthlich ist dir aus dem Sinne gekommen was du bey deiner Ankunft in Straßburg — da deine Gesundheit noch schwanckend war in dem Büchlein das dir der Rath Moritz als Andencken mitgab, den ersten Tag deines dortseyn drinnen aufschlugs — du schriebst mirs und du warst wundersam bewegt — ich weiß es noch wie heute! Mache den Raum deiner Hütten weit, und breite aus die Teppige deiner Wohnung, spahre sein nicht — *dehne deine Seile lang und stecke*

FEBRUAR 1801

deine Nägel fest, denn du wirst aus brechen, zur rechten und zur lincken. Jesaia — 54. v. 3. 4.

Gelobet sey Gott!!! der die Nägel den 12<u>ten</u> Jenner 1801 wieder fest gesteckt — und die Seile aufs neue weit gedehnt hat. Nochmahls hertzlichen Danck, vor deinen Lieben Brief — thue mir die Liebe, und laße von Zeit zu Zeit mir Nachricht geben wie es um dich steht — Grüße meine Liebe Tochter — den Lieben Augst und Gott stärcke dich ferner an Seele und Leib dieses ist mein täglicher Wunsch und das Gebeth

deiner
treuen — frohen — Mutter
Goethe.

313. An Goethe den 7<u>ten</u> Mertz 1801

Lieber Sohn!

Vor die große Freude die du mir an meinem Geburthstag d 19ten Februar mit den paar Zeilen von deiner eigenen Hand und mit der vortreflichen Zeichnung der alten und neuen Zeit gemacht hast, dancke ich dir von Hertzensgrund — jetzt ist mir im leßen deines kleinen Drama alles recht anschaulich — die Masken! das ist ein herrlicher Gedancke — Ich laße eine schöne Rahme dazu verfertigen — ein Glas drüber — und henge es in mein Schlafzimmer zum beständigen Anschauen auf. Mit deinem Wohlbefinden hofe ich, geht es jetzt täglich beßer, auch wirst du die Güte haben, mir bald wieder Nachricht davon zukommen laßen — denn das ist das einzige was mir das Leben noch wünschens werth macht. Wie befindet sich denn meine Liebe Tochter, und der Liebe Augst? Sie sollen doch auch bald wieder etwas von sich hören laßen — Bey uns geht es so so! Der Friede hat eben so keine auserordentliche Freude verursacht — Doch versichert mann daß Franckfurth bleibt was es ist, eine Freye Reichsstadt — nun das gebe Gott! Unsere Oper hat viel verlohren die Kanabichs sind nach München — wir haben zwey neue Sängerinnen — Demoisele Mayer u Theu die beyde brav sind und aus denen was großes werden kan — künftigen Montag geben unsere Schauspieler zu ihrem Benefitz Schillers Räuber — wir haben es in 10 Jahren nicht gesehen, und sie werden gute Einnahme haben — noch zwey Batalion Frantzsosen sind in der Stadt das ist alles — sonst leben wir gantz ruhig — Vor die mir im vorigen Jahr überschickte Mercure — Modejournahle und den Janus dancke aufs beste von letzerm fehlt mir No. 12 welches ich mir bey Gelegenheit noch erbitte. Grüße meine Liebe Tochter den Lieben Augst von

Eurer
treuen Mutter
Goethe.

314. An Goethe   den 20ten Mertz 1801

Lieber Sohn!

Der erste Gedancke nach deiner Geneßung war dir eine kleine Freude zu machen und dir ein Presendt überschicken, allein ich wußte eigendlich nicht wie ich es anstellen solte, denn im May müßen wir wieder Kriegsteuer geben auch noch andre Dinge die mich Incomodirten doch truge ich diese Sache Tag und Nacht mit mir herum, spante alle Seegel meines Gehirns an, um dir Freude zu machen: endlich fiehl mir etwas thuliches ein — Ich verspreche dir also Ende May, oder Anfangs Juni 1000 f sage Tausend gulden im 24f fuß — so bald ich sie habe solt du das weitre erfahren — Jetzt noch eins — Ich habe dich bey der Kriegs Deputation vor 10000 f angegeben — sind deine Besitztümer mehr werth, so muß ich es wißen — damit ich mich mit der Contriboution auch mit der Schatzung darnach richten kan — denn übers Jahr soll Abrechnung gehalten werden — da möchte ich nun nicht gern auf einem fahlen Pferde erfunden werden. Gott Lob und Danck! daß mir in meinem 70 Jahr alle diese Unahnnehmlichkeiten meinen guten Houmor nicht verdrängen können. Die Aufträge von meiner Lieben Tochter sollen diese Meße auch aufs beste besorgt werden. Laßen wir nun alle Kriegssteuern — und sonstige quelereyen im Rücken — erhalten unsere gute Laune und erzählen daß das gerüchte geht als ob Herr Ifland diese Meße zu uns käme — der soll uns was vortragiren!! es sind jetzt 16 Jahre da ich Ihn in seinem Lüster gesehnen habe — die letzte Krönung war Er auch hir — da war es aber als ob ein bößer Geist in Ihn gefähren wäre; so kalt und Seelenloß hat er gespielt — in der Rolle des Hoffraths Reinhard lief mir der kalte Schweiß dem Rücken herunter — nein so was war unerhört. Heute habe ich noch allerley zu tribschen bald ein mehreres. Grüße meine Liebe Tochter und den Lieben Augst dancke Ihnen beyden vor Ihre Lieben Briefe auch vor die überschickten Bücher — Ich bin wie immer

Euer aller
treue Mutter
Goethe.

315. An Goethe den 13ten Aprill 1801

Lieber Sohn!

Hir schicke ich meiner Lieben Tochter einen Prachtvollen Somerhut — ich hoffe Sie wird Freude dran haben. Die Sacktücher vor dich sind gekauft — da ich aber glaube Euch einen Gefallen zu erzeigen wenn ich sie fis und fertig übersende; so laße ich sie auch nehnen — zeichnen — und waschen — da kanst du sie gleich bey ihrer Ankunft brauchen. Den 31ten May soll das versprochne Geld parat seyn — die Art und weiße wie du es empfangen wilst — steht bey dir — villeicht wie ehemahls durch Herrn Bansa. Dein Lieber Brief hat mich sehr erfreut, und mir die Meße froh gemacht. Lebe wohl! Grüße deine Lieben — und glaube daß ich bin

deine
treue Mutter Goethe.

316. An Goethe den 21ten April 1801

Lieber Sohn!

Hir schicke ich dir eine Vollmacht zu unterschreiben, und mit deinem Pettschaft zu sigeln — auch von Weimar aus zu bezeugen daß Unterschrift und Siegel von dir sind. Es ist der hiesigen Obserfantz gemäß — weiter hat die Sache nichts auf sich — kostest keinen Heller u. s. w. Die Nicolovius hat das nehmliche überschickt bekommen — so bald du kanst schicke es zurück. Ich hoffe daß der Hut vor meine Liebe Tochter glücklich angelangt ist — die Sacktücher sind in voller Arbeit und werden bald erscheinen — Gerning ist hir, ich habe Ihn aber noch nicht gesehen — Die Meße ist bald zu Ende und wenn viele Specktackel ein Zeichen einer guten Meße sind; so muß diese überaus gut seyn — die Kaufleuthe wollen es aber nicht Wort haben. Schöff Schlosser seyn zweyter Sohn wird ehestens die Musensöhne in Jena vermehren — die Herbstmeße kommt des verstorbenen Syndicus sein Sohn auch dahin — es sind zwey hoffnung volle Jünglinge aus denen etwas werden kan. Lebe wohl! Grüße meine Liebe Tochter — und den Lieben Augst von

Eurer
treuen Mutter Goethe.

317. An Goethe den 7ten May 1801

Lieber Sohn!

Hir 24 rechte musterhafte Sacktücher — ich bin froh daß sie endlich fertig geworden sind — aber wie prächtig sind sie auch geneht und gezeichnet!!! Heute müßen sie auf den Postwagen — darum nur ein paar worte. Ich hoffe daß du dich wohl befindest — daß dir die Landluft gut anschlägt — Gerning hat mir viel liebes und gutes von dir erzählt — so was macht mich immer um 10 Jahr jünger — Wenn die Vollmacht vor den Notarius Beyer /: die ich dir vor einiger

Zeit zuschickte :/ von dir unterschrieben besiegelt, und von Weimar aus bekräftigt ist; so schicke mir sie gefälligst anhero — den 31$\underline{\text{ten}}$ dieses liegt das dir versprochne Geld parat. Grüße meine Liebe Tochter und den Lieben Augst viel viel mahl. Herr Vulpius hat die Güte gehabt mir Modejournhale — und Januße zu überschicken — dancke Ihm davor. Lebe wohl!

>Deine
>treue Mutter
>Goethe.

318. An Goethe   den 16$\underline{\text{ten}}$ May 1801

Lieber Sohn!

Zwey Dinge veranlaßen mich dir zu schreiben — Erestlich danckt die Frau Schöff Schlosser sehr hertzlich wegen der überaus guten Aufnahme Ihres Sohnes — der hat Ihr einen Brief geschrieben der so herrlich, so vortreflich und von oben biß untenaus von deinem Lobe voll war — der junge Mann ist über deine Unterhaltung mit Ihm entzückt — und fühlt sich in deiner Nähe gantz glücklich — Also noch einmahl seye es gesagt — Tausend Danck von Frau Schöff Schlosser. Zweytens werde ich sehr geplagt wegen der Vollmacht die ich dir zugeschickt habe — habe doch die Güte sie in gehöriger Form bald möglichst mir zu zuschicken — die gantze Kauf und währung geschichte beruht bloß *darauf*. Ich hoffe die Sacktücher sind glücklich angekommen? So viel vor heute — Lebe wohl! Grüße meine Liebe Tochter und sage Ihr daß ich doch wißen mögte — wie Ihr der Sommerhut gefallen? den Lieben Augst Küße und grüße von

>Euer aller
>treuen Mutter u Großmutter
>Goethe.

319. An Goethe den 19ten May 1801

Lieber Sohn!

Gestern ist die Vollmacht hir angelangt — und zwar in der besten Form — dancke dir im Nahmen der Menschen die sie nöthig haben. Daß die Sacktücher Euch wohl gefallen haben, freut mich gar sehr — auch daß der Sommerhut meiner Lieben Tochter behagt hat — braucht alles gesund und vergnügt. Daß du das Geld Ende May empfangen wilst, ist mir auch angenehm indem ich erst den 22ten die volle Zahl machen kann. Wir wissen gar noch nicht recht uns in unser Glück zu finden, daß keine Kriegsvöllcker mehr um und bey uns sind — und daß wir /: Gott sey Danck!!! :/ bleiben was wir waren! Der Frantzöische Gesande der an unsere Stadt acreditirt ist hat ein sehr freundliches Schreiben von Bonaparte an unsere Obrigkeit mitgebracht. Freylich freylich ist noch etwas Wermuth bey dem Zucker — die Kriegssteuer die in diesem Monath wieder gegeben werden muß erweckt eben keine angenehme Empfindung — doch ich halte es mit Wielands schönem Sprüchlein wenn man den Teufel *muß* verschlucken muß man ihn nur nicht lang bekucken — und überhaubt, wer im Leben nichts erfahren hat — wer von Jugendauf auf seinen Hefen stille gelegen hat — nie aus einem Faß in andre gekomen ist — aus dem wird nichts — der Hefen Geschmack bleibt ihm, es wird nie ein guter Wein, Jeremias das 48 Capitel v 11. Nicht wahr, wenn die Mutter ins Schwätzen kommt denn gehts rasch weg — ja da sind meine Freunde schuld — die hören so was gern — da war der Georg Jacobi /: ach der arme Dichter kriegt wohl schwerlich etwas von Deuschlands großen Dichter vide die Kayerliche Reichspostzeitung in seinen Musen almanach vors Jahr 1802 :/ der hörte gar zu gerne Frau Aja erzählen u. s. w. Grüße meine Liebe Tochter und sage Ihr, daß ich von diesem Jahr überschickt bekomen habe 3 Stück Mercure — 2 Stück Janus 4 Stück Modejournahl — ersuche Sie mir ferner meine[n] Geist aufklähren zu helfen — wofür ich sehr danckbahr seyn werde. Heute gehe ich ins Opferfest — Morgen speiße ich bey Elise von Bethmann, und jetzt empfehle ich mich Euch allen zu liebevollem Andencken, und bin

> Eure
> treue Mutter Goethe.

N.S. Daß der Liebe Augst das Clavir lernt freut mich, grüße Ihn, Er soll recht fleißig seyn es wird Ihm vielen Spaß machen treibts doch die Großmutter noch und vor 70 Jahr machts sie gar nicht übel

320. An Goethe den 1ten Juni 1801

Lieber Sohn!

Einige angesehne Handels Leute die beym hisigen Theater Actien haben, sind mit dem Regiser nicht zu friden, und wünschen bey dem neuen Ackord der künftiges Jahr mit der Obrigkeit aufs neue geschloßen worden einen andern Regiser — unter diesen mit dem Theater unzufriedenen ist mein Freund Willmer einer der eifrigsten: es gelangt also an dich nebst vielen hertzlichen grüßen die Bitte nachstehende Fragen bald und gefälligst zu beantworten: weißt du etwas von Kozebue? ist Er noch in Petersburg? würde Er wohl Franckfurth gegen seinen jetztigen Aufenthalt vertauschen? ist dir, oder deinen Herrn Schauspielern sonst ein tüchtiger Mann vor dieses Amt bekand? hirüber nur ein paar Zeilen rückantwort — damit im Fall dir oder den andern nichts bekandt ist — die Sucher sich anterst wohin wenden können. Ich bitte um Vergebung dich damit behelligen zu müßen aber Willmer /: der mir noch immer als Freund Farbe helt :/ kan ich *nichts* abschlagen.

Lebe wohl! Grüße deine Lieben von

> deiner
> treuen Mutter
> Goethe.

321. An Christiane Vulpius   den 10ten Juli 1801

Liebe Tochter!

Vielen und schönen Danck vor Ihren Lieben Brief — Es hat mir sehr wohl gethan zu hören, daß mein Sohn und der Liebe Augst sich vergnügt und wohl befinden — Gott segne die Cur und gebe Ihnen allen Gesundheit — Vergnügen und Freude. Der Liebe Augst hat mir einen langen Brief geschrieben, und mein Sohn auch ein paar Zeilen welches mich überaus gefreut hat. Sie meine Liebe Tochter haben sehr wohl gethan das Gut zu verpachten — legen Sie Sich ja nicht mehr Last auf als Sie tragen können — Ihre Gesundheit könte drunter leiden — wo doch so viel sowohl vor meinen Sohn, als vor uns alle darann gelegen ist — Es ist recht schön daß Sie meine Liebe, so eine Brave Hauß-Mutter sind — aber mann kan auch dem guten zu viel thun. Schonen Sie also ich bitte Ihnen Ihre *uns allen* so theure Gesundheit! Ich hoffe Sie befolgen meinen Mütterlichen rath — Daß Sie meinen Sohn abholen und Ihm biß Cassel entgegen kommen, ist ein vortreflicher Gedancke — ich freue mich mit Ihnen — das wird ein Jubel seyn!!! daß ich den hertzlichsten Antheil dran nehme — mich im Geist mit Euch Ihr Lieben freue — das glaubt Ihr mir doch aufs wort, und ohne Schwur. Grüßen Sie meinen Lieben Sohn Tausendmahl wie auch den Lieben Augst — weiter habe ich nichts zu bestellen — Gott! Bringe Euch alle wieder glücklich zusammen *Amen*. Ich befinde mich Gottlob gesund und wohl — genüße den Sommer so viel ich kan und vermag und kommt denn von Zeit zu Zeit eine gute Nachricht von Weimar so bin ich glücklich und preiße Gott! Jetzt Leben Sie wohl! und behalten lieb

                         Ihre
              treue Mutter — u Freundin
                   Goethe.

322. *An Goethe* den 29ten October 1801

Lieber Sohn! Hier extra schöne Croneburger Castanien — laße sie dir wohl behagen. Daß dir die Cuhr und die Reiße wohl bekommen ist — habe von mehr als einer seite erfahren — und mich wie du leicht dencken kanst hertzlich darüber gefreut — und bitte Gott! dich dabey zu erhalten. Jetzt eine Bitte an dich — Meiner Lieben Tochter — und dem Lieben Augst mögte ich gerne wieder etwas zum heiligen Christ bescheren laßen das Ihnen Freude machte — da ich nun in der Entfernung solches nicht rathen und Ihre Gesinnungen nicht wißen kan; so ersuche ich dich unter denen Vorschlägen die ich jetzt thun will — etwas auszusuchen — vor Augst Kleidungs stücke — dabey bitte ich mir aber das Ehlen Maß entweder Pariser Ehle oder Franckfurther Ehle aus, auch die Farbe — ob dunckel oder hell. Vor meine Liebe Tochter habe dreyerlei im Sinn Eine Neumodische große viereckige Schaal entweder von Seiden, oder Muselin — oder einen Modischen Kopfaufsatz — oder ein Kleid entweder von Taffendt — Catun — oder Englischen feinen Barchend — solte unter diesem nichts behagen — und du weißt etwas beßeres und angenehmeres — so sage es! Denn da ich Freude mit dem Geschenck machen will; so kommt es nicht auf meine Ideen sondern auf die die es empfangen sollen an. Aus beykommendem Zettel wirst so ersehen daß wir den Wallenstein — aber!!!! Castrirt — und verstümmelt gesehen haben — und mit alle dem, war das Hauß zum erdrücken voll. Es sind jetzt 3 Schlosser in Jena die *alle* eine große Zuversicht und Vertrauen auf dich haben — ich bin überzeugt daß wo du Ihnen mit Rath und Freundschaft dienen und Ihnen nützlich seyn kanst, du es ohne meine Bitte thun wirst. Morgen muß das Kästgen auf den Postwagen fält mir noch etwas das der Tinte werth ist ein; so solst du es wißen — wo nicht, so Lebe wohl! Grüße deine Lieben von Eurer
allen treuen Mutter
Goethe.

323. An Goethe den 2ten November 1801

Lieber Sohn!

Dein Lieber August hat mir am Ende seiner Reisebeschreibung von Cassel einen Fingerzeig gegeben — daß Ihm etwas sehr lieb und angenehm wäre nehmlich ein Carackter Anzug auf das Carneval — nun soll Er so was von mir zum Christgeschenck haben — seye demnach so gütig und schreibe mir /: und zwar bey Zeit :/ in welcher Tracht Er erscheinen soll — und was Ihm Freude machen mögte — Aber wißen muß ich wie viel Taffendt da zu gehört — obs einerley Farbe oder verschiedne sey[n] sollen — schreibe es deutlich — bestimmt und bald, damit Ihr es beyzeiten bekommt, und es Ihm verfertigen laßen könt — Die Castanien werden Jetzt bey Euch angelandet seyn? Vor die Bücher dancke auf beste — ich werde mich aufs beste damit ammusiren. Der Liebe August hat mir Eure gantze Reiße allerliebst beschrieben es hat mir große Freude gemacht, sage Ihm das! Nebst vielen hertzlichen grüßen! Lebe wohl! vergiß auch nicht, meine Liebe Tochter hertzlich zu grüßen — und Sie zu versichern, daß ich ewig bin Ihre — und Euer aller

treue
Mutter Goethe.

324. An Goethe den 20ten November 1801

Lieber Sohn!

Mit dem Montägigen Postwagen den 23ten November geht das Christgeschenck an dich ab, ich hoffe daß es Freude verursachen wird. Vor deinen Lieben Brief dancke hertzlich — es würde Thorheit von mir seyn auf öfftere Briefe von dir Pretention zu machen — erfahre ich nur von Zeit zu Zeit etwas von deinem Wohlbefinden — seyse es durch wen es wolle so genügt es mir — und ich verlange nichts weiter. Deine Entschuldigung an Willmer habe ausgerichtet — Schwartzkopf habe noch nicht in der Zeit gesehen werde es aber besorgen. Bey unserm Theater gehts nach dem alten Sprichwort: viele Köche verderben den Brey u. s. w. warum hat denn mein Lieber Schiller seine Jungfrau von Orleann mit Lateinischen Lettern und noch obendrein so klein drucken laßen, daß es die größte anstrengung braucht es zu leßen?? Wie schön ist dagegen sein Wallenstein! Sage doch meiner Lieben Tochter! Nebst hertzlichem Gruß, daß Sie die Güte haben mögte mir bey Gelegenheit No. 7 vom Mercur zu überschicken er fehlt in der Sammlung. Lebe wohl! den Lieben Augst grüße auch hertzlich von

Eurer allen
treuen Mutter Goethe.

325. An Goethe den kürtzen Tag 1801

Lieber Sohn!

Du hast mir eine große Freude mit dem merckwürdigen Jahr von Kotzebue gemacht es hat mir einige vergnügte Tage gewährt — meinen hertzlichen Danck dafür. Hir das bon bon vor den Lieben Augst — und pommerantzenschalen vor meine Liebe Tochter — Glückliche Feyertage — den besten Seegen zum Neuen Jahr — Gesundheit an Leib und Seele — Glück — Heil und Wohlergehn dieses wünschet und erbittet von Gott! Vor Euch alle

Eure
Euch liebende Mutter
Goethe.

326. An Goethe und die Seinen den 18$\underline{^{ten}}$ Jenner 1802

Lieber Sohn!

Das Käyerliche Present hat mich sehr gefreut — wer hätte vor 25 Jahren gedacht daß die Freundschaft die du Klinger damahls erwießen von seinem Käyser so ehrenvoll recompansirt werden solte — da du diese Sache villeicht schon längst vergeßen hast; so schicke hir ein Briefelein mit /: das ich auf die sonderbahrste weiße bekommen habe :/ daraus zu ersehen, wie jede gute That sich hir schon belohnt — Darob hatte ich große Freude — weil es meinen Grundsatz auf neue befestigte. Ferner freut es mich, daß du diesen Winter dich in Gesundheit beßer befindest als vorm Jahr Gott! Erhalte dich! *Mir und uns allen.* Vor Kotzebue Merckwürdiges Jahr dancke nochmahls — das hat mir und meinen Freunden sehr wohl behagt — Ich weiß nicht ob du Bekandschaft mit Ihm hast wäre es andem; so dancke Ihm in meinem Nahmen vor sein Epigram — so hat sich das hisige Pupplicum lange nicht amusirt es ist vortreflich besetzt — besonders Demmer der den Hippeldantz macht hat einen hisigen Herrn so copirt daß es gleich das gantze voll geprofte Hauß wußte die Einnahme war nur vom Parterre und galleri ohne die Logen 660 f. Jetzt ein paar Worte mit meiner Lieben Tochter!

Liebe Tochter! Tausend Danck vor Ihren Lieben Brief, Sie haben mich dadurch sehr glücklich gemacht — beehren Sie mich zuweilen mit Ihrer lieben Zuschrift, und ich werde immer dadurch verjüngt wie ein Adler! Wohl mögte ich einmahl das weimarer Theater das überall berühmt ist sehen — aber du Lieber Gott!! Ich und Reißen!! Ich wünscht ich hätte Frau von la Roche Ihren Muth und Ihre Reiße seligkeit, den habe ich aber nicht, und da wird es wohl so bey dem alten bleiben. Tantzen Sie immer liebes Weibgen Tantzen Sie — frölige Menschen die mag ich gar zu gern — und wenn sie zu meiner Familie gehören habe ich sie doppelt und dreyfach lieb — Wäre ich eine Regirende Fürstin, so machte ich es wie Julius Cäsar lauter fröliche Gesichter müßten an meinem Hof zu sehen seyn denn das sind der Regel nach gute Menschen, die ihr Bewußtsein froh macht — aber die Duckmäußer die immer untersich sehen — haben etwas vom Cain an sich die fürchte ich — Luther hat Gott zu Cain sagen laßen warum verstelts du deine Geberde, aber es heißt eigendlich im Grundtext — warum läßt du den Kopf hängen Leben Sie wohl — vergnügt und Tantzen wo Sie Gelegenheit dazu finden — darüber wird sich hertzlich freuen die sich nent

Ihre
treue Mutter Goethe.

Auch ein Wort mit dir Lieber August! Vor deinen schönen Neujahrwunsch, und eben so anschauliche Beschreibung — des Christkindleins Maskerade und deines Naturaliens Cabinet — du bist ja recht reich an prächtigen sachen und Seltenheiten! Dancke Gott! der dir so einen Rechschaffenen Vater gegeben hat — der dich zu allem schönen und gutem erzieht — O! wie viele Kinder sind minder glücklich! In wie manchem liegt der Keim zum schönen und guten wird aber leider unterdrück — Bitte Gott täglich daß Er dir deinen Lieben Vater und Mutter erhält, und sey ferner folgsam — so wirst du bey Gott Gnade haben, und die Menschen werden dich Lieben — Laße wie bißher zuweilen diejenige was von dir hören, die ewig ist

deine
dich Liebende Großmutter
Goethe.

N. S. Vor die mir im vorigen und in diesem Jahr überschickte Modejournahle — Jannuse — Mercure dancke recht sehr und bitte nicht allein damit gütigst fortzufahren sondern mir zu ergäntzen was an obigen noch fehlt Vom Janus fehlt No. 4. und No. 6. vom Mercur fehlt No. 7 davor habe 2 No. 6. wovon 1 wieder bey Gelegenheit zurück senden werde

327. An Christiane Vulpius den 22ten Mertz 1802

Liebe Tochter!

Hir übersende den Türckischen weitzen wünsche daß er wohl gedeien möge. Sie haben mir wieder durch Ihr liebes Schreiben einen sehr frohen Tag gemacht — Gott! vergelte es Ihnen! Aber das muß wahr seyn — *Weimar* ist der wahre Sitz der Musen das Teusche Athen — die glücklichen Einwohner können ihren Geschmack recht bilden — sie bekommen nichts zu sehen — als schönes und vortrefliches — ihr Auge gewöhnt sich an die schönen Formen — genung sie werden in allem Aufgeklärt, da *wir* arme Sterbliche ewig Kinder bleiben — den meisten meiner Landes-leute ist der Bauch ihr Gott — wahre Hippeldantze — vor das Geld ihrer Gastereyen könte die größte Mahler und Zeichnungs Academi unterhalten werden — und diese Bachanalien sehen der Langeweile so ähnlich, wie ein Troppen Wasser dem andern. Genung von diesem elenden Geschlecht. Den Aufzug auf der Maskarade hätte ich wohl sehen mögen — besonders den Lieben Augst — grüßen und küßen Sie Ihn von mir. Was wird es aber erst vor herrlichkeiten bey der Vermählung des Erbprintzen geben!!! Etwas gutes muß ich doch auch von uns schreiben — Willmer hat einen Fond zusammen gebracht — wovon die Schauspieler im Alter unterhalten werden sollen und damit eine große Sorge von diesen Menschen abgewältzt — auch ist der Verlust der Madam Kanabich durch die berühmte Lange reichlich ersetzt. Ihnen meine Liebe Tochter können andre Neuigkeiten kein Vergnügen machen weil Ihnen die Menschen unbekandt sind — aber meinem Sohn sagen Sie [daß] der Doctor Moors /: sonst Lammsensohn genandt :/ der mit Ihm auf einen Tag gebohren Stadtschuldheiß geworden — und unser Vetter der Doctor Textor die Senator würde erhalten — und beyde Ihn hertzlich grüßen laßen. Jetzt eine gantze Litaney von Bitten an Ihnen Liebe Tochter — die Sie die Güte haben werden mir gelegenlich zu besorgen.

Vom vorigen Jahr fehlen mir folgende Sachen — vom Mercur 1801 No. 7 — vom Janus 1801 No. 4. 6. 9. 12 — da ich von diesem Jahr noch gar nichts erhalten habe, so vermuthe ich, daß villeicht Sie die Journahle nicht mehr bekommen — da ich dann freylich mich zufrieden geben müßte. Leben Sie wohl! Grüßen hertzlich meinen Sohn und den Lieben Augst zu deßen Confirmation ich Ihm Taußendt Seegen wünsche, und behalten lieb

Euer aller
treue Mutter Goethe.

328. An Goethe den 3$\underline{\text{ten}}$ May 1802

Lieber Sohn!

Die Taborische Handlung schickt heute mit dem Postwagen ein Kistgen an dich ab, worinnen Dinge die zum Amelemang gehören und nach dem neusten Geschmack sein sollen sich befinden — da das Hertzogliche Schloß in Weimar villeicht noch etwas dergleichen brauchen dürfte; so haben sie sich /: auf den Rath des Herrn von Wolzogen :/ an dich mit ihrem Anliegen gewendet — auch ist der alte Tabor bey mir geweßen — und hat mich ersucht auch ein Wort zu ihren Gunsten anzubringen — da ich nun weiß, da[ß] sie vortrefliche Sachen haben, auch dem Printz von Oranigen sein gantzes Schloß Mebelirt haben; so habe kein Bedencken getragen — ihnen diesen gefallen zu erzeigen. Das übrige überlaße deiner Klugheit — Ihro Durchlaucht der Erbprintz ist gar ein Lieber Herr, ich hatte die Gnade Ihn bey mir zu sehen — Gantz Franckfurth trägt sich mit der Neuigkeit daß du herkämest — wie mich das freuen würde kanst du leicht dencken, weil ich aber doch als die Hauptpersohn nichts davon weiß, so glaube ich es nicht — machtest du mir aber diese Freude; so müßte es nothwendig wißen indem diesen Sommer alle meine drey vorderen Stuben geweißt und die Schlafstube sogar mit Öhlfarbe angestrichen werden muß, sie sieht einer Wachtstube ähnlich —

hätte ich nun die Freude dich bey mir zu sehen; so müßte das weißen und Öhlfarben weesen — endweder vor, oder nach deinem hirseyn geschehen. Ich verlaße mich auf deine Kentnüß von Frau Aja die unter andern Schwachheiten auch diese hat daß sie alles gerne voraus weiß damit sie ihre siebensachen ordentlich einrichten kan. So viel nur noch zur Nachricht, daß du zum längsten Ziel wenn nicht dieses Jahr /: welches ich doch immer noch so etwas hoffe :/ doch gantz gewiß 1803 herkommen muß — es sind jetzt 5 Jahre das ist kein Spaß. Lebe wohl! Grüße meine Liebe Tochter, und den Lieben Augst und wenn Sie mitkommen wollen; so bestelle ich wieder ein Logie im Schwanen. Noch einmahl Lebt wohl!

Dieses ist der erste und beste Wunsch Eurer
treuen Mutter
Goethe.

329. *An Goethe* den 18ten September 1802

Lieber Sohn!

Ein so berühmter Künstler als Herr Fischer Baßist bey der großen Oper in Berlin bedarf eigendtlich kein Empfehlungsschreiben zumahl da Er an einen Ort wie Weimar kommt, da alle Künste geschätzt — geschützt und gepflegt werden — da Er aber mit alledem mich um ein Schreiben an dich ersucht hat; so empfehle ich diesen braven Künstler hirmit auf beste — Er hatte die Güte, mir bey Herrn Senator Stock meine alte lieblings Romantze : Zu Steffen sprach im Traumme — in voller Kraft /: so wie ich sie von Ihm vor 16 Jahren hörte :/ vorzutragen. Bey dieser Gelegenheit wolte doch auch anfragen was Ihr sambt und sonders macht — Ich habe lange nicht gehört — so viel weiß ich daß Ihr wohl seyd das erfahre ich durch andre Cannäle — und wenn ich das weiß; so bin ich frohl! Lebe wohl! Grüße alles was dir lieb ist von deiner
treuen Mutter Goethe.

330. An Goethe den 24ten September 1802

Lieber Sohn!

Herr Schöff Wallacher empfiehlt sich dir aufs beste und bittet eine Frage an dich nicht ungütig zu nehmen, und Ihm durch mich die Antwort zu kommen zulaßen. Er hat eine sehr große Sammlung von Porträt — in Kupperstichen — wo Er jeden Nahmen weiß — nur in Lavaters Phisionockmick sind viele Köpfe die er nicht weiß und doch gerne wißen mögte — zu dem Ende hat Er mir einen Catalog übergeben wo alle diese Köpfe sorgfältig Numerirt sind und hat mich ersucht dir solchen zu übersenden — das würde aber von keinem Nutzen seyn, wenn du hierinnen Ihm nicht gefällig seyn könnest — wilst und kanst du Ihm darinn einen gefallen erzeigen; so ist es als dann Zeit ihn dir zu zuschicken. Er glaubt da du mit an der Phisonomi gearbeitet hast; so würdest du Ihm am besten helfen können — und in diesem Fall könstet du so lange Zeit als du nur wolstet damit zu bringen — es hätte damit nicht die geringste Eile — so weit das begehren und die Bitte des Herrn Schöff Wallachers. Jetzt frage ich — was macht Ihr denn sampt und sonders? Es ist eine Ewigkeit daß ich von Euch nichts gehört und gesehen habe — übel nehme ich es Euch nicht — denn wenn bey Euch die Hitze so war wie bey uns, so schließe ich von mir auf Euch denn so faul war ich in meinem Leben nicht, wie diesen Sommer!!! mir genügt indeßen daß ich doch öffters erfahre was Ihr macht, die jungen Studenten schreiben fleisig und wenig Briefe sind, wo deiner nicht mit der größten Veneration gedacht wird — das macht mich denn allezeit sehr glücklich. Heute kommt Eduart Schlosser mit seiner Mutter hieher, der soll mir viel erzählen. Kastanien werde nach dem Herbst besorgen. Lebe wohl! Grüße deine Lieben von

Eurer
treuen Mutter
Goethe.

331. An Goethe den 1ten October 1802

Lieber Sohn!

Meinen Besten Danck vor die Bereitwilligkeit Herrn Schöff Wallacher seinem Steckenpferd hülfreiche Hand zu leisten. Mir thuts immer wohl wenn du einem Franckfurther gefälligkeiten erweißen kanst, denn du bist und lebst noch mitten unter uns — bist Bürger — trägst alles mit — stehts in Farrentraps Calender unter den Advocaten Summa Sumarum gehörst noch zu uns und deine Conpatriotten rechenen es sich zur Ehre, so einen großen berühmten Mann unter ihre Mitbürger zählen zu können. Eduart Schlosser hat mir deinen Lieben Gruß ausgerichtet — ich hoffe Er wird Brav — auch Fritz Schlosser nur vor Christian ist mir manchmahl bange — dieser junge Mann ist so sehr überspant — glaubt mehr zu wissen als beynahe alle seine Zeitgenoßen hat wunderbahre Ideen u. s. w. du gilst viel bey Ihm kanst du Ihn abspannen so thue es. Daß Ihr mir wieder Geistes producte schicken wolt darann thut Ihr ein gutes Werck es ist eine große Unfruchtbahrkeit bey uns — und Euer Brünnlein das Wasser die Fülle hat wird mir durstigen wohl thun. Wegen deines herkommen aufs künftige Jahr — habe ich Plaane im Kopf wo immer einer lustiger ist als der andre — es wird schon gut werden — Gott! Erhalte uns alle hübsch gesund — und das übrige wird sich schon machen. Lebe wohl! Grüße meine Liebe Tochter und den Lieben Augst von

Eurer allen
treuen Mutter u Großmutter.
Goethe.

332. An Christiane Vulpius den 12ten October 1802

Liebe Tochter!

Ich habe verschiedne Dancksagungen an Euch meine Lieben zu entrichten — die erste an meinen Sohn, daß Er

Herrn Schöff Wallacher so geschwindt seine Bemerckungen überschickt hat — die zweyte an Ihnen liebe Tochter vor die übersendung der Bücher und Journahle — ich freue mich daß mir dadurch wieder ein angenehmer Zeitvertreib zu theile geworden — zumahl da von meinem Sohn seinen Wercken sich dabey befinden, und ich lange nichts von Ihm gesehen habe — desto erfreulicher ware es mir. Zu dem noch unsichtbahren Wesen wünsche von Hertzen Glück Heil und Seegen — Gott! Bringe es gesund ans Tageslicht; so wird Er auch Nahrung und Kleider bescheren — und es wird mir ein wahres Vergnügen seyn etwas beyzutragen den kleinen Graß-affen in etwas heraus zu Stafiren — da ich aber nicht gern Ihnen ins Gehege kommen — und dadurch auf der einen Seite zu viel, und auf der andern zu wenig geschehen möge; so ersuche ich Ihnen Liebe Tochter mir gantz offenhertzig zu berichten — was ich thun soll um Ihnen Freude zu machen — Aber schreiben sollen Sie nicht, dictiren Sie nur das ist herrlich wenn ich nur erfahre was es bey Euch gutes gibt schreibe es wer will. Wer einen Brief von mir erhält — kan sichs als ein großes genaden Zeichen anrechnen denn Unbehaglicheres weiß ich vor mich nichts — als Briefe schreiben!! drum verdencke ich es keinem Menschen wenn er nicht schreibt — Aber schadloß halte ich alle die die zu mir kommen, durch meine Zunge — Künftigen Sommer hoffe ich Ihnen meine Liebe Tochter davon zu überzeugen — Leben Sie wohl! Grüßen Sie meinen Lieben Sohn — und den Lieben Augst

von
Euer aller treuen
Mutter und großmutter
Goethe.

333. An Goethe und Christiane Vulpius

Freytags den 5ten November 1802

Lieber Sohn!

Mit dem heutigen Postwagen ist ein Embalirtes Kästgen an dich abgegangen das allerley Ingredienzien enthält — welche zum guten Gebrauch dienen können. Liebe Tochter! Leinewand neue und Leylacken die nicht mehr neu sind werden Sie finden, in dießem Stück habe Ihren wunsch erfühlt — aber da Sie ferner schreiben etwas Spitzen da muß ich mir nährernen Unterricht ausbitten — ich weiß ja nicht wozu sie sie brauchen wollen — ob breit oder schmahl u d g. Haben Sie also die Güte es mich wißen zu laßen, damit ich Ihnen auch darinn hülfreiche Hand leisten kan. An dem Judenkram ist dißmahl nicht viel besonders, ich habe aus allen Ecken nicht mehr zusamen bringen können — doch hofe ich, daß Ihnen der Englische Barchendt wohl gefallen wird — es wird zu einem Kleid ins Wochenbett nicht übel stehen. Jetzt ein Wort von meinem Lieben August — was soll ich dem zum Heiligen Crist übersenden — sollen es Kleidungsstücke sein; so haben Sie die Güte mir Farbe und Ehlen maaß zu bestimmen, so soll es aufs beste besorgt werden. Vor die überschickte Journahle — Bücher u.s.w. dancke ergebenst — das hat mir viele frohe Tage gemacht — Besonders besonders aber Trancred und Mahomed bey Herrn von Schwartzkopf haben wir beyde in Gesellschaft geleßen und einen seligen Abend gehabt! Capellmeister Reichard war bey mir, da haben wir viel geschwatzt! von alter und neuer Zeit — und waren vergnügt. Jetzt Lebt wohl! dem Lieben Augst dancke vor seinen Lieben Brief — Er soll /: so wie Ihr sambt und sonders :/ die Großmutter lieb behalten davor bin und bleibe ich auch zeitlebens

Eure
treue Mutter u Großmutter
Goethe.

334. An Christiane Vulpius

den 25ten December [November] 1802

Liebe Tochter!

Hir kommt das Verlangte — wünsche von Hertzen, daß es Ihnen wohlgefallen möge — das Tuch wird dem Lieben Augst, und die Spitzen den neuen Weltbürger schön zu Gesichte stehn. Gott! Erfreue uns *alle* durch eine glückliche Niderkunft — wozu ich auch die beste Hoffnung habe. Was Sie mir von dem Wohlseyn meines Sohnes und demihrigen — auch Augsts schreiben hat mich sehr glücklich gemacht — Gott! Erhalte Sie sambt und sonders *Amen*. Ich befinde mich Gott! sey Danck recht wohl werde /: ohne daß ich begreifen kan wie es eigendtlich zugeht :/ von so vielen Menschen geliebt, geehrt — gesucht — das ich mir offte selbst ein Rätzel bin und nicht weiß was die Leute an mir haben — genung es ist so — und ich genüße diese Menschen güte mit Dancksagung gegen Gott — und bringe meine Tage vergnügt hin — Besonders liebe ich die Lesegesellschaft alle 14 Tage bey Schwartzkopf — Jungfrau von Orleang — Cancret — Mohomet — Maria Stuardt — waren schon an der reihe, das nächste mahl kommt Macbeth von Schiller — Mann glaubt sich immer im Theater denn es wird schön declamirt u. s. w. Das sind aber auch meine Neuigkeiten alle — Lebt wohl! und behaltet Lieb

Eure
treue Mutter Goethe.

335. An Goethe und Christiane Vulpius

den 20ten December 1802

Lieber Sohn!

Ich habe durch Herrn Nicolaus Schmidt die Sache wegen des Schauspielers Graf sogleich an Herrn Doctor Grambs als ersten Director gelangen laßen — indem ich vor meine Person weder Grambs noch Leerse noch Schwendel genau genung kenne um als Directoren etwas mit Ihnen zu verhandlen — Schmidt der ein Freund von Grambs ist, hat inliegenden Brief von Ihm erhalten — den ich dir übersende — du wirst nun wißen was du mit diesem falschen Menschen beginnen wirst: kann ich weiter in der Sache etwas thun — so erbiethe mich sehr gern dazu. Solte unser neuer Regiser Büchner herkommen /: woran doch noch starck gezweiftelt wird :/ so geht unser voriger Regisser Prandt von uns weg — da wäre es nun möglich daß Er zu Euch ginge, und ich glaube daß Er Herrn Graf ersetzen würde — biß Neujahr muß diese Sache entschieden seyn. Heute ist mit dem Postwagen der Christkindleins Confect an Euch ab — wohl bekoms! Ich hoffe das das Tuch vor Augst und die Spitzen wohl angelangt sind.

Liebe Tochter! Nun wie gehts mit der mir so werthen Gesundheit — Gott gebe daß ich bald erfreuliche Nachrichten erhalten möge — Grüßen Sie den Lieben Augst. Gott! Schencke und [uns] allen ein freudiges Neujahr. Leben Sie wohl! Und behalten Lieb

Euer aller
treue Mutter und Großmutter
Goethe.

336. An Goethe den 31ten December 1802

Lieber Sohn!

Dein letztes Schreiben hat mich sehr betrübt — getäusche Hoffnungen thun weh — nichts hielft als die Zeit die wohltäig den Schmertz in den hintergrund stelt — das trösten habe ich nie leiden können — den wenig Menschen sind im stande sich in die Lage des Traurigen zu setzen und werden demnach leidige Tröster — von mir erwartet keinen Trost — aber Dancksagung an Gott! der Euch gesund erhalten hat — und Bitte, dieses theure Gleinod wohl zu bewahren — und mich immer gute und frohe Nachrichten hören zu laßen — das meinem Hertzen jederzeit so wohl thut.

Tausend Seegenswünsche zum Neuen Jahr! Frohen Sinn — Gesundheit — Häußliche Glückseligkeit — alles was zum Leben und wandel gehört wünschet von Gott! und erbittet vor Euch —

Eüre
treue Großmutter u Mutter
Goethe.

N. S. Daß du meine Liebe Tochter hertzlich von mir grüßen solst — deßgleichen meinen Lieben Augst das hoffe ich würdest du thun — wenn ich es auch nicht ausdrücklich geschriben hätte.

337. An August von Goethe den 7ten Jenner 1803

Lieber Augst!

Es ist lange daß ich nicht an dich geschrieben habe — denn leider ist die Großmutter /: wie schon längst bekandt :/ auserordentlich dinten scheu — heute aber solst du trotz allem dem einen gantz marnirlichen und ordentlichen Brief von mir erhalten. Daß dir das Tuch zum Heiligen Christ bescherschel wohl gefallen hat freut mich sehr — auch alles was du mir von deiner Stube und übrigen Sachen schreibts — war mir sehr angenehm zu hören — Ja Lieber Augst — wenn ich Doctor Faust Mandel aufzufinden wüßte, da käme ich dich besuchen — Aber! Aber! die Großmutter ist so an ihre Häußliche Ordnung von langen Jahren her gewöhnt — daß ich glaube es mögte vor meine Gesundheit nicht zuträglich seyn — komme du nebst Vater und Mutter zu mir das ist beßer. a propo! du schreibst mir ja kein wort wie Sich Vater und Mutter befinden, es wird doch alles hübsch wohl auf seyn???

Lieber Augst! Jetzt habe ich eine Bitte an dich wollest du wohl so gut seyn, und mir die fehlenden Mercure und Modejournahle mit Gelegenheit über senden; so würdest du mich sehr verbinden Vom Mercur fehlt das 3te 5te — 11 und 12te

Stück — von Modejournahle fehlt — das erste und letzte
Stück. Grüße deine liebe Eltern

von Eurer treuen Mutter u Großmutter
Goethe.

338. An Goethe den 10ten Jenner 1803

Lieber Sohn!

Demoiselle Mayer ist wegen ihres guten Lebens wandels
— ihre Fleißes — ihrer Anstrengung bey dem Pupplicum
sehr beliebt — es hat also nachsicht mit ihrer schwachen
Stimme — mich dauert Sie immer Sie würde mit Ihren Anlagen eine Brave Sängerin werden denn Ihre Stimme ist
lieblich und angenehm aber Ihre Brust ist sehr schwach —
In einer großen Oper z. E. Sextus kan Sie am Ende fast
nicht mehr fort — aber wie oben gesagt wir haben Sie Lieb
bedauern Sie und ablautiren — als Schauspielerin hat Sie
gar keinen Werth — Sie kaut alles mann versteht Sie kein
wort — in stille Wasser sind tief macht oder verdirbt Sie
vielmehr die kleine Rolle der Thereße — so auch in den
kleinstädter — es ist auch bey uns nur aus Noth wenn Sie
gebraucht wird — indem drey unseren besten Schauspielerinnen von hir weg sind. Ihre Stimme ist seit voriges Jahr
nicht stärcker geworden — also gebeßert hat Sie sich wenigstens nicht — Ich habe Sie hirmit gezeichnet nach Leib und
Seele — Solte ich etwas vergeßen haben; so berichte es mir
und ich will es nachholen — dem Lieben Augst seinen Brief
habe erhalten — auch schon beantwortet — daß Ihr *alle*
wohl seyd — macht mir heute einen frohen tag — Gott! Erhalte Euch ferner Gesund und vergnügt — Lebt wohl! Tausend grüße an meine Liebe Tochter und an Augst von der
alten Mutter u Großmutter

Goethe.

339. An Goethe
den 18ten Februar 1803

Lieber Sohn!

Der junge Tenorist der zum Weimarer Theater kommt, hat mich ersucht Ihm ein paar Zeilen an dich mitzugeben — ob ich Ihn nun gleich gar nicht kenne — da Er hir als Statist angenommen war; so konte doch so etwas nicht abschlagen — weil Er gutes verspricht eine große Freude bezeigt zum weimarer Theater zu kommen — und auf keimende Talende unterdrücke ich nicht gern — du wirst Ihn prüfen und Ihm nach seinem Kunstfleiß schätzen u. s. w. Vor die überschickten journahle dancke in meinem nahmen meiner Lieben Tochter — Seit beynahe 6 wochen hat mich beynahe wegen der enormen Kälte kein Mensch zu sehen bekommen — heute ist der erste Tag wo mann ein Fenster ohne zu zittern und zu zagen öffnen kan — der Mayn wird noch Zeit haben biß er aufgeht — es gehen noch die größten Lastwägen drüber. Lebe wohl! Und grüße deine Lieben von

Euer allen
treue Mutter u großmutter
Goethe.

340. An Goethe
den 8ten Mertz 1803

Lieber Sohn!

Ich habe durch die 3te Hand einen Auftrag von der hiesigen Theater direcktion an dich darin bestehnd: Demoiselle Mayer Ihr Contrackt lauft noch ein Jahr die Direcktion will Sie aber in 3 Monnathe gehen laßen — wenn du ein gleiches mit dem Schauspieler Graaf thun kanst und wilts — diese Demoiselle Mayer ist ein gutes liebes Wesen, wie ich dir schon geschrieben habe — und was Ihre Stimme anbelangt; so glaube ich daß Weimar Ihr sehr zuträglich seyn würde, weil das dortige Schauspiel Hauß nicht die größe die höhe und nicht den fürchterlichen Luftzug wie das hisige hat, daher alle Augenblicke jemand beym Theater kranck ist, die berühmte Madam Lange, die nie kranck war — hat beynahe ein ¼ Jahr nicht spielen können — mit Madam Böttiger ists das nehmliche — die schlußfolgen daraus zu ziehen, überlaß ich dir. Herr Doctor Gladni — hat mir dein Liebes Briefgen überbracht, und mich dadurch sehr beglückt — Er läßt Sich dir bestens empfehlen — ich hoffe daß es Ihm hir gut gehen soll — denn so eine Musikalische Welt wird nicht leicht angetrofen — und wir haben Liebhaber, die es manchen Meistern gleich thun. Lebe wohl Grüße meine Liebe Tochter — und den Lieben Augst von

Eurer
treuen Mutter u Großmutter
Goethe.

341. An Goethe den 14<u>ten</u> Aprill 1803

Lieber Sohn!

Vor deinen Lieben Brief dancke dir aufs beste — es macht mich immer sehr froh wenn ich von Euch gute Nachrichten höre — ich habe mich diesen Winter auch recht wohl befunden — die sogenandte Krippe hat sich auch hir eingefunden, und hat der Meße einen großen Stoß gegeben — den auserhalb war von nichtweniger als von der Pest die Rede — und viele Kaufleuthe wanden wieder um u. s. w. der beygelegte Comedien Zettel hat mir große Freude gemacht — es ist aber leicht zu dencken — daß ich mich des Trauerspiels wegen /: das zu seiner Zeit uns allen zum Vergnügen erscheinen wird:/ hoch gaudi[r]te!! Auch dem Lieben Augst sein Brief hat mich gefreut — da ich dadurch die Rückkunft des Erpprintzen erfahren habe grüße meinen Lieben Augst recht hertzlich — deßgleichen meine Liebe Tochter — dein Gruß an Madame Untzelmann soll wohl ausgerichtet werden — villeicht ist Sie ehe ich dießes fortschicke angekomen — Wünsche daß das Welsche Korn wohl gedeihen möge. Lebt wohl!

Eure
treue Mutter
Goethe.

N.S. Die 3 Schlosser haben nun Jena verlaßen — über den Christian ist seine Mutter in nicht geringen Sorgen — seit einem Jahr sagen alle Briefe so wohl die seinigen als die von seinem Bruder daß Er kranck sey aber nicht was Ihm eigendlich fehlt — könstes du darüber nur einige wincke geben so wüßte mann doch wenn Er herkäme wie mann sich benähmen solte. Ich halte Ihn vor überspant.

342. An Stock v. H. d 16<u>ten</u> May
1803

Lieber Freund!

Dem Vernehmen nach wird das Ambt eines Geburtshelfers noch in dieser Woche vergeben — Ich empfehle Ihnen meinen Vetter Doctor Melbert auf beste — wenn ich von seiner großen Geschicklichkeit nicht völlig überzeugt wäre; so würde mich Sünde fürchten einen Mann zu Recommandiren wo Menschen Leben auf dem Spiel steht. In Hoffnung das meine Bitte gewährt ist — bin und bleibe ich

Ihre
und Ihres gantzen Haußes
treue Freundin
Goethe.

N.S. Gruß und Kuß an alle Ihre Lieben.

343. An Goethe den 24<u>ten</u> Juni 1803

Die große Freude die mir am Sontag den 19<u>ten</u> Juni zu theil geworden ist, würde ich mich Sünde fürchten dir zu verschweigen also vernim was sich zugetragen hat. Der König und die Königin von Preußen waren am Willhelmsbaad — die Königin äußerte daß Sie die Räthin Goethe sehen und sprechen müßte — und daß demnach Anstalten getrofen werden mögten mich hinzubringen — die gräffin von Leiningen ließe mir den Befehl von Ihro Majestätt demnach zu wißen thun, und kamen um 2 uhr Mittags mich in einem schönen Wagen bespant mit 4 raschen Pferden abzuholen. 4 ½ uhr waren wir im Willhelms Baad — ich wurde in ein schönes Zimer geführt da erschien die Königin wie die Sonne unter den Sternen — freute Sich hertzlich mich zu sehen presentirte mich an Dero 3 Schwestern die Herzogin von Hillburghaußen — Erbprintzses von Turn und Taxis — Fürstin von Solms — letztere und die Königin erinnerten Sich noch mit vieler Freude der Zeiten der Krönungen, meines Haußes u d g. Da ich so recht zum Jubel gestimt war *wer kam da dazu?* Unser Hertzog von Weimar! Gott!!! welche Freude vor mich — O! wie viel liebes und gutes hat Er von dir gesagt — ich dancke Ihm mit gerührtem Hertzen vor die Gnade die Er dir in der letzen fatalen Kranckheit erwißen Er sagte /: auch sehr gerührt :/ das hat Er auch an mir gethan — schon 30 Jahre gehen wir miteinander und tragen miteinander. Ich war so aufgespant daß ich hätte lachen und weinen zu gleicher Zeit mögen — in dieser Stimmung ließe mich die Königin in ein anders Zimmer rufen — da kam auch der König — die Königin ging an einen Schranck und brachte ein kostbahres goldenes Halsgeschmeide und nun erstaune!!! Befestigte es um meinen Hals mit Ihren eigenen Händen — biß zu Thränen gerührt — konte ich nur schlecht dancken. In diesem kostbahren Schmuck kam ich wieder in Zimmer wo unser vortreflicher Hertzog und die 3 Schwestern der Königin waren — die dann große Freude ob meiner prächtigen Verwandlung bezeigten. Alles zu erschöpfen was an diesem vor mich so gloreichen Tag geschah ist ohnmöglich — genug, ich kam Abens um 10 Uhr vergnügt und Seelig im goldenen Brunnen an.

Auszug eines Briefes aus Weimar

Wir haben einen innigen hohen genuß gehabt *Goethes Eugenia* ward gegeben — Ein hohes tiefgedachtes tiefempf[und]enes Stück an Inhalt wie an Kunst. Goethes gantz würdig, Sein bester Genius war mit Ihm. Der Inhalt ist gantz politisch — das Menschliche im Kampf — oder villmehr durchflochten mit den Verhältnüßen des Lebens — das ewige Schauspiel der Welt! Und diß alles in der Einfachsten edelsten Sprache — in den schönsten Jamben. Er will das gantze in 3 Abtheilungen geben. Ach! es wird noch sehr tragisch kommen — es ist hochtragisch angelegt uns innig ansprechend wahr. Unsere Seele ist davon erfült und bewegt. Freuen Sie Sich mit uns über diß reine ästhetische Kunstwerck.   *Herder.*

Von rechtwegen solte dieser Brief jetzt zugesiegelt werden und die darinn befindlichen Herrlichkeiten nicht mit Unedlen Dingen und schlechten Menschen befleckt werden auch würde ich es nicht gethan haben, wenn nicht zu gleicher Zeit eine gratulation von mir erfolte — daß das Reibeißen die Müllern nicht nach Weimar geht, und Euch die Ohren voll kreißt — alles ist hir unzufrieden daß wir sie behalten — der Mann ist ein braver Violonist — aber seine Frau wird nirgends Glück machen—genug von dem Volck. Meiner Lieben Tochter dancke hertzlich vor die überschicke Mercure und Modejournahle — auch hatte Sie die Güte zu versprechen die fehlende Mercure vom Jahr 1802 mir mit Zeit und Muße zu übersenden — die fehlenden No. sind No. 5. No. 11. No. 12. Den Lieben Augst grüße ich von Hertzens grund — deßgleichen meine Liebe Tochter — und bin und bleibe

Euer aller
treue Mutter u Großmutter
Goethe.

N. S. Alles grüßt dich besonder Christian Schlosser der anfängt sich recht wohl zu befinden

344. An Christiane Vulpius den 24ten September 1803

Liebe Tochter!

Sie haben also wohl zugenommen, Sind hübsch Corpulent geworden das freut mich, denn es ist ein Zeichen guter Gesundheit — und ist in unserer Familie üblich — Auch schreiben Sie mir von dem wohlbefinden und frohseyn meines Sohnes — und von dem Wachsthum des Lieben Augst — lauter Dinge die mich froh und heiter gemacht haben — und immer Lebensbalsam vor mich sind — Ich bin Gottlob wohl! Bey meiner sehr einfachen Lebensweiße, geht so ein Tag nach dem andern hin manchmahl werde ich durch angenehme Zuvälle etwas aus der alten Ordnung heraus gehoben — so war die Geschichte mit der Königin von Preußen, und dem goldenen Halsband — so mußte ich vorige Woche zur Margräffin von Bareith kommen — so war Madame Unzelmann hir u. s. w. Dieses alles ist aber nichts gegen dem, wenn Ihr würcklich herkommen soltet — die Pfanne in der Faßnacht würde ein armer Narr gegen mich seyn — so fest und steif glaube ich aber nicht dran — den da mein Lieber Sohn so sehr viele Geschäffte hat — und da Er jetzt die Gelehrte Zeitung mit Schüller schreibt — da wird Ihm Seine Zeit sehr zusammen gehn Da es aber¦ doch möglich ist, daß Er sich Luft machen und froh und frey /: denn das bitte ich mir aus :/ hirher kommen kan; so solt Ihr mit offenen Armen und frölrigen Gesichtern empfangen werden. Die Meße soll nicht sonderlich seyn wens wahr ist so muß es am Geld und nicht an den Menschen liegen, denn so eine menge Menschen sind hir, daß die Gasthäußer alle voll sind — darunter befanden sich denn — Könige — Churfürsten — Fürsten u. s. w. Lotte Kästnern war hir, läßt dich vielmahls grüßen — ist jetzt in Wetzlar — und ist aus Hanover geflüchtet. Die bewusten Castanien sollen so bald sie reif sind erscheinen. Vor die überschickten Mercure und Modejournahle dancke recht schön — auch ist von diesem Jahr alles in der schönsten Ordnung — aber vom vorigen

Jahr 1802 fehlen vom Mercur No. 5. 11. 12. Können Sie Liebe Tochter! ohne viele Mühe sie mir verschaffen; so soll es mir Lieb seyn — eile hat es nicht. Lebt wohl meine Lieben! Behaltet Lieb

>Eure
>treue Mutter und Großmutter
>Goethe.

N. S. Daß Sie meinen Sohn und Augst hertzlich von mir grüßen — das vergeßen Sie ja nicht.

345. An Goethe und die Seinen   den 10ten November 1803

Lieben Kinder!

Die Castanien machen mir dißmahl viel unlusten — da der Wein nicht gerathen; so sind es die Castanien auch nicht — aller Orden habe ich bestellungen gemacht — und das Genie Gerning genant — der mir sie sonst von Croneburg verschaft hat, ist im Reingau bey den sauern Trauben — habt also noch ein wenig Gedult ich will schon sehen wo ich ihrer noch habhaft werden kan. Jetzt etwas über den Heiligen Christ! Soll der Liebe Augst etwas von Kleidungsstükken bekommen; so seyd so gut mir beyzeiten Farbe und Ehlen maß zu bestimmen wüßt Ihr etwas das Ihm mehr Freude macht, so verkündigt es mir — vor meine Liebe Tochter habe mir was ausersonnen, das hofe ich Ihr angenehm seyn wird. Lieber Sohn! die Nathüliche Tochter hat mir frohe Stunden gemacht davor ich dir hertzlich dancke. Am vergangenen Dinstag sind die Geschwister recht brav gegeben worden — Clavigo wird jetzt einstudirt überhaupt hoffe ich; daß es mit unserer Theater wirthschaft in Zukunft beßer gehen wird — von Meyer ist Intendant mit 2500 f gehalt — hat Freude am Werck und ist täthig. Noch eins über dein neues Meister-werck — das Ende hat mich überrascht mich verlangt sehr wie es weiter werden wird — der 2te Theil wird doch bald nachfolgen?? Lieber Sohn!

Liebe Tochter! Lieber Augst Lebt wohl! Morgen geht der
Brief fort, fält mir biß dahin noch was ein, das des schreibens werth ist; so kommts ins procriptum. Lebt wohl! Dieses Wünscht und hofft

Eure
treue Mutter u
Großmutter Goethe.

N. S. Heute sind mir Castanien zuverläßig versprochen
worden ich hoffe sie demnach bald überschicken zu können.

346. An Esther Stock

Liebe Freundin! Wenn ich ein Schloß ohne Haar flechten
um 4 f bekommen könte; so wäre mir es sehr angenehm —
wollest du wohl die Güte haben dich bey Demoiselle Banßa
darnach zu erkundigen. Ich bedaure die viele Mühe — doch
seye dein Trost das schöne Sprichwort: Wer etwas kan,
den hält mann werth u. s. w. Ich bin und bleibe deine

       danckbahre Freundin
v. H. d 28<u>ten</u> November   Goethe.
  1803

347. An Goethe   den 2<u>ten</u> December 1803

Lieber Sohn!

Dein Liebes schreiben vom 21 November hat mir viele
Freude gemacht es herschte so ein froher Geist darinnen der
mir wohl that — Jetzt vom Christkindlen! Künftigen Montag den 5<u>ten</u> December geht das päckgen mit dem Postwagen
an Euch ab, ich hoffe Freude damit zu verbreiten — öff[n]e
es allein damit der spaß dem Christag nicht entzogen wird
— vor meinen Lieben Augst war die Sache etwas unbestimt angegeben — Blau Tuch aber nicht ob hell oder
dunckel — da aber hir kein Mensch hell blau trägt; so
kommt dunckel blau — ferner war nicht bestimmt zu was

ob zum Kleid oder Überrock oder sonst was — ich nahm daher ein mitteltuch im Fall es nicht recht ist; so wasche ich meine Hände in Unschuld. Meine Liebe Tochter schriebe mir neulich Sie würde etwas Corpulent die Kleider würden zu enge — da hat nun das Christkindlen davor gesorgt und bringt zwey schöne neue Kleider das eine von Taffend die Farbe Egyptische Erde und einen Catun der sich vortreflich waschen läßt — und den Jedermann vor Seidenzeug ansieht — mit einem Wort schön schön — In das kommende päckgen habe auch auf dein Begehren einige Comedien Zettel beygelegt — künftig sollen sie alle Monathe ordentlich erscheinen. Ich hoffe daß das Theater Jetzt eine beßre Gestalt erhalten wird — da ein thätiger Mann an der Spitze steht — und der hoffendtlich der Sache gewachsen ist. Vor die überschickten Journahlen und Mercure dancke schön — besonders aber vor die zwey Taschenbüglein — die Natürliche Tochter und das andre da die mir so lieben Nahmen Wieland und Goethe beysammen stehn — Sage Schiller daß am Neuen Jahrtag seine Jungfrau von Orleang bey uns zum erstenmahl aufgeführt wird — der Erfolg soll von mir treulich berichtet werden. Die Castanien werdet Ihr erhalten haben — und damit Gott befohlen! Grüße an deine Lieben Hauß geister von

Eurer
treuen Mutter
Goethe.

N. S. Daß zu rechter Zeit prächtiger Christags Confect erscheinen wird — darauf gebe ich Euch mein Ehren wort.

348. An Goethe den 13ten Jenner 1804

Lieber Sohn!

Hirbey die Commedien Zettel! Die Geschwister /: wie du ersehen wirst :/ sind an der Tages Ordnung — Frau von Stael ist wie ich höre jetzt in Weimar — mich hat Sie gedrückt als wenn ich einen Mühlstein am Hals hangen hätte — ich ging Ihr überall aus dem Wege schlug alle Gesellschafften aus wo Sie war, und athmete freier da Sie fort war. Was will die Frau mit mir?? Ich habe in meinem Leben kein a.b.c. buch geschrieben und auch in Zukunft wird mich mein Genius davor bewahren. Ich hoffe das Christkindlein ist wohlbehalten angelangt? Grüße deine Lieben

von

deiner treuen

Mutter Goethe.

349. An Christiane Vulpius   den 24<u>ten</u> Jenner 1804

Liebe Tochter!

Tausend Danck vor Ihren Lieben Brief, Sie haben sehr schön und klug gehandelt mir von der /: Gott Lob und Danck :/ wiederkehrenden Gesundheit meines Sohnes mich zu benachrichtigen, denn es gibt aller Orden Menschen die sehr gerne Unglück verbreiten — und es zum Schrecken noch vergrößern — also nochmahls meinen Besten Danck! Auch ich bin auf Ihre Liebe Zusage gantz beruhigt — doch erbitte mir bald die Fortdauer der mir so theuren Gesundheit zu berichten den des Menschen Hertz, ist wie längst bekandt, trotzig und verzagt — Es hat hir verlautet, daß Frau von Stael Sich sehr vergnügt in Weimar befindet — und daß diese Fürstliche Residents den Ruhm über alle Orde wo Sie bißher war den Preiß davon tragen — und durch Sie verewigt werden wird. Daß das Christkindlein von Ihnen und dem Lieben Augst beyfall erhalten hat, war mir sehr erfreulich — daß aber die Schurcken den Confect gefreßen haben hat mich geärgert — Erfahrung macht klug — auf einandermahl sollen die Gaudiebe es wohl bleiben laßen. Die Mode Journahle und Mercure erwarte mit Vergnügen. Die Comedien Zettel vom Jenner wird mein Sohn erhalten haben? Bald wird es in Weimar prächtig hergehn, wenn der Erbprintz mit Seiner Gemahlin seinen

Einzug halten wird — auserdem hoffe ich, daß Sie Liebe Tochter die Carnewahl Zeit hübsch lustig zubringen werden die Nachricht davon wird mir ein Zeichen seyn, daß mein Lieber Sohn sich völlig wohl befindet — Dancken Sie in meinem Nahmen dem Lieben Augst vor seinen Lieben Brief — die Großmutter die ohnehin nicht gerne schreibt, kan es heute nun gantz und gar nicht — denn die Witterung ist wie im May — ich schreibe bey offenen Fenster und Thüren und diesen Nachmittag bleibe ich nicht zu Hauße — und doch muß dieser Brief heute auf die Post denn Morgen und übermorgen ist kein Posttag — und länger kan ich meinen Danck nicht aufschiben — Also nochmahls meinen wärmsten und hertzlichsten Danck! Grüße ohne Zahl an meinen Lieben Sohn — und eben so viele ditto an den Lieben Augst und an Ihnen ditto ditto von

Eurer allen
treuen
Mutter und Großmutter
Goethe.

350. An Goethe   den 9ten Mertz 1804

Lieber Sohn!

Hier erscheinen zwey Monathe Januar u Februar, da kanst du sehen was bey uns Tragirt worden ist. Daß Demmer fort ist, ist vor die Bühne ein großer Verlust — denn ein so brauchbahres Supjeckt findet sich nicht leicht, Tittus und Hippeldantz beydes gleich brav!! Drey neue sind angenommen — Baßist Fischer von Caßel — Keilholtz und Reinhold von Prag — müßen es nun erwarten wie es ausschlägt. Vor die überschickten Journahle und Mercure dancke recht schön — auch dem braven Geist dancke vor sein Liebes Briefgen — und grüße Ihn von mir. Ein guter Freund von mir Herr Kaufmann Tesche schickt dir im Vertrauen auf deine Güte — große Einsicht u. s. w. durch mich ein Geistes product von Ihm — mit Bitte es bey Gelegenheit durchzu-

leßen — und Ihm gefälligst gutes und schlimes darüber zu sagen. Ich befaße mich nicht gern mit so etwas — habe es auch bißhieher noch nie gethann — denn mir ist die viele Arbeit so du zu bestreiten hast, gar wohl bewußt — auch bescheidet Er sich gern, daß die Sache keine Eile hat — sondern mit deiner völligen Gemächlichkeit geschenen müße. Aber was treibt Ihr denn in aller welt, mit der Frau von Stael!! Der ist ja Weimar das Paradiß! Die wird Euch einmahl Loben und preißen — wer hir von Damen nur ein wenig vom gelehrten Thon ist, z. E. Freulein Lousia von Barckhauß — Frau Geheimdte Räthin von Wießenhüten — Frau von Schwartzkopf u. s. w.! erzählen Wunderdinge — wie vergnügt die Damme dort ist — So was freut mich von Hertzen — wenn ich davon wegbleiben kan. Lebe wohl! Grüße meine Liebe Tochter und den Lieben August — von
         der Euch Liebenden Großmuter —
               Goethe.

N. S. Vergangenen Mittwoch hatte ich bey Schwartkorf einen sehr vergnügten Abend — Torquato Tasso wurde vorgeleßen.

Alphons Herr Willmer
Leonore von Este Frau von Schwartzkopf
Leonore Sanvitale Frau von Holzhauße
Tasso Herr von Schwartzkopf
Antonio Frau Räthin Goethe.

Diese Menschenkinder grüßen dich alle hertzlich

351. An Goethe   den 9ten Aprill 1804
Lieber Sohn!

Mit dem heutigen Montägigen Postwagen ist in einem Embalirten Kästgen das welsche Korn — die verlangten nacht Kappen auch zwey Stück ostindischen Nanckien zu einer Somerkleidung vor den Lieben August abgegangen — wünsche das es alles wohl anlangen und wohl behagen möge. Das welsche korn ist wegen dem ausgebliebenen Regen nicht so schön, die Körner sind klein viel kleiner wie sonst — ich konte es nicht beßer schicken — so wenig größer machen, als die Rosina im Jurist und Bauer die Eyer. Von den mir überschickten Comedien Zettel von Willhelm Tell dancke gar gar schön, er hat mir mehr als eine Freude gemacht, erstlich habe ich das weimarer Theater personahle daraus ersehen /: freylich weiß mann manchmahl nicht weil kein Herr — keine Madam u Demoiselle dabey steht welches von den dreyen die Person eigendlich ist und vorstelt — da wir auf unsern Zettlen gleich wißen woran wir sind :/ zweytens da das Kind nun das Tages Licht erblickt hat; so werde ich es auch zu sehen bekommen — und diese Erwartung macht mich sehr glücklich — Grüße Schiller! Und sage Ihm, daß ich Ihn von Hertzen Hochschätze und Liebe — auch daß Seine Schrieften mir ein wahres Labsahl sind und bleiben — Auch macht Schiller und du mir eine unaussprechliche Freude das Ihr auf allen den Schnick — Schnack — von Rezenziren — gewäsche — Frau Baaßen geträsche nicht ein Wort antwortet; da mögten die Herrn sich dem sey bey ergeben — das ist prächtig von Euch — Hätte das Herr von Mayer verstanden; so hätte Er sich nicht so viel ärger zugezogen! Fahrt in diesem guten Verhalten immer fort — Eure Wercke bleiben vor die Ewigkeit — und diese armselige wische zerreißen einem in der Hand — sind das planiren nicht werth puncktum. Lieber Sohn! Hast du denn die Güte gehabt das Kindlein von Freund Tesche die 3 Billiet benamset mit gnädigen Augen anzusehn, und Ihm ein wort des Trostes darüber mitzutheilen — Lieber Himmel! Es krablen ja so viele um den Parnaß — laße Ihn mit krablen. Grüße meine Liebe Tochter — den Lieben Augst —

von
Eurer
treuen Mutter u Großmutter
Goethe.

352. *An Goethe* den 15ten Juni 1804

Lieber Sohn!

Bey übersendung der Comedien Zettel muß ich mich doch auch wieder einmahl vernehmen laßen, und dir einiges erzählen, daß dich wahrscheinlich Intreßiren wird — dein Brief an Stadtschuldheiß Moors hat Wunder gethann, denn Doctor Kästner ist gleich Examinirt und sodann rezipirt und Burger geworden — dir hat Er es also zu verdancken — Nicolanus Schmidt hat Caucion vor Ihn geleistet daß Er eine Burgers Tochter Heyrathen wird. Dieser Nicolaus Schmidt ist sehr traurig von Weimar weggeganen weil Er nicht so glücklich war dich zu sprechen ohngeachtet Er zweymahl und zwar einmahl expreß um 9 Uhr zu dir bestelt — und doch nicht seinem Zweck erreichet hat — mir that das auch leid — denn Erstlich ist Er einer meiner Besten Freunde der mit Rath und That hielft wo Er kan und mag — zweytens — ist Er auf mein Vertrauen Stoltz — und muß nun allen die nach dir fragen die Antwort geben — ich habe Ihn nicht gesprochen. u. d. g. Höre ich will dir etwas unters Fuß geben — das dir zwey worte weiter nichts kostest — laße durch deinen braven Schreiber Geist —/: mit Gelegenheit versteht sich :/ ein kleines Brieflein an mich gelangen worinn du bedauerst Ihn nicht gesprochen zu haben — du kanst ja so was so excelent verfertigen — und Schmidt ist erfreut — erzählts der gantzen Stadt — und mir geschied ein gefallen —. Aus bey kommenden Zettel wirst du ersehen, daß den 31ten May Mahomet bey vollem Hauße ist gegeben worden — ich zweifle ob ein Theater im stande ist das Stück so zu geben wie es bey uns gegeben worden ist — Alle thaten was möglich war besonders Otto — der alle Rollen vortreflich spielt, aber so!! Nein so was habe ich von Ihm noch nicht gesehn — ohngeachtet nun wegen Schwäche der Nerven womit die Jungen Frauenzimer hir sehr geplagt sind eine Demoiselle Protzler ohnmächtig hinaus getragen wurde und zwey Demoiselle Sintzheimer davon liefen —

so wird es zu ende dieser Woche doch wieder gegeben — worauf ich mich sehr freue. Auch trägt mann sich mit folgender Neuigkeit — Götz von Berligingen wäre auch von dir vor Theater bearbeitet — Auch hat Herr von Meyer Clavigo ausgetheilt — welcher vortreflich gerathen muß — indem unsere drey besten Schaus[p]ieler /: wie näthürlich :/ die ersten Rollen haben. In einem deiner Briefe räths du mir an den Sommer zu genüßen — das thue ich auch — Alle meine Freunde wohnen auf dem Lande oder in Gärten — Syndicus Schlosser — Fleischbein — Burgemeister Metzler Senator Steitz — Fingerlings — und mein alle Sontagsbesuch bey Stocks das geht nun immer so seinen gang. Daß es bey dir auch wohl steht habe auch erfahren Nicolaus Schmidt hat dich im Schauspiel gesehen und mich versichert du sähest recht schön und gut aus — ob ich mich darüber erfreut habe kanst du leicht dencken — Auch hoffe ich, daß meine Liebe Tochter und der Liebe Augst sich wohl und vergnügt befinden werden — Grüße sie hertzlich von mir — so viel habe ich lange nicht geschrieben drum wirds auch am Ende schief und bucklicht — Lebe wohl! diß wünscht von Hertzen

Euer alle
treue Mutter u großmutter
Goethe.

353. An Goethe den 20ten Juli 1804

Lieber Sohn!

Vielen und schönen Danck vor deine Lieben Briefe, jetzt wird mein Haußfreund schmuntzlen wenn Er so etwas vorgeleßen bekömt — denn in Weimar geweßen /: besonders ist die Rede von einem Franckfurther :/ und Goethe nicht gesehen haben — wird nicht partonirt — also sey nochmahls bedanckt. Ehe ich an Demoiselle Böttiger ihre Carackteristick kome; so muß ich eines herrlichen Abens erwähnen den ich und unsere Franckfurther dir zu dancken haben — Es war der 14te Julius — in 20 Jahren hatte man ihn nicht gesehen — und da paßte das auf dem Zettel zum erstenmahl mit Fug und recht — könte ich dir nur recht lebendig darstellen wie vortreflich alles ging, wie die Schauspieler es wie ihr eigen kind behandelten so recht mit Lust und Liebe es ausführten — wie eine Stille in dem großen — voll Menschen voll gepropften Hauße war — mann hätte eine Stecknadel fallen hören — wie nur zuweilen wenn es die Menschen zu sehr angrief — ein einstimiges ablautiren und bravo rufen entstand z. E. wie Beaumarschais die neue untreue von Calvigo erfährt — wie Carlos Calvigo auf neue zur untreue beredet — beßer größer kan diß Trauerspiel schwerlich auf welchem Theater es seyn mag gegeben werden — Herr von Mayer ist gantz entzückt daß das pupplicum Geschmack am großen und schönen gewindt. Jetzt von Demoiselle Böttiger — Wenn Sie Sich bey Eurem Theater auf das Rollenfach der Frau Roße — in Armut und Edelsinn — Jungfer Schmalheim in der Aussteuer — als Haußhälterin im großen looß u d g Caracter und Carikatur sich verbindlich macht; so kan Sie zumahl wenn Ihr noch hie und da aufgeholfen wird in die Fußstappen Ihrer Mutter tretten und in diesem Fach viel leisten — Aber solte Sie der Einbildung Teufel treiben, wie es Ihr unglücklicher weiße schon begegnet ist daß Sie Liebhabrinnen — im Trauer — Lust — und Schauspiel vorstellen will; so laße dich nicht ein — erbärmlicher läßt sich nicht dencken — auch Singen will Sie können — es ist eben so jämmerlich. In dem Verhältnüß wo Sie bey uns war, war das wieder gantz etwas anders — Ihre Mutter war 20 Jahr bey uns —der Mutter zu Liebe bekame Sie verschiedne Rollen von jungen Liebhaberinnen nur die art von Respeckt die mann gegen die Mutter hatte verhinderte das Auspfeifen — die Mutter starbe — Sie redete den von Mayer an Ihr die Rolle von Ihrer Mutter die Jungfer Schmalheim zu geben — Mayer that es — Sie spielte über alle Erwartung brav — der Mutter Ihrem Andencken zu Liebe munterten wir Sie durch aplaudiren auf und Sie bekam die Rollen ihrer Mutter — und bey uns /: als aus obigen Gründen :/ wäre Sie nie verstoßen worden — nun beloge Sie aber die Direcktion — sagte Sie besuchte eine Freundin — ging nach Cassel spielte die Ariadne u d Rollen — du kanst dencken wie kam wieder — bekam ihren Abschied — und ist jetzt sehr übel dran Also sage ich noch einmahl — bra[u]cht du oben genandtes Rollenfach so ist Sie gut, und kan noch unter guter Leitung beßer werden — aber um aller welt willen keine Liebhaberinnen — keine Sängerinn! Nun weiß du von Demoiselle Böttiger alles Haarklein Punctum — Herr Brand hat sich zweymahl im Opperfest als Murney und in der Lilla als Infant hören laßen — hat recht gut gefallen hat alle Ehre empfangen ist als Murney herausgerufen worden als Infant weiß ich das Ende nicht weil ich nicht darinn geblieben war. Eine große Theatraliche Herrlichkeit steht uns bevor — Iffland! Komt den 4ten Augst hieher — Spielt 6 mahl die 3te Vorstellung ist sein Benefitz und zwar im Wallenstein — ferner Spielt Er — den Eßigmann — Gabrecht! die andern wollen mir jetzt nicht einfallen. Hoffräthin Kästnern ist noch hir und läßt dich freundlich grüßen. Ich hoffe daß die überschickenten Comedien Zettel imer richtig angelangt sind? Meiner Lieben Tochter dancke vor die überschicken Mercure und die Donau Nimpfe einige Mercure sind doppelt z. E. N. 1. und 2. mir zu Handen kommen dagegen fehlt No. 3. bey Gelegenheit kan es nachgeschickt werden — so wie ich die überzähligen mit den Comedien Zettel zurück senden werde. Wenn Hoffrath Starcke etwa noch im weimarer Staats Calender steht — so laße Ihn ausstreichen, den Er lebt nicht mehr. Mit vielem Vergnügen werde ich die Bekandtschaft des würdigen Mannes Herrn Voß machen. Lebe wohl und vergnügt — Grüße deine Lieben von

      Eurer allen
    treuen Mutter u Großmutter
       Goethe.

354. An Goethe den 10ten Augst 1804

Lieber Sohn!

Hir von zwey Monathe die Schauspiel Zettel — daraus kanst du ersehen was bey uns ist getragirt worden. Herr von Mäyer würde es eine große Freude seyn dich zu sehen, und zu hören — auch würden die Schauspieler alle ihre Kunst aufbieden um dir Freude zu machen — und wie froh würde ich seyn und deine alten Bekandten u. s. w. Allein wen uns allen dieses Vergnügen zu theil werden solte; so muß ein ordentlicher und Musterhafter Plan verabredet werden — daß meine Wohnung zu klein ist um mehr als dich allein zu beherbergen ist dir bekandt in einem Privat Hauß gehts aus vielen Ursachen gar nicht — nichts bleibt übrig als ein Gasthauß — alle diese Dinge trage ich schon lange Zeit in mir herum — und bin biß jetzt noch nicht recht mit mir einig — auch würde ich biß mein Plängen ficss und fertig geweßen wäre — nichts davon gesagt haben — aber die Äußerung in deinem Brief *du mögstes wohl einmahl von Mäyer und unser Schauspiel sehen* auch schriebe Augst /: vermuthlich aus Schertz :/ Er hätte Lust allein zu kommen diese Äußerungen geben Anlaß obiges dir wißen zu laßen — recht oder gar nicht, ist mein wahlspruch — Habe ich meinen Plann ausgekocht — dann solt Ihr ihn zu wißen kriegen — und ihn mir verbeßern helfen — Bißdahin habt mich auch ohngesehen lieb!! Jetzt fragt in tiefster Demuth Herr Tesche ob du seinem Kind einen Liebevollen blick gewährt hast? thue es doch und sage Ihm /: mir zu Liebe :/ etwas das wenn man sagte Baal Saamen, daß man es könte vor Balsam nehmen. Meine Liebe Tochter war also in Leipsig und hat Madam Unzelmann gesehen und gehört — das hat mich sehr gefreut, denn meine Liebe Tochter verdindt daß man so viel es möglich ist Ihr Freude und Vergnügen macht — grüße Sie hertzlich von mir — den Lieben Augst desgleichen — ich lobe Ihn daß Er so fleißig ist — Lebt wohl! Behaltet lieb, und in gutem Andencken

> Eure
> treue Mutter
> Goethe.

N. S. beykomende Mercure habe ich doppelt empfangen erbitte mir davor No. 3.

355. An Goethe   den 11ten October 1804

Lieber Sohn!

Es ist beynahe eine Ewigkeit daß ich sowohl von dir als von den deinigen nicht vernommen habe — hie und da hat mir die Fama gute Nachrichten von dir überbracht — als z. E. Herr Consul Bethmann — Herr von Schwartzkopf die haben die herrlichsten Nachrichten von dir — deinem schönen Hauß — deinen übrigen vortreflichen Kunstsachen und über *alles* die gütige Aufnahme die du Ihnen erzeigt hast nicht genung rühmen und preißen können — So was macht mich denn auf lange Zeit wieder froh und glücklich. Hir kommt ein gantzer schwaal von Comedien Zettel — weil die Meße alle Tage ist gespielt worden drum ist die Anzahl so ansehnlich — auch war die Einnahme nicht schlecht sie betrug 12 000 f.

Lieber Sohn! Ich habe in diesen Tagen ein Werck von dir geleßen welches ich nicht genung habe bewundern können, und welches mir große Freude gemacht hat — das Leben von dem großen Künstler und noch größern Menschen Benvenouto — das ist herrlich und hat mir auch frohe Tage gemacht. Es geht das gerede daß wir das Vergnügen haben sollen Demoiselle Jagemann bey uns zu sehen — Sie würde in einigen Gastrollen auftretten und uns dadurch großes Vergnügen gewähren. Die Castanien die ich überschicken werde — sollen hoffe ich dißmahl vortreflich seyn — denn der Wein ist Gottlob und Danck dieses mahl herrlich gerathen — viel und gut — und so wie der Wein, so die Castanien. Herr von Schwartzkopf hat mir den Comedien Zettel vom Götz von Berlichingen gegeben — potz fischgen was Menschen gehören zu der Aufführung! Indeßen schmeicheln wir uns ihn auch hir aufführen zu sehen. Syndicus Schlossern komt so eben zu mir hört daß ich an dich schreibe — und grüßt dich hertzlich. Neues gibts nichts als daß die Meße wieder einmahl recht gut war — das war das erste mahl in langer Zeit, daß ich sie loben hörte — Kayser Napoleon war in Mäntz — mich ging das nun weiter nichts an — sehr viele Franckfurther haben Ihn —————— gesehen.

Lebe wohl! Grüße deine Lieben — wenn die Castanien kommen als dann wieder etwas

von
Eurer
treuen Mutter
Goethe.

356. An Goethe   geschrieben Freytags den 9ten
fortgeschickt Samstags den 10ten
[November 1804]

Lieber Sohn!

Mit dem heutigen Postwagen sind die Kastanien nach Weimar spedirt worden — ich würde sie ohne sang und klang haben abmarschiren laßen denn ich weiß daß du jetzt wegen Ankunft der Erbprintzeß alle Hände voll zu thun hast — wenn ich nicht eins und das andre anzubringen hätte. Der Heilige Christ nährertt sich wieder, und Augst muß ein Kleid nach seinem Geschmack haben — also erbitte mir die Farbe und das Ehlen Maß — ditto was die Farbe betrift vor meine Liebe Tochter — denn ich kaufe nicht gern in den Tag hinein. Jetzt eine Bitte — Schickt mir keine Mecure mehr — diese Last muß einmahl aufhören — die ersten Jahre die ich alle besitze haben mich dazumahl aus leicht zu begreifen Ursachen sehr intresirt — jetzt ist er mir nicht mehr so lieb wie ehemals — die paar No: die ich von diesem Jahr habe, schicke ich bey Gelegenheit zurück — Wenn die Feyerlichkeiten *alle* vorbey sind; so komte ich mit noch einer Lieteralischen Bitte angezogen aber ehnder nicht — weil ich die große Resingnation keinen Taback mehr zu schnupfen glücklich ausgeführt habe; so ist alles recht gut, nur meine Briefe!!!! die werden gantz erbärmlich hölzern, wie Figura zeigt. Lebt wohl! behaltet lieb

Eure
treue Mutter
Goethe.

357. An Goethe den 30ten November 1804

Lieber Sohn!

Dein Lieber Brief hat mir doppelte Freude gemacht — erstlich wegen des guten Inhalts — Eures allerseitigen wohlseyns und der geschwinden rückantwort wegen des Heiligen Christ, da denn jetzt alles mit Zeit und Muße auf das beste besorgt werden kan. Zweytens daß der gantze Brief von deiner eigenen Hand war daraus ich erfahre, daß du noch wie ehemahls so schön schreibst, daß es vor mich eine Lust war diesen Lieben Brief anzuschauen. Wenn du ein Exemplar von Cellini übrig hast; so schicke es mir — es soll mich sehr freuen.

Herr Thesche ist ein unglückseliger papa — Iffland hat den armen wicht entweder verlohren — oder verbrand denn Er läugnet grade weg es empfangen zu haben — weiß weder Tittel noch sonst was. Nun ist zu befürchten daß es in Weimar eben so zugeht — Ach! erbarme dich doch — und laß den armen Menschen nicht in Verzweiflung fallen — glaube aber ja nicht daß was du mir sonst schuld gabst — noch jetzt meine Mode ist /: nehmlich wie du mir besonders beym Doctor Jung seiner Hirtenschleuder schuld gabst —

ich ersparte den Leuten eine Ohrfeige — damit sie ein Loch in Kopf bekämen :/ Nein das thue ich nicht mehr so viel und starck — freylich gantz und gar ist dieser guthmüthig fehler nicht ausgetilgt — ja es kommt noch zu weilen der fall — daß ich wie der *Pater Brey* die Wand glatt mache um mein Gesicht — oder meinen Steiß drauf zu mahlen — Ich dencke nun so: gantz schlecht ist nicht leicht etwas — da hebe ich denn das gute heraus und sage Baal Semen, das mögen sie dann vor Balsam nehmen — Jetzt genung und aber genung und zu was anderm. Ich gratulire Euch von Hertzen zu der Vortreflichen Erbprintzeß — es wäre aber ein Wunder wens anders wäre — was ist die Mutter — was der Kayser — was sind das vor herrliche Menschen! Gott seegne Sie!! Das Christkindlein soll zu rechter Zeit erscheinen — den Confect sollen die Spitzbuben dißmahl ungefreßen laßen — die Schachtel wird Ambalirt — was mich am meisten geärgert hat waren die Pomerantzen Schaalen, die ich vor meine Liebe Tochter selbst ausgesucht hatte — und die der schwere wegen oben lagen — und also am ersten in ihre Diebsfinger fielen — aber wie gesagt — dißmahl solls anders werden. Lieber Sohn! Wenn also ein päckgen in Wachstuch eingenäth erscheint; so mache es allein auf — damit vorher die Herrlichkeit nicht eclat wird. Daß die Castanien Euch behagen freut mich, ja das wahr ein herrliches Jahr! Lebe wohl! Grüße deine Lieben hertzlich und freundlich von

Eurer allen
Mutter u großmutter
Goethe.

N. S. Zu befehlen habe ich weiter nichts, als wenn dir etwas gutes und schönes zu leßen vorkommt — an mich zu dencken — Den Neujahrs Tag wird Tell von Schiller bey uns aufgeführt. Da denckt Abens um 6 Uhr an mich — die Leute um und neben mir sollen sich nicht unterstehen die Naßen zu putzen — das mögen Sie zu Hauße thun.

358. An Goethe   den 10ten December 1804

Lieber Sohn!

Hir kommt der Heilige Christ wünsche daß alles nach gusto seyn möge — keine Mühe habe ich zwar nicht gespart um pünctlich nach der Vorschrift zu handlen — das weiße Seidenzeug habe weder bey Juden noch Christen von der Güte wie das Muster ist bekommen können — unter allen war beykommendes das beste meine Schuld ist es also nicht wenn es nicht gefallen solte. Bey kommender Catun hat mir wegen seiner Niedlichkeit sehr gefallen — und wird als Haußkleid meiner Lieben Tochter gar nicht übel stehen. Auch meinem Lieben Augst wird die Prachtweste wohl gefallen u. s. w. Hirbey kommen die Mercure von diesen Jahr zurück — Euch machts immer Mühe — und mir keine sonderliche ergötzlichkeit — wenn aber sonst etwas vor meinen Gelusten dir zu Handen komt; so gedencke meiner im besten. Neues pasirt gar nichts das dich ammusiren könte, als daß deine Büste im Lesekabinet aufgestellt ist — zu beyden Seiten Wieland und Herder — drey Nahmen die Täuschland immer mit Erfurcht nennen wird. Jetzt Lebe wohl! ich muß packen daß die Herrlichkeiten auf den Postwagen kommen! Kuß u Gruß an deine Lieben von

deiner
treuen Mutter
Goethe.

359. An Stock

Lieber Freund!

Sindemahl, nachdem und alldiweil Frau Aja zuweilen eine Täppeline ist; so hat sie auch rein vergeßen wie viel Ew: Liebten zu bedeckung Dero Leichnams bedürfen — Hir sind 8 brabander Ehlen — nehmen Sie so viel davon als Ihr Bedürfnüß erheißt — und schicken das übrige an

Dero ergebenste Dienerin zurück. Womit Lebens länglich
verharre Dero
>
> Freundin
> G.

360. An Stock

Lieber Freund!

Dürfte ich Ihnen bitten, diesen Abend 50f Müntz mit in Ihre Behaußung zu bringen — damit ich selbige in Empfang nehmen könte. Ich brauche sie zu etwas wo mich meine Rößerger /: nach Dero Ausdruck :/ daurern. In Hofnung Ihnen noch heute meinen mündlichen Danck abzustatten verbleibe Dero
>
> wahre Freundin
> Goethe.

361. An Esther Stock

Liebe Freundinnen leßt hübsch flinck — denn ich muß künftigen Samstag die Zeitung weiter Spediren. Lebt wohl! und behaltet mich lieb. Goethe.

362. An Christiane Vulpius den 12ten Jenner 1805

Liebe Tochter!

Ich habe eine Unruhe in mir und niemand kan mich beruhigen als Sie meine Liebe — Demoiselle Jagemann ist hir besuchte mich brachte einen Brief von meinem Sohn der gantz gut lautete nur war die Nahmens Unterschrift gantz Carikatur — ich lege den Brief bey damit Sie es selbst sehen können — auch sagte Sie Sie hätte meinen Sohn nicht selbst gesehnen Er hütete sich kranck zu werden — u d g. Vom 26ten December hatte ich vom Augst einen sehr guten Brief auch etliche Zeilen von meinem Sohn dem nehmlichen Brief angehenck — Jagemann ihr Brief war auch vom 26ten dadirt — da ich nun in diesen 8 Tagen nichts weiter hörte — nicht eine Zeile von Ihnen Liebe Tochter ob Ihnen der Heilige Christ wohlgefallen hat — auch wurde mir versprochen die Ehrenpforten und was bey dem Einzug sich zugetragen mir zu übersenden, und ich davon auch weiter nichts hörte; so wurde wie oben gesagt unruhig — Haben Sie also die Güte Liebe Tochter! mich zu frieden zustellen — und mir von dem Befinden meines Sohns Nachricht zu geben — ferner was es mit der Curiosen Unterschrift vor ein Bewandnuß hat — Sie werden dadurch sehr verbinden

die
Sie Liebende Mutter
Goethe.

363. An Christiane Vulpius den 12ten Februar 1805

Liebe Tochter!

Dem Lieben Augst dancke ich gar sehr, daß er die Güte hatte mir die Unbäßlichkeit meines Sohnes zu berichten — den der Ruf vergrößert und verschlimert gemeiniglich das übel — Ich hoffe zu Gott daß diese Kranckheit bald vorüber seyn wird — und ich weiß daß ich Gott vor die Geneßung meines Sohnes von Hertzen werde dancken können. Doch ersuche ich Ihnen meine Liebe Tochter mir so wie Sie diesen Brief erhalten — mir weittere Nachricht von dem Befinden meines Sohnes zu berichten — Ich habe nicht nöthig Ihn Ihrer Vorsorge zu empfehlen — ich weiß zu gewiß daß Sie alles anwenden werden — um Ihn bald wieder frisch und munter zu sehen — Grüßen Sie Ihn hertzlich von mir — und erfreuen mich ehestens mit guten Nachrichten — davor bin und nenne ich mich ewig

Ihre
treue Mutter
Goethe.

364. An Christiane Vulpius

1805 den 19ten Februar
als die Großmutter 74 Jahr alt war.

Liebe Tochter!

Tausendanck vor Ihren Lieben Brief vom 15ten dieses! Er war das herrlichste Angebinde an meinem 74ten Geburths tag — Von meinen Freunden die mich mit mancherley gutem beschenckten kam keine Gabe der Ihrirgen gleich — die machte das Maaß meines glücklich erlebten Geburthstag voll — Gott vergelte es Ihnen! Auch vor Ihre treue — Sorge und pflege dancke ich Ihnen von Hertzen — Gott erhalte uns Ihnen meine Liebe Tochter noch lange lange in bestem Wohlseyn — Ihro Durchlaucht dancke Unterthänigs vor die meinem Sohn erzeigte Gnade — auch dem Braven und geschickten Hoffrath Starck. Summa Sumarum allen die zu seiner Beßerung beygetragen haben — Gottes Seegen über sie alle — Grüßen Sie meinen Lieben Sohn — und den Lieben Augst

von
Ihrer
treuen Mutter
Goethe.

365. An Goethe   den 5ten Mertz 1805

Lieber Sohn!

Nur mit ein paar Zeilen will ich meine Danckbahrkeit an den Tag geben — die Beschreibung von den Feyerlichkeiten hat mir Freude gemacht — aber über alles gingen mir die paar worte von deiner eigenen Hand — Ich bin wieder wohlauf — jeder Brief der von dir kommt wird wird ausgebreitet und unter Danck Gott vorgelegt — das habe ich vom König Hiskia gelernt und habe mich 30 Jahr schon dabey wohl befunden. Dieser Brief [hat] ein etwas feierliches Ansehn — welches sonst so eigendtlich mein Thon nicht ist — aber mein Lieber Schöff von Fleischbein ist kranck — und der Artz macht es gefährlich — das wäre vor mich ein wahrer Verlust — es ist das Hauß wo ich mit am liebsten hingehe nun ich will hoffen daß trotz seines schwächlichen Köppers Er sich doch heraus reißt. Verzeihe daß ich dich mit Dingen unterhalte die gar kein Intereße vor dich haben können — Laß mich vielmehr noch zu obigen Danck noch hinzufügen — wie sehr es mich gefreut hat in den Zeitungen zu hören, daß die Kayerliche Hoheit — an der Gesellschaft die sich Donnerstags bey dir einfindet Sich vergnügt und ofte dabey ist. Lebe wohl! Grüße alles was dir Lieb ist

von
deiner treuen Mutter
Goethe.

366. An Esther Stock

Liebe Freundin! Hir meine Gesinnungen über das entfernt seyn meines mir unvergeßlichen Lieben Fritzens. Gott seegne Ihn — Er mache seinen Eltern Freude — das wird geschen Amen!!! Künftigen Sontag werde die Ehre haben bey Ihnen mich einzufinden Gestern muß ich in etwas benebelt geweßen seyn — den wäre mein Verstandt in seiner Klahrheit geweßen; so hätte ich ohnmöglich so dummes Zeug heraus Babelen können — Den welcher vernünftige Mensch wird das Sontags Kind — dem Vergnügen bey Euch allen zu seyn *vorziehen*! Kuß und Gruß von der alten Freundin   Goethe.

v. H. den 5ten Mertz 1805.

367. An Goethe   den 8ten April 1805

Lieber Sohn!

Das war gestern als ich um 9 uhr Abens nach Hauße kam eine gar liebliche Erscheinung — ich erkandte Ihn nicht Er ist sehr groß und sehr hübsch geworden — gantz erstaund stand ich da als Er mir den so lieben Nahmen nandte Er schläft in der Stube neben mir — und ich hoffe es soll Ihm wohl bey mir werden — wollen sehen wie wir Ihm die Zeit verkürtzen — erstlich hat Er mit der Großmutter einerley Liebe zum Theater da habe ich Ihn nun gleich auf 18 Vorstellungen Meß abonement abonirt — zweytens hat die Urgroßmutter ein zimliches Talent im schwatzen das soll Ihn aufheitern — was nun noch zu sagen ist mag Er selbst vortragen — nur laße bald etwas im Punct deine Gesundheit betrefendt von dir hören — dann werden alle Meß vergüngungen doppelt schön.

[Es folgt ein Brief von August von Goethe an seinen Vater.]

368. An Goethe   den 12ten April 1805

Lieber Sohn!

Hir das verlangte Welsch-korn — Augst lebt — Heysa lustig ohne Sorgen so wie König Salomo u.s.w. Ich habe Ihn ins Schauspiel abonirt — heute get Er ins Oratorium die Schöpfung von Heiden zu hören — Montags den Tell zu sehen und zu Hören — Willmer hat Ihn an den Augen gleich erkandt — Syndicus Schlossern auch — den ersten Osterfeyertag macht Er Visitten bey Stocks — Schöff Schlosser u.s.w. Ich hoffe die Zeit soll Ihm bey mir nicht lang werden — die Lücken füllen wir mit Schachspielen aus. An unserm Vergnügen fehlt nichts — als auch etwas gutes von Weimar aus zu hören — wir hoffen dieses u grußen Euch —

                die großmutter und Augst Goethe.

369. An Goethe   Sontags d 21ten Aprill 1805

Lieber Sohn!

So eben erhalte ich deinen Lieben Brief August ist nicht zu Hauße — Er speißt heute bey Frau von Mallebert — es ist seine Lust alle seine Kreutz Züge Euch selbst zu berichten

— da muß ich Ihm denn wohl die Freude laßen — Die alten Bekandten die du in deinem Briefe nenst soll Er sehen — und überhaubt alles was möglich zu sehen und zu hören ist soll Er sehen und hören — Seinen Reiße Conpaniong solte mann nach dem alten Sprichwort in Gold einfaßen — der nimbt sich des jungen Reißenden so freundschaftlich an, daß mir Ihn sehr schätzbar macht — auch ist die Rückreiße schon völlig in Ordnung unser Lieber August geht mit diesem eben erwähnten Braven Kaufmann der Ihn hergebracht hat — den 1ten oder Längstens den 2ten May wieder biß Erfurth zurück — das nähre soll Euch kund werden. Der Liebe junge hat was besonders glückliches in seiner Bildung alle die Ihn sehen lieben Ihn — Willmer sahe Ihn im Schauspiel ohne zu wißen wer Er sey — kommt Tags drauf zu mir und sagt ist das nicht der junge Goethe — ich habe Ihn an den Augen erkant — die Stockin ist gantz verliebt in Ihn — und so *alle* Die Luftschiftfahrt hat deßwegen keine statt gehabt — das Billiet solte 2 Carolin kosten — und unter 1000 unterzeichneten wolte Er nicht — die waren nicht zusammen zu bringen — also unterbliebe es.

Augst hat nun seinen wohlhingebrachten Sontag der länge nach erzählt — Heute ist Er um ½11 Uhr aufgestanden — hat sein frühstück in dulci Jubilo verzehrt — putzt sich jetzt geht zu Gaste u. s. w. Lebt wohl. Dieses wünscht die   Großmutter.

Montags d 22ten Aprill 1805.

370. An Goethe   Franckfurth d 2ten May 1805

Ich endes unterzeichnete bekenne öffendtlich mit diesem Brief, daß Vorzeiger dieses Julius Augst von Goethe Sich währendt seines hiesigen Aufenthalt brav und Musterhaft aufgeführt; so daß es das Ansehn hat, als habe Er den Ring im Mährgen /: Nathan des Weisen :/ durch Erbschaft an Sich gebracht der den der ihn besitzt angenehm macht vor

Gott und Menschen — daß dieß bey oben erwähnten Julius
Augstus von Goethe der fall ist bestättigt hirmit

>Seine Ihn
>Liebende Großmutter
>Elisabetha Goethe.

371. An Goethe und seinen Sohn

>den 11ten May 1805
>Morgen ist Pancratius — Montags
>Servatius — O! weh!! Da gibts
>noch Schlossen und Schnee.

Lieber Sohn!

Meinen Besten Danck vor deinen guten lieben Brief er
hat mich erfreut, und meinem Hertzen wohl gethan — auch
mir einen sehr frohen Tag gemacht — Ihr habt Ihn nun
wieder gesund an Lieb und Seele — Gott! erhalte Ihn uns
so wie Er ist und Freude und Wonne wird Euch und mir
nicht fehlen *Amen* Seine Abreiße hat mir sehr wehe gethan
— ich war die Virthalb wochen so an Ihn gewohnt — daß
ich imer glaubte in der neben Stube seine Stimme zu hören
— nur das tröstete mich, daß hir nichts vor Seine Bestimmung zu thun ist — platterdings nichts — und daß also
Sein zukünftiges Glück obschon in der Ferne mir mehr gelten muß als das nahesein bey der Großmutter! Doch diese
vergnügten Tage werden mir lange wohlthun — Sein hir
gelaßenes Stambuch ist jetzt in den Händen des Consuls
Bethmann — Schwartzkopf hat sich ein hübscher Andencken drinnen gestiffet. Es ist kein Geschäffte das von der
Hand geht — denn wo es in ein Hauß kommt, da ließts das
gantze Hauß — Frau — Mutter — Schwestern — Töchter
— aber es wird auch das warten reichlich belohnt werden!
Potz Fischgen! Was lehrreiche Sententzen — Sprüche —
Verse u.s.w. werden darinnen erscheinen, drum Gedult.
Noch in einem punct muß unser Lieber Augst diese edle
Tugend ausüben — Sein hir zurückgelaßener Reichthum

hat einen so großen Kasten erfordert, daß die Speßen auf dem Postwagen etwas theuer gekommen wären — ich habe daher meine Zuflucht zu meinem Haußfreund Nicolaus Schmidt genommen der auf das bald möglichste ihn wohl Eampalirt nach Weimar spediren wird — Sage Augst — es wäre doch gescheider daß noch ein schönes Schemisett mit käme — als daß mann der Post das Geld gegeben hätte. Heute wird der Kasten Herrn Schmidt übergeben — und sobald er die Reiße von Stolppe nach Dantzig angetretten hat — soll es Euch kund und zu wißen gethan werden. Wir haben ein gantz jämerliches Frühjahr Feuer im Offen — nichts wächts — ich trincke schon 20 Jahr die Molcken — muß warten, es ist noch nichteinmahl kerbel da!!! Nun bleiben wir alle nur hübsch gesund — das andre gibt sich. Nochmahls Danck vor Augsts besuch und den lieben Brief von seiner glücklichen Zurückkunft, behaltet lieb — diejenige die Euch jetzt doppelt und dreyfach liebt und die sich nent   Euer aller
treue Mutter u Großmutter
Goethe.

N.S. Daß du meine Liebe Tochter u meinen lieben Schachspieler küß u grüßt das ist mein ernster Wille

N.S. An meinen Lieben Augst! So eben erhalte deinen Lieben Brief — daß es dir bey mir gefallen hat freut mich und wird mich noch lange freuen — behalte mich lieb — alles übrige steht in dem Brief an den Vater Ewig deine dich Liebende Großmutter   Goethe.

372. An Esther Stock   v. H. den 13ten Juli 1805.

Liebe Freundin! Morgen kan ich nicht das Vergnügen haben dich zu sehen — die Freude meinem Lieben Stock Glück zu wünschen ist mir vereidelt — daß mir das peinlich ist — daß mich das Wetterwendisch macht — wirst du meine Liebe! mir ohne Schwur glauben. Fritz Jacobi ist an dem allem Schuld — 20 Jahre haben wir einander nicht gesehen — Die gute Schlossern hat Morgen ein kleines Fest — und erbat sich meine Gegenwart — konte ich Ihr das versagen?? Dich und alle deine Lieben hoffe ich noch ofte zu sehen — Fritz wahrscheinlich zum letztenmahl — deßwegen hofft auf Verzeihung

deine Freundin
Goethe.

373. An August von Goethe den 26ten Augst 1805

Lieber Augst!

Vermuthlich hast du geglaubt dein Stammbbuch machte die Reiße um die Welt — und ist doch nur aus einer Straße in die andre hin und her marschirt — allein die Leute wollen in ein Buch darinen solche große Nahmen stehn, sich nicht prostituiren und auch was prächtiges sagen — warten von Tag zu Tag auf Inspirationen geths so ists gut — geths nicht; so machen sie es so gut sie können das mag die Ursach des verzögers seyn — Ergötze dich an den allerley Einfällen und Gedancken — Moritz Bethmanns seines hat mir sehr gefallen — und die Handschrift ist prächtig. Ließel danckt Tausenmahl vor Herrmann und Dorothea — das war ein großer Jubel!!! Vermuthlich ist das Blatt von Frau Stock verlegt worden — hirbey kommt ein anders — Bitte doch den Vater daß Er Ihr etwas zum Andencken drauf schreibe — sage Ihm wie viele Freundschaft das gantze Hauß dir erzeigt hat — das wird ein Sporn mehr seyn Ihr diese Freude zu machen. Freund Tesche wird wohl in seinem Leben keine Antwort über sein Lustspiel erhalten — wahrscheinlich hat Er selber Verzicht drauf gethan — denn Er fragt kein Wort mehr. Montags den 1ten September ißt Karl wieder mit mir nach der alten Gewohnheit und nach alter Art und Weiße. Was macht Ihr denn alle zusammen? seyd Ihr wohl? was macht der Vater, wie ist Ihm der Aufenthalt in Halle bekommen? gebt einmahl Kunde und Nachricht davon — Habt Ihr denn auch solches Regenwetter — bey uns ists alle Tage Regen — Wind — Sturm u.s.w. die Leute die in Gärten wohnen finden dißmahl ihr Conto nicht. Ein junger Mensch 16 Jahr alt Conrad Wenner von hir gebürtig und von angesehnenen Eltern die Handels Leute sind — hat einen unwiederstehligen Trib Schauspieler zu werden — alle Vorstellungen dagegen helfen nichts —ich werde ein schlechter Kaufmann — aber ein großer Schauspieler das fühle ich — nun haben die Eltern nachgeben — nun ist die Frage, wo soll Er sein Probestück machen? in Franckfurth geths aus sehr begreiflichen Ursachen nicht wohl an — Mann hätte also Lust Ihn nach Weimar zu schicken und dort zu erproben — ob sein Gefühl Wahrheit oder Narrheit sey — will nun dein Vater erlauben — daß Er komme und Ihm einige kleine Rollen zur probe geben; so wird die Verwandschaft es mit Danck erkennen —denn betrügt sich der Junge Mensch — so kan Er erst 16 Jahr alt noch zeitig genung ein anders Geschäfte anfangen — es verstehts sich von selbst daß Er umsonst seine proben ablegt — noch eins! Ich bin im Nahmen des jungen Menschen irre geworden Er heiß mit dem Zunahmen Friederich — seine Mutter ist eine gebohrne Wennern. Heut über acht Tage geht die Meße an Garnerin wird auf der Pfingweide in die Höhe steigen — da Er in der gantzen Welt herum zieht; so kommt Er gewiß auch nach Weimar — ich werde /: da ich vor 20 Jahren den Blanchart nicht gesehen habe :/ in einen gelegenen Garten gehn — außer diesem weiß ich dieße Meße nichts besonders — eine erstaunliche Hütte wird zwar auf dem Paradeplatz aufgebaut — sind aber weiter nichts als Springer — Seiltäntzer — dieses Hals brechende Mettje kan ich aber nicht ausstehn — ich werde demnach bey meinem Schauspiel bleiben. Herr Unzelmann hat hir ohne Beyfall 3 Rollen gespilt — und das gantze Publicum wünschte Ihm eine glückliche Reiße — zu seinem Unglück sahen wir in der nehmlichen Zeit den großen Cursächsischen Schauspieler Ochsenheimer — den sogar Ifland mühe haben würde herunter zu spielen. Da hast du Lieber Augst einen Langen Brief — Alle Freunde und bekandten grüßen dich—besonders diejenige die ist und bleibt

deine
treue Großmutter
Goethe.

N. S. An Vater und Mutter Tausend Grüße.

374. An Goethe den 10ten October 1805

Lieber Sohn!

Verzeihe wenn Überbringer dieses durch eine Anfrage dir villeicht beschwerlich fält. Er heißt Graf ist Gastwirth im sogenandten Rebstock — ihm ist ein Weimaraner Geld schuldig — der Schuldner soll noch Vermögen besitzen — will auch gern bezahlen — schibts auf seine in Weimar lebende Brüder die nichts heraus geben wollen u d g. Gastwirth Graf hat schon mehrmahl nach Weimar geschrieben ohne Antwort zu erhalten — da ist Er nun selbst da — nur um zu erfahren wie die Sachen stehn — und hauptsächlich wo Er sich zu melden hat — bey welchem Ampte — bey welcher Behörde — und das will Er bey dir erfahren — und bittet um eine Auskunft in dieser Sache — von Beckanden wurde ersucht Ihm ein Recomodations Brieflein an dich mitzugeben, und das thue ich hirmit. Kanst du diesem Landsmann in dieser Begebenheit etwas nützen so wird Er es in seiner Gaststube erzählen — und die Burger-Capitaine — und diese Claße von Menschen, die wein bey ihm trincken, werden ihren gnädigen Landsmann hoch leben laßen.

Über die glückliche Niederkunft Euerer Erbprintzseß habe ich große Freude gehabt Gott seegne Sie und das gantze Fürstenhauß. Daß wir so vel quasi wieder Krieg und Kriegsgeschrey haben wißt Ihr aus den Zeitungen — wir sind die Dinge jetzt schon so gewohnt, daß uns Cannonen und Pulver wägen nicht mehr ängstigen — Vor ohngefähr 20 Jahren sang Mefistovles im Docter Faust —: Das liebe heilige Römische Reich — wie hälts nur noch zu sammen?: Jetzt kan man es mit recht fragen. Die Churfürsten — Fürsten — laufen quir und quer — hin und her — es geht her wie in Schnitzel putz Häußel — es dreth sich alles im Kreusel — man weiß gar nicht mit wem mans halten soll — es wird schon wieder ins Gleiß kommen — denn der Liebe Vater überm Sternen Zelt — werth doch den Bäumen daß sie nicht in Himel wachssen — *der* wirds schon wieder in Ordnung bringen. Ohnlängst habe ich von meiner Lieben Tochter einen sehr guten Brief erhalten wegen deinem Wohlbefinden — ich hoffe zu Gott, daß dieser Winter gut und angenehm vorübergehnen soll — laßt mich zuweilen etwas von Eurem Befinden hören, das wird sehr erfreuen

Eure
treue Mutter Goethe.

Meine Liebe Tochter u den braven Augst, grüße freundlich Egmonth wird einstudirt.

375. An Goethe den 16ten December 1805

Lieber Sohn!

Hier die kleinen Christ geschencke gedencket meiner dabey und behaltet mich lieb. Ich habe so alles zusammen getromelt darum kommts 8 Tage ehnder als ichs versprochen hatte — der Confect kommt in der Christwoche — da ich von Augst vernommen habe, daß du die roth und weiße Quitten liebst; so habe sie vor dich aus gesucht — hoffe daß sie dir wohl schmecken und bekommen werden — auch Pomerantzen schalen bekommt meine Liebe Tochter — auch soll die Schachtel wohl /: wie vorm Jahr :/ eingenäht werden — damit die Leckermäuler nicht davon Naschen.

Ich muß eilen — damit der Postwagen nicht versäumt werde. Liebet immer — Eure treue Mutter

Goethe

376. An Goethe den 15ten Februar 1806

Lieber Sohn!

Schon längst hätte Frau Stock und ich dir vor dein liebes Andencken gedanckt — aber unsere neue Geschichte die du aus den Zeitungen wißen wirst hat uns daran verhindert. Also den besten Danck im Nahmen der Frau Stock Sie hat vor Freuden geweint — ferner soll ich dir sagen — daß alle Jugendtliche Auftritte Ihr gantz klahr vor den Augen stünden — Sie ließt jetzt aufs neue Willhelm Meister, das macht Sie unbeschreiblich glücklich — besonders das Puppenspiel — du hast große Freude verursacht also nochmahl vielen Danck — auch grüßt Sie den Augst vielmahl und läßt Ihn Ihrer hertzlichen Liebe versichern. Jetzt kommt mein Danck! Du hast mir durch dein eigenhändiges Briefgen große Freude gemacht mich mit allen Calamiteten ausgesöhnt ich habe Gott gedanckt der dich mir gegeben und so gnädig erhalten — der es ferner thun wird Amen. Wir leben wie mitten im Kriege müßen Contriboution geben — haben Einquartirung die Hüll und die Füll den Generahl-Stab oben drein — das lustigste ist, daß wir nicht wißen warum das so ist — Es ist Friede /: wenigstens mit uns :/ wir sind selbst vom Napoleon vor Neuterahl erklährt — alles ist vor unsern Augen verborgen — es wird schon klahr werden punctum. Lieber Sohn! Ich habe dir etwas weitläufig unsern Zustand gemeldet — damit nicht etwan falsche Nachrichten dich in Besognüße setzen mögten Ich bin Gott sey Danck! Frisch und gesund habe gute Freunde die mir mit Rath und That aushelfen — habe in diesem Stück — die Lebens Weißheit des Schach Bahams in Wielands Winter Mährgen —: sorge immer vor den Augenblick — und laße Gott vor die Zuckkunft sorgen —

zur Einquarttirung habe einen garde Atileristen einen höfflichen artigen Mann. Den Mercur wo Frau Stock Ihre große Freude eingeschlagen war, schicke bey Gelegenheit zu rück — weil sonst der Jahrgang defect seyn würde — Künftigen Mittwoch den 19ten werde ich 75 Jahr alt — da trinckt meine Gesundheit hoch!!! Jetzt Lebe wohl Grüße meine Liebe Tochter — den Lieben Augst — und behaltet lieb

Eure
treue Mutter
Goethe.

377. *An Christiane Vulpius*

wenn ichs noch packen kan wirds
fortgeschickt d 21ten wo nicht d 25ten
Aprill 1806

Liebe Tochter!

Ihr Lieber Brief hat mir große Freude gemacht — es ist mir allezeit große Wonne von dem guten Fortgang der Gesundheit meines Sohnes zu hören — aber jetzt sind freudige Nachrichten doppelt wichtig — doppelt hertzquickend! Die Frantzsosen scheinen uns noch nicht verlaßen zu wollen — unsere deputirten sind noch in Paris — was aus uns werden wird wißen wir nicht — u. s. w. Wer also in diesen nicht sehr erfreulichen Zeiten — den Geist aus der Düsternheit empor hebt — verdint Lob und Danck und das haben Sie Liebe Tochter an mir in reichem Maaße gethan. Da nun gutes gethan auch hir schon belohnt wird; so übersende Ihnen hirmit etwas das wie ich glaube in Ihrem Haußweßen brauchbaar sein wird — auch kommt ein Mercur zurück — damit der Jahrgang bey Ihnen nicht defect seye — er kam hieher — damit das Blättgen ins Stammbuch der Frau Senator Stock nicht verknittet werden möge. Die Beyden Todesfälle die Sie gehabt haben sind mir nahe gegangen — Augst hat mir sehr viel gutes von beyden erzählt — es thut freylich weh — gute Freunde zu verliehren — und kein Trost vermag was über ein betrübtes Hertz nur die Zeit ist der einzige Tröster — der wird auch bey Ihnen sein Ampt verrichten — und der Schmertz über den Verlust, wird je länger je mehr in den Hintergrund gestelt werden — Gott! Erhalte Ihnen noch lange und ihr Wohlbefinden wird mir immer glückliche Tage machen. Unser Augst reißt also in die weite Welt — weiter als von Stolppe nach Dantzig — wenn Er die Königin von Preußen zu sehen bekommt; so kan Er Ihr melden, daß die Großmutter noch gesund wäre — was wird Er Euch alles von dem prächtigen Berlin erzählen — Gott! Bringe Ihn gesund und vergnügt zurück. Jetzt kommt ein groß mächtiger Auftrag an den Herrn Geheimdten Rath von Goethe — den Sie Liebe Tochter wenn Er gut gelaunt gut gestimbt — und an seine Vatterstadt noch mit einigem warmen Antheil denckt — die Güte haben mögen Ihm vorzutragen. Unsere Schauspieler haben seit kurtzem einen Pentions-fond errichtet jedes Mittglied Männer und Frauen gibt Montlich etwas von seiner Gage ab — zwey Vorstellungen im Jahr zu diesem Entzweck werden dazu gelegt — die erste Vorstellung in diesem Jahr war Nathan der weiße — und 900 f war die Loo[s]ung — Jetzt komme ich auf den Fleck jetzt zur Sache — das sämptliche Personahle der hiesigen Schauspieler Gesellschaft bittet durch mich um das noch ungedruckte Exemplar des Götz von Berlichingen! Sie mey[n]en /: wie der Patriach im Nathan :/ So was würde ihrem Fondt sehr wohl thun — und da doch Franckfurth sein Vaterland wäre; so hofften Sie auf gnädige Erhörung — und wenn Herr von Goethe zu dieser Gnade noch ein paar Zeilen an das Personale schreiben — seinen Nahmen drunter setzen wolte; so würde ihr Danck ohne Grentzen seyn. Jetzt Liebe Tochter! Wissen Sie die gantze Geschichte — Übelnehmen wird mir mein Sohn den Auftrag an Ihn nicht — Finden Sie Ihn einmahl gut gelaunt — so tragen Sie es Ihm vor u. s. w. Jetzt einmahl vom Wetter! das ist erbärmlich — ich habe von neuem Feuer im Offen — wir wollen Gedult haben — denn die Ungedult verdirbt nun gantz und gar alles — Laßen Sie mich nur bißweilen etwas gutes von Ihnen meinem Lieben Sohn — und dem Augst hören — das wird mir Kraft geben die Einquartirung und die Witterung zu ertragen. Behaltet Lieb

Eure
treue Mutter
Goethe.

378. An Goethe den 3$^{\underline{ten}}$ Juni 1806

Lieber Sohn!

Dein Lieber Brief hat mir sehr großes Vergnügen gemacht du hast gar nicht nöthig dich wegen der abschlägigen Antwort zu entschuldigen — du hast überaus wohlgethan — mir kanst du es deßwegen nicht übel deuten — daß ich anfragte, weil ich von allen deinen sehr guten Gründen nicht das geringste wißen konte — diese Sache ist also abgethan — und keine ähnliche soll dich je wieder behelligen — auch soll keine Seele kein Wort davon erfahren und damit Basta! Der Commedien Teufel ist wieder in einen Jungen Burschen — einen Enckel des ehemahl berühmten Öhlmängen Handelsmanns Streng gefahren — und die Kerls wollen immer ihre erste Ausflucht nach Weimar nehmen — ich werde ihm also gantz kurtz sagen laßen, ich wüßte daß du der jungen Leute so viel hättest daß du niemand mehr brauchen könstest — und das ist keine Lüge — denn Augst hat mir ja auf deinen Befehl vor ohngefähr einem Jahr das nehmliche geschrieben. Doch bin ich froh über dieße Geschichte, den ohne sie hätte ich doch so keinen kern und kraftvollen Brief von dir erhalten — und das immer Lebenskraft und Öhl in mein 75järiges Leben — Gott seegne dich davor Amen! Unsere Umstände weiß du aus den Zeitungen — es wäre mir langweilig etwas davon zu sagen. Ich glaube an Gott! und der ist doch größer als alle Monarchen der Erde — und Sie dürfen nicht ein Haar weiter gehn — als Er es haben will — und in diesem Glauben bin ich ruhig

— und genieße jeden frohen Tag. Lebe wohl! Grüße meine
Liebe Tochter — den lieben Augst und behalte Lieb

Eure
treue Mutter
Goethe.

N. S. braucht Ihr dann in diesem Jahr keinen Türckischen weitzen?

379. An Goethe den 19ten Augst 1806

Lieber Sohn!

Du kanst leicht dencken wie freundlich Herr Frommann von mir empfangen wurde da ich durch Ihn deinen Lieben Brief empfing — Gott sey danck! der das Baad gesegnet und deine Gesundheit auf neue befestigt hat! Er wird alles übel auch in Zukunft von dir entfernen, diß traue ich Ihm mit fester Zuversicht zu — und dieses Zutrauen hat mich noch *nie* /: in keiner Noth :/ stecken laßen — dieser Glaube ist die einzige Quelle meines beständigen Frosinns — bey unserer jetzigen Lage ist eine große Stütze nothwendig — auf wen also? alle Menschen sind Lügner sagt David aus eigner Erfahrung denn Seine Mäjestät hat saubre Stückger gemacht — Unsere jetzige Mäjestätten — da hat mann auch Trost die Hülle und Fülle! Ich werde nicht betrogen, den ich habe mein Vertrauen nicht dahin gestelt — Bey meinem Monarchen verliert mann weder Capital noch Intereßen — den behalt ich. Mir ist übrigens zu muthe als wenn ein alter Freund sehr kranck ist, die ärtzte geben ihn auf mann ist versichert daß er sterben wird und mit all der Gewißheit wird mann doch erschüttert wann die Post kommt er ist todt. So gehts mir und der gantzen Stadt — Gestern wurde zum ersten mahl Kaiser und Reich aus dem Kirchengebet weggelaßen — Iluminationen — Feyerwerck — u. d. g. aber kein Zeichen der Freude — es sind wie lauter Leichenbegengnüße — so sehen unsere Freuden aus! Um mich Lieber Sohn! Habe keine Besorgnüße, ich komme durch — wenn ich nur zuweilen etwas guts von Euch meinen Lieben höre; so stört mich nichts in meinem Frohsinn — und meine 8 Stunden schlafe ich richtig in einem fort u. d. g. Der Primas wird täglich erwartet Villeicht geht alles beßer als mann denckt — müßen erst den neuen Rock anprobiren — Villeicht thut er uns nur wenig geniren — drum laßt hinweg das Lamentiren u. s. w. Lebt wohl! Behaltet lieb — diejenige die unter allen Regirungs Veränderungen ist und bleibt

Eure
Euch Liebende Mutter u Großmutter
Goethe.

N. S. Tausend hertzliche Grüße an meine Liebe Tochter u an den Lieben Augst, deßen Strumpfbänder ich immer noch zum Andencken trage.

Noch eine Nachschrift! Das Zusammentrefen mit der Printzeßin von Mecklenburg hat mich auserordentlich gefreut — Sie — die Königin von Preußen — der Erbprintz werden die Jungendliche Freuden in meinem Hauße genoßen nie vergeßen — von einer steifen Hoff-Etikette waren Sie da in voller Freyheit — Tantzend — sangen und sprangen den gantzen Tag — alle Mittag kamen Sie mit 3 Gablen bewaffnet an meinen kleinen Tisch — gabelten alles was Ihnen vorkam — es schmeckte herrlich — nach Tisch spielte die jetzige Königin auf dem piano forte und der Printz und ich waltzen — hernach mußte ich Ihnen von den vorigen Krönungen erzählen auch Mährgen u. s. w. Dieses alles hat sich in die jungen Gemüther eingedrückt daß Sie alle 3 es nie bey aller sonstigen Herrlichkeit nimmermehr vergeßen — bey etwaiger Gelegenheit werde es anzubringen wißen — daß du deines Auftrags dich bestens entlegigt hat. Lebt nochmahls wohl u gedenckt meiner.

380. An Goethe und Christiane Vulpius

Sambstag d 18ten October 1806
Lieben Kinder!

Nachdem dißmahl die Castanien so auserordtlich gerathen sind; so überschicke ich hirmit eine Noble Quantität — auch habe wohl bedachtsam die größern von den kleinern mit eigenen Händen auf beste separirt und von einander abgesondert um Euch die Mühe zu ersparen — welches wie ich hoffe Ihr mit dem gebührenden Danck erkennen werdet — mein Wunsch ist, daß sie Euch in Gänßebraten — und blau kohl wohl schmecken und noch beßer bekommen mögen. Wie lebt Ihr denn in diesen kriegerischen Zeiten? bey uns ists jetzt pasabel stille — aber vor 14 tagen da gings durcheinander pele melle — 5 Mann bekamme ich vor mein theil zum Einquatiren — alles ging gut ich war froh und heiter — die Bursche wurdens auch — Eßen u Trincken schmecke ihnen gut u. s. w. Bald kan ich dir auch umständliche Nachricht von unserer jetzigen Verfaßung geben — denn da du noch immer Franckfurther Burger bist; so mußt du doch auch von der großen Umwältzung etwas erfahren — was ich so hir und da davon gehört habe gefält mir wohl. Lebt wohl! Gott! Erhalte Euch und gebe uns den lieben, theuren, und werthen Frieden. Amen.

Eure treue Mutter
Goethe.

N. S. Montags den 20ten dieses — gehn die Castanien mit dem Postwagen an Euch ab.

381. An Goethe den 27ten October 1806

Lieber Sohn!

Mein erstes Geschäffte /: nach erhaltung deines mir so zu rechter Zeit gekommenen Briefes :/ war Gott dem Allmächtigen auf meinen Knieen zu dancken und laut mit Anbettung zu jublen: Nun dancket alle Gott mit Hertzen — Mund und Händen! Ja Lieber Sohn! das war wieder eine Errettung — wie die 1769 — 1801 — 1805 da nur ein Schritt ja nur ein Haar, dir zwischen Tod und Leben war. Vergiß es nie; so wie ich es auch nie vergeße. Er der große Helfer in allen Nöthen, wird ferner sorgen, ich bin ruhig wie ein Kind an der Mutter Brust, den ich habe Glauben — Vertrauen — und feste Zuversicht auf *Ihn* — und niemand ist noch zu Schanden worden — der Ihm das Beste zugetraut hat — Jetzt noch einmahl Tausend Danck vor deinen trostreichen — lieben und herrlichen Brief. Zu deinem neuen Stand wünsche dir allen Seegen — alles Heil — alles Wohlergehen — da hast du nach meines Hertzens wunsch gehandelt — Gott! Erhalte Euch! Meinen Seegen habt Ihr hiemit in vollem Maas — der Mutter Seegen erhält den Kindern die Häußer — wenn sie schon vor den jetzigen Augenblick nichts weiter in diesen Hochbeinigen erbärmlichen Zeiten thun kan. Aber nur Geduld die Wechsel Briefe die ich von unserm Gott erhalten habe — werden so gewiß bezahlt als jetzt /: da ich dieses schreibe die Sonne scheint :/ Darauf verlaßt Euch — Ihr solt mit Eurem theil zufrieden seyn — das schwöre ich Euch. Grüße meine Liebe Tochter hertzlich — sage Ihr, daß ich Sie Liebe — schätze — verehre — daß ich Ihr selbst würde geschrieben haben, wen wir nicht in einem beständigen Wirrwel lebten — Heute werden die Straßen die zum Bockenheimer Thor führen nicht leer von Preuschischen Gefangenen!!! Es ist ein getümmel ein Romor — daß man beynahe nicht im Stande ist, einen vernünftigen Gedancken zu haben. So bald es etwas ruhiger ist hole ichs nach. Jetzt muß ich nach einer kleinigkeit fragen — Am 20ten October hab mit dem Postwagen 28 *ū* Castanien an Euch abgeschickt habt Ihr sie bekommen? im entgegengesetzten Fall schicke ich andre, doch muß ich solches mit umgehnder Post nur mit ein paar Worten wißen sonst wird es zu spät — Herr Braun der mir deinen Lieben Brief über brachte glaubte daß sie glücklich angekommen wären

— weil am 20ten Weimar und die Gegend wieder frey geweßen wäre — also nur ein wörtgen — Augst kan ja schreiben — Alle Freunde grüßen Euch — und freuen sich Eurer Erhaltung — das war ein wirr warr in unserer Stadt Gott sey Danck! daß dein Brief zu rechter Zeit ankamm.

Lebt wohl! Behaltet lieb —

Eure
treue und hocherfreudte
Mutter Goethe.

382. An Goethe   den 18ten November 1806

Lieber Sohn!

Heute nur ein paar Zeilen an dem frohen Tag den mir Herr Voß und sein Begleiter Bein gemacht da Sie mir von deinem und der deinigen wohlbefinden die beste Nachricht gebracht haben Gott sey davor gelobet — nur jetzt ein Wort von den Castanien: der Contontuckter des Postwagen hat mich versichern laßen, daß der Postwagen der in Hertzfeld so lange stille gelegen, biß die Pasage wieder frey war in Weimar angekommen wäre — sind die Castanien nun noch nicht angekommen; so weiß ich nicht wo sie hingekommen sind, und ich schicke andre. Augst soll mir also nur zwey worte schreiben — damit ich eilend mich mit andern versehen kan — denn Castanien müßt Ihr haben — sie mögen herkommen wo sie wollen — Heute von nichts andern — der erste folgende Brief handelt vom Christkindlein! Lebe woh[l]! Grüße meine Liebe Tochter den Lieben Augst von deiner vergnügten

Mutter
Goethe.

383. An Goethe den 24ten November 1806

Lieber Sohn!

Das ist ja Vortrefflich, daß die Castanien endlich angelandet sind — doch bin ich nicht unzufrieden über die verzögernde Ankunft ich hätte villeicht diese mir so liebe Briefe nicht erhalten — also war auch dieses anscheinende Übel gut — in der Welt geht es offte in größern Dingen auf diese Weiße — der Postwagen findet übele Wege — endlich kommt er doch glücklich an Ort und Stelle u. s. w. Meiner hertzlich geliebten Tochter mögte ich nun gerne zum heiligen-Crist eine kleine Freude machen — da ich aber in der Entfernung Ihren Geschmack nicht wißen kan; so nehme meine Zuflucht zur dir — wenn Sie Sich in den viel jüngern Jahren, so gern hübsch anzieht — wie die Urgroßmutter noch in ihren alten Tagen; so hätte Lusten Kleidungs-Stücke zu übersenden — solte Ihr sowas behagen; so muß ich vor das erste wißen — die Gattung des Zeugs —seiden —Mouselin—Taffend u. d. g. Zum Zweiten das Ehlenmaß so viel habe von Augst geler[n]t, daß die Weimarer Ehle — bey uns ein ½ Stab ist — also nur nach nach der Weimarer gefordert, da werde ich nun nicht mehr irre — doch ists nothwendig, daß der Schneider angibt /: weil die Breiten sehr verschieden sind :/ wie viel wenn der Zeug — 4 viertel — 5 — oder 6 vietel breit ist — nun das Hauptstück ist die Farbe — ein stückgen Band mitgeschickt ist das sicherste. Nun frage auch den Lieben Augst — was Ihm nöthig ist — und Freude macht — Ehlenmaß und Farbe muß Er auch bestimen — An Deutlichkeit fehlt es nun glaube ich meiner Erklärung nicht. Daß deine vor uns alle so theure Gesundheit bey diesen großen Unruhen — und erschrecklichem wirr warr sich gut gehalten hat — davor dancke ich täglich — *dem Gott der alle Wunder thut* und bin überzeugt *Er* erhält und stärckt dich — *Er* rüstet dich aus mit neuer Kraft — und führt *alles* herrlich hinaus. Nochmahls hertzlichen Danck vor die 4 lieben Briefe die ich in so kurtzer Zeit erhalten habe — und wovon 2 sogar von deiner eigenen Hand sind! Grüße meine Liebe Tochter — den Lieben Augst von

> Eurer aller Euch
> Liebenden Mutter
> und Großmutter
> Goethe.

384. An Goethe den 12ten December 1806

Lieber Sohn!

Hir erscheint das Christkindlein — hoffe daß es Beyfall erhalten werde! Zwar habe ich einigen Zweifel — erstlich weil ich nicht unterrichtet war, welche Farbe meiner Lieben Tochter lieblings Farbe ist — denn jeder hat so seine Farben die er mag z. E. ich kan die Blaue Farbe seye sie dunckel oder hell nicht ausstehn — da ich nun über diesen Punct im dunklen war; so nahm ich im auswählen das alte Sprichwort in Obacht — was schmutzt, das putzt — daher wählte sowohl zum überrock als zum andern helle Farben — habe ichs getroffen; so ists mirs sehr lieb, wo nicht, so belehrt mich einandermahl eines beßern — vor Augst habe das dunckelte grün das in der gantzen Stadt zu haben war hirmit überschickt — wünsche das es auch das rechte seyn möge, so gantz wie das Muster war in allen Tuch laden keins. Der Confect kommt nach. Unser neuer Herr ist dir längst bekandt ein liebreicher Menschenfreund — Gott! Erhalte Ihn lange.

Einquartirung haben wir freilich noch — aber sehr wenig — wer über die See gefahren ist, fürchtet sich vor dem Main nicht u. s. w. Deinem Lieben Weibgen dancke vor den lieben Brief den Sie mir geschrieben hat — Ihr schönes — heroisches — haußhälterisches Betragen hat mein Hertz erfreut — Gott! Erhalte Ihren frohen Muth — Ein fröliges Hertz, ist ein täglich Wohlleben, sagt Sirach. Ein mehreres auf ein andermahl. Glückliche — vergnügte Feyertage —

Ein gesegnetes Neues Jahr — bleibet mir so wie im alten — und ich bin

>Eure
>treue Mutter und
>großmutter
>Goethe.

385. An Esther Stock　　　v. H. d 23ten December 1806

Liebe Freundin!

Meine neue Hembten sind fertig ich mögte sie gerne bezahlen und weiß nicht was mann davor gibt — nur mit zwey Worten habe die Güte es mir zu berichten. Ich hoffe dich Liebe Freundin bald zu sehen — wünsche fröhlige Feyertage und bin ewig

>deine
>treue Freundin
>Goethe.

N. S. Deinem Lieben Mann — deinen ebenso Lieben Mädelein meinen Hertzlichen Gruß.

386. An Goethe　　　den 7ten Aprill 1807

Lieber Sohn!

Da deine Liebe Frau gleich nach erhaltung deines Lieben Briefes mit zwey guten Freunden nach dem Willhelms Baad gefahren ist, und erst diesen Abend wieder komt; so hat Sie mich ersucht dir folgendes zu berichten, daß Sie Sontags den 12 April vormittags in Erfurth im Römischen Kaiser ankomen wird — Was Ihr daraus vor Euers Thun und machens etwa thun wolt — könt Ihr nun betreiben — Gerne schriebe ich mehr aber es ist keine einzige Feder im Haußé die etwas taugt — Bey uns herscht eine herrliche Schreiberey daß wißt Ihr ja von je Gelobet sey die Crespel und die Salome. Vielen Danck vor deinen Lieben Brief, er kam

grade einen Augenblick vor dem Einsteigen — also sehr zu rechter Zeit Mit der Miserabelen Feder schreibe nur noch daß ich bin deine treue Mutter
Goethe.

387. An Goethe Freytag d 17ten Aprill 1807

Lieber Sohn!

Dein Brief welcher die glückliche Ankunft meiner Lieben, Lieben Tochter mir verkündigte hat mir Hertz und Angesicht frölich gemacht — Ja wir waren sehr vergnügt und glücklich beyeinander! Du kanst Gott dancken! So ein Liebes — herrliches unverdorbenes Gottes Geschöpf findet mann sehr selten — wie beruhigt bin ich jetzt /: da ich Sie genau kenne :/ über *alles* was dich angeht — und was mir unaussprechlich wohl that, war, daß alle Menschen — alle meine Bekandten Sie liebten — es war eine solche Hertzlichkeit unter ihnen — die nach 10 Jähriger Bekandtschaft nicht inniger hätte seyn können — mit einem Wort es war ein glücklicher Gedancke Sich mir und allen meinen Freunden zu zeigen *alle* vereinigen sich mit mir dich glücklich zu preißen — und wünschen Euch Leben — Gesundheit — und alles gute was Euch vergnügt und froh machen kan Amen. Die Schriefen werden mit Jubel empfangen werden — den 1ten Band kriege ich nun einmahl nicht satt! Die 3 Reuter die unter dem Bett hervorkommen, die sehe ich leibhaftig — die Braut von Corindt Die Bajadere — Tagelang — Nächte lang stand mein Schief befrachtet — der Zauberlehrling — der Rattenfänger u alle andre das macht mich unaussprechlich glücklich — meinen besten Danck davor. Meine Liebe Tochter wird eine Freude haben über das Kleid das die Stocks verfertig haben — ein Kaufmann überbringts Ihr. Die Meße war nicht gantz schlecht — verschiedne Waren gingen starck ab — müßen froh seyn daß die Sache noch so ist. Sonst ist alles still — unser Fürst kommt im May — Einquartirung haben wir wegen der

Durchmärsche fast täglich — mann wird aber alles gweohnt — und macht sich nicht mehr draus. Grüße meine Liebe Tochter hertzlich, und dancke Ihr nochmahls vor das Vergnügen das Sie mir und meinen Freunden gewährt hat — auch den Lieben Augst grüße auf freundlichste — Lebt wohl! Behaltet lieb
Eure
Euch sambt u sonders liebende
Mutter und Großmutter
Goethe.

388. An Goethe   den 2<u>ten</u> May 1807

Lieber Sohn!

Der Todesfall von unserer Lieben Herzogin hat mich ungemein gerührt! Die schönen Andencken die ich noch von Ihr habe sind mir jetzt doppelt theuer und werth — seit vielen Jahren sind wir /: wie das so im Menschlichen Leben öffters geht :/ von einander abgekommen aber nie ist die freündliche Erinnerung der Vorzeit aus meinem Gedächnüß erloschen — besonders die Freuden tage im Rothen Hauß. Ich und alle die Sie kanten seegnen Ihre Asche — und Ihre Wercke folgen Ihr nach. Das feierliche Andencken an die Verewigte das du die Güte hattest mir zu schicken ist vortreflich und hat mir und allen denen denen ich es mittheilte auserordentlich gefallen — besonders der Schluß — welcher der guten Syndicus Schlosser ein Troppen Balsam in die Ihre geschlagne Wunde war — Sie hat Ihren einzigen Sohn in der Blüte des Lebens mitten im thätigen Lauf seines Berufs als Medicus und Obergirurg in Konigberg am Nerven Fieber verlohren 22 Jahr war sein kurtzes aber Musterhaftes hirseyn — Sie grüßt dich hertzlich — danck vor deine Wercke die Ihr und Ihrer Tochter viel Vergnügen gewären — daß Sie nicht selbst schreibt und danckt — wirst du Ihr gewiß unter diesen Umständen verzeihen. Fortunatus soll ehestens erscheinen — Bey dem Einkauf der Volckmährgen gabe es einen Spaß den ich dir doch mittheilen muß: Doctor Schlosser der mein Literaischer Trippscher ist sagte dem Buchhändler — Sie bilden sich wohl nicht ein vor wen diese Bücher sind — vor den berühmten Goethe — Bewahre sagte der Mann erschrocken — Goethe wird mir die Bücher doch nicht persifliren das wäre mir ein großer Verlust! Im Gegentheil Er hat sie sich vor sein Vergnügen gekauft — nun ärgerte den Mann doch noch daß er nicht vor dem Verkauf den Käufer gewußt hatte — so wohllfeil hätte Er sie nicht bekommen sagte er bitter böße. Meine Liebe — Brave gute Tochter grüße hertzlich und sage Ihr, daß die Bouteillien vor das einzumachende Obst erscheinen werden — Ferner, daß ich was prächtiges vor kommenden Winter zu einem überzug über Ihren Peltz mir ausgedacht habe. Alle Freunde grüßen — das hirseyn meiner Lieben Tochter ist bey *allen* noch in Liebevollem Andencken besonders aber bey

Eurer
treuen Mutter u großmutter
Goethe.

N. S. Viele hertzliche Grüße an den Lieben Augst.

389. An Christiane von Goethe

Samstag d 16$^{\underline{ten}}$ May 1807
Liebe Tochter!

Noch vor den Pfings Feyertagen muß ich Ihnen vor Ihren lieben Brief dancken—das Wohlbefinden von Ihnen hat meinem Hertzen wohlgethan — und trägt dazu dabey die Festtage frohl und freudig zu zubringen — Da Sie nun in etwas mit meiner Lage bekandt sind; so will ich Ihnen meine Festtags Pläsirs hererzählen: den 1$^{\underline{ten}}$ besuche ich meine Lieben von Fleischbein, da bin ich immer sehr gern — den 2$^{\underline{ten}}$ wird im Schauspiel die Jungfrau von Orleang gegeben — auf die großen Veränderungen die damit haben vorgehen müßen bin ich sehr neugirig — den 3$^{\underline{ten}}$ weiß ich noch nichts bestimmtes — villeicht gehe ich zu Stocks in Garten — den 4ten bey Senator Steitz in seinem Garten denn die Armen und Wäisen kinder haben da ihr großes Fest — werden auf der sogenandten Pfingst weide öffentlich gespeißt — und in oben benandten Garten — kan man die fühle von Menschen und Kuschen recht in Augenschein nehmen. Nach den Feyertagen gibt Unser Fürst Primas Franckfurths Bürgern ein hir noch nicht gesehnes Specktackel — schon an dem heutigen Tag ist keine Kusche — kein Pferd mehr zu haben Der Liebe Fürst scheint seine Franckfurther gut zu kennen — Leichsinn und gutes Hertz ist ihr Wahlspruch — Aber alles was wahr ist die gantze Woche sind sie fleisig — Sontag und die Lieben feyertage ein Täntzgen u.s.w. und alles ist gut. Villeich habt Ihr von so einem Fest eine beßre Einsicht wie ich — darum schicke ich Euch beyliegendes gedrucktes Blat. Jetzt wäre es von uns genung geschwatzt. Nun von Ihnen Liebe Tochter! Sie sind bey Ihrer Nachhauße kunft recht in Thätigkeit gesetzt worden — da ich aber nun das Vergnügen habe Ihnen genauer zu kennen — durch die Kriegstrublen die Sie so meisterhaft bestanden haben in meinem Glauben an Ihnen gestärckt und befestigt; so haben meine Sorgen um alles was in Ihrem Wirckungs[kreiße] liegt — von oben biß gantz herunter ein Ende. Das alles hat die nähre Bekandschaft mit Ihnen Bewerckscheligt — Gott erhalte und seegne Ihnen vor alle Ihre Liebe und Treue. Vor den Lieben Brief den mein Sohn an die Frau Stock geschrieben dancke recht sehr — er wird wie ein heiligthum bewahrt und allen guten Freunden vorgeleßen. Da hat den doch die kleine Brentano ihren Willen gehabt, und Goethe gesehen — ich glaube im gegen gesetzten fall wäre sie Toll geworden — denn so was ist mir noch nicht vorgekommen — sie wolte als Knabe sich verkleiden, zu Fuß nach Weimar laufen — vorigen Winter hatte ich ofte eine rechte Angst über das Mägchen — dem Himmel sey Danck daß sie endlich auf eine musterhafte art ihren willen gehabt hat. Sie ist noch nicht wieder hir, ist noch so viel ich weiß in Cassel — so bald sie kommt solt Ihr alles was sie sagt erfahren. Die Stocks freuen sich, daß Ihnen das Kleid wohlgefält — das gantze Hauß grüßt und danckt nochmahl vor den Brief — die Obst Bouteillen werden gepackt — und suchen nach den Feyertagen einen Fuhrmann — mein Finantz Minister Nicolaus Schmidt wird es bestens besorgen.

Eine neue Probe Ihrer Erfindsamkeit im sparen ist, daß Sie den alten schwartzen Lappen haben noch benutzen können. Hirbey kommt auch die Wundergeschichte des Fortunatus — ich habe mir die Geschichte zu sammen gezogen, alles überflüßige wegeschnitten und ein gantz artiges Mährgen draus geformirt. Ja Liebe Tochter! der verwünschte Catar und Schnupfen hat Ihnen mein Briliantes Talent Mährgen zu erzählen vorenthalten — Bücher schreiben? Nein das kan ich nicht aber war [was] andre geschrieben zu Erzählen — da suche ich meinen Meister!!!

Diesem langen wohlstilisirten Brief /: wozu ich schon die zweyte Feder genommen habe :/ müßen Sie doch verschiedenes Ansehn — Erstlich daß Doctor Melber die Sache wieder in Ordnung gebracht und durch seine Kunst die Urgroßmutter wieder gut geflickt hat — Zweytens, daß da ich mir den Taback wieder habe angewöhnen müßen — derselbe seine Würckung besonders im fließenstiel vortreflich thut — ohne ein prißgen Taback waren meine Briefe wie Stroh — wie Frachtbriefe — aber Jetz! das geht wie geschmirt — das Gleichnüß ist nicht sonderlich hübsch aber es fält mir gerade kein anders ein — Leben Sie wohl Liebe Tochter! Grüßen Sie Ihren Lieben Mann — den Lieben Augst und behalten lieb
                              Ihre
             Sie hertzlich liebende Mutter
                          Goethe.

N. S. Daß das Bustawiren und gerade Schreiben nicht zu meinen sonstigen Talenten gehört — müßt Ihr verzeihen — der Fehler lage am Schulmeister

390. An Christiane von Goethe den 19ten May 1807

Liebe Tochter!

Ich thue durch gegenwärtiges eine kleine Bitte an Ihnen: Demoiselle Polecks von Langensaltza eine Nichte des Geheimdten Raths Schmidt kommt mit Ihrem Bräutigam zum Besuch nach Weimar — nun ist diese Demoiselle eine Schwester Tochter von meinem sehr guten Freund Nicolaus Schmidt — diese will nun Ihre, nicht sowohl meines Sohnes sondern wie gesagt Ihre Bekandtschaft machen — nun weiß ich zwar gar wohl, daß Sie Liebe Tochter die Freundlich und Gefelligkeit selbst sind — aber ich bin überzeugt — daß Sie es in doppeltem grade sind, wenn ich Ihnen darum ersuche — nehmen Sie demnach ihren Besuch gütig an, erzählen ihr, wie ihr Franckfurther Onckel Nicolaus Schmidt ein sehr guter Freund von mir wäre — wie ich immer mit Loben von ihm spreche u. d. m. Das ist alles was ich mir von Ihnen Liebe Tochter erbitte. Hirbey kommt ein Briefelein von der kleinen Brentano — hiraus ist zu sehen daß Sie noch in frembten Landen sich herum treibt — auch beweißen die Ausdrücke ihres Schreibens — mehr wie ein Alvabeth wie es ihr bey Euch gefallen hat — auf ihre Mündliche Relation verlangt mich erstaunlich — wenn sie nur die allerkürtze Zeit bey Euch war; so weiß ich zuverläßig daß kein ander Wort von ihr zu hören ist als von Goethe — Alles was Er geschrieben hat, jede Zeile ist ihr ein Meister werck — besonders Egmont — dagegen sind alle Trauerspiele die je geschrieben worden — nichts — gar nichts — weil sie nun freylich viele Eigenheiten hat; so beurteilt man sie wie das gantz nathürlich ist gantz falsch — sie hat hir im eigentlichen Verstand niemand wie mich — alle Tage die an Himmel kommen ist sie bey mir das ist ihre beynahe einzige Freude — da muß ich ihr nun erzählen — von meinem Sohn — alsdann Mährgen — da behaubtete sie dann; so erzähle kein Mensch u. s. w. Auch macht sie mir von Zeit zu Zeit kleine Geschencke — läßt mir zum Heiligen Christ bescheren — am ersten Pfingstfest schickte sie mir mit der Post 2 Schachtelen — mit 2 Süperben Blumen auf Hauben so wie ich sie trage — und eine prachtige porzelänerne Schocolade Taße weiß und gold. Jetzt einen großen Sprung von Betinen zu den gläßern Obst flaschen — die kommen auf anrathen von Herrn Nicolaus Schmidt ohn Franckkirt — bezahlt ich die Fracht — welches sonst bey mir immer gewohnlich ist; so mögte es gehen wie es einmahl mit dem Kistegen gegangen ist — das ½ Jahr in der Ire herum fuhr — weil es bezahlt — und der Fuhrmann deßhalb auf den Fracht brief nicht achtete und ihn verlohr. Gott befohlen! Grüßen Sie Mann u Sohn von

Ihrer
treuen Mutter Goethe.

391. An Bettina Brentano Den 19ten May
1807

Gute — Liebe — Beste Betina!

Was soll ich dir sagen? wie dir dancken! vor das große Vergnügen das du mir gemacht hast! Dein Geschenck ist schön — ist vortreflich — aber deine Liebe — dein Andencken geht über alles und macht mich glücklicher als es der Tode-bustaben aus drücken kan. O! Erfreue mein Hertz — Sinn — und Gemüthe und komme bald wieder zu *mir*. Du bist beßer — Lieber — größer als die Menschen die um mich herum grabelen, den eigentlich Leben kan man ihr thun und laßen nicht nennen — da ist kein Fünckgen wo man nur ein Schwefelhöltzgen anzünden könte — sie spärren die Mäuler auf über jeden Gedancken der nicht im A.B.C. buch steht — Laßen wir das, und kommen zu etwas das uns schadloß hält. Meine Freude war groß da ich von meiner Schwieger Tochter hörte daß du in Weimar gewesen wärest — du hast viel vergnügen dort verbreitet — nur bedauerte man daß dein Aufenthalt so kurtz war. Nun es ist noch nicht aller Tage Abend — sagt ein altes Sprich-

wort. Was werden wir uns nicht alles zu sagen haben!!!
Darum komme bald — und erfreue die, die biß der Vorhang
fält ist und bleibt

deine
wahre Freundin
Elisabetha Goethe.

392. *An Bettina Brentano*   den 13ten Juni 1807

Liebe — Liebe Tochter!

Nenne mich ins künftige mit dem mir so theuren Nahmen Mutter — und du verdinst ihn so sehr, so gantz und gar — mein Sohn sey dein inniggeliebter Bruder — dein Freund — der dich gewiß liebt und Stoltz auf deine Freundschaft ist. Meine Schwieger Tochter hat mir geschrieben wie sehr du Ihm gefallen hast — und daß du meine Liebe Bettine bist muß du längst überzeugt seyn Auf deine Herkunft freue ich mich gar gar sehr, da wollen wir eins zusammen Schwatzen — denn das ist eigendtlich meine Rolle worinn ich Meister bin — aber Schreiben! so Tintenscheu ist nicht leicht jemand — darum verzeihe wenn ich nicht jeden deiner mir so theuren Briefe beantworte zumahl da ich weiß, daß Nachrichten von meinem Sohn dir das angenehmste und liebste sind und von seinem jetzigen Thun und wircken so wenig weiß — aber überzeugt daß sein Lob ob gleich aus frembtem Munde dir auch theuer ist; so schicke ich hir eine Recenzion aus den Theoloischen Anaalen die dir wohlthun und dich ergötzen wird. Bekentnüße einer schönen Seele im 3ten Band von Goethens Wercken.

Dieses in das Fach der religiösen Schrieften einschlagende Kunstwerck, ein mit Liebe gearbeites Meisterstück unsers *größten Dichters*, der Klahrheit mit Tiefe, Einfalt mit Erhabenheit wunderbahr verbindet, wird zugleich mit Iphigenie von Tauris und mit den Leiden des Jungen Werders in den Tempel der Unsterblichkeit eingehn. Villeicht ist es nicht allgemein bekandt daß der

Verfaßer mit diesen Bekentnüßen einer schon seit länger als 30 Jahren zu Franckfurth am Main entschlafenen Freundin seiner noch lebenden Frau Mutter, einer Freulein von Klettenberg die Er wie eine Mutter verehrte, und die Ihn wie einen Sohn liebte, ein beyder Theile würdiges *Unvergängliches* Denckmahl gesetzt hat. Je öfftert man diese geistreiche Bekentnüße Liest, um so mehr bewundert man sie, und der Verfaßer dieses kurtzen Anzeige wird sich, so lang ein Odem in ihm ist, jedes der hohen Achtung, die einem solchem mit *Gottes Finger als einzig bezeichnetem Geiste gebührt*

——————— so weit ists vor dich — wenn du her kommst reden wir ein meheres — Etwas beßereres kan ich dir vordißmahl nicht zukommen laßen — denn obiges ist gantz herrlich und was ich noch drauf hervor bringen mögte — wäre Wasser unter den vortreflichen Wein. Lebe wohl! Behalte lieb

deine
dich hertzlich Liebende Mutter
Goethe.

393. An Goethe [9. Juli 1807.]

Eine Rezention aus den Theoloigen Annalen über die Bekentnüße einer schönen Seele im 3ten Band von Göthens Wercken.

Dieses in das Fach der religiösen Schrieften einschlagende Kunstwerck, ein mit Liebe gearbeitetes Meisterstück unsers größten Dichers, der Klarheit mit Tiefe, Einfalt mit Erhabenheit wunderbahr verbindet — wird zugleich mit Iphigenie von Tauris und mit den Leiden des Jungen Werthers, in den Tempel der Unsterblichkeit eingehn. Villeicht ist es nicht allgemein bekandt, daß der Verfaßer mit diesen Bekentnüßen einer schon seit länger als 30 Jahren zu Franckfurth am Main entschlafenen Freundin seiner noch lebenden Frau Mutter, einer Freulein von Klettenberg, die Er wie eine Mutter verehrte, und die Ihn wie einen Sohn liebte, ein beyder Theile würdiges *Unvergängliches* Denckmahl gesetzt hat.

Je öffter man diese geistreiche Bekentnüße liest, um somehr bewundert man sie, und der Verfasser dieser kurtzen Anzeige wird sich, so lange ein Odem in ihm ist, jedes der hohen Achtung, die einem solchem mit Gottesfinger als einzig bezeichnetem Geiste gebührt, zu nahe tretenden Urtheils über andere Theile seiner Schriften enthalten, welche villeicht eines solchen Geistes nicht gantz würdig gefunden werden mögen.

Auf der andern seite steht meine Rezention.

Psalm 1 — Vers 3 — auch seine Blätter verwelcken nicht.

Das ist der Lieben Klettenbergern wohl nicht im Traume eingefallen — daß nach so langer Zeit Ihr Andencken noch grünen — blühen und Seegen den nachkommenden Geschlechtern b[r]ingen würde. Du mein Lieber Sohn! warst von der Vorsehung bestimt — zur Erhaltung und Verbreitung dieser unverwelcklichen Blätter — Gottes Seegen und Tausend Danck davor! und da aus dieser Geschichte deutlich erhelt — daß kein gutes Saamen korn verlohren geht — sondern seine Frucht bringt zu seiner Zeit; so laßt uns gutes thun — und nicht müde werden — den die Ernte wird mit vollen Scheuern belohnen.

394. An Christiane von Goethe den 9ten Juli 1807

Liebe Tochter!

Mit dem heutigen dato ist Fuhrmann Valentin Fräbel von Schmalkalden mit 50 Bouteillien Spaawasser nach Weimar abgegangen: mein Sohn hat mir von Karlsbaad aus den Auftrag gegeben Ihm Spaawasser zur NachCur zu überschicken welches ich hirmit gethan habe — Gott seegne das Carlsbaad und das Spaawasser! Jetzt eine Frage? schon lange habe ich Ihnen Liebe Tochter 36 Bouteillien vor Obst einzumachen überschickt — da ich nun nicht das minsteste ob sie glücklich angekommen sind vernommen habe; so ersuche Ihnen mir solches mit ein paar Worten zu berichten — auch bitte bitte wenn das Spaawasser ankommt nur weiter nicht als ebenermaßen ein paar Worte davon zu melden ich weiß, daß Sie Liebe Tochter! Sehr viel Geschäffte haben aber Augst soll so gute seyn und folgende Zeilen an mich schreiben: Liebe Großmutter! die Obst Bouteillien sind glücklich angekommen Lebe wohl. So soll Er es auch machen wenn das Spaawasser anlangt — Ich verlange keinen langen Brief — aber um aus der Ungewißheit zu kommen — nur obige paar Worte — ich bin überzeugt Augst thut mirs zu Liebe. Schlosser ist glücklich angelangt — und kan nicht genung rühmen und preißen wie gut und herrlich es Ihm bey Euch ergangen ist. Noch eins — das Spaawasser kommt gantz Franco zu Euch Lebt wohl! Und gedenckt meiner im besten

Eure
treue Mutter
Goethe.

N. S. Inliegenden Brief geben Sie meinem Sohn bey seiner Zurückkunft — ich hoffe er wird Ihn freuen

395. An Christiane von Goethe den 17ten Augst 1807

Liebe Tochter!

Gott seegne meinen Lieben Sohn vor die Freude die Er mir an dem heutigen Tag gemacht hat!!! Herr Städel brachte mir einen Brief vom 20ten Julius von Carlsbaad — dieser Brave Mann, erzählte mir so viel gutes und schönes von meinem Sohn — von seiner Gesundheit, gutem Aussehn daß ich mich von Hertzen freue — und Gott Lob und Danck sagte, auch das Carlsbaad von gantzer Seele liebgewan — Aber die Ließel!! die war vor Freude halb närisch wegen den vortreflichen Spitzen — danck Tausenden mahl und wünscht nur Gelegenheit zu haben ihren Danck recht ausbrechen und auslaßen zu können — dazu könte sie kommen, sagte ich, wenn nehmlich jemand von Weimar — Sohn, Tochter — Enckel hieher kämen — dann solte sie recht thätig seyn, und alle ihre Kräfte zur guten Bewirthung anwenden — welches sie dann auch nicht ermanglen wird — es ist wahr, die Spitzen sind vortreflich — Haben Sie die Güte, und dancken meinem Sohn in meinem und in der Ließel nahmen. Da Herr Städel noch eine Thur hie und dahin machte; so brachte Er mir am 16ten Augst erst meines Sohnes Brief — mein Sohn erinnert mich an das Spaa wasser, das nun schon lange bey Euch ist — Gott! Seegne die Nachcur! Jetzt ein Wort mit Ihnen Liebe Tochter! Ihr letzter Brief aus Lauchstätt hat mir gar nicht behagt, Sie schreiben daß seit der Zeit Ihrer Abreiße von hir ein immerwährender Catar Sie incomodire, machen Sie mit Husten und Catar keinen Spaß — ich habe Doctor Melbert gefragt — Er hoft die warme Witterung soll alles wieder gut machen — wenn die Wärme die Genesung vor Ihr übel ist; so müßen Sie Radicaliter Curirt seyn — denn seit 1748 habe ich so keinen anhaltenten Sonnenschein; so keine Hitze zum Ersticken erlebt wie dieses Jahr. Noch einmahl machen Sie keinen Spaß — Schreiben Sie mir so bald Sie wieder in Weimar sind — ehrlich — redlich und aufrichtig Ihr befinden — der Husten muß weg — ehnder habe ich keine Ruhe — ein großer Artz den nahmen habe ich vergeßen sagt: Es starben mehr Menschen am Cathar als an der Pest — folgen Sie mir, fragen Sie Ihren Artz um Rath und geben mir Nachricht von Ihrem Wohlbefinden — das wird mir einen Freudenreichen Tag machen — ich glaube noch imer die Verkältung in dem verwünschten Willhelms baad — war Schuld — Nun wenn Ihr meine Lieben wiederum beysamen seid; so hoffe ich gute Nachrichten von Euch zu hören das gebe Gott Amen. Jetzt noch ein paar Worte von der Ließel — sie hat mich sehr gebethen ihren Unerthänigen Respeckt an die Frau Geheimde Räthin — und den besten Gruß an Jungfer Caroli[n]gen mit Bitte sich ihrer zuweilen zu erinnern, und sie lieb und in gutem Andencken zu behalten. Leben Sie wohl! Liebe Tochter! Beklücken mich bald mit guten Nachrichten — grüßen den Lieben Augst und glauben, daß ich bin und seyn werde

Meinen Lieben
treue Mutter
Goethe.

396. *An Goethe und Christiane* den 8ten September 1807

Lieber Sohn!

Dein Aufenthalt in Carlsbaad hat mir große Freude und manches Vergnügen gewärt — denn ich hörte lauter gutes und schönes von dir — Herr Städel kam mit großem Jubel — brachte mir liebe Nachrichten — und ich hatte einen frohen Tag — Aber die Lisel! daß die vor Freude nicht närrisch wurde war ein großes Wunder — die Spitzen sind gantz herrlich — und daß du sie gekauft hast, daß ein Mann wie du an sie gedacht hat — das verwirlwete sie so, daß der Wahnsinn nicht weit entfernt war /: denn Stoltz ist ihre Hauptleidenschaft :/ Wie kan ich das je vergelten? Das will ich ihr sagen — wenn jemand von Weimar her kommt — Sohn — Tochter, oder Enckel dann mache sie ihre Sachen so brav wie bey der Frau Geheimde rathin — das ist das beste womit sie sich danckbahr beweißen kan — auch ich dancke dir vor das schöne Geschenck — und habe schon an deine Liebe Frau geschrieben — und meinen Danck mit der Liessel ihrem vereinigt. Deine Liebe Frau hat mir auch bey Ihrer Ankunft in Weimar einen gar lieben Brief geschrieben. Das Spaa wasser hatte sogleich besorgt — Gott! Seegne die Nach Cur. Den Brief an Herrn Milius habe sogleich bestelt. Jetzt habe alles fein und richtig beantwortet — nun Franckfurther Neuigkeiten. Vergangenes Jahr war Frau Syndicus 4 Monath in München bey Ihrem alten Freund Fritz Jacobi — ein gewißer Profeßer Breyer wurde von Landshut nach München an die neue Academi — /: wo Fritz Jacobi Semmering und andre sich schon befanden :/

berufen — Frau Syndicus Ihre Tochter Hennriette und oben benanter Breyer Logirten sampt und sonders bey Fritz Jacobi — Breyer dem gefiehl das Mägchen Er trug Ihr seine Hand an, und wurde ———— abgewißen — Sch[l]ossers kamen im Herbst hieher zurück — und die Sache war bendigt. Im Mertz dieses Jahr, hatte die gute Schlossern das große Unglück ihren Sohn an einem Nerfenfieber das Er sich in den Preusischen Spietälern in Konigsberg zugezogen hatte zu verliehren — da Sie mit Ihrer Tochter allein war und beide äußert niedergeschlagen; so wurde beschlossen Lotte Jacobi von München hieher kommen zu laßen um eine kleine Diversion zu machen: Sie kam — unter allerhand Gesprächen und gespräsel kam auch Profeßer Breyer wieder aufs Tapet Tante Lotte wußte so viele gute Eigenschaften; so viele edle Thaten von Ihm zu erzählen daß Hennriette in einem Anfall /: Gott mag wißen wie und aus was Grund :/ Ihm in einem Brief Hand und Hertz anbot — Ihn einlude herzukommen u. s. w. Mittlerweile war man beschäfftigt alles nach München zu schaffen — Ihre Wohnung küngigte Sie auf —Tag und Nacht wurde gepact — Ballen auf Ballen gingen nach München, die Betten wurden eingepact ich liehe Ihnen ober und unter Betten — die Kupperstiche wurden abgenommen — lehre Wände — Lehre Stuben — es sahe aus wie in der Zerstöhrung Jerusamen — Nun kommt der Herr Profeßer Breyer als Bräutigam — Er macht mir wie billig eine Visitte — ich finde an Ihm einen artigen Mann — Er hat in Jena studirt — erzählte viel von dir und wie ich schon gesagt habe Er gefiel mir — das war Donnerstag, ich sahe Ihn Abend im Schauspiel — den andern Tag also Freytags — kommt um Mittag der älteste Doctor Schlosser — sagt mir mit verstöhrtem Gesicht Hennriete nähme Breyer nicht, die ehemahlige Abneigung wäre bey seiner Erscheinung wieder aufgewacht — hätte seinen Abschied — und ging den Augenblick nach München zurück Der krim der Jacobi einen braven Mann so zu beschimpfen — das Geträsche in Franckfurth — das fragen wie u warum das mahle dir selbst aus — nun gings an ein Logi suchen — Kisten und Kasten musten zurück u d mehr die Frau Syndicus bleibt also vor der Hand hir. Ist das nicht eine drollige Geschichte?? Ich vor meine Persohn schreibe nun alle Narrheiten die sich in kurtzer Zeit hir gehäuft haben der erstaunlichen Hitze zu, in Rom sind 60 Menschen Närrisch worden — so arg ists nun freylich bey uns nicht — aber auch Rom und Franckfurth!!! Der Herr Geheimde Rath von Gerning hat einen Geistigen Umgang mit einer empfindsamen wittwe — verspricht sich mit ihr — wird in der Kirche dem Gebrauch nach aufgeboten — wird aber so offte das wort Coupolation ausgesprochen wird ohnmächtig — sie scheiden in Pace von einander u. s. w. Demoiselle Busmann Enckelin von Frau Bethmann Schaff hat einen Bräutigam — soll nur noch etwas warten läßt sich aber von Clements Brentano entführen — die Hitze ist gantz einlein Schuld — denn wenn es schlechte Menschen wären ja da wäre es ein anders anders — aber es sind allezusammen edle Seelen die schwatzen von Grundsätzen — Pflichten — Moralischen Ausübungen der Pflichten gegen Eltern Verwanden u. s. w. Da lobe ich mir das Stokkische Hauß da lieben die Eltern die Kinder — die Kinder die Eltern da ist einem so wohl alles was in dem Circkel lebt freut sich des Lebens — Was habe ich diesen Sommer wieder vor vergnügte Tage mit Ihnen in Ihrem Garten verlebt — da habe ich Mährgen erzählen müßen /: denn unter uns :/ das ist meine Briliante Seite — da wurde von dir gesprochen — von deiner Lieben Frau — von allem was das Hertz froh und das Angesicht frölig machte — alles ohne Chrien und Brühen. Die guten Königsberger haben eben erfahren was Ihr leider auch erfahren habt enorme Einquartirung — Nicolovius hat ohnweit Königsberg ein hübsches Landgut das wurde auch sehr mitgenomen Fourage — Pferde — Ochsen was mit zu nehmen war mußte mit Er mußte aus seiner Wohnung in ein ander Hauß unters Tach in elende Kammern Er hat 6 Kinder 5 Knaben ein Mädelein, der älteste 10 Jahr alt lag kranck auf den Tod — der mußte mit in die Miserabele Wohnung — seine Frau wollten sie prüglen weil sie 12 Eyer verlangten und waren nur 2 im Hauß u. s. w. Louise ist aber gerade so ein braves Weib, wie Ihre Tante Goethe und hatte eben den Muth — die Hertzhaftigkeit und den Frohsinn. Nach einigen Tagen da ordnung und Ruhe hergestelt waren — ging Sie mit Mann und Kinder ins Fränsoische Lager — Vergaß über der Ordnung — Schönheit — und der Exelenten Musick alle ausgestandene Leiden, bewiße dadurch daß Sie von mir abstammte und von meinem Blut war. Betina Brentano ist über die Erlaubnüß dir zuweilen ein plättgen zu schicken zu dörfen entzückt — antworten solt du nicht — das begere Sie nicht — dazu wäre Sie zu gering — belästigen wolle Sie dich auch nicht — nur sehr selten — ein Mann wie du hätte größeres zu thun als an Sie zu schreiben — Sie wolte die Augenblicke die der Nachwelt und der Ewigkeit gehörten nicht an sich reißen.

Jetz noch ein Wort an meine Liebe Tochter. Erstens werde Ihnen ein Kleid schicken das zu einem Überzug vor Ihren Peltzrock sehr schicklich ist — es ist beynahe noch neu sonst würde es nicht zu dem Zweck paßen — attlas und andere Seiden zeuge sind zu dünne und verschieben sich gleich — finden Sie es aber nicht nach Ihrem Geschmack so tragen Sie es als Kleid. Castanien sollen auch kommen dieses Jahr müßen sie prächtig seyn. Dißmahl habe ich aber geschrieben, daß mir die Finger wehe thun — und vor der Hand weiß ich auch weiter nichts als daß wir täglich noch Einquartirung haben

Lieber Sohn — Liebe Tochter
Lieber Enckel Lebt wohl
diß wünsch von
Hertzens Grund
Eure
treue Mutter u Großmutter
Goethe.

397. An Goethe den 6ten October 1807

Lieber Sohn!

Dein Brief der so ahnmuthig — lieblich und Hertzerquickend war machte mich froh und frölig! Da nahm ich nun sogleich die wohlgeschnitte Feder zu Hand und schriebe das was jetzt folgt. Spaa wasser kanst du haben; so viel du haben wilst — und so lang du es vor gut findest — die Adreße ist: An Frau Räthin Goethe — so offte du es also nöthig hast, so laße es michs wißen — es versteht sich daß du immer schreibst wenn du noch einen Vorath im Keller hast — denn man hat die Fuhrleute nicht immer gleich bey der Hand — an dem Wasser selbst fehlt es nie, Sommer und Winter ist es zu haben, es kommt schon gepackt aus Spaa wird nur wenn es verschickt wird verpicht — die größten Kisten halten 50 — die kleinsten 30 Bouteillien — es wird weit und breit verschickt. Nun hast du eine deutliche Beschreibung des dir so wohlthuenden Wassers. Gott! Seegne ferner den Gebrauch an *dir* und andern. Daß das überschickte Kleid noch zu so einem guten Endzweck gebraucht werden soll freut mich sehr. Fast täglich hat meine Lisse mit den herrlichen Spitzen noch einen Festtag wer zu mir kommt muß sie sehen, am Freytag waren Stocks auf einen Thee und Rapuse Spielgen bey mir da kammen denn die Spitzen nathtürlich auch zum Vorschein, wurden bewundert — gelobt — und wer war glücklicher als Lisse! Herr Städel hat auch mit großem Jubel von dir gesprochen — und wird nicht müde das Carlsbaad zu loben — es hat Ihm aber auch gute Dinste gethan. Diese Meße war reich an Profeßoren!!! Da nun ein großer theil deines Ruhmes und Rufens auf mich zurück fält, und die Menschen sich einbilden ich hätte was zu dem großen Talendt beygetragen; so kommen sie denn um mich zu beschauen — da stelle ich denn mein Licht nicht unter den Scheffel sondern auf den Leuchter versichre zwar die Menschen daß ich zu dem was dich zum großen Mann und Tichter gemacht hat nicht das aller mindeste beygetragen hätte /: denn das Lob das mir nicht gebühret nehme ich nie an:/ zudem weiß ich ja gar wohl wem das Lob und der Danck gebührt, denn zu deiner Bildung in Mutterleibe da alles schon im Keim in dich gelegt wurde dazu habe ich warlich nichts gethan — Villeicht ein Gran Hirn mehr oder weniger und du wärstes ein gantz ordinerer Mensch geworden und wo nichts drinnen ist da kan nichts raus kommen — Da erziehe du das können alle Pilantopine in gantz Europia nicht geben — gute brauchbahre Menschen ja das laße ich gelten hir ist aber die Rede vom auserordendtlichen. Da hast du nun meine Liebe Frau Aja mit Fug und Recht Gott die Ehre gegeben wie das recht und billig ist, Jetzt zu meinem Licht das auf dem Leuchter steht und denen Profeßern lieblich in die Augen scheint. Meine Gabe die mir Gott gegeben hat ist eine lebendige Darstellung aller Dinge die in mein Wißen einschlagen, großes und kleines, Wahrheit und Mährgen u. s. w. so wie ich in einen Circul komme wird alles heiter und froh weil ich erzähle. Also erzählte ich den Profeßoren und Sie gingen und gehen vergnügt weg — das ist das gantze Kunstück. Doch noch eins gehört dazu — ich mache immer ein freundlich Gesicht, das vergnügt die Leute und kostet kein Geld: sagte der Seelige Merck. Auf den Blocksberg verlange ich sehr — dieser Ausdruck war nichts nutz — man könte glauben ich wartete mit Schmertzen auf den 1ten May — also auf die Beschreibung deines Blocksberg warte ich; so wars beßer gesagt. Alle Freunde sollen gegrüßt werden. Obst die Hüll und die Füll, mein kleines Gärtgen hat reichlich getragen — zum Eßen wars zu viel zum Verkaufen zu wenig da habe ich denn brav in Bouteillien eingemacht — Ich und Liesse Eßen daß uns die Backen weh thun.

Die kleine Brand hat ein gutes Angagement in Cassel erhalten. Mit unserm Theater gehts auch gut — in der Meße hatte es gute Einnahme, das ewige Regenwetter halfe mit dazu, die Frembten wußten sonst keinen Ausweg — das ist doch wieder ein gantz manierlicher Brief Vor heute aber genung — Ich erwarte also Order wann ich das Spaa wasser schicken soll. Meine Liebe Tochter — den Lieben Augst grüße hertzlich von

Eurer
treuen Mutter u großmutter
Goethe.

398. An Goethe Dinstags d 27<u>ten</u> October 1807

Lieber Sohn!

Samstags d 24 October ist Fuhrmann Orbel mit den 30 Flaschen Spaa Wasser nach Weimar abgegangen du erhälts sie franck und frey — die Fracht ist bezahlt. Gott! Laße die Nach Cur ferner gesegnet seyn — du darfst nur schreiben wenn du in Zukunft es benöthigt bist. Seit dem 24<u>ten</u> dieses haben wir hir ein prächtiges Schauspiel Die Käyerlichen Garden gehen hirdurch nach Maintz in ihr Vaterland d 24<u>ten</u> kamen 1821 Jäger zu Fuß — vorgestern 1767 Grenadir zu Fuß Gestern hielten sie Revüe auf dem Roßmarck — heute kommen 2372 Füselirer Mittwoch 1091 Jäger zu Pferd — Donnerstag 657 Dragoner — und den 31<u>ten</u> 1051 Grenadir zu Pferde — Nein so was hat die Welt noch nie gesehn — alle wie aus einem Glas schranck kein schmützgen — kein Fleckgen — und die Prächdigte Musick — mir gehts wie dem Hund in der Fabel — abwehren kans ichs nicht — zerzaußen mag ich mich nicht laßen — gerade wie [der] Hund, ich — Eße mit. Das ist verdollmescht — Ich freue mich des Lebens weil noch das Lämpchen glüht — suche keine Dornen — hasche die kleinen Freuden — sind die Thüren niedrig so bücke ich mich — kan ich den Stein aus dem Wege thun so thue ich ist er zu schwer, so gehe ich um ihn herum — und so finde ich alle Tage etwas das mich freut — und der Schlußstein — der glaube an Gott! Der macht mein Hertz froh und mein Angesicht fröhlich — ich weiß daß es mir und den Meinen gut geht — und daß die Blätter nicht einmahl verwelcken, geschweige der Stamm. Heute ist uns starcke Einquartirung angekündigt worden, die oben genanden 2372 Mann — Sie sollen bey mir mit Schweinenbraten gelalirt werden u. s. w. Herr von Gerning läßt sich dir bestens empfehlen — und du wirst von Ihm gedörses Obst erhalten — die Kastanien sind noch nicht gut es sind mir aber sehr schöne versprochen — da solt Ihr Euren theil wohl erhalten. Heute wie gesagt gehts bunt bey uns zu der Brief muß also fertig seyn ehe die Gäste kommen — ich muß mich auftackeln um am Fenster den Wirrwar zu besehen. Lebt wohl! Grüße deine Lieben von Eurer

treuen Mutter und großmutter
Goethe.

399. An Christiane von Goethe den 7ten November 1807

Liebe Tochter!

Gestern sind die Kastanien mit dem Postwagen zu Euch abgegangen — Wein und Kastanien sind das nicht geworden was alle Welt geglaubt und gehoft hat, der Regen bliebe zu lange aus — der September war schlecht — der October zwar sehr schön, er konte die Sache aber nicht mehr gut machen. Wollen zu frieden seyn, und Gott vor das dancken. Von Ihnen Liebe Tochter! Habe ja lange nicht gehört, daß Sie immer beschäfftig sind weiß ich gar wohl — denn so eine fleisige — thätige — Sorgliche Haußfrau gibts wenige — Sie sind aber auch überzeugt wie sehr ich Ihnen schätze und liebe — also weiß ich garwohl, daß zum Briefschreiben Ihnen wenig Zeit übrig bleibt — auch verlange ich es nicht — wenn ich nur zu weilen erfahre — daß Sie Liebe Tochter — und Mein Sohn — Augst mit eingeschloßen wohl und vergnügt sind daran genügt mir. Das Spaawasser ist hoffendlich glücklich angelangt? Wenn ich wieder schreibe soll der Brief länger gerathen — nur melde noch, daß ich gesund und vergnügt bin — und daß ich unter Hertzlicher Begrüßung bin Ihre

treue Mutter
Goethe.

400. An Christiane von Goethe den 21ͭᵉⁿ November 1807

Liebe Tochter!

Da die Christfeyertage heran nahen; so mögte gerne wißen mit was ich Euch meine Lieben eine kleine Freude machen könte — Augst soll dißmahl beßer bedint werden als vorm Jahr — mit Schrecken und Verdruß habe vernommen, daß das Tuch so Miserabel ausgefallen war, dem soll vorgebeugt werden — sachverständige sollen /: im fall es wieder etwas von Tuch seyn soll :/ es besorgen — bitte was der Liebe Augst auswählt — Ehlen maß und Farbe genau zu bestimmen. Vor Ihnen Liebe Tochter habe ich im Sinn ein Kleid das Sie zum Staate tragen könnten — nur ersuche Ihnen mir Ihre Lieblings Farbe anzugeben — wenn mann keine große Gaderobe hat; so bin ich sehr vor ein Kleid portirt das mann Winter und Sommer tragen kan — deß wegen habe ich Ihnen noch nie etwas von Attlas geschickt — sollten Sie aber belieben darann haben; so melden Sie es nur — Ich erwarte demnach über obiges bald eine bestimte Antwort. Lange — lange habe ich von Euch Ihr Lieben nichts gehört — ich hoffe daß das Sprichwort bey Euch eintrift was lang wäret wird gut. Die Castanien werden nun auch glücklich angekommen seyn? Ich habe einen Interssanten Besuch gehabt — Humpoldt der große Reißende war bey mir, und hat sehr beklagt daß Er Nachts um 1 Uhr durch Weimar pasirt ist, und demnach meinen Sohn nicht hat sähen können. Es ist jetzt still und ruhig bey uns, indem wir keine Franschöische Garnison hir haben — wenn die Durchmärsche wieder angehn — wird es schon wieder unruhig werden. Alle Freunde Besonders die Stockische Familie grüßen Euch hertzlich — das thue auch ich — und bin wie immer

Eure
treue Mutter
Goethe.

N. S. Daß Sie Liebe Tochter Ihren Lieben Mann, und Augst von mir auf freundlichst grüßen sollen versteht sich von selbst.

401. An Christiane von Goethe

>ich habe das Datum auf die unrechte Seite geschrieben, der Tag ist bald zu Ende ich bleibe zu Hauß und dencke an das Rebhun — belieben weiter unten nachzusehn.

den 14<u>ten</u> November [December] 1807

Liebe Tochter!

Hier kommt das Christgeschenck — ich hoffe es wird Ihnen und Augst wohlgefallen der Confect kommt wie allemahl nach — Die Familie Brentano sind /: biß auf die Betina die noch in Caßel ist :/ wieder hir — die können nun mit rühmen, lobpreißen — Dancksagungen nicht zu Ende kommen — So wie es Ihnen bey Euch ergangen ist; so ist nichts mehr — die Ehre die Ihnen wiederfahren — das Vergnügen so sie genoßen — Summa Sumarum solche vortrefliche Menschen so ein schönes Hauß; so eine Stiege; so ein Schauspiel — das alles ist nur bey Goethe anzutrefen — das ist alles nur Stückweise erzählt worden, den der Betina dürfen Sie nicht vorgreifen die will mir alles selbst erzählen — Ihr meine Lieben könt leicht dencken welchen Freudentag Sie mir dadurch gemacht haben — und welche Freude mir durch Betinens Erzählung bevorsteht — Auch vor dieße Freude dancke ich Euch von Hertzen. Vor 8 Tagen haben wir Rußen zur Einquartirung gehabt — lauter schöne höffliche — wohlgezogne Leute — ich hatte zwey junge überaus liebe Menschen — Sie wurden auch in der gantzen Stadt mit Liebe und Freundlichkeit aufgenomen und das mit Recht — denn nicht eine einzige Klage und waren doch 1800 und alle lieb und gut! Sagt doch das bey Gelegenheit Euerer Erpprinßes — die soll ja so Liebreich und vortreflich seyn — und auch die geringsten Ihres Volcks schätzen — Villeicht macht Ihr so ein Zeugnüß einer gantzen nicht gantz unbedeudenten Stadt einiges Wohlbehagen. Und nun kommt noch was das ist uns noch nicht pasirt — alle Einquartirungs Billiet sind mit dem Stempel worauf ein F. steht gestempelt und dabey wurde gesagt die Einquartirung würde bezahlt — so wenig es vor mein theil tragen mag — so nehme ichs, um mich rühmen zu können von dem Ruschischen Kaiser etwas erhalten zu haben, Verbürgen kan ich diese Sage nicht — allein die gestemmelten Billiet müßen doch etwas bedeuten — von mir solt Ihr es erfahren, denn es sollen noch mehre Rußen hieher kommen. Hir schneidts wie in Lappland meinetwegen mag es schneien oder haglen, ich habe zwey warme Stübger und ist mir gantz behaglich — bey so stürmischem Wetter bleibe ich zu Hauß, wer mich sehen und hören will muß mir eine Kusche schicken — und so gantz allein Abens zu Hauße ist mir eine große Glückseligkeit. Frau Aja! Frau Aja! Wenn du einmahl in Zug komst seys Schwatzen oder Schreiben; so gehts wie ein aufgezogner Bratenwender — Bratenwender? das Gleichnüß ist so übel nicht, man zieht ihn doch nicht auf wenn im Hauß entweder Fast Tag oder Armuth ist — sondern wenn was am Spiß steck das zum Nutzen und Frommen der Familie genoßen werden soll — Ich glaube also laße ihn noch laufen biß ich Euch von meiner Abend Glückseligkeit einen kleinen Begriff gemacht habe. Zu dem Heiligen Johannis kam einmahl ein Frembter der viel vom Johannis gehört hatte, Er stellte sich den Mann vor wie Er studirte unter Manusprickten saß verdieft in großen Betrachtungen u. s. w. Er besucht ihn, und zu seinem großen Erstauen spielt der große Mann mit einem Rebhun das ihm aus der Hand aß — und Tausend Spaß trieb Er mit dem zahmen Thirgen. Johannes sahe dem Frembden seine Verwunderung an thate aber als merckte Er nichts — im Diskurs sagte Johannes sie haben da einen Bogen laßen sie ihn den gantzen Tag gespant — behüte sagte der Frembte das thut kein Bogenschütz der Bogen erschlaft, mit der Menschlichen Seele ists eben so, abgespant muß sie werden, sonst erschlaft sie auch sagte Johannes. Nun bin ich freylich kein Johannes aber eine Seele habe ich die wenn sie mir gleich keine Offenbahrung dictir — doch den Tag über im kleinen sich anstrengt und gerechnet daß sie einen köprper 76 Jahr alt bewohnt absolut abgespant werden muß — davon ist die Rede nicht wenn ich unter guten Freunden bin, da lache ich die jüngsten aus — auch ist nicht Rede vom Schauspiel da villeicht keine 6 sind die das Lebendige Gefühl vor das schöne haben wie ich, und die sich so köstlich ammusiren. Die Rede ist wenn ich gantz allein zu Hauße bin, und jetzt schon um ½5 uhr ein Licht habe — da wird das Rebhun geholt — da bin ich aber auch so erpicht drauf, daß keine Seele mehr zu mir darf. Geheimniß ist die Sache nicht den alle meine Freunde kennen das was ich Rebhun nenne — aber das würden sie nicht begreifen, daß eine Frau wie ich ihre Einsamen Stunden damit hinbringen könte — ihre Seelen die den gantzen Tag abgespant sind, das mann sehr an ihrer Unterhaltung merckt — haben demnach von abspannen keine Begrief. Wenn es also bey Euch 5 Uhr ist; so denckt an diejenige die ist u bleibt

Eure
treue Mutter
Goethe.

N. S. Die Liesel legt sich Euch allen zu Füßen, u bittet um beybehaltung Eurer Gnade

402. *An Christiane von Goethe*

den 25<u>ten</u> December, als am
heiligen Christtag. [1807]

Liebe Tochter!

Es überschickt Demoiselle Meline Brentano inliegendes Käppgen nebst vielen hertzlichen Empfehlungen. Betina ist noch nicht hir sondern in Kassel — Das Christkindlein werdet Ihr wohl empfangen haben auch den Confect? Auf Order der neuen Einrichtung der Postwägen kan man die Sachen nicht mehr gantz Franckirt nach Weimar schicken, sondern nur biß Hersfeld — dieses nur zur Nachricht damit Ihr nicht etwan dencken möget die Mutter wäre so munnsterhaft und ließe vor ihre kleine Geschencke das Porto bezahlen. Am kürtzen Tag habe ich wieder zwey Russen zur Einquartirung gehabt — liebe — gute Leute. Auf die Feyertage sind die neuen Wercke meines Sohnes alle aus geliehen — die guten Freunde glauben /: und zwar mit recht :/ daß sie sich die 3 Feyertage nicht beßer unterhalten könten — Seine Eugenie das ist ein Meister-Stück — aber die Großmutter hat auf neue die Lateinischen Lettern und den kleinen Druck zum Adrachmelech gewünscht, Er laße ja nichts mehr so in die Welt ausgehn — halte fest an deuschem Sinn — deuschen Buchstaben den wenn das Ding so fortgeht; so wird in 50 Jahren kein Deusch mehr weder geredet noch geschrieben — und du und Schiller Ihr seid hernach Classische Schrieftsteller — wie Horatz Lifius — Ovid u wie sie alle heißen, denn wo keine Sprache mehr ist, da ist auch kein Volck — was werden alsdann die Profesoren Euch zergliedern — auslegen — und der Jugend einpleuen — draum so lang es geht — deusch, deusch geredet — geschrieben und gedruckt. Jetzt Liebe Tochter! Leben Sie wohl! Die Kappe mus auf den Postwagen Grüßen Sie Ihren Lieben Mann, und sagen Augst auch die Großmutter freue sich aufs Wiedersehn nur viel Wein kriegt Er nicht — damit kein Böserhals mich ängstigt. Behaltet Lieb

Eure
treue Mutter u Großmutter
Goethe.

403. An Goethe Freytags d 15ten Jenner 1808

Lieber Sohn!

Hier kommt das Loos — welche Freude will ich haben, wenn es glücklich ausfält — Ich habe es durch meinen Freund Nicolaus Schmidt erhalten, der bey der Lotteri mit Director ist, du braucht dich um gar nichts zu bekümern, gar nicht dich zu bemühen; so wie eine Claße gezogen ist, bekommt du die Lißte — im glücklichen Fall wird der redliche Freund alles aufs beste besorgen — 1 f habe ich als Agio zurück erhalten es wird Gelegenheit geben ihn vor dich anzuwenden.

Vielen Danck vor das Liebe, schöne Calenderlein — es hat mir große Freude gemacht — Bettine ist vor Freude außer sich über deinen Brief, Sie brachte mir ihn im Triumpf — auch über Herrn Riemers Verse — Weimar ist Ihr Himmel — und die Engel /: das gantze Hauß gehört dazu:/ seyd Ihr!!! Betine sagte mir Freulein von Goechhaußen wäre gestorben ist das wahr? ich hatte nach einem langen Zwischenraum wieder einen Briefwechsel mit Ihr wegen gedörtem Obst auf einmahl war alles wieder still, das macht mich die Nachricht glauben. Meine Freude ist aber über allen Ausdruck, daß du diesen Winter so gesund und vergnügt bist — Gott! Erhalte dich ferner — und laße das Jahr 1808 ein Seegens jahr vor Uns alle seyn *Amen*. Unter den Christen gibts hir außer Masqen und Casino Bällen nichts neues, aber das Volck Israel zu deusch die Juden sind an ihrem Mesias etwas irre geworden, Unser gnädigster Fürst Primas erlaubte ihnen zum Anfang Seiner Regirung die Spatzirgänge vor den Thoren mit den Christen gemeinschaftlich zu gebrauchen — da bildeten sie sich nun ein das es immer weiter gehen würde und sie sahen die Thore des neuen Jerusalems sich öffnen — aber da kam bey Varrentrapp und Wenner etwas dedruckes ehraus das dem neuen Jerusalem gar nicht ähnlete und sie stutzig machte — Neue Stättigkeit und Schutz-Ordnung der Franckfurther Judenschaft — ein wahres Meisterstück in seiner art Bey Gelegenheit schicke ich dir es — nun kommen allerley Epigramen in Umlauf — witzig sind sie ob aber alles von ihnen kommt ist noch die Frage eins aber gefält mir besonders — das sonst sogenandte Eschenheimer Thor heißt jetzt das Carls Thor im hinaus gehen steht ein lateinisches Ↄ — gucke einmahl sagte ein Jude zum andern das erste Virtel — guck einmahl was draus steht sagt der andre C siet du net es ists letze Virtel. Wenn du einmahl wieder her kommen solstest würdest du die Ausenseite deiner Vaterstadt nicht mehr kennen um die gantze Stadt vom Bockenheimer biß zum Allerheiligen Thor gibts einen Parck ein Bosket — freylich ist es noch im Werden den in einem Jahr ist das gantze ohnmöglich zu beendigen — aber vom Bockenheimer biß zum Karlsthor ists schon gantz vortreflich — und ob deine Lands Leute promeniren? das glaube du und an einem schönen Sontag verprominiren sie alles sonstige Ungemag ihre Devise ist: Leichsinn und gutes Hertz. Nun habe ich einmahl wieder geschrieben daß es art und schick hat, und zwar in einer mir gantz ungewöhnlichen sonst incomoden Stunde das ist nach dem Essen, die Tage sind aber kurtz, und Morgens ist die Zeit vor meine Bekandten um mir die Cur zu machen — Der Brief ist doch noch nicht zu Ende, denn meiner Lieben Tochter muß ich dancken vor Ihren Lieben Brief — daß das Kleid Ihnen meine Liebe — Beste wohlgefallen hat freut mich ungemein — der Tag an dem Sie es Anziehen sey allzeit ein Wonne und Freudentag. Jetzt auch meinem schönsten Danck meinem Lieben Augst vor seyn Liebes Schreiben — ich wolte ich hätte das Schauspiel mit ansehn können — das war ein guter Gedancke von deinem Herrn Oheim und Brav von den Schauspielern — Wenn du her komst mußt du mir das alles recht deutlich erzählen. Nun wäre wieder einmahl die Sachen — besorgt das Loos — die Antwort auf alle Eure Briefe. Melina freut sich sehr daß das Käppgen so gut ist aufgenommen worden Jetzt nur noch eins — Habe die Güte und berichte die glückliche Ankunft dieses

Briefes — damit ich wegen des Looses außer Sorgen komme. Lebt wohl! und seid versichert daß ich ewig bin

> Euer aller
> treue Mutter und Großmutter
> Goethe.

404. An August von Goethe den 28ten Mertz 1808

Lieber Augst!
Werthgeschätzer Herr Enckel!

Ich schreibe dir gleich mit umlaufender Post — damit du erfährts wie es mit dir gehalten werden soll — du Logiers bey keinem Menschen als bey mir — dein Stübgen ist vor dich zubereitet — das wäre mir eine saubre Wirthschaft meinen Lieben August nicht bey mir zu haben — Incomodiren solst du mich nicht — dein Vater hat ja sein Wesen drinnen gehabt — deine Mutter ebenfals — und du ditto vor zwey Jahren — Wir wollen recht vergnügt seyn — ich freue mich drauf — daß nicht viel Raum in der Herberge ist das wüst Ihr ja von je — wir loben *doch* die Christel und die Salome. Auf deine Herkunft freuen sich hertzinniglich Betina — Stocks — Schlossers — und noch viele andre brave Menschenkinder — die Großmutter ist auch diesen Winter gantz Alegro — sie steckt aber auch wegen ihrem Todtfeind dem Nord Ost wie in einer Baumwollenen Schachtel — ist den gantzen Winter nicht ins Comedienspiel gegannen — bey gute Freunde desto mehr — aber in Peltz gehült von oben an biß unten aus — und wenn es so fortgeht so triefts du mich gesünder an als deine Liebe Mutter mich vorm Jahr gesehen hat, da war ich an Leib und Seele sehr Contrackt und gähnte die Leute an im Tackt. Wenn ich so gerne schriebe als schwätzte; so soltet Ihr Wunder hören — dieses Glück soll dir beschieden seyn — freue dich einstweilen drauf — Wir haben auch jetzt ein Museum — da steht deines Vaters Büste neben unserm Fürsten Primas seiner — der

Ehren Platz zur Lincken ist noch nicht besetzt, es soll von Rechts wegen ein Franckfurther seyn ja könt eine weile warten — bey so einer Occasion oder Gelegenheit fält mir immer das herrliche Epigram von Kästner ein Ihr Fürsten — Graffen und Prelaten — auch Herrn und Städte ins gemein — vor 20 Spesies Ducaten — denck doch!!! soll einer Goethe seyn. Grüße deinen Lieben Vater! ditto Mutter. *Vivat* die erste Woche im Aprill. Behaltet mich lieb

Goethe.

405. An Christiane von Goethe   Freytags d 22<u>ten</u> Aprill 1808

Liebe Tochter!

Heute Morgens um 5 uhr ist unser *Lieber* Augst nach Heidelberg abgereißt — in Gesellschaft eines gar lieben jungen Mannes der dort Medicin studirt nahme[n]s Pasavant von hir. Gott Seegne seine Reiße und seine studien — hir hat Er sich sehr beliebt gemacht — durch seine Lieblichkeit — anständiges Betragen — mit einem Wort durch sein äuserliches und innerliches — auch kame Er gerade zu einer Zeit wo manches zu sehen war das mann villeicht nie wieder sieht — z. E. das Fest das unsere Bürgerliche Offizire dem Primas gaben das war — das war so geschmack voll, so schön und prächtig — und sucht seines gleichen — Bethmann verschaffte Ihm ein Billiet — Bey unserm Fürsten hat Er nebst mir gespeißt — der Fürst tranck meines Sohnes gesundheit und war gantz allerliebst — Ein großes Vergnügen war das Schauspiel da war Er alle Abend — Schlossers — Brentano — Gerning — Lononhardi erzeichten Ihm viele Freundschaft — das angenehmste Hauß mangelte Ihm freylich — der gute Schöff Stock lag an einem Gallenfieber sehr kranck darnieder, ist aber auf der Beßerung — So eben kommt ein Brief von Weimar der nun liegen bleiben muß doch so eben fält mir ein ein daß er nicht liegen bleiben soll ich schicke ihn Ihm heute nach und adreßire ihn an Voß Aber über den Lieben Gast ist das welsche Korn beynahe vergeßen worden — doch soll es die künftige Woche erscheinen. Jetzt Liebe Tochter leben Sie wohl! Grüßen meinen Sohn mündlich oder schrieftlich von Ihrer

treuen
Mutter Goethe.

406. An Christiane von Goethe den 31$^{\underline{ten}}$ April 1808

Liebe Tochter!

Um den Postwagen nicht zu versäumen — empfangen Sie vor heute nur diese wenige Zeilen. Diese beyde hir beykommende große und kleine Schaals sind von dem neusten Geschmack — wünsche daß sie Ihnen gefallen mögen.

Unser kleiner ist nun an dem Ort seiner Bestimmung, Gott! erhalte Ihm gesund — und seegne seine Studien — Er ist Brav und alles wird gut gehen. Heute geht meine Zeit sehr zusammen Abschieds Visitte beym Primas — und sonst allerley — also bald ein mereres — Grüßen Sie meinen Lieben Sohn! und behalten Lieb

Ihre
treue Mutter
Goethe.

N. S. Das Welsch korn wird jetzt angekommen seyn?

407. An Christiane von Goethe Montags d 2$^{\underline{ten}}$ Mai 1808

Liebe Tochter!

Mit dem heutigen Post wagen solte an Ihnen — eine groß Schaal und ein Modernes kleines Halstuch abgehn — alles war schön amballirt u. s. w. nun ereignete sich ein Umstand der sich die ältesten Post Offvisianten nicht erinnern erlebt zu haben, nehmlich der Wagen war so voll, daß das kleine Päckgen keinen Raum mehr darauf finden konte — zu dem Ende schreibe ich diese paar Worte — damit Sie nicht glauben daß der Wagen /: der nun erst künftigen Freytag den 6ten May von hir wegfährt :/ so lange unterwegs geblieben wäre da mein beyliegender Brief die letzten Tage des Aprills datirt ist — weiter soll dieser Brief nichts Ihnen sagen oder berichten — Grüßen Sie Ihren Lieben Mann — und behalten mich Lieb

>Ihre
>treue Mutter
>Goethe.

408. An Esther Stock　　　　　　v. H. d 9ten May 1808

Liebe Freundin!

Gestern hielte der Feuer und heute der Wasser Regen mich ab dir in Persohn mein Hauben anliegen zu eröffnen — verzeihe die Mühe, und höre bedächtlich und aufmercksam zu!! Von meinem beykommenden Machwerck hätte ich gern eine Haube nach dem vorige[n] Model — weiß Band versteht sich — auch mögte ich sie gern bald haben im fall die demoiselle die weite und länge nicht mehr im Gedächtnüß hätte; so steht eine Musterhaube zu dinsten. Beykommenden Filosch laße waschen — Behalte Lieb deine treue Freundin —

>Goethe.

Jetzt ein Wort — eine Frage — wie befindet sich mein Lieber Freund Stock?? Ich hoffe Ihn bald wieder so munter — Vergnügt und heiter wie ehemahls zu sehen! Hertzliche — freundliche Grüße an meinen vortreflichen Freund! Käthgen und Rikgen und Carl nicht zu vergeßen — noch einmahl Lebt wohl!

409. An August von Goethe　　　　　　den 17ten May 1808

Lieber Augst!

Hier Lieber Freund ein Briefelein von deinem Lieben Vater — und von der Großmutter einen freündlichen Gruß und eine Frage — hast du die zwey hir zurück gelaßne Kistgen wohl erhalten? wenigstens sind sie gleich nach deiner Abreiße nach Heidelberg spedirt worden — ich zweifle also keines weges an ihrer glücklichen Ankunft. Wie gehts dirs dann in dem schönen Heidelberg? was hat Demoiselle Delpf gesagt? was machen die Lieben Voß? Du wirst dencken, die Großmutter thut auch nichts wie fragen — Hier sind alle Freunde wohl und laßen dich hertzlich grüßen — neues pasirt hier nichts das dich amusiren könte — Rinaldino hat die bleierne Arme bekommen — Lebe wohl! Grüße die würdige Familie Voß — die Delpf — und Pasavand — behalte mich lieb; so wie ich ewig bin

> deine
> treue Großmutter
> Goethe.

410. An Christiane von Goethe   den 3$\underline{\text{ten}}$ Juni 1808

Liebe Tochter!

Aus bey kommender Liste können Sie ersehen daß das Looß 75 f gewonnen hat — viel ists freylich nicht, doch beßer wie nichts — Haben Sie die Güte und schicken mir das Looß und benachrichtigen mich ob Sie das Geld — oder davor ein neues Looß und Ihr Glück noch einmahl probiren wollen. Sie sind also vor jetzt allein — haben aber die gute Hoffnung Ihren Lieben Mann neu gestärckt an Leibes und Seelen Kräfften wieder zu sehen, und Sich mit Ihm des Lebens aufs herrlichste zu erfreuen — Unser Lieber Augst befindet sich /: so wie er mich berichtet hat :/ wie der Vogel im Hanfsaamen — macht Sontags Fußreißen — und erfreut sich an der herrlichen Gegend — und wird durch Gottes hülfe recht Brav. Es ist jetzt Gott sey Danck! Sehr ruhig und still bey uns — vortrefliches wetter — Obst — Wein — und Korn alles steht exzelent — wir hoffen es in Ruhe zu genüßen — Meinem Sohn werde ich auch ein paar Zeilen

ins Carlsbaad schreiben — Leben Sie wohl! und behalten
lieb
Ihre
treue Mutter
Goethe.

N. S. Betina ist im Reihngau die Grüße müßen also warten biß Sie wieder komt.

411. An Goethe   den 3ten Juni 1808

Lieber Sohn!

Dein Brief vom 9ten May hat mich erquickt und hoch erfreut — Ja Ja man pflantzt noch Weinberge an den Bergen Samarie — man pflantzt und pfeift! So offte ich was gutses von dir höre werden alle in meinem Hertzen bewahrte Verheißungen lebendig — Er! hält Glauben ewiglich Halleluja!!! Er! Wird auch dißmahl das Carlsbaad seegnen — und mich immer gute Nachrichten von dir hören laßen. Von deiner Lieben Frau — und von Augst habe auch die besten Nachrichten — heute habe an meine Liebe Tochter geschrieben und Ihr gemeldet daß das Looß 75 f gewonnen hat es ist doch beßer wie nichts — auch habe ich Sie gebethen mir das Looß zu schicken und mich Ihre Gedancken wißen zu laßen ob ich das Geld Ihr übermachen, oder ob Sie den Gewinn an ein neues looß wenden und dem Glück noch einmahl trauen will. Betina ist im Reingau, Sie soll aber alles das gute das du von Ihr geschrieben hast treulich erfahren. Auf deine Wercke warten wir mit Sehnsucht und da wir sie bald bekommen werden indem Sie Gestern den 1ten Juni hir in den Buchläden angekommen sind; so statte ich hirmit im Voraus in meinem und in meiner Freunde Nahmen dir den besten Danck ab — das wird uns ein großes Fest seyn, den die 4 ersten Bände sind hertzerquickend — mir besonders der Erste — der kommt mir nicht von der Seite — wolte ich alles dir darlegen was mich himlich entzückt; so müßte ich den gantzen 1ten Band ausschreiben aber nur einiges, das Epigram 34.b,. ist gantz herrlich — die Braut von Corinth — der Gott und die Bajadere — die Hochzeit — Eufrosine genung — wo man nur das Buch aufschlägt ist ein Meisterwerck. Gott! erhalte dich! Gebe dir Freude die Hüll und die Füll — Behalte Lieb

deine
glückliche u treue Mutter
Goethe.

412. An Goethe d 1ten Juli 1808

Lieber Sohn!

Deine Wercke sind den 29ten Juni glücklich bey mir angelangt — Ich — Sch[l]osserrs — Stocks dancken auf das hertzlichste davor — alle 8 Bände sind beym Buchbinder werden in halb Frantzband auf das schönste eingebunden wie sich das vor solche Meister wercke von selbst versteht. Dein Liebes Briefgen vom 22ten Juni war mir wieder eine tröstliche — liebliche — herrliche Erscheinung — Gott! Seegne die Cur ferner — und laße das alte Übel völlig verschwinden — und an Lob und Danck soll es so lang ich athme nicht fehlen. Deinen Lieben — freundlichen Brief an Betinen habe Ihr noch nicht können zustellen Sie fährt wie ein Irwisch bald ins Reingau — bald anders woherum so bald Sie kommt soll Ihr dieses Glück werden. Herr Werner ist hir — Frau von Staell gebohrne Necker war hir. In dieser Jahreszeit ist Franckfurth mit Frembten immer gepropft voll es ist wie eine Volcks Auswanderung so gar von Norwegen kommen sie, und alle sind erstaunt über die Schönheit in Franckfurth besonders aber außer der Stadt — die alten Wälle sind abgetragen die alten Thore eingerißen um die gantze Stadt ein Parck man glaubt es sey Feerrey — man weiß gar nicht mehr wie es sonst ausgesehen hat — unsere alte Perücken hätten so was biß an Jüngsten Tag nicht zu wegen gebracht — bey dem kleinsten Sonnenblick sind die Menschen ohne Zahl vor den Thoren Christen — Juden — pele mele alles durcheinander in der schönsten Ordnung es ist der rührenste Anblick den man mit Augen sehen kan — und das ist und wird alles ohne Unkosten gemacht — die Plätze der alten Stadt Mauren — Wälle werden an hisige Bürger verkauft — da nimbt der eine viel der andre weniger jeder baut nach Hertzens Lust — einer macht einen Bleichgarten — der andre einen Garten u. s. d. das sieht den Schamant aus — und hirmit Basta! Laße mir den guten Augst mit Schreiben ungeplagt ich weiß wo Er wohnt — weiß Er ist gesund — Er macht Fußreißen, was soll ich denn noch mehr wißen — plage den jungen nicht mitschreiben — Er hat villeicht eine Ader von der Großmutter Schreiben — Daumen Schrauben es ist bey mir einerley — heute habe ich 3 Briefe zu Schreiben!! Einen an Herrn Vulpius, einen an dich — einen an meine Liebe Tochter nach Lauchstädt Lebe wohl! Grüße Herrn Riemer — und behalte lieb

deine
treue Mutter
Goethe.

N. S. Wenn ein Schauspieler nahmens Werdi dich ohngefähr antrieft sey Ihm freundlich

413. An Christiane von Goethe den 1ten Juli 1808

Liebe Tochter!

Ich wünsche Ihnen viel Freude in Lauchstädt — Hir schicke ich Ihnen die No. vom neuen Looß — das Looß selbst behalte ich hir — wovor soll es hin und her reißen — gewinn oder Verlust erfahren Sie durch die Liste — Die 4 neuen Bände habe vor mich — vor Schlossers — vor Stocks — vor Herrn Reichard einen Brief an Augst mit 2 Ducaten alles richtig empfangen alles richtig besorgt. 1 f 30 xr habe am Looß zurück erhalten — sollens bey Gelegenheit richtig erhalten. Daß meinem Sohn das Carls Baad wieder gut bekommt freut mich wie Sie leicht dencken können von Hertzen — Gott! Wird ferner sein Gedeien geben. Dencken Sie Liebe Tochter! das ist heute der 3te Brief den ich schreibe! Einen zur Dancksagung an Ihren Herrn Bruder — einen an meinen Sohn! Und diesen an Ihnen — die Hitze ist heut starck — gescheides kan ich vor heute nichts zusammen bringen — darum verzeihen Sie die kürtze — einandermahl mehr von

Ihrer
treuen Mutter
Goethe.

414. An Bettina Brentano [Anfang Juli 1808]

Liebe Gute Betina!

Da ich überzeugt bin, daß ich dir keine größe Freude machen kan als durch gute Nachrichten von meinem Sohn; so schicke dir inliegenden Brief der mir das Hertz froh und das Angesicht frölig gemacht hat — Auserdem ist deiner so danckbahr und freündlich darinnnen gedacht, daß ich mich Sünde gefürchtet hätte dir ihn biß zu deiner Rückkunft vor zu enthalten — dancke Gott mit mir — *der* immer noch an den Weinbergen zu Sammaria pflantzen und dazu Pfeifen läßt! Daß ich dir die Freude gönne den herrlichen Frühling recht und vollauf zu genüßen — daran zweifelts du wohl nicht — Grüße die Lieben Freunde die mit dir genüßen, und glaube daß ich ewig bin

deine
wahre und treue
Freundin
Goethe.

N. S. Den überschicken Brief der mir so lieb ist — hebe wohl auf, und bringe mir ihn wieder mit.

415. An Bettina Brentano

Liebstes Vermächtnüß meiner Seele

Das ist einmal ein gar erfreulicher Tag für Uns, denn es ist unseres lieben meines liebsten Sohnes, und deines Bruders Geburtstag ich weiß zwar gar wohl daß du es gar nicht leiden kanst daß ich dir als Bruder schenk aber warum? — ist er dir zu alt? — da sey Gott vor, denn ein so kostbarer Stoff wie in diesem seinem Leib und Seele verwirkt ist der bleibt ewig neu, und ja sogar seine Asche soll einst vor andern das beste Salz haben an die eine Mutter absonderlich am Geburtztag zu denken Bedenken Tragen möcht, aber wir zwei sind nicht Abergläubig, und für seine Unsterblichkeit schon dergleichen Ängstlichkeit überhoben. Ich vorab hab gewonnen Spiel denn in diesem Jahr zähl ich 76 jahr und hab also den Becher der Mutterfreude bis auf den letzten Tropfen gelehrt; mir kann nicht unklücks-Schicksal aufgeladen mehr werden. — Doch ich muß dir zutrinken, denn mein Lieschen hat mir alleweil den besten Wein heraufgebracht und eine Boutelle Wasser, denn du weißt daß ich ein Wassernympf bin; und zwey Pfyrsich sind daneben, der ein für dich, der ander für mich, ich werd sie beid verzehren in deinen Nahmen, — und jezt stoß ich mit dir an, *Er soll Leben*! Dann wollen wir weiter sprechen. Du wirst doch auch wohl heunt an irgend einem plaisirlichen Ort seine Gesundheit Trinken. — Jetzt sag ich dirs, es hat geschmeckt — ja es ist recht einsam in deiner und meiner Vatterstadt! — das hab ich mir heunt überlegt beim Aufwachen; die Sonn hat geschienen aus allen Kräften, und hat mir bald zu heiß eingefeuert, aber sonst auch nichts hat geschienen; Heunt Morgen kommen ein paar — keiner denkt daran daß ich Mutter bin Heunt. — Nun! — dacht ich, was ist das vor ein ärgerlich geschicht daß meine Bettine nicht da ist — denn die hätt mir gewiß den schönsten Strauß heunt gebracht, — so ein recht herrlicher Strauß wie im vorigen Jahr da warst du noch nicht 3 Wochen mein Täglich Brod, und warst doch schon meine beste Bekanntschaft von allen die ich aufzählen kann. — Den Federkiel in die Hand nehmen und mühsam zackern, das ist nicht meine Sach da ich lieber im vollen Waitzen schneiden mag und lieber erzehl als schreib; aber für den heutigen Tag und diese Emfindung in meiner Brust ist Kraut gewachsen dem muß einmal mit einem verdienstlichen Schweiß sein Recht gethan werden. Die Plapper Elstern die Stadtmadamen was verstehen die von unsern goldnen Stunden die wir mit einander verplaudern, die sollen daran kein Theil haben, aber du sollst und must dein Theil genießen sonst könnt mirs Herz bersten. jetzt hab ich schon in der Früh wie meine Stube ganz vom Morgenroth durchschienen war an dich gedacht und da ist die Lieschen an mein Bett gekommen die hat gesagt wie Schad es ist daß du in der Ferne bist an so einem schönem Tag; ich hab ihr aber Bescheid gesagt daß einerlei ist wo du bist wirst du deiner Freundin deiner Mutter die dich gern zu ihrem Sohn zehlt und schon daran gewohnt ist schriftlich wie mündlich es dir zu repetiren an die wirst du denken heut und mit ihr Gott danken daß der sie so gnädig bis ans End in ihrem Antheil an den Himmlischen Freuden einer Mutter geschützt hat. — was kann ich dir noch hinzufügen? — — — daß ich Gott auch für dich danck als meine Beste Freud hier auf Erden in der mir alles genossene aufs neue lebendig geworden ist; das ist, Erstens — und dann zweitens hab ich dich in mein Herz geschlossen; apart, weil du nicht zum Narrenhaufen gehörst und hast dich zu mir retirirt als weil ich allein einen rechten Verstand von dir hab denn du gehörst zu der Art die mir Seel und Blutsverwandt ist; — die wird aber nicht so leicht gefunden und auch nicht gekannt. so nehme doch meinen Dank daß du deinem Wegweißer der Gott ist gehorsam warst, und hast dich nicht gewehrt bei einer alten Frau, so jung wie du auch bist dein Lager aufzuschlagen; — und erkenne in diesen schwachen Zeilen mein zu volles Herz, das mit Sehnsucht deiner baldigen Ankunft entgegen schlägt. Ich kann nichts mehr hervorbringen und verspare

alles auf eine baldige köstliche mündliche Unterhaltung.
Behalt Lieb deine dich ewig liebende Mutter

Goethe
Frankfurt am acht und zwanzigsten
August 1808

STAMMBUCHEINTRÄGE UND AUFZEICHNUNGEN CATHARINA ELISABETH GOETHES

1. Für Lenz

>Ich wünsch eüch Wein und Mädgen Kuß
>Und Eüerm Klepper Pegasus
>Die Krippe stets voll Futter.
>
>Wer nicht liebt Wein Weib und Gesang
>Der bleibt ein Naar sein Leben lang,
>Sagt Dr. Martin Luter.
>
>[1. Januar 1777]

2. Für ?

>Wer Freunde sucht, ist sie zu finden werth
>Wer keinen hat, hat keinen noch begehrt.

Franckfurth den 12ten
September 1789.   Elisabetha Goethe.

3. Für ?

>   Leßing
>wer Freunde sucht ist sie zu finden werth,
>wer keine hat, hat keine noch begehrt.

Franckfurth den 19ten Mertz   zum Andencken, von
                    1790   Elisabetha Goethe.

4. Für Louise Schlosser

>Willst du glücklich sein, soll weder
>Ueberdruß noch Langeweile dich drücken,

soll dein Alter sein wie deine Jugend
— so — Entbehre und genieße!
Diesen *an sich selbst erprobten Rath* giebt dir
deine dich herzlich liebende Großmutter

Frankfurt 17 Oct. 1790.   Elisabetha Goethe.

5. Für ?

Wer Freunde sucht ist sie zu finden werth,
wer keine hat, hat keine noch begehrt.

Leßing

Franckfurth den 9 Aprill 1792

Zum Andencken
E. Goethe.

6. Für Johann Georg Schlosser

Wechsel Briefe

Von Gott! der nicht
Verläßt, die, so auf
Ihn vertrauen.

Ich will dich mehren, und nicht mindern
Herrlich machen, und nicht kleinern
da solst du erfahren daß ich der Herr
bin an dem nicht zu schanden werden
die auf mich harren.

7. Für Henriette Schlosser

Der Glückliche ist nicht einer der Glücklichen; darum wünsche ich Dir, lieber glückselig als glücklich zu sein, und das kannst Du, sobald Du willst — die Glückseligkeit hängt von Dir ab — Glück ist das Werk anderer. Zum Andenken schrieb dieses Deine Dich herzlich liebende Großmutter Goethe.

8. *Für ?*

und welchen Wunsch soll ich den dir ins Buch der Freundschaft geben? sieh, in drei Worten steht er hie. genüße froh das Leben! Und wie dies Blättchen kurtz und klein, soll künftig jede Sorge seyn, die deine Seele trübet; doch deines Glückes schönes Loos sey wie die Freundschaft vest und groß, mit der mein Hertz dich liebet.

Franckfurth d 22ten Juni C. E. Goethe
          1802

9. *Für Friederike Unzelmann*

Lebe um zu lernen — lerne um zu leben.

Zum Andencken
Franckfurth d 8ten Juli 1803   von
                          einer alten Freundin
                          Goethe.

10. *Für Esther Stock*

Ich dancke dir für alle Stunden, die mir mit dir vertraut verschwunden vergnügt mit dir verstrichen sind.

Ich dancke dir für deine Treue, sie seys, an der ich mich erfreue und deren Werth ich stehts empfind.

du schencktest deine Freundschaft mir
mit gleicher Müntze zahlt ich dir
trau auf mein ehrlich Angesicht Komposizion ists warlich nicht.

                              deine Freundin
Franckfurth d 27ten october
          1804   auch übers Grab.

                         Elisabetha Goethe.

11. *Für Friederike Stock*

Genüße jede Lust des Lebens, jedes guten freue hertzlich dich!

Sehne dich nach keinem Glück vergebens
bleib mir gut und Liebe ewig mich.

Liebe Friedericke! Ich hoffe du hast das mir so wohl klingende Ey freilich noch nicht vergeßen!!!

Franckfurth d 27ten october   ewig
                 1804   deine wahre Freundin
                                         Elisabetha Goethe

12. Für Katharina Stock

Leben um nicht froh zu seyn überlaß du Thoren:
denn der Trieb zum fröhlig seyn wird mit uns gebohren.

Liebes Käthgen! Nim zum Angedencken
diese Zeilen die mein Hertz dir weiht.
Doch du mußt mir auch was wieder schencken
Schenck mir Liebe — Freundschaft — und Beständigkeit

Franckfurth d 27ten October   Deine treue Freundin
                 1804   biß der Vorhang fält
                                         Elisabetha Goethe

13. Für August von Goethe

Tritte des Wanderers über den Schnee sey ähnlich
     Dein Leben —
Es bezeichne die Spur, aber beflecke sie nicht.

Meinem lieben Enkel
schriebe dieses zum Andenk die ihn hertzlich liebende
Großmutter Goethe.

Frankfurt, d 23ten April 1805.

14. Lesefrüchte

Glückseeligkeit ist ein schöner optischer betrug, nehme dich in acht daß du das Glas nicht verschiebst.

Der Glückliche ist nicht imer der Glückseelige. Drum wünsche ich dir lieber Glückseelig als glücklich zu seyn — und das kanst du so bald du wilst. Die Glückseeligkeit hängt von dir ab — Glück ist das Werk anderer.

Wahrheit erkennen, Schönheit lieben, Gutes wollen, das beste thun, ist die Bestimmung des Menschen. Mendelsohn.

Mir kommt die Lust der Welt allhir sehr oft als ein Spazirgang für und — es fängt an zu regnen.

Um glücklich zu seyn muß uns uns immer noch etwas zu unserer Glückseeligkeit fehlen. Helvetius.

Die Blüthen unseres Lebens sind nur Erscheinungen: wie viele gehen vorüber ohne Früchte zu tragen, und wie wenige dieser Früchte werden reif. Goethe.

Lebe um zu Lernen, und lerne um zu Leben. Jorick.

Elend kann der Rechtschaftne heißen aber nicht seyn.

Dem kleinen Veilgen gleich, das im Verborgnen blüht, sey immer from und gut auch wenn dich niemand sieht.

Sieh was du seyn kanst und faße Muth es zu werden.

Der ist glücklich der die Welt, vor für kein Elisium, für keine Hölle hält

Die Freude woran unsere Vernunft keinen Antheil nimbt, ist nur ein Schmertz, welcher erst kitzelt, ehe er sticht.

jemehr unser Geist auf Erden erweitert ist, desto mehr Himel wird er einst in sich faßen.

Glücklich wem der Lentz des Lebens so genützt wie dir entflieht.
Daß Ihm auch noch spät im Herbste /: so wie deiner Freundin :/ manche Freude blüth.

Nicht vollende Sonnen nein! Die die Tugend bringt den
Geist zur Reife.   Young

Nie will ich die Freundschaft von mir weißen — lieber
kalte Liebe wandern sehn. Freundschaft ist ein Knotenstock auf Reißen — Lieb ein Stöckgen zum Spaziren gehn.

Tritten des Wanderers über den Schnee sey ähnlich dein
Leben — Es bezeichne die Spur aber beflecke sie nicht.

Sei ein Mann dich zu ehren; und sei ein Mensch dich zu
lieben; keine Größe besteht — außer auf Menschlichkeit
erbaut.

> Wo man singet laß dich ruhig nieder
> Ohne Furcht was man im Lande glaubt
> Wo man singet wird man nicht beraubt.
> Bösewichter haben keine Lieder.

> Andreas hat gefehlet —
> Philippus falsch gezählet
> Sie rechnen wie ein Kind;
> Die Vorsicht kann addiren,
> und kann Multipliciren
> Auch da, wo lauter Nullen sind.

Mit süßem Wunder staunt er nun den Bau des neuen
Himmels an, — tief unter ihm die Wolcken und der Sterne
wandelnd Heer, — und wahren Lichtes aus der Urquell
voll, — blickt er herunter auf die dicke Nacht — die unsern
Tag erdrückt.   *Leibnitz*

15. Aufzeichnungen, Mitglieder des Frankfurter Stadt-Theaters betreffend. August 1797.

Eunicke singt sehr gut
deßen Frau vortrefliche Schauspielerin
Böllendorf O! weh

Krug herrlicher Baß Sänger
Koch vortreflicher Schauspieler
deßen Tocher eben so
Madame Schick eine der größten Sängerinen
Demoiselle Schwaschhöfer ditto
Madame Fiala sehr gut — Königinen — Mütter
Madame Unzelmann ditto
deren Mann sehr braver Comischer Schauspieler
Bösenberg — Bedienten sehr gut
Lippert braver Sänger
Steiger guter Schauspieler
Gehlhaar nicht sonderlich gilt von ihm u ihr
Demoiselle Willmann sehr gute Sängerin
Böheim gut — seine Frau noch beßer
Rio soll sich sehr gebeßert haben
Günter und deßen Frau — kommen ein wenig ins alte
    Eißen — als Elvire machte sie vor Zeiten in Berlin —
    großes Glück.

Schauspieler, welche von Anno 1785 an in Frankfurth gespielt
    gegenwärtig aber sich nicht mehr daselbst befinden.

Ellmenreich Buffon in der Oper
Hübsch vortreflicher Basist — Sarastro u d g.
Brückel — Väter im Lust u Trauerspiel
Aschenbrenner erbärmlicher Hecht
Madame Kuntzen gute Sängerin schlechte Actriese
Döbler nicht sonderlich
Porsch gantz vortreflich
Demoiselle Kalmus kan noch gut werden
Stegmann war 1790 ein guter Schauspieler singt
ditto Frau nicht viel rahres
Walther Senior sehr braver Sänger
ditto Frau gute Sängerin
Madame Mende vortrefliche Schauspielerin
deren Mann siehe Aschenbrenner
Christ gut nur zu alt

Pauser nicht übel singt
deßen Tochter sehr brave Sängerin noch jung
Madame Wolschowsky so so
ditto Mann nicht viel rahres
Walter junior guter Sänger

Anhang

ERLÄUTERUNGEN

REGISTER

CHRONOLOGISCHES VERZEICHNIS

ALPHABETISCHES VERZEICHNIS

QUELLENNACHWEIS

ERLÄUTERUNGEN

Die Erläuterungen stehen unter Angabe der Briefnummer und Wiederholung der Briefstelle, z. B. 2 CONTUMATZ: contumacia = Quarantäne. Die Erläuterung zu Personen, Orten und Werken, die mehrfach in den Briefen genannt werden, wird in der Regel da gegeben, wo der Briefschreiber sie erstmals erwähnt. Die Briefnummer ist aus dem Register ersichtlich. Zahlen in eckiger Klammer verweisen auf Erläuterungen, die den gleichen Namen im Zusammenhang einer anderen Briefstelle berücksichtigen, z. B. Seite 915, 28 THUSNELDE: Louise von Göchhausen (1752–1807), Hofdame der Herzogin Mutter [30 38 49 78 86 100 114 402]. Jahreszahlen hinter Titeln von Werken bezeichnen das Datum der Entstehung bzw. der Erstveröffentlichung, bei Opern das Datum der Uraufführung. Die vorliegende Ausgabe wird als Artemis-Ausgabe, abgekürzt AA, zitiert, Texte, die darin nicht enthalten sind, nach der Weimarer Ausgabe, abgekürzt WA. Verweise auf Erläuterungen zu den Stammbucheinträgen und Aufzeichnungen Catharina Elisabeth Goethes werden als St abgekürzt. Weitere Abkürzungen: Belli-Gontard, Leben = Maria Belli-Gontard, Leben in Frankfurt am Main, Auszüge der Frag- und Anzeigungs-Nachrichten von ihrer Entstehung an im Jahre 1722 bis 1821, 10 Bände, 1850–51; Belli-Gontard, Lebenserinnerungen = Maria Belli-Gontard, Lebenserinnerungen, 1872; Christ = Joseph Anton Christ, Schauspielerleben im achtzehnten Jahrhundert, veröffentlicht von Rudolf Schirmer, 1912; Gollmick = Carl Gollmick, Auto-Biographie nebst einigen Momenten aus der Geschichte des Frankfurter Theaters, 1866; Hüsgen, Magazin = Heinrich Sebastian Hüsgen, Artistisches Magazin, enthaltend das Leben und die Verzeichnisse der Werke hiesiger und anderer Künstler, 1790; Hüsgen, Wegweiser = Heinrich Sebastian Hüsgen, Getreuer Wegweiser von Frankfurt am Main und dessen Gebieten, 1802; Müller = Johann Bernhard Müller, Beschreibung des gegenwärtigen Zustandes der Freyen Reichs-, Wahl- und Handels Stadt Franckfurt am Mayn, 1747; Saure = Wolfgang Saure, Die Geschichte der Frankfurter Oper von 1772 bis 1880, Diss. Köln 1958; Taschenbuch = Taschenbuch für Theater, Mannheim 1796 ff.; Theater-Lexikon = Allgemeines Theater-Lexikon, Altenburg und Leipzig 1842; Wolter = Joseph Wolter, Gustav Friedrich Wilhelm Großmann, ein Beitrag zur deutschen Litteratur- und Theatergeschichte des 18. Jahrhunderts, Diss. Bonn 1901.

1. JOHANN CASPAR GOETHE

1 RITTER: Johann Balthasar (1674–1743), Frankfurter Theologe.
SWARZIO: Lic. theol. Schwarz in Coburg. Er war Lehrer am Gymnasium, und Johann Caspar wohnte in seinem Haus.
FLACII VITA: Matthiä Flacii Illyrici Leben (2. Aufl.), Frankfurt 1725, d. h. Ritters Biografie des lutherischen Theologen Flacius Illyricus († 1575).

2 JOHANN PHILIPP STRECKER: (1709–83), Sekretär bei dem Kaiserlichen Generalfeldmarschall von Seckendorff, später Geheimer Regierungsrat zu Darmstadt.
PALMADA: bei Görz, an der Grenze der damaligen Republik Venedig. Dr. Goethe hatte am 30. Dezember 1739 seine große Bildungsreise angetreten.
LAUBACH: Laibach.
FR. GRÄFIN: von Seckendorff. Feldmarschall Friedrich Heinrich Graf von Seckendorff wartete damals in Graz die kriegsgerichtliche Untersuchung ab, die wegen des unglücklichen Türkenkriegs von 1737 über ihn verhängt worden war. Nach Kaiser Karls VI. Tode trat er in bayrische Dienste.
CONTUMATZ: Contumacia = Quarantäne.
PALMANOVA: westlich von Gradisca.
GUARDIAN: hier soviel wie «Wärter».

3 GOETHE war in Gesellschaft nach Rom und Neapel gereist. Um am Himmelfahrtstage, dem 26. Mai 1740 die Vermählung des Dogen (Alvise Pisani) mit dem Meer zu sehen, war er nach Venedig zurückgekehrt. Einen der beiden Venezianischen Reisebriefe hat übrigens Merck am 22. Februar 1780 an Herzogin Anna Amalia gesandt: «Villeicht macht es Ew. Durchlaucht eine gute Stunde, zu hören, was der alte Herr Rath Goethe als ein junger Mensch von 24 Jahren vor 40 Jahren von Italien sentiert hat.»
LORETTO: zur «Casa Santa».
FARNESISCHE PALAST: 1517 von Kardinal Farnese (später Papst Paul III.) begonnen und aus Quadern des Kolosseums und des Marcellustheaters erbaut.
HERR FELDMARSCHALL: von Seckendorff.
DER CREATION DES PABSTES: nach dem Tode Clemens' XII. (Januar 1740) dauerte die Sedisvakanz sehr lange. Die Aussichten der einzelnen Kardinäle hat Charles de Brosses im 51. seiner «Lettres familières écrites d'Italie» erörtert. Gewählt wurde am 15. August Kardinal Lambertini als Benedikt XIV.
AUDITORE DI SACRA ROTA: Rota = das oberste Berufungsgericht der katholischen Kirche.

4 JOHANN PHILIPP BURGGRAVE (1700–75), Dr. med., Kurmainzischer Hofrat und Leibmedicus, hochverdient und vielseitig, war in Leyden Schüler Boerhaaves gewesen.
H. CLAUERS: Dr. jur. Johann David Balthasar Clauer (1732–96) war schon auf der Göttinger Universität gemütskrank geworden und lebte als Mündel des Herrn Rat im Goethehaus (AA 10, 157).
BEDINTEN: Leopold Heinrich Pfeil (1725–92), Kammerdiener und Sekretär des Rates Goethe (AA 10, 133).

5 HR. C.: Clauer.

6 ADRESSAT ist wohl Dr. Burggrave.
CL.: Clauer.

7 JOHANN KONRAD SEEKATZ (1719–

ERLÄUTERUNGEN 1–10

68), Hofmaler in Darmstadt seit 1753, vgl. AA 10,100.
HERRN GRAFENS: Anton Graff (1736–1813), Porträtmaler aus Winterthur (AA 10, 798).
HOFFMANN: der Schreiber von Seekatz.
DERO FRAU LIEBSTE: Elisabeth Carolina Catharina Seekatz, geb. Stein.
ANDRIENNE: Adrienne, ein weites, loses Gewand. Es kam zugleich mit dem Reifrock auf und erregte starkes Mißfallen. Liselotte von der Pfalz schrieb 1721: «Die weitte rock, so man überall tragt, seind mein aversion, stehet insolent, als wenn man auß dem Bett kommt. Die mode von den wüsten röcken kompt von Madame von Montespan so es trug, wenn sie schwanger war.» In Wien wurde die Adrienne 1730 verboten.

8 DAS VIERTELSTÜNDGEN: ganz ähnlich beginnt Lavaters Brief an Rat Goethe vom 3. September 1774: «Endlich erreich' ich ein Viertelstündchen...» Lavater war am 1. August von Frankfurt abgereist; sein Brief wird hier beantwortet.
GATTIN: Anna Lavater, geb. Schinz (1742–1815).
DER D.. SOLOECISMUS: dialektische Eigentümlichkeit. Es handelt sich hier um eine Lavater unliebsame Nachricht. Vgl. seinen Brief an Goethe von Mitte September 1774: «ob das Ding wegen Grebel [AA 10,666] in den Journal gedruckt werde, ist mir an sich ziemlich gleich – aber – aber!» Goethe brachte die Nachricht in gemilderter Form; darauf Lavater am 30. September: «Wie kann ich, Bruder, genug schreiben und stark genug danken für die weise, sanfte Nachricht in dem Frankfurter Journal.» Mit «D.» ist wohl der Hofrat Johann Conrad Deinet gemeint, der Verleger der «Frankfurter Gelehrten Anzeigen» (AA 18, 1213).
PLUS EST IN VERITATE QUAM IN OPPINIONE: wohl sprichwörtlich.

9 HIERONYMUS PETER SCHLOSSER: der ältere Bruder von Johann Georg Schl. (1735–97), Advokat und Schöffe.
JOHANN FICHART: (1512–81), aus einem der Geschlechter des adligen Hauses Limpurg, Syndikus, Jurist und Staatsmann. Fichard verfaßte 1578 eine Neubearbeitung der Frankfurter «Reformation», des Gesetzbuches von 1509.
TEUTSCHEN MERCUR: Wielands «Teutscher Merkur» (1773–89) brachte 1776 I, S. 71 f. «Nachricht von Sebastian Brand» von Wieland, sowie III, S. 3 f. Herders Aufsatz über Hutten.
LERSNERS CHRONIK: Achilles August von L. (1662–1732) brachte 1706 seine «Chronika der weit berühmten freien Wahl- und Handelsstadt Frankfurt am Main» heraus.
KRAUSEN: Georg Melchior Kraus aus Frankfurt (AA 18, 1237).
LIPS: Johann Heinrich (1758–1817) aus Zürich (AA 18, 1241).

10 SCHÖNBORN: Gottlob Friedrich Ernst (1737–1817), aus Stolberg im Harz, Freund und Verehrer Klopstocks, lebte in Kopenhagen bei Bernsdorff und war damals Sekretär beim dänischen Konsul in Algier (AA 18, 227; 22, 39).
ALTER COLOMOSIUS: wohl scherzhafte Latinisierung für «Kalmäuser» = Pedant, Grillenfänger.
STOLLBERG: Friedrich Leopold Graf zu Stolberg ging auf Klopstocks Wunsch nicht nach Weimar.
SCHLOSSER: sein «Katechismus der Sittenlehre für das Landvolk» erschien 1771; der «Anti-Pope oder Versuch über den natürlichen

Menschen» 1776; seine Beiträge zu Iselins «Ephemeriden der Menschheit» 1776 und 1777.

HACTENUS: bis hierher.

11 KAYSERL. ZEITUNG: Die «Kayserliche Reichs-Ober-Post-Amts-Zeitung in Franckfurt am Mayn» wurde seit 1775 von Johann Heinrich Faber herausgegeben.

SCHMOLL: Georg Friedrich aus Ludwigsburg. Er heiratete 1776 eine Schwester Lavaters. Die Stiche von Goethes Eltern erschienen in Lavaters «Physiognomischen Fragmenten» 3,221 und Tafel CXLVII in der Oktavausgabe.

PFENNIGER: Johann Conrad (1747 –92), Geistlicher in Zürich, Freund und Verwandter Lavaters (AA 18, 220).

FRAU SCHULTZ: Barbara Schultheß, geb. Wolf (1745–1818). Gattin des Zürcher Kaufmanns David Schultheß, mit Lavater befreundet. 1774 begann ihr Briefwechsel mit Goethe, der sie 1775 auf seiner Schweizer Reise besuchte (AA 18).

MADEMOISELLE MURALDT: Anna Barbara von Muralt.

12 JOHANN BERNHARD CRESPEL (1747 –1813), Archivar und Thurn und Taxisscher Hofrat in Frankfurt.

SAMBSTAGS GESELLSCHAFT: der Herr Rat hielt alle 14 Tage seine «congressus oder convivia amicorum» ab. Außerdem gab es im ganzen 8 Tabakskollegien, vor allem die 1704 gegründete «Alte Gesellschaft».

CHURFÜRST V. TRIER: Clemens Wenzeslaus Prinz von Sachsen (1739–1812), erwählt 1768. Von ihm wurde Peter Anton Brentano «in Betracht seiner Uns und Unserem Ertzstifft bereits geleisteten, auch fürderhin nach seiner guten Erfahrenheit und Eyfer zu leistenden Diensten» zum Geheimen Rat und Residenten ernannt. Seine Gattin war Maximiliane, geb. La Roche (AA 10,612,640).

DES DASIGEN DOHMS: in Regensburg, wohin Crespel 1776 durch den Fürsten Carl Anselm von Thurn und Taxis berufen worden war.

HERRICHSCHEN AUFTRAG: Die Angelegenheit des Kursächsischen Legationssekretärs Herrich wird in den Briefen der Frau Rat Nr. 10, 13, 16 erörtert.

2. CORNELIA GOETHE

1 KATHARINA FABRICIUS: (geb.1750), Tochter des Fürstlich Leiningischen Hofrats Georg Arnold F. in Worms, heiratete später den Leipziger Kaufmann J. H. Welcker. An sie sind vermutlich die beiden Briefentwürfe Goethes (AA 18, 140, 150) aus Charlotte von Steins Nachlaß gerichtet.

VOTRE CHERE PATRIE: die Reichsstadt Worms.

MR. SCHOBERT: Johann Sch. aus Schlesien, 1760 Kammerpianist des Prinzen von Conti, starb in Paris am 28. August 1767 mit Weib und Kind, Dienstmädchen und drei Freunden an Pilzvergiftung. Leopold Mozart nennt Schobert «niederträchtig»; «er schmeichelt ins Gesicht und ist der fälscheste Mensch, seine Religion aber ist nach der Mode. Gott bewahre ihn.» Eine Auswahl seiner Werke gab H. Riemann heraus («Denkmäler deutscher Tonkunst» 39, 1909).

MONS. LE PRINCE DE CONTI: Louis

François Josephe de Bourbon, Prince de Conti (1717–76), Gönner Jean Jaques Rousseaus.
XV OUVRAGES: Schoberts Werke (op. 1–20) wurden in Paris und London gestochen, in Amsterdam nachgedruckt.
MLLE B.: die in Nr. 8 [6] erwähnte «aimable Mlle Bauman», Tochter von Philipp B., Stadtschultheiß in Worms, oder Elise Bethmann, s. u. Nr. 8 [76].
LE MISERABLE: auch «le miséricordieux», «Mr. G.», Verehrer Cornelias.
HALLUNGIUS: Wormser Bekannter oder Verwandter der Adressatin; ein Hallungius war Stadtschreiber.
VOTRE SŒUR: Maria Barbara (geb. 1752); sie lebte in Frankfurt, vielleicht beim Legationsrat Johann Friedrich Moritz aus Worms (1716 –1771), vgl. AA 10, 129.

2 MONS. HESSE: Dr. jur. Conrad Friedrich (geb. 1724), später Konsulent der Stadt Worms und Schwager Johann Heinrich Mercks, Bruder des Geheimrats Andreas Peter von Hesse.
COUSINE: wohl keine Verwandte der Adressatin, sondern eine der beiden Töchter von Johann Friedrich Moritz, Esther und Maria Anna, von denen Esther den Senator Jacob Stock, den Freund der Frau Rat, heiratete.
RUNKEL: Lisette (geb. 1752), Tochter des Stallmeisters Carl Ambrosius Runckel, heiratete 1780 den Hessen-Darmstädtischen Kammerrat Miltenberg (AA 18, 1254); Silhouette im «Goethe-Kalender» 1937.
LE MISERICORDIEUX: s. o. Nr. 1.
VOTRE SŒUR: s. o. Nr. 1.

3 MLLE S.: wohl Johanna Philippine Sarasin (1753–97), 1773 verheiratet mit Johann Nicolaus Manskopf.
W.: Wolfgang.
B.: s. o. Nr. 1.
LE PAUVRE T.: Trapp? Augustin Trapp aus Worms, ein Verwandter von Charitas Meixner, war ein Jugendfreund Goethes. Vgl. dessen Briefkonzept vom 28. Juli 1770 aus Straßburg (AA 18, 134ff.).
NOS VIGNES: vor dem Friedberger Tor, links vom Bornheimer Fußpfad.
MEIXNER: Charitas (1750–77), Nichte von Johann Friedrich Moritz, heiratete 1770 den Wormser Kaufmann Schuler, einen Verwandten des Obersten Sch., der 1767 Anna Christine Textor geheiratet hatte.

4 MANHEIM: unter dem Kurfürsten Carl Theodor ein Theater- und Musikzentrum.
VOTRE COUSINE: s. o. Nr. 2.
SA GRANDE COMPAGNIE: sie versammelte sich jeden Dienstag; im Winter abwechselnd in verschiedenen Häusern, sommers im Freien. Cornelia wurde durch ihre Freundin Brevillier, Tochter des Johann Carl B. in der Neuen Kräme, in die Gesellschaft eingeführt, die größtenteils aus den Söhnen und Töchtern reformierter Kaufleute bestand.
LE MISERICORDIEUX: s. o. Nr. 1.
RST.: Rost? Johann Balthasar Kölbele widmete den «Grundriß der Religion» seiner Nichte Lorchen Rost. In Wolfgangs Briefen an Cornelia (AA 18, 15, 20) wird «Rost der Fuchs» erwähnt «und der Stallmeister, sein Bruder». Ein Bankier Christian Rhost wurde 1714, sein Neffe Johann Christian Rhost 1729 («Edler von Eisenhard») geadelt.
FONDATION DE CRONSTADT: das am 11. Mai 1753 gegründete evangelische Damenstift am Roßmarkt, das den Angehörigen der Gesellschaft Alt-Limpurg vorbehalten war. Die Damen trugen seit 20.

Dezember 1767 ein Ordenskreuz mit der genannten Inschrift. Diesem Cronstettenschen Damenstift, das mit seinem Garten westlich von Goethes Elternhaus lag, gehörte Caroline von Günderode von 1797 bis 1806 an.

MLLE B.: s. o. Nr. 1.

L'EVECHÈ DE WORMS: seit 12. Januar 1768 durch den Tod des Trierer Kurfürsten Johann Philipp von Walderdorff vakant. Nachfolger wurde am 1. März Kurfürst Emmerich Joseph von Mainz [6].

LE CONCERTS: Das 1713 gegründete «Collegium musicum» war 1759 neu errichtet worden. Später fanden außer den Konzerten durchreisender Künstler gewöhnlich drei Konzerte im Winter statt, im «Roten Haus» an der Zeil, oder in anderen Gasthöfen.

5 MR. H.: Hesse, s. o. Nr. 2.

L'ALLEE: die Alle auf dem Roßmarkt; «sie hat eine ansehnliche Größe, und besitzt den angenehmen Vorteil, daß sie oben und unten an große Plätze gränzt, die durch ihre prächtigen neuen Häuser die Augen vergnügen» (Hüsgen, Wegweiser).

MLLE B.: s. o. Nr. 1.

T.: s. o. Nr. 3.

LETTRES DU MARQUIS DE ROSELLE: von Marie Madame le Prince de Beaumont (1711–80), einer französischen Nachahmerin Richardsons. Von ihr erschien deutsch 1768 «Die neue Clarisse». Am 6. Dezember 1765 schrieb Wolfgang seiner Schwester aus Leipzig: «Sonnst kannst du auch die beyden Magazinen der Fr. v. Beaumont lesen sie sind sehr gut» (AA 18, 27) und am 23. Dezember: «Mad. Beaumont läßt in dem letzten Magazin die Grundsätze ihrer Religion zu sehr blicken, so daß man schon fest sitzen muß, wenn man es mit Nutzen lesen will» (AA 18, 30).

CRONSTATT: s. o. Nr. 4.

HAFNER: nicht zu ermitteln.

6 COUSINE: die Anrede beweist keine Blutsverwandtschaft.

MDLLE H.: Hafner.

DE CRONSTATT: s. o. Nr. 4.

HALLUNGIUS: s. o. Nr. 1.

LE DOCTEUR KÖLBELE: Dr. jur. Johann Balthasar (1726–78), Advokat in Frankfurt. Seine kuriosen Bemühungen zur Judenbekehrung wurden von Moses Mendelssohn zurückgewiesen, vgl. Goethes Verse im Brief an Riese (AA 18, 20).

SON ORATION DU MARIAGE: Diese Stelle ist ein urkundliches Zeugnis für die von Goethe geschilderten Heiratsspiele (AA 10, 257). Und doch war 1767 Goethe in Leipzig, Crespel in Würzburg.

CONTRE-VIOLON: Viola da Gamba. 1758 war der Gambenvirtuose Carl Friedrich Abel in Frankfurt Gast des Herrn Rat.

ES WAR EINMAL EIN HAGENSTOLTZ: aus «Annette» (AA 2, 26). Vgl. Frederick W. Sternfeld, Goethe and Music, New York 1954, S. 39.

NOUVEL ELECTEUR: von Mainz, zugleich Fürstbischof von Worms, s. o. Nr. 4.

RUNKEL: s. o. Nr. 2.

GLÖTZEL: nicht zu ermitteln.

COUSINE: s. o. Nr. 2.

SCHLICHT: wohl kaum Johann Gottfried Schicht (1753–1823), 1810 Thomaskantor in Leipzig (AA 18, 487).

LE MISERICORDIEUX: s. o. Nr. 1.

LA R.: s. o. Nr. 4.

7 LA MALADIE: Wolfgangs Krankheit nach seiner Rückkehr aus Leipzig, September 1768 bis März 1770 (AA 10, 374).

8 [1] SIR CHARLES GRANDISON: Der Held von Samuel Richardsons be-

rühmtem Roman von 1754, vgl. AA 18, 27.

MISS BYRON: aus dem «Grandison», vgl. Goethes Gedicht «Unschuld» (AA 1, 40).

[3] MILORD: wohl auch ein Engländer aus der Pension, die der frühere Kammerdiener des Rates Goethe, Leopold Heinrich Pfeil seit 1755 im Großen Hirschgraben unterhielt (AA 10, 133, 997).

HARRY: vgl. AA 10, 255; 18, 35. Wie John R. Wilkie (German Life and Letters, Oktober 1955, S. 29 f.) dargetan hat, hieß Cornelias Freund Arthur, nicht Harry Lupton und war Kaufmannssohn aus Leeds. Am 2. Juni 1764 dankt ihm sein Vater für die Beschreibung der Krönung Josefs II. Er war «a cloth merchant» und heiratete 1773 Olive Ridder. «Harry» war wohl der Rufname. Sein Vater nennt ihn «Aty». Er war 1764 sechzehn Jahre alt und starb 1807. Cornelias Anglomanie kehrt in den 1820er Jahren bei Ottilie von Goethe wieder.

[4] SOSURE: Leonore de Saussure, aus Genfer Familie (vgl. AA 18, 1255), Tochter des Seidenhändlers Marcus Andreas de S.

[5] UN JEUNE PEINTRE: Georg Melchior Kraus (1737–1806) aus Frankfurt, ein Gastwirtssohn, der 1761 nach Paris gegangen war (AA 10, 835 ff.; 18, 1237).

CONCERT: das Cassabuch des Herrn Rat verzeichnet häufige Ausgaben für Konzertbesuche.

HARRY: s. o. Nr. 8 [3].

[6] BAUMAN: vgl. Nr. 1–5.

COIFFEE EN FORME DE PYRAMIDE: 1765 erschien das Werk des Pariser Friseurs Legors über die Kunst, die Damen nach der Eigenart ihres Charakters zu frisieren. 1772 zeigte der «Coursier de la Mode» in jedem seiner Hefte 96 verschiedene Frisuren, denen man die seltsamsten Namen gab.

[7] MARCHAND DE NOTRE VILLE: Busch, der wenig später das Gasthaus zum «König von England» in der Fahrgasse kaufte.

LA MORT DE SON PERE: des Stallmeisters Carl Ambrosius Runckel (1709–1767), vgl. AA 10, 164.

[8] A DARMSTADT: am 27. September hatte Landgraf Friedrich Ludwig von Hessen-Homburg Prinzessin Caroline von Hessen-Darmstadt geheiratet.

SON EPOUX FUTUR: s. o. Nr. 8 [7]

PHAETON: leichter Wagen.

LE PRINCE HEREDITAIRE: Ludwig, seit dem 17. Oktober 1768 Landgraf Ludwig IX. (1719–90).

[9] CRAMOISI: karmesinrot.

[10] LISETTE: Runckel.

LE VIEUX LANDGRAVE: Ludwig VIII. (1691–1768), der zwei Tage vor Abfassung dieses Briefes starb.

PRINCE GEORGE: Prinz Georg Carl (geb. 1754), Sohn des Prinzen Georg Wilhelm.

[12] LA PRINCESSE HEREDITAIRE: Prinzessin Caroline Henriette, geb. Prinzessin von Pfalz-Zweibrücken (1721–74).

UN DE SES FRERES CADETS: Prinz Carl Wilhelm (geb. 1757) oder sein Bruder Friedrich Georg August (geb. 1759).

[14] MON ONCLE: vermutlich Dr. jur. Johann Jost Textor (1739–92), Schöffe.

TOUTS LES DEUX: Andeutung von Wolfgangs Krankheit.

MON SECRETAIRE: Wolfgang.

[15] DIMANCHE PROCHAIN: vgl. Brief Nr. 8 [5].

[18] COUSINE: s. o. Nr. 2.

[19] OLDROQQ: die Brüder Johann Georg (geb. um 1743) und Heinrich Wilhelm von Olderogge (1744–92) waren livländische Edel-

leute, die in Leipzig mit Wolfgang studiert hatten, vgl. AA 10, 296.

[22] UN DE MES COUSINS: kann auch «Freunde», braucht nicht «Vettern» zu bedeuten.

HE BIEN SOTTE, QU'AVOIS TU BESOIN DE CRAINDRE: Zitat aus einem französischen Lustspiel?

[23] A MON AIMABLE ANGLOIS: Harry Lupton, s. o. Nr. 8 [3].

[25] ICI UN COUSIN: der Bruder der Schreiberin.

CES TROIS ANNEES: Oktober 1765 bis August 1768.

NE DESIRE DE ME VOIR: vgl. AA 10, 370.

[27] MON AIMABLE HARRY: s. o. Nr. 8 [3].

A SE PLAINDRE DE NOTRE VILLE: vgl. die Verse an Friederike Oeser, AA 18, 100.

[29] DE CES JEUNES SEIGNEURS: der Brüder Olderogge.

LIVONIE: Livland.

GRAND CONCERT: s. o. Nr. 4. Kapelldirektor war Johann Christoph Fischer (1717–96).

[30] MON AIMABLE ANGLOIS: Harry Lupton.

SON PORTRAIT: vgl. Brief Nr. 8 [5].

[31] LE PFARRTHURM: der «Gothische Stein-Coloß» des Turms der Frankfurter Domkirche St. Bartholomäus, der «der Pfarr-Thurm genennet wird» (Hüsgen). Er «kann vor einen der schönsten und höhesten in Teutschland gehalten werden» (Müller). Die Aussicht von dem damals «260 Werk-Schuh» hohen Turm – er wurde erst 1869 ausgebaut – beschreibt 1790 Heinrich Sebastian Hüsgen voll Begeisterung: «Hier siehet sich das Aug in dem weit ausgespannten Horizont nicht satt; was die Natur an Schönheit ihrem Erdball mittheilet, findet man da im Übermaß» (Magazin).

[31] LES GLOCHES: cloches; sie sind beim Brande von 1867 eingeschmolzen. Eine derselben, von 1467, wog 45 Zentner, die Ratsglocke gar 91 Zentner. Die Kaiserglocke stammt von 1440.

[32] RESSEMBLANCE: vgl. Nr. 8 [23].

[33] HONORABLES PARENTS: Rat und Rätin Moritz? s. o. Nr. 1.

ST. STOCKUM?

[34] LISETTE DE STOKUM: die Familie Stockum war 1743 durch Kaiser Karl VII. geadelt worden. Lisette heiratete 1772 Jean de Bary.

[34] UNE NOUVELLE COMEDIE: wohl «die Mitschuldigen», vgl. AA 18, 109, 118.

[35] PODOKI: Potocki. Eine Gräfin Potocka und ihre Mutter wohnten um die Meßzeit 1769 im «Goldnen Engel» in der Töngesgasse. Einen Grafen Potocki (geb. 1752) traf Goethe 1785 in Karlsbad (AA 18, 858).

MILORD: s. o. Nr. 8 [3].

[36] MISERICORDIEUX: s. o. Nr. 1.

LISETTE: Runckel.

MR. B.: Busch, vgl. Nr. 8 [6].

[37] DE LA VAREE und DE LA ROCHE: durchreisende französische Kavaliere, ebenso wie der 8 [43] genannte Marquis de Saint Sever.

[38] LISETTE: Runckel.

A CAUSE DE SON MARIAGE: gemeint ist Herr Busch, den man für den «epoux futur» hielt, s. o. Nr. 8 [6].

MADAME: Lisettes Mutter, Johanette Christine, geb. Kollermann (1726–90).

MISERICORDIEUX: s. o. Nr. 1.

[39] MON PAUVRE FRERE: vgl. AA 10, 374.

LISETTE: Runckel.

B.: Busch.

LE ROI D'ANGLETERRE: in der Allerheiligengasse. «Hierinnen hat wohl Frankfurt den Vorzug vor den meisten europäischen Städten, sowohl an der Zahl als an prächtiger Schönheit seiner Gasthöfe: Man trifft in diesen jedesmal Freunde der meisten Nationen an, die sich theils wegen Geschäften, theils zum Vergnügen hier aufhalten, zu welchen beyden Gegenständen sich Gelegenheiten aller Art, sowohl für Denker als Nichtdenker anbieten» (Hüsgen, Wegweiser).

DANS SON NOUVEAU PALAIS: der «König von England»; das alte Haus «Zum Krachbein» lag an der Fahrgasse.

[41] PERUQUIER: das Cassabuch des Herrn Rat verzeichnet seit 1766 häufige Zahlungen an den «Concionator comarum».

LA CHAMBRE D'ENBAS: Cornelia bewohnte das graue Zimmer im 1. Stock.

MONSIEUR LE RESIDENT: Friedrich Samuel von Schmidt, seit 14. November 1768 Resident des Markgrafen von Baden.

[42] AU CONCERT: im «Römischen Kaiser» an der Zeil.

CHARLOTTE: wohl Charlotte Gerock.

BUSCH: ein Verwandter von Lisettens Verehrer, der «l'Oncle de l'hôte» genannt wird.

[43] MR LE RESIDENT: s. o. Nr. 8 [41].

LE MARQUIS DE SAINT SEVER: s. o. Nr. 8 [37].

LA PLUS BELLE DAME DU MONDE: wohl Lisette von Stockum.

[44] NEUBERG: nicht zu ermitteln.

HEYDESHEIM: vermutlich Gräfin Marie Louise Albertine Gräfin zu Leiningen-Heidesheim, eigentlich Leiningen - Dagsburg - Falkenburg (geb. 1729). Sie war seit 1748 mit dem Prinzen Georg Wilhelm von Hessen-Darmstadt vermählt und wird noch von Frau Rat 1803 als Gräfin Leiningen erwähnt (Brief Nr. 343).

CAROLINE DE STOKUM: Lisette von Stockums Schwester.

LE MISERICORDIEUX: s. o. Nr. 1.

[45] DORVAL: ein junger Kaufmann aus Kopenhagen, der Herrn Busch bei Fräulein Runckel ausgestochen hat.

[46] B: Busch.

[50] UN RICHE NEUVEU DE LISETTE: ihr Bruder Carl Franz war als Stallmeister Nachfolger seines Vaters Carl Ambrosius; außerdem sind Schwestern und ein Bruder Bernhard, Verehrer der Catharina Crespel, bezeugt.

LE CONSEILLER MORITZ: s. o Nr. 1.

MÜLLER: vgl. Goethes Leipziger Brief an Augustin Trapp vom 2. Juni 1766:

«Müller! je suis faché de ce malicieux,

Ce n'est plus cet ami si tendre en ses adieux.

Qui m'aimant autrefois relevoit ma foiblesse

Se joignit à ma joie et chassa ma tristesse.»

Er war Wolfgangs Tröster nach der Gretchenkrise (AA 10, 241). Es handelt sich wohl um den Musiker Johann Caspar Möller aus Lauterbach in Hessen, einen Freund Bernhard Crespels.

[51] MISS B.: Maria Bassompierre, Tochter des reichen Gold- und Silbergespinst-Fabrikanten Isaak de B. auf dem Römerberg am Fahrtor.

SAINT ALBIN: ein Herr von St. Albin, Sohn des Regenten Philipp von Orléans, war Erzbischof von Cambray († 1764). Hier scheint es sich jedoch um einen Reformierten zu handeln.

[52] PHILIPPINE: vielleicht Johanna Philippine Sarasin.

MARIE: de Bassompierre.

[55] LE MISERICORDIEUX: s. o. Nr. 1.

LISETTE: Runckel.
[56] COUSINE: s. o. Nr. 2.
[57] MR. B.: Busch.
CATHERINE: wohl Catharina Gerock. Sie und ihre Schwestern Antoinette und Charlotte Töchter des Tuchhändlers Johann Georg G. im Haus «Zum Rebstock» am «Markt».
[60] LA R..ST: s. o. Nr. 4.
[61] FORSTHAUS: 1729 erbaut, das «Jägerhaus» im «Faust» (AA 5, 168), beliebter Ausflugsort.
MR. B.: Busch.
G.: le Miséricordieux, s. o. Nr. 1.
[62] QUADRILLE: ein Kartenspiel.
[64] MR. B.: Busch.
CATHERINE: Gerock.
[65] LE COMTE DE NESSELROTH: Nesselrode-Ereshofen, Wilhelm Franz (1728–1810), verheiratet seit 1779 mit Louise Gontard, später Finanzminister in Zweibrücken (AA 18, 474).
ANTOINETTE: Gerock.
[67] MR. G.: s. o. Nr. 1.
[69] D'UNE FEMME: vielleicht die Gattin des Legationsrats Moritz, Catharina Sibylla, geb. Schöll.
PREDICATEUR REFORMÉ: die reformierte Gemeinde hielt 1788 im Junghof ihren ersten Gottesdienst, nachdem er 150 Jahre lang im hessischen Bockenheim stattgefunden hatte. 1792 wurde die französisch-reformierte Kirche eröffnet.
[70] LA MERE ET LA FILLE: vgl. Nr. 8 [62].
[71] VAISSEAU DE CHASSE: ein Jagd-(Yacht?) Schiff.
[72] L'HOMME A CHEVAL: das Schiff wurde von einem Pferd mainaufwärts gezogen.
NOTRE PERE: das Vaterunser, bei den Reformierten «Unser Vater».
[73] LE SIXIEME PSEAUME: «Ach Herr, strafe mich nicht in deinem Zorne.»
[76] SIMONETTE BETHMANN: Catharina Elisabeth (1753–1813) aus Bordeaux, genannt Simonetta, Tochter des Johann Jacob B., verheiratet seit 21. August 1769 mit Peter Heinrich Metzler (AA 18, 39, 47).
[77] B.: Busch.
[78] STEINHEIL: Kursächsischer Legationssekretär, 1742 Meister vom Stuhl der «Loge zur Einigkeit», oder dessen Sohn.
VOTRE COUSINE: s. o. Nr. 2.

9 VGL. KESTNERS schöne Tagebuchnotiz vom 22. September 1772 (AA 22, 36). Nach Kestners Abreise trat Cornelia in Briefwechsel mit ihm und Lotte Buff.

10 DARMSTADT: AA 18, 181.
ZWEY GEIZIGEN: «Les deux avares», Singspiel von Grétry, Text von Falbaire (Paris 1770); der Marsch beginnt: «La garde passe, il est minuit».
PUFFISCHEN HAUS: Familie Buff.

11 NETTEN: Antoinette Gerock.

12 SCHLOSSER: Johann Georg (1739–99), seit 1. November 1773 Cornelias Gatte. [14 18 19]

13 EXEMPLARE: wohl «Von Deutscher Baukunst» (AA 18,181). Goethe war am 12. Dezember zu Hause.

14 KIELMANSECK: Christian Albrecht Freiherr von Kielmannsegg (1748–1811), von Wetzlar her mit Goethe befreundet (AA 10, 582).
OSSIAN: wohl Herders Schrift «Von deutscher Art und Kunst» 1773 I. Denis' Übersetzung war allerdings schon 1768 erschienen.
LENCHEN: Helene Buff (geb. 1756).
SOPHIE: so pflegte Cornelia sich damals zu nennen; Caroline Herder am 7. Dezember 1772: «daß Sophie Goethe einen ganz andern Mann verdient als Herr Schlosser ist.»

17 CORNELIA hatte am 14. November Frankfurt verlassen; Caroline war am 2. Mai 1773 Herders Gattin geworden [14 18].
D.: Darmstadt.

ERLÄUTERUNGEN 9–22

MEIN BRUDER: Goethe plante für 1774 eine Schweizer Reise.
LILA: Louise von Ziegler (1750–1814), Hofdame der Landgräfin Caroline von Hessen-Homburg, Goethes Lila, der er 1772 sein Gedicht «Pilgers Morgenlied» widmete (AA 2, 216).
ANTOINETTE: Gerock; Cornelia ließ sie nach Karlsruhe nachkommen, wo sie Lavater am 19. Juni 1774 antraf.
EINE MUTTER: wohl Frau von Bescheffer in Bückeburg. Herder nennt sie «unsre treue Nachbarin, Mutter und mehr als Mutter, die wir nie wiederfinden» (Herder an Hamann am 24. August 1776).

18 FRIEDERIKE HESSE: geb. Flachsland, Gattin des Geheimen Rats von Hesse in Darmstadt, Herders Schwägerin.
KÖNIGINN: Louise König in Straßburg (1742–1801). «Sie ist häßlich, hat aber ein gutes Herz» schrieb Caroline Flachsland 1770 an Herder. Vgl. ihre brieflichen Äußerungen über Cornelia im Goethe-Jahrbuch 9, 118f.
MEINE REISE: Schlosser hatte Anfang Juni Karlsruhe verlassen, Cornelia war ihm später gefolgt.

19 ZIMMERMANN: Johann Georg (1728–95), Kgl. Großbritannischer Leibarzt, im September 1775 mit seiner Tochter Catharina Gast im Goethehause (AA 10, 714), bald darauf einige Tage in Emmendingen.
MEIN MÄDGEN: Louise Marianne (Lulu), geb. am 28. Oktober 1774.
VON IHREN KLEINEN: Kestners Kinder Georg Wolfgang (geb. 1774) und Wilhelm (geb. 1775).

20 DEN BRIEFWECHSEL mit Frau von Stein hatte Goethe angeregt: «Hier einen Brief meiner Schwester... Ich bitte Sie flehentlich nehmen Sie sich ihrer an, schreiben Sie ihr einmal» (AA 18, 325).
VON LENZEN: Jacob Michael Reinhold Lenz weilte seit 3. April 1776 in Weimar und ging im Dezember nach Emmendingen.

21 GOETHE AN CHARLOTTE VON STEIN: «Geh nur in die Schweiz» (AA 18, 342).
ZIMMERMANN: der unglückliche Jacob Z. (AA 10, 716).
ORPHEUS: vermutlich des Gluckschen «Orfeo ed Euridice» (1762).

22 AUGUSTE GRÄFIN STOLBERG: (1753–1835), Goethes «Gustgen», vgl. AA 18, 256 ff.

3. CATHARINA ELISABETH GOETHE

1 LAVATER war am 1. August «auf Homburg zum Landgrafen» abgereist. [20 27 42 66 92 330]

2 FRÄULEIN KLTBRG: Susanna Catharina von Klettenberg war am 13. Dezember gestorben. [240 242]
DER MEDICUS: Dr. Johann Friedrich Metz (1721–82), vgl. AA 10, 374).
WANDLE VOR IHM: Genesis 17,1.
DIE SEELE CHRISTI HEILIGE MICH: von Johann Scheffler (Angelus Silesius), «Heilige Seelenlust», nach dem «anima Christi sanctifica me» des Ignatius von Loyola.
MIT DEM PRINZEN VON WEIMAR: Herzog Carl August von Sachsen-Weimar (1757–1828). [52 59 60 62 81 110 130 132 174 210]
CHRISTI BLUT UND GERECHTIGKEIT: Gesangbuchlied von Nicolaus Herman (1560).
DA ELIAS SOLLTE GEN HIMMEL FAHREN: 2 Könige 2,3.

WER AN MICH GLAUBT: Joh. 11, 25,26 (das «hohepriesterliche Gebet»: Joh. 11,17).

ICH SEH IM GEISTE GOTTES SOHN; Vielleicht von der Klettenberg gedichtet.

3 DIE HERRN GRAFEN UND DEN LIEBEN BARON: Christian Graf zu Stolberg (1748–1821) und sein Bruder Friedrich Leopold (1750–1819), beide Dichter der Geniezeit und Mitglieder des Göttinger Hainbundes, sowie Christian August von Haugwitz (1752–1831). Vgl. AA 10,784f.

AJA: die Grafen zu Stolberg, Baron Haugwitz und Goethe nannten sich die vier Haimonskinder und Goethes Mutter Frau Aja.

4 HANS BUFF: (1757–1830), Sohn des Amtmanns Henrich Adam Buff in Wetzlar.

HR. CAMMERRICHTER: Franz Joseph Graf Spaur (1725–97), seit 1763 im Amt.

¼ JAHR: seit 7. November 1775.

HERR UND FRAU KESTNER: Johann Christian (1741–1800), seit 1767 Gesandtschaftssekretär in Diensten des Herzogtums Bremen in Wetzlar, später Hofrat in Hannover [94]. Seine Gattin Charlotte Sophie Henriette, geb. Buff (1753–1828), Werthers Lotte. [352]

5 ZIMMERMANN: Johann Georg (1728–95), Kgl. Großbritannischer Leibarzt in Hannover, weilte im September 1775 im Goethehause (AA 10, 714), starb in geistiger Umnachtung.

SPALADINUS: Georg Burkhard (1484–1545), aus Spalt bei Eichstätt, «Spalatinus» Freund Luthers und Hofkaplan Kurfürst Friedrichs des Weisen.

DIE SCHLOSSERN: Cornelia; Zimmermann weilte im September 1775 bei ihr und Schlosser in Emmendingen. [18 20]

JUNGFER TOCHTER: Catharina Zimmermann (1756–81), vgl. AA 10, 716.

WIELAND: [24 30 31 45 48 51 55 56 62 84 85 96 97 108 218 222 347]

VON KNEBEL: Carl Ludwig (1744–1834), der seit 1774 Erzieher des Prinzen Constantin von Sachsen-Weimar war. [85 95 213 St 13]

VON KALB: der Weimarische Kammerpräsident Johann August Alexander von Kalb (1712–1792). In seinem Hause wohnte Goethe bis März 1776. [90]

DEMOISELLE FAHLMER: Johanna (1744–1821), 1774/75 Goethes Vertraute, seit 1788 Gattin Johann Georg Schlossers. [29 54]

DELPH: Helene Dorothea in Heidelberg (1728–1808), vgl. AA 10, 848.

VON WREDEN: Ferdinand Joseph von Wrede (1722–92), Kurpfälzischer Oberforstmeister in Heidelberg (AA 10,849).

CLAUS KINEMUNDT: nach Köster «Gienemundt», der den Mund aufsperrt. Offenbar ein Spitzname.

6 KLINGER: Friedrich Maximilian (1752–1831), Sohn eines städtischen Konstablers in Frankfurt, Dichter der Geniezeit, die nach seinem Drama den Namen «Sturm und Drang» erhielt. [65 71 326] Der Brief ist in Klingers Abschrift erhalten («Gießen, 2ten Pfingsttag 1776»).

EINEN HERRLICHEN GARTEN: AA 18, 325.

LENZ: Jacob Michael Reinhold (1751–92) hatte im März 1766 Frankfurt passiert, von Klinger und Ernst Schleiermacher begleitet und «am Karfreytage» 1776 «der Mutter meines Goethe» geschrieben. [18 20 23 31 71 326]

KANNENGIESSER: Holbergs Lustspiel «Der politische Kannengießer» (1722).

ERLÄUTERUNGEN 3—13

SCHLEIERM.: Ernst Christian Schleiermacher (1755–1844), Kabinettssekretär in Darmstadt.

7 SALZMANN: Johann Daniel (1722–1812), Aktuar in Straßburg, vgl. AA 10, 403.

MORALISCHE ABHANDLUNG: «Kurze Abhandlungen über einige wichtige Gegenstände aus der Religions- und Sittenlehre» (1776).
SCHÖNBORN: Gottlob Friedrich Ernst (1737–1817), 1773–76 dänischer Konsulatssekretär in Algier, 1777 in London, Freund von Klopstock, vgl. AA 18, 227.
FRAU MARKGRÄFIN: Prinzessin Amalie Friederike von Hessen, Gattin von Erbprinz Carl Ludwig von Baden-Durlach, war am 13. Juli 1776 mit Zwillingen niedergekommen.
DER PSALMIST: gemeint ist wohl Psalm 128.

8 NACHSCHRIFT zu einem Brief von Goethes Vater an Schönborn.

9 NACHSCHRIFT zu einem Brief des Herrn Rat an Lavater.

10 CRESPEL: Johann Bernhard (1747–1813), Hofrat des Fürsten von Thurn und Taxis (AA 10, 257). [17 250]
HERRICH: Kursächsischer Legationssekretär in Regensburg, der Goethes Vater 18 Gulden schuldig war. Crespel sollte das Geld einziehen oder sich von Herrich eine Anweisung geben lassen.
IN REGENSPURG: seit Frühjahr 1777.
CLERMONDT: aus der Jacobi-Fahlmerschen Verwandtschaft. [170]
MINGEN STARCK: wohl Margarethe Catharina Rosina, s. u. Nr. 30.
MAX: Maximiliane Brentano, geb. La Roche (1756–93), seit 1774 verheiratet mit Peter Anton Brentano (AA 10, 612, 640). [209]
TANTE: Johanna Fahlmer.

GEROCKS: Johann Georg Gerock († 1796), Kaufmann, seine Gattin Sophie Christine (geb. 1727) und seine drei Töchter Antoinette [217], Charlotte und Katharina.
PETER: Peter Anton Brentano (1735–97), Großkaufmann und Kurtrierischer Resident in Frankfurt. [17]
INS NEUE HAUSS: das Haus «Zum Goldenen Kopf» in der Großen Sandgasse.

11 SEIDEL: Philipp (1755–1820), Goethes Diener und Sekretär von 1775 bis 1786, vgl. AA 18, 1259. [13 30 34 46]
OBERSTALLMEISTERS VON STEIN: Ernst Josias Friedrich (1735–93), der Gatte Charlotte von Steins.

12 NACHSCHRIFT zu einem Brief von Goethes Vater an Crespel.

13 EUER BRUDER: Goethe.
FRAU RESIDENTIN: Maximiliane, Gattin des Kurtrierischen Residenten Peter Anton Brentano.
DEUSCHE OPERA: «Günther von Schwarzburg», Text von Anton Klein (vgl. AA 14, 219), Musik von Ignaz Holzbauer (1711–83), Hofkapellmeister in Mannheim, dort aufgeführt und gedruckt 1776; 1782 in Frankfurt gegeben. «Wer im hiesigen Publikum», schreibt der Theaterzettel, «kennt die Geschichte des großen Günther nicht, dessen verehrungswürdige Gebeine in dem Dome ruhen.»
SAMSTAGS GESELLSCHAFT: Rat Goethe hielt alle 14 Tage seine «congressus oder convivia amicorum» ab.
PHILLIPP: Seidel, der in einem Brief vom 1. März 1776 eine ähnliche Komödie «Die Verwünschungen des heiligen Antonius» beschreibt. «Diese Maskerade fand man sehr anstößig», berichtet der ehemalige Weimarer Page Carl von Lyncker.

HERRN HERRICH: s. o. Brief 10.

14 WEINNACHT: «Herr Weynacht von Petersburg ist gestern angekommen, befindet sich recht wohl, wie auch seine Frau Liebste und Jungfer Tochter, welche alle Montag im Concert sehe, wo sie durch Herrn Aubin hier eingeführt wird», schreibt der Uhrenhändler Anton Becker an Crespel am 3. 2. 1777. Herr Aubin, der Bruder von Frau Weynacht, war bis 1781 Besitzer des Gasthauses «Zum Schwan» am Steinweg.
FRAU MASSIN und die JUNGFERN HOPPE waren nicht zu ermitteln.
SAMSTAGS GESCHELLSCHAFT: s. o. Nr. 13.
FRAU RESIDENTIN: s. o. Nr. 13.

15 DES SCHAUSPIELS OHNE NAMEN: nicht zu ermitteln.
HERZOG FERDINANDS: Carl Wilhelm Ferdinand von Braunschweig (1735–1806), Bruder der Herzogin Anna Amalia, bei Auerstädt tödlich verwundet. [97]

16 HANSS ANDRE: Johann André (1741–99), der Offenbacher Komponist und Musikverleger, vgl. AA 10, 958. [145 228]
EIN HERRLICH CONCERT: Catharina Crespel schreibt am 21. Februar ihrem Bruder: «Gestern, den 19. gaben zwey Cammer Virtuosen seiner Chur F. Durchlaucht von der Pfaltz, Mlle Dantzi, und Mr. le Brun, ein Concert im rothen Haus; sie sang, u. er blasete auf der Oboe.» Franziska Lebrun, geb. Danzi (1756-91), berühmte Sängerin und Komponistin.
HOFFRATH SCHLOSSER: Dr. jur. Johann Georg (1739–99), Goethes Schwager seit 1. November 1773, 1773–94 badischer Oberamtmann in Emmendingen, 1794 in Ansbach, 1796 in Eutin, 1798 Syndicus in Frankfurt. Philosophische und nationalökonomische Schriften. [20 23 29 33 158 199 216 222 223 231 236 244 246 284 294]
FRÄNTZGEN: Franziska Jakobäa Crespel (1752–1819), Bernhards Schwester, später Frau Jaquet.
DER JUNGFRAUN FLOHR: Maria Catharina Crespel (1749–1801).
SAMSTAGS GESCHELLSCHAFT: s. o. Nr. 13.
HERR WEYNNACHT: s. o. Nr. 14.

17 EIN GAUDIUM: Crespel beabsichtigte, von Regensburg nach Frankfurt zurückzukehren; im Mai 1777 schreibt ihm Sophie La Roche: «Seyn Sie willkommen in unserer Nachbarschaft.»
MAX-PETER: Maximiliane und Peter Anton Brentano.
MAMA LA ROCHE: Maximilianes Mutter, Sophie, geb. Gutermann (1731–1807). [48 49 69 97 290 294 297]
SEIN HAUSS: s. o. Nr. 10.
DER CHURFÜRST: Clemens Wenzeslaus, Prinz von Sachsen (1739–1812), erwählt 1768. Peter Anton Brentano wurde von ihm «in Betracht seiner Uns und Unserem Ertzstifft bereits geleisteten auch fürderhin nach seiner guten Erfahrenheit und Eyfer zu leistenden Diensten» zum Geheimen Rat und Residenten ernannt.
EURE SCHWESTERN: Franziska und Catharina Crespel.
TANTE: s. o. Nr. 10.
SAMSTAGS GESELLSCHAFFT: s. o. Nr. 13.

18 MESSE: Von den Messen «ist diejenige, welche auf Mariä Geburt den 8ten Sept. fällt, die älteste; die Ostermesse ist aber später dazu gekommen. Beyde währen drey Wochen und ihre eigentliche Benennung ist: die zwey Reichsmessen. Das Aufkommen der Stadt beruhet großen Theils auf diesen großen Vorzügen» (Hüsgen, Wegweiser).

AFFEN UND KATZEN: Zitat aus dem «Jahrmarktsfest zu Plundersweilern» (AA 4, 163).

JUNGFER BOLTZ: wohl die Tochter des Fürstlichen Thurn- und Taxisschen Postoffizianten.

PETER-MAX: s. o. Nr. 17.

TANTE: s. o. Nr. 10.

OLEARIUS: vgl. AA 4, 676 (muß heißen: Liebetraut).

DIE SCHLOSSERN: Cornelia kam im Mai mit einer Tochter, Catharina Elisabeth Julie († 1793), nieder. Lenz und Frau Rat waren die Paten.

HERRN HERRICH: s. Briefe Nr. 10 und 13.

19 BÜCHELEIN: nicht zu ermitteln.

DIE SCHLOSSERN: s. o. Nr. 18.

WEIB: Anna Lavater geb. Schinz (1742–1855).

DIE KUPPERSTICHE: Goethes Vater in Band 3, S. 221, Frau Rat auf Tafel CXLVII der Oktav-Ausgabe von Lavaters «Physiognomischen Fragmenten».

PFENINGER: Johann Conrad Pfenninger (1747–92), Prediger zu Zürich.

SCHULTZ: wohl Barbara Schultheß, geb. Wolf (1745–1818), Goethes Zürcher Freundin.

DEMOISELLE MURALDT: Anna Barbara von Muralt.

20 CORNELIA war am 8. Juni gestorben. Das Kirchenbuch von Emmendingen verzeichnet: «Den 8. Juni 1777 gestorben, den 10. begraben: Frau Cornelia Friederica Christiana Gödin, Ehe-Gemahlin H. Hoffrath und Land-Schreibers Johann Georg Schlossers; alt 26. Jahr, 8. Monath.» In Frankfurt traf die Nachricht erst nach mehreren Tagen ein (s. Brief Nr. 19). Lavater kondolierte Frau Rat am 14. zum Tode der «zarten Engelsseele»,

DER DIE HAARE ZEHLET: Matth. 10, 30.

DEM KEIN SPERLING FEHLET: Matth. 10, 29.

PAULUS: Hebräer 12, 11.

DER HERR HATS GEGEBEN: Hiob 1,21.

IN DIESER GROSSEN STADT: «Die Länge der Stadt Frankfurt beträgt von dem Allerheiligen Thore bis an das alte Bockenheimer Thor 1830 Schritte. Ihre Breite vom alten Friedberger Thor bis an die Maynbrücke 1380 Schritte. Der ganze Umkreis der Stadt ist etwa 4500 Schritte. Sie hat 5 Landthore und 6 Wasserthore, davon aber drey nur kleine Pforten sind. Man zählet darin 145 große und kleine Straßen, 7 große und 8 kleine Plätze, welche von vielen hundert Laternen Nachts beleuchtet werden. Sie enthält ferner... 16 Kirchen, 3 Kapellen, 6 Klöster ... Sachsenhausen enthält etwa Zweydrittel der Länge von Frankfurt. Seine Breite aber nur den vierthen Theil. 2 Landthore und 4 Wasserpförtchen befördern die starke Passage daselbst. Übrigens enthält es noch 2 Kirchen und eine Kapelle» (Hüsgen, Wegweiser).

LENTZ: Er war, als er in Zürich die Nachricht vom Tode Cornelias erhielt, sofort nach Emmendingen abgereist, vgl. seinen Brief an Lavater vom 24. Juni 1777.

21 GEVATTER: Gustav Friedrich Wilhelm Großmann (1746–96), Schauspieler und Dramatiker, damals noch Mitglied der Seylerschen Truppe, war im Januar 1777 beim Frankfurter Rat um Zulassung seiner Gesellschaft für die Ostermesse eingekommen. Es kam dann zu 18 Vorstellungen im Theater des Junghofs. Großmann verkehrte seit Jahren im Gotteshause. [41 65 72 73 77 83 91 117 125 165 196]

Opitz: Christian Wilhelm (1756–1810), Schauspieler und Regisseur, Darsteller des Weislingen und des Clavigo, «ein schöner Mann, für die 1. Liebhaberrollen, Bonvivants und jungen Helden geschaffen» (Theater-Lexikon).
Ophelia: 1777 war eine Hamletbearbeitung «zum Behuf des Frankfurter Theaters erschienen». [41]
Der Herzog: Carl August von Sachsen-Weimar.
Frau Gevatterin: Caroline Sophie Auguste, verw. Flitner, geb. Hartmann (1752–84). Sie war schon siebzehnjährig und als Mutter von zwei Kindern Witwe. Seit 1774 Gattin Großmanns.
Lotte: Großmanns älteste Tochter. [43]
Sprenckel: Sergeant in der Kleinen Gallengasse. Fast 20 Jahre lang besorgte er für alle in Frankfurt auftretenden Wanderprinzipale die verschiedensten Geschäfte, beispielsweise die Ausgabe der Abonnements.

22 der Dokter: Goethe war vom 27. August bis 10. Oktober 1777 in Eisenach, vgl. AA 18, 364ff.
Merck: Johann Heinrich (1741–91), Goethes Freund, Kriegsrat in Darmstadt. [28 31 49 51 55 58 66 68 75 132]

23 Nachschrift eines verschollenen Briefes.
Lentzens Vater: Christian David Lenz (1720–98), Pastor in Livland. Der Geist seines Sohnes hatte sich im November 1777 getrübt; am 9. März 1778 meldet Schlosser dem Vater die «Schwermut» seines Sohnes, den erst im Juni 1779 sein Bruder nach Hause brachte.

24 Wieland: auf der Durchreise nach Mannheim, wo seine «Rosemunde» aufgeführt werden sollte.
Docter Wagner: der Frankfurter Advokat und Dramatiker Heinrich Leopold W. (1747–79), vgl. AA 10, 658. [43 St 14].
Niderkunfft: Hans Wolfgang Großmann, dessen Pate Johann Wolfgang Goethe war.
Tristmegistus: Trismegistus, Beiname des Gottes Hermes. Literarische Anspielung auf Laurence Sternes «The Life and Opinions of Tristram Shandy» 4. Th., 14. Kap.
grosspapa: wohl Rat Goethe.

25 Festein: der Geburtstag der Herzogin Louise von Sachsen-Weimar, geb. Prinzessin von Hessen-Darmstadt (1750–1830) am 30. Januar 1778, der mit der Aufführung von Goethes «Triumph der Empfindsamkeit» festlich begangen wurde. [75 81 96 191 320]
Willmern: Johann Jacob von Willemer (1760–1838), Bankier, 1789–92 Senator, Kgl. Preußischer Geheimrat, bis 1806 in der Töngesgasse. Jetzt 18 Jahre alt. [178 186 307 320 404]
Götz v. B.: vgl. AA 4, 704.

26 Kauffmann: Christoph Kauffmann (1753–95), der Genieapostel, vgl. Goethes Verse von 1779 (AA 2, 418):
«Als Gottes Spürhund hat er frei
Manch Schelmenstück getrieben,
Die Gottesspur ist nun vorbei,
Der Hund ist ihm geblieben.»
Seine Frau war Elise, geb. Ziegler.
Proserpina: im «Triumph der Empfindsamkeit» (AA 6, 528).
nebst seinen Kindern: Cornelias Töchter Louise (1774–1811) [69 181 201 216 217 236 242 243 396] und Julie (1777–93). [18 69 201]

27 den 4ten Theil der Phisiocknomick: der «Vierte Versuch» der «Physiognomischen Fragmente» war 1778 bei Weidmann in Leipzig erschienen.
die Herzogin Mutter: Anna Amalia von Sachsen-Weimar, geb. Prinzessin von Braunschweig

ERLÄUTERUNGEN 22–30 915

(1739–1807) machte am 15. Juni 1778 Frau Rats Bekanntschaft. Sie passierte Frankfurt auf einer Reise nach Düsseldorf und Ems und stieg im «Rothen Hauss» auf der Zeil ab. [28 30 31 32 34 38 46 49 64 68 69 78 84 85 87 96 101 230 388]
EIN GEWISSER HERR REINWALD: wohl kaum Wilhelm Reinwald (1737–1815), seit 1786 Schillers Schwager.

28 HÖLLEN BREGEL: Pieter Brueghel d. J., der «Höllen-Brueghel» (1564–1638). Vielleicht ist die heute im «Deckenzimmer» des Weimarer Goethehauses verwahrte Zeichnung zum Jüngsten Gericht von Rubens gemeint. [30]
KRAUSSE: Georg Melchior Kraus (1733–1806) aus Frankfurt, seit 1775 in Weimar, 1780 Direktor der Zeichenschule. [31 34 35 87 157]
THUSNELDE: Louise von Goechhausen (1752–1807), Hofdame der Herzogin Mutter. [30 38 49 78 86 100 114 403]
ETTLING: Gottlieb (1725–83), Lic. jur., Advokat, 1775 und 1780 jüngerer Bürgermeister, 1782 Schöffe. Merck hatte die Herzogin während ihres Frankfurters Aufenthalts in die Ettlingsche Galerie geführt. «Das Ettlingsche Cabinet auf der Zeil», schreibt Hüsgen, «viele vortreffliche Ölgemälde, eine große Sammlung Handzeichnungen und Kupferstiche; Viele kleine Statuen und Basreliefs von Metall, Elfenbein und Holz; Eine zahlreiche Sammlung Seeschnecken, Muscheln und Seegewächsen, Marmorarten und Edelsteine» (Wegweiser).
KLEINE STUBE: rechts vom Eingang im Parterre.
IM ROTHEN HAUSS: Gasthof auf der Zeil, an Stelle der heutigen Hauptpost. Merck begleitete die Herzogin nach Düsseldorf.

BÖLLING: Johann Caspar, Spezerei- und Farbwarenhändler in der Buch-, später Mainzergasser, vgl. AA 18, 352.

29 MEIN BRUDER: Dr. jur. Johann Jost Textor (1739–92), Advokat, Senator 1771, jüngerer Bürgermeister 1783, Schöffe 1788. [186]
DOCTER SCHLOSSERS HOCHZEIT: mit Johanna Fahlmer am 27. September 1778, vgl. AA 18, 374.

30 DIE HERZOGIN hatte Frau Rat am 29. August für ihren Brief gedankt.
ZWEY PÄCKLEIN: Anna Amalia schreibt: «Durch Philippen [Seidel] werden Sie, Liebe Mutter, die Handschu, die zweyn Arien aus Erwin und Elmire [von Anna Amalia komponiert] und den berühmten Höllen Bregel erhalten... Jeder Connesseur findet dieses Stück eines der vorzüglichsten von Höllen Bregel.»
ROTHE HAUSS: s. o. Nr. 28.
GEMAHLIN VOM PRINTZ FERDINAND: Herzogin Auguste Friederike von Braunschweig (1737–1813), Tochter des Prinzen Friedrich Ludwig von Wales.
IM STERN: Anna Amalia schreibt: «Die lezt verfloßene Woche hat der Herr Docter Wolff mir ein Soupée im Stern gegeben... Wieland, Einsiedel, die Stein und Thusel [von Göchhausen] genoßen es mit, es wahr ein vergnügter guter Abend für uns.»
TANTE: s. o. Nr. 10.
KÄTHGEN: Margarethe Catharina Rosina (1758–1821), die Nichte der Frau Rat, Tochter des Pfarrers Johann Jacob Starck und der Anna Maria, geb. Textor.
FRITZ HOFFMANN: Johann Friedrich (1749–1807), Kaufmann.
HIRONIMUS PETER SCHLOSSER: (1735–97), der Bruder Johann Georg Schlossers, 1777 Senator, 1792 Schöffe, vgl. AA 10, 552.

Goethe zeichnete sein Bild vor 1775. Er heiratete Margarete Rebekka Elisabeth, Tochter des Bankiers Johann Christian Steitz in der Fahrgasse 18. [252 284]

TABOR: Johann August (geb. 1731), Kaufmann und Fürstlich Waldeckscher Hofrat in der Saalgasse 23, dem Haus zur «Hangenden Hand», das von Christian Georg Schütz im Innern dekoriert war. Goethes erster Prozeß ging um dieses Haus. Tabor besaß ein Geschäft in Kristallwaren und Einrichtungsgegenständen und belieferte auch die Herzogin Anna Amalia. Nach Großmanns Fortgang übernahm er im August 1786 die Leitung des Frankfurter Theaters, die er bis April 1788 innehatte. [72 91 117 143 175 238]

31 LIEDER: aus «Erwin und Elmire» (AA 4,828); das ganze Singspiel, komponiert von Anna Amalia, wurde zuerst 1776 in Weimar aufgeführt, die Komposition von Lenz in einem Gedicht gefeiert.

SCHLOSSER MIT SEINEM WEIB: s.o. Nr. 29.

MERCKEN: Merck hatte die Herzogin auf ihrer Rheinreise als Cicerone begleitet. «Du hast», schreibt ihm Wieland am 2. August 1778, «einen mächtigen Stein im Brett bei der Herzogin.»

VON STUBENVOLL: Ludwig Christian, Kammerherr und Oberforstmeister in Allstedt.

VON STAFF: August Wilhelm Ferdinand, Kammerherr in Weimar und Oberforstmeister in Ilmenau.

IM NEUEN WEG: er führte vom Friedberger Tor zum Goetheschen Rebgarten.

MERCK: er kam im Frühjahr 1779 nach Weimar.

JAHRMARCKS-FEST: am 20. Oktober 1778 in Ettersburg aufgeführt; für die Aufführung malte Kraus ein Gemälde, von dem Frau Rat eine Kopie «ins Kleine gebracht» erhielt.

DIE AUSTHEILUNG DER ROLLEN: vgl. Gräf, Goethe über seine Dichtungen II, 3, 583, wo das von Anna Amalia an Frau Rat gesandte Rollenverzeichnis der Aufführungen vom 20. Oktober und vom 6. November 1778 abgedruckt ist.

32 KRANTZEN: den Weimarer Kammermusikus Johann Friedrich Kranz (1754–1807). Anna Amalia hatte am 4. November geschrieben: «Kranz soll zu Ihm [dem Herrn Rat] und soll Ihm etwas vorgeigen, daß es eine Art und Muster hat.» [301]

DAS JAHRMARCKS FEST: s.o. Nr. 31.

KRAUSSE: Kraus.

WEIMARRER STUBE: s. Brief Nr. 28.

CATHARINEN TAG: am 25. November.

IM ROTHEN HAUS: s. o. Nr. 28.

HENRIETTE BYRON: die schreibselige Heldin von Richardsons Roman «Sir Charles Grandison».

33 ANTI-POPE: Johann Georg Schlosser. Anspielung auf seinen «Anti-Pope, oder Versuch über den natürlichen Menschen», Leipzig 1776.

EUREM LIEBEN WEIB: Wielands kinderreiche Gattin Anna Dorothea, geb. Hillenbrand (1746–1801).

34 IHREN HÄSCHELHANSS: Goethes Beiname; Frau Rat schreibt stets «Häschel-», statt «Hätschelhans». Es ist wohl das 1778 von Johann Ehrenfried Schumann kopierte «Bild im Frack» von Georg Melchior Kraus (1775/76) gemeint, vgl. AA 4, Titelbild.

DEN MUSICALISCHEN JAHRMARCK: die Herzogin hatte die Musik zum «Jahrmarktsfest» komponiert.

SPINNEN: im Dezember 1778 wurde ein Spinnrad mit 2 Spulen nach Goethes Angaben für Anne Amalia angefertigt. Auch Goetha

hatte an dem von Philipp Seidel für die Weimarer Spinnschule entworfenen Spinnbüchlein Anteil.
35 PORTRÄT DES DOCTERS: s. o. Nr. 34.
DAS BÄNCKELSÄNGER GEMÄHLDE: Georg Melchior Kraus' Darstellung des «Jahrmarktsfests».
DÖCKERGEN: Doktorchen.
ANDERSON: Andrason im «Triumph der Empfindsamkeit».
HAMANN, MARDOCHAI: im «Jahrmarktsfest».
37 NEUE EHRENSTELLE: Goethe war am 11. 6. 1777 Geheimer Legationsrat, am 19. 1. 1779 Direktor der Wegebau-Kommission geworden, und hatte am 13. 1. die Kriegs-Kommission übernommen.
GEORG ADOLPH MELBER: (1725–80), Frankfurter Kaufmann, «Materialist am Eck der Neugasse», seit 11. November 1751 verheiratet mit Johanna Maria Textor, der Schwester der Frau Rat (AA 10, 55).
SCHLITTSCHU SCHLEIFEN: laufen, schlittern.
38 PRINTZ CONSTANTIN: (1758–93), der Bruder Herzog Carl Augusts von Sachsen-Weimar. [75]
PRINTZESS AMALIA: Louise Auguste Amalie, geb. am 3. Februar 1779. [71]
FREULEIN THUSNELDE: der Brief der Göchhausen fehlt, ebenso die zehn Briefe der Herzogin von 1779.
NACH LEIPSIG: in der ersten Januarhälfte 1779.
LEOPOLD: Leopold von Braunschweig, Anna Amalias Bruder (1752–85), ertrunken in der Oder; vgl. Goethes Denkmalverse in Tiefurt (AA 1, 349).
RIESSE: Johann Jacob Riese (1746–1827), Goethes Jugendfreund, der Verwalter des «Almosenkastens» in Frankfurt (AA 18, 16, 31) [211].

Mit seinem Bruder, dem Arzt Friedrich Jacob Riese und dem Buchhändler Eßlinger begründete er die bis 1856 bestehende Lesegesellschaft. [201]
METZLER: Friedrich (1749–1825), Bankier am Hirschgraben, Senator 1789.
PORTRÄT: s. o. Nr. 34.
39 HERRN BERTUCH: Friedrich Justin (1747–1822), Legationsrat, Industrieller in Weimar (AA 18,462). [101 137 157 176]
EISSENBERG: bei Eisenach.
41 IN BONN: Kurfürst Maximilian Friedrich begründete dort 1778 ein Theater; die «Kurkölnische Schauspielergesellschaft» stand unter der Leitung von Großmann und Hellmuth, beide aus Seylers Truppe.
HAMLET war in der Übersetzung von Bock wohl schon 1777, dann 1779 von der Neuhausischen Gesellschaft in Frankfurt aufgeführt worden.
HERMANN: nicht von Frau Gottsched, sondern von Johann Elias Schlegel (1719–49), dem Oheim der Brüder Schlegel (1741). Eine Aufführung des «Hermann» 1741 ist nicht nachweislich; dagegen führte die Schuchsche Gesellschaft 1748 auf dem Liebfrauenberg Schlegels «Canut» auf.
DIE COMMISION: vgl. Brief Nr. 39.
DIE FLITTNERN: Friederike Flitner (1769–1815), Stieftochter Großmanns, 1785 verheiratet mit dem Schauspieler Unzelmann (s. u. Nr. 135), 1803 die Gattin des Schauspielers Heinrich Eduard Bethmann. [117 142 150 151 341]
42 HERRN NÜSCHELERN: Professor in Zürich.
SCHMOLL: Georg Friedrich, Zeichner, Miniaturmaler und Radierer aus Ludwigsburg († 1785). Er begleitete Lavater 1774 auf der Emser Reise. Lavaters Tagebuch mel-

det zwei Sitzungen Goethes bei Schmoll, am 25. 6. und 16. 7. 1774. Schmoll zeichnete viel für Lavaters Physiognomik, so am 27. 6. 1774 Goethes Vater und Ende Juli die Frau Rat; vgl. AA 13, Titelbild.

43 INNLIEGENDES: die Hinterlassenschaft der Kinderwärterin, vgl. Brief Nr. 39.

SEILER: Abel Seyler (1730–1801), Theaterprinzipal. [21 41 65]

LOTTE: Großmanns Tochter, vier Jahre alt.

MILCHMÄDGEN: Singspiel von Anseaume-Duni «Les deux chasseurs et la laitière», Paris 1783, aufgeführt von der Großmannschen Truppe am 28. Februar 1779.

DOCTER WAGNER: Heinrich Leopold W., starb am 4. März 1779, am Tag der Abfassung dieses Briefes.

44 DER GUTEN MUHME: der Kinderwärterin; vgl. Brief Nr. 39.

DIETZEL: Johann Wilhelm Diezel (geb. 1747), spielte bei der Frankfurter Uraufführung von «Kabale und Liebe» den Herrn von Kalb, 1780 bis 1785 bei Großmann.

45 MERCURE: Wielands Zeitschrift «Der Teutsche Merkur» (1773–89) erschien von 1790–1810 als «Der neue Teutsche Mercur».

PERVONTE: «Pervonte oder die Wünsche», ein neapolitanisches Märchen von Wieland («Teutscher Mercur» 1778/79).

BUNCKEL: «Leben, Bemerkungen und Meynungen Johann Bunkels» von Thomas Amory, übersetzt von Reimarus von Spieren, Berlin 1778; vgl. Nicolais «Ein paar Worte, betreffend Johann Bunkel und Christoph Martin Wieland 1779». Es handelt sich um eine literarische Fehde der von Nicolai verlegten Schrift, die Wieland ablehnend rezensiert hatte.

DOSE: vgl. Brief Nr. 40.

WER DAS GEMACHT... HAT: s. u. Nr. 46.

VERSCHAMMERIRT: verschameriert, aus frz. charmé, mundartlich für verliebt, vernarrt. In einer Bearbeitung von Shakespeares «Kaufmann von Venedig» durch die englischen Komödianten heißt es: «Ich glaube Printz ihr seyt verschammeriert» (II, 5) und in einer Liebeserklärung Pickelhärings: «nachdem ich heüte die Carfunckel stein deiner augen in mein gesicht gefasset, ist mein lung und leber so verschammerirt, daß ich nicht weis, ob ich hanns oder grethel heiße» (III, 2).

FREULEIN: noch in der ursprünglichen Bedeutung, als Diminutiv von Frau = Herrin, hier Hofdame. Charlotte von Stein, geb. von Schardt (1742–1827). [30 56 130 133]

EINSIDEL: Kammerherr Friedrich Hildebrand von Einsiedel (1750–1828). [30 58 85]

KRAUSSE: Georg Melchior Kraus.

46 GLÜCKLICHE ENTBINDUNG: Goethe beendete am 28. März 1779 die Prosa-«Iphigenie», deren erste Aufführung am 6. April im Park von Ettersburg stattfand.

DOSE: vgl. Briefe Nr. 40 und 45.

SAMSTAGS GESELLSCHAFFT: s. o. Nr. 13.

WER HATS NUR GEMACHT?: Anna Amalia antwortet am 21. April: «Es ist der Herr Sohn, der es im großen gezeichnet, und sein Getreuer Philip, der es in kleinem Fabriciret hat, das ist das ganze Retzel.»

47 DIE MUSICK: wohl zum «Jahrmarktsfest».

WEGEN DES KOFFERS: vgl. Brief Nr. 44.

UMPFERSTADT-ZILLBACH: weimarische Dörfer (AA 18, 523).

DAS NEUE STÜCK: die Prosa-«Iphigenie».
PERVONTE: s. o. Nr. 45.
48 WEITMÄULIGTE LAFFEN: aus dem «Jahrmarktsfest» (AA 4, 163), eine Lieblingsstelle der Frau Rat in der Dichtung ihres Wolfgang.
TOCHTERMANN: Ernst von Möhn († 1804), Kurtrierischer Gerichtssekretär in Koblenz, Fuldaischer Hofrat, heiratete Louise La Roche (1759–1832). Nach Merck wurde die Heirat durch den Nassauischen Hofrat Brükmann arrangiert. Herr von Möhn war 100000 Taler schwer. [49]
VERFASSERIN DER STERNHEIM: Sophie La Roche; ihren Roman «Geschichte des Fräuleins von Sternheim» gab Wieland heraus (Leipzig 1771).
FRAUENZIMMER BRIEFE: «Rosaliens Briefe», Altenburg 1779–81.
49 DERO LETZTES SCHREIBEN: vom 21. April 1779.
MIT DER ARMEN Braut: vgl. Brief Nr. 48. Anna Amalia antwortete: «Die Nachricht, die Sie mir von der Verheirathung der jüngsten Tochter der La Roche mittheilen, ist so wunderbahr, daß der Verstand stille steht; ich habe ihren Brief an Docter Wolff gewiesen, da das Hofleben ihm aber sehr gesittet gemacht, so knirste er nicht mit den Zähnen, fluchte noch weniger, sondern zuckte die Achseln über das jämmerliche Abentheur... da sagt das sprichwort wahr, thut nach meinen Worten aber nicht nach meinen Thaten, ihre Empfindungen sind auf schwarz und weiß aber weit entfernet vom Herzen.»
SEINE REISSE: Merck weilte im Frühling 6 Wochen in Weimar. Louise von Göchhausen schrieb am 21. Mai an die Frau Rat: «jezt leben wir in beständiger Erwarthung unsers Mercks, bey'm Erwachen und bey'm Schlafengehn dencken wir seiner; und wenn's regnet oder der Wind ein bißgen stärcker bläßt solten Sie das lamento hören! Der Arme Merck! jezt wird er vielleicht naß! Der Wind wird ihm auf seinem Fuchs das Reiten sauer machen! und scheint die Sonne, so freut sie jezt doppelt seintwegen. so gehts den ganzen Tag.»
SCHATTENRISS: vgl. Brief Nr. 46.
50 HAMMILTON: Sir William Hamilton (1730–1803), britischer Gesandter in Neapel, «Observations on mount Vesuvius», London 1772.
SCHATTENRISS VONS DOCTERS GANTZER GESTALT: wohl der in AA 18 reproduzierte «um 1780».
DOSE: vgl. Brief Nr. 40.
51 HÖLLEN BREGEL: s. o. Nr. 28.
FREUND MERCK: er schrieb am 16. August an die Herzogin über seinen Weimarer Besuch: «Der Tage waren sehr viele und sehr gute, und man schätzt doch darnach das Leben lang, wenn man wirklich gelebt hat.»
WIELAND war im März 1776 eine Tochter, im Oktober 1777 ein Knabe geboren worden, bei dem Goethe, Frau Rat und Merck Paten waren.
52 SCHWÄGERINNEN: den Schwestern von Caroline Großmann.
DEN HERTZOG VON WEIMAR: Carl August war mit Goethe «am schönsten Abend» des 18. September im Hirschgraben eingetroffen (AA 18, 433, 441).
53 VON WEDEL: Otto Joachim (1752–94), Kammerherr und Oberforstmeister in Weimar. [58]
IM ROTHEN HAUSS: an der Zeil.
BRAUNENFELS: Sitz der adligen Gesellschaft Frauenstein seit 1694. «Das Hauß Frauenstein oder Braunfels, so der Gesellschafft dieses Nahmens zugehöret, stehet auf

dem Liebfrauenberg. In diesem Pallast pflegte vormahls der Kayser einzukehren, wann er sich zu Franckfurth befand.» (Müller). Das Haus stand bis 1944.

MONDSCHEIN IM KASTEN: im «Triumph der Empfindsamkeit» (AA 6, 515).

54 MONTAGS GESELLSCHAFFT: s. u. Nr. 259.

EMMEDINGEN: vgl. Goethes Brief an Charlotte von Stein, AA 18, 443.

DIE HOFFRATH SCHLOSSERN: Johanna, geb. Fahlmer.

55 AN MERCKEN: AA 18, 455.

FEE URGANDE: aus der «Traduction libre d'Amadis de Gaule» des Louis Elisabeth de Lavergne, Comte de Tressan (1779), deutsch von Wilhelm Christhelf Siegmund Mylius (Leipzig 1782).

DIE MARA: Gertrud Elisabeth, geb. Schmehling (1749–1833), gefeierte Sängerin, 1766 in Leipzig, seit 1771 Zierde der Berliner Oper. Goethe besang sie 1831 (AA 2, 309, 316).

56 REISSE BESCHREIBUNG: vgl. auch Goethes Brief an Charlotte von Stein, AA 18, 450ff.

SCHON 1773: in dem Gedicht «In das Stammbuch Johann Peter Reyniers» (AA 2, 224).

DOCTER FAUST: Goethe.

HANSS SCHICKENBROD: vgl. Wieland an Merck am 29. 8. 1781 «Thut, was Ihr könnt, und was Euch lieb ist, und beobachtet (wie Junker Hans Schiltebrod es mit unserm Herrn Gott abredete) gegen Euren Nächsten, den Herausgeber, was Ihr wolltet, daß er Euch thäte, wenn Ihr der Herausgeber wäret.»

HERR HÜBNER: Johann (1668–1731), Verfasser geographischer Lehrbücher.

58 BUCH VOM SCHÖNEN WEDEL: scherzhafter Bericht Einsiedels über ein Straßburger Liebesabenteuer des Kammerherrn von Wedel.

SCHWIEGERVATERS: Mercks Schwiegervater Emanuel Charbonnier († 1786), Steuereinnehmer in Morges am Genfer See. Goethe besuchte ihn und seine Gattin am 24. Oktober.

SCHWAGERS: Jacques Arpeau, Hauptmann in sardinischen Diensten.

59 IN DEN HÜTTEN KEDAR: Psalm 120, 5.

AN DEN WEIDEN: Psalm 137, 2.

WIE EIN KÄUTZLEIN: Psalm 102, 7.

DEN BESTEN FÜRSTEN: Der Herzog hatte mit Goethe nach der Schweizer Reise die Höfe in Karlsruhe, Darmstadt, Hanau und Homburg besucht und war danach vom 6. bis 10. Januar in Frankfurt gewesen.

60 BESSERUNG: Goethe und der Herzog waren an Grippe erkrankt.

SEIN PORTRÄT: von Goethes Vater läßt sich kein zuverlässiges Porträt nachweisen.

62 PAULSEN: Johann Jacob Heinrich († 1789), Kommerzienrat, Bürgermeister in Hanau, vgl. AA 18, 921. Carl August an Frau Rat am 19. 3.: «Mein vielgeliebter Comerciernat Paulsen wünscht sein figürchen Ihnen sehen zu lassen.»

MAHLER MÜLLER: Friedrich Müller (1749–1825) war zu Rom im Winter 1779/80 katholisch geworden.

JULIUS VON TARENDT: Trauerspiel von Johann Anton Leisewitz (1776), aufgeführt im «Junghof» am 28. März 1780 als Eröffnungsvorstellung der Kurkölnischen Hof-Schauspielergesellschaft. [St 15]

OBERON: erschienen im «Teutschen Merkur» 1780 I.

63 DIE BÜSTE: von Hofbildhauer Martin Gottlieb Klauer. Es handelt sich wohl um die zu Beginn des Jahres 1780 entstandene Tonbüste; s. Walter Geese, Gottlieb Martin

Klauer. Der Bildhauer Goethes, Abb. 22/23.

SCHWEITZER DRAMA: «Jery und Bätely» (AA 6,916).

HELLMUTH: (1740–86), Mitdirektor der Kurkölnischen Truppe. [41]

JULIUS VON TARENT: s. o. Nr. 62.

STEIGER: ein Holländer, später Direktor in Kassel. Er spielte Rollen wie Weislingen, Appiani, Hamlet.

64 TODTESFALL: Herzog Carl von Braunschweig, geb. 1713, starb am 26. März 1780.

ANATOMIREN: vgl. Goethes «Die Freuden» (AA 1,45): «So geht es dir, Zergliedrer deiner Freuden».

ES LEBE DER HERZOG: aus Christian Felix Weißes Anna Amalia gewidmetem Singspiel «Die Jagd» (1770), in Frankfurt aufgeführt am 20. April 1780. Dort heißt es freilich: «Es lebe der Churfürst, mein Töffel – und ich.»

AUF DER MESSE: vom 22.–26. April.

65 STURM UND DRANG: Klingers Schauspiel, 1776 für die Seylersche Gesellschaft gedichtet, in Frankfurt am 2. Juni 1777 aufgeführt.

HENRIETTE: «Henriette oder sie ist schon verheiratet», Lustspiel von Großmanns (1777). Es erlebte durch Großmanns Truppe zwischen dem 24.Februar 1779 und dem 18.Dezember 1795 19 Aufführungen.

MEIN UND MEINES SOHNS GIBS GESICHT: wohl eine Kopie des 1775 von Johann Peter Melchior (s. u. Nr. 218) gearbeiteten Medaillons des Dichters: «Der Verfasser der Leiden des jungen Werthers durch seinen Freund Melchior 1775 nach dem Leben gearbeitet», ein Relief aus gebranntem Gips, das der Herzog Carl August 1776 im Schloß von Tiefurt aufstellen ließ. 1779 porträtierte Melchior Goethes Eltern. Es handelt sich um Reliefs aus Höchster Porzellan; beide im Nationalmuseum in Weimar.

NACKÄSCHE: antike Gipsfiguren.

6 SCHÜSSLEN: «Nicht mehr als sechs Schüsseln» (1777), Großmanns «Familiengemälde», aufgeführt am 3. April, gedruckt 1780. Großmann spielte den Hofrat Reinhard. Goethes Urteil über das Stück AA 10,622.

IN DER JAGDT: s. o. Nr. 64.

IN TRAU SCHAU WEM: «Der Gasthof oder Trau schau wem», Lustspiel von Johann Christian Brandes (1769).

66 DEN NEUEN PROPHETEN: der Superintendent Ziehen in Zellerfeld hatte den Weltuntergang prophezeit. Lavater predigte damals gegen die Furcht vor Erdbeben.

PRESIDENTEN: den Hessen-Darmstädtischen Minister und Kanzler Friedrich Carl von Moser (1723–98), über dessen Absetzung Merck, sein erbitterter Gegner, dem Herzog Carl August berichtet hatte.

ZOAR: am Toten Meer, Genesis 19,22.

DIE WEIMARER VÖGEL: Goethes Aristophanes-Umdichtung (AA 6, 554), am 18. August 1780 in Ettersburg gespielt.

67 FRAU BETTMANN METZLER: Catharina Elisabeth von (1753–1813), Tochter des k. k. Konsuls Johann Jacob Bethmann in Bordeaux, seit 1769 verheiratet mit Peter Heinrich Metzler, k. k. österreichischer Konsul, Cornelias Jugendfreundin (vgl. deren Brief 8 [76]). Mit ihr und Frau Emilie Bernus teilte Frau Rat die Loge Nr. 9 im Frankfurter Theater.

FRAU BERNUS: Emilie verw. Sarasin, geb. du Bosc (1741–93), seit 1772 verheiratet mit dem Kaufmann Jacob Bernus.

BEHRNHARD: Peter Bernard (1755–1805), der Neffe von Lili Schöne-

manns Onkel Nicolas Bernard (AA 10,753). Er war Tabakfabrikant in Offenbach. [247]
SCHEIDEWEILER: Der erste erhaltene Theaterzettel einer deutschsprachigen Aufführung von Mozarts «Don Giovanni» 1789 in Frankfurt enthält die Mitteilung: «Wer vorher Billets verlangt, beliebe solche im Schönbornerhof, oder bey Herrn Scheidweiler auf der Bockenheimergaß abholen zu lassen».
BETHMANN SCHAFFIN: Catharina Margarethe Bethmann, geb. Schaaf (1741–1822), Mutter von Simon Moritz Bethmann. [121]

68 OPERA BUFFA: die Böhmsche Gesellschaft spielte vom 18. September bis Ende November 1780. [77]
MARGRÄFFIN VON BAREUTH: Anna Amalias Schwester Sophie Caroline Marie von Brandenburg-Bayreuth (1737–1817), verwitwet seit 1763.
DICK: Johann Adam (1730–97), seit 1769 Gastwirt im «Roten Haus» an der Zeil.
MERCK: er schreibt am 23. September der Herzogin: «Madame Aia und ich vereinigen noch immer unsre Wünsche, Ew. Durchlaucht in unsern Gegenden zu sehen.»

69 ANNA AMALIA war über Kassel nach Mannheim gereist und auf der Rückreise zwölf Tage in Frankfurt gewesen.
KINDER UND KINDES KINDER: Johann Georg, Johanna, Louise und Julie Schlosser. Die beiden Töchter Cornelias waren sehr verschiedener Natur. Lulu, ein Ebenbild der Großmutter Goethe (vgl. Brief Nr. 396), war ganz heiteres Temperament. Juliette scheint die strengere Art ihres Vaters verkörpert zu haben. 1792 schreibt Lulu der Freundin Clärchen Jacobi: «So Sanft, so übertrieben, so grausam Sanft, als die Juliette ist, kanst du gar nicht denken, manchmal kömt mir vor lauter innerlichem Ärger über sie das weinen an, aber manchmal muß ich auch zittern, u. zulezt Plaze ich aus. Alle alle Abend wascht sie sich regulierement, kein Morgen vergeht daß sie sich nicht kämmt, u. wenn sie in der größten Eile ist, sieht sie manchmal hinter der Thüre ein weiß Fädenchen Garn, da rennt sie hinn u. hebt's auf, kaum ist dieses geschehen als sie aufblikt u. ein halb duzend Thüren fest zuschließt, u. nicht eher ruht, bis ja alles in Ordnung ist; Auch wirft Sie bei verschiedenen Gelegenheiten, manchmal mitleidige, halb Bittende u. zulezt verweiß gebende Blike auf mich, sodaß ich vorspringen möchte... Du kannst dir keinen Begriff machen, wie arg ihre Sanftmuth, seit du fort bist, gestiegen ist; wir lesen die Frl von Sternheim von der Fr. von La Roche, da sind manchmal herzlich langweilige Sachen drin, besonders ein Brief, den von der Erziehung Junger Edelleute handelt, ich habe ihn ganz überschlagen, die Juliette aber hat ihn so durchstudirt, u. er gefällt ihr so gut, daß sie sich die Ellen lange Epistel abgeschrieben hat.»
FRAU VON VRINTZ: Aloysia Vrints von Treuenfeld († 1813), Gattin des Thurn und Taxisschen Postdirektors Theobald von V.

70 DEN HERRN MINISTER: wohl das Bild des Kurkölnischen Ministers Caspar Anton von Belderbusch († 1784), unter dessen Leitung das Bonner Hoftheater stand.
DEM MAXIMILIAN: Graf Maximilian Friedrich von Königseck-Rothenfels, 1761–84 Kurfürst von Köln.
DEOBALDS SAAL: an der Großen Bockenheimer Gasse.
ARMUTH UND TUGEND: Schauspiel

von Christian Felix Weiße (1772), aufgeführt am 11. November.
DIE WEINLESE: «Les Vendanges de Suresne», Singspiel von Gilliers und Grandval.
PRINZIPAL: Johann Heinrich Böhm. [68 77 117 143]
BALET: «Die Morgenstunde».
JUNGEN MANN: Carl von Trottberg, genannt Bielau. Er spielte am 19. November 1782 in Frankfurt den ersten Franz Moor in Schillers «Räubern».

71 DIE ALTE: Schlossers Schwiegermutter, Frau Maria Fahlmer, geb. Starck, starb am 16. November 1780.
ZWEY PREDIGTEN: «Zwo Heilige Reden bei einer besonders wichtigen Veranlassung gehalten», von Herder [85 96 130 293 327 343 401] zur Geburt und Taufe der Weimarischen Prinzessin Louise Auguste Amalie, am 3. Februar 1779.
HERRN PFARRERS STARCKS: Dr. theol. Johann Jacob (1730–96), Pfarrer an St. Katharinen und Schwager der Frau Rat. [258]
KLINGER war im September 1780 nach Petersburg abgegangen.
LENZ war Hauslehrer bei Dorpat.

72 DAS NEUE SCHAUSPIEL HAUSS: Das Frankfurter «Komödienhaus» wurde im Auftrag des Magistrats von Johann Andreas Liebhardt erbaut und am 3. September 1782 mit einer Aufführung von Bocks «Hanno, Fürst in Norden» durch Großmanns Truppe eröffnet. In einem zeitgenössischen Bericht heißt es: «Das neue Komödienhaus macht in der Tat den Frankfurtern Ehre. Es ist dauerhaft und mit Geschmack gebaut. Es sind drey Reihen Logen im Halbzirkel, alle Logen tapeziert, mit Spiegelleuchtern versehen, und noch eine geräumige Galerie für das Volk». Der Zuschauerraum enthielt 1100 Plätze, die 33 Logen wurden meist von Stammaktionären gemietet. Die Eintrittspreise betrugen für Loge und Parkett 1 Gulden, auf der Galerie 24 Kreuzer und auf dem «letzten Platz» 12 Kreuzer. Bis zur Gründung der «Ersten Frankfurter Theater-Aktiengesellschaft» 1792 (s. u. Nr. 178) verpachteten die städtischen Behörden das Haus an Johann August Tabor, der die verschiedenen Wandertruppen darin gastieren ließ. «Während der Messen wird alle Tage, außer denselben viermal die Woche, Dienstags, Donnerstags, Samstags und Sonntags gespielt», berichtet Hüsgen 1802 (Wegweiser).
BLAINVILLE: in Großmanns «Henriette, oder sie ist schon verheiratet».
DORMIN: vielleicht Ormin in Carl Gotthelf Lessings Lustspiel «Die reiche Frau» (1776).
TADLER: «Der Tadler nach der Mode», Lustspiel von Gottlieb Stephanie d. J., in Frankfurt am 12. April 1780 erstaufgeführt.
BEAUMARCHAIS: in Goethes «Clavigo», der am 5. September 1780 seine Frankfurter Erstaufführung hatte.
BETTMÄNNER: das Bankhaus Gebr. Bethmann.
DER WEISSE SANCHO: Sancho Pansa in Cervantes' «Don Quichote».

73 THEATER ZEITUNG: die von Heinrich Wilhelm Seyfried, der auch, nach dem Vorbild Lessings, eine «Frankfurter Dramaturgie» verfaßte, herausgegebenen «Frankfurter Beiträge zur Ausbreitung nützlicher Künste und Wissenschaften» Sie erschienen von Januar 1780 bis Juli 1781.
HENERIETTE: s. o. Nr. 65.
TRAU SCHAU WEM: «Der Gasthof oder Trau schau wem», Lustspiel

von Johann Christian Brandes (1769).

DIE SCHWIEGERMÜTTER: «Die Schwiegermütter oder die lächerlichen Irrtümer» von Brandes.

DER SCHMUCK: von Anton Matthias Sprickmann (1779).

6 SCHÜSSLEN: s. o. Nr. 65.

DÖBELIN: der Theaterprinzipal Carl Theophilus Döbbelin (1727–93).

ARIADNE: das berühmte Duodram von Johann Christian Brandes, vertont von Georg Benda, das zwischen 1778 und 1794 zwanzig Aufführungen durch Großmanns Truppe erlebte. Die Frankfurter Premiere fand 1780 statt.

SCHNEIDER: Johann Caspar (1712–86), Goethes väterlicher Freund während der Gretchen-Affaire (AA 10,230).

MADAM NEUBERIN: Caroline Neuber (1697–1760), berühmte Schauspiel-Prinzipalin.

DEM SCHÖNEN GELESSE: Friedrichs des Großen «De la littérature allemande» (1780), der Goethes «Götz» als eine «imitation détestable de ces mauvaises pièces angloises» bezeichnete.

GÖTZENS LEBENS BESCHREIBUNG: erschien 1731 in Nürnberg (AA 10,453).

FRAU GEVATTERIN: Frau Rat wurde Patin der 1781 geborenen «Nette» Großmann.

FRAU BETTMANN METZLER: s. o. Nr. 67.

74 DIE BÜSTE: abermals von Klauer. Es handelt sich wohl um einen Abguß der 1780 entstandenen Gipsbüste, s. Walter Geese, Gottlieb Martin Klauer. Der Bildhauer Goethes, Abb. 28.

BEY DER BRENTANO: Maximiliane, geb. La Roche.

RAZEVILL: Fürst Michael Hieronymus Radziwill (1744–1831), Vater des Faustkomponisten Anton R.

75 PRINTZ CONSTANTIN: er trat in der 2. Juniwoche eine Bildungsreise nach Italien, Frankreich und England an; vgl. Brief Nr. 76.

VON SECKENDORF: der Kammerherr Carl Friedrich Sigismund von Seckendorff (1744–85). [85]

SANDHOF: Ausflugsort bei Sachsenhausen, dem Deutschherrenorden gehörig. Das Gut «bestehet in einem neuen großen Gebäude, einem geräumigen Hof und ansehnlichen Garten, den der Wirth, der alles gepachtet hat, mit vielen schönen Parthien nach englischem Geschmacke eingerichtet hat, darinnen der Lebensgenuß bey vollen Gläsern und Musik in wahrem ländlichen Vergnügen hinfließet» (Hüsgen, Wegweiser).

MONTAGS GESELLSCHAFFT: s. u. Nr. 259.

CHILIAN: Kilian Brustfleck, Held einer Schwanksammlung von 1729; vgl. «Hanswursts Hochzeit» (AA 4,247).

WEN DIE HERZOGIN EINEN SOHN BEKOMMT: Erbprinz Carl Friedrich, geboren am 2. Februar 1783.

DER KAYSER JOSEPH: Joseph II. passierte am 27. Mai als «Graf von Falkenstein» Frankfurt und wohnte im «Römischen Kaiser» an der Zeil. Am folgenden Tage verließ er die Stadt. [150 173 278]

HOLTER: halt (wienerisch).

HERRN VON SCHMAUSS: Der Kaiserliche Kriegs-Kommissar Carl Caspar Schmauß von Livonegg, seit 1772 in Frankfurt, «einer der größten Spitzbuben», beging Unterschleife und «ersäufte sich noch den selbigen Nachmittag in der Nidda», schreibt Merck an Herzog Carl August am 27. Mai 1781.

SEINEM BEGLEITER: Johann Carl Albrecht († um 1800), Legations-

ERLÄUTERUNGEN 74–80   925

rat in Weimar, Lehrer des Prinzen Constantin.

76 RATH ALBERTI: Legationsrat Albrecht, s. o. Nr. 75.
WILLHELMS-BAAD: hessisches Bad bei Hanau. [343]
DER HERZOG VON TESCHEN NEBST SEINER GEMAHLIN: Prinz Albert von Sachsen (1738–1822), seit 1766 Herzog von Sachsen-Teschen, verheiratet mit Erzherzogin Marie Christine (1742–98), der Tochter Kaisers Franz I., berühmt durch Canovas Grabmal in der Wiener Augustinerkirche.
PRINTZ MAYIMILIAN: Maximilian von Sachsen (geb. 1759).
ERBPRINTZ VON HANAU: Erbprinz Wilhelm von Hessen-Kassel, der in Hanau residierte. [264]
KAYSERS JOSEPHS: vgl. Brief Nr. 75.

77 GLAUBURG: entweder Hieronymus Maximilian (1715–86), 1756 im Rat, 1759 Schöffe, oder sein Bruder Friedrich Adolf (1722–89), 1758 Ratsherr, 1761 Schöffe.
MEIN BRUDER: s. o. Nr. 29.
BÖHMS TRUPPE: Johann Heinrich Böhm spielte 1781 im «Junghof» und kultivierte im Gegensatz zu Großmann hauptsächlich Singspiel und Ballett. In einer Sitzung vom 3. 11. 1781 nahm der Rat zu den Theatergesellschaften Stellung. 8 Mitglieder stimmten für Großmann, 12 führ Böhm, 7 waren lau.
CHURFÜRST VON MÄNTZ: Friedrich Carl, Freiherr von Erthal (1779–1802), 1774 Erzbischof und Kurfürst von Mainz.
SCHMIDT: Joseph (geb. 1753), der erste Ferdinand in «Kabale und Liebe».
VIALA: Madame Fiala (1760–1822), Gattin des Schauspielers Carl Johann F. Sie spielte in Bonn, Aachen, Frankfurt, Mainz und Hamburg. Ophelia, Minna von Barnhelm Emilia Galotti und Adelheid waren ihre Hauptrollen. [138 226]
NEUE SCHAUSPIEL HAUSS: s. o. Nr. 72.
HOLTER: s. o. Nr. 75.
IHR HERR MINISTER: s. o. Nr. 70.
INOKULIEREN: Impfen.

78 ANTWORT auf den Brief der Herzogin vom 13. 7. 81, in dem sie schrieb: «Nachdem Sie mit Kaiser, Erzherzogen, Fürsten und allen Teufeln sich herumgetrieben haben: was kann Ihnen wohl weiter interessieren?... man muß aus dem hohen FF mit Ihnen sprechen, aber leider bei uns passiert gar nichts, sogar kein ausländisches Tier gehet durch Weimar, geschweige denn ein Kaiser!»
DAS HERRLICHE PORTEFÖILLE: «Das Fräulein Tusnelda [Louise von Göchhausen] überschieckt Ihnen hier ein Portefeuille, welches sie mit eigener hoher Hand verfertigt hat, und damit ich nicht ganz leer ausgehe, so schicke ich Ihnen, liebe Mutter, ein paar Strumpfbänder, die ich auch selbst fabriziert habe. Ich hoffe, liebe Mutter, daß Sie wenigstens daraus ersehen, wie fleißig wir an Sie denken», schrieb die Herzogin.

79 SPRENGKEL: Sprenckel, s. o. Nr. 21.
BIENENTHAL: der holländische Oberst Friedrich Maximilian Bender von B. (1724–91) hatte 1756 im «Junghof» einen Konzertsaal gebaut, der von der französischen Armee 1759 als Theater requiriert wurde.
DIE BETTMÄNNIN: s. o. Nr. 67.
LOTTE UND HANS WÖLFGEN: Großmann.
ARIADNE: s. o. Nr. 73.
INOKULATION: s. o. Nr. 77.

80 KÄYSER: Philipp Christoph (1755–1823), aus Frankfurt Komponist

und Musiklehrer in Zürich seit 1775.

MEIN GESICHT: jedoch auf Tafel CXLVII der Oktavausgabe abgebildet.

81 GEBURTHS TAG: wurde in Tiefurt mit dem Schattenspiel «Minervens Geburt» begangen.

VORIGE SCHAUSPIELER: unter Großmann und Hellmuth.

MIT EINEM MÄDELEIN: Henriette Schlosser (1781–1850). [201 396]

HERZOGIN VON KINSTON: Elizabeth Chudleigh, Herzogin von Kingston (1720–88), Mätresse des Prinzen von Wales.

DELPHIN: Helene Dorothea Delph.

AGAMENON: im Ballett «Der gerächte Agamemnon» von P. Vogt nach Jean Georges Noverre.

NIEDERKUNFT: mit einer Prinzessin, die am nämlichen Tage (10. September 1781) starb. Herzog und Herzogin waren damals 24 Jahre alt.

HERZOG VON MEINUNGEN: Anton Ulrich von Sachsen-Meiningen (1687–1763), der acht legitime Kinder hatte. Er wohnte 21 Jahre lang in Frankfurt, dicht bei der Leonhardskirche am Mainufer.

82 STREUBER: Johann Lorenz Streiber (1720–96), Kaufherr in Eisenach; seine Gattin Sophie, geb. Schmidt, war Klopstocks «Fanny»; seine Tochter Marie Sophie heiratete Johann Matthias Bansa.

FRAU KINDBETTERIN: s. o. Nr. 81.

SEBALDUS NOTHANCKER: d. h. dessen Autor Friedrich Nicolai (1733–1811). Sein so betitelter Roman erschien 1773. [45 357]

DEMOISELLE SCHMIDT: die Haushälterin des Gastwirts Dick im «Roten Haus».

83 GROSSMANNS GESUCH wurde wegen Bau des neuen Komödienhauses nicht berücksichtigt.

84 DERO GNÄDIGES SCHREIBEN: der Brief der Herzogin fehlt.

CHINESISCHEN FEST: die «Fête des Laternes» vom 17. Oktober, zu Ehren von Anna Amalias Schwester, Markgräfin Sophie Caroline Marie von Brandenburg-Bayreuth.

PHILIPPUS ist Seidel.

EINE WOHNUNG: Goethe mietete Oktober 1781 das Haus am Frauenplan, bezog es aber erst im Juni 1782. Am 23. November meldete die Herzogin, «daß ihr geliebter Hätschelhanz sich in Gnaden resolviret hat, ein Hauß in der Stadt zu miethen».

WIELAND: Anna Amalia antwortete am 23. November: «Der Herr Gevatter Wieland ist ganz stolz über ihr liebes Andencken, mit großem Enthousiasmus schrie er aus: das ist mir eine Frau! sie ist die Zierde ihres Geschlechtes! und ich sagte Amen.»

85 TIEFURTHER JOURNAL: das seit dem 15. August 1781 erscheinende, handschriftlich verbreitete «Journal oder Tagebuch von Tieffurth»; «ein ganz paquet» wurde im Auftrag der Herzogin durch Wieland der Frau Rat übersandt. Erhalten sind von den ursprünglich 11 Exemplaren 6. Im ganzen brachte es diese seltsame, nach dem Vorbild des «Journal de Paris» gegründete Liebhaberzeitschrift auf 49 Nummern. Sie hielt sich bis Juni 1784. Die grundsätzlich anonymen Beiträge stammen von Goethe, Herder, Wieland, Knebel, Seckendorff, Einsiedel u. a. Die berühmtesten sind Goethes Gedicht «Edel sei der Mensch, hilfreich und gut» und sein «Fragment» über die Natur. Die Schreiber des Journals waren Weimarer Gymnasiasten. Druck: Schriften der Goethe-Gesellschaft Bd. 7, 1892.

86 DAS BRIEFGEDICHT ist ohne Da-

tum, doch geht aus dem Antwortbrief hervor, daß es um Weihnachten 1781 geschrieben wurde. Louise von Göchhausen dankt am 27. Dezember.

87 PLUNDERWEILER: «Das Neueste von Plundersweilern», Goethes Schönbartspiel mit einer Zeichnung von Georg Melchior Kraus, der Herzogin zu Weihnachten 1781 dargebracht (vgl. WA I 16,43 f.; dort auch die Abbildung des Krausschen Aquarells.

88 MEISTERWERK: s. o. Nr. 87.
GÖTTINGER: die Dichter des Göttinger Hainbundes.

89 SCHICK: Ernst (1756–1815), Geigenvirtuose und «Orchester-Directeur». Er leitete am 19. März 1782 im «Roten Haus» das Oratorium «Adams Verbannung aus dem Paradiese», Text von Graf F. v. Spaur, Musik von G. A. Kreußer (1743–1802).
TRIKLIR: Jean Balthasar Tricklir (1745–1813), Cellist, seit 1783 in Dresden.
DAS MEISTER WERCK: s. o. Nr. 87.
DEN GOTT BAAL: er schweigt (vgl. 1 Könige 18,29).
AUSWÄRTHIGER FREUND: Lavater, vgl. Brief Nr. 92.
GRODETUR: Gros de Tours, ein schwerer Seidenstoff, der seine Namen nach Herstellerstädten erhielt. Gros de Naples, de Chine, d'Afrique.

90 DER RAT GOETHE war am 27. Mai gestorben.
KRAUSSE: Georg Melchior Kraus.
WOHLTHATEN: Goethe wurde am 11. Juni Nachfolger des Kammerpräsidenten von Kalb.

91 EINSAM: d. h. verwitwet.
SAUL: Samuel 16,17.
TABOR: von 1782–92 der Pächter des neuen Komödienhauses.
SIR JOHN FALLSTAFF: gemeint ist das so benannte Lustspiel von Johann Friedrich Schink nach Shakespeare, aufgeführt am 11. Oktober.
CLAVIGO: wurde jedoch von Großmanns Ensemble erst am 11. Februar 1784 in Frankfurt wiederholt.
SEYN ODER NICHT SEYN: «Hamlet» III, 1.

92 KLOPPSTOCK: dessen Ode «Die frühen Gräber».
NEUKIRCH: Benjamin (1665–1729), Prinzenerzieher in Ansbach, später Professor an der Ritterakademie in Berlin. Dichter der Schlesischen Schule, Übersetzer von Fénelons «Télémaque», vgl. AA 10,42.
DAS ÜBERSCHICKTE BUCH: wohl Lavaters «Pontius Pilatus» I, Zürich 1782.
DAS KLEID: vgl. Brief Nr. 89.

93 GEBURTH DES PRINTZEN: des Erbprinzen Carl Friedrich am 2. Februar 1783. Am 3. März schrieb Goethe an Knebel: «Die Ankunft des Erbprinzen, die größte Begebenheit die sich für uns zutragen konnte, hat eine zwar nicht sichtbare doch sehr fühlbare Würkung. Die Menschen sind nicht verändert, aber einzelne ist wie er war, doch das Ganze hat eine andere Richtung und wenn ich sagen soll, er würkt in seiner Wiege wie der Ballast im Schiffe durch die Schweere und Ruhe» (AA 18,724). [293 327 328 347 349 362]
FRAU BETHMANN: s. o. Nr. 67.
FRÖLIGER, SELIGER, HERRLICHER TAG: Eingangschor aus Goethes «Claudine von Villa Bella» (AA 4, 833).

94 GROSSEN FREUDE: vgl. Brief Nr. 93.
IPHIGENIE: Goethe hatte Handschriften des Stücks auch Kestner und Jacobi gesandt (AA 18,726).

95 REINHOLD: aus dem Volksbuch von den «Vier Heymonskindern».
DIE 9 MÄDGER: die Musen.

Ich wohne in der langen Gassen: freies Zitat aus «Das Neueste von Plundersweilern», wo es heißt:

«Besonders eine der längsten
                                    Gassen
Hat man für Leser erbauen lassen,
Wo in den Häusern, eng und weit
Gelesen wird zu jeder Zeit».

96 Cantaten: von Wieland und Herder, vgl. Goethes Brief an Knebel vom 3. März 1783 (AA 18,724).

Meines Sohns Darma: Ur-Elpenor» (AA 6,787 ff.)

Der Kirchgang: beschrieben im «Weimarischen Wochenblatt» vom 9. März 1783.

97 An einem Journal: «Pomona für Teutschlands Töchter» von Sophie La Roche, Speyer 1783/4.

Max Brentano: Maximiliane, geb. La Roche.

Elisabeth: vielleicht Prinzessin Elisabeth von Braunschweig (geb. 1746).

Herzog von Braunschweig: Carl Wilhelm Ferdinand (1735–1806), den Goethe am 14. September in Halberstadt getroffen hatte.

Geron der Adelich: Wielands Jambendichtung («Teutscher Merkur» 1777, I).

Phillipp: Seidel.

98 Fritz von Stein: Friedrich Constantin (1772–1844), Sohn Charlottes. Er lebte von 1783 bis 1786 als Goethes Zögling im Haus am Frauenplan. 1795 wurde er Preußischer Kammerassessor, 1798 Kriegsrat in Breslau. [119 183 219]

100 Antwort auf den gereimten Brief der Göchhausen zum Geburtstag der Frau Rat.

Er soll ja Engeländer sein: In Johann Aloys Blumauers «Abenteuer des frommen Helden Aeneas, oder: Vergils Aeneis travestiert», steht die Rede Neptuns: «So wahr ich Engeländer bin, Ich halte mein Wort!» (Teutscher Mercur, September 1783)

Von Volten: beim Kartenspiel, «faire la volte» = alle Stiche machen.

101 Das ewig Theure Bild: Medaillon von Johann Ernst Heinsius oder nach Heinsius, ein Geburtstagsgeschenk der Herzogin.

Weimarer product: der Blumenkorb aus Bertuchs Kunstblumen-Manufaktur, bei der Christiane Vulpius arbeitete.

Luftreisse: 1782 hatten die Brüder Montgolfier aus Avignon einen Luftballon aus Taft, 40 Kubikfuß enthaltend, durch Erhitzung der darin befindlichen Luft zum Steigen gebracht. Die Herzogin Anna Amalia hatte am 23. Februar geschrieben: «Nicht wahr das wär eine Lust wen Frau Aja sich in der Luft transportiren und bey mir in Tiefurth, aus Lüften hoch da, komm ich her! singen könte!»

Bergwercks Geschäffte: das Bergwerk Ilmenau war am 24. Februar eröffnet worden, vgl. AA 17,455.

Fahrthor: beim Saalhof am Eisernen Steg gelegen. «Der 27. und 28. Februar waren Tage voll Angst und Sorgen. Der Weckmarkt, die Bendergasse, Buchgasse und ein Teil von Sachsenhausen waren unter Wasser. Die Spitze des Mains ging bis zur Schwanenapotheke auf dem Römerberg. Um 2⅓ Schuh war das Wasser höher als 1764.» Eine «Brod-Subscription» für die Armen erbrachte 1233 Gulden 27 Kreuzer. (Belli-Gontard, Leben 7,48)

102 Ilmenau: wo Goethe am 24. Februar 1784 die Rede zur Eröff-

nung des neuen Bergbaues hielt (AA 17,456).
103 LUFTBALLON: am 17. März wurde auf dem Großen Hirschgraben «ein zweyschuhiger Ballon frey in die Luft gelassen». [119 152]
104 KABALE UND LIEBE: wurde am 13. April (Osterdienstag) in Frankfurt uraufgeführt. Die zweite Aufführung am 3. Mai hat Schiller besucht. [70 155 183 249 251 275 287 299 301 308 334 349 363]
105 LOUISE SCHLOSSER: Cornelias Tochter «Lulu».
EDUART: Eduard Schlosser, Sohn von Johann Georg Schlosser und Johanna geb. Fahlmer (1784–1807), später Arzt. [201 316 322 388]
DEINEN ZWEY SCHWESTERN: Julie und Henriette.
106 HOFFRATH BODE: Johann Joachim Christoph (1730–93), Schriftsteller, der Übersetzer Laurence Sternes, seit 1778 in Weimar führender Freimaurer. [210]
DAS VORTREFFLICHE BILD: s. o. Nr. 101.
108 SCHATTENRISSE: 1780 erschienen zugleich drei gedruckte Leitfaden zum Silhouettenzeichnen.
FÜRSTIN VON DESSAU: Louise Henriette Wilhelmine, geb. Prinzessin von Brandenburg-Schwedt (geb. 1750).
UND VERSCHLUCKE DEN TEUFEL: Reminiszenz an «Des Maultiers Zaum» von Wieland: «Wer sich den Teufel zu verschlucken Entschlossen hat, muß ihn nicht lang begucken».
109 BANSSA: Catharina Bansa, geb. Hebenstreit (1720–90), Gattin des Bankiers Remigius Bansa im Haus «Zum Ochsen» an der Fahrgasse. Eine Zahlungsanweisung Goethes an seine Mutter vom 12. Februar 1794 für die «Herren Bansa und Sohn» befindet sich in Weimar.
DERO FRAU GEMAHLIN: Friederike Elisabeth Caroline, geb. Slevoigt (1750–1810), seit 1776 mit Bertuch verheiratet.
110 DAS SCHAUSPIEL: seit Januar 1784 spielte die Truppe des Prinzipals Bellomo dreimal wöchentlich in Weimar.
IFLAND: August Wilhelm Iffland (1759–1814), berühmter Schauspieler und Dramatiker, 1779 in Mannheim, 1796 Direktor des Berliner Nationaltheaters. Iffland schreibt aus Frankfurt: den 27. Oktober abends «ein groß Soupee im römischen Kaiser», den 28. mittags «ein fürstliches Diner bei dem Kaufman Gontard, die Schwelgerei an Marmor, Silber, ausländischen Weinen, goldnem Kaffee Servize war ungeheuer.» Am 29. Oktober war Iffland bei Frau Rat zu Gast. Er nennt sie eine liebenswürdige, rasche alte Frau, «der man warlich wohl ansieht, daß sie Goethes Mutter ist.» [246 249 280 314 353]
BECK: Heinrich (1760–1803), Schüler Ekhofs.
VERSTELTEN KRANCKEN: «Die verstellte Kranke», Lustspiel von Carlo Goldoni (1707–93), aufgeführt am 13. November.
GLÜCKLICHE REISSE: Carl August reiste im Interesse des Fürstenbundes (AA 18,814).
111 FRAU VON RECK: Elisa von der Recke, geb. Gräfin Medem (1756–1833). Über ihren Besuch im Haus am Großen Hirschgraben vgl. «Frau Rat als erste Fremdenführerin im Goethehaus», Goethe-Kalender auf das Jahr 1931. S. 192 ff.
113 DER KAISERLICHE GESANDTE: Johann Franz von Roethlein (†

1794), Kaiserlicher Rat und Resident.

114 ANTWORT AUF DEN GEREIMTEN GRÜNEN BRIEF THUSNELDENS ZUM GEBURTSTAG AM 19. FEBRUAR 1785.

EIN KLEINER MANN, IST AUCH EIN MANN: Zitat aus Goethes «Neueröffnetes» (AA 4,243):
Drum treibs ein ieder wie er kann
Ein kleiner Mann ist auch ein Mann.
Der Hoh stolzirt der Kleine lacht
So hat's ein ieder wohl gemacht.»

MACHWERCK: ein Geschenk, das zum Geburtstag nicht fertig geworden war.

115 IN DEM NEUEN, PRÄCHTIGEN SCHAUSPIELHAUSE: s. o. Nr. 72.

DER TEUTSCHE HAUSVATER: Schauspiel von Otto Heinrich Reichsfreiherrn von Gemmingen (1780).

116 SCHROTT: Margarethe Victoria Schroth aus Heidelberg, Tochter des Stadtmusikus Schroth, Schauspielerin und Sängerin. Großmann heiratete sie 1785. Seine erste Frau war am 29. März 1784 gestorben.

LEBENS BESCHREIBUNG: «Karoline Großmann. Eine biographische Skizze», Göttingen 1784, von Christian Gottlob Neefe.

IN DEN 6 SCHÜSSELN: s. o. Nr. 65.

AN MEINEN SOHN: Goethe weilte damals in Karlsbad: AA 18,856.

117 DEMOISELLE FRITZE: Großmanns Stieftochter Friederike Flitner, seit 1785 mit Unzelmann verheiratet.

MEISTER BÖHM: Johann Heinrich Böhm spielte abwechselnd mit Großmann im Komödienhause. Böhm hatte am 19. Oktober 1782 Schillers «Räuber» herausgebracht. Großmann besuchte von 1780 bis 1786 mit seiner Truppe jährlich Frankfurt. Tabor, der Pächter der Frankfurter Bühne, gewann 1786 Böhm an Großmanns Stelle und schrieb damals an Großmann: «Madame Goethe schwetzt zuweilen mehr als sie verantworten kann.»

CHRISTEL, DISTEL PETRÜBI: Mitglieder der Böhmschen Truppe. Johann Bernhard Diestel (geb. 1760), spielte als Liebhaber seit 1784 bei Böhm, seine Gattin Johanna, geb. Rögglen (1765–90) als Soubrette. Beide gingen 1786 zu Großmann über.

HERRN SCHMIDT: s. o. Nr. 77.

119 CHERUBIM: s. u. Nr. 122.

IHRE GLÜCKLICH ABGELAUFENE REISE: am 13. Juli schrieb Goethe aus Carlsbad an Fritz von Stein: «Deinen Brief habe ich erhalten und freue mich, daß dich die Herren Straube's mit nach Frankfurt nehmen wollen» (AA 18,857), und am 5. September: «Grüße meine Mutter und erzähle ihr recht viel» (AA 18,865).

SACHS-ZEITZ: wohl Perückenmacher.

HAUSEHREN: Hausflur, mhd. eren = Fußboden, aus lat. arena.

DIE DICKE CATHARINE: die Magd der Schreiberin. Sie erhielt nach des Herrn Rat Ausgabebuch 20 Gulden Jahreslohn.

BESCHREIBUNG: «Beschreibung der letzten oder fünfzehnten Luftreise des Herrn Blanchard, welche er den 3ten dieses zu Frankfurt am Mayn nach 10 Uhr Vormittags angetretten, nebst den Bemerckungen, die er auf dem Wege von hier bis Weilburg gemacht hat, von ihme selbst beschrieben.» Blanchard war auf der Bornheimer Heide aufgestiegen und hatte über der Bockenheimer Warte seinen Hund im Fallschirm heruntergelassen. Fritz von Stein hatte den ersten, mißglückten Flugversuch am 27. September gesehen, vgl. AA 18,1180. [152]

GRAFEN ESSEX: Trauerspiel nach John Banks von Johann Gottfried Dyk (1777). Goethes «Epilog zum Trauerspiele Essex, im Charakter der Königin» AA 3,675.

120 UNSERN BEYDEN SÖHNEN: Goethe und Fritz von Stein.

121 IN DEM MITTWÖCHICHEN: so veranstaltete der Geiger Hieronymus August Bridgetown, «Sohn eines Mohren und gewesenen Kammerdiener, bey Ihro Durchlaucht Fürst Esterhazy, 7 Jahr alt, ein Schüler des würdigen Haiden [Joseph Haydn], welcher die Gnade gehabt hatte, vor Sr. Majestät dem Kayser, auch an verschiedene Fürstliche Höfe, mit allem möglichen Beyfall zu spielen» (Belli-Gontard, Leben), am Mittwoch, den 5. April 1786 im «Roten Haus» ein Instrumentalkonzert.

KOBERWEIN: der Prinzipal K. gab Schauspiele und Ballette auf dem Roßmarkt in einer bretternen Hütte.

FRAU RECK: gemeint ist wohl «Stock». Esther Stock, geb. Moritz (1755–1825), seit 1788 Gattin des Senators Jacob Stock in der Töngesgasse, in dessen Hause Frau Rat alle Sonntage zu Gast war. Ihr Portrait hängt im Goethehaus am Großen Hirschgraben. [208 376 389]

FRAU HOLLWEG BETHMANN: Susanna Elisabeth Bethmann (1763–1831), seit 1780 Gattin von Johann Jacob Hollweg, dem Teilhaber des Bankhauses Gebr. Bethmann, der sich seitdem Bethmann-Hollweg nannte.

IHRE MUTTER: Tochter des Dr. jur. Anton Schaaf, s. o. Nr. 67.

DEMOISELLE MORITZ: Tochter des Syndikus und badischen Hofrats Johann Friedrich Moritz, Marianne Louise Elisabeth (geb. 1758) oder Maria Christiane (geb. 1768).

HERR THURNEISEN: Carl Wilhelm († 1806), Kaufmann in der Schnurgasse. [215]

HERR GRAF: Georg Clemens Graff, Kaufmann.

122 DER DEUTSCHE FIGARO: Beaumarchais' Lustspiel war 1785 in deutscher Übersetzung erschienen. Zu Cherubins Romanze: «Mon coursier hors d'haleine» vgl. Brief Nr. 119 («meinen Cherubim»).

FRÖHLICHKEIT: vgl. Götz von Berlichingen: «die Freudigkeit ist die Mutter aller Tugenden» (AA 4, 647).

124 NACHSCHRIFT zu einem Brief an Goethe, vgl. Brief Nr. 120 und AA 18,911.

125 BÜRGER: Gottfried August (1747–94), dem Goethe 1774 den «Götz» gesandt hatte (AA 18, 218).

REICHARDT: Johann Friedrich (1752–1814), seit 1775 Hofkapellmeister in Berlin, Komponist Goethescher Singspiele und Lieder. [231 242 401]

MEINES ARZTES: Dr. Johann Adolph Berends (1740–1811). Er promovierte 1762 in Jena und war Physicus primarius am Großen Hirschgraben.

GÖTZ VON BERLICHINGEN: von Großmann am 8. Mai 1786 zuerst in Frankfurt gegeben, nach der Mannheimer Bearbeitung von Büchner-Rennschüb.

ERBPRINZEN VON DARMSTADT: Ludwig (1753–1830).

POTZ, FRITZGEN: vgl. u. Nr. 170.

126 FÜRSTIN VON WÜRTENBERG: Prinzessin Friederike Sophie Dorothea, geb. Prinzessin von Brandenburg-Schwedt (geb. 1736).

Seit 1753 Gattin des Prinzen Friedrich Eugen von Württemberg. Mutter der späteren Zarin Maria Fjodorowna, Gattin Pauls I. von Rußland.
DOBLERN: Georg Christoph Tobler (1757–1812), Geistlicher in Zürich, vgl. AA 18, 1266; seine Frau, geb. Nüscheler.
HEINCHRICH: Lavaters Sohn Heinrich, Arzt in Zürich.

127 FÜRSTEN-TOCHTER: Prinzessin Caroline Louise, geb. am 18. Juli 1786.
LEIBMEDICUS: s. o. Nr. 125.

128 DIESEN BRIEF ließ der Kaiserliche Gesandte beim Heiligen Stuhl, Kardinal Hrzan, durch seinen deutschen Sekretär Goethe entwenden und dem Staatskanzler Fürsten Kaunitz zugehen. Der Brief ist die Antwort auf Goethes Schreiben an Frau Rat aus Rom vom 4. November 1786 (WA IV 8,43): «Wie wohl mir's ist, daß sich soviele Träume und Wünsche meines Lebens auflösen, daß ich nun die Gegenstände in der Natur sehe, die ich von Jugend auf in Kupfer sah, und von denen ich den Vater so oft erzählen hörte, kann ich Ihnen nicht ausdrücken.»
DENEN BETHMÄNNERN: dem Bankhause Gebr. Bethmann. Goethe: «Innliegenden Brief schicken Sie an die Bethmänner, ohne daß diese eben erfahren, daß der Brief durch Sie gegangen ist. Die Bethmänner haben mir, ohne es selbst zu wissen, unter einem fremden Namen Credit gemacht.» Nämlich unter dem Namen «Philipp Möller».
PAPA LA ROCHE: Georg Michael Frank (1720–88), seit 1771 in Kurtrierischen Diensten, 1775 Geheimer Staatsrat in Ehrenbreitstein, 1780 in Speyer, 1786 in Offenbach.
MAX MOORS: Friedrich Maximilian (1747–82), Goethes Jugendfreund, sein Gegner im Prozeß Heckel als Advokat in Frankfurt. Goethes Verse vom 28. August 1765 in das Stammbuch von Moors AA 2, 195.

130 FRAU VON STEIN hatte Goethes Mutter des Sohnes römische Reisebriefe gesandt (AA 19, 27, 31, 37f.).
DER HERZOG: Die Reise des Herzogs Carl August, die vom 7. Januar bis 18. Februar währte und in Sachen des Fürstenbundes unternommen war, führte über Frankfurt nach Karlsruhe.
LINCKER: Carl Friedrich Ernst Freiherr von Lyncker (1726–1801), Präsident des Weimarer Oberkonsistoriums, Herders Vorgänger.
DERO HERR BRUDER: Kammerherr Carl von Schardt (1744–1833).
MEINUNGEN: Meiningen.

131 BRIEFE: abermals Goethes Briefe aus Italien.

132 FREUND MERCK: Frau Rat sollte Goethes Reisebrief an Merck weiterleiten.
BESUCH: s. o. Nr. 130.

133 JOURNALE: die von Goethe für Frau von Stein geführten Reisetagebücher.

134 GEORG ADOLPH STARCKE: (1762–1804), Goethes Vetter wurde 1783 Kommerzienrat und am 3. Oktober 1787 Weimar- und Eisenachischer Hofrat.

135 UNZELMANN: Carl Wilhelm Ferdinand (1753–1832) aus Braunschweig, seit 1771 beim Theater, 1784 bei Großmanns Truppe in Frankfurt. «Unzelmann war von mittlerer Größe und kräftigem Körperbau, ohne stark zu sein. Redlich von Herzen und ohne Falsch, grenzte seine Wohltätigkeit mitunter an Verschwendung.»

(Theater-Lexikon.) Unzelmann verhandelte seit 1787 heimlich mit Berlin, da die Frankfurter mit der Mainzer Bühne vereinigt werden sollte. Seinen Fortgang suchte Graf Spaur zu hintertreiben. [138 139 142 143 152 155 373]
HERRN GRAFFEN VON SPAUR: Kammerherr Heinrich Graf Spaur (Sohn des Wetzlarer Kammerrichters?), Intendant der Mainzer Hofbühne [89 139]

136 STEGMANN: Carl David (1751–1826) aus Dresden, Bariton und Kapellmeister, der erste Frankfurter Don Juan. «Er spielte die große und angreifende Rolle mit einer Leichtigkeit und Haltung, die Bewunderung erregten.» Sein Jahresgehalt bei der Mainzer Bühne betrug 2800 Gulden. [165 263]

137 PANDORA: oder Taschenbuch des Luxus und der Moden, herausgegeben von Friedrich Justin Bertuch 1786–89.
HOFKALENDER: das seit 1764 erscheinende «Gothaische Taschenbuch».

138 FRAU RATS FASSUNGSLOSIGKEIT ist durch Unzelmanns drohenden Fortgang bedingt (s. o. Nr. 135).
DAS GROSSMAUL DIE ST.: vielleicht die Gattin des Sängers Carl David Stegmann, die Schauspielerin Caroline Johanne Eleonore geb. Linz (1755–1808).
TYRANNENBLUT: alte Weinjahrgänge, von Frau Rat im Scherz so genannt, vgl. AA 10, 785.
FRAU SCHNIPS: Anspielung auf Gottfried August Bürgers Ballade «Frau Schnips», die 1782 im Göttinger Musenalmanach erschienen war.
DIE F.: vielleicht Frau Fiala, Liebhaberin der Großmannschen Truppe, sonst mit Frau Rat befreundet.

TÖFFEL: ein Vertrauensmann.
LUSCHER: Lutscher.
BRANDBRIEFE: Unzelmann war verschuldet, und Frau Rat mußte für ihn Geld auftreiben.
FRAU GEVATTERIN: s. o. Nr. 41.

139 GRAF SPAUR: Der Graf hatte, um Unzelmann zu halten, eine Eingabe des Künstlers nach Berlin gefälscht. Darauf verließ dieser, vor Verhaftung gewarnt, mit seiner Gattin Frankfurt fluchtartig am 13. April.
KOCH: Siegfried Gotthelf Eckart, genannt Koch (1754–1831). Er debütierte 1778 am Hoftheater zu Schleswig. 1788 wurde er als Theaterdirektor an die Mainz-Frankfurter Bühne berufen und trat sein Amt am 18. April 1788 an, wo er den Marquis Posa spielte. Joseph Anton Christ schreibt von ihm: «Er behandelte uns Schauspieler als Freunde, nicht nach Holzhackermanier, wie mancher, der vom Tabulettkrämer zum Regisseur emporgestiegen, die Schauspieler als Handwerkspursche oder seinesgleichen taxiert und ein gutes, regelmäßiges Theater durch gemeine Manieren in eine Marionettenbude umschafft.» [374]

140 THORINGER: «Kaspar der Thoringer», Ritterdrama von Joseph August Grafen von Törring-Cornsfeld (1785).

141 CONSTANTZE UND BELMONTH: Mozarts «Entführung», am 2. August 1783 erstmals in Frankfurt gegeben. [192 327 329 St 15]
MESIAS: wohl der kommende Direktor Koch-Eckart.
DAS GESICHT: wohl ein Spitzname.

142 UNZELMANNS waren unterdessen heimlich nach Berlin abgereist.
AN DEM ORT: Mainz.

ZWEY FREUNDE: Frau Rat und Graf Spaur.
TÖFFEL: s. o. Nr. 138.
143 DIE DICKE IRIS: Catharine, die Magd der Schreiberin. Iris war die Götterbotin.
TYRANNEN BLUT: s. o. Nr. 138.
MITLEIDIGE OREADE: Baumnymphe aus Johann Christian Brandes Duodram «Ariadne auf Naxos».
DEM ORGAN: Tabor.
WALTERS: Ignaz Walter (1759–1822), Tenor, Komponist der ersten Faustoper; seine Gattin war Juliane geb. Roberts. [165]
LÜGNER: Lustspiel von Goldoni nach Corneille, in Frankfurt am 21. Oktober 1782 zuerst gespielt.
CZIKY: Czike, Komiker. [155]
HEURATH DURCH EIN WOCHENBLAT: Friedrich Ludwig Schröders Posse, die in Frankfurt seit 1786 zum Repertoire gehörte.
COSA RARA: Oper von Martin y Soler, s. u. Nr. 145. Hier Spitzname für Magdalena Willmann, verehelichte Galvani (1768–1802), berühmte Altistin, Freundin Beethovens.
FRASKATANERIN: «Das schöne Gärtnermädchen von Frascati» von Paisiello (1776), bereits 1782 gegeben.
LANTZ: Carl Adolf Lanz (1773–1833), Theaterinspektor am Kgl. Theater in Berlin.
FREUND HEINRICH: Graf Spaur.
IN MAINTZ: der dortige Intendant Carl Friedrich von Dalberg hatte in Berlin Unzelmanns Bestrafung verlangt.
144 DEN EDLEN GRAFEN: Spaur.
NACH CASSEL: wohl für ein Gastspiel.
WER ÜBER GEWISSE DINGE: aus Lessings «Emilia Galotti» IV, 7.
FLECK: Johann Friedrich Ferdinand (1757–1801), Schauspieler und Regisseur, seit 1783 in Berlin.

JUDE GOLDSCHMIDT: Abraham Löw, einer von Unzelmanns Frankfurter Gläubigern, den schon Wolfgang, der viele jüdische Klienten hatte, 1774 als Anwalt vertrat; vgl. Goethes Eingaben vom April und Oktober 1774 (Morris, «Der junge Goethe» IV, 65, 67, 346).
145 TYRANNEN BLUT: s. o. Nr. 138.
NACH CASSEL: s. o. Nr. 144.
HEINRICH DEM VIRTEN: von Shakespeare.
DER DOPPELTE LIEBHABER: Lustspiel von Johann Friedrich Jünger (1785).
LILLA: oder Schönheit und Tugend, die deutsche Fassung von Vicente Martins Oper «La Cosa rara» (Wien 1786) von Johann André nach da Ponte, in Frankfurt 1787 aufgeführt.
DIE COSA RARA: s. o. Nr. 143.
DER RING: Lustspiel von Friedrich Ludwig Schröder (1783).
BALDIAN: Magister Baldrian in Friedrich Ludwig Schröders «Heirat durch ein Wochenblatt».
RATH BRAND: in Bretzners «Räuschgen».
STOCK: Jacob (1745–1808), Ratsherr und Schöffe, Freund der Frau Rat. [204 408]
ELISE BETHMANN: s. o. Nr. 67.
FREUND HEINRICH: Graf Spaur.
146 BOOT: nicht zu ermitteln.
ENGELAPOTECKE: an der «Neuen Kräme».
BRABANT: nicht zu ermitteln.
LEHR: nicht zu ermitteln.
SCHEIDEL: Thomas (1707–91), Kaufmann.
FREUND HEINRICH: Graf Spaur.
BETHMANN: vgl. Brief Nr. 145.
KÖNIG: Friedrich Wilhelm II. von Preußen (1744–97), König seit 1786. [228]
KÖNIGS STADT: Berlin.

ERLÄUTERUNGEN 143–151

147 ORSINA: Gräfin Orsina in Lessings «Emilia Galotti» IV, 7.
DON CARLOS: «Thalia»-Fassung II, 9.
WIDEMANN: Michael Wiedemann (geb. 1757) kam 1782 zu Großmanns Truppe, später spielte er bei Böhm. Sein Fach waren Liebhaberrollen.
FRANCKENBERG: Franz (1759–89). Er spielte in Frankfurt 1786 im «Götz» den Selbitz, ging 1788 nach Berlin.

148 GOETHE war aus Italien zurückgekehrt und am 8. Juni in Weimar eingetroffen.

150 DER GLÜCKLICHEN JAGT: «Die glückliche Jagd», Lustspiel von Franz Xaver Heigel.
GROSSE: gehörte zu Großmanns Truppe. Er spielte Alte und Wirte.
DAS ORGAN: Tabor.
MESIAS: s. o. Nr. 141.
LORNIGRTE: lorgnierte = mit der Lorgnette betrachten.
DREY BLÄTTER: die «Dramaturgischen Blätter», erschienen vom 2. Juli 1788 bis 24. Dezember 1789 (78 Stücke) von Aloys Wilhelm Schreiber (1763–1841), «der Frau Räthin Goethe in Frankfurt gewiedmet». [155 163]
DER MONARCH: s. o. Nr. 146.
DER KAYSER UND DIE TÜRCKEN: Joseph II. hatte am 9. Februar 1788 den Türken den Krieg erklärt.
FRIEDERICKE: geb. 1774, 1791 vermählte Herzogin von York, die Tochter Friedrich Wilhelms II. von Preußen aus dessen erster Ehe mit Elisabeth Christine Ulrike von Braunschweig.
DIE KÖNIGIN: Friederike Louise, geb. Prinzessin von Hessen-Darmstadt (1751–1805).
RICKE U KÄTHGEN: Friederike und Katharina Stock. [211]
DEMOISELLE MARIANNE: vielleicht Marianne Moritz, s. o. Nr. 121.
HERR GRAF: s. o. Nr. 121.
IN DER WACHE: wohl auf der Hauptwache arretiert.
DEN KLEINEN CARL: Carl Wolfgang (1786–1843), Patenkind der Frau Rat. Er war bis 1803 Schauspieler in Weimar, von Goethe «aus Achtung für Madame Unzelmann, aus Neigung zu derselben als einer allerliebsten Künstlerin» in der Weimarer Theaterschule ausgebildet.
FRIEDERICH: nicht zu ermitteln.

151 DEN 5TEN BAND: Goethes Schriften, Fünfter Band, Leipzig 1788 (Egmont, Claudine, Erwin und Elmire).
GÖSCHEN: Georg Joachim (1750–1828), Goethes Leipziger Verleger. [183 222]
DAS ORGAN: Tabor.
HERRN LUX: Joseph (1756–1817), sang als Baßbuffo zunächst bei der Kurkölnischen, später bei der Kurmainzischen Gesellschaft. Fast dreißig Jahre lang spielte er in Frankfurt. In der Erstaufführung des «Don Juan» gab er den Leporello «mit originellkomischer Laune». Goethe charakterisiert ihn AA 12,90. [275]
APOTECKER STÖSSEL: in Dittersdorfs Singspiel «Der Apotheker und der Doktor» (1786). [275]
HANS ZENGER: Pfleger zu Voheburg in dem Trauerspiel «Agnes Bernauerin» von Joseph August Grafen Törring-Cronsfeld.
LUSCHER: s. o. Nr. 138.
DIE GESCHWISTER: am 21. Juli 1788 in Berlin gegeben; Frau Unzelmann spielte die Marianne, Fleck den Wilhelm, Unzelmann den Fabrice. Goethes Einakter war im Oktober 1776 entstanden (AA 6, 483, 1219).

VON CASSEL: s. o. Nr. 144.
MAIANNE: s. o. Nr. 150.
BETHMANN: s. o. Nr. 67.
GRAF: Graff, s. o. Nr. 121.

152 IN COMMISCHEN-OPERN: «Hätte nicht sein Gesang zuweilen verletzt, so würde man auch viele Rollen in Singspielen, namentlich den Figaro, zum Ruhm seiner Künstlergewandtheit anführen können.» (Theater-Lexikon.)
BLANCHARD: er veranstaltete am 27. September in Berlin eine Luftfahrt.
IM CARLOS: 1. Akt, 6. Sezene.
BERTRAM: Christian August (1751 –1830), Geheimer Kriegsrat in Berlin, Mitglied der Aufsichtsbehörde über das Berliner Theater, Herausgeber von Zeitschriften. [155]
DER COADJUTOR VON MAINTZ: Reichsfreiherr Carl Theodor Anton Maria von Dalberg (1744–1817), der erst am 3. Februar 1788 in Bamberg die Priester- und Bischofsweihe empfangen hatte. [378–380 387 403–405]
HERZOG VON BRAUNSCHWEIG: s. o. Nr. 15.

153 CHRISTIAN UND LOTTE KESTNER: s. o. Nr. 4.
TOCHTER: Clara Kestner (1793–1866).
GOETHENS SCHRIEFTEN: erster bis vierter Theil, Leipzig 1787.
FRAU BETHMANN: s. o. Nr. 67.
EDUART: Kestner.

154 MEIN LUSCHER: s. o. Nr. 138.
DER BRAUNE GENIUS: unbekannt.
DRAMATURGISCHE BLÄTTER: s. o. Nr. 150.
BAUM DER DIANA: von Vicente Martin (Wien 1787), in Frankfurt zuerst am 12. Juni 1788 gegeben.
ELISABETH: Betty Koch; als Madame Roose wurde sie später eine gefeierte Hofschauspielerin in Wien.
HELLMUTH: Josepha, geb. Heise (geb. 1746), Gattin von Friedrich H. (1744–1785), dem jüngeren Bruder von Carl H. [165]
HAMMEL: Margarete Louise Schick, geb. Hamel (1773–1809), berühmte Sängerin, 1788 in Mainz, 1794 in Berlin, Gattin des Geigers und Dirigenten Ernst Schick.
ST.: Stegmann.
DOCTER SCHWEITZER: Friedrich Carl (1749–1808), 1783 Senator, mehrfach jüngerer Bürgermeister. [254]
WILLMER: Johann Jacob Willemer und seine erste Frau Maria Magdalene, geb. Lang.
VOM KÖNIG: s. o. Nr. 146.

155 DIE DICKE IRIS: s. o. Nr. 143.
ATZOR: in «Zemire et Azor, comédie féerie» von Marmontel, Musik von Grétry (Paris 1771). In Frankfurt wurde das Stück schon 1775 unter Marchand mit dem Titel «Die Schöne und das Ungeheuer» aufgeführt; vgl. AA 10, 754 und «Lilis Park», AA I, 326 ff.
DAS MAINTZER UND HIESIGE THEATER: das Mainzer und das Frankfurter Theater waren 1786 bis 1788 fusioniert.
GEVATTERSCHAFT: vgl. Brief Nr. 154.
DAS ORGAN: Tabor.
WILLMANS: Tochter (s. o. Nr. 154) und Vater, Johann Ignaz († 1821).
DON CARLOS: am 22. November 1788 in Berlin aufgeführt. Unzelmann spielte den Marquis Posa.
BEI DER KÖNIGIN: s. o. Nr. 150.
BLITZ, DONNER UND DER HAGEL: Anfangstirade aus dem Roman von Heinrich Anshelm von Ziegler und Kliphausen «Die Asiati-

sche Banise oder Das blutige, doch muthige Pegu» (1689). Noch in der Zeit von 1764–66 hatte das Buch 6 Auflagen.

LACKSIRUNG: Purganz.

CIKE: Czike. Er schrieb daraufhin die «Nachricht von der Ursache des Zwistes zwischen dem Exprofessor Schreiber und mir» (1789).

MANNEGTISSMUS: «Der Magnetismus» Einakter von Iffland (1787).

TRAMATURGEN SCHREIBER: Aloys Schreiber, s. o. Nr. 150.

RÖMER: das Frankfurter Rathaus, «das man auch den Römer nach dem Namen der ersten Besitzer nennt, denen es E. E. Rath im Jahre 1405 abkaufte, und hernach zum Rathaus einrichten ließ» (Hüsgen, Wegweiser).

FELICKS: «Felix oder der Findling», Singspiel von Sedaine, Musik von Monsigny (1777).

AM WACHTMEISTER: in «Minna von Barnhelm».

BRANDGEN: Rat Brand in Bretzners «Räuschgen».

KRIEBLER: Grübler in «Der Jurist und der Bauer» von Johann Rautenstrauch. [351]

WOLF IM OTTO: in Joseph Marius Babos Ritterdrama «Otto von Wittelsbach» (1782), Ottos Waffenträger.

DIE GRÄFFIN VON DER LIPPE: nicht zu ermitteln.

BETHMANN: s. o. Nr. 67.

ST.: s. o. Nr. 154.

BERLINER ANNALEN: «Annalen des Theaters», Berlin 1788–97, von Christian August von Bertram herausgegeben.

WOLLSCHOFSKI: Aloys Wolscowsky (geb. 1753), debutierte 1793. Er gab «Bösewichter, Charaktere und Chevaliers», so den Marinelli in «Emilia Galotti», den Franz im «Götz».

DEN BEYDEN BILLIET: Lustspiel nach Florian von Anton Wall (1790).

NACH CASSEL: s. o. Nr. 144.

156 ARBAUER: nicht zu ermitteln.

VERSCHAMARIRT: s. o. Nr. 45.

TÖFFTL U DORGEN: Singspiel von Monvel, Musik und Dézède.

DAS ORGAN: Tabor.

IHR KLEINER SOHN IN MAINTZ: Felix Unzelmann, den die Eltern, seiner Krankheit wegen, in Mainz zurücklassen mußten.

MEIN ARTZ: s. o. Nr. 125.

157 KRAUSE: Georg Melchior Kraus.

MODENJOURNAL: «Journal des Luxus und der Moden», herausgegeben von Georg Melchior Kraus und Friedrich Justin Bertuch von 1786 bis 1820.

158 SCHLOSSER arbeitete seit 1787 in Karlsruhe am Geheimen Staatsarchiv.

PRINTZSESSINNEN: die fünf Enkelinnen Carl Friedrichs von Baden.

160 ST.: s. o. Nr. 154.

DIE GÜNDERS: Friedrich Günther aus Holstein, seit 1786 in Frankfurt, «ein ausgezeichneter Bassist und braver Schauspieler im Fach komischer Alten, Pedanten, Juden» (Theater-Lexikon). Seine Gattin Sophie, geb. Huber, trat als muntere Liebhaberin auf. Zu ihren Hauptrollen zählte die Franziska in «Minna von Barnhelm».

DER KLEINE JUNGE: s. o. Nr. 156.

161 DIE ELISABETH: Elisabeth Hoch (1759–1846), Frau Rats treues Faktotum. Sie hat ihre große Szene in der von Bettina Brentano im Königsbuch erzählten Fahrt der Frau Rat nach Wilhelmsbad. 1809 heiratete sie Johann Wolfermann und gehörte 1844 bei der Einweihung des Goethedenkmals zu den Ehrengästen.

162 EINER DER GRÖSSTEN KÖNIGINNEN: s. o. Nr. 150.
DER KÖNIG: s. o. Nr. 146.
DIE W.: Magdalena Willmann.
ST.: s. o. Nr. 154.
DEN 8TEN BAND: Goethes Schriften, achter Band (Jahrmarktsfest, Pater Brey, Prolog zu den neusten Offenbarungen Gottes, Vermischte Gedichte, Künstlers Apotheose, Die Geheimnisse).
DEN 5TEN THEIL: s. o. Nr. 151.
DIE TEUFELS OPER: vielleicht «Der Betrug durch Aberglauben», Singspiel von Ferdinand Eberl, Musik von Dittersdorf (1786), in Berlin zuerst gegeben am 17. Januar 1789. Die Frankfurter Premiere hatte 1788 stattgefunden.
HERRN C.: Carl Czechtitzky, Berliner Schauspieler.
DIE STOCKIN: die Gattin des Ratsherrn Jacob Stock.
FRITZ: Friedrich Stock. [366]

163 DIE ERBSCHAFT: Lustspiel von Aloys Wilhelm Schreiber, gedruckt in den «Neuen Theaterstücken von dem Verfasser der dramaturgischen Blätter» (1789).

164 DIE EXEMPLARE: von «Goethes Schriften».

165 GROSSMANN war unterdessen nach Bremen und von dort nach Hannover gegangen.
EIN MENSCH VON DER PLUMPSTEN SORTE: Czike, vgl. Brief Nr. 155.
PORTESCHÄSCHENTRAGEN: Protechaisen = Sänften, vgl. Goethe an Johanna Fahlmer am 30. März 1775: «Klopstock ist hier. Also werden Sie wohlthun, nach Tisch etwa um drey sich zu uns tragen zu lassen.» (AA 18,264.)
WOLF IM OTTO: s. o. Nr. 155.
MADAM BECK: Christiane Henriette, geb. Zeitheim, Gattin von Heinrich Beck, spielte 1789 im «Egmont» Clärchens Mutter, vgl. auch AA 11,636.
DEN BEYDEN BILLIET: s. o. Nr. 155.
DER VÄTERLICHEN RACHE: «Die väterliche Rache», Lustspiel von Friedrich Ludwig Schröder nach William Congreve (1784).
MADAM SCHICK: Louise Schick, geb. Hamel, s. o. Nr. 154. Bei der Frankfurter Erstaufführung des «Don Juan» am 3. Mai 1798 sang Stegmann den Don Juan, Frau Hellmuth die Elvira, Frau Schick die Zerline, Frau Walter die Donna Anna.
HERRN VON KNIEGE: Adolf Freiherr von Knigge (1752–96), Schriftsteller und Popularphilosoph. Seine «Dramaturgischen Blätter» (1788/89) enthalten zahlreiche Kritiken der Großmannschen Gesellschaft in Hannover.

166 SCHULDNER: Gläubiger.

167 HERRN ENGEL: Johann Jacob (1741–1802). Er war von 1787 bis 1794 Leiter des Berliner Theaters.
WILMER: Willemer.

168 FREIFRAU VON KNIGGE, geb. von Baumbach.
DERO HERRN GEMAHL: s. o. Nr. 165.

169 DER KLEINE FELIX: s. o. Nr. 156.
IHRE ZWEY NOCH LEBENDE KINDER: Carl Wolfgang und Friederike.

170 VON CLERMONT: Mädchenname von Betty Jacobi, der Frau Friedrich Heinrich Jacobis. Sie hatte vier Nichten aus Aachen.
TANTE BOGNERN: Fräulein Bogner, die Erzieherin von Johanna Schlosser, geb. Fahlmer, lebte jetzt bei Schlossers in Karlsruhe.
POTZ FISCHEN: vgl. Brief Nr. 278: «Potz Fischgen». Auch in Goethes Vorspiel «Was wir bringen»: «Potz Fischchen!» (AA 3,613).

171 DAS LEBEN DIESER GROSSEN FRAU: Elisabeth I. von England.

ERLÄUTERUNGEN 162–178

DAS ORGAN: Tabor.
v. D.: der Mainzer Intendant von Dalberg.
DEN TOD DES KINDES: Felix Unzelmann.
CARLGEN: s. o. Nr. 150.
FRITZE: Friederike Unzelmann.

173 6TEN BANDES: Goethes Schriften, sechster Band, Leipzig 1790 (Tasso, Lila).
SEIN RÖMISCHES CARNEVAL: «Das Römische Carneval» war 1789 mit 20 illuminierten Kupfern bei C. W. Ettlinger erschienen (AA 11, 533 ff.).
MAMA LA ROCHE: Sophie La R.
DER TOD DES KAISERS: Josephs II., am 20. Februar 1790. Am 23. März erschien die Anzeige eines «Kupferblatts in Folio, vorstellend die Ankunft Josephs II. im Elisium» von J. F. Beer «in der Maynzergasse».
UNSRE HAUPTKIRCHE: die lutherische Barfüßerkirche, ein gotischer Bau, wurde 1782 abgerissen. An ihrer Stelle erstand dann die Paulskirche.

174 WO MEIN SOHN IST: Goethe war seit 31. März in Venedig, der Herzog in Berlin.
DIE TRAUER UM DEN KAISER: vgl. Brief Nr. 173.

175 PORSCH: spielte in «Egmont» am 15. Mai 1798 den Brackenburg, 1791 den «Hamlet».
ZIEGLER: er spielte den Herzog Albrecht in «Agnes Bernauer».
NATIONAHL THEATER: s. u. Nr. 178.
ORGAN: Tabor.
D.: Dalberg.

176 KRÖNUNG: Leopolds II. am 9. Oktober 1790. Die Wahl hatte am 30. September stattgefunden. Im «Journal des Luxus und der Moden» schrieb Bertuch: «Frankfurt ist dermalen in der Periode der Kaiserkrönung gewiß der Brennpunkt des Luxus, der Pracht und des Aufwandes von ganz Europa.»
DER PÄBSTLICHE GESANDTE: Bartholomäus Pacca (1756–1844), Nuntius in Köln, später Kardinal.
DER CHURFÜRST VON CÖLN: Erzherzog Maximilian Franz, Kurfürst seit 1784. [218]
FLOR.: Gulden. Die erste Goldprägung fand 1252 in Florenz statt. Daher nannte man die Münzen Florin.

177 GRÄFIN VON ISENBURG: Ernestine Eleonore Gräfin zu Ysenburg-Philippseich, geb. Gräfin zu Sayn-Wittgenstein (1731–91). Die Philippseicher Linie schreibt sich mit «Y», die Birsteiner mit «I». Im Jahre 1790 vermietete Frau Rat einen Teil ihres Hauses an den Grafen zu Sayn und Wittgenstein, Generalleutnant in russischen Diensten, und die verwitwete Gräfin zu Ysenburg-Philippseich. Der Vertrag wurde 1791 um ein Jahr verlängert. Der Kaiserliche Rat hatte die Ysenburgs in Rechtsfragen beraten. Die Gutachten sind im Goethehaus vorhanden.

178 NATIONAHL THEATER: 1792 wurde das «Frankfurter Nationaltheater» auf der Basis einer Aktiengesellschaft gegründet. 60 angesehene Bürger der Stadt zeichneten ein Gründungskapital von 33 000 Gulden. Die Gründer Chamot, Chiron, Küstner und Stockum bildeten die Oberdirektion und waren Pächter des Schauspielhauses. Die Pacht betrug 4000 Gulden jährlich.
CHIRON: Abraham (1747–97), Bankier. Seine Tochter Johanna Marianne (1779–96) war die zweite Gattin Johann Jacob von Willemers, die Mutter Bramis.
SCHAMO: Franz Georg Chamot

(† 1807), Kaufmann, 1806 Senator.

KISSNER: Simon Friedrich Küstner (1745–99), Handelsmann.

VON STOCKUM: Johann Stockum von Sternfels († 1792), Bankier am Roßmarkt, adlig seit 1743, oder einer seiner drei Söhne, Freiherrn seit 1792.

179 FRAU GRÄFFIN: von Ysenburg-Philippseich.

CHARLOT: offenbar ein dienstbarer Geist im Hause Schlosser.

180 NATIONAHL THEATER: s. o. Nr. 175.

DER HERRN 51GER: der «Ausschuß Löbl. Bürgerschaft von 51 Personen».

181 ARIADNE: wohl kaum das berühmte Duodrama von Brandes und Benda; vielleicht die zweiaktige Oper der blinden Marie Therese Paradies (1791). Lulu war, wie die Großmutter Goethe, eine eifrige Musikenthusiastin. Am 2. März 1793 schrieb sie an Cläre Jacobi: «Ich mußte mir jezt auch ein Neues Noten Buch machen laßen, es Kostet mich 1 f 24 xr. Und dann laß ich mir, für mein plaisir, die Mama weiß noch nicht's davon aus Altona, Rosenbaums Volkslieder Holen... sie kosten 2 f 45 x. Du wirst denken das Geld regnete bei mir aber du irrst dich denn jezt hab ich nur noch 15 xr.»

CLÄRCHEN: Clara Franziska Jacobi (1777–1849), die Tochter von Goethes Jugendfreund, dem Philosophen Friedrich Jacobi in Pempelfort bei Düsseldorf. 1796 heiratete sie Ludwig Arnold von Clermont. Lulus Mädchenbriefe an sie s. 69 181 216 243 396. Auszugsweise auch in Ernst Beutlers «Essays um Goethe», 1957, S. 163 ff. Die Handschriften befinden sich im Besitz des Freien Deutschen Hochstifts.

182 DEM GROSSEN BASSA: Bassa Selim in Mozarts «Entführung aus dem Serail».

POTZ FISCHEN: s. o. Nr. 170.

183 DAMEN CALENDER: wohl der im Versteigerungskatalog von 1794 aufgeführte «Historische Calender für Damen f. d. J. 1790–1791. Hrsg. v. Frdr. Schiller, Lpz.»

ANDERN WIRCKUNGSKREISS: seit 1791 studierte Fritz von Stein in Jena.

HERRN GÖRITZ: Ludwig Friedrich (geb. 1764), Magister in Jena. 1838 veröffentlichte er im Morgenblatt Erinnerungen an Schiller.

184 ARIADNE: s.o. Nr. 181.

ONCEL GEORG: Johann Georg Jacobi (1740–1814), seit 1784 Professor in Freiburg i. Br. [307]

CLÄRGEN: s. o. Nr. 181.

185 AM 2. DEZEMBER 1792 eroberten die Hessen das seit 20. Oktober von den Neufranken besetzte Frankfurt zurück. Frau Rat vermutete ihren Sohn noch in Pempelfort bei Jacobis, vgl. AA 19, 204.

186 FRITZ JACOBI: Friedrich Heinrich (1743–1819), bis 1779 in Pempelfort bei Düsseldorf, später in München. [186 201 372]

BRIEF VON MIR: Brief Nr. 185.

CUSTINE: der französische General Adam Philippe Graf von Custine (1740–93). Die Franzosen, die unter seiner Führung standen, wurden am 2. Dezember durch Hessische Truppen aus Frankfurt herausgeschlagen.

WILLMER: Johann Jacob von Willemer war seit 1789 Senator.

HER KOMMEN WOLLEN: Goethe an Johann Heinrich Meyer: «Ich dachte, zu Ende des Monats in Frankfurt zu sein.» (AA 19, 203) Goethes Oheim Johann Jost Textor war gestorben, und man hatte

ihm nahegelegt, sich um eine Ratsherrenstelle zu bewerben, vgl. AA 12,347ff.
METZLER: Dr. jur. Johann Wilhelm (1755–1837) erhielt am 27. November 1792 den Ratssitz auf der 2. Bank, 1802 und 1805 wurde er Jüngerer Bürgermeister.
187 HERDER AUGST: August Wolfgang (geb. 1776), Goethes Patenkind.
IHRO KÖNIGLICHE MAJESTÄT: s. o. Nr. 146.
189 DIE STELLE DES CAPPELMEISTERS: sie erhielt Ferdinand Fränzl. [247]
HETZLER: Johann Ludwig (1753–1800), seit 1786 Senator, 1797 Schöffe, Jugendbekannter Goethes, vgl. dessen Brief an H. aus Straßburg vom 28. September 1770 (AA 18,149). [221 252 301 303]
DEINE ZURÜCKGELASSNE SACHEN: Goethe war vom 16. bis 22. August bei der Mutter in Frankfurt.
IM JORICK: in Sternes Roman «Yoricks empfindsame Reise durch Frankreich und Italien»: «Es wär ein böser Wind, ... der Niemanden zum Vorteil wehte.»
DER KÖNIG VON PREUSSEN: s. o. Nr. 146.
DAS HAUSS DAS NUN SCHON LÄNGST FERTIG IST: s. o. Nr. 72.
BOMBARTEMENT: vgl. die aufregende Schilderung der Beschießung vom 2. Dezember 1792 bei Christ, S. 269.
190 SCHILDKNAPPEN: Paul Götze (1759–1835), seit 1790 Goethes Diener.
IHRO DURCHLAUCHT: Herzog Carl August von Weimar.
191 DIE BRIEFE 191, 193–195 sind an Goethe ins Mainzer Lager gesandt.
FRAU HERZOGIN: Louise, die bis Ende Februar bei Herzog Carl August in Frankfurt weilte.

GERNING: Johann Isaak von (1767–1837), Hessen-Homburgischer Diplomat, Kaufmann in der Schnurgasse, später am Roßmarkt. [202 266 396]
BUNTE GLÄSER brauchte Goethe für seine optischen Versuche.
192 MEINE FREUNDIN: Esther Stock.
IHRO PREUSSISCHE MAJESTÄTT: s. o. Nr. 146.
DER ÄLTRE WALTHER UND SEINE FRAU: s. o. Nr. 143.
DER JUNGE WALTHER: er spielte im «Egmont» am 15. Mai 1789 den Geheimschreiber.
HÜBSCH: Johann (1764–1815). Seit 1782 sang er in Mainz, Frankfurt, Petersburg und gastierte später an den ersten Bühnen Deutschlands. Seine Hauptrollen waren Sarastro, Osmin, Leporello. Im Januar 1800 schrieb der Schauspieler Carl Krüger an Goethe: «Ich halte es für Pflicht, Ihnen diesen außer ordentlich talentvollen Mann als eine der besten Kassen-Speculationen anzuempfehlen; so oft er singt, wird Ihr Haus so voll sein, wie bey Iffland.» Erst 1811 trat Hübsch in Weimar auf, jedoch ohne den erwarteten Erfolg. Am 27. Februar schrieb Goethe an Kirms: «so kann ich kein anderes Votum abgeben, als daß man Höchstdieselbe [Seine Durchlaucht den Herzog] unterthänig bitte, diesen Burschen durch die Polizei sogleich aus der Stadt schaffen zu lassen und uns dadurch diejenige Satisfaction zu verschaffen, die wir wohl in unserm schweren und leidigen Geschäftsgang verdienen» (WA IV 22,42).
HOCUS POCUS: Komische Oper, Text von Christian August Vulpius, Goethes Schwager, Musik von Dittersdorf (1790). Die

Frankfurter Premiere fand am 20. Januar 1793 statt.
193 DIE DURCHLAUCHDIGSTEN HERSCHAFTEN: s. o. Nr. 191.
194 KOME DU NUR: zur Belagerung von Mainz (AA 12,426; 19,211).
DER KÖNIG: s. o. Nr. 146.
196 ZWEY MILIONEN BRANDSCHATZUNG: an die Neufranken.
AN DIE TODEN: Großmann sammelte seit 1788 für ein Denkmal Lessings, dessen «Minna von Barnhelm» er 1772 ins Französische übersetzt hatte.
TRAMATUGISCHEN BLÄTTER: Großmanns «Dramaturgische Zeitschrift», Hannover 1793, 1. bis 24. Stück.
JORICK: s. o. Nr. 189.
DER KÖNIG VON PREUSSEN: s. o. Nr. 146.
VIALA: Fiala.
197 SCHLANGEN SPRITZE: Feuer- und Gartenschlauch für Friedrich Heinrich Jacobi in Pempelfort, vgl. AA 19,217.
AN DEIN LIEBGEN: Christiane.
MAHLER MEYER: Johann Heinrich (1759–1832), der «Kunst-Meyer», Goethes Schweizer Freund und künstlerischer Berater. Der Dichter hatte ihn in Rom getroffen; seit 1791 wohnte er im Goethehaus in Weimar. [266 297 321]
BÜRGERGENERAHLE: «Der Bürgergeneral, Ein Lustspiel» (AA 6, 670) war soeben bei Unger in Berlin erschienen.
HERRN BANSA: Die Brüder Johann Conrad (1747–1812) und Dietrich Bansa (1751–1824) besaßen ein Bank- und Speditionsgeschäft an der Zeil; s. auch Nr. 109.
198 DER ERSTE BRIEF an Christiane.
EIN EINZIGER AUGENBLICK KAN ALLES UMGESTALTEN: in «Oberon» 4231 f. heißt es:

«So laß uns fest an diesem Glauben halten,
Ein einz'ger Augenblick kann alles umgestalten!»
KRIEGS-GESCHREY: vgl. Marcus 13, 7: «Wenn ihr aber hören werdet von Kriegen und Kriegsgeschrei, so fürchtet euch nicht. Vgl. auch «Faust», Osterspaziergang (AA 5, V. 861).
DES KLEINEN LIEBEN AUGST: August von Goethe.
199 ÜBERBRINGER: wohl Carl Wilhelm Thurneisen.
GRÜSSE SCHLOSSER: Goethe und sein Schwager trafen sich in Heidelberg, vgl. AA 12,463 f.
200 UNGER: Friedrich Gottlob (1753–1804), Berliner Verleger von Goethes «Neuen Schriften». [197 222 304]
201 LESEGESELLSCHAFT: die 1787 durch den Buchhändler Friedrich David Eßlinger gegründete Lesegesellschaft wurde durch Goethes Jugendfreund Johann Jacob Riese und dessen Bruder Dr. med. Friedrich Jacob geleitet. Sie führte «in den vier laufenden Sprachen, der Teutschen, Französischen, Italiänischen und Englischen, die meisten periodischen, und andere nützliche Schriften» (Hüsgen, Wegweiser).
SPRITZE: s. o. Nr. 197.
FRITZ: Friedrich Heinrich Jacobi.
VOM TODE SEINER JULIE: Cornelias Tochter war am 5. Juli 1793 gestorben. Wenige Monate zuvor, am 28. Februar, schrieb die Schwester Lulu an Clärchen Jacobi: «Vorher... wurden die 2 kleinen u. ich, auf einmal in unsre Stube gerufen. Als wir hinein kamen fanden wir ein ordentlich Christkindchen, die Läden u. Vorhänge zu, Lichter, u. kurz ganz zum bescheren eingerichtet. an meinem Plaz fand ich, Musik. u.

ein Wachs Stäbchen, das Jettchen, ein herziges Büchelchen u. bänder u. perlen u. der Eduard ein eingebunden Rätselbuch u. ein Krüchelchen. als wir aber alles bei Licht besahen, so kam alles von der Juliette; welche uns das alles, deßwegen gab, weil sie uns kein Jahrmarkt u. kein Christkindchen gegeben hat. Sie thut mir recht Leid, so viel geld auszugeben; meine Musik alleine kostet 1 f 40 x wieviel nicht erst die Bücher?»
WILLMERN: Johann Jacob von Willemer.

202 NANKINET: ein leichter Baumwollstoff.
SCHWALBACHER WASSER: eisenhaltig.
RIESSENS LESEGESELLSCHAFT: s. o. Nr. 201.

204 GOETHE hatte auf der Rückreise nach Weimar Station in Frankfurt gemacht (9.–19. August). Er riet seiner Mutter, das Haus am Hirschgraben zu verkaufen. Frau Rat besprach den Verkauf mit dem Senator Jacob Stock. Vgl. Goethes «Tag und Jahreshefte» (AA 11,634).
DIE ZAUBERFLÖTHE: Mozarts 1791 in Wien uraufgeführte Oper wurde in Frankfurt am 16. August 1793 unter Musikdirektor Kunzen erstmals gegeben. Der Erfolg war – bei erhöhten Eintrittspreisen – so sensationell, daß das Stück an den beiden folgenden Abenden wiederholt werden mußte und stand bis zum Jahresende siebzehnmal auf dem Spielplan. Johann Conrad Friedrich berichtete: «Von der Schlange, dem Erscheinen der Königin der Nacht und ihren Nymphen, dem Vogelmenschen Papageno, den Affen, den Bären, Elefanten, Sarastros Löwen und Triumphwagen, dem Wasser und Feuer usw., erzählte man sich Wunderdinge ... man sah bald alle Knaben der Reichen in Papageno-Kleidern und die Mädchen in Sternen-Kleidern à la Königin der Nacht auf den Promenaden erscheinen. Nie hat seitdem eine Oper eine ähnliche Sensation hervorgebracht.» [192 327 St 15]

205 BEHÖRDTE: Adresse.
GUTTENHOFEN: Sophie Gräfin Coudenhoven, geb. Gräfin von Hatzfeld (1747–1825), Nichte des Mainzer Kurfürsten Carl von Erthal, «eine schöne, geistreiche Dame». Sie hatte sich in Düsseldorf an Goethe gewandt; vgl. AA 12,377.
FICKE: aus mittellateinisch ficacium = Tasche; die englische Entsprechung ist pocket, französisch poche.

206 GUTTENHOFEN: s. o. Nr. 205.

207 ANGELANGT: am 22. August.
VERKAUFEN: s. o. Nr. 204.

208 GOGEL: Johann Noë (1788–1865), Weinhändler im Haus «Zur Goldenen Kette» am Roßmarkt; hier wurde 1797 Hegel durch Hölderlins Vermittlung Hauslehrer.
CATALOGUS: [214] vgl. Hellmuth v. Maltzahn im «Jahrbuch des Freien Deutschen Hochstifts» 1927, S. 363ff. und Franz Götting «Die Bibliothek von Goethes Vater», 1953, Nassauische Annalen, Bd. 64. Die Bücher, 1671 Nummern, wurden am 18. August 1794 «in der Behaußung des geschworenen Ausrüfers Herrn Feyh» versteigert. Die «Verganthung» erbrachte schließlich 392 Gulden, 24 Kreuzer. 95 Bände aus der väterlichen Bücherei befinden sich heute noch in Weimar; einen Teil der Bücher schenkte Goethe seinem Kollegen Voigt. [236]

SOPFIE BETHMANN: Anna Sophie Elisabeth (1774–1806), Tochter von Peter Heinrich und Catharina Elisabeth Bethmann-Metzler, im November 1796 Frau von Schwartzkopf. [228 246]

SACHSENHÄUSSER: Im «Almanach der deutschen Bühne auf das Jahr 1835» wird folgende Anekdote berichtet: «Zu dem Schauspieldirektor Ihlée kam eines Tages eine sachsenhäuser Frau, ihn zu bitten, ihren Sohn doch manchmal zu einem Affen in der Zauberflöte verwenden zu wollen. Das Gesuch wurde in folgenden wenigen, aber kräftigen Worten der derben Mundart vorgetragen: ‚Es is mer net um die lausige Sechsbatze zu duhn; es is mer nor, daß des Oos e bissi Manier lernt.'»

CRONEBURGER: Kronberg im Taunus.

DER DEN CATALOG DER BÜCHER MACHT: Johann Wilhelm Liebholdt († 1806), Wechsel-Makler, vorher Schreiber des Anwalts Wolfgang Goethe und geschäftlicher Beistand von dessen Eltern (AA 10, 757).

DER STOCKEN IHRE TABLO: die Gemälde von Frau Esther Stock.

209 LIPPOLD: Liebholdt.

DORVILLE: Peter Friedrich d'Orville (1745–1820), Weinhändler am Roßmarkt, «Zum Phoenix», «in allen Gattungen Rheinweinen».

KLEINEN MÄDELEIN: das Kind Goethes und Christianes, geboren am 22. November, gestorben am 3. Dezember, vgl. AA 19, 221.

MAX: Maximiliane Brentano war am 21. November 1793 gestorben.

NICOLAUS SCHMIDT: Philipp Nicolaus aus Langensalza (1750–1823), Handelsmann in Flachs und Farbwaren im Kleinen Hirschgraben. Seine Tante Sophie wurde von Klopstock als «Fanny» besungen, vgl. o. Nr. 82. [223]

210 MORDMASCHINE: wohl eine kleine Guillotine.

ANZEIGBLÄTTGEN: Die «Frag' und Anzeigungs-Nachrichten» brachten am 17. Dezember einen Aufruf, «unsern Deutschen Waffen-Brüdern im Felde zwischen hier und Straßburg einen Beweis Deutscher Theilnahme zu geben». «Im Allgemeinen», heißt es später, «können unsere Brüder im Felde keinen zweckmäßigeren Beweis unserer Theilnahme erhalten, als in Naturalien-Lieferungen».

UNNIFORMEN: laut Anzeige vom 20. Dezember beschloß die «Löbl. Bürgerliche Schützen-Gesellschaft», sich mit 500 Mann zu verstärken. Frau Rat hatte schon am 2. Dezember 16 Gulden «vor die deutschen Krieger» gestiftet.

DIE RÜCKKUNFT DES DURCHLAUCHTIGSTEN HERZOGS: vom französischen Kriegsschauplatz.

MEINE PRINSSESSINNEN: s. u. Nr. 293.

MIT DEN FÄCHERN: In Weimar herrschte damals die Mode, Fächer zu rahmen und als Wandschmuck zu verwenden; eine Anzahl befindet sich heute noch im Schloß Tiefurt. Neapolitanische Fächeransichten gingen aus Philipp Hackerts Atelier hervor.

SEINE MUTTER: Maria Magdalena Gerning, geb. Moors (1744–96), die Gattin des Entomologen Johann Christian G.

BODE: Er starb am 13. Dezember 1793.

CRUNELIUS: Peter Johann Balthasar Grunelius, Kaufmann für Leinen und Wollenwaren en gros in der Saalgasse. «Herrn Cronelius vor eine englische Decke nach

ERLÄUTERUNGEN 209—215 945

Weimar 13 fl. 30 Kr.» heißt es im Cassa-Buch der Frau Rat. Vgl. die «Zweite Stech-Schrifft» des Knaben Goethe, «welche im Monat May 1757 unter 20 Streitern nach dem Urtheil des Herrn Grunelius mit No. 1 beehret worden» (Faksimile in «Der junge Goethe», hsg. von Max Morris, Bd. 1, 1909, S. 3).

211 DER GARTEN: vor dem Friedberger Tor, wurde erst nach dem Tode der Frau Rat verkauft.

5 STÜCK ALTE WEINE: ein Stück = 1200 Liter.

BENDERMEISTER = Küfer; er hieß Stichling. Sein Gehalt wird im Cassa-Buch wiederholt mit 8–16 fl. angegeben.

SCHILDKNAPP: Götze.

KINCKEL: wohl identisch mit «Admiral Ginckel», den Goethe am 30. September 1815 in Mannheim besuchte.

SCHMERBER: Marie Eleonore, geb. de Saussure. In einem Brief an ihren Onkel Johann Caspar Moritz vom 20. November 1814 berichtet Käthe Stock über einen Besuch Goethes im Stockschen Haus: «Bei unserem Essen war Niemand wie wir 4, Er, Hr Schmidt der Vormund, sein Jugendfreund Riese u. Fr Schmerber, seine Jugendfreundin, diese 2 spielten alle Spiele in Wahrheit und Dichtung mit.»

212 PANISCHER SCHRECKEN: Mainz war von den Franzosen eingeschlossen, Landau gefallen.

ELISE BETHMANN: s. o. Nr. 67.

MANNHEIM: Die Neufranken besetzten Mannheim erst am 20. September 1794.

LUTHER: Dr. jur. Johann Nicolaus (1732–1805), Senator.

HERZOG VON BRAUNSCHWEIG: s. o. Nr. 15.

JORDIS: Johann Heinrich (1757–1803), Bankier (Preye & Jordis) in der Saalgasse. Sein Sohn Johann Carl heiratete 1805 Lulu Brentano.

WURMSER: Dagobert Sigmund, Reichsgraf von (1724–97), k. k. Feldmarschall, im Januar 1794 abberufen.

DÜBARI: Jean de Bary (1744–1806), aus altem niederländischem Adel, Kaufmann, verheiratet 1772 mit Elisabeth Amalie von Stokkum.

MONTAG COMMPANIE: s. u. Nr. 259.

SEINE MUTTER: s. o. Nr. 210.

213 LAST: Goethes «landschaftliche Grille» (AA 11, 671), d. h. der projektierte, erst 1797 zustande gekommene Gutskauf von Oberroßla bei Apolda. Ähnlich wie seine Mutter hatte Goethe 1783 Knebel geraten (AA 18, 735).

OHNE HOSSEN: Sansculotten.

214 CATALOGUS: s. o. Nr. 208, «Verzeichnis von Büchern aus allen Theilen der Wissenschaften und in verschiedenen Sprachen», ohne Goethes Namen, 4½ Bogen stark, in 500 Exemplaren gedruckt; 1371 Nummern sind verzeichnet.

STREÜBER: s. o. Nr. 82.

NOTHNAGEL: Johann Andreas Benjamin (1729–1804), Tapetenfabrikant und Maler in der Kleinen Eschenheimer Gasse, Tapetenlieferant des Vaters, Goethes Lehrer in der Ölmalerei (AA 10, 172).

OBRISTER: Oberst von Jungherr.

ZAUBERFLÖTHE: in Weimar am 16. Januar 1794 zuerst gegeben.

EURE AFFEN: s. o. Nr. 208.

215 MEIN WOHNHAUSS: 1733 von Goethes Großmutter Cornelia, geb. Schelhorn, der Gattin des Gastwirts und Damenschneiders Friedrich Georg Goethe, für 6000 Gulden erworben. Der Umbau

begann 1754; den Wert des Hauses schätzte Rat Goethe in seinem «Vermögens-Etat» von 1770 «mit Mobilien» auf «wenigstens 20000» Gulden.

THURNEISSEN: Die Söhne des 1786 verstorbenen Caspar Wilhelm Thurneisen, Isaak (1824†) und Carl Wilhelm († 1806).

BRAUNENFELS: s. o. Nr. 53. Gegenüber lag das Haus «Zum Grimmvogel und Paradeis» (Ecke Neue Kräme).

EULENSPIEGEL: in der «XXI. histori»: «Das wer das groß glück, dann wo ein stein von dem tach fiel, oder ein balcken von dem huß, so möcht man sprechen, wer ich da gestanden, so het mich der stein oder der balck zutod gefallen, das wer myn groß glück.» (Text des Volksbuchs von 1515).

DEN KRANCKEN HERMANN: wohl den Obersten von Jungherr.

216 SCHLOSSER: Johann Georg wollte sich damals vor den Kriegsunruhen mit den Seinen nach Holstein wenden. Daß dies ein langgehegter Plan war, zeigt Lulus Brief an Cläre Jacobi vom 2. März 1793: «denk hier unter Papa u. Mama ist immer ein Leises Wünschen, von wegziehen! st! st.st! besonder beim Papa, der ganz Carlsruh verwünscht u. haßt. Etwas ganzes kann ich dir nicht zum beweis geben aber lauter abgebrochen Wörter, oder halblaute halbverschluckte Wünsche, halb spaß, halb Ernst. Wär aber das nicht ganz prächtig? ich bin ganz in extase wenn ich dran denke. Aber du Spinne es ist ja erst gemurmelt! wie viel gehört noch dazu um Laut zu werden? viel Patience!»

217 HEYRATH: Lulus Vermählung mit Georg Heinrich Ludwig Nicolovius (1767–1839), Kammerassessor in Eutin und Königsberg, später Staatsrat in Berlin. Das Aufgebot fand in Frankfurt am 31. Mai, die Hochzeit am 5. Juni 1795 statt. [243]

AUS STEINEN KINDER: «Ich sage euch: Gott vermag dem Abraham aus diesen Steinen Kinder zu erwecken.» Matth. 3,9.

NETTE: Antoinette Louise Gerock (geb. 1753), Corneliens Jugendfreundin.

MUTTER: Johanna Schlosser, geb. Fahlmer.

VON DER GEROCKISCHEN SACHE: nicht zu ermitteln.

218 NACH OFFENBACH: Das Cassabuch verzeichnet am 1. April: «nach Offenbach zu fahren zu gunsten Herrn Wielands 2 fl. 48 Kr.»

HOFFRÄTHIN MÖHN: s. o. Nr. 49.

BAAL SAMEN: phönikisch «Herr des Himmels».

DEN CATALOG: s. o. Nr. 208.

MELCHIOR: Johann Peter (1747–1825), Bildhauer aus Höchst, wo er 1770–79 in der Porzellanfabrik tätig war, später in Bayern und der Pfalz. Von ihm stammen die Relief- (Biskuit-)Porträts von Goethes Eltern; vgl. o. Nr. 65.

KRIEG UND KRIEGSGESCHREI: s. o. Nr. 198.

CHURFÜRST VON CÖLN: Erzherzog Maximilian Franz, der die Emigranten unterstützt hatte. [176]

ARGRIEF: Archiv.

219 LIPPOLD: Liebholdt.

DIE FÄCHER: s. o. Nr. 210.

VON IHREM BRUDER: Friedrich Ludwig Moritz (geb. 1763), Kaufmann und Bankier in Neapel.

KÖNIG UND DER KÖNIGIN VON NEAPEL: Ferdinand IV. (1759–1825) und Marie Caroline, geb. Erzherzogin von Österreich.

WEYRAUCH: Er spielte jugendliche Liebhaber, komische Be-

diente und sang Baß. Seit 1790 bei Großmann.
HIRONIMUS KNICKER: «eine komische Operette in 2 Aufzügen» von Dittersdorf, Text von Christian August Vulpius (Wien 1787).
MADAM: Frau Weyrauch, 1793–1800 in Weimar, Tante Karl Maria von Webers.
ENTFÜHRUNG: «Die Entführung aus dem Serail» von Mozart.
KÖNIGIN DER NACHT: in der «Zauberflöte».
IM TRÜBEN IST GUT FISCHEN: «Fra i due litiganti il terzo gode», komische Oper von Giambattista Lorenzi, Musik von Giuseppe Sarti, zuerst in Mailand 1782, von Goethe in Rom beachtet (AA 11, 154), in Weimar 1793 aufgeführt, in Frankfurt am 12. Mai 1785 durch Großmanns Truppe. Die Oper ging am 13. Oktober 1792 in einer Neueinstudierung durch Kunzen über die Frankfurter Bühne.
DEMMER: Joseph Carl (1764 bis nach 1824), Tenor, 1791–94 in Weimar, dann bis 1804 in Frankfurt, später in Wien. «Alle Tenor-Parthien in der Oper, Pedanten und erste Intriguante im Schauspiel» (Gollmick). In der Frankfurter Erstaufführung von «Figaros Hochzeit» am 19. April 1795 sang er den Grafen Almaviva, 1799 den Annius im «Titus». Vgl. AA 12,619. [275]
SEINE FRAU: Caroline Friederike Demmer, geb. Krüger (1764–1813), 1795 als Marcelline im «Figaro», vgl. AA 12, 90, 618.
CLAUDIA: in «Emilia Galotti».
FRITZ STEIN: Der 21jährige Fritz von Stein war im Begriff, eine Bildungsreise nach England und Schottland anzutreten.
LUSTIG HEYSA HOPSASA: in der Arie des Papageno aus der «Zauberflöte».
FRAU HERZOGIN: Louise von Sachsen-Weimar.
SOPFIE BETHMANN: s. o. Nr. 208.

220 ROBERT: wohl Ernst Friedrich Ferdinand R. (1763–1843), Maler und später Galerie-Inspektor in Kassel.

221 BÜCHER: Frau Rats Cassa-Buch unter dem 17. Juni: «Fracht vor Bücher nach Weimar 34 fl. 17 Kr.»
MEINE REVOLUTION: die Auflösung des Haushalts.
DOCTOR HETZLER: seit 1787 Schwiegersohn des Senators Ettling, der 1783 gestorben war.
LIPPOLD: Liebholdt.
CHAMO: Chamot.
HERR MÜLLER: Johann Müller, Kaufmann und Teilhaber des Bethmannschen Bankhauses.
METZLER: s. o. Nr. 186.
KELLER: Johann Leonhard Kellner (1732–99), Materialist, seit 1771 Ratsherr. Goethe besuchte ihn am 11. August 1797 in Oberrad.
MEINE MÄGDE: außer Elisabeth Hoch hatte Frau Rat noch eine Köchin.
NEAPOLITANISCHEN FÄCHER: s. o. Nr. 210.

222 REINECKE: «Reinecke Fuchs», Berlin 1794 bei Unger.
BEYM RÖMISCHEN CARNEVAL: s. o. Nr. 173.
WIELANDS WERCKE: «Sämmtliche Werke» Leipzig 1794–1802 bei Göschen in 39 Bänden und 6 Supplementbänden.
SCHLOSSERS PRODUCTEN: Johann Georg Schlossers «Kleine Schriften» VI, Basel 1793, die Frau Rat dann im Auftrage Schlossers an Goethe weitersenden sollte.
DIE ERBSCHLEICHER: Lustspiel von Friedrich Wilhelm Gotter (Leipzig 1789).

223 VERZEICHNÜSS DER BÜCHER: vgl. die Liste im Hochstift-Jahrbuch 1927, S. 369 ff.
BUCHDRUCKER: Carl Gottfried Kämpfe († 1814), der auch Seyfrieds «Frankfurter Dramaturgie» verlegte.
LIPPOLD: Liebhold.
POLECKS: Christoph Ernst Polex (1747–1810), Kaufmann in Langensalza, bekannt aus Clemens Brentanos Jugendgeschichte, seit 1786 verheiratet mit Maria Sophia geb. Schmidt, der Schwester von Nicolaus Schmidt, s. o. Nr. 209.
HAUSSEHREN: s. o. Nr. 119.
K. P.: Königlich Preußischer.
SCHLOSSER übersiedelte mit den Seinen nach Ansbach.

224 VON UNSERM HAUSS: vgl. Goethes «Tag und Jahreshefte» (AA 11, 634).
AUFBAUEN EINER WOHNUNG: vgl. Brief Nr. 221.
SCHÖFF SCHLOSSER: Hieronymus Peter Schlosser.
CATALOG: s. o. Nr. 208.

225 TRENTELEY: Trödelei; trenteln in Goethes «Götz»: «wie sie haudern und trenteln die Esel» (AA 4, 733).

226 PITAVAL: «Erzählungen sonderbarer Rechtshändel», 9 Bde., Leipzig 1747–67, die Übersetzung von François Gayot de Pitavals 1734 in Paris erschienenen «Causes célèbres et intéressantes». Aus dem «Pitaval» ist die Rahmenhandlung der «Mitschuldigen» entnommen, vgl. AA 4, 1002.
SCHAUSPIELER: Henry, der von Ostern 1793 bis August 1794 bei Großmann spielte. Sein Brief, wie auch der von Madame Fiala, datiert «Hannover 31. August 94», ist in Weimar erhalten.
WOLFGANG STARCK: Dr. jur. Johann Wolfgang (1760–1835), Advokat seit 1782, Neffe der Frau Rat. [229]

228 FÄCHER UND TABLO: s. o. Nr. 210.
LILLA: s. o. Nr. 145.
SOPHIE B.: Bethmann. «Friedrich Wilhelm II. hatte sie mehrere Male gesehen und bewies ihr seine Zuneigung in auffallender Weise» (Belli-Gontard, Lebenserinnerungen).

229 EIN WEIB GENOMMEN: Johann Wolfgang Starck heiratete 1794 Ottilie Fritsch (1768–1850).
SACHEN: vgl. Brief Nr. 228.
RUHMVOLLER FELDZUG: Die Franzosen waren am 20. September in Mannheim, am 4. Oktober in Köln, später in Bonn und Koblenz eingezogen.
LÜCKDICKE: wohl Lüdicke zu lesen.
MEINE MÄGDE: s. o. Nr. 221.

230 LÜCKDECKE: s. o. Nr. 229.
STOCKS BILDER: s. o. Nr. 210.
WILLHELM: «Wilhelm Meisters Lehrjahre» I, Berlin 1795 bei Unger. Am 22. Februar 1784 hatte Herzogin Anna Amalia an Frau Rat geschrieben: «Wie hat Ihnen denn Wilhelm Meister gefallen? Es wird wohl wieder ein Meister Stück von unsern Herrn Wolff werden. Da ist das Leben drin. Er ist ein Prometheus, der sich seine eigene kleine Welt schaft.»
PFARRER STARCKS: seine Frau Anna Maria geb. Textor, starb am 8. Dezember, 55 Jahre alt.
HARDENBERG: Carl August (1750–1822), der preußische Minister und spätere Staatskanzler.

231 WILLHELM: s. o. Nr. 230.
ELISE BETHMANN: s. o. Nr. 67.
MORS: Moors, s. o. Nr. 128.
REICHART: Johann Friedrich Reichardt. Von ihm «Goethes Gedichte, oder deßen Lieder,

ERLÄUTERUNGEN 223—237

Oden, Balladen und Romanzen» (1811), mit 128 Nummern.

CLAVIER SCHLÜSSEL: wohl der g-Schlüssel, obwohl man damals die Oberstimme auch im Sopranschlüssel notierte.

OBERAUDITOR: Lüdicke.

EIN EINZIGER AUGENBLICK KAN ALLES UMGESTALTEN: s. o. Nr. 198.

SCHLOSSERN: Schlossers gingen 1796 nach Eutin.

SEMMERING: Dr. med. Samuel Thomas Sömmerring (1755—1830), 1784—94 Professor in Mainz, seit 1792 wohnte er in Frankfurt auf dem Roßmarkt, wo er von 1797—1805 als Arzt tätig war; berühmter Anatom (AA 19, 189, 244). [263]

232 DIE KÄLTE: schon am 27. Dezember 1794 fror der Main zu; Ende Januar trat Tauwetter ein. – Die Zeilen sind die Nachschrift zu einem Briefe Schlossers vom 21. Januar 1795.

233 WILLHELM: s. o. Nr. 230.

234 LEHONARDI: wohl Jacob Friedrich (1778—1839), der ältere Sohn, später Bundestagsabgeordneter, des Johann Peter Freiherrn von Leonhardi (1747—1830), Kaiserlicher Rat, Senior des Bürgerausschusses, und der Susanna Elisabeth Heyder auf der Zeil. [254]

235 SEEKATZ: Johann Conrad (1719—68), Hofmaler in Darmstadt (AA 10, 124). Der Herr Rat erwarb in den Jahren 1758—63 etwa 18 Bilder von ihm. Das Bild mit dem Löwen wird am 10. April 1795 für Weimar angekündigt, ist aber dort nicht mehr vorhanden. Wohl aber befinden sich zwei antike mythologische Gemälde des Kasseler Tischbein aus des Vaters Galerie im Frauenplan. [237]

WILLHELM: s. o. Nr. 230.

FRIEDENSGERÜCHTE: der Friede von Basel zwischen Preußen und Frankreich wurde am 5. April 1795 geschlossen.

LIPPOLDT: Liebholdt.

236 VERKAUFEN: für 22000 Gulden. Der Kaufkontrakt stammt vom 1. Mai 1795. Käufer waren Johann Gerhard Blum, Weinhändler in der Fahrgasse, und dessen Braut Susanna Marie Soldan. Bereits am 17. Februar 1796 verkauften sie das Haus weiter an die Witwe Anna Catharina Rössing, geb. Brennel.

BOUKLAIR: Pierre Louis de Beauclair, vor 1793 Professor an der Académie militaire in Hanau.

INSATZ: Hypothek; jeder Hypothekenbrief mußte im Römer eingetragen, bzw. getilgt werden.

ABGELEGT: rückgezahlt.

VITIMIRTE: vidimierte (beglaubigte) Einwilligung. Sie war, samt der Johann Georg Schlossers, Vorbedingung im Kontrakt. Die Vollmacht entwarf in Weimar der Geheimrat Christian Gottlob von Voigt.

SCHÖF SCHLOSSER: s. o. Nr. 224.

MEINER MINDERJÄHRIGEN ENCKELIN: Louise Marianne Nicolovius, geb. Schlosser.

237 AMMELBURG: Johann Jacob, Spezereihändler (Ecke Saalgasse und Krautmarkt), seit 1777 im «Ausschuß Löbl. Bürgerschaft von 51 Personen».

DES KÄUFERS: s. o. Nr. 236.

FINGERLINGS: Johannes Fingerlin (1761—1815), Bankier in der Schnurgasse, und seine Gattin Maria Elisabeth, geb. Schaaf (1730—1804).

METZLER: s. o. Nr. 67.

IM GOLDENEN BRUNNEN: auf dem Roßmarkt, mit Aussicht auf die Katharinenkirche und die Zeil. Vgl. Fried Lübbecke «Der goldene

Brunnen», Goethe-Kalender auf das Jahr 1943, S. 56–115.
VON HERTZEN DANCKBAHR: unter dem 18. Mai vermerkt das Cassabuch «Einen Gottespfening wegen Verkaufung meines Haußes» und einen «wegen mithungs eines Logi», zusammen 15 Gulden.
BAUMWISSEN: die im «Vermögens Etat» von 1770 mit 2500 Gulden bewerteten «Baumstücker» am Ginnheimer Weg, die Peter Heinrich Bethmann-Metzler gekauft und seiner Besitzung «Grüneburg» einverleibt hat. Schon am 15. Januar 1793 wurde die Baumwiese gemessen und taxiert.
VERHEURATETEN SÖHNE: Johann Wolfgang Starck (s. o. Nr. 229). Sein jüngerer Bruder Gottfried Wilhelm (1764–1830), Pfarrer in Büdesheim, war seit 1792 verheiratet mit Euphrosine Metz (1772–1796).
PUPPENSPIEL: das Puppentheater schenkte die Schreiberin Frau Sophie Bansa geb. Streiber aus Eisenach (vgl. o. Nr. 82), die es 1841 der Stadtbibliothek überließ; heute wieder im Frankfurter Goethehaus.
FAMMILIEN PORTRAIT: von Seekatz (1762); heute im Weimarer Goethe-Nationalmuseum. Es kam nach dem Tode der Frau Rat zunächst in den Besitz von Bettina Brentano.
3 BÜSTEN VON STEIN: vgl. Briefe Nr. 63 und 74.
JEDEN ALEXANDER: Frau Rat als Diogenes.

238 TABOR: Er hatte auch eine Niederlage von Glas und Spiegeln.
AUSRÜFFEN: Ausruf = Versteigerung.
JUDENKRAM: vgl. Goethes «Judenkrämchen» (AA 19, 194, 199), Reste von Spitzen, Bändern usw.
LIPPOLD: Liebholdt.

WILLHELM: «Wilhelm Meisters Lehrjahre, Zweyter Band» 1795.
239 CARLSBAD: Goethe weilte dort im Juli.
TYRANNEN BLUT s. o. Nr. 138.
HOLTZHAUSSEN: Kammerherr Anton Ulrich Carl von Holzhausen (1754–1832), im «Pfahlhof» am Roßmarkt, Schöff 1785, älterer Bürgermeister 1800. [252]
MEINE ZWEY MÄGDE: s. o. Nr. 221.
REGIMENT TADEN: von Thadden-Trieglaff.
HAUSSHERR: Johann Heinrich Bauer (1751–1821), Brauermeister und Gastwirt. Er wird mehrfach im Cassa-Buch der Frau Rat genannt.
HERR BERNUS: Jacob (1734–1816), Tabakfabrikant in der Großen Sandgasse.
FRAU RITTERN: wohl aus der Frankfurter Pfarrerfamilie, vgl. Brief des Vaters Nr. 1.
JUDENKRAM: s. o. Nr. 238.
DES ROMANS: «Wilhelm Meister».
240 JUDENKRAM: s. o. Nr. 238.
NEUEN WELTBÜRGER: ein Knabe, geboren am 1. November 1795.
ANZEIGBLÄTTGEN: die «Frag- und Anzeigungs-Nachrichten» (1753–1813), die die Geburten und Todesfälle verzeichneten.
BETHMANN METZLER: Peter Heinrich von (1744–1800), verheiratet mit Catharina Elisabeth Bethmann aus Bordeaux, Teilhaber der Bank Gebr. Bethmann. [72 128 237]
KAPPEL: Johann Heinrich (1737–1813), Weinhändler, Freund der Susanna Catharina von Klettenberg.
FREUT EUCH DES LEBENS: Lied von Johann Martin Usteri, komponiert von Hans Georg Nägeli (1793).
WILLHELM: der 3. Band des «Wilhelm Meister».

ERLÄUTERUNGEN 238–245

241 DEINE ANKUNFT: Goethe an Christiane am 16. Oktober aus Eisenach: «Du kommst um den Muff und das Kind um die Pelzmütz, denn ich gehe nicht nach Frankfurt, sondern komme bald wieder.»
HAUSSHERRN: s. o. Nr. 239.
FEURIGEN KUGLEN: vgl. Brief Nr. 212.
DIE AUSRUFUNGSZEICHEN skizzieren das Einschwenken der von der Zeil her aufziehenden Wachtparade in die Hauptwache.

242 DAS CASSABUCH der Schreiberin verzeichnet: «Christkindleins Transport nach Anspach [an Schlossers] ditto nach Weimar. Vor 3 Schachteln mit bleiernen Soldaten 1 fl. 12 Kr.» So hatte nach Philipp Seidels Ausgabebuch Goethe am 23. Juli 1775 «6 Stück zinnerne Rüstwägen, 4 Stück Canonen, 2 Schachteln, 2 Gulden 52 Kreuzer» an d'Orvilles Kinder, Lilis Neffen, nach Offenbach gesandt.
WILLHELM: s. o. Nr. 240.
DER UNVERGESSLICHEN K.: dem Fräulein von Klettenberg im 6. Buch des «Wilhelm Meister» (AA 7,385 ff.). Frau Rat sandte Goethe später «eine Rezention aus den Theoloigen Annalen», s. Briefe Nr. 392f.
URGROSSMUTTER: durch Louise Nicolovius, geb. Schlosser, s. u. Nr. 243.
LOUISE: im ersten, gemeinsam mit Nicolovius an Goethe gerichteten Brief vom 30. Mai 1795: «und dann wollen auch wir Beyde Sie recht lieb haben wie unsren Onkel».
WER IST MEINE SCHWESTER: vgl. Christi Worte Matth. 12,48; Marc. 3,33.
ELISE BETHMANN: s. o. Nr. 67.
KENTS DU DAS LAND: wohl in Johann Friedrich Reichardts Vertonung (1795).
SOPHIE BETHMANN: s. o. Nr. 208.

243 BRAVE HAUSSFRAU: 1793 berichtete Lulu der Freundin Clärchen Jacobi: «Denk wie fatal! diesen Sommer muß ich alle Morgen zur Fr. Hofrath Schweikart patruliren, um dort Kochen zu lernen. Nichts ist mir fataler! In fremder Leute Küche Kochen! ach! u. noch derzu ich Tolpatsch! Nu – – ich muß in Geduld erwarten!»
URGROSSMUTTER: Der Urenkel Johann Georg Eduard Nicolovius wurde am 26. März 1796 geboren.
DEINEN VORTREFLICHEN MANN: Lulu Schlossers Gatte, der Fürstlich Lübeckische Kammersekretär Georg Heinrich Nicolovius in Eutin. Eutin war Hauptstadt des Fürstentums Lübeck. Die Lübecker Bischöfe hatten schon vor der Reformation infolge von Streitigkeiten mit der Bürgerschaft ihren Sitz nach Eutin verlegt. «Fürstbischöfe» waren Prinzen von Holstein-Gottorp. So war Herder Fürstlich Lübeckischer Kabinettsprediger, Friedrich Ludwig Stolberg Fürstlich Lübeckischer Minister in Kopenhagen. Nach 1815 gehörte Eutin zu Oldenburg.

244 URENCKELEIN: s. o. Nr. 243.
SCHLOSSERS NEBST WEIB UND KINDER: Schlosser folgte erst 1798 einem Ruf seiner Vaterstadt als Stadtsyndikus.
DER GROSSEN ENTFERNUNG: Frankfurt–Eutin.

245 LOUISE: s. o. Nr. 243.
SÖHNGEN: Goethes Kind (s. o. Nr. 240), starb am 18. November 1796.
JUDENKRÄMGEN: s. o. Nr. 238.
DEN JUNGEN MENSCHEN: vgl. Brief Nr. 239.

HOLTZHAUSS: von Holzhausen.
246 ETWAS VON SCHLOSSER: Vermutlich dessen Buch «Platos Briefe nebst einer historischen Einleitung und Anmerkungen», Königsberg 1795, Claudius gewidmet. Die Anmerkungen enthielten Angriffe gegen Kants Philosophie, auf die Kant in der «Berliner Monatsschrift» vom Mai und Dezember 1796 erwiderte.
FRAU BETHMANN: s. o. Nr. 67.
IHRE TÖCHTER: Anna Sophie Elisabeth (s. o. Nr. 208) und Johanna Caroline Louise (1777–1801).
HERR VON SCHWARTZKOPF: Joachim (1766–1806), Königlich Großbritannischer Geheimer Legationsrat, 1836. Ihn und seine junge Frau Sophie, geb. Bethmann-Metzler, besuchte Goethe im August 1797 vor dem Eschenheimer Tore (AA 19, 291).
JENI BETHMANN: Johanna Caroline Louise.
FORMEY: vielleicht preußischer Offizier aus Berliner Hugenottenfamilie? Ein Dr. Formey schrieb 1814 «August Wilhelm Ifflands Krankheitsgeschichte».
EDUARTS: Eduard (1786–1829), der Sohn von Peter Heinrich und Catharina Elisabeth von Bethmann-Metzler.
HERR WAGNER: vielleicht Dr. med. Anton Ulrich Friedrich Carl W. (1753–1814).
247 DORVILLE: s. o. Nr. 209.
BERNHARDT: Peter Bernard gehörte von 1796–1800 zur Theater-Oberdirektion. Er hatte in Offenbach eine eigene Privatbühne und ein Orchester, aus dem sich dann das Frankfurter Theaterorchester rekrutierte.
FRÄNTZEL: Ferdinand Fränzl (1770–1833) aus Mannheim, Geiger, 1792 «Vorspieler» im Frankfurter Orchester, 1806 Musikdirektor in München.
248 GLÜCKWUNSCH zur Geburt von Johann Georg Eduard Nicolovius am 26. März 1796. [243]
DIE ALTE GERTRAUDT: in Matthias Claudius' «Sämmtlichen Werken des Wandsbecker Bothen», Hamburg 1775, I, 23.
GRÄFIN VON STOLLBERG: Louise Gattin von Christian Graf zu Stolberg, geb. von Reventlow.
JAJOBI: Charlotte (1752–1832), Schwester von Johann Georg und Friedrich Heinrich Jacobi.
SCHARLOT: s. o. Nr. 179.
249 IFLAND: Iffland gastierte in Weimar vom 25. März bis 21. April. Goethe berichtet in seinen «Tag und Jahresheften»: «Die Weimarische Bühne war nun schon so besetzt und befestigt, daß es in diesem Jahre keiner neuen Schauspieler bedurfte. Zum größten Vorteil derselben trat Iffland im März und April vierzehnmal auf. Außer einem solchen belehrenden, hinreißenden, unschätzbaren Beispiele wurden diese Vorstellungen bedeutender Stücke Grund eines dauerhaften Repertoriums und ein Anlaß das Wünschenswerte näher zu kennen. Schiller, der an dem Vorhandenen immer fest hielt, redigierte zu diesem Zweck den Egmont, der zum Schluß der Ifflandischen Gastrollen gegeben ward, ungefähr wie er noch auf deutschen Bühnen vorgestellt wird.» (AA 11, 658.)
250 DIE EINLAGE war ein Lotterieplan.
DEM NORDISCHEN CANAAN: Eutin.
CRESPEL: Er hatte am 1. Juli 1794 sein Haus an der Friedberger Gasse verkauft und war nach Laubach in der Wetterau zu seinem Gönner Graf Friedrich Ludwig

ERLÄUTERUNGEN 246–254

Christian zu Solms-Laubach übergesiedelt. Das von ihm erbaute Haus (Stift-Straße 27) ist das heutige «Johann Friedrich-Stift». Vgl. E. T. A. Hoffmanns Novelle «Rat Krespel».
WILLHELM MEISTER: der 4. Band erschien 1796.

251 DIESEN BRIEF sandte Goethe an Schiller, der am 28. Juli antwortete: «Für den Brief Ihrer Mutter danken wir schönstens. Außerdem, was er Historisches enthält, interessierte uns die Naivetät ihrer eignen Art und Weise» (AA 20, 226).
DER KAYERLICHE COMMANDTANT: der k. k. Oberst Anton Ulrich Freiherr von Mylius (1742–1812).
BURGEMEISTER: Friedrich Carl Schweitzer.
DAS BOMBARDEMENT: in der Nacht vom 12. zum 13. Juli. Es wurde gemalt von «Herrn Schütz, dem Vetter», Christian Georg, gestochen von Regina C. Carey. Der kaiserliche General von Wartensleben beschloß, Frankfurt gegen die unter Jourdan anrückenden Franzosen zu verteidigen. Darauf wurde die Stadt in der Nacht beschossen. Am meisten litt dabei die Judengasse. Über 140 Häuser wurden zerstört; der Schaden belief sich auf eine Million. Nachdem Wartensleben sich auf das südliche Mainufer zurückgezogen hatte, rückten die Franzosen am 16. Juli ein. Sie forderten 6 Millionen in bar und 2 Millionen in Lieferungen.
UNSERS HAUSSHERRN: s. o. Nr. 239.
MAJOR SCHULER: Georg Heinrich Cornelius von (1730–1810), Oberst und Stadtkommandant in Frankfurt, verheiratet mit Frau Rats jüngster Schwester, Anna Christine, geb. Textor.

MEINE MÄGDE: s. o. Nr. 221.

252 UNSER EHEMALIGES HAUSS: das Textorsche Elternhaus in der Großen Friedberger Gasse (AA 10, 45).
GRAFF: s. o. Nr. 121.
PLÜNDERUNG: die Franzosen hielten strenge Mannszucht.
SCHLOSSER: Hieronymus Peter.
GEISSLEN: die mitgenommenen Geiseln, von Humbracht, von Holzhausen, von Barckhausen, Schlosser, Hetzler, Moors, Andreae, Steitz, wurden im Dezember freigelassen. [258]
VOLTÄRE: Voltaires «Essai sur les mœurs et l'esprit des nations».
WILLHELM: «Wilhelm Meister».

253 IN DEM 4TEN ARTICKEL: in der «Capitulation der Stadt Frankfurt»: «kein Vorwurf darf den Einwohnern wegen ihrer vorigen Aufführung gemacht werden» (26. Messidor des 4. Jahres der Republik = 2. Dezember 1792).
ERNST: Ernst Brecht, Kaufmann aus Weimar.
JUDENKRAM: s. o. Nr. 240.

254 AM 9. SEPTEMBER hatten die Franzosen nach Jourdans Niederlage bei Würzburg (3. September) Frankfurt am frühen Morgen geräumt.
SCHWEITZER: Er wurde von den Franzosen als Geisel mitgenommen, aber vor dem Tor freigelassen.
SCHLEUSSNER: Gabriel Jonathan, Arzt in Jena.
EDICTEN: «Series statutorum, edictorum atque decretorum Francofurtensium» in Quarto, befand sich in der Bücherei des Rats Goethe, von ihm 1742 eigenhändig geschrieben und von Johann Peter von Leonhardi für 1 fl., 14 Kr. erworben.
GELESSE: Lektüre («Geles» Goe-

the an Betty Jacobi am 3. 11. 1773).
PFARRER IN CRONENBURG: Oberpfarrer Johann Ludwig Christ in Kronberg (1786–1813). Er verfaßte Schriften über Landwirtschaft und Obstbaumzucht.
SOPHIE BETHMANN: s. o. Nr. 208; am 2. November Frau von Schwartzkopf.
255 HERR DOCTOR: Schleußner.
EDICTEN: s. o. Nr. 254.
GELLERT: im Kirchenliede «Zufriedenheit mit seinem Zustande».
MEINE HOFFNUNG STEHET FESTE: von Joachim Neander.
DES ROMANS: «Wilhelm Meisters Lehrjahre» IV, Berlin 1796.
MORITZ: Catharina Sibylla, geb. Schöll, seit 1751 Gattin des Legationsrats Johann Friedrich M. Beide gehörten zum Kreis der Susanne von Klettenberg.
PFARRER CLAUS: Johann Andreas (1731–1815). Auch er gehörte zum Kreis der Klettenbergerin.
KRAUSSE: Georg Melchior Kraus.
256 HERRN ANDRE: s. o. Nr. 16. Sein dritter Sohn Johann Anton (1775–1842) erwarb Mozarts handschriftlichen Nachlaß von dessen Witwe.
258 HERR SCHMIDT: s. o. Nr. 209.
GÜTERBESTÄTTER: Spediteur.
CONVENSTHALER: 1750 löste der durch den Konventionsfuß entstandene Konventionstaler den Reichstaler ab. Er enthielt 23,386 g Silber, der Reichstaler 25,984 g. Vgl. Bothes «Geschichte der Stadt Frankfurt am Main» 1913, Abb. 23: «Eine feine Mark 1796», Umschrift: «Aus den Gefaeßen der Kirchen und Bürger».
VON MALEBERTH: Friedrich Wilhelm Freiherr von Malapert-Neufville (1755–1818) im Salzhaus, Preußischer Kammerherr. Er war verheiratet mit Susanna Elisabeth Edler von Schneider (1756–1831).
FRAU LEERSE: Rachel Eleonore, geb. de Neufville (1731–1808), die zweite Gattin von Jacob Philipp L., dem Bankier auf dem Großen Hirschgraben. Seine Familie stammte aus Antwerpen.
PFARRER STARCK: Er war am 19. Oktober 1796 gestorben.
PFEIL: vielleicht Friedrich Pfeil (1747–1835), der Sohn von Leopold Heinrich Pf., dem Kammerdiener und Sekretär des Rates Goethe (AA 10, 133), oder einer seiner Brüder.
FRAU SCHÖFF SCHLOSSER: Margarete Rebekka Elisabeth, geb. Steitz (1749–1819), Gattin von Hieronymus Peter Schlosser.
HOFFRATH STEITZ: der Sachsen-Weimarische Hofrat und Resident Christian Friedrich St. (1754–1817), Bankier, 1799 Senator, 1816 Schöffe, Bruder der Margarete Rebekka Elisabeth Schlosser. [252 301]
JUNGFER STEITZ: dessen Tochter.
LIPPOLDT: Liebholdt.
DIE GEISSLEN: am 2. Dezember wurde die Stadt vom französischen Direktorium für neutral erklärt, die Geiseln (s. o. Nr. 252) freigelassen.
259 WARNDÖRFER TUCH: aus Warnsdorf in Böhmen, kostete laut Cassabuch 31 fl. 19 Kr.
SCHMIDT: s. o. Nr. 209.
ALBRECHT: Heinrich Christoph, «Leben und Tod Karls I. von England» (Schleswig 1786).
WILLMER: Willemer.
MONTAGS GESELLSCHAFT: Die «Montags-Gesellschaft in Stocks Garten» wird bisweilen im Cassabuch erwähnt.
260 CASSABUCH am 9. Dezember: «Vor Spielsachen nach Weimar 2 fl. 30

Kr.», «Vor Confect 5 fl. 20 Kr.».
CONV:-THALER: s. o. Nr. 258.
HOLLWEG: Susanna Elisabeth Bethmann-Hollweg, s. o. Nr. 121.
METZLER: s. o. Nr. 67.
WILLMER: Willemer.
DIE MARIANNE: aus dem «Wilhelm Meister».

261 BERNHADT: Bernard.
ITALIENISCHEN REISSE: Sie unterblieb wegen der Kriegswirren in Oberitalien (AA 19,271f.).

262 BERNHARDT: Bernard.
UNSERE OBRIGKEIT: Detmar Friedrich Wilhelm Basse (1726–1836), Hofrat und Kommerzienrat und Conrad Ölsner befanden sich in Paris; beide nicht im Senat.

263 COSA VAN TUTTI: «Così fan tutte» von Mozart, nach dem Text von da Ponte, unter dem Titel «So sind sie alle», bearbeitet von Vulpius, am 10. Januar 1797 in Weimar aufgeführt. In Frankfurt war die Oper 1791 in der Bearbeitung von Schmieder und Stegmann unter dem Titel «Liebe und Versuchung» über die Bühne gegangen. Am 30. Januar 1796 wurde sie unter dem Titel «So machen sie's alle» von Cannabich wieder aufgeführt. Der Vulpiustext wurde in Frankfurt nicht benutzt.
GENERAHL HOCHE: Lazare H. (1768–97), führte 1793 die Moselarmee und drang 1797 bis Gießen vor.
SEMERRING: Samuel Thomas Sömmerring; für seine Schrift «Über das Organ der Seele» dankt Goethe am 18. April.
AM 18.APRIL war der Präliminarfriede zwischen Österreich und Frankreich zu Leoben in der Steiermark abgeschlossen worden.

264 MILIUS: Johann Jacob Mylius (1756–1835), 1793 Senator.
VOM 8TEN SEPTEMBER: s. o. Nr.

254. Noch am 22. April kam es zu einem Reitergefecht am Bockenheimer Tor. Vgl. auch Hölderlins Brief vom April 1797 an seine Schwester.
METZLERN: Susanna Metzler, geb. Fingerlin (1764–99), Gattin des Bankiers Friedrich M.
FRIEDE: der jedoch erst am 18. Oktober in Campo Formio abgeschlossen wurde.
SEGER: Carl Friedrich Seeger (1757–1813), Syndikus, später Großherzoglich Frankfurter Geheimer Staatsrat.
LE FEBER: Pierre François Joseph Lefebure, Herzog von Danzig (1755–1820), General der Revolutionskriege, 1804 Marschall Napoleons.
FRIEDEN: Die Friedensverhandlungen hatten am 1. Juni in Udine begonnen.
KÄYERLIGER LEUTENANT: von Brzezinsky vom Regiment Manfredini.
HESSENCASSEL: Erbprinz Wilhelm, vermählt am 13. Februar 1797 mit Auguste, Prinzessin von Preußen.
PALMIRA: «Palmira, Prinzessin von Persien», heroisch-komische Oper von Antonio Salieri, Text von Ihlée, zuerst am 7. April in Frankfurt gegeben. Goethe sah die Oper am 13. August und führte sie 1799 in Weimar auf. Populär wurde die Arie des Scythenfürsten: «Giftige Schlangen Hab' ich gefangen, Und sie zum Scherzen Zerdrückt am Herzen». Fuentes schuf die Dekorationen, über die Goethes «Reise in die Schweiz» berichtet (AA 12,86ff.).

265 GOETHE AN CHRISTIANE am 9. Juni: «Hier schicke ich Dir einen Brief von meiner Mutter, daraus du sehen kannst, wie gut sie denkt.»

HAUSSWIRTH: s. o. Nr. 239.
MEINEN KLEINEN CORRESPONDTENTEN: August.

266 DIE ACTE: Die Verzichtleistung der Frau Rat auf ihren Pflichtteil am Vermögen des Sohnes, für den Fall, daß er vor ihr sterben sollte. Unterzeichnet ist das Schriftstück von den Senatoren Hetzler und Stock.
NOTARIUS: Jonathan Gottlieb Hacker (1751–98), Notar.
GERNING lud Goethe ein, mit ihm über Regensburg und Wien nach Italien zu reisen; «ich kann mich aber nicht darauf einlassen, weil ich noch Nachricht von Meyer erwarte und ungewiß bin, ob dieser nicht gar wegen seiner Gesundheit heraus und in die Schweiz geht», schrieb Goethe an Christiane am 14. Juni 1797.
DAS WERCK WORINNEN EINE FRAU AJA VORKOMMEN SOLL: «Hermann und Dorothea».

267 DIE ACTE: s. o. Nr. 266.
HERRN MEYER: s. o. Nr. 197.

268 AM 30. JUNI reiste Goethe mit Christiane und August von Weimar ab. In Gelnhausen trennte er sich auf kurze Zeit von den Seinen, um am 3. August ganz früh mit Extrapost nach Frankfurt zu fahren. Dort traf er um 8 Uhr morgens ein – dem Wunsch der Frau Rat entsprechend.

269 TRAULICHEN UMGANG: vom 3. bis 25. August wohnte Goethe bei der Mutter, Christiane und August blieben bis zum 9.

270 GOETHE AN CHRISTIANE: «Die gute Mama schickt dir eine sehr schöne Tasse und noch einiges Zuckerwerk fürs Kind und dich» (AA 19, 302). Christiane soll Frau Rat stattdessen Hufelands «Makrobiotik» senden. Am 28. August aus Heilbronn: «Freitag den 25. nahm ich früh von der guten Mutter Abschied, nicht ohne Rührung.» (AA 19, 304)
DIE HUFLANDISCHEN BÜCHER: Christoph Wilhelm Friedrich Hufeland (1762–1836), Hofmedikus in Weimar und Professor zu Jena, seit 1801 in Berlin. [278]
KÖNIGLICHE BRÄUTE: so traf am 21. September Prinzessin Friederike Louise von Baden, die Braut König Gustavs IV. Adolph von Schweden, in Frankfurt ein, wo sie der schwedische Hofstaat erwartete.

271 DAS FRIEDENSFEST: der Friede von Campo Formio war am 18. Oktober geschlossen worden.
POTZ FISCHEN! s. o. Nr. 170.
IHREM HERRN BRUDER: Christian August Vulpius.
TASCHEN BÜCHER: «Taschenbuch für 1798 [im Oktober 1797 erschienen], Berlin bey Friedrich Vieweg dem älteren». Enthält «Hermann und Dorothea».
DOCTOR HUFNAGEL: Wilhelm Friedrich (1754–1830), Senior Ministerii, «Sonntagsprediger zu den Barfüßern» (s. o. Nr. 173). Goethe besuchte ihn am 14. und 21. August. [293 300 352]

272 GOETHE war am 20. November nach Weimar zurückgekehrt.
HAST KENNEN LERNEN: s. o. Nr. 269.
TASCHENBÜCHER: s. o. Nr. 271.
ELISA BETHMANN: s. o. Nr. 67.
VON DEN THEURESTEN EXEMPLAREN: in rotem Maroquin-Futteral.
THEATER MAHLER: der von Goethe in Frankfurt besuchte Giorgio Fuentes (1756–1822) aus Mailand (AA 12, 86–88, 93). Zwei seiner Dekorationen wurden von Anton Radl in Kupfer gestochen (aus Mozarts «Titus» und Salieris «Palmira»); einer seiner Prospekte stellte die Zeil dar. Fuentes ging 1800 nach Paris. [264 290 306]

ERLÄUTERUNGEN 266–274

Don Juan: Die Oper wurde nach der Frankfurter Erstaufführung von 1789 seit dem 4. Januar 1794 in einer Neueinstudierung von Kunzen gegeben. [67 151 165 327 St 15]

273 Sarascin: Betty Sarasin (1775–1848), Tochter von Alexander S., vermählte sich 1797 mit dem preußischen Hauptmann Ernst von Waldenfels (1772–1807). Ein Hauptmann von Waldenfels nahm 1807 an der Verteidigung Kolbergs gegen die Franzosen teil. Der hier genannte war vom Infanterie-Regiment von Laurence.

Lodoiska: «Lodoiska ou les Tartares, comédie héroique, paroles de Fillette-Loreaux, musique de Cherubini», Paris 1791; in Frankfurt, deutsch von Schmieder, am 6. September 1797 aufgeführt.

Italienischen Mahler: s. o. Nr. 272.

des Tyrannen: Boleslas.

Palmire: s. o. Nr. 264.

in den Strelitzen: «Die Strelitzen», Schauspiel von Babo (1790), ein Ritterdrama in Nachahmung des «Götz von Berlichingen». Goethe führte das Stück 1791 in Weimar auf. Die Frankfurter Premiere fand am 15. Dezember 1793 statt.

Woraleck: Josepha Woralek (1781–1830), Gattin des Kapellmeisters Carl Cannabich. Sie sang den Cherubin in «Figaros Hochzeit», die Franziska in «Così fan tutte», Sextus im «Titus», Myra in Winters «Opferfest». Mozart komponierte für sie Sonaten. Nach Cannabichs Tode (1806) Gattin des Prinzen Ernst Ludwig von Isenburg-Birstein. Goethe charakterisierte sie eingehend AA 12, 88. [275]

Feuerwerck: «Der Schaulust der Frankfurter war dadurch Rechnung getragen, daß in der Schlußszene die Liebhaber Lodoiskas, Floreski, die Ohnmächtige aus der brennenden Stadt rettet. Der Frankfurter Regisseur ließ die Stadt unter den Flammen zusammenbrechen, was für das Publikum eine Attraktion darstellte, die Sängerin der Lodoiska, Frau Cannabich, fast das Augenlicht gekostet hätte» (Saure, S. 60). Rettungsstücke waren damals beliebt.

Maurer: Franz Anton Maurer (1777–1803), Bassist und Komponist, sang bereits 1796 in Wien den Sarastro, seit 1800 in Frankfurt. Seine nach italienischer Gesangsmethode ausgebildete Stimme hatte den ungewöhnlichen Umfang vom Contra-B über drei Oktaven. [275 306]

Stadler: Johann Carl Stadtler (1768–1812) aus Wien, später in Hannover, «heftig, unstät und leidenschaftlich».

Spitzeder: vielleicht Verwandte des Bassisten Josef Spitzeder (1796–1832).

die Palmire: s. o. Nr. 264.

Böttiger: Carl August (1760–1835), der Weimarer Altphilologe, Goethes «Freund Ubique».

Krausse: Georg Melchior Kraus.

274 Maintz: am 30. Dezember 1797 von den Franzosen genommen.

Congress in Rastatt: in Rastatt hatte Bonaparte am 1. Dezember mit dem Grafen Cobenzl einen Geheimvertrag über die Räumung von Mainz abgeschlossen. Am 17. Januar forderten die französischen Vertreter die Rheingrenze.

die 7 Siegel gelösst: Geh. Offenbarung, Kap. 5, 6.

Reinhard: Carl (1763–1836), verheiratet mit Henriette, geb. Sallbach (geb. 1775), 1797/98 in Frankfurt, 1805 in München.

«Reinhards schön gebauter, nervigter Körper war aller Bewegungen fähig, und seine männliche Stimme erhob sich beinahe von der süßen Flöte bis zur schmetternden Tuba» (Theater-Lexikon). [281]

275 SCHILLERISCHEN MUSEN ALLMANACK: Musen-Almanach auf das Jahr 1798, Tübingen, Cotta (der «Balladenalmanach»).
GRAFFEN VON DONWITZ: «Graf von Donwitz und seine Mutter. Eine Geschichte aus den Papieren des R.rath H. Herausgegeben von X. Y. Z.» (Friedrich Wilhelm Ernst Follenius), Berlin 1797.
SCHILLY: Roman von Carl Nehrlich, Jena 1798.
COMMEDIEN ZETTEL: von «Das unterbrochene Opferfest», heroisch-komische Oper von Peter de Winter, Text von J. Huber (Wien 1796), in Frankfurt zuerst aufgeführt am 27. Januar 1798. Die Solisten waren Frau Cannabich, Frau Heinemann, Blum, Demmer, Lux und Maurer. Unter Musikdirektor Carl Cannabich wurden de Winters Opern die beliebtesten beim Frankfurter Publikum, das bisher Mozart und Dittersdorf am meisten geschätzt hatte. [320]
PALMIRE: s. o. Nr. 264.
FREUT EUCH DES LEBENS: s. o.Nr. 240.

276 SEMMERING: Sömmerring.

277 IN DEN HOREN: Dort erschien, im 8.Band, 10. und 12.Stück, «Agnes von Lilien» von Caroline von Wolzogen, der Schwägerin Schillers (in Buchform, Berlin 1798).
JULIE: «Julchen Grünthal, eine Pensionsgeschichte» von Friederike Helene Unger, Berlin 1784 und 1788. Den Zweiten Teil schrieb Johann Ernst Stutz.
ADONIA: Amnon im 2.Buch Samuelis, 13,4: «Warum wirst du so mager, du Königssohn, von Tage zu Tage?»
GÖTZ VON BERLICHINGEN: s. o. Nr. 122.

278 DER PRATER IN WINN: d.h. der Augarten mit der berühmten Inschrift Josephs II.: «Allen Menschen gewidmeter Erlustigungs-Orth von ihrem Schätzer» (1775).
LITERATUR ZEITUNG: die Jenaer «Allgemeine Literatur-Zeitung».
PELE MELE: frz. pêle-mêle = bunt durcheinander.
HUFLAND: Hufeland, s. o. Nr. 270. Seine «Kunst, das menschliche Leben zu verlängern» (Jena 1797) war in lateinischen Lettern gedruckt.
THEATER MAHLER: Fuentes, s. o. Nr. 272.
POTZ FISCHGEN: s. o. Nr 170.
DER TITTEL DER ROTHPAPIER: wohl eine lobende Rezension von «Hermann und Dorothea».

279 GOETHE weilte vom 20.März bis 6.April in Jena.

280 IFLANDS GEGENWART: sein Gastspiel vom 24. April bis 4. Mai als Hofrat Reinhold in den «Hagestolzen».
SEINE HEYRATH: mit Margarete Louise Greuhm am 19. Mai 1796.
OTTO: spielte «muntere Rollen».
WERDI: Friedrich August (1770–1847), war 1798–1817 in Frankfurt. Er spielte «zärtliche Liebhaber und junge Helden», besuchte Goethe 1817 und 1826. [415]
REINHART: s. o. Nr. 274.

281 REINHARDS gingen 1798 nach Hannover.
IN LAUCHSTÄDT: 21. Juni bis 15. August.
SCHNAUTZ: Schnauß, Friederike Christiane aus Weimar († 1851), Tochter des Geheimen Rats Christian Friedrich Schnauß (AA 18, 1256), 1799 Gattin des Kaufmanns Heinrich Mylius (s. u. Nr.

ERLÄUTERUNGEN 275—290

396). Über sie und die Bedeutung ihrer Familie, nach der in Frankfurt die Myliusstraße heißt, vgl. Josefine Rumpf-Fleck «Heinrich Mylius, ein Mittler zwischen Weimar und Italien», Goethe-Kalender auf das Jahr 1942, S. 192 ff.
SICHEL: in Dittersdorfs Singspiel «Der Apotheker und der Doktor».
SCHULTZE: Schulz sang den Tamino in der «Zauberflöte»; später in Wien. [306]
PALMIRE: s. o Nr. 264.
OPFERFEST: s. o. Nr. 275.

282 KRAUSSE: Georg Melchior Kraus.
FINGERLING: Fingerlin.

284 SCHLOSSER: Johann Georg Schl.
OHNE KUGELUNG: War einer der 15 Schöffen gestorben, dann wurden unter den Überlebenden Kugeln ausgeteilt, von denen sieben versilbert waren. Diejenigen, die die silbernen gezogen hatten, bildeten eine Wahlkommission und hatten drei Senatsmitglieder der zweiten Bank zu bezeichnen, also aus dem Stadtadel, den Juristen und den Großkaufleuten. Aus diesen drei Kandidaten wurde durch neue Kugelung der Schöffe gewählt. — Es gab neben dem Rat als finanzielle Kontrollorgane drei «bürgerliche Collegia»: den «Ausschuß Löbl. Bürgerschaft von 51 Personen», den «Ausschuß von 9 Personen», das «Rechnungs-Colleg», und die «Achtundzwanziger nach der Ordnung der 14 Quartiere».
HANCHGEN: Johanna Schlosser, geb. Fahlmer.
ANS ENDE DER WELT: nach Ansbach und Eutin.
SCHÖFF SCHLOSSER: Hieronymus Peter Schlosser war am 5. Oktober 1797 gestorben.
DEIN LOOSS: Nr. 9203; von Frau Rat eingeklebt.
MADAM BULLA: Edmunda, geb.

Fiedler (1763—1811), Tragödin des Hoftheaters in Stuttgart, 1803 am Burgtheater in Wien. In Frankfurt war sie als Lady Milford in «Kabale und Liebe» besonders beliebt. Goethe charakterisiert sie AA 12,89.
IHRE TOCHTER: Sophie Bulla (1783—1842), gleichfalls Schauspielerin in Frankfurt, Stuttgart und Wien. Am 1. November 1796 schrieb Kirms im Namen Goethes: «Der Herr Geheime Rat Goethe hat das Prinzipium, niemand eine Gastrolle zu gestatten, wenn er nicht die Absicht hat, ein Fach anders zu besetzen.»
GEIST: Johann Jacob Ludwig (1776—1854), seit 1795 Goethes Diener und Schreiber, später Hofrevisor in Weimar. [St 15]

285 MADAM BULLE: Bulla, s. o. Nr. 284.

287 DIE GEBESSERTE EIGENSINNIGE: «La capricciosa corretta», Opera buffa von Vicente Martin, Text von da Ponte nach Shakespeares «Zähmung der Widerspenstigen», in Frankfurt am 6. Mai 1798 gegeben.
BRÜDER: «Die Brüder als Nebenbuhler» von Peter de Winter, aufgeführt am 16. August 1798.
MADAM KANANBICH: geb. Woralek, s. o. Nr. 273.
SCHAUSPIEL-SAAL: Der Weimarer Theaterzettel berichtet: «Freytag, den 12ten October 1798 Eröffnung des neuen Theaters. Prolog, gesprochen von Vohs, darauf: Wallensteins Lager. Ein Vorspiel zu den beyden Trauerspielen Piccolomini und Wallenstein von Schiller. Vorher: Die Corsen. Ein Schauspiel in fünf Aufzügen, von Kotzebue.»

289 NANQUINETTE: s. o. Nr. 202.
SCHLOSSERS: vgl. Brief Nr. 284.

290 SONTAGSKIND: «Das neue Sonn-

tagkind», Singspiel von Wenzel Müller, Text von Perinet, aufgeführt zuerst am 28. November 1797. Fuentes schuf die Dekorationen, deren Entwürfe Goethe sah («zu einem gemeinen Zimmer» AA 12,94).
DIE NÄGEL FEST STECKEN: vgl. Brief Nr. 312.
LA ROCHE: vgl. AA 11, 672.
291 ELISE VON BETHMANN: s. o. Nr. 67.
WEIMARER HOFFGÄRTNER: Johann Reichert im Belvedere.
BREMISCHEN GESANDEN: Georg Gröning (1745–1825). Er hatte sich 1768 in Leipzig Goethes bei dessen Erkrankung besonders angenommen, vgl. AA 10,365.
RASTADT: der Rastatter Gesandtenmord am 28. April 1799; vgl. AA 20,705. Dabei wurden die französischen Gesandten Roberjot und Bonnier durch Szekler Husaren getötet, Debry schwer verwundet. Anstifter war der Kaiserliche Minister Graf Lehrbach.
292 VERSCHÖNERUNGEN: schöne Ausstattung, mit 10 Kupfern, in seidenem Einband, mit Fingerhut und Schere (1799).
KUSCHE: Goethe hatte am 24./25. April Kutsche und Pferde gekauft, im Zusammenhang mit der Erwerbung des Freigutes Oberroßla bei Apolda, das er von 1798 bis 1803 besaß.
BEY JENA: Goethe war vom 1. bis 27. Mai in Jena.
IN EINEM GARTEN: im Klippsteinischen Garten.
HÖLTZER: vgl. Brief Nr. 291.
293 ROUMOR: am 18. Juni zog der Weimarische Erbprinz Carl Friedrich in Goethes Haus am Frauenplan, da seine Zimmer im Fürstenhause vom Preußischen Königspaar bezogen wurden (AA 20,719).

IHREN EHEMAHLIGEN BEKANDTEN: König Friedrich Wilhelm III. von Preußen (1770–1840). [343]
DIE KÖNIGIN: Louise, geb. Prinzessin von Mecklenburg-Strelitz (1776–1810). [343 379]
IHREN BRUDER: den Erbprinzen Georg Carl Friedrich Joseph von Mecklenburg-Strelitz (1779–1860), der noch 1813 bedauert, «daß die alte Goethe todt ist, daß sie die Wiedergeburt ihrer Stadt nicht erlebt, deren Fall ihr das Herz abgedrückt hat.» [379]
IN DEN TAXISCHEN PALAST: Prinzessin Therese Mathilde Amalie von Mecklenburg-Strelitz war seit 1789 mit dem Prinzen Carl Alexander von Thurn und Taxis verheiratet.
DER VIELEN FREUDEN: Die Prinzessinnen Louise und Friederike von Mecklenburg-Strelitz und ihr Bruder Prinz Georg haben 1790 während der Kaiserkrönung Leopolds II. im Goethehaus gewohnt. Frau Rat hat fünf Kaiserkrönungen erlebt.
CONFIRMATION DES ERPRINTZEN: Herders Ansprache vom 20. März 1799.
HUFNAGEL: Er erregte große Entrüstung durch ein auf seine Veranlassung herausgebrachtes «ABC-Buch mit kurzen Lese-Übungen für die Stadt- und Dorfschulen von Frankfurt am Main». Hier wurde der Schreibunterricht mit i statt mit a begonnen.
VOR DIE HÖLTZER: s. o. Nr. 291.
CASPERTS: Fanny Caspers (1787–1835), Schauspielerin aus Mannheim, 1800–1802 in Weimar, wo Goethe ihre schauspielerische Schulung übernahm, in Rom Freundin von Thorwaldsen, später in Wien Frau von Doré. Goethe charakterisiert sie 1821 in

ERLÄUTERUNGEN 291–305

einem Gespräch mit dem Kanzler von Müller (AA 23, 129).
IN DEN JÄGERN: von Iffland.
IN DER SONNENJUNGFRAU: von Kotzebue.
JAGEMANN: Caroline (1777–1848), 1809 Frau von Heygendorf. [362]

294 SCHLOSSER: gestorben am 17., beerdigt am 21. Oktober 1799; vgl. AA 20, 768.
GARTEN: AA 19, 385.
SCHWÄGERIN: Margarete Rebekka Schlosser, geb. Steitz.
IHRE ZWEY LIEBE KINDER: Henriette und Eduard.
LA ROCHE: über ihren Besuch in Weimar vgl. AA 19, 386. Goethe bewirtete sie am 25. Juli.

295 HERBST: Weinlese.
BERNHARDT: Bernard.

297 JUDENKRAM: s. o. Nr. 238.
MAMA LA ROCHE: s. o. Nr. 294.
DAS GEMÄHLDE: die 1600 auf dem Esquilin gefundene, von Meyer kopierte, Oktober 1797 in Weimar eingetroffene «Aldobrandinische Hochzeit», im Junozimmer, durch einen grünen Vorhang geschützt.

299 JANUS: «Eine Zeitschrift auf Ereignisse und Thatsachen gegründet», herausgegeben von Christian August Vulpius, Weimar 1800, Jena 1801. Enthält von Goethe Szenen aus «Tancred» (I, 9–17).
3 URENCKEL: Johann Georg Eduard (1796–1808), Georg Friedrich Franz (1797–1877) und Friedrich Heinrich Georg (1798–1868).
VOR DIE GLOCKE: im Musenalmanach für das Jahr 1800.

300 HUFNAGEL: s. o. Nr. 271. Seine Abhandlung über «Hermann und Dorothea» erschien in der Zeitschrift «Für Christentum, Aufklärung und Menschenwohl», Band II, Heft 8.

301 HETZLER: Sein Brief an Goethe vom 5. April 1800 enthält eine Berechnung der zu zahlenden Beträge, nämlich Kriegsleistungen und die seit 1797 erhobene Vermögenssteuer der Stadt Frankfurt, und spendet dem Patriotismus der Frau Rat hohes Lob. Der Senator Christian Friedrich Steitz bezeugte, daß sie mehr getan hätte, als sie schuldig gewesen sei.
FREUND KRANTZ: Für ihn plante Schiller einen Operntext «Oberon».
MARSCH AUS DEM TITTUS: aus Mozarts «Clemenza di Tito», auch Schopenhauers Lieblingsstück.
IHRO DEMOISELLE SCHWESTER: Sophie Ernestine Louise Vulpius (1775–1806), Christianes Stiefschwester. [377]
CASPARS: Caspers.

302 NANKINETT: s. o. Nr. 202.

303 SCHÖFF HETZLER: Er starb am 17. Mai 1800.

304 IN LEIPSIG: Goethe fuhr am 28. April zur Leipziger Messe; am 10. Mai folgten Christiane und August ihm nach. Rückkehr am 16. Mai.
ELISE VON BETHMANN: s. o. Nr. 67.
CATALOG: des Hofgärtners Reichert, vgl. Brief Nr. 291.
CONTIPUCION: vgl. Brief Nr. 301.
SOMMERHUT: Goethe an Christiane am 5. Mai aus Leipzig: «Ein Hütchen kannst du gleich hier kaufen» (AA 19, 399).
FRAU VON SCHWARTZKOPF: s. o. Nr. 246.
SCHAPO: Jabots.
JOURNAHL DER ROMANE: erschienen in Berlin bei Unger in 11 Bänden von 1800–1802.

305 GELBE FARBE: Gelb war Modefarbe in Frankfurt; aber Goethe an Christiane aus Leipzig am 5. Mai 1800: «Bringe nichts als

weiße Kleider mit, man sieht fast nichts anders» (AA 19,399).

MIT DER BEWUSSTEN SACHE: vgl. Brief Nr. 304.

306 FREIHEITS-MÄNNER: Bei Rödelheim hatte ein Zusammenstoß zwischen Franzosen und Kurmainzischen Truppen stattgefunden, worauf die Franzosen Frankfurt besetzten und 800 000 Franken Kontribution erpreßten.

DEINE LIEBE TANTE: Ernestine Vulpius.

TITTUS: Mozarts Oper «Titus» wurde in Frankfurt am 22. August 1799 erstaufgeführt. Schulz sang den Titus, Frau Cannabich den Sextus, Demmer den Annius, Maurer den Publius. Ein zeitgenössischer Kritiker berichtet über die Aufführung: «Die Pracht, womit diese Oper gegeben wurde, ging über meine und jedermanns Erwartungen. Merkwürdig war die meistens so seltene Erscheinung, daß Geschmack und Pracht Hand in Hand gingen. Dekorationen, Kleider, Requisiten – kurz, alles, bis auf die geringste Kleinigkeit, war mit der größten Genauigkeit nach altrömischen Mustern angegeben und ausgeführt. Es gehörte weiter nichts als Aufmerksamkeit dazu, um sich ganz in die Zeiten des alten Rom zu versetzen. Die Musik ging wenigstens in der Rücksicht vollkommen, daß kein, auch nicht der geringste Fehler vorfiel. Jedermann stimmt darin überein, daß man in Frankfurt noch kein so vollkommenes Ganze gesehen hat.» [301 320]

DER ITALIENISCHE MAHLER: Fuentes, s.o.Nr.272. Diese Dekorationen, von denen sich vier erhalten haben, wurden noch 1889 gebraucht und noch 1904 für Shakespeares «Julius Cäsar» verwandt.

DES CAPITOHLS: abgebildet bei Saure Abb. 47. Die Originaldekoration befindet sich im Historischen Museum zu Frankfurt.

307 DEN PFARRER IN CRONEBURG: s.o. Nr. 264.

PAULINE: «Gräfin Pauline» von Friederike Helene Unger, Journal der Romane I und II, Berlin 1800.

SEIN WEIB: Maria Jacobi, geb. Müller.

MUSEN ALLMANACH: Taschenbuch für das Jahr 1802, herausgegeben von Johann Georg Jacobi, Hamburg. Goethe sandte keinen Beitrag. Er war an Schiller gebunden, und Georg Jacobis Kunst lag für ihn dreißig Jahre zurück.

DER HANSSWURST: schon am 1. März 1799 war eine Pantomime «Die Geburt des Harlekins» aufgeführt worden. Marianne Jung, 1814 Johann Jacob von Willemers dritte Gattin, kroch darin als Harlekin aus einem Ei. Clemens Brentano sah diese Pantomime; vgl. sein Märchen «Gockel, Hinkel und Gackeleia» und dessen Vorwort «Herzliche Zueignung» an Marianne Willemer 1846.

308 MEIN HAUSWIRTH: s. o. Nr. 239.

DER ÜBRIGEN EINWOHNER: Herr Bernus und Frau Ritter (s. o. Nr. 239).

SCHLOSSER SEIN SOHN: Christian Heinrich (1782–1829), der jüngere Sohn Hieronymus Peter Schlossers. Mediziner, später Gymnasialdirektor in Koblenz. Zuletzt als Privatier in Rom; vgl. AA 19,713. [322]

ALLMANACH: vgl. Brief Nr. 307.

ANGENEHME UNTERHALTUNG: vgl. Brief Nr. 246.

FORME: Formey, s. o. Nr. 246.

JENNY VON BETHMANN: s. o. Nr. 246.

PRAND: Er spielte Erste Liebhaber, Ritter und Helden. Goethe schildert ihn als «Wohlgebaut, recht angenehm gebildet, lebhafte schwarze Augen, die er zu sehr rollt; sonore tiefe Stimme, gute Bewegungen.»
VON HOLTZHAUSSEN: Erdmuthe Friederike Agathe, geb. von Hohenstein (1756–1816), Gattin des Schöffen und Kammerherrn Anton Ulrich Carl von H.
HEINTZE: vielleicht der Kaufmann Johann Andreas Heintz.
HERR VON HENCKEL: ein Sohn des Preußischen Generals Victor Amadeus von Henckel-Donnersmarck?
WESTHAUSSEN: wohl Questenberg.
DAS NEUE SECULUM: vgl. AA 22, 287. Dort wird von Steffens geschildert, wie Goethe und Schiller das neue Jahrhundert begannen.

309 GOETHE war von schwerer Krankheit genesen, über die er seiner Mutter später berichtet hat (AA 19, 403). Den «höchsten Moment» des Katarrhs meldet das Tagebuch am 9. Januar; ein Brief vom 17. berichtet von «einer schrecklichen Krise der Natur, in welcher sich das Individuum zu verlieren schien».
HERRN BRUDER: den Schriftsteller Christian August Vulpius.

310 WILHELM SOEMMERRING: (1793–1871), Dr. med., Sohn von Samuel Thomas, 1834 Administrator der Senckenbergischen Stiftung.
UND MUTTER: Margarete Elisabeth geb. Grunelius (1768–1802), nächste Freundin von Hölderlins Diotima, Susette Gontard.

311 GROSSE GEFAHR: s. o. 309.
SYNDICUS SCHLOSSERN: s. o. Nr. 308.
JOHANNE VON MONFOCON: «Johanna von Montfaucon. Ein romantisches Gemälde aus dem vierzehnten Jahrhundert in fünf Aufzügen» von Kotzebue (1800).
FRIEDERICH SCHMIDT: Kaufmann in der «Neuen Kräme».
EINEN DORTIGEN GESCHICKTEN ARTZ: die Hofräte Loder und Starck besuchten Goethe am 17. Januar.
DEM BRAVEN GEIST: s. o. Nr. 284.

312 VON DEINER EIGENEN HAND: Goethe pflegte seine Briefe sonst zu diktieren. «Diesmal, liebe Mutter, schreibe ich Ihnen mit eigner Hand, damit Sie sich überzeugen, daß es wieder ganz leidlich mit mir geht», so am 1. Februar 1801 (AA 19, 403).
KAPSPARS: s. o. Nr. 293.
VON WIESENHÜTEN: Friedrich August Freiherr von Wiesenhütten (1759–1823), Württembergischer Kammerherr, Schöffe, Senator seit 1797. Seine Frau, Friederike, geb. Freiin von Hügel.
VON FLEISCHBEIN, genannt von Kleeberg, Johann Daniel (1772–1807), Schöffe.
MELBERT: Melber, Johanna Maria, geb. Textor (1734–1823), Schwester der Frau Rat, Gattin des Kaufmanns Georg Adolf M. (AA 10, 49). [37]
MORITZ: Johann Friedrich (1716–71), Legationsrat, Vater von Esther Stock. [255]

313 ZEICHNUNG: das Titelkupfer von «Paläophron und Neoterpe»; vgl. AA 3, 569; 20, 828.
DER FRIEDE: von Lunéville am 9. Februar, ratifiziert am 7. März.
KANABICHS: s. o. 273.
MAYER: vielleicht die Tochter des Kapellmeisters und Ballettkomponisten Anton M. in der Böhmschen Truppe, von Frau Rat charakterisiert am 10. Januar 1803 (s. Brief Nr. 338).

Theu: Elise Thau, später Madame Müller.
314 Presendt: Frau Rat stellte am 1. Juni eine Anweisung aus auf «1000 fl. im 24 fl. F. an die Ordre des Herrn Bau Inspector Steffani zu zahlen».
Schatzung: die seit 1576 erhobene Besteuerung der Vermögen unter 15000 Gulden, zu der seit 1797 eine progressive Vermögenssteuer getreten war.
Ifland: vgl. Brief Nr. 280.
315 das versprochene Geld: vgl. Brief Nr. 314.
316 Vollmacht: Wie man vermutet hat, handelt es sich um Übertragung des Restkaufschillings vom Haus im Hirschgraben an die Handelsleute Johann Schmidt Vater und Sohn.
Schöff Schlosser seyn zweyter Sohn: Johann Friedrich Heinrich (1780–1851). Er studierte seit 1779 Jura in Halle, danach bis 1803 in Jena und promovierte im Herbst 1803 in Göttingen zum Doctor juris. Noch im gleichen Jahr ließ er sich als Advokat in Frankfurt nieder. 1812 wurde er Oberschulrat, später Stadtgerichtsrat. Goethe ernannte ihn nach dem Tode der Mutter zum Nachlaßverwalter. [322]
des verstorbenen Syndikus sein Sohn: Eduard Schlosser.
317 Landluft: Goethe war vom 25. März bis 14. und vom 22. bis 30. April in Ober-Roßla (AA 20, 860).
die Vollmacht: s. o. Nr. 316.
Beyer: Johann Reinhard Bayer, Notarius immatriculatus et receptus.
318 ihres Sohnes: Fritz Schlosser, s. o. Nr. 316.
wegen der Vollmacht: s. o. Nr. 316.
währung: die städtische Abgabe.
319 die Vollmacht: s. o. Nr. 316.

der Frantzöische Gesande: Baron von Hiersinger.
wenn man den Teufel muss verschlucken: s. o. Nr. 108.
Kayerliche Reichspostzeitung: Am 31. Januar 1801 berichtete die Frankfurter Kayserliche Reichs - Ober - Postamtszeitung: «Der berühmte Dichter S. Weim. Geh. Rat v. Goethe wurde zu Anfang des Jänner an einer Bräune und andern Zufällen so krank, daß man für sein Leben besorgt war. Zur Freude für alle seine Verehrer ist die Gefahr nun so gut wie gänzlich vorüber. Ohne Zweifel hat sich die Nachricht von seiner Krankheit schon durch Privatbriefe verbreitet; und so wird die von seiner Genesung dem Publikum, das ihn verehrt und bewundert, willkommen sein.»
Musen Almanach: vgl. Brief Nr. 307.
Opferfest: s. o. Nr. 275.
Elise von Bethmann: s. o. Nr. 67.
320 Regiser: Regisseur.
Willmer: Willemer war 1800 zugleich mit Dr. Grambs, G. Heyder und Simon Moritz von Bethmann in die Oberdirektion des Theaters eingetreten. Er polemisierte in seiner 1802 erschienen Schrift «Frankfurter Theatersorgen» gegen den zu hohen Kostenaufwand, den die Direktion sich leistete. Die Inszenierung der Oper «Titus» (s. o. Nr. 306) hatte 10000 Gulden gekostet, mehr als den 30fachen Betrag der Einstudierung von Winters «Unterbrochenem Opferfest». «Nicht der Prunk, nicht das Sublime für die Sinne (des Auges und Ohrs) müssen allein reizen, sondern das wohlgeordnete einfache Schöne, der subtilere Reiz durch Geist,

ERLÄUTERUNGEN 314–327

Feinheit, Raschheit, Ordnung, Präcision – das WIE der Darstellungen! die Reinlichkeit, die Zubereitung einfacher gesunder Speisen, geben Gedeihen; nicht die sardanapalische Küche kostbarer Speisen, die den Gaumen verwöhnen und den Magen verderben! Vom Köstlichsten findet bald keine Gradation mehr statt, das einfach Schöne – mit Geist, Leben und Ordnung vorgetragen, vergnügt, erwärmt sanft, und kann jeden Tag ohne Aufwand mit gleichem Behagen genossen werden. Dies ist die Sache eines vernünftigen Direktors: die Wirkung davon ist auffallend.»
KOTZEBUE war 1801 nach Weimar gegangen und übersiedelte 1803 nach Berlin.

321 DIE CUR: in Bad Pyrmont, wo Goethe mit August vom 13. Juni bis 17. Juli weilte (AA 9, 411; 20, 865).
DAS GUT: Ober-Roßla.
BISS CASSEL: dort traf Goethe Christiane und Meyer am 15. August.

322 CRONEBURGER: Kronberg im Taunus.
WALLENSTEIN: aufgeführt am 18. Oktober 1801, bearbeitet von Vogel. «Wallensteins Lager» wurde erst 1814 gegeben.
3 SCHLOSSER: vgl. Brief Nr. 316. Goethe schreibt am 23. November 1801 an Fritz Jacob: «Die drei Schlosser und zwei Voße machen eine der wunderbarsten jungen Gesellschaften, die je zu meiner Kenntnis gekommen sind. Der jüngste Sohn des Schöff Schlosser ist ein kleiner Enragé für die neuste Philosophie und das mit so viel Geist, Herz und Sinn, daß ich und Schelling unser Wunder daran sehn. Sein älterer Bruder ist eine ruhige verständige Natur, den, wie ich merke, der Kleine auch nach Jena, zu der seligmachenden Lehre, gerufen hat. Der Sohn meines Schwagers scheint seinen Vater nicht zu verleugnen. Mir kommt vor daß er einen guten geraden Sinn hat, Lust an der Erfahrung. Nicht wenig scheint er betroffen zu sein daß er alles, was man ihm an Philosophie eingeflößt, abschwören soll. Wozu ihn doch wahrscheinlich sein kleiner Vetter endlich nötigen wird.» (AA 19, 415).

323 CASSEL: s. o. Nr. 321.
324 WILLMER: Willemer.
SCHWARTZKOPF: s. o. Nr. 246.
JUNGFRAU VON ORLEANN: in Frankfurt erst 1806 aufgeführt.

325 KOTZEBUE: «Das merkwürdigste Jahr meines Lebens» (Berlin 1801) schildert des Autors kurzes Exil in Sibirien im Jahre 1800. Ausführliche Kritik des Buches und der Persönlichkeit Kotzebues durch Goethe im Gespräch mit Falk 1810 (AA 22, 582).

326 PRESENT: des Zaren Alexander I. von Rußland. [401] Welcher Art das Geschenk war, wissen wir nicht.
KLINGER stand seit 1780 in russischen Diensten.
BRIEFELEIN: eine für Frau von Stein bestimmte Abschrift von Lenz aus einem Briefe Klingers von 1776, worin dieser der Wohltaten gedenkt, die er von Goethe empfing (AA 22, 67, 104).
MERCKWÜRDIGES JAHR: s. o. Nr. 325.
EPIGRAM: Kotzebues Lustspiel «Das Epigramm», aufgeführt am 13. Dezember 1801.
LA ROCHE: vgl. Brief Nr. 294.

327 DAS CASSABUCH verzeichnet «8 Gescheid Welschkorn a 8 Kr. Porto davor» (3 fl. 30 Kr.).

HIPPELDANTZE: in Kotzebues «Epigramm».

ZEICHNUNGS ACADEMI: das 1779 von Cöntgen gegründete «Zeichnungs-Institut», das Frau Rat regelmäßig mit 1 Gulden unterstützte.

MASKARADE: vgl. Goethes «Maskenzug» vom 30. Januar 1802 (AA 3, 701).

VERMÄHLUNG DES ERBPRINTZEN: mit Maria Paulowna, Großfürstin von Rußland (1786–1859).

WILLMER: Willemer.

FOND: der Pensionsfonds wurde schon 1792 begründet; er betrug am 5. März 1807 8882 fl. 39 Kr.

KANABICH: geb. Woralek, s. o. Nr. 273.

LANGE: Aloysia, geb. Weber (1759–1830), Schwägerin Mozarts, der für sie die Partien der Donna Anna, Konstanze und Königin der Nacht schrieb. Sie debutierte 1779 in Mannheim und gastierte 1783 in der Frankfurter Erstaufführung der «Entführung aus dem Serail». Ein zeitgenössischer Kritiker berichtet: «Ihr Gesang ist vortrefflich, besonders ist die Gelenkigkeit ihrer Stimme unbeschreiblich und schwerlich jemals übertroffen worden. Die schwersten Rouladen macht sie mit größter Leichtigkeit, präzise und rein und trillert allenfalls ebensogut durch eine ganze Oktave in einem Odem.»

MOORS: Wilhelm Carl Ludwig (1749–1806), der jüngere Bruder von Friedrich Maximilian (s. o. Nr. 128). Er war am gleichen Tage wie Goethe geboren, Stadt- und Gerichtsschreiber, 1800 Schöffe, 1802 Stadtschultheiß.

DOCTOR TEXTOR: Dr. jur. Johann Wolfgang (1767–1831), Sohn des Schöffen Johann Jost T., 1790 Advokat, Schöffe und Senator.

CONFIRMATION: durch Herder, den Goethe gebeten hatte, seinen «Sohn in die christliche Versammlung einzuführen, auf eine liberalere Weise als das Herkommen vorschreibt» (AA 19, 421).

328 AMELEMANG: Ameublement.

WOLZOGEN: Wilhelm Ernst Friedrich Freiherr von (1762–1809), Kammerherr in Weimar, 1801 Geheimrat, Schillers Schwager (AA 20, 923).

ORANIGEN: Erbprinz Wilhelm Friedrich von Nassau-Oranien (1772–1843), Schwiegersohn Friedrich Wilhelms II. von Preußen, 1815–40 König der Niederlande.

DER ERBPRINTZ: Carl Friedrich von Weimar besuchte Goethes Mutter auf der Reise nach Paris in Begleitung des Kammerherrn von Wolzogen.

IM SCHWANEN: am Steinweg, der Gasthof, in dem Goethe 1814/15 zur Divanzeit abstieg, und in dem 1801 durch Bismarck der Friede mit Frankreich geschlossen wurde.

329 FISCHER: Ludwig Franz Joseph (1745–1825), Bassist. Er sang in Mannheim, München, Wien, Paris und seit 1788 an der Berliner Oper. Für ihn schrieb Mozart die Rolle des Osmin in der «Entführung aus dem Serail». Komponist des Liedes «Im tiefen Keller».

ZU STEFFEN SPRACH IM TRAUMME: Arie des Berthold aus «Der Irrwisch» (1779) von Christoph Friedrich Bretzner (1748–1807), mehrfach komponiert. (Umlauf, Holy, Dieter.)

330 WALLACHER: Gerhard Matthias (1744–1806) am Roßmarkt. Er besaß nach Hüsgen «eine Sammlung von mehr als 12000 Portrait aller möglichen Juristen und Staats-Männer aller Nationen, die

ERLÄUTERUNGEN 328–341

sowohl einzel in Kupfer gestochen sind, als in älteren und neueren kostbaren Werken und ganzen Sammlungen vorkommen, deren viele prächtige Einbände allein eine Bibliothek formieren (Magazin).
PHISIONOCKMICK: s. o. Nr. 27 und AA 13,33.
DIE JUNGEN STUDENTEN: Schlossers, s. o. Nr. 322.

331 SCHÖFF WALLACHER: vgl. Brief Nr. 331.
FARRENTRAPS CALENDER: im «Raths- und Stadt-Calender» bei Varrentrapp und Wenner. Dort wird noch 1808 «Joh. Wolfgang Fhr. v. Göthe, J.U.D. 31. Aug. 1771 Ausw.» unter den Advokaten angeführt.
BRÜNNLEIN: vgl. Psalm 65, 10.

332 MEINEM SOHN SEINEN WERCKEN: «Tancred» und «Mahomet».
UNSICHTBAHREN WESEN: s. u. Nr. 334.

333 INGREDIENZIEN: laut Cassabuch Kastanien, ein Dutzend englische Sacktücher, ein Schal.
JUDENKRAM: s. o. Nr. 238.

334 NIDERKUNFT: am 16. Dezember (AA 20, 917); das Mädchen starb bereits am 19. Dezember.
CRANCRET: «Tancred».

335 GRAF: Johann Jacob Graff (1769 –1848), Schauspieler in Weimar, der erste Wallenstein (AA 20, 928).
DOCTOR GRAMBS: Dr. jur. Johann Georg (1756–1817), Advokat seit 1781, Mitglied der Theater-Oberdirektion. [320]
LEERSE: Jacob Philipp, genannt Sarasin (1763–1840) Bankier auf dem Großen Hirschgraben. [258]
SCHWENDEL: Georg Heinrich (1747–1829), Bankier in der Großen Eschenheimer Gasse. Er wie auch Leerse waren Mitglieder der Theater-Oberdirektion.

BÜCHNER: Johann Ludwig, genannt Rennschüb (1753–1832), aus Frankfurt, 1781–91 in Mannheim, 1791–96 und 1802 Regisseur an der Frankfurter Bühne.

336 SEHR BETRÜBT: s. o. Nr. 333. Frau Rat hatte zwei «Kinderkleidgen» nach Weimar gesandt.

338 MAYER: s. o. Nr. 313.
SEXTUS: Sopran in Mozarts «Titus».
STILLE WASSER SIND TIEF: Lustspiel von Friedrich Ludwig Schröder nach Beaumont und Fletcher (1784).
KLEINSTÄDTER: «Die deutschen Kleinstädter» von Kotzebue (1803).

339 DER JUNGE TENORIST: Brand, der am 26. Februar im «Opferfest» debutierte. Am 10. März 1803 schreibt Goethe an Zelter: «Es ist ein neuer Tenor bei uns angelangt, der eine sehr schöne Stimme hat, aber in jedem Sinne Noviz ist.» (AA 19, 433.)

340 DEMOISELLE MAYER: vgl. Briefe Nr. 313 und 338.
GRAAF: s. o. Nr. 335.
BÖTTIGER: Charlotte Christiane Bötticher, geb. Wollmar († 1803). Sie spielte «zärtliche und komische Mütter, alte Kokotten und Betschwestern. Sie weiß die feinen Nuancen der Natur so wahr in ihr Spiel zu verweben, daß man darüber oft... die Künstlerin vergißt, und sie selbst als die Sünderin, welche sie darstellt, hassen möchte» (Taschenbuch).
GLADNI: Ernst Friedrich Chladni (1756–1827), Physiker, berühmt durch seine akustischen Untersuchungen über Klangfiguren, war am 26. Januar Goethes Gast (AA 19,434; 20,922).

341 KRIPPE: Grippe.
DES TRAUERSPIELS: «Die natür-

liche Tochter», die am 2. April uraufgeführt wurde.

RÜCKKUNFT DES ERPPRINTZEN: aus Petersburg. «Die Verlobung ist an Neujahr russischen Kalenders oder am 13. Januar des unsrigen gefeiert worden. Die Vermählung geht noch im Februar vor sich» (AA 20, 963).

MADAME UNTZELMANN: Sie hatte vom 21. September bis 1. Oktober 1801 in Weimar gastiert, u. a. als Maria Stuart. In Frankfurt spielte sie vom 27. April bis 19. Mai 1803. Aus einem sehr inhaltsreichen Brief Goethes vom 14. März 1803 nur dies: «Daß Sie bei Vorstellung der Iphigenia eine satte Farbe an der Kleidung mit gebraucht, erfreut mich sehr. Das schreckliche, leere, melancholische Weiß verfolgt uns vom Augenblick des Negligés bis zur höchsten Repräsentation. Man flieht die Farben, weil es so schwer ist, sich ihrer mit Geschmack und Anmut zu bedienen.» (AA 19,436).

3 SCHLOSSER: s. o. Nr. 322.

342 MELBERT: Dr. med. Georg David Melber (1773–1824), das elfte Kind von Goethes Tante, seit 1804 «Stadt-Accoucheur» in der Schnurgasse bei Frau Wittib Ramadier. [389]

343 KÖNIG UND DIE KÖNIGIN: Friedrich Wilhelm III und Louise. Das Königspaar kam dann am 18. Juni nach Frankfurt und nahm an einem Ball in der Bethmannschen Villa vor dem Friedberger Tor teil. Die Königin erregte hohe Bewunderung. «Ihr Anzug war reich und geschmackvoll; sie trug Juwelen und Blumen, allein nichts überladen. Ihre Gestalt, schlank und dennoch voll, harmonierte mit den lieblichen Gesichtszügen; ihre Augen und ihr Blick waren wundervoll», berichtet Marie Belli-Gontard. Bettina Brentano hat die Berichte der Frau Rat 1843 in ihrem Werke «Dieses Buch gehört dem König» novellistisch gestaltet.

WILHELMSBAAD: bei Hanau. Hier waren schon 1794 Carl Friedrich von Baden und Landgraf Wilhelm von Hessen zu politischen Beratungen zusammengetroffen.

GRÄFFIN VON LEININGEN: wohl Marie Louise Albertine von Hessen-Darmstadt, geb. Gräfin zu Leiningen-Heidesheim (1729–1818) seit 1782 verwitwet; Königin Louise war ihre Enkelin.

3 SCHWESTERN: Herzogin Charlotte Georgine Louise von Sachsen-Hildburghausen (geb. 1769), Prinzessin Therese Mathilde Amalie von Thurn und Taxis (geb. 1773), Friederike, Fürstin zu Solms-Braunfels (geb. 1778). [293 379]

MEINES HAUSSES: s. o. Nr. 293.

IN DER LETZEN FATALEN KRANCKHEIT: s. o. Nr. 309.

GOETHES EUGENIA: «Die natürliche Tochter», in Weimar aufgeführt am 2. April 1803, vgl. AA 12, 625.

MÜLLERN: s. o. Nr. 313.

344 GOLDENEN HALSBAND: vgl. Brief Nr. 343.

MARGRÄFFIN VON BAREITH: s. o. Nr. 68.

GELEHRTE ZEITUNG: die seit 1804 erscheinende «Jenaische Allgemeine Literaturzeitung».

345 CRONEBURG: Kronberg im Taunus.

NATHÜLICHE TOCHTER: erschienen im «Taschenbuch auf das Jahr 1804», bei Cotta in Tübingen.

DIE GESCHWISTER: aufgeführt am 8. November.

CLAVIGO: wurde jedoch erst 1804 neu einstudiert (s.u.Nr.352).

ERLÄUTERUNGEN 342–352   969

VON MEYER: Johann Friedrich (1772–1849), Schöffe und Bürgermeister, Theologe und Schriftsteller. Ihm hat Kerner den zweiten Teil seiner «Seherin von Prevorst» gewidmet.

346 BANSSA: vielleicht Maria (1786–1833), Tochter des Johann Conrad Bansa.

347 EIN THÄTIGER MANN: von Meyer, s. o. Nr. 345.

TASCHENBÜGLEIN: das von 1804 wurde von Wieland und Goethe herausgegeben und enthält auch Goethes «Gesellige Lieder» (AA 1, 75–108).

JUNGFRAU VON ORLEANG: erst 1807 gegeben, vgl. Brief Nr. 389.

348 DIE GESCHWISTER: zuerst in Frankfurt 1793, dann 1803 (s. o. Nr. 345) und am 10. Januar 1804 aufgeführt.

FRAU VON STAEL: So also war es wirklich; vgl. dagegen Bettina Brentano, «Goethes Briefwechsel mit einem Kinde», wo eine angebliche Begegnung der Stael mit Frau Rat bei Simon Moritz von Bethmann geschildert wird: «Je suis la mère de Goethe!» Schiller schreibt an Goethe am 30. November 1803: «Frau von Staël ist wirklich in Frankfurt, und wir dürfen sie bald hier erwarten. Wenn sie nur Deutsch versteht, so zweifle ich nicht, daß wir über sie Meister werden, aber unsre Religion in französischen Phrasen ihr vorzutragen und gegen ihre französische Volubilität aufzukommen ist eine zu harte Aufgabe. Wir würden nicht so leicht damit fertig werden wie Schelling mit Camille Jordan, der ihm mit Locke angezogen kam – Je méprise Locke, sagte Schelling, und so verstummte denn freilich der Gegner.» (AA 20, 948). [349 412]

349 TROTZIG UND VERZAGT: Jeremias 17, 9: «Es ist das Herz ein trotzig und verzagt Ding: Wer kann es ergründen?»

FRAU VON STAEL: in Weimar vom 13. Dezember 1803 bis 29. Februar 1804. Vgl. Goethes Bericht in den «Tag und Jahresheften», AA 11, 732 ff.

DER ERBPRINTZ: Carl Friedrich, der sich am 13. Januar 1804 mit der russischen Großfürstin Maria Paulowna verlobt hatte. [341 356 362 401]

350 HIPPELDANTZ: s. o. Nr. 327.

FISCHER: Nr. 329.

KEILHOLTZ: Christiane Elisabeth Keilholz (1764–1829), gefeierte Sängerin und Tragödin. Nach Engagements bei Großmanns Truppe, in Mannheim, Amsterdam und Kassel, unternahm sie 1804 eine Gastspielreise durch Deutschland.

REINHOLD: Reinhard, s. o. Nr. 274.

TESCHE: Friedrich Wilhelm, Tabakfabrikant.

VON BARCKHAUSS: Louise Friederike Auguste (1763–1844), Schwester des Senators Friedrich Hektor an der Zeil.

WIESSENHÜTEN: s. o. Nr. 312.

TASSO: ging erst 1819 über die Frankfurter Bühne.

WILLMER: Willemer.

351 JURIST UND BAUER: «Der Jurist und der Bauer» von Johann Rautenstrauch, in Frankfurt am 10. März 1779 gegeben.

WILLHELM TELL: in Weimar am 17. März uraufgeführt (AA 20, 969).

VON MAYER: s. o. Nr. 345.

TESCHE: s. o. Nr. 350.

352 MOORS: s. o. Nr. 327.

DOCTOR KÄSTNER: Theodor Friedrich Arnold Kestner (1779–1847), Alberts und Lottes jüngster Sohn, promovierte 1803,

1812 Professor an der Frankfurter medizinisch-chirurgischen Spezialschule. Am 23. November 1803 schrieb Goethe an Lotte: «Die soeben angekommenen Zeugnisse von Göttingen habe gleich an Herrn Stadtschultheiß Moors abgesendet, sie klingen vorteilhaft genug und ich wünsche die beste Wirkung.» (AA 19,447). Lotte war am 31. August 1803 bei Frau Rat zu Gast.

SCHMIDT: s. o. Nr. 209.
MAHOMET: in Frankfurt damals nur am 31. Mai und 14. Juni aufgeführt.
OTTO: spielte 1809 den Götz, 1819 den Herzog Alfons im «Tasso».
PROTZLER: Brotzler, Tochter von Peter Anton, Weinhändler in der Buchgasse.
SINTZHEIMER: wohl die Töchter des 1793 durch Senior Hufnagel getauften Lotterie-Einnehmers Isaak Raphael Sinzheim aus Wien, am Roßmarkt.
GÖTZ VON BERLIGINGEN: wurde erst 1809 wieder einstudiert.
CLAVIGO: am 14. Juli gegeben.
SYNDICUS SCHLOSSER: Johanna, geb. Fahlmer.
FLEISCHBEIN: s. o. Nr. 312.
METZLER: s. o. Nr. 186.
STEITZ: s. o. Nr. 258.
FINGERLINGS: s. o. Nr. 237.

353 DEINE LIEBEN BRIEFE: nicht mehr vorhanden.
BÖTTIGER: Bötticher; ihre Mutter (s. o. Nr. 340) war am 10. November 1803 gestorben; am 29. November wurde im Theater eine Totenfeier veranstaltet.
ARMUT UND EDELSINN: Lustspiel von Kotzebue, aufgeführt am 20. März 1804, darin «Rose, eine Predigerswittwe».
AUSSTEUER: Schauspiel von Iffland (1795).

IM GROSSEN LOOSS: Lustspiel von Hagemeister (1791).
ARIADNE: s. o. Nr. 73.
BRAND: s. o. Nr. 339.
OPPERFEST: Winters «Unterbrochenes Opferfest» s. o. Nr. 275.
LILLA: s. o. Nr. 145.
IFFLAND: sein Gastspiel ist nicht nachweisbar.
ESSIGMANN: von Schröder nach Mercier «Der Essigmann und sein Schubkarren». Mit diesem Stück begann Ifflands Weimarer Gastspiel am 24. April 1798.
GABRECHT: in Ifflands «Der Spieler» (1798).
KÄSTNERN: s. o. Nr. 352.
DONAU NIMPFE: «Die Nymphe der Donau» von Hensler (1803).
HOFFRATH STARCKE: s. o. Nr. 134.
VOSS: Johann Heinrich (1751–1826) in Heidelberg, Übersetzer Homers, Dichter der «Luise».

354 VON MÄYER: s.o. Nr.345.
SEINEM KIND: vgl. Brief Nr. 350.
BAAL SAAMEN: s. o. Nr. 218.
IN LEIPSIG: Christiane war jedoch seit 10. Juli in Lauchstädt, wohin Goethe gleichfalls am 17. August reiste. Er verlebte dort und in Halle zwei Wochen.

355 CONSUL BETHMANN: Simon Moritz (1768–1826), russischer Konsul und Staatsrat, Bankier, der berühmteste seiner Familie, 1808 geadelt. [72 128 320 348 396]
BENVENOUTO: «Benvenuto Cellini», zuerst in den «Horen» (2, IV, 1796), in Buchform, Tübingen 1803.
COMEDIEN ZETTEL: von der Weimarer Aufführung am 22. oder 29. September 1804.
POTZ FISCHGEN: s. o. Nr. 170.
SCHLOSSERN: s. o. Nr. 253.

356 ERBPRINTZESS: Maria Paulowna; ihre Ankunft in Weimar wurde

durch Schillers «Huldigung der Künste» am 12. November gefeiert.

357 EIN UNGLÜCKSELIGER PAPA: vgl. Brief Nr. 350.
DOCTOR JUNG: Johann Heinrich, genannt Jung-Stilling (1740–1817), Schriftsteller und Theosoph (AA 10, 406); «Die Schleuder eines Hirtenknaben gegen den hohnsprechenden Philister, αen Verfasser des Sebaldus Nothanker» (Friedrich Nicolai), Frankfurt a. M. 1775.
PATER BREY: Goethes «Fastnachtsspiel vom Pater Brey» aus dem Frühjahr 1773. Der Würzkrämer spricht (AA 4, 175):
«Hab euch nun gesagt der Pfaffen Geschicht
Wie er alles nach seinem Gehirn einricht
Wie er will Berg und Tal vergleichen
Alles Rauhe mit Gips und Kalk verstreichen
Und endlich mahlen auf das Weiß
Sein Gesicht oder seinen Steiß.»
BAAL SEMEN: s. o. Nr. 218.
ERBPRINTZESS: s. o. Nr. 327.
DIE MUTTER: Kaiserin Maria Fjodorowna, geb. Prinzessin von Württemberg.
DER KAYSER: Paul I. von Rußland (1754–1801).

358 LESEKABINET: s. o. Nr. 201.

359 SINDEMAHL, NACHDEM UND ALLDIWEIL: vgl. in Seyfrieds «Frankfurter Dramaturgie» von 1781 den Brief des «Gevatter Schlyps»: «Sindemol unn altiweil ig eig farsproche hun eppes iwer dei Kumeti zou schreiwe....»

360 RÖSSERGER: Rößleinsgulden.

362 JAGEMANN: ihr Frankfurter Gastspiel fand vom 9.–19. Januar statt.
GOETHE war Anfang 1805 erkrankt; am 12. April schreibt Christiane: «Der Geheime Rat hat nun seit einem Vierteljahr fast keine gesunde Stunde gehabt und immer Perioden, wo man denken muß, er stirbt.»
DIE EHRENPFORTEN: Goethes Tagebuch vom 15. Januar: «Mutter Frankfurt mit Beschr. der Feyerlichk.» zur Vermählung des Erbprinzen (s. o. Nr. 256); am 20. Februar «An Fr. Räthinn G. Franckf. die Broschüre der Feyerl.» im «Taschenbuch für Weimar auf das Jahr 1805.»

363 UNBÄSSLICHKEIT: Schiller an Körner am 25. April: «Goethe war sehr krank an einer Nierencholik mit heftigen Krämpfen, welche zweymal zurückkehrte.» Vor allem am 7. Februar, 7. März, 16. April.

364 STARCK: Dr. Johann Christian (1753–1811), Weimarischer Hofrat und Leibarzt, Professor in Jena; Schiller an Körner: «D. Stark zweifelt, ihn [Goethe] ganz herstellen zu können.» [311]

365 BESCHREIBUNG: s. o. Nr. 362.
KÖNIG HISKIA: Jesaias 37, 14: «Und da Hiskia den Brief von den Boten empfangen und gelesen hatte, ging er hinauf in das Haus des Herrn und breitete ihn aus vor dem Herrn.»
DIE KAYERLICHE HOHEIT: Erbprinzessin Maria Paulowna von Sachsen-Weimar, Tochter des Zaren Paul I. von Rußland.

366 ENTFERNT SEYN: Friedrich Stock reiste als junger Kaufmann nach Malta und Livorno und besuchte seinen Onkel Friedrich Moritz (s. o. Nr. 219) in Neapel.
BABELEN: babbeln = schwätzen.
DAS SONTAGS KIND: s. o. Nr. 290.

367 AM 4. APRIL begleitete Christiane «August, der mit einer Gesellschaft nach Frankfurt geht zur Messe, bis Erfurt». August kehrte Anfang Mai nach Weimar zurück.

368 HEIDEN: Joseph Haydn.
WILLMER: Willemer.
SYNDICUS SCHLOSSERN: s. o. Nr. 352.
SCHÖFF SCHLOSSER: s. o. Nr. 258.
369 MALLEBERT: von Malapert-Neufville, s. o. Nr. 258.
WILLMER: Willemer.
LUFTSCHIFFAHRT: die «Auffahrt des Herrn Garnerin» fand erst am 12. September statt; die Billets kosteten 1 ½ Krontaler; vgl. Brief Nr. 373.
370 FACSIMILE DIESES BRIEFS in den Schriften der Goethe-Gesellschaft 4, 280.
DEN RING: Lessings «Nathan» III, 7.
371 GOETHES BRIEF: AA 19, 478.
STAMBUCH: vgl. Frau Rats Eintrag St 13.
BETHMANN: s. o. Nr. 355.
POTZ FISCHGEN: s. o. Nr. 170.
VON STOLPPE NACH DANTZIG: sprichwörtlich, vgl. Kotzebues «Pagenstreiche» (1804) I. Akt, 6. Szene: «Sie wissen, ich bin einmal von Stolpe nach Danzig gereist», stehende Redensart des Herrn von Kreuzqueer, die sogar im Holländischen sprichwörtlich wurde: «Van Stolpe naar Dantzig.»
372 FRITZ JACOBI: Friedrich Heinrich. Er war vom 23. Juni bis 1. Juli in Weimar gewesen (AA 19, 477) und ging später nach München.
373 LIESSEL: Elisabeth Hoch.
KARL: Stock?
IN HALLE: Goethe war am 12. August mit seinem Sohne von Lauchstädt nach Halle gereist, und von dort mit Friedrich August Wolf nach Magdeburg und Helmstedt.
WENNER: Johann Conrad Friedrich (1789–1858), Offizier, Verfasser von «Vierzig Jahren aus dem Leben eines Toten», Tübingen 1849. Hier wird ein erdichteter Besuch bei Goethe geschildert (I, 173). [204]
GARNERIN: s. o. Nr. 369.
BLANCHART: s. o. Nr. 152.
PARADEPLATZ: an der Hauptwache.
UNZELMANN: der einstige Freund hatte vom 25. bis 30. Juli gastiert.
OCHSENHEIMER: Ferdinand (1756 –1822), 1807 am Wiener Burgtheater, berühmt als Intrigant und Charakterspieler. Er spielte in Frankfurt vom 30. Juni bis 14. Juli, u. a. als Sekretär Wurm in «Kabale und Liebe».
374 REBSTOCK: Gasthaus «dicht am Markt».
BURGER-CAPITAINE: Das «Bürgerliche Militär» besaß in seinen 14 Quartieren ebensoviele Kapitäne, außerdem je einen Leutnant und einen «Fähndrich».
NIEDERKUNFT: die Taufe des am 25. September geborenen Prinzen Paul Alexander hatte am 6. Oktober stattgefunden. Er starb bereits am 10. April 1806.
DOCTER FAUST: Auerbachs Keller, Verse 2090 f.
SCHNITZEL PUTZ HÄUSSEL: Frau Rat kannte das lustige Lied «So geht es im Schnützelputz Häusel, Da singen und tanzen die Mäusel», wohl aus den Frankfurter Gelehrten Anzeigen von 1776 (Nr. XV, S. 120). Goethe pflegte gern den Ausdruck «Schnudelputz» zu brauchen.
EGMONTH: zuerst am 15. Mai 1789 durch Koch in Frankfurt gegeben und erst 1821 wiederholt. [249]
376 FRAU STOCK: Goethes Stammbuchblatt vom 1. Januar 1806 (AA 2, 251):

«Was uns Günstiges in fernen
Landen

Auch begegnet, sehnt, bei allem
    Glück,
Doch das Herz zu seiner Jugend
    Banden
Zu dem heimischen Kreise sich
    zurück.
Seiner Jugendfreundin der Frau Senator Stock sich bestens empfehlend   Goethe.»
Die Handschrift befindet sich im Freien Deutschen Hochstift.
WIE MITTEN IM KRIEGE: Die neutrale Reichsstadt war am 18. Januar von 9000 Franzosen unter Marschall Augereau besetzt und mit 4 Millionen Franken Kontribution belegt worden.
SCHACH BAHAMS: der Sultan in Wielands «Wintermärchen».

377 UNSERE DEPUTIRTEN: Geheimer Rat und Stadtschultheiß Friedrich Max von Günderode und Senator Peter Clemens Müller.
BLÄTTGEN: s. o. Nr. 376.
TODESFÄLLE: Christianes Schwester Ernestine («Ernesdien») starb am 7. Januar und ihre Tante Juliane Auguste Vulpius (1734–1806) am 1. März.
STOLPPE NACH DANTZIG: s. o. Nr. 371. August sollte damals zu Zelter nach Berlin gehen; die Reise unterblieb jedoch.
DIE KÖNIGIN VON PREUSSEN: s. o. Nr. 293.
PENTIONS-FOND: war bereits 1792 gegründet worden; s. o. Nr. 327.
DER PATRIARCH IM NATHAN: IV, 2. Ob Goethe von dieser Bitte erfahren hat, ist unbekannt; daß er von der geplanten Verwendung seiner Bühnenbearbeitung des «Götz» wußte, zeigt vielleicht sein Brief an Christiane vom 16. Oktober 1808. Das Drama wurde aber erst am 5. Juni 1809 «zum Besten des Pensionsfond» aufgeführt, «für die Bühne geordnet».

378 STRENG: Spezereiwarenhandlung «Ulrich Thomas Streng Sohn» in der Schnurgasse. Strengs Gattin war Cornelia, die Tochter des Zinngießers Hermann Jacob Goethe. Sie hatten vier Söhne und drei Töchter.
UNSERE UMSTÄNDE: im Juni forderten die Franzosen wieder 540000 Franken Kontribution; am 12. Juli wurde in Paris die Rheinbundakte unterzeichnet. Carl von Dalberg als Fürstprimas sollte Frankfurt «mit seinen Staaten vereinigen».

379 FROMMANN: Carl Friedrich Ernst (1765–1837), Buchhändler und Verleger in Jena (AA 19, 528).
DAS BAAD: Christiane war seit 20. Juni in Lauchstädt, Goethe vom 29. Juni bis zum 4. August in Karlsbad (AA 19, 495).
ALLE MENSCHEN SIND LÜGNER: Psalm 116, 11.
KAISER UND REICH: Am 19. August verkündete der Frankfurter Senat, er habe alles aufgeboten, die Freiheit der Stadt zu retten und stets die Pflichten gegen Kaiser und Reich erfüllt, nichts versäumt, auch die Gunst der französischen Regierung zu erwerben. Am 6. September übernahm Dalberg die Regierung des Primatialstaates.
MECKLENBURG: d.h. die Fürstin Friederike zu Solms-Braunfels, geb. Prinzessin von Mecklenburg-Strelitz, Schwester der Königin Louise, die Goethe in Karlsbad getroffen hatte.
JUGENDLICHE FREUDEN: s. o. Nr. 293.

380 INZWISCHEN HATTE DIE SCHLACHT BEI JENA am 14. Oktober stattgefunden. Goethe heiratete am 19.
PELE MELLE: s. o. Nr. 278.
VERFASSUNG: das vom Fürstprimas am 10. Oktober unterzeichnete «Organisations-Patent».

381 1769, 1801, 1805 war Goethe schwer erkrankt.
NEUEN STAND: des Ehemanns.
BRAUN: nicht zu ermitteln.

382 Voss: Heinrich Voß der Jüngere (1779–1822), Altphilologe, 1802 bis 1806 in Weimar (AA 23, 1079). Er begrüßte in Frankfurt «die alte, herzliche, mitleidige Mama Goethe», die ihn «auf das Zärtlichste» aufnahm.
BEIN: Friedrich Boie (1789–1868), der ältere Sohn von Heinrich Christoph B., später Etatsrat in Kiel.
HERTZFELD: Hersfeld.

384 UNSER NEUER HERR: von Dalberg.
EIN FRÖLIGES HERTZ: Jesus Sirach 30, 23: «Denn ein fröhlich Herz ist des Menschen Leben, und seine Freude ist sein langes Leben.»

385 MÄDELEIN: Friederike und Catharina.

386 AM 23. MÄRZ war Christiane nach Frankfurt gereist. «Meine Schwester», schreibt Christian August Vulpius am 16. März, «hat den heroischen Entschluß gefaßt, in 8 Tagen zu der Gros Mutter nach Frankfurt zu reisen, wo sie die Messe über bleiben will. Es wird ihr schon gefallen... Der Geheime Rath ist nicht mehr recht bey Laune. – Aber wer könnte es jetzt auch wohl seyn?»
WILLHELMS BAAD: bei Hanau (s. o. Nr. 343). Christiane war am 12. April wieder in Weimar (AA 19, 509).
DIE CRESPEL UND DIE SALOME: «Juch Juchhe! Kyri Kyrie! Gelobet sei die Krispel und die Salome!» Wallfahrtslied der Pinzgauer aus Büsching und von der Hagens Volksliedern. «Crespel» heißt es wohl nur zum Scherz.

387 DEN 1TEN BAND: Goethes Werke, erster Band, Tübingen 1806 (Lieder, Vermischte Gedichte, Balladen und Romanzen, Elegien, Episteln, Epigramme).
UNSER FÜRST: Carl Theodor von Dalberg bestätigte am 29. Mai «die in Unserer Gegenwart vorgenommene Wahl der 28 Repräsentanten der Frankfurter Stadt-Quartiere».

388 DER TODESFALL: Herzoginmutter Anna Amalia war am 10. April verstorben.
IM ROTHEN HAUSS: vgl. Brief Nr. 28.
ANDENCKEN: «Zum feyerlichen Andencken der durchlauchtigsten Fürstin und Frau Anna Amalia», Goethes Gedenkrede (AA 12, 688 ff.).
IHREN EINZIGEN SOHN: Eduard Schlosser, der Sohn von Johann Georg und Johanna, geb. Fahlmer, starb am 26. März.
IHRER TOCHTER: Henriette Schlosser.
FORTUNATUS: «Fortunatus' Glücksäckel und Wunschhütlein», ein Jahrmarktsdruck des Volksbuchs. Tiecks Drama erschien 1815.
DOCTOR SCHLOSSER: Fritz, s. o. Nr. 316.
TRIPPSCHER: von «tribschen» = antreiben.

389 VON FLEISCHBEIN: s. o. Nr. 312.
SENATOR STEITZ: s. o. Nr. 258.
WÄISEN KINDER: 1679 war am Friedberger Tor ein Waisenhaus errichtet worden; in der Nähe, unter den Linden der Pfingstweide, wurden seit 1733 am Mittwoch nach Pfingsten die Waisenkinder gespeist.
FÜRST PRIMAS: s. o. Nr. 387.
SPECKTACKEL: ein achttägiges Schützenfest.
NACHHAUSSE KUNFT: am 12. April.
AN DIE FRAU STOCK: Goethes Brief vom 17. April.

ERLÄUTERUNGEN 381–396

DIE KLEINE BRENTANO: Bettina hatte sich Ende Juni 1806 «die Räthin Göthe zur Freundin gewählt» und am 23. April 1807 ihren Sohn besucht. Bettinas Schilderung AA 22,445. [161 343 348 390 396 401 402 404 405 410 412 414 415]
IN CASSEL: bei ihrem Schwager Carl Jordis.
FORTUNATUS: s. o. Nr. 388.
DOCTOR MELBER: s. o. Nr. 342. Er betreute Frau Rat auch in ihrer letzten Krankheit.

390 POLECKS: Tochter des Kaufmanns Christoph Ernst Polex in Langensalza (s. o. Nr. 223).
GEHEIMDTEN RATHS SCHMIDT: Johann Christoph (1727–1808), Geheimer Legationsrat in Weimar, Vertreter Goethes während dessen Italienischer Reise, der Bruder von Klopstocks «Fanny».
VON DER KLEINEN BRENTANO: Goethe an Christiane: «Der Mutter Brief hat mich weit mehr erbaut als der Brief von Bettinen.»
ALVABETH: ein 25 Bogen (ein Alphabet) starkes Buch.
NIEMAND WIE MICH: Bettina an Arnim am 5. September 1806: «Ich bin sehr glücklich mit dieser Frau, ich seh sie alle Tage, ich darf bei ihr gut und böse Launen äußern, wie ein verzogenes Kind bei der liebenden Mutter.»
TASSE: vgl. Bettinens Brief vom 5. Mai: «Eine Schachtel wird Ihr mit dem Postwagen zukommen, beste Frau Mutter, darin sich eine Tasse befindet» und Frau Raths apokryphe Antwort vom 11.: «Vor die Tasse bedank' ich mich.»

392 THEOLOISCHEN ANAALEN: Ludwig Wachlers «Neue Theologische Annalen» vom Mai 1807, 19. Stück.

394 SCHLOSSER: Fritz.

395 GOETHE war vom 28. Mai bis 7. September in Karlsbad, Christiane seit 8. Juli in Lauchstädt.
STÄDEL: Johann Friedrich (1728–1816), Kaufmann am Roßmarkt, der Begründer der berühmten Frankfurter Galerie (AA 12,536).
WILLHELMS BAAD: vgl. Brief Nr. 386.
LIESSEL: Elisabeth Hoch.
CAROLINGEN: Caroline Ulrich (1790–1855), mit Christiane von Goethe verwandt, später Gattin Friedrich Wilhelm Riemers. Am 16. Oktober 1808 schrieb Goethe an Christiane nach Frankfurt: «Grüße Carolinen, ich wünsche ihr einen reichen Franckfurter.»

396 MILIUS: Heinrich Mylius (1769–1854), Kaufmann, später in Mailand, seit 1799 verheiratet mit Friederike Christiane Schnauß (s. o. Nr. 281).
FRAU SYNDIKUS: s. o. Nr. 352.
BREYER: Carl Wilhelm Friedrich (1771–1818), Akademiemitglied und Geschichtsprofessor in München.
SEMMERING: Sömmerring.
HENNRIETTE: 1809 verheiratete sie sich mit dem Kaufmann David Hasencleuer in Ehringhausen.
DOCTOR SCHLOSSER: Fritz.
VON GERNING: aufgeboten am 12. April mit Susanna Magdalena Soldan.
BUSMANN: Auguste Bussmann (1791–1832), Clemens Brentanos [307 394 401] unselige zweite Gattin, Tochter des Compagnons und Schwagers von Simon Moritz Bethmann, wurde am 22. Juli von Clemens entführt, mit ihm getraut am 21. August 1807.
BETHMANN SCHAFF; s. o. Nr. 67.
6 KINDER: s. o. Nr. 299; ferner Georg Ferdinand (1800–81), Johanna Cornelia Elisabeth (1802–33), Alfred Berthold Georg (1806–90).

DIE HERTZHAFTIGKEIT UND DEN FROHSINN: kennzeichnend für Lulus Temperament ist der Stoßseufzer im Brief an Clärchen Jacobi vom 2. März 1793: «Nu Gottlob! Endlich size ich! Ich habe immer unsägliche obstakels durchzuwandern bis ich einmal size. Heute ist's derzu nur bis um 5 Uhr. Leider!»

BETINA BRENTANO: sie hatte am 15. Juni aus Kassel Goethe geschrieben und Frau Rats Worte am Anfang ihres Briefs vom 13. Juni zitiert. Goethe hatte erst im August kurz erwidert.

397 LISSE: Elisabeth Hoch.

RAPUSE: eigentlich Plünderung, ein Kartenspiel, von rabusch = Kerbholz.

PILANTOPINE: Philanthropin hieß zuerst Basedows berühmte Dessauer Anstalt.

EUROPIA: burschikos, auch in Claudius' «Rheinweinlied» und in Kortums «Jobsiade».

BRAND: Caroline, 1817 die Gattin Carl Maria von Webers. In der Frankfurter Uraufführung von Webers «Silvana» am 16. September 1810 sang sie die Titelrolle.

398 DIE KÄYERLICHEN GARDEN: nach dem Frieden von Tilsit am 9. Juli.

DEM HUND IN DER FABEL: in Daniel Wilhelm Trillers Neuen Fabeln von 1752, S. 216 «Der Dieb und der Hund» (Vermutung Albert Kösters).

WEIL NOCH DAS LÄMPCHEN GLÜHT: s. o. Nr. 240.

GELALIRT: regaliert.

400 HUMPOLDT: Alexander von Humboldt, auf der Reise nach Paris.

401 DIE FAMILIE BRENTANO: Bettina war mit ihrer Schwester Meline am 1. November in Weimar eingetroffen. Am 3. November folgten Savigny und seine Gattin Gunda, geb. Brentano, am 8. Clemens und Arnim. Goethes Tagebuch vom 9. erwähnt also «Savignys, zwei Demoiselles Brentano, Reichardt, Arnim und Clemens Brentano» als Tischgäste. Am Abend wurde «Tasso» besucht, der 10. November war Abschiedstag; in drei Kutschen reiste «die ganze Karavane» nach Kassel ab.

RUSSEN: Sie kehrten aus der französischen Gefangenschaft heim.

ERPPRINSSES: s. o. Nr. 327.

RUSCHISCHEN KAISER: Zar Alexander I. (1777–1825), der Bruder Maria Paulownas, Erbprinzessin von Sachsen-Weimar.

DEM HEILIGEN JOHANNIS: vgl. Wielands «Teutscher Merkur» 1782, I, 9 und Herders «Zerstreute Blätter» von 1797. Der greise Evangelist soll mit Vorliebe ein Huhn auf seinem Schoße gestreichelt haben.

LIESEL: Elisabeth Hoch.

402 MELINE BRENTANO: eigentlich Magdalena (1788–1861), «lieb, gut und still», seit 1810 Frau von Guaita. [401]

BETINA: sie kehrte erst im Januar 1808 nach Frankfurt zurück.

RUSSEN: s. o. Nr. 401.

EUGENIE: «Die natürliche Tochter».

ADRACHMELECH: Adramelech, ein Teufel in Klopstocks «Messias»; vgl. AA 10, 93.

403 SCHMIDT: s. o. Nr. 209.

ÜBER DEINEN BRIEF: vom 9. Januar 1808 (AA 19, 533); Riemer hatte ein Sonett beigefügt.

FREULEIN VON GOECHHAUSSEN: war am 7. September 1807 gestorben.

DIE JUDEN: Am 30. November 1807 unterzeichnete Dalberg die «Neue Stättigkeits- und Schutzordnung der Judenschaft», ge-

ERLÄUTERUNGEN 397—407

druckt 1808 bei Varrentrapp & Wenner, in der die Juden als geduldete, außerhalb des Volkes stehende Fremde betrachtet werden. Sie durften aber außerhalb der Judengasse im umliegenden Bezirk wohnen.
CARLS THOR: am Eschenheimer Turm, erbaut 1807, entfernt 1864.
EINEN PARCK EIN BOSKET: die Anlage der Promenaden begann am 23. Oktober 1806 zwischen dem Carls- und Bockenheimer Tor; die Gartenanlagen wurden 1808–12 ausgeführt. Schöpfer waren der Senator und spätere Maire Jacob Guiollett (1746–1815) und der Stadtgärtner Sebastian Rinz (1782–1861).
SCHAUSPIEL: wohl Sylvesterball.
OHEIM: Christian August Vulpius.
MELINA: Meline Brentano.

404 AUGUST reiste am 4. April von Weimar ab, um die Universität Heidelberg zu beziehen.
DIE CHRISTEL UND DIE SALOME: s. o. Nr. 386.
INS COMEDIENSPIEL: 1792 hatte man im Schauspielhaus einige Öfen gesetzt, die aber nicht genügten.
EIN MUSEUM: die am 8. April im Englischen Hof durch Dalberg eröffnete Museums-Gesellschaft, die zunächst nur aus 70 Mitgliedern bestand und sich alle 14 Tage am Freitag versammelte. Vgl. Bettinas Brief an Goethe vom März 1808: «Es hat sich hier eine Bande Gelehrter und Künster zusammen gerottet, Poeten, Musiker, Mahler, Redner, Geschichtsschreiber, Schauspieler, Kunstkenner, Kunstsammler, Kunstliebhaber, Berg und Thal, Theoretiker pp. Sie schreiben Theorien über die Erd und den Himmel, doch keiner weiß, wo sein Nachbar wohnt, ich wollte mich auch als Geschichtsforscher zu einem Mitglied dieser Gesellschaft machen lassen, ich hätte ihnen dann die Geschichte des Kaiser Carls VII. vorgetragen, in Hinsicht der Liebschaft, die Goethes Mutter mit ihm gehabt hat in ihrem 15. Jahr.»
KÄSTNER: der Göttinger Professor und Epigrammatiker Abraham Gotthelf K. (1719–1800), der im Dezember 1773 in den «Göttinger gelehrten Anzeigen» den «Götz» rezensiert hatte.

405 AUGST: Er wohnte vom 8. bis 22. April bei der Großmutter.
PASAVANT: Johann Carl Passavant (1790–1857), Arzt am Versorgungshaus und Naturphilosoph.
BÜRGERLICHE OFFIZIRE: die «Ober- und Unter-Officiers der Löbl. Bürgerschaft». Jedes der 14 Quartiere (s. o. Nr. 284) besaß einen Capitain, einen Lieutenant und einen Fähndrich.
BETHMANN: s. o. Nr. 355.
DER FÜRST: Dalberg gab wöchentliche Empfänge im Thurn und Taxisschen Palais, zu denen die besseren Familien stets eingeladen waren. Des Fürsten Nichte, Prinzessin von der Leyen, machte die Honneurs, «der Ton bei Tische war ungezwungen, das Menu reichlich und vortrefflich», schreibt Marie Belli-Gontard. Vgl. Augusts Bericht bei Eckermann AA 24, 715.
LONONHARDI: s. o. Nr. 234.

406 UNSER KLEINER: August.
DEM ORT SEINER BESTIMMUNG: in Heidelberg.
PRIMAS: von Dalberg.

407 POST-OFFVISIANTEN: das Postamt war an der Zeil 31; Direktor war Alexander Conrad Freiherr von Vrints-Berberich (1764–1843).

408 FILOSCH: frz. filoche, eine Netzhaube.
FREUND STOCK: Schöff und Ratsherr Stock starb am 8. Oktober.

409 AUGUST wohnte in Heidelberg Karlstraße 19.
RINALDINO: Augusts Vetter Rinaldo Vulpius (1802–74).
DELPF: Delph.
PASAVAND: Passavant, s. o. Nr. 399.

410 GOETHE war seit dem 15. Mai in Karlsbad.
BETINA: sie war am 18. Mai nach Winkel gefahren.

411 WEINBERGE AN DEN BERGEN SAMARIÄ: Jeremias 31, 5. Am 9. Dezember 1777 schrieb Goethe an Charlotte von Stein: «es ist eben um die Zeit, wenig Tage auf ab, daß ich vor neun Jahren kranck zum Todte war, meine Mutter schlug damals in der äußersten Noth ihres Herzens die Bibel auf und fand, wie sie mir nachher erzählt hat: «Man wird wiederum Weinberge pflanzen an den Bergen Samariä, pflanzen wird man und dazu pfeifen.» Sie fand für den Augenblick Trost, und in der Folge manche Freude an dem Spruche.» (AA 18, 381.)
CARLSBAAD: s. o. Nr. 410.
DIE 4 ERSTEN BÄNDE: von Goetes Werken, Tübingen 1806.
EPIGRAM 34. b: «Klein ist unter den Fürsten Germaniens» (AA 1, 229).

412 BETINEN: Sie war inzwischen auf Savignys Landgut Trages gewesen, dann wieder in Frankfurt und seit 8. Juli in Winkel. Goethes Brief an Bettina s. AA 19, 545.
HERR WERNER: Zacharias Werner fuhr am 27. Juni «mit der Landdiligence» von Kassel nach Frankfurt, wo er bis zum 4. Juli blieb.
FRAU VON STAELL: reiste mit August Wilhelm Schlegel und Sismondi von Weimar, wo sie Goethe verfehlt hatte, nach Coppet, vgl. AA 19, 540.
DIE ALTEN WÄLLE: s. o. Nr. 403.
PELE MELE: s. o. Nr. 278.
HERRN VULPIUS: Christianes Bruder Christian August.
RIEMER: Friedrich Wilhelm (1774–1845) war von 1803–1808 Hauslehrer August von Goethes. [395 403]
WERDI: s. o. Nr. 280.

413 DIE 4 NEUEN BÄNDE: s. o. Nr. 411.
IHREN HERRN BRUDER: s. o. Nr. 412.

414 RÜCKKUNFT: aus Kassel.

415 DEINES BRUDERS GEBURTSTAG: Goethes, da Frau Rat Bettina als Tochter angenommen hat, vgl. Brief Nr. 392.
LIESCHEN: Elisabeth Hoch.
MÜHSAM ZACKERN: vgl. Bettinens Brief an Frau Rat in «Goethes Briefwechsel mit einem Kinde»: «Frau Rath, Sie hat eine recht garstige Hand, eine wahre Katzenpfote, nicht die mit der Sie im Theater klatscht, wenn der Schauspieler Werdi wie ein Mülleresel dahertrappst und tragisches Schicksal spielen will, nein, sondern die geschriebene Hand ist häßlich und unleserlich.»

ERLÄUTERUNGEN

Zu den Stammbucheintragungen und Aufzeichnungen

1 MATTHIAS CLAUDIUS im «Wandsbecker Bothen» 1775, Nr. 75: «Dir wünsch' ich...» Die Verse sind jedoch wohl von Johann Heinrich Voß.

2 WER FREUNDE SUCHT: Lessings «In ein Stammbuch» (1779).

6 ICH WILL DICH MEHREN: vgl. Jeremias 30, 19, Nachsatz bei Jesaja 49, 23.

13 TRITTE DES WANDERERS: von Knebel (AA 22, 371).

14 WAHRHEIT ERKENNEN: wohl aus Moses Mendelssohns «Morgenstunden oder Vorlesungen über das Dasein Gottes», Berlin 1785; darin «Vorerkenntniß über Wahrheit, Schein und Irrtum». Zahlreiche Aussprüche aus Mendelssohns «Phädon» in AA 4, 974f.
HELVETIUS: Claude Adrien (1715 –71), französischer materialistischer Philosoph. Sein Hauptwerk «De l'esprit», Paris 1758, deutsch von Gottsched 1759.
GOETHE: freies Zitat aus dem «Werther», vgl. AA 4, 318 und 434.
JORICK: wohl aus Sternes «Sermons by Mr. Yorick».
YOUNG: Edward (1683–1765) «Klagen oder Nachtgedanken», deutsch von J. A. Ebert 1751. Auch Evchen Humbrecht, Heinrich Leopold Wagners «Kindermörderin», liest in den «Nachtgedanken»; sie sind «in der französischen Übersetzung jetzt ihr Lieblingsbuch» (3. Akt).
TRITTEN DES WANDERERS: s. o. Nr. 13.
WO MAN SINGET LASS DICH RUHIG NIEDER: so beginnt Johann Gottfried Seumes «Die Gesänge» in der «Zeitung für die elegante Welt» 1804, Nr. 23. Hier heißt die dritte Zeile «Wo man singet, wird kein Mensch beraubt».
LEIBNITZ: Die Verse stammen wohl nicht von Leibniz selber. Der große Philosoph wird jedoch in zeitgenössischen Gedichten erwähnt, z. B. in der «Theodizee» von Johann Peter Uz: «Es öffnet Leibniz mir des Schicksals Heiligthum; Und Licht bezeichnet seine Pfade, Wie Titans Weg vom östlichen Gestade».

15 DIE AUFZEICHNUNGEN entstanden auf Goethes Wunsch während seines Besuchs in Frankfurt. Sie fanden sich in den «Akten einer Reise nach Frankfurth», der Vorlage zur «Reise in die Schweiz 1797». Über die besseren Kräfte machte sich Goethe selbst Aufzeichnungen (AA 12, 88ff.). Den Zwischenvermerk «Schauspieler, welche von Anno 1785 an in Frankfurth gespielt gegenwärtig aber sich nicht mehr daselbst befinden» schrieb Geist, der Goethe auf der Reise begleitete.
EUNICKE: Friedrich (1754–1844). Er debütierte 1787 am Hoftheater in Schwerin, 1788 in Mannheim, 1789 als erster Tenor in Frankfurt, 1792 in Bonn, 1793 am Deutschen Theater in Amsterdam, 1795 wieder in Frankfurt, 1796 am Hoftheater in Berlin, wo er zum Kammersänger ernannt wurde. Seine Hauptrollen waren Tamino, Belmonte, Octavio.
DESSEN FRAU: Henriette, geb. Schüler (1772–1849), die später unter dem Namen Hendel-Schütz als mimische Künstlerin und Schauspielerin berühmt wurde.
BÖLLENDORF: nicht zu ermitteln.
KRUG: seriöser Baß. Er sang u. a. den Komtur im «Don Juan». Sein

Jahresgehalt bei der Mainzer Hofbühne betrug 500 Gulden.
KOCH: s. o. Nr. 139.
DESSEN TOCHTER: s. o. Nr. 154.
MADAME SCHICK: s. o. Nr. 154.
DEMOISELLE SCHWASCHHÖFER: Therese Schwaschhofer (1774–1849). Sie trat zuerst in Amsterdam und in Frankfurt auf, später als Soubrette in Mainz und seit 1796 am Nationaltheater in Berlin. Sie war Eunickes zweite Gattin. Ein zeitgenössischer Rezensent berichtet über sie: «Demoiselle Schwaschhöfer, die bei dem vorigen Mainzer Nationaltheater schon so viel Talent zur Sängerin und Schauspielerin zeigte, hat sich von beiden Seiten, unter der Leitung der Familie Eunike, zu einem Punkt entwickelt, der die Bewunderung eines jeden ist. Ein voller dicker Ton, großer Umfang der Stimme, vorzügliche Kraft in der Tiefe, mit einer außerordentlichen Biegsamkeit, sind ihre Stärke.» In Frankfurt trat sie als Susanne in «Figaros Hochzeit» auf.
MADAME FIALA: s. o. Nr. 77.
MADAME UNZELMANN: s. o. Nr. 41.
DEREN MANN: s. o. Nr. 135.
BÖSENBERG: Heinrich (1745–1828). Er trat 1768 bei der Seylerschen Truppe als komischer Charakterspieler auf und schloß sich 1786 der späteren Kgl. Sächsischen Hofschauspielergesellschaft an. Er schrieb auch Bühnenstücke.
LIPPERT: Friedrich Carl (1758–1803), 1783–88 Mitglied der Großmannschen Truppe, wo er als Belmonte debütierte. Im Trauerspiel gab er launige Rollen. 1799–1803 Burgschauspieler.
STEIGER: s. o. Nr. 63.
GEHLHAAR: nicht zu ermitteln.

DEMOISELLE WILLMANN: s. o. Nr. 143.
BÖHEIM: Joseph Michael (1750–1811). Er spielte Väter- und Charakterrollen beim Brandenburg-Schwedtschen Hoftheater, bei der Taborschen Bühne in Frankfurt und 1789 am Hoftheater in Berlin. Er gab den Julius von Tarent, Grafen Gloster, Tempelherrn im Nathan.
SEINE FRAU: Maria Anna, geb. Wulfen (1759–1824), spielte von 1789 an am Nationaltheater in Berlin. Ihr Fach waren tragische Rollen.
RIO: nicht zu ermitteln.
GÜNTER UND DESSEN FRAU: s. o. Nr. 160.
ELLMENREICH: Johann (1770–1816), Baßbuffo. Er begann seine Bühnenlaufbahn 1792 in Düsseldorf, 1793 in Frankfurt, 1795 in Berlin, später in Bremen, Hamburg, 1807–10 am Hoftheater in München und auf Gastspielen in Amsterdam, Paris, London und Petersburg. In der Frankfurter Erstaufführung der «Zauberflöte» sang er den Osmin.
HÜBSCH: s. o. Nr. 192.
BRÜCKEL: Friedrich Brückl (geb. 1756), debütierte 1770 in Leipzig, spielte Helden-, Charakter- und Väterrollen in Dresden, Leipzig, Frankfurt, Wien und Prag. 1814 siedelte er nach Petersburg über.
ASCHENBRENNER: in der Frankfurter Erstaufführung der «Zauberflöte» gab er den Monostatos.
MADAME KUNTZEN: Kunzen, geb. Zuccherini, Koloratursopran, Königin der Nacht, Donna Elvira.
DÖBLER: nicht zu ermitteln.
PORSCH: s. o. Nr. 175.
DEMOISELLE KALMUS: Kallmes. Sie hatte Kinderrollen im Schauspiel und in der Oper. Barbarina in «Figaros Hochzeit», einer der drei

Knaben in der «Zauberflöte». 1784–91 bei Großmann, später bei Schröder in Hamburg.
STEGMANN: s. o. Nr. 136.
DITTO FRAU: s. o. Nr. 138.
WALTHER SENIOR: s. o. Nr. 143.
DITTO FRAU: s. o. Nr. 143.
MADAME MENDE: Anna Maria, geb. Christ (geb. 1768), Tochter von Joseph Anton Christ, seit ihrer Kindheit bei der Bühne. Sie beherrschte alle Fächer von der jugendlichen Liebhaberin bis zur Heldenmutter und wirkte auch in der Oper mit.
DEREN MANN: Joachim Friedrich Mende († vor 1821) gab komische Rollen in Riga, Reval, Petersburg und Mainz. 1791 sang er den Masetto im «Don Juan».

CHRIST: Joseph Anton (1774–1823), Jugendlicher Held und Liebhaber, 1778 bei Schröder in Hamburg, 1779 in Leipzig, 1793 in Petersburg, 1784–88 in Riga, 1790 in Mainz und seit 1794 in Prag, Dresden und Leipzig. Seine Memoiren «Schauspielerleben im achtzehnten Jahrhundert» sind für die Theatergeschichte von Bedeutung. [139 189]
PAUSER und DESSEN TOCHTER: nicht zu ermitteln.
MADAME WOLSCHOWSKY: Franziska Wolscowsky «spielte Liebhaberinnen und Bauernmädchen, komische zänkische Weiber und alte Betschwestern» (Wolter).
DITTO MANN: s. o. Nr. 155.
WALTER JUNIOR: s. o. Nr. 192.

REGISTER

Das Register umfaßt Personen, Orte und Werke. Die Zahlen bedeuten die Briefnummern, die Bezeichnung St die Nummer der Stammbucheinträge und Aufzeichnungen Catharina Elisabeth Goethes. Kursivzahlen weisen darauf hin, daß die Person Briefempfänger bzw. Stammbuchinhaber ist. Jahreszahlen hinter Titeln von Werken bezeichnen das Datum der Entstehung bzw. der Erstveröffentlichung, bei Opern das Datum der Uraufführung. Fürstlichkeiten sind unter dem Namen ihres Hauses zu finden, Kaiser, Könige und kirchliche Würdenträger unter ihrem Eigennamen. Angehörige einer Familie werden in chronologischer, Werke in alphabetischer Reihenfolge aufgeführt. Die Schreibweise der Namen und Orte wurde richtiggestellt. Anonyme Textstellen, die sich auf Personen, Orte und Werke beziehen, finden ihre Aufschlüsselung im Anmerkungsteil.

I. JOHANN CASPAR GOETHE

ALGIER 10
ALTONA 11

BASEL 10
BENEDIKT XIV. (1675–1758), Papst seit 1740 *3*
VON BLASCOVICH, Pater *3*
BRANT, Sebastian (1457–1521), Humanist und Dichter 9
BRENTANO, Peter Anton (1735–97), Großkaufmann und Kurtrierischer Resident in Frankfurt *12*
– Maximiliane, geb. La Roche (1756–93), Gattin des Vorigen *12*
BURGGRAVE, Dr. med. Johann Philipp (1700–75) *4–6*

CLAUER, Dr. jur. Johann David Balthasar (1732–96) Mündel von Johann Caspar Goethe *4–6*
CLEMENS Wenzeslaus, Prinz von Sachsen (1739–1812), Kurfürst von Trier, erwählt 1768 *12*
COBURG 1
CRESPEL, Johann Bernhard (1747–1813), Thurn und Taxischer Hofrat und Archivar *12*

DEINET, Johann Conrad (1735–97), Hofrat, Verleger der «Frankfurter Gelehrten Anzeigen» 8
DURLACH in Baden 10

EMMENDINGEN in Baden 10
ENGLAND 3

FICHARD, Johann (1512–81), Frankfurter Jurist und Staatsmann 9
FLACIUS ILLYRICUS († 1575), protestantischer Kontroverstheologe 1
FRANKFURT 3 10
FRANKREICH 3

GOETHE, Catharina Elisabeth, geb. Textor (1731–1808) *11*
– Johann Wolfgang (1749–1832) 9 10
GÖRZ 2
GRAFF, Anton (1736–1813), Porträtmaler 7
GRAZ 2 3

HAMBURG 11
HERDER, Johann Gottfried (1744–1803) 10
HERRICH, Kursächsischer Legationssekretär in Regensburg 12
HOFFMANN, der Schreiber von Johann Conrad Seekatz 7
VON HOHENWARTH 2
HOLLAND 3
VON HUTTEN, Ulrich (1488–1523), Humanist 9

ITALIEN 3

KRAUS, Georg Melchior (1733–1806), Maler 9

LAIBACH in Krain 2
LANGE, Lic. jur. in Rom 3
LAVATER, Johann Caspar (1741–1801), reformierter Theologe in Zürich *8 11*
– Anna, geb. Schinz (1742–1815), Gattin des Vorigen 8 11
LENZ, Jacob Michael Reinhold (1751–92), Dramatiker des «Sturm und Drang» 10
VON LERSNER, Achilles August (1662–1732), Frankfurter Patrizier und Chronist 9
LIPS, Johann Heinrich (1758–1817), Maler in Zürich 9
LORETO, Wallfahrtsort bei Ancona («Casa Santa») 3

MARIANDEL 2
MERKUR, Wielands Zeitschrift «Der Teutsche Mercur» (1773–89) 9
MOLLINARI 2
MORO, Nicoletto, in Palmada 2
VON MURALT, Anna Barbara, in Zürich 11

NEAPEL 3
NIEDERSACHSEN 3

PALMADA bei Görz 2
PALMANOVA bei Gradisca 2
PENTZ, Mademoiselles *2 3*

PFFIL, Leopold Heinrich (1725–92), Kammerdiener und Sekretär Johann Caspar Goethes 4
PFENNINGER, Johann Conrad (1747–92), Prediger und Schriftsteller in Zürich 11
POMMER, Bankier in Venedig 2

REGENSBURG 11
RHEIDT, S., in Graz 2
RITTER, Johann Balthasar (1674–1743), Frankfurter Theologe *1*
ROM 2 3

SACHSEN-WEIMAR, Herzog Carl August von (1757–1828) 10
– Herzogin Louise von, geb. Prinzessin von Hessen-Darmstadt (1757–1830), Gattin des Vorigen 10
SCHLOSSER, Hieronymus Peter (1735–97), Schöffe und Advokat 9
– Dr. jur. Johann Georg (1739–99), Advokat in Frankfurt, später badischer Oberamtmann in Emmendingen, Bruder des Vorigen, Schwiegersohn Johann Caspar Goethes 10
SCHMOLL, Georg Friedrich († 1785), Maler in Ludwigsburg 11
SCHÖNBORN, Gottlob Friedrich Ernst (1737–1817), dänischer Konsulatssekretär in Algier *10*
SCHWARZ, Lic. theol. in Coburg 1
VON SECKENDORFF, Friedrich Heinrich Graf, Kaiserlicher Feldmarschall 3
– Gattin des Vorigen 2
SEEKATZ, Johann Conrad (1719–68), Hofmaler in Darmstadt 7
– Elisabeth Carolina Catharina, geb. Stein, Gattin des Vorigen 7
STAHRENBERG, Grafen 2
ZU STOLBERG, Graf Friedrich Leopold (1750–1819) 10
STRECKER, Johann Philipp (1709–83), Sekretär in Graz *2 3*

UNGARN 2

VENEDIG 2 3
VOGEL, Kriegskommissar 2

WEIMAR 9 10

WIELAND, Christoph Martin (1733–1813) 10
WÜRZBURG 3

2. CORNELIA GOETHE

AMSTERDAM 8 [45 46 48 49]

B., Mademoiselle = Baumann? Bethmann? 1 3 4 5
BASSOMPIERRE, Maria, Tochter des Issak de B. am Römerberg 8 [51–55]
BAUMANN, Mademoiselle 8 [6 38]
DE BEAUMONT, Marie Madame le Prince (1711–80), französische Schriftstellerin, «Lettres du Marquis de Roselle» 5
BESCHEFFER, Sophie, Offizierswitwe, Freundin der Familie Herder in Bückeburg 17
BETHMANN, Catharina Elisabeth, genannt Simonetta (1753–1813), 1769 Gattin von Peter Heinrich von Metzler 8 [76]
BRAUNSCHWEIG 3
BUFF, Familie 10 16
– Charlotte Sophie Henriette (1753–1828), «Werthers Lotte», seit 1773 verheiratet mit Johann Christian Kestner, siehe auch KESTNER 9–12 14–16
– Helene (geb. 1756), Schwester der Vorigen 14
– Schwestern der Vorigen 14
BUSCH, Frankfurter Kaufmann, Lisette Runckels Verehrer 8 [7–9 36 38–40 42 45 48–50 61 64 77]
– Johann Matthäus, Besitzer des «Römischen Kaisers» in der Fahrgasse 8 [42 46 47 57]
– Madame, Gattin des Vorigen 8 [46–48]

CONTI, Louis François Josephe, Prinz von Bourbon-Conti (1717–76) 1
COUSIN, Vetter Cornelias? 8 [22–26 28]

DARMSTADT 8 [8–10 13] 10 17

DORVAL, Kaufmann aus Kopenhagen 8 [41 45–50 55 56 66–68 76 77]

EMMENDINGEN, badisches Städtchen am Fuß des Schwarzwaldes 18 20–22
ENGLAND, ENGLÄNDER 8 [23]
EUROPA 8 [46 47]

FABRICIUS, Fürstlich Leiningischer Hofrat und Syndicus in Worms 1 2 8 [33]
– Anna Katharina, Tochter des Vorigen *1–8*
– Maria Barbara (geb. 1752), Schwester der Vorigen 1–3 5–7 8 [6 16 18 33 37 55 56 69 70 78]
FRANKFURT 1–6 8 [1 4 6 25–29 31 35 37 46 49 64 71 75 78]
– *Empereur Romain* 8 [42 46 57]
– *Fondation de Cronstatt* 4–6
– *Forsthaus* 8 [61]
– *Konzerte* 4 8 [5 29 35 42 51 53 57]
– *Main* 8 [13]
– *Messe* 1 4 7 8 [7] 11
– *Pfarrturm* 8 [31]
– *Roi d'Angleterre* 8 [39 64]
– *Weinberge* 2 3 8 [13 48]

G., «le miséricordieux», «le misérable» 12 4 6 8 [36 38 44 55–63 67]
GEROCK, Antoinette Louise (geb. 1753), Tochter des Johann Georg und der Sophie Christine G. 8 [64 65]
– Charlotte, Schwester der Vorigen 8 [42–44 64]
– Katharina, Schwester der Vorigen 8 [57–59 64]
GLÖTZEL 6
GLUCK, Christoph Willibald (1714–87) «Orfeo ed Euridice» (1762) 21

GOETHE, Johann Caspar (1710–82) 2 8 [41]
– Catharina Elisabeth, geb. Textor (1731–1808) 2
– Johann Wolfgang (1749–1832) 3 7 8 [5–7 13 14 19–29 32 34 39 42–44 50 56] 10–14 16 17 20
– WERKE:
  – *Anette* (1767) 6
  – *Die Mitschuldigen* (1768/69) 8 [34]
GRÉTRY, André Ernest Modeste (1742–1813), französischer Komponist, «Les deux avares», Singspiel (1770) 10–12

HAFNER, Mademoiselle 5 6
HALLUNGIUS, Monsieur 1 6
HAMBURG 3
HANAU 8 [31]
HERDER, Johann Gottfried (1744–1803) 17
– Caroline, geb. Flachsland (1750–1809) *17*
HESSE, Dr. jur. Conrad Friedrich (geb. 1724) 2 5
– Friederike, geb. Flachsland *18*
HESSEN-DARMSTADT, Landgraf Ludwig VIII. (1691–1768) 8 [10 11 13]
– Landgraf Ludwig IX. (1719–90) 8 [8 9]
– Erbprinzessin Caroline Henriette, geb. Prinzessin von Pfalz-Zweibrücken (1721–74), Gattin des Vorigen, die spätere «Große Landgräfin» 8 [12]
– Prinz Georg Carl (geb. 1754) 8 [10–13]
– Prinz Carl Wilhelm (geb. 1757) oder sein Bruder Friedrich Georg August (geb. 1759) 8 [12]
HEYDESHEIM, Gräfin Marie Louise zu Leiningen-Dagsburg (1729–1818), seit 1748 Gattin des Prinzen Georg von Hessen-Darmstadt 8 [44]

JOSEPH II. (1741–90), deutscher Kaiser von 1765–90 4

KARLSRUHE 17 18

KESTNER, Johann Christian (1741–1800) *9–16 19*
– Charlotte, geb. Buff (1753–1828), Gattin des Vorigen, siehe auch BUFF 19
– Georg Wolfgang (geb. 1774), Sohn der Vorigen 19
– Wilhelm (geb. 1775), Bruder des Vorigen 19
VON KIELMANNSEGG, Freiherr Christian Albrecht (1748–1811) 14
KÖLBELE, Dr. jur. Johann Balthasar (1722–78) 6
KÖNIG, Louise (1742–1801) in Straßburg 18
KOPENHAGEN 8 [46 48]
KRAUS, Georg Melchior (1733–1806), Maler 8 [5 15 30]

LA ROCHE, Chevalier 8 [37]
LAVATER, Johann Caspar (1741–1801), reformierter Theologe in Zürich 21
LEIPZIG 8 [19 20 25 27]
LENZ, Jacob Michael Reinhold (1750–92), Dramatiker des «Sturm und Drang» 20
LIVLAND 8 [29]
LONDON 8 [48 55]
LUPTON, Arthur (1748–1807), der Freund aus England 8 [3–5 15–17 23 27 30 32–34]

MAINZ 8 [29]
MANNHEIM 4 11
MEIXNER, Charitas (1750–77), verehelichte Schuler 3–6 8 [3 18 32 35 50 61 66 78]
METZLER, Peter Heinrich (1744–1800) 8 [76]
MÖLLER, Johann Caspar, Musiker aus Lauterbach in Hessen 8 [50]
MORITZ, Johann Friedrich (1716–71), dänischer Legationsrat in Frankfurt 8 [33 37 50]
– Catharina Sibylla, geb. Schöll, Gattin des Vorigen 8 [33 37 69]
– Tochter der Vorigen (Esther oder Maria Anna) 2–4 6 8 [18 56 78]

VON NESSELRODE, Graf Wilhelm Franz (1728–1810), später Finanzminister in Zweibrücken 8 [65]
VON NEUBERG, Gräfin 8 [44]

VON OLDEROGGE, Johann Georg (geb. 1743), aus Riga, Studienfreund Goethes in Leipzig 8 [19–26 28 29 32]
– Heinrich Wilhelm (1744–92), Bruder des Vorigen 8 [19–29 32]
OFFENBACH am Main 8 [71]
OSSIAN, sagenhafter keltischer Dichter 14

PARIS 1 6 8 [5 48]
PHILIPPINE, vielleicht Johanna Philippine Sarasin, siehe auch SARASIN 8 [52–54]
DE POTOCKI, Comte 8 [35]
– sa maitresse 8 [35]

RICHARDSON, Samuel (1689–1761), englischer Romanschriftsteller. «Sir Charles Grandison» (1753) 8 [1 2]
RST. = Rost? 4 8 [60]
RUNCKEL, Carl Ambrosius (1709–67), Stallmeister und Reitlehrer in Frankfurt 8 [7]
– Johanette Christine, geb. Kollermann (1726–90), Gattin des Vorigen 8 [38 45 47 48 50 59 60 62 63 70]
– Elisabeth Catharina, «Lisette» (geb. 1752), Tochter der Vorigen, heiratete 1780 den Hessen-Darmstädtischen Kammerrat Franz Wilhelm Miltenberg 2 6 8 [7–13 36 38–41 45–50 55–57 59–67 70 76 77]
– Bruder der Vorigen 8 [7–9]
– neveu Lisettes 8 [50]

S., Mademoiselle = Sarasin, Johanna Philippine (1753–97), 1773 verheiratet mit Johann Nicolaus Manskopf? 3
SACHSEN 8 [27 28]
SAINT ALBIN 8 [51–55 59]

– Eltern des Vorigen 8 [52]
DE SAINT SEVER, Marquis 8 [43]
DE SAUSSURE, Leonore, aus Genf 8 [4 38]
SCHLICHT 6
SCHLOSSER, Johann Georg (1739–99), Cornelias Gatte 12 17 22
– Louise Maria Anna (1744–1811), Tochter des Vorigen 19
VON SCHMIDT, Friedrich Samuel, Markgräflich Badischer Resident in Frankfurt 8 [41–44]
SCHOBERT, Johann († 1767), Komponist in Paris, Kammercembalist des Prinzen von Conti 1
SIBIRIEN 8 [13]
ST. = Stockum? [33]
VON STEIN, Charlotte, geb. von Schardt (1742–1827) 20 21
STEINHEIL, Kursächsischer Legationssekretär 8 [78]
VON STOCKUM, Caroline 8 [44]
– Elisabeth Amalie, «Lisette», heiratete 1772 Jean de Bary 8 [34 43 44]
VON STOLBERG, Gräfin Auguste (1735–1835) 22
STRASSBURG 18

T. = Augustin Trapp? 3 5
TEXTOR, Johann Jost (1739–92), Advokat, Senator, Schöffe und Bürgermeister, Oheim Cornelias 8 [14]
THEODOR, Verehrer Lisette Runckels 8 [77]

DE LA VAREE, Marquis 8 [37]

WORMS 1–4 6 8 [32 33 78]

VON ZIEGLER, Louise (1750–1814), Hofdame der Landgräfin von Hessen-Homburg 17
ZIMMERMANN, Johann Georg (1728–95), Kgl. Großbritannischer Leibarzt und Popularphilosoph 19–21
– Jacob, Sohn des Vorigen 21

3. CATHARINA ELISABETH GOETHE

Aachen 228

Aja, Beiname der Frau Rat 3 9 19 20 23 28 30–36 38 40 42 45–51 53–64 66 68 69 71 74–76 78 80–82 84–86 89–91 97 101 114 136 185 194 200 209 218 221 223 234 237 244 246 251 253 266 267 308 319 328 359 397 401

Albrecht, Heinrich Christoph, «Leben und Tod Karls I. von England» (1786) 259

– Johann Carl († um 1800), Legationsrat in Weimar, Lehrer des Prinzen Constantin 75 76

Ammelburg, Johann Jacob, Kaufmann in Frankfurt 237

Algier 7 8

André, Johann (1741–99), Musikverleger, Komponist und Bühnenschriftsteller in Offenbach 16 143 251 256, «Lilla oder Schönheit und Tugend» 228 353

– Johann Anton (1775–1842), Sohn des Vorigen 256

Anseaume, französischer Singspieldichter, «Les deux chasseurs et la latiere» (1763) 43

Ansbach, in Franken 231 273 284

Arbauer 156

von Arnim, Ludwig Achim (1781–1831) 401

Arpeau, Jacques, Hauptmann in sardinischen Diensten, Oberforstmeister im Schweizer Kanton Waadt, Schwager Johann Heinrich Mercks 58

Aschenbrenner, Schauspieler St 15

Augsburg 264 266

Babo, Joseph Marius (1756–1822), Dramatiker, «Otto von Wittelsbach» (1782) 155 165, «Die Strelitzen» (1790) 273

Baden-Durlach, Markgräfin Amalie Friederike von, geb. Prinzessin von Hessen (geb. 1754) 7

– Prinzessin Friederike Louise von (1781–1826), Tochter der Vorigen, Braut König Gustavs IV. von Schweden 270

Bansa, Catharina, geb. Hebenstreit (1720–90) 109

– Johann Conrad (1747–1812) und Dietrich (1751–1824), Bankiers an der Zeil 197 214 237 315

– Maria (1786–1833), Tochter von Johann Conrad B. 346

von Barckhaus, Louise Friederike Auguste (1763–1844) 350

de Bary, Jean (1744–1806), Kaufmann 212

Basel 54

Basse, Detmar Friedrich Wilhelm (1726–1836), Hofrat und Kommerzienrat 262

Bauer, Johann Heinrich (1751–1821), Brauermeister und Gastwirt 239 241 251 308

Bayer, Johann Reinhard, Notar 317

de Beauclair, Pierre Louis, Professor an der Militärakademie in Hanau 236

de Beaumarchais, Pierre Augustin Caron (1732–99), französischer Lustspieldichter, «Le mariage de Figaro» (1784) 119 122

Beck, Heinrich (1760–1803), Schauspieler und Lustspieldichter, Theaterdirektor in Mannheim und München 110

– Christiane Henriette, geb. Zeitheim († 1833), Gattin des Vorigen, Schauspielerin 165

von Belderbusch, Caspar Anton († 1784), Kurkölnischer Minister 70 77

Benda, Georg (1772–95), Komponist, «Ariadne auf Naxos» (1775) 73 79 143 353

Berends, Dr. med. Johann Adolph (1740–1811), Arzt in Frankfurt 125 127 156 211 212

Bergstrasse 53

Berlin 73 125 139 143 144 146 150–152 154–156 162 329 377

BERNARD, Peter (1755–1805), Tabakfabrikant in Offenbach 67 247 261–263 295

BERNUS, Jacob (1734–1816), Tabakfabrikant in Frankfurt 239 245 308
- Emilie, verw. Sarasin, geb. du Bosc (1741–93), Gattin des Vorigen 67

VON BERTRAM, Christian August (1751 –1830), Geheimer Kriegsrat in Berlin 152 155

BERTUCH, Friedrich Justin (1747–1822), Legationsrat, Weimarer Industrieller und Literat, siehe auch MODEJOURNAL 39 58 101 *109* 110 *206* 237
- Friederike Elisabeth Caroline, geb. Slevoigt (1750–1810), Gattin des Vorigen 109

BETHMANN, Catharina Margaretha, geb. Schaaf (1741–1822) 67 121 396
- Simon Moritz von (1768–1826), Bankier, russischer Konsul und Staatsrat, Sohn der Vorigen 72 128 355 371 373 405
- -HOLLWEG, Susanna Elisabeth (1763 –1831), Schwester des Vorigen 121 160
- -METZLER, Peter Heinrich von (1744 –1800), Bankier 72 128 145 212 240
- -Catharina Elisabeth von (1753–1813), Gattin des Vorigen, Jugendfreundin von Cornelia Goethe 67 73 79 93 145 146 151 153 155 212 231 237 241 242 246 260 272 291–293 304 319
- -Anna Sophie Elisabeth von (1774 –1806), Tochter der Vorigen, 1796 Frau von Schwartzkopf, siehe auch SCHWARTZKOPF 208 219 228 242 246 253 254
- -Johanna Caroline Louise von (1777–1801), Schwester der Vorigen 246 308
- -Eduard von (1786–1829), Bruder der Vorigen 246

BIELAU = Carl von Trottberg, genannt Bielau, Schauspieler 70

BENDER VON BIENENTHAL, Friedrich Maximilian (1724–91), holländischer Oberst 79

BLANCHARD, François (1738–1809), Luftschiffer 103 119 152 373

BLUM, Sänger 273
- Johann Gerhard, Weinhändler 236 237 239

BLUMAUER, Johann Aloys, «Abenteuer des frommen Helden Aeneas, oder: Vergils Aeneis travestiert» (1783) 100

BODE, Johann Joachim Christoph (1730–93), Schriftsteller und Übersetzer, seit 1778 in Weimar 106 109–111 210

BÖHEIM, Joseph Michael (1750–1811), Schauspieler St 15
- Maria Anna, geb. Wulfen (1759–1824), Gattin des Vorigen, Schauspielerin St 15

BÖHM, Johann Heinrich, Schauspielprinzipal 70 77 79 81 117

BÖHMEN 21 116 128

BÖLLENDORF, Schauspieler St 15

BÖLLING, Johann Caspar, Kaufmann 28 30 31 38 40 45 51 54 66 88

BÖSENBERG, Heinrich (1745–1828), Schauspieler und Bühnenschriftsteller St 15

BÖTTICHER, Charlotte Christiane, geb. Wollmar († 1803), Schauspielerin 340 353
- Tochter der Vorigen, Schauspielerin 353

BÖTTIGER, Carl August (1760–1835), der Weimarer Altphilologe, Goethes «Freund Ubique» 273

BOGNER, Fräulein, Erzieherin von Johanna Schlosser, geb. Fahlmer 170 179 184 227

BOIE, Friedrich (1789–1868), Sohn von Heinrich Christoph B. 382

BOLTZ, Jungfer 18

BONAPARTE, Napoleon (1769–1821) 264 319 355 376

BONN 41 44 65

BOOT 146

BRABANT, Schuhmacher 146

BRAND, Tenorist 339 353

BRANDENBURG-BAYREUTH, Markgräfin Sophie Caroline Marie von, geb. Prinzessin von Braunschweig (1737–1817), Schwester der Herzogin Anna Amalia von Sachsen-Weimar 68 84 344

BRANDES, Johann Christian (1739–99), Schauspieler und Dramatiker, «Ariadne auf Naxos», Duodram 73 79 143 353, «Der Gasthof oder Trau schau wem», Lustspiel (1769) 65 73; «Die Schwiegermutter oder die lächerlichen Irrtümer», Lustspiel 73

BRANDT, Caroline, Sängerin, 1817 die Gattin Carl Maria von Webers 397

BRAUN 381

BRAUNSCHWEIG, Herzog Carl (1713–80), Vater der Herzogin Anna Amalia von Sachsen-Weimar 64

– Philippine Charlotte, geb. Prinzessin von Preußen, Schwester Friedrichs des Großen, Gattin des Vorigen 64

– Herzog Carl Wilhelm Ferdinand (1735–1806), Sohn der Vorigen, bei Auerstädt tödlich verwundet 15 97 152 212

– Herzogin Auguste Friederike, geb. Prinzessin von Wales (1737–1813), Gattin des Vorigen 30

– Prinzessin Elisabeth (geb. 1746), Schwester Carl Wilhelm Ferdinands 97

– Prinz Leopold (1752–85), Bruder der Vorigen 38

BRECHT, Ernst, Kaufmann in Weimar 253

BREMEN 291

BRENTANO, Peter Anton (1735–97), Großkaufmann und Kurtrierischer Resident in Frankfurt 10 17 18 209

– Maximiliane, geb. La Roche (1756–93), Gattin des Vorigen 10 13 14 17 18 74 97 209

– Clemens (1778–1842), Sohn der Vorigen 396 401

– Bettina (1785–1859), Schwester des Vorigen 389 390 *391 392* 396 401–405 410–412 *414 415*

– Magdalene, genannt Meline (1788–1861), Schwester der Vorigen, 1810 Frau von Guaita 401–403

BRETZNER, Christoph Friedrich (1748–1807), Lustspieldichter, «Das Räuschgen» 145 155; «Der Irrwisch» (1779) 329

BREYER, Carl Wilhelm Friedrich (1771–1818), Professor in München 396

BROTZLER, Demoiselle 352

BRÜCKL, Friedrich (geb. 1756), Schauspieler St 15

BRUEGHEL, Pieter, der «Höllenbrueghel» (1564–1638), flämischer Maler 28 30 51

VON BRZEZINSKY, Kaiserlicher Leutnant 264

BÜCHNER, Johann Ludwig, genannt Rennschüb (1753–1832), Schauspieler und Regisseur in Frankfurt 335

BÜRGER, Gottfried August (1747–94), der Balladendichter 125 138

BUFF, Henrich Adam (1710–95), Deutschordens-Amtmann in Wetzlar 4

– Hans (1757–1830), Sohn des Vorigen *4* 153

– Geschwister des Vorigen 4

BULLA, Edmunda, geb. Fiedler (1763–1811), Schauspielerin 284 285

– Sophie (1783–1842), Tochter der Vorigen, Schauspielerin 284

BURKHARD, Georg (1484–1545), aus Spalt, «Spalatinus», Freund Luthers 5

BUSSMANN, Auguste (1791–1832), 1807 Clemens Brentanos zweite Gattin 396

CAMPO FORMIO, Friede von 271

CANNABICH, Josepha, geb. Woralek (1781–1830), Sängerin, 1806 Prinzessin von Isenburg-Birstein 273 275 287 313 327

CASPERS, Franziska, genannt Fanny (1787–1835), Schauspielerin, später Frau von Doré 293 298 299 301 312

CATHARINE, Magd der Frau Rat 119 143 155 161
CHAMOT, Franz Georg († 1807), Kaufmann, 1806 Senator 178 221
CHARBONNIER, Emanuel († 1786), Steuereinnehmer in Morges, Schwiegervater Johann Heinrich Mercks 58
CHARLOTTE, Dienstbote im Hause Schlosser 179 248
CHERUBINI, Luigi (1760–1842), italienischer Opernkomponist, «Lodoiska ou les Tartares», heroische Oper (1791) 273
CHIRON, Abraham (1747–97), Bankier 178
CHLADNI, Ernst Friedrich (1756–1827), Physiker 340
CHRIST, Johann Ludwig (1786–1813), Pfarrer in Kronberg im Taunus 254 307
– Joseph Anton (1774–1823), Schauspieler St 15
CHRISTEL, Schauspielerin der Böhmschen Truppe 117
CLAUDIUS, Matthias (1740–1815) 248
CLAUS, Johann Andreas (1731–1815), Pfarrer 255
CLEMENS Wenzeslaus, Prinz von Sachsen (1739–1812), Kurfürst von Trier, erwählt 1768 17 49
VON CLERMONT, Nichten von Betty Jacobi 10 170
VON COUDENHOVEN, Gräfin Sophie, geb. Gräfin von Hatzfeld (1747–1825) 205 206
CRESPEL, Johann Bernhard (1747–1813), Thurn und Taxisscher Hofrat und Archivar *10 12–14 16–18 32* 250
– Maria Catharina (1749–1801), Schwester des Vorigen 16 17
– Franziska Jakobäa (1752–1819), später Frau Jaquet, Schwester der Vorigen 16 17
VON CUSTINE, Graf Adam Philippe (1740–93), General 186
CZECHTITZKY, Carl, Berliner Schauspieler 162

CZIKE, Komiker 143 145 151 155 160 165

VON DALBERG, Carl Friedrich (1751–1811), Intendant des Mainzer Theaters 143 144 147 154 171 175
– Carl Theodor Anton Maria Reichsfreiherr (1744–1817), 1772–84 Kurmainzischer Statthalter in Erfurt, 1802 Kurfürst von Mainz, 1806 Fürstprimas des Rheinbundes, 1810–13 Großherzog von Frankfurt 152 379 384 387 389 403–406
DANZI, Franziska, verehelichte Lebrun (1756–91), berühmte Sängerin und Komponistin 16
DANZIG 371
DARMSTADT 31 59 66 75 111 130
DELPH, Helene Dorothea (1728–1808), in Heidelberg 5 81 409
DEMMER, Joseph Carl (1764 bis nach 1824), Tenor, 1791–94 in Weimar, dann in Frankfurt, 1804 in Wien 219 275 281 326 350
– Caroline Friederike, geb. Krüger (1764–1813), Sängerin, Gattin des Vorigen 219
DESSAU 226
– Fürstin Louise Henriette Wilhelmine von, geb. Prinzessin von Brandenburg-Schwedt (geb. 1750) 108
DÉZÈDE (1740–92), französischer Singspielkomponist, «Töffel und Dorchen» 156
DICK, Johann Adam (1730–97), Kommerzienrat und Weinhändler, seit 1769 Gastwirt im «Roten Haus» an der Zeil 68
DIESTEL, Johann Bernhard (geb. 1760), Schauspieler oder seine Gattin Johanna, geb. Rögglen (1765–90), Sängerin 117
DIEZEL, Johann Wilhelm (geb. 1747), Schauspieler 44
DITTERS VON DITTERSDORF, Carl (1739–99), Singspielkomponist, «Der Betrug durch Aberglauben» (1786) 162, «Der Apotheker und der Dok-

tor» (1786) 151 281, «Hokuspokus» (1790) 192, «Hieronymus Knicker» (1787) 219

DÖBBELIN, Carl Theophilus (1727–93), berühmter Theaterprinzipal 73 155

DÖBLER, Schauspieler St 15

DÜSSELDORF 20 75 186 231

DUNI, Egidio Romoaldo (1709–75), Komponist italienischer Opern und französischer Singspiele, «Les aeux chasseurs et la latière, Singspiel (1763) 43

DYK, Johann Gottfried (1750–1813), Dramatiker und Übersetzer, «Graf Essex», Trauerspiel (1777) 119

EBERSTADT bei Darmstadt 53

VON EINSIEDEL, Friedrich Hildebrand (1750–1828), Kammerherr in Weimar 45 50 51 55 66

EISENACH 30 57 58 82 103 241

EISENBERG in Thüringen 39 44

ELLMENREICH, Johann (1770–1816), Baßbuffo St 15

EMMENDINGEN in Baden 19 42 54

EMS, Mineralbad an der Lahn 79 304

ENGEL, Johann Jacob (1741–1802), 1787–94 Leiter des Berliner Theaters 167

ENGLAND, Königin Elisabeth I. von (1533–1603) 73 171

ERFURT 369 386

VON ERTHAL, Freiherr Friedrich Carl (1719–1802), 1774 Erzbischof und Kurfürst von Mainz 77

ETTERSBURG, herzogliches Schloß bei Weimar 51 66

ETTLING, Gottlieb (1725–83) Advokat und Kunstsammler 28 221

EUNICKE, Friedrich (1754–1844), Tenor, 1796 Kammersänger in Berlin St 15

— Henriette, geb. Schüler (1772–1849), Gattin des Vorigen, später Hendel-Schütz, berühmte Schauspielerin St 15

EUTIN in Holstein 249 250 284 294

FAHLMER, Johanna Catharina Sibylla (1744–1821), 1774/1775 Goethes Vertraute, seit 1778 Gattin Johann Georg Schlossers, siehe auch SCHLOSSER 5 10 13 17 18 20 30 42 71 81

— Maria, geb. Starck († 1780), Mutter der Vorigen 71

FARRENTRAPP siehe VARRENTRAPP

FIALA, Fanny (1760–1822), Gattin des Schauspielers Carl Johann F., Schauspielerin 77 138 145 166 192 196 226 233 St 15

FINGERLIN, Johannes (1761–1815), Bankier 237 352

— Maria Elisabeth, geb. Schaaf (1730–1804), Gattin des Vorigen 237 282 352

FISCHER, Carl Ludwig (geb. 1743), Schauspieler und Theaterprinzipal 70

— Ludwig Franz Joseph (1745–1825), Sänger und Komponist, seit 1788 an der Berliner Oper 329 350

FLECK, Johann Friedrich Ferdinand (1757–1801), Schauspieler und Regisseur, seit 1783 in Berlin 144

FLEISCHBEIN, genannt von Kleeberg, Johann Daniel (1772–1807), Schöffe 312 352 365 389

FLITNER, Friederike (1769–1815), 1785 Frau Unzelmann, siehe auch UNZELMANN 41 65 72 79 117

FOLLENIUS, Friedrich Wilhelm Ernst (1773–1809), «Graf von Donwitz und seine Mutter» (1797) 275

VON FORMEY, preußischer Offizier 246 308

FRÄBEL, Valentin, Fuhrmann 394

FRANCKENBERG, Franz (1759–89), Schauspieler 147 150 151 156

FRÄNZL, Ferdinand (1770–1833), Geiger, 1792 «Vorspieler» im Frankfurter Orchester, 1806 Musikdirektor in München 247

FRANKFURT 13 20 29 41 42 56 59 60 63 64 66–69 73 75–77 81 82 91 98 100–102 110 111 114 115 117 119 120 125 130 137 143 145–147 165 173

992   CATHARINA ELISABETH GOETHE

179 182 185–187 194–196 210–212
214 218 223 224 228–233 236 237
239–242 245 249 251–255 258 262–
264 271 272 274 275 281 282 293
306–308 312–314 319 320 328 331
352 355 373 374 376–381 384 387
389 390 392 393 396 398 400 401–
404 412 415
- *Allerheiligentor* 282 403
- *Baumwiesen* 237
- *Belagerung* 194
- *Besatzung* 185–187 189 191–193 195
  196 210 211 223
- *Blanchards Aufstieg* 119 373
- *Bockenheimer Straße* 239
- *Bockenheimer Tor* 240 264 282 381
  403
- *Haus Braunfels* 53 215
- *Bürgerwehr* 210 374
- *Carlstor* 403
- *Catharinenkirche* 239
- *Catharinenpforte* 239
- *Deobalds Saal* 70
- *Edicten* 254
- *Eisgang* 101 157
- *Engelapotheke* 146
- *Eroberung durch die Hessen* 185
- *Große Eschenheimer Gasse* 252
- *Kleine Eschenheimer Gasse* 252
- *Eschenheimer Tor* 56 294 403
- *Fahrgasse* 252
- *Fahrtor* 101
- *Haus Frauenstein* 215
- *Friedberger Gasse* 252
- *Garnerins Aufstieg* 373
- *Gasthäuser:* Darmstädter Hof 239,
  Gelber Hirsch 252, Römischer Kaiser 264, Rotes Haus 28 30 32 53 69
  78 89 176 209 214 388, Roter Ochse
  75
- *Goethehaus* 258 265 293 343; Blaue
  Stube 53 69, Puppenspiel 231, Verkauf 208–215 219 221 222 224–226
  228 (Punctation) 236 237 (Vollmacht) 316 319 (Umzug) 238 239,
  Versteigerung der Bücher 204 208
  209 211 214 218 219 223 224 226,
  Weimarer Stube 28 32 34 35 50 74

- *Haus zum Goldenen Brunnen* 237 251
  268 274 308 343
- *Haupt-(Barfüßer-) Kirche* 173
- *Hauptwache* 150 155 215 239 252 254
  264 271–273
- *Großer Hirschgraben* 117 242
- *Hochwasser* 100–102 111
- *Juden* 403
- *Judengasse* 252
- *Kontribution* 301 306 308
- *Konzerte* 16 53 84 121
- *Krönung* 173–176 189 192 238 239
  280 314 343 379
- *Lesegesellschaft am Großen Kornmarkt*
  201 202 358
- *Liebfrauenberg* 209
- *Main* 38 75 100 101 151 157 339 384
- *Mainzer Gasse* 252
- *Messe* 18 21 30 43 45 48 51 53 63 65
  67 68 72 73 75–77 79–83 89 97 115
  119 125 138 219 226 249 254 264 266
  270 278–280 284 289 299 307 314–
  316 341 344 355 367 373 387 397
- *Museum* 404
- *Neues Tor* 294
- *Neutralität* 264 376
- *Pfingstweide* 373 389
- *Promenade* 403 412
- *Rat der Stadt* 38 186 284
- *Rebstock* 374
- *Römer* 155 236 254 294
- *Römerberg* 252
- *Roßmarkt* 212 215 221 236 237 240
  252 395
- *Russen* 401
- *Sachsenhausen* 208 214 254 282 293
- *Sachsenhäuser Brücke* 51
- *Sandhof* 75
- *Schäfergasse* 75
- *Schatzung* 314
- *Schützenfest* 389
- *Theater* 21 68 68a 70 72 73 77 79 81
  91 115 117 144 145 150 151 165 175
  178 180 189 192 196 263 272–274
  280 281 287 291 293 295 307 313
  320 322 324 326 327 335 338–340
  343 345 347 350 352–355 357 367
  368 372 373 377 389 396 297 404 405
- *Thurn und Taxis-Palais* 293

- *Töngesgasse* 252
- *Waisenkinder* 389
- *Weinlese* 31 153
- *Zeil* 75 221 239 252 268
FRANKREICH 213
FRANZ II. (1768–1835), deutscher Kaiser von 1792–1806 280
FRIEDRICH, Johann Conrad (1789–1858), Offizier und Schriftsteller 373
FROMMANN, Carl Friedrich Ernst (1765–1837), Buchhändler und Verleger in Jena 379
FUENTES, Giorgio (1756–1822), Theatermaler 272 273 278 306

G. 123
GARNERIN, Luftschiffer 369 373
GEHLHAAR, Schauspielerehepaar St 15
GEIST, Johann Jacob Ludwig (1776–1854), Goethes Schreiber und Diener 284 292 309 311 350 352
GELLERT, Christian Fürchtegott (1715–69) 255
VON GEMMINGEN, Otto Heinrich, Reichsfreiherr (1755–1836), Dramatiker, «Der deutsche Hausvater», Schauspiel (1780) 115
GERNING, Maria Magdalena, geb. Moors (1744–96), Gattin des Entomologen Johann Christian G. 210 212 254
- Johann Isaak von (1767–1837), Kaufmann und Diplomat, Sohn der Vorigen 191 194 208–212 219 238 239 246 253–55 261 262 266 267 284 286 307 316 317 345 396 398 405
GEROCK, Johann Georg († 1796), Kaufmann 10 13
- Sophie Christine (geb. 1727), Gattin des Vorigen 10 13
- Antoinette Louise (geb. 1753), Tochter der Vorigen 10 13 217
GEROCK, Johann Georg († 1796), Kaufmann 10 13
- Katharina, Schwester der Vorigen 10 13
GIESSEN 6
GILLIERS und GRANDVAL, «Les Vendages de Suresne», Singspiel 70

VON GLAUBURG, Hieronymus Maximilian (1715–86) oder sein Bruder Friedrich Adolf (1722–89) 77
VON GÖCHHAUSEN, Louise (1752–1807), «Thusnelda», Hofdame der Herzogin Anna Amalia 28 31 32 35 *36* 38 45 46 48–51 54 60 63 64 68 69 71 74 78 84 *86* 88 90 93 *100* 106 110 *114* 255 403
VON GOELTZ, Kgl. Preußischer Hauptmann 223
- Gattin des Vorigen 223
GÖRITZ, Ludwig Friedrich (geb. 1764), Magister in Jena 183
GÖSCHEN, Georg Joachim (1750–1828), Goethes Leipziger Verleger 151 162 164
GOETHE, Johann Caspar (1710–82) 5 7 10 11 13 14 16–22 24–26 28 30–32 34 35 38 40–43 45 46 48–50 53 54 56–66 68–71 74 75 80 84 90 214 215 217 219
- Johann Wolfgang (1749–1832) 2–8 11 13 18 22–38 41 42 46–56 58–60 *62* 63–65 71 73 *75* 80–82 84 85 87 89 90 95–99 101–104 106–108 110 113 –116 120 *124* 125 *128* 129–133 137 148 151 153 162 164 168 173 174 176 *185*–*187* 189–191 193–*195* 197 198 199–202 203 204 205 207–*215* 218 219 221–226 228–233 235–242 245– 247 249–*256* 257 *258*–268 269–271 *272 273* 274 *275* 276 277 278 279 280 *281 282 283* 284 *285* 286 287–304 305 306 *307 308* 309 311–320 321 *322*–*326* 327 *328*–*331* 332 *333* 334 *335 336* 337 *338*–*341* 343 344 *345* 347 348 349 *350*–*358* 362–364 *365 367*–*371* 373 *374*–*376* 377 *378*–*384* *386*–*388* 389 390 392 *393* 394 395 *396*–*398* 399–402 *403* 404–407 409 410 *411 412* 413–415 St 14
- WERKE
- *Benvenuto Cellini* (1803) 355 357
- *Der Bürgergeneral* (1793) 197 200 201
- *Das römische Carneval* (1787/89) 173 222
- *Claudine von Villa Bella* (1774/75) 93

- *Clavigo* (1774) 72 73 91 143 345 352 353
- *Egmont* (1775/88) 374 390
- *Elpenor* (1781) 96
- *Erwin und Elmire* (1775) 30 31
- *Faust*, Urfaust (1772/75) 56 374, Erster Teil (1806) 397
- *Gedichte* 387 411; Die Braut von Corinth (1797) 387 411, Der Gott und die Bajadere (1797) 387 411, Hochzeitlied (1802) 411, Der Rattenfänger (1802) 387, Der Sänger (1783) 231, Seefahrt (1802) 387, Der Zauberlehrling (1797) 387
- *Die Geschwister* (1776) 151 345 348
- *Götz von Berlichingen*, Zweite Fassung (1772/73) 18 25 73 122 125 277, Dritte Fassung (1803/04) 352 355 377
- *Hanswursts Hochzeit* (1775) 75
- *Hermann und Dorothea* (1796/97) 226 271 272 278 292 300 373
- *Iphigenie*, Erste Fassung (1779) 46 47 71 94, Zweite Fassung (1786) 308 392 393
- *Das Jahrmarktsfest zu Plundersweilern* (1772/73) 18 31 32 34 35 48 71 87–89 95
- *Jery und Bätely* (1779) 63
- *Lila* (1776/77) 173
- *Mahomet* (1779) 332–334 352
- *Wilhelm Meisters Lehrjahre* (1793/96) 230 231 233 235 238 240 242 250 252 255 258–260 376 392 393
- *Paläophron und Neoterpe* (1800) 313
- *Pater Brey* (1773/74) 357
- *Proserpina*, Erste Fassung (1776/77) 26
- *Reinecke Fuchs* (1793/94) 222 230
- *Stella*, Erste Fassung (1775) 5
- *Tancred* (1800) 332–334
- *Tasso*, Zweite Fassung (1788/89) 173 308 350
- *Die natürliche Tochter* (1779/1803) 341 343 345 347 402
- *Der Triumph der Empfindsamkeit*, Erste Fassung (1777) 26 35 53
- *Die Vögel* (1780) 66

- *Die Leiden des jungen Werthers* (1773/74) 53 88 392 393 St 14
- Johanna Christiana Sophia, geb. Vulpius (1765–1816), siehe auch VULPIUS 381–384 386–388 *389 390* 391 392 *394–396* 397 *399–402* 403 404 *405–407* 410 411 412 *413*
- Julius August Walter (1789–1830) 198 229–231 240 242 245 252 *257* 258–260 262 263 265 269–272 274 *278* 279–282 *283* 284–290 292–297 299 *301* 302 304 305 *306* 307–309 311–314 316–319 321 322–325 *326* 327 328 331–336 *337* 338 340 341 343 344 *345* 347 349–352 354 356 358 362–364 367–370 *371 373* 374 –384 387–390 394–397 399–403 *404* 405 406 *409* 410–413 St *13*
- Schwester des Vorigen 209
- Bruder der Vorigen 240 245
- Cornelia siehe SCHLOSSER

GÖTTINGEN 88
GÖTZE, Paul (1759–1835), Goethes Diener 190 202 203 210 211 213 214
GOGEL, Johann Noë (1788–1865), Weinhändler am Roßmarkt 208 209 221
GOLDONI, Carlo (1707–93), italienischer Lustspieldichter, «La finta ammalata» 110, «Il Bugiardo» 143
GOLDSCHMIDT, Abraham Löw 144 150
GOTTER, Friedrich Wilhelm (1746–97), Dramatiker, «Die Erbschleicher», Lustspiel (1789) 222
GOTTSCHED, Louise Adelgunde Victorie, geb. Culmus (1713–62), Gattin von Johann Christoph G. 41
GRAF, Gastwirt 374
GRAFF, Georg Clemens, Kaufmann 121 150 151 252
- Johann Jacob (1769–1848), Weimarer Schauspieler 335 340
GRAMBS, Dr. jur. Johann Georg (1756–1817), Advokat 335
GRANDVAL siehe GILLIERS
GREINELD 119
GRÉTRY, André Ernest Modeste (1742–1813), französischer Komponist,

«Zemire et Azor», comédie féerie (1771) 155
GRÖNING, Georg (1745–1825), Bremischer Gesandter 291
GROMES, Madame, Sängerin 273
GROSSE, Schauspieler 150
GROSSMANN, Gustav Friedrich Wilhelm (1746–96), Schauspielprinzipal und Dramatiker 21 24 39 41 43 44 52 63 65 67 68 68a 70 72 73 77 79 83 95 115 116 117 165 178 192 196, «Henriette, oder sie ist schon verheiratet», Lustspiel (1777) 65 72 73, «Nicht mehr als sechs Schüsseln. Familiengemälde in fünf Aufzügen» (1777) 65 73 116
– Caroline Sophie Auguste, verw. Flitner, geb. Hartmann (1752–84), Schauspielerin, Gattin des Vorigen 21 24 41 43 44 52 70 72 73 77 79 116
– Margarethe Victoria, geb. Schroth aus Heidelberg, Schauspielerin und Sängerin, die zweite Gattin Großmanns, siehe auch SCHROTH 165 196
– Antoinette, Tochter Großmanns 65 73 115
– Charlotte, Schwester der Vorigen 21 24 41 43 44 52 65 72 73 77 79 115 116 165
– Franziska, Schwester der Vorigen 65 72 73 77 79 115 116
– Hans Wolfgang, Bruder der Vorigen 24 41 52 65 72 73 77 79 115 116
GRUNELIUS, Johann Peter Balthasar, Kaufmann 210
VON GÜNDERODE, Friedrich Max, Geheimer Rat und Stadtschultheiß 377
GÜNTHER, Friedrich (geb. 1750), Bassist 160 St 15
– Sophie, geb. Huber (geb. 1754), Gattin des Vorigen, Schauspielerin 160 St 15

HACKER, Jonathan Gottlieb (1751–98), Notar 266
HÄTSCHELHANS, Goethes Kosename 34 38 50 53–56 58 60 62 64 71 85 114 240 270
HAGEMEISTER, Johann Gottfried Lucas (1762–1807), Rektor und Dramatiker, «Das große Los», Lustspiel (1791) 353
HALLE an der Saale 373
HAMBURG 274
HAMILTON, Sir William (1730–1803), britischer Gesandter in Neapel, «Observations on mount Vesuvius» (1772) 50
HAMEL siehe SCHICK
HANAU 59 146 218 258
HANNOVER 178 344
VON HARDENBERG, Carl August (1750–1822), preußischer Minister 230
HARTMANN, Johann Valentin, Lehrer in Zillbach 47
HARTMANN, Schwestern der Caroline Großmann, geb. Hartmann 52
VON HAUGWITZ, Freiherr Christian August (1752–1831) 3
HAYDN, Joseph (1733–1809), «Die Schöpfung», Oratorium (1798) 368
HEIDELBERG 405 406 409
HEIGEL, Franz Xaver, «Die glückliche Jagd», Lustspiel 150
HEINSIUS, Johann Ernst (1740–1812), Porträtmaler 101 106
HEINTZ, Johann Andreas, Kaufmann 308
HELLMUTH (1740–86), 1779–81 mit Großmann Direktor des Bonner Nationaltheaters 63 67 77
– Josepha, geb. Heise (geb. 1746), Sängerin und Schauspielerin 154 165
HELVETIUS, Claude Adrien (1715–71), französischer Philosoph St 14
VON HENCKEL 308
HENRY, Schauspieler in Großmanns Truppe 226
HENSLER, Carl Friedrich (1761–1825), Schauspieler und Dramatiker, «Die Nymphe der Donau» (1803) 353
HERDER, Johann Gottfried (1744–1803) 71 96 111 131 255 273 293 294 343 358
– Caroline, geb. Flachsland (1750–1809) 32 131 255

- August Wolfgang (geb. 1776), der zweite Sohn der Vorigen 187
HERMAN, Nicolaus (1480–1561), Dichter und Komponist geistlicher Lieder 2
HERRICH, Kursächsischer Legationssekretär in Regensburg 10 13 18
HERSFELD 382 402
HESSEN-DARMSTADT, Erbprinz Ludwig (1753–1830) 125
- -KASSEL, Erbprinz Wilhelm (1777–1847) 76 264
HETZLER, Johann Ludwig (1753–1800), 1786 Ratsherr, 1797 Schöffe 189 221 237 252 266 301 303 304
HIERSINGER, Baron, französischer Gesandter 319
HOCH, Elisabeth (1759–1846) Haushälterin der Frau Rat 161 373 395–397 401 415
HOCHE, Lazare (1768–97), französischer General 263
HOCHHEIM am Main 237
HOFFMANN, Johann Friedrich (1749–1807), Kaufmann 30
HOLBERG, Ludwig Freiherr von (1684–1754), dänischer Lustspieldichter, «Der politische Kannegießer» (1722) 6
HOLLWEG siehe BETHMANN-HOLLWEG
HOLZBAUER, Ignaz (1711–83), Komponist und Hofkapellmeister in Mannheim, «Günther von Schwarzburg», Oper (1776) 13
VON HOLZHAUSEN, Anton Ulrich Carl (1754–1832), Schöffe und Kammerherr 239 245
- Erdmuthe Friederike Agathe, geb. von Hohenstein (1756–1816), Gattin des Vorigen 308 350
HOMBURG, Kurbad am Taunus 59
HOPPE, Jungfern 14
HORAZ, Quintus Horatius Flaccus (65–8 v. Chr.), römischer Dichter 402
HUBER, Franz Xaver (1757–1815), Schriftsteller von Lustspielen, Opern- und Oratorientexten, «Das unterbrochene Opferfest» (1796) 275 281 319 353

HÜBNER, Johann (1668–1731), Geograph 56
HÜBSCH, Johann (1764–1815), Bassist 192 St 15
VON HÜFFER, preußischer Hauptmann 200
HUFELAND, Christoph Wilhelm Friedrich (1762–1836), ab 1784 Hofmedikus zu Weimar, 1793 Professor der Medizin in Jena. «Die Kunst, das menschliche Leben zu verlängern» (1797) 270 278
HUFNAGEL, Wilhelm Friedrich (1754–1830), Senior Ministerii und Pädagoge 271 272 278 293 300
VON HUMBOLDT, Alexander (1769–1859), Naturforscher 400

IFFLAND, August Wilhelm (1759–1814), Schauspieler und Dramatiker, 1779 in Mannheim, 1796 Direktor des Berliner Nationaltheaters 110 154 222 249 273 280 307 314 353 357 373
- WERKE: «Die Aussteuer», Schauspiel (1795) 353, «Die Hagestolzen», Lustspiel (1793) 280 314, «Die Jäger. Ein ländliches Sittengemälde» (1785) 293, «Der Magnetismus. Ein Nachspiel» (1787) 155, «Der Spieler», Schauspiel (1798) 353
- Margarete Louise, geb. Greuhm, Gattin des Vorigen 280
IHLÉE, Johann Jacob (1762–1827), Theaterdichter, 1805–22 Schauspieldirektor in Frankfurt, Übersetzer und Bearbeiter italienischer und französischer Operntexte, u. a. Salieris «Palmira, Prinzessin von Persien» 264 273 275 281
ILMENAU 101 102
INNSBRUCK 159
ITALIEN 131 152 153 212 219 228 254 262 265 266

JACOBI, Johann Georg (1740–1814), 1766 Professor der Philosophie in Halle, 1784 in Freiburg 184 307 308 319

- Maria, geb. Müller, Gattin des Vorigen 307
- Friedrich Heinrich (1743–1819), Bruder Johann Georgs, bis 1779 in Pempelfurt, später in München 186 201 231 372 396
- Clara Franziska (1777–1849), Tochter des Vorigen 181
- Charlotte (1752–1832), Schwester von Georg und Fritz J. 248 396

JAGEMANN, Caroline (1777–1848), Weimarer Schauspielerin 293 355 362

JANUS, Eine Zeitschrift auf Ereignisse und Thatsachen gegründet, herausgegeben von Christian August Vulpius, Weimar 1800, Jena 1801 299 301 307 313 317 319 326 327

JENA 255 256 266 279 290 292 308 311 316 322 341 396

JORDIS, Johann Heinrich (1757–1803), Bankier 212

JOSEPH II. (1741–1790), deutscher Kaiser von 1765–90 75 76 150 173 174 278

JÜNGER, Johann Friedrich (1759–97), Lustspieldichter, «Der doppelte Liebhaber» (1785) 145

JUNG, Johann Heinrich, «Jung-Stilling» (1740–1817), Schriftsteller und Theosoph, «Die Schleuder eines Hirtenknaben» (1775) 357

VON JUNGHERR, preußischer Oberst 212 214 215

KÄMPFE, Carl Gottfried († 1814), Buchbindermeister 223

KÄSTNER, Abraham Gotthelf (1719–1800), Professor der Mathematik in Göttingen, Epigrammatiker 404

VON KALB, Johann August Alexander (1712–92), Sachsen-Weimarischer Kammerpräsident 5 11 25 75

KALLMES, Demoiselle, Sängerin St 15

KAPPEL, Johann Heinrich (1737–1813), Weinhändler 240

KARLSBAD, Kurort in Böhmen 239 279 394–397 410 411 413

KARLSRUHE 7 153

KASSEL 144 145 151 155 321 323 350 353 389 397 401 402

KAUFMANN, Christoph (1753–95), Schweizer Apotheker, der Genieapostel und «Gottes Spürhund» 26
- Elise, geb. Ziegler, Gattin des Vorigen 26 27

KAYSER, Philipp Christoph (1755–1823), Komponist und Musiklehrer in Zürich 80

KEILHOLZ, Christiane Elisabeth, verehelichte Haßloch (1764–1829), Schauspielerin und Sängerin 350

KELLNER, Johann Leonhard (1732–99), Materialist und Ratsherr 221 282

KESTNER, Johann Christian (1741–1800), Bremischer Gesandtschaftssekretär in Wetzlar, später Hofrat in Hannover 4 *153*
- Charlotte Sophie Henriette, geb. Buff (1753–1828), Gattin des Vorigen 4 *153* 307 344 353
- Dr. med. Theodor Friedrich Arnold (1779–1847), 1812 Professor an der Frankfurter medizinisch-chirurgischen Spezialschule, Sohn der Vorigen 352
- Clara (1793–1866), Schwester des Vorigen 153
- Eduard, Bruder der Vorigen 153

VON KINCKEL, Baron, holländischer Gesandter in Frankfurt 211

KINEMUNDT, Claus 5

VON KINGSTON, Elizabeth Chudleigh, Herzogin (1720–88) 81

KLAUER, Martin Gottlieb (1742–1801), seit 1772 Hofbildhauer in Weimar 63 74 237

VON KLEIN, Anton (1748–1810), Exjesuit, Professor zu Mannheim 13

VON KLETTENBERG, Susanna Catharina (1723–74), die «Schöne Seele» 2 35 42 128 242 255 392 393

KLINGER, Friedrich Maximilian (1752–1831), Dramatiker, 1780 in russischen Diensten *6* 26 71 326, «Sturm und Drang» (1776) 65

KLIPSTEIN 292

Klopstock, Friedrich Gottlieb (1724 bis 1803) 92 402
von Knebel, Carl Ludwig (1744–1834), preußischer Offizier, 1774 Erzieher des Prinzen Constantin von Sachsen-Weimar 5 130 St 13 14
von Knigge, Freiherr Adolf (1752–96), Schriftsteller und Popularphilosoph 168, «Dramaturgische Blätter» (1788/89) 165 168
– Freifrau von, geb. von Baumbach, Gattin des Vorigen *168*
Koberwein, Theaterprinzipal 121 157 160
Koblenz 49 228
Koch, Siegfried Gotthelf Eckart, genannt Koch (1754–1831), Schauspieler, seit 1788 Direktor der Mainzer und Frankfurter Bühne 139 141 143–145 150 154 155 160 165 166 175 192 St 15
– Elisabeth (geb. 1788), Tochter des Vorigen, Patenkind der Frau Rat 154 St 15
Königsberg 388 396
von Kotzebue, August (1761–1819), Dramatiker 307 320
– Werke: «Armut und Edelsinn» (1795) 353, «Das Epigramm» (1801) 326 327 350, «Das merkwürdigste Jahr meines Lebens», Prosa (1801) 325 326, «Johanna von Montfaucon» (1800) 311, «Die deutschen Kleinstädter» (1803) 338, «Pagenstreiche» (1804) 371 377, «Die Sonnenjungfrau» (1791) 293
Kranz, Johann Friedrich (1754–1807), Kammermusikus in Weimar 32 47 71 301
Kraus, Georg Melchior (1733–1806), aus Frankfurt, seit 1775 in Weimar, 1780 Direktor der Zeichenschule, siehe auch Modejournal 28 32 34 35 38 45 88–90 157 255 273 282
Kronberg im Taunus 208 254 255 307 322 345
Krug, Bassist St 15
Küstner, Simon Friedrich (1745–99), Handelsmann 178

Kunzen, geb. Zuccherini, Sängerin St 15

Landau 200
Landshut in Bayern 396
Lange, Aloysia, geb. Weber (1759–1830), Mozarts Schwägerin, gefeierte Sängerin 327 340
Langensalza in Thüringen 223 390
Lanz, Carl Adolf (1773–1833), Schauspieler und Theaterinspektor am Königlichen Theater in Berlin 143 144
Lappland 401
von La Roche, Georg Michael Frank (1720–88), natürlicher Sohn des Grafen Stadion, seit 1771 in Kurtrierischen Diensten, 1775 Geheimer Staatsrat in Ehrenbreitstein, 1780 in Speyer, 1786 in Offenbach 17 128
– Sophie, geb. Gutermann (1731–1807), Gattin des Vorigen, Wielands Jugendliebe, Romanschriftstellerin 17 32 48 49 97 173 191 209 218 219 251 259 290 294 297 326
– Werke: «Geschichte des Fräuleins von Sternheim» (1771) 48, «Pomona für Teutschlands Töchter» (1783/84) 97, «Rosaliens Briefe» (1779/81) 48
– Louise, Tochter der Vorigen (1759–1832), seit 1779 Frau von Möhn, siehe auch Möhn 48 49
Laubach in Oberhessen 250
Lauchstädt bei Halle 281 395 412 413
Lavater, Johann Caspar (1741–1801), reformierter Theologe in Zürich *1–3* 5 9 19 20 25 26 27 42 80 88 89 92 95 *126* 234 330
– Anna, geb. Schinz (1742–1815), Gattin des Vorigen 9 19 20 26 27 42
– Heinrich, Sohn der Vorigen 126
Lavergne, Louis Elisabeth, Comte de Tressan (geb. 1705), französischer Schriftsteller und Übersetzer, «Traduction libre d'Amadis de Gaule» (1779) 55

LEBRUN, Ludwig August (1746–90), Oboenvirtuose und Komponist 16

LEERSE, genannt Sarasin, Jacob Philipp (1763–1840), Bankier 335

– Rachel Eleonore, geb. de Neufville (1731–1808), Gattin des Vorigen 258

LEFEBURE, Pierre François Joseph, Herzog von Danzig (1755–1820), französischer General, später Marschall 264

LEHR, Schuhmacher 146

LEIBNIZ, Gottfried Wilhelm (1646–1716) St 14

VON LEININGEN, wohl Prinzessin Marie Louise Albertine von Hessen-Darmstadt, geb. Gräfin zu Leiningen-Heidesheim (1729–1818) 343

LEIPZIG 38 64 143 250 254 291 304 354

LEISEWITZ, Johann Anton (1752–1806), Dramatiker, «Julius von Tarent», Trauerspiel (1776) 62 63

LENZ, Christian David (1720–98), Pastor in Livland 23

– Jacob Michael Reinhold (1751–92), Dramatiker des «Sturm und Drang», Sohn des Vorigen 6 20 23 71 St 1

LEOBEN, Präliminarfrieden von 263

VON LEONHARDI, Freiherr Johann Peter (1747–1830), Kaiserlicher Rat, 1800 Senior des Bürger-Ausschusses der 51er 234 405

– Susanna Elisabeth, geb. Heyder, Gattin des Vorigen 234

– Jacob Friedrich (1778–1839), Sohn der Vorigen 234

LEOPOLD II. (1747–92), deutscher Kaiser von 1790–92 176

LESSING, Gotthold Ephraim (1729–81) 196 St 2 3 5

– WERKE: «Emilia Galotti» (1772) 73 81 144 147 219, «Minna von Barnhelm» (1767) 73 81 144 155 165, «Nathan der Weise» (1779) 308 370 377

– Carl Gotthelf (1740–1812), Bruder des Vorigen, «Die reiche Frau», Lustspiel (1776) 72

LIEBHOLDT, Johann Wilhelm († 1806), Wechsel-Makler 208 209 219 221 223 235 238 258

VON DER LIPPE, Gräfin 155

LIPPERT, Friedrich Carl (1758–1803), Schauspieler und Sänger, 1799–1803 am Burgtheater in Wien St 15

LIPPOLD siehe LIEBHOLDT

LIVIUS, Titus (um 59 v. Chr.–17 n. Chr.), römischer Historiker 402

LONDON 128 191

LORENZI, Giambattista (1719–1807), Textdichter von Sartis Oper «Fra i due litiganti il terzo gode» (1782) 219

LÜDICKE, Kgl. Preußischer Oberauditor 229–231

– Gattin des Vorigen 229–231

LUTHER, Dr. jur. Johann Nicolaus (1732–1805), Senator 212

– Dr. theol. Martin (1483–1546), 5 148 326 St 1

LUX, Joseph (1756–1817), Sänger 151 287

VON LYNCKER, Freiherr Carl Friedrich Ernst (1726–1801), Präsident des Weimarer Oberkonsistoriums 130

MAINZ 2 99 101 125 128 142–144 147 150 152 154–156 159 160 162 165 166 173 178 185–187 192 194–196 198 200 203 204 229 236 240 274 276 355 398

VON MALAPERT-NEUFVILLE, Freiherr Friedrich Wilhelm (1755–1818), Preußischer Kammerherr 258

– Susanna Elisabeth, geb. Edle von Schneider (1756–1831), Gattin des Vorigen 369

MANNHEIM 13 110 192 212 280 293

MARA, Gertrud Elisabeth, geb. Schmehling (1749–1833), berühmte Sängerin in Leipzig, dann in Berlin 55

MARIANNE, Demoiselle = Marianne Moritz? 150 151

MARIE, Hausmädchen der Frau Rat 119

MARMONTEL, Jean François (1723–99), französischer Schriftsteller und Kritiker, Textdichter der Comédie féerie «Zemire et Azor» (1771) 155

MARSEILLE 7

MARTIN Y SOLER, Vicente (1754–1806), gebürtiger Spanier, italienischer Opernkomponist, «L'arbore di Diana» (1787) 154, «La capricciosa coretta» 287, «La cosa rara» (1786) 143 145 228 353

MASSIN, Frau 14

MATHEUS, Franz, Schiffer aus Sachsenhausen 65

MAURER, Franz Anton (1777–1803), Bassist aus Wien, seit 1800 in Frankfurt 273 287

MAX = Maximiliane Brentano

MAXIMILIAN Franz, Erzherzog (1756 –1801), Kurfürst von Köln 176 218

– Friedrich, Graf von Königseck-Rothenfels, 1761–84 Kurfürst von Köln 70

MAYER, Sängerin 313 338 340

MECKLENBURG-STRELITZ, Erbprinz Georg Carl Friedrich Joseph von, (1779–1860), Bruder der Königin Louise von Preußen 293 379

MEININGEN 130

MELBER, Georg Adolf (1725–80), Frankfurter Kaufmann 37

– Johanna Maria, geb. Textor (1734–1823), Gattin des Vorigen, Schwester der Frau Rat 312

– Dr. med. Georg David (1773–1824), Arzt und «Stadt-Accoucheur», Sohn der Vorigen 342 389 395

MELCHIOR, Johann Peter (1747–1825), Bildhauer 65 218 223

MENDE, Joachim Friedrich († vor 1821), Schauspieler und Sänger St 15

– Anna Maria, geb. Christ (geb. 1768), Gattin des Vorigen, Tochter von Joseph Anton Christ, Schauspielerin und Sängerin St 15

MENDELSSOHN, Moses (1729–86), Kaufmann in Berlin, Popularphilosoph St 14

MERCIER, Louis Sebastien (1740–1814), französischer Schriftsteller und Dramatiker, «La Brouette du Vinaigrier» 353

MERCK, Johann Heinrich (1741–91), Goethes Freund, Kriegsrat in Darmstadt 22–24 26 28 30–33 40 42 45 49–51 53 55 58 64 66 68 69 75 82 87 88 *94* 125 132 397

MERCUR, Wielands Zeitschrift «Der Teutsche Mercur» (1773–89), «Der neue Teutsche Mercur» (1790–1810) 45 47 84 100 152 157 159 162 166 169 171 177 186 190 209 211 223 224 226 229 233 242 245 250 251 255 257 263 264 285 286 289 292 293 299 304 –307 313 319 324 326 327 332 333 337 339 343 344 347 349 350 353 354 356 358 376 377

METZ, Dr. med. Johann Friedrich (1721–82) 2

METZLER, siehe auch BETHMANN-METZLER

– Friedrich (1749–1825), Bankier und Senator 38

– Susanna, geb. Fingerlin (1764–99), Gattin des Vorigen 264

– Dr. jur. Johann Wilhelm (1755–1837), Senator und Bürgermeister 186 221 352

MEYER, Schauspieler 143 145

– Johann Heinrich (1759–1832), Maler und Kunsthistoriker aus Stäfa, 1792 Professor an der Zeichenschule in Weimar, der «Kunst-Meyer» 197 267

– Johann Friederich von (1772–1849), Schöffe, Bürgermeister, Theologe, der «Bibel-Meyer» 345 347 353–354

MODEJOURNAL, «Journal des Luxus und der Moden», herausgegeben von Georg Melchior Kraus und Friedrich Justin Bertuch (1786–1820) 157 186 190 206 209 211 213 223 224 229 233 235 242 245 250 251 255 257 262–264 270 285 286 289 292 293 299 306 307 313 317 319 326 332 333 337 339 343 344 347 349 350

VON MÖHN, Ernst († 1804), Kurtrierischer Revisionsgerichts-Sekretär in Koblenz 48 49

– Louise, geb. La Roche (1759–1832),

Gattin des Vorigen, siehe auch LA ROCHE 218

MONSIGNY, Pierre Alexandre (1729–1817), französischer Komponist, «Felix ou l'enfant trouvé», Singspiel (1777) 155

MONTGOLFIER, Joseph Michael (1740–1810) und sein Bruder Jacques Etienne (1745–99), die Erfinder des Luftballons 101

MONVEL, Dichter des Singspiels «Töffel und Dorgen» 156

MOORS, Friedrich Maximilian (1747–82), Advokat, Goethes Jugendfreund 128 231

– Wilhelm Carl Ludwig (1749–1806), Stadt- und Gerichtsschreiber 327 352

MORITZ, Johann Friedrich (1716–71), dänischer Legationsrat 312

– Catharina Sibylla, geb. Schöll, Gattin des Vorigen 255

– Friedrich Ludwig (geb. 1763), Kaufmann und Bankier in Neapel, Sohn der Vorigen 219

– Demoiselle, Marianne Louise Elisabeth (geb. 1758) oder Marie Christiane (geb. 1768), Schwestern des Vorigen 121

VON MOSER, Friedrich Carl (1723–98), Hessen-Darmstädtischer Minister und Kanzler 66

MOZART, Wolfgang Amadeus (1756–91) 254 255

– WERKE: «Così fan tutte» (1790) 263, «Die Entführung aus dem Serail» (1782) 141 219, «Don Juan» (1787) 272, «Titus» (1791) 301 306 338 350, «Die Zauberflöte» (1791) 204 208 214 219 263 273 281

MÜLLER, Elise, geb. Thau 313 343

– Gatte der Vorigen 343

– Friedrich, «Maler Müller» (1749–1825) 62

– Johann, Kaufmann 221

– Peter Clemens, Senator 377

– Wenzel (1767–1835), Wiener Singspielkomponist, «Das neue Sonntagskind» (1797) 290 366

MÜNCHEN 313 396

VON MURALT, Anna Barbara, in Zürich 9 19

MYLIUS, Freiherr Anton Ulrich von (1742–1812), k. k. Oberst 251

– Wilhelm Christhelf Siegmund (1754–1827), Übersetzer der «Traduction libre d'Amadis de Gaule» des Louis Elisabeth de Lavergne, Comte de Tressan (1782) 55

– Heinrich (1769–1854), Kaufmann, später in Mailand 396

– Johann Jacob (1756–1835), Senator 264

NASSAU-ORANIEN, Erbprinz Wilhelm Friedrich von (1772–1843), 1815 König der Niederlande 328

NEANDER, Joachim (1650–80), Dichter geistlicher Lieder 255

NEAPEL 219

NEEFE, Christian Gottlob (1748–98), Komponist und Dirigent bei der Großmannschen Truppe, 1782 Hofmusikdirektor in Bonn, Lehrer Beethovens, «Karoline Großmann. Eine biographische Skizze» (1784) 116

NEHRLICH, Carl: «Schilly», Roman (1798) 275

NEUBERIN, Caroline (1697–1760), berühmte Schauspiel-Prinzipalin 73

NEUKIRCH, Benjamin (1665–1729), Satiriker der Frühaufklärung 92

NICOLAI, Friedrich (1733–1811), Berliner Buchhändler und Schriftsteller der Aufklärung 45 82 88

NICOLOVIUS, Georg Heinrich Ludwig (1767–1839), Kammerassessor in Eutin und Königsberg, später Staatsrat in Berlin 217 243 *244 248* 299 396

– Louise Maria Anna, geb. Schlosser (1774–1811), seit 5. Juni 1795 Gattin des Vorigen, siehe auch SCHLOSSER 242 *243 244* 245 248 299 316 396

– Johann Georg Eduard (1796–1808), Sohn der Vorigen 242–245 248 299 396

- Georg Friedrich Franz (1797–1877), Bruder des Vorigen 299 396
- Friedrich Heinrich Georg (1798–1868), Bruder des Vorigen 299 396
- Georg Ferdinand (1800–81), Bruder des Vorigen 396
- Johanna Cornelia Elisabeth (1802–33), Schwester des Vorigen 396
- Alfred Berthold Georg (1806–90), Bruder der Vorigen 396

NORWEGEN 412

NOTHNAGEL, Johann Andreas Benjamin (1729–1804), Maler und Tapetenfabrikant 214 219 254 255

NÜRNBERG 73

NÜSCHELER, Professor in Zürich 42

OBER-ROSSLA, Dorf bei Apolda in Thüringen 317 321

OCHSENHEIMER, Ferdinand (1756–1822), Wiener Burgschauspieler 373

ÖLSNER, Conrad 262

OFFENBACH am Main 67 126 128 218 247 251 256 261 295

OPITZ, Christian Wilhelm (1756–1810), Schauspieler und Regisseur 21 63 72

ORBEL, Fuhrmann 398

DAS ORGAN = Tabor

D'ORVILLE, Peter Friedrich (1745–1820), Weinhändler 209 247 295

OTTO, Schauspieler 280 352

OVID, Publius Ovidius Naso (43 v. Chr.–17 n. Chr.) 402

PACCA, Bartholomäus (1756–1844), Nuntius in Köln, später Kardinal 176

PAEISIELLO, Giovanni (1741–1816), neapolitanischer Meister der Opera buffa, «La Frascatana» (1776) 143

PARADIES, Marie Therese (1759–1824), blinde Wiener Komponistin, «Ariadne auf Naxos», Oper (1791) 181

PARIS 14 128 262 264 291 377

PASSAVANT, Johann Carl (1790–1857), Arzt und Philosoph 405 409

PAULSEN, Johann Jacob Heinrich († 1789), Kommerzienrat und Bürgermeister in Jena 62 63 90

PAUSER, Sänger St 15
- Tochter des Vorigen, Sängerin St 15

PERINET, Joachim (1765–1816), Schriftsteller, «Das neue Sonntagskind» (1797) 290 366

ST. PETERSBURG 320

PETRÜBI, Schauspieler in Böhms Truppe 117

PFEIL, Friedrich (1747–1835) oder einer seiner Brüder 258

PFENNINGER, Johann Conrad (1747–92), Prediger und Schriftsteller in Zürich 9 19 20

DE PITAVAL, François Gayot (1673–1743), berühmt durch seine Sammlung merkwürdiger Kriminalfälle «Causes célèbres et interessantes» (1734) 226

POLEX, Christoph Ernst (1747–1810), Kaufmann in Langensalza 223
- Demoiselle, dessen Tochter 390

DA PONTE, Lorenzo (1749–1838), italienischer Operndichter, «La Capricciosa coretta» 287, «La cosa rara» 143 145 228 353

PORSCH, Schauspieler 175 192 St 15

POTSDAM 152 162

PRAG 350

PRANDT, Schauspieler 308 335

PREUSSEN, König Friedrich der Große (1712–86), König seit 1740, «De la littérature allemande» (1780) 73
- König Friedrich Wilhelm II. (1744–97), Neffe des Vorigen, König seit 1786 146 150 154 162 175 187 189 192 194 196 208 228
- Königin Friederike Louise, geb. Prinzessin von Hessen-Darmstadt (1751–1805), Gattin des Vorigen 150 152 155 162
- Prinzessin Friederike (geb. 1774), 1791 vermählte Herzogin von York, Tochter Friedrich Wilhelms II. aus erster Ehe mit Elisabeth Christine Ulrike, geb. Prinzessin von Braunschweig 150

– König Friedrich Wilhelm III. (1770 –1840), Stiefbruder der Vorigen, König seit 1797 293 343
– Königin Louise, geb. Prinzessin von Mecklenburg-Strelitz, Gattin des Vorigen (1776–1810) 210 293 343 344 377 379
PYRMONT 150 321 322

RADZIWILL, Fürst Michael Hieronymus (1744–1831), Vater des Faustkomponisten Anton R. 74
RASTATT, Friedensverhandlungen und Gesandtenmord 274 291
RAUTENSTRAUCH, Johann (1746– 1801), «Der Jurist und der Bauer», Lustspiel (1773) 155 351
VON DER RECKE, Elisa, geb. Gräfin Medem (1756–1833) 111
REGENSBURG 10 13 16
REICHARDT, Johann Friedrich (1752– 1814), Komponist, Hofkapellmeister in Berlin 125 231 242 333
REICHERT, Johann, 1793 Hofgärtner in Weimar 291 292 304
REINHARD, Carl (1763–1836), Schauspieler 274 281 350
– Henriette, geb. Sallbach (geb. 1775), Gattin des Vorigen 274 280 281
REINWALD 27
RICHARDSON, Samuel (1689–1761), englischer Romanschriftsteller, «Sir Charles Grandison» (1753) 32
RIEMER, Friedrich Wilhelm (1774– 1845), 1803–08 Hauslehrer August von Goethes 403 412
RIO, Schauspieler St 15
RIESE, Johann Jacob (1746–1827), Goethes Jugendfreund, Verwalter des «Almosenkastens» in Frankfurt 38 88 199 201 202 250
– Dr. med. Friedrich Jacob, Arzt, Bruder des Vorigen 201 202
RITTER, Frau 239 245 308
ROBERT, Ernst Friedrich Ferdinand (1763–1843), Maler und GalerieInspektor in Kassel 220
VON ROETHLEIN, Johann Franz († 1794), Kaiserlicher Rat und Resident 113
ROM 128 130 132 137 396
RÜDESHEIM 237
RUSSLAND, Kaiser Paul I. (1754–1801), Kaiser seit 1796 357
– Kaiserin Maria Fjodorowna, geb. Prinzessin von Württemberg (geb. 1759), 1776 Gattin des Vorigen 126 357
– Kaiser Alexander I. (1777–1825), Sohn der Vorigen, Kaiser seit 1801 326 401

SACHS, Friseur 119
SACHSEN, Prinz Maximilian von (geb. 1759) 76
– -HILDBURGHAUSEN, Herzogin Charlotte Georgine Louise (geb. 1769) 343
– -MEININGEN, Herzog Anton Ulrich von (1687–1763) 81
– -TESCHEN, Herzog Albert von (1738–1822) 76
– -Erzherzogin Marie Christine von (1742–98), Gattin des Vorigen 76
– -WEIMAR, Herzogin Anna Amalia von, geb. Prinzessin von Braunschweig (1739–1807), 27 *28* *29* *30* –*32* *34* *35* *38* *40* *42* *45* *46* *48*–*51* *53*–*61* *62* *63* *64* *66* *68* *70* *71* *74* *75* *76* *78* *81* *82* *84* *85* *87*–*91* *93* *95*–*97* *101* *106* *110* *127* *132* *187* 219 237 247 255 388
– Herzog Carl August von (1757– 1828), Sohn der Vorigen 2 4 6 7 21 38 50 52–56 58–60 62–64 71 74 75 90 96 110 111 128 130–132 *134* 174 185–187 189 190 193 199 210 211 237 247 255 311 343 364
– Herzogin Louise Auguste von, geb. Prinzessin von Hessen-Darmstadt (1757–1830), Gattin des Vorigen 25 26 38 75 81 82 93 94 96 111 191 193 219
– Prinzessin Louise Auguste Amalie (1779–84), Tochter der Vorigen 38 71
– -Erbprinz Carl Friedrich von (1783–

1853), Bruder der Vorigen 93–95 293 327 328 341 349
– -Erbprinzessin Maria Paulowna, geb. Großfürstin von Rußland (1786 –1859), Gattin des Vorigen 327 349 356 357 362 365 374 401
– -Paul Alexander (1805–06), Sohn der Vorigen 374
– -Prinzessin Caroline Louise von (1786–1816), Tochter Carl Augusts 127
– -Prinz Friedrich Ferdinand Constantin von (1758–93), Bruder Carl Augusts 38 75 76

SALIERI, Antonio (1750–1825), italienischer Opernkomponist, Hofkapellmeister in Wien, Lehrer Beethovens, «Palmira, Prinzessin von Persien» (1791) 264 273 275 281

SALZMANN, Johann Daniel (1722–1812), Aktuar, Goethes Straßburger Freund 7, «Kurze Abhandlungen über einige wichtige Gegenstände aus der Religions- und Sittenlehre» (1776) 7

SARASIN siehe WALDENFELS

SARTI, Giuseppe (1729–1802), italienischer Opernkomponist der neapolitanischen Schule, Lehrer Cherubinis, seit 1781 Hofkapellmeister in Petersburg, «Im Trüben ist gut fischen» (1782) 219

VON SAVIGNY, Friedrich Carl (1779–1861), Jurist, 1810 Professor an der Universität Berlin 401

VON SCHARDT, Ernst Carl Constantin (1744–1833), Kammerherr in Weimar, Bruder Charlotte von Steins 130

SCHEFFLER, Johann, «Angelus Silesius» (1624–77) 2

SCHEIDEL, Thomas (1707–91), Kaufmann 146

SCHEIDWEILER, Pfandhausdiener «in der Behausung unter den neuen Häusern bey der Stadtpromenade» 67

SCHICK, Ernst (1756–1815), Violinvirtuose und Komponist, Hofkapellmeister in Berlin 89
– Margarete Louise, geb. Hamel (1773–1809), Gattin des Vorigen, berühmte Sängerin, 1788 in Mainz, 1794 Kammersängerin in Berlin 154 165 228 St 15

VON SCHILDEN, Frau, geb. Gräfin Rantzau 219

SCHILLER, Friedrich (1759–1805) 104 273 277 292 299 308 324 344 347 351 402
– WERKE: «Don Carlos» (1787) 146 147 152 155 165 246 308, «Fiesco» (1783) 162, «Die Jungfrau von Orleans» (1802) 324 334 347 389, «Kabale und Liebe» (1784) 104, «Das Lied von der Glocke» (1800) 299, «Macbeth» (1801) 334, «Maria Stuart» (1801) 334, «Musenalmanach» (1798) 275, «Die Räuber» (1781) 104 313, «Wallensteins Tod» (1800) 308 322 324 353, «Wilhelm Tell» (1804) 351 357 368

SCHINK, Johann Friedrich (1755–1835), Schriftsteller und Dramaturg, «Sir John Falstaff», Lustspiel 91

SCHLEGEL, Johann Elias (1719–49), Dramatiker, «Hermann», Trauerspiel (1741) 41

SCHLEIERMACHER, Ernst Christian (1755–1844), Kabinettssekretär in Darmstadt 6

SCHLEUSSNER, Gabriel Jonathan, Arzt in Jena 254 255

SCHLOSSER, Dr. jur. Johann Georg (1739–99), Goethes Schwager, 1773–94 badischer Oberamtmann in Emmendingen, 1794 in Ansbach, 1796 in Eutin, 1798 Syndikus in Frankfurt. Philosophischer und nationalökonomischer Schriftsteller 16 20 23 26 29 31 33 54 69–71 112 116 123 153 158 161 179 184 188 199 201 208 211 213 214 *216* 217 218 222–227 230 231 236 244 246 249 250 284 289 293–295 St *6*
– WERKE: «Anti-Pope, oder Versuch

über den natürlichen Menschen» (1776) 33, «Kleine Schriften» VI (1793) 222, «Platos Briefe nebst einer historischen Einteilung und Anmerkungen» (1795) 246
- Cornelia Friederike Christiane, geb. Goethe (1750–77), seit 1. November 1773 Gattin des Vorigen 5 8 18–20 217
- Johanna Catharina Sibylla, geb. Fahlmer (1744–1821), 1778 Gattin Johann Georg Schlossers, siehe auch FAHLMER 29 30 31 42 54 69–71 81 112 123 153 158 161 170 179 184 188 217 227 231 244 284 289 293 294 299 307 311 312 330 352 355 368 372 388 396 404 405 412 413
- Louise Maria Anna, «Lulu» (1774–1811), Tochter von Johann Georg und Cornelia Sch., 1795 verheiratet mit Georg Heinrich Ludwig Nicolovius, siehe auch NICOLOVIUS 26 69 70 *105 112 118 123* 153 *158 161 170 172 179 181 184 188 217 227* 236 St *4*
- Catharina Elisabeth Julie (1777–93), Schwester der Vorigen 26 69 70 105 *112* 118 *123* 153 *158 161* 170 179 184 *188* 201
- Henriette (1781–1850), Tochter von Johann Georg und Johanna Sch., 1809 verheiratet mit David Hasenclever 81 105 *112* 118 *123* 153 *158 161* 172 179 *182* 184 *188* 217 227 244 250 294 388 396 St *7*
- Eduard (1784–1807), Bruder der Vorigen, später Arzt 105 *112 123* 153 *158 161* 172 179 182 184 *188* 217 227 244 250 294 316 322 330 331 341 388 396
- Hieronymus Peter (1735–97), Advokat und Schöffe, Bruder Johann Georgs 30 *83* 224 236 237 252 284 308
- Margarete Rebekka Elisabeth, geb. Steitz (1749–1819), Gattin des Vorigen, siehe auch STEITZ 258 294 308 318 341 368
- Dr. jur. Johann Friedrich Heinrich (1780–1851), Sohn der Vorigen, «Rat Schlosser»₃ 316 318 322 330 331 341 388 394 396
- Christian Heinrich (1782–1829), Bruder des Vorigen, Mediziner 308 322 330 331 341 343

SCHMAUSS von Livonegg, Carl Caspar († 1781), Kaiserlicher Kriegskommissar in Frankfurt 75

SCHMERBER, Marie Eleonore, geb. de Saussure 211
- Demoiselle, Tochter der Vorigen 211

SCHMIDT, Haushälterin im «Roten Haus» 82
- Friedrich, Kaufmann 311
- Joseph (geb. 1753), Schauspieler 77 117
- Johann Christoph (1727–1807), Geheimer Legationsrat in Weimar, Bruder von Klopstocks «Fanny» 390
- Philipp Nicolaus (1750–1823), Kaufmann aus Langensalza, Neffe von Klopstocks «Fanny» 209 223 254 258 259 335 352 353 371 389 390 403

SCHMIEDER, Heinrich Gottlieb (1763–1828), Übersetzer von «Lodoiska ou les Tartares», comédie héroique 273

SCHMOLL, Georg Friedrich († 1785) Maler und Radierer aus Ludwigsburg 42

SCHNAUSS, Friederike Christiane († 1851), aus Weimar, 1799 Gattin von Heinrich Mylius 281 282

SCHNEIDER, Johann Caspar (1712–86), Kurbayrischer Agent und Rat 73

SCHÖNBORN, Gottlob Friedrich Ernst (1737–1817), dänischer Konsulatssekretär in Algier 7 *8*

SCHREIBER, Aloys Wilhelm (1763–1841), Schriftsteller, «Dramaturgische Blätter» (1788/89) 150 154 155, «Die Erbschaft», Lustspiel (1789) 163

SCHRÖDER, Friedrich Ludwig (1744–1816) 1785–1800 Schauspieler und

Theaterdirektor in Hamburg, Dramatiker. Lustspiele: «Die Heirat durch ein Wochenblatt» (1786) 143 145, «Die väterliche Rache» (1784) 165, «Der Eßigmann und sein Schubkarren» 353, Der Ring» (1783) 145, «Stille Wasser sind tief» (1784) 338
SCHROTH, Margarete Victoria, die zweite Gattin von Gustav Friedrich Wilhelm Großmann, siehe auch GROSSMANN 116 117
VON SCHULER, Georg Heinrich Cornelius (1730–1810), Oberst und Stadtkommandant in Frankfurt, Frau Rats Schwager 251
SCHULTHESS, Barbara, geb. Wolf (1745–1818), Goethes Zürcher Freundin 9 19 20
SCHULZ, Tenorist 281
SCHUMANN, Johann Ehrenfried (1732–87), Hofmaler in Weimar 34
SCHWALBACH, Bad am Taunus bei Wiesbaden 202
VON SCHWARTZKOPF, Joachim (1766–1806), Kgl. Großbritannischer Resident, Geheimer Legationsrat 246 253 308 324 333 334 350 355 371
– Sophie, geb. von Bethmann-Metzler (1774–1806), Gattin des Vorigen, siehe auch BETHMANN-METZLER 259 304 308 320
SCHWASCHHOFER, Therese (1774–1849), Sängerin St 15
SCHWEITZER, Friedrich Carl (1749–1808), Senator, Bürgermeister, Schöffe 154 251 253 254 264
SCHWEIZ 54 174 269 271
SCHWENDEL, Georg Heinrich (1747–1829), Bankier 335
VON SECKENDORFF, Carl Friedrich Sigismund (1744–85), Kammerherr in Weimar 75
SEDAINE, Michel Jean (1719–97), französischer Lustspiel- und Operndichter, «Felix ou l'enfant trouvé», Singspiel (1777) 155
SEEGER, Carl Friedrich (1757–1813), Syndikus, später Großherzoglich Frankfurter Geheimer Staatsrat 264

SEEKATZ, Johann Conrad (1719–68), Hofmaler in Darmstadt 235 237
SEIDEL, Philipp (1755–1820), 1775–86 Goethes Diener und Sekretär *11* 13 *15* 22 *25* 29 32 *39* 41 46 *47* 49 84 89 96 97 312
SENECA, Lucius Annaeus (um 4 v. Chr. –65 n. Chr.), römischer Philosoph 155
SEUME, Johann Gottfried (1763–1810), Lyriker und Dramatiker St 14
SEYFRIED, Heinrich Wilhelm, «Frankfurter Beiträge zur Ausbreitung nützlicher Künste und Wissenschaften», Zeitschrift (1780/81) 73
SEYLER, Abel (1730–1801), Theaterprinzipal 43 52
SHAKESPEARE, William (1564–1616), «Julius Cäsar» (1599) 326, «Hamlet» (1602) 21 41 65 72 73 81 108 165 307, «Heinrich IV.» (1597/98) 145
SINZHEIM, Töchter des Isaak Raphael S. am Roßmarkt 352
SÖMMERRING, Dr. med. Samuel Thomas (1755–1830), Anatom 231 258 263 276 310 396
– Margarete Elisabeth, geb. Grunelius (1768–1802), Gattin des Vorigen 310
– Dr. med. Wilhelm (1793–1871), Sohn der Vorigen, Arzt *310*
SOLDAN, Susanna Magdalena 396
ZU SOLMS-BRAUNFELS, Fürstin Friederike, geb. Prinzessin von Mecklenburg (geb. 1778) 210 343 379
SPA, Badeort in Belgien 394–399
SPALATINUS siehe Burkhard·
SPAUR, Graf Franz Joseph (1725–97), Kammerrichter am Reichskammergericht Wetzlar 4
– Graf Heinrich, Kammerherr und Intendant in Mainz 135 139 140 143–146 150 152 155 159
SPEYER 128 185 194
SPITZEDER, Sängerin 273
SPRENCKEL, Sergeant 21 79
SPRICKMANN, Anton Matthias (1749–1833), Professor der Rechte und Reichsgeschichte in Münster,

Schriftsteller, Dramatiker, «Der Schmuck», Lustspiel (1779) 73

STADTLER, Johann Carl (1768–1812), Schauspieler 273 280

STÄDEL, Johann Friedrich (1728–1816), Kaufmann, Begründer des Städelschen Kunstinstituts 395–397

DE STAËL-HOLSTEIN, Anne Germaine, geb. Necker (1766–1817), Schriftstellerin 348–350 412

VON STAFF, August Wilhelm Ferdinand, Kammerherr in Weimar, Oberforstmeister in Ilmenau 31

STARCK, Dr. med. Johann Christian (1753–1811), Weimarischer Hofrat und Leibarzt, Professor in Jena 364

— Dr. theol. Johann Jacob (1730–96), Pfarrer an St. Katharinen, Schwager Catharina Elisabeth Goethes 71 134 226 230 237 258

— Anna Maria, geb. Textor (1738–94), Schwester Catharina Elisabeth Goethes, Gattin des Vorigen 134 230

— Margarethe Catharina Rosina (1758–1821), Tochter der Vorigen, 1778 verheiratet mit Johann Friedrich Hoffmann 10 30

— Dr. jur. Johann Wolfgang (1760–1835), Advokat, Bruder der Vorigen 226 229 237

— Ottilie, geb. Fritsch (1768–1850), Gattin des Vorigen 229

— Georg Adolph (1762–1804), Kommerzienrat, 1787 Weimar und Eisenachischer Hofrat, Bruder Johann Wolfgangs 134 237 353

— Gottfried Wilhelm (1764–1830), Pfarrer in Büdesheim, Bruder des Vorigen 237

STEGMANN, Carl David (1751–1826), Bariton und Kapellmeister 136 143 150 152 154–156 160 162 165 166 St 15

— Caroline Johanne Eleonore, geb. Linz (1755–1808), Schauspielerin 138 145 180 St 15

STEIGER, Schauspieler 63 72 77 St 15

VON STEIN, Gottlob Ernst Josias Friedrich (1735–93), Oberstallmeister in Weimar 11 108 120 130

— Charlotte Albertine Ernestine, geb. von Schardt (1742–1827), Gattin des Vorigen 45 102 104 108 111 *120* 124 *130* 131 133 173 174

— Gottlob Friedrich Constantin (1772–1844), Sohn des Vorigen *98 99 102–104 107 108 111 113 115* 119 120 121 122 125 128 129 130 131 133 137 148 157 164 173 174 176 177 183 219

STEITZ, Christian Friedrich (1754–1817), Senator, Sachsen-Weimarischer Hofrat und Resident, Bankier, Schöffe und Senator 258 352 389

— Jungfer, Tochter des Vorigen 258

— Margarete Rebekka Elisabeth (1749–1819), Schwester Christian Friedrichs, 1778 verheiratet mit Hieronymus Peter Schlosser, siehe auch SCHLOSSER 30

STEPHANIE, Gottlieb, der Jüngere (1741–1800), Schauspieler und Lustspieldichter, «Der Tadler nach der Mode» (1773) 72

STERNE, Laurence (1713–68), englischer Romanschriftsteller, «Sentimental Journey through France and Italy» (1768) 189 196, «The Life and Opinions of Tristram Shandy» (1760/67) 24, «Sermons by Mr Yorick» (1760) St 14

STICHLING, Bendermeister 211

STOCK, Jacob (1745–1808), Ratsherr und Schöffe, Freund der Frau Rat 145 150 151 159 162 171 184 204 208 210 215 *220* 221 222 228–231 236–238 242 252 253 258 266 282 292 329 *342* 352 *359* 360 366 368 372 385 389 396 397 400 404 405 408 412 413

— Esther, geb. Moritz (1755–1825), Gattin des Vorigen 121 145 150 151 156 159 162 171 172 179 183 192 208 210 219–222 228 229 230 237 252 253 258 292 293 299 304 312 *346* 352 *361 366* 368 369 *372* 373

376 377 *385* 387 389 396 397 400 404 *408* 412 413 St *10*
- Friedrich (geb. 1789), Kaufmann, Sohn der Vorigen 162 220 366 396
- Carl, Bruder des Vorigen 220 373 396 408
- Friederike, Schwester des Vorigen 150 172 220 387 389 396 408 St *11*
- Katharina, Schwester der Vorigen 150 172 220 385 387 389 396 408 St *12*

STOCKUM VON STERNFELS, Johann († 1792), Bankier am Roßmarkt, oder einer seiner drei Söhne 178
ZU STOLBERG, Graf Christian (1748–1821), Dichter des «Hainbundes» 3 5
- Gräfin Louise, geb. Reventlow, Gattin des Vorigen 248
- Graf Friedrich Leopold (1750–1819), Bruder Christians 3 5
STOLPE 371
STRASSBURG 121 157 186 312
STREIBER, Johann Lorenz (1720–96), Kaufherr in Eisenach 82 214
STRENG, Ulrich Thomas (1713–77), Kaufmann in der Schnurgasse 578
VON STUBENVOLL, Ludwig Christian, Kammerherr und Oberforstmeister in Allstedt 31
- Gattin des Vorigen 31
STUTZ, Johann Ernst August (1733–95), «Julchen Grünthal», Zweiter Teil (1788) 277 278

TABOR, Johann August (geb. 1731), das «Organ», Kaufmann, Fürstlich Waldeckscher Hofrat 30 55 57 58 77 79 91 143 144 147 150 151 155 156 171 175 178 238 328
TESCHE, Friedrich Wilhelm, Tabakfabrikant 350 351 354 357 373
TEXTOR, Anna Margaretha, geb. Lindheimer (1711–83), Mutter der Frau Rat 54
- Dr. jur. Johann Jost (1739–92), Advokat, Senator, Bürgermeister und Schöffe, Bruder der Frau Rat 29 77
- Dr. jur. Johann Wolfgang (1767–1831), Advokat, Schöffe und Senator, Sohn des Vorigen 327
THADDEN-TRIEGLAFF, Regiment 239
THAU siehe MÜLLER
THURN UND TAXIS, Prinzessin Therese Mathilde Amalie, geb. Prinzessin von Mecklenburg (geb. 1773) 343
THURNEISEN, Carl Wilhelm († 1806), Kaufmann 121 145 150 151 155 199 215 260 265
- Isaak († 1824), Bruder des Vorigen 215
THUSNELDE siehe GÖCHHAUSEN
JOURNAL oder TAGEBUCH VON TIEFURT, erschien von August 1781 bis Juni 1784 85
TIROL 159
TOBLER, Georg Christoph (1757–1812), Geistlicher und Altphilologe in Zürich 126
- Gattin des Vorigen, geb. Nüscheler 126
VON TÖRRING-CRONSFELD, Graf Johann August (1753–1826), Dramatiker, «Agnes Bernauerin» (1780) 151, «Kaspar der Thorringer» (1785) 140
TRICKLIR, Jean Balthasar (1745–1813), Cellist 89

ULRICH, Caroline (1790–1855), später Friedrich Wilhelm Riemers Gattin 395
UMPFERSTÄDT bei Weimar 47
UNGER, Friedrich Gottlob (1753–1804), Berliner Verleger 200 222
- Friederike Helene, geb. von Rothenburg (1741–1813), Romanautorin, «Julchen Grünthal» (1784) 277 278, «Gräfin Pauline» (1800) 307
UNZELMANN, Mutter des Folgenden 155
- Carl Wilhelm Ferdinand (1753–1832), Schauspieler *135* *136* *138*–*147* *149*–*152* *154*–*156* *159* 160 162 *163* *166* *167* 169 *171* *175* 180 192 373
- Friederike, geb. Flitner (1768–1815), Stieftochter Großmanns, Schau-

spielerin, seit 1785 Gattin des Vorigen, siehe auch FLITNER 138 139 142–146 150–152 154–156 160 162 163 *169* 171 175 180 192 228 341 344 354 St *9* 15
- Carl Wolfgang (1786–1843), Sohn der Vorigen, bis 1803 Schauspieler in Weimar 150 152 154 156 160 162 169 171 175
- Felix († 1789), Bruder des Vorigen 156 160 169 171
- Friederike, Schwester des Vorigen 169 171 175

USTERI, Johann Martin (1763–1827), Zürcher Dichter, «Freut euch des Lebens» 240 275 282 398

VARRENTRAPP, Franz (1706–86), Frankfurter Buchhändler, sein Sohn Johann Friedrich begründete mit seinem Schwager Wenner eine eigene Buchhandlung mit Verlag in der Buchgasse 331 403
VENEDIG 174
VIALA siehe FIALA
VOGT, P., «Der gerächte Agamemnon», Ballett 81
VOLTAIRE, François Marie Arouet (1694–1778), «Essai sur les mœurs et l'esprit des nations» 252
VOSS, Johann Heinrich (1751–1826), Mitglied des Göttinger Hainbundes, Übersetzer Homers, Dichter der «Luise» 353 405 409 St 1
- Heinrich (1779–1822), Sohn des Vorigen, Altphilologe, bis 1806 Lehrer am Gymnasium in Weimar, danach Professor in Heidelberg 383
VRINTS-BERBERICH, Freiherr Alexander Conrad von (1764–1843), Postdirektor 407
- VON TREUENFELD, Aloysia († 1813), Gattin des Thurn und Taxisschen Postdirektors Theobald von V. 69
VULPIUS, Johanna Christiana Sophia (1765–1816), siehe auch GOETHE 197 *198* 200 *203* 221 229 231 240 245 252 257 *269–271* 272 *274* 277 *–280* 281 *282* 283 285 *286* 287–290 292–297 299 *301* 302 *304–306* 307 308 *309* 311–319 *321* 322–325 *326* *327* 328 331 *332–335* 336–338 340 341 343 *344 345* 347 *349* 350–354 356–358 *362–364* 371 373–376 *377* 378 379 *380*
- Christian August (1762–1827), Bruder der Vorigen, Romanschriftsteller und Theaterdichter 309 317 403 412 413
- WERKE: «Hokuspokus» 192, «Hieronymus Knicker» 219, «So sind sie alle» 263, siehe auch JANUS
- Rinaldo (1802–74), Sohn des Vorigen 409
- Juliane Auguste (1734–1806), Tante Christianes 377
- Sophie Ernestine Louise (1755–1806), Stiefschwester Christianes 301 306 377

WACHLER, Johann Friedrich Ludwig (1767–1830), Literarhistoriker, Philosoph und Philologe, «Neue Theologische Annalen» 392 393
WAGNER, Dr. med. Anton Ulrich Friedrich Carl (1753–1814), 246
- Heinrich Leopold (1747–79), Advokat, Dramatiker des «Sturm und Drang» 24 43
VON WALDENFELS, Ernst (1772–1807), Kgl. Preußischer Hauptmann 273
- Elisabeth Barbara, geb. Sarasin (1775–1848), 1797 Gattin des Vorigen 273
WALL, Anton, Pseudonym für Christian Leberecht Heyne (1751–1821), Lustspieldichter, «Die beiden Billiet» (1790) 155 165
WALLACHER, Gerhard Matthias (1744–1806), Schöffe und Kunstsammler 330–332
WALTER, Ignaz (1759–1822), Tenor, Komponist 143 160 192 St 15
- Juliane, geb. Roberts, Gattin des Vorigen 143 160 165 192 St 15
- der Bruder von Ignaz W., Schauspieler 192 St 15
WANDSBECK 231 248

von WEDEL, Otto Joachim (1752–94), Kammerherr und Oberforstmeister in Weimar 53 58 59 63 64

WEIMAR 4 6 7 11 13 15 18 19 27–33 35 36 38 39 41–43 45 49–51 60 62 63 66 69 71 75 76 81 82 84 88–90 93 94 96 99 101 109 110 113 122 148 174 186 187 199 200 202 209 211 218 223 226 233 239 245 253 255 263 265 266 273 275 277 278 280–282 286 290–292 297 299 301 306 308 316 317 321 327–329 348–350 352 353 356 357 368 371 373 374 378 381 382 389–391 394–396 398 400 402 403 405
- *Haus und Garten am Stern* 6 30 32 39 84
- *Haus am Frauenplan* 85 297 355
- *Theater* 110 219 223 228 233 284 287 293 298 326 335 339 340 343 351 352 353 355 373 378 401

WEISSE, Christian Felix (1726–1804), dramatischer und lyrischer Dichter, «Armut und Tugend», Schauspiel (1772) 70, «Die Jagd», Singspiel (1770) 64 65

WENNER siehe FRIEDRICH

WERDY, Friedrich August (1770–1847), Schauspieler, seit 1798 in Frankfurt 280 412

WERNER, Friedrich Ludwig Zacharias (1768–1823), Dramatiker 412

WETZLAR 344

WEYNACHT 14 16

WEYRAUCH, Schauspieler und Sänger 219 228

- Gattin des Vorigen, Sängerin, 1793–1800 in Weimar 219 288

WIEDEMANN, Michael (geb. 1757), Schauspieler 147

WIELAND, Christoph Martin (1733–1813) 5 11 22 23 24–26 29 30 32 33 45 47 50 51 54 58 62–64 74 81 84 85 95 96 100 102 108 110 111 114 131 157 177 198 218 222 255 273 290 294 347 358

- WERKE: «Geron der Adlige» (1777) 97, «Oberon» (1780) 62–64 102 198, «Pervonte» (1778/79) 45 47, «Das Wintermärchen» (1776) 376, siehe auch MERCUR.

- Anna Dorothea, geb. Hillenbrand (1746–1801), Gattin des Vorigen 33 45

WIEN 89 156 273 278 281

von WIESENHÜTTEN, Freiherr Friedrich August (1759–1823), Kammerherr, Senator und Schöffe 312

- Friederike, geb. Freiin von Hügel, Gattin des Vorigen 312 350

WILHELMSBAD bei Hanau 76 343 386 395

von WILLEMER, Johann Jacob (1760–1838), Bankier, Kgl. Preußischer Geheimrat, 1789–92 Senator. Seine dritte Gattin war Marianne Jung, Goethes «Suleika» 25 154 167 186 201 259 260 320 324 327 350 368 369

- Maria Magdalene, geb. Lang († 1792), Gattin des Vorigen 154

WILLMANN, Johann Ignaz († 1821) 155 156

- Tochter des Vorigen 156
- Magdalena, verehelichte Galvani, «Cosa rara» (1768–1802), Schwester der Vorigen, Sängerin 143 145 154–156 162 228 St 15

DE WINTER, Peter (1754–1825), aus Mannheim, Komponist und Hofkapellmeister in München, Lehrer Carl Cannabichs, «Die Brüder als Nebenbuhler» (1798) 287, «Das unterbrochene Opferfest» (1796) 275 281 319 353

WOLSCOWSKY, Aloys (geb. 1753), Schauspieler 155 St 15

- Franziska, Gattin des Vorigen, Schauspielerin St 15

von WOLZOGEN, Freiherr Wilhelm Ernst Friedrich (1762–1809) Schillers Schwager, 1796 Kammerherr, 1801 Oberhofmeister in Weimar 328

- Friederike Sophie Caroline, geb. von Lengefeld (1763–1847), Gattin des Vorigen, «Agnes von Lilien», Roman (1797) 277 278

WORALEK siehe CANNABICH

WORMS 185 194

VON WREDE, Ferdinand Joseph (1722–92), Kurpfälzischer Oberforstmeister 5

WÜRTTEMBERG, Prinzessin Friederike Sophie Dorothea, geb. Prinzessin von Brandenburg-Schwedt (geb. 1736) 126

VON WURMSER, Dagobert Sigmund, Reichsgraf (1724–97), k. k. Feldmarschall 212

YOUNG, Edward (1683–1765), englischer Dichter St 14

YSENBURG-PHILIPPSEICH, Gräfin Ernestine Eleonore, geb. Gräfin zu Sayn-Wittgenstein (1731–91) 177 179

ZEITZ, Friseur 119

ZIEGLER, Schauspieler 175

VON ZIEGLER UND KLIPHAUSEN, Heinrich Anshelm (1663–96), «Die asiatische Banise», Roman (1689) 155

ZIEHEN, Superintendent in Zellerfeld 66

ZILLBACH bei Eisenach 47

ZIMMERMANN, Johann Georg (1728–95) Kgl. Großbritannischer Leibarzt, Popularphilosoph 5

– Catharina (1756–81), Tochter des Vorigen 5

ZÜRICH 19 42 58

ZWEIBRÜCKEN 79

CHRONOLOGISCHES VERZEICHNIS

Mit Angabe der Nummern der Briefe, Stammbucheinträge und Lesefrüchte, des Datums, des Empfängers und des Aufbewahrungsortes der Handschrift.

Abkürzungen der öffentlichen Sammlungen

AUB	Amsterdam, Universiteits-Bibliotheek
BPS	Berlin, Preußische Staatsbibliothek
BUB	Bonn, Universitätsbibliothek
DUB	Dorpat, Universitätsbibliothek
DGM	Düsseldorf, Goethe-Museum
FDH	Frankfurt am Main, Freies Deutsches Hochstift
HSB	Hamburg, Staats- und Universitätsbibliothek
JUB	Jena, Universitätsbibliothek
LUB	Leipzig, Universitätsbibliothek
NGM	Nürnberg, Germanisches Nationalmuseum
SSB	Schaffhausen, Stadtbibliothek
WGSA	Weimar, Goethe- und Schiller-Archiv
WTLA	Weimar, Thüringisches Landeshauptarchiv
WÖN	Wien, Österreichische Nationalbibliothek
WÖSA	Wien, Österreichisches Staatsarchiv
ZZB	Zürich, Zentralbibliothek

A. BRIEFE

I. Johann Caspar Goethe

1	1727	Dez.	An Johann Balthasar Ritter	FDH
2	1740	Jan.20	An Johann Philipp Strecker	München, Privatbesitz
3	1740	(Juni)	An Johann Philipp Strecker	?
4	1755	Jan. 11	An Johann Philipp Burggrave	FDH
5	1755	Jan. 15	An Johann Philipp Burggrave	FDH
6	1755	Jan. 27	An?	DGM
7	1763	Sept. 25	An Johann Konrad Seekatz	FDH
8	1774	Sept. 23	An Lavater	LUB
9	1776	Apr. 19	An Hieronymus Peter Schlosser	DGM
10	1776	Juli 24	An Gottlob Friedrich Ernst Schönborn	WGSA
11	1776	Nov. 1	An Lavater	LUB
12	1777	Jan. 18	An Johann Bernhard Crespel	Süddeutscher Privatbesitz

II. Cornelia Goethe

1	1767	Okt. 1	An Katharina Fabricius	LUB
2	1767	Nov. 6	An Katharina Fabricius	LUB
3	1768	Febr. 5	An Katharina Fabricius	LUB
4	1768	März 24	An Katharina Fabricius	LUB
5	1768	Mai 14	An Katharina Fabricius	LUB

CHRONOLOGISCHES VERZEICHNIS 1013

6	1768	Juli 28	An Katharina Fabricius	LUB
7	1769	Febr. 3	An Katharina Fabricius (?)	zuletzt: LUB
8	1768	Okt. 16 bis		
	1769	Aug. 16	An Katharina Fabricius	LUB
9	(1772)	Nov. 7)	An Johann Christian Kestner	WGSA
10	1772	Nov. 21	An Johann Christian Kestner	WGSA
11	(1772)	Nov. 25	An Johann Christian Kestner	WGSA
12	(1772)	Dez. 1	An Johann Christian Kestner	WGSA
13	(1772)	Dez. 4	An Johann Christian Kestner	WGSA
14	1773	Jan. 4	An Johann Christian Kestner	WGSA
15	1773	Jan. 12	An Johann Christian Kestner	WGSA
16	1773	Jan. 18	An Johann Christian Kestner	WGSA
17	(1773)	Dez. 13	An Caroline Herder	zuletzt: BPS
18	(1774)	Juni 29	An Friederike Hesse	DGM
19	1776	Jan. 6	An Johann Christian Kestner	WGSA
20	(1776	Juni)	An Charlotte von Stein	WGSA
21	(1776)	Okt. 20	An Charlotte von Stein	WGSA
22	1776	Dez. 10	An Auguste Gräfin Stolberg	
				zuletzt: München, Privatbesitz

III. Catharina Elisabeth Goethe

1	1774	Aug. 2	An Lavater	LUB
2	1774	Okt. 26	An Lavater	SSB, in Abschrift
3	(1775)	Juni 28	An Lavater	LUB
4	1776	Febr. 2	An Hans Buff	?
5	1776	Febr. 16	An Johann Georg Zimmermann	
				Celle, Privatbesitz
6	(1776	Mai 23)	An Klinger	HSB, in Abschrift
7	1776	Juli 24	An Johann Daniel Salzmann	?
8	(1776	Juli 24)	An Gottlob Friedrich Ernst	WGSA
			Schönborn (siehe Johann Caspar Goethe,	
			Brief Nr. 10)	
9	(1776	Nov. 1)	An Lavater	LUB
			(siehe Johann Caspar Goethe, Brief Nr. 11)	
10	1777	Jan. 5	An Johann Bernhard Crespel	?
11	1777	Jan. 17	An Philipp Seidel	WGSA
12	(1777	Jan. 18)	An Johann Bernhard Crespel	
			(siehe Johann Caspar Goethe, Brief Nr. 12)	
				Süddeutscher Privatbesitz
13	1777	Febr. 1	An Johann Bernhard Crespel	
				zuletzt: Marburg, J.A. Stargardt,
				Katalog 482, 1949
14	1777	Febr. 10	An Johann Bernhard Crespel	
				zuletzt: Marburg, J.A. Stargardt
15	1777	März 7	An Philipp Seidel	?
16	1777	März 7	An Johann Bernhard Crespel	FDH
17	1777	März 17	An Johann Bernhard Crespel	BUB
18	1777	April 16	An Johann Bernhard Crespel	DGM

CHRONOLOGISCHES VERZEICHNIS

19	1777	Juni 13	An Lavater	LUB
20	1777	Juni 23	An Lavater	zuletzt: LUB
21	1777	Sept. 27	An Großmann	LUB
22	1777	Okt. 10	An Philipp Seidel	WGSA
23	(1777	Nov.?)	An Wieland	NGM
24	1777	Dez. 19	An Caroline Großmann	LUB
25	1778	Jan. 2	An Philipp Seidel	WGSA
26	1778	März 20	An Lavater	LUB
27	1778	Juni 26	An Lavater	LUB
28	1778	Aug. 17	An Herzogin Anna Amalia	WTLA
29	1778	Sept. 7	An Philipp Seidel	WGSA
30	1778	Sept. 11	An Herzogin Anna Amalia	WTLA
31	1778	Okt. 16	An Herzogin Anna Amalia	WTLA
32	1778	Nov. 23/24	An Herzogin Anna Amalia	WTLA
33	1778	Nov. 24	An Wieland	zuletzt: Bukarest, Privatbesitz
34	1778	Nov. 30	An Herzogin Anna Amalia	WTLA
35	1779	Jan. 4	An Herzogin Anna Amalia	WTLA
36	(1779	Jan.)	An Louise von Göchhausen	WGSA
37	1779	Jan. 28	An?	zuletzt: Berlin, Liepmannssohn, Versteigerung 56, 1929
38	1779	Febr. 9	An Herzogin Anna Amalia	WTLA
39	1779	(Febr.)	An Philipp Seidel	WGSA
40	1779	Febr. 19	An Herzogin Anna Amalia	WTLA
41	1779	Febr. 19	An Großmann	LUB
42	1779	Febr. 23	An Lavater	zuletzt: LUB
43	1779	März 4	An Großmann	LUB
44	1779	März 8	An Großmann	FDH
45	1779	März 12	An Wieland	NGM
46	1779	März 25	An Herzogin Anna Amalia	WTLA
47	1779	April 3	An Philipp Seidel	WGSA
48	1779	April 11	An Herzogin Anna Amalia	WTLA
49	1779	April 30	An Herzogin Anna Amalia	WTLA
50	1779	Juli 26	An Herzogin Anna Amalia	WTLA
51	1779	Sept. 3	An Herzogin Anna Amalia	WTLA
52	1779	Sept. 22	An Großmann	FDH
53	1779	Sept. 24	An Herzogin Anna Amalia	WTLA
54	1779	Okt. 8	An Herzogin Anna Amalia	WTLA
55	1779	Okt. 29	An Herzogin Anna Amalia	WTLA
56	1779	Nov. 5	An Herzogin Anna Amalia	WTLA
57	1779	Nov. 12	An Herzogin Anna Amalia	WTLA
58	1779	Nov. 29	An Herzogin Anna Amalia	WTLA
59	1780	Jan. 18	An Herzogin Anna Amalia	WTLA
60	(1780	Febr.)	An Herzogin Anna Amalia	WTLA
61	1780	Febr. 19	An Herzogin Anna Amalia	WTLA
62	1780	März 23	An Goethe	WTLA
63	1780	März 31	An Herzogin Anna Amalia	WTLA
64	1780	Mai 16	An Herzogin Anna Amalia	WTLA
65	1780	Mai 19	An Großmann	LUB
66	1780	Juli 14	An Herzogin Anna Amalia	WTLA

CHRONOLOGISCHES VERZEICHNIS 1015

67	1780	Aug. 27	An Großmann		LUB
68	1780	Sept. 12	An Herzogin Anna Amalia		WTLA
68a	1780	Sept. 27	An Großmann		FDH
69	1780	Okt. 30	An Herzogin Anna Amalia		WTLA
70	1780	Nov. 16	An Großmann		LUB
71	1780	Dez. 15	An Herzogin Anna Amalia		WTLA
72	1780	Dez. 23	An Großmann		LUB
73	1781	Febr. 4	An Großmann		LUB
74	1781	Febr. 19	An Herzogin Anna Amalia		WTLA
75	1781	Juni 17	An Goethe		WTLA
76	1781	Juni 29	An Herzogin Anna Amalia		WTLA
77	1781	Juli 10	An Großmann		LUB
78	1781	Juli 17	An Herzogin Anna Amalia		WTLA
79	1781	Juli 19	An Großmann	zuletzt:	DUB
80	1781	Aug. 20	An Lavater		LUB
81	1781	Sept. 14	An Herzogin Anna Amalia		WTLA
82	1781	Sept. 28	An Herzogin Anna Amalia		WTLA
83	1781	Nov. 4	An Hieronymus Peter Schlosser		FDH
84	1781	Nov. 16	An Herzogin Anna Amalia		WTLA
85	1781	Nov. 30	An Herzogin Anna Amalia		WTLA
86	(1781 Dez.)		An Louise von Göchhausen		WGSA
87	1782	Febr. 26	An Herzogin Anna Amalia		WTLA
88	1782	März 10	An Herzogin Anna Amalia		WTLA
89	1782	April 19	An Herzogin Anna Amalia		WTLA
90	1782	Juni 11	An Herzogin Anna Amalia		WTLA
91	1782	Okt. 22	An Herzogin Anna Amalia		WTLA
92	1783	Jan. 5	An Lavater		LUB
93	1783	Febr. 7	An Herzogin Anna Amalia		WTLA
94	1783	Febr. 21	An Merck		AUB
95	1783	März 1	An Herzogin Anna Amalia		WTLA
96	1783	März 24	An Herzogin Anna Amalia		WTLA
97	1783	Okt. 5	An Herzogin Anna Amalia		WTLA
98	1784	Jan. 9	An Fritz von Stein		?
99	1784	Febr. 12	An Fritz von Stein		?
100	1784	März 1	An Louise von Göchhausen		WGSA
101	1784	März 2	An Herzogin Anna Amalia		WTLA
102	1784	März 22	An Fritz von Stein		?
103	1784	März 30	An Fritz von Stein		?
104	1784	(April 11)	An Fritz von Stein		?
105	1784	April 21	An Louise Schlosser		WGSA
106	1784	Juni 13	An Herzogin Anna Amalia		WTLA
107	1784	Juli 2	An Fritz von Stein		?
108	1784	Sept. 9	An Fritz von Stein		?
109	(1784 Sept. 10)		An Bertuch		WGSA
110	1784	Nov. 13	An Herzogin Anna Amalia		WTLA
111	1784	Dez. 23	An Fritz von Stein		?
112	(1785 Jan.)		An die Schlosserschen Kinder		WGSA
113	1785	Jan. 24	An Fritz von Stein		?
114	(1785 Febr.)		An Louise von Göchhausen		WGSA

CHRONOLOGISCHES VERZEICHNIS

115	1785	Mai 16	An Fritz von Stein	?
116	(1785	Juli)	An Großmann	LUB
117	1785	Juli 9	An Großmann	LUB
118	1785	Sept. 14	An Louise Schlosser	WGSA
119	1785	Okt. 20	An Fritz von Stein	?
120	1785	Nov. 14	An Charlotte von Stein	Süddeutscher Privatbesitz
121	1785	Dez. 10	An Fritz von Stein	?
122	1785	Dez. 18	An Fritz von Stein	?
123	1786	Jan. 13	An die Schlosserschen Kinder	?
124	(1786	Febr.)	An Goethe	zuletzt: WGSA
125	1786	Mai 25	An Fritz von Stein	?
126	1786	Juni 18	An Lavater	LUB
127	1786	Juli 24	An Herzogin Anna Amalia	WTLA
128	1786	Nov. 17	An Goethe	WÖSA
129	1786	Dez. 17	An Fritz von Stein	?
130	1787	Jan. 29	An Charlotte von Stein	zuletzt: Berlin, Liepmannssohn, Versteigerung 64, 1930
131	1787	März 9	An Fritz von Stein	?
132	1787	März 9	An Herzogin Anna Amalia	WTLA
133	1787	Juni 1	An Fritz von Stein	?
134	1787	Juli 27	An Herzog Carl August	zuletzt: WTLA
135	(1788	Jan.)	An Unzelmann	WGSA
136	1788	Febr. 13	An Unzelmann	FDH
137	1788	Febr. 22	An Fritz von Stein	?
138	1788	März 16	An Unzelmann	zuletzt: Berlin, Privatbesitz
139	1788	März 21	An Unzelmann	?
140	1788	März 28	An Unzelmann	FDH
141	(1788	April)	An Unzelmann	zuletzt: BPS
142	1788	April 22	An Unzelmann	LUB
143	1788	April 29	An Unzelmann	zuletzt: London, Heinrich Eisemann
144	1788	Mai 9	An Unzelmann	?
145	1788	Mai 12	An Unzelmann	zuletzt: Frankfurt, Max Ziegert
146	1788	Mai 27	An Unzelmann	Marburg, J. A. Stargardt
147	1788	Juni 24	An Unzelmann	FDH
148	1788	Juli 4	An Fritz von Stein	?
149	1788	Juli 15	An Unzelmann	LUB
150	1788	Juli 18	An Unzelmann	zuletzt: BPS
151	1788	Aug. 1	An Unzelmann	WÖN
152	1788	Sept. 12	An Unzelmann	DGM
153	1788	Okt. 23	An Kestners	LUB
154	1788	Okt. 26	An Unzelmann	FDH
155	1788	Nov. 13	An Unzelmann	?
156	1788	Dez. 19	An Unzelmann	WGSA
157	1789	Jan. 2	An Fritz von Stein	?
158	1789	Jan. 7	An die Schlosserschen Kinder	WGSA
159	1789	Jan. 19	An Unzelmann	HSB
160	1789	Febr. 3	An Unzelmann	LUB

161	1789	Febr. 23	An die Schlosserschen Kinder	?
162	1789	März 9	An Unzelmann	LUB
163	1789	März 12	An Unzelmann	LUB
			Unterschrift abgeschnitten, zuletzt: Berlin, Henrici, 1926	
164	1789	März 30	An Fritz von Stein	?
165	1789	April 24	An Großmann	LUB
166	1789	Mai 2	An Unzelmann	zuletzt: LUB
167	1789	Mai 15	An Unzelmann	?
168	1789	Juni 23	An Freifrau von Knigge	
			zuletzt: Hannover, Privatbesitz	
169	1789	Sept. 1	An Friederike Unzelmann	zuletzt: Berlin, Calvary
170	1789	Okt. 14	An Louise Schlosser	WGSA
171	1789	Dez. 27	An Unzelmann	?
172	1790	Jan. 10	An Louise Schlosser	WGSA
173	1790	März 1	An Fritz von Stein	?
174	1790	April 22	An Fritz von Stein	?
175	1790	Mai 11	An Unzelmann	?
176	1790	Juni 12	An Fritz von Stein	?
177	1790	Dez. 20	An Fritz von Stein	?
178	1791	März 29	An Großmann	LUB
179	1791	Mai 1	An Louise Schlosser	WGSA
180	1791	Mai 21	An Unzelmann	FDH
181	1792	Jan. 8	An Louise Schlosser	WGSA
182	1792	Jan. 8	An Henriette Schlosser	
			zuletzt: Ehringhausen, Privatbesitz	
183	1792	Jan. 23	An Fritz von Stein	zuletzt: BPS
184	1792	Febr. 13	An Louise Schlosser	WGSA
185	1792	Dez. 4	An Goethe	WGSA
186	1792	Dez. 14	An Goethe	WGSA
187	1792	Dez. 19	An Goethe	WGSA
188	1792	Dez. 31	An die Schlosserschen Kinder	?
189	1793	Jan. 1	An Goethe	WGSA
190	1793	Jan. 6	An Goethe	WGSA
191	1793	Jan. 22	An Goethe	WGSA
192	1793	Jan. 22	An Unzelmann	
			zuletzt: Berlin, Henrici, Versteigerung 37, 1917	
193	1793	Febr. 7	An Goethe	WGSA
194	1793	März 15	An Goethe	WGSA
195	1793	April 26	An Goethe	WGSA
196	1793	April 27	An Großmann	LUB
197	1793	Juni 14	An Goethe	WGSA
198	1793	Juni 20	An Christiane Vulpius	WGSA
199	1793	Juni 21	An Goethe	WGSA
200	1793	Juni 25	An Goethe	WGSA
201	1793	Juli 8	An Goethe	WGSA
202	1793	Juli 10	An Goethe	WGSA
203	1793	Juli 11	An Christiane Vulpius	WGSA
204	1793	Sept. 6	An Goethe	WGSA

205	1793	Sept. 10	An Goethe	WGSA
206	1793	Sept. 10	An Bertuch	WGSA
207	1793	(Okt. 1)	An Goethe	WGSA
208	1793	Nov. 9	An Goethe	WGSA
209	1793	Dez. 19	An Goethe	WGSA
210	1793	Dez. 21	An Goethe	WGSA
211	1794	Jan. 7	An Goethe	WGSA
212	1794	Jan. 13	An Goethe	WGSA
213	1794	Jan. 21	An Goethe	WGSA
214	1794	Febr. 6	An Goethe	WGSA
215	1794	März 9	An Goethe	WGSA
216	(1794	März)	An Johann Georg Schlosser	?
217	1794	März 24	An Louise Schlosser	WGSA
218	1794	April 1	An Goethe	WGSA
219	1794	Mai 5	An Goethe	WGSA
220	1794	Mai 14	An Jacob Stock	FDH
221	1794	Mai 25	An Goethe	WGSA
222	1794	Juni 15	An Goethe	WGSA
223	1794	Juli 26	An Goethe	WGSA
224	1794	Aug. 15	An Goethe	WGSA
225	1794	Aug. 29	An Goethe	WGSA
226	1794	Sept. 14	An Goethe	WGSA
227	1794	Sept. 20	An Louise Schlosser	WGSA
228	1794	Okt. 5	An Goethe	WGSA
229	1794	Nov. 17	An Goethe	WGSA
230	1794	Dez. 8	An Goethe	WGSA
231	1795	Jan. 19	An Goethe	WGSA
232	1795	Jan. 26	An Goethe	WGSA
233	1795	März 9	An Goethe	WGSA
234	1795	April 9	An Lavater	ZZB
235	1795	April 10	An Goethe	WGSA
236	1795	Mai 1	An Goethe	WGSA
237	1795	Mai 16	An Goethe	WGSA
238	1795	Juni 22	An Goethe	WGSA
239	1795	Aug. 24	An Goethe	WGSA
240	1795	Sept. 24	An Goethe	WGSA
241	1795	Okt. 16	An Goethe	WGSA
242	(1795	Dez.)	An Goethe	WGSA
243	1796	Jan. 30	An Louise Nicolovius	WGSA
244	1796	Febr. 1	An das Ehepaar Nicolovius	WGSA
245	1796	Febr. 2	An Goethe	WGSA
246	1796	Febr. 28	An Goethe	WGSA
247	1796	März 19	An Goethe	WGSA
248	1796	April 5	An Goethe	WGSA
249	1796	April 22	An Goethe	WGSA
250	1796	Juni 21	An Goethe	WGSA
251	1796	Juli 22	An Goethe	WGSA
252	1796	Aug. 1	An Goethe	WGSA
253	1796	Aug. 7	An Goethe	WGSA

CHRONOLOGISCHES VERZEICHNIS 1019

254	1796	Sept. 17	An Goethe	WGSA
255	1796	Okt. 1	An Goethe	WGSA
256	1796	Okt. 9	An Goethe	WGSA
257	1796	Okt. 15	An August von Goethe	WGSA
258	1796	Nov. 4	An Goethe	WGSA
259	1796	Dez. 4	An Goethe	WGSA
260	1796	Dez. 17	An Goethe	WGSA
261	1797	März 14	An Goethe	WGSA
262	1797	März 24	An Goethe	WGSA
263	1797	Mai 15	An Goethe	WGSA
264	1797	Juni 2	An Goethe	WGSA
265	1797	Juni 5	An Goethe	WGSA
266	1797	Juni 17	An Goethe	WGSA
267	1797	Juli 1	An Goethe	WGSA
268	1797	Juli 25	An Goethe	WGSA
269	1797	Aug. 24	An Christiane Vulpius	WGSA
270	1797	Sept. 23	An Christiane Vulpius	WGSA
271	1797	Nov. 5	An Christiane Vulpius	WGSA
272	1797	Dez. 4	An Goethe	WGSA
273	1797	Dez. 23	An Goethe	WGSA
274	1798	Jan. 12	An Christiane Vulpius	WGSA
275	1798	Jan. 20	An Goethe	WGSA
276	1798	Febr. 2	An Goethe	WGSA
277	1789	Febr. 15	An Christiane Vulpius	WGSA
278	1798	März 12	An Goethe und die Seinen	WGSA
279	1798	April 2	An Christiane Vulpius	WGSA
280	1798	Mai 7	An Christiane Vulpius	WGSA
281	1798	Mai 22	An Goethe	WGSA
282	1798	Juli 21	An Christiane Vulpius	WGSA
283	1798	Juli 21	An August von Goethe	WGSA
284	1798	Sept. 15	An Goethe	WGSA
285	(1798	Oktober)	An Goethe	WGSA
286	1798	Nov. 9	An Christiane Vulpius	WGSA
287	1798	Nov. 23	An Goethe	WGSA
288	1798	Dez. 17	An Goethe	WGSA
289	1799	März 15	An Goethe	WGSA
290	1799	März 29	An Goethe	WGSA
291	1799	Mai 10	An Goethe	WGSA
292	1799	Mai 24	An Goethe	WGSA
293	1799	Juli 20	An Goethe	WGSA
294	1799	(Okt. 20)	An Goethe	WGSA
295	1799	Okt. 31	An Goethe	WGSA
296	1799	Dez. 2	An Goethe	WGSA
297	1799	Dez. 16	An Goethe	WGSA
298	1800	Jan. 29	An Goethe	WGSA
299	1800	Febr. 28	An Goethe	WGSA
300	1800	März 22	An Goethe	WGSA
301	1800	April 13	An Goethe und die Seinen	WGSA
302	1800	April 27	An Goethe	WGSA

303	1800	Mai 16	An Goethe	WGSA
304	1800	Juni 10	An Goethe und Christiane	WGSA
305	1800	Juli 7	An Christiane Vulpius	WGSA
306	(1800	Sept.)	An Christiane und August	WGSA
307	1800	Okt. 12	An Goethe	WGSA
308	1800	Dez. 8	An Goethe	WGSA
309	1801	Jan. 19	An Christiane Vulpius	WGSA
310	1801	Jan. 22	An Wilhelm Soemmerring	FDH
311	1801	Jan. 31	An Goethe	
312	1801	Febr. 7	An Goethe	WGSA
313	1801	März 7	An Goethe	WGSA
314	1801	März 20	An Goethe	WGSA
315	1801	April 13	An Goethe	WGSA
316	1801	April 21	An Goethe	WGSA
317	1801	Mai 7	An Goethe	WGSA
318	1801	Mai 16	An Goethe	WGSA
319	1801	Mai 19	An Goethe	WGSA
320	1801	Juni 1	An Goethe	WGSA
321	1801	Juli 10	An Christiane Vulpius	WGSA
322	1801	Okt. 29	An Goethe	WGSA
323	1801	Nov. 2	An Goethe	WGSA
324	1801	Nov. 20	An Goethe	WGSA
325	1801	Dez. 21	An Goethe	WGSA
326	1802	Jan. 18	An Goethe und die Seinen	WGSA
327	1802	März 22	An Christiane Vulpius	WGSA
328	1802	Mai 3	An Goethe	WGSA
329	1802	Sept. 18	An Goethe	WGSA
330	1802	Sept. 24	An Goethe	WGSA
331	1802	Okt. 1	An Goethe	WGSA
332	1802	Okt. 12	An Christiane Vulpius	WGSA
333	1802	Nov. 5	An Goethe und Christiane	WGSA
334	1802	(Nov. 25)	An Christiane Vulpius	WGSA
335	1802	Dez. 20	An Goethe und Christiane	WGSA
336	1802	Dez. 31	An Goethe	WGSA
337	1803	Jan. 7	An August von Goethe	WGSA
338	1803	Jan. 10	An Goethe	WGSA
339	1803	Febr. 18	An Goethe	WGSA
340	1803	März 8	An Goethe	WGSA
341	1803	April 14	An Goethe	WGSA
342	1803	Mai 16	An Jacob Stock	FDH
343	1803	Juni 24	An Goethe	WGSA
344	1803	Sept. 24	An Christiane Vulpius	WGSA
345	1803	Nov. 10	An Goethe und die Seinen	WGSA
346	1803	Nov. 28	An Esther Stock	FDH
347	1803	Dez. 2	An Goethe	WGSA
348	1804	Jan. 13	An Goethe	WGSA
349	1804	Jan. 24	An Christiane Vulpius	WGSA
350	1804	März 9	An Goethe	WGSA
351	1804	April 9	An Goethe	WGSA

CHRONOLOGISCHES VERZEICHNIS 1021

352	1804	Juni 15	An Goethe	WGSA
353	1804	Juli 20	An Goethe	WGSA
354	1804	Aug. 10	An Goethe	WGSA
355	1804	Okt. 11	An Goethe	WGSA
356	1804	Nov. 9	An Goethe	WGSA
357	1804	Nov. 30	An Goethe	WGSA
358	1804	Dez. 10	An Goethe	WGSA
359	?		An Jacob Stock	FDH
360	?		An Jacob Stock	FDH
361	?		An Esther Stock	FDH
362	1805	Jan. 12	An Christiane Vulpius	WGSA
363	1805	Febr. 12	An Christiane Vulpius	WGSA
364	1805	Febr. 19	An Christiane Vulpius	WGSA
365	1805	März 5	An Goethe	WGSA
366	1805	März 5	An Esther Stock	FDH
367	1805	April 8	An Goethe	WGSA
368	1805	April 12	An Goethe	WGSA
369	1805	April 21	An Goethe	WGSA
370	1805	Mai 2	An Goethe	WGSA
371	1805	Mai 11	An Goethe und seinen Sohn	WGSA
372	1805	Juli 13	An Esther Stock	FDH
373	1805	Aug. 26	An August von Goethe	WGSA
374	1805	Okt. 10	An Goethe	WGSA
375	1805	Dez. 16	An Goethe	WGSA
376	1806	Febr. 15	An Goethe	WGSA
377	1806	April 21	An Christiane Vulpius	WGSA
378	1806	Juni 3	An Goethe	WGSA
379	1806	Aug. 19	An Goethe	WGSA
380	1806	Okt. 18	An Goethe und Christiane	WGSA
381	1806	Okt. 27	An Goethe	WGSA
382	1806	Nov. 18	An Goethe	WGSA
383	1806	Nov. 24	An Goethe	WGSA
384	1806	Dez. 12	An Goethe	WGSA
385	1806	Dez. 23	An Esther Stock	FDH
386	1807	April 7	An Goethe	WGSA
387	1807	April 17	An Goethe	WGSA
388	1807	Mai 2	An Goethe	WGSA
389	1807	Mai 16	An Christiane von Goethe	WGSA
390	1807	Mai 19	An Christiane von Goethe	WGSA
391	1807	Mai 19	An Bettina Brentano	
			zuletzt: London, Heinrich Eisemann	
392	1807	Juni 13	An Bettina Brentano	?
393	(1807	Juli 9)	An Goethe	WGSA
394	1807	Juli 9	An Christiane von Goethe	WGSA
395	1807	Aug. 17	An Christiane von Goethe	WGSA
396	1807	Sept. 8	An Goethe und Christiane	WGSA
397	1807	Okt. 6	An Goethe	WGSA
398	1807	Okt. 27	An Goethe	WGSA
399	1807	Nov. 7	An Christiane von Goethe	WGSA

400	1807	Nov. 21	An Christiane von Goethe	WGSA
401	1807	(Dez. 14)	An Christiane von Goethe	WGSA
402	1807	Dez. 25	An Christiane von Goethe	WGSA
403	1808	Jan. 15	An Goethe	WGSA
404	1808	März 28	An August von Goethe	WGSA
405	1808	April 22	An Christiane von Goethe	WGSA
406	1808	(Mai 1)	An Christiane von Goethe	WGSA
407	1808	Mai 2	An Christiane von Goethe	WGSA
408	1808	Mai 9	An Esther Stock	JUB
409	1808	Mai 17	An August von Goethe	WGSA
410	1808	Juni 3	An Christiane von Goethe	WGSA
411	1808	Juni 3	An Goethe	WGSA
412	1808	Juli 1	An Goethe	WGSA
413	1808	Juli 1	An Christiane von Goethe	WGSA
414	1808	(Juli)	An Bettina Brentano	
			zuletzt: Berlin, Henrici, Versteigerung 37, 1917	
415	1808	Aug. 28	An Bettina Brentano	
			zuletzt: Neustrelitz, Privatbesitz	

B. STAMMBUCHEINTRÄGE UND LESEFRÜCHTE CATHARINA ELISABETH GOETHES

1	(1777	Jan. 1)	Für Lenz	Basel, Privatbesitz
2	1789	Sept. 12	Für ?	FDH
3	1790	März 19	Für ?	
			zuletzt: Basel, Haus der Bücher, Versteigerung 28, 1957	
4	1790	Okt. 17	Für Louise Schlosser	DGM/FDH, in Abschriften
5	1792	April 9	Für ?	
			zuletzt: Berlin, Graupe, Versteigerung 106, 1933	
6	(vor 1799 Okt. 17)		Für Johann Georg Schlosser	DGM
7	1801		Für Henriette Schlosser	?
8	1802	Juni 22	Für ?	
			zuletzt: Wien, Christian M. Nebehay, Liste 29, 1951	
9	1803	Juli 8	Für Friederike Unzelmann	?
10	1804	Okt. 27	Für Esther Stock	FDH
11	1804	Okt. 27	Für Friederike (Stock)	FDH
12	1804	Okt. 27	Für Katharina (Stock)	DGM
13	1805	April 23	Für August von Goethe	
			zuletzt: Süddeutscher Privatbesitz	
14			Lesefrüchte	WGSA
15			Aufzeichnungen	WGSA

ALPHABETISCHES VERZEICHNIS DER EMPFÄNGER

Mit Angabe der Nummern der Briefe und Stammbucheinträge.

A. BRIEFE

I. Johann Caspar Goethe

BURGGRAVE, Joh. Philipp 4 5
CRESPEL, Joh. Bernhard 12
LAVATER, Joh. Caspar 8 11
RITTER, Joh. Balthasar 1
SCHLOSSER, Hieronymus Peter 9

SCHÖNBORN, Gottlob Friedrich Ernst 10
SEEKATZ, Joh. Conrad 7
STRECKER, Joh. Philipp 2 3
? 6

II. Cornelia Goethe

FABRICIUS, Katharina 1–8
HERDER, Caroline 17
HESSE, Friederike 18

KESTNER, Joh. Christian 9–16 19
STEIN, Charlotte von 20 21
STOLBERG, Auguste Gräfin 22

III. Catharina Elisabeth Goethe

BERTUCH, Friedrich Justin 109 206
BRENTANO, Bettina 391 392 414 415
BUFF, Hans 4
CRESPEL, Joh. Bernhard 10 12–14 16–18
GÖCHHAUSEN, Louise von 36 86 100 114
GOETHE, August von 257 283 337 373 409 (vgl. 278 301 306 326 345 371)
GOETHE, Christiane von (vgl. VULPIUS, Christiane) 389 390 394 395 399–402 405–407 410 413 (vgl. 396)
GOETHE, Joh. Wolfgang von 62 75 124 128 185–187 189–191 193–195 197 199–202 204 205 207–215 218 219 221–226 228–233 235–242 245–256 258–268 272 273 275 276 281 284 285 287–300 302 303 307 308 311–320 322–325 328–331 336 338–341 343 347 348 350–358 365 367–370 374–376 378 379 381–384 386–388 393 397 398 403 411 412 (vgl. 278 301 304 326 333 335 345 371 380 396)

GOETHE und die Seinen 278 301 326 345
GOETHE und Christiane 304 333 335 380 396
GOETHE und sein Sohn 371
CHRISTIANE und August 306
GROSSMANN, Caroline 24
GROSSMANN, Gustav Friedrich Wilhelm 21 41 43 44 52 65 67 68a 70 72 73 77 79 116 117 165 178 196
KESTNER, Joh. Christian und Charlotte, geb. Buff 153
KLINGER, Friedrich Maximilian 6
KNIGGE, Freifrau von 168
LAVATER, Joh. Caspar 1–3 9 19 20 26 27 42 80 92 126 234
MERCK, Joh. Heinrich 94
NICOLOVIUS, Georg Heinrich Ludwig und Louise 244
NICOLOVIUS, Louise (vgl. SCHLOSSER, Louise) 243 (vgl. 244)
SACHSEN-WEIMAR, Anna Amalia Herzogin von 28 30–32 34 35 38 40 46 48–51 53–61 63 64 66 68 69 71 74

76 78 81 82 84 85 87–91 93 95–97
101 106 110 127 132
SACHSEN-WEIMAR, Carl August Herzog von 134
SALZMANN, Joh. Daniel 7
SCHLOSSER, Henriette 182
SCHLOSSER, Hieronymus Peter 83
SCHLOSSER, Joh. Georg 216
SCHLOSSER, Louise (vgl. NICOLOVIUS, Louise) 105 118 170 172 179 181 184 217 227
SCHLOSSERSCHE KINDER, Louise, Julie, Henriette und Eduard 112 123 158 161 188
SCHÖNBORN, Gottlob Friedrich Ernst 8
SEIDEL, Philipp 11 15 22 25 29 39 47
SOEMMERING, Wilhelm 310
STEIN, Charlotte von 120 130
STEIN, Fritz von 98 99 102–104 107

108 111 113 115 119 121 122 125
129 131 133 137 148 157 164 173
174 176 177 183
STOCK, Esther 346 361 366 372 385 408
STOCK, Jacob 220 342 359 360
UNZELMANN, Karl Wilhelm Ferdinand 135 136 138–147 149–151 152 154–156 159 160 162 163 166 167 171 175 180 192
UNZELMANN, Friederike 169
VULPIUS, Christiane (vgl. GOETHE, Christiane von) 198 203 269–271 274 277 279 280 282 286 305 309 321 327 332 334 344 349 362–364 377
WIELAND, Christoph Martin 23 33 45
ZIMMERMANN, Joh. Georg 5
? 37

B. STAMMBUCHEINTRÄGE
CATHARINA ELISABETH GOETHES

GOETHE, August von 13
LENZ, Jakob Michael Reinhold 1
SCHLOSSER, Henriette 7
SCHLOSSER, Joh. Georg 6
SCHLOSSER, Louise 4

STOCK, Esther 10
STOCK, Friederike 11
STOCK, Katharina 12
UNZELMANN, Friederike 9
? 2 3 5 8

QUELLENNACHWEIS

Soweit die Handschriften nicht verschollen sind, konnten sie dank des Entgegenkommens der Besitzer und der Leiter der öffentlichen Handschriftensammlungen mit den Originalen neu verglichen werden.

Für die Briefe, die im Original nicht erreichbar waren, dienten als Druckvorlagen: Reinhold Braun: Die fröhliche Goethemutter, Berlin o. J. (Stammbucheinträge, Nr. 7); Dorow: Reminiscenzen, Goethe's Mutter, nebst Briefen und Aufzeichnungen, Leipzig 1842 (Catharina Elisabeth Goethe, Nr. 123, 139, 144, 155, 161, 167, 171, 175, 188); J. J. H. Ebers-August Kahlert: Briefe von Goethe und dessen Mutter an Friedrich Freiherrn von Stein, Leipzig 1846 (Catharina Elisabeth Goethe, Nr. 98, 99, 102, 103, 104, 107, 108, 111, 113, 115, 119, 121, 122, 125, 129, 131, 133, 137, 148, 157, 164, 173, 174, 176, 177); Karl Freye-Wolfgang Stammler: Briefe von und an J. M. R. Lenz, Leipzig 1918 (Stammbucheinträge, Nr. 1); Haus der Bücher: Katalog 28, Basel 1957 (Stammbucheinträge, Nr. 3); Karl Ernst Henrici: Katalog 157, Berlin 1929 (Stammbucheinträge, Nr. 5); Robert Keil: Frau Rath, Briefwechsel von Katharina Elisabeth Goethe, Leipzig 1871 (Catharina Elisabeth Goethe, Nr. 15); A. Kestner: Goethe und Werther, Briefe Goethe's, Stuttgart und Tübingen 1854 (Catharina Elisabeth Goethe, Nr. 4); Albert Köster: Die Briefe der Frau Rath Goethe, 6. Auflage, Leipzig 1926, 7. Auflage, Leipzig 1956 (Catharina Elisabeth Goethe, Nr. 7, 10, 13, 14, 20, 42, 124, 130, 134, 138, 141, 143, 145, 150, 166, 168, 169, 182, 183, 192, 391, 392, 414, 415); Leo Liepmannssohn: Katalog 56, Berlin 1929 (Catharina Elisabeth Goethe, Nr. 37); Christian M. Nebehay: Katalog 29, Wien 1951 (Stammbucheinträge, Nr. 8); Alfred Nicolovius: Johann Georg Schlosser's Leben und literarisches Wirken, Bonn 1844 (Catharina Elisabeth Goethe, Nr. 216); Karl Schüddekopf: Briefe von Goethes Eltern, Berlin 1912 (Johann Caspar Goethe, Nr. 3); Friederike Unzelmann's Stammbuch, Berlin 1910 (Stammbucheinträge, Nr. 9); Hans Wahl: August von Goethes Stammbuch 1800–1828, München 1941 (Stammbucheinträge, Nr. 13); Georg Witkowski: Cornelia die Schwester Goethes, Frankfurt 1903 (Cornelia Goethe, Nr. 7, 17, 22); Faksimiles in der Universitätsbibliothek Leipzig (Catharina Elisabeth Goethe, Nr. 33) und im Goethe- und Schiller-Archiv Weimar (Catharina Elisabeth Goethe, Nr. 79).

DAS GOETHEHAUS
IN FRANKFURT AM MAIN

> Geh' vom Häuslichen aus
> und verbreite dich, so du kannst,
> über alle Welt.
> *Goethe «nach Falconet
> und über Falconet», 1775.*

Im Jahre 1733 kaufte Goethes Großmutter, Cornelia Goethe, die Witwe des Gasthalters Friedrich Georg Goethe, als Wohnsitz für sich und ihren Sohn Johann Caspar zwei gotische Häuser am Großen Hirschgraben, die etwa 1590 errichtet worden waren. In dem südlichen, größeren von ihnen wurde Johann Wolfgang Goethe am 28. August 1749 geboren. Als er fünf Jahre alt war, vereinigte sein Vater, der Kaiserliche Rat Johann Caspar Goethe, die beiden Häuser zu einem. Von diesem Umbau und von der Kindheit und Jugend, die er hier verlebte, erzählt Goethe in seiner Autobiographie «Dichtung und Wahrheit». 1775 ging der Dichter nach Weimar an den Hof des Herzogs Carl August. Das Geburtshaus kam 1795 in fremde Hand, wurde aber 1863 vom Freien Deutschen Hochstift erworben, wiederhergestellt wie es einst gewesen und war über neunzig Jahre eine Wallfahrtsstätte für die Goethefreunde aus aller Welt. Der Krieg legte es am 22. März 1944 in Asche. Mit ihm versank auch das alte Frankfurt, das einst als Reichsstadt mit 111 Brunnen auf den Straßen und Plätzen, mit 112 Geschützen auf den Bastionen und mit 55 Wachtürmen der Schauplatz von Goethes Kindheit gewesen war. –

Nun aber steht am Großen Hirschgraben wieder das Goethehaus. Die Fassade des Erdgeschosses ist fast ganz die ursprüngliche. Die großen Blöcke aus rotem Mainsandstein waren zwar umgestürzt, aber meist nicht gebrochen. Man brauchte sie nur wieder aufzurichten. Auch die schmiedeeisernen Fensterkörbe sind die von einst, ebenso das schöne Gitterwerk des Oberlichts über dem Portal mit den Initialen des Vaters «J C G».

Sehr viele von denen, die durch diese Haustür unter dem nur wenig beschädigten Wappenstein mit den drei Leiern hindurchgehen, haben das alte Haus schon gar nicht mehr gekannt. Denn seit 1939 hatte das Reisen in Deutschland ziemlich aufgehört, und das Haus war ausgeräumt und geschlossen worden. Wer aber das neue Haus mit dem alten vergleicht, dem fällt auf, daß es nicht allein neu, sondern auch heller und heiterer ist. Das liegt nicht nur daran, daß es kein Gegenüber mehr hat, sondern daß auch bei der Wiederherstellung diesmal bewußt der Farbenfreudigkeit des Rokoko ihr Lebensrecht gegeben worden ist; denn bei der Renovation um 1880 hatte man aus der Verbundenheit mit dem Altdeutschen und der Renaissance heraus ein wenig zu sehr den dunklen und braunen Tönen gehuldigt und alle Holzteile zu düster gestrichen und gebeizt.

Daß über den Farben keine Patina liegt, dem künstlerischen Auge kommt es zugute. Das Haus zeigt sich jetzt so, wie es 1755 der sechsjährige Wolfgang nach dem Umbau des Vaters erlebt hat und wie die Frau Rat, die eine gute Hausfrau gewesen, sicher bemüht war, es zu erhalten. «Das Haus war indessen fertig geworden, und zwar in ziemlich kurzer Zeit, weil alles wohl überlegt, vorbereitet und für die nötige Geldsumme gesorgt war. Wir fanden uns alle wieder versammelt und fühlten uns behaglich; denn ein wohlausgedachter Plan, wenn er ausgeführt dasteht, läßt alles vergessen, was die Mittel, um zu diesem Zweck zu gelangen, Unbequemes mögen gehabt haben. Das Haus war für eine Privatwohnung geräumig genug, durchaus hell und heiter, die Treppe frei, die Vorsäle luftig, und jene Aussicht über die Gärten aus mehreren Fenstern bequem zu genießen», so im Ersten Buch von «Dichtung und Wahrheit».

Man muß sich ja immer vergegenwärtigen, daß alle diese historischen Häuser mehr oder weniger Wiederherstellungen sind. Das Haus, in dem 1759 Schiller geboren wurde, in Marbach, oberhalb des Niklastores, beim Säckler Schölkopf, in ärmlicher, gemieteter Stube, verließ die Familie schon 1764. Erst nach 94 Jahren wurde es – es war jetzt von einem Bäcker bewohnt – durch den Marbacher Schillerverein angekauft, nach vorhandenen Rissen und Zeichnungen der Zeit entsprechend hergestellt und 1859 geöffnet. Ebenso ist Schillers Sterbehaus in Weimar nicht unmittelbar, nachdem die Witwe 1824 nach Bonn zog, zur Gedenkstätte geworden. Von vielen Mietparteien bewohnt, wurde es 1847 von der Stadt erworben und im Lauf der folgenden Jahrzehnte wieder mit den zurückgekauften und gestifteten Möbeln des Dichters ausgestattet. Ähnlich ist die Geschichte des Beethovenhauses in Bonn, das erst 1889 von fremden Bewohnern verlassen wurde, des Voßhauses in Eutin, der Erinnerungsstätten an Gleim in Halberstadt und an Mozart in Salzburg.

Auch das Haus am Frauenplan wurde im Jahre 1844 an Fremde vermietet. Erst 1885 begann die Wiedereinrichtung, wie sie etwa zu Goethes Zeit gewesen war. Der Großherzog Carl Alexander, der die Räume noch von seiner Kindheit her kannte, war selbst dabei behilflich. Unberührt waren nur das kleine Arbeitszimmer und das Sterbezimmer geblieben. Aber als man um 1885 das Haus dem Besucher öffnen wollte, ergab sich, daß auch hier das Gebälk und Mauerwerk so baufällig geworden waren, daß man neue Balken einziehen und neue Wände aufführen mußte. Bei dem Goethehaus von Frankfurt hätte man über kurz oder lang vor derselben Notwendigkeit gestanden; und schon 1944 ist mancher überrascht gewesen, als unter den Trümmern ein Stahlgerüst zum Vorschein kam, das 1931 in das Haus, um es zu stützen, hatte eingezogen werden müssen.

Jetzt veranschaulicht das Haus auf das glücklichste drei verschiedene Stilepochen des 18. Jahrhunderts, wie wir ja auch aus den Briefen der Frau Rat wissen, daß mitgehend mit der Mode das Aussehen der Stuben gewechselt hat. Das Erdgeschoß ist noch barock. Die Tapete im *Speisezimmer*, nicht Papier, sondern bedrucktes Gewebe, ist bleumourant, sterbeblau. Es war dies, nach einem Moderoman, eine Lieblingsfarbe der Zeit; noch unser Wort «blümerant» schreibt sich daher. Daß die Tapete 1754 bleumourant gewesen, ergeben die Originalrechnungen des Kaiserlichen Rates, wie sie heute noch in Weimar liegen. «Die blaue Stube», so heißt der Raum in den Briefen der Frau Rat. In diesem Zimmer sind auch die Fensterleibungen tapeziert und ist, dem Stil der Zeit entsprechend, von Vorhängen abgesehen. Am Fenster auf einem Tischchen liegt das Klöppelkissen, das Goethes Mutter auf dem Schoß hatte, wenn sie klöppelte; dabei ihre Muster.

Die schweren Stühle mit den hohen Lehnen sind die alten der Frau Rat, vielleicht Textorsches Erbe, vielleicht auch von der Großmutter Cornelia her, schöne Arbeit von 1730. Und eher ins 17. als ins 18. Jahrhundert weist der holländische, überreich geschnitzte Barockspiegel, der, wie «Dichtung und Wahrheit» auf den ersten Seiten des Neunten Buches berichtet, Wolfgangs Mißvergnügen hervorgerufen, als er von Leipzig zurückkam und im Vaterhaus vieles als altmodisch empfand: die chinesische Tapete im ersten Stock, dann die schöne freie Treppe, die keine Abteilung in Einzeletagen erlaubte, wie das bei den hohen, vielstöckigen Leipziger Häusern Sitte war, und eben auch den hochbarokken Spiegel. Oeser «als ein abgesagter Feind des Schnörkel- und Muschelwesens und des ganzen barocken Geschmacks» hatte Goethe auf Schlichtheit auch im Möbel verpflichtet. Hier kann man nachfühlen, wie im 18. Jahrhundert die Stilrichtungen aufeinanderplatzten.

Dem siebzehnten Jahrhundert gehört der Ofen zu, gußeisern der untere Kasten mit den Reliefs zur Hochzeit in Kana. Was paßt auch besser zu einem Ofen als dieses erste Wunder des Herrn, das einzige, in dem von Töpfen und Krügen die Rede ist? «Dies ist das erste Zeichen, das Jhesus thet geschen zu Cana in Galilea», so steht unter den Gestalten, die das Relief wiedergibt. Den oberen Teil des Ofens bilden Kacheln aus Ton, die zusammengefügt und dann bleigeschwärzt sind. Sie stellen im Stil des Hochbarock die mythologischen Gestalten von Feuer, Wasser, Luft und Erde dar. Eine fünfte Kachel, im Frontispiz, gibt die Justitia wieder, so wie sie als Brunnenfigur auf dem Römerberg steht. Diese Öfen stammen aus dem Siegener Lande. Das Musikzimmer zeigt ein verwandtes Exemplar. Im Keller des Goethehauses haben, auseinandergenommen und in Kisten verstaut, alle die herrlichen und wertvollen Öfen des Hauses Krieg und Bombardement überdauert. Gleichfalls aus dem 17. Jahrhundert, vielleicht auch aus frühestem 18., stammt neben dem Ofen das Wandbild (2 m breit, 1,78 m hoch), das jetzt zum erstenmal den Besuchern gezeigt wird. Es fand sich um 1930 in sechs geschwärzten, zusammengeknüllten Fetzen im obersten First des Dachbodens, dicht am Kamin. Gereinigt und zusammengesetzt erwies es sich als eine jener Wachstuchtapeten, von denen auf den ersten Seiten von «Dichtung und Wahrheit» erzählt wird, wie sie beim Hausumbau von den Wänden gerissen und zum Schutz gegen das undicht gewordene Dach über die Kinderbetten gespannt worden waren. Von 1754 bis 1930. – Goethe war nach Weimar gegangen, die Schwester Cornelia, der Vater, die Mutter waren gestorben, wer hatte alles in dem Hause gelebt, war geboren worden und wieder aus dieser Welt abgeschieden! Aber 180 Jahre hatten diese Fetzen unbeachtet unter dem Dach gelegen, und sie versinnbildlichen uns heute, wie vor dem Umbau von 1754 in den guten Zimmern die Wandbespannung gewesen ist: in holländischer Manier eine Jagd, der Hirsch, gehetzt, schwimmt durch den Teich, Kavaliere, in Rot und Blau, auch Damen, zu Pferde, Jagdburschen bei der Meute, das alles vor einer wohl südländisch gedachten Landschaft. –

Frühes 18. Jahrhundert ist auch der breite runde, gebohnte Tisch.

Sorgsam brachte die Mutter des klaren herrlichen Weines,
In geschliffener Flasche auf blankem zinnernen Runde,
Mit den grünlichen Römern, den echten Bechern
                                        des Rheinweins.
Und so sitzend umgaben die drei den glänzend gebohnten,
Runden, braunen Tisch, er stand auf mächtigen Füßen.

So im Ersten Gesang von «Hermann und Dorothea» – altvertraute Frankfurter Atmosphäre im Weimar-Jenaer Epos von 1796 und 1797.

Daß der Knabe Wolfgang gelegentlich Auftrag erhielt, den Tisch für Mahlzeiten zu richten, war nichts als Bürgersitte. Daß er lateinisch darüber schreiben mußte, wie er es auch über seine kindlichen Spiele mußte, war mehr. Er tat es zwei Jahre nach Vollendung des Umbaus im Jahre 1757 in der Form eines Zwiegespräches mit seinem Freunde Maximilian Moors. Der war Nachbarskind und Bürgermeisterssohn und zwei Jahre älter als Goethe; ein Gedicht, das Wolfgang an seinem 17. Geburtstag, kurz bevor er nach Leipzig zur Universität aufbrach, in Maximilians Stammbuch schrieb: «Dies ist das Bild der Welt», liegt mit diesem Stammbuch neben einem Blatt aus Wolfgangs Lateinheft im Corneliazimmer aus. Wolfgang entschuldigte sein Zuspätkommen: «Ich mußte den Tisch decken und alles zum Empfang guter Freunde bereiten helfen. Me oportebat mensam sternere et omnia ad excipiendos amicos ordinare.» Der Freund wundert sich, warum er nur decken soll und nicht mit schmausen. Wolfgang: «Woran mir nichts gelegen, da unterlasse ich alles Nachgrübeln. Quod mea non refert, percontari desino.» Hinter solchem Exerzitium steht nicht ein Lehrer, sondern der Vater. Man spürt die strenge Luft des Hauses. Das Alltägliche aus dem Alltag in das Geistige zu heben, das war dem ernsten und klugen Manne Erziehungs- und Lebensgrundsatz. Und, jeder in seiner Art, darin haben Vater und Sohn sich geglichen.

Die «blaue Stube» diente auch als Wohnzimmer. Das ergibt sich aus einem Brief der Frau Rat an Goethes Diener Philipp Seidel: «Ich weiß noch gar zu gut, wie Ihr am runden Tisch den ‹Goetz von Berlichingen› abschriebt und wie Ihr das Lachen verbeißen wolltet, da der junge Offizier nichts bei der Sache zu ‹danken› fand.» Götz hatte den Ritter vom Pferde gestochen. Hauptmann: «Dankt Gott, daß ihr noch davongekommen seid.» Ritter: «Es ist nichts zu danken. Ein paar Rippen sind entzwei. Wo ist der Feldscher?» – Das war im Sommer 1773, als Seidel den Götz für den Drucker abschrieb.

Im *Hausflur* steht eine Uhr, gezeichnet auf dem Zifferblatt: Johann Andreas Goethe. Das war ein Vetter des Vaters, Uhrmacher in Frankfurt. Die *Küche* ist wieder ganz, wie sie war. Der alte Küchenherd ist der der Frau Rat, Geschirr und Gerät, bis zu den Kuchenförmchen für das Frankfurter Weihnachtsgebäck, waren auf einem Schloß im Vogelsberg ausgelagert gewesen. Herd und Wasserstein fanden sich unberührt unter den Trümmern, auch der eiserne Pumpenschwengel mit seiner geschmiedeten Rokokokrönung. Eine angekohlte Bohle des Pumpenkastens ließ sich wieder einbauen. Unten im *Keller* ist der Brunnen noch voll guten trinkbaren Quellwassers, aus dem die Küchenpumpe gespeist worden war. Hier befinden sich auch noch die alten eisernen Ringe, in denen die Stange stak, die die Schinken und geräucherten Würste der Frau Rat trug. Hier im Keller, den keine Bombe erreichte, krönt das Gewölbe noch der Schlußstein «J.W.G. 1755», den der Vater zu Ehren seines Sohnes einmauern ließ, und der Grundstein Lapis Fundamentalis «L.F. 1755», dem Wolfgang in einer bei dem Vater gefertigten Lateinarbeit wünscht, «daß er nicht eher als mit dem Ende der Welt verrucket werden möge. Cogito mecum et opto, ut iste haud prius quam cum mundi ispsius interitu universali de loco suo moveatur».

Von der Treppe, die zum *Ersten Stock* führt, sind die untersten Stufen und die linke Treppenwange die alten. Vor allem aber ist es gelungen, das schöne schmiedeeiserne Treppengeländer mit den Initialen JCG und CEG, Johann Caspar und Catharina Elisabeth Goethe, das sich zusammengebogen unter den Trümmern fand, wiederherzustellen, den Eltern zum Andenken, den Erbauern des Hauses zur Ehre. Den *Vorsaal* schmücken wieder, aus den Jahren 1692 bis 1729, die alten römischen Prospekte von Specchi, Falda und Wouters, wie sie der Vater 1740 von seiner Italienreise mitgebracht hat. Der Stich auf dem Treppenabsatz zeigt den Einzug des Papstes in die Engelsburg, wie im Krönungszimmer ein Stich den Einzug des Kaisers in die Stadt Frankfurt zeigt. Im ersten Stock, den Repräsentationsräumen, die im alten Hause den Grafen Thoranc und dann 1779 Carl August beherbergt hatten, ist das *mittlere Zimmer*, das die Familie «das Peking» nannte, wieder genau so, wie es war, mit den alten chinesischen Tapetenmustern, mit dem prachtvollen Fayenceofen Höchster Herkunft als Glanzstück, mit den Sesseln, für die einst Abraham Röntgen den Entwurf geliefert hat, dem Pfeilerspiegel, dem Deckenstuck und dem Fußboden wie früher. Es sei hier erwähnt, daß in allen Zimmern die Bohlen der Fußböden bis auf den Zentimeter genau so liegen wie im alten Hause, in jedem Stockwerk seiner Bestimmung entsprechend verschieden: einfach im Erdgeschoß, festlich im ersten Stock, bürgerlicher im zweiten, grob in den Kammern des Obergeschosses. Auch die Nägel sind an denselben Stellen eingeschlagen. Gerade diese Sorgfalt, die manchem übertrieben zu sein scheint, verbürgt die Echtheit des Eindruckes. Das Auge ist, unbewußt, ein strenger Richter und viel empfindlicher, als der Laie denkt. Und deshalb wurde auch bei Türen und Türschlössern, bei Fensterglas, Bleiverglasung und Fensterriegeln immer die alte Technik befolgt. So kam für das noch mundgeblasene Fensterglas nur eine einzige Glashütte in Waldsassen im Bayerischen Wald als Hersteller in Betracht. Von Nutzen bei all dieser Arbeit war, daß eine Reihe von Türschlössern, Türflügeln und Fensterflügeln sich teils unter den Trümmern fanden, teils vorher geborgen waren, so daß sie in das neue Haus wieder eingebaut werden konnten.

Die Flucht dieser drei Stuben waren die eigentlichen guten Zimmer des Hauses. Hier fanden die Feste statt, die kleinen Bälle für die Kinder, vermutlich auch Weihnachten und am 1. November 1773 die Hochzeit der Cornelia, wo, wie Goethe schreibt, das Haus von oben bis unten glänzte.

Im *Nordzimmer* des ersten Stockes hängen wieder die Ahnenbilder, das des Großvaters Textor, des Schultheißen, gemalt vom Baseler Scheppelin, und das der Großmutter; dazu drei Stilleben des Malers Juncker, von denen besonders die beiden Blumenbilder bemerkenswert sind. Der Calvinismus, bilderfeindlich, hatte in den Niederlanden Darstellungen Christi und des Heiligen verpönt. So schufen ihre Maler Innenansichten ihrer Kirchen, in denen «das Wort» verkündigt wurde, und Stillleben von Blumen als Zeugnisse der Schöpfung Gottes. Alte Aufschriften «In verbis, herbis et lapidibus», d. h. «Wort, Pflanze und Gestein» als Offenbarung Gottes, deuten solche ursprünglichen Zusammenhänge noch an. Und Goethe in Weimar machte sich das «in herbis et lapidibus» zum frommen Wahrspruch seiner naturwissenschaftlichen Bemühungen. Wie aber nun auch schon der sechzehnjährige Wolfgang an der Entstehung der beiden Blumenstilleben Junckers teilgenommen hat, das sollte der Besucher des Hauses im Vierten Buch von «Dichtung und Wahrheit» nachlesen. Nicht nur die Blumen hat er dem Maler zugetragen, sondern auch die Maus und den Frosch. Und eben deshalb wurden statt eines Stillebens deren zwei gemalt, die der Vater, seinem Ausgabebuch zufolge, schließlich beide kaufte: «pro duabus tabulis pictis» 77 Gulden.

Im *Südzimmer* findet man die Bilder von Peter Anton Brentano und seiner jungen Frau Maximiliane, geborenen La Roche. Von ihr, später der Mutter von Clemens und Bettina Brentano, erzählt Anfang und Ende des Dreizehnten Buches der Autobiographie, wie der Dichter, 1772 vor Lotte Buff aus Wetzlar gewichen, in Ehrenbreitstein Maximiliane kennenlernte. «So sieht man bei untergehender Sonne gern auf entgegengesetzter Seite den Mond aufgehn und erfreut sich an dem Doppelglanze der beiden Himmelslichter.» Anfang August 1773 ist «die Maxe» mit ihrer Mutter Gast in Goethes Elternhaus. «Sie hat uns acht glückliche Tage gemacht», schreibt Goethe, «es ist ein Ergötzen, mit solchen Geschöpfen zu leben.» Im Januar 1774 zog sie als Gattin Brentanos nach Frankfurt und ward der Anlaß, daß Goethe den Roman von Werther, den er in sich trug, nun wirklich und in etwa zehn Wochen niederschrieb, mit einer Lotte, die Maximilianens schwarze Augen hatte.

Das andere Ehepaar stellt den Frankfurter Senator Stock und seine Gattin Esther Maria, geborene Moritz, dar. Beide gehörten zum engsten Freundeskreis der Frau Rat. An Sommersonntagen im Stockschen Garten vor dem Bockenheimer Tore zu Mittag zu essen war ihr immer eine besondere Freude. Die kleine Esther Maria aber, geboren 1755, hatte einst vor Wolfgangs Marionettentheater gesessen; denn im Goethehaus wohnte im ersten Stock nach dem Weggang Thorancs der Bruder ihres Vaters, der dänische Legationsrat Moritz, der Wolfgang bei seinen Mathematikaufgaben und architektonischen Rissen half und ihn auch zu jener Synode der Herrnhuter mitnahm, die Ende 1769 zu Marienborn in der Wetterau über die Gnadenfrage stattfand. Um 1840 schreibt Esther Marias Tochter: «Wir wohnen seit voriges Jahr auf dem Großen Hirschgraben, dem Hause Goethes gegenüber. Es ist ein wahrer Spaß, wie die Fremden auf der Straße stehen und das Haus ansehen, sogar setzen sich Engländerinnen auf Stühle und zeichnen es ab.»

In diesem Zimmer hat um 1770 eine Orgel gestanden, die bei den Zusammenkünften der Pietisten, der Herrnhuter, gespielt wurde, die damals im Hause stattfanden. «Es war alles in floribus eingerichtet wie eine Gesellschaft, Wein und Würste und Milchbrot auf einem Seitentische, die Frauenzimmer an einem Tische mit Ebersdorfer Gesangbüchern. Einer am Flügel sitzend, der die Melodien spielte, zwei mit Flöten, die akkompagnierten, und wir übrigen sangen», schreibt Goethe im Januar 1769.

Einem *Musikzimmer* in seinem Haus zu den drei Leiern hatte der Vater besondere Schönheit und Weihe geben wollen. Das beweist der Deckenstuck mit Geigen, Horn und Flöte im Rocailleornament. Hier lag bei der Wiederherstellung eine Bewährungsprobe. Sie ist bestanden. Von dem Leben in diesem Zimmer erzählen das Erste und Vierte Buch: wie die Mutter den italienischen Sprachlehrer Giovinazzi auf dem Klavier begleitete, wenn er Metastasios, des Wiener Hofdichters, große Arie «Solitario bosco ombroso» vortrug; vom Vater heißt es, daß er die Laute länger stimmte, als daß er sie spielte; vom Klavierunterricht wissen wir, daß er besonders Cornelia zur Qual war. Goethe selbst spielte Cello. Einen senkrecht stehenden Flügel erwarb der Rat von Friederici in Gera im Januar 1769; er kostete 300 Gulden, der Transport von Thüringen nach Frankfurt 12 Gulden 16 Kreuzer. Es sind nur etwa fünf oder sechs Instrumente solcher Art erhalten; sie sparten Raum, aber akustisch war der waagrechte Flügel überlegen. Der kleine Tisch mit chinesischen Mustern beweist, was sich auch aus der letzten Seite des Ersten Buches von «Dichtung und Wahrheit» ergibt, daß um 1760 nicht nur die Tapeten, sondern auch ein gut Teil der Möbel Chinoiserien waren. Das Notenpult, auf dem Wolfgang Gott sein mißglücktes Brandopfer darbrachte, war von goldgeblümtem rotem Lack, wie das Klavichord, das an der Längswand des Zimmers steht. Die Landschaftsbilder neben dem Flügel hat Hackert geschaffen, mit dem Goethe 1787 in Italien wandern sollte und der ihn dort im Landschaftszeichnen unterrichtete. Die drei Genrebilder sind Kinderszenen, die Mutter mit dem Kind an der Brust, die Erziehung der Mädchen, die Erziehung der Buben; sie sind von Kraus, der Goethe 1775 Porträtzeichnen lehrte. Die Bilder werden um 1770 gemalt worden sein.

Georg Melchior Kraus war Frankfurter Kind, 1737 geboren. Der Vater besaß den Gasthof «Zur weißen Schlange», nahe dem Goethehaus in der Großen Sandgasse, neben dem Haus «Zum goldnen Rad», das dem Großvater Goethe, dem Schneidermeister, gehört hatte und gegenüber dem Haus, «Zum goldnen Kopf», wo die Brentanos wohnten. Mit vierundzwanzig Jahren, 1761, war er nach Paris gegangen. Die französischen Jahre hatten nicht nur den Maler geschult, sondern den heiteren Frankfurter auch zu einem gewandten Weltmann erzogen, dem es leicht werden sollte, an deutschen Adelssitzen und an den Höfen wie Gotha und Weimar Fuß zu fassen. Im Jahre 1767 ist er wieder in der Vaterstadt als Lehrer der von ihm mitbegründeten «Frankfurter Kunstakademie» im elterlichen Gasthof. Daß Wolfgang Goethe zu ihm kam und dann auch Zeichenstunde bei ihm nahm, kann frühestens Ende 1774 geschehen sein. Wir haben darüber einen Brief von Kraus an Bertuch in Weimar vom 5. März 1775; es war die Zeit der Verlobung mit Lili Schönemann: «Goethe ist jetzo lustig und munter in Gesellschaften, geht auf Bälle und tanzt wie rasend! Macht den Galanten beim schönen Geschlecht. Das war er sonsten nicht. Doch hat er noch immer seine alte Laune. Im eifrigsten Gespräch kann ihm einfallen, aufzustehen, fortzulaufen und nicht wieder zu erscheinen. Er ist ganz sein, richtet sich nach keines Menschen Gebräuche. Wenn und wo alle Menschen in feierlichster Kleidung sich sehen lassen, sieht man ihn im größten Negligé (Hausanzug), und ebenso im Gegenteil. Goethe will oft zu mir kommen und bei mir zeichnen, welches ich ihm sehr gern erlauben werde. Er hat seit einem Jahr viel gezeichnet und auch etwas gemalt. Viele Schattenbilder und auch andere Gesichter im Profil macht er, trifft öfters recht gut die Gleichheit.» So ganz von außen sieht der Maler den Dichter. Von seinem Ringen um seine Berufung, von seinen Nöten zwischen Hingabe und Selbstgestaltung und von den bedrängenden Visionen eines Faust und Egmont ahnt er nichts.

DAS GOETHEHAUS

Nach Weimar wurde Kraus etwa September 1775 berufen; die erste Gehaltszahlung aus der herzoglichen Schatulle datiert vom 1. Oktober. Am 7. November traf Goethe ein. Beide Frankfurter haben in Weimar als gute Freunde gelebt. Kraus begleitete Goethe bei seinen Ritten durch den Thüringer Wald und den Harz. Er machte die Zeichnungen der Gesteins- und Felsenschichtungen, die Goethe, der Naturforscher, untersuchte. Auch gab er der Herzogin Anna Amalie Zeichenunterricht und ward Direktor der vom Herzog gegründeten Zeichenschule. Die schönen kolorierten Stiche von Weimar und seinem Park danken wir ihm. Er starb 1806 aus Gram über die Plünderung seines Hauses durch die Franzosen.

Vergleicht man die kräftig und heiter gemalten Bilder von Kraus mit dem dazwischenhängenden Gemälde der Familie Goethe, wie es vom Kaiserlichen Rat dem «Herrn Gevatter», dem Darmstädter Hofmaler Seekatz (1719-1768), in Auftrag gegeben war, so wird der Unterschied der Generationen klar. Das Familiengemälde ist 1762 entstanden; Wolfgang war also dreizehn, Cornelia zwölf Jahre. Noch ist die ganze Szene vor eine antike Ruine mit großer Urne als Zeichen der Vergänglichkeit verlegt, als eine arkadische Hirtenlandschaft mit Schafen im Vorder- und Mittelgrund und den früh verstorbenen Kindern als Genien rechts im Hintergrund. Seekatz hat das Bild in Darmstadt in seinem Atelier gemalt. Kraus nimmt seine Kinderszenen aus dem Leben und setzt sie in die Stuben Frankfurter Bürgerhäuser.

Gegenüber der Treppe liegt im ersten Stock, dem Besucher nicht zugänglich, das Kaminstübchen. Es war im alten Haus mit in die Wand eingelassenem und noch erhaltenem Tresor vermutlich einst Goethes Anwaltskanzlei. Hier sind alle die Klienten ein und aus gegangen, die der Advokat Goethe in den 28 Prozessen seiner vier Anwaltsjahre auf dem Römer vertreten hat. Da war der Metzgermeister Hemmerich, der Umbauten an seinem Haus «Zur hängenden Hand» in der Saalgasse gegen das löbliche Bauamt der Stadt durchkämpfen mußte, und der Gastwirt Will aus Bornheim, dem bei einer Schlägerei Bäcker- und Schustergesellen seine Wirtschaft «Zur Stadt Frankfurt» demoliert hatten. Der Frankfurter Handelsmann Callmann Maier Bauer suchte Beistand, nachdem ihm der Tuchhändler Maigret aus Aachen auf der Ostermesse 1771 sechsundzwanzig Stück Tuch verkauft hatte, wo bei jedem Stück eine Elle fehlte. Weiter erschien im Haus als Klient des jungen Wolfgang der Perükkenmacher Kohlhepp aus Wien, gekränkt darüber, daß ihn die Frankfurter Zunft trotz Gutachten der Universität Rinteln und des Reichshofrates von Wien nicht als Meister zulassen wollte. Durch das ganze Jahr 1774 traten immer wieder die Nieder Erlenbacher Bauern auf, die gegen die Dortelweiler stritten, der Heufronden wegen, die für die Stadt Frankfurt zu leisten waren. Die Sache ging schließlich an die juristische Fakultät in Erlangen. Langwierig und schwierig war der Fall Heckel gegen Heckel. Der Eigner der Frankfurter Fayencefabrik am Porzellanhof, Johann Friedrich Heckel, wurde von dem aus dem Werk ausgeschiedenen Vater wegen des Unterhalts verklagt. Der wollte nicht den Freitisch bei der Schwiegertochter, sondern durchaus bares und viel Geld. Der Prozeß ging bis zum Konkurs der Firma. Das war das Ende der berühmten Frankfurter Fayenceindustrie.

Im Sechzehnten Buch von «Dichtung und Wahrheit» erzählt Goethe, wie er bei einem Brand in der Judengasse tätig eingreifend in das Feuerlöschwesen Ordnung gebracht habe. Er muß in dieser Gasse auch als Anwalt einen besonders guten Ruf gehabt haben. So kamen zu ihm die Ehefrau Rachel Aaron Wetzlar, ihr Kommis Nathan Höchster und ihr Hauslehrer Samuel Mayer in einer Vermögenssache. Sie klagten gegen den Fiskus des Heiligen Römischen Reiches Deutscher Nation. Weiter erschien vor dem Advokaten Goethe der Frankfurter Schutzjude Seelig Haas in einer Sache gegen Moses Lemle als dem Vormund für die Kinder von Amschel Hamburger, weil Lemle dem Haas in dem doch gemeinsamen Besitz des Hauses «Zur goldenen Stelze» in der Judengasse den Zugang zum Hinterhaus durch das Stübchen des Vorderhauses nur gegen besonderen Mietzins erlauben wollte.

Man muß sich das alles einmal vor Augen halten, um sich bewußt zu werden, wie sehr Goethe mit dem öffentlichen Leben der Stadt verbunden gewesen ist, daß er alles andere war als ein weltfremder Poet. Solche Prozesse, das waren die Nebenbeschäftigungen, zwischen denen das Lied vom König in Thule und die Szenen vom Faust und Mephisto und Gretchen entstanden sind. Alle juristischen Schriftsätze Goethes haben sich erhalten und stehen heute in der Bibliothek des Vaters im Goethehaus. Der erste ist vom 3. Februar 1772, also noch ehe Goethe nach Wetzlar ging. Es war also Goethes erster Prozeß und eben der Fall Heckel gegen Heckel. Der Gegenanwalt war der Nachbarssohn Maximilian Moors, mit dem Wolfgang Goethe einst die lateinische Schularbeit über das Tischdecken gemacht hatte. Beide, nun gerade einige zwanzig Jahre alt, sind als junge Anwälte in ihrer Sprache so dichterisch übermütig, so anschaulich derb, so angreifend grob, daß das Gericht «den beyderseitigen Advocatis die gebrauchte unanständige Schreibart» verbieten mußte.

Wenn das Erdgeschoß den Wohnstil von etwa 1730, also das Barock, und wenn der erste Stock den Stil von etwa 1750, also das Rokoko, vergegenwärtigen, so sind wir im *zweiten* und *dritten Stock* im Louis Seize, jener Epoche also, in die das erste große dichterische Schaffen Wolfgangs, Werke wie Götz, Werther, Clavigo, Stella fallen. Jetzt sind die Tapeten streng und gestreift, dabei aber von freudiger Zartheit der Farbe, die trefflich mit den Möbeln der Zeit zusammengeht, so daß etwa das warme Gelbbraun der Tapete mit dem ganz ähnlichen Ton der polierten Nußbaummöbel und den schmalen Goldleisten der Spiegel harmoniert, die nunmehr so sind, wie der junge Goethe sie in Leipzig gesehen hatte und wie er, ein Schüler Oesers, sie allein gelten ließ. Für diese

Tapeten von 1754 sind nicht nur, wie für alle Handwerkerarbeiten des Umbaues, des Kaiserlichen Rates Originalrechnungen vorhanden, sondern hier liegen etwa in der Größe von einem halben Quadratmeter für jede einzelne Tapete die Originalproben vor. Ein Frankfurter Bürger, Cornill mit Namen, hat um die Mitte des 19. Jahrhunderts in einer ganzen Reihe Altfrankfurter Häuser die Tapeten ablösen lassen, Schicht für Schicht, wie sie in den Zimmern übereinandergeklebt waren, 1860, 1840, 1820, 1800, 1780, 1760, eine merkwürdige Rückwanderung durch die Zeiten; und je mehr man in die Vergangenheit kommt, um so heiterer werden die Farben, um so schöner und klarer die Muster, je mehr man umgekehrt sich der Gegenwart nähert, um so trüber legt es sich auf das Gemüt. Auch von dem Haus der Lili Schönemann oder vom Haus zum Straußen, wo einst Luther abstieg, sind von Mitte des 18. Jahrhunderts ab Muster der Originaltapeten erhalten und bewahrt. So sehr hat man im alten Frankfurt sich immer schon historisch genommen.

Und so hat man denn in diesem zweiten Stock alles, Öfen und Möbel, wie sie waren, Deckenstuck, Fenster und Fußböden, wie sie waren, Bilder und Bücher, wie sie waren, die Raumverhältnisse, wie sie waren, kurz alles, was das Auge sinnlich anspricht – das, was die Besucher beglückt «die Atmosphäre» nennen –, das alles ist wieder da. Wer aber dennoch, eben aus dem Gefühl heraus, es ist doch nicht in allem dieselbe Materie, die Goethe umfing, an das alte Haus zurückdenkt – und warum sollte er das nicht? –, den belehrt ein Blick aus dem Fenster hinaus, daß die Wahl altes oder neues Haus ja eben schicksalsmäßig gar nicht gegeben war, sondern nur die Wahl neues Haus oder öde, strauchüberwachsene Steintrümmerwelt.

Die schöne Flucht des zweiten Stocks – *Bibliothek* des Vaters, Gemäldegalerie, Zimmer der Frau Rat – bildet ein Ganzes. Auch das seitliche Fenster des alten Herrn, durch das er die Straße übersah und das der Sohn deshalb beim Heimkommen mied, ist wieder da, mit den alten Steinen; sie fanden sich, ein wenig abgestumpft an den Kanten, im Schutt, und so sind sie wieder eingelassen worden. Neu ist ein hübsches Ölbild vom Pfarrer Fresenius, von Lippold etwa um 1750 gemalt, der die Eltern getraut und Wolfgang und Cornelia getauft hat. Die Reihe seiner Predigten und Betrachtungen zur Zeit und Zeitgeschichte steht, in Oktav, ledergebunden, ihm gegenüber im obersten Regal des mittleren Teiles des alten Bücherschrankes. Hier findet man auch in 21 Foliobänden die berühmte Sammlung der Rechtsverordnungen von Frankfurt, von 1534 bis 1779, die der Kaiserliche Rat nach seiner Rückkehr von Italien seit 1742 selbst zusammengetragen hat, gedruckt und geschrieben, manche Seite von eigener Hand, manche von der Wolfgangs. Unter ihnen die Notiz über die Hinrichtung der Kindsmörderin Susanna Margarethe Brandt auf dem Platz der Hauptwache am 14. Januar 1772, geschrieben von Liebholdt, den Goethe in «Dichtung und Wahrheit» als seine und des Vaters rechte Hand rühmt. Hier stehen weiter die Protokolle aus den Sitzungen im Römer, wie sie der Großvater Textor, der Stadtschultheiß, selber aufgezeichnet. In Weimar dagegen liegt sein eigenhändiges Gartentagebuch mit gewagten botanischen Anweisungen, etwa wie Pfirsich auf Weinrebe zu okulieren sei. Und in Weimar findet sich auch das geschriebene Kochbuch der Großmutter Textor, mit den Rezepten, Krebsaustern zu machen oder unvergleichlichen Biskuitkuchen oder einen Alantwein, und mit dem Rezept für das «Kayserliche Haubt- und Magen-Pulver». Aber das Betrugslexikon von 1761 steht hier. Der Kaiserliche Rat hatte es sich gekauft, als er einen Prozeß mit seinem Pächter hatte. Hier wird aufgezählt, wie etwa 350 Berufe etwa 5000 Betrügereien durchführen, die einzelnen Stände alphabetisch geordnet, von Ammen und Apothekern bis zu den Zahnärzten und Zöllnern; zum Schluß ist das Gegenmittel angegeben. Der Tasso von 1744, die Lebensbeschreibung des Götz von Berlichingen von 1725, Gottfrieds Historische Chronik mit 359 Kupferstichen von Matthäus Merian, deren einer den Tod des Helfensteiners zeigt, wie er im Götz vorkommt, ja alle die Bücher, aus welchen der junge Wolfgang von der Größe und Weite der Welt erfuhr, sie stehen hier wie einst in den Gefachen. An der Wand hängt wieder der alte Adelskalender der Frankfurter Geschlechter und an der Tür die Hohmannsche Karte von Italien. Das Pastell am Fenster zeigt den Kornhändler Caspar Bölling, der zu den engsten Freunden der Eltern gehörte.

Im *Gemäldezimmer* hängen auf der taubengrauen Tapete, wie es das Erste Buch von «Dichtung und Wahrheit» schildert, die Gemälde der Frankfurter Maler, «all in schwarzen, mit goldenen Stäbchen verzierten Rahmen, symmetrisch angebracht: Hirt, welcher Eichen- und Buchenwälder sehr wohl mit Vieh zu staffieren wußte, Trautmann, der sich den Rembrandt zum Muster genommen und es in effektvollen Feuersbrünsten weit gebracht hatte, Schütz, der die Rheingegenden fleißig bearbeitete, Juncker, der Blumen und Fruchtstücke und ruhig beschäftigte Personen sehr reinlich ausführte». Zu erwähnen wäre die Innenansicht der Leonhardskirche, gemalt von Johann Ludwig Ernst Morgenstern, der 1769 aus Thüringen nach Frankfurt kam. Goethe nennt ihn den Hausmaler, denn Vater, Sohn und Tochter zeichneten unter seiner Anleitung. Er porträtierte Cornelia; das schöne Blatt, eine Rötelzeichnung, liegt im Cornelia-Zimmer aus. Eine Skizze Goethes, die gleichfalls die Frankfurter Leonhardskirche, und zwar von außen darstellt, ist, von etwa 1770, in Weimar vorhanden. Noch 1815, als Goethe zum letzten Male in seiner Vaterstadt weilte, besuchte er den Zeichenlehrer seiner Jugend, eben Morgenstern, der jetzt 77 Jahre alt war, in seinem Atelier auf der Zeil und schreibt darüber in «Kunst und Altertum». Rechts von Morgenstern hängt ein Selbstbildnis des Malers Justus Juncker (1703-1767). Es zeigt den Künstler vor seiner Staffelei als Mann von mittleren Jahren, die holländische Pfeife schmauchend, ein Glas Wein vor sich. Es ist das derselbe Maler, dessen Blumenstilleben im Nordzimmer des ersten Stockes hängen und von dem wir ein merkwürdiges Selbstporträt aus jüngeren Jahren im Cornelia-Zimmer finden werden. Weiter, an der Wand gegenüber, unter der Uhr, das Selbstbildnis von Seekatz (1719-1768) mit seiner Frau, Freund des Vaters und väterlicher Freund von Wolfgang. Alle Bilder sind kleinen und mittleren Formats, im ganzen sind es sechsundvierzig. Religiösen Charakters sind nur die Bilder Trautmanns, der als Saarländer vielleicht katholisch war. Zu seiner Auferweckkung des Lazarus, die der Vater am 8. Februar 1763 für 64 Gulden 48 Kreuzer gekauft hatte, tritt, nach einer Radierung Rembrandts, die Heilung des alten Tobias und eine Heiligenlegende; weiter für diesen Malerkreis eine sehr typische Verkündigung, wo einer bürgerlichen Maria am Spinnrade in einer Frankfurter Stube, gemalt vielleicht von Juncker, ein Engel, barock, als käme er aus Italien, entgegentritt, dieser vielleicht von Trautmann. Schon in den Führern durch Frankfurt von 1780 und 1790 wird wie die Bibliothek auch die Gemäldesammlung «bey Herrn Rath Göthe auf dem Großen Hirschgraben» als Sehenswürdigkeit gerühmt. Unter den vielen Privatgalerien des damaligen Frankfurt war die seinige die einzige, die nur Gegenwartskunst sammelte. Man sieht, Goethes Vater war ein Mann eigenen Schlages. Die Bilder, die er gesammelt hatte, haben die Kunstanschauung des Sohnes lange bestimmt. Wenn dieser als Leipziger Student 1768 bei seinem Besuch der Dresdener Galerie an der Renaissance- und Barockmalerei der Italiener, ja selbst an Raffaels Sixtinischer Madonna wenig beeindruckt vorbeigeht und nur Augen für die Niederländer zu haben scheint, so ist auch das Frankfurter Einfluß. «Geh vom Häuslichen aus, und verbreite dich, so du kannst, über alle Welt. Nur da, wo Vertraulichkeit, Bedürfnis, Innigkeit wohnen, wohnt alle Dichterkraft, und weh dem Künstler, der seine Hütte verläßt, um in den Akademischen Pranggebäuden sich zu verflattern!» Das wird noch 1775 geschrieben. Vertraulichkeit, Bedürfnis, Innigkeit, das Häusliche, das ist die Sphäre der Frankfurter Maler, die der junge Goethe als eine ihm verwandte, weil naturwahre und menschliche Welt empfand im Gegensatz zur höfischen und theatralischen Pathetik des Barocks. Und eben dies alles wirkt nun auch in sein eigenes Schaffen der Frankfurter Jahre. Die kleinbürgerliche Welt in ihrer «Innigkeit», erst Goethe hat sie für die Dichtung entdeckt:

> Wie atmet rings Gefühl der Stille,
> Der Ordnung, der Zufriedenheit!
> In dieser Armut welche Fülle!
> In diesem Kerker welche Seligkeit. –

Das sind die Worte, die Faust in Gretchens Stübchen spricht.

«Abend. Ein kleines reinliches Zimmer.»
Ich fühl, o Mädchen, deinen Geist
Der Füll und Ordnung um mich säuseln,
Der mütterlich dich täglich unterweist,
Den Teppich auf den Tisch dich reinlich breiten heißt,
Sogar den Sand zu deinen Füßen kräuseln!
O liebe Hand, so göttergleich!
Die Hütte wird durch dich ein Himmelreich.

«Geh vom Häuslichen aus», hatte Goethe den Malern zugerufen, «Vertraulichkeit, Bedürfnis, Innigkeit» gefordert. Es ist die gleiche Sphäre. Sogar das Wort von der «Hütte» kehrt wieder. Es wird Symbolträger für eine innere Welt, und das bis zur Hütte von Philemon und Baueis im letzten Akt des «Faust», der eben in diesen beiden Gestalten merkwürdig mit den Frankfurter Malern, und zwar mit Elsheimer verbunden ist. Denn nur auf Elsheimer, den Goethe von Jugend auf liebte, ist die seltsame Wahl der Namen für die beiden Alten zurückzuführen.

Neben den Bildern gibt auch in diesem Zimmer der Ofen, dessen blauweiße Töne sehr gut zur Tapete stehen, dem Raum den Charakter. Er ist signiert, Frankfurt 1777, stammt also vom Porzellanhof, der nördlich der Zeil lag, für den Goethe als Advokat zu prozessieren hatte und den der Kaiserliche Rat infolge einer Hypothek von 18 000 Gulden 1775 als Eigentümer vorübergehend übernehmen mußte.

Das *Zimmer der Frau Rat* birgt wieder ihr Bild in Pastell, 1776 von Georg Oswald May aus Offenbach gemalt und vom Kaiserlichen Rat unter dem 26. November mit 16 Gulden 48 Kreuzer bezahlt; die Kreuzer gehen vermutlich immer auf die «Rämger» und das Glas. Neben dem Wandschränkchen, das Tischgläser und Porzellan der Familie enthält, hängt das schöne Bild des Dichters mit der Silhouette in der Rechten, von Schumann, dem Hofmaler der Anna Amalia, nach Georg Melchior Kraus für die Mutter kopiert. Den Jubel der Frau Rat über dieses Bild kann man im Dankesbrief an die Herzogin vom 30. November 1778 nachlesen, wie der Postwagen wieder etwas in schönem grünem Wachstuch wohlverwahrt bringt: «Wie der Blitz ist Frau Aja dahinter her, macht in einer Geschwindigkeit die Cordel ab und will nun sehen, was es ist. Da waren aber so viel Nägel herauszuziehen, daß Frau Aja eben alle ihre Geduld zusammennehmen und warten mußte, bis die Zange und der Hammer das ihrige getan und der Deckel vom Kästchen in die Höhe ging. Nun lag noch ein Papier darauf, rischs war auch das weg, und Frau Aja tat einen großen Schrei, als sie ihren Häschelhans erblickte. Wir finden viele Gleichheit drinnen und haben eine große Herrlichkeit damit, wie das Ihro Durchlaucht sich leicht vorstellen können, da wir ihn selbst in drei Jahren nicht gesehen, zumal, da er mit Frack (das Wort hat seine Bedeutung gewechselt, hier meint es: ein Rock nach englischer Mode) gemalt ist, worin ich ihn immer am liebsten so um mich herum hatte und es auch seine gewöhnliche Tracht war.»

Die Ölbilder von Johann Jost Textor, dem Bruder der Frau Rat und Schöffen in Frankfurt, und seiner Gattin Maria Margareta Möller sind nach dem Kostüm wahrscheinlich kurz nach der Verehelichung im Jahre 1766 entstanden.

Goethe als junger Leipziger Student sollte auf Wunsch der Eltern dem Oheim ein Hochzeitsgedicht machen; er wußte nicht recht wie, und so half er sich mythologisch: «Ich versammelte den ganzen Olymp, um über die Heirat eines Frankfurter Rechtsgelehrten zu ratschlagen, und zwar ernsthaft genug, wie es sich zum Feste eines solchen Ehrenmannes wohl schickte. Venus und Themis hatten sich um seinetwillen überworfen; doch ein schelmischer Streich, den Amor der letzteren spielte, ließ jene den Prozeß gewinnen, und die Götter entschieden für die Heirat.» Professor Clodius, dem Goethe seine Arbeit vorlegte, besprach sie in der Vorlesung; «er erklärte den großen Aufwand von göttlichen Mitteln zu einem so geringen menschlichen Zweck für äußerst tadelnswert». Kommilitonen errieten den Dichter, und Wolfgang verwünschte, wie er schreibt, seine verunglückte Götterversammlung, ja den gesamten Olymp und ließ ihn nie mehr in seinen Dichtungen auftreten. Das Pastellbild des Herrn Rat ist 1880 von Hermann Junker geschaffen worden, eine sehr gelungene Arbeit auf Grund des Reliefs von Peter Melchior und der Zeichnungen für Lavaters «Physiognomische Fragmente». Die Standuhr ist eine alte Uhr des Hauses, das Nähkästchen mit den eingelegten Perlmutterfiguren ist Textorscher Herkunft, und das kleine einfüßige Tischchen ist der letzte Teetisch der Frau Rat, nun schon reines Empire. So einfach war der Möbelstil geworden in einem Jahrhundert, das, hochfürstlich begonnen, sehr bürgerlich endete. Auf dem Tisch steht die Laterne der Frau Rat mit zwei Kerzen. Da Frankfurt ohne Straßenbeleuchtung war, im Gegensatz zur Residenzstadt Darmstadt, wo genau kalendermäßig an Tagen ohne Mondschein städtische Laternen brannten, hatte der Rat bekanntgegeben, daß jeder sofort auf die Hauptwache käme, der «nach dem Ausläuten» ohne Laterne auf der Straße angetroffen würde, und das wegen «des durch leichtfertige Dirnen, Vagabunden und Diebsgesindels eingerissenen ärgerlichen und höchst strafbaren Unwesens». So trugen denn der Frau Rat, wenn sie zum Comödienhaus ging, «das Liesgen» oder «die Dorthe» oder «die dicke Cathrin» die Laterne voran, auf dem Heimweg und Rückweg. Graf Thoranc, der als französischer Besatzungsoffizier 1759 im Goethehaus Quartier nahm, führte dann die Straßenbeleuchtung ein.

Der Raum, der dem *Geburtszimmer* entspricht, ist auch wieder wie früher. Auf einem Piedestal steht eine Originalbüste von Martin Gottlieb Klauer, dem Weimarer Hofbildhauer; sie ward 1780 geschaffen nach der ersten Aufführung der Iphigenie, bei der Goethe den Orest gespielt, worauf die griechische Binde im Haar hinweist. Leier und Stern waren am 26. März 1832 bei der feierlichen Aufbahrung Goethes im Hauseingang am Frauenplan über dem Sarg angebracht. Aus dem Nachlaß des Baudirektors Coudray, der die Form der Feier bestimmt hatte, sind sie im Jahre 1899 an das Hochstift gekommen. Friedrich Georg Goethe, Goethes Großvater, der Schneidermeister und Gastwirt, hatte als Wappen noch das Lamm mit der Osterfahne. Goethes Vater wählte sich die drei Leiern, wie sie, vereint mit dem Textorschen Mann mit dem Schwert, der Torbogen über dem Hauseingang zeigt. Goethe, als er vom Herzog 1782 geadelt ward, wählte sich als Wappen den Morgenstern. Darum dieser Stern bei der Bestattungsfeier. Er ist auch das Signet der Weimarer Goethe-Gesellschaft. Zwischen den Fenstern hängt die Taufanzeige Goethes, die in den «Ordentlichen wöchentlichen Franckfurter Frag- und Anzeigungs-Nachrichten vom Dienstag, den 2. September 1749» abgedruckt steht: «S. T. Hr. Joh. Caspar Göthe, Ihro Röm. Kayserl. Majestät würcklicher Rath, einen Sohn, Joh. Wolfgang.»

Im Haus vor dem Umbau 1754 war der *Vorplatz des zweiten Stockes* das Gartenzimmer, «weil man sich daselbst durch wenige Gewächse vor dem Fenster den Mangel eines Gartens zu ersetzen suchte. Dort war, wie ich heranwuchs, mein liebster, zwar nicht traurigerer, aber doch sehnsüchtiger Aufenthalt. Über jene Gärten hinaus, über Stadtmauern und Wälle sah man in eine schöne, fruchtbare Ebene; es ist die, welche sich nach Höchst hinzieht. Dort lernte ich zur Sommerzeit gewöhnlich meine Lektionen, wartete die Gewitter ab und konnte mich an der untergehenden Sonne nicht satt genug sehen. Da ich aber zu gleicher Zeit die Nachbarn in ihren Gärten wandeln und ihre Blumen besorgen, die Kinder spielen, die Gesellschaften sich ergötzen sah, die Kegelkugel rollen und die Kegel fallen hörte, so erregte dies früh in mir ein Gefühl der Einsamkeit und einer daraus entspringenden Sehnsucht, das, dem von der Natur in mich gelegten Ernsten und Ahndungsvollen entsprechend, seinen Einfluß gar bald und in der Folge noch deutlicher zeigte.» «Gar bald», das weist hin auf das Brandopfer des Knaben, Gott dem Schöpfer dargebracht, wovon die letzte Seite des Ersten Buches erzählt. Und mit den Stichworten «ahndungsvoll, Ernst, Natur» hören wir, im Anschluß an den noch kindlichen Blick durch das Fenster des Vaterhauses auf Mainebene und Gebirgshöhen, bedeutungsvolle Hinweise auf das Suchen des Schöpfers in der Offenbarung durch seine Schöpfung. Und eben dieses ist einer der Hauptzüge von Goethes religiöser Haltung.

Aber auch an den Faust fühlen wir uns hier erinnert. Wenn Mephisto in der Szene «Wald und Höhle» Faust an Gretchen mahnt:

> Sie steht am Fenster, sieht die Wolken ziehn
> Über die alte Stadtmauer hin.
> «Wenn ich ein Vöglein wär», so geht ihr Gesang
> Tag lang, halbe Nächte lang –

so sind Situation und Sehnsuchtsstimmung dem verwandt, was Goethe als Knabe bei dem Blick über die alte Stadtmauer selbst erlebt und empfunden hat.

Nicht weniger bemerkenswert ist ein anderes. Der junge Goethe beobachtete von diesen Fenstern aus auch die Phänomene des Himmels. Im Januar 1770 trägt er in sein Tagebuch ein: «An der Gegend des Horizonts, wo im Sommer die

Sonne unterzugehen pflegt, war es ungewöhnlich helle, und zwar ein blaulich gelber Schein, wie in der reinsten Sommernacht von dem Ort, wo die Sonne untergegangen ist, heraufscheint. Dieses Licht nahm den vierten Teil des sichtbaren Himmels hinauf zu. Darüber erschienen rubinrote Streifen, die sich, zwar etwas ungleich, nach dem lichten Gelb zuzogen. Diese Streifen waren sehr abwechselnd und kamen bis in den Zenith. Man sah die Sterne durchfunkeln. Auf beiden Seiten von Abend und Norden war es von dunklen Wolken eingefaßt, davon auch einige in dem gelben Schein schwebten. Überhaupt war der Himmel rings umzogen. Die Röte war so stark, daß sie die Häuser und den Schnee färbte und dauerte ohngefähr eine Stunde, von sechs bis sieben abends. Bald überzog sich der Himmel, und es fiel ein starker Schnee.»

Wie genau beobachtet und sprachlich wie eindrucksvoll! Goethes Farbenlehre, das umfangreichste Werk seiner naturwissenschaftlichen Bemühungen und wie kein anderes ihm ans Herz gewachsen, erschien 1810. Achtzehn Jahre hatte er daran gearbeitet. Aber schon im Frankfurter Elternhaus hatte der Einundzwanzigjährige den Weg beschritten, den erst der Einundsechzigjährige zu Ende gehen sollte. Die große Folgerichtigkeit der Goethischen Existenz, wie sie sich etwa in dem sechzigjährigen Ringen um die Faustdichtung zeigt, sie offenbart sich auch hier.

Jetzt steht auf dem Vorplatz des zweiten Stockes die große astronomische Uhr des Hofrats Hüsgen, von der die letzten Seiten des Vierten Buches erzählen. Im Seitenflügel des Hauses liegt in diesem Stock das *Corneliazimmer*. Die Briefe der Schwester sind gleichfalls wie die der Mutter und des jungen Wolfgang erhalten und geben ein reiches Bild vom Leben im Haus und der Familie. Sie sind französisch geschrieben, heute in den öffentlichen Handschriftensammlungen von Leipzig, Weimar und Berlin. An Cornelia und ihre mit Wolfgang gemeinsame Kinder- und Lehrzeit erinnern die meisten der hier in Vitrinen ausgelegten Dokumente.

Da ist aus dem Jahre 1757 von Wolfgang ein Originalblatt aus seinem lateinischen Arbeitsheft, in das der achtjährige Knabe links den deutschen Text schrieb, wie ihn der Vater diktierte, rechts die lateinische Übersetzung. Da ist eins seiner frühesten Gedichte, das er, sechzehnjährig, wenige Wochen vor dem Aufbruch auf die Universität an seinem Geburtstage dem Spielgenossen Moors aus dem Nachbarhause ins Stammbuch schrieb. Eben hatte er die Enttäuschung über seine erste Liebe zu verwinden gehabt, die Liebe zu jenem rührenden Gretchen, an dessen Hand er nächtlich die festlich erleuchteten Plätze und Gassen der Vaterstadt zur Zeit der Krönungsfeierlichkeiten durchschritten hatte. Nun war das Mädchen, unschuldig in ein Gerichtsverfahren verwickelt, seinetwegen aus der Stadt gewiesen worden. Im Fünften Buch von «Dichtung und Wahrheit» kann man nachlesen, was der alte Dichter über dieses bedrükkende Jugenderlebnis schrieb. Der junge aber hat in diesem Stammbucheintrag mit einer Welt abgerechnet, die zwar der Philosoph Leibniz für die beste aller möglichen Welten erklärt hatte, die er, Wolfgang, aber in ihrer ganzen Nichtigkeit erfahren, tödlich wie eine Mördergrube und liederlich wie eines Burschen Stube, eine Scheinwelt wie eine Theaterdekoration, ein schnell verrauschendes Fest mit nachfolgender Ernüchterung, unwirklich wie Dichterträume, wie Jahrmarkts-Guckkasten, und falsch wie ungültig gewordenes Geld. Und doch dann darunter ein erstes Bekenntnis zu seinem Dichtertum, ein Glaube an seine Berufung, ein frühes Wissen darum, daß er Autor ist.

Da liegt Cornelias, der Schwester, französische Grammatik, so wichtig für ihre Briefe, und dann ihr Bild, eine Rötelzeichnung des jungen Malers Morgenstern, wohl aus dem Jahre 1772. Da ist weiter der Ehevertrag Cornelias, unterschrieben von ihr «als Braut», vom Kaiserlichen Rat «als Vater der Braut», von Frau Aja «als Mutter der Braut», von der Frau Schultheißin Textor «als Großmama». Neben jedem Namen das Siegel. Links aber der Bräutigam und die

Seinen; sie sind in Trauer und siegeln schwarz. Und da ist schließlich, auch schwarz gesiegelt, die Sterbeurkunde der jungen Frau, wie sie, eine trautige Botschaft, aus Emmendingen in Südbaden den Eltern ins Haus gesandt ward:

«Anno 1777 den 8. Mai starb alhir und wurde den 10. begraben Frau Cornelia Friederica Christiana gebohrne Gödin, Tit. Herrn Hofrath und Ober-Amtmann der Margravschaft Hochberg Johann Georg Schlossers gewesene Ehe-Gemahlin in einem Alter von 26 Jahren 8 Monathen.»

Cornelia war infolge der Geburt einer zweiten Tochter gestorben. Das Bildnis der ersten, Lulu, später verheirateten Nicolovius, die in allem ein Ebenbild ihrer Großmutter, der Frau Rat, war und von der wir eine Fülle charmanter Backfischbriefe haben, liegt in der gleichen Vitrine aus.

Die Bilder sind Jagdstücke aus dem Odenwald von Hirt, von Seekatz eine Zigeunerszene wie im Götz von Berlichingen, von Schütz die Liebfrauenkirche und das Rheintal im Morgen- und Abendlicht, von Trautmann ein Jahrmarkt in Italien, also alle von jenen Malern, die auch die Gemäldegalerie des Vaters zeigt. Von Juncker, der sich dort als Maler vor seiner Staffelei repräsentiert und von dem als letzte Werke die großen Blumenstilleben im ersten Stock hängen, ist hier ein Selbstbildnis aus früher Zeit. Der Künstler, 29 Jahre alt, war eine Zeche schuldig geblieben. Er malt den Schrank, aus dem der Wirt die Flaschen genommen, sein Porträt mit Reißnägeln daraufgeheftet, zwei Fliegen, eine Zeitung und dann oben seine Schuld in Kreide: «8 Gulden 30 Kreuzer, den 7. Juni 1732.»

Zwischen den Fenstern im Cornelia-Zimmer hängt ein unscheinbares Ölbild von Nothnagel, Vater und Mutter in der Küche mit Säugling und Knaben. Über Nothnagel (1729-1804), der dem Vater die Tapeten lieferte, erzählt ausführlich das Vierte Buch. Er ward auch Goethes Lehrer im Ölmalen. «Frankfurt, den 20. November 1774. Heut schlägt mir das Herz. Ich werde diesen Nachmittag zuerst den Ölpinsel in die Hand nehmen! – Mit welcher Beugung, Andacht und Hoffnung drück ich nicht aus; das Schicksal meines Lebens hängt sehr an dem Augenblick, es ist ein trüber Tag! Wir werden uns im Sonnenschein wiedersehen.» Echt goethisch, dieser Glaube an den Sonnenschein trotz der Trübe. Der trübe Tag war kein gutes Vorzeichen. Goethe hat auch im September 1772 die Frage nach seiner Berufung zum Maler, unsicher in sich selbst, von einem Orakel abhängig gemacht; davon erzählt die erste Seite des Dreizehnten Buches. Und doch, wie spricht aus diesem Brief die Leidenschaft und die Ehrfurcht gegenüber der Kunst! «Das Auge war vor allen anderen das Organ, womit ich die Welt faßte. Ich hatte von Kindheit auf unter Malern gelebt und mich gewöhnt, die Gegenstände wie sie in bezug auf die Kunst anzusehen.» Goethe, der Augenmensch, der eine Farbenlehre schreiben sollte, ist sich erst während seines Aufenthaltes in Italien klargeworden, daß er nicht zum Maler, sondern zum Dichter geboren war. Daß im Goethehaus Werke von vier Malern, die seine Lehrer gewesen, hängen können, Morgenstern, Nothnagel, Kraus, Hackert, zeigt, wie ernst er um die Frage seiner Berufung gerungen hat. Und verdeutlicht nicht gerade dieses Haus – durch die Kunst- und Sammlerfreude seines Vaters so voller Bilder –, wie nahe der Irrtum über sich selbst lag? «Die Geheimnisse der Lebenspfade darf und kann man nicht offenbaren; es gibt Steine des Anstoßes, über die ein jeder Wanderer stolpern muß. Der Poet aber deutet auf die Stelle hin», heißt es in Makariens Archiv in «Wilhelm Meisters Wanderjahren». Das Wort ist ein Schlüssel zu Goethes Dichten. Wie Wilhelm Meister glaubte, er sei für das Theater geboren, und Umwege brauchte, um zu erfahren, daß die «Theatralische Sendung» seine Sendung nicht war, so waren auch Goethes Bemühungen als zeichnender Künstler Umwege, aber sehr fruchtbare.

Auf dem *Vorplatz des dritten Stockes* stehen die alte Wäschepresse aus poliertem Nußbaumholz und die eichene Brandkiste, im Grunde zwei Truhen, übereinandergestellt, mit Henkeln versehen, so daß sie, die Geld, Juwelen und Urkunden bargen, bei Feuersgefahr schnell die Treppe hinabgetragen werden konnten. Eine Truhe oben zu schließen, aber seitlich mit Schubfächern zu öffnen, diese bequeme (kommode) Erfindung ist erst um 1700 gemacht worden. In dem Raum, der das *Dichterzimmer* nachbildet, steht eine solche Kommode von etwa 1780; sie gehörte einst Lotte Buff. Aus deren Besitz ist auch das schlichte Klavichord im nördlich anstoßenden Zimmer. Daß Lotte Buff, von Goethe 1772 in Wetzlar geliebt und 1774 in den «Leiden des jungen Werthers» verherrlicht, damals auch im Elternhaus Goethes gewesen, ist nicht wahrscheinlich; aber im Herbst 1787 war sie mit ihrem Gatten Kestner sicher bei der Frau Rat zu Besuch. «Meine Mutter schreibt mir, daß Ihr sie besucht habt und daß ihr Lotte sehr lieb geworden.» Frau Rat stand dann auch Pate bei einer Tochter. Lottes berühmter Schattenriß, vom jungen Goethe in seinen Briefen nach Wetzlar und im Werther erwähnt, hängt, so wie es Goethe beschreibt, rechts an der Wand. Nach Wetzlar am 15. September 1773: «Ich hab euch immer bei mir, wenn ich was schreibe. Jetzt arbeit ich einen Roman, es geht aber sehr langsam. Und ein Drama fürs Aufführen (Umarbeitung des Götz für die Bühne), damit die Kerls sehn, daß es nur an mir liegt, Regeln zu beobachten und Sittlichkeit, Empfindsamkeit darzustellen. Adieu. Noch ein Wort im Vertrauen als Schriftsteller, meine Ideale wachsen täglich aus an Schönheit und Größe; und wenn mich meine Lebhaftigkeit nicht verläßt und meine Liebe, so solls noch viel geben für meine Lieben, und das Publikum nimmt auch sein Teil. Und so, gute Nacht, liebe Lotte.» Der Schattenriß, in dem Goethe Lotte grüßte, war schon früh in den Buchhandlungen zu haben, wurde auf Wunsch mit dem Werther verkauft. Und so sieht man ihn auch in einem Studentenstammbuch von Gießen, wo 1780, also sechs Jahre nach Erscheinen des Romans, Szenen aus dem Werther abgebildet sind, darunter die Sterbeszene eben mit Lottes Silhouette über dem Schreibtisch. Unter ihr liegen auf dem Sekretär, dem Roman gemäß, aufgeschlagen Emilia Galotti und der Abschiedsbrief an Lotte. Das Stammbuch befindet sich in einer Vitrine im Krönungszimmer. Das Pastellbild am Fenster, das Joseph II. darstellt, hatte sich der Kaiserliche Rat am 19. April 1765 für 40 Kreuzer zur Erinnerung an die Königskrönung im Jahre vorher gekauft. Zu Goethes Zeit haben dann in diesem Zimmer auch noch Staffeleien gestanden und in den Jahren, da er am «Faust» schrieb, ein chymischer Ofen, an dem er, selber ein Alchimist, mit Blasebalg und allerlei chemischen Ingredienzien hantierte und experimentierte. Auch Antiken in Gips waren da, eine Homerbüste, Köpfe der Niobiden und das Haupt des Laokoon aus jener berühmten Gruppe, die am 14. Januar 1506 bei den Titusthermen in Rom ausgegraben worden war.

Goethes Schreibtisch ist guter Tradition nach zuerst der der Großmutter, der Gastwirtin Cornelia Goethe († 1754), gewesen und später in Wolfgangs Hände gekommen. Das Stehpult im *Nebenraum* aber war sein Arbeitspult, als solches immer im Dichtergedenkzimmer des Hauses gezeigt und schon acht Jahre nach des Dichters Tod, in der Überlieferung auch durch Bettina Brentano gesichert, so abgebildet. Ein gleiches Pult steht im Gartenhaus an der Ilm, im Haus am Frauenplan und auf Schloß Dornburg. Die schlichtesten Möbel sind oft die echtesten. Neben dem Arbeitspult steht das Puppentheater, soviel davon erhalten ist. Man sieht vorn die Fassade des Theaterbaus und durch das Proszenium den Bühnenboden, perspektivisch im Schachbrettmuster sich verjüngend, wie es seit dem Renaissancetheater Sitte war. Rechts und links finden sich vier Paar Löcher für die Seitenkulissen; und größere Löcher zeigen an, wo ein Vorderprospekt und wo ein Schlußprospekt einzulassen waren. Man konnte also mit Vorder- und Hinterbühne spielen, die man durch Zwischenvorhang trennte. «Großmächtigster König und Herr Herr! Es entfalle keinem der Mut um dessentwillen! Wenn Ihre Majestät mir erlauben wollen, so will ich hingehen und mit dem gewaltigen Riesen in den Streit treten.» So hat aus des kleinen Wolfgangs Munde der kleine David gesprochen, hatte rote Haare, trug Schäferstab, Hirtentasche und Schleuder, und der Schlußprospekt zeigte eine hochrot gemalte Aussicht in den Tempel. Saul aber hatte schwarzen Samt und eine Krone. Jonathan trug «Gelb und Rot, weil er jung ist und flatterig, und hat einen Turban auf». Samuel, der Seher, trug ein Brustschildchen und «schielen Taft». Und zum Schluß gab es ein Ballett von Schäfern und Schäferinnen, Mohren und Mohrinnen, Zwergen und Zwerginnen.

Man muß das nachlesen im Ersten und Zweiten Kapitel von «Wilhelm Meisters Theatralischer Sendung» und in «Dichtung und Wahrheit» im Ersten Buch und auf den ersten Seiten des Zweiten, um zu ermessen, was diese unscheinbaren Holzbretter mit ihren Drahtpuppen dem Dichter in dem Kinde bedeutet haben. Und als 1795 «Wilhelm Meisters Lehrjahre» erschienen, da war es das Puppentheater, das die Mutter inhaltlich am nächsten berührte: «Den besten und schönsten Danck für Deinen Willhelm! Das war einmahl wieder vor mich ein gaudium! Ich fühlte mich 30 Jahre jünger, sahe dich und die andern Knaben 3 Treppen hoch die preparatoien zum Puppenspiel machen, sahe, wie die Elise Bethmann brügel vom ältesten Mors kriegte. Könte ich dir meine Empfindungen so klahr darstellen, die ich empfand, du würdest froh und frölig sein, deiner Mutter so einen vergnügten Tag gemacht zu haben.» Die Herkunft des Theaters ist dabei mysteriös. In «Dichtung und Wahrheit» ist es das letzte Weihnachtsgeschenk der Großmutter Cornelia. In der Theatralischen Sendung ist es gleichfalls die Großmutter, der «der Konstabler-Leutenant» die Bühne macht und der alte lahme Bildhauer Merks Hände, Füße und Gesichter schnitzte. Unter dem Konstabler-Leutenant könnte sich wohl im Planen eine Mithilfe von Johann Friedrich v. Uffenbach (1687 bis 1769) verbergen. Er war ein Freund des

Vaters, hatte diesem auch beim Hausbau geholfen, leitete das Militärbauwesen Frankfurts, ein Weltmann und Polyhistor, der Singspiele dichtete, eine große Sammlung von Theaterstichen besaß und mit Leidenschaft prachtvolle Bühnenbilder im Stil des italienischen Barocks entwarf, Lustgärten, Säle mit endlosen Säulenreihen, Gewölbe und gewaltige Kuppelfassaden. Das Ausgabebuch des Vaters aber überliefert unter dem 30. Juni 1754 – die Großmutter war schon am 28. März begraben –: «Wincklero juveni pro theatro et puppi comoedis 4 fl. 30 Kr. et actori socio pro labore et repraesentatione 34 Kr.» Also über 4 Gulden dem jungen Winckler für Theater und Puppen und 34 Kreuzer seinem Gehilfen bei der Vorstellung. Es ist ganz hübsch, die Frage, was nun bei alledem Dichtung ist und was Wahrheit, in der Schwebe zu lassen. Dieses Marionettentheater – das also war der Anfang. Siebzehn Jahre später, 1771, und es ward die «Geschichte Gottfrieds von Berlichingen» geschrieben. 1779 ging die Iphigenie über die Szene, 1788 war der Tasso vollendet, 1831 der Faust. Zwischen dem kindlichen Spruch vom kleinen David und dem Chorus Mysticus liegen drei Vierteljahrhunderte.

An Bildern hängt in diesem Raum ein großes Beleuchtungsstück von Johann Georg Trautmann aus Saarbrücken (1713 bis 1769). Es ist derselbe Maler, der mit religiösen Bildern und mit dem Kopfe eines Orientalen in Nachahmung Rembrandts in der Gemäldegalerie vertreten ist und von dem auch die brennenden Dörfer und Städte, die Mond- und Nachtbilder stammen. Das Licht, das Feuer ist immer der Mittelpunkt seines Malens. Hier sind, und das macht den Effekt, beide Lichtquellen verdeckt. Die eine steckt in der Laterna magica. Der Lichtschein aus ihr fällt auf die Zimmerwand und zeigt im hellen Rund einen Schwarm nackter Hexen, die zum Blocksberg reiten. Mit dem Puppentheater und diesem Blocksbergritt nähern wir uns schon der Sphäre des Faustischen. Der Schattenspielmann mit seinem Zeigestock ist Rückenfigur. Neben ihm steht ein Zwerg mit der

Leierorgel; rechts im Bilde als Rückenfigur ein Mädchen, das die zweite Lichtquelle, eine Kerze, mit der Hand abdeckt. Am Fußboden zeichnet sich ihr Kreisschatten ab. Die Kerze strahlt das gelbe Kleid einer Dame und die ganze Zuschauergruppe an, die aus drei Frauen und zwei Männern besteht. Der Vorgang ist wie aus Goethes «Jahrmarktsfest von Plundersweilern». Dieses Knittelversspiel, in den ersten Monaten von 1773 entstanden, schließt mit einer ähnlichen Szene. Ein Schattenspielmann zeigt und erklärt in gebrochenem Deutsch Gott Vater als Weltschöpfer, dann das Paradies, dann Adam und Eva, Sündenfall, Sodom und Gomorrha, zuletzt die Sintflut:

«Fährt da die Sündflut rein.
Wie sie Gottserbärmlich schreyn,
All, all ersauffen schwer,
Is gar keine Rettung mehr,
Orgelum, orgeley, dudeldumdey.»

Trautmanns Atelier war in der Kleinen Eschenheimer Gasse. Daß Wolfgang, der – nach dem Dritten Buch von «Dichtung und Wahrheit» – Trautmann für seinen Zyklus der Josephsbilder die Anregung gab und der sich als Knabe immer in den Frankfurter Ateliers herumtrieb, dieses Bild kannte, ist wohl möglich. Indes, Vorbild für Maler und Dichter waren das Leben und das Frankfurter Messetreiben. Entstehungszeit des Gemäldes ist etwa 1765.

In der Zeit, da Goethe das «Jahrmarktsfest von Plundersweilern» schrieb, entstand auch der Werther. Daran erinnern einige Stiche, die Szenen aus dem Roman illustrieren: Lotte, den Geschwistern Brot schneidend (Brief vom 16. Juni 1771), und Lotte und Werther am Brunnen (Brief vom 6. Juli). Es sind Arbeiten von Johann David Schubert, dem Zeichenmeister der Meißener Porzellanmanufaktur; sie waren als Vorlagen für Übertragung auf Porzellan gedacht. Schubert war 1761 als Sohn eines Orgelbauers in Dresden geboren. Ursprünglich war er Bataillenmaler, 1786 zog ihn Marcolini nach Meißen; seine Wertherbilder stammen aus den Jahren 1787/88. Er starb 1822 als Professor für Geschichtsmalerei an der Akademie in Dresden. Zwei andere Blätter, Kupferstiche von Amand, zeigen Lotte am Klavier (4. Dez. 1772) und Lotte, an Werthers Boten die Pistole aushändigend. Lotte am Grabe Werthers unter der Trauerweide, Trauertränen mit großem Tuch trocknend, zeigt ein englisches Ölbild von C. Remstaede. Das sentimentale Motiv war sehr beliebt; man findet es auch als Mittelpunkt jenes Fächers, der im Krönungszimmer in der Werthervitrine ausliegt. Welch höchst merkwürdiges Motiv für einen Fächer: das Grab und die Trauernde. Indes, die Zeit der Empfindsamkeit wollte so die Treue über das Grab hinaus symbolisieren. Goethe in seinem Fächergedicht im «Buch Hafis» benutzt den Fächer auch für eine Symbolik, sogar für eine mystisch-religiöse Symbolik, aber nicht vom Tode, sondern vom Leben her. Vordergründig, Fächer und Auge, sind beide – gemäß der Sprache und dem Gehalt des Diwans – Gleichnis, und zwar Gleichnis für Verhüllung und Offenbarung.

> Zwischen den Stäben
> Blicken ein paar schöne Augen hervor.
> Der Fächer ist nur ein lieblicher Flor,
> Er verdeckt mir zwar das Gesicht,
> Aber das Mädchen verbirgt er nicht,
> Weil das Schönste, was sie besitzt,
> Das Auge, mir ins Auge blitzt.

Auf die Krönung Josephs II. zum Deutschen König im Jahre 1764, wovon Goethe so anschaulich im Fünften Buch von «Dichtung und Wahrheit» erzählt, weist schon in diesem Zimmer ein kolorierter Stich hin. Ein Haus am Roßmarkt neben der Katharinenkirche erstrahlt im Glanz festlicher Illumination, wie sie vom Kurfürsten von der Pfalz, dessen Gesandter hier abgestiegen, veranstaltet worden war. «Ich hatte mit Gretchen abgeredet, daß wir uns treffen wollten. Schon leuchtete die Stadt an allen Ecken und Enden, als ich meine Geliebte antraf. Ich reichte Gretchen den Arm, wir zogen von einem Quartier zum andern und befanden uns zusammen sehr glücklich. Vor den Häusern einiger Gesandten, wo man prächtige Illuminationen angebracht hatte – die kurpfälzische zeichnete sich vorzüglich aus –, war es so hell, wie es am Tage nur sein kann. Um nicht erkannt zu werden, hatte ich mich einigermaßen vermummt, und Gretchen fand es nicht übel.» Im Goethehaus war als Teilnehmer an der Krönung ein Herr v. Königsthal abgestiegen; der war, 1717 in Altdorf geboren, als Gesandter der Stadt Nürnberg schon 1742 bei der Wahl Karls VII. in Frankfurt gewesen, vertrat Nürnberg auch in Wetzlar am Reichskammergericht und bewohnte jetzt den zweiten Stock, also die eigentlichen Wohnräume der Familie. Goethe wußte von ihm auch aus seiner Wetzlarer Zeit; den Namen des Gastes im ersten Stock hatte er, als er «Dichtung und Wahrheit» schrieb, vergessen. Das Ehrenschild, das der Herr v. Königsthal als Zeichen, daß er hier Quartier habe, 1764 über der Haustür des Goethehauses angebracht hatte, ist erhalten. Es hängt im Vorplatz dieses dritten Stockwerkes. Einen Kupferstich, der ihn selbst darstellt, findet man nebenan im Krönungszimmer.

Drei Räume, die im alten Haus wohl Mägdekammern waren oder die väterliche Dissertationssammlung bargen, sind als *Museumsräume* eingerichtet. Das eine zeigt die Entwicklung der Faustsage und Faustdichtung, erst den Doktor Faust als wirkliche Gestalt der Zeit um 1520, dann Sage und Volksbuch, dann seit Marlowe Bühnendichtung und Puppenspiel, zuletzt Goethes Faust. Eine Vitrine birgt Zeichnungen Goethes im Stil der Walpurgisnacht. Von den Bildern sei eine nächtliche Beschwörung erwähnt, die Aert de Geldern, dem Schüler Rembrandts, zugeschrieben wird, weiter eine nächtliche Schatzgräberszene von Trautmann. Der Fries von 12 kolorierten Umrißradierungen zum Faust, von Retzsch 1816 gefertigt, zeigt, wie im frühen 19. Jahrhundert Faust im Theater inszeniert wurde. Die Bilder dienten bei den Aufführungen nachweisbar als Vorlagen.

Ein anderer Raum erzählt von der Kaiserkrönung und Goethes Jugendschaffen, vom Leipziger Liederbuch bis zum Werther. In den Vitrinen liegen Bilder von Lotte Buff und auch von Lili Schönemann, mit der Goethe im Frühling 1775 verlobt war, ein Bund, der sich im Herbst wieder löste. Lilis Bild, ein Medaillon, von ihrer Tochter gemalt, zeigt sie zusammen mit ihrem Gatten, dem Baron v. Türckheim, in Straßburg. An den Wänden hängen Kupferstiche zur Kaiserkrönung, vor allem der pompöse Einzug des Kaisers, der Einzug eines Kurfürsten, die Festlichkeiten im Römer und das schöne Bild vom alten Römerberg, gestochen von Delkeskamp. Ein dritter Raum bringt in Bildern das Frankfurt der Goethezeit. Dieser dritte wäre, nach «Dichtung und Wahrheit» das Seidenraupenzimmer, weil hier der Vater seine Seidenraupenzucht betrieb; hier war es auch, wo er über der Dachrinne in der Sonne seine gereinigten Kupferstiche trocknete. (Dichtung und Wahrheit, Viertes Buch, Anfang.) – –

Zum Schluß sei noch für diejenigen unter den Besuchern, die etwas über das *Leben in Goethes Elternhaus* wissen möchten, berichtet, welches die Menschen waren, die als täglicher Umgang der Familie vertraute Erscheinungen in seinen Räumen gewesen sind. Da wären aus dem Freundeskreis des Vaters vermutlich jene gelehrten «und hochgebildeten Männer» zu nennen, die noch der alte Dichter im «Vierten Buch» so achtungsvoll und sorgsam schildert, etwa die Brüder v. Uffenbach, dann Hieronymus Peter Schlosser und der Schöff Olenschlager, dessen Bild im Museum hängt. Es werden bei der starren sozialen Schichtung zumeist «Graduierte» gewesen sein, die der Kaiserliche Rat alle vierzehn Tage in den «convivia amicorum» zu Gaste hatte, also Männer des Doktorgrades, die somit einen Degen tragen durften und, wie das Patriziat, zum ersten Stande gehörten; im Rat rangierten sie vor den Kaufleuten und Handwerkern. Wo

DAS GOETHEHAUS 1063

mag der Kaiserliche Rat diese Gäste empfangen haben? Vermutlich im Speisezimmer neben der Küche; denn nach dem Ausgabebuch ging es bei den Convivia hoch her.

Die Schwester Cornelia, sprachbeflissen, vereinigte ihren Freundeskreis in einem englischen Kränzchen, dem «congressus anglicus». Hier fand sich bei einer Bewirtung für 1 bis 2 Gulden jene Jugend ein, die wir so gut aus «Dichtung und Wahrheit», aus Wolfgangs frühen Gedichten und aus seinen und Cornelias Briefen kennen: schön und kokett Lisette Runkel, die Tochter des Stallmeisters der Stadt, der Wolfgangs Reitlehrer war, Cornelia besonders lieb die Gerocks-Mädchen aus dem Haus «Zum Rebstock», dann die Geschwister Crespel aus der Großen Eschenheimer Gasse, weiter aus dem Haus «Zur Eule» auf dem alten Markt die Schwestern Münch; die ältere, Susanna Magdalena, die sich die Eltern als Schwiegertochter ins Haus wünschten, hat Goethe veranlaßt, in acht Tagen den «Clavigo» zu schreiben. Gewiß ist auch Lili Schönemann im Frühling und Sommer 1775, da sie mit Goethe verlobt war, im Hause gewesen; aber wir haben kein Zeugnis darüber.

Groß ist der Freundeskreis des Sohnes. Natürlich waren alle die jungen Dichter des Sturms und Drangs gleichsam Söhne der Frau Rat. Im April 1771 tritt Herder in das Haus. Er bringt den Eltern einen Gruß Wolfgangs aus Straßburg. An Weihnachten ist zum ersten Male Merck aus Darmstadt da, der dem Dichter einer der intimsten werden sollte. Aus Wetzlar kam im Septemher 1772 Kestner. Er wiederholt seinen Besuch in späteren Jahren mit seiner Gattin, die als Werthers Lotte weit über Deutschland hinaus in den Herzen unzähliger Leser lebte. Ja und dann kommt wirklich das ganze geistige Deutschland der Zeit. Im Juni 1774 erschien Lavater, der berühmteste christliche Seelsorger jenes Jahrhunderts, und im Oktober der gefeiertste Dichter, Klopstock. Am 30. März 1775 ist dieser noch einmal Gast. Goethe schreibt an eine Freundin: «Klopstock ist hier. Also werden sie wohltun, nach Tisch, etwa um 3 Uhr, sich zu uns tragen zu lassen, wo sie ihn treffen werden.» Die Damen bedienten sich bei dem seidenen Schuhwerk und den unreinen Gassen gern einer Sänfte. «Sella portabilis» nennt der Vater im Ausgabebuch eine solche Portechaise; der Tarif war zwölf Kreuzer. Die Frankfurter Oberpostamtszeitung aber schrieb in ihrer Nr. 157 unter dem 1. Oktober 1774: «Herr Klopstock, der Liebling teutsch und ausländischer Fürsten, ist am Dienstag Abend hier selbst angekommen, trat bei seynem Freunde, unserem Herrn Dr. Göthe, ab und setzte Donnerstag früh seine Reise nach Carlsruh weiter fort.» Es war die erste Erwähnung des Dichters in einem Frankfurter Tageblatt, gewiß unter dem Zeichen Klopstocks; indes, die Zeitung schreibt: «unser Herr Göthe».

Der schicksalsträchtige Besuch Knebels, der Carl August und Goethe, Frankfurt und Weimar verbinden sollte, erfolgte am 11. Dezember 1774. Friedrich Jacobi ist im Sommer 1775 dagewesen und im Februar Jung Stilling. Er war von dem Bürgermeister Lersner zur Staroperation nach Frankfurt berufen worden. Von dem traurigen Ausgang der Operation erzählt in «Dichtung und Wahrheit» das Ende des Sechzehnten Buches. Auch Lersners Bild zeigt das Museum. Die Grafen Stolberg, mit denen Goethe in die Schweiz aufbrach, kamen im Sommer 1775, Zimmermann, der Arzt Friedrichs des Großen, im November, Wieland im Dezember 1777. Man sieht, schon damals war der Ruhm mit diesem Hause verbunden. Schon damals hatte es seine Geschichte und machte es Geschichte. Es erregte Aufsehen auch in der Stadt. Es gab kein anderes Haus in Deutschland, das in gleicher Weise im geistigen Mittelpunkt gestanden hätte wie dieses, wo der junge Dichter des Götz, Clavigo und Werther wohnte. Von den großen Namen der Literatur fehlt nur einer, der Lessings.

Als einer der ersten Gäste vom Weimarer Hof im Februar 1776 war der Gatte Charlottens, der Oberstallmeister v. Stein da. 1778 machte die Herzogin Anna Amalia der Mutter

Goethes ihren Besuch, begleitet von dem Kammerherrn v. Einsiedel und dem Fräulein v. Göchhausen. Die Herzogin war auf einer Main- und Rheinreise. Sie fuhr zu Schiff von Frankfurt nach Düsseldorf, die dortige Galerie, damals die erste Deutschlands, zu sehen. Goethes Eltern ließen ihr vor der Abfahrt vom Quai noch die Römer für den Rheinwein an Bord bringen. 1779 erschien in Begleitung Goethes auf dessen zweiter Reise in die Schweiz der Herzog selbst, mit ihm der Kammerherr v. Wedel. Goethe meldete sich der Mutter mit folgendem Briefe an: «Für den Herzog wird im kleinen Stübgen (im ersten Stock nach vorn heraus) ein Bette gemacht, und die Orgel, wenn sie noch dastünde, hinausgeschafft. Das große Zimmer bleibt für den Zuspruch und das Entree zu seiner Wohnung. Er schläft auf einem saubern Strohsacke, worüber ein schön Leintuch gebreitet ist, unter einer leichten Decke. Das Caminstübchen wird für seine Bedienung zurecht gemacht, eine Matraze-Bette hineingestellt. Für Herrn v. Wedel wird das hintere graue Zimmer bereitet, auch eine Matrazze Bett. Für mich oben in meiner alten Wohnung auch ein Strohsack wie dem Herzog. Ihre Silbersachen stellt sie dem Herzog zum Gebrauch hin, Lavor, Leuchter; keinen Caffe und dergleichen trinkt er nicht. Essen macht ihr Mittags vier Essen, nicht mehr noch weniger, kein Gekoch, sondern eure bürgerlichen Kunststück aufs beste; was ihr frühmorgens von Obst schaffen könnt, wird gut sein. Es muß ihr sein, als wenn wir 10 Jahre bey ihr wohnten.» Die Orgel, von der der Brief spricht, sie war das Überbleibsel aus den Zusammenkünften der Herrnhuter, die so um 1770 regelmäßig im Hause stattfanden.

Die Frau Rat aber schrieb über Carl Augusts Besuch unter dem 24. September 1779 an die Herzogin Anna Amalia, die Mutter an die Mutter: «Der 18. September war der große Tag, da der alte Vater und Frau Aja, denen seligen Göttern weder ihre Wohnung im hohen Olymp, weder ihr Ambrosia noch Nectar, weder ihre Vocal- noch Instrumental Musik beneideten, sondern glücklich, so ganz glücklich waren, daß schwerlich ein sterblicher Mensch jemals größere und reinere Freuden geschmeckt hat als wir beide glückliche Eltern an diesem Jubel- und Freuden-Tag. Ihro Durchlaucht unser Gnädigster und Bester Fürst stiegen – um uns recht zu überraschen – eine Strecke von unserm Hause ab, kamen also ganz ohne Geräusch an die Türe, klingelten, traten in die blaue Stube. Nun stellen Sich Ihro Durchlaucht vor, wie Frau Aja am runden Tische sitzt, wie die Stubenthür aufgeht, wie in dem Augenblick der Häschelhans ihr um den Hals fällt, wie der Herzog in einiger Entfernung der mütterlichen Freude eine Weile zusieht, wie Frau Aja endlich wie betrunken auf den besten Fürsten zuläuft, halb greint, halb lacht, gar nicht weiß, was sie tun soll, wie der schöne Kammerherr von Wedel auch allen Anteil an der erstaunlichen Freude nimbt. Endlich der Auftritt mit dem Vater, das läßt sich nun gar nicht beschreiben. Mir war Angst, er stürbe auf der Stelle; noch an dem heutigen Tage, daß Ihro Durchlaucht schon eine ziemliche Weile von uns weg sind, ist er noch nicht recht bei sich. Und Frau Aja gehts nicht ein Haar besser.»

1784 war der Herzog wiederum in Frankfurt. «Ich hatte die Freude, ihn in meinem Hause mit einem Frühstück zu bewirten», schreibt Goethes Mutter. Ein dritter Besuch erfolgte zur Zeit der Belagerung von Mainz im Winter 1792/93. Des Herzogs Bruder, der Prinz Constantin, besuchte Goethes Eltern 1781. Zur selben Zeit kamen auch der Kammerherr v. Seckendorff und der Kammerpräsident v. Kalb. Seckendorffs Bild ist im Museum. 1875 war Fritz v. Stein, der Sohn Charlottens, dessen Erziehung sich Goethe besonders angelegen sein ließ, längere Zeit Gast der Mutter Goethes. Und dann im Sommer 1789 war nun auch Charlotte v. Stein selbst am Großen Hirschgraben. Kurz, wer nur irgend etwas galt in Weimar, suchte dieses Haus auf und seine Bewohner. Die Frau Rat hatte ganz recht, wenn sie sagte: «Ich brauche gar nicht zu reisen. Die berühmten Leute kommen alle bei mich.»

Zu den letzten Gästen gehörten im Jahre 1790 bei der

Krönung des Kaisers Leopold II., wie schon erwähnt, als junge Prinzessin die spätere Königin Preußens sowie ihr Bruder, der kleine Prinz Georg, mit dem zu Luises Klavierspiel die Frau Rat «deutsch walzte». Dann kommt infolge der Kriegsnöte wieder Einquartierung über Einquartierung ins Haus, bald Franzosen, bald Preußen. Goethes Mutter leidet unter diesen «im Nehmen so verhenkert fixen» Quartierherren. Sie beginnt «das Ding herzlich müde zu werden». Gatte und Tochter sind tot, der Sohn in Weimar. Einst hatte Goethe auftrumpfend an Käthchen Schönkopf geschrieben: «Wir haben ein ganzes Haus», er hatte ihr vorgerechnet zwanzig Zimmer, «alle schön wohl meubliert im Frankfurter Gusto». Was sollte das jetzt alles der einsamen, alternden Frau? Sie sehnt sich nach einem «kleinen niedligen Logiesgen». 1795 verkauft sie. Die letzten Lebensjahre verbringt sie im zweiten Stock des Hauses «Zum goldenen Brunnen» am Roßmarkt.

Das *Höfchen* hinter dem Goethehaus enthält den Brunnen, an dem Goethe als Kind gespielt; 1790, bei der Kaiserkrönung Leopolds II., hat das gleiche die junge Prinzessin Luise v. Mecklenburg-Strelitz getan. Der Brunnen stammt etwa von 1590. Die Gärten der Goethischen Familie lagen vor den Stadttoren. Darunter war auch ein Weinberg, der keine kleine Rolle im Leben der Familie gespielt haben muß. Am 16. Oktober 1778 schreibt darüber die Frau Rat an die Herzogin Anna Amalia in Weimar: «Gestern war Weinlese hier, und alles war fröhlich; mir aber fiel der Herbst von 1772 ein, da der Doktor (d.i. Wolfgang) und Hofrat Schlosser mit Wachslichtern auf den Hüten wie Geister im neuen Weg herumgingen – da waren noch viel andere und bessere Zeiten für Frau Aja!» Und am 5. Oktober 1783 gleichfalls an die Herzogin: «Wie ich mich befinde? Gesund, vergnügt und lustig und fröhlich – zumal bei dem herrlichen Herbst (d.h. Weinernte) und vortrefflichen Wetter. Der dritte war das große Bacchusfest. Es war ein Trubel, eine Lust, ein Gejauze – und Trauben! Wie in Kanaan, und noch obendrein die Hüll und Füll, in meinem kleinen Weinberg weit über ein Stück, aber da gabs auch unendliche Schweinebraten.»

Das schmiedeeiserne Tor, das Höfchen und Garten trennt, ist das alte Tor, das einst zu jenem Weinberg führte. Der Großvater, Friedrich Georg Goethe, hatte es 1725 setzen lassen; davon erzählt die Inschrift auf dem steinernen Torbogen: «17 F.G.G. 25». Dieser Großvater, Gastwirt und Weinhändler, war der Begründer des Goethischen Familienvermögens. Von ihm eingekauft, lagen noch 1794 die berühmten Jahrgänge 1706, 1719 und 1726 in den Kellern des Hauses; und der Dichter in Weimar hat noch den alten Schauspieler Ekhof mit diesen Weinen bewirten können.

Die Linde in dem kleinen *Gärtchen* hinter dem Hof ward noch zu Goethes Lebzeiten gepflanzt, an seinem Geburtstag 1825. Das Rokokobrünnchen und die steinernen Gartenfiguren stammen aus der Nachbarschaft des Goethehauses. Der Bau, der den Garten flankiert, ward 1896 als Bibliothek errichtet und birgt eine Sammlung von über 65 000 Bänden und das Archiv der Handschriften. Der *Gartensaal* im Erdgeschoß ist mit Bildern geschmückt, die einst in Wolfgangs Mansardenstube entstanden sind, wobei der Knabe den Malern zusah, ihnen kleine Dienste verrichtete, vielleicht auch zu dieser oder jener Geste Modell stand. Denn diese Gemälde sind Kinderbilder, im Zeichen Rousseaus gemalt, «les enfants et la nature» als eine neue Welt, eine neue Zeit der Einfachheit, der Reinheit, des Friedens der Seele. Ein französischer Offizier, Théas comte de Thoranc, der im Siebenjährigen Krieg von 1759 bis 1762 in Goethes Elternhaus Quartier genommen, hat, verfallen mit dem Hof von Versailles und dessen Kunst und angeregt von der Gemäldegalerie des Kaiserlichen Rates, bei deutschen Malern diese Bilder in Auftrag gegeben, sein heimatliches Haus in Grasse in der Provence damit zu schmücken. Im Dritten Buch von «Dichtung und Wahrheit» berichtet Goethe eingehend und liebevoll von diesem für seine eigene künstlerische Entwicklung so bedeutungsvollen Ereignis. Das Thema der Bilder sind die Sternzeichen der Monate, zu denen jeweils Genreszenen aus dem Kinderleben zu erfinden waren. Jede Gemäldebahn enthält oben und unten ein Bild in blauen Tönen, in der Mitte eine farbenbunte Darstellung; in diesem Spiel und Wechsel liegt der Reiz. Die verbindenden Rokokoornamente zwischen den Bildern nehmen im Rocailleornament Motive aus den Gemälden auf, im Januar die Schlittschuhe, das Beil und die kahlen Äste, im Juli die Kirschen, im Dezember die Würste des Schlachtfestes. Der Maler war für den ganzen Zyklus Seekatz. Die Bilder, die die Türen einfassen, stammen von Trautmann. Bis 1907 waren die Gemälde in Grasse; dann sind sie vom Freien Deutschen Hochstift zurückerworben worden.

Die Goethebüste im *Durchgang* hinter dem Gartensaal ist eine Originalarbeit von Gottlieb Martin Klauer. Sie stammt aus den Jahren um 1790, ist also nach der italienischen Reise des Dichters entstanden und lehnt sich an antike Apollodarstellungen an.

Ernst Beutler

Zu dieser Ausgabe

insel taschenbuch 1850: Goethe, Briefe aus dem Elternhaus. Der Text folgt in unveränderter Form dem ersten Ergänzungsband der Goethe-Gedenkausgabe, herausgegeben von Ernst Beutler, 1960 erschienen in der Artemis Verlags-AG. Zürich. Umschlagabbildung: Das sogenannte Gemäldezimmer im Goethe-Haus in Frankfurt am Main, Foto: Ursula Edelmann.

Der vorliegende Band der Frankfurter Ausgabe des Insel Verlages wurde um den Beitrag: Das Goethehaus in Frankfurt am Main, von Ernst Beutler, der das am 10. Mai 1951 eingeweihte wiederaufgebaute Goethehaus beschreibt, erweitert, um das Haus in unserer schnellebigen Zeit selbst zu Wort kommen zu lassen.

Christian Beutler

INHALTSVERZEICHNIS

EINFÜHRUNGEN
von Ernst Beutler

Der Kaiserliche Rat	11
Die Schwester Cornelia	187
Catharina Elisabeth Goethe	247

DIE BRIEFE

Johann Caspar Goethe	303
Cornelia Goethe	319
Catharina Elisabeth Goethe	395
Stammbucheinträge und Aufzeichnungen Catharina Elisabeth Goethes	889

ANHANG

Erläuterungen	899
Register	982
Chronologisches Verzeichnis der Briefe	1012
Alphabetisches Verzeichnis der Empfänger	1023
Quellennachweis	1025
Das Goethehaus in Frankfurt am Main	1027